山西交通运输年鉴

（2022）

山西省交通运输厅 编

方志出版社
Publishing House of Local Records

图书在版编目(CIP)数据

山西交通运输年鉴. 2022 / 山西省交通运输厅编. —北京
方志出版社,2022.12
ISBN 978-7-5144-5562-5

Ⅰ. ①山… Ⅱ. ①山… Ⅲ. ①交通运输业—山西—2022—
年鉴 Ⅳ. ①F512.725-54

中国版本图书馆CIP数据核字(2022)第252520号

责任编辑:齐　笑
责任校对:刘玉霞
责任印制:梅中英
出 版 者:方志出版社
地　　址:北京市朝阳区潘家园东里9号(国家方志馆4层)
邮　　编:100021
网　　址:http://www.zgfzcb.cn
发　　行:方志出版社图书营销中心(010-67110500)
印　　刷:太原市今天西马彩色印刷有限公司
开　　本:889毫米×1194毫米　1/16
印　　张:46.25
字　　数:1500千字
版　　次:2022年12月第1版
印　　次:2022年12月第1次印刷
定　　价:180.00元

《山西交通运输年鉴(2022)》
编审委员会

《山西交通运输年鉴(2022)》
编纂人员

主　　编	王　晋
执行主编	胡旭东
副 主 编	侯金铃　白彦萍
特约编审	师国梁
编　　辑	陈瑞丽　王晴红　李文瑾　杜佳卉　王瑞璇
特约编辑	刘成恩　白　雪　侯子聪　郑雪芳　薛东梅　茹　雷 杨金成　王　梅　吕秉洮　王志勇　李文越　杨　俊 翟智慧　张警予　周应华　常　敏　张　芮　董日辉 高　青　侯　兴　赵　勇　王九存　陶建强　郭福生 马　可　董　芳　庞燕东　薛　炟
图片提供	王　璐　刘文柱　周应华　常　敏　张　芮　杜佳卉 王瑞璇

1 交通强国建设步伐加快

12月27日，全省推进交通强省建设动员大会在太原召开。省委书记林武强调，要深入学习贯彻习近平总书记关于交通运输工作重要论述和视察山西重要讲话重要指示精神，按照省第十二次党代表大会部署要求，动员全省上下振奋精神、改革创新，加快推进交通强省建设，为全方位推动高质量发展提供坚强交通运输支撑

相关链接

山西省交通运输厅按照省政府《山西省推进交通强国建设行动计划（2021—2022年）》要求，确定交通强国建设重点项目。会同省发改委联合印发《关于印发山西省推进交通强国建设行动计划（2021—2022年）项目清单的通知》，编制完成《交通强国建设山西省试点实施方案》及配套的《交通强国建设山西省试点任务细化及责任分解》《交通强国建设山西省试点任务考核办法》。12月23日，山西省人民政府办公厅发布《关于印发交通强国建设山西省试点实施方案的通知》。

2 省委书记林武赴国家民航局汇报工作

7月13日，国家民航局局长冯正霖在京会见省委书记林武一行，双方就推进山西民航事业发展深入交换意见。民航局副局长胡振江、副省长韦韬参加

相关链接

省委、省政府高度重视民航发展，山西民航航空运输规模高速增长，2015—2019年旅客吞吐量年均增速高出全国年均增速近8个百分点，航线网络通达性跨步跃升，运行服务品质显著提升，安全运行纪录不断刷新，通航潜力充分挖掘、新兴业务发展迅猛。

新冠肺炎疫情期间，山西承担大量北京经第一入境点分流航班，为疫情防控工作做出突出贡献。省委、省政府大力发展航空产业，积极推进民航基础设施、货运枢纽、通用航空等建设，与“十四五”时期民航总体工作思路高度契合。下一步，国家民航局将在太原机场改扩建工程、中小机场及民航基础设施建设、通用航空、无人机产业发展示范基地建设、航空货运、国际航线开发、基地航空公司引进等方面积极支持山西民航高质量发展。

3 交通运输工作调研

3月16日，省长林武（前左一）赴山西交控集团调研，察看省高速公路视频云平台、高速公路运营管理、安全应急智慧管理、公路桥梁大数据等信息化系统，了解企业优化布局、深化改革、项目建设等工作情况，并观看交通智能化产品、ETC+新业态等科技创新成果。随后，林武主持召开座谈会，听取省交通运输厅、山西交控集团工作汇报和省直有关部门、企业工作建议，现场研究全省交通建设和山西交控集团改革发展有关事项

相关链接

林武对全省交通运输部门和山西交控集团在推进重大交通项目建设、提升服务质量、深化改革创新、防范化解债务风险等方面的成绩给予充分肯定。

他指出，2021年是实施“十四五”规划、开启全面建设社会主义现代化国家新征程的第一年。转型出雏型，交通要先行。全省交通运输部门和山西交控集团要进一步提高站位、勇担使命，坚定落实省委、省政府决策部署，前瞻考虑转型发展短、中、长期需要，深化改革、锐意创新、加强协同，推动全省交通运输体系有机融入国家综合立体交通网，实现内畅外联、立体通达，为高质量转型发展提供有力支撑。

4 交通运输工作调研

5月10日，副省长韦韬赴省交通运输厅调研，详细了解各部门职责、组织机构等有关情况及重点工作开展情况。随后召开座谈会，听取山西交通运输工作情况汇报，对全省交通运输部门在统筹推进疫情防控和交通运输高质量发展，加快交通强国建设、优化综合立体交通网、降低交通物流成本、提升服务供给质量、深化交通运输领域改革等方面取得的成绩给予充分肯定

相关链接

韦韬强调，要坚持系统思维、统筹推进，加强谋划、开拓创新、攻坚克难，加快推进全省交通运输事业再上新台阶，为山西省“十四五”转型出雏形开好局、起好步贡献交通力量。

他指出，交通运输是国民经济的命脉，是经济发展的“先行官”。全省交通运输部门要提高政治站位，进一步增强推进全省交通运输事业高质量高速度发展的责任感、紧迫感和使命感，把思想和行动统一到党中央、国务院决策部署和省委、省政府工作安排上来，坚持问题导向、目标导向、结果导向，狠抓工作落实，强化责任担当，强化统筹协调，强化组织调度，强化服务保障，确保重点工作任务见到实效。

5 省交通运输厅召开干部大会

3月29日，省交通运输厅召开干部大会，宣布省委关于省交通运输厅主要负责人调整的决定。副省长韦韬出席会议并作重要讲话，省委组织部部务委员刘鹏宣读任免文件，省政府副秘书长梁敬华出席会议，省交通运输厅党组书记赵建平作表态发言

相关链接

副省长韦韬充分肯定以闫晨曦为班长的省交通运输厅党组取得的工作成绩，并对下一步全省交通运输工作提出明确要求。山西省交通运输厅党组书记赵建平作表态发言，强调将紧扣省委“四为四高两同步”总体思路和要求，团结带领全体干部职工，尽心尽力做好新工作、尽职尽责履行新使命，担当作为、锐意进取，用交通运输工作新进步，为全省转型出雏型做出积极贡献。

6 交通运输部“三送行动”

5月16日至18日，由交通运输部安全与质量监督管理司原巡视员黄勇任组长的专家组一行9人，赴山西昔阳(晋冀界)至榆次高速公路项目进行平安工地建设“三送行动”，这是交通运输部党史学习教育期间，按照“学党史、悟思想、办实事、开新局”工作要求，进一步创新行业指导服务方式，开展“送专家、送技术、送服务到基层”“三送行动”的全国首站行动

相关链接

在“三送行动”中，专家组听取山西省公路水运工程平安工地建设情况汇报及项目参建单位平安工地建设工作开展情况汇报，先后深入昔榆高速智慧建设管理中心、LJ11标三集中场站及涂河特大桥、LJ1标太行山隧道和LJ3标赵壁川河特大桥等施工现场，对项目平安工地建设体系运转、现场安全生产条件、内业资料等方面进行全面细致检查，并在项目公司开展“讲好一堂安全课、举办一次技术咨询、组织一次警示教育、开展一次政策咨询”的“四个一”服务。

7 全省交通运输工作会议

2月5日，全省交通运输工作电视电话会议召开，传达学习省长林武对全省交通运输工作的批示，总结2020年及“十三五”交通运输工作，部署2021年工作。省交通运输厅党组书记、厅长闫晨曦作“乘势而上，勇攀高峰，奋力开创‘十四五’交通运输发展新局面”工作报告

相关链接

2021年重点安排11项工作：一要围绕“人民至上、生命至上”原则，坚决打好常态化疫情防控阻击战；二要围绕开启交通强国建设新征程，落实好各项试点任务；三要围绕构建新发展格局，加快建设布局合理、集约高效的综合立体交通网；四要围绕提升公路运营服务水平，大力加强公路养护管理；五要围绕人民群众高品质出行需求，加快构建便捷舒适、一体多元的交通出行体系；六要围绕构建现代流通体系，加快构建结构优化、经济高效的现代物流体系；七要围绕加快“六新”突破的战略要求，打造一批智慧交通、绿色交通、平安交通示范（基础）工程；八要围绕转变政府职能，不断深化交通运输改革；九要围绕实现行业治理现代化，推进交通运输依法治理、共治共享；十要围绕确保交通运输“本质安全”，坚决守住行业安全发展底线；十一要围绕坚持党的全面领导，切实加强交通运输系统党的建设。

8 中长期发展顶层设计基本形成

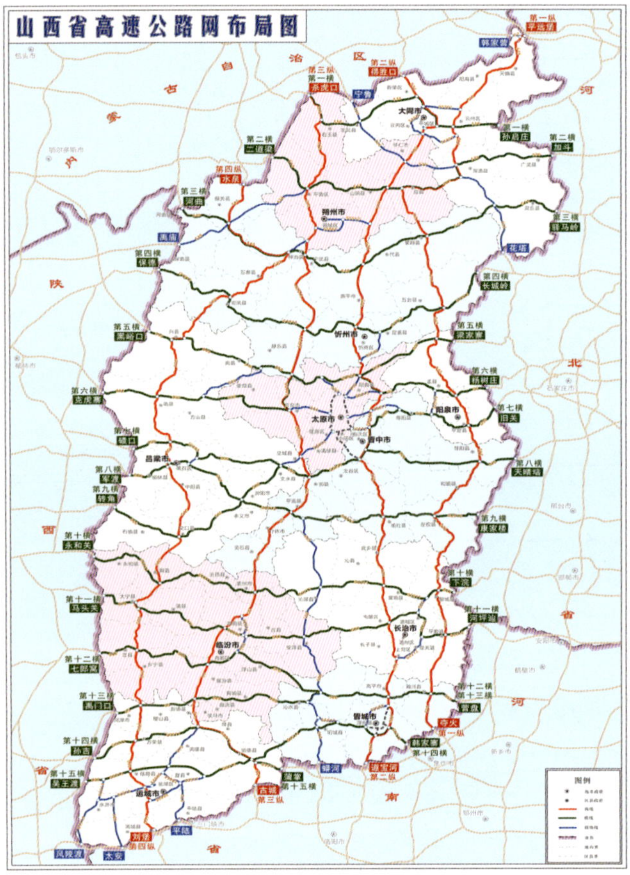

山西省高速公路网布局图

4月,《山西省省道网规划(2021—2035年)》(以下简称《规划》)出台。《规划》对山西省行政区域内的省级高速公路和普通省道构建了一张布局合理、安全可靠、便捷高效、智慧赋能、绿色集约的国省道网,期限为2021—2035年,远期展望至2050年

相关链接

《规划》明确,山西省将构建国家高速公路和省级高速公路"4纵15横33联"高速公路网布局,规划总里程8418公里。其中,国家高速公路4522公里,省级高速公路896公里。普通国道和普通省道共同构成"8纵16横多联"的普通干线公路布局,规划里程19393公里。其中,普通国道8395公里,普通省道10998公里。

山西精准对接国家整体战略部署,按照省十二次党代会提出的全方位推动高质量发展目标和省委经济工作会议要求紧紧把握的重大问题,围绕全省"一群两区三圈"区域发展新布局,科学编制山西省综合立体交通网、综合运输体系建设、现代物流发展等中长期规划,为推进交通强省建设提供规划引领和项目支撑。《山西省省道网规划(2021—2035年)》《山西省"十四五"综合交通运输体系发展规划》已由省政府印发实施;全面启动《山西中部城市群综合立体交通网规划研究》和太忻经济区交通运输高质量发展行动计划的编制工作,交通运输中长期发展的"四梁八柱"架构基本形成。

9 “七一”走访慰问活动

6月25日，省交通运输厅党组书记、厅长赵建平(左)带队看望慰问新中国成立前入党的老党员陈静珠，送上鲜花和慰问金，把党组织的温暖送到老人的心里。厅党组成员、副厅长王晋、段新源、王四小、郭丙福分4组相继走访慰问8位老党员、生活困难党员，转达厅党组对各位党员的关怀和问候

王晋(右一)慰问老党员

段新源(中间)慰问老党员

王四小(中间)慰问老党员

郭丙福(右二)慰问老党员

相关链接

在93岁的陈静珠家里，赵建平代表厅党组对陈静珠始终坚守初心、为党工作表示赞赏，对她为山西省交通运输事业做出的贡献表示崇高敬意，并亲切询问她的身体状况、日常生活情况，详细了解其存在的实际困难，嘱咐她保重身体，保持乐观心态，继续见证交通运输事业高质量发展。同时一再叮嘱相关部门负责人要多关心关爱老党员，及时了解老党员的所想所需所盼，带着深厚感情帮助他们解决实际困难和问题，为老党员安享晚年创造良好条件。

在走访慰问过程中，厅领导结合正在开展的党史学习教育，宣传党的百年奋斗光辉历程、取得的伟大成就、铸就的伟大精神，并表示要示范带头，从百年党史中汲取奋进力量，践行初心、扛起使命，为加快建设交通强国和山西省转型出雏形贡献力量。

10 党史学习教育

省交通运输厅党组理论学习中心组赴彭真生平暨中共太原支部旧址纪念馆缅怀革命先烈

省邮政管理局党旗宣誓活动

交控集团党日活动

航产集团党史学习教育活动

根据《中共山西省委关于开展党史学习教育的实施方案》以及省委书记楼阳生关于开展党史教育提出的“五个带头”明确要求，结合交通运输工作实际，3月4日，省交通运输厅制定印发《全省交通运输系统党史学习教育实施方案》，明确总体要求，实施步骤、组织领导和工作重点，全系统各级党组织严格落实政治责任，高度重视、精心组织，深入开展党史学习教育

相关链接

2021年，山西省交通运输厅党组班子成员充分发挥示范引领作用，带头讲授专题党课，深入分管、联系单位开展学习贯彻习近平总书记“七一”重要讲话精神专题宣讲，以普通党员身份参加专题组织生活会。全系统各级党组织累计开展专题讲座、辅导189场次，参与学习人数达9667人；开展习近平总书记“七一”重要讲话精神宣讲会138场，参与学习人数达5850人。全系统党员干部职工参与学习了8个系列专题139门线上党史学习教育课程，6838人参加了在线学习测评。各单位以开展党史学习教育为引领，真抓实干，用心用情用力为群众办实事，提升了人民群众交通满意度。

11 应急抢险保通任务圆满完成

10月12日、18日、22日，省政府新闻办举行山西省防汛救灾、灾后恢复重建、灾后恢复重建最新进展情况新闻发布会

10月19日至28日，省交通运输厅党组成员、副厅长郭丙福（左二）赴晋中、阳泉对辖区内高速公路、国省干线公路及农村公路灾毁处治工作进行督导检查，实地查看晋中、阳泉10个县区、22处水毁路段处治情况，听取两市相关交通运输部门灾毁处治情况汇报，对两市灾毁处治工作给予充分肯定并提出要求

10月，受连续强降雨影响，全省公路交通基础设施灾损严重，严重影响了人民群众出行。灾情发生后，交通运输部党组高度重视，工作组赴山西省督导调研抢险救灾和灾后恢复重建工作

相关链接

10月14日，交通运输部公路局副局长周荣峰带队的工作组一行9人抵晋，连夜召开工作对接会，传达习近平总书记和国务院领导重要指示批示精神。10月11日至30日，省交通运输厅成立了由厅领导带队的6个督导组，对全省公路灾毁应急处治和灾后恢复重建工作进行全面督导检查。

灾情发生后，全省交通运输系统累计出动抢险人员22.7万人次，投入各类机械10万台班次，投入抢险资金6.6亿元，全力以赴开展应急抢险、抢通保通和恢复重建等工作。

12 绿色交通发展成效显著

7月30日，交通运输部发布通报，决定命名太原市等7个城市为国家公交都市建设示范城市。太原市公共交通发展体制机制更趋完善，基础设施供给能力显著提高，出行结构加速优化，运营服务水平稳步提升，布局合理、绿色低碳、智慧便捷的城市公共交通体系逐步形成，达到国家公交都市创建预期目标，这是自2017年启动国家公交都市建设示范工程验收工作以来，交通运输部命名的第四批国家公交都市建设示范城市

相关链接

山西省大力发展绿色交通，在全省积极营造“优先选择绿色出行”的舆论氛围。提前超额完成国三及以下排放标准营运柴油货车淘汰目标任务，持续推动城市客运领域车辆电动化、甲醇化，新增及更新城市公交、出租车辆全部采用新能源车，全省城市新能源公交车达13272辆，占比80.8%，全国排名第6位；全省巡游出租车中新能源和清洁能源车达39870辆，占比45.8%，全国排名第2位。

13 路网、运输服务水平持续提升

8月19日，省交通运输厅召开全省高速公路服务区提质升级三年行动动员部署会。完成16对服务区32座厕所改造、6对司机之家建设、72对服务区消防设施设备改造、11对服务区危化品停车区改造。开通10座加油站，1座加气站。危桥改造93座、隧道提质升级185座、灾害防治工程257公里/893处，厅党组成员，副厅长王晋主持会议

相关链接

省委、省政府高度重视高速公路服务区建设，为全面提升全省高速公路服务区服务管理水平，省政府决定，2021-2023年，在全省高速公路服务区开展提质升级行动，省政府办公厅印发《山西省高速公路服务区提质升级三年行动方案》。2021年以来，全省高速公路服务区累计出动16.3万人次，清理卫生死角1.6万余处，清运各类垃圾9700余吨，修剪绿化带10.9万平方米，全省新开通17对服务区餐厅、超市，创立晋行晋驿、晋享美时等自主商业品牌，服务区超市零售商品种类由原来的400余种增加到现在的上千余种，功能配套日趋完善。

14 平安百年品质工程创建示范项目

临猗黄河大桥

太原西北二环高速

6月，交通运输部办公厅公布“平安百年品质工程创建示范项目（第一批）清单”，在全国共选出87个公路水运工程在建项目。临猗黄河大桥、太原西北二环项目、黎霍高速位列其中

黎霍高速第一长桥——靳曲浊漳河特大桥

相关链接

2021年，山西交通运输安全生产水平切实加强，研究确定2021年集中攻坚任务清单82项，实行挂图作战。开展安全文明示范路创建工作，在青银高速吕梁段和长治市国道外环公路开展公路交通安全文明示范路创建活动。开展“平安百年品质工程创建活动”，临猗黄河大桥、太原西北二环项目和黎霍高速成功入选交通运输部首批87个平安百年品质工程创建示范项目。毫不放松抓好交通运输常态化疫情防控工作。严格冷链、物流全链条管控，做好京津冀交通保障工作，强化非冷链运输安全监管。精准有力防控境外疫情输入，持续抓好国际航班旅客转运及保障工作，保障经停太原国际航班43班次，安排转运车辆301台次，转运人员5068人次。

15 机构改革和职能调整

12月6日，全省高速公路综合行政执法系统上路执法启动动员会议召开，标志着全省交通运输综合行政执法改革取得决定性成果

王晋（右）参加省高速公路综合行政执法总队揭牌

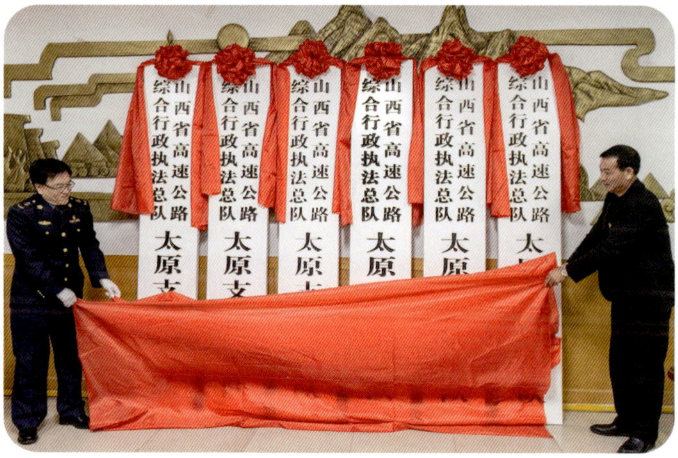

省高速公路综合行政执法总队太原支队揭牌

相关链接

山西省交通运输厅深化交通运输综合行政执法改革，省级层面，完成省高速公路综合行政执法总队和支队领导班子配备、人员转隶划转，与山西交控集团建立高速公路综合行政执法工作联席会议制度，各项准备工作基本就绪，进入实际上路执法阶段。地市层面，明确设立交通运输行政执法机构的95个县（市、区）全部挂牌。2021年，山西省做好事业单位改革“后半篇文章”。在基本完成事业单位重塑性改革的基础上，进一步理顺政事关系，有效解决了推诿扯皮和事业单位“人多事少”等问题。同时，深化省公路局改革，改革方案已按程序报省委深改委审议；稳步推进出租汽车行业试点改革；深化交通领域“放管服”改革。

16 水上搜救应急演练

9月27日，山西省2021年度水上搜救应急演练在汾河景区三期水域晋阳桥段举行。省交通运输厅主办，太原市交通运输局承办

相关链接

本次演练分6个阶段，通过模拟事故发生、报警、接警、启动预案、应急救援、解除预警等步骤完整模拟救援的过程。参演船舶共8艘，参演人员90余人。

演练模拟一艘游览画舫从客运码头启航，航行至距离码头200米水域时，与一艘返回的旅游快艇发生碰撞，造成两船船体损伤，快艇上8名乘客落水，画舫机舱起火，船舶失去动力。各参演部门和单位迅速反应、科学处置，无人机、监测船等装备船艇协同作战、全力应对，圆满完成报警求援、事故船开展自救、海事巡航救助、浆板救援、离心力救援、心肺复苏、蛙人深潜搜寻等演习科目。

此次演练检验省、市水上搜救应急预案的实用性和可操作性，普及水上交通应急知识和自救互救的技能，提高各级各部门安全应急人员处置重大事故的能力，展现各水上搜救队的专业救援能力和良好素质。

17 除雪保畅通

大同北高速公司组织人员冒雪对收费车道、广场积雪进行清扫

太原高速公司志愿服务者为滞留司机送上热水，提供暖心便民服务

11月6至7日，受强冷空气影响，山西省多地出现雨雪、大风、寒潮冰冻天气，人民群众出行受到影响。为应对恶劣天气带来的不利影响，全省各级交通运输部门提前启动应急预案，最大限度减少降雨降雪和低温冰冻天气对道路通行的影响

相关链接

2021年山西省第一场雨雪天气以北中部地区为主，特别是大同、朔州迎来首场大雪，全省高速公路除运城少部分路段外，其余高速公路陆续封闭。普通国省道6条路线实行交通管制，4条路线有车辆滞留。为广大群众的安全出行保驾护航。全系统先后投入抢险力量1万余人次，设备2000余台次，融雪剂8100余吨，截至11月8日12时，全省高速公路全部恢复通行。

18 太原环城旅游公路通车

5月，太原环城旅游公路暨公路自行车赛道工程（一期）龙山石窟景区支线通车

相关链接

太原环城旅游公路暨公路自行车赛道，被太原市民誉为“彩虹大道”、西山又一条“网红公路”按照“快旅慢游深体验”和“城景通、景景通”的要求，太原环城旅游公路暨公路自行车赛道将沿线的49处县级以上人文景观和17个城郊森林公园连为一体，辐射周边100余处观光景点，成为集体育、旅游、历史、文化、生态于一体的景观长廊和旅行胜地，进一步拓展延伸了旅游公路的新功能、新定位、新概念，为龙城太原再添一张新名片。

19 县乡村三级物流体系建设

秦红保(前右二)调研现场

4月15日、21日、22日,省邮政管理局党组书记、局长秦红保带队赴忻州、阳泉、晋城三市专题调研全省县乡村三级物流体系建设

相关链接

秦红保先后走访忻州原平申通分拨中心、阳泉市平定县综合物流园区、晋城市客运站内的晋韵农村快递物流仓配中心、晋城市蓝远快递物流园区。调研期间,秦红保对原平"快快合作"、平定"邮快合作"、晋城"交快合作"三种模式给予肯定,并在忻州、阳泉、晋城分别召开专题座谈会,就深入推进省政府《推广农村物流创新模式工作方案》(以下简称《方案》)落地实施进行探讨交流。

20 邮政系统全力迎战“双11”

“双十一”期间，山西邮政包裹进出口量始终处于高位运行。11月1日至10日，太原邮区中心共处理邮件11832870件，较2020年同期增长48.4%，日处理峰值达126万件

相关链接

11月以来，山西邮政加强指挥调度，增加运能运力，保障各类邮件安全快速传递。截至10月底，山西邮政新配置的104辆网运干线车全部到位并投入生产使用，同时进一步优化运能，根据邮件量动态情况及时增开直达邮路直发直运，保障各类邮件的运输时限。10天时间内山西邮政一级干线邮路加车269趟次，二级干线邮路加车240趟次，区内邮路加车15趟次，市内邮路加车685趟次，累计加车1209趟次，日均加车121趟次，单日最高加车量155趟次。

21 民航事业发展成果丰硕

6月26日，山西省首条国际货运航线首航仪式在太原武宿机场举行。南航CZ8111航班满载35吨国际邮件、电商货物从太原飞往美国旧金山

12月10日，太原机场顺利开通太原—布鲁塞尔国际货运航班

相关链接

朔州机场3月18日正式开工，太原武宿国际机场三期改扩建总规已批复，运城机场航站区改扩建工程已完工，长治机场改扩建民航专业工程已通过行业验收并投入使用。山西省打造对外开放空中走廊，加密了太原通往上海、天津等国内经济发达地区的航班，日本航线初步完成班期排布、费用测算等工作，太原至韩国、欧盟直航航线的前期准备工作取得积极进展。

22 武宿国际机场三期改扩建工程

8月30日，国家发改委正式下发《关于太原武宿国际机场三期改扩建工程项目建议书的批复》，标志着太原武宿国际机场三期改扩建工程获得立项批复。太原机场三期改扩建工作进入具体实施阶段

相关链接

随着太原武宿国际机场三期改扩建工程的建成，越来越多的国内重点和国际直达航线，山西对外交流的"朋友圈"越来越广，太原建设具有国际影响力的区域性中心城市的脚步将越来越快，太原都市区的集聚辐射功能也会越来越强，必将成为民航提质增效，牵引全省航空运输服务业再上台阶的新抓手。

23 科技创新为山西高速安全管理赋能

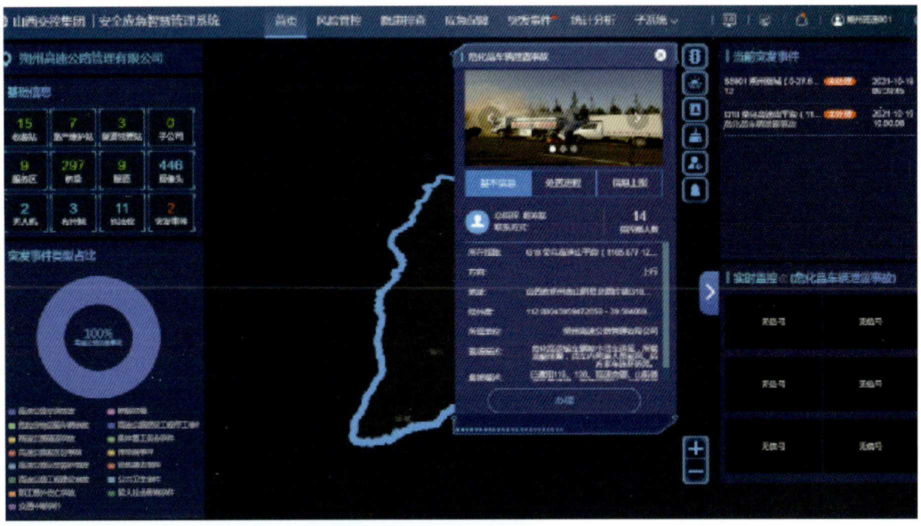

山西交控集团强化安全应急信息化、智慧化管理，自主研发“安全应急智慧管理系统”，构建起集安全预警、信息报送、物资调运、应急联动为一体的管理平台，实现应急指挥信息化、应急调度智能化和应急管理科学化

相关链接

“安全应急智慧管理系统”可实现事故信息接报、信息上报、和指令下达的信息化处置，为指挥部和现场处置单位提供应急资源调度、视频会商等智能辅助，实时掌握现场应急救援情况，进一步提升高速公路应急救援的数字化、智能化、可视化水平。

自主研发并推广应用“危化品运输车辆过隧道跟踪辨识和自动警示系统”，实现对隧道内危化品运输车辆的全程跟踪和异常事件预警，强化隧道内突发事件的科学应对处置。同时，在杏花服务区应用“危化品车辆服务区风险监控预警系统”，有效提升危化品运输车辆服务区停放风险防控能力。

24 交通基础设施建设

浮临高速开工仪式

静兴高速公路

垣绳高速

太忻大道开工仪式

6月26日，汾阳至石楼高速公路项目正式开工，6月30日，垣渑高速公路(试)通车仪式在河南省渑池县南村黄河特大桥举行。12月10日，作为太忻经济区起航的标志性、牵引性、先行性工程，太忻大道(忻州段)开工。12月21日，浮山至临汾高速公路正式开工，山西省“县县通高速”最后两个重点项目收官。静兴高速公路全线建成，12月29日，青银二广高速公路太原联络线按期开工。全省96%的县已开通高速公路

相关链接

6月26日上午，山西省“县县通高速”最后两个重点项目之一、“十四五”交通领域省重点工程——汾阳至石楼高速公路项目正式开工。省长蓝佛安出席开工仪式并强调，汾石高速开工建设，将结束石楼县不通高速公路的历史，打通吕梁革命老区对外开放的又一重要通道，对于补齐全省高速公路网、推动县域经济发展、促进乡村振兴具有重要意义。垣渑高速公路是山西省省道网“4纵15横33联”中第三纵全线贯通的最后一段，正式开通后，作为连接晋豫两省的“黄金通道”，极大地完善豫西北和晋东南的纵向路网框架。

《山西交通运输年鉴(2022)》

编辑说明

一、《山西交通运输年鉴(2022)》为本年鉴系列第二十九卷,由山西省交通运输厅发展研究中心组织编纂,收载文稿涵盖全省交通运输系统各单位、各部门建设、改革与发展情况,时限为2021年1月1日至12月31日。

二、《山西交通运输年鉴(2022)》以马克思列宁主义、毛泽东思想、邓小平理论、“三个代表”重要思想、科学发展观、习近平新时代中国特色社会主义思想为指导,坚持辩证唯物主义和历史唯物主义的立场、观点和方法,全面、完整地记述和反映全省交通运输系统各单位工作情况,突出展示全省交通运输系统各条战线、各行各业的骄人业绩,重点突出、结构合理,体例得当、层次清楚,内容丰富、表述准确,是一部资料翔实、开卷有益的工具书。

三、本版年鉴承接上年体例,设特载、大事记、省厅机关、厅直单位、公路系统、综合执法、邮政管理、交通控股、民用航空、区域发展、统计资料、先进典型、领导名录13个栏目。

四、本年鉴所载资料均由各单位专人撰写,领导审核后上报。文中有些地区性、部门性数据,由于统计数据的来源、口径、方式、时间不同,与统计局公布的可能不完全一致,请读者在查阅和引用时注意。

五、《山西交通运输年鉴(2022)》使用的计量单位,长度用千米(公里)、米、厘米、毫米,重量用千克(公斤)、克,面积用平方公里、公顷、平方米、亩,体积用立方米、升、毫升。

六、《山西交通运输年鉴(2022)》使用的数字、标点符号、计量单位分别执行国家标准《出版物上数字用法》(GB/T15835-2011)、《标点符号用法》(GB/T 15834-2011)、《国际单位制及其应用》(GB3100-1993)和《有关计量、单位、符号的一般原则》(GB 3101-1993)。

七、《山西交通运输年鉴(2022)》中所称“山西”“全省”,均指“山西省”;文中所称“省交通运输厅”“省厅”,均指山西省交通运输厅。

八、《山西交通运输年鉴(2022)》在编纂过程中,得到全省交通运输系统、邮政管理系统、山西交控集团、山西航产集团各级领导和有关编写人员的大力支持与热忱帮助,及时提供许多有价值的资料和稿件;为确保全书质量起到重要作用,为全书顺利出版提供便利和支持。

目 录

特载

大事记

省厅机关

厅直单位

公路系统

综合执法

邮政管理

交通控股

民用航空

区域发展

太原市

大同市

朔州市

忻州市

阳泉市

吕梁市

晋中市

长治市

晋城市

临汾市

运城市

统计资料

先进典型

领导名录

山西交通运输

2022 年鉴

特载

山西省交通运输厅

加快建设交通强省 为全方位推动高质量发展当好开路先锋

——在2022年全省交通运输工作会议上的讲话

山西省交通运输厅党组书记、厅长 赵建平

（2022年1月25日）

同志们：

今天，我们召开2022年全省交通运输工作会议，主要任务是：坚持以习近平新时代中国特色社会主义思想为指导，全面贯彻中共十九大和十九届历次全会精神，深入贯彻落实省第十二次党代会、省委经济工作会、省"两会"、全国交通运输工作会和全省推进交通强省建设动员会议精神，总结2021年工作，分析形势，部署2022年重点任务。

下面，我讲三个方面的意见。

一、2021年工作回顾

2021年，在省委、省政府的坚强领导下，在交通运输部的悉心指导下，全省交通运输系统高举伟大旗帜，牢记领袖嘱托，坚决拥护"两个确立"，积极践行"两个维护"。厅党组一年来共向省委、省政府和交通运输部请示汇报工作122次，省委、省政府和交通运输部领导专门作出批示36次，交通运输事业在党的领导下全面推向前进。面对各种风险挑战，全年交通运输各项指标圆满完成，实现了"十四五"良好开局，特别是疫情防控、水毁抢修、创新驱动等许多工作可圈可点，涌现出许多可歌可泣的英雄事迹。在各种风险挑战和急难险重的工作锤炼中，崇尚实干、务实高效成为全行业主旋律。

一年来，我们统筹疫情防控和服务大局，交通基础先导作用充分发挥

一是毫不放松抓好交通运输常态化疫情防控。全年全系统累计投入防疫资金5830万元，出动5.5万余名干部职工奋战在运输场站、公路检测点等防疫一线，牢牢守住了疫情防控的交通阵地。严格交通场站、运输工具和物流全链条防控。督促指导汽车场站、城市公交、出租车及冷链物流企业严格落实通风、消毒、查码、登记等防控措施，根据疫情变化，及时停发中高风险区域的客运班线，在公路入省口、收费站、服务区动态设置疫情检测点。精准有力防控境外疫情输入。持续抓好国际航班旅客转运及保障工作，全年保障经停太原国际航班43班次，安排转运车辆301台次，转运人员5068人次。畅通京津冀交通保障。依托中转调运站合理安排运输计划、运输路线和接驳方式，确保应急物资及时运输，全面加强市场保供、应急物资运输保障，坚决当好首都"护城河"。此外，严格做好交通运输行业重点人群疫苗接种工作，累计达44.5万剂次。二是全力推进灾毁公路抢险保通和恢复重建。2021年7月、9月、10月，山西省连续遭受3次强降雨影响，公路基础设施损毁严重，累计受损6500公里，道路阻断3350处，灾毁损失96.42亿元。灾情发生伊始，我们即高度重视、高度负责、闻汛出征，先后出动抢险人员22.7万人次，动用各类机械9.5万台次，投入9.43亿元，应急抢险、保通保畅工作取得明显成效，高速公路、村通公路全部抢通，普通国省干线公路基本抢通，人民群众日常出行和生产生活物资运输及国家能源保供运输均未受影响。同时，发扬连续作战精神，及时将工作重心转移到灾后恢复重建，积极开展灾损评估，科学编制了灾后重建方案和项目清单，健全了部门联审机制，多渠道争取资金补助，特别是积极争取交通运输部的支持，灾后恢复重建有序推进。三是交通运输经济持续高位运行。全年完成交通固定资产投资715亿元，同比增长12.4%，创历史新高，占全省固定资产投资总额的8.99%。全年完成公路货运量11.5亿吨、公路货物周转量3226亿吨公里，分别同比增长16.8%、15.8%；社会物流总额预计达4万亿元以上，物流业景气指数高于全国1.4个百分点；实现交通运输服务业增加值1209.4亿元，同比增长9.7%。交通运输投资和服务业的强势增长为全省"六稳""六保"发挥了积极作用。四是高起点布局交通强国建设。提请省委、省政府成立了省长任组长的交通强国建设工作领导小组，省委、省政府印发了山西省贯彻落实交通强国建设纲要的《实施意见》《行动计划》《项目清单》《责任分解》和《考核办法》。截至目前，37项试点任务取得实质性进展；18项预期成果已完成3项，10项取得阶段性成果。特别是2021年12月27日，省委、省政府召开全省推进交通强省建设动员大会，省委书记林武、省长蓝佛安亲自动员，省、市、县三级主要负责同志全部参加，会议规格之高、分量之重，史无前例，推动形成了各部门通力协作、各单位全力攻坚、各级责任全面压实的交通强省建设工作格局。

一年来，我们把握布局合理和集约高效，现代综合立体交通网加快构建

一是发展规划的牵引性不断加强。对表《国家综合立体交通网规划纲要》和《交通强国建设纲要》，深刻把握交通运输在我省全方位推进高质量发展中的"先行官"作用，有序推进各项规划编制。及时印发了《山西省省道网规划(2021—2035年)》和《山西省"十四五"综合交通运输体系发展规划》，规划提出的公路网布局方案和重大工程项目，得到了省委林武书记充分肯定。完成了《山西省交通运输"十四五"发展规划》《山西省公路运输服务"十四五"发展规划》等行业内34个系列专项规划。启动了《山西省交通基础设施国土空间控制规划》《山西中部城市群综合立体交通网规划研究》和《太忻经济区交通运输高质量发展行动计划》等的编制工作，交通运输中长期发展的"四梁八柱"宏伟蓝图基本绘就。二是快速交通的连通性不断加强。精准对接国家战略，强化高速度、专业化对外对内骨干通道建设。高速公路方面，新打通古城出省口，出省口总数达到28个。另一个出省通道静兴高速建成静乐至蔡家崖段。汾石高速、浮临高速最后两个县县通项目和支撑太忻经济区建设的青银二广太原联络线顺利开工。长临和长邯高速改扩建工程、运宝黄河大桥等3个项目获得"李春奖"，太原西北二环、临猗黄河大桥、黎霍高速等3个项目入选交通运输部首批平安百年品质工程创建示范项目。民航机场方面，运城、长治机场改扩建和朔州机场新建工程稳步推进，太原武宿机场飞行区西区滑行道工程完成阶段性目标任务。全省机场一体化运营管理步入正轨。三是干线交通的支撑性不断加强。干线交通网布局进一步优化。342国道晋城过境改线工程等8个项目已完工，其余27个项目加快推进，共完成新改建和路面改造工程156公里，普通国省干线公路二级以上路段占比达到87.68%。支撑太忻经济区建设的108国道砂河至石岭关段改建工程获批复立项。四是基础交通的普惠性不断加强。省政府连续四年召开"四好农村路"和旅游公路建设现场会，强力推动我省农村公路按既定目标加快发展。全年新改建农村公路5709公里，其中，"四好农村路"建成3696公里，运城、晋城等2个市和长子、阳城等5个县(市、区)荣获2021年"四好农村路"全国示范市、示范县称号；三个一号旅游公路建成2013公里，累计串联沿线74个A级以上景区、185

个非A级景点，黄河一号旅游公路临汾永和南庄至阁底段被授予“全国十大最美农村路”。五是支撑重大项目实施的要素保障能力不断加强。“十四五”期重点公路项目的土地预审和用地审批问题得到有效解决，土地规划指标将全部由省级保障，穿越生态红线和敏感地区的审批程序进一步规范。61个公路工程项目和7个水运工程项目全部纳入国家规划，“十四五”期可争取中央补助资金400亿元以上。出台“十四五”期普通省道和农村公路建设补助标准，可争取省财政一般预算资金43亿元。

一年来，我们聚焦提质升级和安全畅通，路网运行管理水平不断提升

一是持续推进高速公路服务区提质升级。专门出台《高速公路服务区管理办法》，进一步规范和完善了服务区运营机制。以省政府办公厅名义印发《高速公路服务区提质升级三年行动方案》，投入资金6.79亿元，新建“司机之家”12个，新开通运营加油站10座，开工建设加气站20座，改造老旧厕所32座，全省高速公路服务区面貌焕然一新。二是持续加大公路养护力度。出台《国省干线公路养护工程管理办法》，强化以“灌缝补坑”为主的日常养护，全年处置坑槽7200余处、裂缝24万余处。以晋中、吕梁为精准养护试点，对不同次差路段不同病害实施不同养护措施，处置次差路202公里。严格落实我省出台的《深化农村公路管理养护体制改革的实施意见》，在足额安排农村公路养护省级补助资金的同时，进一步明确了市县两级日常养护资金投入比例，全省公共财政将每年投入农村公路日常养护资金7.18亿元，平均每县624万元，养护标准全国排名第5，中部六省排名第1。全面建立县乡村三级“路长制”，全省登记在册各级路长共计2.2万人；成立了“县有交通运输综合执法员、乡有监管员、村有护路员”的路产路权保护队伍共计3万余人。全省农村公路优良中等路率达到90%。三是持续开展路域环境综合整治。按照交通运输部等四部委部署要求，深入开展公路限高限宽设施和检查卡点专项整治行动，共排查出1687处违规限高限宽设施和检查卡点，拆除取缔131处，整治完善1556处。制定实施了《山西省高速公路非公路标志管理办法》，集中开展公路交通标志标线优化提升专项行动，调整标志、标线1000余块、20余万平方米，受到交通运输部通报表扬。四是持续保持治超工作高压态势。坚持依法治超、科技治超，全省累计投入执法人员137.5万人次，检测车辆上亿辆，查处违法超限超载车辆9030辆，卸载货物1.59万吨，罚款166.11万元，记分39877分，超限超载率始终控制在0.2%以内，继续保持在全国最好水平。

一年来，我们满足群众出行多样化需求，运输服务更加便捷多元

一是打造对外开放空中走廊。加密了太原通往上海、天津等国内经济发达地区的航班，太原至日本、韩国、欧洲直航航线正在推进过程中。2021年6月26日首次开通太原到旧金山的国际货运航线，实现了从无到有的突破，为我省后续开通更多国际货运航线提供了借鉴。二是提升城市客运服务水平。统筹配置全省公共客运资源，全省新开通公交线路85条，调整优化线路105条，定制公交、旅游公交、接驳专线等特色公交发展迅猛。11个设区市城区新设立电子公交站牌150块，全部实现手机实时查询乘车信息，移动支付覆盖区域逐步扩大，累计发放交通一卡通128.9万张，全省公共客运智能化、信息化水平稳步提升。太原地铁2号线通车运营，全年客运量3918.9万人次，运营里程数1416.5万车公里，准点率99.97%。太原市被交通运输部命名为“国家公交都市建设示范城市”。三是推进城乡交通运输一体化。全省具备条件的26186个建制村100%通客车。积极开展城乡交通运输一体化示范县创建，平定县、平顺县通过交通运输部第一批示范县验收，武乡县、泽州县和沁水县列为部、省第二批示范县。鼓励农村客运公司化经营、集约化发展，有序推进城市公交线路向城区周边重点镇村延伸和农村客运班线公交化改造。长治市通过大力发展定制客运、增加停靠站点、延伸公交线路等方式，实现所有县区与高铁站直达，并在9个县(区)实现城乡公交一体化运营、6个县(区)实现公交免费。

一年来，我们立足结构优化和降本增效，现代流通体系建设逐步加强

一是强力推动货运车辆平台化。认真贯彻落实省委省政府关于市场主体倍增和发展平台经济的决策部署，印发《山西省推进网络货运发展行动方案》和《促进网络货运行业健康发展的若干措施》，推动单车独户车辆进入平台、统一管理，加快网络货运市场主体培育。山西省网络货运企业数量由年初23家增至329家，增长13倍，货运车辆纳入88.7万辆，全年完成营业额735亿元，同比增长12倍。入统的网络货运企业数达到63家，入统的营业额685亿元，晋中成丰货运入选山西省互联网企业20强。二是着力推动陆海空港一体化。深化晋津冀路港合作，协调中铁太原局、华远国际陆港，分别与天津港、唐山港签署战略合作协议，推动多式联运发展，有效带动企业货物运输“公转铁”“散改集”，不断提升铁路集疏港比例，有效降低企业物流成本。交通运输部公示山西方略保税物流中心为“口岸型国际内陆港、‘一园双网两级多维’大宗货物集装箱多式联运示范工程”。三是统筹谋划推动客货邮融合化。积极规划布局功能完善的乡镇客货邮综合服务站点，通过开展“交邮”“客邮”“快快”合作等方式，极大地丰富和满足了人民群众对美好生活的需求。全年快递包裹收投总量达到29.25亿件，同比增长34.24%。太原市万柏林区“长途客运+邮+货+农融合”获评全国第二批农村物流服务品牌。汽运集团晋城公司依托乡镇客运站、商贸中心、村级便民商店等，在全市建立农村快递网点736个，实现农村快递当日抵达，日处理快递1万余单。

一年来，我们着力发展绿色交通和智慧交通，行业含绿量、含新量显著提升

一是全力做好交通运输碳达峰碳中和前期工作。对接清华大学、交通运输部规划研究院等单位，结合我省交通运输企业“十三五”各年度主要能耗指标，编制《交通领域碳排放现状、趋势与峰值测算及达峰行动初步方案》，开展《山西省交通领域碳达峰路径研究》等4项课题研究，推动全省交通运输碳达峰碳中和工作高起点开展。二是大力发展绿色交通。开发交通运输生态环保管理平台，对全省绿色交通重点工作实行省、市、县三级平台化、网格化管理。开展绿色出行创建行动，指导太原、大同、阳泉、晋城、临汾等5市制定创建方案，分解创建指标，不断提升绿色出行水平。圆满完成淘汰国三及以下营运类柴油货车任务，累计淘汰15.06万辆。持续推动城市客运领域车辆电动化、甲醇化，新增及更新城市公交车辆全部采用新能源车，全省城市新能源公交车达1.47万辆，占比87.3%，全国排名第5位；新能源巡游出租车2.2万辆，占比52.5%，全国排名第2位。持续推进离隰高速等绿色高速公路示范工程项目建设，水体无害化施工、固废循环利用等绿色环保工艺应用范围进一步扩大。三是积极发展智慧交通。进一步提升信息化建设水平，编制完成《山西省数字交通五年(2021—2025年)建设行动计划》，推动交通运输信息监管平台建设。应用新技术管控危化品车辆风险，组织研发了“危化品车辆跟踪辨识与自动警示系统”，对隧道内危化品车辆进行精确识别、动态跟踪、实时警示、主动报警，在太佳东高速公路临县3号隧道试运行，解决了全国共性难题。持续完善公路建设智慧监管平台，实现了对在建重点公路工程特大桥、长大隧道等主要工点施工现场和关键岗位人员在线履约的实时监管。此外，积极推进“交通科技创新中心”建设，进一步汇集科研骨干力量和科研成果，为我省交通运输高质量发展提供强有力的科技支撑。

一年来，我们围绕优化职能和增强动能，推动交通重点领域改革成效进一步显现

一是做好事业单位改革“后半篇文章”。在基本完成事业单位重塑性改革的基础上，进一步理顺政事关系，明确厅直事业单位和厅机关各处室的职责清单、业务范围清单，划定业务边界和工作流程，有效解决了推诿扯皮和事业单位“人多事少”等问题。二是推进交通运输综合行政执法改革。省级层面，完成省高速公路综合行政执法系统三级机构挂牌组建、干部配备、人员转隶调配，组织开展了执法人员资格培训和执法证件申领、执法职责界定、执法制度创设等工作，并与山西交控集团建立高速公路综合行政执法工作联席会议制度，上路执法各项准备工作基本就绪。市县层面，已全部挂牌，绝大多数已正常履职。三是推进省公路局改革。统筹公路系统事业单位改革、所办企业脱钩改革、养护事权划分改革和养护市场化改革，系统开展省公路局改革方案研究，积极推进构建普通国省道现代治理体系。四是深化交通领域“放管服”改革。积极推进省级行政审批事项“取放调”工作，进一步提升行政审批效能，全年省级交通运输行政审批事项共办理10.96万件，全程网办率达98.4%，所有行政审批事项按照规定时限办结。持续创优交通投资环境，协调省自然资源部门首次使用省级土地指标解决重点工程补充耕地近1万亩，节约投资近5亿元；协调省人社厅等6部门优化失地农民社保测算，基本解决在建项目正式用地手续报批的“卡脖子”难题。正式上线运行道路运输电子证照系统，在全国率先实现《网约车经营许可证》等9类电子证照的申领使用。推动道路运输便民政务服务事项“跨省通办”落地落实，从业资格五项高频事项实现“跨省通办”。

一年来，我们坚持依法治理和本质安全，行业治理能力持续提升

一是认真组织开展交通运输执法领域突出问题专项整治行动。坚持见人见事、走深走实，抓住交通运输执法领域存在的宗旨不牢、作风不优、本领不强、担当不力、执法不廉、管理粗放等突出问题，扎实完成部署动员、自查自纠、深入整改、总结提升各阶段任务。省厅清单内的48个问题全部整改清零，全系统共立案调查处理执法领域违法违纪案件8件，54人受到组织处理，彰显了执法为民、正风肃纪的坚强决心。人民网、山西电视台等中央和省级媒体对全省专项整治行动的成效报道19次。二是多措并举推动交通运输领域安全形势稳中向好。落实“三管三必须”要求，先后召开7次厅安委会全体会议，分析研判安全生产形势，针对性部署重点工作。持续推进安全生产专项整治三年行动，明确了32项重大风险清单，组织对重点领域进行5轮督导检查，发现问题隐患1009项，已整改998项。完成危旧桥梁改造163座、公路安全生命防护工程464公里，新设农村公路平交道口减速带4126处，有力地提升了公路本质安全水平。圆满完成全省公路承灾体普查的数据采集，共采集路线及桥隧信息10.28万条、高边坡及各类自然灾害风险点9369条，经验做法受到国务院灾害普查办的通报表扬。在全国率先开展《高速公路运营交通安全风险评估指南》标准研究，填补了行业空白，得到了交通运输部的高度认可。在青银高速吕梁段试点探索创建平安文明示范路，突发事件起数和死亡人数同比分别下降22%和60%。狠抓工程质量，重点工程质量抽检合格率达95.9%，较上年度提升1.3%，运宝黄河大桥、霍永高速永和关段等2个项目入选交通运输部、应急管理部和全国总工会联合冠名的平安工程。规范高速公路服务区危货运输车辆停放管理，在全省74对服务区设置危化品车辆停放专区。严把营运船舶市场准入，强化海事安全监管和极端恶劣天气预警预报，全年停业整顿水运企业5家、限期整改14家、实施水上交通管制20次。厅应急值班室全年共接报生产安全亡人事故101起，死亡139人，同比分别下降7%和12%，重点公路建设和水上交通领域实现安全生产“零死亡”。三是扎实有效推进铁路沿线安全环境治理。高起点建立铁路沿线安全环境治理联席会议制度，创设定期报告、通报评价等10个联动机制，及时召开第一次全体会议。组织排查铁路沿线问题隐患1699项，已整治1591项，销号率93.64%；完成上跨铁路桥梁移交386座，完成率97.7%，提前超额完成省政府要求的隐患治理销号60%和桥梁移交80%年度目标任务。全面推行铁路沿线安全环境管理“双段长”制，设立县、乡两级“双段长”770名。

一年来，我们强化党的领导和党的建设，政治生态迈向持久风清气正

一是旗帜鲜明加强党的政治建设。厅党组深刻认识“两个确立”的决定性意义、决定性作用，带领全系统干部职工把坚决做到“两个维护”放在首位。深学笃用习近平总书记对“交通先行”的功能定位和新时代交通发展“五个坚持”的工作要求，牢树弘扬伟大建党精神，加快推进“交通天下”“互联互通”“公平普惠”。自觉把学习宣传贯彻党的十九届六中全会和省第十二次党代会精神作为当前及今后一个时期的重大政治任务，统筹安排了落实措施，形成任务清单26项。探索建立了巡察制度，完成对6个厅属单位的政治巡察工作，各单位进一步压实压紧从严治党主体责任、班子成员坚决扛起一岗双责。二是推动党史学习教育走深走实。有序推进专题学习、专题党课、专题民主生活会和专题培训，扎实完成省委实施方案各项工作要求，组织开展“演讲征文”“走访慰问”“颁发奖章”“座谈交流”等庆祝建党百年系列活动，切实增强广大党员的向心力、凝聚力、战斗力，汇聚起加快推进交通强省建设的磅礴力量。大力推进“我为群众办实事”实践活动，全面完成5项清单任务，其中，高速公路服务区“厕所革命”成效明显，省内主流媒体进行了专题报道。三是切实抓好干部管理。坚持党管干部原则，坚持正确选人用人导向，突出干部选用政治标准，进一步选优配强厅机关中层干部。严格做好领导干部日常监督，做到严管与厚爱相结合。加强干部理论教育和党性教育，举办各类专题培训10余次，有效提升了全系统领导干部政治素养、领导能力和专业水平。四是全面深化党风廉政建设和反腐败斗争。进一步转变文风会风，全年文件会议数量和三公经费同比大幅减少。认真落实中央八项规定及其实施细则精神，锲而不舍纠正“四风”，全年立案审查3起、免职处理党员干部6人、诫勉谈话5人、提醒谈话4人、批评教育13人、党纪政务处理2人、责令61个基层党组织作出深刻书面检查。特别是以调查汾河二坝桥等6座危桥成因为切入点，举一反三，标本兼治，深挖治理漏洞，补齐制度短板，切实把落实整改作为改进作风的实际行动，持续巩固良好政治生态。

二、2022年形势与机遇

交通运输是兴国之要、强国之基。在中华民族“站起来”“富起来”“强起来”的恢宏历程中，交通运输提供了坚实支撑和有力保障，在新时代实现中华民族伟大复兴的奋斗行进中，习近平总书记作出“交通要成为中国现代化开路先锋”的重要指示。2021年12月27日，省委、省政府深刻把握总书记对交通运输工作的战略定位，历史性地召开全省推进交通强省建设动员大会，把交通在现代化建设全局中的地位提到了前所未有的高度，为我省全面推进交通运输建设按下了“快进键”。

作为全省交通运输行业的主管部门和交通强省建设的主体单位，我们要知责履责，担责尽责，敢于争先，奋力当好山西全方位推动高质量发展的开路先锋。

——牢牢把握重大机遇。当前，我们最大的机遇就是山西全面推进交通强省建设战略，这一战略给我们提供了四个工作机制层面的支持：工作协同上，各级党政主要负责人将对交通强省建设直接部署、直接协调，省直相关部门将予以联动配合、形成工作合力；要素保障上，省委、省政府将深化投融资体制改革，创新用地保障机制，优先保障交通强省建设项目，确保重大交通项目顺利落地；考核评价上，交通强省建设将列入全省高质量发展综合绩效评价体系，纳入对各市和有关部门年度考核内容；激励作为上，省财政每年将统筹安排1亿元专项资金，对推进力度大、工作成效好的地方和单位给予奖励。这些要求举措，为我们做好交通运输工作创造了有利条件、提供了坚强保障。

——加快推进“三个转变”。把重大战略机遇转化为高质量发展优势，推动交通强省建设，必须转变发展方式、转变发展路径、转变发展动力，唯此方可推动全省交通运输事业爬坡过坎、做大做强。一是由追求速度向更加注重质量效益转变。交通运输高质量发展既包括自身产品和服务的高质量发展，也包括支撑全省全方位推动高质量发展，是发展质量、结构、规模、速度、效益、安全的有机统一。二是由各种交通方式独立发展向更加注重一体化融合发展转变。核心是建设现代化综合交通运输体系，充分发挥各种运输方式的组合效率和整体效益。三是由依靠传统要素驱动向更加注重创新驱动转变。重点是推进交通运输数字化智能化改造，提升交通行业全要素生产率。要通过“三个转变”，充分彰显交通运输基础性、先导性、战略性、服务性作用，推动交通运输成为全省现代产业体系协调发展的坚实支撑、内外经济循环相互促进的重要纽带、产业链供应链安全稳定的保障基石、内陆地区对外开放的战略支点。

——努力解决四个“不适应”。与推动交通强省建设的要求相比，我们要清晰地认识到差距和不足。一是交通基础设施网络与构建国际国内“双循环”的新发展格局不适应。高速公路出省口仍显不足，尚有6条841公里的断头路未打通，仍有5个县未通高速。普通国省干线公路超龄油路达40%、次差路达14%。客货运集疏功能建设滞后，全省还没有一个完全意义上的综合运输枢纽。民航航空国际运输能力不足。二是传统发展模式与创新、协调、绿色、开放、共享的新发展理念不适应。交通运输业应用大数据、人工智能、区块链等新技术深度广度不够，与现代物流、现代制造业等产业融合度不高。“重建轻养”“重路轻运”等观念根深蒂固，养护资金、人才匮乏。交通运输领域碳达峰碳中和任重道远。交通信息资源整合力度不够，跨方式、跨部门开放共享不足。三是服务供给质量不高与人民群众日益增长的新需求不适应。旅客联程联运发展滞后，定制、预约、响应式等个性化服务覆盖不足，旅客出行服务体验有待提升。货物多式联运发展相对缓慢，大宗物资中长距离公路运输占比依然较高。高速公路服务区仍存在基础设施陈旧、服务质量低、车辆能源补给难、功能单一等问题。四是行业治理效能与推进治理体系和治理能力现代化新要求不适应。行业安全稳定风险依然严峻，事故总量依然偏高，重大风险隐患仍未有效消除。公路行业改革任务仍然艰巨，体制机制改革亟须向纵深推进。跨部门联合执法、综合执法水平有待提高。新老业态融合发展不充分，道路运输行业转型升级步伐总体缓慢。这些问题，我们要勇于面对、迎难而上，改革创新、转危为机。

——加快构建“五个体系”。审时度势，虑定而动，天下无不可为之事。推动交通强省建设，交通部门要综合施策，牵头构建规划、路网、服务、品牌、治理“五个体系”。

一要加强顶层设计，科学构建交通强省规划体系。牢牢把握“先行官”定位，精准对接国家交通运输战略部署，按照省十二次党代会提出的全方位推动高质量发展目标要求，围绕全省“一群两区三圈”区域发展新布局，科学编制全省综合立体交通网、综合运输体系建设、现代物流发展等中长期规划，为推进交通强省建设提供规划引领和项目支撑。

二要勇于争先进位，加快构建交通强省路网体系。一是建设内联外通、立体高效的快速交通网。高速公路方面，重点推进“出省口”“断头路”“县县通”项目建设，“十四五”将再建成1000公里，达到6600公里，出省口达到32个，全面实现县县通高速，中部城市群建成“1小时交通圈”。民航机场方面，基本建成“一干八支”民用机场布局。二是建设能力充分、保障有力的干线交通网。进一步优化干线交通网布局，有序推进重要国省道、大交通量路段、城市过境路段和省际瓶颈路段升级改造，“十四五”期再开工50个3000余公里的一级公路项目，实现设区市之间高速公路、一级公路“双贯通”。三是建设覆盖广泛、安全便捷的基础交通网。重点实施旅游路建设再提速工程，今后三年每年建成2500公里，确保2024年全面建成总规模1.3万公里的黄河、长城、太行三个一号旅游公路；持续建设“四好农村路”2万公里，2025年实现乡镇100%通三级以上公路、60%的建制村通双车道公路、撤并保留较大人口规模自然村全部通硬化路、所有建制村通邮通物流快递。

三要顺应群众期待，持续构建交通强省服务体系。一是构建多层便捷的出行服务系统。强化城市、城际旅客出行服务对接，大力实施公交优先发展战略，加快推进农村客运网络建设，确保“十四五”末形成全省“3223出行圈”，即省会到国内主要城市3小时通达，省会到设区的市2小时通达，设区的市到县2小时通达，设区的市30分钟通勤。二是打造内联外通的物流系统。大力推动大宗货物运输“公转铁”“散改集”，推动太原、大同、临汾等无水港与沿海港口深度合作、联动发展。加快发展网络货运，用5年左右时间，培育网络货运企业500家以上，整合全省95%以上的货运车辆，形成集约化经营、规模化发展的新格局。确保“十四五”末形成全省“123快货物流圈”，即省内1日送达城市、2日送达农村，3日送达外省。三是发展融合一体的“交通+”服务。重点发展旅游客运、通航旅游、水上旅游等更多“运游结合”服务产品。

四要坚持创新驱动，着力构建交通强省品牌体系。一是打造交通强国建设试点新高地。依靠科技创新、体制创新、制度创新，以点带面，纵深推进，做实做精交旅融合、车路协同等5个领域120项交通强国建设试点任务，努力形成一批具有山西特色、全国领先的示范项目，打造交通强国建设山西样板。二是打造绿色交通新标杆。加强交通生态环境保护和修复，强化线位资源集约节约利用，推动交通运输装备迭代升级，打造黄河流域最美交通“风景区”。三是打造科技赋能新引擎。加快建设交通运输信息监管平台，推动交通基础设施数字化转型，探索形成智慧交通山西方案。

五要确保行业安全，全面构建交通强省治理体系。一是建设平安交通。牢树“三管三必须”底线，强化交通运输基础设施风险评估和分级分类管控，多措并举，着力提升“两客一危”和工程建设等重点领域安全监管水平，健全协同联动应急体系，不断增强交通应急保障能力。二是建设法治交通。聚焦行业治理现代化，完善交通运输制度体系，提升依法决策、依法行政、依法治理能力，加强交通法治文化建设，全面建设职能科学、权责法定、执法严明、公开公正、智能高效、廉洁诚信、人民满意的法治政府部门。三是建设廉洁交通。持续深化理论武装，巩固拓展党史学习教育成果，不断树立“四个意识”、坚定“四个自信”、坚决做到“两个维护”。持续深化政治巡察，深刻吸取教训，把全面从严治党贯穿交通强省建设的各领域、全过程，全方位营造担当实干、奋发有为、风清气正的政治生态。

以上“一个重大机遇”“三个转变”“四个适应”“五个体系”，简称“1345”，是我们推进交通强省的总体架构和工作矩阵，一定要抓好宣贯落实。

三、2022年工作安排

2022年是交通强省建设高起点推进的第一年。全省交通运输工作的总体要求是：以习近平新时代中国特色社会主义思想为指导，进一步弘扬伟大建党精神，按照省第十二次党代会、省委经济工作会议、省“两会”和全国交通运输工作会议部署，紧扣我省全方位推动高质量发展的目标要求，以交通强省建设为统领，加快建设高质量综合立体交通网，着力提高交通运输服务供给质量，深化重点领域改革，守牢安全生产底线，巩固拓展良好政治生态，久久为功，真抓实干，在奋力谱写全面建设社会主义现代化国家山西篇章中当好开路先锋，以优异成绩迎接中共二十大胜利召开。

主要预期指标是：全省交通固定资产投资完成800亿元以上，增长10%以上。新增高速公路里程245公里、再打通2个出省口、2条断头路，高速公路总里程突破6000公里；完成普通国省干线公路新改建工程270公里；完成“四好农村路”和三个一号旅游公路新改建工程6500公里；高速公路优等路率、普通国省道优良路率、农村公路优良中等路率分别保持在97%、82%、90%以上；交通运输服务业增加值同比增长8%；航空旅客和货邮吞吐量同比增长5%；农村寄递物流服务实现91个县（市）全覆盖；非法超限率控制在0.2%以内。进一步提升安全生产本质水平，坚决防止重大及以上责任事故。

重点做好以下11个方面工作：

（一）坚决抓紧抓好常态化疫情防控

当前，全球疫情仍处于高位流行，国内疫情呈现局部散发和规模性聚集并存态势，尤其是邻省陕西、河南发生疫情，外溢山西省的风险进一步加大，春节临近，人员流动、聚集引发的疫情传播风险增加。各级各部门要坚决克服麻痹思想、松劲心态，密切关注疫情防控形势变化，严格按照省联防联控机制确定的各方责任和交通运输系统承担的职责，精准有效抓好各项防控工作。一是持续强化外防输入。继续做好国际航班经停太原入境疫情防控，严格落实高风险岗位作业人员闭环管理防控措施，严格“点对点、一站式”入境人员接运。二是持续强化内防反弹。督促各企业压实主体责任，严格落实交通运输工具、场站消毒通风、人员测温、健康码检查、佩戴口罩等要求，坚决避免疫情通过交通运输环节传播。三是持续强化人、物同防。加强一线工作人员的个人防护，推进行业重点人群疫苗接种和加强免疫接种工作，做好全系统干部职工自身防控。严格执行我省关于入晋冷链食品防疫工作的有关要求，强化冷链货物运输企业和车辆的消毒工作，坚决防止疫情经进口冷链环节输入。四是严禁在主线设卡阻拦。严格贯彻落实交通运输部工作要求，科学合理设置公路疫情防控检查站点，原则上同一方向只设置一个检查站点，严禁擅自在高速公路省界主线设置疫情防控检查站点，不得擅自阻断或者隔离高速公路、国省干线和农村公路。

（二）全力做好安全维稳工作

2021年将召开中共二十大，这是党和国家政治生活中的一件大事，安全稳定工作是底线。一是提高重大风险防范意识。持续做好全省交通运输行业32项重大安全风险清单的全面排查、精准管控和动态跟踪。深入开展安全生产专项整治三年行动，围绕“巩固提升”主题，着力在标准规范、政策措施层面针对性补齐短板，逐项推动落实。深化自然灾害综合风险公路承载体普查，加强地质灾害多发路段的排查评估。加强政府还贷收费公路资金监管，着力防范化解债务风险。深化平安交通建设，常态化推进扫黑除恶和反恐怖工作。把握不同时间节点安全生产工作重点，切实做好季节性预警预防，全力做好重要节日、重点时段、重大活动期间的交通运输安全保障和信访维稳等工作。二是提高重点领域本质安全水平。严格落实“三管三必须”要求，研究出台《交通运输部门安全监管职责实施意见》和《交通运输企业主体责任实施意见》，进一步压实省、市、县各方安全监管责任和企业安全主体责任。严格“两客一危”、重载货车、农村客运和重点船舶的安全监管。持续整治危货运输车辆异地经营行为，全面推广使用危险货物电子运单，强化高速公路服务区危货运输车辆停放管控。开展公路交通安全设施精细化提升专项行动，完成农村公路危旧桥改造95座、生命安防工程400公里，完成普通国省干线公路危旧桥改造56座。深化平安工地建设，坚守工程质量安全红线。持续推进铁路沿线安全风险隐患治理，协调推进铁路平交道口“平改立”工作，开展公铁并行路段护栏设施专项整治。三是提高交通运输应急管理能力。加强应急值守专业化、规范化建设。健全完善应急预案体系，推动各级各类预案有效衔接，形成跨区域、跨部门协作联动、联防联控的新格局。开展典型事故案例复盘研究和多种形式的应急演练，强化巨灾场景模拟构建，加强预警发布提醒，提升突发事件专业化应对水平。加强应急救援队伍建设，做好应急物资储备。组织开展统筹做好煤炭、天然气、粮食等生产生活物资保供应急处置工作，强化运力储备调度，确保突发情况下能源运输不断链、有保障。

（三）着力推进交通强国建设

贯彻落实全省推进交通强省建设动员大会精神，按照山西省关于交通强国建设的《实施意见》，加快推动各项重点任务落实落地。一是推进交通强国试点建设。对照《试点实施方案》《责任分解》，进一步明确和细化各责任主体的工作任务。同时，加强对试点实施单位的指导服务和精准考核，组织开展各项试点任务的跟踪、验收，确保完成第一阶段65项试点任务和18项中期成果。二是推进交通强国项目建设。认真抓好省政府《推进交通强国建设行动计划（2021—2022年）项目清单》的落实，协调省发改委加强项目调度，加快项目建设进度，确保圆满完成预定目标。三是积极争取国家支持。加强与交通运输部的沟通对接，最大限度争取政策、项目、资金支持，推动形成省部共建的良好局面。

（四）持续完善综合立体交通网

加快构建内畅外联的交通运输网络。一是坚持规划引领。尽快出台《山西省综合立体交通网规划纲要》《交通基础设施国土空间控制规划》。着力构建与支撑中部城市群建设、太忻一体化经济区建设相适应的规划体系，加快实施山西省交通运输“十四五”发展规划等系列专项规划，细化分解规划目标任务，推动规划项目化、清单化、方案化。二是狠抓项目建设。高速公路方面，以“贯通、扩容”为重点，实施县县通高速、打通“出省口”、贯通“断头路”、城市群都市圈融合、绕城高速改线等工程，完成投资350亿元以上。推动汾石、浮临等14个续建项目建设全面提速，建成隰吉、朔神、静兴、运三连接线4条高速公路。督促太原市政府启动太原环城高速退线前期工作；督促吕梁市政府尽快解决祁离高速建设进展缓慢问题；督促朔州、忻州市政府加快推进“应县—繁峙—五台”我省最后两个断头路的前期工作，力争年内开工建设。加快推进阳城至永济、风陵渡黄河大桥及引线、太旧高速扩容改造等项目的前期工作，力争年内批复立项。普通国省道方面，以“畅通、升级”为重点，实施城市过境改线、瓶颈路段升级、重要节点联通工程，完成投资140亿元以上。加快推进208国道晋中段等27个续建项目建设，年内完工16个项目。新开工108国道忻州段、208国道长治段等6个共计490公里的一级收费公路项目。加快推进108国道太原段等5个支撑太忻经济区项目和209国道王官黄河大桥等4个出省口项目的前期工作，力争年内开工。农村公路方面，以“覆盖、提质”为重点，实施农村公路路网延伸、三个一号旅游公路成网、农村公路提质工程，完成投资240亿元以上。其中，“四好农村路”建成4000公里，旅游公路建成2500公里。民航机场方面，以“新建、完善”为重点，推进干线机场改扩建、支线机场新建完善、通用机场成网工程。加快推动太原武宿国际机场三期改扩建、运城机场飞行区改扩建和朔州机场新建工程，推动晋城机场新建和大同机场改扩建的前期工作。推进芮城、灵丘、繁峙等通用机场建设。水上交通方面，实施航道整治提升、码头渡口布局完善工程。力争年底前完成汾河三期景区至晋阳湖、榆社云竹湖、沁县千女湖至瘦西湖旅游航运建设工程的前期工作，推动第一批库湖区便民交通码头项目建设开工。运输站场方面，完成投资6亿元，建成大同综合客运枢纽，开工建设朔州综合客运枢纽和长治综合客运枢纽。公路灾后恢复重建方面，完成投资70亿元，抢通最后2处因灾阻断的普通国省干线路段，加快实施灾后恢复重建项目，确保受灾路段尽快全面恢复到灾前水平。三是千方百计推动项目落实落地。深化项目技术方案研究，加大项目前期工作力度，优化审批程序，形成“续建一批、开工一批、谋划储备一批”的梯次推进格局。建立完善重大项目协调推进机制，着力解决资金、环评、用地等要素保障问题。制定出台山西省高速公路扩容改造工作指导意见和高速公路互通立交增设改造管理办法，建立对地市人民政府、项目建设管理机构的评价考核机制。

（五）着力提高交通运输服务供给质量

持续提升交通运输服务能力和服务品质，改善服务体验，更好满足经济社会发展需要和人民群众美好生活新期待。一是提升公路路况水平。加强公路巡查和经常性检查，推广快速巡查车、手持终端等自动化巡查手段，建立日常养护信息化管理平台，实现事件上报、审批、处理、验收等闭环管理。完善养护决策和养护质量监督考核评价制度，简化养护工程审批流程，缩减审批周期。继续开展以“灌缝补坑”为主的日常养护，路面有效修补率高速公路达到90%以上、普通国省干线公路达到80%以上。加大预防性养护和路况薄弱路段养护力度，结合路况等级分类实施精准养护，统筹推进修复性养护和专项养护。贯彻落实《公路养护作业单位资质管理办法》，深化公路养护市场化改革。二是提升路网管理运行和服务水平。强化路面管控和源头治理，深入推进治超联合执法常态化、制度化。加强普通国省干线公路路网监测设施建设，推动高速公路路网感知预警技术升级，逐步构建全覆盖、全天候、全要素路网运行感知体系。全面总结规范高速公路速度管理试点经验做法，并在全省推广应用。加强公众出行引导，强化出行信息多渠道、实时、精准、高效发布。深入推进服务区提质升级行动，新建12个“司机之家”、8个“妈咪小屋”、20座加气站、40座充电站和40座加油站，并将太原南服务区打造成为标杆服务区。三是提升客运服务品质。推广“出行即服务”理念，加快发展旅客联程运输，推进公铁、公空联运，利用汽车客运站建设3—5个城市候机楼，在不通高铁的县(市)布设高铁简易候车室。加快道路客运转型升级，鼓励中短途道路客运班线定制化发展。优化运游融合产品供给，开通榆次老城—灵石王家大院等旅游直通车，开通长治—大同、临汾—五台山等短途航线和以晋城、长治为主的南太行片区低空旅游项目。四是持续促进物流降本增效。推进多式联运发展，促进公路与其他运输方式无缝衔接。提升干线货运物流发展水平，深入推广甩挂运输，推动干线甩挂运输和多式联运、末端配送高效衔接。深化高速公路差异化收费，完善配套相关政策。推动网络货运加快发展，适时召开全省网络货运发展推进会，培育年营业额超2000万元的规模企业达到100家，全年网络货运营业额达到1000亿元。

(六)强化同乡村振兴战略有效衔接

坚持人民交通为人民，办好服务民生实事，兜牢民生底线，为乡村全面振兴、促进共同富裕当好先行。一是推进“四好农村路”高质量发展。推动农村公路建设项目更多向进村入户倾斜，年内建成自然村通硬化路1300公里、建制村通双车道700公里、乡镇通三级及以上公路740公里、县乡公路改造1120公里、资源路产业路420公里。深化农村公路管养体制改革，在晋源区、右玉县等6县区开展改革试点，及时总结推广典型经验做法。深化“四好农村路”示范创建，年内创建国家和省级示范市各1个、国家示范县4个、省级示范县5个。二是推进城乡客运一体化。巩固拓展具备条件的乡镇和建制村通客车成果，优化农村客运服务供给，最大程度满足农村群众群体性、潮汐式出行需求。提升农村客运通达广度深度，有序推进城市公交线路向城区周边重点镇村延伸和农村客运班线公交化改造，提升城乡客运均等化服务水平。三是提升农村物流服务水平。加快农村物流公共节点建设，支持县乡公路客运站改造，健全快递收寄、仓储配送、流通加工等功能，实现“一点多能、一网多用、多站合一”。支持邮政、快递企业网点下沉，加快实施“快递进村”工程。推广“运邮”融合发展，实现城乡统一集中配送。年内打造3个客货邮融合发展样板县、建成10个以上客货邮综合服务站、开通20条以上客货邮合作线路。此外，持续做好对石楼县罗村镇的驻村帮扶工作，发展壮大村集体经济，促进帮扶群众稳定增收。

(七)厚植交通运输发展绿色底色

坚持远近结合、突出重点、分类施策，有序推进绿色低碳交通运输体系建设。一是持续推广绿色低碳运输工具。推进运输装备专业化、标准化，加快高污染、高能耗老旧营运车船淘汰更新。持续推动城市客运、城市物流配送车辆及中重型卡车电动化、新能源化和清洁化，城市公交、出租车、网约车等新增和更新车辆全部采用新能源车。指导太原市、大同市完成全国绿色货运配送示范城市创建。二是持续优化调整运输结构。巩固“公转铁”成果，持续推动煤炭等大宗货物和中长途公路货运向铁路转移。深化与唐山港、天津港等沿海港口合作，加快推进集装箱运输等先进运输组织方式，继续组织开展多式联运示范工程建设。三是持续引导绿色低碳出行。推动公共交通优先发展，指导具备条件的城市做好“十四五”期创建“国家公交都市建设示范城市”的申报工作。推进太原、大同等5市绿色出行城市创建，力争60%以上的创建城市完成创建任务，绿色出行比例达到70%以上。探索建立群众绿色出行“碳积分”机制，积极引导形成低碳出行生活方式。四是持续强化资源节约集约循环利用。推广使用节水、节材、节约土地资源的交通工程技术，推进在建高速公路项目“绿色公路”创建全覆盖，推动废旧路面、沥青等材料再生利用，扩大煤矸石、矿渣、疏浚土、建筑垃圾等工业废料的综合利用。推进邮件快件包装绿色化、轻量化。

(八)全力推动交通运输数字化转型

推动大数据、物联网、人工智能、区块链等新技术与交通行业深度融合，赋能交通运输高质量发展。一是推进交通基础设施智慧化升级。加强长大桥健康性能实时监测预警，完成晋济高速南河特大桥、七甲坡3号大桥健康监测系统建设。提升旅游公路智慧服务品质，在已建成通车路段布设5G基站5936个。加快推进长治市国道环线公路开放式自由流收费试点,打造普通国省收费公路按里程精准计费"山西样板"。推进车路协同试点,建成五盂高速公路、阳泉市大连街测试路段25公里。二是推进运输服务智能化升级。鼓励企业整合多方式出行信息资源,为旅客提供全链条、多方式、"一站式"出行服务,推动旅客联程运输发展和全程服务数字化。完成我省道路客运电子客票服务系统建设,推动客运售票、检票、安检、登乘等环节电子化、无感化。扩大智能公交、智慧调度在城市客运领域的应用。三是推进行业治理数字化升级。推进山西省交通运输信息监管平台建设,推动全系统各类信息资源共享交互。加快建设网络货运监管服务平台,推动由目前单一监管功能向监管服务功能延伸。依托全省农村公路云平台、"路长制"手机App等信息化手段,建立农村公路大数据中心。加快公路基础设施信息数据采集,建立山西省公路桥梁档案库,形成"一路一档""一桥一档""一隧一档"。完善公路建设智慧监管指挥调度平台,召开高速公路智慧监管现场交流会,推广黎霍高速智慧工地建设成果。按照"应接尽接"的原则,推进交通运输领域"互联网+监管"平台及时与国家对接。

(九)持续深化重点领域改革

落实全面深化改革要求,破除交通运输高质量发展的体制机制障碍。一是推进省公路局改革。加强普通国省干线公路养护事权划分改革研究,厘清省、市、县三级职责,做实市县政府责任,全面推进省公路系统事业单位改革、事企脱钩改革和养护市场化改革,转变发展方式,增强发展动能,重塑普通国省道治理体系。二是深化综合行政执法改革。省高速公路执法总队尽快实现上路执法。指导督促市、县交通运输主管部门在地方党委政府领导下,加快完成综合行政执法改革各项任务。健全跨部门跨区域执法联动联合协作机制,推动审批服务与执法监管信息开放共享、互联互通。巩固深化交通运输执法领域突出问题专项整治成果,建立完善执法规范化长效机制,组织实施执法队伍素质能力提升行动。三是深化"放管服"改革。结合交通运输工作实际,再取消下放一批行政审批事项。推动交通运输监管领域"双随机、一公开"监管全覆盖、常态化、制度化,加快构建以信用监管为基础的新型监管机制。深入开展招投标专项整治,净化公路建设市场。完善新业态包容审慎监管机制,促进网约车、分时租赁、共享单车、定制客运等新业态规范健康持续发展。进一步推行"不见面"办事,推动"一网通办"和"跨省通办"。全方位加强道路运输电子证照宣传推广,进一步拓展应用场景,确保道路运输电子证照推广应用始终保持全国一流水平。加强船舶检验机构建设,强化人员、经费保障,推动船检高质量发展。

(十)全面提升行业治理水平

完善制度规则,打破市场壁垒,推动建立统一开放交通运输市场。一是深化法治政府部门建设。实施交通运输法治政府部门建设"十四五"规划,加快推进《山西省高速公路管理条例》《山西省道路运输条例》《山西省公路条例》等地方性法规和《山西省道路货物运输源头治理超限超载暂行办法》等政府规章的修订出台。严格落实重大行政决策流程,把好合法性和公平性竞争审核。落实"谁执法谁普法"责任制。二是优化交通运输营商环境。完善建设、养护、运输等市场准入、退出制度,强化竞争性政策的基础性作用,落实负面清单制度。实施市场主体倍增计划,健全支持交通运输民营经济、中小企业发展的政策制度,营造各种所有制主体平等使用资源要素、公开公平公正参与竞争的市场环境。建立常态化交通运输政企沟通机制,健全企业诉求收集、处理、反馈制度,加强对行业企业的指导和支持力度。三是完善交通运输社会共治体系。建立健全公众参与交通运输治理的制度机制,畅通公众参与渠道,巩固"12328"热线集中整治成果。拓宽交通运输政务公开领域和范围,推进决策公开、执行公开、管理公开、服务公开、结果公开。鼓励交通运输行业协会等社会组织积极参与行业治理,强化行业和企业自律。

(十一)加强党的建设和党风廉政建设

坚持党的领导,不断提高党建和党风廉政建设质量，为交通运输高质量发展提供坚强政治保障。一是持续深化理论武装。深入学习贯彻党的十九届六中全会精神，同巩固拓展党史学习教育成果、学习贯彻总书记“七一”重要讲话精神结合起来，同学习贯彻总书记在第二届联合国全球可持续交通大会上的主旨讲话精神结合起来，树立“四个意识”、坚定“四个自信”、坚决做到“两个维护”，不断提高政治判断力、政治领悟力、政治执行力。二是持续推进党风廉政建设和反腐败斗争。深入贯彻十九届中纪委六次全会精神，坚持严的主基调不动摇，坚持以零容忍态度惩治腐败，坚持纠正一切损害群众利益的腐败和不正之风，坚持抓住“关键少数”以上率下，一体推进不敢腐、不能腐、不想腐，使惩治震慑、制度约束、提高觉悟一体发力。坚定不移贯彻中央八项规定精神，毫不松懈纠治“四风”。加强对“一把手”和领导班子的监督，强化权力运行制约，健全完善干部选任、规划制定、行政审批、资金安排、项目管理、安全监督、行政执法等重要环节内控机制。深化政治巡察，完善巡察规划和工作方案，将纪律作风整顿与巡察工作结合起来，推进全面从严治党向纵深发展。三是加强支部建设和队伍建设。探索建立标准化基层党支部，促进党建与业务融合发展，深化模范机关建设。贯彻新时代党的组织路线，加大干部选任力度，坚持好干部标准，选优配强各级领导班子，大力培养选拔优秀年轻干部。深化人才发展体制机制改革，加强专技人才队伍继续教育，持续提升全行业“高精尖缺”人才比例。此外，还要持续做好群团组织建设、离退休人员管理、交通战备、拥军优抚等各项工作，特别是抓好新闻舆论工作，提升交通运输政务媒体的传播力、引导力、影响力、公信力，讲好新时代交通故事。

新春将至，做好岁末年初各项工作也至关重要。要切实抓好安全生产和常态化疫情防控工作，认真做好煤炭、天然气、粮食等重点物资运输保障工作，全力做好2022年春运工作，持续做好值班值守工作。

同志们！号角已经吹响，征途就在脚下！让我们高举习近平新时代中国特色社会主义思想伟大旗帜，在省委省政府的坚强领导下，用恒久之功，尽非常之力，行超常之举，在山西全方位推动高质量发展和现代化建设中牢记总书记嘱托，逢山开路、遇水架桥，勇当开路先锋，以优异成绩迎接中共二十大胜利召开。

坚持严的主基调不动摇
扎实推进清廉交通建设

——在2022年全省交通运输系统党风廉政建设工作会议上的讲话

山西省交通运输厅党组书记、厅长　赵建平

（2022年3月4日）

同志们：

今天，我们召开全省交通运输系统党风廉政建设工作会议，主要任务是：坚持以习近平新时代中国特色社会主义思想为指导，认真学习贯彻中共十九届中央纪委六次全会和省纪委十二届二次全会精神，总结回顾2021年交通运输全面从严治党工作，分析形势，部署全年党的建设各项任务。刚才，建业同志传达了省纪委十二届二次全会精神，通报2021年执纪监督情况，并对2022年抓好党风廉政建设工作提出要求，我完全赞同，大家要认真抓好贯彻落实。

下面，我讲三个方面意见：

一、2021年全系统全面从严治党工作回顾

2021年，厅党组全方位深入学习贯彻新时代党的建设总要求，牢牢扛起全面从严治党主体责任，管党治党水平不断提升，交通运输风清气正的良好政治生态进一步巩固。

政治建设统领作用更加充分发挥。厅党组坚持把政治建设摆在首位，引领全系统坚决捍卫“两个确立”，积极践行“两个维护”，以实际行动认真抓好习近平总书记关于交通运输工作的重要指示批示精神的贯彻落实。特别是在疫情防控方面，坚持人民至上、生命至上，出动5.5万余名干部职工奋战在运输场站、公路检测点、服务区等防疫第一线，牢牢守住疫情防控的交通阵地。在“四好农村路”建设方面，新建成3696公里，超额完成年度任务。在灾后恢复重建方面，第一时间进行抢修保通和防汛救灾，先后出动抢险人员22.7万人次，投入9.43亿元，确保人民群众安全出行。同时，积极落实中央和省委关于交通强国建设的重大部署，37项试点任务取得实质性进展，18项预期成果完成3项，10项取得阶段性成果，历史性地召开全省推进交通强省建设动员大会。

理论武装更加持续深化。厅党组坚持“第一议题”制度，严格按照中央、省委部署开展党史学习教育，带头组织集体学习19次，专题交流研讨11次，切实为全系统开展理论学习起到示范引领作用。充分利用“山西交通干部在线”平台开发8个系列139门课程，极大地丰富学习内容。组织专题讲座、辅导189场次，参学人数累计达9667人；开展习近平总书记在庆祝中国共产党成立100周年大会上的讲话精神宣讲138场次，参与学习人数5850人，全系统全员学习的局面逐步形成。全系统扎实推进完成“我为群众办实事”清单项目38个，广受群众好评。

党组织凝聚力更加增强。加强厅直机关党委建设，组织完成换届选举，选优配强机关党委、纪委班子，为加强机关党的建设提供坚强组织保障。着力优化机关干部队伍结构，优化任用厅机关正处级领导干部3名，副处级领导干部9名，增强机关干部队伍活力。组织开展庆祝中国共产党成立100周年系列活动，对全系统97名共产党员、28名党务工作者和16个基层党组织进行表彰；为全系统104位党员颁发“光荣在党50年”纪念章，进一步增强广大党员干部听党话、感党恩、跟党走的决心。

率先试点政治巡察工作。坚持把开展巡察工作作为严肃党内政治生活、净化党内政治生态、加强党内监督的重要抓手，聚焦重点任务落实、管党治党等方面，对厅直属6家事业单位进行全面政治体检，共发现各类问题77个，督促完成整改57个。

作风整治初见成效。为有效整治纪律松弛、作风涣散的问题，厅党组加大明察暗访力度，先后3次派出检查组深入各单位办公场所开展检查，对发现的问题及时纠治，切实刹住歪风。加强对行政审批窗口的管理，先后开展窗口人员选派、行政审批事项“四级四同”等多项工作，不断提升服务意识和服务品质，树立交通运输行业的良好形象。

监督执纪更加精准严格。开展违规入股企业专项清理，全系统主动申报违规入股企业人数151人，已纠正退出147人；主动申报有违规获益的，已上缴红包礼金账户95.6万元；处置相关问题线索33条，对3人诫勉谈话、2人批评教育并责令作出深刻检查、2人谈话提醒，对7人问题线索予以了结。紧盯关键环节强化执纪问责，在危桥改造项目中，发现有6座危桥存在设计、施工监理等方面的问题，对有关单位和个人进行严肃处理。

二、全系统党风廉政建设形势和问题

一年来，厅党组坚持以全面从严治党引领保障交通运输全方位高质量发展，实现“十四五”良好开局。但是，对照习近平总书记关于党的自我革命的战略思想，对照党中央关于纵深推进全面从严治党的战略部署，对照省委关于“全面建设清廉山西”的重大目标，全系统在推进全面从严治党和深化党风

廉政建设方面,还存在不少差距。

廉洁建设任重道远。系统内个别人无视党纪国法底线红线高压线,不收手不收敛,顶风违纪违法。吕梁公路分局兴县公路段段长问旺海涉嫌严重违纪违法、朔州公路分局朔城区会计涉嫌职务犯罪,这两起案件的发生,都警示我们,反腐倡廉的任务依然十分艰巨。同时,在招投标领域,围标串标等现象屡禁不止,廉政风险尚未根治,防控仍需加强。

作风整治仍需发力。从2021年中秋国庆期间明察暗访情况来看,11个公路分局,9个执法支队不同程度存在超标使用办公用房、公务用车使用不规范、乱发津补贴等违反中央八项规定精神的问题。甚至,有的单位情况还比较严重,朔州公路分局怀仁段领导班子居然集体超标准占用办公用房,反映出一些单位政治意识、规矩意识亟需加强,内部管理亟待规范。同时,通过对6座危桥成因的分析和问题处置来看,工程建设领域个别环节监管缺失、干部职工不认真履责,对工程质量把控不严,给国家和人民财产造成不小损失,亟需整顿治理。

履责担当精神不足。从2021年查办的案件和驻厅纪检监察组反馈的问题看,部分领导干部责任心不强,履职尽责不力,对单位疏于监督管理;部分工作人员对改革持消极等待观望态度,推动工作缺乏精气神。个别单位一些免去职务保留待遇的干部无故不到岗,这一问题随着改革进一步深入还存在扩散风险,需引起各单位各部门的高度重视。这些问题反映出个别党组织履责能力不足,存在不敢管、不敢严的情况。

三、2022年全面从严治党工作安排

2022年,全系统各级党组织要进一步坚定捍卫"两个确立",坚决做到"两个维护",把思想和行动统一到习近平总书记在中纪委十九届六次全体会议上的重要讲话精神上来,按照省委书记林武在省纪委十二届二次全会上的讲话和全会部署,用好党的百年奋斗历史经验,牢牢扛起全面从严治党主体责任,坚持严的主基调不动摇,以党的政治建设为统领,不断坚定政治信仰,提高政治能力,净化政治生态,建设清廉交通。

重点抓好以下五个方面工作:

(一)坚定不移强化政治建设,进一步加强党对交通运输工作的领导

深刻把握"两个确立"的实践要求,始终做到"两个维护"。全系统要深入学习贯彻中共十九届六中全会精神,强化捍卫"两个确立"的政治、思想和行动自觉,在任何时候都要站稳政治立场,把准政治方向,注重政治效果,考虑政治影响。要把学习贯彻习近平总书记历次考察调研山西时的重要讲话重要指示和关于交通运输工作的重要论述作为首要政治任务,以不忘初心、牢记使命体现维护核心、忠诚核心、拥护核心、捍卫核心的政治态度。要聚焦常态化疫情防控,进一步压实工作责任,严防疫情燃点在交通战线发生。要聚焦"四好农村路"、交通强国试点、太忻经济区建设等有关重点工程,建立台账、盯紧工期,确保中央、省委部署的各项目标任务如期完成。要树牢总体安全观,及时回应人民群众关切,加强风险隐患排查,全力维护政治安全、生产安全,营造安定团结发展环境。

深化创新理论武装,始终做到真抓实干。全系统要把学习贯彻习近平新时代中国特色社会主义思想与推进全省交通运输工作有机结合起来,做到真学真懂真用。要全面准确理解新发展理念,深切体悟"现代化开路先锋"的职责使命,准确把握山西交通运输前所未有的发展机遇,坚定做到"三个转变",解决"四个不相适应",推动工作会议明确的工作矩阵有效地落到实处。各级党员领导干部要带头把学深悟透的实际效果,体现到狠抓落实的真办法、真本事、真成绩上来,切实提高准确把握政策、正确执行政策、创新落实政策的能力,既要圆满完成工作任务,又要有创新、有亮点、有突破。

深化巩固巡察工作,始终接受政治监督。要继续发挥巡察监督保障执行、促进完善发展的作用,聚焦贯彻落实党的理论路线方针政策和党中央及省委重大决策部署情况、贯彻落实全面从严治党战

略部署情况、贯彻落实新时代党的组织路线情况等重点内容,对基层党组织进行全面的政治体检。同时,要更加突出交通运输工作特点,聚焦工作会议部署的重大任务和工程建设、质量监管、财务审计、选人用人等关键环节开展专项巡察,进一步提高巡察工作的针对性、时效性。各级党组织要自觉接受监督,并通过整改问题促进各项工作全面进步。

(二)坚定不移推进廉洁交通建设,进一步构建风清气正政治生态

加强纪律作风整顿。各级党组织要聚焦落实中央八项规定精神,防止"四风"反弹回潮,在本单位开展纪律作风问题自查自纠工作,对查摆的问题要有整改措施,逐一对账销号。要加强对工作作风整治,对庸懒散拖、吃拿卡要、不作为慢作为问题及时作出处理,防止小问题变成大问题。机关各部门要带头整治形式主义、官僚主义,坚决防止以文件落实文件、以会议落实会议、政策执行上下一般粗等问题,切实为基层松绑减负。要严肃执纪问责,对违反党规党纪的党员干部坚持动真格、零容忍,发现一起查处一起,对典型的问题一律在全系统通报曝光;特别是对刚才讲到的超标准使用办公用房、违规发放津补贴等问题,要一并追究党组织有关负责人的责任。

加强廉政风险防控。要聚焦权力运行,完善"三重一大"决策制度及监督机制,形成决策科学、执行坚决、监督有力的运行机制。要结合自身工作实际,对管人、管钱、管项目等关键岗位进行廉政风险排查,建立防控机制,堵塞权力漏洞。加大检查力度,上级党组织要经常采取"四不两直"方式,对基层各单位纪律作风情况开展监督,及时发现并纠正问题,把压力层层传导到基层。

加强廉政文化建设。各级党组织要深入落实党中央《关于加强新时代廉洁文化建设的意见》,引导广大党员干部树牢清廉价值理念,培育清廉政商文化,传承清廉文化基因,夯实清正为官、廉洁从政的思想根基。要引导广大党员干部从"四史"中深刻了解党的光荣传统、宝贵经验和伟大成就,深刻理解全面从严治党、党风廉政建设和反腐败斗争的历史进程,从中汲取智慧和力量。要强化廉政教育,开展党规党纪、法律法规和警示教育,引导党员干部牢记"楚河汉界"。

(三)坚定不移夯实组织建设,进一步发挥政治功能

深入推进模范机关建设。各级党组织要认真学习贯彻习近平总书记"7·9"重要讲话精神,把建设模范机关作为统筹推进机关党的建设总抓手,对标"三个表率",建设让党中央放心、让人民群众满意的模范机关。要始终把党建和业务工作有机融合作为重要抓手,围绕发展抓党建、抓好党建促发展,在"牵引""融合""转化"上靶向发力,切实把党建活力转化为发展活力、党建优势转化为发展优势。要研究制定党支部标准化建设相关制度,在全系统选树一批优秀支部典型,通过组织现场观摩、开展经验交流、提炼推介支部工作方法,推动厅直系统基层党支部整体提质扩面、达标创优。

深入推进物流快递行业党委建设。加强党对物流快递行业的领导,尽快建立健全物流行业党建工作领导体制和工作机制,督促各地市交通运输局成立物流快递行业党委,完善行业党组织隶属关系。把物流快递行业党建工作纳入交通运输党的建设总体布局,落实党建工作责任制。要加大行业党员发展力度,实施发展党员专列计划,努力提高物流快递企业中党员比例。

深入推进党员和干部队伍建设。树牢"四论四不唯""三让三不让"的正确选人用人导向,抓好"一把手"和"关键少数",带动管好"绝大多数",从严管好年轻干部,全面提升干部管理监督水平,造就一支忠诚、干净、担当的高素质专业化过硬队伍。继续实施党务干部能力提升工程,加大对基层党组织书记和专职党务干部的教育培训力度,切实提高党务干部的理论水平、工作能力和责任意识。

(四)坚定不移健全制度体系,进一步提升党的建设规范化水平

全面构建责任落实体系。要根据党章和党内法规,结合交通运输工作实际,逐步构建起各级党组织落实全面从严治党主体责任的体制机制,明确厅党组、厅直机关党委、各单位党组织(包括组织关系在地方的基层单位党组织)的责任边界和联系机制,形成上下协调、贯通联动的良好局面,推动全面从严治党向基层延伸。完善党内监督机制,督促各级基层党组织履行好日常监督责任,鼓励广大党员干部开展民主监督,切实在全系统逐步构筑起科学完备的监督责任落实体系。

全面打造党建工作矩阵。要按照省委要求,从政治建设、思想建设、组织建设、作风建设、纪律建设等方面,打造党建工作的目标和标准体系、任务和举措体系、政策和制度体系。要抽调专业党务工作人才,结合交通运输工作实际,对党建工作矩阵的研究、建立、实施、评估全流程把控,确保既有效执行各项制度,又不增加基层负担。要按照中央、省委关于全面从严治党的战略部署,对已经制定的党建工作制度进行梳理,该废止的废止,该修订的修订,确保务实管用。

(五)坚定不移压实管党治党政治责任,进一步把严的主基调长期坚持下去

坚持真抓真管,落实好主体责任。各级党组织要牢牢把全面从严治党主体责任扛在肩上,切实用党的政治路线引领方向,用党的创新理论武装头脑,用党的优良作风涵养生态,用党的纪律规矩正风肃纪,为交通运输科学发展提供坚强政治、组织和纪律保障。党员领导干部要坚持既管业务又管思想、管作风、管纪律,推动形成党组织落实主责"不松手"、书记履行首责"不甩手"、班子成员尽责"不缩手"的管党治党工作格局。

坚持敢管敢严,落实好监督责任。各级纪检部门要用好监督执纪"四种形态",对于发现的纪律作风问题,敢于发声亮剑,维护好党的各项纪律规矩。纪检干部要加强自身能力建设,讲政治、顾大局、守纪律,在提高政治理论素养、加强纪检业务能力的同时,熟悉了解交通运输各项业务,找准工作的切入点和着力点,为不断深化交通运输系统党风廉政建设工作履好职、尽好责。

同志们,纵深推进全面从严治党,全面建设清廉交通,是时代所趋、事业所需。让我们更加紧密地团结在以习近平同志为核心的党中央周围,坚定捍卫"两个确立",树立"四个意识"、坚定"四个自信"、坚决做到"两个维护",大力弘扬伟大建党精神和自我革命精神,建设清廉交通,展现优良风貌,不断开创全面从严治党新局面,引领保障交通运输中心工作取得新进步,以优异成绩迎接中共二十大胜利召开!

坚持严的主基调不动摇
为当好开路先锋提供坚强政治保障

——在2022年全省交通运输系统党风廉政建设工作会议上的讲话

山西省交通运输厅党组成员、驻厅纪检监察组组长　王建业

(2022年3月4日)

同志们:

今天,我们召开全省交通运输系统党风廉政建设工作会议。主要任务是:高举习近平新时代中国特色社会主义思想伟大旗帜,深入贯彻中共十九大和十九届历次全会精神,认真落实十九届中央纪委六次全会及省第十二次党代会、省纪委十二届二次全会部署要求,总结2021年纪检监察工作,部署2022年党风廉政建设和反腐败斗争工作,为加快建

设交通强省、当好开路先锋提供坚强政治保障。

下面,我首先简要传达学习十九届中央纪委六次全会、省纪委十二届二次全会精神。

1月18日至20日,十九届中央纪委六次全会在北京召开,习近平总书记发表重要讲话。讲话充分肯定过去一年党中央坚定不移推进全面从严治党,为全面建设社会主义现代化国家开好局、起好步提供有力政治保障,深刻总结新时代党的自我革命的成功实践,深刻阐述全面从严治党取得的历史性开创性成就、产生全方位深层次影响,对把全面从严治党向纵深推进、迎接中共二十大胜利召开作出战略部署。讲话立意高远、思想深邃、内涵丰富,具有很强的政治性、指导性、针对性,是推进新时代党的建设新的伟大工程的基本遵循,是纪检监察工作高质量发展的行动指南。赵乐际作了题为《运用党的百年奋斗历史经验推动纪检监察工作高质量发展,迎接中共二十大胜利召开》的工作报告,围绕6个方面部署2022年主要工作,重点突出、任务明确、要求具体,具有很强的指导性和针对性,为推动新时代纪检监察工作高质量发展提供重要遵循。

1月28日至29日,省纪委十二届二次会议在太原召开。林武作了重要讲话,强调要全面贯彻习近平总书记重要讲话及中央纪委全会精神,总结全省经历的重大转折、发生的历史变化,提出全面建设清廉山西的目标任务、工作要求,体现省委忠实践行"两个维护"、深化全面从严治党的使命担当,是全面建设清廉山西的动员令,对于持续创优政治生态和发展环境,全方位推动高质量发展具有重要意义。王拥军作了题为《运用党的百年奋斗历史经验全面推进新时代清廉山西建设,迎接中共二十大胜利召开》的工作报告,主题鲜明、求真务实,为推动新时代山西纪检监察工作高质量发展提出任务要求,明确方法路径,提供主要遵循。

大家要深入学习贯彻习近平总书记重要讲话精神、十九届中央纪委六次全会和省纪委十二届二次全会精神,自觉把思想和行动统一到党中央决策部署、统一到省委、省纪委安排部署上来,旗帜鲜明讲政治,知责于心、担责于身、履责于行,坚决将各项任务落实到位。

一会儿,厅党组书记、厅长赵建平还要结合全系统全面从严治党工作实际,对党风廉政建设工作进行全面部署。各级党组织和纪检部门要认真学习领会,坚决贯彻落实。

一、2021年工作回顾

一年来,驻厅纪检监察组在省纪委监委的坚强领导下,在厅党组大力支持下,全面贯彻习近平新时代中国特色社会主义思想,切实提高政治判断力、政治领悟力、政治执行力,紧紧围绕树立"四个意识"、坚定"四个自信"、坚决做到"两个维护"强化政治监督,充分发挥监督保障执行、促进完善发展作用,全力保障山西交通运输事业高质量发展。

(一)抓深抓实政治监督,"两个维护"自觉不断增强。立足职能职责,坚决扛起"两个维护"的根本政治任务和重大政治责任

坚持党中央重大决策部署到哪里,政治监督就跟进到哪里。聚焦落实党的路线方针政策、党中央重大决策部署和习近平总书记重要指示批示精神,聚焦党组织履行职能职责特别是领导责任,聚焦山西交通强国建设和"十四五"现代综合运输体系构建,聚焦"三大攻坚战"、常态化疫情防控、"四好农村路"、三个一号旅游公路、灾后恢复重建等重大决策部署落实情况开展监督检查,发现并纠正贯彻落实不到位等4个方面问题127个。监督保障交通运输事业单位改革及省高速公路综合行政执法总队和11个支队、68个大队正式挂牌。

坚持把政治监督融入日常工作,推进监督常态化。用好参加驻在单位会议进行党内监督的重要平台,加强对民主集中制、重大事项请示报告等制度执行情况的监督检查,推动形成决策科学、执行坚决、监督有力的权力运行机制。严格落实集体议事决策规则,对"三重一大"事项会前政治把关,会中提出意见,会后跟进监督。全年参加驻在单位的会议进行监督145次,暂停和取消议题5项,提出监督意见及建议147条,全部予以采纳。通过日常监督发现汾河二坝桥等6座危桥存在责任方面问题，督促厅党组认真组织调查，对建设单位和监理单位进行严肃追责，对不符合申报条件的项目及时叫停，对涉及的责任单位、责任人从严从重查处。

坚持紧盯关键少数强化政治监督，提升监督质效。切实把贯彻和加强《中共中央关于加强对"一把手"和领导班子监督的意见》和省委《实施意见》作为政治建设的大事要事来抓。制定出台《2021年工作办法》，明确组内职责分工，形成网格化扁平化监督责任体制，精准监督各级"一把手"及班子成员。将政治生态分析研判暨政治画像工作融入日常监督，下沉基层对276名"一把手"及班子成员进行政治生态谈话，扎实做好"政治体检"。17人次对10个单位党组(党委)召开的民主生活会情况进行监督，提出意见33条。开展集体廉政谈话共计83人次，对驻在单位提拔使用、评先评优等619名干部进行廉政审核把关，出具廉政审查意见18份。

(二)深化"三不"一体推进，治理腐败效能显著增强。保持反腐败力度不减、节奏不变、尺度不松，贯通办案监督治理，深化标本兼治

持续强化不敢腐的震慑。针对交通运输系统人员多、工程项目(资金)多、行政审批项目多等特点，加大案件查办力度，科学研判与处置问题线索，精准把握和运用"四种形态"，做好信访举报受理和审查调查工作，始终保持惩治腐败的高压态势。2021年全系统处分28人，组织处理67人，其中党纪处分10人、政务处分8人、党纪及政务处分10人、免职处理7人、诫勉13人；2起案件正在审查调查中。

持续深化以案促改、以案促治。狠抓规范化建设，强化制度执行，解决制度规定空转、权力监督缺位等突出问题，织密交通工程领域廉政风险防控网，让交通领域建设工程在阳光下运行。通过对"大车小证"问题处理，深化以案促建，优化审批流程，加强人员教育管理，并以此为戒，举一反三，推动全系统健全完善制度机制建设。

持续开展警示教育活动。把"不敢"的典型案例转化为"不想"的教育资源，组织党员干部观看警示教育片《失重》，用好《党的十八大以来查处的山西省交通运输系统违规违纪违法典型案件警示录》，扎实开展警示教育活动，以身边人、身边事增强警示教育实效性。认真开好"三个会"(处分决定宣布会、警示教育大会、民主生活会)，对8名受处分人员开展回访教育，做好查办案件的后半篇文章。全年为系统内基层单位开展廉政教育、业务专题讲座共25次，受教育人数达2851人次，教育引导党员干部坚决抵制腐败、自觉远离腐败。

(三)锲而不舍落实中央八项规定精神，纠治"四风"顽疾持续深化。坚守重要领域、重要环节、重要节点，始终保持纠治"四风"的恒心韧劲不放松

聚焦重要节点开展监督检查。端午、"五一"、中秋、国庆等节日期间，认真开展违反中央八项规定精神和"四风"问题专项监督检查，发现基层党组织全面从严治党主体责任落实不到位、党的组织建设薄弱、作风建设松懈、纪律建设抓得不严等4个方面问题，及时下发纪律检查建议书6份，督促整改落实；对违反中央八项规定精神和"四风"问题的6名干部给予免职处理；对存在问题的61个基层党组织责令作出深刻书面检查并切实整改。

紧盯常态化疫情防控中形式主义、官僚主义，开展监督检查。督促驻在单位切实履行主体责任，成立13个督导组，对长期作战疫情防控第一线产生"做样子、走过场"等麻痹思想、厌战情绪、侥幸心理和松劲心态情况进行专项督导检查。全年开展2轮次疫情防控专项监督检查，发现作风不实、思想松懈等3个方面11个具体问题，强化问题整改，推动责任落实。

(四)坚持发现问题并推动整改，巡察监督作用充分发挥。坚持把巡察发现的问题作为重要切入口，强化整改落实，打通全面从严治党最后一公里

全面推进政治巡察。督导厅党组组建巡察工作队伍，建立健全巡察工作制度和工作流程，扎实开展业务培训。3次专题听取巡察工作进展情况汇报，深入推动发现问题。对巡察中发现6家厅直单位党委(支委)4个方面77个问题，持续跟踪问效，推动问题整改。

监督反馈意见的整改落实。紧紧围绕省纪委监委2020年政治监督专项检查反馈的9个问题，督促驻在单位对照反馈问题逐项进行整改。对整改缓慢问题及时预警、约谈、督办，对重点难点问题进行跟踪督促，对弄虚作假、敷衍应付整改工作的人和事充分运用“四种形态”依规依纪处理，确保整改事项销号到位。

压紧压实主体责任。在全面从严治党专题会商会上通报全系统存在的13个问题，要求厅党组切实承担整改主体责任，全面加强对整改工作的统筹调度和督促指导，建立问题台账，严格落实整改“三清单”（问题清单、任务清单、责任清单）制度，持续推进问题整改成效的巩固深化，并及时反馈整改落实情况。

（五）紧盯重点环节开展专项整治，监督执纪精准性实效性进一步增强。围绕管住人、管住事、管住权，推动规范权力运行与监督用权贯通衔接

深入推进党政领导干部违规入股企业专项清理工作。对清理范围不清、方法不明的单位进行重点督导，提醒督办进展缓慢的单位，坚决防止不严不实，杜绝弄虚作假、欺瞒组织的情况发生。全系统主动申报违规入股企业人数151人，已纠正退出147人，主动申报并上缴违规获益95.6万元，给予3人诫勉谈话、2人批评教育、2人谈话提醒。

持续开展交通工程建设领域招投标专项整治。紧盯交通工程建设领域招投标中存在的围标串标、违法转包分包等问题，加大电子招标投标全过程监管力度，进一步加强对公路工程建设领域党员干部、公职人员、评审专家、代理机构人员等监督管理。全年共监督165个公路工程招标项目、208个标段，成交金额173.88亿元，对发现异常的6家投标单位涉及3个项目根据相关规定进行处置。

积极推动全省交通运输执法领域突出问题专项整治行动。督促专项整治办公室对标对表交通运输部的要求，将问题列出清单，明确具体措施和责任人，一件一件地跟踪问效，高标准抓好整改落实；持续巩固专项整治行动的成果，及时将成效转化为做好交通运输执法工作的强大动力。

（六）深化“我为群众办实事”实践，推动解决“急难愁盼”问题见实见效。认真贯彻“以人民为中心”的发展思想，以“我为群众办实事”来检验党史学习教育成效

督促开展高速畅通行动。认真落实省纪委监委班子“我为群众办实事”重点项目“督促开展高速畅通行动”工作部署，督促厅党组确定16项重点任务，完善信息报送、发布机制，规范应急车道设置，有效推进限速调整工作，持续推动全省高速公路服务区提质升级，取得阶段性成效。

切实倾听群众需求和呼声。注重在为群众办实事解难题上下功夫，将党史学习教育同解决实际问题结合起来，主动协调并联系有关单位为省纪委监委帮扶的和顺县横岭镇建设文化活动广场和粮食晾晒场、维修河坝、硬化道路等，认真为群众办实事，得到当地群众高度称赞。

跟进监督惠民措施落实。对照驻在单位“我为群众办实事”重点项目清单，全面监督、动态跟踪闻垣高速古城联络线如期通车、网络货运业发展、政务服务窗口布局优化、高速公路服务区“厕所革命”、农村公路平交路口“一灯一带”建设、“司机之家”设立等6项具体惠民措施落实，有效推动群众“急难愁盼”问题的解决。

开展灾后恢复重建监督检查。紧盯高速公路和普通国省道、农村公路、水路及运输站场修复、防汛救灾资金需求及在建项目复工复产等，多次深入灾情现场、下沉基层一线开展监督检查，全力推动灾毁公路抢险保通和恢复重建，确保人民群众日常出行和生产生活及国家能源保供运输未受影响。

（七）从严从实加强自身建设，锻造高素质纪检监察铁军。全面落实“打铁必须自身硬”的政治要求，从严从实加强自身建设

突出思想淬炼。结合党史学习教育深入贯彻落实习近平新时代中国特色社会主义思想，大力弘扬伟大建党精神和党的光荣传统、优良作风。坚持党建工作和业务工作同谋划、同部署、同落实，充分发挥党支部战斗堡垒作用和党员先锋模范作用。赴娄烦高君宇纪念馆开展“追寻革命足迹、传承红色基因”主题党日活动，激发党员干部践行忠诚卫士的责任感使命感。牵头组织并协调联系6家纪检监察组，组建参赛队伍，积极参加省纪委“党在我心中”歌咏比赛活动，传唱红色经典，砥砺初心使命。

注重实践锻炼。采取小课堂、以会代训、专家授课等多种方式加强教育培训。全年参加各类业务培训共30批39人次。注重在工作实践中锻造队伍，不断提升纪检监察干部履职能力。全年112篇工作动态在省纪委监委网站主页发布，位列派驻纪检监察组第一方阵。在全系统深入开展依规依纪依法安全文明办案专题教育活动，重点抓好6个阶段16项具体工作，不断提升审查调查规范化、法制化水平。

强化纪律锤炼。严格落实省纪检监察干部行为48字规范和“五个过硬”要求，把严管厚爱落实到日常教育管理工作中，激励干部担当作为。以铁一般的纪律作风锻造干部队伍，努力建设一支政治素质高、忠诚干净担当、专业化能力强、敢于善于斗争的纪检监察铁军。

一年来，山西交通运输纪检监察工作扎实开展，广大纪检监察干部从党的百年奋斗历程中汲取奋进的精神力量，在弘扬伟大建党精神中增强使命担当，经受锻炼和考验，坚定信心和决心。工作中，我们深刻体会到，推进交通运输纪检监察工作高质量发展，必须把“两个维护”作为最高政治原则和根本政治责任，以党的创新理论凝神铸魂，用党的理想信念“补钙壮骨”，树立“四个意识”、坚定“四个自信”、坚决做到“两个维护”；必须一体贯通落实党组（党委）主体责任、书记第一责任人责任和纪检监察部门监督责任，做到同题共答、同向发力、同频共振；必须突出重点，强化对各级“一把手”和领导班子的政治监督，强有力推动问题整改落实，做到有效监督全覆盖，确保政令畅通、令行禁止；必须保持严的主基调不变，“严”字当头，全面从严，做到抓思想从严、抓监督从严、抓执纪从严、抓治吏从严、抓作风从严、抓反腐从严，一体推进不敢腐、不能腐、不想腐；必须时刻铭记打铁必须自身硬的要求，清醒认识腐败问题和不正之风的政治本质、政治危害，全面提高政治素质和履职能力，在坚持自我革命、勇于斗争实践中锻造铁军队伍。

在肯定成绩的同时，我们也要清醒地认识到，全省交通运输系统党风廉政建设和反腐败斗争形势依然严峻复杂。一方面，违反中央八项规定精神超标准使用办公室、领取津补贴及“四风”问题查而不息、禁而未止，漏报、瞒报个人登记事项、不严格执行“三重一大”制度等违反纪律的问题屡有发生，个别单位或部门还存在涉嫌职务违法犯罪等腐败问题。另一方面，各级党委、纪检部门本职工作和队伍建设上也存在一些短板弱项。一是一些基层党组织理论学习不深，政治站位不高，对当前腐败和作风问题新表现新特征把握不准，履行“一岗双责”不到位，仍存在“反腐败工作是纪检部门的事”错误认识。二是事业单位机构改革到位的单位不设纪委和纪检监察室，导致专职纪检干部缺失，监督力量弱化。三是一些干部作风不实，纪律要求不严，主动作为、积极进取精神不够，等待观望现象依然存在。为此，我们将在下一步工作中高度重视，积极谋划，认真加以解决。

二、2022年主要工作

2022年是全面建设清廉山西交通、引领保障山西交通运输事业全方位高质量发展的关键之年。做好交通运输纪检监察工作意义重大、责任重大、使命重大。总体要求是：坚持以习近平新时代中国特色社会主义思想为指导，全面贯彻党的十九大和十九届历次全会精神，按照十九届中央纪委六次全会和省第十二次党代会、省纪委十二届二次全会部署要求，树立“四个意识”、坚定“四个自信”、坚决做到“两个维护”，坚持全面从严治党战略方针，弘扬伟大建党精神，永葆自我革命精神，紧扣全方位推动高质量发展鲜明主题，锚定全面建设清廉山西交通目标任务，做精做准做实政治监督，始终坚持严的主基调不动摇，深化不敢腐、不能腐、不想腐一体推进，更好发挥监督保障执行、促进完善发展作用，全方位推进交通运输纪检监察工作高质量发展，为当好开路先锋提供坚强政治保障，迎接中共二十大胜利召开。

全面建设清廉山西，是省委坚定历史自信、捍卫“两个确立”，牢记领袖嘱托、践行“两个维护”，在省第十二次党代会上作出的重大部署。我们要以此为起点，全面把握全省交通运输系统全面从严治党阶段性特征和区域性特点，从党的百年奋斗伟大成就和历史经验中充分汲取全面建设清廉山西交通的力量养分，在全方位推动高质量发展实践中准确把握全面建设清廉山西交通的内涵要求，以强烈责任担当扛起新时代全面建设清廉山西交通重大任务。坚持以政治建设为统领，做深做实政治监督；坚持以制度建设为支撑，切实规范权力运行；坚持以“关键少数”为重点，强化对“一把手”和领导班子的监督；坚持以思想教育为引领，弘扬积极健康的党内政治文化；坚持以共创共建为载体，广泛开展清廉单位创建活动。

（一）胸怀“国之大者”，精准有力推动政治监督具体化常态化

坚持不懈强化思想武装。始终把学习贯彻习近平新时代中国特色社会主义思想作为首要政治任务，贯通领会、一体落实中共十九届六中全会精神，运用贯穿其中的马克思主义立场观点方法观察时代、把握时代、引领时代，不断提高政治判断力、政治领悟力、政治执行力。巩固拓展党史学习教育成果，让初心使命在内心深处扎根。结合学习宣传贯彻中共二十大精神，进一步增强用党的创新理论武装头脑、指导实践、推动工作的自觉性和坚定性，深入推进交通运输纪检监察工作高质量发展。

坚定不移突出政治监督。聚焦习近平总书记重要讲话重要指示批示落实情况、习近平总书记考察调研山西重要指示精神贯彻情况，督促驻在单位不折不扣落到实处。聚焦党中央及省委重大决策部署落实情况，围绕“三新一高”和高质量发展等重大战略、中共二十大胜利召开、太忻一体化经济区建设等做深做实政治监督。聚焦权力在正确轨道上运行情况，强化对驻在单位党组（党委）领导班子及下属二级单位“一把手”带头做到“两个维护”、带头遵守政治纪律和政治规矩等情况监督，督促公正用权、依法用权、廉洁用权。聚焦政治生态建设情况，督促全系统党员干部依照党章、准则、条例等党内法规制度办事，持续推动风清气正政治生态巩固发展。

全力保障高质量发展。紧盯习近平总书记关于交通工作重要指示批示贯彻落实和全省交通运输工作会议决策部署落地见效，督促各级各部门细化实化工作任务，建立清单、逐项落实。聚焦交通强省建设、高质量综合立体交通网建设、交通运输服务供给质量等开展监督，督促重点领域改革顺利进行，守牢安全生产底线。坚持严管厚爱结合、激励约束并重，认真落实“三个区分开来”，深化精准问责、规范问责，实事求是容错纠错，做到对交通运输事业负责、为交通运输干部担当。持续加强对疫情防控、水毁道路灾后恢复重建等监督检查，切实维护政治社会大局稳定。加强对事业单位改革纪律风气监督，严把政治关、廉洁关，保障改革顺利进行。

（二）保持反腐败强大力量常在，确保“三不”一体化推进取得更大治理成效

紧盯腐败问题，保持高压态势。坚持无禁区、全覆盖、零容忍，坚持重遏制、强高压、长震慑，紧盯举报线索较多、问题反映集中、涉腐可能性大的重点领域和关键环节进行整治。严肃查处公路工程建设、“影子”工程、招投标、分包转包、资金管理等方面腐败问题，严肃整治权钱交易、商业贿赂等损害政商关系和营商环境的腐败行为。坚持对重要问题线索先行研判处置，提级办理，增强办案质效和威慑力。

扎紧制度笼子，强化刚性约束。坚持边办案、边剖析、边整改、边治理，深入剖析体制性、隐蔽性、普遍性问题，深化以案促改、以案促治、以案促建，把办案成效体现在促进改革、优化治理上。加强对纪检监察建议执行情况的监督，以监督促整改、以整改促治理。认真抓好不能腐制度建设的跟踪问效工作，切实增强治理腐败效能。严格落实制度执行监督工作规定，压紧压实制度执行主体责任、监督责任，强化制度对权力的刚性约束。

加强警示教育，增强预防自觉。结合“党风廉政宣传教育月”，进一步用好《警示录》中典型案例和反面教材扎实开展警示教育活动，并将警示教育纳入全系统干部培训的重要内容。针对不同层次、不同领域特点，对发案单位及时开展警示教育，对行业系统集中开展警示教育。进一步认真做好政策、纪法宣讲解读工作，推动警示教育常态长效、入脑入心，将教育成果转化为党员干部坚定理想信念、提高党性修养、依法履职担当的行动自觉。扎实推动全面建设清廉山西交通，加强廉洁文化建设，引导党员干部树立正确世界观、人生观、价值观，促进党员干部克己奉公、廉洁勤政。

（三）驰而不息纠“四风”树新风，持续加固中央八项规定精神堤坝

坚持靶向查纠。把解决群众身边腐败和作风问题摆在更加突出位置，巩固扩大“我为群众办实事”活动成果。从“一厅二局”党组（党委）“一把手”和班子成员抓起严起，逐级推动公路分局党委（公路段支部）、高速执法支队党委（大队支部）、厅属事业单位党委（支部）带头查找问题、开展整治。加强对“四风”问题的分析研判，既严肃整治面上的共性问题，又结合实际找出个性问题，明确自身治理“四风”的具体靶向，有针对性地制定清单，一个节点一个节点坚守、一个问题一个问题解决，把作风建设进行到底。

坚持反复敲打。“四风”问题树倒根存、顽固复杂，有的还在潜滋暗长，由风及腐、由风变腐的风险始终存在，稍有放松就可能会反弹回潮。密切关注“四风”苗头性、倾向性、隐蔽性问题，深入整治损害党的形象、群众反映强烈的享乐主义、奢靡之风，严防风腐交织、成风成势。坚决纠治影响党中央决策部署贯彻落实、漠视侵害群众利益、加重基层负担的形式主义、官僚主义，深入查处变相收送红包礼金、巧立名目发放津补贴等具体行为，坚持狠刹“四风”不松懈，持续释放越往后盯得越紧、执纪越严、处理越重的强烈信号。

坚持标本兼治。坚持边查处问题、边完善制度，对经常发生、反复发生的问题深入分析、找准症结，有针对性查堵监管漏洞。对于发生严重“四风”问题的单位，督促有关党委（支部）及时召开专题民主生活会，深刻反思剖析、切实整改提高；发生一般性“四风”问题的，督促其及时开展批评与自我批评，进行警示教育。坚持党风党纪一起抓，加强纪律教育，严格执行纪律，督促党员干部自觉遵规守纪、树立新风，做到廉洁从政、修身齐家。

（四）坚持把监督贯穿管党治党全过程，不断提升监督执纪执法水平

全面加强改进日常监督。以政治监督引领日常监督，有针对性地开展专项监督、分类监督、跟踪监督、对账监督、下沉监督，实现监督常在、形成常态。完善深化运用“四种形态”工作机制，坚持集体研究、集体决策，做到实事求是、精准恰当。坚持权责统一、失责必问，精准规范用好问责利器，对失职失责等问题严肃追责问责。在上线运行交通工程建设招投标电子监督平台基础上，进一步把信息技术融入监督工作实践，以信息化提升监督效能。

突出抓好对“一把手”和领导班子监督。认真贯彻落实省委出台的《关于加强对“一把手”和班子成员监督的实施意见》。重点检视坚持党的性质宗旨、践行“两个维护”、推动高质量发展、落实全面从严治党责任、贯彻执行民主集中制等情况，推动各级“一把手”和领导班子成员始终成为事业发展的“领头雁”。深入开展廉政谈话，深化政治生态分析研判和政治画像，督促各级“一把手”抓好下级“一把手”，督促班子其他成员抓好分管领域的管党治党工作，督促各有关部门按照职能职责抓好监督工作，切实做到严格自律、严负其责、严管所辖。

持续开展灾后恢复重建专项监督。进一步压紧压实驻在单位灾后恢复重建主体责任，重点对落实责任、履职尽责等方面开展监督检查。紧盯高速公路和普通国省道、农村公路、水路及运输站场等修复，督促有关单位做好受损交通维修建设工作，确保交通基础设施恢复到灾前水平。紧盯防汛救灾资金需求，督促有关部门用好中央财政和省财政有关专项补助资金。加强对各级党组织及有关部门、广大党员干部遵守灾后恢复重建工作纪律规矩情况的监督，对工作不到位、组织不得力造成严重后果的，精准运用“四种形态”进行监督、执纪、问责。

（五）坚守巡察职责定位，建立健全联动工作机制

坚持实践导向，完善政治巡察联动监督机制。重点督促厅党组有序深入开展巡察工作，压紧压实巡察工作主体责任，稳步推进厅直单位巡察全覆盖，健全完善发现问题、整改落实、成果运用、信息共享统筹联动工作机制。持续强化巡察监督与党内监督、监察监督、派驻监督统筹衔接，与审计监督、社会监督等其他监督协作配合，切实增强左右衔接、横向协同的治理效能，以高质量政治巡察推动交通运输全方位高质量发展。

强化结果运用，做深做实巡察“后半篇文章”。督促做好政治巡察“回头看”，推动巡察整改主体责任与监督责任落实。统筹运用日常监督和专项督促检查，建立健全巡察长期整改问题督促落实机制，确保问题整改过程扎实和结果高质量。建立巩固拓展整改成果制度机制，重点加强对系统性、普遍性、深层次及制度机制性问题的治理，切实把巡察成果转化为推动改革、促进发展的成效。

（六）持续深化体制机制建设，进一步增强协同高效的监督合力

进一步贯通“两个责任”落实。督促党组（党委）扎实履行主体责任，依纪依法规范权力、制约权力、监督权力，做实做强全面监督。坚持党统一领导、全面覆盖、权威高效，完善政治监督与日常监督融合机制，优化纪检监察监督与各类监督贯通联动机制，扩大监督治理的集成优势和综合效能。深入贯彻落实《联动机制》，持续推动“两个责任”一体落实，进一步形成强大监督合力。

进一步健全完善双重领导体制。在专职纪检干部减少和监督力量弱化情况下，积极蹚出一条如何构建有效监督体制机制新路，贡献“交通纪检监察方案”。修改完善《“两为主一报告一把关”实施办法》，进一步规范各单位纪检工作，在组织、制度、经费等方面为专（兼）职纪检干部提供强有力支持和保障。各级党委（支部）要大力支持纪检工作，进一步关心爱护纪检干部，激励他们担当尽责。

进一步加强规范化法治化正规化建设。认真学习贯彻监察官法、监察法实施条例等法规制度，加强宣传解读，不断健全完善交通纪检监察工作制度体系。系统梳理、总结提升规范化法治化正规化建设成果，强化制度执行、实践运用，切实把制度优势转化为治理效能。

（七）发扬自我革命精神，锻造新时代政治过硬、本领高强的纪检监察铁军

锤炼过硬思想作风，做到对党忠诚。加强自身建设，真学深悟习近平新时代中国特色社会主义思想，深入学习习近平总书记关于党的自我革命的战略思想，常态化推进党史学习教育，始终做到忠诚履职。强化党支部建设，充分发挥思想政治引领和组织纪律保障作用。

锤炼过硬能力素质，勇于担当作为。坚持边学习、边调研、边工作、边总结，不断提高工作质量和水平。深化全员培训和实践锻炼，利用科技手段提升专业化水平，通过信息技术提高监督执纪执法能力。坚持党管干部原则和好干部标准，坚持在纪检监察工作实践中考察识别干部，并加大对专（兼）职纪检干部队伍建设的指导和支持力度。

锤炼过硬廉洁操守，严格遵纪守法。健全完善纪检监察权力运行内控机制，深入查找分析岗位风险点，切实严格权力、责任、手段、措施的界限规定。巩固拓展依规依纪依法安全文明办案专题教育活动成果，严格落实办案安全制度。主动接受党内和社会各方面的监督，以更高标准、更严纪律要求自己，当好党和人民的卫士、战士。

2022年，交通运输纪检监察工作重任在肩、使命如磐。我们要更加紧密地团结在以习近平同志为核心的党中央周围，牢记初心使命，奋力开拓进取，一以贯之推进全面从严治党、党风廉政建设和反腐败斗争，以实际行动迎接中共二十大胜利召开！

山西省邮政管理局

坚持双高拓展 勇挑畅通重担
为服务山西全方位推动高质量发展贡献力量

——在2022年全省邮政管理工作会议上的讲话

山西省邮政管理局党组书记、局长 秦红保

（2022年1月24日）

同志们：

这次会议的主要任务是：以习近平新时代中国特色社会主义思想为指导，全面贯彻中共十九大和十九届历次全会精神，深入贯彻中央经济工作会议、全国邮政管理工作会议和省委经济工作会议精神，认真落实习近平总书记关于邮政快递业的重要指示批示精神，总结2021年邮政管理工作，分析研判发展形势，安排部署2022年工作，进一步凝心聚力、发奋图强，勇挑畅通重担，努力为服务山西全方位推动高质量发展贡献行业力量。

下面，我讲三个方面意见。

一、2021年全省邮政管理工作回顾

2021年是中国共产党成立100周年，是党和国家历史上具有里程碑意义的一年，也是邮政快递业发展史上很不平凡的一年。这一年，全国各族人民在以习近平同志为核心的党中央带领下，实现第一个百年奋斗目标，开启实现第二个百年奋斗目标的新征程，必将载入史册，彪炳千古。这一年，全省邮政管理系统深入开展党史学习教育，高举习近平新时代中国特色社会主义思想伟大旗帜，深入学习贯彻习近平总书记在庆祝中国共产党成立100周年大会上的讲话精神，全面贯彻中共十九届六中全会、省第十二次党代会精神，顽强拼搏，锐意进取，真抓实干，久久为功，彰显全省行业投身邮政强国建设、助力山西转型发展蹚新路的历史担当和时代风采。这一年，全省邮政管理系统坚决贯彻国家局党组和省委、省政府各项决策部署，聚焦“六稳”“六保”，持续深化供给侧结构性改革，立足山西实际，精准贯彻“服务全领域、激活全要素，打造双高地、畅通双循环”的工作思路，全面统筹发展和安全，毫不动摇做好疫情常态化防控，加快推进“两进一出”工程，奋力完成行业改革发展任务，奋力服务构建新发展格局，奋力推动行业发展与经济社会发展深度融合，奋力实现“十四五”良好开局，行业发展稳中有升、稳中向好、稳中加固，书写山西邮政管理事业的崭新篇章。

全年邮政行业业务收入和业务总量分别完成133.9亿元和130.79亿元，同比分别增长24.26%和30.17%；快递业务收入和业务量分别完成90.16亿元和7.81亿件，同比分别增长34.38%和45.81%。支撑网络零售额超800亿元，新增就业岗位超3000个，全行业从业人员超8万人。行业运行平稳有序，服务满意度稳中有升，是全省最具活力的新兴产业之一，为推动地方经济社会发展做出积极贡献，打

响行业品牌，树立行业旗帜，展示行业形象。

（一）坚持总揽全局，全面从严治党进入新阶段

健全“一竿子插到底”的工作机制，更好发挥党总揽全局、协调各方的核心作用。一是推动党史学习教育走深走实。全省邮政管理系统坚持把党史学习教育作为一项重大政治任务，全面部署、一体推进、狠抓落实。省局党组理论学习中心组发挥龙头作用，组织专题学习14次，交流研讨4次，原原本本通学《中国共产党简史》等规定内容，真正做到先学一步、学深一层、学深悟透、学以致用；主要负责人带头讲党课，“关键少数”作用持续凸显。组织召开学习贯彻习近平总书记“七一”重要讲话精神专题培训班，深入开展中共十九届六中全会精神宣传贯彻，常态化推进习近平新时代中国特色社会主义思想学习领悟，举办两期专题读书班，高规格开好全省邮政管理系统“两优一先”评选表彰大会，部署推进“学党史、守初心”基层宣讲、中国共产党成立100周年文艺会演等活动，旗帜鲜明开展政治机关意识研讨，大力弘扬伟大建党精神，牢牢把握意识形态领导权，确保党员干部坚决捍卫“两个确立”，自觉做到“两个维护”，唱响爱党爱国爱社会主义的昂扬旋律。扎实开展“我为群众办实事”实践活动，下大力气推进10项为民实事落地，全力以赴答好新时代民生答卷。各级党组织广泛参与、积极动员、跟进看齐，认真完成规定动作，创新完成自选动作，高标准推进党史学习教育走深走实。二是突出三个更严格强化干部队伍建设。坚持更严格做好干部选拔任用，修订完善关于加强全省邮政管理系统干部队伍建设的实施意见，更好发挥“管理杯”考核指挥棒作用，形成能者上、优者奖、庸者下、劣者汰的正确导向，提任领导干部4名，职级晋升干部10名，交流干部16名，有效盘活干部资源；稳步推进干部年轻化，提任80后领导干部3名，省局管40岁以下年轻干部达到9名，占比超21%，梯次结构更加合理。更严格做好领导干部日常监督，顺利完成年度领导干部个人有关事项申报，统筹推进政治巡察、信访监督等工作。更严格做好先进典型选树，坚持好中选优、优中选强，审慎推进国家局“干事创业好班子”“担当作为好干部”评选和全省交通运输系统先进集体、先进个人推荐工作，激发党员干部干事创业热情。积极落实工会福利、保育费、年休假等规定，切实维护党员干部合法权益。三是全面压实管党治党政治主责。严肃党内政治生活，认真落实“三会一课”、民主评议党员等制度，持续防范软弱涣散风险，进一步发挥基层党组织战斗堡垒作用。扎实推进省局“模范机关”建设，下功夫解决“三个问题”、强化“四种意识”、提升“九项内功”、打造“五型机关”，同步建立工作月报机制，推动机关办公环境改变向夯实工作基础转变、从党建引领为入口向推动重点工作落实为出口转变。精神文明创建有序深化，省局连续14年获评省直文明单位标兵，成功保留省级文明单位称号，11个市局和省邮政业安全中心获评市级以上文明单位称号。持续强化正风肃纪，顺利完成6个市局第二轮首批政治巡察工作，扎实开展“三重一大”决策和行政执法不规范等突出问题专项整治，组织召开全省邮政管理系统党风廉政建设工作会议和专题警示教育大会，盯紧重要节点开展廉政教育提醒，狠抓节日廉洁防范，驰而不息纠正“四风”，全省邮政管理系统政治生态持续向好。四是有序拓展行业非公党建阵地。联合省委组织部、省交通运输厅、省市场监管局开展专题调研，指导各市局稳步推进工作落实。省局及11个市局先后增补为各级非公工委委员单位，行业非公党组织达到32个，民营快递党员总数达180人，非公党建取得阶段性进展。五是巩固扩大行业精神文明建设战果。新闻宣传紧跟事业发展步伐，官方网站主阵地更加巩固，微信公众号关注度稳步提升，一批凸显深度、紧跟热度的重大题材报道屡次被国家局、省政府官网和邮政快递报等刊登转载，山西电视台、《山西日报》等持续关注行业发展动态，展示新时代邮政快递业“山西风采”。全省行业广泛开展先进模范学习活动，着力树新风、扬正气，汇聚推动高质量发展的强大精神动力。9名快递小哥当选各级人大代表、政协委员，24人获省市劳动模范、先进个人、优秀党员等表彰，4家单位获省市级青年文明号，邮政快递业社会美誉度、影响力与日俱增。

（二）坚持城乡统筹，绘就行业繁荣发展新图景

聚焦“以城带产、以产兴农、城乡一体”，逐步缩小城乡行业发展差距，大力塑造“平安、生态、公平、奋进”的行业品格。一是集群组团发展趋势明显。锚定城市主战场，深度嵌入地方，整合优势资源，实现行业发展与城市发展同频共振。太原、晋中省级品牌深度汇聚，极大带动阳泉、吕梁等周边地区发展，产业高地更加巩固。晋北地区围绕大同形成更优网络布局，一核多圈辐射格局更加明显。临汾、运城、长治、晋城争先进位、奋发崛起，奠定晋南地区行业繁荣基础。区域发展更加协调，资源配置更加合理，增长活力不断涌流，高质量发展积厚成势，充满生机。二是“快递进村”补齐行业短板。强化分类指导，坚持梯次推进，加快补齐农村寄递市场短板，实现城市、农村双轮驱动，助推长效发展。尊重市场规律，发挥政府作用，持续推广交快、邮快、快快等合作，试点深化客货邮融合发展，66个县（市）初步建立共配模式，8876个建制村设置服务点。提前半年完成“快递进村”目标任务，全省覆盖率达93.6%。农村地区快递包裹收投总量达21.77亿件，极大畅通城乡循环。太原市万柏林区“长途客运+邮+货+农融合”获评全国第二批农村物流服务品牌。三是服务乡村振兴有力有效。积极培育快递服务现代农业示范项目，“快递+运城苹果”年业务量达2400余万件，完成收入1.44亿元，带动农业产值超10亿元，连续4年获评快递服务现代农业“金牌项目”；“快递+吕梁杂粮”年业务量达1346万件，完成收入超7000万元，带动农业产值达4亿元，成为全省第二个“金牌项目”。首次完成10个“银牌项目”评选培育工作，支撑农产品销售超1.6亿元，农村要素市场进一步激活。山西顺丰晋南水果产业园（一期）正式建成使用，日均最高处理快递能力超50万件，是全省首个“快递+农产品”专业化产业园，为支撑南果战略实施提供了有力保障。四是快递电商高效协同发展。联合开展“网上年货节”和“双品网购节”，高效支撑各类公益性直播带货活动，持续助力农村电商发展，累计发出农村电商类快递3.48亿件，协同发展基本盘更加稳固。五是农村邮政服务更加健全。累计建成农村邮乐购站点9488个，打造“一市一品”示范项目19个，产生寄递包裹1487万件，带动农产品销售达2.8亿元，惠及农村人口1.2万户。建制村通邮更加巩固，实地投递打卡率保持在99%以上，人民群众用邮满意度持续提升。

（三）坚持创新引领，迸发行业转型发展新活力

聚焦创新发展，加快转型升级，切实增强服务经济社会发展能力，筑牢高质量发展根基。一是基础能力不断提升。综合交通运输衔接更加紧密，寄递网络更加多元、便捷、高效。快递专用货机起落2254架次，高铁运输快递线路达4375条，高运能干线车辆超10万辆。大型区域枢纽转运中心布局加快调整，运城顺丰、晋城申通、大同韵达、临汾中通等一批现代化区域分拨建成运营，转运调度更加高效，辐射发展能力不断增强。二是“快递进厂”加速融合。坚持“优势项目做强、传统项目做精、新兴项目做大”，聚力打造快递服务制造业精品项目15个，有效嵌入上游产业，加快形成新型制造业、现代物流业互动互补、互融互进的发展格局。“快递+杏花村汾酒”年业务量突破540万件，完成收入3100余万元，带动产值达9.7亿元，传统优势项目稳步增长。“快递+朔州陶瓷”年业务量达717万件，完成收入2500余万元，带动产值达1.2亿元，新兴项目引领融合发展新潮流。三是邮政服务创新有序深化。邮政综合服务平台建设取得重要进展，政邮、警邮、税邮合作实现县级城市全覆盖，其中，政邮合作寄递量达69.8万件，警邮合作寄递量达86.9万件，税邮合作寄递量达39.2万件，代收税款近8000万元，各项业务数据均创历史新高。1000个村级综合服务平台建成使用，各类业务叠加经营，普遍服务发展呈现新气象。四是科技赋能显著增强。各级企业持续加大科技研发投入力度，不断提升创新驱动发展能力。智能作业从分拨中心向收投末端延伸，自动分拣从省级分拨向市县两级拓展，大数据、云计算等高新技术加速应用，山西大学、山西农业大学、大同大学等逐步普及智能配送机器人，高质量发展的内涵、外延不断拓展。长治局指导企业在襄垣县建成全市首个县级智慧分拨中心。五是行业人才队伍持续建强。大力推进职业技能培训“246”工程和“人人持证、技能社会”工作开展，年内培训1.3万余人次，争取培训补贴近450万元，技能人才培养取得重要进展。临汾局提前四个月超额完成培训计划，累计培训达2500人次。稳步推进快递工程技术人员职称评审，积极参加各级职业技能大赛。顺利完成3期邮政快递业安检员培训。深度推动产学研融合发展，运城市职业技术大学与主要快递企业签订战略协议，建立校企合作长效机制。

（四）坚持人民至上，展现增进民生福祉新担当

始终牢记初心使命，精准对接改革所需、群众所盼，不断满足人民群众日益增长的美好用邮用快需求。一是构筑关爱快递小哥的暖心阵地。深入基层开展专题调研，完成6个主要快递品牌基层网点抽样调查，梳理形成快递员群体典型问题清单。组织召开晋北地区市局专题座谈会。针对重点企业开展“一对一”行政指导，督促企业严格执行“1毛”派费直达快递员和罚款削减要求。联合九部门出台《关于做好快递员群体合法权益保障工作的实施方案》。协调建立从业人员意外和重大疾病保险等保障体系，超2.3万名快递小哥享受社会保险和商业保险。成功将快递员纳入保障性租赁住房供给范围，太原局克服困难，积极协调，首次争取8套公租房，快递小哥“安居”难题实现破冰。联合省总工会、团省委开展关爱快递员“暖蜂行动”和“快递青年服务月”活动。中华全国总工会赴申通快递太原转运中心开展“两节”送温暖活动。常态化推进走访慰问、“12355”咨询，协调做好疫苗接种和免费核酸检测工作。全年组织慰问活动730场，新增爱心驿站等服务阵地280家。省快递协会面向全行业发出做好快递员群体合法权益保障工作的倡议书。二是扎实做好快递业务旺季服务保障工作。妥善应对春节、“双十一”、“双十二”旺季高峰挑战，日最高业务量达1302万件，创历年新高。“12305”消费者申诉热线与“12345”政务热线有效衔接，全年申诉满意率达97.58%。三是持续提升末端综合服务保障能力。聚焦经营合法化、服务规范化，大力推进末端综合服务站规范管理，集中整治未及时办理备案手续、擅自将快递服务委托给非法末端服务站、未经用户同意擅自转为用户自取或智能快件箱投递等违法违规行为，市场秩序得到进一步改善。年内新建末端公共服务站3761个；城市自营网点达1550个，标准化率实现100%；智能快件箱新增5665组，同比增长15%，箱递率稳步提升，末端服务更加多元惠民。四是不断巩固邮政普遍服务保障水平。“零丢失、零误投”完成高考录取通知书寄递，688个农村委代办局所全部转为自办，组织开展“压降申诉率、提高邮件实名率”专项整治行动，指导建立邮政包裹快递业务快速理赔通道，扎实推进农村偏远地区汇兑服务质量专项检查，高质量完成省内邮件时限测试工作。

（五）坚持创优环境，汇聚提质增效发展新动能

根植山西，着眼更高层次融入地方经济社会发展，坚定不移深化改革，努力实现政策环境和营商环境双创优。一是行业发展备受关注。年初，李克强总理莅临运城市中通分拨中心调研，寄予深切关怀，引起广泛关注，行业影响力急剧扩大。省长蓝佛安三次深入行业调研，高度关心疫情防控、数字经济发展。多位省领导先后批示肯定行业发展成就，地方党委政府关注度之高，前所未有。省局连续2年获评“促进山西经济社会发展突出贡献单位”。太原、大同、朔州、阳泉、吕梁、晋城、运城7市党政主要领导亲临行业调研，批示肯定发展成绩，极大振奋行业士气。二是政策供给更加有效。农村寄递物流体系建设纳入省级战略层面，先后写入省第十二次党代会和省委经济工作会议报告。第7次省长办公会议审议通过推广农村物流创新模式，明确给予4亿元专项债券支持，20个县（市）完成试点申报，阳泉盂县率先开工建设。12月，省政府常务会议明确将农村寄递物流服务全覆盖列入民生实事，三年拟配套近2亿元补贴资金，快递业发展再迎利好。加快推进邮政领域财政事权和支出责任划分改革，年内实现省市政策全覆盖，8个市局以不同形式获得地方拨款，多元化资金保障渠道初步形成。忻州局加强协调，实现办公业务用房确址分配,全省覆盖目标顺利完成。三是规划编制稳步推进。深度对接山西省现代物流业发展等规划,紧密衔接现代综合交通运输体系发展、现代流通体系建设等重点专项规划,联合省发改委完成邮政业发展“十四五”规划发布工作,更高站位引领行业发展。四是“放管服”改革纵深发力。部署开展优化营商环境专项行动,持续规范行政审批行为,试点推动邮政快递业市场主体倍增,制定下发《快递业务经营许可审批办事指南》,不断优化、简化审批程序,净化、美化发展环境。全年核准许可企业113家,法人企业数量达到330家,相比2020年新增78家,市场主体增幅明显。有序推进新业态发展,年内完成6家新业态企业准入。坚持包容审慎柔性执法,研究印发《邮政行业监督便利措施》,试点推出25项轻微违法行为首违不罚清单,行政处罚起数同比减少20%;处罚金额同比减少36%,执法监管更加科学高效,创新创业环境更加开放包容。五是依法治邮成效明显。持续健全行政执法制度体系,编制完成邮政行政处罚案卷管理、行政执法过错责任追究等8项制度,依规启动重大行政处罚备案工作,完成省邮政业安全中心、太原市邮政业安全中心执法授权委托,有序推进执法案卷评议、公职律师考核、行政复议等工作,法治邮政建设向纵深推进。

(六)坚持共建共治,行业综合治理开辟新境界

着眼共建共享共治,加强联防联控联动,聚焦体系监管、协同监管、智慧监管,不断提升行业治理能力。一是安全监管机构更加完善。省邮政业安全中心隶属完成划转,编制关系逐步理顺;市级邮政业安全中心批复实现全覆盖,9市邮政业安全中心完成组建;年内新增3个县级机构,“1+11+X”安全监管体系基本搭建。二是邮政普遍服务和快递市场监管更加有力。持续完善“双随机、一公开”监管机制,集中开展乡镇局所专项整治“回头看”,部署实施邮政普遍服务基础数据采集和提升数据质量专项行动,逐季召开省市级政企联席会议,全力抓好巡视专用信箱寄递保障、党报党刊投递和机要通信监管工作,圆满完成辛丑年、中国共产党成立100周年等重大题材邮票发行监督,依法检查邮政普遍服务营业场所559个,实施行政处罚6起,累计罚款4.75万元。持续加大快递市场秩序清理整顿强度,着重规范市场主体恶性竞争行为,大力整治农村快递服务违规收费问题,加快推进集邮和用品用具市场主体入库管理。三是疫情防控更加稳固。毫不放松抓好疫情常态化防控,全面落实《疫情防控期间邮政快递业生产操作规范建议(第七版)》,科学动态调整防控策略和响应等级,全面落实快递冷链运输、国际邮件互换局等重点环节管控,坚持人、物、环境同防,妥善应对国内国际涉疫突发事件,有效阻断疫情传播。从业人员疫苗接种率提高至98.3%。四是安全治理更加高效。全力打好安全生产专项整治三年行动攻坚战,研究建立安全事故警示曝光制度,持续完善企业安全风险分级管控机制,组织开展邮件快件处理场所安全管理规范化提升行动,全面完成传送带堵缝、人车分流两项重点任务整治,116个市级以上分拨中心完成“四个全覆盖”“五个必须”“六个严禁”提升目标,安全生产体系建设取得阶段性进展。继续巩固深化实名收寄专项整治成果,稳步开展寄递渠道涉枪涉爆、反恐、禁毒、“扫黄打非”、打击侵权假冒、野生动植物保护等专项工作,切实强化芬太尼类物质寄递管控。组织召开全省寄递渠道安全管理领导小组会议,严要求推进寄递渠道平安建设考核,高标准落实寄递渠道禁毒百日攻坚行动。严格执行维稳应急处置“四个一”机制,妥善化解天天、速尔等企业经营异常风险,有效应对暴雨等自然灾害,高质量做好中国共产党成立100周年庆祝活动期间,以及全国“两会”、全运会、第四届进博会等重大活动寄递渠道安保工作。省级邮政业安全监控中心正式启用,“绿盾”工程一期投入应用,视频联网和安检机联网率不断提高,1252个分拨中心和重要网点、6830个监控摄像完成接入,智慧监管逐步让寄递安全看得见、控得住、管得准。五是绿色转型更加鲜明。深入实施升级版、“2582”工程,大力推动重金属和特定物质超标包装袋、过度包装和随意包装、塑料污染专项治理,印发年度行业生态环境保护工作要点,组织召开全省行业绿色环保座谈会,联合省发改委等八部门出台《加快推进快递包装绿色转型若干措施》,组织开展绿色快递进校园、"邮来已久,绿动未来"等主题宣传活动,全省行业采用合标包装材料比例达80%,依规封装操作比例达90%,新增可循环快递盒5.16万个,电商快件不再二次包装达99%,新增设置合标包装废弃物回收装置的快递网点达1760个,办理生态环保执法案件4起。新能源和清洁能源车辆保有量达到1520台。

这一年,全省邮政管理系统严格落实"过紧日子"要求,以更加审慎、科学、节约、高效的态度强化预算管理和执行,总体压减一般公共预算项目支出50%。统筹做好养老保险和职业年金清缴工作。一体推进督查信访、保密、档案、政务信息公开、建议提案办理等工作。

同志们,2021年在困难多、挑战大的情况下,我们咬定青山、保持定力,办成一批急事难事,办好一批好事实事,邮政快递业改革发展稳定各项目标任务全面完成。这些成绩的取得,靠的是以习近平同志为核心的党中央坚强领导和习近平新时代中国特色社会主义思想的科学指引,靠的是国家局党组、省委、省政府的决策引领,靠的是全省邮政管理行业广大党员干部职工的艰苦奋斗和社会各界的大力支持。在此,我代表山西省邮政管理局,向长期关心支持邮政管理事业发展的各级领导、有关部门、社会各界、广大干部职工和退休老干部致以崇高敬意和衷心感谢。

二、推动高质量发展、高效能治理,在奋力谱写全面建成社会主义现代化国家山西篇章中勇挑畅通重担

当前,全国经济发展面临需求收缩、供给冲击、预期转弱三重压力,百年变局加速演进,外部环境更趋严峻和不确定。中央经济工作会议提出,要坚持稳字当头、稳中求进,统筹疫情防控和经济社会发展,统筹发展和安全,加快构建新发展格局,推动高质量发展;强调要着力畅通国民经济循环,加快形成内外联通、安全高效的物流网络,保障产业链供应链稳定。省第十二次党代会明确提出,要构建支撑全方位推动高质量发展的现代产业体系,坚持扩大内需这个战略基点,促进传统消费扩容升级,推动新型消费加快成长;明确要加快现代服务业同先进制造业和现代农业深度融合,推动现代物流降本提质,建设太原、大同、临汾国家物流枢纽,打造一批电商小镇,健全农村快递物流体系。省委经济工作会议指出,要加快农产品冷链物流建设,在全省各县同步开展农村三级寄递物流体系建设,2022年底实现农村寄递物流服务全覆盖。2022年省"两会"期间,省长蓝佛安在《政府工作报告》中再次强调,要加快建设农产品冷链物流,开展农村三级寄递物流体系建设,让工业品下乡、农产品进城更加顺畅;庄严宣告将实现农村寄递物流服务全覆盖,作为省委省政府承诺办好的12件民生实事之一。这些政策的出台,为邮政快递业发展提供更广阔舞台,也赋予更大使命。

邮政快递业既贯通生产、分配、流通、消费各个环节,又关联一、二、三产业,具有重要的"畅通"功能,是加固经济流通大动脉、畅通民生微循环的重要力量,在更高层次、更大力度深化供给侧结构性改革中大有可为、大有空间。我们要继续深化落实"服务全领域、激活全要素,打造双高地、畅通双循环"的工作思路,注重系统思维、注重统筹结合、注重联动发展,不断推动行业高质量发展、高效能治理,在奋力谱写全面建成社会主义现代化国家山西篇章中勇挑重担、再立新功。

深刻汲取百年经验启示。深入总结、传承、发扬党领导邮政事业发展的历史经验和重要启示,加快推进邮政强国建设。必须始终坚持党对邮政快递业的全面领导,以习近平新时代中国特色社会主义思想为指引,全面贯彻落实党中央决策部署,引领行业始终沿着正确方向前行。必须始终坚持以人民为中心的发展思想,牢记"人民邮政为人民",大力弘扬"小蜜蜂"精神,更好满足人民群众日益增长的美好用邮用快需求。必须始终坚持以发展为第一要务,完整、准确、全面贯彻新发展理念,更好助力新发展格局构建,充分发挥市场在资源配置中

的决定性作用，更好发挥政府作用，推动行业高质量发展。必须始终坚持深化改革创新发展，持续推动供给侧结构性改革，不断健全邮政管理体制，强化创新在引领行业发展中的核心地位，有序扩大对外开放。

深刻把握强弱项主攻方向。发展不平衡不充分仍然是全省邮政行业面临的主要问题，归根结底是质量不高。要坚持从低效供给向高质量供给转变，重点解决增速"领跑"与服务质量不稳、消费者体验不优、中高端产品不足、基础设施供给不佳等不相适应问题，着力推动运营管理、服务品质从价值链中低端向中高端跃升。要坚持从粗放发展向高质量发展转变，重点解决大而不强、快而不精的问题，着力提升综合运输能力、产业嵌入能力、畅通循环能力、科技研发能力、经营管理能力，不断增强行业发展内生动力。要坚持从常规化管理向高效能治理转变，重点解决治理能力不强、制度刚性不足、数据利用不够、监管支撑薄弱、绿色转型不力等突出问题，优化监管机制，丰富监管手段，不断提升行业治理体系和治理能力现代化水平。我们要勇于面对，坚定信心，保持定力，化危为机，深耕细作，改革创新，在风险挑战中寻找机遇潜力，置换发展空间。

深刻把握高质量发展主基调。紧跟时代，胸怀全局，精心描绘山西邮政快递业高质量发展壮美蓝图。一是提高站位，尊重规律，坚持稳字当头、稳中求进。要把"稳"字放到首位，深刻认识到2022年将召开中共二十大，必须保持平稳健康的经济环境、国泰民安的社会环境、风清气正的政治环境。稳住就是进步、稳住就是胜利。我们要提高政治站位，服务中心大局，着力稳行业发展态势，确保增速在合理区间，助力"六稳""六保"；着力稳行业安全态势，贯彻落实总体国家安全观，有效防范和化解重大风险隐患，守牢寄递渠道安全底线。要坚持"进"的方法论，把握推进改革的时效，把稳增长、调结构、促改革有机结合起来，着力统筹疫情防控和行业发展、统筹发展和安全、统筹量的合理增长和质的稳步提升，确保稳扎稳打、步步为营、久久为功。要统筹兼顾、以进促稳，稳住基本盘，培育新动能，推出有利于行业发展稳定的政策举措，发挥重点工作牵引作用，做到固根基、扬优势、补短板、强弱项，不断增强发展的平衡性、协调性、可持续性，奋力闯出高质量发展新路子，为"十四五"乃至更长时期全省行业发展打好基础。二是精准施策，加固底板，夯实高质量发展根基。要统筹"三安"，提升行业寄递安全、生产安全、信息安全的本质安全水平，不断加强应急管理体系建设，增强安全防控能力。要实行"三分"，推动成本分区、服务分层、产品分类，稳步实现差异定价、优质优价，规范末端投递行为，支持发展约定投递、改址投递、改时投递等精准服务，逐步将寄递服务纳入城市公共服务体系，纳入分钟级便民服务圈，不断推动末端设施共享共建。要发力"三治"，旗帜鲜明反对损害行业权益、快递员群体和消费者合法权益行为，旗帜鲜明集中整治恶性低价竞争、超范围经营和空包刷单行为，旗帜鲜明防范不正当竞争，有力维护市场秩序。要推进"三化"，坚持减污降碳并重，加快推进包装减量化、标准化、可循环化，倡导简约适度、绿色低碳的生产运营和用邮消费方式，加快推动绿色低碳技术装备普及和运输能源结构调整，大力发展绿色供应链。三是抓牢重点，补齐短板，点燃高质量发展新引擎。聚焦主责主业，坚持问题导向，加强统筹协调，补齐发展短板，挖掘发展潜力。要有效畅循环，巩固拓展"快递进村"成果，加快贯通县乡村三级寄递物流体系，充分发挥财政资金牵引作用，大力推进统仓共配一体化模式普及，有效降低物流成本，畅通城乡循环体系，激活广大农村市场。要有效保流通，提升"快递进厂"规模品质，培育快递服务制造业深度融合典型项目，不断丰富产品供给种类，提高定制化服务水平，切实加强仓储中转和综合运输体系建设，提升关联产业嵌入能力，深度参与和服务经济社会发展。要有效促开放，持续推进太原国际邮件互换局扩容升级，加快推动"快递出海"取得新进展；深度融入"一带一路"、中部地区高质量发展、黄河流域生态保护和高质量发展战略，加强与周边省份联通，打造一批跨省分拨集散中心，不断提升区域转运能力。要有效强末端，深入推进末端服务站规范化管理，逐步加强农村网点标准化建设，大力普及智能快递柜，有效保障消费者对投递方式的选择权。四是凸显特色，锻造长板，塑造高质量发展新优势。坚持因地制宜，突出特色，放大优势，汇聚推动山西邮政快递业发展的强大动能。要巩固服务农村电商发展优势，深入挖掘全省丰富的农特产品资源，聚焦“一市一品、一县一特色”，积极培育更多快递服务现代农业精品项目，支撑打造一批电商小镇，立足农村市场，构筑推动行业“二次腾飞”的重要增长极。要发挥市场主体增量优势，坚持做强存量、做大增量，进一步优化许可审批机制，不断增加法人企业数量，大力推进市场主体倍增，持续激发行业发展活力。要用好营商环境优化升级优势，乘势而上，借势而为，广泛参与地方建设，珍惜当前利好环境，加快推动行业转型发展。

深刻把握高效能治理的实现路径。坚持力行法治，转变职能，打破制约行业治理现代化的体制机制障碍，努力打造权责明晰、高效联动、上下贯通、运转灵活的治理体系，使各方面各环节更好适应发展所需。一是深化法治邮政，提升依法治邮效能。坚持依法行政、科学执法，持续完善政策法规体系，细化实化行政执法制度，不断健全“双随机、一公开”，综合运用信用监管、清单式监管，以及日常巡查、专项检查等监督方式，试点开展行政处罚、质量服务、网络稳定、社会责任等信息披露，依法依规推动行业规范化发展、公平性竞争。二是强化联防联动，提升综合治理效能。充分调动各方面积极性，压实地方财政事权与支出责任，持续拓展部门协同治理领域，发挥寄递渠道安全管理领导小组职能，不断完善案件移交与联合侦办处置机制。认真落实7号检察建议，主动接受司法监督。持续推动多元共治，指导市县企业建立现代企业制度，推动协会加大标准规范、团体公约制定力度，引导公众、媒体广泛开展社会监督，鼓励第三方机构进行评价评测认证，巩固共建共治共享的良好局面。三是优化智慧监管，提升数字治理效能。进一步发挥“绿盾”工程作用，提升应用大数据监管和应急指挥调度能力，推动监管关口前移。逐步提升科技装备应用率，扩大通用寄递地址编码、智能视频监控、智能语音申投诉、智能安检监测与自动执法识别等技术设备的应用广度，不断推进在线监管、非现场监管与传统监管高效融合发展。

三、2022年工作安排

2022年是实施“十四五”规划的关键之年，我们将喜迎中共二十大胜利召开，做好邮政快递业改革发展各项工作意义重大、使命光荣。2022年工作的总体要求是：以习近平新时代中国特色社会主义思想为指导，全面贯彻中共十九大和十九届历次全会精神，认真落实中央经济工作会议精神，深入宣传贯彻全国邮政管理工作会议、省委经济工作会议、省“两会”精神，大力弘扬伟大建党精神，坚决贯彻习近平总书记关于邮政快递业的重要指示批示精神，坚持稳中求进工作总基调，完整、准确、全面贯彻新发展理念，服务加快构建新发展格局，全面深化改革开放，坚持创新驱动发展，以深化供给侧结构性改革为主线，统筹疫情防控和邮政快递业改革发展，统筹发展和安全，继续做好“六稳”“六保”，持续改善民生，坚持稳态势、强弱项、重监管、提质效，坚定不移推进循环畅通，加快建设邮政强国，在奋力谱写全面建成社会主义现代化国家山西篇章中做出新的更大贡献，以优异成绩迎接中共二十大胜利召开！

预计2022年全省行业业务收入完成159.3亿元，同比增长19%左右；业务总量完成156.9亿元，同比增长20%左右。其中，快递业务收入完成109.1亿元，同比增长21%左右；快递业务量完成9.5亿件，同比增长22%左右。持续提高邮政、快递服务质量，持续提升行业发展质效，持续增强寄递渠道安全保障能力，持续推进快递包装绿色转型，切实保障快递员群体和消费者合法权益。

2022年是省局党组确定的“双高拓展年”，将聚焦“高质量发展、高效能治理”，进一步拓展全面从严治党、农村寄递、营商环境、市场主体高质量发展成果，进一步拓展行政审批、执法监管、安全维稳高效能治理战果，勇挑畅通重担，书写精彩华章。2022年，我们将重点抓好七个方面工作。

（一）壮大农村寄递物流，争当乡村振兴流通排头兵

提高政治站位，强化政治担当，坚决落实办好民生实事这一重大政治任务，全力推动农村寄递物流高质量发展。一是全面构筑农村寄递物流体系。深入贯彻《国务院办公厅关于加快农村寄递物流体系建设的意见》，全面落实省委经济工作会议、省“两会”精神，抢抓政策机遇，积极构建县乡村三级寄递物流体系。要明确任务要求，聚焦2022年底实现全省农村寄递物流服务全覆盖、2024年底实现县级公共仓配中心全覆盖的工作目标，统筹做好规划，强化工作衔接，推动环节贯通，确保各项任务圆满完成。要把握时间节点，3月底前，每个市要至少建成一个统仓共配一体化示范县（市），至少建成2个（除统仓共配一体化示范县之外）共配模式试点县（市），至少建成100个标准化村级快递便民服务点，为引领全年工作开展打好基础、创造条件；6月底前，每个市60%以上的县（市）要建立共配模式，60%以上的建制村设置标准化网点，初步搭建起农村寄递物流服务进村的主骨架；9月底前，全省91个县（市）要实现农村寄递物流服务全覆盖，统仓共配一体化模式有所增加，共配模式基本普及，标准化网点覆盖全部乡镇和行政村，农村寄递服务提质升级。要增强战略定力，坚持把统仓共配一体化作为治本之策，着眼“统仓”立本、“共配”降本，坚持市场主导、政府调控，切实深化企业合作，推动农村寄递物流网络稳、服务优、效益好、管长远。要层层扛起责任，各级邮政管理部门要树牢担当意识、“交账”意识，躬身入局，主动作为，全力以赴抓好落实。要强化宣传引导，讲透政策、描绘愿景、消除顾虑、统一共识，凝聚基层企业参与共建的强大合力。要做优财政补贴牵引，守好共配合作、进村直投的补贴底线，严把下行快件数据审核关，做到正向引导、鼓励先行，让真正想干事、能干事、干成事的企业受尊重、得实惠。二是继续巩固“快递进村”成果。把“快递进村”作为稳固农村寄递市场基本盘的重要抓手，继续深化现有模式合作，统筹做好农村寄递物流体系建设阶段衔接过渡工作，兜住农村寄递服务底线。三是加强农村电商协同示范。充分发挥“快递+运城苹果、吕梁杂粮”金牌项目示范效应，深度参与省级三大战略、五大平台、农产品精深加工十大产业集群建设，深度挖掘全省优质农特产品资源，重点打造“快递+大同黄花、吉县苹果、右玉羊肉、清徐老陈醋、沁州黄小米”等特色项目，尽快再形成一批快递服务现代农业金（银）牌项目。重点支持运城临猗、忻州静乐、晋中平遥等打造农村电商协同发展示范区，引导培育清徐老陈醋、汾阳枣夹核桃、平遥牛肉等快递服务现代农业示范项目，支撑打造一批电商小镇。

（二）推进政府职能转变，甘当创优营商环境勤务兵

坚持简政放权、放管结合、优化服务，持续深化“放管服”改革，培育壮大各类市场主体，不断增强行业发展韧性。一是全面推动市场主体倍增。积极落实省委、省政府工作部署，及时启动行业市场主体倍增计划，进一步提升法人企业比重，在合法合规基础上，科学审慎放宽许可企业准入门槛，广泛吸引更多社会资本进场兴业，引导有条件快递企业办理许可。要进一步优化行政许可审批机制，组织实施许可申请服务提升计划，承接落实许可企业承诺服务范围主动申报、跨省许可申请核定、许可审批事项清单管理等制度，推动快递业务经营许可电子证照试点应用，持续简化审批程序，压缩审批时效，畅通线上审批通道，不断提升惠企服务水平。要大力支持新业态发展，抢滩数字经济，支持即时递送、智能快件箱等新业态新模式培育，试点省内许可“多型合一”管理创新。要做好市场主体稳运营工作，高度关心企业发展动态，妥善化解网络不稳定等风险隐患，确保市场主体进得来、稳得住、发展得好。全年计划新增法人企业300家以上，全省法人企业总量突破600家，市场主体实现倍增。二是继续深化包容审慎监管。严格落实“双随机、一公开”监管要求，大力规范行政执法行为，切实维护市场主体合法权益。要进一步完善“免罚轻罚”事项清单，聚焦清单化管理，补充完善轻微违法行为不予行政处罚事项，加紧制定一般违法行为从轻减轻行政处罚事项清单，指导各市局进一步细化工作标准，持续规范涉企执法行为。要进一步落实相关制度安排，重点做好自由裁量基准落实、重大行政处罚备案、行政执法评议等工作，不断加强行政执法监督。要进一步推动人性化执法，综合运用说服教育、劝导示范、行政指导等非强制性执法手段，经常性使用批评教育、责令改正、告诫约谈等一般性监管措施，精准把握执法尺度。包容审慎不是放任自流，柔性执法不是无为不治，必须守住底线，树牢红线，确保执法工作宽严相济、刚柔并施、法理相容。三是有序推进法制法规体系建设。年内，国家局将修订《快递市场管理办法》《邮票发行监督管理办法》《邮政业标准化管理办法》，以及邮政行政处罚程序、执法证件管理等制度，要统筹抓好宣传贯彻落实，适时启动本省相关制度修订。继续补齐行政执法制度建设短板，全面推行行政执法公示制度、执法全过程记录制度、重大执法决定法制审核制度，实现执法信息公开透明、执法全程留痕、执法决定合法有效，持续压降行政执法行为被纠错率。全面抓好省邮政业发展“十四五”规划宣传贯彻落实。统筹推进“八五”普法活动开展。四是扎实做好统计运行分析。严格落实即将修订的邮政行业统计调查制度，组织开展统计督查整改“回头看”，部署推动统计调查专题培训，稳步推进统计人才队伍建设。切实加强统计运行分析，注重提升数据实用性水平，不断提高统计数据质量，为精准研判发展形势、做优行业监管支撑提供保障。

（三）防范化解重大风险，勇当行业安全维稳的守门员

不折不扣将防风险贯穿到邮政管理工作全过程，坚持稳定大局、统筹协调、分类施策、精准施治，重点防范和化解可能影响全局的风险点。一是毫不放松抓好疫情常态化防控。从严落实疫情防控基本制度，坚持“人、物、环境”同防，严格执行行业基本健康防护措施，减少不必要聚集性活动。坚持“应接尽接、应接快接”，不断提高从业人员加强疫苗接种率。重点做好快递冷链运输、国际邮件快件等关键部位管控，周密防范国际和邻近省份疫情，严防输入性风险。妥善应对涉疫突发事件，动态调整响应等级，严格按照“一停二消三查四保”原则，及时启动应急处置机制，坚决配合相关部门做好停运封控、通风消毒、隔离检测、疫情排查等工作。二是全力做好重大活动寄递渠道安保。强化政治担当，提高政治站位，以高度政治自觉，认真做好中共二十大、北京冬奥会、杭州亚运会和成都大运会等重大活动寄递渠道安保任务。每季度召开寄递渠道安保调度会，坚持防治结合、以防为主，宁可十防九空，不可失防万一。三是坚持守稳安全生产底线。强化寄递安全综合治理，完善联合监管机制，推动“三个责任”“三项制度”落实。持续规范协议用户管理，依托省邮政业安全监控中心，做好线上动态监管，有序推进“绿盾”工程二期建设。统筹做好反恐禁毒、涉枪涉爆、危化品整治、“扫黄打非”、打击侵权假冒、野生动植物保护等工作，坚决打好安全生产专项整治三年行动收官战。持续开展“四不”问题整治，全面完成省、市两级处理场所规范化建设目标，不断推动行业安全生产标准化体系建设。切实加强信息安全风险防控。推动企业加大虚拟安全号码、隐私面单、电子身份证等技术应用，全面加强个人信息安全保护，严厉打击非法泄露、买卖寄递服务信息等行为。四是切实强化行业应急管理。健全完善行业应急管理机制，修订印发《突发事件应急预案》，制定突发事件应对处置工作指南，科学开展运行安全监测预警和舆情监测等工作，丰富应急演练形式，不断提高对自然灾害、经营异常、涉疫防控等突发事件的处置能力。

（四）厚植绿色发展优势，善当生态文明建设的模范生

深入贯彻落实省委“努力成为生态优先、绿色发展的重要实验区”的重大决策部署，加快实施行业绿色发展五年行动计划，立足小“邮政”谱写大“生态”，为实现碳达峰、碳中和做出行业贡献。一是在深化包装治理上下苦功。推进包装减量化。加强包装操作规范化建设，推进产品包装、销售包装和快递包装一体化，深入整治过度包装和随意包装。推进包装标准化。持续防范重金属和特定物质超标准包装进入寄递渠道，深入推进塑料污染治理，协同发改、环保等部门建立联动治理机制。推进包装循环化。联合相关部门开展规模化应用试点，培育循环模式。二是在减污降碳上提质效。加快推动运输结构调整，持续提高新能源和清洁能源车辆比重，进一步形成绿色低碳交通运输方式。巩固拓展绿色网点、绿色分拨中心建设成果，总结有效经验做法，加快推广普及建设。坚持防患未然，主动预判农村寄递市场发展形势，及时补齐农村地区行业生态治理短板。加快推进邮政用品用具改革，实施双名录监管。三是在抓指标落实上求突破。全省邮政管理系统要强化责任担当，主动入局破局，坚持政企联动，高质量推进国家局"9917"工程开展，到年底实现采购使用符合标准的包装材料比例达到90%，规范包装操作比例达到90%，可循环快递包装箱达到10万个，回收复用瓦楞纸箱500万个，行业生态文明发展进入新阶段。

（五）科学布局工作矩阵，打造行业高质量发展样板地

推进快递扩容增效，拓展服务领域，强化创新引领，在深化供给侧结构性改革中增强动能、释放活力。一是做强"快递进厂"矩阵。落实国家局快递服务先进制造业"5312"工程，细化山西指标，指导重点快递企业与制造业龙头企业开展供需对接，持续推进快递功能进入制造园区和开发区，积极参与国家级快递服务先进制造业深度融合典型项目和发展先行区创建，巩固拓展"快递+"杏花村汾酒、朔州陶瓷等传统项目优势，加快推进"快递+"新能源汽车、光机电、合成生物、现代医药和大健康等先进产业融合，深度参与建链补链强链，抢占发展新高地。二是布局创新驱动矩阵。重点突破科技创新短板，引导推广应用智能安检系统、智能视频监控系统、智能语音申诉处理系统和通用寄递地址编码，鼓励企业自主开展技术研发，提升科技创新能力。加快推进产品服务创新，大力推动快递末端综合服务平台建设，全面落实三部门《关于推进智能信包（快件）箱建设的通知》，积极推进老旧小区智能信包箱升级换代，健全宅递、箱递、站递等末端多元投递体系。引导企业完善产品种类，提供多元化、差异化、定制化快递服务。三是深化改革开放矩阵。推动"快递出海"提质增效，助推太原国际邮件互换局扩容升级。积极参与全省现代化产业体系建设，抢抓太忻一体化经济区建设重大机遇，深度融入"一群两区三圈"城乡区域发展新格局。坚持推进邮政服务改革创新，守牢底线，丰富内涵，在尊重市场主体意愿前提下，支持"邮快合作"。四是做优人才保障矩阵。加大高学历、高层次、高技能人才引进和培养，有序深化校企、院企合作，扎实推进职业技能提升培训工程，稳步开展快递工程技术人员职称评审，积极参与第四批全国邮政行业人才培养基地遴选，组织开展2022年高校毕业生网络招聘活动。

（六）提升综合监管效能，争创行业治理能力建设示范区

着眼高水平监管能力建设，坚持依法履职、笃行担当，不断提升治理的公正性、精准性和有效性。一是提升普遍服务监督效能。精心组织《中国共产党第二十次全国代表大会》等重大题材纪特邮票发行监督工作，组织开展乡镇邮政普遍服务专项检查，持续提升农村邮政服务规范化、标准化水平。指导企业完成党报党刊征订发行任务，巩固提升县级城市《人民日报》当日见报率。全力保障巡视巡察等专用信箱和高校录取通知书寄递服务。坚定不移深化机要通信和特殊服务监督。稳步提升社会监督质效。二是提升邮政市场监管效能。持续开展市场秩序整顿，严肃查处超许可范围经营、无证经营、委托无许可企业经营等违法行为，斩断快递"黄牛"利益链条。会同相关部门大力纠治利用快递服务信息从事"刷单炒信"行为，集中治理非法使用用户信息、虚构服务交易、倒卖快递运单等违法违规问题。加强对企业履行服务承诺事项监督检查，重点治理不按明示价格提供服务、"掐尖揽件"、附加不合理条件等问题，协同相关部门及时处置企业价格违法、不正当竞争等行为。强化末端服务质量监管,重点查处未按名址投递等未履行约定服务义务的行为。压实省级品牌企业统一管理责任,研究制定责任落实清单。试点推广信用承诺制度,实施严重违法失信对象名单管理,加大信息披露力度。完善集邮票品集中交易市场备案管理,突出整治制售伪造集邮票品行为。积极推动“12305”邮政业用户申诉渠道优化建设,妥善做好“12345”转办热线办理工作。三是提升政府自身建设效能。坚持“过紧日子”,深化落实中央与地方财政事权和支出责任划分改革要求,加大地方协调力度,积极争取局本级工作经费,进一步补齐缺口,构建稳定多元的经费保障机制。更加注重预算绩效管理和节约型机关建设,优先做好重点项目保障,发挥机关财务保基本、保工资、保运行的基础性作用。统筹推进政府服务一体化平台和“互联网+监管”系统建设,加大政府信息公开和政务信息资源共享力度。继续推进邮政业安全中心体系建设,指导各市局推动安全中心组建履职。继续加强事业单位管理。探索完善县级机构管理机制。加强退休干部服务管理,做好工会、共青团工作。

(七)全面加强党的领导,担当捍卫“两个确立”护旗手

高举习近平新时代中国特色社会主义思想伟大旗帜,固本强基,培根铸魂,坚定不移深化全面从严治党,汇聚建设邮政强国的强大力量。一是扎实推进党的建设。深入学习贯彻中共十九届六中全会精神,巩固深化党史学习教育成果,全力抓好中共二十大精神宣传贯彻,深刻领会“两个确立”的决定性意义,全面贯彻习近平新时代中国特色社会主义思想,切实树立“四个意识”、坚定“四个自信”、坚决做到“两个维护”。坚守政治机关定位,不折不扣抓好习近平总书记重要指示批示精神、党中央国务院决策部署、国家局党组和省委省政府重大工作安排落实。深入贯彻党支部工作条例,切实抓好基层党组织建设。落实上级有关部署,稳步推进非公快递党建工作开展,探索建立省内试点,持续健全工作机制。二是深入推进党风廉政建设和反腐败斗争。坚持严的主基调,一体推进不敢腐、不能腐、不想腐,使惩治震慑、制度约束、提高觉悟一体发力,巩固全面从严治党成果。要切实强化对“一把手”和领导班子监督,加强权力运行制约,完善干部选任、行政审批、资金安排、安全监管、行政执法等环节管控。着力强化政治监督,巩固拓展落实中央八项规定及其实施细则成果,驰而不息纠治“四风”,特别是形式主义、官僚主义问题。持续强化纪检监察,深化运用“四种形态”,精准实现执纪监督问责,抓细抓实经常性纪律建设,确保风清气正。加强对群众反映强烈问题的集中整治,严肃查处不正之风和腐败问题。持续深化政治巡察,上半年部署开展第二轮第二批巡察工作,实现剩余市局和局属事业单位全覆盖。巩固拓展“模范机关”建设成果。严格落实意识形态工作责任制。大力弘扬社会主义核心价值观,扎实开展精神文明创建活动。三是切实加强干部队伍建设。贯彻新时代党的组织路线,加大干部选任力度,严格落实关于加强全省邮政管理系统干部队伍建设的实施意见,坚持好干部标准,选优配强各级领导班子,充分发挥考核指挥棒作用,加强考核结果运用。大力培养选拔优秀年轻干部,继续推进干部异地交流、上挂下派,做好后备干部储备,将一批讲政治、敢担当、能负重、有作为的优秀年轻干部选拔到重要岗位历练,不断激发干部队伍活力。进一步细化干部提任领导职务资格条件,严格公务员职级晋升标准,确保精准选人、合规用人。稳步提高公务员编配率。扎实推进平时考核,落实及时奖励办法。做好领导干部报告个人有关事项工作。健全干部担当作为激励保护机制,坚持从严考核监督与关心关爱相结合,激励干部担当作为。四是有力保障从业人员合法权益。加强新闻宣传,讲好新时代行业故事,大力弘扬“小蜜蜂”精神,认真开展第五届寻找“最美快递员”活动,组织开展首届寻找“三晋最美快递员”活动,继续参与“全国青年文明号”等创建和评选表彰活动,大力选树和宣传行业先进典型。督促企业有效落实派费调整承诺,推广实施《末端派费核算指引》,鼓励企业直接用工。加快推进基层网点优先参加工伤保险，持续开展“暖蜂行动”和“快递青年服务月”活动，充分发挥省快递协会在深化行业自治、联系基层员工、关心关爱快递小哥等方面的重要作用。6月底前，各市快递员群体合法权益保障性属地政策要实现全覆盖。到年底，爱心驿站等服务平台数量将明显增加。

同志们，重在千钧，实干方能笃行；征途漫漫，奋斗方能致远。让我们更加紧密地团结在以习近平同志为核心的党中央周围，以习近平新时代中国特色社会主义思想为指引，坚决贯彻党中央、国务院决策部署，在国家局党组和省委省政府的坚强领导下，立必胜之志、汇团结之力、行务实之举，埋头苦干，勇毅前行，在奋力谱写全面建成社会主义现代化国家山西篇章中勇挑畅通重担，以优异成绩喜迎中共二十大胜利召开！

永葆自我革命精神 深化全面从严治党 以优异成绩迎接中共二十大胜利召开

——在2022年全省邮政管理系统党建暨党风廉政建设会议上的讲话

山西省邮政管理局党组书记、局长 秦红保

（2022年3月4日）

同志们：

这次会议的主要任务是：以习近平新时代中国特色社会主义思想为指导，深入贯彻中共十九大和十九届历次全会精神，全面落实十九届中央纪委六次全会部署，按照全国邮政管理系统党风廉政建设工作会议、省纪委十二届二次全会要求，总结回顾2021年党建和党风廉政建设工作，研究部署2022年工作任务。下面，我代表局党组作工作报告。

一、2021年工作回顾

2021年是大事多、要事多、喜事多的重要一年。党中央隆重举办庆祝中国共产党成立100周年盛大纪念活动，胜利召开中共十九届六中全会，审议通过党的第三个历史决议，完成全面建成小康社会的千年夙愿，实现第一个百年奋斗目标，开启向第二个百年奋斗目标进军的新征程。过去一年，全省邮政管理事业稳健发展，更加繁荣，行业增速领先全国平均水平，各级党委政府关注度持续提升，利好政策密集出台，市场主体加速扩容。这些成绩的取得，归根结底，是全省邮政管理系统高举习近平新时代中国特色社会主义思想伟大旗帜，始终坚持党的全面领导，不断推动全面从严治党向纵深推进，持续营造良好政治生态的必然结果。

（一）聚焦“国之大者”，强化政治建设，彰显新时代政治担当

始终把党的政治建设摆在首要位置，自觉做到增强政治意识，把稳政治方向，站稳政治立场，坚定不移捍卫“两个确立”，自觉做到“两个维护”。一是坚决有力贯彻落实习近平总书记关于邮政快递业重要指示批示精神。这是做好新时代邮政管理工作的根本遵循和一切统领。各级党组班子带头学习、深刻领会、狠抓落实，在推动快递员群体权益保障、农村寄递物流体系建设、快递包装治理、寄递渠道安全监管等重点工作中出真招、见实效，扎实守牢疫情防控行业阵地，高质量完成庆祝中国共产党成立100周年活动期间邮路安保任务，全省行业朝气蓬勃、安全稳定、充满希望，始终沿着正确方向阔步前行。二是坚决有力强化党对邮政管理事业的全面领导。始终发挥党组织把方向、管大局、保落实的核心作用，紧紧围绕“两全两双”工作思路，全面落实国家局党组和各级党委决策部署。全省邮政管理系统坚决守稳政治机关定位，大力推进“两进一出”工程，积极参与乡村振兴，坚定不移抓好意识形态领域工作，持续推进行业精神文明创建，大力弘扬社会主义核心价值观，有序深化快递行业非公党建，不断提高群团工作覆盖面。朔州局推动非公快递行业党支部实现县级城市全覆盖，获省委巡视组高度肯定。三是坚决有力压实管党治党政治责任。年初召开全省邮政管理系统党建暨党风廉政建设工作会议，省局党组书记与机关各部门、各市局主要负责人签订党风廉政建设责任书。研究印发党风廉政建设和党建工作领导小组工作要点，形成全面从严治党纲领性指引。各级党组织书记严格履行“第一责任人”责任，领导班子成员认真履行“一岗双责”，综合发力，各司其职，不断夯实党风廉政建设政治主责。严格落实党内政治生活基本制度，高标准、规范化推进民主生活会、组织生活会、“三会一课”、主题党日，党的建设持续向纵深推进。

（二）聚焦培根铸魂，汲取党史经验，推动党史学习教育走深走实

紧紧围绕学史明理、学史增信、学史崇德、学史力行的目标要求，扎实完成规定动作，创新开展自选动作，推动党史学习教育与邮政管理工作紧密融合。一是强化理论武装，学深悟透习近平新时代中国特色社会主义思想。坚持以上率下、上下联动，党组理论中心组带头开展学习，每周集体学习、党员干部自学、交流研讨、举办读书班等成为常态，全省邮政管理系统各级领导干部讲授党课38次，理论学习辐射带动作用明显。全省邮政管理系统深入学习贯彻习近平总书记“七一”重要讲话精神，持续开展“四史”教育，认真抓好指定书目学习，不断汲取百年党史经验，传承伟大建党精神。全面抓好中共十九届六中全会精神宣传贯彻，深刻把握党的第三个历史决议，深刻领悟“两个确立”的重大意义，进一步感悟思想伟力，坚定理想信仰。大同局专题开设党史学习教育文化长廊，打造党员干部学习园地。忻州局深入基层企业开展“微党课”宣讲活动，成效明显。二是创新开展实践活动，巩固学习教育成效。深入开展革命传统教育，组织开展“清明祭英烈”主题党日活动，赴省展览馆参观庆祝中国共产党成立100周年图片展，部署开展“积极跟党走奋进新征程”党史知识竞赛，召开全省邮政管理系统“两优一先”表彰大会，举办庆祝中国共产党成立100周年文艺会演，不断汇聚推动邮政强国建设的强大精神力量。长治局坚持向党员发放政治生日贺卡，组织过好党员政治生日，重温入党初心。三是强化对照检查，补齐短板办好为民实事。各级党组织先后召开专题组织生活会、专题民主生活会，系统对照剖析，深刻查摆不足，加强问题整改，大力推进10项“我为群众办实事”事项，推动快递进村、优化行政审批、包容审慎柔性执法等工作均取得长足进展，党史学习教育成果落地见效。吕梁局推动智能快递柜进社区，获市委主要领导高度肯定。阳泉局率先在全省实现“快递进村”全覆盖。运城局依托各级党群服务场所建成201座“快递小哥爱心驿站”，实现市县全覆盖。

（三）纠治“四风”顽疾，深化作风建设，锲而不舍落实中央八项规定精神

深刻认识作风建设的顽固性反复性，紧盯重要环节，抓好重要节点，驰而不息纠治“四风”。一是始终保持纠治享乐主义、奢靡之风的恒心韧劲。省局党组成员以身作则，率先垂范，带头执行公务接待、公车管理、新闻报道、生活待遇等规定。各级党组织紧盯“四风”问题易发多发薄弱环节，强化监督检查，严查元旦、春节、“五一”、端午、中秋等重要时间节点，紧盯违规吃喝、违规收送礼品礼金等作风“顽疾”，以及隐形变异新动向。全省邮政管理系统认真落实“过紧日子”要求，严格经费管控，持续压缩开支，大力推进节约型机关建设，引导党员干部节约粮食，坚决纠治“舌尖上的浪费”，稳步推进“光盘行动”。二是始终保持纠治形式主义、官僚主义的政治担当。聚焦深化拓展基层减负成果，梳理6方面8项问题，坚决整治落实打折扣、做选择、搞变通，以及文山会海等问题，深入整治工作过渡留痕、检查考核过多过繁等问题，持续优化“管理杯”评选和领导班子考核，逐步减少常规考核，有序增加重点工作得分比重，有效发挥考核指挥棒作用。三是坚持标本兼治，持续深化纪律作风建设。聚焦解决“三个问题”、增强“四个意识”、提升“九项内功”、创建“五型机关”，深入推进省局模范机关建设，从共性问题、突出问题入手，修订完善制度体系，强化制度约束，化风成俗、形成习惯。强化纪法震慑，系统开展警示教育，以案为鉴，举一反三，筑牢廉政防线，持续释放越往后越严的信号。临汾局围绕“我为单位做什么”开展大讨论，进一步唤醒责任意识、激发担当精神。

（四）强化政治巡察，突出专项整治，努力营造风清气正的良好政治生态

强化政治监督，聚焦以巡促改、以巡促建、以巡促治，推动全面从严治党落到实处。一是完成全省邮政管理系统第二轮第一批政治巡察。对照“三个聚焦”，部署开展政治巡察，顺利完成大同、朔州、阳泉、忻州、晋中、吕梁6个市局常规巡察工作，梳理问题清单，狠抓责任落实，确保整改见效。组织开展国家局党组巡视反馈意见整改“回头看”，持续查漏洞、补短板、强弱项、防反弹。二是切实加强政治监督。稳步推进政治机关建设，坚决纠治理想信念淡化、政治机关意识淡漠、政治敏感性不强、纪律松弛等问题，确保做到“三个表率”，严防“七个有之”，周密防范对党不忠诚不老实、阳奉阴违等违反政治纪律和政治规矩的行为。三是扎实开展突出问题专项整治。严格落实国家局党组部署，印发工作方案，部署开展“三重一大”决策不规范、技术和服务项目外包不规范、行政执法不规范三个方面突出问题专项整治，坚持全面统筹、跟踪问效、建立制度，形成长效机制，实现高标准整改、高质量提升。

（五）突出监督重点，完善监督体系，执纪监督有效性明显提升

围绕管住人、管住事、管住权，不断丰富监督方式，推动规范用权与监督用权有效贯通。一是突出加强“关键少数”监督。积极配合国家局，严格做好领导干部个人有关事项集中填报和抽查工作，依法开展领导干部任前谈话、廉政谈话、宪法宣誓等活动，进一步规范领导干部配偶、子女及其配偶经商办企业，依规约谈年度考核排名末位的领导干部。二是强化选人用人监督。坚持从严治吏，净化选人用人风气，注重加强干部政治素质考察考核，注重在疫情防控、重大活动安保等关键时刻考察干部；进一步激励干部担当作为，印发《公务员及时奖励办法》，持续加大优秀年轻干部培养选拔力度，让更多优秀干部到急难险重岗位、偏远地区任职，着眼蹲苗历练，努力培养一支政治素质高、能力本领强、纪律作风硬的邮政管理干部队伍。三是综合运用“四种形态”。注重把握政策策略，坚持关口前移、防微杜渐，立足“治未病”，着力在“第一种形态”上下功夫，定期对履职不到位、干事创业精气神不足的领导干部进行提醒警示。进一步畅通群众投诉、举报、信访渠道，主动引导党员干部接受监督。太原局坚持用好“第一种形态”，开展廉政提醒6次，绷紧党员干部的纪律弦。四是打造过硬纪检干部队伍。持续选优配齐纪检兼职干部，定期组织学习培训，切实加强政治能力和业务能力建设，确保纪检干部坚持原则，秉公执纪，勇于担当，敢于“拉下脸”“得罪人”，用好“四种形态”，维护“六项纪律”，充分发挥监督执纪作用。

同志们，一年来，全省邮政管理系统坚持严的主基调不动摇，坚持发扬钉钉子精神加强作风建设，坚持以零容忍态度惩治腐败，坚持纠正一切损害群众利益的不正之风，坚持抓住“关键少数”以上率下，坚持不懈把全面从严的主基调纵深推进，为推进邮政快递业高质量发展提供有效保障。这些成绩的取得，归根结底在于以习近平同志为核心的党中央的坚强领导，在于各级党组织和内设纪检机构的协同努力，在于全省邮政管理系统党员干部职工的辛勤付出、从严自律，忠诚履职和担当尽责。在此，我代表省局党组，向全省邮政管理系统各位党员干部表示诚挚问候和衷心感谢！

二、以强烈的责任担当扛起新时代全省邮政管理系统深化落实全面从严治党的重大政治任务

2022年初，全国邮政管理系统党风廉政建设工作会议对当前和今后一个时期，党风廉政建设和反腐败工作作出安排。省纪委十二届二次全会聚焦全面建设清廉山西，作出明确部署，提供做好纪检监察工作的重要遵循。全省邮政管理系统必须深入贯彻落实党中央关于全面从严治党的战略决策，按照国家局党组和省纪委要求，瞄准更高目标，出台更新举措，打出更强组合拳，为全面建设清廉山西提供保障、贡献力量。

（一）深刻把握党中央关于全面从严治党的新思想新论断

习近平总书记在十九届中央纪委六次全会上的重要讲话，深刻总结新时代党自我革命的成功实践，深刻阐述全面从严治党取得历史性开创性成就、产生的全方位深层次影响，对把全面从严治党向纵深推进、迎接中共二十大胜利召开作出战略部署。要充分认识当前党风廉政建设和反腐败斗争已经取得压倒性优势，管党治党宽松软已经得到根本性扭转，探索出依靠党的自我革命跳出历史周期律的成功路径，高度凝结党百年奋斗的历史经验，蕴含着一系列原创性新理念新思想新战略，必将继续引领和保障中国特色社会主义行稳致远。

同时，也要充分认识到，作风建设和反腐败斗争永远在路上，必须保持清醒头脑，永远吹冲锋号，始终保持加强作风建设和反腐败的政治定力，坚持严的主基调不动摇，驰而不息正风肃纪反腐。我们要充分认识到各级党组织和内设纪检组在巩固拓展党史学习教育成果、强化政治监督、一体推进“三不”、落实中央八项规定及其实施细则精神、加强干部教育监督管理等重大工作中的任务职责，捍卫“两个确立”、树立“四个意识”、坚定“四个自信”、坚决做到“两个维护”，以永远在路上的坚定执着，坚持不懈把全面从严治党向纵深推进。

（二）充分总结做好新时代全省邮政管理系统党风廉政建设工作的宝贵经验

要坚持监督从严、执纪从严、治吏从严、作风从严，始终保持正视问题的自觉和自我革命的勇气，领导和推动全省邮政管理系统全面从严治党不断向纵深推进。必须旗帜鲜明坚持党对邮政快递业的全面领导，保持正确航向，不断行稳致远；必须始终坚持人民至上，牢记人民邮政为人民的初心使命，聚焦人民群众对美好生活的向往，不断提升行业发展水平、服务质量；必须压紧压实管党治党政治责任，做到主体责任、监督责任、第一责任人责任，以及“一岗双责”责任一体落实，以坚如磐石的战略定力、刀刃向内的决心意志，一刻不放松正风肃纪，做到惩治震慑、制度约束、提高觉悟一体发力，真正促使全面从严治党横向到边、纵向到底。要以强有力的政治监督践行“两个维护”，聚焦习近平总书记重要讲话、重要指示批示和党中央重大决策部署，盯责任、保落实，盯问题、纠偏差，盯隐患、防风险，盯短板、促整改，引导党员干部真正悟透党中央大政方针，真正学懂弄通习近平新时代中国特色社会主义思想，突出对党忠诚、人民至上的根本要求，严明党的政治纪律和政治规矩，时时处处向党中央看齐。这也是我们做好邮政管理工作的最大依靠和最成功经验。

（三）充分认识全省邮政管理系统党建和党风廉政建设面临的新形势新任务

近年来，全省邮政管理系统坚定不移深化全面从严治党，大力构建尊崇法治、规范运行、廉洁勤政、务实高效的清廉政府，培育以清为美、以廉为荣、以贪为耻、以奢为戒的清廉文化，打造信念坚定、为民服务、担当干事、廉洁奉公的清廉队伍，党风政风持续向好。与此同时，我们也应清醒地看到，还存在一些突出问题和不足，如有的党组织落实全面从严治党“两个责任”不到位不彻底；有的党组织书记对歪风邪气问题不管不问，也不知道怎么管；一些单位和部门还存在党的领导弱化、党的建设缺失等问题，党建和业务“两张皮”没有彻底解决；有的内设纪检监督机构不会履职、不敢履职，日

常监督不深入不到位;个别“一把手”和领导干部对自身要求不严,在群众中有反响;“四风”问题仍有反弹变异的风险。这些问题表明,全面从严治党、党风廉政建设和反腐败工作任重道远,必须保持力度不减,常抓不懈,久久为功。

三、2022年工作安排

2022年将召开中共第二十次全国代表大会,这是党和国家政治生活中一件大事,全国上下奋发拼搏,努力以优异成绩喜迎中共二十大胜利召开,保持风清气正的良好政治生态至关重要。2022年,省“两会”明确将实现农村寄递物流服务全覆盖纳入民生实事,行业发展面临重大拐点,行业治理面临更新挑战,做好党建和党风廉政建设工作意义重大、责任重大,必须以苦干实干的作风意志,推动全年工作开展。2022年工作的总体要求是:以习近平新时代中国特色社会主义思想为指导,深入贯彻中共十九大和十九届历次全会以及中央纪委六次全会、省纪委第十二届二次全会精神,全面落实全国邮政管理系统党风廉政建设工作会议部署,树立“四个意识”、坚定“四个自信”、坚决做到“两个维护”,坚持稳中求进工作总基调,立足新发展阶段,完整、准确、全面贯彻新发展理念,服务加快构建新发展格局,紧紧围绕推进行业高质量发展和高效能治理,自觉运用党的百年奋斗历史经验,弘扬伟大建党精神,永葆自我革命精神,坚持和加强党的全面领导,贯彻落实全面从严治党战略方针,坚定不移加强党建、党风廉政建设和反腐败工作,深化不敢腐、不能腐、不想腐一体推进,不断巩固发展风清气正的良好政治生态,以优异成绩迎接中共二十大胜利召开。重点做好五方面工作。

(一)学深悟透习近平新时代中国特色社会主义思想,切实增强政治定力

聚焦更深入学习贯彻中共十九届六中全会精神,深刻认识“两个确立”的决定性意义,坚决做到“两个维护”,增强推动邮政快递业高质量发展、高效能治理的思想保障和政治基石。一是坚定不移深化中共十九届六中全会和二十大精神宣传贯彻。坚持在“学”字上下功夫,全面学习领会全会和下半年召开的二十大精神实质、核心要义、科学内涵,更好把握和运用中共百年奋斗历史经验,弘扬伟大建党精神,以“关键少数”带动“绝大多数”;坚持在“宣”字上见效果,丰富宣传教育形式,扩大宣传教育范围,从机关到行业,从党员干部到基层群众职工,进一步推动全会精神深入人心,掀起全省邮政管理系统全行业学习宣传贯彻十九届六中全会和二十大精神热潮。二是坚定不移推进政治机关建设。严明政治纪律和政治规矩,继续巩固模范机关创建成果,自觉在思想上政治上行动上同以习近平同志为核心的党中央保持高度一致,与国家局党组、省委决策部署保持高度一致,把稳政治方向,及时校正偏差,坚守意识形态主阵地,始终做到“三个表率、一个模范”,坚决防止“七个有之”问题,坚决纠正自由主义、本位主义、保护主义,真正把政治纪律和政治规矩立起来、严起来、抓起来。三是坚持推进行业高质量发展高效能治理。毫不动摇坚持和加强党对邮政快递业全面领导,严格落实党内民生生活,严格执行民主集中制,严格贯彻“三重一大”集体决策等制度,高水平推进机关党建工作,确保党建工作与业务工作贯通融合。要强化政治监督,紧紧扭住年度重点工作,统筹做好农村寄递物流体系建设、寄递安全监管、快递员群体权益保护、快递包装治理、疫情防控和北京冬残奥会、中共二十大期间寄递安保等重大任务,确保各项工作执行不偏向、不变通、不走样。

(二)加强新时代邮政管理干部队伍建设,形成过硬人才支撑保障

全面贯彻新时代党的组织路线,把重品行、重才干、重实绩作为选人用人的鲜明导向,一以贯之打造忠诚干净担当的邮政管理干部队伍。一是突出抓好领导班子建设。把政治监督放在首位,重点检视坚持党的性质宗旨、践行“两个维护”、推动高质量发展和高效能治理、落实全面从严治党责任、贯彻执行民主集中制等情况,推动各级“一把手”和领导班子成员始终成为事业发展的“领头雁”。注重选配领导班子正职，统筹推进副职配备，及时补充配齐领导班子成员，推动完善干部梯次配备，持续激发领导班子活力。二是统筹做好干部选育管用各项工作。紧紧围绕建立健全干部素质培养、知事识人、选拔任用、从严管理、正向激励的制度体系，科学推进选人用人工作。要以我们正在做的事情为“中心”，以民心所向为“方向”，以“五好干部”为标准，综合衡量干部德能勤绩廉，坚持公道正派选人、靠制度选人，选拔出高素质、专业化的优秀干部。要坚持做到“人岗相适”，把人才选用到合适岗位上。要构建干事创业的激励机制，建立容错纠错制度，对想干事、能干事、敢干事、会干事的党员干部进行鼓励，在职务晋升、评先评优等方面进行优先考虑，尽最大可能调动工作积极性，营造干事创业浓厚氛围。三是强化干部队伍监督。要完善考核评价机制，客观公正地评价党员干部，建立日常考核、分类考核，不断完善年度考核、平时考核、及时奖励等工作办法，增强考核针对性和可操作性。要加强干部日常管理监督，用好监督执纪“四种形态”，发挥好提醒、函询、诫勉等作用，为党员干部“打好预防针”。要重点加强年轻干部教育监督管理，引导年轻干部加强政治理论学习，强化政治淬炼，提升政治能力，扣好廉洁从政“第一粒扣子”。年轻干部是事业发展的未来，既要畅通渠道，加快培养，更要倒逼压力，确保健康成长。

（三）坚持把监督贯穿全省邮政管理系统工作全过程，不断强化执纪监督

坚持惩治与预防相结合、治标与治本相协调、自律与他律相统一，让清正廉洁成为共同价值坚守。一是全面加强日常教育与监督。要做细做实常态化监督，综合运用廉政谈话、约谈提醒、检查抽查、政治巡察、走访调研等形式，立规矩、管细微、严约束、提质效，提高监督实效。要畅通信访举报渠道，规范高效做好信访举报工作，支持、引导干部群众有序参与监督。要经常性开展纪律教育，组织开展党纪党规学习，切实加强道德风尚教育和警示教育，坚定不移抓好家风建设，引导党员领导干部以身作则，从严管好配偶、子女，做到本分做人，干净做事。二是坚持完善综合监督体系。要在党内监督主导下，发挥组织人事、行业监管、执法检查等作用，与纪检专责监督协同发力，推动纪检监督、巡察监督、审计监督、财会监督等贯通协调，不断完善监督工作机制。要坚持警示提醒、教育感化、震慑作用相结合，把查办案件与修复政治生态、健全完善制度、强化监督管理相结合，不断提升治理效能。要切实加强同级监督，各级纪检组及时向同级党组及其班子成员通报有关党风廉政建设情况，督促落实主体责任、“一把手”责任和“一岗双责”。三是以零容忍态度惩治腐败。坚持无禁区、全覆盖、零容忍，坚持重遏制、强高压、长震慑，紧盯经费使用、选人用人、执法监管等重点领域，紧盯举报线索较多、问题反映集中、涉腐可能性较大的“关键少数”和关键岗位，坚决查处纠治群众反映强烈的违规违纪问题和不正之风。要高度警惕企业与监管部门勾肩搭背、里应外合问题，坚决斩断权力和资本勾连纽带，坚决防范领导干部和监管对象不当交往。

（四）坚持纠“四风”、树新风并举，持续加固中央八项规定堤坝

保持常抓韧劲、长抓耐心，以作风建设加强和改善，促进党的自我革命深化，持续培育风清气正良好环境。一是坚持精准研判、靶向纠治。压紧压实各级党组织抓作风建设的主体责任，扎实做好廉政提醒、自查自纠、问题整改等工作，深入分析研判本单位、本部门“四风”问题，有针对性地制定清单，开展整治，继承弘扬党的光荣传统和优良作风，让新风正气化风成俗、更加充盈。二是坚持露头就打、反复敲打。聚焦形式主义、官僚主义，坚决纠治影响党中央决策部署贯彻落实、漠视侵害群众利益、加重基层负担、损害营商环境等问题，坚决查处不尊重规律、不尊重客观实际和群众需求的乱作为问题，坚决查处推诿扯皮、玩忽职守、不思进取等不作为问题。要保持精文减会态势，严格落实“过紧日子”要求，加强对会议、调研事项的监督检查，进一步减轻基层负担。三是坚决防止由风变腐、风腐一体问题。牢牢把握“四风”问题与腐败问题互为表里、相互交织的内在本质，既防“旧病”复发，又治隐形变异。要坚决纠治损害党的形象、群众反映强烈的享乐主义、奢靡之风，从严查处公务接待“吃公函”、“不吃公款吃老板”、收受服务对象财物、变相收送红包礼金，以及吃拿卡要等问题，严格规范津贴补贴发放，推动构建亲而有度、清而有为的政商关系，对隐形变异问题不断加压，对顶风违纪行为严肃惩治。

（五）严格落实管党治党政治责任，推动全面从严治党向基层延伸

进一步压实管党治党政治责任，确保将全面从严治党引向深入。一是牢牢掌握意识形态工作主动权。严格落实意识形态工作责任制，加强意识形态阵地建设和管理，积极稳妥做好邮政快递业热点敏感问题分析研判和舆论引导，旗帜鲜明反对各种错误观点，认真做好邮票选题和发行、寄递渠道“打黄扫非”等行业监管工作，切实维护意识形态安全。二是推动建立行业党建领导体制。按照中央有关要求部署，积极推进快递物流业和快递员群体党建工作。配合地方组织部门推动构建党委统一领导、组织部门（两新工委）牵头抓总、邮政管理部门指导推动、相关部门参与的快递物流业党建领导体制，争取地方党委给予行业党委必要的人员、经费、阵地等支持，确保行业党委高效运转。三是坚决压实主体责任。各级党组织要对照落实全面从严治党主体责任清单，坚持把全面从严治党各项工作融入日常，形成一级抓一级、层层抓落实的工作格局。各级党组织书记作为第一责任人，要亲自抓、抓到底、抓出成效，督促领导班子成员认真履行“一岗双责”，切实形成责任互联互通、压力传导顺畅、班子齐抓共管的良好局面。四是持续强化监督专责。各级党组纪检组要进一步厘清职责，聚焦主业，充分发挥监督保障执行、促进完善发展的作用，坚守协助党组推进全面从严治党职责定位，做好参谋助手，做到不越位、不缺位。要切实加强机关纪委建设，支持机关纪委履行监督专责。五是深入推进政治巡察。全面贯彻中央巡视工作方针，统筹谋划邮政管理系统巡察工作，制定中共二十大期间系统内巡察五年规划，进一步健全工作规则，规范巡察工作流程。要对2020年以来国家局党组巡视，以及2021年省局党组第二轮首批巡察反馈的突出问题整治进行“回头看”，在2022年5月部署开展第二轮第二批政治巡察工作。要与国家局党组接受中央政治巡视同频共振、一体自查、开展整改，努力取得行业改革发展和党的建设新成效。六是锻造过硬纪检干部队伍。各级党组织要高度重视纪检干部队伍建设，配齐配强专兼职纪检干部，优化队伍结构，提升理论修养和专业能力素养，积极参与和组织各类纪检专题培训，切实提升执纪监督能力。

牢记习近平总书记嘱托，扛起时代使命，坚定不移推进全面从严治党，重任在肩，使命如磐。让我们更加紧密地团结在以习近平同志为核心的党中央周围，坚决响应党中央号召，坚决落实国家局党组和省委工作部署，大力弘扬伟大建党精神和自我革命精神，知重负重，守正创新，忠诚履职，砥砺前行，以更加昂扬的姿态、更加坚定的信念，把全面从严治党、党风廉政建设和反腐败工作向纵深推进，为建设邮政强国提供坚强保证，以优异成绩迎接中共二十大胜利召开！

山西交通控股集团

深化改革创新　加快提质增效
奋力开创全方位推动高质量发展新局面

——交控集团一届五次职代会暨2022年工作会报告

交控集团党委书记、董事长　武　艺

（2022年3月11日）

各位代表，同志们：

现在，我代表集团公司，向大会报告工作，请予审议，并请列席人员提出意见。

一、2021年工作回顾

过去一年是党和国家历史上具有里程碑意义的一年，也是集团公司改革发展不平凡的一年。集团公司上下坚持以习近平新时代中国特色社会主义思想为指引，认真贯彻落实省委省政府决策部署，统筹推进项目建设、经营管理、深化改革、科技创新、风险防控、党的建设等各项工作，圆满完成了目标任务，实现了“十四五”良好开局。

一年来，我们坚持稳中求进，经营效益创历史新高。全年实现营业收入493.44亿元，增长16.07%；实现利润总额7.36亿元，增长38.61%；资产负债率76.93%，较上年下降1.62个百分点。盈余现金保障倍数、现金流动负债比率、技术投入比率等对标评价指标高于行业优秀水平。2018—2020年三年任期和2020年度省属国企经营业绩考核获得A级评价。

一年来，我们坚持聚焦主业，交通项目建设成效显著。完成投资346.27亿元，同比增长22.8%。全省最后两个“县县通高速”项目汾石、浮临高速公路开工建设。6个在建高速公路项目建设稳步推进，受到省交通运输厅表扬。G209吕梁新城区公路改线工程、G207左涉一级公路等6个国省干线，临汾市旅游公路（永和段）、晋城太行一号国家风景道等12个旅游公路和“四好农村路”项目扎实推进。长临高速等3个高速公路项目荣获全国公路交通行业最高工程质量奖李春奖。路桥集团等6户企业在全国施工、设计、监理企业信用评价中上升为最高等级“AA”级。

一年来，我们坚持精细管控，高速公路经营服务水平稳步提升。实施政府还贷高速公路独立核算，制定47项成本控制指标，养护成本同比下降4亿元。扎实开展高速沿线环境综合整治、运营管理创优活动，路容路貌明显改善。智慧管理系统上线运行，全路域管理能力稳步提升。大力发展路域经济，通过办公区屋顶光伏发电、闲置房屋租赁、养护机械和通信管廊租赁等方式，实现收入8222万元。实施4对服务区“一区一策”提质升级改造，新开通21对服务区、21座加油站，建成20座加气站，服务区经营收入实现11亿元，同比增长28%。追缴通行费、标志标线提升专项行动2项工作，受到交通运输部通报表扬。

一年来，我们坚持深化改革，发展活力明显增强。深入推进国企改革三年行动，27项改革任务年度目标全部完成。董事会任期制、经理层聘任制、员工合同制全部落实，现代企业制度不断完善。银团贷款利率统一调降至LPR5Y，年可节约财务成本11.31亿元。通过非公开发行股份方式，向上市公司注入83.1公里、63亿元高速公路资产，引入央企投资人实现资本市场再融资4.8亿元，资产证券化取得新进展。成立了服务区管理分公司，优化了服务区管理体制。重组信通公司，着力做强数字经济。清理退出不具备优势的非主营业务企业7户、压减15户、完成"止损挽损"12户，不断推进瘦身健体。加强资产资金管理，开展了服务区资产清查、财务管理专项检查，基础管理水平不断提升。

一年来，我们坚持创新驱动，科技支撑更加有力。强化科研攻关，《特长公路隧道辅助通道设置及施工关键技术研究》等8项科研成果荣获山西省科学技术奖。主编的《绿色公路评价指南》等7项地方标准由省市场监督管理局获准发布，填补了省内绿色公路建设领域技术标准空白。交通专有云智慧运维管理平台等3个项目被省工信厅确定为全省信创试点补助项目，是全省入选项目最多的企业。承担省交通运输厅科研项目达到19项，总规模超过前三年总和。智慧交通山西省实验室加快建设，聘任3位院士担任第一届学术委员会主任、副主任委员，努力为交通强国建设提供山西思路和山西经验。

一年来，我们坚持底线思维，风险防控扎实有效。加快推进全面风险管理体系建设，构建重大风险定期评估机制和预警机制。开展合同管理专项检查工作，检查经济合同9783份，涉及合同金额1179亿元，有效防控了合同法律风险。强化审计风控，审计404个项目，节约资金2566.97万元。深入开展安全生产专项整治三年行动，健全完善全员安全生产责任制，排查安全隐患4839项、整改4416项，整改率91.3%，努力把问题解决在萌芽状态，没有发生重特大生产安全责任事故。严格落实领导维稳责任和信访包案制度，扎实做好矛盾纠纷排查化解工作，未发生非正常上访事件。加强知识产权工作，省委宣传部、省版权局授予"山西省版权示范单位"荣誉。

一年来，我们坚持加强党的建设，干事创业氛围更加浓厚。扎实开展党史学习教育，从百年党史中汲取智慧和力量，完成"我为群众办实事"3115件，达到了学党史、悟思想、办实事、开新局的目的。不断完善党组织体系建设。深入推进党建与生产经营深度融合，党建项目化取得新成果，11个典型项目入选省国资委重点项目库。出台了《关于加强对"一把手"和领导班子监督的若干措施》等制度，从严从实加强干部管理监督。强化政治监督，完成了3户企业常规巡察、7户企业专项巡察、30户企业政治监督专项检查，风清气正的政治生态不断巩固。深入开展"号岗队手"青年岗位建功、"工人先锋号"劳动竞赛等活动，干部职工的凝聚力和引领力持续增强。驻村帮扶、文秘信息、督查督办、机要保密、后勤保障等各项工作均取得新的成绩。

一年来，省委林武书记、省政府蓝佛安省长等7位省领导先后到集团公司调研指导，对改革发展工作给予充分肯定。这些成绩的取得，是习近平新时代中国特色社会主义思想科学指引的结果，是省委、省政府坚强领导的结果，是省国资委、省交通运输厅、省国资运营公司等单位指导支持的结果，更是广大干部职工担当作为、奋力拼搏的结果。在此，我代表集团公司领导班子，向全体干部职工表示衷心的感谢并致以崇高的敬意！

在肯定成绩的同时，我们必须看到，集团公司发展还存在一些不足。主要是：综合实力还不强，一些指标还低于全国同行业平均水平，加快提升质量效益的任务仍然很重；市场拓展能力还不强，省外中标合同额占比还比较低；高速公路运营服务水平还有提升空间；路域经济发展还不快，市场化经营机制还需进一步完善；精细化、数智化管理还需要进一步加强；全方位推动高质量发展，对经营管理和干部队伍的能力素质提出了更高要求，等等，这些问题，我们都要高度重视，有针对性地加快解决。

二、2022年改革发展总体要求

2022年是中共二十大召开之年，是实施“十四五”规划的关键一年。面向新的征程，我们要清醒认识到，当前局部疫情时有发生，我国经济发展面临需求收缩、供给冲击、预期转弱三重压力，受“公转铁”、环保限行、疫情管控等影响，高速公路通行费增长承压明显；各省都组建了综合交通投资集团，建设类央企积极参与地方发展，交通项目建设市场竞争更加激烈。这些因素叠加，增加了做好全年工作的艰巨性复杂性。我们更要深刻认识到，做好全年工作有很多有利因素。我国经济韧性强、长期向好的基本面不会改变；党中央积极实施新增减税降费1万亿元、对实体经济下达专项债1.5万亿元等助企纾困政策；习近平总书记赋予了交通成为中国现代化开路先锋的新使命新定位；中央经济工作会议明确提出，适度超前开展基础设施投资；交通产业数字化、网络化、智能化加快发展，行业变革加快，带来新的发展机遇；省委作出了交通强省建设、山西中部城市群发展、太忻一体化经济区建设等重大决策部署，明确提出要完善多层级交通网络，全省交通基础设施建设继续保持高强度投资；特别是省委召开了全省国有企业深化改革提质增效推进会，林武书记提出了“32个字”工作要求，为我省国资国企未来发展明确了发展目标、指明了前进方向、提供了工作遵循；这些都为我们带来了战略机遇和政策利好。集团公司近年来坚持正确战略方向，基础管理不断加强，重组改革优势日益凸显，发展态势稳步向好，为全方位推动高质量发展创造了良好基础和有利条件。特别是省委、省政府对集团公司改革发展高度重视、非常关心。只要我们牢记省委、省政府的嘱托，坚持解放思想、对标一流，主动加压、真抓实干，就一定能开创全方位推动高质量发展新局面。

2022年工作的总体要求是：坚持以习近平新时代中国特色社会主义思想为指引，全面贯彻习近平总书记关于国有企业改革发展的重要论述和视察调研山西重要指示精神，按照全方位推动高质量发展目标要求和全省国企改革“32个字”要求，强化市场意识和企业思维，以深化改革为动力，以提质增效为目标，以精细化、数智化、证券化为路径，以高质量党建引领保障高质量发展，全力推动主要经营指标尽快迈过“生存线”、达到“发展线”。

主要预期指标是：全年实现营业收入550亿元，利润总额10亿元，资产负债率控制在76.67%以内；通行费收入212亿元，力争225亿元；净资产收益率0.34%，全员劳动生产率24.46万元/人·年，研发投入增长5%；高速公路年公里养护成本≤66万元/公里，同比下降14.8%以上；高速公路MQI优等路率≥96%，高于交通运输部“十四五”规划要求；全面完成各项经营业绩考核指标。

到“十四五”末，力争营业收入实现850亿元，路域经济收入达到280亿元，利润总额突破40亿元，资产负债率控制在74.89%以内。

限制约束指标为：坚决杜绝各类重特大生产安全责任事故和突发环境事件。

做好2022年工作，要认真学习贯彻省委林武书记关于国企改革“32个字”工作要求，强化市场意识和企业思维，严控投资方向和投资规模，稳步压降资产负债率，向市场要效益；强化精细化、数智化、证券化，全面提升企业治理水平，向管理要效益；强化绩效考核，加强人才引育，激发创新发展动力，向人才要效益；强化主强辅优目标，当好全省交通建设主力军，大力发展路域经济和交通关联新业态，推动收入结构由“两条腿走路”向高速公路通行费、交通基础设施建设、路域经济“三足鼎立”转型；加强党的建设，坚持以高质量党建引领保障高质量发展，全面建设清廉交控，不断巩固风清气正的发展生态。

三、2022年重点工作任务

今年发展指标的确定，体现了主动作为的要求，需要付出艰苦努力才能实现。要善于抓住重点任务、关键环节，切实抓好以下七方面工作：

（一）聚焦高质高效，持续抓好交通基础设施项目建设

主动服务大局，积极参与省内高速公路出省口及重要连接线投资，适度投资建设重要国省道、“三个一号”旅游公路、“四好农村路”，大力争取公路工程施工项目，力争承揽项目合同额500亿元、完成项目投资300亿元、实现施工营业收入260亿元，为交通强省建设、山西中部城市群发展和太忻一体化经济区建设当好开路先锋。

加快重点项目建设。统筹推进投资、进度、质量、安全和疫情防控，全力抓好在建项目。高速公路方面，继续推进隰县—吉县、黎城—霍州、昔阳—榆次、离石—隰县、朔州—神池、晋城—阳城改扩建、汾阳—石楼、浮山—临汾等9个高速公路在建投资项目，积极推进繁峙—五台山、古交—娄烦—方山、石楼—转角、忻州—雄安等高速公路项目前期工作，确保年内建成隰县—吉县、朔州—神池2条高速公路。国省干线方面，积极参与太忻大道、108国道线忻州境内砂河至石岭关段改建工程、336国道线朔州市境内应县罗庄至城东榆林段改扩建工程，扎实推进G241和省道岚马线工程等续建项目，确保年内建成G209线吕梁新城区公路改线工程、G241和G336朔州至平鲁段公路改扩建工程。“三个一号”旅游公路和“四好农村路”方面，加快临汾市旅游公路(永和段)、忻州市三大板块旅游公路偏关县境内一期工程、武乡县“四好农村路”等12个项目建设。全力加快山西交通研创商务基地、房地产项目、凤凰山实训基地等其他项目建设。

提高项目管控水平。全面深化管理创新，降低项目全寿命周期成本。推行限额设计制、设计监理制和工程造价编制、审核、审查质量责任终身制，严格管控工程造价成本。持续提高大宗物资集采率，提高物资采购性价比，推动晋材晋用，有效降低采购成本。推行公路投资项目属地政府征地拆迁总承包模式，严格控制项目征地拆迁费用。创新实施施工总承包模式，加强项目二次经营，强化项目全过程精细化管理，严格管控施工成本。充分发挥全产业链优势，大力拓展集团外部市场。推动工可编制、勘察设计企业提前介入山西省“十四五”交通运输体系规划的建设项目。加强投资收益管理，确保汾石、浮临两个高速公路项目的集团公司投资在工程竣工前施工利润按进度收回。推进智慧工地建设，在建公路项目全覆盖运行“山西交控工程建设项目智慧监管平台”，全面提升项目管理能力。

提升项目建设品质。健全完善三级质量管控体系，努力争创汾水杯、太行杯等省部级奖3项，鲁班奖或詹天佑奖等国家级奖1项，打造交控建设品牌。抓好黎霍高速公路交通运输部首批“平安百年品质工程”示范项目建设，发挥示范引领作用。坚持生态优先，加大固废利用力度，打造绿色工程。大力推广工厂化生产、装配化施工，推进施工管理模式体系化、场站建设规范化、工程建设产业化。继续推进黎霍、昔榆高速公路山西交通智慧建造和BIM应用示范项目建设，深化BIM技术在工程项目设计、施工全过程应用。在汾石、浮临高速公路试点使用不锈钢护栏。

（二）强化精细管理，大力推动高速公路经营管理提质增效

深入开展路网畅通、站区创优、养护管理提升、路域环境综合整治和通信网络覆盖提质“五大”行动，打造“集约畅通、舒适智能、绿色安全”的高速公路，不断提高公众出行舒适度和满意度。

着力提升路网效益。加大营销力度，探索增值服务模式，按季度评估、优化差异化收费政策，促进通行量费提升。与普通干线公路探索建立联席制度，合理安排养护作业，保障平行路网内的高速公路通行量稳定增长。加大逃漏通行费稽核追缴力度，完善奖励激励机制，确保通行费应收尽收。积极向省政府争取政策支持，推动山西省高速公路小客车和500米以上桥梁收费调标工作。加大ETC发行力度，探索大流量路段客货车辆分道行驶、分道限速，做好易拥堵路段和收费站治理工作，提升通行效率。联合高速交警探索全天候通行保障机制，优化清障救援和除雪打冰作业流程，减少因交通管制造成的通行费损失。

着力提升运营管理能力。深化“百站示范、千站提升”创建，持续打造“五强+”站区中心等基层示范单元。深入推进运营管理标准、运营成本管控、养护市场信用评价、监督检查考核、数智化监管“五大体系”建设，推进运营管理规范化、标准化、精细化。加快组建路网运行指挥调度中心，建立路段公司、集团公司两级集中监控平台，逐步取消站级监控，提高救援、客服电话在线接通率、及时处理率，推动路网集成高效运行。开展路域环境综合整治，推进高速公路绿色走廊带建设，持续改善路容路貌、站容站貌。优化升级机电设备系统，加快推进国产化联网收费软件改造、视频云联网工程，推广无人值守自主收费，提高通行费征收效率和精准度。严格入口治超管理，配合做好高速公路综合行政执法改革过渡衔接工作，依法依规保护路产、维护路权。制定《高速公路车辆救援服务指导意见》《高速公路运营应急物资储备指南》，推广应用“一键救援”微信小程序，提升清障效率和服务水平。加强与交管、气象等部门的协同联动，提升高速公路安全管理效能。

着力提升养护管理水平。抓实隧道LED节能改造、路面灌缝坑槽修补、排水设施专项整治、地质灾害水毁隐患防治、PCI次差路段和桥头跳车消除、不稳定边坡治理、抗滑能力不足路段处治、交安设施精细化提升等工作，打造养护管理示范路，力争三类及以下桥隧数量同比减少30%以上、国检路况指标在全国排名至少提升三个名次。推行切块包干和集团统筹相结合的运营预算分配机制，建立日常养护监督检查和审计机制，做好养护工程项目造价审核和效果后评价。精准实施养护工程项目，加大预防性养护、大数据养护决策力度，全年对5年左右路龄路段路面实施预防性养护的里程比例达到8%以上，养护工程科学决策使用率达到80%以上。加大融雪剂、沥青等养护物资集采力度，大力推广使用沥青热再生、固废低碳综合利用等新技术，不断降低养护成本。

（三）发力强链补链，培育壮大路域经济和交通关联新业态

集团公司高速公路沿线土地、车流、人流、物流、信息流资源丰富，蕴含着巨大的发展潜力。充分发挥高速公路路域资源经济和社会价值，提升综合利用效率，推动资源优势转化为发展优势，实现主强辅优，是当前一项非常紧迫的任务。

加快发展服务区经济。加快“服务区+物流、能源、旅游、文化、农业”融合发展，2022年力争实现服务区收入30亿元。推动服务区经营模式向连锁自营、平台+品牌等现代商业模式转变，不断丰富经营业态，推动“同城同价”，更好满足公众美好出行需求。做强能源服务，深化与中国石化、中国石油、壳牌、延长、中化等能源企业合作，新开通32座加油站，新建成20座加气站、40座充电站，实现100公里范围内“三站”全覆盖。挖掘通信管网租赁业务价值。加快服务区提质升级，完成大盂、清徐、原平服务区扩容改造，服务太忻一体化经济区建设；启动鹿泉驿站服务区建设，打造我省首个“交旅融合”高速公路旅游目的地；加快龙城服务区建设，打造我省首个开放式、主题类、休闲型服务区；新建柳林服务区，推动100公里高速公路范围内服务区全覆盖；积极引入社会资本改造河津等服务区，示范带动建设“特色鲜明、业态丰富、功能齐全、环境优美、效益突出”的现代化服务区。大力提升公益服务和安全管理水平，完成15对服务区公共卫生间升级改造，持续推进司机之家、危货车辆停放区建设。进一步厘清服务区公益服务和经营服务职责定位，力争政府还贷高速公路服务区3年内实现租赁收入与管理费支出平衡。

强力推进路域资源开发。编制高速新能源、交通物流、智慧交通、数字经济等专项规划，制定《低效存量土地综合利用规划》《路域经济三年目标计划》，加速盘活高速公路沿线存量土地、房屋等资源，力争全年实现路域经济收入80亿元以上。借鉴山东高速做法，积极争取在高速公路自有土地进行物流功能开发和物流设施建设的用地政策，推进物流集团利用收费站回转车道，先行在设区市布局建设11个仓储物流分拨中心。积极开发高速公路沿线分布式光伏发电，推进“多能互补、源网荷储”一体化智能微电网建设，打造一批新能源发展示范项目，力争全年光伏发电装机达到30万千瓦。在具备条件的站区积极布设充电桩、换电站。实业集团、经营性高速公路公司要按照《高速公路非公路标志设置规划》，推动广告业务快速增长。

做强做优交通关联新业态。围绕现有资源加快发展衍生性、复合性、叠加性业务，力争年内实现科技成果转化和“六新”收入13亿元。加快推进功能性沥青路面、沥青改性剂、加固维修、固废利用等新材料、新工艺、新技术的产品化、市场化发展，推动护栏板、交安设施、预制件、生态水泥规模化生产。高标准建设山西数字化交通产业园，做大新能源物流平台、工程机械租赁共享平台、交通工业品数字化采购平台、交通模板标准件生产基地、交通产业工人培训基地等新业态。加快BIM、智能检测等技术的标准化、商业化步伐，拓展ETC+在停车场、加油站、加气站等场景的应用，培育服务输出、整体解决方案输出等新业态。交科院集团要做强勘察设计业务；置地公司要立足存量土地商业开发，尽快盘活龙城大街南区土地资源，同时，要依托内部资源，立足内部培训需求，争取人社厅资质认可，发展职业培训业务；委托山西交建招标代理公司代理全集团一半以上的招标代理业务，积极拓展新的利润增长点。

（四）坚持深化改革，全面提升经营管理水平

对标山东高速，抓实《2022年深化改革提质增效专项行动实施方案》，从发展思路、改革举措、运营机制、制度建设等多方面对标找差，健全工作制度，完善运行机制，优化管理流程，推进企业发展方式、运营机制、盈利模式向高质量迈进。

强化集成问效。深入实施国企改革三年行动，力争在中共二十大召开前高标准完成各项改革任务。深化劳动、人事、分配三项制度改革，建立“六定”改革长效机制，严格执行职工公开招聘制度，规范企业用工管理；推行管理人员竞争上岗、末等调整和不胜任退出制度，完善多种方式的中长期激励，在管理人员能上能下、员工能进能出、收入能增能减上实现更大突破。强化“企业不能消灭亏损、亏损最终就会消灭企业”的理念，开展“扭亏减亏三年攻坚行动”，加快推进非主业、非优势业务“两非”剥离，止住“出血点”，消灭“亏损源”。

提升管理效能。制定贯彻落实《山西省规范省管企业经营管理工作规定》实施细则，构建协调运转、有效制衡的内控体系、合规管理体系，推动企业治理体系和治理能力现代化。坚持效益导向、市场导向和“一企一策”差异化考核，进一步完善市场化经营业绩考核评价体系，加大集团外部市场业绩考核权重。改革薪酬制度，稳步提高绩效薪酬比重，实现利润升薪酬升、利润降薪酬降。优化全面预算管理，实行政府还贷高速公路和市场经营业务独立核算、分灶吃饭。集团内部具备供给条件的业务，原则上90%以上由集团内部实施，适度形成内部竞争机制，实现服务优质、价格优惠。加快推进“三供一业”分离移交工作，推动剥离企业办社会工作全面收官。

推进降本增效。积极引入战略投资者，做好生态环境股份公司、交通设计和检测板块上市培育工作，加快推进高速公路服务区、加油站、加气站、光伏等附属设施装入上市公司，推动资源资产化、资产资本化、资本证券化。用好政府减税降费政策，积极调整融资结构和品种，提高直接融资比例，力争综合利率再降5BP。制定资产清查方案，建立规范统一的资产明细账，提高资产管理水平。做实财务基础数据，推进财务审核标准化、流程规范化，提高会计信息质量。全面推行财务资金池模式，推进财务资金集中统一管理。压减集团总部办公费和中介费支出，全集团力争全年压减财务成本6亿元以上。完善日常养护和机电运维定额管理，建立养护经费单价横向比较机制，政府还贷高速公路运营总支出在2021年基础上再降3亿元。做好第六批土地确权登记和资产划转工作，加快前五批高速公路划转土地缴纳契税资金的返还进度，持续降低集团公司资产负债率。大力推进碳达峰交通运输行动，推广使用新能源汽车及机具设备，力争年内新能源用车配备比例提高10%。

加强数智化管理。搭建数智化监管平台，完善和建设资金监测、人力资源、财务管理、养护管理、运营调度、安全应急等9大系统，推进“管理建在制度上、制度建在流程上、流程建在权限上、权限建在平台上、平台建在数据上”，实现精确分析、精准管控、精细管理。制定各业务领域通用的软件目录，推进软件标准化、通用化、产品化，提升软件自主可控水平。大力拓展各类终端软件用户。大力推进交通基础设施全要素、全周期数字化，实行“一路一档”“一桥一档”“一隧一档”“一灾一档”，整合数据资源，加快提高数据变现能力，推动产业数字化、数字产业化。开发集路况信息服务、服务区多元服务于一体的手机App，提升智能服务水平。

（五）深化创新融合，打造产业发展核心竞争力

坚持把创新作为第一动力，持续在机制创新、资源整合、技术攻关、成果转化上下功夫，求实效，加快形成以创新为主要支撑的业务体系和发展模式。

完善创新发展体系。加大对所属相关企业科技创新投入和“六新”收入产出比、研发项目转化比、高技术产品和服务市场占有率等考核指标，倒逼企业提升科技创新能力。用好国家和我省关于企业研发费用税前加计扣除、研发人员成果转化分成不计入工资总额等优惠政策，引导具备条件的企业加快高新技术企业认定，建设科技创新型企业。集聚创新资源，优化集团公司科研、中试、标准化、产品化等资源配置。建立健全以成果转化为导向的创新评价体系，动态兑现研发人员成果转化收益。

全面提升创新能力。高标准建设智慧交通山西省实验室，按照新型研发机构功能定位，建立现代化管理制度和市场化运行机制；瞄准5大科研方向，加强智慧交通科技前沿关键技术研究攻关，抓好智能网联重载货运车路协同发展试点，打造一流创新平台。抓好省工信厅3个“揭榜挂帅”信创试点项目，提升关键技术、工艺、材料以及核心代码等领域的自主创新能力。以交科院集团为交通科技产业链主企业，在太忻一体化经济区建设交通科技产业园，发展以科技研发、交通安全、信息机电、装备制造、新型道路材料等于一体的交通科技产业。提升《山西交通科技》办刊质量，扩大山西交通科技创新的话语权和影响力。

加快科研成果转化。围绕碳达峰、碳中和要求，加大固废利用、循环经济、节能环保等核心技术研发，尽快形成标准体系、施工工艺、相关产品、工程装备相结合的行业领先解决方案，积极进军集团外部市场。围绕交通基础设施数字化，加快BIM数字协同、桥隧和ETC智能检测、雾区引导防撞系统、收费公路AI稽核、路面快速养护及决策系统、高速公路应急指挥等成熟技术的应用，实现高速公路“建管养运服”数字化转型、智慧化服务。围绕高附加值科研产品和业务，推进合作对象、盈利模式、投入方式、分配机制等全方位创新，加快培育科研成果转化市场主体。

（六）紧盯风险防控，有效防范化解各类风险隐患

加快构建全员、全过程、全链条的风险防控体系，切实提高风险防控能力，保障集团公司行稳致远。

严防投资经营风险。坚持以效益为中心，制定《投资额度管理办法》，在额度范围内优选投资项目，做好投资项目事前决策、事中跟踪、事后评价管理，资产负债率超过75%的企业禁止负债投资，严防投资风险。树立现金流意识，提高10年以上长期融资比例，合理配置资本结构，加强到期债务动态分析，稳步降低资产负债率，严防资金风险和债务风险。高质量开展“合同规范年”行动，提高法律合规审核和管理能力，严防法律风险。扎实推进信访积案化解、重复信访治理，严防稳定风险。加强企业领导人员任期经济责任审计、重大项目跟踪审计和日常审计监督，严肃违规经营投资与重大决策责任追究，严防经营管理风险。

严防安全生产风险。严格落实安全生产主体责任和“一票否决”制，完善覆盖各层级、各岗位的安全责任清单，健全安全生产目标管理考核和问责机制。深化安全生产专项整治三年行动和“百日攻坚”集中行动，以长陡下坡、连续隧道群、平安工地建设、危化品车辆为重点，开展滚动式、拉网式、地毯式排查整改，保障安全生产形势持续稳定。深入推进“平安文明示范高速公路”创建，健全高速公路公司、高速交警、交通执法三方协调应急联动工作机制。建立重大风险源基础信息清单、责任分工清单、防控措施清单、监测监控清单和应急处置清单"五个清单",完善"1+N"应急预案,推进"安全应急智慧管理系统"应用,全面提升安全应急管理精细化、标准化、规范化水平。全面加强网络安全保障体系和能力建设,持续提升关键信息基础设施网络安全水平。推广应用"安全教育培训系统",开展线上线下安全互动式教育培训,提升安全管理人员能力水平。

抓实常态化疫情防控。快速应对疫情变化,全力抓好"外防输入、内防反弹"各项工作。积极配合地方政府做好出入省及进京通道管控,把好高速公路收费站"绿色通道"、冷链货物通行"关口",严防疫情通过高速公路传播。加强疫情防控知识宣传,引导广大职工正确认识疫情、科学防控疫情。

(七)加强党的建设,构建干事创业、风清气正的发展生态

坚持"两个一以贯之",把党的领导全面融入企业治理,从严从实抓班子带队伍,更好地把党的制度优势转化为发展优势、竞争优势。

加强党的全面领导。深入学习贯彻习近平新时代中国特色社会主义思想,自觉用党的创新理论武装头脑、指导实践、推动工作,树立"四个意识"、坚定"四个自信"、坚决做到"两个维护",确保上级和集团党委的决策部署落地见效。强化"抓党建就是抓发展"的理念,深入实施"三晋强基"工程,大力推进抓党建促基层治理能力提升,充分发挥基层党组织战斗堡垒作用。

加强干部和人才队伍建设。全面落实"三让三不让""四论四不唯"要求,优化领导班子结构,提升干部专业能力,加强对领导班子和干部队伍的管理监督,激励干部担当作为。按照"总量减少、结构优化、素质提升"的原则,加强职工队伍建设,全方位培养、引进、用好人才,构建与企业发展相适应的经营管理人才、专业技术人才和高技能人才队伍。深化与山西大学等高等院校合作,建设人才培训基地,系统培养高端财务人员、机电运维人员、公路养护人员各100名,高标准引进8名博士、200名硕士和企业发展亟须的双一流大学本科生,公开招聘一批高技能劳务派遣人员。

加强党风廉政建设。认真落实《规范省管企业经营管理工作规定》《省管企业领导人员经营管理行为"九个严禁"》要求,严格落实党风廉政建设主体责任,贯彻中央八项规定及其实施细则精神,扎实推进清廉交控建设,营造风清气正的发展生态。深刻汲取太重集团系列腐败案件教训,认真梳理资本运营、资产管理、筹融资管理、预算管理、运营管理、工程建设、招投标、物资采购、合同签订等方面的廉洁风险点,健全完善廉政风险防控机制。

各位代表,同志们！目标任务已经明确,关键是要狠抓落实。领导干部要时刻绷紧抓落实这根弦,沉下心来研究思考,沉下身去推动落实。要解放思想,对标一流,学习借鉴行业一流企业的新思路、新方法、新举措,将"他山之石"转化为企业发展良策。集团总部要按照"主动服务基层、规划顶层设计、优化环节流程、强化过程监督、严格结果考核、提升工作效率"的要求,建立督查督办事项台账,完善定期通报抓落实制度,持续提升工作质效。要强化考核评价结果在干部使用、薪酬兑现等方面的运用,激励先进、鞭策后进,形成真抓实干的鲜明导向,营造干事创业的浓厚氛围。

各位代表,同志们！实干创造未来,奋斗成就梦想。让我们更加紧密地团结在以习近平同志为核心的党中央周围,坚决贯彻落实党中央、省委、省政府和省国资委、省国资运营公司决策部署,以更加昂扬的奋斗姿态,以更加务实的工作作风,踔厉奋发、笃行不怠,在全方位推动高质量发展上不断取得新突破,以优异成绩迎接中共二十大胜利召开！

提质增效 融合赋能 全面提升高质量党建引领保障高质量发展水平

——在2022年党的建设和党风廉政建设工作会议上的讲话

交控集团党委书记、董事长 武 艺

（2022年3月11日）

同志们：

这次会议的主要任务是，以习近平新时代中国特色社会主义思想为指导，全面贯彻中共十九大和十九届历次全会精神，弘扬伟大建党精神，认真落实省委全方位推动高质量发展的目标要求，深入贯彻省委十二届二次、三次全会和省纪委十二届二次全会精神，回顾总结2021年党的建设和党风廉政建设工作，安排部署2022年工作任务，动员集团公司各级党组织和广大党员干部进一步提高政治站位，强化责任担当，为全方位推动高质量发展提供坚强保障。一会，周刚书记还要就党风廉政建设工作进行安排部署，希望大家认真抓好贯彻落实。

下面，我先讲三点意见。

一、牢扛责任，持续用力，集团公司党的建设不断向纵深发展

过去的一年，集团公司党委坚持以习近平新时代中国特色社会主义思想为指引，认真贯彻习近平总书记关于国有企业改革发展和党的建设重要论述，坚持抓重点、补短板、提质量，持续推动党建工作向基层延伸、向纵深拓展，党的建设各方面工作取得新的进步。

一是政治建设持续加强。集团公司党委坚持把忠诚拥护“两个确立”、坚决做到“两个维护”作为最高政治原则和根本政治规矩，充分发挥党委把方向、管大局、促落实的领导作用。坚持把党委会研究讨论作为董事会、经理层决策重大问题的前置程序，召开党委会22次，研究议题255个，其中前置研究讨论重大事项101项，保证了党中央、省委决策部署在集团公司的贯彻执行。持续压实党建工作责任，制定了落实全面从严治党《责任清单》《任务安排》，研究全面从严治党议题65个，通过台账化管理、项目化推进，保证了全面从严治党主体责任落实落细。层层传导压力，对因落实“两个责任”不力的2名企业领导人员分别给予党纪政务处分和组织处理。贯彻重大部署成效明显，全面推动项目建设、深化改革、降本增效、科技创新、风险防控等工作，营业收入同比增长16.07%、利润总额同比增长38.61%、资产负债率下降1.62个百分点，圆满完成了省委部署的各项重点工作，经营效益创历史新高。

二是思想建设扎实推进。持续推动党的创新理论入脑入心，集团公司党委举行理论中心组学习24次，专题研讨13次，带头深学深悟。班子成员坚持走进基层党建联系点、生产经营一线，讲授专题党课，强化理论武装。深入开展党史学习教育，累计开展各类宣讲3226次，教育培训342次，受众人数2万余人，全集团完成“我为群众办实事”3115件，隆重举行“七一”表彰大会和“光荣在党50年”纪念章颁发仪式，精心举办主题征文、书画展等活动，赓续红色血脉，凝聚奋进力量，达到学党史、悟思想、办实事、开新局的目的，得到省委巡回指导组的高度肯定。

三是组织建设不断夯实。批复成立了服务区管理分公司党委、汾石高速公司党委、浮临高速公司党委。推广运用智慧党建平台,推进党务工作标准化、流程化、指引化。按照"成熟一个、发展一个"的原则,全年接收预备党员737名。深入推进党建工作与生产经营深度融合,持续开展以"1235工作法"为主要内容的党建项目化管理工作,评选出30个典型优秀项目,11个党建项目入选省国资委"党建工作项目化,奋力转型出雏形"专项行动重点项目库。在省国资委党委召开的习近平总书记全国国有企业党的建设工作会议重要讲话发表五周年学习座谈会上,作了经验介绍。

四是干部队伍建设深入推进。围绕集团"十四五"发展战略规划和新业态培育需求,制定了《企业领导人员队伍建设规划》。坚持正确的用人导向,调整使用干部97名。对6户企业开展了选人用人专项检查和工作督导,对25户企业开展了人事档案专项检查工作。扎实开展专题培训,累计参加人员500余人,基层党组织书记及领导干部的综合素质和履职能力不断提升。全面加强人才工作,专题研究和部署人才工作4次,实施人才发展4项工程。通过柔性方式引进3名院士、市场化选聘方式引进职业经理人2名、公开招聘方式引进专业技术人才69名。依托27个省部级科研创新平台,吸引和聚集了博士17人、硕士300余人、正高级职称100余人。

五是发展合力广泛凝聚。组织开展道德模范、"山西好人"、中国路姐、山西省学雷锋志愿服务先进典型等推选宣传活动,发挥先进典型示范引领作用。13户所属企业获得中国交通企业管理协会交通运输优秀文化品牌、文化建设卓越单位等荣誉。坚持党建带群建,大力弘扬劳模精神、劳动精神、工匠精神,职工创新活力充分激发,涌现出一批劳动模范和职工创新先进集体。集团公司在省国资委举办的歌咏比赛、体育比赛中分别取得金奖和亚军。共青团改革工作深入推进,建立了青年工作委员会制度,加强青年人才培养。集团公司青年志愿服务队,被省人社厅、团省委授予全省"十佳青年志愿服务集体"。

六是党风廉政建设不断深化。制定了《关于具体化常态化开展政治监督的指导意见》,开展全覆盖式政治监督专项检查,保障党中央、省委关于国企改革决策部署在集团公司全面有效落实。印发了集团公司《关于加强对"一把手"和领导班子监督的若干措施》,加强对"一把手"和领导班子的监督。深化巡察工作,对交投集团等6户所属企业开展了常规巡察和专项巡察,实现了对所属企业党委巡察全覆盖。锲而不舍落实中央八项规定精神,开展了3轮明察暗访,督促限期整改问题43件,查处违反中央八项规定精神问题6起。保持高压态势,精准运用"四种形态",给予党纪政务处分102人、组织处理113人,不断强化不敢腐的震慑。全面梳理问题多发易发的重点岗位、关键环节,健全完善招投标采购等业务廉政风险防控体系,不断扎紧不能腐的笼子。全集团共组织学习党内法规1616次,组织警示教育培训讲座493次,不断强化党员干部不想腐的自觉,风清气正的发展生态不断巩固。

通过一年来的务实工作,集团公司党建引领改革发展的良好态势不断巩固、带动效应更加显现,项目建设、降本增效、深化改革、风险防控、安全稳定等工作高效推进,发展活力明显增强,7位省领导先后到集团公司调研指导,对改革发展和党的建设取得的成绩给予充分肯定。

集团公司党的建设工作取得的成绩,根本在于习近平新时代中国特色社会主义思想的科学指引,关键在于省委、省国资委党委的坚强领导,在于公司各级党组织、广大党员干部和党务工作者的履职尽责、担当奉献。在此,我代表集团公司党委,向广大党员干部和党务工作者表示衷心的感谢和诚挚的问候!

在看到成绩的同时,我们也要清醒地认识到工作中仍然存在一些差距和不足:一是党建工作进展不平衡,个别企业还存在集体议事决策权责边界模糊、党建引领保障作用发挥不够、民主生活会质量不高、"三会一课"等制度执行不规范、党建与生产经营融合不紧密等问题;二是个别基层组织建设还比较薄弱,有的基层站区、项目部制度执行不严格,组织建设抓得还不够实、不够硬；三是一些党员干部党员意识、党的意识还不强，在落实苦练内功、突破“两线”等部署要求上，缺乏紧迫感、责任感，思路不宽、措施不实；四是个别党员干部在受监督和约束的环境中工作生活的习惯还未完全养成，还需要持续用力推进，等等，需要在今后工作中持续用力解决。

二、深化认识，总结经验，不断提升推进全面从严治党的思想自觉和行动自觉

勇于自我革命是我们党最鲜明的品格，也是我们党最大的优势。在十九届中央纪委六次全会上，习近平总书记用“六个必须”深刻总结新时代党的自我革命的成功实践，用“九个坚持”全面总结了新时代管党治党的实践创新、理论创新、制度创新成果，用“四个任重道远”概括了腐败和反腐败较量新的阶段性特征，对纵深推进全面从严治党、党风廉政建设和反腐败斗争发出新的冲锋号令。省第十二次党代表大会鲜明提出“全面建设清廉山西”重大目标，近期省委又印发了《关于全面建设清廉山西的行动方案》，为坚决打赢反腐败斗争、建设山清水秀政治生态，发出了动员令，指明了路线图。在全省国有企业领导干部警示教育大会上，林武书记强调，对省属国有企业要实现五年全面巡视、三年全面审计、一年审计“三张表”（资产负债表、利润表、现金流量表），确保权力规范运行。我们要深刻领会党中央、省委对全面从严治党的新部署、新要求，结合集团公司党建工作实际，认真总结经验，不断创新举措，使各项工作更好体现时代性、把握规律性、富于创造性，推动集团公司党的建设不断取得新成效、达到新高度。

一是要在补齐短板中带动整体提升。坚持问题导向、目标导向、结果导向，强化系统观念，处理好短期与长远、整体推进与重点突破的关系，通过补足短板、突破难点、以点带面，全面提升党建质量。特别是要抓好巡察整改和政治监督发现问题的整改。

二是要在坚持守正中积极探索创新。认真总结党史学习教育的成功经验，聚焦全方位推动高质量发展提出的新要求，开拓思路，创新工作理念、机制、方法，尊重基层首创精神，不断提高党建工作的针对性、精准性、实效性。

三是要在完善制度中加强执行落地。近年来，集团公司围绕落实“两个责任”、推进基层组织规范化建设等方面出台了一系列制度规定，基本做到了有制度可用、有制度能用。要进一步加强制度建设，对空白缺位的抓紧建立、不全面的尽快完善、成熟经验及时推广，更加注重制度的贯彻执行，切实把制度成果转化为治理效能。

四是要在压实责任中展现担当作为。加强和改进党的建设，必须牵住责任制这个“牛鼻子”。要坚持从领导班子抓起，从领导干部严起，坚持把抓好党建作为最大政绩，强化抓党建是本职、不抓党建是失职、抓不好党建是渎职的认识，做到守土有责、守土尽责，不断巩固上下联动、齐抓共管的党建工作格局。

三、提质增效，融合赋能，全面提升高质量党建引领保障高质量发展水平

今年是中共二十大召开之年，是实施“十四五”规划关键之年。做好全年党建工作，要坚持以习近平新时代中国特色社会主义思想为指导，深入学习贯彻落实党的十九大和十九届历次全会精神，全面贯彻习近平总书记关于国有企业改革发展和党的建设重要论述、考察调研山西重要指示精神，认真落实省委“三晋强基”工程和全面建设清廉山西部署，按照全方位推动高质量发展的目标要求，以党的政治建设为统领，着力深化理论武装、夯实基层基础、建强干部队伍、建设清廉交控，在巩固深化、创新提升、融合赋能上下功夫，全面提升高质量党建引领保障高质量发展水平，以实际行动迎接中共二十大胜利召开。重点要抓好以下六个方面的工作：

第一，切实加强党的政治建设，牢牢把握正确发展方向。党的政治建设是党的根本性建设，讲政治是党员干部的立身之本。要始终把政治建设摆在首位，贯穿全过程，融入各方面，统领党的建设质量全

面提高，使讲政治不断从外部要求转化为内在主动。

一是要深化理论武装。坚持把学懂弄通做实习近平新时代中国特色社会主义思想作为首要任务，严格落实“第一议题”制度，推进党史学习教育常态化长效化，推动学习贯彻十九届六中全会精神走深走实，教育引导党员干部用心体悟“两个确立”的深刻内涵和决定性意义，进一步树立“四个意识”、坚定“四个自信”、坚决做到“两个维护”。要通过中心组学习、集中轮训、理论宣讲、专题研讨等形式，组织党员干部多读原著、勤学原文、深悟原理，深入学习习近平总书记在全国国有企业党的建设工作会议上的重要讲话精神，习近平总书记2017年、2020年、2022年考察调研山西重要指示精神，跟进学习习近平总书记最新重要讲话精神，确保真学真懂、真信真用。要深入解放思想，坚持以理念创新牵引质量变革、效率变革、动力变革；坚持以市场思维、市场手段和法治观念、法治方式，破解难题，推动工作。

二是要加强政治监督。聚焦贯彻落实省委十二届二次、三次全会和全省国有企业深化改革提质增效推进会议、国有企业领导干部警示教育大会、推进交通强省建设动员大会、全省国资国企工作会议等重要会议精神和集团公司一届五次职代会、2022年工作会部署，围绕对标挖潜、项目建设、运营管理、降本增效、路域经济发展、深化改革、风险防控、党的建设等重点工作，推进政治监督具体化常态化，确保各项部署有效落地落实。

三是要严明政治纪律。坚持以党章、准则、条例等党内法规制度为基础，督促所属企业各级党组织和党员干部依法依纪依规办事，培育清清爽爽的同志关系、规规矩矩的上下级关系，严禁搞拉帮结派、团团伙伙。要认真落实在完善公司治理中加强党的领导的要求，把从严管党治党的政治责任和国有资本保值增值的经济责任有机统一起来，严格落实党组织在公司法人治理结构中的法定地位，完善党委前置研究讨论重大经营管理事项清单，确保党组织既有效领导公司治理，又不越位包办。

第二，切实加强基层组织建设，建强战斗堡垒。集团公司点多、线长、面广，有党委95个、党总支4个、党支部1111个。建强基层组织，把党员组织起来，把职工动员起来，对全方位推动高质量发展意义重大。要认真落实省委“三晋强基”工程部署，实施“提质增效”行动，增强组织政治功能和组织力凝聚力，提升基层治理能力。

一是要在有效覆盖上下功夫。紧密结合企业改革发展需要，开展党组织设置专项排查，理顺隶属关系，确保党组织设置始终和企业改革发展、生产经营活动、组织管理幅度相适应，不断完善上下贯通、执行有力的组织体系。发展党员要坚持政治标准，严格政治审查，切实保证质量。加大在生产经营一线、青年职工和高知识群体中发展党员力度，提高发展党员工作水平。

二是要在规范化建设上下功夫。坚持依规治党，把提高制度执行力摆在突出位置，讲认真，敢较真，让基本制度真正发力生威。要严格落实“三会一课”、民主集中制、组织生活会、民主评议党员、谈心谈话、主题党日等制度，不断增强党内政治生活的政治性、时代性、原则性、战斗性。要把制度执行情况作为干部选拔任用、考核评价的重要依据，定期组织开展基层党建制度执行情况监督检查，查找薄弱环节，抓实问题整改，不断提升基层党建工作制度化、规范化、科学化水平。

三是要在激发活力上下功夫。坚持抓党建从生产经营出发、抓生产经营从党建入手，以改革发展成果检验基层党组织建设成效。要创建和选树一批红旗党委和标杆党支部，发挥示范引领作用。要围绕重大项目、重点工程、重点任务，深入开展党员先锋岗、示范区活动，引导党员干部创先争优、攻坚克难，争当生产经营的能手、创新创业的模范、提高效益的先锋、服务群众的标兵。深入推进党建与生产经营深度融合，深化1235党建工作项目化管理，总结经验，提升质量，持续打造一批党员职工认可、可复制可推广的党建项目成果。

第三，切实加强干部队伍建设，激发干事创业的热情和活力。各项决策部署能不能得到创造性的落实，全方位推进高质量发展能不能取得实效，关键在领导干部这个“关键少数”。要认真落实习近平总书记对国有企业领导人员提出的“20字”要求，建设对党忠诚、勇于创新、治企有方、兴企有为、清正廉洁的干部队伍。

一是要坚持正确的用人导向。坚决落实“三让三不让”“四论四不唯”要求，加强政治素质考察，注重专业素养，大力选拔忠诚干净担当，实绩突出，群众认可，公道正派，具有较强改革创新能力、市场经营能力的干部。优化所属企业领导班子结构，用好各年龄段干部，持续增强领导班子整体功能。健全培养选拔优秀年轻干部常态化工作机制，加强基层锻炼、多岗位历练，建设数量充足、结构合理、素质优良的优秀年轻干部队伍。对年轻干部配备不达标的企业，要约谈党委主要负责同志；对本企业没有年轻干部符合条件的，由集团公司组织统筹选配。

二是要激励干部担当作为。完善领导干部考核评价机制，强化考核结果运用，坚持奖罚分明，使政治坚定、奋发有为的干部得到褒奖和鼓励，使慢作为、不作为、乱作为的干部受到警醒和惩戒。要完善与市场竞争相适应的领导人员管理机制，全面实施经理层任期制和契约化管理，严格任期管理和业绩考核，实现管理人员能上能下。要坚持谈心谈话制度，及时了解干部思想动态，关心关爱身心健康，帮助解决实际困难。要大力实施干部专业化和专业能力提升计划，针对不同企业、不同层级、不同岗位干部特点和需求，科学安排培训内容，因材施教，因需施教，补齐补强干部专业化能力。要认真落实“三个区分开来”的要求，综合分析干部的失误错误，切实为敢于担当的干部撑腰鼓劲。

三是要加强日常监督管理。坚持严管和厚爱相结合，旗帜鲜明保护担当者、支持干事者、问责不为者、惩戒违纪者，营造干事创业的深厚氛围。要通过考察考核、调研督导、个人有关事项报告抽查核实和提醒、函询、诫勉等方式，全方位、多角度、近距离了解识别领导干部，真正把管思想、管工作、管作风、管纪律统一起来，管好关键人，管住关键事，管出好干部。

第四，切实加强人才引育工作，激发创新创造活力。强企之根在创新，创新之本在人才。要赢得主动、打造优势、发展壮大，必须全方位培养、引进、用好各类人才。

一是要树牢人才引领发展的理念。实施“人才强企”战略，坚持人才发展与企业发展同步谋划，紧密结合企业发展需要，重点建设好具有较强企业意识、市场意识，在项目建设、企业管理等方面能力较强的经营管理人才队伍；具有较强创新能力，成果转化能力的科技人才队伍；具有良好思想政治素质，党务工作和群众工作经验丰富的党务干部队伍；具有专门技能，爱岗敬业，技艺精湛，善于解决技术难题的高技能人才队伍。

二是要加大教育培训力度。建设学习型企业，完善全员培训体系，用好顿村职工培训中心、凤凰山实训基地、交通产业工人培训基地等培训资源，加强领导干部轮训和养护、机电、财务、安全管理等专业人员系统培训，不断增强各类人才履行岗位职责的能力和水平。要完善适合各类人才的评价指标体系，客观公正地评价人才的基本要素、业绩和贡献，为科学合理地使用人才提供客观依据。

三是要完善人才工作机制。健全以经营业绩考核为依据，以岗位绩效工资为基础，技术、管理等多种要素参与收入分配的激励制度，加大对关键岗位和有突出贡献人才的激励力度。要深化与清华大学、同济大学、长安大学和华为公司、百度公司等省内外高校和企业的合作，联合开展人才培养、技术攻关和科研成果转化。要用好“一人一策、一事一议”引进政策，大力引进具有自主知识产权、掌握核心技术的高端人才、领军人才。

第五，切实加强宣传和群团工作，凝聚强大发展合力。思想政治工作是党的优良传统、鲜明特色和突出政治优势，是一切工作的生命线。要把思想政治工作作为经常性、基础性工作，统筹推进统战群团工作，发挥好广大职工的主力军作用。

一是要强化思想引领。认真贯彻党中央《关于新时代加强和改进思想政治工作的意见》，坚持用党的创新理论武装党员干部职工，持续推动干部职工不断增进对习近平新时代中国特色社会主义思想的政治认同、思想认同、理论认同、情感认同，做到学思用贯通、知信行统一。要建立思想动态调查与分析研判机制，把思想政治工作同深化改革、提质增效、项目建设等生产经营管理工作结合起来，真正做到在思想上解惑，在精神上解忧，在文化上解渴，在心理上解压。要认真落实意识形态工作责任制，加强舆情监测和应对，牢牢掌握工作主动权。要按照上级安排，做好迎接、宣传、贯彻中共二十大工作，营造浓厚氛围。要积极做好统战工作，加强党外代表人士队伍建设。

二是要加强精神文明和企业文化建设。坚持以社会主义核心价值观引领企业文化建设，引领员工树立正确的价值取向，真抓实干，崇德重德，正确认识和处理国家、集体、个人三者的利益关系，构建和谐劳动关系。要深化文明单位创建，细化创建目标任务，提升员工参与度、认可度，营造建功新征程、争创新业绩的浓厚氛围。

三是要加强群团工作。完善以职工代表大会为基本形式的企业民主管理制度，扎实做好企务公开、党务公开，组织职工依法实行民主选举、民主决策、民主管理、民主监督，使职工群众的知情权、参与权、表达权、监督权得到更充分更有效的保障。要大力弘扬劳模精神、劳动精神、工匠精神，深入开展职工岗位技能比武和创新创造劳动竞赛活动，广泛开展文化体育活动，激发职工的劳动热情。要加强基层团组织建设，深入开展“号岗队手”创建活动，深入打造“高速公路服务区+青年文明号+消费帮扶”工作品牌，充分发挥团员青年的突击队和生力军作用。

第六，切实推进清廉交控建设，营造风清气正的发展生态。集团公司项目密集、资金密集、社会关注度高，时刻面临着廉政风险的考验。我们要始终牢记　习近平总书记“代价不能白付，教训必须汲取”的告诫，始终保持清醒头脑，拿出永远在路上的恒心和韧劲、无私无畏的勇气和动真碰硬的担当，永远吹冲锋号，一刻不停地推进党风廉政建设和反腐败斗争。

一是要坚决扛牢主体责任。高质量制定《全面实施清廉交控建设行动方案》，突出清廉主题、干部主体、制度主线，着力构建管党治党责任落实体系、权力运行制约体系、干部管理监督体系、廉洁文化培育体系，把各种清廉要素融入全方位推动高质量发展全过程各方面，努力打造持久风清气正的清廉交控。所属企业党委书记要亲自抓、带头做、负总责，专职副书记要专心专责、扑下身子抓，纪委书记要认真履行监督执纪问责的职责，班子成员要落实好“一岗双责”，切实落实好分管领域内的任务。要将清廉建设任务落实情况纳入党委书记述责述廉内容，作为评判所属各级党组织履行管党治党政治责任的重要依据。

二是要坚持“三不”一体推进。持续保持惩治高压态势，坚持无禁区、全覆盖、零容忍，坚持重遏制、强高压、长震慑，紧盯严重违反企业“三重一大”和工程承接、项目建设、产权变更交易、材料供应等经营管理重点领域和关键环节，严肃查处各种以权谋私、滥用职权、设租寻租的腐败问题。集团公司从我做起，班子成员带头，各级领导干部都不得在工程项目建设、招投标、大宗物资采购、中介机构使用中说情打招呼。要锲而不舍落实中央八项规定精神，坚决查处和防范请客吃饭、年节送礼、托人说情、私车公养、大操大办婚丧喜庆和损害职工群众利益等问题。要将反腐措施与改革举措同谋划、同部署、同落实，全面检视企业廉政风险点、制度空白点、执行漏洞点，针对性地补齐重点领域制度短板，扎紧制度笼子。要加强日常监督，深入开展重大合同等重大事项内控机制有效性自查，完善纪检监察、巡察、审计、风控、法务、财务大监督体系，强化监督合力。

三是要加强对“一把手”和领导班子的监督。全面贯彻党中央关于加强对“一把手”和领导班子监督的意见及省委实施意见，严格落实上级党组织对下级党组织的监督责任。上级“一把手”既要做好表率，又要抓好下级“一把手”；班子成员之间要加强相互监督，发现问题要及时提醒谈话、抓早抓小、防患未然，推动各级领导干部既严格自律、严守纪法，又严负其责、严管其辖。

四是要加强清廉文化建设。认真落实党中央、省委关于加强新时代廉洁文化建设的要求，把清廉文化作为基础和先导,融通党的优良传统、中华优秀传统文化、社会主义先进文化和山西独具特色的优秀地域文化,不断夯实清正为官、廉洁从政的思想根基。要大力弘扬伟大建党精神,常态化开展党性教育、纪律教育、警示教育、家风教育,大力倡导忠诚老实、光明坦荡、公道正派、实事求是、艰苦奋斗、清正廉洁等价值观,在全集团营造崇尚廉洁、抵制腐败的良好风尚。

同志们,全面从严治党任重道远。让我们更加紧密地团结在以习近平同志为核心的党中央周围,不断增强忧患意识、责任意识和斗争精神,真抓实干,勇毅前行,持续推进全面从严治党向纵深发展,以高质量党建引领保障高质量发展,以优异成绩迎接中共二十大胜利召开!

坚定不移正风肃纪反腐
全面开启清廉交控建设
为全方位推动高质量发展提供坚强纪律保障

——在2022年党的建设和党风廉政建设工作会议上的讲话

交控集团党委委员、纪委书记、监察专员　周　刚

(2022年3月11日)

同志们:

今天,我们召开党风廉政建设工作会议。主要任务是:贯彻落实中共十九届中央纪委六次全会、省纪委十二届二次全会精神,回顾总结交投集团2021年纪检监察工作,安排部署2022年工作任务。刚才,武艺书记就交控集团加强党的建设,坚定不移深入推进全面从严治党,以高质量党建引领保障高质量发展作了重要讲话。我们要认真领会、坚决贯彻落实。下面,我讲三点意见。

一、强化政治担当,推动责任落实,全面从严治党取得显著成效

2021年,交控集团纪委、监察专员办公室忠实履行党章和宪法赋予的职责,充分发挥监督保障执行、促进完善发展作用,一体推进不敢腐、不能腐、不想腐,持续深化党风廉政建设和反腐败工作,各项工作取得新的成效。

(一)加强政治监督,政治生态进一步净化

紧扣学习贯彻习近平新时代中国特色社会主义思想这一主线,把党史学习教育作为贯穿全年的重大政治任务,从党的百年奋斗史中汲取智慧和力量,坚决捍卫"两个确立",深入践行"两个维护",更好履职尽责。列出指导清单6类20项,派出督导组和巡回指导组对所属企业党史学习教育进行督查指导,纠正相关问题350个。制定《关于具体化常态化开展政治监督的指导意见》,分4个检查组,开展为期2周的全覆盖政治监督专项检查,发现7大类389个问题,已全部反馈并督促整改。首次开展政治生态分析研判暨政治画像工作,"把脉"分析所属各企业政治生态建设存在的主要问题,丰富"政治监督活页"内容,为见人见事见效开展政治监督打下良好基础。

(二)落实"两个责任",管党治党责任进一步压实

持续深化政治巡察,对交投集团等3家单位进

行常规巡察，对路桥股份公司等3家单位进行专项巡察，对交科集团等4家单位进行企务公开巡察，实现第一轮巡察全覆盖，巡察作为政治体检促进集团公司党的建设和改革发展的战略作用初步显现。积极探索“一把手”和领导班子监督的有效方式方法，出台《集体谈话工作实施办法（试行）》，对2名落实“两个责任”不力的领导干部进行问责。严把选人用人和评先评优政治关廉洁关，全集团累计回复党风廉政意见1987人次，对新任职中层以上干部进行廉政谈话742人次。开展政治生态和党风廉政建设满意度调查，8085名干部职工参与，满意度达98.8%。

（三）加强制度建设，监督执纪进一步精准

严格落实省纪委监委规范化法治化正规化建设要求，修订完善规章制度26项。以信息化建设为抓手，深化拓展“廉洁管理平台”，用大数据和制度实现对8000余名包括企业领导人员及监察对象的精准监督和全面覆盖。本着“用什么学什么”的原则，所属路桥集团纪委编写《纪检工作实务手册》（执纪审查流程篇、模拟案卷篇），所属物流集团纪委编印《纪检工作规范化法治化手册》，为一线纪检干部监督执纪精准导航。

（四）持续纠治“四风”，作风建设进一步巩固

紧盯关键时间节点，开展3轮明察暗访，下发整改通知书15份，督促限期整改问题43件。查处违反中央八项规定精神典型问题6起，给予党纪政务处分7人。针对日常监督检查中发现少数企业在差旅费管理方面思想认识、制度设计和管理机制等方面存在的不足和风险，下发《关于进一步规范差旅费报销工作的提醒函》，督促相关职能部门明确职责，完善规章制度。

（五）“三不”一体推进，综合施治效果进一步显现

一是不敢腐的震慑持续加大。精准运用“四种形态”，全年共处置问题线索246件。其中，谈话函询99件、初核81件、立案28件，给予党纪政务处分102人、组织处理113人。3起涉嫌职务犯罪移送地方纪委监委指定办理。收缴违规违纪所得323万余元。受理省纪委移交“影子公司”问题线索33条25人次，给予9人组织处理，4人提醒谈话，1人立案。二是不能腐的笼子持续扎牢。针对查办案件中的典型案例，下发私放非法超载车辆、违规办理ETC设备通报，督促所属企业开展警示教育、专项整治及纪律作风整顿，堵塞管理漏洞。出台《采购业务监督管理办法》，组织开展对20家企业招投标（采购）和5个重点工程项目廉洁建设专项监督检查，推动正风肃纪反腐与完善制度、促进治理、推动企业发展贯通融合。成立2个专项检查组，对集团所属29家企业企务公开工作进行监督检查，开展线上企务公开满意度调查，总体满意度达97.4%，监督“小微权力”在阳光下运行，从源头上预防腐败问题。三是不想腐的自觉持续增强。对身边13起典型案例在全集团进行点名道姓通报曝光，教育引导广大党员干部职工严守纪律底线。组织参加省纪委监委第三届“清风正气”原创微电影展作品征集活动，集团公司纪委连续两年获得“优秀组织奖”。组织开展“翰墨颂清廉、永远跟党走”庆祝中国共产党成立100周年廉政书法剪纸作品比赛，以文化措施涵养风清气正政治生态。“清廉交控”微信公众号2021年发布信息282期，强化警示教育、弘扬清风正气。

（六）抓好自身建设，纪检监察队伍得到进一步锻炼

健全纪检监察人才库，系统内147人入选。组织174名纪检监察干部，开展2期各3天的纪检监察业务培训。对所属企业13名纪委书记进行任职试用考核，对15名纪委副书记（派驻纪检副组长）进行提名考察。推荐19人到省纪委监委和驻省国资委纪检监察组帮助工作、接受锻炼，抽调所属企业纪检干部参与集团纪委监督检查、审查调查，锻炼人才、储备人才。

2021年，集团公司所属各企业纪委（派驻纪检组）和全体纪检监察干部围绕中心、服务大局，准确把握“惩、治、防”辩证统一关系，把惩治震慑、制度约束、提高觉悟相结合，同频共振、同向发力，厚植了风清气正政治生态底蕴。省纪委监委对交控集团纪委推动“三不”一体推进深度融入企业治理体系取得的成绩给予高度肯定：一是聚焦政治监督，强化政治引领；二是聚焦权力制约，夯实基础支撑；三是聚焦标本兼治，释放治理效能。同时，省纪委监委也指出交控集团纪委工作中存在的问题：一是对企业领导班子及其成员监督还不够有力，督促同级党委履行全面从严治党主体责任、推动班子成员履行“一岗双责”的办法还不够多；二是对违反中央八项规定精神和“四风”问题管控监督上还存在薄弱环节，严纠“四风”在常和长、深和细上的日常监督力度还不够大；三是纪检监察队伍精准运用“四种形态”监督执纪能力有待进一步提升，对基层出现的一般性违规违纪问题重视不够，存在把握不准、执纪问责不严的现象。另外，对照高质量发展目标检视自身，我们纪检监察工作和干部队伍建设也存在一定短板弱项，主动发现问题的能力不足，离开信访举报就不会工作的问题依旧突出；斗争精神不足，甘当摆设，不敢监督，不敢碰硬等问题依然存在。对此，我们必须要保持“赶考”清醒，切实加以解决。

二、认清形势任务，同心同向发力，全面开启清廉交控建设新局面

勇于自我革命是我们党区别于其他政党的显著标志，全面从严治党是新时代党的自我革命的伟大实践。从中央全面从严治党形势看，在十九届中央纪委六次全会上，继党的十九届六中全会和省部级主要领导干部专题研讨班上两次指出“决不能滋生已经严到位、严到底的情绪”之后，习近平总书记再次强调，“坚持严的主基调不动摇，坚持不懈把全面从严治党向纵深推进”。紧扣这个“严”字，提出党长盛不衰、不断发展壮大的秘诀“两个勇于”（勇于坚持真理、修正错误，勇于刀刃向内、刮骨疗毒），开辟百年大党自我革命新境界的“六个必须”，深入推进管党治党的“九个坚持”，反腐败斗争永远在路上的“四个任重道远”。从全省党风廉政建设形势看，省委坚决贯彻习近平总书记重要讲话精神和党中央全面从严治党总要求，在省第十二次党代表大会鲜明提出“全面建设清廉山西”重大目标，省委书记林武在省纪委十二届二次全会上，进一步阐释全面建设清廉山西的目标任务和工作要求，为坚决打赢反腐败斗争、建设山清水秀政治生态，发出动员令，指明路线图。建设清廉山西，必然要求建设清廉企业。作为清廉山西建设的重要单元，推进清廉国企建设对于坚持党对国有企业的领导，促进国有资产保值增值，推动国有资本做强做优做大，具有十分重要的意义。从交控集团内部情况来看，在国企反腐持续加码高压态势下，不收敛不收手的现象仍有发生，存量仍未清底、增量仍有发生，重点领域和关键岗位腐败问题还时有发生，形式主义、官僚主义顽症痼疾还未根除，滋生腐败的土壤依然存在，建设清廉企业任务还很重，2021 年 12 月，交控集团党委出台《全面建设清廉交控实施方案》，就全面建设清廉交控作出了部署。全年以来，根据省委、省纪委监委对清廉企业建设的最新部署要求，交控集团纪委协助党委出台了《全面建设清廉交控行动方案》，进一步明确了行动方向。

思想决定行动，行动决定效果。各企业纪委（派驻纪检组）要认真履行协助职责和监督职责，准确把握在全面建设清廉交控中的职责任务，提高政治站位，增强行动自觉，切实担当作为。一是压紧压实“四责协同”责任体系。督促推动所属企业党委深入贯彻《全面建设清廉交控实施方案》《全面建设清廉交控行动方案》，坚定履行清廉交控建设的主责、首责、全责。督促推动企业党委书记切实担负起第一责任人职责，亲自上手、带头深入、加强指导、常态督促，领导班子成员履行好“一岗双责”，落实好分管领域内的工作任务。各企业纪检机构要发挥职能作用，把清廉交控建设作为政治监督和日常监督的重要内容，对重视不够、力度不大或者履职不到位、成效不明显的，要及时督促整改。要深入研究本企业腐败易发领域的特征和表现，坚持“三不”一体、系统治理，不断提升腐败治理效能。要把廉洁文化贯穿清廉交控建设全过程各方面，常态化开展党规党纪教育、案例警示教育。二是着力构建“五个体系”工作矩阵。督促推动所属企业党委结合自身实际制定工作计划、目标要求、重点任

务，以党的政治建设为统领，突出清廉主题、干部主体、制度主线，着力构建管党治党责任落实体系、权力运行制约体系、干部管理监督体系、廉洁文化培育体系、清廉单元创建体系，努力取得更多制度性成果和更大治理成效。三是推深做实“关键少数”示范引领。全面建设清廉交控，关键看领导干部，重点在任务落实。要督促推动“一把手”和领导班子从本人本级做起，发挥好全面建设清廉交控的示范带动作用，动员和组织广大干部职工一起行动，共同参与、共建共享，确保开好局、起好步，为全方位、全领域实现清廉交控建设“一年打基础、两年抓深化、三年上台阶”目标奠定良好基础，以清廉交控建设实际成效助力清廉山西建设。

三、保持政治定力，深化标本兼治，推动全面从严治党向纵深发展

2022年是中共二十大召开之年，是贯彻省第十二次党代会精神、全方位推动高质量发展的关键一年，也是交控集团创新变革、突破发展的关键之年，做好全年纪检监察工作，意义重大，责任重大。全年纪检监察工作的总体要求是：坚持以习近平新时代中国特色社会主义思想为指导，全面贯彻中共十九大和十九届历次全会精神，按照中央、省委和上级纪委全会部署，坚定捍卫“两个确立”、坚决做到“两个维护”，自觉把握和运用党的百年奋斗历史经验，弘扬伟大建党精神，永葆自我革命精神，坚持全面从严治党战略方针，坚持稳中求进工作总基调和严的主基调不动摇，紧扣全方位推动高质量发展目标要求，以全面建设清廉交控为主线，持续深化政治监督，持续深化“三不”一体推进，持续深化作风建设，持续深化纪检监察工作规范化法治化正规化建设，努力取得更多制度性成果和更大治理成效，更好发挥监督保障执行、促进完善发展作用，为交控集团奋力打造国内一流的现代化交通企业提供坚强纪律保障，以实际行动迎接中共二十大胜利召开。

围绕全年工作思路，我们要从政治监督、惩治腐败、作风建设、自身建设四个方面发力，重点抓好以下工作：

（一）聚焦“两个维护”推动政治监督具体化常态化

习近平总书记在十九届中央纪委六次全会上发表重要讲话强调，要强化政治监督，确保完整、准确、全面贯彻执行新发展理念。纪检监察机关的首要职责是监督，最根本的是加强政治监督。政治监督不能大而化之，必须抓住要害、精准发力，要心怀把握新发展阶段、贯彻新发展理念、构建新发展格局、推动高质量发展这个事关现代化建设全局的“国之大者”，突出政治监督重点，坚持党中央关心什么，强调什么，政治监督就监督什么，推动交控集团把“两个维护”落实落细落到位。要坚持政治监督与日常监督相统一，融入日常、做在经常，推动政治监督具体化常态化。要坚持政治监督与政治巡察相统一，突出政治导向，推动被巡察企业更好地履职尽责。要坚持政治监督与政治生态建设相统一，严在日常，抓在经常，切实提高政治监督质效。一是以更高站位强化政治监督。第一，强化理论武装筑牢思想根基。始终把学习贯彻习近平新时代中国特色社会主义思想作为首要政治任务，贯通领会十九届中央纪委六次全会、省纪委十二届二次全会精神，深入学习习近平总书记关于全面从严治党重要论述，推动全体纪检干部心怀“国之大者”，深刻领悟“两个确立”的决定性意义，更加坚定自觉地做到“两个维护”，将学习成果转化为监督保障执行、促进完善发展作用的实际行动。第二，服务保障全方位推动高质量发展。聚焦贯彻落实习近平总书记视察山西重要讲话重要指示和考察调研山西重要指示精神，聚焦贯彻落实省第十二次党代会和省委十二届二次、三次全会决策部署，聚焦贯彻落实交控集团工作会和党建工作会安排，深入开展全覆盖政治监督专项检查，盯责任保落实，盯问题纠偏差，盯隐患防风险，盯短板促整改，督促各级党组织做到半年一检视、一年一检查，坚决破除“中梗阻”，解决“慵懒散”，推动党中央、省委和交控集团党委重大决策部署落地见效，确保政令畅通、令行

禁止。第三,抓深抓实整改落实“回头看”。有针对性地选取个别重点企业进行“回头看”,对弄虚作假、敷衍应付整改工作的,依规依纪严肃处理,确保问题整改件件有着落、事事有结果,着力推动交控集团全面从严治党向纵深发展。二是以更大力度做实日常监督。第一,压实责任强化监督。要解决好“谁来监督”的问题,深入推进“四责协同”,推动党委主体责任、党委书记第一责任人责任、班子成员“一岗双责”和纪委监督责任贯通联动、一体落实。各企业纪委书记(派驻纪检组组长)作为履行监督责任的第一责任人,必须旗帜鲜明讲政治,不能怕得罪人,不能遇到问题不管不说、当“好好先生”,要牢固树立“该发现问题而没有发现问题就是失职,发现了问题不报告、不处置就是渎职”的观念,敢于动真碰硬,善于发现问题,勇于执纪问责。第二,抓住关键靶向监督。要解决好“监督什么”的问题,既要全面监督党的理论和路线方针政策以及党中央重大决策部署的执行,又要结合被监督单位的政治生态、业务特点等实际情况有所侧重、精准监督。要突出抓好对“一把手”和领导班子监督,坚持监督检查首先从政治上看,从政治上审视被监督单位的业务工作,严肃查处违反政治纪律和政治规矩问题,有效推动各级“一把手”和领导班子成员始终成为事业发展的“领头雁”。切实加强同级监督,及时向同级党委及其班子成员通报有关党风廉政建设情况,督促党委“一把手”抓好下级“一把手”,督促班子其他成员抓好分管领域管党治党工作。全面加强对下监督,深入开展同下级领导班子集体谈话,及时开展廉洁谈话,加强对各级“一把手”和领导班子成员的线索排查、纪律审查,不断增强全面从严治党的威慑力说服力。第三,综合施策联动监督。要解决好“怎么监督”的问题,以政治监督引领日常监督,加强对信访举报、问题线索梳理分析,有针对性地开展专项监督、分类监督、跟踪监督、对账监督,实现监督常在、形成常态,让党员干部感受到监督、习惯被监督。要建立健全监督体系。不断完善纪律、监察、派驻、巡察、部门联动“五位一体”监督体系统筹衔接,探索实践所属企业纪检机构内部协作配合机制,不断优化与组织、财务、审计、法务、群众等监督贯通协调的机制办法,全力构建“大监督”工作格局。三是以更严要求深化政治巡察。第一,突出政治导向。高质量谋划、统筹推进3轮常规巡察、1轮专项巡察和不定期巡察“回头看”,重点发现和推动解决贯彻中央、省委和交控集团党委决策部署不坚决、履行职责使命不到位等问题。第二,突出实践导向。健全完善发现问题、整改落实、成果运用、信息共享的统筹联动机制,推进巡察监督与纪检、监察、组织、审计等其它力量贯通融合,做到有效对接、成果共享、协同高效,切实形成监督合力。紧密结合所属企业基层特点,坚持职工群众反对什么、痛恨什么,就重点巡察什么、纠治什么,发现和推动解决职工群众最关心、最直接、最现实的利益问题。第三,突出结果导向。建立巡察成果运用长效机制,把解决突出问题与提升治理能力结合起来,重点加强对系统性、普遍性、深层次及制度机制性问题的系统施治,促进巡察监督、整改、治理的有机衔接,切实做好巡察“后半篇文章”。四是以更强担当优化政治生态。第一,深入开展政治生态分析研判暨政治画像工作。摸清“家底”、抓准“个性”、掌握“全貌”,精准发现突出问题隐患,精密提出分类施治对策,及时治理,限期整改,引导分析研判单位党组织对照反馈问题,深入分析原因,找出思想松懈点、制度薄弱点、权力风险点、管理空白点,做到立行立改,见行见效,不断提高党组织的战斗力和执行力,推动企业营造风清气正政治生态。第二,严把党风廉政意见回复关。充分运用巡察监督、专项监督、日常监督成果,注重从政治上进行研判,客观全面准确地为选人用人筑牢防火墙,该“挡”的坚决挡,该“放”的大胆“放”,该查的果断查,既不能轻率提“暂缓使用”“暂缓回复”等意见,把干部挂起来,也不能放松尺度,造成干部“带病提拔”“带病上岗”的隐患。第三,认真落实“三个区分开来”。实事求是容错纠错,做到对交控事业负责、为交控干部担当。严厉打击诬告陷害行为,抓几起恶意举报典型案例,坚决刹住恶意举报的歪风邪气,充分释放“谁为事业担当、组织就为谁担当”的强烈信号。常态化做好被问责和受处分干部的跟踪回访教育，推动实现从“有错”到“有为”的转变。

（二）坚定不移一体推进不敢腐不能腐不想腐

习近平总书记在十九届中央纪委六次全会上发表重要讲话指出，要保持反腐败政治定力，不断实现不敢腐、不能腐、不想腐一体推进的战略目标。“三不”一体推进是以习近平同志为核心的党中央准确把握管党治党规律，科学判断反腐败斗争形势任务，审时度势作出的重大战略部署，是反腐败斗争的基本方针，是新时代全面从严治党的重要方略。坚持“三不”一体推进，必须坚定信心决心、永远吹冲锋号，必须贯通理解、整体把握，必须系统施治、标本兼治，持续深化不敢腐、不能腐、不想腐一体推进，惩治震慑、制度约束、提高觉悟一体发力，努力取得更多制度性成果和更大治理成效。

1.在严惩治中强化“不敢”。一是持续加大腐败惩治力度。坚持把查处“关键少数”作为衡量反腐力度的硬标准，持续保持惩治腐败高压态势，确保底线常在、“后墙”不松。紧盯集团公司“十四五”战略规划中政策倾斜、投资密集、资源集中的重点企业，紧盯“三重一大”决策、项目招投标、工程监督管理、大额资金拨付等关键环节，严肃查处领导干部插手干预工程项目、违规进行关联交易等问题，一个专项一个专项推进，一个领域一个领域整治。二是开展基层信访举报和问题线索专项排查行动。对反映基层腐败和作风问题的信访举报要接诉即办，对民怨集中、影响恶劣的问题线索要重点督办，对因工作不力导致信访举报仍然易发频发的、有案不立不查的严肃问责。三是坚持“听线索”“提级办”双管齐下。对举报线索较多、问题反映集中、涉腐可能性大的“关键少数”问题线索先行研判处置，典型案件由集团公司纪委班子成员领办直办。

2.在重预防中实现“不能”。一是聚焦“关键少数”。要全力推进“一把手”和领导班子监督任务可视化、责任具体化、时间节点化，督促其严格遵守省委《规范省管企业经营管理工作规定》《规范省管企业领导人员经营管理行为“九个严禁”》，正确履职用权、自觉反对特权、严格廉洁自律。高度关注年轻干部成长，推动完善教育管理监督机制，织密权力运行之笼，压缩自由裁量空间，让年轻干部严格按章办事、秉公用权，帮助他们扣好廉洁从业“第一粒”扣子，坚决斩断“前腐后继”的代际传递。二是聚焦基层“小微权力”。持续深化企务公开工作，划出监督重点、列出监督清单，校准基层“监督靶向”。充分发挥基层纪检委员“前哨”作用，织密基层监督网，有效激活监督末梢神经，推动基层监督下沉落地、有效融入基层治理。三是聚焦智慧监督。持续深化“廉洁管理平台”运用，拓展其它模块功能，动态更新廉洁档案大数据，每年按照三分之一的比例，抽查核实档案内容，精准、全面捕捉有价值的信息点，及时预警、抓早抓小。探索建立“权力运行监督管理平台”，加大对重点工程、养护工程的智慧监督力度。四是聚焦廉洁风险防控。有序推动各业务板块廉洁风险防控体系建设，建立完善企业、部门、岗位三项权责风险清单，建立健全公司定制度、部门定流程、岗位定措施等风险防控机制。五是聚焦以案促改。对案件查办过程中发现的典型问题、共性问题、深层次问题，向相关部门、单位下发纪检监察建议书和工作提示函，加强对纪检监察建议执行情况的监督，督促开展专项治理、深入剖析，全面梳理权力关键环节、潜在风险，研究完善风险防控措施，推动办案、整改、治理贯通融合，规范权力运行。六是聚焦制度执行。开展一次全覆盖制度执行情况监督检查，对有令不行、有禁不止、随意变通、恶意规避等行为，发现一起、查处一起，不仅查处直接责任人，还要追究相关领导人员责任，切实维护制度的严肃性权威性，坚决杜绝“破窗效应”。

3.在提觉悟中促进“不想”。一是以身边事警醒身边人。选取近年来集团查处的典型案例，一月一剖析、一案一警示，用“极少数”教育“大多数”，促进党员干部知敬畏、存戒惧、守底线，切实把处分决定“一张纸”变成“一堂课”。二是以廉洁文化固本培元。坚决贯彻落实党中央《关于加强新时代廉洁文化建设的意见》，把加强廉洁文化建设作为一体推进不敢腐、不能腐、不想腐的基础性工程抓紧抓实抓好，为推进全面从严治党向纵深发展提供重要支撑。立足实际，用好《清廉交控建设》内刊、微信公众号，挖掘廉政教育资源，做实做细理念培育、传播引导、阵地覆盖等系列工作，全面推动廉洁文化建设融入企业治理实践，推动“不想”成为党员干部的思想自觉和行动自觉。

（三）从严执纪持续加固中央八项规定精神堤坝

我们党始终重视作风建设，抓作风贯穿了百年历程。特别是党的十八大以来，以习近平同志为核心的党中央，把改进作风作为全面从严治党的突破口，把制定实施八项规定作为加强作风建设的切入点，以上率下、示范引领，驰而不息纠治“四风”，党风政风明显改善，民风社风为之一新。习近平总书记在十九届中央纪委六次全会上强调，要加固中央八项规定堤坝，锲而不舍纠“四风”树新风，对加强党的作风建设作出新部署、提出新要求。集团公司全体党员干部要深刻认识中央八项规定“十年磨一剑”带来的巨大变化，深刻领会党中央在新时代推进作风建设的政治考量，以作风建设永远在路上的战略定力，切实增强持续贯彻落实中央八项规定精神的自觉性、坚定性。

1.全面检视、靶向纠治。紧紧围绕当前“四风”问题具体表现，开展一次自上而下的自查自纠专项行动，彻底摸清底数问题，进行精准研判，找准作风建设重点领域和薄弱环节，列出共性问题、个性问题清单，为靶向纠治“四风”把好脉、开好局；持续发力、重点整治群众身边的腐败问题，坚持“上下”同题共答，巩固扩大“我为群众办实事”实践活动成果，聚焦企业薪酬发放、选人用人等与职工群众密切相关的重点领域，广泛搜集“病症在基层、根子在上面”的问题，通过“群众点题、纪委监督、部门治理”，推动开展“一领域一专项”治理，让职工群众在具体问题解决过程中感受到管党治党的成效。

2.露头就打、严肃查处。密切关注“四风”问题新动向、新表现，严肃查处“躺平式”的不作为、“蜗牛式”的慢作为、“任性式”的乱作为，坚决纠治影响党中央决策部署贯彻落实、漠视侵害群众利益、加重基层负担的形式主义、官僚主义，坚决纠治损害党的形象、群众反映强烈的享乐主义、奢靡之风，坚决查处不尊重规律、不尊重客观实际和群众需求的乱作为问题以及推诿扯皮、玩忽职守、不思进取的不作为问题，同时也要严肃追究上级领导不管不问的责任。严肃查处企业大吃大喝、铺张浪费等问题，消除隐藏在人情往来背后的利益勾兑、团团伙伙。从严处理年轻干部违反中央八项规定精神问题。加强重要节点干部作风监督检查，重点整治表态多调门高、行动少落实差和维护群众利益不担当不作为等突出问题，抓具体、挖隐患、强警示，对相关问题线索一律单独列账，一律严查快办，一律通报曝光，对久治不绝的问题，反复敲打、毫不妥协，持续释放“全面从严、一严到底”的强烈信号。

3.纠树并举、弘扬新风正气。坚持标本兼治，开展对落实中央八项规定精神实施办法及配套制度情况的“回头看”，边查处问题、边完善制度，把查处、整改、治理贯通起来，把惩处、监督、教育融合起来，完善作风建设长效机制，推动纠治“四风”管出习惯、化风成俗。巩固党史学习教育成果，教育督促广大党员干部特别是领导干部筑牢初心使命，弘扬党的光荣传统和优良作风，建设好家庭、培育好家风、维护好家教，以身作则管好配偶、子女，本分做人、干净做事。

（四）全力锻造政治过硬、本领高强的纪检监察铁军

锻造一支政治过硬、本领高强的纪检监察铁军，是推动新时代纪检监察工作高质量发展的组织保障，是纪检监察机关牢记初心使命、忠实履行职责、为“两个革命”提供坚强政治保障的关键。习近平总书记高度重视纪检监察机关自身建设，反复强调纪检监察干部要作表率、发挥带头作用。在十九届中央纪委六次全会上，习近平总书记再次鲜明提出，纪检监察队伍必须以更高的标准、更严的纪律要求自己，锤炼过硬的思想作风、能力素质，以党性立身做事，刚正不阿、秉公执纪、谨慎用权，不断提高自身免疫力，主动接受党内和社会各方面的监督，始终做党和人民的忠诚卫士，为纪检监察机关加强自身建设指明了方向，对纪检监察干部队伍走在前、带好头、做榜样寄予厚望。

1.争做对党忠诚的表率。要聚焦“政治坚定、维护核心、听党指挥、服务人民”这个根本，锤炼过硬的思想作风，从集团纪委班子抓起，从纪检干部所在党支部抓起，加强政治建设，引领带动全系统学懂弄通党的创新理论，着力提高纪检监察干部政治判断力、政治领悟力、政治执行力，推动形成“一切工作到支部、纪检机关走在前”的鲜明导向。跟进学习中央纪委国家监委和省纪委监委最新部署要求，始终做到知责于心、担责于身、履责于行，以中央纪委、省纪委的要求衡量工作标准、审视工作成效，用实际行动诠释对党的绝对忠诚。

2.争做干净干事的表率。要严守“公道正派、铁面无私、廉洁用权、拒腐防变”这个底线，坚持责任落实从严，抓干部带动干部抓，压实纪检机构负责人主体责任，对纪检监察干部常教育、勤提醒。要把“三不”一体理念贯穿自身建设，进一步健全纪检监察内控机制，全面查找全链条各岗位风险点，严格权力、责任、手段、措施的界限规定，强化安全意识、保密意识，始终在行使权力上慎之又慎、自我约束上严之又严，自觉接受最严格的监督和约束。同时，高度重视纪检监察干部的成长与进步，关心关爱、支持保障、激励和保护纪检监察干部的积极性主动性创造性。

3.争做担当无畏的表率。要突出“敢于亮剑、善于斗争、秉公执纪、严格执法”这个关键，以全面开展纪检监察干部全员岗位大练兵和纪检干部实践锻炼工作为抓手，强化敢于动真碰硬、勇于执纪问责的斗争精神，培树“不留情、不走风、不信邪、不折腾、直到现场、直面问题”的“四不两直”工作方式，锤炼“说了算、定了干、马上就办”的雷厉风行工作作风，坚决同破坏交控集团安定团结、损害职工群众利益的行为作斗争。充分发挥引领示范作用，选出“十佳纪委书记（派驻纪检组长）”“十佳文书能手”“十佳审查调查能手”，建立“审查调查组长库”，健全“纪检系统人才库”，全力锻造勇于善于斗争的纪检监察铁军。不断加强规范化法治化正规化建设，出台交控集团纪检监察《工作制度》《工作手册》，着力提升依规依纪依法履行职权的精准性、实效性。探索制定重点工程建设、养护工程、科研、经营管理等板块监督管理办法，为纪检监察干部跨行监督提供工作指引。探索实施案件集中审理，推动履职能力和案件质量同步提升。出台《关于进一步加强纪检监察队伍建设的指导意见》，着力推进双重领导体制具体化、程序化、制度化。

同志们，踏上新的赶考之路，纪检监察工作使命光荣、责任重大。让我们更加紧密地团结在以习近平同志为核心的党中央周围，在省纪委监委和集团公司党委的坚强领导下，坚定捍卫“两个确立”、坚决做到“两个维护”，发扬彻底的自我革命精神，把严的主基调长期坚持下去，在新起点上开启清廉交控建设新局面，彰显全面从严治党新优势，以优异成绩迎接中共二十大胜利召开。

山西航空产业集团

练内功提质增效 挖潜力强主优辅 踔厉奋发坚定走好山西航空产业高质量发展之路

——在2022年全省航产工作会议上的讲话

山西航产集团党委书记、董事长 陈 阳

（2022年1月13日）

同志们：

这次会议的主要任务是：以习近平新时代中国特色社会主义思想为指导，全面贯彻落实中共十九大、十九届历次全会精神，全国民航工作会议、省委十二次党代会、省委经济工作会议，以及省国有企业深化改革提质增效推进会等有关会议精神，总结航产集团2021年主要工作，分析当前面临的形势，部署2022年重点任务。

2021年工作回顾

2021年，全体干部职工承载着发展壮大山西航空产业的光荣使命，肩扛国有企业转型发展的担当重任，结合"政治年、开局年、复杂年"的特点，锚定高质量发展目标，以伟大建党精神为指引，汲取百年奋斗精髓，坚持稳中求进工作总基调，统筹推进疫情防控和安全管理、生产经营以及改革发展等各项任务，按照"一主三辅"产业布局，推出一系列重大举措、推进一系列重大工作，在攻坚克难中实现了"十四五"稳步开局。

2021年，航产集团累计实现收入9.28亿元，同比减少18.65%；累计实现成本费用11.61亿元，同比减少15.74%，占营业收入比重125.04%；实现利润总额-1.17亿元，同比减少亏损0.98亿元。

2021年，所辖7个成员机场共完成运输起降14.33万架次，旅客吞吐量1461.06万人次，货邮吞吐量6.58万吨，同比分别增长13.25%、12.51%、12.33%。生产指标较上年有所回升，但仍未恢复到疫情前水平。其中，太原机场完成运输起降8.83万架次，旅客吞吐量999.53万人次，货邮吞吐量5.56万吨，同比分别增长12.21%、10.90%、9.57%；长治机场完成运输起降0.43万架次，旅客吞吐量35.00万人次，货邮吞吐量0.01万吨，同比分别增长-14.88%、-16.31%、-53.43%；大同机场完成运输起降1.09万架次，旅客吞吐量88.52万人次，货邮吞吐量0.16万吨，同比分别增长17.92%、18.76%、-2.01%；吕梁机场完成运输起降0.60万架次，旅客吞吐量37.97万人次，货邮吞吐量0.07万吨，同比分别增长22.11%、16.15%、207.99%；五台山机场完成运输起降0.44万架次，旅客吞吐量29.71万人次，货邮吞吐量0.02万吨，同比分别增长5.61%、8.43%、32.78%；运城机场完成运输起降2.12万架次，旅客吞吐量191.93万人次，货邮吞吐量0.73万吨，同比分别增长16.60%、17.17%、35.99%；临汾机场完成运输起降0.82万架次，旅客吞吐量78.40万人次，货邮吞吐量0.02万吨，同比分别增长30.01%、37.34%、75.28%。

2021年，航产集团国有资本保值增值率：98.38%；全员劳动生产率：18.38万元/人·年；总资产报酬率：-3.0%；总资产周转率：0.24次；资产负债率：34.97%。

（一）突出党建引领，凝聚奋进合力，坚持从严管党治党

2021年，航产集团党委深入贯彻习近平总书记关于全面从严治党的重要论断和在全国国有企业党的建设工作会议上的重要讲话精神，严格落实管党治党政治主体责任，坚持以高质量党建引领推动高质量发展，不断树立“四个意识”、坚定“四个自信”、坚决做到“两个维护”，持续涵养风清气正、实干担当的政治生态。一是筑牢思想根基，全面开展党史学习教育活动。印发《实施方案》，明确5大类20项具体工作任务；共开展9次党史教育专题学习，3次“读原著、学原文、悟原理”专题学习研讨；各级党组织共开展党史专题宣讲、“七一”专题宣讲共740余场，覆盖3000余人，处级以上领导干部讲专题党课280余次；各级团组织开展专题学习190余场，覆盖青年2200余人；成立3个党史学习教育巡回指导组，分别对各二级党委（党总支）开展4次党史学习教育指导工作。开展“我为群众办实事”活动，从职工群众“急难愁盼”的具体问题入手，专题调研、专项落实；同时将党史学习教育与中心工作充分结合，围绕重点抓落实；全年共梳理汇总群众实事、中心工作等实际问题139项，已基本解决完成。二是强化警示教育，营造风清气正的良好政治氛围。印发《党委关于建立健全“不敢腐、不能腐、不想腐”机制的实施意见》，明确3大板块、11项、36条工作措施；2021年，批评教育4人，查处违反“中央八项规定”问题1件，给予党纪政务处分1人，调离工作岗位1人。加强党员干部教育监督管理，传达学习党内法规和省纪委重要会议精神14次，组织警示教育2次，覆盖2040人次。加强作风建设，拓宽举报渠道，收集舆情动态，组织明察暗访，持续开展纠治“四风”专项监督检查。三是拓展宣传维度，促进企业文化建设。在维持传统媒介宣传发行量基础上，充分利用新媒体丰富宣传渠道，展示企业形象，2021年，在中央、省级媒体刊发稿件300余篇，利用抖音号、微信公众号共发布视频、文字作品170余条。启动企业文化建设，形成企业文化建设调研报告、规划纲要，确定航产集团企业文化理念体系，推动经营理念与文化建设有机融合。四是凝聚发展合力，充分发挥统战、群团作用。召开统战人士座谈会，建立常态化沟通机制，广泛凝聚共识。加强职工活动阵地建设，新建篮球场，充实职工活动中心设施设备；针对职工集中反映的食堂问题，开展专题调研，改革食堂运营模式，解决职工就餐问题；继续开展“五小”竞赛活动，共产出成果22项，合计创造效益195.38万元；以职工文化活动阵地为依托，参与或开展中国共产党成立100周年系列文化体育活动。弘扬劳模精神，全年推荐先进集体12个、先进个人13名；组织400余名劳模先进赴左权集团帮扶村开展考察学习休疗，与乡村振兴、红色教育活动紧密结合。全面完成省属企业共青团改革各项目标任务，召开航产集团第一次团代会，选举产生共青团第一届委员会；深化各项“青”字品牌创建工作，擦亮“春锋行动”志愿服务品牌，2100余名青年志愿者在线服务时长超过1.5万小时；召开首届“五四表彰大会”，评比表彰先进集体和优秀个人。获得团内各级各类荣誉12个，并成功争创一个“全国青年文明号”集体。

（二）强化体系建设，探索数智赋能，坚守安全生产底线

2021年，航产集团严格落实上级关于安全生产一系列指示精神，贯彻“没有安全、一切归零”理念，完善安全管理体系、推进信息化建设、切实提高保障能力，安全形势持续平稳。一是树牢安全发展理念，健全管理体系。采取“线上+线下”多种形式在航产集团范围内开展新《中华人民共和国安全生产法》学习，组织开展新安法暨运行单位值班领导上岗资格培训，进一步树牢全员安全意识。深入开展以“三个敬畏”为内核的安全从业人员作风建设，有效提升安全管理能力和水平。强化安全管理顶层设计，制定、修订一批规章制度，规范安全管理工作；压实安全责任，逐级签订安全生产责任状，通过责任分解将安全管理工作细化为7个方面28项重点工作目标任务；开展省内民航机场安全管理体系(SMS)外审项目，推进梳理安全管理体系建设短板，提升机场安全治理能力和治理水平。二是开展信息化建设，数智赋能安全生产。推进数据共享平台建设，通过构建航产集团“一个库”、各机场“一张图”的协同运行模式，数智化赋能安全一体化管理，完成项目可研和初设，利用“统采分购”形式，完成统一招标。重要节点开展网络专项检查，开展信息系统网络安全等级保护测评，提升信息系统的网络安全防范能力。完成梳理存储重要数据和个人信息业务系统、庆祝中国共产党成立100周年网络安全保障、完善操作系统安全补丁等网络安全工作。三是规范运行程序，提升保障能力。制定空管运行手册与塔台应急检查单，规范空管工作程序，推进省内机场空管工作一体化；召开全省军民航防相撞工作会，梳理军民航保障流程，修订管制指挥协议，提升军民航同场运行能力；开展全省军民航平战转换协议审核，确保平战转换顺畅、有序。四是落实隐患排查治理，守牢安全底线。建立风险基础信息、防控责任、监测监控、防范措施、应急处置5个清单，开展隐患排查，实现闭环管理；结合《安全生产专项整治三年行动实施方案》，强化风险防控和隐患排查双重预防机制，深入开展净空管理、鸟击防范、跑道安全等10项专项整治行动，共排查一般隐患1689条，隐患整改率95.1%，其余均采取等效措施并明确整改方案。五是开展质量提升行动，优化服务水平。形成质量体系内审长效机制并及时积极整改。针对老年、母婴和残疾旅客优化改进行业服务措施，为特殊旅客提供更便捷和更优质服务体验；推出“空空中转”和“空巴联运”两项便民举措，通过行李免费寄存、行李直挂一站式服务、开通中转急转和行李迟交运电话预约服务等具体措施，进一步优化中转便利服务。

(三)持续深化改革，加快“赶考”“补考”，完善现代企业制度

航产集团以构建现代企业治理体系为目标，在不断深化改革中加快“赶考”“补考”，坚持创新发展、着力瘦身健体，内部资源整合稳步推进，成本管控持续加力，不断为提质增效赋能。一是聚焦顶层设计，高质量编制发展规划。印发航产集团战略规划、“十四五”发展规划以及“十四五”发展10个专项子规划。根据“一主三辅”四大板块发展需求，明确未来经营战略和发展愿景，以及未来5年的发展目标和重点任务。二是扎实推进改革，治理体系更加完善。落实国企改革三年行动实施方案，建立常态化推进机制，重点任务完成率达90%以上。加强董事会建设，航产集团及所辖子企业公司制改革全部完成，董事会建设应建尽建，基本实现外部董事占多数，出台《贯彻落实“三重一大”决策制度实施细则》《党委前置研究讨论重大经营管理事项实施细则》《董事会授权管理办法》，形成法定透明、有效制衡的法人治理结构。深入开展对标一流管理提升研究工作，选取国内具有代表性的机场集团作为对标对象，在战略、财务、风险管理等方面制定实施方案和工作清单。推进混合所有制改革，完成航产集团混改评估报告；与广东薛航集团有限公司合资成立“山西机场物流有限公司”，混改后货邮吞吐量较上年同期增长超过10%；创新性地提出省内航空市场一体化混改方案，与同程艺龙公司签订战略合作协议，积极推进双方合资合作；与中国航信集团接洽，对科技公司开展股权多元化改革，基本明确股权比例、组织架构、经营业务。三是坚决瘦身健体，解决历史遗留问题。深入开展“腾笼换鸟”“止损挽损”等处僵治困工作，分两次完成中航兰田装备公司股权出清工作，回收国有投资5900余万元；多次对接海航集团清算组，确定山西航旅集团处置方案并顺利完成减资退出工作，回收国有资金2700余万元；拟定客货公司清算方案，加快清算进度，取得实质性进展；研究明确进出口公司改革方案，按程序积极推进股权转让工作。完成厂办大集体改革，妥善安置60余名大集体职工；退休人员的党组织关系、人事档案，以及场所、固定资产和营具均移交完毕；完成“三供一业”分离移交，“三供一业”改造工作已完成整体改造进度98%以上，所辖道路环卫及绿化养管职能已完成移交。四是优化经营管理，激发企业内生动力。围绕“依法治企”全面推进建章立制工作，新修订和完善68部规章制度，现行有效制度达163部，初步建立依法治企、合规管理新局面。“六定”工作全面完成，实现公开招聘、管理人员竞争上岗、末等调整和不胜任退出等市场化用工机制；航产集团及所辖子企业已100%实现对经理层管理人员任期制和契约化管理；制定“降本增效、减员增效、提质增效”实施方案，细化考核指标、明确压降要求，建立常态化增效机制。探索科技创新项目，成立创新中心，牵头民航实验室和通航实验室建设，开展区域枢纽机场数智化和无人机森林火灾巡检技术研究，2021年科研投入较上年同期增长100%。践行以人为本管理理念，成立健康中心，提升职工健康服务水平。出台《“13710”督办工作管理办法》，推动各项工作执行能力和工作效率有效提升。五是搭建专业平台，创新一体化管理模式。探索区域机场一体化管理山西模式，积极推进“机务、航务、市场、人事、财务、信息”6个专业化平台建设：机务平台，机务分公司实现对除运城机场外的全面管理；航务平台，突破地域限制，在全集团调配航务人才支援支线机场发展；市场平台，借助线上优势资源，整合优化全省航空市场人流、客流和物流；财务平台，着手建设行业领先的财务共享中心，提升财务集团化管理能力；人事平台，初步搭建起组织、人事、档案、教育、培训等综合管理体系；信息平台，依托各支线机场的信息化建设项目，构建区域枢纽机场数智化体系。六是加强风险控制，构建合规管理体系。将内部审计嵌入合同审核，融合法务与审计防控职能，2021年完成合同审核636份，审核金额14.14亿元，实现经济合同100%法律审核。加大对重点部门、重点岗位、重点环节的审计力度和审计品质，完成48项审计任务，其中工程项目审计44项，核减金额199.44万元。进一步细化责任追究范围和资产损失标准情况，制定问题线索核查操作规程，以及损失认定、责任认定、离职退休人员违规责任追究处理等工作规则。成立审计中心，完善“集中统一、权威高效、全面覆盖”的内部审计工作体系，充分发挥审计在风险防控中的作用。加强投资风险控制，制定投资管理负面清单，规范投资行为；成立董事会投资决策委员会，为科学决策提供参考意见。

（四）把握市场机遇，坚持双轮驱动，优化航空产业布局

在依然复杂多变的疫情形势下，航产集团积极应对、危中寻机，实行“民航+通航”双轮驱动发展战略，不断培育新动能、拓展新市场。一是挖掘市场需求，优化客货运业务。发挥航线补贴引导作用，稳定航班运营，2021年各机场共向政府申请航线专项补贴资金11.45亿元，其中省级财政资金0.95亿元。落实省委、省政府决策部署，继续推进“公交化”航线运营，加密太原至京津沪地区航班频次，其中太原至北京增加至每日4班，太原至天津增加至每日3班，太原至上海增加至每日12班。针对市场需求，运营客改货航班，实现省内国际货运航线从“从无到有”和“从有到多”突破，先后开通太原至旧金山、伦敦、布鲁塞尔、马德里等国际货运航班，累计40架次，运送货物和邮件8.8万件、1320吨。2021年，全省机场累计开通客运航线278条，通航城市82个；开通货运航线6条，通航城市7个。其中：太原机场累计开通客运航线159条，通航城市82个（其中国内航线158条，通航城市81个，地区航线1条，通航地区城市1个），执飞航空公司30家；开通货运航线6条，通航城市7个（其中国内航线2条，通航城市3个，国际航线4条，通航城市4个），执飞航空公司5家。长治机场累计开通客运航线11条，通航城市14个。大同机场累计开通客运航线18条，通航城市27个。吕梁机场累计开通客运航线20条，通航城市26个。五台山机场累计开通客运航线18条，通航城市22个。运城机场累计开通客运航线30条，通航城市34个。临汾机场累计开通客运航线22条，通航城市24个。二是精耕通航产业，助推通航示范省建设。实现业务常态化运营，2021年短途运输航线累计运行1186架次，运输旅客5593人次，飞行时长1478.1小时；低空旅游相继运营老牛湾、碛口、盐湖、平遥、长治大峡谷、太原古县城等景点，共执飞2709架次，搭乘游客7224人次，飞行时长529.6小时。加强基础设施建设，推进河曲、繁峙、阳曲、绛县等通用机场建设前期准备工作；启动山西运控二期暨低空飞行服务保障体系建设项目可研编制；与清徐县政府联合申报省特色小镇——清徐通航小镇。开展多样化通航业务，北方护林总站应急救援物资站落户尧城机场，进一步拓展航空应急救援能力；与航空工业珠海飞校签订合作协议，在尧城机场设立辅助训练基地，开展飞行培训业务；谋划建设直升机维修基地，打通军民融合业务路径；与航科院达成初步意向，重点推进科研机场及大型商用无人机试验认证基地落户尧城机场；航天神舟飞行器有限公司入驻尧城机场开展无人直升机飞行验证；与东航集团123航空就国产ARJ21在山西设立保障维修基地达成合作意向。加强品牌建设，组织开展第三届中国通航双创大赛，促进航空产业科技创新和成果转化良性循环；参与中博会，搭建通航产业户外展区，集中展示山西通航企业在运营服务、基础设施、保障体系等业务领域取得的成果；主办2021"空中看山西"摄影展活动，扩大山西通航影响力；开展航空科学普及研学业务，共举行研学32次，参与研学1365人次。

（五）科学精准防疫，守牢山西门户，彰显国企政治担当

进入疫情防控常态化阶段以来，航产集团始终将疫情防控工作当作首要政治任务，及时研判疫情形势，动态调整防控措施，做到国内防疫"零差错"、涉外防疫"零失误"、员工防疫"零感染"，以实际行动诠释国有企业的责任和担当。一是严格管控措施，守好外防输入第一关。深刻汲取国内某些机场疫情防控不力教训，结合季节性特点和防疫工作实际，先后印发17份防疫文件，召开疫情防控专题会20次，指导省内各机场（单位）持续做好疫情防控工作。2021年，所辖机场累计完成14.33万架次，1461万名进出港旅客的体温筛查工作。针对国际分流航班保障工作，完善保障方案，坚持"双指挥部运行"，切实做到"四指定""四固定""两集中"。截至年底，共保障国际经停太原入境赴京航班84架次，入境人员13534人次，其中，累计解除隔离医学观察13530人，尚在实施隔离医学观察4人。二是做好内部防控，确保职工健康安全。常态化开展员工健康监测，以及中高风险地区旅居史员工及员工家属排查，对不同岗位员工开展不同频次的定期核酸检测工作，做到全时、全员覆盖；进一步加强各机场保洁、装卸等外包人员管理，层层压实管控责任；两次下发加强内部疫情防控工作的通知，明确公共区域、人员出行、会议活动等方面的内部管控措施。截至年底，省内各机场员工（包括合约方）共接种疫苗6795人，疫苗接种率达到95.17%，除有禁忌症人员，做到应接尽接，并按省疾控中心要求完成新冠疫苗实验组2460人次的血液采集工作。

（六）攻坚重点项目，全力压茬推进，工程建设进展顺利

面对受疫情影响民航发展基金大幅压减、建设资金严重不足的不利情况，严格控制投资规模，2021年首次对各单位年度投资计划进行总额控制；同时积极争取，向省发改委和民航上级部门申请建设资金约1.7亿元，保证重点项目顺利推进。紧盯太原机场三期改扩建工程，挂图作战、压茬推进，健全指挥部机构建设，加快办理前期手续，全面做好开工准备。2021年8月底获国家发改委立项批复；11月19日，自然资源部及省自然资源厅出具用地预审意见；11月22日，可研报告取得民航局行业审查意见；11月29日，省自然资源厅出具节能审查意见；12月6日，可研报告上报国家发改委，争取2022年2月底前获批；航站区及航站楼的初步设计工作正加速推进；协调太原、晋中两市政府、省市主管职能部门，以及各产权企业，推进用地征拆、通信电力塔拆降等工作。完成飞行区西区滑行道工程年度任务，于10月28日保障禧佑源首架维修飞机（A319）拖行任务。此外，长治机场改扩建工程已完成，新航站楼已投运；大同机场机坪扩建已竣工验收合格，并通过行业验收；运城机场飞行区扩建工程、朔州机场新建工程已开工建设，晋城机场新建工程已着手开展前期工作。继续推进国际邮件互换局扩容项目、货运物流基地流程及海关设施改造项目建设；基本完成山西航空产业综合馆建设项目，部分场馆达到使用标准。

同志们，过去的一年，面对艰巨繁重的改革任务，面对新冠肺炎疫情的严峻挑战，广大干部职工勠力同心、担当实干，收获改革实绩和抗疫成果。看似寻常最奇崛，成如容易却艰辛，在此，我代表航产集团经营班子，向长期关心支持山西航空产业发展的各级领导、有关部门表示衷心的感谢！向全体与会人员，并通过你们向集团所有干部员工致以崇高的敬意！

当前面临的形势

在充分肯定2021年成绩的同时，要正确分析把握当前形势，清醒认识面临的外部环境和自身问题：

从外部环境看，面临着几个挑战和机遇：

新冠肺炎疫情防控常态化带来的挑战。疫情防控既是攻坚战，更是持久战，作为以提供公共服务为主业的航产集团，务必要承担起政治责任、社会责任，毫不松懈地常态化做好疫情防控，这对日常防控和急平转换下的安全管理、市场拓展、服务质量等都提出更高要求。当前，航产集团科学应对疫情影响的经验越来越丰富，"精准防控"落实地越来越到位，我们有信心有底气去迎接挑战，在疫情之下打赢翻身仗。

国资国企改革不断深入带来的挑战。中央出台《国企改革三年行动方案》，把中共十九大对国资国企改革的要求进一步具体化，对"1+N"改革政策进一步明确时间表与路线图，并在三年行动中加快落实。随着国资国企改革进入攻坚期和深水区，新问题和新挑战不断涌现，对我们跟上时代步伐、加快完善体制机制、提高经营效益、提升企业核心竞争力提出更高要求，亟待在重点领域和关键环节取得新突破新进展。

国内国际双循环格局带来的市场机遇。面对大疫当前、危中有机的复杂形势，习近平总书记洞察国内国际大势，在多个场合强调要"集中力量办好自己的事"，指出要形成"国内大循环为主体、国内国际双循环"的新发展格局。全国4亿多中等收入群体是民航业超大规模内需市场，因此，我们要以国内大循环为主体，牢牢把握扩大内需这一战略基点，同时通过发挥内需潜力，使国内市场和国际市场更好联通，更好利用国内国际两个市场、两种资源，实现航空运输更加强劲可持续发展。

全省全方位推动高质量发展带来的政策机遇。经过近年来持续转型，全省经济内在素质发生积极变化，产业发展的潜在动能已经形成。当前，建设内陆地区对外开放新高地、中部地区先进制造业基地、国际知名文化旅游目的地，打造太忻经济区"北引擎"和转型综改示范区"南引擎"等一系列优化布局、提升能级的战略指引，以及交通强国建设试点、通航示范省建设等专项政策，为航空产业带来更为广阔的发展空间。

从内部环境看，还存在以下问题：一是对照高质量发展要求，体制性、结构性、素质性矛盾尚未根本解决，现代企业制度有待完善；二是亏损问题持续存在，太原机场三期改扩建资金压力巨大，经营效益亟待提升；三是非航、临空产业的拓展远远不够，"一主三辅"产业链有待延伸；四是科技创新力度不足，未形成有效的内生动力；五是全省航空资源未形成规模效应，一体化管理仍需深入推进；六是经营管理人才、专业技术人才和高技能人才短缺，优秀年轻干部的培养选拔还需大力推进；七是人员改革意识、市场理念、创新精神不足，缺乏改革主动性和紧迫感，思想观念有待进一步解放和转变。

同志们！挑战与机遇向来并存，克服挑战、把握机遇的前提是找准内因、解决自身问题，要紧紧围绕提升企业经营效益这一核心任务，充分解放思想、转变思维，苦练内功、深化改革；要以问题抓重点，善于分析、认真思考、找准症结，明确目标任务；各级干部要以身作则，扑下身子、真下功夫、多下基层，听取群众声音、汲取群众智慧，以真抓实干解决问题，提高管理水平；要以问题为导向、以成败论英雄、以后墙不倒为时限，抓好主要矛盾，着眼于解决内因问题，强化考核评价机制，激励实干担当，以破釜沉舟的决心推动航产集团各项工作落实落地。

2022年工作任务

2022年是中共二十大召开之年，是实施“十四五”规划的重要一年，是国企改革三年行动的收官之年。我们要秉持“为企业谋发展、为员工谋幸福”的初心，坚持稳中求进、难中求成的基调，坚定乘势而上、久久为功的信念，使出攻坚克难、全力以赴的干劲，在全省全方位推动高质量发展中描绘航空产业蓝图。

2022年的总体要求是：以习近平新时代中国特色社会主义思想为指导，全面贯彻中共十九大和十九届历次全会精神，弘扬伟大建党精神，深入贯彻中央经济工作会议精神和习近平总书记视察山西重要讲话重要指示精神，紧紧扣住“一二三三四”民航总体工作思路，牢牢把握民航“十四五”规划和航产集团“十四五”规划，立足新发展阶段，贯彻新发展理念，构建新发展格局，以改革创新为驱动，着手推进航产集团从公共基础设施平台向产业发展平台转型；持续深化国企改革，推动体制机制创新，对标省国有企业深化改革提质增效推进会32字要求，在航产集团治理能力现代化、管理一体化上取得更新进展；守好防疫成果，确保安全发展，进一步优化产业布局，以优异成绩迎接中共二十大胜利召开。

2022年，全省机场预计实现运输起降14.87万架次，旅客吞吐量1540万人次，货邮吞吐量6.99万吨。其中，太原机场实现运输起降9.1万架次，旅客吞吐量1030万人次，货邮吞吐量6万吨；长治机场实现运输起降6600架次，旅客吞吐量57万人次，货邮吞吐量200吨；大同机场实现运输起降7800架次，旅客吞吐量70万人次，货邮吞吐量1320吨；吕梁机场实现运输起降5200架次，旅客吞吐量38万人次，货邮吞吐量260吨；五台山机场实现运输起降5580架次，旅客吞吐量45万人次，货邮吞吐量187吨；运城机场实现运输起降2.2万架次，旅客吞吐量200万人次，货邮吞吐量7500吨；临汾机场实现运输起降1.05万架次，旅客吞吐量100万人次，货邮吞吐量400吨。

2022年，航产集团营业总收入7.36亿元，其他收益0.57亿元，投资收益0.25亿元。全年总成本费用9.68亿元，同比预计降低16.62%，其中：营业成本8.04亿元，管理费用1.49亿元，销售费用0.01亿元，研发费用0.05亿元，财务费用-0.08亿元。成本费用占营业收入比率为131.52%。全年利润总额预计亏损1.52亿元。

2022年，要紧紧围绕党建引领一个核心，牢牢把握“十四五”规划和32字要求两个指导纲要，扎实布局“一主三辅”四大产业板块，全方位推动安全运行、提质增效、平台建设、精准防控和重点项目攻坚五项重点任务。

（一）紧紧围绕党建引领一个核心，恪守国企姓党政治属性

紧扣新时代主题，强化管党治党，落实党建责任，充分发挥党组织战斗堡垒作用和党员先锋模范作用，实现党建与中心工作深度融合。一是以强党建突出政治引领。坚持把学习贯彻习近平总书记以及省委、省国资委党委重要会议精神作为党委会第一议题。持续巩固党史学习教育成果，创新“党建+”模式，抓好教育延伸工作。准确把握基层党组织服务生产经营、凝聚党员群众的着力点，推进党建工作理念创新、机制创新、手段创新。二是以树规矩涵养政治生态。以“六新”为牵引，持续强化落实党委主体责任，统筹推进各项工作。让党建工作深入基层、党的作用充分发挥，持续提高各级领导班子摸情况、解难题能力和效率；对“关键少数”高标准、严要求，带动“绝大多数”严守党的政治纪律和政治规矩；聚焦贯彻落实党中央、省委决策部署和航产集团党的建设、改革发展重点任务的实际问题，激励工作效能提升；持续推进党纪国法教育和依法治国依规治党教育，切实筑牢拒腐防变的思想堤坝，全面建设清廉国企。三是以正思想提高政治站位。围绕学习贯彻中共十九届六中全会精神，深刻认识“两个确立”的决定性意义，把对党忠诚体现在履职尽责中，把“两个维护”体现在工作实效上。丰富学习内容，创新学习形式，选树“理论学习示范党支部”；压实意识形态工作责任，发挥统一战线优势作用，为航产集团转型发展凝心聚力。继续深入

“一企一品”精神文明品牌建设；深化企业文化理念落地，突出新媒体运用，强化宣传策划；确保企业文化深植日常管理，提升航产集团行业影响力与竞争力。四是以聚合力彰显政治担当。开展工会系统“党史+”学习教育活动，维护职工合法权益、服务群众广泛需求。持续开展安康杯竞赛以及各类职工文化体育活动，推动“五小”竞赛“六化”提质行动和劳模（职工）创新工作室建设。以“团结凝聚青年，帮助成长成才，增强团队活力，服务发展大局”为思路，每季度分层级开展青年思想分析，深化各项“青”字品牌创建工作，加强基层组织建设，落实团干部团建工作联系点制度。全面巩固脱贫攻坚成果，推进乡村振兴产业项目，做好左权、西瑶农特产品广告宣传助销，开发康养基地和航空研学教育基地。

（二）牢牢把握“十四五”规划和32字要求两个指导纲要，强化战略引领，聚焦国有资产保值增值

以航产集团“十四五”规划和战略规划为重要引领，以一张蓝图绘到底的决心，狠抓落实、强化执行；以省国有企业深化改革提质增效推进会提出的32字要求为行动指南，聚焦主责主业、确保国有资产保值增值。一是分解“十四五”规划，明确任务清单、推进时限。做好“十四五”系列规划宣传贯彻学习，牢牢把握这个工作纲要；结合民航“十四五”发展的两个阶段，即：2021—2022年为恢复期和积蓄期，重在强基固本，2023—2025年为增长期和释放期，重在提质增效，组织航产集团“十四五”任务分解，明确工作清单，合理安排推进时限；建立规划执行保障机制，有效衔接督办、考核程序，确保规划扎实落地。二是对标省国有企业深化改革提质增效推进会会议精神，努力做到32字要求，推动主强辅优、“分灶吃饭”。通过向主业集中要素，加快提升质量效益，提高机场主业核心竞争力；深化辅业经营机制改革，在优化主辅联动基础上实现“分灶吃饭”，切实提高辅业市场化程度。推动对标挖潜，突破“两线”。严格按照经营业绩考核评价指标体系要求，从全国同行业中选定标杆，对标找差、择优借鉴，梳理细化各项指标，有针对性地制订任务清单，推动主要经营指标尽快迈过“生存线”、达到“发展线”。推动管控流程、数智支撑。把建设数智化管理平台作为未来深化改革的重大课题，抓好数据共享、财务共享、工程管理等数智化先行平台建设，形成试点效应，逐步建立全覆盖、可视化的运营管理体系，实现“管理建在制度上、制度建在流程上、流程建在权限上、权限建在平台上、平台建在数据上”的要求。推动业绩考核、奖罚分明。健全以效益为中心的考核体系，深化劳动、人事、分配制度改革，要彻底转变思想、敢于担当作为，打破吃“大锅饭”的平均主义思想，真正提振风气、提高效率，倒逼出高质量发展路径。

（三）扎实布局“一主三辅”四大产业板块，优化主辅联动，实现均衡发展

统筹产业资源，按照民航局关于运输生产总体恢复至疫情前85%左右水平的要求，深挖客货运市场潜力，做强主业；依托主业完善配套功能，做优辅业。逐步形成主业带动辅业、辅业支撑主业，长短结合、优劣互补的主辅联动格局。一是稳中求进，拓展机场主业市场。丰富“公交化”服务功能；推进太原机场容量评估工作，打破时刻瓶颈，积极引导运力投放；适时引进第4家基地航；谋划空铁联运合作，完善中转联程服务功能；推出“航空+旅游”相关产品。继续引进定期国际货运航线；抓住“一带一路”建设和全省打造内陆开放新高地等战略叠加机遇，进一步完善航空口岸功能；拓展国际航线辐射网络，推进各口岸机场国际及地区航线复航，新增或加密山西省至日韩、东南亚、东北亚以及直飞欧洲申根国家的航线航班。二是联动主业，优化非航产业格局。以“航空+商贸”规划非航产业布局，寻求市场化方式解决经营发展问题。以混改的物流公司为平台，进一步开拓山西国内国际航空货运市场，提升航空物流服务水平。对标首都机场集团、广东机场集团，对具备改革条件的科技公司、停车场公司、配餐公司继续探索推进改革目标；对已经初步形成专业化管理的贵宾、广告等公司，通过混改或股改，进一步完善布局多元化服务内容。在全省机场一体化管理的框架下，探索形成对各机场公司贵宾服务、广告传媒、航空餐饮的统一管理、统一市场、统一发展。三是守正创新，丰富通航产业项目。持续完善尧城机场基础设施建设，加快推进阳曲、繁峙等通用机场建设前期准备工作；完善运控中心飞行服务保障体系；加快推进直升机基地落户尧城，加大产业引入与投资力度；推进长途班线公交化，加密各支线机场、通用机场到太原机场、尧城机场短途运输航线；以省内环飞航线为核心，拓展“通航+旅游”新业态、低空游览网点及游览产品，推广“空中看山西”品牌；继续开发无人机编队表演项目，拓展无人机领域合作；持续开展应急救援工作，争取在警用无人机、消防无人机培训等方面达成合作；建立健全研学长效机制，积极谋划具有山西特色的通航示范园区。四是推动规划，实现临空产业突破。对标临空经济发达区域，依托太原机场三期改扩建工程，联合太原市、晋中市政府和山西省综改区，严格按照《太原武宿机场空港核心区发展概念规划》各阶段进度要求，组织完成方案详规、控规、报审等具体工作。

（四）全方位推动安全运行、提质增效、平台建设、精准防控和重点项目攻坚五项重点任务，确保全年稳健运营、向好发展

一是以安全运行为底线，夯实发展根基。防范安全风险。充分运用系统安全观念，优化完善风险防控体系，持续开展风险隐患排查整治。开展综合调研，加强宣传引导和地企联动，强化鸟击防范，营造良好净空环境。开展道面病害排查与评估，降低外来物损伤航空器风险。建立“四联”工作机制，建全“六联”保障模式，推动保障资源共享，强化军民合用机场安全管理。严格执行建设、勘察、设计等各方主体项目负责人质量安全责任制，加强不停航施工、工程地基基础、主体结构等部位和竣工验收等环节的监督检查。对通航短途运输和直升机低空游览进行风险评估，并制定管控措施。加强机坪FOD、人员、设备、交通运行管理，有序开展航空器保障作业。夯实管控平台。通过共享平台统筹省内7个机场生产运行信息，形成覆盖省内航班运行全流程、运行监控全系统、机场管理全领域的数据驱动智慧运行体系。推进SMS体系平台建设，以信息为驱动，以危险评估和风险管理为基础，搭建航产集团安全管理平台，实现省内机场安全信息的有效收集、归类、分析，充分挖掘数据价值，开展安全现状分析和趋势预测，预防事故、事故征候或严重不安全事件的发生。强化应急管理。及时修订完善各级各类应急预案，切实做到处置突发事件有案可循、依案而行。强化专业指挥人才培养、专业团队建设，建立专业人员、专业设备和规范流程等为一体的“应急处置单元”。健全应急指挥机制，明确岗位和职责，强化统一领导，关键时刻党政领导坐镇指挥、掌控全局。建立完善太原机场应急救援基地，实现省内机场应急救援设备资源共享。二是以经营效益为中心，确保提质增效。推动改革取得实效。2022年6月100%完成国企改革三年行动各类重点任务；继续推进子公司混改；深入推进“六定”标准化，建立调整优化机构设置工作长效机制；优化资产分公司职能，研究资本化管理模式；推进目标管理绩效考核改革，用工作实绩拉开收入差距；深化劳动、人事、分配三项制度改革，建立健全干部能上能下、员工能进能出、薪酬能增能减的管理机制，充分调动员工干事创业的热情。强化经营管理。优化成本管控和精益管理，以完善公司法人治理结构为核心，着力健全现代企业制度，进一步规范运行机制；以阳光采购平台为有效监管手段，推动招投标采购管理“规范化、精细化、制度化”；持续推进财务内部控制体系建设，完善财务管理制度；健全风险防控体系，严格规范投资行为，加强债务管理；落实经济责任审计和专项审计工作，加强审计成果运用。强化创新，掌握新技术，提升核心竞争力；开展专业技术人才评聘工作，优化人才发展环境，搭建人才干事创业平台，筹建行业重点岗位实操中心，实施“五大培训工程”，加大教育培训力度，打通员工职业发展通道。三是以平台建设为抓手，深化一体化管理。机务平台，探索与委托机场互利发展模式，形成相对完善的维修委托模式；推进运城机场机务一体化管理。航务平台，探索推进空管远程塔台建设工作，构建全省空管统一指挥平台；推进空管培训基地建设；统一全省机场空管各专业人员资质管理。市场平台,推动与同程艺龙合作落地,完成市场职能和体制机制改革,实现全省航空市场统筹管理。财务平台,完成一期财务共享中心平台建设,实现会计核算标准化、费用报账标准化、预算执行控制与资金账户可视等主要功能。人事平台,完成人力资源信息系统建设,完善组织、人事、档案、教育、培训等综合管理体系。信息平台,完成航产集团中型枢纽机场智慧化专项研究;完成运行数据共享平台建设;结合太原机场三期改扩建工程,推进“智慧机场”建设,围绕主业提供信息支持和信息驱动。四是以巩固成果为目标,科学精准防控。持续完善联防联控长效工作机制。深入排查防疫工作中的各项短板和漏洞,进一步细化疫情防控标准要求和操作规范,进行清单化、手册化管理,确保每项工作都有据可依、每条流线都能精准把控。严格落实货运和客运、国内和国际航班“两分离”,人员作业和居住“两集中”,高风险岗位人员“两点一线”闭环管理等各项规范要求,实行最严格闭环管理、最规范“人物环境”同防、最精准智能化防控,建立健全可持续、全方位的常态化监督检查机制。积极推进国际航班保障用房建设。建设航班保障用房,为直接从事国际旅客、进口货物和航空器相关服务保障的高风险岗位一线工作人员,提供安全专用的隔离居住点,减少交叉接触,便于点对点装运和集中住宿、封闭管理。五是以紧扣进度为原则,狠抓项目攻坚。推进太原机场三期改扩建工程。积极推进可研、初设、征拆、招标等前期手续办理,统筹推进项目主体工程全面开工,2022年3月底前综合交通中心、停车楼开工,5月底前T3航站楼开工,7月底前飞行区工程开工。树牢成本意识和精品意识,确保工程安全、优质、高效推进,努力将三期改扩建项目打造成示范工程、地标工程和精品工程。统筹基础建设项目。按照民航局要求,加大基础设施补短板力度。完成航空货运物流基地项目,加快推动太原机场飞行区西区滑行道工程建设;完成太原机场排水系统改造、飞行区充电设施、远机位APU替代等建设项目;研究尧城机场改扩建工程。提升各支线机场设施保障能力,加快推进朔州、晋城机场新建工程,有序推进大同、长治、五台山、吕梁、运城及临汾机场等支线机场的改扩建工程。

同志们,万里征程风正劲,千钧重任再扬帆。在做强做优的“赶考”路上,让我们以习近平新时代中国特色社会主义思想为指导,弘扬伟大建党精神,苦练内功、提质增效,以踔厉奋发的姿态坚定走好山西航空产业高质量发展之路,为全面完成2022年任务目标共同奋斗,以优异成绩迎接中共二十大胜利召开!

担当作为提质增效 真抓实干廉洁务实 着力以高品质党建引领高质量发展

——在2022年党的建设和党风廉政工作会议上的讲话

山西航产集团党委书记、董事长 陈 阳

(2022年3月4日)

同志们:

今天会议的主要任务是:全面贯彻落实省委、省国资委党委全面从严治党工作部署,回顾总结2021年航产集团党委落实全面从严治党主体责任情况,安排部署2022年工作任务。刚刚田洪书记所作的2022年航产集团纪委工作报告我完全同意。

现在，我代表航产集团党委作工作报告。

2021年是中国共产党成立100周年。在省委、省国资委党委的坚强领导下，航产集团党委团结带领3000余名职工高举旗帜、团结奋进，坚持以习近平新时代中国特色社会主义思想为指导，以党史学习教育为主线，以“融合式”党建为重点，全面推进航产集团党的各项建设，充分发挥各级党组织战斗堡垒作用和党员先锋模范作用，战疫情、抓改革、促转型，有力实现“十四五”良好开局起步。特别是2022年2月25日，郝孝义涉嫌严重违纪违法接受省纪委监委纪律审查和监察调查后，航产集团党委第一时间传达省委决定及省纪委监委有关要求，并结合实际对疫情防控、安全生产、队伍稳定等重点工作进行安排部署。航产集团上下讲政治、顾大局、守纪律，坚决拥护省委决定，切实做到人心不散、队伍不乱、工作不断，共同维护企业正常的安全生产经营秩序和各级队伍稳定，保持来之不易的改革推进态势。各级领导班子、广大党员干部员工打得住、拉得出、打得胜是我们无畏风雨、一直向前的最大底气！

一、2021年工作回顾

（一）牢牢把握党史学习教育“一条鲜明主线”，在学深悟透中汲取精神动力

航产集团广大党员政治忠诚更加筑牢，深刻感悟到“两个确立”是党百年奋斗伟大实践得出的重大历史结论，是中共十八大以来最重要的政治成果，更加树立“四个意识”、坚定“四个自信”、坚决做到“两个维护”，始终在思想上政治上行动上同以习近平同志为核心的党中央保持高度一致；宗旨意识更加牢固，深入开展“我为群众办实事”实践活动，扎实推进航产集团两级党委共139项办实事项目，不断增强职工群众的获得感、幸福感、安全感；担当精神更加昂扬，广大干部职工使命在心、责任在肩，统筹各方、协调内外，始终把党史学习教育作为砥砺初心使命的重要抓手、激发干事创业的动力源泉，运用历史的经验智慧指导工作实践，持续保持航产集团高质量发展的强劲势头。

（二）坚决压实全面从严治党“两个责任”，在从严管理中层层传导压力

一是严格落实党委主体责任。积极构建“周、月、季”研究部署基层党建工作机制，对74项年度党建工作进行督办。组织开展航产集团第三轮政治巡察和意识形态、选人用人专项检查，高标准推进省纪委政治监督专项检查、省委巡视整改专项检查整改落实工作，通过自我革新促进能力升级。二是支持纪委履行监督责任。支持纪委对“三重一大”重要决策、干部选拔任用、各级党组织落实主体责任、重点项目、重要岗位等进行监督；推动建立健全一体推进“三不”机制，推进党纪国法教育和依法治国依规治党教育，增强底线思维，筑牢思想防线，积极营造风清气正良好氛围。

（三）坚持围绕党建工作“三个有力抓手”，在固本强基中提振内生动力

一是坚持以政治建设为统领。严格落实“第一议题”制度，组织开展理论中心组学习40次。印发《前置研究讨论重大经营管理事项实施细则》等制度，全年党委前置研究贯彻落实党中央、省委、省政府和省国资委党委重要任务部署及航产集团重大发展议题254项；坚持对上级重大决策部署实施方案化、清单化、项目化、线上化管理，推动各项决策有力落地。组织修订《意识形态工作责任制考核办法》，开展干部职工思想动态摸底调研，牢牢把握意识形态主导权。二是持续夯实基层组织建设。重点开展“党建工作项目化奋力转型出雏型”活动、贯彻落实全国国有企业党的建设工作会议精神情况“回头看”等工作，坚持以重点工作带动全局；建立“不忘初心、牢记使命”长效机制，挂牌成立航产集团党委党校、培训中心，开展普通党员集中轮训；落实加强基层组织建设十项措施，进一步涵养崇廉尚实政治生态。三是加强干部人才队伍建设。出台《机构编制与管理人员选拔任用办法》，全年共研究任免干部110人次；召开干部警示教育大会，贯彻落实全省国有企业领导干部警示教育大会精神，组织新任职干部开展任前谈话、集体廉政谈话并签订

《廉洁从业承诺书》，筑牢拒腐防变思想防线；制定《外部董事管理办法》，不断规范外部董事履职行为和考核管理工作。积极建立省校合作机制，与中国民航大学、中国民用航空飞行学院签订战略合作协议，在产学研教融合方面建立长期战略合作伙伴关系；出台《专业技术岗位评聘管理办法》《操作技能岗位评聘管理办法》，在管理岗位、专业技术岗位、操作技能岗位之间建立起“纵向晋升、横向转序”选人用人机制，进一步拓宽人才培养平台。

（四）始终注重“四个作用发挥”，在务实求效中凝聚发展合力

一是充分发挥宣传思想工作的导向作用。积极创建“一企一品”精神文明品牌；启动企业文化建设，完成《集团企业文化理念体系》《集团VI标志设计》，推动经营理念与文化建设有机融合；充分利用新媒体展示企业形象，2021年，在中央、省级媒体刊发稿件300余篇。二是充分发挥统一战线优势作用。建立常态化沟通机制，听取统战人士意见建议，积极组织统战人士参加主题征文及书画、摄影、微视频活动，广泛凝聚共识、凝聚合力。三是充分发挥工会的桥梁纽带作用。统筹推进劳模先进培育、选树、宣传、关爱等工作，广泛开展劳动和技能竞赛、“安康杯”竞赛、“五小”竞赛“六化”提质行动，持续加强班组建设，努力打造知识型、技术型、创新型的高素质职工队伍；完善职代会制度，保证职工参与民主管理和民主监督，全方位开展职工关爱帮扶工作。四是充分发挥团员青年的生力军作用。全面完成省属企业共青团改革各项目标任务，召开航产集团第一次团代会，选举产生共青团第一届委员会；围绕集团中心工作，深化开展“青”字品牌工程，擦亮“春锋行动”志愿服务品牌，2100余名青年志愿者在线服务时长超过1.5万小时；获得团内各级各类荣誉12个，并成功争创一个“全国青年文明号”集体。

上述成绩的取得，是在省委、省国资委党委有力领导下，全体党员干部职工团结一心、奋力拼搏的结果。借此机会，我谨代表航产集团党委，向始终辛苦奋斗在各个岗位的同志们表示衷心感谢！期间，我们也深刻认识到，推动企业高质量发展，必须抓好高品质党建。一是面对风险挑战，必须坚持党的领导，保持国有企业的底色不变；二是面对风险挑战，必须坚持全面从严治党，党风廉政建设和反腐败斗争永远在路上；三是面对风险挑战，必须推进党建工作与中心工作深度融合，党建和业务“两手抓、两手硬”；四是面对风险挑战，必须加强基层党组织建设，把“抓基层、打基础”作为长远之计和固本之举；五是面对风险挑战，必须坚持以人民为中心，与员工共享发展成果；六是面对风险挑战，必须履行好抓班子、带队伍的政治责任，带出好干部，干出好成绩；七是面对风险挑战，必须坚持新发展理念，以创新驱动打造企业核心竞争力。

二、2022年党建工作重点

2022年，航产集团生产经营已经进入寒冬期，改革发展在艰难破冰前行，从严治党工作仍然任重道远。但是，越在这个时候，越要强化政治意识，增强政治定力，坚定政治立场，越要加强党的集中统一领导，贯彻党委把方向、管大局、促落实的要求，真抓实干，把牢担当作为内涵，清廉务实，推动提质增效升级，着力以高品质党建引领高质量发展。

2022年全面从严治党工作总要求是：坚持以习近平新时代中国特色社会主义思想为指导，全面贯彻中共十九大和十九届历次全会精神，深入贯彻落实新时代党的建设总要求，深化党史学习教育成果，弘扬伟大建党精神，坚持党的全面领导，充分发挥党建引领保障作用，坚决将全面从严治党与从严治企有机融合，与抓好本质安全、改革创新、生产经营等一系列中心工作有机融合，进一步提质增效，全方位推动航产集团高质量发展，以优异成绩迎接中共二十大胜利召开。

为落实总要求，确保全面完成各项目标任务，集团党委进一步明确高品质党建目标：一是政治建设高质量，捍卫“两个确立”态度鲜明，践行“两个维护”坚决，党内政治生活严肃，党组织的政治功能牢固，党员干部的政治本领高强，政治纪律严格。二是思想建设高质量，推进理论武装到位，坚定理想信念到位，学习贯彻习近平新时代中国特色社会主义思想到位，落实意识形态工作责任制到位，干部职工思想政治工作到位。三是组织建设高质量，党建品牌树立，党组织功能增强，党员干部素质提高，党建基础工作规范。四是作风建设高质量，密切联系群众到位，思想作风、工作作风、领导作风、干部生活作风和学风端正。五是纪律建设高质量，党风廉政建设各项工作指标完成，六大纪律执行到位，“两个责任”“一岗双责”落实到位，“不敢腐、不能腐、不想腐”一体推进到位。六是制度建设高质量，建立和完善党建工作制度到位，加强制度理论研究和宣传贯彻到位，强化制度刚性约束维护制度的严肃性和权威性到位。

根据这一思路，航产集团党委明确2022年要对照高品质党建目标，在“把方向、管大局、促落实”上不断加压加力，压实各级责任。

（一）把方向，确保改革方向不偏、速度不减

把方向就是把握思想方向，在思想上引领全体党员干部职工，坚决和党中央保持一致，形成强大的思想统一力量。把方向就是把握政策方向，坚决将贯彻落实党的理论和路线方针政策作为核心任务。把方向就是把握行动方向，在整体上保障航产集团的行动轨迹在符合政策要求、符合行业规律、符合自身条件的轨道里运行。

在压实管党治党责任上下功夫，强化主责。强化清单式明责，对照《党委(党组)落实全面从严治党主体责任规定》，制定两级党委《领导班子、主要负责人和其他领导成员落实全面从严治党主体责任清单》，逐一明确党委、党委书记、党委委员等责任主体落实全面从严治党责任事项，各级党组织结合实际细化制定工作清单，确保全面从严治党工作主体、方式、对象、措施“四明确”；年初召开全面从严治党暨党风廉政建设工作会议布置重点工作，季度召开党务工作例会推进重点工作，年底开展党组织书记抓基层党建述职评议考核检验重点工作，形成工作闭环。强化监督。强化工作支持，定期听取纪委关于纪律审查、执纪问责等工作情况，及时协调解决重大问题；按照编制完成两级纪检机构、人员配置工作；强化“一把手”日常监督，完善两级党委《加强对“一把手”和领导班子监督的实施方案》，明确落实日常教育管理、集体议事决策规则、班子分工制度、职责清单制度等监督要求，督促履职尽责、纠偏正向，并将落实全面从严治党主体责任列入年度党建责任制考核，硬挂钩、硬考核，将考核结果作为选拔任用、实绩评价、激励约束的重要依据。强化“一岗双责”。强化机制落地，落实领导班子工作协调沟通机制、联系基层机制和调查研究机制，推动分管领导切实领导、检查、督促分管部门和单位全面从严治党工作，对分管部门和单位党员干部从严进行教育管理监督。

在强化思想理论武装上下功夫，加强学习。明确主题，紧紧围绕学习宣传贯彻习近平新时代中国特色社会主义思想、习近平总书记五年三次考察调研山西重要讲话重要指示精神、习近平总书记关于国有企业改革发展和党的建设的重要论述，以及全国“两会”、省第十二次党代会精神这条工作主线，推动各级党组织全面建立、严格执行“第一议题”制度；坚持自学与集中学相结合，线上学与线下学相结合，讲专题党课与交流学习体会相结合原则，同步深化“航产大讲堂”“山西航产”强国号等学习平台搭建，强化学习型党组织建设，分层次、多层面、全覆盖组织引导党员开展学习交流；巩固拓展党史学习教育成果，持续深入推进党史学习教育常态化长效化，把学习“四史”作为必修课常修课，更加自觉地传承红色基因、赓续红色血脉；开展“奋进新征程建功新时代”主题采访活动，做强做大正面宣传，紧扣迎接、宣传、贯彻中共二十大这条主线，结合国企改革三年行动、提质增效三年专项行动等集团发展的重要节点，深入基层一线进行宣传报道；对外邀请中央及省级主流媒体围绕集团安全生产、疫情防控、提质增效等开展宣传报道，充分宣传展示航产新形象。加强培训。针对普通党员，继续推进党员进“党校”，实现轮训全覆盖工作；针对党务工作者，组织开展理论基础和业务实操培训和考核，采用专题辅导+情景式教学+现场测试的形式开展专项培训，促进党支部工作标准化、规范化建设；针对党员领导干部，实施党政领导干部履职能力提升工程、各类干部专业能力提升工程、基层干部能力提升工程、企业事业管理人员思维创新工程、专业技术人才知识更新工程等“五大培训工程”，实现能力晋级、人岗相适。加强意识形态、精神文明和统战工作。构建网上网下一体、内宣外宣联动的主流舆论格局，巩固主流意识形态阵地；组织意识形态工作专题培训，提升各级意识形态工作队伍能力；坚持正面宣传引导，聚焦改革攻坚要点、重点、难点，用事实、用典型、用数据讲清讲好航产集团苦练内功、转型发展新蓝图、新成就，引导职工凝心聚力，使讲政治从外部要求转化为内在动力；做好网络意识形态舆情监控及风险评估工作，牢牢把握意识形态工作领导权和主动权；持续推进“一企一品”精神文明品牌建设，巩固创建成果，扩大品牌影响；开展社会主义核心价值观宣传教育，坚持将社会主义核心价值观融入工作、学习、生活和实践之中；坚持围绕中心、服务大局，召开统战人士座谈会，建立常态化沟通机制，抓好贯彻落实《中国共产党统一战线工作条例》和防范化解统战领域风险隐患两项重点工作，广泛凝聚发展共识。

在严肃党内政治生活上下功夫，抓实民主决策。认真落实民主集中制原则，贯彻落实省委《关于省管企业在完善公司治理中加强党的领导的意见》，对照梳理完善现行制度规定，进一步明晰党委在决策、执行、监督各环节权责，规范党委会前置研究、“三重一大”决策等制度，督促各级领导班子和党员干部严格按程序、规则和集体意志办事，确保党委对公司重大政治责任、战略发展方向、经营发展理念、重大风险问题把控到位，确保政治正确、治理合规、决策高效；制定党委重大事项决策权责清单，建立权责清单备案制度，加强对二级党委重大事项决策权责清单把关；每半年对成员企业“三重一大”制度执行情况进行全覆盖实地督导检查；动态从严开展党委前置研究讨论重大经营管理事项清单审批，定期检查前置清单落实情况，维护好董事会决策独立性和经理层行使经营管理权。抓实组织生活。严格督促党员领导干部过好双重组织生活，不将行政职务带入组织生活，以普通党员身份接受党内外群众监督；落实谈心谈话制度，坚持上级“一把手”与下级“一把手”必谈，坚持党政正职与班子成员必谈，坚持干部“履新期”“高光期”“调整期”必谈，对苗头性、倾向性问题瞪眼黑脸、咬耳扯袖，把抓班子带队伍责任落在日常；规范领导班子民主生活会制度，上级党组织通过派出督导组、派人列席等方式，对下级单位召开的民主生活会进行督促检查和指导，对问题突出的领导班子，上级党组织主要负责人亲自过问，用好批评和自我批评这个利器。抓实制度建设。紧跟党中央、省委、省国资委党委党内各项规章制度建设，进一步按照实际修订完善党建制度，确保制度合规性、时效性，提升实操性、系统性，将制度治党贯穿党的“六大建设”；同向发力，制度制定部门组织开展党建制度宣传贯彻、制度落实检查等督促指导基层党委按规定开展党内活动，各级基层党组织将制度学习列入“三会一课”必学内容，跟进学习，以考促学，深入推进党建制度的贯彻执行。

（二）管大局，确保发展科学健康、动力持久

管大局就是要管长远，按照建立中国特色现代企业制度要求，努力打造业内一流企业。

管大局就是要管质量，扛起战略责任、经济责任和社会责任，不断提升企业竞争力、创新力、控制力、影响力、抗风险能力。管大局就是要管稳定，正确处理好改革、发展、稳定三者关系，确保企业持续健康发展。2022年的大局就是以钉钉子精神做好国企改革“后半篇文章”，锚定“32字要求”苦练内功、强筋壮骨，大幅扭转经营困局，迈过“生存线”，迈向“发展线”。为此，航产集团党委在引领发展上，重点推动党建与经营管理融合；在改革动力上，重点推动干部队伍转变观念、担当作为；在潜力挖掘上，重点推动基层凝心聚力、干事创业。

在党建与经营管理融合上下功夫，战略融合。充分发挥两级党委把方向、管大局、促落实的领导作用，将党中央、省委、省国资委党委重大方针政策、重大决策部署贯穿改革创新发展顶层设计、战略定位、管理模式、机构职能的全过程，实现政治领导、思想领导、组织领导的有机统一；确立党组织在公司治理中的法定地位，强化党对经济工作的领导，理清、完善党委决策与其他机构决策的治理边界，构建清晰完备、运行顺畅的协同决策体系。管理融合。在制度供给上解放思想，解决制约发展的机制障碍，把投资决策、干部任免、劳动用工、薪酬管理等权力逐步下放法人成员企业，自主决策、自主实施、自主担责；加快企业文化建设落地，塑造全员认同的核心价值观，开展《集团管理者及员工行为指引》《集团企业文化手册》等专题培训，将企业文化深植日常管理和职工行为规范；系统策划、有序推进航产集团品牌形象打造工作，完成宣传片、企业宣传册制作等系列工作，提升品牌影响力。考核融合。引入目标和关键成果管理法，根据公司不同阶段战略目标，梳理确定党建工作各业务条线不同时期的核心任务，明确并量化评价指标，探索推进党建工作目标考核效益化，实现党建工作有方向必有目标、有目标必有标准、有标准必有考核、有考核必有奖惩；党务干部以共担经营指标为基础，与经营业绩按一定比例挂钩，引导大家关注经营主业、同频共振，将党组织、董事会履职考核与经理层契约化管理有效衔接。

在干部人才队伍建设上下功夫，推动结构优化。全面贯彻国有企业领导人员“20字”好干部要求，注重品行导向、能力导向、基层导向，着力选拔务实肯干、担当作为、群众公认度高的干部；对接全省机场一体化、“四型机场”建设、太原机场改扩建落地、通航示范建设、非航迭代升级、临空创新发展等战略规划，加大优秀年轻干部选拔力度，有序规划干部队伍梯队式递补；推进各层级干部交流，实现领导班子结构合理、优势互补；继续推进和畅通经营管理人才、专业技术人才、技能人才的职业晋升通道及三条通道之间融合发展的转序通道；完善组织选聘、契约化遴选、公开选拔、市场化选聘相结合的干部选任机制，针对加强经营型人才引进，通过外部竞争激活内生动力。推动激励兑现。坚持激励与约束并重，打破“没有功劳、也有苦劳”的惯性思维，建立健全“不要苦劳、只要功劳”的结果导向考核评价体系，在面向市场开拓岗位上尝试“揭榜挂帅”，打破平均主义，合理拉开差距，让干部主动去研究市场、适应市场、抢占市场；实施经理层契约化考核，完善年度考核、任期考核评价、薪酬管理和退出管理，真正实现“目标措施定干部、结果效果定去留、业绩贡献定薪酬”，人选指标和指标选人相结合。推动人才建设。精准制订两级培训计划，实行分类分级管理，并将培训与安全生产经营、产业转型升级等工作同步规划、同步部署、同步落实，需要什么培训什么，要干什么培训什么；在加强全员培训基础上，突出关键岗位，重点抓好高级及以上专业技术和技师及以上操作技能人才培养，充分利用内外部资源，加快培养高素质人才；依托太原机场三期改扩建、全省机场一体化六大平台建设等重大项目和重点工程，依托航空产业研究院、通用航空实验室、航产集团职业技能等级认定中心等平台，依托工会组织岗位练兵、岗位培训、技术交流、技能竞赛等活动，加快培养紧缺技能人才，促进职工在岗位实践中成才；建立以职业能力为导向、以工作业绩为重点，注重职业道德和职业知识水平的操作技能人才评价体系，引入竞争机制，每年明确考核指标、重点工作、课题任务，实现提档晋级进口紧、优胜劣汰出口宽，动态管理高技术人才队伍，确保能者上庸者下。

在提升组织能力建设上下功夫，促规范。把坚持和加强党的全面领导落实到基层终端末梢，推动基层党组织全面进步、全面过硬，搭建基层党组织工作交流平台，建立和完善工作推动机制和定期通报机制，细化具体内容和工作举措，创新方式、活动载体，提升整合党建工作的各种资源要素，推介一批党建创优的典型做法和创新成果，推动基层党建具体化、精准化、特色化；围绕健全基本组织、建强基本队伍、发挥基本功能、执行基本制度、强化基本保障，开展党支部“过筛子”专项行动；继续推进党支部标准化规范化建设提档升级，细化党支部建设工作清单。促提升。创新党建工作载体，聚焦改革攻坚、苦练内功任务，强化项目党建的引领保障服务功能,围绕热点、突出重点、突破难点、覆盖盲点、创新亮点,充分发挥党支部战斗堡垒和党员先锋模范作用;将品牌理念引入党建工作,坚持围绕中心抓党建、抓好党建促发展的思路,打造“一支部一品牌”,形成具备较强导向作用、示范作用及辐射带动作用的党建工作品牌。深入开展党支部对标工作,外部对标学习,内部结对共建,全面提升党建工作整体水平,推动“标杆”变“标准”;深入开展创建党员示范岗、党员承诺践诺、“学习身边榜样”等实践活动,引导广大党员强化党员意识、发挥先锋模范作用;做好先进选树工作,挖掘先进事迹,讲好航产故事,激励基层党组织、广大党员再前进、再建功,将思想和行动聚焦到全方位推动高质量发展工作矩阵上来。

(三)促落实,确保部署靶向精准、执行有力

促落实就是促责任到位,落实“党组织书记带头抓、班子成员分责抓、相关部门具体抓”的党建工作责任体系。促落实就是促作风强化,坚持以上率下、干事创业,发扬钉钉子的精神,做到一抓到底、久久为功。促落实就是促监督到位,将党风廉政建设不断引向深入,涵养航产集团清正廉洁政治生态。

在党风廉政建设上下功夫,强化纪律作风。严格落实《规范省管企业领导人员经营管理行为“九个严禁”》,常态化开展党纪国法教育,坚持将党规党纪列入党委中心组理论学习和“三会一课”必学内容,不断强化法治观念和纪律意识,牢记清廉是福、贪欲是祸,勤掸“思想尘”、多思“贪欲害”、常破“心中贼”,以内无妄思保证外无妄动;完善修订航产集团贯彻落实中央八项规定精神实施细则,严防“四风”问题变异反弹,加力推动“四风”整治工作向深度和广度延伸;健全调查研究常态化机制,完善重大决策调研论证制度,坚持学习调研在前、科学决策在后;切实强化干部作风建设,面对新形势新任务,推动党员干部真抓实干,务实功、出实招、求实效,坚决杜绝口号式、表态式、包装式落实的做法,对当务之急立说立行、紧抓快办,对长期任务滴水穿石、久久为功。强化清廉国企建设。认真贯彻落实省委全面建设清廉国企要求和全省国有企业领导干部警示教育大会精神,将全面从严治党与从严治企有机融合,扎实推进清廉航产建设;坚持推进权力公开规范运行,积极构建清廉航产治理体系;坚持忠诚干净担当标准,强化清廉航产干部队伍建设;坚持弘扬清廉文化,营造崇廉尚廉浓厚氛围;一体推进不敢腐、不能腐、不想腐机制健全,着力在强化思想教育、强化正风肃纪、强化权力监督上下功夫,约束干部把好“四关”。守住权力关,始终保持对权力的敬畏感,坚持公正用权、依法用权、为民用权、廉洁用权;守住交往关,交往必须有原则、有规矩,不断净化社交圈、生活圈、朋友圈;守住生活关,培养健康情趣,崇尚简朴生活,保持共产党人本色;守住亲情关,严格家教家风,既要自己以身作则,又要对亲属子女看得紧一点、管得勤一点。强化为民办事。严格落实党建联系点、党支部联系点制度,聚焦职工群众“急难愁盼”,常态化开展“我为群众办实事”实践活动,从群众切身需要考量,杜绝主观臆断,杜绝简单化、片面化,把好事实事做到群众心坎上,一件一件抓好落实。航产集团党委将常态建立办实事项目清单,进一步提升职工群众获得感、幸福感、安全感。

在群团等同向发力上下功夫,推动工会作用发挥。航产集团工会以保持和增强政治性、先进性、群众性为主线,以保持政治坚定、职工稳定、行动笃定为目标,不断增强引领职工群众听党话跟党走的向心力、建功全面提质增效的凝聚力、推动高质量发展的创造力;开展“永远跟党走”“中国梦·劳动美”主题宣传教育活动,坚定职工理性信念;加强融“四德”于文体活动的文化品牌建设,以先进企业文化感召职工;持续深化劳动和技能竞赛活动,深化劳模(职工)创新工作室创建、“五小”创新活动,加强班组建设,为打造知识型、技能型、创新型职工队伍不懈努力;加强职工服务阵地建设,推动职工服务中心、站、点“三级同创”;强化职代会职能,加强民主管理,维护职工劳动经济权益,引导职工积极关注、参与、支持改革,完善协调劳动关系制度机制,保持职工队伍稳定;宣传女职工合法权益和特殊利益,发挥女职工权益保护专项集体合同维权载体作用，重视工作场所性别平等，依法维护女职工权益；关心关爱女职工，开展女职工“两癌”筛查，强化“爱心妈咪小屋”管理，推动创建家庭友好型工作场所。推动团组织建设。坚持党的领导，做到政治建团、思想立团、固本兴团、改革强团、从严治团；强化思想政治引领，开展青年思想分析和形势政策教育，激发团员青年接续奋斗的使命担当；强化服务大局能力，深化各项“青”字品牌创建工作，擦亮“春锋行动”志愿服务品牌；强化青年为本思想，开展“青篮工程”，落实好团干部团建工作联系点制度，选树各类先进典型；强化全面从严治团，推进基层组织规范化建设，定期开展共青团工作量化考核，进一步发挥团员青年的生力军和突击队作用。推动乡村振兴工作。加强驻村工作队管理，强化驻村工作职责；发挥企业特点和优势，争取最大资金和最优政策，推动西瑶、龙则、前龙等村帮扶项目落地；与帮扶村结对共建，帮销助销。

在系统全面监督上下功夫，强化风险防范。固化纪检、巡察、审计联动机制，加强党内监督与舆论监督、群众监督等各类监督手段的贯通协调，推动形成党委统一领导、全面覆盖的监督体系；加强制度监督，按照“谁主管、谁负责，谁立规、谁监督”原则，压实部门责任，推动制度优势转化为治理效能；防范合规经营风险，实现各类合同审核全覆盖、合同文本及法律审核模式化管理；发挥内审职能，实施内管干部经济责任审计，依法依规做好工程造价送审，把好工程项目结算审计关口，促进各类工程项目规范管理，有效进行审计风险防控，提高规范化管理水平。强化政治巡察。聚焦全面从严治党主体责任落实情况、重要决策部署落实情况、权力运行情况等方面加强监督管理，确保党中央、省委、航产集团党委决策部署到哪里，巡察、监督就跟进到哪里。重点开展省委巡视整改专项检查、省纪委政治监督专项检查等整改落实，以及各二级党委内部巡察“回头看”专项检查等工作，推动补齐党组织领导基层治理各种短板，切实压紧压实整改主体责任，加强整改成果运用，做深做细巡视巡察“后半篇文章”。强化政治监督。扎实推进纪委全面从严治党监督责任落实，准确把握在全面建设清廉国企中的职责任务，坚定扛起协助职责和监督专责，充分发挥监督保障执行、促进完善发展作用。重点围绕工程建设、财务管理、招投标等政策性、专业性强的关键环节，围绕太原机场三期改扩建、疫情防控、选人用人等关注度高、影响力大的重点工作，梳理形成监督清单，坚持惩治震慑、制度约束、提高觉悟一体发力，推动“三不”有机融合，逐步形成系统制度体系、严格监督体系，促进纪检工作规范化法治化建设。

同志们，新的工作目标已明确，我们要不断增强全面从严治党永远在路上的坚定和执着，积极营造风清气正、干事创业的良好政治生态，在机遇面前主动出击，不犹豫、不观望；在困难面前迎难而上，不推诿、不逃避；在风险面前积极应对，不畏缩、不躲闪，团结一心，以优异的成绩迎接中共二十大胜利召开！

忠诚履职勇担当 砥砺奋进谱新篇
全面推进清廉航产建设
迎接中共二十大胜利召开

——在2022年党风廉政建设工作会议上的讲话

山西航产集团党委委员、纪委书记 田 洪

（2022年3月4日）

同志们：

经航产集团党委会研究通过，我代表集团纪委，向大会作工作报告。

一、2021年工作回顾

2021年是中国共产党成立100周年，是“十四五”开局起步之年。航产集团党委贯彻落实党中央和省委决策部署，持续推动全面从严治党向纵深发展。特别是2022年2月25日郝孝义接受省纪委监委审查调查后，航产集团各级党组织坚决把思想和行动统一到省委决策部署，统一到省纪委监委的有关要求，讲政治、顾大局、守纪律，以对党绝对忠诚的刚性要求全力做好审查调查配合工作的同时，统筹做好疫情防控、安全生产和队伍稳定，航产集团各项工作平稳有序，队伍稳定。2021年度，在省纪委监委和航产集团党委坚强领导下，集团纪委坚定信心决心，强化政治担当，不断树立“四个意识”、坚定“四个自信”、坚决做到“两个维护”，在党史学习教育中牢记初心使命，在坚守初心使命中履职担当作为，充分发挥监督保障执行、促进完善发展作用，纪检监察工作取得新成效。

（一）坚持以政治建设为引领，在百年党史的学习中笃行习近平新时代中国特色社会主义思想，坚决做到“两个维护”

扎实开展党史学习教育。把党史学习教育作为贯穿全年的重大政治任务，深刻体悟习近平总书记重要讲话、重要论述、重要指示，学习教育期间，共开展专题组织生活会2次，专题学习8次，主题宣讲和党课学习12次，在科学理论指引下学习传承党史、汲取智慧力量、凝聚思想行动。紧紧围绕“两个维护”强化政治监督。对各二级党委开展全覆盖政治监督专项检查，积极配合航产集团党委2020年度政治监督的整改反馈和任务认领，按照整改方案及“三清单”部署要求，认领反馈问题5项，完成整改2项，核查处置1项，长期推进2项。认真开展常态化疫情防控监督。会同相关职能部门下沉一线开展精准监督，排查机场管理的防控漏洞。下发常态化监督文件8个，开展专项监督6轮次，发现隐患并及时整改问题77个，太原机场纪委立案查处疫情防控工作中履责不力问题1件，给予党内警告处分2人，诫勉谈话3人。12月23日，省委对进入疫情防控战时状态进行安排部署后，集团纪委闻令而动，全省“一干六支”机场纪检监察机构76人次两轮监督检查，发现问题15个，全部现场提出整改建议，确保守牢疫情防控机场门户。

（二）聚焦监督首责，贯通运用“四种形态”，精准有力开展监督执纪问责

加强对“一把手”和领导班子监督。制定《加强对“一把手”和领导班子监督的工作清单》，明确10项具体监督任务，督促和协助党委认真落实全面从严治党主体责任，督促领导班子成员履行好“一岗双责”。全面推进集团政治生态分析研判、领导班子及班子成员政治画像工作，对各级党组织和领导干部精准“画像”，重点发现突出问题，靶向施治监督整改。建立并完善中层干部廉政档案140份，加强对领导干部监督管理。紧盯“三重一大”事项。面对太原机场三期改扩建工程资金密集、时间密集、开工在即的情况，督促改扩建指挥部纪委及招标管理部门梳理廉政风险，修订招投标采购管理实施办法，出台负面清单，进一步明确纪委在招标工作中监督执纪问责职责，要求改扩建指挥部纪委对招标管理岗位人员进行廉政谈话提醒，要求招标管理人员作出廉政承诺，对项目招标说情打招呼进行备案。审慎高效回复党风廉政意见。全程参与干部竞聘、考察等重要环节监督，严把选人用人政治关、廉洁关、形象关，全年累计出具廉政回复意见129人次。

（三）强化正风肃纪，坚定不移纠“四风”树新风，驰而不息推动党风政风持续向好

盯紧重要节点。每逢节日期间，通过拓宽举报渠道、收集舆情动态、部门联动协作、深入明察暗访等方式，扎实开展节日期间落实中央八项规定精神专项监督检查。持续加强日常廉政教育提醒，发布纪检监察信息14期，利用纪委微信工作群发布节日廉政提醒信息，切实做到早提醒、早预防。盯紧关键环节。针对在旅客服务履职工作中存在的一些苗头性、倾向性问题，要求各机场开展旅客服务质量自查自纠工作，重点查摆是否存在利用工作便利“闹好处”“送人情”的现象，加强对重点部门和相关人员的监管和教育，对存在、潜在问题，及时落实整改，取得较好监督效果。积极倡导新风尚。持续关注违规操办学生生日宴、升学宴、谢师宴等问题，紧盯7月至8月毕业季以及暑期问题高发期，全面梳理排查集团涉及子女12岁生日和升学等事项情况，做到早提醒、严报备、勤监督。

（四）一体推进“三不”，持续巩固党风廉政建设和反腐败斗争成果

持续强化不敢腐的震慑。重点聚焦靠企吃企、关联交易、利益输送等侵害企业利益问题，狠抓违纪案件查办。2021年，航产集团两级纪委共受理问题线索17件，处置9件，其中谈话函询4件，初核4件，了结1件。立案4件，结案3件，给予党纪政务处分4人，其中党内警告处分3人，开除党籍并撤职处分1人。扎实推进制度建设。全面梳理制度建设短板，织密扎紧制度笼子，进一步规范权力运行。先后制定印发《纪检监察机构监督执纪执法安全监督工作办法(试行)》等10项工作制度，围绕推动清廉航产建设，协助集团党委制定《关于贯彻落实〈全面建设清廉国企实施方案〉工作方案》等3项工作制度和方案。加强以案促改、以案促治。扎实做好纪律处分“后半篇文章”，对12人进行回访教育，注重利用党风廉政谈话室、办公网纪检监察专栏等平台，对关键岗位党员和积极分子开展日常党风廉政教育60余人次。传达全省国有企业领导干部警示教育大会精神，组织观看警示教育片《失重》，开展“全面建设清廉国企”专题民主生活会和组织生活会，对3个二级单位党史教育活动专题民主生活会进行督导，真正发挥警示教育、专题民主生活会的作用。

（五）加强自身建设，着力打造忠诚干净担当的纪检监察队伍

认真开展依规依纪依法安全文明办案专题教育活动。组织专题学习、研讨4次，警示教育1次，抽查查办案件13个，建立完善相关工作制度6项，进一步提升依规依纪依法安全文明办案意识。集中开展专题调研。深入基层单位开展纪检监察工作专题调研3次，对各二级党委、纪委履职履责情况进行座谈调研，征求意见建议，共收集到意见建议11项，问题不足5项，为2022年纪检监察工作部署提供科学指导。锻造高素质专业化纪检监察队伍。坚持强化全员培训、以干代训，参加省纪委监委组织的纪检监察业务培训10项，累计参训20人次。进一步提升规范化法治化正规化建设水平，完善集团纪委各内设室纪检监察内网建设，配备保密设备加强涉密文件及问题线索保密管理。规范来文办理、请示报告等基本程序。严格依照监督执纪工作办法，规范线索处置、谈话函询、初步核实、廉政意见回复等基本业务流程。

此外，在航产集团党委领导下，配合开展集团第三轮政治巡察，推进第二轮政治巡察问题整改落实，协助航产集团党委连续三年持续深化政治巡察，稳步推进巡察全覆盖，逐步逐项扎实巡察反馈问题的整改工作。牵头完成省纪委监委2021年度政治监督专项检查迎检工作，积极对接检查组，起草专项汇报材料，收集汇总工作台账，圆满完成检查任务。

总结过去一年的工作，我们始终坚持以党的创新理论指导实践，不断深化对推动新时代纪检监察工作高质量发展认识。

必须始终坚持把政治建设作为全面从严治党首要任务，紧紧围绕“两个维护”强化政治监督，充分发挥监督保障执行、促进完善发展作用，确保航产集团各级党组织和党员干部令行禁止，步调一致向前进。

必须始终坚持把正风肃纪反腐和现代国有企业治理体系贯通融合，监督推动把党的领导融入公司治理各环节，把企业党组织内嵌到公司治理结构之中，充分发挥监督在企业治理中的基础性保障性作用，以严密监督体系防范风险挑战、筑牢安全屏障，促进企业治理体系和治理能力现代化。

必须始终坚持以高质量发展为主线统领纪检监察各项工作，坚持稳中求进、坚定稳妥，坚持系统观念、发挥组织优势和系统作用，坚持实事求是、依规依纪依法、纪法情理贯通融合，强化“三不腐”一体推进，实现政治效果、纪法效果和社会效果的有机统一。

必须始终坚持以铁一般的纪律作风锻造纪检监察队伍，严格教育监督管理，深入推动规范化法治化正规化建设，加快建立政治过硬、本领高强的纪检监察干部队伍，筑牢监督执纪、促进发展的基础。

总结成绩的同时，我们要深刻认识“依然严峻复杂”的反腐败斗争形势，要深刻认识反腐败斗争没有禁区盲区，要深刻认识到航产集团并不是一方净土，深刻汲取郝孝义案件教训，深刻剖析反思存在的问题和不足。一是落实“两个责任”还存在站位不高、执行不严、执行力层层递减的现象，对“一把手”和领导班子成员监督不够到位，破解同级监督难题缺乏有力抓手。二是集团少数党员干部高压之下仍然不敬畏、不知止，选人用人、“四风”问题等反映仍然较为集中。三是纪检监察围绕集团中心任务不够紧密，协助推动党委落实全面从严治党主体责任措施不多、力度不大。四是监督职能发挥不够充分，推动政治监督具体化常态化缺乏有效抓手，日常监督不会、不敢、不能都有所表现，查办案件数量和质量也有待提升，以案促改、治本预防做得还不深、不透、不细。五是纪检监察队伍“三转”还不够到位，纪检监察工作基础比较薄弱，纪检监察干部工作标准不够高，综合业务素质参差不齐，政策把握能力有待提升。对于这些问题，必须深刻认识，清醒面对，靶向施策逐项加以解决。

二、2022年主要工作

2022年是中共二十大召开之年，是实施“十四五”规划的重要一年，是国企改革三年行动的收官之年，做好纪检监察工作意义重大。2022年工作的总体要求是：坚持以习近平新时代中国特色社会主义思想为指导，全面贯彻落实中共十九大和十九届历次全会精神，按照十九届中央纪委六次全会和省第十二次党代会、省纪委十二届二次全会部署要求，坚定捍卫“两个确立”、坚决做到“两个维护”，坚持稳中求进工作总基调，始终保持自我革命定力，以高质量发展为主题，以清廉航产建设为主线，坚定不移深化党风廉政建设和反腐败斗争，努力取得不敢腐、不能腐、不想腐一体推进的更多制度性成果和更大治理成效，加强纪检监察工作规范化、法治化、正规化建设，为航产集团提质增效提供坚强保障，以更优成绩迎接中共二十大胜利召开。

（一）以强有力的政治监督践行“两个维护”

要坚持以党的创新理论指导引领工作，把学习贯彻习近平新时代中国特色社会主义思想作为根本任务，深入学习中共十九届六中全会和省委十二届二次、三次全会精神，体悟“两个确立”的深刻内涵和决定性意义，不断提高政治判断力、政治领悟力、政治执行力。要持续深入学习贯彻习近平总书记关于国有企业改革发展和党的建设重要论述，跟进学习、坚决落实习近平总书记最新重要讲话和重要指示批示精神，紧盯习近平总书记在全省考察调研时重要指示精神，与贯彻习近平总书记2017年、2020年视察山西和在推动中部地区崛起、黄河流域生态保护和高质量发展等会议上的重要讲话重要指示精神结合起来，健全闭环监督机制，大力整治贯彻落实中的形式主义、官僚主义，始终做到习近平总书记的号令坚决听从、习近平总书记的思想坚决贯彻、习近平总书记的指示坚决执行、习近平总书记的权威坚决捍卫。

要聚焦清廉航产建设，压紧压实管党治党政治责任，督促推动航产集团党委认真贯彻落实《关于全面建设清廉山西行动方案》，坚定履行清廉企业建设的主责、首责、全责，结合实际制订工作计划、目标要求、重点任务，打造清廉航产品牌，以党的政治建设为统领，突出清廉主题、干部主体、制度主线，把"五大体系"工作矩阵落实到党的建设特别是管党治企工作中，着力构建管党治党责任落实体系、权力运行制约体系、干部管理监督体系、清廉文化培育体系、清廉单元创建体系，努力取得更多制度性成果和更大治理成效，为全方位推动高质量发展创造良好发展环境。集团纪检监察机构要认真履行协助职责和监督责任，准确把握在建设清廉航产中的职责任务，坚持不敢腐、不能腐、不想腐一体推进，强化系统施治、标本兼治，不断提升监督治理效能；坚持依规依纪依法，统筹用好纪律和法律"两把尺子"，自觉运用法治思维和法治方式惩治腐败；坚持问题导向、目标导向、结果导向，聚焦清廉建设重点难点问题准确把脉、精准施策，实现政治效果、纪法效果、社会效果相统一，监督保障航产集团《关于贯彻落实〈全面建设清廉国企实施方案〉工作方案》落到实处，推动保障廉洁经营、廉洁管理、廉洁发展。

要聚焦疫情防控，持续紧盯疫情形势变化，结合民航业疫情防控特点，聚焦"人物同防"，靶向排查短板漏洞，重点监督"贯彻上级决策部署是否坚决到位""是否存在落实疫情防控责任打折扣"等问题，针对检查中发现的防控风险点和薄弱环节抓好整改落实，坚决严守机场门户。要聚焦安全生产，加强对安全责任落实情况的监督检查，推动强化安全风险排查防控，切实保障安全运行。

要聚焦高质量发展，探索纪检监察工作服务保障高质量发展具体措施，紧紧围绕提质增效各项重点任务，重点加强对国企改革三年行动实施方案、航产集团战略规划和"十四五"发展规划落实情况的监督检查，加强对集团贯彻落实省委全方位推动高质量发展目标要求和工作矩阵情况的监督检查，加强对集团贯彻落实深化改革提质增效"4句话32个字"重要原则和国资国企防风险保稳定等重大战略任务情况的监督检查，监督推动各级党组织和广大党员干部无条件执行党中央战略决策，严肃查处空泛表态、敷衍塞责、弄虚作假、阳奉阴违等问题，把结果导向作为一种工作理念、工作方法、工作制度，通过工作成效检验贯彻落实程度，确保不偏向、不变通、不走样。要结合经营管理实际，完善常态监督制度，坚持以预防和事前监督为主，早发现，早提醒，早纠正，对违规违纪、不履职、不正确履职造成国有资产损失、浪费及其他严重不良后果的，严肃追究，严肃问责。

（二）以强烈的责任担当扛紧监督第一职责

一是突出一个关键，紧盯一个重点，着手三个专项，做实做细监督第一职责，让监督常在，形成常态。突出关键少数，强化对"一把手"和领导班子的监督。全面贯彻党中央关于加强对"一把手"和领导班子监督的意见及省委实施意见，严格落实纪检监察机关协助党委抓落实的29项工作措施，强化对集团党委"一把手"和领导班子带头做到"两个维护"、带头遵守政治纪律和政治规矩、履行从严管党治企政治责任、贯彻执行民主集中制、严格落实中央八项规定及其实施细则、廉洁治家等情况的监督。各级纪检监察机构要把政治监督放在首位，重点检视坚持党的性质宗旨、践行"两个维护"、推动高质量发展、落实全面从严治党从严治企政治责任、贯彻执行民主集中制等情况，推动各级"一把手"和领导班子始终成为事业发展的"领头雁";切实加强同级监督,及时向党委及其班子成员通报有关党风廉政建设情况,督促党委"一把手"抓好下级"一把手",督促班子其他成员抓好分管领域管党治党工作;全面加强对下监督,常态化开展监督谈话,及时开展廉政谈话,全面推进述职述廉,加强线索排查、纪律审查,切实把监督触角延伸到各级子公司、分公司。要进一步细化监督措施,扎实做好谈话提醒、信访举报分析研判、政治生态分析研判和政治画像、干部廉政档案动态更新等工作,打造可操作、可检验、可评判的监督责任落实机制。

二是紧盯重点工程,加强对太原机场三期改扩建等项目的监督。要以源头预防为主,对各参与主体可能存在的廉洁风险点进行全面梳理、深入排查,按照风险大小、危害程度、发生几率,确定廉洁风险等级,分层级建立廉洁风险台账,逐级落实责任;针对排查过程中发现的工程招标、设计变更、工程洽商、资金拨付、工程建设等重要环节的廉洁风险点,通过部门业务流程风险、跟踪审计结果报告、项目工程各阶段实施反馈报告等强化监督防控措施,建立招标管理人员廉政承诺制度、工程项目说情打招呼备案制度,全流程嵌入工程建设,实现监督行为过程可控。

三是开展专项监督,推动监督成果转化为治理效能。一要开展"三重一大"决策制度执行情况监督。选取重点单位,对"三重一大"决策事项实现事前报备、事中监督、事后督查的全过程监督,要围绕"三重一大"决策事项事前是否申报、制度是否建立、决策方式是否明确、权限是否清楚、程序是否规范、执行是否严格有效、监督是否有力及违规是否纠正等内容进行督查。二要开展廉政风险专项排查防控工作。要提高廉洁从业意识,强化岗位廉政风险排查工作,做到关口前移,防范在先,把风险点当作责任点,变成安全点;要把廉政风险排查监督以职能职责作为切入点,结合各部门和岗位实际,逐条逐项进行梳理,查准、查实、查全各自岗位风险点,并制订好切实可行的防控措施。三要开展巡察整改专项检查。对已完成巡察的单位整改落实情况进行"回头看",重点检视被巡察单位对巡察反馈的问题有没有整改到位,能不能举一反三,既检查巡察整改情况,又发现新问题,巩固成果,形成持续震慑,体现巡察监督的坚韧性和严肃性。

(三)以"惩治防"并举纵深推进"三不"一体建设加大"惩"的力度,筑牢"不敢腐"的防线

坚持把查处"关键少数"作为衡量反腐败力度的"硬标准",作为保持高压态势的"牛鼻子",把监督和办案贯通起来,在政治监督、日常监督、巡视巡察和审计监督、群众反映等各方面监督中拓展问题线索来源,为查办"关键少数"案件提供有力支撑。准确把握航产集团当前反腐败斗争形势和特点,紧盯重点领域、关键环节和重点人,聚焦靠企吃企、里勾外联、关联交易、内幕交易、蝇贪蚁腐、设租寻租等问题,聚焦违规入股企业、"领导干部岗位调动带上家乡工程队"等问题,保持反对和惩治腐败的强大力量常在,持续惩治腐败问题,坚决搬掉妨碍企业改革发展的"绊脚石",坚决清除靠企吃企的"寄生虫",坚决打击违规盲目投资造成国有资产重大损失的"败家子",形成凌厉攻势,坚决果断查办一批有影响、有震动的腐败案件,用一定的办案数量稳固航产集团反腐的高压态势。

强化"治"的措施,织密"不能腐"的监督网络。坚持系统施治,注重整体联动,把查办案件与堵塞制度漏洞、促进完善治理结合起来,以问题推动查补漏洞,以案件促进整改整治,以典型的人和事开展警示教育,不断增强办案、整改、治理贯通融合的高度自觉,不断拓展以案促改、以案促治的深度广度,推动"三不"一体推进取得更多制度性成果和更大治理成效。督促指导发案单位开好宣布处分决定会、专题民主生活会和警示教育大会"三个会",使党员干部受警醒、明底线、知敬畏、存戒惧;及时对发案单位党组织、纪检监察机构主要负责人进行约谈或提醒谈话、警示谈话,精准提出纪检监察建议并督促落实到位;督促所联系的发案单位党组织查找制度漏洞,进一步健全完善制度,真正把权力关进制度的笼子。按照省委部署深化航产集团不能腐制度建设和监督机制改革,剖析郝孝义案件背后的制度缺陷，提出完善制度“立改废释”的意见，对单纯依靠完善制度机制难以解决的问题，注重从深化改革上寻求办法，提出监督机制改革意见，使制度和改革相互衔接、共同发力，形成系统完备的制度体系、严格有效的监督体系，确保权力正确行使、不偏轨道。

构建“防”的体系，根植“不想腐”的文化。督促党委强化党内政治文化主导地位，把清廉要素融入企业文化，常态化开展党规党纪教育、法治宣传教育、案例警示教育，筑牢拒腐防变思想防线。做深做实查办案件“后半篇文章”，用足身边“活教材”，汲取郝孝义案件教训，以案明纪、以案示警，以案促改，促使党员干部知敬畏、存戒惧、守底线。同时，围绕推动企业廉洁经营、廉洁管理、廉洁发展，健全完善推动落实和督查问责机制，精准落实“三个区分开来”，深化精准问责、规范问责，实事求是容错纠错，对敢于动真碰硬却受到不实举报甚至诬告陷害的干部，旗帜鲜明予以保护，以鲜明的监督执纪导向，支持“干”、改进“为”、提升“治”、落实“效”，为全方位推动高质量发展最大限度调动积极因素、化解消极因素，持续营造风清气正的政治环境和公平公正发展环境。

（四）以“不停歇”的执着加固中央八项规定精神堤坝

强化调查研究，精准研判施治。压实党委主体责任，强化落实“第一责任”，推深做实“一岗双责”，督促修订完善航产集团落实中央八项规定精神实施细则，在监督检查、执纪审查过程中，查找制度短板、督促健全完善。组织开展纠“四风”树新风专题调研，监督、分析作风建设情况，总结纠治“四风”经验，了解职工群众期盼，研判问题症结，督促强化整改，推动形成上下联动纠治“四风”的良好氛围。

坚持一严到底，保持高压惩治。深刻认识由风及腐的现实危险和严重危害，坚持一个节点一个节点坚守，一个问题一个问题解决，坚决查处享乐主义、奢靡之风，深入整治形式主义、官僚主义，严肃查处危害职工群众利益问题，纠治大吃大喝、铺张浪费问题，加大对食堂管理、公务接待、党员干部和职工操办婚丧喜庆事宜监督检查力度。对顶风违纪、不收敛不收手、反复违反中央八项规定精神、问题性质恶劣的快查快处、严查严处，加大通报曝光力度，持续释放越往后执纪越严的强烈信号。

坚持纠树并举，推动化风成俗。坚持纠“四风”、树新风一体推进，继承弘扬党的光荣传统和优良作风，探索培养树立新风正气有效举措，加强典型案例通报曝光，督促及时开展批评与自我批评，组织警示教育，深入剖析研讨，推动党员干部自觉修行修心，实现优良党风政风带动清正企风行风。

（五）以“规范化”标准打造过硬纪检监察队伍

进一步铸牢政治品格。持续深入学习贯彻习近平新时代中国特色社会主义思想，引领带动全体纪检监察干部坚定不移做“两个确立”忠诚拥护者、“两个维护”示范引领者。巩固拓展党史学习教育成果，建立常态长效制度机制。坚持边学习、边调研、边工作、边总结，不断加强思想政治教育，提升纪检监察干部把握运用科学理论思想方法的能力和水平。

进一步强化专业建设。持续加强纪检监察干部思想淬炼、政治历练、实践锻炼、专业训练，坚持深化全员培训，推动以案代训，以干代训，有计划地安排纪检监察干部参与专项监督、案件查办等一线实践锻炼，全面提升履职能力。围绕规范监督执纪执法和机关日常管理工作，健全完善各项规章制度，不断增强纪检监察干部纪法意识、纪法思维、纪法素养，制定制度建设清单，以更高标准和要求推动规范化、法治化、正规化。

进一步锤炼过硬作风。加强对航产集团两级纪检监察队伍建设的指导，引导全体纪检监察干部接受最严格的约束和监督，加大严管严治、自我净化力度，关心关爱纪检监察干部身心健康，全面提振纪检监察干部精气神。严格执行监督执纪工作规则、监督执法工作规定，落实问题线索集中管理和打听案情、过问案件、说情干预登记备案及责任追究等规定，全面排查和堵塞各环节漏洞，强化对纪检监察权的监督制约。坚持刀刃向内，严肃查处纪检监察干部执纪违纪、执法违法行为，坚决防止

“灯下黑”,以最严格的纪律作风锻造纪检监察铁军。

同志们,新时代赋予新使命,新征程当有新作为。让我们以习近平新时代中国特色社会主义思想为指导,弘扬伟大建党精神,在省纪委省监委和航产集团党委正确领导下,知责于心、担责于身、履责于行,奋力推动清廉航产建设向纵深发展,为山西航空产业高质量发展提供坚强保障,以优异成绩迎接中共二十大胜利召开!

山西交通运输2022年鉴

大事记

1月

1日 太原首条城际高速公交线路太原至古交城际高速公交917路正式开通。首末站分别设在太原市下元公交枢纽和古交市汽车站，线路全长39.8公里，其中高速公路里程达到26.4公里，全程票价4元（刷卡同投币价）。

5日 省交通运输厅党组召开扩大会议，传达贯彻省委十一届十一次全体会议暨省委经济工作会议精神。厅党组书记、厅长闫晨曦主持会议并讲话。要求提高政治站位，切实把学习贯彻会议精神作为当前和今后一个时期的重要政治任务，精心组织、周密安排、创新形式，从大处着眼、细处着手、认真思考，抢抓机遇、奋力赶超、争先进位，为全省“十四五”开好局、起好步做出交通运输贡献，以优异成绩迎接中国共产成立100周年。厅领导王晋、段新源、王四小、郭丙福、王建业、雷天才、李贵顺参加会议。

7日 省交通运输厅一级巡视员李贵顺带队到交科集团调研指导科技创新工作。

12日 2021年全省邮政管理工作会议召开，总结回顾2020年工作和“十三五”时期邮政快递业改革发展成效，谋划“十四五”及未来一段时期行业发展思路，明确提出2021年行业改革发展工作的总体要求和主要任务。

会议强调，全省邮政行业要按照“服务全领域、畅通双循环，激活全要素、打造双高地”战略思路，坚定不移贯彻新发展理念，坚持稳中求进工作总基调，以推动高质量发展为主题，以深化供给侧结构性改革为主线，以改革创新为根本动力，以“两进一出”工程为抓手，以满足人民群众日益增长的美好用邮需求为根本目的，统筹发展和安全两件大事，统筹事业与产业双轮驱动，着力稳态势、促改革、强基础、畅循环，推动全省邮政快递业加快实现高质量发展、高水平崛起，不断加快邮政强国建设步伐，为更好服务常态化疫情防控和构建新发展格局作出积极贡献。

20日 零时起，全国铁路实行新的列车运行图。中国铁路太原局集团公司管内新增日常线列车66趟、周末线2趟，变更运行区段11趟。其中，太原南站首开宁波、黄山北高铁，太原站停靠20趟动车组列车，太原高铁枢纽开启“一城两站”模式。为充分发挥三晋大地高铁成网优势，让群众共享铁路改革发展红利，太原局集团公司依托2020年12月12日新开通的郑太高铁，在太原南站首次开行前往宁波的G3135次、前往黄山北的G3127次高铁列车。长治东、晋城东也分别增开北京西方向G682次、G684次始发高铁列车，太行革命老区首次有了直通首都高铁，为老区发展提供现代化交通支撑。

22日 省交通运输厅2020年度党员领导干部民主生活会召开，紧扣认真学习贯彻习近平新时代中国特色社会主义思想，加强政治建设，提高政治能力，坚守人民情怀，夺取决胜全面建成小康社会、实现第一个百年奋斗目标的伟大胜利，开启全面建设社会主义现代化国家新征程这一主题，紧密联系厅党组领导班子工作，联系班子成员个人思想和工作实际，全面对照检查，认真检视剖析，开展批评和自我批评，提出整改措施，明确努力方向。厅党组书记、厅长闫晨曦主持会议并作总结讲话。省纪委监委、省直工委督导组有关负责人到会指导，并进行点评。厅领导王晋、段新源、王四小、郭丙福、王建业、雷天才、李贵顺参加会议。

厅党组对开好这次民主生活会高度重视，会前进行认真准备，深入学习研讨，广泛征求意见，开展谈心谈话，精心撰写对照检查材料，为开好民主生活会奠定扎实基础。会上，通报厅领导班子“不忘初心、牢记使命”主题教育专题民主生活会整改措施落实情况和落实意识形态工作责任制、巡视整改情况。随后，闫晨曦代表厅领导班子作对照检查，重点从5方面深刻查摆问题，深入剖析原因，明确努力方向和整改措施。闫晨曦带头作个人对照检查发言，厅领导班子其他成员逐一发言，进行对照检查，相互开展批评。闫晨曦对会议进行总结，认为这次民主生活会开得很成功，真正红脸、出汗，达到预期效果，进一步加强学习，不断提高政治站位；严肃党内政治生活，不断锤炼政治品格；压实管党治党责任，切实推动作风转变；狠抓整改落实，务求整改取得实效。

27日 省交通运输厅重点公路工程第一季度调度暨安全生产视频会议召开，分析当前安全生产形势，提前谋划复工复产，部署实现"首季开门红"工作任务。厅一级巡视员李贵顺出席并讲话。要求各单位各部门要聚焦疫情防控，补齐短板弱项，坚持不懈抓好常态化疫情防控，为重点公路建设创造良好条件。要聚焦"首季开门红"，以"健康复工、平安复工、文明复工、快速复工"为总要求，以高速公路2月底、普通国省干线3月底全面复工为总目标，奋力为全省经济发展作出交通表率。

28日 2021年春运即日开始，至3月8日结束，共40天。为更好地保障人民群众安全便捷出行，省交通运输厅认真贯彻落实省委、省政府和交通运输部有关春运安排部署，研究制定《2021年全省春运工作总体方案》，要求全省交通运输部门全力做好春运各项保障工作。即切实做好疫情防控，强化运输组织保障，强化安全应急保障，强化路网运行保障，强化春运服务保障。与此同时，要认真做好春运宣传引导、春运期间值班值守和信息报送工作。

同日 2021年春运第一天，省交通运输厅党组书记、厅长闫晨曦赴省运输事业发展中心、"两客一危"运输企业调研春运道路运输安全生产工作。厅党组成员、副厅长郭丙福一同调研。

闫晨曦深入太原帅航石化运输有限公司，详细听取关于危化品运输车辆安全管理工作情况汇报，了解危化品运输安全管理有关政策落实情况，现场察看危化品运输车辆安全装备和智能视频监控平台运营情况。要求提高思想认识，坚持底线思维，严格落实行业监管责任，压实企业主体责任，加强安全生产源头防范和风险防控，坚决防范和遏制重特大安全事故。

在省运输事业发展中心，闫晨曦听取关于"两客一危"、春运、疫情防控等重点工作情况汇报，对中心所做的各项工作给予充分肯定，要求进一步提高政治站位，强化责任担当，加强组织协调，全力以赴统筹做好春运疫情防控和运输保障，确保运力调配和各项防控措施落实到位，确保人民群众健康安全平稳有序出行。

30日 省交通运输厅党组成员、副厅长王晋到山西路桥集团太佳东公司现场调研危化品运输车辆公共监管与服务平台建设工作。

2月

3日 山西交控集团一届四次职代会暨2021年工作会议召开。2020年，山西交控集团认真落实省委"四为四高两同步"总体思路和要求，统筹推进经营管理、项目建设、资产证券化、科技创新、风险防控、党的建设等各项工作，形成推动高质量发展强劲态势，全年完成营业收入458亿余元，实现利润5.34亿元，完成目标任务。

5日 2021年全省交通运输工作电视电话会议召开，传达学习省长林武对全省交通运输工作的批示，总结2020年及"十三五"交通运输工作，分析形势，部署2021年工作。厅党组书记、厅长闫晨曦作工作报告。

2020年，面对新冠肺炎疫情和改革发展稳定任务，全省交通运输系统坚决打好交通运输疫情防控阻击战，强力推进交通基础设施建设，全力打好交通运输领域三大攻坚战，持续提升运输服务水平，坚定不移深化行业改革，深入推进行业治理，高起点布局交通强国建设，努力建设更高水平的平安交通，全面加强党的建设，切实以"第一责任"领导保障"第一要务"。一年来，固定资产投资实现逆势增长、运输服务水平持续提升、三大攻坚战成果显著、交通强国建设高起点开局、行业治理迈上新台阶，为山西高质量转型发展提供有力支撑，向省委、省政府和全省人民交出优秀的"交通答卷"。

闫晨曦要求2021年重点做好11个方面工作。一是围绕"人民至上、生命至上"原则，坚决打好常态化疫情防控阻击战；二是围绕开启交通强国建设新征程，落实好各项试点任务；三是围绕构建新发展格局，加快建设布局合理、集约高效的综合立体交通网；四是围绕提升公路运营服务水平，大力加强公路养护管理；五是围绕人民群众高品质出行需求，加快构建便捷舒适、一体多元的交通出行体系；六是围绕构建现代流通体系，加快构建结构优化、经济高效的现代物流体系；七是围绕加快“六新”突破的战略要求，打造一批智慧交通、绿色交通、平安交通示范（基础）工程；八是围绕转变政府职能，不断深化交通运输改革；九是围绕实现行业治理现代化，推进交通运输依法治理、共治共享；十是围绕确保交通运输“本质安全”，坚决守住行业安全发展底线；十一是围绕坚持党的全面领导，切实加强交通运输系统党的建设。

厅党组成员、副厅长王晋主持会议，就贯彻落实好会议精神、岁末年初的重点工作进行部署，并宣读《山西省交通运输厅关于2020年度重点工作完成情况评价结果的通报》。厅党组成员、副厅长、省邮政管理局局长秦红保传达省长林武对全省交通运输工作的批示。长治、临汾、晋中、阳泉市交通运输局，省运输事业发展中心，太原西北二环高速公路项目公司负责人作了交流发言。

厅领导段新源、王四小、郭丙福、王建业、郝玉柱、雷天才、李贵顺，厅二级巡视员、驻厅纪检监察组副组长、总工程师、厅机关处室主要负责人，厅直各单位主要负责人，交控集团、航产集团主要负责人在主会场参加会议。各市交通运输局、省公路局、省高速公路综合行政执法总队、省运输发展中心、省交通运输运行监测中心设分会场，各单位领导班子成员及相关部门主要负责人、重点工程项目单位主要负责人在各分会场参加会议。

12日 省交通运输厅党组书记、厅长闫晨曦带领厅机关有关处室负责人到省交通运输运行监测与应急处置中心，检查春节期间道路保畅和应急值守工作，并代表厅党组向春节期间坚守在工作一线的工作人员表示慰问。要求严格按照省委、省政府以及省厅要求，进一步提高政治站位，增强责任意识，强化安全监管，全力做好春节期间疫情防控和运输保障工作，坚决遏制重特大事故发生。

20日 省交通运输厅党组扩大会议召开，贯彻落实省委全面深化“13710”工作制度推进会精神，部署全省交通运输系统全面深化“13710”工作制度相关工作。厅党组书记、厅长闫晨曦主持会议并讲话，要求全系统要更加自觉地对表习近平总书记视察山西重要讲话重要指示和习近平总书记对交通运输工作的重要论述，严格按照省委书记楼阳生“开年即是冲刺，开局就是决战”和“抓好13710就是抓作风、就是抓落实、就是抓转型”的指示，切实提高政治站位，增强责任意识，优化系统运行，加大考核奖惩力度，切实抓好省委会议精神贯彻落实工作。全省交通运输系统要在百分之百承接落实好省委、省政府“13710”督办事项的同时，同步落实省委、省政府关于重点工作实行方案化、清单化、项目化管理的要求，明确目标要求、责任主体、监督主体、具体时间节点，确保按时间节点抓一项成一项、实施一项见效一项，以坚定坚实、追赶超越之姿创造交通运输系统新的成绩，为助力全省实现转型出雏型提供交通支撑，向省委、省政府交上满意答卷。

厅党组成员、副厅长王晋通报近年来厅“13710”信息化督办系统运行和重点任务台账化管理工作有关情况。厅领导段新源、王四小、郭丙福、王建业、郝玉柱、雷天才、李贵顺，厅机关有关处室和厅直相关单位负责人参加会议。

25日 全国脱贫攻坚总结表彰大会在北京人民大会堂隆重举行。大会对全国脱贫攻坚先进个人、先进集体进行表彰，省交通运输厅驻天镇县驻村工作队获“全国脱贫攻坚先进集体”称号。

5年来，厅党组高度重视驻村帮扶工作，以“百年目标、全党使命”的政治站位，坚持把脱贫攻坚作为首要政治任务、第一民生工程和头等大事来抓。省厅历届驻村工作队在厅党组正确领导下，积极响应党中央号召，踊跃到贫困村驻村帮扶。他们不忘初心、接力奋斗，用自己辛苦指数换取贫困群众幸福指数，注真情、扶真贫，学政策、重落实，纾民情、解民忧，强基础、兴产业，打通脱贫梗阻，驻村帮扶工作取得成效。

26日 省交通运输厅安委会第一次全体会议暨交通运输安全生产视频会议召开，贯彻落实习近平总书记关于安全生产重要指示精神和省委、省政府关于安全生产工作部署，总结2020年交通运输安全生产情况，部署2021年安全生产工作。厅党组书记、厅长闫晨曦出席会议并讲话。

厅党组成员、副厅长王晋主持会议，厅党组成员、副厅长段新源传达省长林武在省政府安委会第一次全体(扩大)会议上的重要讲话和部长李小鹏在交通运输部安委会第一次全体会议上的重要讲话精神，厅党组成员、副厅长郭丙福出席会议。

3月

1日 山西省道路运输电子证照系统正式上线运行，全省87万道路运输从业人员、17万经营业户、57.2万辆营运车辆，可实现电子证照申领、亮证、扫码认证、证照授权等基本功能。同时，电子证照App还提供违章查询、货车导航等便于道路运输从业人员使用的服务功能。

8日 2021年全省交通运输系统党风廉政建设工作电视电话会议召开。会议传达学习十九届中央纪委五次全会、省纪委十一届七次全会主要精神，总结回顾2020年全面从严治党工作，分析形势和任务，安排部署2021年党的建设各项工作。厅党组书记、厅长闫晨曦出席会议并讲话。要求更加紧密地团结在以习近平同志为核心的党中央周围，坚决贯彻中央决策部署，全面落实省委、省政府部署要求，不忘初心、牢记使命，勇于担当、积极作为，不断开创全面从严治党新局面，引领保障山西交通运输“十四五”开好局起好步，以优异成绩迎接中国共产党成立100周年。厅党组成员、驻厅纪检监察组组长王建业在讲话中，对新一年全省交通运输系统纪检监察工作提出要求。会议由厅党组成员、副厅长王晋主持，厅领导王四小、郝玉柱、雷天才、李贵顺参加会议。

2020年，厅党组坚持以习近平新时代中国特色社会主义思想为指导，深入学习贯彻中共十九大和十九届历次全会精神，贯彻落实省委十一届十次全会精神和“四为四高两同步”总体思路和要求，牢牢扛起全面从严治党主体责任，扎实推进党的建设各项工作，为交通运输改革发展稳定各项工作提供坚强保障。

2021年党的建设工作总体要求是：以习近平新时代中国特色社会主义思想为指导，深入贯彻中共十九大和十九届历次全会精神，深入贯彻习近平总书记在十九届中央纪委五次全会上的重要讲话及全会精神，按照省委书记楼阳生在省纪委十一届七次全会上的重要讲话及全会精神，坚持以党的政治建设为统领，强化政治监督、压实政治责任，把党史学习教育贯穿全年，坚持不懈强化理论武装，夯实组织基础，整肃行业作风，一体推进“三不”建设，以全面从严治党新成效引领保障交通运输“十四五”转型出雏型开好局起好步，以优异成绩迎接中国共产党成立100周年。

闫晨曦在讲话中，要求2021年重点抓好6个方面工作：一是强化政治建设统领作用，以有力政治监督进一步压实管党治党政治责任；二是深入开展党史学习教育，做到学史明理、学史增信、学史崇德、学史力行；三是持续深化创新理论武装，不断提升学用结合能力；四是夯实组织基础，发挥堡垒作用，不断增强基层党组织凝聚力；五是强化监督管理，开展专项整治，推动构建风清气正良好政治生态；六是坚持严格执纪，加强综合治理，不断筑牢廉政防线。

王建业在讲话中，要求自觉践行“两个维护”，以强有力政治监督保障“十四五”交通运输事业开好局、起好步；一刻不停深化反腐败斗争，不断实现“三不”一体推进战略目标；深入贯彻落实中央八项规定精神，毫不松懈纠治“四风”；坚持不懈开展专项整治，聚焦突出问题深入进行监督；突出落实“两个”责任，发挥政治巡察利剑作用；从严从实加强自身建设，始终做党和人民的忠诚卫士。

厅二级巡视员、驻厅纪检监察组副处级以上干部、总工程师、厅机关各处室主要负责人，厅直各单位党政主要负责人在主会场参加会议。各市交通运输局主要负责人、纪检组组长，公路分局、交通运输执法局党政主要负责人、相关部门负责人在各分会场参加会议。

10日 省交通运输厅驻村帮扶工作座谈会召开，厅党组书记、厅长闫晨曦出席会议并讲话。座谈会由厅党组成员、副厅长王晋主持，厅领导段新源、王建业、雷天才出席。

2015年11月29日，党中央、国务院发布《关于打赢脱贫攻坚战的决定》以来，省厅充分发挥交通“先行官”职责，既帮助天镇县玉泉镇彻底消灭绝对贫困，也有力助推全省打赢脱贫攻坚战。5年来，省厅坚决落实党中央、国务院和省委、省政府关于扶贫开发和脱贫攻坚的工作部署，累计完成全省贫困地区“四好农村路”新改建4.28万公里，投资353亿元。截至2020年年底，贫困地区公路通车里程达73817公里，占全省公路通车里程的48%；具备条件的建制村100%通硬化路、100%通客车，贫困地区“外通内联、通村畅乡、客车到村、安全便捷”的交通运输网络基本建成，制约农村发展的交通瓶颈基本消除，交通运输的基础性、先导性、战略性和服务性的作用充分发挥，为贫困地区全面建成小康社会、加快推进乡村振兴战略实施提供坚实交通支撑。

闫晨曦在讲话中，要求2021年重点抓好8个方面工作。即坚持“党建统领”贯穿始终，继续建强基层党组织堡垒；抓好队伍建设，严肃作风纪律，提供有力保障；实施脱贫地区特色种养业提升行动，健全产业链，促进稳定增收；广泛开展农产品产销对接活动，深化拓展消费帮扶；持续做好有组织劳务输出工作；统筹用好公益岗位，对符合条件的就业困难人员进行就业援助，在农业农村基础设施建设领域推广以工代赈方式，吸纳更多脱贫人口和低收入人口就地就近就业；坚持和完善社会力量参与帮扶等机制；结合美丽乡村建设有关要求，大力开展农村人居环境整治行动。

闫晨曦还代表厅党组向“全国脱贫攻坚先进集体”称号获得者——省厅驻天镇县驻村工作队全体队员表示祝贺和衷心感谢。

10—12日、16—19日 省交通运输厅一级巡视员李贵顺带领省厅督导组赴运城、吕梁督导重点公路项目复工复产情况。要求各单位坚持“四为四高两同步”总体思路和要求，锚定“两个同步”目标，发扬“三牛”精神，高标准谋划工作，沉下心来抓落实，确保高质量完成重点公路建设目标任务。督导组还就重点公路项目建设有关制约问题与地方政府进行深入沟通，共同探讨解决方案。

11日 全省公路工作会议召开，全面总结2020年及“十三五”工作，分析研判“十四五”形势任务，安排部署2021年重点工作。

2020，在省委、省政府和省交通运输厅坚强领导下，全省公路系统战疫情、迎国评，谋改革、促发展，全面打响赶超进位攻坚战，在大战大考中交出一份优秀答卷。“十三五”时期，全省公路系统全面践行新发展理念，累计完成投资435.2亿元，新改建工程地方政府和社会资本投资达到62%；完成新改建和路面改造3824公里，一、二级公路比重达87.59%，优良路率85.43%。

2021年，全省公路部门要立足新发展阶段，贯彻新发展理念，融入和服务新发展格局，努力实现“十四五”时期路网供给保障能力、改革创新能力、养护质量效益、公共服务品质、生态文明、行业治理效能等六个方面明显提升，着力打造高品质路网、促进高水平均衡、强化高效能治理、提供高品位服务。

同日 即日起，加载“交通一卡通”功能的第三代社会保障卡在全省正式进入发卡阶段，实现省级首发，领先全国。省内社保卡持卡人在人社部门社保卡窗口、社保卡发卡银行和“民生山西”App换领加载“交通一卡通”功能的第三代社会保障卡，即可享受全国303个城市乘坐公交、地铁、轮渡等公共交通出行工具，包括省内11个城市可以乘坐公交车、太原市可以乘坐地铁，实现“一卡在手、走遍全国”。

15日 太原市新开通7条公交专线接驳地铁2号线站点，票价均为1元。此次增开的7条公交专线在现有72条接驳轨道交通2号线站点公交线路基础上，把山西转型综改示范区、中北高新技术产业开发区、中北大学、太原南站、武宿机场连接到地铁站，实现市民出行零距离快速换乘、无缝隙高效衔接。

19日 省交通运输厅党组书记、厅长闫晨曦冒雪到太原西北二环ZH10标项目部骆驼山隧道出口施工现场检查指导工作。要求进一步提高政治站位，增强责任意识，强化安全监管，再接再厉，全力加快施工进度，安全、优质、高效地推进工程建设，确保项目按时建成通车。

项目负责人表示，全体参建员工一定在思想、行动上与省厅保持高度一致，凝心聚力，众志成城，千方百计调动各方资源，高标准、高质量建设好项目，向山西人民交一份满意答卷。

23日 阳泉市ETC智慧停车城市建设全国试点工作推进会议召开。省交通运输厅党组成员、副厅长王晋参加会议并讲话。要求根据交通运输部相关要求，加快工作进度，倒排工期、压茬推进，在阳泉综合客运枢纽、火车站等地进行试点建设，总结经验，逐步完善，加快推进试点工作。

24日 省交通运输厅提升公路桥梁安全耐久水平暨危旧桥梁改造行动部署视频会议召开，传达交通运输部动员部署会议精神，宣读全省《公路危旧桥梁改造行动方案》，安排部署全省2021年公路危旧桥梁改造工作。厅党组成员、副厅长王晋出席会议并讲话。要求全省交通运输系统各级各有关部门加强领导，动员各方力量进一步细化责任分工，倒排工期，挂图作战，确保改造工作按期保质完成。

26日 太原市交通运输工作会议上召开。"十四五"期间太原将重点打造"321出行交通圈"，即：连接京津冀、中原城市群和关中平原城市群3小时高铁交通圈、太原连接雄安新区并辐射山西中部盆地城市群2小时城际交通圈、太原都市区内部1小时区域交通圈及太原榆次0.5小时交通圈。

"十四五"期间，太原市将落实国家综合立体交通网主骨架"京津冀—成渝主轴、京藏走廊和二湛通道"在太原的布局，推动太原对外运输通道由现状的"大"字形向"六放射"迈进，远景形成"米字形"通道布局，全面构建对外开放、内畅外联、协同高效的综合交通大格局，加快建设互联互通、功能适应、链接生产、智能绿色、品质服务的现代化综合交通运输体系。

到2025年，太原市将基本实现综合立体交通网建成、交通运输服务品质进一步提升、交通智能化建设全面加强、交通运输绿色化发展效果显著、交通本质安全水平明显提升等目标，基本形成"321出行交通圈"。同时，基本形成"123快货物流圈"，即省内1日送达城市、2日送达农村，省外3日送达。

29日 省交通运输厅干部大会召开，宣布省委关于省交通运输厅主要负责人调整的决定。副省长韦韬出席会议并讲话，省委组织部部务委员刘鹏宣读任免文件，省政府副秘书长梁敬华出席会议，省交通运输厅党组书记赵建平作表态发言。会议由闫晨曦主持。

韦韬在讲话中，充分肯定以闫晨曦为班长的省交通运输厅党组取得的工作成绩，并对下一步全省交通运输工作提出明确要求。一要加强政治建设。以政治建设为统领，深入学习贯彻习近平总书记视察山西重要讲话重要指示和"三篇光辉文献"，认真落实省委"四为四高两同步"总体思路和要求，坚定践行以人民为中心的发展思想，深入开展党史学习教育，不断提高政治判断力、政治领悟力和政治执行力，着力建设正气充盈的良好政治生态。二要抢抓发展机遇，加快建设现代化综合交通运输体系。深入贯彻落实习近平总书记关于交通运输工作的重要论述，充分发挥交通运输在国民经济中的基础性、战略性、先导性、服务性作用，加快推进交通强国建设，为全省构建新发展格局、实现"十四五"转型出雏型目标当好先行。三要注重队伍建设，着力打造高素质专业化的干部队伍。充分发挥厅党组总揽全局的领导核心作用，党组书记要履行好管党治党第一责任，全体领导班子成员要自觉履行"一岗双责"，始终做到讲政治、讲大局、讲担当、讲奉献；要坚持党管干部原则，加强队伍建设，努力打造一支忠诚干净担当的干部队伍。

赵建平在表态发言中，强调将紧扣省委"四为四高两同步"总体思路和要求，团结带领全体干部职工，尽心尽力做好新工作、尽职尽责履行新使命，担当作为、锐意进取，用交通运输工作的新进步，为全省转型出雏型作出积极贡献。要以忠诚尽责诠释初心使命，以虚心学习提升能力本领，以担当作为开创工作新局，以严实要求扛牢第一责任，真正做到同舟共济、同甘共苦、同向同行，确保全省交通运输系统干部职工干事创业的劲头更足、向上向善的氛围更浓。

闫晨曦表示，省委从全省改革发展大局出发，对省交通运输厅主要负责人作出调整，体现省委对交通运输事业发展的高度重视和殷切期望，完全拥护省委的决定。近年来，在省委、省政府坚强领导和地方政府、省直部门大力支持下，特别是在全交通运输系统广大干部职工共同努力下，省交通运输厅党组攻下一个又一个堡垒，解决一个又一个复杂难题。充分说明省交通运输厅领导班子是对党绝对忠诚、政治站位高、大局观念强的班子，也是重团结、善协作、讲奉献的班子；交通运输系统干部队伍是具有坚强凝聚力战斗力，敢于打硬仗、善于啃“硬骨头”的队伍。相信在省委、省政府坚强领导下，以赵建平为班长的省交通运输厅党组，一定能够团结带领全体干部职工，不断开创各项工作新局面，全省交通运输事业一定会取得新的更大进步。

厅领导，厅机关各处室、驻厅纪检监察组副处级以上干部，厅直各单位党政主要负责人参加会议。

是月 省交通运输厅启动重点公路工程质量提升年专项行动，旨在以重点公路项目建设为载体，通过为期一年的专项行动，提升全省重点公路工程建设质量，推动达成“实现质量通病治理新突破、树立全员规范从业新形象、形成质量提升技术新成果、构建工程质量监管新格局”的高质量成效，奋力推动“十四五”转型出雏型开好局、起好步，以实际行动和优异成绩庆祝中国共产党成立100周年。

为保证专项行动实效，省厅进一步强化抓落实力度和举措，树立以结果论英雄的鲜明导向，突出“抓落实的关键是要有解决方案”的工作要求，提高“答卷”能力和水平。制定完善保障措施，建立上下半年各一次监督检查全覆盖的工作机制，设立并公开质量投诉热线，接受社会监督，加大宣传力度，褒扬优秀项目和先进人物、曝光质量违法行为，营造积极向上的质量提升氛围。

是月 省邮政管理局印发《2021年山西省邮政快递业更贴近民生七件实事》，旨在更好满足人民群众日益增长的用邮需求。要求全省邮政快递业要全面落实快递进村三年行动方案，持续丰富进村模式，年度快递进村通达率不低于80%；进一步提升末端投递服务水平，智能快件箱投递率达到10%以上、快递公共服务站数量达到1200个；巩固提升建制村直接通邮成果，建制村周三班以上投递比率超过95%，全年新增政务便民网点29个；依托“绿盾”工程，通过“互联网+监管”，狠抓安全监管“三项制度”落实，为消费者营造安全平稳畅通的寄递环境。

4月

1日 交通运输部2021年部安委会第二次全体会议暨交通运输安全生产视频会议召开，通报一季度安全生产工作情况和专项整治三年行动开展情况，部署下一阶段重点工作。交通运输部部长李小鹏出席会议并讲话。要求保持高度警醒，发扬务实作风和担当精神，攻坚克难，消除隐患，扎实推进交通运输高质量安全发展。省交通运输厅领导赵建平、王晋、郭丙福在山西分会场参加会议。

7日 中央第一生态环境保护督察组进驻山西省开展生态环境保护督察动员召开。当日下午，省交通运输厅党组召开专题会议，传达动员会精神，通报前一轮中央生态环保督察反馈问题整改情况，对全面做好全省交通运输领域生态环保工作进行安排部署。厅党组书记、厅长赵建平主持会议并讲话。要求以此次中央生态环境保护督察为推动，坚定不移走生态优先、绿色发展的路子，全面推进交通运输领域清洁生产、环境保护和绿色化改造，坚决打好污染防治攻坚战，加快交通强省建设，为全省经济社会高质量发展和生态环境高标准保护做出交通贡献。厅领导王晋、段新源、王四小、郭丙福、王建业、雷天才出席会议。

同日 省交通运输厅党史学习教育推进会召开，对全系统进一步推进党史学习教育工作进行安排部署。厅一级巡视员雷天才出席会议并讲话。会议要求全系统各级党组织要提高政治站位，深刻认识开展党史学习教育的重大意义，紧紧围绕党史学习教育的工作安排，准确把握党史学习教育要求，切实增强做好党史学习教育工作的责任感使命感。要把开展党史学习教育作为一项重大政治任务，把握正确导向，加强宣传引领，营造浓厚氛围，注重实际效果，把党史学习教育同推动工作紧密结合起来，同交通运输“十四五”转型出雏型紧密结合起来，着力解决实际问题，推动全系统党史学习教育高标准推进、高质量完成。

为推动党史学习教育持续走向深入、取得扎实成效，省厅成立由3位二级巡视员牵头的巡回指导组深入各单位开展巡回指导。要求各巡回指导组坚持政策把握要“准”、情况掌握要“实”、督促指导要“严”，认真严肃做好巡回指导工作。要把中央精神及省委、厅党组部署领会好、传达好、贯彻好，加强政策研究，掌握政策界限，督促所指导单位把中央及省委精神和本单位实际结合起来，往深里抓、往实里落。要沉下去，真正深入基层、深入群众，广泛听取意见，掌握实际数据，对所指导单位学习教育情况做到心中有数，确保全系统党史学习教育工作有序开展、取得实效，以优异成绩迎接中国共产党成立100周年。随后，省厅召开党史学习教育巡回指导工作启动会，对巡回指导组全体成员进行思想动员，就高标准高质量做好巡回指导工作作出具体部署。

13—15日 省交通运输厅一级巡视员李贵顺带队先后深入208国道线清徐县常家庄至晋中长治界一级公路工程、昔榆高速公路和207国道左涉公路施工一线现场督导调研。要求各项目要围绕开好局、起好步开展各项工作，做到目标不变、决心不减、尺度不松，高质量完成重点公路建设任务，以优异成绩庆祝中国共产党成立100周年。

16日 山西路桥集团黎霍高速项目部与安百拓贸易有限公司全电脑三臂凿岩台车的交机仪式在黎霍高速丁家湾1号隧道举行。这是全省第一次引进此类大型机械用于隧道开掘，助力全省公路建设，也标志着黎霍项目隧道施工从人工作业逐步向机械化作业转型，进入全新模式。

20日 省交通运输厅牵头召开青银二广高速公路太原联络线项目建设现场办公会。省委常委、太原市委书记罗清宇出席，厅党组书记、厅长赵建平主持。晋中市委书记吴俊清，太原市委副书记、市长张新伟，厅党组成员、副厅长王四小，山西交控集团董事长袁清茂，太原市、晋中市、交控集团分管领导和相关部门负责人参加。项目全长33.877公里。其中，寿阳至东二环高速段长14.8公里，东二环高速至太原段长19.077公里。项目建成后，将对太原、晋中两市城市空间拓展、经济社会发展，构建全省现代综合交通运输体系都具有重要战略意义。

21日 省公路运输工会三届六次全委会议召开。会议总结2020年工作，安排部署2021年工作，审议通过省公路运输工会第三届委员会2020年工作报告。省总工会副主席韩丽珍、厅一级巡视员李贵顺出席会议。

2020年，省公路运输工会以习近平新时代中国特色社会主义思想为指导，以“不忘初心、牢记使命”主题教育为统领，以省总工会“落实见效年”为主题，紧紧围绕全省交通运输中心工作，立足交通产业实际，坚持“维护核心、服务中心、凝聚人心”原则，切实突出“覆盖主群体、壮大主力军、服务主人翁”三个重点，积极履行工会职能，发挥桥梁纽带、主力军组织者和职工之家作用，各项工作取得新成绩。

2021年，全系统工会工作要以开展党史学习教育为牵引，始终坚持正确政治方向，认真抓好党史学习教育，强化工会系统党的政治建设；聚焦庆祝中国共产党成立100周年，在强化职工思想政治引领上实现新突破，广泛开展庆祝中国共产党成立100周年系列活动，持续深化理想信念教育，扎实做好劳动创造幸福为主题的宣传教育；聚焦提高职工生活品质，在为职工办实事解难事做好事上实现新突破，加强工会职工服务阵地建设，充分发挥工会服务品牌的作用，拓展常态化疫情防控成果；聚焦维护劳动领域政治安全，在做好维权维稳工作上实现新突破，依法维护职工劳动经济权益，积极参与劳动关系协调；聚焦抓基层强基础，在提升工会改革综合效能上实现新突破，科学谋划推进工会组建，加强工会干部能力建设，提高工会干部队伍整体素质；聚焦加强工会系统党的建设，在锻造高素质专业化工会干部队伍上实现新突破，强化党风廉政建设，建立党建带工建工作机制，强化工会干部队伍建设。

李贵顺在讲话,对2021年全系统工会工作提出明确要求:树立“四个意识”,把准政治方向;主动服务大局,展现工会作为;加强组织建设,提升工会组织活力;改进工作作风,打造过硬队伍。韩丽珍充分肯定了2020年省公路运输工会工作,并就推动新时代产业工会工作提出了要求。

23日 为加强公路行业从业人员履约监管,省交通运输厅印发《通知》,在省内全面上线“公路建设人员履约监管平台”,该平台建立全省项目从业人员信息库,以打通人员履约监管“最后一公里”为理念,实现对建设单位、施工单位、监理单位、第三方检测单位、设计单位五方进行规范化履约管理。

同日 省交通运输厅一级巡视员李贵顺带领调研组赴太原西北二环高速公路项目现场开展调研指导,肯定项目质量安全管控和施工方面取得的成绩,要求相关部门帮助解决项目征迁难点问题,对今后工作提出要求。

25日 省交通运输厅召开厅安委会第二次会议暨交通运输安全生产电视电话会议,深入贯彻落实习近平总书记关于安全生产重要指示精神,总结一季度交通运输安全生产工作,分析研判安全生产形势,安排部署下阶段安全生产重点工作。厅党组书记、厅长赵建平出席会议并讲话,要求切实把安全生产工作当作政治任务、民生工作来抓,以对党和人民高度负责态度,坚决守住安全底线红线,全力以赴做好安全生产各项工作。厅党组成员、副厅长王晋主持会议,并通报一季度交通运输安全生产工作情况、安全生产专项整治三年行动开展情况,对路网运行领域专项整治工作进行安排部署。厅党组成员、副厅长段新源,厅党组成员、副厅长郭丙福,厅一级巡视员李贵顺分别对水上交通及城市客运、道路运输、工程建设等领域专项整治集中攻坚重点工作进行具体安排。

同日 省委常委、大同市委书记张吉福一行就推动大同市交通运输重点项目建设赴省交通运输厅进行对接。厅党组书记、厅长赵建平代表省厅对张吉福一行表示欢迎,对大同市持续加力、支持全省交通运输高质量发展表示感谢,并介绍省厅近期工作进展情况。张吉福对省厅多年来大力支持大同交通运输事业发展表示感谢。希望省厅在203省道改建工程、云州街和天黎高速增设互通等交通重点项目建设方面给予支持,并表示大同市将统筹安排,做实项目前期工作,细化工作方案,积极推进全市交通运输各项工作。

厅党组成员、副厅长王四小就相关事项进行说明。

26日 省交通运输厅2021年度巡察工作动员部署会召开,对在全系统全面启动巡察工作进行动员部署。本次巡察从5月中旬开始至7月底结束,省厅将派出2个巡察组,对厅直单位党委(支委)开展常规巡察。厅一级巡视员雷天才主持并作动员讲话。要求各巡察组要坚持问题导向,按照“四个对照”监督标准、“四个紧盯”监督路径,围绕被巡察党组织履行党的领导职能责任情况,突出“四个落实”监督重点,着力发现和推动解决影响党的领导、党的建设、全面从严治党的根本性全局性问题,督促被巡察单位加强政治建设,树立“四个意识”、坚定“四个自信”、坚决做到“两个维护”,以实际行动践行职责使命,提高治理能力,更好担负起转型发展重任。要提高政治能力,严格依规依纪依法,在扎实做好各项工作中担责履责尽责,高质量完成巡察任务,努力在夺取山西交通运输“十四五”转型出雏型开局新胜利中彰显巡察担当、做出应有贡献。

26—28日 省交通运输厅一级巡视员李贵顺带队先后深入341国道线古县至洪洞改建工程和隰吉高速公路施工现场督导调研。要求咬定目标不放松,在“首季开门红”的基础上,坚定信心,再接再厉,有序推进各项工作,确保全年投资任务圆满完成。李贵顺还就临浮高速前期工作与临汾市政府进行深入沟通,推动项目按既定时间节点如期开工建设。

27日 省委统战部副部长、省工商联党组书记陈旭忠带领满帮集团、智加科技、成都大农科技有限公司等三家企业就智慧物流新业态与山西开展战略合作到省交通运输厅调研。厅党组成员、副厅长郭丙福出席座谈会,省委统战部副部长滕德刚主持。

郭丙福代表省厅向省委统战部一直以来关心

支持全省交通运输事业发展表示感谢，对远道而来、共谋发展的各位企业家表示欢迎，并介绍全省交通运输主要工作情况及货车交通运输相关情况。希望进一步深化与满帮集团等行业龙头企业合作，积极推动全省货运管理服务水平再上新台阶，为山西高质量转型发展提供强有力支撑。

28日 省交通运输厅召开2020年度全省高速公路路况检测结果通报暨“五一”期间公路网运行服务保障工作会。会议通报2020年度全省高速公路路况检测结果，以及2021年以来全省道路运输安全生产总体情况，部署“五一”假期公路网运行服务保障工作。厅党组成员、副厅长王晋主持会议并讲话。要求高度重视2020年度全省高速公路路况检测结果，严格落实管养主体责任，坚持问题导向，狠抓落实，制定详细整改方案，立整立改，补齐短板和差距，确保全省高速公路路况稳步提升。

同日 山西省首家高速公路房车营地在平遥服务区落地，填补全省高速公路房车发展空白。营地占地5600平方米，主要包括停车区、生活区、娱乐区、商务区、运动休闲区等。营地为广大旅客准备11个房车停车位，安装8套汽车充电设备、11套自来水和废水或污水处理系统，可以为房车提供用水补给和电力补给服务。

30日 省交通运输厅党组成员、副厅长王晋带领厅机关有关人员赴省交通运输运行监测与应急处置中心调研指导，对“五一”假期安全生产和应急保障工作提出指导意见。要求加强应急值守，严格执行领导带班和24小时值班制度，做好信息上传下达，及时妥善处置突发事件。

5月

6日 省交通运输厅举办党史学习教育专题讲座，邀请省委党校副校长、教授王建军作宣讲。厅一级巡视员雷天才主持并讲话，要求以此次党史学习教育专题宣讲为契机，在学习过程中深刻领悟核心要义，坚持学史力行，加强党性锤炼，切实增强投身交通强国建设新征程的信心和决心。厅机关各处室负责人及全体党员近100人聆听。

7日 交通运输部召开交通运输执法领域突出问题专项整治行动动员部署电视电话会，全面部署专项整治行动。厅党组书记、厅长赵建平，厅一级巡视员雷天才在山西分会场参加会议。要求以开展专项整治行动为契机，坚持刀刃向内、自我革命，坚持远近结合、标本兼治，坚持正风肃纪、久久为功，着力深化交通运输综合行政执法改革，切实推进提升行业治理能力和水平。

9日 在临猗黄河大桥及引线工程工地，施工人员在加紧施工。项目是国家高速公路菏宝线G3511的控制性节点工程，也是山西省高速公路网规划“三纵十二横十二环”的出省重要通道之一。项目全长20.914公里，总投资46.45亿元，2020年8月开工建设，计划2023年年底投入使用。起点位于万荣县王显乡范家村东侧，与已建的垣曲至临猗孙吉段菏宝高速公路顺接，途经临猗县孙吉镇，在西里村以西设黄河特大桥跨越黄河，终点止于陕西合阳县顺接合铜高速。项目建成后，成为山西省通达陕、甘、宁，连接豫、鄂、皖等地的重要运输通道，将显著改善临猗、万荣等地果业的外运条件，对加密晋南区域路网、促进山西省经济转型发展发挥积极的推动和促进作用。

10日 副省长韦韬深入省交通运输厅调研。要求坚持系统思维、统筹推进，加强谋划、开拓创新、攻坚克难，加快推进全省交通运输事业再上新台阶，为全省“十四五”转型出雏型开好局、起好步贡献交通力量。厅党组书记、厅长赵建平主持召开座谈会并作汇报。

韦韬先后到厅值班室、公路运输管理处、建设管理处、综合规划处和厅直机关党委，详细了解部门职责、组织机构等有关情况及重点工作开展情况。随后，召开座谈会，韦韬听取山西交通运输工作情况汇报，对全省交通运输部门在统筹推进疫情防控和交通运输高质量发展，加快交通强国建设、优化综合立体交通网、降低交通物流成本、提升服务供给质量、深化交通运输领域改革等方面取得的成绩给予充分肯定。全省交通运输部门要提高政治站位，进一步增强推进全省交通运输事业高质量高速度发展的责任感、紧迫感和使命感，把思想和行动统一到党中央、国务院决策部署和省委、省政府工作安排上来，坚持问题导向、目标导向、结果导向，狠抓工作落实，强化责任担当，强化统筹协调，强化组织调度，强化服务保障，确保重点工作任务见到实效。

省政府副秘书长梁敬华参加调研和座谈。厅领导秦红保、王晋、段新源、王四小、郭丙福、王建业、李贵顺，厅机关各处室和厅直各单位主要负责人参加会议。

同日 根据省委组织部、省扶贫办《关于做好驻村第一书记和工作队选派工作的通知》要求，脱贫攻坚转入全面推进乡村振兴的新发展阶段后，省厅驻村帮扶由天镇县玉泉镇调整为石楼县罗村镇。省厅召开派驻石楼县驻村帮扶工作队员岗前培训会。厅党组成员、副厅长王晋出席会议并讲话。王晋转达厅党组书记、厅长赵建平对省厅驻村帮扶工作队成员“舍小家为大家”积极投身乡村振兴事业的慰问和感谢。要求全体队员要精诚团结、真情帮扶，保持“交通人”优良传统，艰苦朴素、勇于奉献，依托村“两委”，加强工作队党建工作，凝心聚力为群众办实事，为全面推进乡村振兴贡献力量。培训会上，有关人员介绍驻村帮扶工作要点和方法，选派的5名驻村第一书记结合过往帮扶工作经历分别介绍驻村工作的主要经验以及注意事项。培训会前，王晋与石楼县委、县政府主要负责人就乡村振兴工作进行对接。

14日 全省农村人居环境“六乱”整治百日攻坚专项行动动员部署会后，省交通运输厅高度重视，立即成立以厅党组书记、厅长赵建平为组长的专项行动领导小组，下发《关于开展全省公路沿线环境专项整治行动的通知》，制定行动方案，明确整治任务和内容，细化职责，规定时限，确保集中整治任务按照标准、时间、要求保质保量完成。

15日 省交通运输厅召开《山西省公路危险路段排查治理管理办法》《高速公路交通安全风险评估指南》《“平安文明示范高速公路”建设试点工作方案》评审研讨会。厅党组成员、副厅长王晋出席会议并讲话。

会上，厅安监处介绍《山西省公路危险路段排查治理管理办法》《“平安文明示范高速公路”建设试点工作方案》起草背景、依据以及主要内容，山西交通安全中心介绍《高速公路交通安全风险评估指南》的编制情况。同济大学教授郭忠印、山西路桥集团安全质量环保部部长孟续峰、省交通设计院高工李海喜等特邀专家，省应急管理厅、省公安厅交管局、山西交控集团、山西交科集团等单位负责人从不同层面和角度，提出富有建设性的意见和建议。要求编制组要根据各位与会领导和专家意见及建议继续修订完善，争取尽早出台《山西省公路危险路段排查治理管理办法》《高速公路交通安全风险评估指南》，尽快启动《“平安文明示范高速公路”建设试点工作方案》，进一步加强全省公路交通安全风险有效控制和路域环境整治，完善公路危险路段排查治理长效机制，预防和减少公路交通事故发生，打造安全畅通便捷的交通环境。

16日 省交通运输厅驻村工作队调研工作汇报会召开。5位第一书记作帮扶村调研工作汇报，全体队员学习有关资料。

当日下午，省厅驻村工作队前往乡村振兴示范点——团中央定点帮扶的罗村镇泊河村进行参观学习交流。

16—18日 党史学习教育正酣，交通运输部紧紧围绕“学党史、悟思想、办实事、开新局”工作要求，结合平安工地建设现状和发展趋势，进一步创新行业指导服务方式，开展“送专家、送技术、送服务到基层”的“三送行动”。由交通运输部安全与质量监督管理司原巡视员黄勇任组长的专家组一行9人，在昔阳（晋冀界）至榆次高速公路项目圆满完成山西省平安工地建设“三送行动”。厅一级巡视员李贵顺参加。专家组听取山西省公路水运工程平安工地建设情况汇报及项目参建单位平安工地建设工作开展情况汇报，充分肯定山西省平安工地建设管理及昔榆高速项目平安工地建设开展情况，就发现问题提出整改意见。李贵顺表示，省交通运输厅将以本次“三送行动”为契机，抢抓交通强国重大战略机遇期，持续深化“平安百年”认识，积极推进工程项目“零伤亡”平安工地创建目标，持续巩固公路水运工程建设领域安全生产稳定态势。

17日 交通运输部召开交通运输执法领域突出问题专项整治行动第一次视频调度会议，厅一级巡视员雷天才代表省交通运输厅介绍全省交通运输执法领域突出问题专项整治行动开展情况及下一步工作打算。

18日 省交通运输厅召开全省交通运输执法领域突出问题专项整治行动动员部署会。厅党组成员、副厅长王晋出席并讲话，厅一级巡视员雷天才宣读《全省交通运输执法领域突出问题专项整治行动方案》，厅党组成员、副厅长郭丙福主持会议。

会议要求，全省交通运输系统要深入贯彻习近平总书记重要指示精神，进一步提高政治站位，树立“四个意识”、坚定“四个自信”、坚决做到“两个维护”，以专项整治行动的实际成效诠释执法为民的根本宗旨，坚持刀刃向内，发扬斗争精神，坚决打赢专项整治攻坚战。各级交通运输部门和执法机构要坚持以开展专项整治行动为契机，以“三基”建设为重点，深化综合行政执法改革，加强基层组织建设，完善执法基准、创新执法方式、健全执法管理制度，加强执法基础管理，坚持加强执法队伍培训和推进执法信息化、装备现代化“双管齐下”，加强基层执法基本能力建设，着力推进行业治理能力建设取得新突破。

19日 中国共产党山西省交通运输厅直属机关第三次代表大会召开。厅党组书记、厅长赵建平出席会议并讲话，厅一级巡视员雷天才代表中国共产党山西省交通运输厅第二届直属机关委员会向大会作报告。厅党组成员、副厅长王晋主持会议。大会应出席代表118名，实到115名。

雷天才在报告中，回顾厅直机关党委五年来认真学习贯彻习近平总书记关于全面从严治党的重要论述，落实新时代党的建设总要求，奋力推进厅直系统党的建设各项工作及取得的成绩，提出今后一段时期厅直系统党建工作的总体要求和意见建议。随后，大会选举产生新一届党委、纪委委员。

赵建平对上一届机关党委五年来的工作予以充分肯定。要求新一届党委、纪委要站在新的起点上，认真学习贯彻习近平总书记关于全面从严治党的重要论述，落实好新时代党的建设总要求，持续巩固和深化近年来全系统党的建设成果，不断加强自身建设，以党的建设新进步引领交通运输事业高质量发展。厅领导段新源、王四小、郭丙福、郝玉柱、李贵顺参加会议，省直工委组织部部长邵勇、驻厅纪检监察组组长王建业出席会议。

22—28日 省交通运输厅举办2021年科技活动周。活动周主题为“百年回望：中国共产党领导科技发展”，期间，省厅依托厅属单位和企业、行业学会等优势资源，结合交通运输行业实际，统筹组织科技资源向社会开放、交通科普进校园、行业特色科普活动等系列活动。

23日 省交通运输厅召开山西省货运物流业降本增效研讨会，来自省内外全国物流行业专家、学者齐聚一堂，交流切磋，诊断把脉，为促进山西货运物流业的健康发展出谋划策。厅党组成员、副厅长郭丙福致辞。

会上，厅运管处介绍全省货运物流业降本增效工作开展情况，专家、学者结合国际国内形势，立足山西实际，分别就道路、铁路、民航、水运等领域如何高质量发展货运物流业提出建设性意见和建议。

24日 省交通运输厅一级巡视员李贵顺深入241国道线调研汾河水库段改线工程项目建设情况。要求全力以赴，全面推进，挂图作战，倒排工期，确保项目按时完成；凝心聚力，加强协调，最大限度兼顾沿线人民群众利益，统筹抓好征地拆迁、地方协调工作，为项目顺利实施提供有力保障。

25日 省交通运输厅一级巡视员李贵顺带领厅检查组深入静兴高速公路项目调研指导。要求吕梁市副市长杨巨才一同调研指导。

要求静兴公司和参建单位要严格按照施工计划控制工程进度，各级政府要做好协调配合，确保圆满完成通车目标。

25—26日 省交通运输厅党组成员、副厅长王四小赴吕梁市石楼县调研驻村帮扶和交通运输工作。要求发挥交通运输行业优势，围绕“产业兴旺、生态宜居、乡风文明、治理有效、生活富裕”乡村振兴战略“二十个字”总要求，接续推进巩固脱贫攻坚成果同乡村振兴有效衔接，努力把省厅帮扶村打造成乡村振兴样板村、标杆村。要抓住“十四五”交通运输发展机遇，优化完善路网结构，确保汾石高速公路按期开工；加快推进“四好农村路”建设，支撑乡村振兴战略实施，更好服务经济社会发展，高质量高标准把黄河一号旅游公路打造成生态之路、景观之路、富民之路。

26日 全省交通运输系统开展“路政宣传月”集中宣传日活动。厅党组成员、副厅长郭丙福在太原参加宣传活动。

活动当天，全省交通运输系统围绕“学党史、当先锋、护公路、优服务”主题，采取点线面结合方式，充分运用传统方式与新媒体平台，重点在各高速公路出入口、服务区、货运站场、运输企业开展路政法律法规宣传，向过往司乘人员广泛宣传《中华人民共和国公路法》《公路安全保护条例》《山西省高速公路非公路标志管理办法》等法律法规，有力推动全省“路政宣传月”活动深入开展，充分展示交通运输部门服务疫情防控和经济社会发展大局、服务人民群众和维护公路路产路权等工作成果，营造社会共治的良好氛围。

28日 省交通运输厅党组成员、副厅长王晋深入吕梁市石楼县罗村镇调研指导驻村帮扶工作，看望并慰问工作在一线的驻村工作队员。

在实地查看各帮扶村后，王晋与当地党委政府座谈，双方就接下来的驻村帮扶工作进行深入交流。调研期间，王晋带领厅机关第二和第八党支部党员到红军东征纪念馆举行主题党日活动，重温东征故事，锤炼初心使命。

是月 《山西省省道网规划（2021—2035年）》（以下简称《规划》）出台。《规划》对山西省行政区域内的省级高速公路和普通省道构建一张布局合理、安全可靠、便捷高效、智慧赋能、绿色集约的国省道网，期限为2021—2035年，远期展望至2050年。

届时全省将全面建成发达的快速公路网、完善的干线公路网，服务黄河流域、汾渭平原、京津冀及周边“2+26”城市等重点区域发展。国省道总规模将由2020年的183万公里增至2035年的278万公里，中部六省排名由第六上升至第五。高速公路规模将由5745公里增至8418公里；普通国省道规模将由12552公里增至19393公里，基本达到全国中等以上发展水平。

《规划》明确，全省将构建国家高速公路和省级高速公路“4纵15横33联”高速公路网布局，规划总里程8418公里。其中，国家高速公路4522公里，省级高速公路3896公里。普通国道和普通省道共同构成“8纵16横多联”的普通干线公路布局，规划里程19393公里。其中，普通国道8395公里，普通省道10998公里。

是月 省交通运输厅印发《2021年全省“路政宣传月”活动实施方案》，部署开展2021年全省“路政宣传月”活动。

是月 交通运输部公布2020年度“十大最美农村路”，永和县黄河一号旅游公路南庄—阁底段榜上有名。路线全长36.6公里。

6月

1日 省交通运输厅下发《关于对全省国省干线公路沿线环境专项整治工作检查的通知》，决定成立4个检查组，分别对全省普通国省干线公路和高速公路整治情况进行检查。6月7日，4个检查组分赴全省各地开始每月一次的检查工作。

2日 省交通运输厅向各市交通运输局和省高速公路综合行政执法总队下发《关于进一步加强全省交通运输执法领域突出问题专项整治行动宣传工作的通知》。要求高度重视宣传工作，强化组织领导，细化宣传方案，紧紧围绕维护交通运输从业人员合法权益、清理不合理行政处罚规定和严禁乱罚款以及为民服务暖心举措等宣传主题，聚焦人民群众反映强烈的热点、制约规范公正文明执法的堵点，积极宣传交通运输执法领域突出问题专项整治行动取得的成效。

同日 10时18分，载有50个40英尺标箱出口货物的75002/1次列车从山西中鼎物流园站启程驶往法国巴黎，标志着全省至法国的中欧班列正式开通。至此，山西中欧班列常态化国际线路增至9条，形成辐射“一带一路”沿线11个国家26个城市的外贸新格局。

4日 省交通运输厅召开厅安委会第三次全体会议暨全系统安全生产专项整治三年行动集中攻坚和“安全生产月”启动视频会议，深入学习贯彻习近平总书记关于安全生产重要论述和批示指示精神，传达省政府安委会第二次会议精神，通报2021年以来全省交通运输事故情况，安排部署下一阶段交通运输安全生产工作。厅党组成员、副厅长王晋主持会议并讲话。

围绕“落实安全责任、推动安全发展”主题，深入开展“安全生产月”活动，树牢安全发展理念，强化底线思维，压实安全责任，防控安全风险，提升安全素养，全面提升本质安全水平。按照“全覆盖、严执法、零容忍”原则，开展交通运输安全生产督导检查。

会上，与会人员观看交通运输安全生产警示片，朔州、忻州、运城市交通运输局作交流发言。

7日 省交通运输厅举办交通安全应急管理培训班，面向全省县级以上交通运输主管部门和省级直属交通运输企业开展有关业务培训。主要围绕交通应急管理系统和交通运输部安全生产监管监察综合信息服务平台风险管理模块的使用进行深入浅出讲解，确保实操人员能熟悉交通应急管理系统。

同日 省交通建设中心在黎霍高速项目施工现场举行2021年全省重点公路工程建设领域“安全生产月”活动启动仪式。要求各参建单位加强组织领导，扎实开展活动，营造浓厚氛围，推动全省重点公路工程建设项目安全生产水平提升和安全形势持续稳定向好。

8日 省交通运输厅在南京大学举办的山西省交通运输新发展理念暨党史学习教育培训班正式开班。厅党组成员、副厅长王晋出席开班仪式并作动员讲话。南京大学淮安高新技术研究院院长许波连致辞。

王晋在讲话中，要求各级党员干部要在建党百年这个特殊背景下，更好地学党史、铸忠诚，更加自觉从党的百年伟大奋斗历程中汲取前进的智慧和力量，不断加强党性修养，始终坚持学以致用，把学习党史同总结经验、关照现实、推动工作结合起来，同解决实际问题结合起来，真正把学习成果转化为为民服务的成效。

本次培训班为期4天，主题鲜明突出，聚焦贯彻新发展理念与党史学习教育，采取培训动员、专题辅导、研讨交流等方式进行。各市县交通运输局、驻厅纪检监察组、厅机关各处室、厅属各单位的领导干部共120人参加培训。

11日 省交通运输厅党组理论学习中心组赴彭真生平暨中共太原支部旧址纪念馆缅怀革命先烈，重温入党誓词，开展党史学习教育实地践学活动。厅领导赵建平、王晋、段新源、王四小、郭丙福、王建业、郝玉柱参加，共同接受一次深刻的党性教育和革命洗礼。

同日 省交通运输厅召开全省交通运输执法领域突出问题专项整治行动第一次调度会，传达贯彻交通运输部会议精神，对全省专项整治工作再动员再部署再落实，切实推动专项整治行动走深走实、取得实效。厅一级巡视员雷天才主持会议。要求进一步提高对专项整治行动重大意义的认识，以从严要求、务实态度毫不松懈推进整改落实各项工作，切实让从业人员和人民群众感受到交通运输执法工作真改进、真变化。

15日 副省长韦韬深入太原市地铁2号线、汾河二库、太佳高速公路东段车辆动态管理平台、西北二环高速公路项目建设工地、公交三公司等，重点检查轨道交通、水运、“两客一危”运输、高速公路施工、城市公交运营等安全生产工作。

韦韬在讲话中，要求坚决贯彻习近平总书记关于安全生产的重要指示要求，树牢安全发展理念，层层压实责任，全面排查整治交通运输行业安全隐患，积极防范化解风险，确保不留盲区死角，彻底根除隐患。要将安全生产制度措施落到实处，严格执行工程建设安全规范和标准，完善应急预案，开展应急演练，努力提升安全应急水平。要抓好高速公路危化品运输车辆安全管理，坚持“疏”“堵”结合，全面规范治理，为全方位推进高质量发展营造良好安全环境，以实际行动迎接中国共产党成立100周年。

16日 省交通运输厅在太原市工人文化宫广场参加由省政府安委办和太原市政府安委会联合举办的“安全宣传咨询日”活动。厅党组成员、副厅长王晋参加。

集中宣传普及交通运输安全生产法律法规，“两客一危”、超限超载、公路工程重大风险及应急管理等安全规定和知识，进一步提升公众安全防范意识和安全素质。

18日 省交通运输厅召开厅安委会第四次全体会议暨全省交通运输安全生产视频会议，深入学习贯彻习近平总书记近期关于安全生产的重要批示指示和李克强总理重要批示精神，贯彻落实国务院、省委省政府和交通运输部有关会议精神，安排部署“七一”前后重点任务，为庆祝中国共产党成立100周年营造安全稳定的交通运输环境。厅党组成员、副厅长王晋出席会议并讲话，厅党组成员、副厅长段新源主持会议。会议要求全省交通运输系统要提高站位，强化担当，严格落实安全责任，防范化解重大风险，强化系统治理，确保全省交通运输安全形势稳定。与会人员还观看《生命重于泰山》电视专题片。

20日 一列CR200J型“复兴号”动车组列车从太原南站驶出，开往吕梁站。经过100多天提质改造施工会战，太中银铁路太原南至吕梁段开行动车工程进入试运行阶段，吕梁革命老区步入动车时代。

20—26日 为宣传报道全省以“交通+旅游”为抓手，在“四好农村路”建设中突出旅游公路这一关键元素，加快推动文化旅游等现代服务业提档升级及带动区域脱贫攻坚的经验、做法、亮点、成效，《中国交通报社》组织驻浙江、湖南、广西记者站骨干记者、特约记者赴晋开展以“交通+旅游”为主题的异地采访。报社总编辑李咏梅带队。

省交通运输厅党组成员、副厅长王晋参加座谈会并向采访组介绍山西交通新闻宣传工作及黄河、长城、太行三个一号旅游公路建设情况，代表厅党组对中国交通报社对全省交通运输工作的关心和支持表示感谢，表示将进一步加强山西交通新闻宣传工作，力争上游，使典型人物能在行业叫响、在全国推出。

23日 省交通运输厅召开庆祝中国共产党成立100周年安保维稳推进会暨平安建设领导小组第二次会议。厅党组成员、副厅长郭丙福出席会议并讲话。要求各单位要坚决把思想与行动统一到中央和省委决策部署上来，树立“四个意识”、坚定“四个自信”、坚决做到“两个维护”，进一步提高政治判断力、政治领悟力、政治执行力，牢固树立“万无一失、一失万无”的理念，以最高标准、最严要求、最强措施落实好安保维稳各项工作。

24日 全省治超办主任电视电话（扩大）会议召开。省政府副秘书长、省治超办主任梁敬华，省治超办副主任、省交通运输厅党组成员、副厅长郭丙福参加会议。要求充分认识治超工作艰巨性、长期性和复杂性，准确认识面临的新挑战新任务新问题，统一思想，提高认识，坚定抓治超就是抓安全信念，全力确保交通运输领域安全生产稳定局势，保障庆祝中国共产党成立100周年重点时段全省安全稳定发展大局。

25日 省交通运输厅举行“光荣在党50年”纪念章颁发仪式。受厅党组书记、厅长赵建平委托，厅党组成员、副厅长王晋代表厅党组出席颁发仪式，为获此殊荣的关中祥、张廷盛、秦生发、潘雄元、史荣和、李月星6位老党员代表颁发纪念章，向他们表示热烈祝贺并致以崇高敬意。颁奖仪式后，王晋与老党员代表亲切交谈，真诚希望各位老领导、老党员一如既往地关心支持交通运输各项工作，为山西交通运输高质量发展建言献策。

全系统共有104位老党员获此殊荣，其中厅机关21位，厅直单位83位。厅直各单位先后通过举行集体颁发仪式及走访慰问，为“光荣在党50年”的老党员颁发纪念章，送去党组织关怀和问候。

省交通运输厅召开老党员老干部话党史座谈

会。厅党组成员、副厅长王四小出席座谈，与老领导共聚一堂，话党史忆初心，共谋交通发展。

王四小代表厅党组向老领导、老干部及全省交通运输系统老干部致以崇高敬意和节日问候，通报近年来全省交通运输发展情况，介绍“十四五”交通运输发展思路和下一步重点工作，并认真听取大家对交通运输工作的意见建议。希望老领导老干部继续关心和支持交通运输行业发展，充分发挥政治优势、经验优势、威望优势，为加快推进全省交通运输事业发展积极建言献策、贡献更多智慧和力量。

同日 省高速公路综合行政执法总队在黎霍高速公路建设项目施工一线，开展“进工地到一线入项目优服务”活动。

26日 全省首条国际货运航线首航仪式在太原武宿机场举行，实现全省国际货运航线零的突破，开启打造国际现代物流枢纽建设的新篇章。

当日下午，南航CZ8111航班满载35吨国际邮件、电商货物从太原飞往美国旧金山。按计划，航班每周执飞一班。同时，太原机场严格落实疫情防控要求，做好各项消杀、检测、监管等工作，杜绝“货传人”风险，确保太原机场物流业务整体运行平稳。

汾阳至石楼高速公路项目正式开工建设。路线全长82.36公里，建设工期3.5年，预计2024年底全线建成通车。项目开工建设，结束石楼县不通高速公路历史，打通吕梁革命老区对外开放又一重要通道。

同日 太中银铁路吕梁至太原南段动车组列车开通仪式在吕梁火车站举行，标志着全省11市全部实现动车快速通达，三晋大地全面进入动车时代。

同日 在第34个“国际禁毒日”当天，省交通运输厅在太原汽车客运西站举办“防范毒品滥用”为主题的全省交通运输行业全民禁毒集中宣传活动。

28日 由山西路桥集团投资建设的隰吉高速公路项目路面水稳层智能无人摊铺试铺工作顺利完成，标志着全省高速公路路面施工正式进入智能化无人施工新阶段。

29日 省交通运输厅召开“两优一先”表彰大会。厅党组书记、厅长赵建平出席并讲授专题党课，厅党组成员、副厅长王晋主持会议，厅党组成员、副厅长段新源宣读《中共山西省交通运输厅党组关于表彰2021年优秀共产党员、优秀党务工作者和先进基层党组织的决定》，97名共产党员、28名党务工作者和16个基层党组织，分别被授予“优秀共产党员”“优秀党务工作者”“先进基层党组织”称号。受到表彰的优秀个人和先进集体代表先后上台领奖，会场响起热烈掌声。

会上，赵建平以“感悟百年党史、积聚奋进力量，团结一致推进‘十四五’交通运输发展开好局起好步”为题，给大家上一堂深刻而生动的党课。他结合自己学习体会和全省交通运输工作实际，带领党员干部认真学习习近平总书记重要论述，从不同角度回顾党的百年光辉历程，引导大家学史明理、学史增信、学史崇德、学史力行。

王晋在总结讲话中，要求各级党组织和广大党员要以庆祝中国共产党成立100周年为契机，把学习贯彻习近平新时代中国特色社会主义思想不断引向深入，从党的百年历史中感悟信仰力量，坚守全心全意为人民服务根本宗旨，全面推进交通运输高质量发展，不断提升交通运输治理体系和治理能力现代化水平。

厅领导秦红保、王四小、王建业、李贵顺，二级巡视员、驻厅纪检监察组副组长、总工程师、厅机关各处室主要负责人及厅机关部分党员代表，厅直各单位党政负责人及相关部门负责人，以及受表彰的“两优一先”代表参加会议。会后举行“永远跟党走奋进新征程”庆祝中国共产党成立100周年文艺会演活动。

是月 《山西省现代物流业2021年行动计划》发布，提出培育新增10家以上A级物流企业，打造一批省级多式联运示范工程，实现物流业总收入2200亿元以上。

7月

1日 上午8时，庆祝中国共产党成立100周年大会在北京天安门广场隆重举行，省交通运输厅组织厅机关全体干部职工在机关五楼会议室集中收看大会盛况，认真聆听习近平总书记重要讲话，共同庆祝中国共产党百年华诞。厅领导赵建平、王晋、段新源、王四小、郭丙福、王建业、李贵顺参加集中收看。

同日 全省铁路沿线安全环境治理联席会议第一次全体会议暨全省铁路沿线安全环境治理推进电视电话会议在太原召开，副省长韦韬出席会议并讲话。会议要求加强组织领导、强化责任落实，完善工作机制、密切沟通配合，创新工作方法、注重宣传引导，确保全省铁路沿线安全环境治理取得明显实效。

会上，厅党组书记、厅长赵建平通报全省铁路沿线安全环境治理联席会议制度和铁路沿线安全环境治理情况。省乡村振兴局、长治市政府、中国铁路太原局集团公司分别发言。厅党组成员、副厅长郭丙福参加会议。会前，联席会议全体成员实地调研检查太原局辖区内部分铁路沿线的安全环境治理工作。会议在各市设分会场。

2日 省交通运输厅组织召开临汾至浮山高速公路、青银二广高速公路太原联络线、青银国家高速公路阳泉旧街至晋中蔡庄段改扩建工程三个项目工程可行性研究报告评审会。厅总工程师、厅机关有关处室、厅直有关单位以及太原、晋中、阳泉等市县政府代表及有关专家出席会议。专家组对三个项目可行性研究报告进行了认真分析和技术研讨，提出具体意见建议，顺利通过评审。

4日 全省首家高速公路服务区“中国精神+高速旅游”文化长廊在京昆高速公路临汾服务区正式建成，免费对社会公众开放，开辟基层党建宣传教育崭新平台。

6日 省交通运输厅党组理论学习中心组开展集体（扩大）学习，深入学习习近平总书记在庆祝中国共产党成立100周年大会上的重要讲话精神，对全系统进一步抓好学习宣传贯彻作出安排部署。厅党组书记、厅长赵建平主持并讲话，厅领导王晋、段新源、王四小、郭丙福作交流发言。

会议一致表示，要把学习贯彻习近平总书记重要讲话作为当前和今后一个时期的重大政治任务，感悟伟大建党精神，赓续红色血脉，汲取奋进力量。

省委党史学习教育第十三巡回指导组组长、省台联一级巡视员李朝亮，省委党史学习教育第十三巡回指导组联络员、省委宣传部反非法反违禁处二级调研员武剑梅到会指导。厅机关各处室以及厅直各单位主要负责人参加会议。

8日 省交通运输厅党组书记、厅长赵建平一行到省高速公路综合行政执法总队（省交通运输综合行政执法局）就深化交通运输综合行政执法改革工作开展调研座谈。厅党组成员、副厅长王晋主持会议。厅一级巡视员郝玉柱、雷天才参加会议。

赵建平在讲话中，要求统筹协调推进，加大协调和督促指导力度，加强队伍建设，严格执法队伍管理，不断夯实基层执法基础，确保高标准、高质量完成改革任务。

同日 省交通运输厅举办“中国梦·劳动美——永远跟党走、奋进新征程”职工演讲比赛。厅党组书记、厅长赵建平，省委党史学习教育巡回第十三指导组组长、省台联一级巡视员李朝亮，厅党组成员、副厅长王晋，厅一级巡视员李贵顺出席活动。

13日 省政府召开全省“四好农村路”和三个一号旅游公路建设工作推进会，深入贯彻习近平总书记关于“四好农村路”的重要指示精神和视察山西重要讲话重要指示，就高质量推进“十四五”时期全省农村公路建设进行部署。省委副书记、省长蓝佛安出席并讲话。副省长韦韬主持。厅党组书记、厅长赵建平汇报建设情况。

蓝佛安在讲话中肯定“十三五”时期全省“四好农村路”和旅游公路建设取得的成绩，要求各级各部门要强化组织领导、要素保障和跟踪落实，确保完成“十四五”农村公路建设目标，奋力谱写新时代山西农村交通发展新篇章。

会前，与会人员实地观摩晋中市环城旅游绿道、“四好农村路”建设和“交通+产业”发展情况。会上，播放全省“四好农村路”和三个一号旅游公路建设纪实片，晋中、临汾、大同、忻州等市政府代表发言。厅党组成员、副厅长王四小，厅机关有关处室负责人、各市交通运输局相关负责人参加会议。各市、县设分会场。

14日 副省长韦韬在太原为全省交通运输系统干部职工讲授专题党课。要求学习好宣传好贯彻好习近平总书记重要讲话精神，弘扬伟大建党精神，坚定理想信念，强化理论武装，深入践行初心使命，坚决扛牢交通“先行官”历史责任。要全面贯彻新发展理念，抢占交通科技创新先机，增强协调发展能力，搭建集约、高效、绿色物流通道，畅通交通互联网络，推进“四好农村路”、旅游公路建设，助力乡村振兴。要全面加强党的领导，旗帜鲜明讲政治，推进党风廉政建设，夯实组织基础，持续改进工作作风，严明党的纪律，为推进交通运输事业高质量发展提供强有力的保障。

同日 省交通运输厅举办庆祝中国共产党成立100周年厅直单位离退休人员“百年奋斗路 银龄心向党”主题书画摄影展，共展出165幅作品。厅党组成员、副厅长王四小与20多名老干部一同参观展览。

15日 省财政厅调研组深入省交通运输厅调研指导2022年预算编制工作。调研组听取厅直各预算单位预算编制工作进展情况和存在问题汇报，对各单位提出的问题逐一进行解答，并就预算编制工作新特点进行解读，提出明确要求。厅财务收费管理处对2022年预算编制工作进行安排部署。

15日 省交通运输厅召开全省交通运输执法领域突出问题专项整治行动第二次视频调度会，传达贯彻交通运输部会议精神，总结全省近期专项整治行动开展情况，分析存在问题，安排下一阶段任务。厅一级巡视员雷天才出席并讲话。会议要求认真总结前一阶段工作做法经验，切实解决好存在问题，从六个方面狠下功夫，推动专项整治行动往深里走、往实里走。

16日 省交通运输厅直属机关党委组织厅机关党员干部赴省展览馆参观“不忘初心、牢记使命——山西省庆祝中国共产党成立100周年图片展”。780余张图片、图表，系统全面、权威准确地呈现党领导山西人民砥砺奋进的光辉历程、重大成就和宝贵经验。

17日 省交通运输厅防汛紧急部署会召开，传达全省防汛工作视频调度会议精神，并对近期全力做好交通运输系统防汛工作进行安排部署。厅党组书记、厅长赵建平主持会议并讲话，厅党组成员、副厅长王晋出席会议。

赵建平在讲话中，要求各单位各部门要充分认识当前防汛工作的重要性、紧迫性，高度重视，万分警醒，紧急行动，全面压实各部门、各环节防汛责任，以最严措施认真应对，确保防汛责任落实到位。

19日 为庆祝中国共产党成立100周年，“中国梦·劳动美——永远跟党走 奋进新征程”全省交通运输系统职工书画摄影展在山西省美术馆开展。省总工会党组成员、副主席韩丽珍，省直工委副书记余国琦，厅党组成员、副厅长王晋，厅一级巡视员李贵顺在开展当日参观展览。本次活动得到全省交通运输系统广大干部职工积极响应，共征集厅机关、厅属单位、各地市交通运输局、山西交控集团书法、绘画、摄影作品432件参展。作品反映中国共产党成立100周年以来全省交通运输行业取得的辉煌成就，展示交通运输系统干部职工艰苦奋斗和乐于奉献的精神面貌，凝聚着交通人对中国共产党的深刻感情和炙热情怀，受到观众一致好评。

7月21日—8月5日 省交通运输厅组织开展2022年度计划科技项目公开征集工作。项目征集面向全省交通运输行业企事业单位、科研机构，聚焦“新基建、新技术、新材料、新装备、新产品、新业态”，围绕交通强国试点、“四个交通”建设、黄河流域生态保护和高质量发展、交通运输领域碳达峰碳中和目标实现等重大战略需求，瞄准前沿领域、结合实际需求、攻克核心技术，旨在提出真正能为全省交通运输高质量发展提供科技支撑和保障的科技项目。

23日 省交通运输厅召开全省自然灾害综合风险公路承灾体普查工作电视电话会议，贯彻落实国务院、交通运输部和省政府自然灾害综合风险普查工作会议精神，总结试点工作经验，部署推进全省自然灾害综合风险公路承灾体普查全面实施工作。厅党组成员、副厅长王晋主持会议并讲话。要求各单位各部门要坚持目标导向，把握时间节点，加强组织领导，压实责任主体，细化工作方案，制定具体举措，加强质量控制，强化技术统筹，加大督导考核，力争高标准高质量完成公路普查各项工作。

会议通报近期全省汛期道路损毁情况和地质灾害、气象风险预警情况，还对全省地震易发区重要交通生命线加固工程实施工作作了安排。

27日 省交通运输厅与太平洋建设集团举行项目投资对接座谈会，双方就全省交通基础设施合作建设事宜进行座谈交流。厅党组成员、副厅长王四小，太平洋建设集团总裁宋少庭出席。王四小对宋少庭一行的到来表示欢迎，希望太平洋建设集团发挥资金雄厚、技术一流、人才荟萃等优势，找准切入点、创新合作模式，进一步深化与全省交通运输系统的战略合作，实现互利共赢。

28日 省交通运输厅一级巡视员李贵顺带领省厅督导组赴阳泉市开展公路建设调研暨"送清凉"慰问活动。要求压实工作责任，全面对标对表下半年工作目标任务，扎实推进各项工作措施落地见效。

同日 省交通运输厅水运处接到交通运输部海事局协调援助河南船艇、救生物资的紧急通知后，申请调用省厅专项应急资金，采购救生衣1000件、救生圈500个、分体成套雨衣100套、专业雨鞋130双，包专车送往河南，体现"晋豫雨水情、海事一家亲"的互助精神。

29日 省交通运输厅组织厅机关退役军人赴百团大战纪念馆参观学习，追忆革命历史，感悟革命精神，汲取奋进力量。

同日 伴随汽笛长鸣，一列编组49车满载日用百货、机械设备的中欧班列从中鼎物流园，发往土耳其南部最大港口城市梅尔辛。开启全省中欧班列整列上船海运先河。全程运行约1万公里，运行时间约15天，实现中欧班列通疆达海的全覆盖运输。

同日 省交通运输厅党组成员、副厅长王晋带领省厅慰问组深入吕梁南高速公路公司开展"送清凉"慰问活动，为基层职工送去组织关怀与问候。叮嘱站区领导关心职工身体健康和劳动安全，切实落实好各项防暑降温措施。

同日 省交通运输厅"四好农村路"和三个一号旅游公路建设工作推进会召开，深入学习贯彻习近平总书记关于"四好农村路"重要批示指示和全省"四好农村路"和三个一号旅游公路建设工作推进现场会精神，分析研判形势，盘点目标任务，交流工作经验，安排重点工作。厅党组成员、副厅长王四小出席会议并讲话。会议要求，各级交通运输部门要提高政治站位，准确把握新形势新要求，明确任务目标，扎实推进"十四五"各项工作。

30日 省交通运输厅党组书记、厅长赵建平以普通党员身份，参加厅机关第一党支部党史学习教育专题组织生活会。按照省委党史学习教育办公室相关要求，学习习近平总书记在庆祝中国共产党成立100周年大会上的重要讲话精神，重点学习党中央指定的学习材料，围绕"学党史、悟思想、办实事、开新局"主题，交流学习体会、查找差距不足、明确改进方向，严肃认真开展批评与自我批评，进行深刻党性锤炼和思想教育。省委党史学习教育第十三巡回指导组组长李朝亮到会指导。赵建平与党支部党员一起学习讨论、一起交流心得、一起接受思想教育，不断提升党性修养和思想境界。

是月 垣渑高速公路(试)通车仪式在河南省渑池县南村黄河特大桥举行。路线全长58.184公里。其中山西境内路线全长18.103公里，河南境内路线全长40.081公里，项目总投资约70亿元。

8月

1日 由省高速集团建投公司负责投资、建设和运营的国省道路面改造工程(忻州境内)PPP项目顺利通过交工验收，这是全省8个国省道改造项目中第一家完成交工验收的项目。全长296.845公里，共6条国省道线路，覆盖忻州9县(市)，项目总投资7.34亿元。

4日 省交通运输厅党组书记、厅长赵建平主持召开2021年度上半年工作专题汇报会。厅领导王晋、段新源、王四小、郭丙福、郝玉柱、雷天才、李贵顺作汇报发言，王建业参加会议。

会上，厅领导班子成员结合各自分管领域，全面总结上半年工作推进情况及工作亮点，查找分析工作中存在的问题和不足，明确下半年工作重点任务。赵建平进行现场点评，结合汇报情况，指出存在问题，明确工作思路，提出落实要求。要求认真盘点、谋划部署，统筹推进新冠肺炎疫情防控常态化工作，坚决贯彻落实省委、省政府决策部署，确保全年任务圆满完成。

6日 全省推行县、乡两级“双段长”制，对铁路沿线安全实施长效管理。

根据《山西省铁路沿线安全环境管理“双段长”制实施办法》，铁路沿线设区的市政府会同辖区内铁路局集团公司建立“双段长”对接工作机制，设立县、乡两级“双段长”。铁路沿线县（市、区）政府、乡（镇、街道）政府和中国铁路太原、北京、郑州、西安铁路局集团有限公司等铁路运输企业基层单位，分别指定相关负责人作为段长，对铁路沿线安全环境管理工作实施管理。

7日 历经6年艰苦施工，山西和顺至河北邢台铁路全线最长隧道、长达11.7公里的天河山隧道安全贯通，标志着和邢铁路21座隧道全线贯通。

10日 省交通运输厅召开2021年全省交通运输半年工作会议，认真贯彻落实党中央决策部署和交通运输部、省委、省政府工作要求，总结上半年工作，安排部署下半年重点工作。厅党组书记、厅长赵建平出席会议并讲话，厅党组成员、副厅长王晋主持会议，厅领导秦红保、段新源、王四小、郭丙福、王建业、郝玉柱、雷天才、李贵顺出席会议。

赵建平强调，要坚持问题导向、结果导向，加强年度投资目标完成情况调度，尽快出台农村公路省级补助标准和配套考核办法，扶持推动“四好农村路”健康发展。要加大对非法营运车辆打击力度，净化道路客运市场秩序。要严格落实安全生产责任制，坚决打好专项整治集中攻坚战，强化重大风险防范化解，突出抓好普货车、载重货车、危货车辆等重点领域安全监管，统筹做好汛期安全生产工作。要深化交通运输执法领域突出问题专项整治行动，深入推进执法为民实践活动，大力畅通投诉监督渠道，做好“司机之家”建设工作。要加快推进建设交通强国各项具体任务，加快推进交通强国建设实施意见和行动计划的落实落地，积极筹备全省交通强国动员大会，高标准完成各项规划编制，全方位推进交通运输高质量发展。要持续深入推进交通运输供给侧结构性改革各项工作，加快推动交通运输高质量发展，服务构建新发展格局。要按照一个目标、一个方案、一个机制、一批政策“四个一”工作部署，支持网络货运平台建设，合理布局网络货运企业。要深化行业改革、推动重点改革事项取得扎实成效。要统筹有序做好碳达峰碳中和工作。

赵建平要求，坚决克服麻痹思想、侥幸心理，严格落实客运场站和交通运输工具消毒、通风、旅客测温和佩戴口罩、从业人员防护和健康监测，坚决做好国际航班经停太原入境疫情防控，严格落实进口冷链食品、进口高风险非冷链集装箱货物等核酸抽检和消毒措施，继续做好疫苗运输保障，毫不放松全力抓好“外防输入、内防反弹”各项工作。

赵建平强调，要持续加强党风廉政建设，层层压实管党治党主体责任，严格落实管党治党“第一责任人”和“一岗双责”要求，坚持党建工作与业务工作同谋划、同部署、同落实、同考核，驰而不息纠正“四风”，保持反腐败斗争高压态势，持续巩固交通运输系统风清气正的政治生态。

山西省交通干部学校、运城市交通运输局、阳泉市交通运输局、山西黎霍高速公路公司、省公路局太原分局南郊公路段、成丰货运平台等单位进行交流发言。

会议以视频形式召开，厅机关处室主要负责人，厅直单位主要负责人，交控集团、航产集团主要负责人在主会场参会。各市交通运输局、省公路局、省高速公路综合行政执法总队、省运输发展中心、省交通运行监测中心设分会场。

12日 省总工会党组成员、副主席韩丽珍一行到太原高速公路公司开展“情系职工，清凉一夏”慰问活动，并与基层职工进行面对面亲切交流，了解他们实际困难和需求，叮嘱大家在做好本职工作同时，要注意防暑降温、保重身体。

慰问组还对长风西收费站心灵驿站、职工书屋等场地建设情况进行调研指导。

19日 省交通运输厅召开全省高速公路服务区提质升级三年行动动员部署会。会议宣读省政府办公厅《关于印发山西省高速公路服务区提质升级三年行动方案的通知》，解读《服务区提质升级三年行动工作考核办法》，并对全省高速公路服务区提质升级三年行动工作作出安排部署。厅党组成员、副厅长王晋主持会议并讲话。要求各单位按照"一年补短板、两年提品质、三年创品牌"的总要求，紧盯目标任务，加强跟踪指导，强化沟通协调，强化因地制宜，全力以赴，压茬推进，确保提质升级各项任务落实到位。全面提升高速公路通行能力，为全省"十四五"转型出雏型和全方位高质量发展提供坚强交通运输保障。

会上，山西交控集团，龙城、汾平、翼侯公司及忻阜高速公路服务区管理单位负责人作表态发言。

20日 省交通运输厅召开厅安委会第五次全体(扩大)会议暨交通运输安全生产专项整治三年行动推进会，厅党组成员、副厅长王晋主持会议并讲话。要求各单位各部门要以专项整治三年行动为总抓手，紧盯重点目标任务，落实"四个清单"，着力强化安全风险管控和隐患治理，大力开展重点领域突出问题集中整治，扎实有序推进专项整治三年行动。

会议强调，要毫不放松抓好交通运输常态化疫情防控，着力抓好防汛救灾工作，推动行业安全生产形势持续稳定。

会上，太原、忻州、晋中、晋城4市交通运输局和省公路局分别就安全生产专项整治三年行动作了交流发言。

23日 省交通运输厅举办《中华人民共和国安全生产法》(以下简称《安全生产法》)专题学习讲座。厅党组成员、副厅长王晋主持并讲话，厅党组成员、副厅长段新源出席。应急管理部政策法规司副司长邬燕云应邀授课，对新修订的《安全生产法》进行解读，结合交通运输业务，就相关事项进行详细阐述。

王晋在讲话中，要求各单位各部门要以此次讲座为契机，迅速掀起新《安全生产法》学习热潮，认真落实"三管三必须"，不断提升全行业运用法治思维和法治方式履行监管职责、落实监管责任能力，全面落实企业安全生产主体责任，把新《安全生产法》的学习成果转化为提升行业依法治安能力的动力，推动全省交通运输安全生产形势持续稳定向好。

25日 省交通运输厅开展学习贯彻习近平总书记在庆祝中国共产党成立100周年大会上的讲话精神宣讲辅导。省委讲师团副团长、党史学习教育联络组副组长王勇伟应邀对全系统宣讲骨干进行现场指导。

厅机关各党支部书记、厅直各单位宣讲骨干共70余人聆听宣讲辅导。

8月31日—9月2日 省交通运输厅在省交通干部学校举办全省交通运输系统治超工作培训班。省治超办副主任、厅党组成员、副厅长郭丙福出席开班仪式并作动员讲话。要求参训人员要充分认识此次培训的重要意义，严格遵守疫情防控规定，相互交流、主动学习、共同进步，做到联系实际，学以致用。各市交通运输局分管领导及综合执法负责人，部分县交通运输局交通综合执法机构负责人，省公路局、省高速公路综合行政执法总队业务处室有关人员参加培训。

是月 省邮政管理局联合省发改委、省工信厅、省司法厅、省生态环境厅、省住建厅、省商务厅、省市场监督管理局印发《加快推进快递包装绿色转型若干措施》。要求各有关部门要加强协同配合和政策衔接，形成齐抓共管工作合力，及时总结推广快递包装绿色转型的有效管理措施、商业模式和制度成果；同时要大力宣传快递包装绿色转型的典型做法和工作成效，营造良好社会氛围。

是月 交通运输部发布通报，决定命名太原市等7个城市为国家公交都市建设示范城市。这是自2017年启动国家公交都市建设示范工程验收工作以来，交通运输部命名的第四批国家公交都市建设示范城市。

9月

1日 省委宣传部（省政府新闻办）举行山西省"全面建成小康社会"系列新闻发布会省交通运输厅专场发布会，介绍全省在全面建成小康社会进程中全省交通事业改革发展成就有关情况。厅党组成员、副厅长、新闻发言人王晋，厅党组成员、副厅长王四小、郭丙福一同出席并回答记者提问。新闻发布会由省委宣传部（省政府新闻办）新闻发布处处长马学英主持。

发布会上，王晋、王四小、郭丙福就交通强国建设、网络货运发展、高速公路服务区提质升级、旅游公路建设、交通运输执法领域突出问题专项整治行动等回答记者提问。

同日 省交通运输厅党组成员、副厅长王晋赴省交通运输运行监测与应急处置中心开展学习贯彻习近平总书记在庆祝中国共产党成立100周年大会上的讲话精神专题宣讲。深刻阐述重大意义、主要内容和丰富内涵，要求坚守政治忠诚，把学习成效转化为推动各项事业发展的强大动力。

同日 长城一号旅游公路天镇至左云段（北线）全线贯通，对于优化农村路网结构，助力文旅振兴，改善市域交通环境，方便群众出行具有重要意义。

同日 全省道路运输驾驶员从业资格证补发、换发、变更、注销及诚信考核5项高频事项已经调试完成，正式运行。全省道路运输从业人员可通过道路运政电子证照App软件实现从业资格证5项高频事项"跨省通办"。

2日 太原市政府新闻办新闻发布会召开，"十四五"时期，太原市将全面开启交通强国建设太原新征程，优化完善综合立体交通网络，全力推进交通运输基础设施建设。其中，太原市将围绕太原都市区规划，构建"一环十二射"高速公路网。

14日 省交通运输厅召开全省交通运输执法领域突出问题专项整治行动第三次视频调度会，传达贯彻交通运输部专项整治行动第四次调度会议精神，总结全省查纠整改工作经验做法，安排下一阶段任务。厅一级巡视员雷天才出席会议并讲话。

会议要求各地、各单位要从严从实、毫不松懈地推进落实各项工作任务，打好专项整治行动的组合拳，确保高标准高质量完成专项整治行动。

会上，晋中市交通运输综合行政执法队、忻州市交通运输局、运城市交通运输综合行政执法队、省高速公路综合行政执法总队分别介绍执法领域突出问题查纠整改总体情况、工作亮点及下一步工作安排。

厅专项整治行动领导组成员处室有关负责人，省高速公路综合行政执法总队领导班子成员在主会场参加会议。各市交通运输局分管领导、有关科室负责人，市交通运输执法队领导班子成员，所属各县（市、区）交通运输局分管领导及交通运输执法队负责人，省高速公路综合行政执法总队机关处室负责人及所属各执法支队领导班子成员在分会场参会。

17日 由省交通运输厅、省公安厅、省机关事务管理局、省总工会联合主办的山西省2021年绿色出行宣传月和公交出行宣传周活动在临汾市启动。厅党组成员、副厅长郭丙福出席启动仪式并讲话。临汾市副市长、公安局局长张勇致辞。省公安厅、省机关事务管理局、省总工会相关领导出席。

本次活动主题为"倡导绿色出行、促进生态文明"。根据活动安排，9月为绿色出行宣传月，9月20日至26日为公交出行宣传周。活动期间，全省采取线上线下集中宣传等方式，通过参与绿色出行公益宣传大赛，创新交通运输新业态服务，关注老年人出行服务改善，开展文明交通安全出行活动、关爱司乘人员活动等举措，进行多角度、全方位、立体化宣传，积极引导社会公众优先选择绿色出行方式，加快推动形成绿色低碳的生活方式，在全社会形成良好的公交优先和绿色出行宣传氛围，持续推动城市交通健康发展。

郭丙福在讲话中，要求全省各级交通运输主管部门要借助本次活动，深入贯彻落实公共交通优先发展战略，增强绿色出行方式吸引力，提高城市绿色出行水平，提升公共交通服务能力，让人民群众有更多幸福感、获得感。要加大宣传力度，创新宣传方式，进一步扩大覆盖面和影响力，让“公交优先、绿色出行”理念深入人心，让更多人参与到绿色出行中来。

启动仪式上，临汾市公交公司董事长安国全宣读给广大公共机构和市民朋友们的《绿色出行倡议书》。

23—26日 省公路运输工会组队参加省总工会组织的“中国梦·劳动美——永远跟党走、奋进新征程”全省职工党史知识竞赛。

6位选手全力以赴、稳扎稳打，经过六场预赛、两场复赛、一场决赛，最终省公路运输工会获得团体三等奖。

26日 省交通运输厅召开厅安委会第六次会议暨全省交通运输安全生产视频会议，深入贯彻习近平总书记关于安全生产的重要指示批示精神，认真落实党中央国务院、省委省政府和交通运输部关于安全生产的重要决策部署，分析研判当前全省交通运输安全生产形势，安排部署第四季度特别是国庆假期等重点时段安全生产工作。厅党组成员、副厅长王晋出席会议并讲话。厅党组成员、副厅长段新源主持会议。厅党组成员、副厅长郭丙福出席会议，并通报近期省厅安全生产督查情况。

会议要求，各单位、各部门要提高政治站位，强化担当精神，认清形势、高度警醒、狠抓落实，全力做好安全生产各项工作，不断筑牢交通运输安全生产坚强防线，确保全省交通运输安全生产形势持续稳定。

会后，省厅召开专题会议，针对近期持续强降雨给全省交通运输基础设施造成的严重损毁，研究部署公路抢通保通保畅工作。要求各级交通运输部门要高度重视，统筹谋划，按照“先通后畅”原则，抓紧制定方案，抓细抓实各项防汛救灾措施，各司其职、高效有序做好灾毁公路抢通保通工作。

27日 山西省2021年度水上搜救应急演练在汾河景区三期水域晋阳桥段举行。演练由省交通运输厅主办，太原市交通运输局承办。

本次演练分6个阶段，通过模拟事故发生、报警、接警、启动预案、应急救援、解除预警等步骤完整模拟救援过程。参演船舶共8艘，参演人员90余人。

30日 省交通运输厅召开学习贯彻习近平总书记在庆祝中国共产党成立100周年大会上的讲话精神专题宣讲会，邀请中央党校教授周文彰作主题宣讲。厅党组成员、副厅长王晋主持宣讲会，厅领导王四小、王建业、雷天才参加会议。周文彰以习近平总书记在庆祝中国共产党成立100周年大会上的讲话精神为切入点，着重对习近平总书记在庆祝中国共产党成立100周年大会上的讲话的主要特点、主体内容、重要表述等方面进行全面、细致、准确解读。

厅机关全体人员、厅直各单位领导班子成员、省公路局副处级以上干部在主会场参加会议。各市公路分局、高速公路综合行政执法支队中层以上干部在分会场参会。

是月 全省农村三级快递物流体系运营管理会议召开，要求各运营管理企业与各品牌快递企业加强沟通，确保县级快递物流仓配中心、村级服务点建得起、稳得住、运营好，到2022年6月底前完成全省模式创新、运营高效、安全绿色的农村物流服务体系建设目标。

是月 省交通运输厅党组成员、副厅长王晋、段新源、王四小、郭丙福，厅一级巡视员雷天才、李贵顺分别赴省交通运输运行监测与应急处置中心、省交通干部学校、厅发展研究中心、厅联网收费结算与会计核算中心、省高速公路综合行政执法总队、省交通建设中心开展学习贯彻习近平总书记在庆祝中国共产党成立100周年大会上的讲话精神专题宣讲。

厅领导紧紧围绕习近平总书记在庆祝中国共产党成立100周年大会上的讲话精神，结合各自学习体会，深入解读讲话重大意义、主要内容和丰富内涵，阐释讲话提出的一系列新思想新观点新论断，对全面建成小康社会的历史性意义、中国共产党成立的历史背景和深远影响、中国共产党百年奋斗的光辉历程和伟大成就、伟大建党精神的深刻内涵和时代价值、以史为鉴开创未来的根本要求和使命任务等问题进行系统讲解，并对党员干部如何学习领会、贯彻落实提出要求。

是月 交通运输执法领域突出问题专项整治行动开展以来，全省交通运输系统各部门各单位以习近平法治思想、宪法法律知识、行政执法“三项制度”、交通运输部出台的“一个意见”“两个规范”“一个禁令”等文件和警示教育为重点学习内容，全面开展全省交通运输执法人员轮训。

是月 太原武宿国际机场三期改扩建工程项目获国家发改委正式立项批复，总投资约239亿元，项目计划建设工期4年。征地拆迁、土地预审、管线迁改、文物勘探、环境评估、设计方案优化、配套工程建设等各项工作交叉向前、压茬推进，为确保工程早日开工全力冲刺、创造条件。

10月

8日 省交通运输厅召开专题会议，传达贯彻交通运输部部长李小鹏、副部长赵冲久就山西交通运输受灾情况作出的重要批示，听取国庆假期应急值守、运输服务保障和公路基础设施灾毁情况汇报，研究部署全省公路保通保畅和恢复重建等工作。会议由厅党组书记、厅长赵建平主持，厅领导及驻厅纪检监察组、省公路局、厅机关各业务处室主要负责人参加会议。

会议指出，国庆假期期间，全省交通运输系统认真贯彻落实省委、省政府和交通运输部决策部署，提前谋划、周密部署、加强组织，为确保人民群众度过一个安全、欢乐、祥和的国庆假期做了大量工作。各级交通运输主管部门和公路营运单位党员领导干部靠前指挥、组织有序，全力开展公路应急抢险保通工作，有效应对国庆期间公路灾毁挑战。

会议要求，全省交通运输系统要认真贯彻落实省领导和部领导重要批示精神，全力抓好公路抢险保通和灾后恢复重建工作。持续开展问题隐患排查，坚持分类处毁治灾，持续加强形势分析研判。同时，要统筹做好电煤等能源物资运输保障工作，加快抢通当前尚处阻断的公路路段，确保晋煤外运通道有效畅通。

11日 交通运输部召开第二届联合国全球可持续交通大会专题视频调度会议，要求提高政治站位，强化责任担当，把思想和行动统一到党中央国务院决策部署上来，高质量完成好大会风险防控和安全生产等工作，确保行业平稳有序运行，全力保障大会顺利召开。省交通运输厅党组成员、副厅长王晋在山西分会场出席会议，代表省厅汇报全省强化风险防控和隐患治理、加强安全生产、完善应急准备、做好交通运输服务保障等工作情况。

第二届联合国全球可持续交通大会将于10月14日至16日在北京举办，为切实做好大会筹备举办期间交通运输风险防控和安全生产工作，省厅把全面服务大会作为当前重点工作和一项重要政治任务来抓，提高政治站位，多次召开会议进行安排部署，要求各级各部门全力做好大会筹办及会议期间安全生产、疫情防控、交通运输服务保障等工作，并派出11个督查组，对各市交通运输风险防控和安全生产工作进行督导检查。针对近期连续降雨影响，全省公路交通基础设施损毁严重情况，省厅突出隐患排查，全面开展全省14.4万公里的公路“回头看”行动。加强道路运输、公路运营、水上交通、工程建设等重点领域安全监管，确保风险可控。抓好应急处置，严格落实领导带班、关键岗位24小时值班和信息报告制度，强化部门协调联动，加强地质灾害、路网运行、安全风险“三个研判”，做好重点区域、重点路段、重点时段的监测预警，及时向社会发布出行服务信息。同时，合理部署应急力量，确保发生突发事件后能第一时间处置、第一时间救援，最大限度减少人员伤亡和财产损失，确保全行业安全形势稳定，为大会顺利举办提供坚强交通运输保障。

同日 省交通运输运行监测与应急处置中心组织开展山西省道路运输互联网便民“跨省通办”业务知识“12328”话务工作人员专项培训。中心要求各市“12328”客服人员要熟悉交通运输行业最新便民措施，方便解答有关互联网便民政务服务问题。本次培训采取远程在线形式。省、市两级“12328”电话服务中心管理人员、话务班长及业务骨干共计66人参加培训。

11—30日 为切实保障人民群众出行畅通和生命财产安全，省厅派出6个督导组，分别由厅领导王晋、段新源、王四小、郭丙福、郝玉柱、李贵顺带队，从对全省公路灾毁应急处治和灾后恢复工作进行督导检查。本次督导采取实地踏勘、内业检查、听取汇报等方式，重点对三方面进行督导，即基本情况、处治情况和运输保供情况。

12日 省政府新闻办举行山西省防汛救灾新闻发布会，厅一级巡视员李贵顺介绍全省公路灾损及恢复处治情况并回答记者提问。10月2日以来，受连续强降雨影响，全省公路交通基础设施灾损严重，多地公路发生边坡滑塌、路面沉陷、桥台垮塌、隧道渗水等地质灾害，部分公路出现阻断、设施损坏等情况，严重影响人民群众出行。国庆假日期间，全省先后出动抢险人员68917人，投入各类机械13453台(件)。截至10月11日，高速公路已抢通阻断路段30处，普通国省干线公路已抢通阻断路段19处，农村公路已抢通阻断路段2800处。

13日 省交通运输厅党组成员、驻厅纪检监察组组长王建业赴平榆高速调研塌陷路段应急处治和能源运输保障工作，实地察看有关情况。要求加强科学精准设计和施工，最大限度投入人员和机械设备，加快道路抢通。

14—18日 受连续强降雨影响，全省公路交通基础设施灾损严重，严重影响人民群众出行。灾情发生后，交通运输部党组高度重视，在前期持续调度部署基础上，派出由部公路局副局长周荣峰带队的工作组赴晋督导调研交通运输抢险救灾和灾后恢复重建工作。在省委、省政府坚强领导下，省交通运输厅闻汛而动、精心部署，各级交通运输主管部门连续作战、攻坚克难，坚决贯彻以人民为中心的发展思想，始终把保障人民群众生命财产安全放在第一位，积极应对严峻灾情，全力开展抢通保通，统筹做好安全防范和运输保障，推动抢险救灾和灾后恢复重建取得阶段性成果。厅党组成员、副厅长王晋代表省厅衷心感谢交通运输部对山西的关心和支持。他表示，将以此次部督导调研为契机，认真践行人民至上、生命至上理念，进一步提高政治站位，增强政治担当，坚持问题导向，坚决打赢交通运输抢险救灾和灾后恢复重建攻坚战，全力保障人民群众生命财产安全。

18日 交通运输部党组召开全国交通运输系统电视电话会议，学习贯彻习近平主席在第二届联合国全球可持续交通大会开幕式上主旨讲话精神。省交通运输厅党组成员、副厅长王晋，厅党组成员、驻厅纪检监察组组长王建业，厅机关各处室及厅直各单位主要负责人在山西分会场出席会议。10月14日至16日，第二届联合国全球可持续交通大会在北京成功召开。习近平主席出席大会开幕式，发表题为“与世界相交 与时代相通 在可持续发展道路上阔步前行”的主旨讲话，深刻阐释可持续交通发展的重要意义，明确提出推进全球交通合作的5点主张，郑重宣布中国为全球交通发展贡献力量的务实举措，充分彰显中国推动全球可持续发展的积极作为和历史担当，为构建人类命运共同体、全球发展命运共同体进一步凝聚广泛共识，为推动全球可持续发展注入强大动力，为推进全球交通合作发展指明前进方向，为推动全国交通可持续发展提供根本遵循，为加快建设交通强国汇聚磅礴力量。

同日 省政府新闻办举行山西省灾后恢复重建新闻发布会，省交通运输厅党组成员、副厅长郭丙福介绍全省公路交通设施损毁及修复情况。截至10月17日，因连续强降雨造成高速公路32处中断路段已全部抢通并恢复通行，普通国省干线公路77处中断路段已抢通51处，农村公路3238处中断路段已抢通3142处。

18—19日 省交通运输厅党组成员、副厅长、省民航机场管理局局长段新源到运城市督导调研公路灾毁处治工作，先后到新绛、稷山、平陆受损现场，仔细勘察道路抢通情况，详细听取公路灾毁处治汇报，要求进一步压实抢通保通工作责任，强化防范应对措施，全力抢通受损道路。

18—21日 省交通运输厅一级巡视员李贵顺采取实地踏勘、内业检查、听取汇报等方式，对太原、朔州、大同境内公路灾毁处治工作进行全面督导检查，查看朔神高速公路施工现场水毁情况以及二广高速、荣乌高速等能源运输通道通行情况，要求各级公路部门要加强组织领导，切实担当起当前和今冬明春运输保畅工作责任；要全力抢通，保障群众出行和省党代会顺利召开。

19日 省交通运输厅一级巡视员郝玉柱赴临汾市督导检查国道和农村公路灾毁情况及抢修保通工作，要求各级公路部门要弘扬新时代交通精神，进一步优化抢修保通方案，做好水毁处治工作，以解决人民出行和保畅保供为己任，确保受损公路尽快恢复通行，为抗灾抢险和保障人民群众生命财产安全做出最大努力。

同日 由省总工会党组成员、经费审查委员会主任谭立新带队的调研组深入省公路运输工会交通科学园区工会调研。对省公路运输工会及所属基层工会工作给予充分肯定，要求实现好、维护好、发展好广大职工合法权益，因地制宜创新基层工会工作方法，创新开展培训，提升工会干部理论素质和履职能力，开创新时代工会工作新局面。

19—28日 省交通运输厅党组成员、副厅长郭丙福深入晋中、阳泉对辖区内高速公路、国省干线公路及农村公路灾毁处治工作进行督导检查，实地查看晋中、阳泉10个县(区)、22处水毁路段处治情况，要求树立大局意识，发挥关键区域作用，做好应急处置，对灾后恢复重建早谋划、早安排，认真落实，切实做好道路恢复工作。

20日 全省交通运输执法领域突出问题查纠整改“回头看”督导情况专题汇报会召开。省交通运输厅一级巡视员雷天才主持厅政策法规处负责人，省高速公路综合行政执法总队领导班子成员参加会议。会议要求及时反馈发现的问题和不足，持续层层传导压力，跟踪督促各地各单位限期整改到位，确保“回头看”督导结果落实落细落到位。

同日 省交通运输厅组织厅机关和厅直单位退役军人集中观看CCTV-7播出的“老兵永远跟党走·让退役军人成为全社会尊重的人”主题演讲比赛。

同日 受省交通运输厅委托，省交通运输运行监测与应急处置中心组织省市各级“12328”平台主管单位业务负责人、平台管理人员、客服人员，以及涉及“12328”转办工单处理的各级道路运输主管部门业务负责人和经办人共140人，通过视频会议方式进行培训。

20—22日 省交通运输厅政策法规处在省交通干部学校举办第一期全省交通运输综合行政执法业务骨干培训班。各市交通运输局、省高速公路综合行政执法总队执法业务骨干共计82人参加培训。省交通运输厅一级巡视员雷天才出席开班仪式并讲话，要求全体参训人员要以此次培训为契机，深入贯彻落实习近平法治思想，加强思想淬炼，树牢执法为民理念；深化交通运输综合行政执法改革，加强实践锻炼，打造高素质执法队伍；坚持规范公正文明执法，加强专业训练，展现交通运输综合行政执法队伍新作为。

22日 省政府新闻办举行山西省灾后恢复重建最新进展情况新闻发布会。省交通运输厅党组成员、副厅长、省民航机场管理局局长段新源介绍全省公路交通设施受灾损毁及修复情况并回答记者提问。

段新源表示，当前，全省交通运输防汛救灾工作处在抢通保通与灾后恢复重建的衔接期，形势严峻，任务繁重。省厅将根据交通运输防汛救灾工作总体部署，全力推进灾后重建工作。

25—28日 省交通运输厅党组成员、副厅长王晋赴阳泉、忻州、吕梁督导检查公路灾毁情况及抢通保通工作，现场查看239国道线K792+800处(五台境内)、239国道线K826+300～K838+000段(盂县境内)、陈北线X888140922、县乡道Y054(陡寺至里河府)K0+200段的灾毁情况，对五台服务区的柴油供给情况进行调研。要求进一步加大抢通力度，特别是能源运输通道要优先抢通。与此同时，同步开展灾损评估工作，尽快梳理灾后重建项目清单，扎实做好交通运输基础设施灾后恢复重建前期工作。

29日 省交通运输厅召开全省交通运输基础设施灾后恢复重建项目前期工作会议，深入贯彻落实省委、省政府关于防汛救灾恢复重建工作部署和交通运输部督导调研提出的工作要求，分析研判灾后重建形势，研究工作举措，对全省交通运输基础设施灾后恢复重建工作进行安排部署。厅党组成员、副厅长王四小出席会议并讲话。会议要求各单位要按照省政府“10月20日前恢复基本通车条件、春节前全面恢复城乡正常生产生活秩序、1—3年内明显提升应对风险能力”的安排部署，统一思想认识、提高政治站位、明确目标要求，全力推进交通运输基础设施灾后恢复重建工作。

厅综合规划处、厅农村公路管理处负责人，各市交通运输局、省公路局及各公路分局负责人参加会议。

是月 上旬，全省多地遭遇时间久、范围广、强度大的降雨天气，汾河流域平均降雨量超历史同期最高值，造成全省大部分通航航道严重水毁，对全省经济社会发展和人民群众生命财产造成较大损失，影响人民群众出行安全。灾害发生后，各级交通运输主管部门主动靠前指导，各水运企业积极应对，第一时间组织开展应急抢通工作。

是月 省交通运输厅党组成员、副厅长王四小赴长治市就公路保通保畅、灾后恢复重建、安全生产等工作开展督导调研，先后深入壶关县、平顺县、屯留县、武乡县、襄垣县现场查看路基、路面、桥梁和防护工程等部位水毁情况和恢复工程建设质量，与当地交通、公路部门共同研讨处置方案，检查警示标志设置和公路修复工程、道路受损及灾后政府救助、生产生活和交通修复情况。要求按照科学规范高效原则，统筹组织，全力开展道路应急抢险保通工作，并坚决守住安全底线，落实落细防护措施，严防次生灾害发生。

是月 全省“12328”交通运输服务监督电话系统进行升级改造，在系统内转办工单过程中新增“好差评”“差评整改”“上管一级”及“整改复核”等功能。

是月 省交通运输厅下发《关于加强能源运输保畅工作的紧急通知》，就有关工作进行安排部署。要求提高思想政治站位，充分认识工作极端重要性，加强公路网调度和统筹协调工作，切实做好保安保通保畅保运工作。

11月

1日 省交通运输厅党组扩大会议召开，认真学习习近平总书记在深入推动黄河流域生态保护和高质量发展座谈会上的重要讲话精神，传达学习山西省第十二次党代表大会精神，安排部署全系统贯彻落实工作。厅党组书记、厅长赵建平主持会议并讲话，要求迅速在全省交通运输系统掀起学习宣传贯彻省第十二次党代会精神热潮，开拓创新，求真务实，履职尽责，勇于担当，全方位推动全省交通运输高质量发展，在奋力谱写全面建设社会主义现代化国家山西篇章中当好先行。

厅党组成员、副厅长王晋传达中国共产党山西省第十二次代表大会关于中共山西省第十一届委员会报告的决议，厅党组成员、驻厅纪检监察组组长王建业传达中国共产党山西省第十二次代表大会关于中共山西省纪律检查委员会工作报告的决议。厅领导段新源、王四小、郝玉柱、雷天才、李贵顺出席会议。会议还研究了其他事项。

9日 交通运输部路网监测与应急处置中心致函省交通运输厅，对全省稽核工作给予充分肯定："为全网联动稽核工作起到积极的引领作用。”全省稽核工作多项业务指标高居全网榜首。截至10月底，全省共审核处理工单12万条，其中处理外省协查工单2万条，确认漏费车辆12.2万辆次，追缴通行费960.6万元。

同日 省交通运输厅在省交通干部学校举办党史学习教育暨党务干部能力提升培训班。厅直各单位党组织书记和党务干部近80人参加培训。厅党组成员、副厅长王晋出席开班仪式并作动员讲话。要求学习好党的历史，传承好党的经验，把党史学习教育成效转化为工作动力和成效；认真学习贯彻省第十二次党代会精神，切实把握核心要义，全方位推动交通运输高质量发展；高质量完成好此次学习培训，切实在思想上有新提升，作风上有新转变。

同日 交通运输部召开全国交通领域整治工作视频推进会，省交通运输厅党组成员、副厅长郭丙福在山西分会场出席会议。

会议要求，把交通运输整治工作作为政治大事、民生实事来抓，提升站位，加强监管，完善机制，扎实推进。辽宁省交通运输厅、江苏省交通运输厅等五家单位作交流发言。厅机关相关处室、省公路局、省高速公路综合行政执法总队、省运输发展中心、省交通运行监测中心、省交通建设中心主要负责人及山西交控集团分管领导参加会议。

同日 省交通运输厅一级巡视员李贵顺赴隰吉高速实地调研工程灾毁恢复重建工作。要求加强宣传舆论引导，营造良好建设氛围；在全面排查隐患、全方位风险评估基础上，编制可行性高、操作性强方案；统筹推进灾后恢复重建和工程进度，确保隰吉高速2022年通车目标实现。

11日 省交通运输厅一级巡视员李贵顺一行会同临汾市政府、项目建设单位共同召开浮临高速开工建设专题调度会。项目是全省最后一个“县县通”高速公路。

项目已完成土地预审和选址意见书、工程可行性研究报告批复。为实现12月开工建设总目标，李贵顺在讲话中，要求建立健全沟通协调机制，持续提升工作效率；同步加快各项前期工作，统筹推进设计、招投标、开工方案编制、资本金落实等工作。

16日 副省长王一新在省交通运输厅调研，实地查看交通应急值班中心，并与干部职工座谈交流。

王一新对交通运输战线干部职工为全省交通运输事业改革发展作出的历史贡献表示充分肯定。要求省交通运输厅要深入贯彻党中央、国务院关于建设交通强国的战略决策，认真落实省第十二次党代会关于构建立体联网、内外联通、多式联运、无缝衔接的现代交通运输体系的工作部署，对标一流、对标先进，树立更新更高目标，振奋精神、激扬斗志，解放思想、创新思路，推动全省交通运输事业实现更好更快发展。厅党组书记、厅长赵建平主持座谈会并作汇报。省政府副秘书长赵光国参加座谈。厅领导秦红保、王晋、段新源、王四小、郭丙福、王建业、雷天才，厅机关各处室和厅直各单位主要负责人参加会议。

17日 省交通运输厅党组召开会议，传达学习中共十九届六中全会精神，安排部署全系统贯彻落实工作。厅党组书记、厅长赵建平主持会议并讲话，要求迅速掀起学习中共十九届六中全会精神热潮，把学习好、宣传好、贯彻好全会精神作为当前和今后一个时期的重大政治任务，进一步树立“四个意识”、坚定“四个自信”、坚决做到“两个维护”，切实把思想与行动统一到全会和习近平总书记重要讲话精神上来。厅领导王晋、段新源、王四小、郭丙福、郝玉柱、雷天才、李贵顺出席会议。会议还研究其他事项。

同日 集大原高铁全线建设动员现场会在朔州市朔城区贾庄乡孙家咀村举行。全线新建线路长度270.808公里，其中山西段新建线路总长度197.134公里，总投资237.54亿元，建设工期4.5年，集大原铁路恒山隧道工程2020年6月开工。

该项目建设，连通呼包鄂榆与山西中部盆地两个城市群，快速对接长三角、京津冀经济区等经济发达地区，对促进区域经济协调发展，加快转型升级以及促进沿线旅游产业开发具有十分重要的意义。

19日 省交通运输厅召开常态化扫黑除恶交通运输领域整治工作推进会暨平安建设领导小组2021年第三次会议。会议传达学习全国交通运输领域整治工作视频推进会精神，朔州市、忻州市、吕梁市、阳泉市、临汾市交通运输局和山西交控集团六家单位作交流发言。厅党组成员、副厅长郭丙福出席会议并讲话。

郭丙福在讲话中，要求各单位进一步提高思想认识，坚决杜绝松懈、交卷心态，持续压实各方责任，严格督导问效。要持续加强与政法、纪检监察、信访等部门联动协调，构建共治格局，形成治理合力。厅机关相关处室、厅直各单位主要负责人及各市交通运输局、山西交控集团分管领导参加会议。

23日 省发改委批复三条国道改建改线工程可行性研究报告。其中，投资92亿余元的108国道线忻州境内段改建完成后，将与108国道线太原市境内段顺接。线路全长170多公里。

28日 山西路桥集团投资建设的昔榆高速马圈沟大桥右幅梁板架设全部完毕，标志着里思河大桥至麦中垴隧道路基全部贯通，为下一阶段施工提供保障。11月27日，由山西路桥集团二公司黎霍高速LJ5分部承建的田家岭隧道进口左洞开挖突破1000米大关，取得隧道工程施工阶段性成果。2021年以来，全省交通基础设施建设有序推进，截至11月底，全省累计完成交通固定资产投资711亿元，同比增长16%，已超额完成年度投资目标。其中高速公路项目完成投资324亿元，普通国省道项目完成投资154亿元，农村公路和运输场站完成投资232亿元。

2021年以来，省交通运输厅深入贯彻落实习近平总书记视察山西重要讲话重要指示精神，认真贯彻落实省委、省政府决策部署，按照2021年省委经济工作会议和《政府工作报告》安排，牢牢把握扩大内需战略基点，以转型项目建设为抓手，完善交通运输重大基础设施，拉动需求增长的功能和作用。全面贯彻落实省第十二次党代会精神，支持太忻经济区高质量发展，发挥交通运输“先行官”作用，按照太忻经济区“一核双轴多组团”空间布局，围绕雄忻高铁和108国道，统筹考虑产业布局、人口和资源分布等对交通运输要求，合理配置对外通道和内部集疏运体系，完善枢纽功能，有效衔接雄安新区，加快南融东进，打造全省融入京津冀和服务雄安新区重要走廊。

为加快推动昔榆、黎霍等重点项目建设进度，省厅建立重点工程定期调度、土地手续等制约问题专项调度、投资进度月度通报机制，积极协调市县政府加大征地拆迁工作力度，沟通省直有关厅局帮助协调解决重点工程占用林地等问题。重点推进汾阳至石楼、临汾至浮山最后两个县通高速公路和青银二广高速公路太原联络线等新规划高速公路项目，以及普通国省道一级收费公路项目前期工作。2021年以来，聘请40余名省内外知名专家组成6个专家组，集中50余天，通过现场踏勘、会议讨论，全面完成126个项目线位方案审查工作，并全部纳入国土空间规划。目前，汾阳至石楼高速公路已完成总投资11%，工程有序推进；临浮高速土地预审已批复，将于年内开工。其余项目正在开展土地预审等前期工作，全面形成“开工一批、研究一批、储备一批”的良性格局。截至11月底，昔榆高速项目累计完成投资66亿元，完成总投资目标32%，2021年度累计完成投资50亿元，完成年度投资目标125%。

9月下旬至10月上旬，全省遭遇有气象记录以来的最强秋汛，引发的洪水、泥石流、山体坍塌等自然灾害给在建工程项目造成不同程度损害，其中隰吉高速项目受损严重。面对灾情，省厅迅速组织做好灾后恢复重建工作，在保证受灾正常交通秩序、服务好群众生产生活基础上，加快公路灾毁评估检测，对灾毁严重、不良地质和特殊路基等路段，组织技术人员认真开展地形、水文和地质调查，制定灾毁路段恢复重建方案，统筹安排灾后恢复重建项目，确保2022年底全面恢复到灾前水平。截至11月份，隰吉高速全线灾后重建工作已经全面开展，基本恢复正常施工生产秩序。

11月29日—12月5日 第四个“宪法宣传周”。按照省委宣传部、省司法厅统一安排和具体要求，省交通运输厅坚持以习近平法治思想为指引，制定《2021年“12·4”国家宪法日和宪法宣传周活动方案》，组织开展宪法“七进”活动，包括宪法宣誓、《中华人民共和国民法典》专题讲座、宪法答题、旁听庭审等活动。

是月 省人力资源和社会保障厅、省发展和改革委员会印发《关于表彰山西省转型项目建设工作先进集体（个人）和特别贡献奖的决定》（晋人社厅发〔2021〕34号），授予厅综合规划处等36个集体“山西省转型项目建设工作先进集体”称号。

2020年以来，厅综合规划处坚持以习近平新时代中国特色社会主义思想为指导，认真贯彻落实省委、省政府和厅党组决策部署，以交通基础设施项目为支撑，全面贯彻新发展理念，坚决扛起交通建设项目投资建设运营转型发展蹚新路的历史使命，积极投身转型项目投资建设主战场，精诚团结、埋头苦干，确保交通运输行业固定资产投资持续快速增长，为全省全方位推动高质量发展贡献交通力量。

是月 运三高速公路后湾隧道顺利实现双洞贯通，比计划工期提前22天。这标志着运三高速连接线项目全线3座隧道全部贯通，主体工程取得重大突破，安全风险进一步受控，为下一步进入路面施工奠定坚实基础。项目共有坂坡、仝家谭、后湾3座隧道，左洞累计全长2842米，右洞累计全长2983米，均属小净距黄土隧道。

12月

1日 省交通运输厅组织厅机关各处室、厅直各单位在中国庭审公开网观看旁听庭审活动，增强机关工作人员依法从政、依法行政意识。

2日 全省交通基础设施灾后恢复重建领导组办公室第一次会议召开，省交通运输厅党组成员、副厅长王晋主持会议，对灾后恢复重建前期工作进行再部署、再安排。会议指出3点要求：一是提高政治站位，强化责任落实，精心组织、倒排工期，加快推进恢复重建前期工作；二是严格标准质量，加快编制、审查技术方案、施工图设计，确保在2022年1月中旬前全部完成前期工作；三是强化督导检查，摸清实情、找准问题，尽快将路容路貌、通行能力、服务水平、运输服务、功能使用等基本恢复到灾前水平。

同日 省交通运输厅组织厅机关各处室、省高速公路综合行政执法总队参观彭真生平暨中共太原支部旧址纪念馆，深入了解“八二宪法”的由来、地位、作用以及在“八二宪法”基础上历次修宪的伟大意义，深刻感悟中国特色社会主义法治新时代的宪法力量。

3日 省交通运输厅组织厅机关副处级以上干部参加宪法宣誓仪式，弘扬宪法精神，增强宪法意识；宣誓完毕后，还举办专题讲座，让干部职工更深刻地了解到《中华人民共和国民法典》与生活的密切关系，极大地激发大家学法热情。

同日 省交通运输厅召开厅安委会第七次全体(扩大)会议，分析研判当前交通运输安全形势，安排近期安全生产和疫情防控重点工作。厅党组成员、副厅长王晋主持会议并讲话。会议强调，要深入贯彻落实中共十九届六中全会及省第十二次党代会精神，全面落实省委、省政府、交通运输部关于近期安全生产和疫情防控的部署要求，进一步增强做好安全生产工作的思想自觉、政治自觉、行动自觉，始终将安全生产作为重要政治任务和头等大事抓紧抓好，始终把习近平总书记关于安全生产重要指示批示精神化为抓落实的具体行动，始终绷紧防范风险这根弦，始终严格落实党政领导干部安全生产责任制，确保全省交通运输安全生产形势持续稳定。会议传达上级有关安全生产工作指示精神、省委疫情防控专题会议精神，通报省厅第三季度安全生产督导检查情况。厅机关相关处室、厅直各单位、山西交控集团、山西航产集团分管领导及相关安全部门负责人在主会场参加会议，各市交通运输局、各公路分局、各市高速公路执法支队分管领导及部门负责人在分会场参会。

4日 省交通运输厅政策法规处、省高速公路综合行政执法总队和所属11个支队开展《中华人民共和国宪法》宣传活动，通过悬挂条幅、发放宣传手册、接受群众咨询等形式，营造尊崇宪法、学习宪法、遵守宪法、维护宪法的浓厚氛围，收到良好社会反响。省厅及厅直单位还组织开展宪法答题活动，以考促学、以考促用，引导机关工作人员更好地学习宪法，掌握法律知识，强化法治理念。各市交通运输局、厅直各单位也都结合实际，开展形式多样的“宪法宣传周”活动，取得良好普法宣传效果。

6日 汾石高速核桃岩隧道出口、范火泉隧道左洞入口和右洞出口三个作业面同时开启，在全线率先实现隧道开工。

同日 全省高速公路综合行政执法系统上路执法启动动员会议召开，标志着全省交通运输综合行政执法改革取得决定性成果，即将正式履行法律法规赋予的高速公路综合行政执法职能。厅一级巡视员雷天才出席会议并宣布“山西省高速公路综合行政执法全面启动”。

会上，雷天才为执法人员代表颁发《中华人民共和国行政执法证》，工作人员宣读交通运输部颁布的《交通运输行政执法禁令》，全省高速公路综合行政执法系统1000余名执法人员进行集体宣誓。会议要求全省高速公路综合行政执法系统广大干部职工要把思想行动统一到中共十九届六中全会和省第十二次党代会精神上来，深入贯彻落实习近平法治思想，全面推动高速公路综合行政上路执法各项工作，为实现全省交通运输全方位高质量发展、奋力谱写交通强国建设山西篇章贡献力量。

6—8日 省治超办举办2021年度全省治超工作第一期专题培训。省治超办副主任、省交通运输厅党组成员、副厅长郭丙福出席开班仪式并作动员讲话。要求不断深入学习习近平总书记关于安全生产的重要论述和重要指示精神，贯彻落实全国治超办和省委、省政府决策部署，深入推进治超联合执法工作常态化、制度化和规范化，进一步完善治超工作长效机制，建立健全治超考核体系建设，提高全省治超各级领导政策理论水平和治超骨干业务水平，增强执岗能力，打造一支政治过硬、业务较强、执法严明的高素质治超队伍。

10日 省交通运输厅召开全省道路运输电子证照工作视频推进会，总结前一阶段全省道路运输电子证照推广应用经验，安排部署下一步工作任务。厅党组成员、副厅长郭丙福出席会议并讲话。会议要求，各级各部门要统一思想、提高认识，明确任务、压实责任，深刻理解推动电子证照推广应用的重大意义，切实将全省电子证照推广应用工作落实落地，有效推进全省道路运输电子证照推广工作，确保全省电子证照试点工作任务顺利完成。

同日 太原机场至比利时首都布鲁塞尔航线开通，标志着太原至美国旧金山国际货运航线基础上，第二条国际货运航线顺利开通。

该航班由天津航空空客A330机型执飞，是太原机场首次开通的欧洲方向国际货运航线。

同日 作为太忻经济区起航的标志性、牵引性、先行性工程，太忻大道（忻州段）顺利开工。路线全长16.5公里，起点位于忻府区东曲村西，终点位于忻州市与太原市交界石岭关处，与太忻大道（太原段）相接。总投资约15.5亿元。项目开工后，忻州市按照建设国内一流城市快速路标准，锚定太忻大道忻州段与太原段同步通车这一目标要求，实施“一线工作机制”，一线调度指挥，一线解决问题，一线推动落实，把项目建设成为太忻经济区建设的头号工程，夯实太忻经济区高质量发展交通基础。

12日 晚上，随着“最后一公里”沥青摊铺完成，太行一号旅游公路武乡段主线全部贯通。

太行一号旅游公路武乡县砖壁至太行龙洞至板山段工程，是全省太行一号旅游公路主线部分，项目总投资4.2亿元，路线全长30.43公里。

14日 省政府新闻办举行山西省“十四五”规划各专项规划系列解读新闻发布会第二十场发布会，深入解读《山西省“十四五”现代综合交通运输体系发展规划》（以下简称《规划》）。《规划》作为省级重点专项规划，紧抓全面开启交通强国建设山西篇章新征程的战略机遇，明确发展目标，即争取到2025年实现市市通高铁航空、县县通高速公路，层次多元化客运服务体系初步形成，货运结构持续优化。厅党组成员、副厅长王四小，厅综合规划处主要负责人代表省厅介绍有关情况并回答记者提问。

《规划》提出，到2025年，全省层次多元化客运服务体系初步形成，基本形成“3223出行交通圈”，即省会到国内主要城市3小时通达，省会到设区市2小时通达，设区市到县2小时通达，设区市30分钟通勤。货运结构持续优化，基本形成“123快货物流圈”，即省内1日送达城市、2日送达农村，省外3日送达。太原国家综合交通枢纽地位全面提升，太原对外运输通道由“大”字形向“六放射”迈进。

围绕发展目标，《规划》谋划“两纵四横一环”综合运输通道布局，并从构建现代综合交通运输网络、提升交通运输客运服务品质、提高现代货运物流服务效能、发展智慧交通新基建新技术、打造生态绿色人文交通运输系统、提升交通运输系统发展韧性、推动交通运输融合联动发展、强化交通运输现代治理能力等8个方面，提出70项任务举措，着力构建内畅外通、多极辐射、经济高效、智慧互联、集约绿色、安全可靠的现代综合交通运输体系。

15日 中国红十字基金会交通运输系统应急救护项目（山西站）正式启动，中国红基会将分批向山西交通运输系统捐赠10万套急救包。中国红十字基金会理事长郭长江，厅党组书记、厅长赵建平，省红十字会副会长白冰等参加座谈会。

16日 省交通运输厅召开全省交通运输执法领域突出问题专项整治行动总结电视电话会议。厅一级巡视员雷天才出席会议并讲话。整治行动开展以来，全省交通运输系统深入贯彻落实习近平总书记重要指示精神，深化思想认识，提高政治站位，切实维护从业人员合法权益，加强执法队伍建设，持续推动专项整治行动走深走实，取得阶段性成果。各级交通运输部门聚焦人民群众反映强烈的热点和制约严格规范公正文明执法的堵点，打了一场攻坚战，展示交通运输系统正风肃纪新气象、新风尚、新变化，取得明显成效。

20日 省交通运输厅召开会议，传达贯彻省委十二届二次全体会议暨省委经济工作会议精神，部署贯彻落实措施。厅党组书记、厅长赵建平主持会议并讲话，要求迅速把省委经济工作会议的决策部署转化为有效管用的务实举措、实际行动，进一步凝聚交通运输全方位高质量发展共识，在奋力谱写全面建设社会主义现代化国家山西篇章中当好先行，以优异成绩迎接中共二十大胜利召开。

厅领导王晋、段新源、王四小、郭丙福、王建业、郝玉柱、雷天才结合各自分管领域工作汇报全年重点工作完成情况和做好2020年工作建议。

21日 全省“县县通高速”收官项目——浮山至临汾高速公路正式开工。主线全长18.68公里，预计2024年6月底通车运营。

24日 山西省国防交通协会第二次会员大会暨第二届理事会第一次会议在太原召开。会议讨论通过协会第一届理事会工作报告、章程、审计报告、会费收缴及管理办法等换届文件，选举产生新一届协会理事会及领导机构。山西交控集团副总经济师王占军当选为协会第二届理事会理事长（会长），韩昱等20人当选为协会副理事长（副会长），王柏茂当选为协会秘书长，张金锁当选为理事会监事长；同时选举协会常务理事30名、理事106名。

山西省国防交通协会成立于2008年，工作涉及全省国防交通理论学术研究、国防交通宣传教育、国防交通政策法规等领域范畴。近年来，全省国防交通协会始终坚持服务宗旨，主动适应形势发展，努力拓展服务领域，积极发挥咨询参谋和桥梁纽带作用，为全省交通运输事业改革发展做出重要贡献，各项工作取得显著成绩。

27日 全省推进交通强省建设动员大会在太原召开。省委书记林武出席会议并讲话。要求深入学习贯彻习近平总书记关于交通运输工作重要论述和视察山西重要讲话重要指示精神，按照山西省第十二次党代表大会部署要求，动员全省上下振奋精神、改革创新，加快推进交通强省建设，为全方位推动高质量发展提供坚强交通运输支撑。省委副书记、省长蓝佛安主持会议。省政协主席李佳，省委副书记出席会议。省政府党组成员汤志平就《交通强国建设山西省试点实施方案》作说明。

林武强调，各级党委要把交通强省建设摆到重要位置，强化规划引领，突出项目化、清单化、方案化，抓好要素保障，深化投融资机制改革，创新交通用地保障机制，确保重大交通项目顺利落地。要大力培养引进交通领域干部人才，坚持综合交通发展与清廉交通建设两手抓，着力打造过硬队伍。要建立健全督促落实机制，逐层传导压力，确保政策落实、责任落实、工作落实。

蓝佛安在主持会议时指出，各级各相关部门单位要深入贯彻习近平总书记关于交通运输工作的重要论述，认真学习领会省委书记林武重要讲话精神，进一步解放思想、实事求是，真抓实干、久久为功，高质量推进交通强省建设。要提高政治站位，切实把交通强省建设摆在全省工作大局中来谋划和推进，加强系统设计，科学编制规划，抓好工作落实。要坚持试点先行，主动对标对表，探索创新、大胆尝试，努力形成可复制可推广的经验成果。要注重项目引领，推进雄忻高铁等重大工程建设，加快交通运输基础设施网络建设，着力构建现代化综合交通体系，提升交通普惠服务能力和水平。要强化质量安全，统筹推进安全责任体系、预防体系和应急处置体系建设，坚持文明安全施工，打造精品工程、平安工程、绿色工程、廉洁工程。要形成工作合力，落实属地责任，狠抓任务落实，扎实推动交通强省建设取得新成效。

会上，省交通运输厅、阳泉市、山西交控集团主要负责人作表态发言。

29日 省交通运输厅以视频会议形式举办中共十九届六中全会精神宣讲会，邀请中国社科院马克思主义研究院党委书记辛向阳进行宣讲。厅领导段新源、郭丙福、王建业，厅机关副处级以上干部，厅直各单位班子成员、中层干部共200余人参加宣讲会。厅一级巡视员雷天才主持宣讲会。

会议要求，要以此次宣讲会为契机，迅速掀起宣讲热潮，推动全会精神走进基层、走进群众。

是月 省重点工程静兴高速公路历经3年全线建成，待完成工程验收、运营手续办理等工作后正式通车运营。届时兴县至太原行程将缩短至2小时、岚县正式融入省城1小时经济圈。路线途经静乐县、岚县、兴县和神木市3县1市、9个乡镇、59个村庄，全长96.6公里，工程概算总投资109.82亿元，该项目建成，对完善中西部综合交通运输体系、促进经济和社会发展、方便群众出行具有重要意义。

是月 省政府印发《山西省"十四五"现代物流发展规划》，提出强化"六新"赋能物流发展，大力推进物流专业化、规模化、网络化运营。力争到2025年，全省物流总额达5万亿元，物流业总收入达2500亿元，建设成物流强省和物流创新发展示范省。

是月 郑太（太焦）高铁连接线全线贯通，标志着沁县将迈入发展"快车道"。项目起于郑太高铁武乡站，止于208国道窑上互通口，包括208国道、北寺上、羌营、现代农业产业园区四个出入口。连接线全长17.409公里。

2019年5月动工，经过两年半艰苦建设，具备通车条件。郑太（太焦）高铁连接线全线实现贯通运营，意味着从县城至武乡高铁站最快仅用10分钟即可到达，进一步完善区域路网，对促进区域经济社会发展具有重要意义。

是月 交通运输部对全国交通运输系统"七五"普法工作中作出突出成绩的119个集体和84名个人进行通报表扬，进一步调动广大干部职工尊法守法学法用法的积极性和主动性，不断推动交通运输系统普法工作再上新台阶。全省3个集体、2名个人受到通报表扬。

（师国梁　陈瑞丽）

山西交通运输

2022 年鉴

省厅机关

山西省交通运输厅办公室

2021年,厅办公室认真落实厅党组决策部署,坚持围绕中心、服务大局,充分履行服务发展、服务决策、服务落实"三服务"职能,扎实做好各项工作。

【高质量做好机关保障工作】 厅办公室精心谋划、周备部署、细致服务,较为圆满完成省级重大会议和活动服务保障任务。一是加强会前沟通,与省政府办公厅、属地党委政府、承办单位进行有效对接,确定工作细节。二是加强规划预研,形成具体方案,明确责任分工,狠抓细节管理,特别是重点抓好现场细节管理,反复陪同厅领导深入实地调研,确保万无一失。三是统筹推进综合保障,草拟省领导、厅领导讲话稿,加强会场服务、车辆出行、餐饮住宿等调度。通过有效衔接,圆满完成省领导参加的汾石高速公路开工启动仪式、全省"农村四好路"和三个一号旅游公路建设工作推进现场会、太原武宿机场国际货运首航仪式等保障活动。四是认真落实精文减会,切实为基层减负。从严控制发文总量,大力压减会议数量,截至11月底,发文数量为16,预计全年为21篇,同比减幅为38%;会议次数12次,预计全年15次,较年度上限数16次少1次。五是扎实推进厅机关办公用房搬迁工作。根据省领导批示要求,积极对接省机关事务管理局,搬迁方案已基本形成。

【全力维护交通系统稳定】 以抓好中国共产党成立100周年稳定工作为主线,突出"零上访"单位创建,坚持"控新治旧",实施领导包案,全力做好维稳工作。截至11月底,共接待信访事项316件,其中群众来访13批次28人次,系统转交、厅长信箱及来电来信303件。信访总量同比下降27%,其中走访量批次同比下降66%,人数下降96%;网络及来信来访同比下降23%,信访总量、走访量、网络及来信访量均有所下降。信访事项及时受理率、按期办结率均为100%。办理重复信访积案17件,已化解15件,化解进度88%,剩余第二批交办2件,12月中旬办结。圆满完成"两会"、中国共产党成立100周年等重要节点信访保障工作。未发生大规模集体进京上访、极端信访行为和因信访问题引发的负面炒作,重复信访积案实现清零。

【切实加强机关后勤服务管理】 重点理顺后勤服务中心工作关系,突出强化业务考核和指导,研究制定《机关后勤服务事项绩效考核暂行办法》,配合省交通运输厅审计组完成后勤中心班子履行经济责任情况审计工作,并编制签订2021年度《后勤服务合同》。做优机关服务保障,坚持做好日常保安、保洁、绿化等基础性工作;协调太原市政做好文源巷改造期间车辆通行问题;印发《关于加强厅机关机动车辆及外来人员管理的通知》,升级改造车辆识别系统,有效解决机关院内停车难、乱停车等问题。更换维修办公楼暖气管道,拆除机关后院14间库房和临建彩钢板餐厅,并完成机关职工活动室改造工作。做实生活服务保障,突出抓好职工食堂管理,全力做好疫情常态化防控,更换椅套、桌布、部分餐具、灶具等,着力提升服务质量;扎实做好交通小区物业管理,积极推进老旧小区改造,使用维修资金约5万元有效解决房顶业主漏雨问题,积极推进小区社会化管理移交。

【持续加强档案综合管理工作】 全面推进档案信息化建设。委托第三方开展《山西省公路建设项目电子档案管理研究》,组织召开大纲评审会并进行修改完善;开展交通建设项目电子文件归档和电子档案管理试点工作,确定黎城至霍州等4个高速公路建设项目为省厅第一批试点项目;有序推进厅机关2020年文件材料整理及数字化工作。稳步推进档案移交进馆工作,重点做好1986—1989年永久档案移交进馆整改工作。完成2020年7月—2021年6月期间疫情防控文件移交省疫情防控办工作。有序推进建设项目档案指导工作,先后完成运宝黄河大桥、霍永、冶峪互通等6个高速公路指导工作。配合省档案局完成运宝黄河大桥、霍永、阳泉西环3个高速公路项目的档案专项验收工作。切实加强档案安全管理,扎实推进厅直单位档案安全自查,聚焦营造庆祝建党百年良好氛围。深入学习贯彻习近平总书记重要批示精神,在省纪委组织的2021年政治巡查工作中，完成档案专项迎检工作。扎实做好2021年度档案工作专项考核准备工作。

【统筹推进目标责任考核工作】 及时推进目标任务分解。重点对省第十二次党代会26项任务、省委十一届十一次全会暨省委经济工作会议和省"两会"部署的6项具体工作、省考核办下达的6方面党建工作和8项发展任务指标和2021年度交通运输工作报告确定的135项重点任务等进行细化分解，为全年工作开展指明方向。区分不同类别考核对象特点，突出科学性、公正性、操作性，修订2021年度目标责任考核办法，充分发挥考核"指挥棒""风向标"作用，力促重点工作全面落实。强化考核指标日常进展调度，按月跟踪掌控、按季分析研判考核指标推进情况，年度各项考核指标全面完成。

【加快推进数字化体系建设】 编制完成《山西省数字交通五年（2021—2025年）建设行动计划》，明确未来五年数字交通重点任务、主要工程、责任单位。着眼数字政府建设，加紧推动综合交通运输信息平台建设，通过实地调研、座谈会等方式，精准把握各单位信息化建设需求，初步形成分析报告，着力解决数据共享交换难、系统互联互通难、业务协同联动难等问题。编制完成《山西省交通运输信息监管平台建设方案》，并开展前期准备工作。积极稳步推进山西省危险货物道路运输安全监管系统等3个重点信息化项目建设工作。

【全面提升交通运输新闻舆论工作能力水平】 持续壮大内部主流舆论阵地，"一报两微一端一抖"大宣传格局基本形成。新媒体阵地进一步做大做强做响，截至11月底，微信公众号发布211期1313条，粉丝8.1万余人，在全国交通行业传播力排名前十；微博发布1558条，粉丝18.6万余人，在全国1000余家省市级交通运输中传播指数排名前15位；抖音发布214条，粉丝2万余人。黄河、长城、太行三个一号旅游公路、能源保供等工作在央视新闻频道播出，山西交通影响力进一步扩大。积极开展交通舆情监测和舆论引导工作，建立反应快速、灵敏高效的舆情监测、预警和舆论导向体系，截至11月底，累计形成舆情日报300余份，舆情月报11份，舆情专报9份。

【持续深化支部党建工作】 严格落实厅党组安排，全面推进第一支部机关党建工作，以党史学习教育为主线，组织党员干部开展党史、新中国史、改革开放史、社会主义发展史学习，全员聆听习近平总书记在庆祝中国共产党成立100周年大会上的重要讲话，集体组织学习中共十九届六中全会精神、省第十二次党代会精神，并结合工作实际开展热烈讨论，凝聚奋进力量，激发使命担当。组织党员干部前往省委党史教育展览进行参观，进一步凝聚思想共识。严格落实"三会一课"制度，持续推进支部规范化、标准化建设。

（刘成恩）

山西省交通运输厅人事处

2021年，在厅党组坚强领导下，厅人事处深入学习贯彻习近平新时代中国特色社会主义思想，认真落实省委、省政府和厅党组决策部署，按照厅党组统一部署和厅领导指示批示，深入开展党史学习教育，以全省交通运输系统改革深入推进和良好运转为主线，认真履职尽责，确保全年任务指标圆满完成。

【开展党史学习教育】2021年，厅人事处按照厅党组和机关党委安排，扎实开展党史学习教育。党支部严格落实学习计划，认真完成党史学习教育专题学习9次，采取党支部书记讲党课、集中学习、个人自学和交流研讨等形式，组织学习习近平总书记2021年历次重要讲话和4本指定学习教材，赴红军东征纪念馆开展主题党日活动。围绕"学党史、悟思想、办实事、开新局"主题，认真组织开展党史学习教育专题组织生活会，深刻检视问题、剖析原因，开展批评与自我批评，按照省委党史学习教育巡回指导组意见，认真制定整改措施，进一步深化支部党史学习教育。通过学习，党支部和全处干部思想觉悟和政治站位有了明显提高，立足岗位，履职尽责，建设交通强国，谱写山西篇章的主动性明显增强，担当作为、律己奉献进一步成为行动自觉。

【继续深化机构改革】 2021年,机构改革依然是厅人事处工作的重中之重、难事要事。厅人事处着力深化公路局事业单位改革、深化交通运输综合行政执法改革,配合做好后勤服务类事业单位改革,在基本完成事业单位重塑性改革基础上,做好改革后半篇文章,推进改革落地,促进良好运转。一是深化公路局事业单位改革。参与起草《深化省公路局改革实施方案》《省公路局深化事业单位改革方案》《山西省公路事业发展集团组建方案》3个配套方案,征求省委编办、省财政厅、省国运公司和山西交控等相关单位部门意见,积极配合有关处室做好相关工作。同时,省公路局4家事业单位转企改制方案已经省政府研究同意由省厅正式印发,并组织实施。二是深化交通运输综合行政执法改革。完成总队领导班子、中层干部配备,人员转隶划转等重点工作任务,并与山西交控多次对接,建立高速公路综合行政执法工作联席会议制度,共同研究部署高速公路综合行政执法工作;协调解决高速公路综合行政执法工作中存在的重大问题,研究起草的《高速公路保护协助实施办法》,已征求相关处室意见,并对高速公路综合行政执法的职责边界、业务流程等方面进行梳理明确。三是进一步理清职能部门工作清单。在基本完成事业单位重塑性改革基础上,进一步理顺政事关系,明确厅直事业单位和厅机关各处室的职责清单、业务范围清单,经多次修改完善,10月份正式印发《省运输事业发展中心细化职责、业务范围、业务边界和工作流程清单(试行)》。并以该中心为模板,起草《省交通建设中心等5个单位细化职责、业务范围、业务边界和工作流程清单(征求意见稿)》和《厅内设机构细化职责(试行)》,已征求厅机关相关处室意见,并进行修改完善。同时,积极推动厅直有关事业单位改革后岗位设置和聘用工作,截至年底已基本完成。四是配合做好后勤服务类事业单位改革。截至年底,已完成后勤服务中心和省公路局生活服务中心人员转隶工作,按照省直属机关事务管理局要求,继续做好配合工作。

【注重干部队伍建设,提升干事创业的向心力】 继续规范干部选任、学习培训、考核激励等工作,在政策掌握上勤学习、在制度建设上深钻研、在组织实施上细推敲,不断加强干部队伍建设,努力激发干部干事活力,提高干部干事创业的能力和水平。一是严格干部选拔任用。树立鲜明用人导向,按照新时期好干部标准和《党政领导干部选拔任用工作条例》有关规定,全年协助厅党组选拔任用厅机关正处级领导干部3名,副处级领导干部8名,晋升一级调研员4名、四级调研员3名、科级机关干部13名;推荐1名处级女干部到县担任党政副职,选拔1名街道党工委书记到厅机关任副处级领导职务。按有关政策接收2名定向选调生、1名军转干部到厅工作。二是扎实开展干部培训。围绕重点工作任务,统筹各处室培训申报项目,制定印发《2021年度全省交通运输系统干部培训计划》,结合疫情防控要求,督促各处室按计划组织实施。2021年以来,厅人事处联合厅直机关党委组织130余名领导干部在南京大学共同举办"交通运输新发展理念暨党史学习教育培训班",并组织系统领导干部分别参加山西干部在线学院"中共十九届五中全会精神网络专题培训"、交通运输部"2021年度网络培训班"、省委组织部"新任职处级干部专题培训班"及"春季、秋季主题班次"等专题培训,有效提升全系统领导干部政治素养、领导能力和专业水平。三是做好领导干部日常监督。组织填报对象学习领导干部有关事项及时报告最新政策,做到全省交通运输系统领导干部全覆盖。认真做好年度个人有关事项报告有关工作,从资料发放、学习培训、组织填报等各个环节细化管理,明确工作任务,加强提醒督促,做好政策解释。对于进一步使用的干部,在受理事项表格时,当面逐一逐项询问,确保厅党组列为重点使用的干部能够正常使用。同时,组织完成2020年度领导干部个人有关事项随机抽查、比对和核实,对存在瞒报漏报的人员进行处理。四是落实干部考核激励。完成2020年度厅机关工作人员、厅直领导班子和厅管干部考核工作,客观评价干部职工工作实绩,推荐15名"担当作为表现突出干部";联合省人社厅组织开展全省交通运输系统先进集体和先进个人评选表彰活动,表彰96个先进集体和192名先进个人;依据《事业单位工作人员奖励规定》,推动厅直各事业单位按规定开展奖励落实,有效激励干部职工干事创业积极性。

【牵头抓总抓实,扎实推进驻村帮扶工作】 一是制定帮扶计划。2021年,省厅驻村帮扶地由天镇县玉泉镇调整为石楼县罗村镇,帮扶村由6个调整为5个,协助厅党组统筹谋划,按照选派程序,重新调整选派驻村帮扶工作队员,组织岗前培训,按时调整到位。厅驻村工作队严格落实“六化十到位”要求,主动对接,通过赴先进示范村观摩学习、入户走访、开展座谈等形式进行深度调研,结合帮扶村实际特点,制定帮扶计划。通过突出党建引领,筑牢战斗堡垒、防止返贫动态监测、开展经常性走访活动、做好问题排查整改、推进“六乱整治”攻坚行动等形式,有序落实驻村帮扶计划。二是强化组织保障。印发《关于进一步加强驻村帮扶工作的通知》,督促省厅各帮扶单位严格执行有关规定,推动帮扶资金及时落实到位。加强对驻村干部队伍管理和业务指导,让他们在乡村振兴中真正发挥作用。落实好驻村干部各项福利待遇,加强联系,掌握思想动态,确保驻村人员安心驻村,集中精力完成好帮扶任务。

【切实吃透用足政策,努力做好工资社保业务工作】 一是做好工资管理相关工作。严格按照规定办理厅机关工作人员工资发放、工资变动审核业务,并审核厅属事业单位工作人员工资变动工资5095人次、一次性退休补贴8人。印发《关于发放3岁以下婴幼儿保教费有关事宜的通知》,对厅机关符合条件的职工发放婴幼儿保教费。根据《清理规范全省机关工资津贴补贴有关规定的通知》,再次梳理省厅2016—2021年工资及津贴补贴发放情况,未发现违规发放情况。按照全省及太原市住房公积金管理有关要求,调整2021年度厅机关工作人员住房公积金缴费基数。印发《关于转发重塑性改革后工资管理有关问题的通知》,重申改革后厅属各单位工资发放纪律。二是做好社保相关工作。切实做好厅机关在职人员和离退休人员社保相关业务,及时向厅直各单位传达最新社保政策。按照规定,调整厅机关在职人员养老保险、医疗保险缴费基数,办理新进人员、调入调出人员的养老保险和医疗保险登记、缴纳及变动业务。深入贯彻“全国剥离国有企业办社会职能和解决历史遗留问题工作电视电话会议精神情况”,按照全省国有企业退休人员社会化工作方案,积极推动公路系统相关人员社会化移交工作,截至年底已基本完成。

【突出行业特点,严格专业技术和技能人才培养选拔】 一是优化职称评价方式。为更好选拔出交通运输行业内高素质的专业技术人才,厅人事处牵头组织省内行业专家建立职称评审理论考试题库,在厅官网搭建在线联系平台,供职称申报人员随时进行在线学习和模拟考试,提升专技人才专业理论知识水平。进一步优化职称评审理论知识考试方式,在2021年度交通运输专业中、高级职称评审中全面推行无纸化考试,更加体现公平公正。经职称答辩和论文评审等环节,最终364人通过高级职称评审,441人通过中级职称评审。同时,审核推荐12名正高级工程师、2名正高级经济师,34名经济、会计、档案等其他系列职称专业技术人员参加相应系列评审。二是加强专业技能人才培养。按照省委、省政府“人人持证、技能社会”要求,协调行业内培训鉴定机构,多措并举,做好高技能人才鉴定及培养工作。申报设立全省第一家轨道列车司机职业技能鉴定站,11月份组织开展首批60名轨道列车司机职业技能鉴定工作并顺利通过。同时为打通工程技术人才与高技能人才之间的职业发展通道,激发各类人才创新创造创业活力,组织系统内工程技术领域高技能人才与工程技术人才进行发展贯通,并组织实施1800余名专技人才贯通工作。三是做好大学生实习实训。按照全省《关于深化省校合作的实施方案》有关要求,厅人事处认真谋划组织,主动对接54名实习实训学生,结合学生所学专业、个人意愿,分别拟定实习实训岗位,并积极安排接站、食宿及保险购买等事宜。通过实习实训,提升大学生实践能力,加强对全省交通运输事业的了解和认识。

【坚持勤勉于政,努力推进其他工作】 一是做好人事档案工作。按照《干部人事档案工作条例》有关规定,认真完成日常档案借、阅、转、收等工作,并对近两年来新增的干部人事档案材料进行数字化扫描,对离退休人员档案进行重新装订和整理。同时,根据工作需要,对2020年度人事文书材料进行数字化整理,有效提升基础材料利用效率。二是做好双拥工作。组织开展“八一”慰问,在节日前夕,组织厅机关退役军人参观阳泉狮脑山“百团大战”纪念馆,以慰问信和慰问金方式传递厅党组关心慰问;开展“老兵永远跟党走”系列活动,先后组织军转干部进行“老兵永远跟党走·党旗飘扬在心中”知识竞赛,集中观看“老兵永远跟党走·党的退役军人工作发展历程”专题访谈等活动,营造良好干事创业氛围。三是积极化解信访问题。会同厅信访办,积极化解历史遗留问题等信访事宜,通过梳理政策、沟通协调等形式,推动信访积案化解。就经营类事业单位转企改制工作中妥善安置原有人员、保障职工权益问题,深入开展调查研究,相关建议已纳入批复实施的转企改制方案。按照省主要领导 批示精神和厅主要领导安排部署,及时与朔州市沟通联系,组建调查组赴怀仁市实地了解“运管所拖欠职工工资、欠缴社保”问题,有关情况已正式上报。

(侯子聪)

山西省交通运输厅政策法规处

2021年,厅政策法规处紧紧围绕年初重点工作和目标任务开展工作,团结协作,奋发进取,较好地完成全年工作任务。同时,坚决认真贯彻落实中共十九大和十九届历次全会精神,深化新时代交通运输法治政府部门建设,为推动交通运输高质量发展、推进交通强国建设提供法治保障。

【深化交通运输立法工作】 一是积极推进交通运输地方性法规和政府规章的制订修订工作。制定实施《山西省旅游公路管理办法》《山西省高速公路非公路标志管理办法》两部政府规章;开展《山西省道路货物运输源头治理超限超载暂行办法》立法后评估,为2022年修订奠定坚实基础。同时结合工作实际和上位法实施情况,将符合修订条件的《山西省高速公路管理条例》《山西省道路货物运输源头治理超限超载暂行办法》,形成立项报告和修改建议稿,并经厅主要领导签发,于2021年11月8日报送省司法厅。此外,积极组织报送2022年度地方性法规和规章立法计划项目。二是稳步开展规章规范性文件清理与完善工作。根据省司法厅要求,7月份清理政府规章中不合理罚款规定,9月份专项清理与外商投资法及其实施条例不符的法规、规章、规范性文件(包括制定相关规定情况),重点清理与外商投资准入前国民待遇加负面清单管理原则不符合的产业、行业准入的政策等,并向省司法厅等部门报送清理情况。

【扎实推进,严格规范公正文明执法】 一是交通运输执法领域突出问题专项整治行动。2021年5月—10月,交通运输部启动为期半年的交通运输执法领域突出问题专项整治行动。厅党组高度重视,行动之初,立即向省委、省政府专题报告,分管副省长作出批示。党组书记、厅长赵建平先后4次对专项整治行动作出批示,组织召开执法领域突出问题专项电视电话会议动员、安排、部署各项任务。2021年6月和7月,两次组织专人分组在全省范围内开展专项督导。9月底,再次组织专人分组在全省执法领域突出问题查纠整改“回头看”做了专项督导,切实推动专项整治行动走深走实,得到社会各方面广泛认可。二是扎实推进规范公正文明执法。编制印发《交通运输行政执法指引和包容免罚清单》,制定印发《交通运输综合行政执法队伍素质能力提升三年行动实施方案(2021—2023年)》,组织执法人员参加七期省司法厅线上线下“行政执法大讲堂”,在“山西交通在线”平台开发“山西交通运输执法系列讲座”,举办全省交通运输综合行政执法业务骨干培训班。开展警示教育,推广专项整治行动典型做法。三是扎实开展“我为群众办实事”实践活动。坚持从群众最不满意的地方改起,大力倡导柔性执法,鲜明树立“监管就是服务”理念,人民群众满意度显著提升。各市交通运输局和省高速公路执法总队以“路政宣传月”“安全生产月”等活动为契机,深入企业、社区、运输站场等地进行实地宣传,在全社会营造强大良好舆论氛围。四是在执法站所、违章处理大厅等设立"司机之家"等便民服务场所开展便民服务。推动道路运输服务实现"一通三化"。年内道路旅客运输、普通货物运输以及危险货物道路运输驾驶员从业资格证补发、换发、变更、注销及诚信考核等5项高频事项实现"跨省通办",营运性客货车辆道路运输证照电子化、营运性客货车辆道路运输证审验异地化、超限运输许可网络化全面实现。五是建立执法为民长效机制。扎实开展交通运输领域涉及行政处罚法的法律、行政法规、地方性法规、部门规章、省政府规章和规范性文件的清理工作,提出交通运输行政法规、部门规章修改建议6条。制定出台《交通运输行政执法指引(试行)》。同时,为认真落实2021年全省交通运输工作会议部署,总结和巩固交通运输执法领域突出问题专项整治工作成果,增强行政处罚的合理性、公正性、公平性,经厅领导批示后,按程序委托厅法律顾问开展交通运输行政处罚自由裁量基准编制工作。2021年12月11日,组织有关专家对《山西省交通运输厅行政处罚自由裁量权基准制度及基准》进行评审,专家组一致同意通过后,按照专家意见进一步修改完善。六是稳步推进执法改革与规范化建设,以查促改。根据《交通运输部关于组织开展2021年交通运输综合执法检查通知》要求,制定并印发《山西省交通运输厅2021年交通运输综合执法检查实施方案》,明确检查对象及内容、检查时间及各项执法检查工作要求。通过网上考评,在全省各级综合行政执法机构范围内抽取并组织80名在编在岗行政执法人员参加交通运输部两次线上模拟考试和一次线上正式考试。从各市县区交通运输综合执法机构抽取自2020年8月1日以来办结的行政处罚案卷共计110份,并组织专人进行评查,按照交通运输部要求于9月1日抽取40份案卷上传至"网上平台"。9月24日,按照交通运输部《2021年交通运输综合执法检查网上评查指标表》的内容逐一进行梳理对照,对7项评价指标25项评价内容进行自评,提供网址依据并上传至交通运输部2021年交通运输综合行政执法"网上平台"。

【建立健全事中事后监管机制】 一是积极推进信用体系建设工作。及时在厅门户网站发布《关于山西省2020年度公路建设市场信用评价参评企业及人员名单的公示》《山西省交通运输厅关于公布山西省2020年度公路建设市场信用评价结果的公告》《关于山西省2020年度公路养护市场信用评价参评企业及人员名单的公示》《关于公布山西省2020年度公路水运工程试验检测信用评价结果的公告》等信用交通文件,部署厅直单位、各市交通运输局开展信用宣传、信用承诺工作。起草《山西省交通运输厅联合奖惩措施清单(试行)》《山西省交通运输信用信息目录》《山西省交通运输系统信用信息管理办法(试行)》《山西省交通运输厅信用信息归集考核评分表》《山西省交通运输行业行政处罚信息信用修复管理办法(试行)》《山西省交通运输行业信用"红黑名单"管理认定制度(试行)》《山西省交通运输公路水运工程建设领域"信用+交通招投标"守信激励项目实施方案》《山西省交通运输厅开展守信激励"信易行"实施方案》等制度方案。加强信用交通山西网站建设,及时审核发布全省信用交通工作动态、政策法规、信用等级评价信息等。截至2021年年底,在"信用交通·山西"网站上审核发布全省信用交通工作动态等500多条信息。按照交通运输部办公厅关于印发《2021—2022年交通运输信用体系(信用交通省)建设重点工作测评与要求(试行)》的通知要求,整理年度信用工作印证资料,进一步提升信用工作水平。同时,制定并印发《山西省交通运输厅2021年"信用交通宣传月"活动方案》,积极组织开展"信用交通进企业"、守信倡议、"四亮"等"信用交通宣传月"系列活动。二是有效推动"互联网+监管"工作。积极对接省行政审批局,组织执法处室开展"互联网+监管"数据填报工作,明确监管主体、对象、措施、设定依据、处理方式等,并纳入国家"互联网+监管"系统统一管理动态更新;认领2021年山西省"互联网+监管"平台监管事项并编制检查实施清单,完成率100%。三是稳步推进"双随机、一公开"工作。编制年度部门联合抽查事项清单及工作计划,修订年度本部门随机抽查事项清单，并结合工作实际，实行动态管理，及时向社会公布。

【积极开展法治宣传教育活动】 一是落实"谁执法谁普法"责任制，加强交通运输领域普法宣传工作。建立2021年度普法清单。结合厅分管工作，制定厅领导学法清单。在省交通干部学校组织举办全省交通运输综合执法骨干业务培训班，并依托学校开设山西交通运输执法系列讲座线上课程，进一步增强严格规范公正文明执法大局意识和责任意识，全面提升全省交通运输综合行政执法人员的政治能力、素质能力和执法水平。二是大力加强宪法学习宣传，维护宪法权威，推动宪法全面实施，制定并印发《山西省交通运输厅2021年"12·4"国家宪法日和宪法宣传周活动方案》，组织开展集中旁听庭审、参观彭真纪念馆、宪法宣誓和《中华人民共和国民法典》讲座等一系列活动。通过开展"12·4"国家宪法日和宪法宣传周系列活动，进一步弘扬宪法精神，提升大家参与法治宣传工作积极性，提高领导干部运用法治思维和法治方式处理问题解决问题的能力。根据党中央、国务院印发的《法治社会建设实施纲要(2020—2025年)》《法治中国建设规划(2020—2025年)》《法治政府建设实施纲要(2021—2025年)》精神，以及《中央宣传部、司法部关于开展法治宣传教育的第八个五年规划(2021—2025年)》和省委、省政府出台的实施意见，在认真学习基础上，对全省交通运输系统法治宣传教育第八个五年规划(2021—2025年)》(送审稿)作了多次修改，分别征求各市交通运输局、厅直各单位、厅机关各处室意见，进一步完善后，形成最终送审稿。经2021年12月15日第十一次厅长办公会全票通过，于12月27日正式印发《山西省交通运输厅关于印发山西省交通运输法治政府部门建设"十四五"规划和山西省交通运输系统法治宣传教育第八个五年规划(2021—2025年)的通知》。

【全面落实依法行政各项工作】 一是扎实开展合法性、公平性审查工作。认真贯彻落实《重大行政决策程序暂行条例》《山西省行政规范性文件制定与监督管理办法》等制度规范，把合法性审核作为制定政策、推行改革方案、实施重大项目、签订合同的必经程序，优化重大行政决策工作流程，将规范性文件由事前审查改为事后备案审查，其中完成规范性文件合法性审查、公平审查、重大行政决策和合同等审查73件。二是依法开展行政复议与应诉工作。2021年，共办理行政复议2件，收到应诉诉讼案件2件，全部按期办结。

（邢　佳）

山西省交通运输厅财务收费管理处

2021年，厅财务收费管理处以习近平新时代中国特色社会主义思想为指导，深入贯彻习近平总书记视察山西重要讲话重要指示精神，在厅党组坚强领导下，解放思想，实事求是，真抓实干，稳步推进各项工作向前发展。

【坚持党的领导，加强理论武装，不断增强党支部的凝聚力、战斗力、执行力】 一是坚持政治引领，全面加强党的领导。以习近平新时代中国特色社会主义思想为指导，全面贯彻中共十九大和十九届历次全会精神，全面贯彻习近平总书记视察山西重要讲话重要指示精神，大力弘扬伟大的建党精神，在思想上、政治上、行动上同以习近平总书记为核心的党中央保持高度一致，坚定不移贯彻落实财政经济工作法律法规，为国理财、为民服务，践行新思想，实现新作为，助力"交通强国"建设。二是以多种形式强化学习教育。本年度，党支部开展集中学习36次，其中，党史专题学习16次，集中研讨2次。通过集中学习与自学相结合、线上学习与实践活动相结合的多种学习方式，组织全体党员集中重点学习《中国共产党问责条例》《中国共产党党员权利保障条例》《中国共产党组织处理规定(试行)》等，真正做到理论上清醒、政治上坚定、行动上有力。组织党员积极参加机关党委开展的党史学习教育，通过"学习强国"、"山西交通在线"教育、好干部在线教育等平台，强化党史教育。通过多种学习方式引导党员自主学习并参加党史知识考试等，进一步提升党员干部学习的积极性和主动性，在党支部上下形成比、学、赶、帮、超的良好氛围。积极开展实践活动,组织党员赴刘胡兰纪念馆参观,心灵受到洗礼,进一步坚定政治立场。三是开展“党支部书记讲党课”主题党日活动。围绕“四史”重点讲授党在革命、建设和改革等各个时期的光辉历程,带领党员学党史汲取力量,履职担当,为民服务。

【深化预决算管理,推进交通高质量发展】 坚定不忘初心、不负重托理想信念,按照厅党组指示,全系统部门预决算管理工作取得新成效。一是强化预算约束,加大预算执行,深化决算工作。首先,牢固树立政府带头过“紧日子”思想,压减非急需、非刚性支出等一般性支出,要政府过“紧日子”,让百姓过“好日子”。通过重构支出结构,保障省委、省政府和厅党组重点工作任务资金需求,为全省交通建设高质量发展提供坚实资金保障。其次,不断加大预算执行力度,多次受到省财政厅通报表扬。2021年8月以来,省厅在省财政厅每月例行的预算支出进度通报中连续多次在39个省直厅局中名列前茅,获得省财政厅通报表扬和资金奖励。2021年12月,省财政厅通报表扬省厅部门决算工作,在省直厅局中名列前茅。二是加大资产管理,厘清往来,深化政府财务报告改革。2021年,省厅积极推进系统多年财务往来清理工作,组织专门力量,依法依规核销厅系统财务往来357.94亿元,为全面落实准确反映交通运输部门财务状况奠定坚实基础,进一步提高省厅财务报告编制质量。省财政厅厅长武志远对此项工作出批示,要求省财政厅各处室在管理工作中予以借鉴。2021年12月,省财政厅通报表扬政府部门财务报告工作,在省直厅局中名列前茅;2021年12月,省财政厅通报表扬省厅省级行政事业单位国有资产报告。三是盘活存量,拓宽筹融资渠道。首先,盘活现有存量资金4.96亿元。2021年,全省遭遇历史罕见的强降雨,公路基础设施损毁严重,造成巨大经济财产损失,保灾毁抢通和灾后重建工作急需资金。为此,厅财务收费管理处同有关处室积极盘活现有存量资金4.96亿元,重点用于灾毁抢通、灾后重建等省委、省政府和厅党组确定的重点工作事项,有效弥补重点项目资金不足问题。其次,为实现全省“十四五”期间县县通高速目标,推进汾阳至石楼高速公路建设,积极会同有关处室向省财政厅筹集政府专项债券14.6亿元,确保工程建设的顺利进行。最后,多次与省财政厅经济建设处、国库处等部门沟通协调,历时半年时间,对多年来通行费收支预算情况进行梳理、核对,争取到可用通行费资金共计8833.17万元,并安排用于收费公路建养等支出。四是积极推进山西交控集团资产证券化工作。深入研究相关政策规定,召开专题研讨会,研究支持措施,商讨解决思路,推进山西交控集团将平榆高速注入山西路桥股份有限公司,进一步增强上市公司的融资及可持续发展能力。

【打好防范化解重大风险攻坚战,牢牢守住普通公路债务风险底线】 积极防范债务风险,坚决落实习近平总书记打好防范化解重大风险攻坚战精神,狠抓收费公路债务风险防控工作不放松。一是统筹全年通行费收支情况和还贷时间节点,全力筹措还贷资金,截至2021年12月,累计筹措高速公路还贷预算资金2.06亿元(亚行贷款),一级收费公路还贷预算资金3.11亿元,保证收费公路还贷资金,守住债务风险底线。二是为了防控政府还贷高速公路债务风险,全年对其运营情况进行单独核算,强化监管力度。三是多次对接国开行降低省厅政府还贷一级公路的银行贷款利率0.3个百分点,为省厅节约利息支出。

【全面启动实施预算单位一体化会计核算系统】 2021年,省厅在全系统内统一会计核算软件,完成与财政预算一体化系统无缝对接,真正实现全系统一张网一盘棋要求,进一步提高省厅会计核算工作水平。为保证核算软件的顺利运行,2021年5—6月期间,采用集中培训、研讨、实操相结合的方式,制订个性化培训方案,对全系统145家预算单位的财务人员分13批次进行培训,累计培训300多人次。此次统一会计核算软件,有助于构建顺向相互支撑、逆向真实反馈、有效监督的完整会计核算闭环,实现自动记账,使得90%的经济业务事项能够自动完成会计处理,有效解决基层单位人少事多、政策理解不透等问题,达到统一门户管理、统一账套设置、统一科目体系、统一财政资金通用业务凭证模板和统一生成相关报表。

【完成资产清查，做好机构改革"后半篇文章"】 一是圆满完成44户厅属事业单位资产清查工作。上半年，除公路系统外的44户厅属事业单位的资产清查结果已报省财政厅并批复，同时组织涉改单位按照资产清查批复结果提出资产划转意见并获得省财政厅批复。二是完成公路系统资产清查工作，为公路系统改革方案提供有力支撑。根据省厅公路系统事业单位暨所办企业脱钩改革、普通国省干线公路养护市场化改革总体要求，公路系统事业单位暨所办企业开展资产清查（清产核资）工作，组织开展资产清查（清产核资）专项审计，克服涉改单位成立时间长、涉及资产多、有关情况复杂等困难，摸清涉改单位家底，8月30日，资产清查（清产核资）结果报送省财政厅批复。三是布置全省2021年公路资产专项清查工作。为全面摸清全省公路资产实物量和价值量，进一步规范和加强公路资产管理，省厅和省财政厅联合开展全省2021年公路资产专项清查工作。按照清查基准日、清查范围、职责分工等相关内容，并结合全省实际，与省财政厅联合下发《关于印发山西省2021年公路资产专项清查工作方案的通知》，要求做到全省公路资产"全口径，全覆盖"，确保清查结果真实、准确、完整。

【强化服务理念，维护群众利益，为群众办实事】 一是按照放管服改革有关要求，通过前置审核环节完成临县至离石高速公路增设离石北收费站、霍州至永和关高速公路东段增设隰县东收费站的审核工作，增设收费站后不仅方便周边群众出行及货物运输，而且对当地旅游产业开发、促进经济发展具有重要意义。二是为完成好"我为群众办实事"的承诺，确保闻垣高速古城联络线在年底前通车运营，积极行动，主动服务，提前主动对接项目公司，履行会签程序后，上报省人民政府审查批准。该项目设站事宜已经省长办公会审议通过，截至年底，已顺利通车。

【落实降本增效，优化营商环境，继续落实绿色通道和全省高速公路差异化收费政策】 2021年，根据交通运输部等部委全面推广高速公路差异化政策精神，充分考虑全省高速公路路网结构、运行特点、高速公路经营企业债务风险等因素，在对全省高速公路差异化政策实施情况进行评估的基础上，坚持因地制宜、因路制宜等原则，执行省政府批准的"建立灵活的差异化收费优惠政策调整机制"政策工具，对23条高速公路经营企业自主实施差异化政策的路段进行优化调整，并于9月17日实施。促进全省形成以统一收费标准为基础、叠加差异化收费政策的收费标准体系，进一步提升高速公路网通行效率，促进物流业降本增效。2021年1—12月，全省高速公路差异化收费政策减免通行费25亿元，累计对170万辆鲜活农产品运输车辆减免高速公路通行费5亿元，截至年底，总计减免高速公路通行费30亿元以上。

（冯利民）

山西省交通运输厅建设管理处

2021年，厅建设管理处始终坚持以习近平新时代中国特色社会主义思想为指导，深入学习领会中共十九大和十九届历次全会精神以及习近平总书记视察山西重要讲话重要指示精神，全面贯彻落实省委、省政府工作部署和厅党组重点任务，进一步压实责任、强化举措、激发动力，持续推动公路建设高质量发展。

【深入开展党史学习教育，汲取前进力量】 把开展党史学习教育与着眼新形势、把握新情况、解决新问题全面结合，高标准高质量开展党史学习教育。全面贯彻党中央要求，严格按照省委和厅党组部署，动员全体干部职工深入开展党史学习教育，形成学史明理、学史增信、学史崇德、学史力行的良好氛围，不断提高党史学习教育的自觉性、坚定性，按时组织党支部学习和实践活动。把开展党史学习教育同实际工作深度融合，狠抓"两个责任"落实，紧扣"十四五"规划落地和年度目标任务，把工作重心落脚在"为群众办实事"上。按计划建成闻垣高速古城联络线和静乐至兴县黑峪口高速公路静乐至蔡家崖段，通车后，极大方便沿线群众出行，拉动区域经济发展；深刻认识加快推进汾石、临浮高速项目开工建设的重大意义，全力推进最后两个“县县通高速”项目建设。6月，汾阳至石楼高速公路开工建设；12月，浮山至临汾高速公路开工建设，石楼、浮山两县人民群众即将结束不通高速公路历史。一年来，紧紧围绕“十四五”公路建设开好局、起好步总目标，统筹推动疫情防控和公路建设、坚持质量提升和安全生产有机统一，牢牢把握高质量发展中心思想，创新工作举措，狠抓工作落实，圆满完成各项工作任务。

【统筹推动疫情防控和公路建设】 深入学习贯彻习近平总书记关于统筹抓好常态化疫情防控和经济社会发展的重要讲话指示精神，认真细致落实防疫措施，争分夺秒复工复产，坚定信心达产达效，全力以赴增产增效，推动14个高速公路项目、322亿元年度投资任务以及34个普通干线公路项目、166亿元年度投资任务顺利完成。一是科学组织复工复产。确立“健康复工、平安复工、文明复工、快速复工”复工复产总目标，科学指导各项目精准实施稳岗留工、错峰返岗等措施，制定切实可行的复工复产保障方案。截至3月底，全省重点公路项目已实现“应复尽复，能开全开”。重点公路项目一季度累计完成投资31.31亿元，较上年同期同比增长89.9%，顺利实现“首季开门红”。二是有序推进达产达效。全力推动续建项目克服疫情影响，掀起建设高潮。截至11月底，累计完成投资475.491亿元，完成年度目标任务的97.3%。其中高速公路累计完成投资324.3458亿元，超额完成年度目标；国省干线累计完成投资151.1452亿元，完成年度目标任务90.86%。重点工程全年投资预计将超额完成。三是全力推进拟建项目前期工作。会同吕梁、临汾等市政府和交控集团等相关单位建立专项调度工作机制，全力推进新开工项目前期工作。多次召开专项调度会议，专程赴吕梁市和临汾市深入对接，积极推动项目建设单位的组建、项目资本金落实、征地拆迁跟进、初步设计批复以及驻地建设、三通一平等工程建设前期准备工作高效开展，汾石、浮临高速公路各项工作稳步推进，按期开工。

【全面推动公路建设高质量发展】 全面聚焦习近平总书记两次视察山西提出全省在转型发展上率先蹚出一条新路来的历史使命以及总书记在深入推动黄河流域生态保护和高质量发展座谈会上的重要讲话精神，不断提高把握新发展阶段、贯彻新发展理念、构建新发展格局的政治能力和专业水平，以推进平安百年品质工程创建为载体，统筹“交通运输安全生产专项整治三年行动”“坚守公路水运工程质量安全红线”行动等活动，全面提升公路建设管理水平。一是顶层设计不断强化，开展“重点公路工程质量提升年专项行动”，提出“坚决推倒一批不合格工程”“坚决清退一批不达标人员”“树立一批典型示范工程”的三个一批要求，进一步推进“平安百年品质工程”在高速公路、普通干线公路中全面落地，加强领导，健全机制，夯实责任，细化任务，扎实推动各项任务落实落细；组织制定并印发《关于进一步推进公路水运工程建设安全生产工作，持续提升安全管理水平的通知》，进一步树牢安全发展理念，强化底线思维和红线意识。二是管理指标稳步提升，全年重点工程质量指标共抽检43725点（组），合格41752点（组），合格率95.5%，全面达成质量提升年“平均合格率不低于95%”的质量管理目标要求。安全隐患共排查出691条，已整改完成691条，整改率100%；质量安全红线问题共排查出31条，已整改完成31条，整改率100%，公路建设安全生产保持稳定态势。长临高速、长邯高速改扩建和运宝黄河大桥3个项目获得公路交通优质工程奖，即“李春奖”；太原西北二环项目、临猗黄河大桥和黎霍高速成功入选交通运输部首批87个平安百年品质工程创建示范项目。运宝黄河大桥和霍永高速永和至永和关段2个项目成功入选交通运输部、应急部、全国总工会联合冠名的平安工程。三是示范创建效果显著。各项目生态理念充分贯彻，路桥集团固废利用效益显著，临猗黄河大桥实现水体无害化施工，省厅智慧监管指挥调度平台持续完善，实现对在建重点工程特大桥、长大隧道等主要工点现场实时监控，“绿色公路”“智慧建设”示范创建效果显著。

【不断完善建设市场管理】 持续提升公路工程建设领域治理能力和治理体系现代化水平，在招投标、信用建设、资质审核、市场督查等方面协同发力，实现制度建设持续健全、监管能力有效提升。一是持续加强招投标监管。在招投标、信用建设、市场督查等方面协同发力。强化事中事后监管，以电子招投标中投标人之间的违法违规行为问题为导向，针对性地及时出台《关于进一步规范交通运输工程电子招标投标行为的通知》文件，弥补制度漏洞；研发上线电子招标平台智能评标、专家盲评功能，进一步限制人为因素。二是做好行业根治欠薪工作。按照国家和全省有关工作安排，全面部署公路水运工程建设领域根治拖欠农民工工资工作，明确全年根治欠薪工作重点，确保思想认识到位、行动不折不扣。隰吉高速和黄河板块旅游公路根治欠薪制度落实工作受到国务院根治欠薪督察组高度认可。三是严格开展信用评价。持续深化公路工程建设市场信用评价工作，不断强化信用评价在行业监管中的基础性、支撑性作用，始终坚持市场信用管理创新引领，将"信用评价+"作为信用监管重要手段，深化信用评价"加减法"，进一步加强守信激励和失信惩戒管理。四是扎实做好资质管理。对太原西北二环和昔榆高速项目的市场准入、建设程序、信用管理、合同履约等方面进行综合督查，组织彻底整改；部署开展年度公路工程试验检测机构专项监督检查工作，进一步维护公路试验检测市场秩序；上线运行人员履约考核模块系统，将参建单位主要从业人员全部纳入考勤范围，并严格规范考勤纪律，将不按要求考勤的作为失信行为予以记录，持续强化履约管理。

【持续提升行政效能】 全面贯彻落实省政府持续引深"放管服效"改革精神，围绕前期手续办理、建设程序完善等任务，进一步优化服务，为公路工程建设服务效能提升注入新活力。一是承办"13710"督办事项12项，并已全部办结。二是加快推进前期工作，结合全年工程建设计划安排和各项目立项进度情况，不断深化"分段审批、分项审批、分类审批"创新审批形式，高效完成汾石高速公路初步设计和朔神、隰吉、离隰、临猗黄河大桥、黎霍等项目施工图设计批复以及普通国省干线公路新改建、养护、桥梁加固等项目设计审批工作。三是持续推动完善建设程序，疫情期间创新采用竣工验收视频会议形式，顺利完成临离、高沁等10个项目的竣工验收。

【优化重点工程建设环境】 积极协调省自然资源厅大力推动加快正式用地手续审批，解决补充耕地指标、规划指标、计划指标等制约问题，建立穿越生态红线审批机制；推动省人社厅等6部门联合印发《关于办理铁路和公路项目被征地农民基本养老保险补贴审核工作有关问题的通知》，简化被征地农民基本养老保险补贴办理审核手续，加快工作进度；协调运城等市政府建立违法用地罚款返还用于重点工程建设机制，进一步创优重点工程建设环境。

（刘艳强）

山西省交通运输厅综合规划处

2021年，在厅党组坚强领导下，在分管厅领导科学指导下，厅综合规划处深入学习贯彻中共十九届六中全会精神，全面落实习近平总书记视察山西重要讲话重要指示精神，按照省第十二次党代会部署，紧紧围绕交通运输高质量发展目标，聚焦规划引领，聚焦重点项目建设，聚焦提升运输服务水平、提高物流效率，聚焦提升行业治理能力，聚焦优化资源配置，聚焦强化部门协同，精准施策，服务"一群两区三圈"区域发展布局，全力推动年度各项工作。经过一年努力，厅党组安排的各项目标任务全面完成，为谱写全面建设社会主义现代化国家山西篇章贡献交通力量。

【强化交通强国建设】 在2020年省委、省政府印发《贯彻落实〈交通强国建设纲要〉的实施意见》和行动方案的基础上，2021年主要完成四项工作：一是提请省委、省政府成立省长任组长的交通强国建设工作领导小组，为高位推进交通强国建设提供组织保障。二是会同省发改委联合印发《山西省推进交通强国建设行动计划（2021—2022年）项目清单》，将任务项目化、项目清单化、责任具体化。三是报请省政府和省委深改委审议通过《交通强国建设山西省试点实施方案、责任分解和考核办法》。四是拟于2021年12月26日，以省委、省政府名义召开全省交通强国建设动员大会，指导督促交通强国建设试点任务承担单位抓好5项试点任务的落实。截至年底，交通运输与旅游融合发展等5项试点任务和2021—2022年行动计划中65项工作中，已有37项取得实质性进展，其余28项正在积极推进，18项预期成果中3项已完成，10项取得阶段性成果。

【深化发展规划编制成果】 2021年以来，厅综合规划处积极对表《交通强国建设纲要》《国家综合立体交通网规划纲要》要求，提升规划科学性、超前性和可行性，有序推进各项规划编制，确保一张蓝图绘到底。一是组织编制单位搜集整理国家和先进省份"十四五"及远景规划目标99项，组织专家反复研究筛选，最终确定全省交通运输"十四五"期间及中长期发展目标各20余项。二是收集各级交通运输部门需纳入规划的交通建设项目500多个，确定纳入山西省省道网规划项目431个，"十四五"期间交通运输规划项目166个。三是5月、8月，两次与11个市政府、省公路局就共同推进重点项目前期工作进行对接，不断完善"十四五"规划建设项目库。四是陪同厅领导4次跑部进京，争取更多项目纳入国家规划大盘子。根据最新的《国家公路网规划(2021—2035年)》(征求意见稿)，全省新增6条国家高速公路880公里和7条普通国道519公里。五是邀请国家发改委研究所、交通运输部政研室等省内外专家形成专家智库，共计召开21次研讨会、组织4次函审，对各项规划进行反复修订。六是为做好国土空间规划，5—6月，会同省公路局聘请40余名国内、省内权威专家组成6个专家组，集中50余天，完成"十四五"计划新开工的116个项目线位方案审查，"十四五"和2026—2035年重点项目用地矢量数据全部纳入自然资源部门国土空间规划"一张图"平台，并以项目清单形式纳入《山西省国土空间规划(2021—2035年)》。同时联合省自然资源厅召开视频会议，对全省交通基础设施项目纳入国土空间规划和核实补足永久基本农田工作进行专题安排部署，将"十四五"项目新增用地范围内的基本农田进行调整和补划到国土空间规划中，这在项目推进的历史上尚属首次。《山西省省道网规划(2021—2035年)》《山西省"十四五"综合交通运输体系发展规划》已经省政府印发，规划提出的公路网布局方案和高质量发展重大工程及项目，得到省委书记林武充分肯定。《山西省交通基础设施国土空间控制规划》已编制完成。《山西省交通运输"十四五"发展规划》和《山西省综合立体交通网规划纲要》已形成送审稿。《山西省交通新型基础设施建设规划研究》《山西省"十四五"交通运输巩固脱贫成果 衔接乡村振兴发展规划纲要》《关于进一步规范全省高速公路扩容改造工作的指导意见》已形成初稿。启动《山西中部城市群综合立体交通网规划研究》和太忻经济区交通运输高质量发展行动计划的编制工作。交通运输中长期规划体系和"四梁八柱"架构基本形成，为全省推进交通强国建设提供有力规划先行支撑。

【重点项目建设进度稳步推进】 坚持贯彻新发展理念和高质量发展要求，进一步规范项目前期工作程序，以高质量前期工作推动高质量发展落地。一是用制度规范指导前期工作。印发《关于进一步规范高速公路和普通国省道建设项目前期工作管理的通知》《关于进一步加大推进高速公路和普通国省道重点建设项目前期工作力度的实施意见》，进一步规范前期工作程序、提高前期工作质量，做到项目前期工作有章可循。二是严把技术标准和规模，严控项目投资。发挥专业技术力量，深入研究论证项目技术方案，严格执行审查程序，严格把握技术标准和建设规模，严格控制投资估算。2021年审查项目，估算投资平均降幅达到10%以上，对化解政府债务风险、降低项目融资成本、提高资金使用效率起到积极作用。三是建立前期工作推进周例会制度。为确保汾石、临浮、太原联络线项目年内开工建设，通过建立前期工作周例会制度，准确掌握前期工作存在的问题，并提出协调解决办法，责任到人，限时完成，同时加强与省发改委等有关部门对接，提前启动审查、审批等工作，取得显著成效。

临浮项目仅用3个月完成土地预审报自然资源部审批，太原联络线项目仅用3天完成立项审批，创全省项目审批速度之最。四是抢抓收费公路政策调整窗口期，深化50个收费公路项目建设模式研究和项目排序工作。为支持省公路局和交发集团改革，根据厅主要领导安排，厅综合规划处在与11市全面对接50个普通国省道收费公路项目基础上，会同省公路局开展项目交通量调查、经济效益分析、建设模式研究和项目排序工作，形成《关于"十四五"规划待建的50个普通国省道收费公路项目有关情况的汇报》，全面推进50个收费公路项目前期工作。截至年底，已批复立项6个495公里、255亿元；正在推进44个2876公里、2260亿元，全面形成"续建一批、开工一批、储备一批"的良性格局，为2022年700亿元投资目标的实现奠定坚实基础。

【健全计划管理体系】 2021年1—11月，全省公路水路交通固定资产投资累计完成711亿元，同比增长16%，已超额完成年度投资目标，创"十三五"以来年度投资最高纪录。为确保年度目标完成，厅综合规划处多措并举。一是对项目实行全周期、全流程计划管理，形成规划—计划—执行—反馈—督促推进的有效闭环。建立"十四五"农村公路规划建设项目库，合理安排年度建设任务，确保年度任务能完成、规划目标可实现。对年度目标任务进行科学分解，对拟纳入投资计划的项目严格审核把关，保证计划安排的可执行性。实行月通报机制，将结果导向引入日常计划管理过程。二是出台"十四五"期相关政策。委托第三方机构（部规划院）开展"十四五"期交通运输专项资金补助政策。《山西省"十四五"期普通省道和农村公路建设补助标准》已于9月22日印发，其他政策研究已形成初稿。

【落实资金、土地、政策等项目要素保障】 一是强化政策保障。报请省政府明确制约土地预审的穿越生态红线保护区不可避让性论证和穿越生态保护红线生态功能影响论证的报批程序，解决项目穿越生态红线审批程序"盲区"。二是强化资金保障。按照省委、省政府"进规划、切蛋糕"部署要求，第一，争取中央车购税资金支持。厅综合规划处积极争取中央车购税补助资金，预计"十四五"全省可争取到位中央车购税资金400亿元以上，较"十三五"期增长200亿元左右；第二，争取省财政资金支持。争取省财政厅同意在继续安排省级资金支持三个一号旅游公路建设基础上，"十四五"期间增加省级一般公共预算资金43.5亿元用于普通省道和一般农村公路建设；第三，创新汾石与浮临高速公路投融资模式。根据2021年1月27日省长专题会要求，厅综合规划处创新提出由交控集团按照政府收费公路模式承建特定高速公路项目的融资模式，成功解决全省最后两个"县县通"高速公路的融资难题，相关融资方案已经省政府106次常务会议审议通过，受到省领导高度评价；第四，保障拟建交发集团项目及资金需求。抢抓收费公路政策调整前的窗口期，积极争取省财政支持一级收费公路建设，省财政厅已同意省市县三级财政投入120亿元，发行收费公路政府专项债券450亿元支持政策；第五，调整农村公路资金管理模式。省厅联合省财政厅出台"十四五"期间农村公路补助标准，农村公路补助模式由"十三五"期间按项目投资额比例给予补助调整为按分区域、分项目类别、分技术等级定额补助方式，补助方式更为科学合理。三是强化土地保障。积极争取省政府支持，反复与省自然资源厅对接沟通，省自然资源厅正式印发《关于过渡期全省公路项目建设用地规划指标保障工作的通知》，第一，解决"十三五"截转项目土地规划指标"悬空"问题，由省自然资源厅纳入省级国土空间规划并单列指标予以重点保障。第二，解决了普通国省道收费公路土地规划指标落地难问题，所需土地规划指标从省级国土空间规划中专项保障。第三，建立土地规划指标奖惩机制，预支使用国土空间规划指标自出具承诺函日起有效期为6个月，超出有效期的，土地规划指标重新回省级；预审获批的项目3年内完成项目用地报批，逾期未完成的，规划指标予以收回。第四，建立清单台账制度，由省厅建立项目土地规划指标管理台账，对省级公路项目土地规划指标统一管理。

【交通运输经济运行固稳向好】 根据2021年省委经济工作会议和省委、省政府服务业"补考进位"安排部署，起草印发《山西省交通运输厅2021年服务业提质增效工作方案》《交通运输经济运行调度工作方案》，强化交通运输领域经济运行监测，提升交通运输服务业发展水平和质量。截至10月底，交通运输、仓储、邮政业增加值已完成998.5亿元，同比增长10.4%，预计全年增量将达到120亿元。其中主要基础指标公路货运量、货物周转量分别增长18.1%和17.5%，均保持快速增长势头。

【积极开展灾后恢复重建】 根据省委、省政府领导批示指示精神，省厅第一时间成立工作专班，借鉴河南、陕西等省灾后恢复重建相关文件规定，结合全省实际情况，研究出台《山西省交通运输基础设施灾后恢复重建工作方案》，编制灾后重建技术指导意见，明确前期工作程序。10月下旬召开全省交通运输部门灾后恢复重建前期工作会，明确省市县各部门目标任务、工作要求和时间节点。组织各市（县）交通运输局、省公路局和高速公路运营单位建立灾后重建清单台账，初步完成灾后重建项目库的建立。优化简化审批流程，建立省厅、省公路局联审机制，全面启动灾后恢复重建项目前期工作。

【强化经营性公路项目监管】 按照“国高网省建，省高网市建”建设模式，完成朔州至宁武至静乐高速公路等“十四五”规划4个国高网项目招标代理机构选择、线位方案审查等前期准备工作。认真研究制定公路PPP项目投资协议和合同等示范文本，编制完成《山西省交通运输厅经营性公路建设项目投资人招标投标管理办法（初稿）》。加强PPP项目合同履约监管工作，组织专门力量对6个国高网PPP项目的合同履约情况进行核查，编写核查情况报告，并上报厅领导审阅。

【巩固交通运输脱贫攻坚成果与乡村振兴有效衔接】 认真贯彻落实省委、省政府各项决策部署，准确把握支持实施乡村振兴战略的总体要求。一是加强组织领导，成立厅交通运输服务乡村振兴领导小组。二是明确责任部门，印发《山西省交通运输厅关于巩固拓展交通运输脱贫攻坚成果全面推进乡村振兴的实施意见》。三是落实“四个不摘”政策要求，研究起草《山西省“十四五”交通运输巩固脱贫成果衔接乡村振兴发展规划纲要》；与省直相关部门联合印发《关于在重点帮扶县小型基础设施建设领域落实招标投标有关政策规定的通知》《关于做好异地扶贫搬迁后续扶持工作巩固拓展脱贫攻坚成果的实施意见》，进一步建立健全巩固拓展交通运输脱贫攻坚成果长效机制。

（郑雪芳）

山西省交通运输厅公路运输管理处

2021年，在厅党组正确领导下，厅公路运输管理处以习近平新时代中国特色社会主义思想为指导，深入学习中共十九大和十九届历次全会精神，认真贯彻落实交通运输部及省委、省政府安排部署，紧紧围绕全省道路运输中心工作，落实高质量发展要求，积极推进道路运输领域各项工作，圆满完成阶段性目标任务。

【圆满完成2021年春运保障工作】 围绕“平安春运、健康春运、便捷春运、温馨春运、诚信春运、绿色春运”，进一步提高思想认识，坚持底线思维，加强统筹部署，严格落实疫情防控措施，制定印发全省春运工作方案、春运宣传方案、春运督查工作方案；成立春运工作领导组，统一领导全省道路水路民航春运工作；及时召开省市综合运输春运疫情防控工作视频调度会，对全省春运疫情防控工作进行调度安排，提出具体要求，强化运输组织保障，全力做好春运各项工作，确保疫情不因春运扩散，保障人民群众安全便捷出行，圆满完成春运任务。

【切实做好道路运输新冠肺炎疫情常态化防控工作】 结合全省新冠肺炎疫情防控“外防输入、内防反弹”要求，一是严格冷链、物流全链条管控。印发《关于切实做好疫情防控期间市场保供稳价及冷链食品排查管控工作的通知》《关于切实做好疫情防控期间物资运输稳价保供及冷链物流疫情防控工作的通知》等文件，督促运输企业严格消毒消杀、严格从业人员防护。把好运输关，严格查验消毒、检测、检疫证明，坚决执行“三不承运”要求，指导和督促各有关冷链物流运输企业、货运场站等经营单位加强产业人员防护、严格运输装备消毒。二是精准做好河北、北京等地应急物资运输和交通保障工作。省厅印发《关于转发〈精准做好河北、北京等地应急物资运输和交通保障工作的紧急通知〉等文件的通知》《关于转发交通运输部办公厅关于转发河北省邯郸市和深州市应急物资中转调运站有关公告的通知等文件的通知》，切实做好石家庄市和邢台市疫情防控、市场保供、应急物资运输保障工作，指导各应急物资运输组织单位和道路运输企业，充分依托中转调运站合理安排运输计划、运输路线和中转接驳方式，确保应急物资在中转调运站及时中转运输，保障疫情防控物资需求。三是强化非冷链运输安全监管。印发《关于转发〈进口高风险非冷链集装箱货物检测和预防性消毒工作方案〉等消毒工作指南的通知》《关于转发进口高风险非冷链集装箱和货物外包装表面预防性消毒与防护技术指南的通知》，指导公路、水路进口高风险非冷链集装箱货物装卸和运输相关作业单位和人员做好新冠病毒防控和预防性消毒工作，有效防范新冠肺炎疫情通过进口高风险非冷链集装箱及其装载货物外包装输入风险，并保障新冠病毒疫苗货物道路运输。四是继续做好国际航班旅客转运及保障工作，精准有力防控境外疫情输入，截至年底，累计执行转运任务71趟次，全力保障应急运输。

【大力发展网络货运，培育现代物流新业态】 为更好贯彻落实省委、省政府关于大力发展市场主体的决策部署、实施好市场主体倍增工程，省厅积极推动网络货运发展。一是多次对网络货运市场进行调研，出台网络货运发展专项行动方案。制定印发《山西省推进网络货运发展行动方案》，更好地服务市场主体，发展壮大培育网络货运企业，加快网络货运市场主体培育。二是多次对网络货运企业进行调研，并组织相关单位及企业进行座谈研究，在调研基础上，积极制定《山西省促进网络货运行业健康发展的若干措施》，通过两轮征求意见后修改完善，已报省政府，以省政府名义印发。三是为规范全省网络平台道路运输经营，维护道路货运市场秩序，积极推动全省省级网络货运信息监测系统建设，推动建立健全适应全省网络货运平台企业发展特点的新型监管机制。截至10月底，全省网络平台道路货物运输企业已由年初23家增至10月底289家，增长12.6倍。1—9月完成营业额480亿元，入统30家，入统额394亿元。

【深入推进城乡交通运输一体化示范县创建】 巩固拓展具备条件的乡镇和建制村通客车成果，提升农村客运通达广度深度，开展第二批城乡交通运输一体化示范县创建工作，确定长治市武乡县为交通运输部第二批城乡交通运输一体化示范县，晋城市泽州县、沁水县列为省级第二批城乡交通运输一体化示范县。鼓励农村客运公司化经营、集约化发展，有序推进城乡公交线路向城区周边重点镇村延伸和农村客运班线公交化改造，提升农村客运服务质量。推动地方政府建立完善农村客运财政补贴机制，确保农村客运“开得通、留得住、有效益”。重点聚焦客货邮融合发展。一是推进体制机制融合，构建交通运输、邮政、供销、商务等部门协同配合的体制机制。二是推进基础设施融合，依托乡镇客运站、乡镇运输服务站、物流站点、邮政服务点，构建布局合理、功能完善的乡镇客货邮综合服务站点体系，实现多站合一、资源共享。三是推进运力资源融合，开通客货邮合作线路，普及推广农村客运车辆代运信件、邮件、包裹，太原市万柏林区被交通运输部确定为第二批农村物流服务品牌。

【促进交通运输、仓储、邮政业提质增效】 根据省长蓝佛安提出“研究完善优化提升生产性服务业的措施”部署要求。会同厅综合规划处牵头太原铁路局、省邮政管理局组建交通运输仓储邮政工作专班，并设立指标统计分析组、运行调度组两个专项工作组，细化工作职责；建立专人专职负责、协同合力推进、信息定期报送三项工作机制，与统计、铁路、邮政等部门单位强化协调沟通，及时协调解决问题，形成工作合力，对照年度目标任务，强化与统计、铁路、邮政等部门的对接力度，加强对公路运输总周转量、铁路运输总周转量、邮政行业业务总量等交通运输服务业关键指标的调度，进一步发挥好工作专班统筹协调作用，确保各项指标增速保持合理区间，确保完成各领域年度目标任务。

【推进贴近民生实事工作】 印发《山西省交通运输厅关于2021年推进农村客货邮融合发展等4件更贴近民生实事工作的通知》，积极推进农村客货邮融合发展、道路运输驾驶员高频服务事项“跨省通办”工作、扩大“司机之家”覆盖范围、推广道路客运电子客票服务工作。多措并举，推动道路运输便民政务服务事项“跨省通办”落地落实。全省道路运输驾驶员从业资格证高频事项，补发，换发，变更，注销，诚信考核五项已经调试完成，正式运行。同时，全省道路运输从业人员可通过“道路运政电子证照”App软件实现从业资格证的五项高频事项的“跨省通办”。利用线上线下渠道，加大宣传推广力度，通过高速公路沿线及服务区可变信息情报板滚动发布“跨省通办”的办理渠道信息。将“跨省通办”办理渠道信息在省交通运输厅门户网站、山西交通微信公众号、省交通运输厅微博号等政务新媒体进行广泛宣传报道，并组织各地市平台话务员进行专项培训。积极推进6个“司机之家”建设工作。加快推广道路运输电子证照应用工作。为提升道路运输安全监管能力和便民利民惠民服务水平，会同省行政审批局联合印发《关于开展道路运输电子证照应用工作的通知》，并印发《关于进一步加强道路运输电子证照系统应用工作的通知》《关于转发交通运输部办公厅关于加快推广应用道路运输电子证照提升数字化服务与监管能力的通知》《关于进一步加强道路运输电子证照系统应用工作的通知》。3月1日，由省交通运输厅和省行政审批服务管理局组织建设的“山西省道路运输电子证照系统”正式启用。

【加快推进运输服务绿色发展】 一是提前超额完成国三及以下排放标准营运柴油货车淘汰目标任务。为加快运输结构调整工作，推进绿色发展理念在运输领域落地生根，坚决打好运输领域污染防治攻坚战，会同有关部门制定方案，分市包片，加强督导，继续加快推进国三及以下排放标准营运柴油货车淘汰工作。二是推动空港、海港、陆港一体化。为贯彻落实党中央、国务院决策部署，抓住“十四五”发展机遇，加快构建现代综合交通运输体系，持续推进运输结构调整，促进国内国际双循环新格局发展和沿海城市与内陆腹地融合，助力全省产业结构调整、加工制造业升级、物流效率不断提升、物流成本有效降低。通过深化晋津冀、路港合作，搭建集约高效的进出口和转港货物物流通道，推动铁海联运、公铁海联运等多式联运发展，实现铁路集疏港比例不断提升，天津港、唐山港集聚效应逐步增强，企业物流成本有效降低。根据省委、省政府关于“推动国际陆港、海港、空港一体化建设”的部署，积极协调中铁太原局集团有限公司和华远国际陆港集团有限公司，分别与天津港(集团)有限公司和唐山港集团股份有限公司主动对接，签署战略合作协议。积极发展铁海联运，吸引物流建设资金投入，搭建集约、高效、绿色的晋津物流通道，推动多式联运发展，有效带动企业“公转铁”“散改集”，增强企业竞争实力，不断提升铁路集疏港比例，有效降低企业物流成本，推动天津港、唐山港服务辐射能力逐步增强。三是完成多式联运示范工程验收工作。积极组织有关部门对山西方略保税物流中心、山西中鼎物流园区2个交通运输部第二批多式联运示范工程项目进行现场查阅资料及实地审核，并配合交通运输部验收，组织第四批多式联运示范工程申报工作。同时积极引导其他市交通运输部门结合实际指导企业积极开展多式联运。四是大力推广散货集装箱运输。围绕全省运输结构调整安排部署，与省发改委、省工信厅、太原铁路局积极推进“散改集”，围绕煤炭、焦炭、矿石、粉煤灰等大宗散堆装货物和粉末工业固废制定集装箱物流方案，引导企业开展集装箱运输。此后，以国电榆次电厂为试点，推进电厂燃煤散改集装箱运输。

【加强道路运输领域安全管理】 一是打击非法客运经营行为。为了进一步规范道路旅客运输市场秩序，促进道路运输市场健康发展，全面履行道路旅客运输市场监管职责，坚持运用法治思维和法治方式开展工作，依法维护经营者和旅客合法权益，印发《山西省交通运输厅关于打击非法客运经营行为的通知》《关于开展打击非法营运专项整改工作的通知》,创新联合执法检查机制,加强各部门协同配合联动,加强信息共享,全面清查道路客运市场"黑企业""黑站点""黑车""黑服务区"。完善非法营运举报查处机制,对乘客举报、相关部门抄送、执法检查过程发现的非法营运行为,一查到底、从重处理,并加强宣传力度,引导群众乘坐合规客运车辆。截至年底,累计查处非法经营行为2811起,处罚1523万元。二是开展危险化学品道路运输安全集中整治工作。为切实提升危险化学品道路运输安全管理水平,坚决遏制重特大事故发生,首先是组织基层管理人员培训;其次是印发《关于转发交通运输部安全委员会关于开展危险化学品道路运输安全集中整治工作的通知》《关于转发〈关于做好在用常压液体危险货物罐车基础信息摸排工作的通知〉的通知》,并会同省公安厅、省工信厅、省市场监管局联合印发《关于常压液体危险货物罐车治理工作方案的通知》。全面提升常压液体危险货物罐车安全运营水平,加强对罐车生产、登记、使用和检验的全过程监督,强化多部门协同联动综合治理,有效防范和化解罐车重大风险,全面提升罐车安全运行水平。2021年6月,开展新标准新政策宣传贯彻培训,自2021年6月1日起,新进入道路运输市场的罐车按照新的要求进行检验、登记、办理道路运输证,实现新罐车全面合规。积极稳妥推进危险化学品道路运输安全集中整治工作,着力破解危险化学品道路运输安全难题,根治长期存在的顽症痼疾,有效防范化解重大安全风险,坚决遏制重特大事故发生。三是开展道路运输企业主要负责人和安全生产管理人员安全考核工作。为深入贯彻《中华人民共和国安全生产法》,推动落实道路运输企业安全生产主体责任,促进行业安全发展,根据交通运输部安排部署,下发《关于进一步做好道路运输企业主要负责人和安全生产管理人员安全考核工作的通知》等文件,从落实法定监管责任、提升行业本质安全的角度出发,严格按照交通运输部有关要求,提高思想认识,加大考核力度,加强学习培训,确保"应考尽考"。四是加强物流安全管理。深入贯彻以习近平总书记为核心的党中央关于平安建设的指示要求,助推建设更高水平的平安中国。按照中央政法委《2020年平安建设(综治工作)考核评价实施细则》的工作部署,依据《中华人民共和国安全生产法》《山西省道路运输条例》等法律法规,进一步加强物流安全管理工作,落实物流企业安全主体责任,严防涉及物流领域违法犯罪活动,及时消除安全隐患,防止安全事故发生,完成2020年物流安全管理考核工作评价工作。首先是建立健全物流安全管理机制。完善各市(县)物流安全管理工作机制,充分发挥物流安全管理领导小组作用,强化责任落实,积极推动物流安全管理工作常态化,构建党政领导、部门监管、行业引导、企业实施、社会参与的物流安全管理新格局。其次是指导物流企业落实托运物品信息登记制度、托运人身份信息查验和登记、当面查验制度等物流安全管理制度,加强货运物流安全监管。各市交通运输部门要指导危货运输企业落实"五不承运、五不出车"制度。贯彻落实《危险货物道路运输安全管理办法》,加强危险货物道路运输安全管理,持续提升危险货物运输安全治理能力。要指导企业严格落实大宗货物运输合同制,杜绝夹带违禁物品、可疑物品或危险物品等现象。最后是进一步摸清物流企业底数,确保物流安全事中事后监管工作落到实处。物流企业形式多、分布广,给行业管理部门事中事后监管带来很多不便。各市、县要与市场监督管理部门对接,及时掌握物流企业相关数据,对辖区内物流企业的底数进行进一步摸排,查清底数,纳入监管范围;要组织开展安全隐患摸排整改行动,做到监管全覆盖。五是进行节假日等重点时间节点道路运输保障工作。为做好节假日等重点时间节点期间交通运输保障工作,确保人民群众健康安全便捷有序出行和重点物资运输畅通高效,下发《关于做好2021年清明节、"五一"假期交通运输保障工作的通知》《关于做好2021年国庆节期间运输服务保障和疫情防控工作的通知》《关于加强秋冬季节重点时段道路运输领域安全工作的通知》等文件,全力保障节假日等重点时间节点期间路网运行畅通,客运运力充足,货运保障物资运输有序。

【加强“12328”交通运输服务监督电话优化】 为切实维护好卡车司机等的合法权益，进一步畅通交通运输投诉举报渠道，优化投诉举报处置机制，印发《关于转发交通运输部办公厅关于畅通投诉举报渠道进一步提升“12328”交通运输服务监督电话运行服务质量的通知》《关于转发关于优化“12328”交通运输服务监督电话运行管理工作的通知》，积极改进提升“12328”交通运输服务监督电话运行服务质量。为确保“12328”电话达到“打得通、接得了、办得好”目标，制定工作方案，建立工作机制，组成由厅长为组长的山西省“12328”交通运输服务监督电话管理工作领导小组，多次召开专题会议，加强人员培训，提升业务素质。加强部门协调，完善经费保障，合计落实41.35万元改造费用。加强督导推动，加大落实力度，组织实施“12328”系统每日运行情况通报制度，实行“一日一公示、一日一排名”，督促各地市有针对性提高服务质量。目前，全省现行“12328”交通运输服务监督电话系统，无论从系统运行稳定性、电话运行服务质量、三级联网运行成果来看，均满足交通运输部联网运行工作要求。按照“双号并行”的方式要求，通过技术手段解决“12328”与“12345”的信息共享工作。

【推进“十四五”规划课题研究】 召开课题验收评审会，《山西省公路运输服务“十四五”发展规划》《山西省交通物流“十四五”发展规划》《山西省综合客运枢纽布局研究》《山西省“十四五”运输结构调整策略研究》《山西省货运枢纽发展趋势及战略方向研究》5个规划课题研究均已通过验收评审，根据专家组评审意见，协调沟通编制单位进行完善修改，已通过厅长办公会，与编制单位沟通，充分吸纳会议意见和建议，进一步做好与国家及全省“十四五”发展相关规划的衔接，修改完善后以省厅名义印发实施。

（岳璐璐）

山西省交通运输厅安全监督处

2021年，厅安全监管处紧紧围绕省委、省政府和厅党组安排部署，全面贯彻习近平总书记关于安全生产的重要论述和系列指示批示精神，以安全生产专项整治三年行动为重点，严格落实各项工作措施，全行业的安全发展理念进一步深化、安全机制体制进一步完善、安全应急能力进一步提升，安全生产形势总体平稳，全年未发生重特大事故。在交通运输部召开的安全生产电视电话会议上，全省介绍公路网抢险保通的经验做法。

【强化安排部署，切实加强安全生产监管责任落实】 一是抓好谋划部署。对全年交通运输安全生产重点工作提前谋划部署，年初省厅印发《关于做好2021年安全生产工作的通知》，从领导责任、行业监管责任、企业主体责任三个层面紧压责任链条。围绕重要环节、重要时间节点，针对突出问题，提前安排部署，全年召开7次省厅安委会全体会议，传达贯彻上级关于安全生产的决策部署，分析研判当前交通运输安全生产形势，针对下一阶段安全工作重点任务强力安排推进。先后印发《关于做好省“两会”和春节期间安全生产工作的通知》《关于切实做好中秋、国庆节期间安全防范工作的通知》。二是制定出台《山西省交通运输厅安全生产职责分工》。按照“三管三必须”和新《中华人民共和国安全生产法》有关要求，制定出台《山西省交通运输厅安全生产职责分工》，进一步明确机关业务处室安全生产职责，并督促各级交通运输部门及时制定完善职责分工。三是强化安全责任考核。将安全生产工作作为各单位年度工作考核的重要内容，制定并细化考核指标，量化赋分标准。安全生产考核纳入各单位领导干部政绩考核指标体系，严格实行重大以上事故“一票否决”。

【强力推进专项整治三年行动集中攻坚】 一是深入学习习近平总书记关于安全生产重要论述。省厅高度重视习近平总书记关于安全生产重要论述专题学习，组织整理编辑《习近平总书记关于安全生产重要论述》，纳入厅党组理论学习中心组学习内容，全年共专题学习4次。同时，在“交通在线”教育平台增设习近平总书记关于安全生产重要论述和指示批示精神等培训内容，组织全省交通运输系统干部职工4万余人参加学习培训。在2021年第3次安委会全体会议上，组织全系统安全生产干部集中收看《生命重于泰山》电视专题片，并大力推进全省交通运输部门、单位、企业观看学习，推动学习贯彻习近平总书记关于安全生产重要论述走深走实。二是全力落实企业安全生产主体责任。督促指导全省交通运输企业建立健全安全生产责任体系，健全完善安全生产管理机制。结合全省交通运输实际，制定《山西省交通运输厅关于深化防范化解安全生产重大风险工作的通知》，明确安全风险行业监管责任和企业主体责任，明确全省32项交通运输领域安全生产重大风险清单，逐项明确致险情景和防控要点。指导交通运输企业全面摸排，建立重大风险专项档案，记录重大风险地理位置、危险特性、影响范围等。为加强重大风险动态管理，推进建设重大风险基础信息、责任分工、防控措施、监测监控和应急处置五个清单信息，实施精准管控。三是突出重点开展集中攻坚。结合全省实际，进一步细化梳理任务清单，确定2021年82项集中攻坚任务清单、7项重点和4项难点任务，并逐项明确责任举措，实行挂图作战。为压实基层责任，确保专项整治取得实效，定期进行视频调度，及时汇总各地进展情况，并综合运用通报、约谈、警示、曝光等有效措施，对重点问题、重大隐患盯住不放、一抓到底，确保问题彻底解决。

【加强安全隐患排查治理工作】 一是完善联合隐患排查治理工作机制。为深化全省公路危险路段排查治理工作，进一步完善公路危险路段排查治理长效机制，预防和减少道路交通事故发生，由省厅牵头，与省公安厅、省应急管理厅联合修订并印发《山西省公路危险路段隐患排查治理管理办法》（全国首创），制定对公路交通事故多发、易发路段排查标准，在原有基础上，对事故多发、易发路段排查、认定、治理及验收机制作了进一步完善。二是开展事故多发路段隐患排查。联合省公安厅交管局，召集有关公路管理单位、技术专家及咨询单位等，对部分普通国省干线公路11处事故多发路段进行深度调查，提出有针对性的治理措施及建议，截至年底已全部整改完毕。三是聚焦重点领域开展专项治理。道路运输领域，将危险货物道路运输专项整治作为重点，建立危货运输监管平台，实施电子运单，在16000余台“两客一危”重点营运车辆推广加装智能视频监控报警系统，提升车辆主动预防能力。水上交通领域，严厉打击长期逃避海事监管和涉客船舶运输安全非法违法行为，全面规范通航水域安全监管；加强与渔政部门协调联动，强化船员自觉遵守船舶避碰规则，扎实开展商渔船防碰撞安全治理。公路水运工程建设领域，深入推进“公路水运工程质量安全红线行动”、平安工地建设等专项行动，特别是加强对桥梁基础、梁板上部和桥墩（柱、塔）、隧道掌子面、高边坡工程等关键部位以及开挖与支护作业、大型机械设备作业等重点环节的施工安全防范检查，重点对施工现场临时用电、火工品及易燃易爆危险品等开展安全整治。公路运营领域，以“四提升一改造”（隧道提质升级、独柱墩桥梁运行安全提升、公路桥梁安全防护能力提升、安全设施精细化提升、危旧桥梁改造）为重点，提升公路运营本质安全水平。完成安防专项工程1639公里，对515座高速公路独柱墩桥梁进行全面排查，对104座不满足抗倾覆横向稳定性要求的独柱墩桥梁进行加固改造，普通国省道排查13座，全部进行横向稳定性验算和抗倾覆验算。结合高速公路改扩建对731座桥梁防护设施进行安全防护能力提升，全面完善普通国道危旧桥梁改造项目99个。继续完善照明、通风、交安设施及其他附属设施和推进土建结构病害处治，提升隧道安全保障能力，完成提升普通国省干线公路隧道79座。实施高速公路服务区提质升级，省厅与省公安厅、山西交控集团在青银高速吕梁段及部分普通国省干线公路开展安全文明示范路创建活动，建立标准体系，逐步在全省推广。全国首创，效果初显。2020年青银高速吕梁段通行量2521万辆次，发生突发事件1066起，2021年该路段通行量2586万辆次，发生突发事件830起，比上年下降22%。

【持续加强安全督导检查】 一是加强重点时段安全督查检查。根据全省实际和交通运输安全生产特点，在“五一”、全国全省“两会”、“七一”、中秋、国庆等重点时段,开展督查检查,采取“四不两直”明察暗访等方式,对行业重点领域进行督导检查。累计检查交通运输主管部门40家,检查交通运输重点领域企业(项目)160家,发现一般问题隐患323项,重大隐患2项。截至12月底,一般隐患已整改303项,整改率93.8%,其余20项正在整改中;涉及重大隐患的2家企业责令停业整顿,已整改完毕。二是强化安全专项检查。在道路运输、水上运输、工程建设、公路运营等领域开展专项检查,累计排查问题隐患616项,已整改521项,5家企业停业整顿。6月,交通运输部督导组赴晋省检查督导,给予高度肯定。

【大力抓好应急管理工作】 一是加强应急联动机制建设。省厅与内蒙古、陕西、河北、河南交通运输厅签订《关于建立省际公路应急联动工作机制的协议》,建立信息互通、应急协同机制,共同推动突发事件应急处置。同时,不断强化与公安交警、应急管理、气象等部门以及周边省份交通运输部门的应急联动,及时会商协办有关情况,持续巩固联防联控工作格局。二是建立事故信息通报机制。为加强交通事故应急救援部门联动和信息共享合作,保障各级交通事故应急指挥部办公室及时、准确、全面掌握事故信息,有效开展事故应急处置工作,省厅牵头与省公安厅、省应急管理厅联合制定印发《山西省道路交通事故信息通报工作机制》,明确事故信息通报的归口单位、通报渠道、信息内容、时间要求等。机制运行良好,省厅连续印发《全省交通运输安全生产事故情况通报》,对事故进行统计分析,加强形势研判,督促各级交通运输部门、各有关企业加强安全生产各项工作。三是修订完善应急预案。完成《山西省水上搜救应急预案》和《山西省民用航空飞行器事故应急预案》等4部省级专项预案编制工作,已由省政府办公厅印发实施。完善省厅“1+N”应急预案体系,编制1部综合预案,5部专项应急预案,已印发实施。四是开展应急资源全面摸排调查。依托省厅现在系统平台,新建“山西省交通运输应急管理模块”,对全省交通运输系统应急物资、应急队伍、应急装备等全面摸底,印发《交通运输应急资源手册》。五是开展应急演练。全系统全年累计开展各类应急演练900余次,涵盖道路运输、消防应急、防汛抢险、道路抢通、桥隧运营等交通运输各类突发事件。9月27日,省厅与太原市交通运输局等单位,在太原市汾河晋阳桥水段联合举办水上搜救应急演练。六是强化应急值守。严格24小时领导带班值班制度,重要节假日实施三级带班值班制度,节前组织值班人员进行培训,每月进行一次视频连线调度,每季度对应急值班情况和行业主要突发事件进行通报。

【慎终如始抓好常态化疫情防控】 根据省疫情防控领导小组安排部署,结合交通运输实际,扎实做好常态化疫情防控工作。与安全生产工作同部署、同检查、同调度、同落实。在重要节点,突出公路运营、道路运输等重点环节,严格管控措施,防止疫情通过交通运输场站、工具传播。秉持应接尽接、能接早接原则,组织各级交通运输主管部门、冷链运输、道路水路客运、城市公共交通、轨道交通、出租汽车、收费公路等一线人员进行疫苗接种。组织厅机关全体工作人员接种300人,接种率97.4%。为保证工作有效落实,2021年以来先后3次组织专项疫情防控检查。

(刘晓芳)

山西省交通运输厅科技处

一年来,在厅党组正确领导下,厅科技处积极贯彻厅党组各项安排部署,全面推进科技、标准、节能环保等工作,取得显著成绩。

【科技创新和标准化工作】 一是把握科技创新发展大势,打造一流创新生态。认真贯彻落实习近平总书记“瞄准世界科技前沿,引领科技发展方向,肩负起历史赋予的重任,勇做新时代科技创新的排头兵”重要指示,深刻践行科技是第一生产力、创新是第一动力、人才是第一资源的观念,进一步推动产学研用深度融合和科技成果在交通运输行业的快速转化,加快技术迭代、产业升级,在全行业营造崇尚科学、崇尚创新、崇尚人才的浓厚氛围,努力打造一流创新生态,以科技创新引领全省交通运输高质量发展。二是推动科技管理制度创新，夯实科研管理基础。进一步规范和加强厅科技管理制度，以制度和办法激发全省全行业科研人员科研热情和创新积极性。修订《山西省交通运输厅科技项目管理办法》，明确科技项目征集与立项、监督与检查、验收、成果管理、信用管理的全过程管理机制。修订《山西省交通运输厅计划科技项目经费补助办法》，给予科研人员更大经费使用权，对科研经费实施预算绩效管理；适当调整经费补助标准；扩大经费补助范围；印发《山西省交通科技创新中心管理办法（试行）》，明确科创中心申报和认定条件以及考核评估机制。三是开展重点领域科技研发，统筹管理科技成果。第一是开展2021年度科技项目立项工作。项目选题坚持服务交通强国建设、服务黄河流域生态保护和高质量发展、服务交通领域碳达峰碳中和目标实现等重大战略课题，涉及专业领域广泛，较为全面地体现交通运输科技“山西特色”。经征求意见、专家评审并提交厅党组会审议，确定年度科研项目并下达计划。第二是获准立项中国工程院重大咨询研究项目。厅科技处向中国工程院独立申报立项的“山西省新能源汽车换电模式先行先试战略研究”，系省直部门提名唯一获批项目，属于省首次获得中国工程院咨询项目。第三是开展厅第一批创新中心认定工作。落实全省交通运输工作会议提出的“2021年要探索培育一批由省厅命名的重点领域创新中心”任务，坚持“需求导向、聚焦关键、开放协同、引领发展”原则，突出安全、便捷、高效、绿色、经济等特点，确定第一批共8个创新中心。第四是强化优秀科技成果的转移转化和推广应用。在省厅指导和全行业共同努力下，2019年度省厅提名的8个项目获得山西省科学技术奖励，2020年度全省交通运输行业8个项目获得山西省科学技术奖励，获奖数量在省直单位中名列前茅；组织推荐“双工位盖梁骨架焊接机器人系统”等3项专利成果入交通运输部2021年度交通运输重大科技创新成果库；组织推荐“中/短隧道照明安全节能可编程远程控制系统”等3项专利申报第三届山西省专利奖；组织开展2021年度山西省科学技术奖提名项目征集、遴选、审核工作，省厅提名14个项目参评省科技奖。第五是开展交通运输科技活动周活动，广泛宣传科技成果。将科技活动周作为弘扬科技创新精神的重要载体，提早谋划、积极筹备、统筹推进，依托山西交通科技研发有限公司开放“桥梁工程防灾减灾山西省重点实验室”等3个省级重点实验室作为公众开放宣传场所，深入介绍行业产学研特色及重大科研攻关工作。四是聚焦“六新”方向，持续加强重点领域标准有效供给。紧密结合省情，进一步推动制定更切合全省实际的交通运输地方标准。第一是组织开展2021年度山西省地方标准制修订项目计划申报，经组织专家评审、处室评分等环节，向省市场监督管理局推荐申报“公路工程物资设备服务编码指南”等10项拟推荐项目，共批准立项9项，项目数量及通过率在省直部门排名第1位。第二是组织2021年度省级地方标准补助资金申报工作，从符合条件的25项中遴选向省市场监督局上报6项，均获批补助，进一步提高各单位参与省级地方标准制修订工作积极性。第三是组织对2016年前发布的地方标准实施效果进行复评审，明确相关标准继续有效、修订或废止。第四是召开山西省交通运输标准化技术委员会第一届第二次委员会会议，总结2020年工作，安排部署2021年度工作，审议关于修订《山西省交通运输标准化技术委员会章程》的提案，关于修订《山西省交通运输标准化技术委员会秘书处工作细则》的提案，进一步强化标准引领，推动全省交通运输事业高质量发展。第五是加大对在编地方标准的指导督促力度。2021年，共发布《汽车客运站疫情防控指南》《重载交通普通公路护栏设置要求》等17项地方标准。

【生态环保节能工作】 一是提高政治站位，统筹推动交通运输生态环境保护工作高质量发展。始终以习近平新时代中国特色社会主义思想为指导，认真贯彻习近平生态文明思想，坚持“党政同责、一岗双责”“管行业必须管环保、管业务必须管环保”的工作原则，实行节能环保“一票否决”制。认真落实省厅各项安排要求，主动担当作为，与相关省直部门建立沟通渠道，与厅生态环境保护工作领导组各成员单位积极协调，统筹推进交通运输生态文明建设和生态环境保护工作。二是狠抓责任落实，积极支持配合第二轮中央生态环境保护督察组对全省督察工作。4月7日，中央第一生态环境保护督察组进驻山西省后，厅主要领导亲自主持召开生态环境保护专题党组会，传达学习中央生态环境保护督察工作动员会和中央生态环境保护督察组督察山西省情况介绍会精神，安排部署工作。加大与省生态环境、省发改、省工信等部门及各市的沟通联系力度，及时掌握各类动态信息。下发《关于加强公路扬尘污染综合治理的紧急通知》，指导各单位扎实做好督察组进驻期间生态环境保护工作，确保不发生重大环境问题。积极主动保障督察组调查，受到省中央环保督察整改工作领导组通报表扬。中央第一生态环境保护督察组反馈督察报告中，对“全省公交、出租车更换为新能源或清洁能源汽车”表示肯定，公路扬尘污染的顽疾得到有效遏制。在本轮督察组反馈的74项问题中，无交通运输部门牵头任务，为3次督察中问题最少。第一轮整改共涉及4项，第一轮“回头看”共涉及5项。三是高位筹划部署，全力做好交通运输碳达峰碳中和前期工作。第一是第一时间对接清华大学、交通运输部规划研究院等单位，开展交通领域碳达峰行动前期研究。统计全省交通运输企业“十三五”各年度主要能源消耗情况，组织编制《交通领域碳排放现状、趋势与峰值测算及达峰行动初步方案》。第二是组织开展《交通运输领域碳达峰碳中和情景分析与影响因素研究》《山西省交通领域碳达峰路径研究》等4项子课题研究，推动全省交通运输碳达峰碳中和工作高起点展开、高质量落实。第三是加快制定《山西省碳达峰碳中和交通运输领域专项行动方案》，力争12月底前发布。第四是广泛征集面向全省交通运输行业的碳达峰碳中和关键技术和“卡脖子”技术需求，向省科技厅推荐“高速公路近零碳服务区应用研究”等4个项目。此外，积极协调相关处室及单位，统筹推进国三及以下营运柴油货车淘汰、新能源车船推广、固废综合利用等交通运输节能降碳工作。四是完善制度机制，推动交通运输污染常态化长效化制度化治理。2021年是落实“十四五”规划起步开局之年，是打赢污染防治攻坚战巩固深化之年，加快推进绿色交通发展意义重大，印发《关于做好山西省绿色交通发展2021年重点工作的通知》，细化重点任务、明确时序要求及任务分工、严格督导考核，协调各单位、各处室一体推进交通运输大气、水、土壤污染防治攻坚战，对重点任务实行台账化管理。积极参与全省环境污染防治暨高铁高速沿线环境综合整治专项行动，提前超额完成交通运输领域任务，完成销号验收工作。五是开展基础建设，提升行业生态环境保护监管和治理水平。依托2020年厅立科技项目“山西省交通运输生态环境保护智慧管理研究”，对全省交通运输生态环境保护和绿色交通整体工作开展研究，通过整合各级信息数据，定期调度进展情况，为交通运输生态环境保护源头执法、路面执法、暗访抽查、闭环整改、辅助决策提供扎实的数据基础，对全省交通运输生态环境保护和绿色交通各项重点工作实行平台化、网格化管理，打通信息交流堵点，有效提升行业监管治理效率和治理水平，实现部门之间、处室之间数据共享。山西交通生态环保管理平台于8月10日试运行，12月1日正式上线运行。

（李达峰）

山西省交通运输厅审计处

2021年，在厅党组坚强领导下，厅审计处以习近平新时代中国特色社会主义思想为指引，认真贯彻落实交通运输部和全省交通运输工作会议精神，以审计精神立身、以创新规范立业、以自身建设立信，履职尽责，统筹推进各项工作落实。

【政治引领，党建工作迈上新台阶】 一是抓政治建设，筑牢“四个意识”。始终旗帜鲜明讲政治，坚定维护以习近平总书记为核心的党中央权威和集中统一领导，教育引导党员干部树立“四个意识”、坚定“四个自信”、坚决做到“两个维护”。高度重视支部党建工作，将党建视为“第一业务”，按期每月召开支部会议，对党建工作中的困难和问题进行分析研究,党建工作和业务工作互促共进。二是抓思想建设,进一步强化理论武装。首先,扎实推进党史学习教育。结合落实"三会一课""主题党日"等基本制度,把党史学习教育作为党员干部经常性学习内容,切实把各项学习教育任务落实到支部,落实到党员。组织全体党员集中学习习近平在庆祝中国共产党成立100周年大会上的讲话精神,参加省委组织部"中共十九届五中全会学习专题"专题培训。多种形式推进支部学习教育。先后召开集中学习培训17次,支部书记讲党课1次,开展专题讨论4次。选派2人赴南京参加全省交通运输新发展理念暨党史学习教育培训班。其次,扎实开展主题党日活动。4月,党支部组织党员赴娄烦高君宇纪念馆开展主题党日活动。5月,开展"支部书记讲党课"主题党日活动,支部书记车雄伟讲授《四渡赤水》。6月,党支部组织党员赴右玉开展主题党日活动。通过观摩丰碑、博物馆、展览馆等,大家感受右玉精神"执政为民、尊重科学、百折不挠、艰苦奋斗"的深刻内涵。弘扬右玉精神就是要以"建功必定有我,功成不必在我"的胸怀,以"钉钉子"精神推动工作落实;始终坚持实事求是,一切从实际出发,反对形式主义、急功近利;始终牢记"两个务必",带头发扬艰苦奋斗的优良传统。三是抓组织规范化建设,激活队伍活力。首先,支部建设同业务工作同安排、同部署,充分发挥党支部的战斗堡垒作用。认真落实"三会一课"等制度,严格落实党支部书记"一岗双责"制,党支部坚持民主集中制原则,做到民主充分、集中有力、决策科学。其次,召开专题组织生活会。7月召开党史学习教育专题组织生活会。会前,党支部进行集中学习和专题研讨。支部书记和党员之间、党员和党员之间进行谈心谈话。所有党员都联系思想、工作实际进行盘点和检视,开展自我批评,其他党员同志进行批评和建议。通过严肃党内政治生活、查摆问题、提出整改措施,增进团结,凝聚共识,增强党员干部对党组织的归属感和认同感。最后,严格落实党费收缴制度。坚持每月"党费日"制度,让全体党员按月、足额交纳党费成为一种习惯,不断强化党员意识、自觉意识。

【多方协调,外部审计配合工作取得新成效】 多年来配合省审计厅开展预算执行审计一直是厅审计处的重点和难点工作。2021年加大工作力度,转变工作方式,2020年预算执行及农村公路建设补助资金审计发现问题的数量和性质都出现积极变化,为全系统争取到较为宽松的外部环境。一是做好服务。按照审计组要求做好相关资料收集、报送、对接和协调等工作。派出专人赶赴大同、忻州等地,配合省审计厅开展预算执行和农村公路建设补助资金延伸审计。主动对接各单位,根据省审计厅审计组要求,确定相关工作细节,协调各单位认真做好相关资料收集、整理和报送工作。随时了解审计组的工作需求和工作方向,随时沟通审计相关情况,上传下达,切实做好配合服务工作。二是多方协调。对审计提出的问题进行核实、解释和沟通,及时提交相关印证资料,对于能够当下改正的问题抓好立行立改。多次与审计组积极沟通,对于内部审计发现并已经纠正的问题,研究商定不在审计报告中反映。推动审计工作服务于科学的容错纠错机制,深入分析引发问题的客观原因,促成审计提出的部分问题不在正式报告中反映,各单位认真完成整改即可。积极推动审计发现问题整改完成情况的认定,省审计厅对省厅上年度审计报告中提出的问题,已基本认定完成整改。三是积极反馈。审计组初步出具审计报告征求意见稿后,厅审计处及时协调和联系相关业务处及厅直单位,对审计组提出的问题进一步核实、解释和沟通,及时提交相关印证资料或积极整改,多次与审计组成员进行协商,最终审计组对征求意见稿进行修改,将原征求意见稿中所提的29个问题,减为20个问题,不仅问题大幅缩减,部分问题还改变描述和定性。四是主动作为。自11月起,审计署开始对全省2021年度财政收支情况进行审计。自10月起,省审计厅开始对中央和省防汛救灾资金和物资的分配管理使用情况进行跟踪审计。厅审计处作为对接处室,主动谋划,积极作为,上报联系人,了解审计署太原特派办和省审计厅的工作进展情况,对接各业务处室,及时提供相关资料。

【上下联动，预算执行审计整改工作效果显著】 针对审计报告反映出的在收支预算执行、预算编制等8个方面存在的20项问题，厅审计处上下沟通，多方联动，推动落实整改主体责任，推动问题整改纳入厅“13710”督办系统，推动省审计厅对问题整改的确认，为以后年度的预算执行审计奠定良好基础。一是上下沟通，落实整改主体责任。厅审计处牵头组织厅直各单位和厅相关处室，对照审计报告提出的问题，逐项研究、细化分解、列出清单，形成台账，落实责任，明确整改牵头处室（单位）和配合处室（单位），把整改工作作为严肃财经纪律、提升系统预算管理水平的重要举措，推动整改工作有序开展。二是分类施策，问题整改纳入厅“13710”督办系统。经分管领导批准，审计发现问题整改纳入厅“13710”督办系统。按照“依法依规、分类施策、标本兼治”的原则，明确要求各牵头部门对管理方面的问题要立整立改；对复杂问题明确责任主体，倒排时间，限期整改；对已成事实的问题，要汲取教训，完善制度，杜绝屡犯，确保整改工作取得实效。三是健全制度，为以后年度预算执行审计奠定基础。结合此次整改，坚持问题导向，举一反三，将问题整改与建立长效机制结合起来，分析制度缺失和工作漏洞，进一步健全完善相关制度，不断扎牢风险防控的笼子。出台《山西省交通运输厅关于交通运输重点项目车辆购置税预算资金拨付管理工作的通知》《山西省高速公路综合行政执法总队财务管理办法（试行）》《山西省运输事业发展中心关于进一步规范支出行为的通知》等一系列规章制度。积极推动省审计厅对各单位问题整改的确认，审计发现的20个问题，已有17个得到有效整改，另外3个正在积极整改中。通过完善规章制度，为以后年度预算执行审计奠定良好基础。

【周密部署，车购税专项审计完成】 4月，交通运输部办公厅印发《车辆购置税交通运输专项资金结存情况审计调查工作方案》，为贯彻落实部文件精神，为盘活用好车辆购置税交通运输专项资金，提高资金使用效益，厅审计处开展车辆购置税交通运输专项资金使用和结存情况审计调查工作。一是下发工作方案。事前组织相关专家进行研讨，结合全省交通运输行业管理实际，针对“十三五”期间全省车辆购置税交通运输专项资金的使用情况，专题部署，认真研究，经充分征求意见后，印发《关于印发〈车辆购置税交通运输专项资金使用和结存情况审计调查工作方案〉的通知》。从审计调查目的、审计调查范围和对象、审计调查内容、审计调查安排、工作要求等五个方面对各单位提出要求。二是认真开展自查。工作方案下发后，各单位结合近年来本地区、本部门车辆购置税交通运输专项资金管理和使用情况，聚焦薄弱环节，突出工作重点，整合内部力量，主动对接相关部门，严格按照文件要求对车辆购置税资金管理、使用及结存情况进行全面自查。三是组织重点调查。在自查基础上，组成专项审计调查组，选取6条在建高速项目以及2个公路分局和各地市交通运输局（16区县），对车辆购置税交通运输专项资金使用和结存情况以及自查工作开展情况，进行重点审计调查。重点调查阶段综合统筹审计力量，分为五个审计组同时开展工作，现场审计历时一个月。现场审计结束后，多次召开专题会议，对审计工作开展情况进行综合研判，经过多轮研讨，两上两下，形成最终审计报告。四是报送相关情况。自查和重点检查结束后，厅审计处组织技术力量逐项核实车购税资金结存情况，总结化解车辆购置税交通运输专项资金结存的经验和做法，分析资金结存深层次原因，为督促加快车辆购置税交通运输专项资金合法合规使用提出审计意见，及时形成专项审计调查报告上报交通运输部。

【全面履责，逐步推开建设项目竣工决算审计】 按照交通运输部《公路水运基本建设项目内部审计管理办法》“基本建设项目应依法开展竣工决算审计”的要求，为突出重点、量力而行，完善工程建设项目程序，促进提高政府投资绩效，经与省公路局共同进行项目情况摸底后，确定两个国省干线项目进行工程项目竣工决算审计。鉴于竣工决算审计是基本建设项目竣工验收前，对竣工决算的真实性、合规性进行审计。11月，通过公开招标，选择两家综合实力强的中介机构配合开展工作。12月1日，两个项目竣工决算审计进点会召开，现场审计工作已全面铺开。

【长效推进，审计整改工作进一步深入】 切实做好审计整改后半篇文章，全面落实审计整改主体责任和监督责任，完善审计成果运用，有效堵塞管理漏洞，不断提升治理能力。一是加强审计监督，向经济责任审计单位下发审计整改通知书。要求全面落实领导干部经济责任审计整改主体责任和监督责任，结合单位撤并和审计发现问题情况，统筹做好审计整改工作，督促各单位特别是新组建单位切实担负起审计整改的主体责任。深入查找制度缺失和工作漏洞，切实加强制度建设，强化风险防控，不断提高管理水平。二是针对车购税专项审计和2020年开展的农村客运候车亭、“两客一危”车辆智能视频监控报警系统专项审计发现的普遍性问题，已向全省各市交通运输局下达整改通知书，按照省政府“点办理、批处理”要求，各市交通运输主管部门对省厅在专项审计调查中发现的突出问题和共性问题，要按照“批处理”要求，在本地区、本系统全面排查，点面结合整改同样、类似的问题。三是向厅后勤服务中心下发经济责任审计整改通知书，要求其严格按照问题清单认真整改，对账销号，确保整改到位，并深入查找制度缺失和工作漏洞，切实加强制度建设，强化风险防控，不断提高管理水平，完善监督管理制度。四是向6个使用车辆购置税的高速项目下发审计整改通知书，要各项目针对审计发现的问题认真进行整改，促进建设资金高效集约利用，推动建设项目规范管理。五是根据《省纪委监委驻省交通运输厅纪检监察组与厅审计处构建联动协作机制的实施意见》的规定，审计结果均提交省纪委监委驻省交通运输厅纪检监察组，进一步增强监督合力。

【规范运行，完成厅后勤服务中心经济责任审计】 配合厅属事业单位改革，2021年对厅后勤服务中心主要负责人进行经济责任审计。本次审计范围包括厅后勤中心本级，并延伸到3个下设机构，即山西交通物业管理有限公司、山西驿通高速公路服务有限公司、山西交通运输厅后勤服务中心太佳高速静乐服务区。本次审计既注重反映领导干部任期财务表现、经营结果的审计评价，更注重反映领导干部风险管理、内部控制和治理能力的审计评价，促进领导干部主动作为、尽责担当。截至年底，经过现场审计、征求意见、出具审计报告等过程，本次审计工作已基本完成。审计共发现贯彻执行党和国家有关经济方针政策与决策部署、内部控制制度的制定和执行、资产管理三方面11个问题，并提出落实审计整改要求、建立和完善食堂内部管理制度、建立健全不良资产监控机制，提高资产使用效益、加强财务管理，完善合同管理制度等4条审计建议。

【准确定位，常规工作打开新局面】 一是开展公路建设开工前资金落实情况审核。贯彻中央“六保”“六稳”总体部署，落实省委“全方位推动高质量发展”总体思路和要求，寓监督于服务，在服务中监督，全年对12个公路建设项目开工前资金落实情况进行审核，并出具审计意见。二是从审计视角对厅机关日常业务提出意见。贯彻执行《厅长履行经济责任风险防控办法(试行)》，关口前移，从审计视角出发对厅机关日常业务进行把关，比如就追加项目支出预算有关事宜、研究开展“十四五”交通专项资金补助政策、审议《山西省交通运输厅科技计划项目经费补助办法》等事项提出审计意见，为厅党组科学决策服务。

【有的放矢，扎实开展审计业务培训】 根据年度审计工作要点要求，9月举办全省交通运输系统审计人员业务教育培训班，来自各市交通运输局、厅直各单位共45名专(兼)职审计干部参加培训。特别邀请省委党校、省财政厅、会计师事务所等不同领域专家教授讲解习近平总书记在庆祝中国共产党成立100周年大会上的讲话精神、行政事业单位审计常见问题及相关政策解读、公路建设全过程跟踪审计等方面的知识。通过培训，进一步学习了解国家最新关于审计的政策文件，深化对交通审计工作特点和规律的认识，提高审计人员政治能力、专业能力、优化审计人员知识结构，推进审计职业化建设，保障交通审计事业健康持续发展。

（牛亚伟）

山西省交通运输厅治超处

2021年,全省治超工作继续保持高压态势,年度各项治超目标完成良好,取得显著成效。全省累计投入执法人员149.7万人次,检测车辆11074.5万辆,共查处违法超限超载车辆10408辆,卸载货物19万吨,罚款158.21万元,记分46368分,超限超载率始终控制在0.2%以内,继续保持全国最低水平。高速公路、干线公路杜绝非法超限超载车辆,全年没有出现一例因超限超载引起的死亡事故,没有出现一座因超载导致的危桥,对政府公示的货运源头单位进行有效监管,非现场执法治超模式取得良好效果。

【加强组织领导,全面安排部署治超工作】 省政府分管领导和省厅主要领导调整后,及时对治超工作领导组及办公室进行调整。延续分管副省长任治超领导组组长,省政府副秘书长及主要成员单位一把手任副组长的好做法。同时,省政府副秘书长梁敬华兼任省治超办主任,副厅长郭丙福兼任常务副主任并主持治超办日常工作,强化政府治超的主体责任。召开2021年全省治超办主任电视电话(扩大)会议,副秘书长梁敬华出席会议并讲话。

【抓好源头监管,全力打击非法超限超载】 对政府公示的合法货运源头企业,通过进驻、巡查等方式实施监管,督促源头单位全面履行源头治超义务,切实防止违法超限超载运输车辆出厂(站、矿)上路。2021年,5983家源头企业通过政府平台完成公示,依法取缔36家非法储(售)煤场,处罚源头企业256家,处罚金额共计356.95万元,拆解改装车辆1210辆。

【加强路面管控,加大明察暗访力度】 一是路面治超网络基本形成。317个高速公路匝道实行入口治超,在运行的172个公路超限检测站基本实现对国省道干线和省道全覆盖监管,依法安装1232处农村公路限高限宽设施装置,组建264支流动稽查队,打击绕道闯卡车辆,形成系统性高压监管态势。二是加大明察暗访力度。查处大同市新荣区和太原古交市部分源头企业为货运车辆超标准装载案、阳曲县和静乐县非法超限超载车辆闯卡绕行案、阳泉市和吕梁市5个治超站私自放行超限超载违法车辆案、大同高速公路入口治超点私放超限超载车辆驶入高速公路案等,共免职4人,解除劳动关系2人,严肃问责40人,震慑作用明显。三是部门联合监管水平稳步提升。各级公路电子抓拍系统接入公安交警网,对不进站检测的超限超载车辆进行记分处罚,进一步扎牢治超监管防线。四是祁县非现场治超执法系统试点取得良好效果。自运行以来,4个非现场执法综合信息管理系统共抓拍涉嫌违法证据8100余件,交通交警结案2208起,其中,北斗不在线结案1951件,超限超载案件结案248件,未遮盖篷布案件结案9件,罚款225.205万元,超限率下降90%以上,效果明显。同时组织专班拟定《山西省治理车辆超限超载非现场执法实施办法》及相关配套法规草案。

【开展治超巡查督导专项行动】 结合当前治超工作形势,自9月下旬,在全省开展为期一个半月的治超巡查督导专项行动。5个巡查督导小组按照省治超巡查督导方案有关要求,分别采取听取汇报、明察暗访、巡查反馈(巡查报告)、整改落实等工作方式,重点对贯彻落实全省治超办主任电视电话(扩大)会议精神的情况、年度治超工作完成情况、组织机构运行情况和路面、源头、公路超限检测站监管情况以及科技治超信息化平台建设运行情况等方面进行全面督导检查。共交流成员单位53家,现场查阅印证94个市、县资料,明察暗访源头企业247家、35个公路超限检测站,路面行驶国、省(县、乡、村)道路151条,行驶里程数达2.6万余公里,发现问题117个,涉案源头企业(含非法储售点)31个,非法超限超载车辆记录2608条,下达巡查整改意见单42份,问题整改到位的88个,其余的正在进一步积极整改中,整改率达80%以上。

【稳步推进治超信息化平台建设】 强化信息技术与治超业务有机融合,真正提高科技治超工作水平,实现由人防向技防转变。全省11个市级平台中,除吕梁市外,其他10个市级平台均按要求建成且运行正常。其中大同、朔州、忻州、临汾、运城、长治和晋城7市的所有区县均已建成县级平台并接入市级平台；太原市10个区县已接入9个县级平台，迎泽区因平台搬迁暂未接入；阳泉市5个区（县）已接入盂县和平定2个县级平台，其余3县正在建设中；晋中市最早建成治超平台，11个区县统一使用市级平台；吕梁市治超信息平台因市交通运输局拟迁址，待迁址后在新址建设。106处公路超限检测站信息系统运行稳定，并实现电子化执法文书制作和视频、数据实时上传等功能，智能监管能力显著增强。

【加强站点布局规划，积极推进规范化改造】 规划中最后一个省界站——109国道平鲁区上水泊公路超限检测站建成投用，二道梁入省口超限车多的老大难问题得到解决。为确保市、县交通运输局所辖站点统一、有序运行，并充分调动市、县交通运输局治超工作积极性，在厅领导大力支持和有关处室积极配合下，给予市、县交通运输局所辖在运行的30个治超站共计1880万元经费支持。受补站点按计划进行维修改造，更换维护检测设施设备，部分站点增加宽高仪，进一步提升治超执法的科技化、信息化，对于确保治超站平稳运行和队伍稳定起到积极作用。

【加强举报督办办理，畅通群众举报途径】 持续加强举报案件及督办管理力度，安排专人办理举报督办案件，明确时限，规范流程，同时将各市举报案件次数、办理等情况与考核挂钩，确保治超工作高压态势。2021年共完成交通运输部交办4件，12345政务服务热线交办单6份，省治超办督办举报案件209件，做到件件有落实、有回复。对存在问题较多、虚报瞒报的市、县，专门进行核查，一经查实，严肃处理相关责任人。

【开展年度治超工作培训】 组织各市、县交通综合执法机构分管领导及负责人、省公路局业务处室负责人及骨干、省高速公路综合行政执法总队分管领导及骨干等共85人，开展全省交通运输系统治超工作培训班，提高全系统各级领导政策理论水平和治超骨干业务水平，增强执岗能力，保障全省治超工作健康有序开展。

【加大宣传力度，营造浓厚氛围】 2021年，各级交通运输局、省公路局、山西交控集团共开展各类治超宣传活动1359次，悬挂横幅1.54万条，喷刷宣传标语4463块，组织开展媒体宣传报道1097次，社会反响良好。深入重点企业、源头企业开展普法宣传5341次，组织开展专题培训452次，从业人员依法经营、守法运输意识不断提高。2021年3月，“山西治超”微信公众号重新启用，截至年底共发布信息180期，累计592条，其中建党百年知识和习近平新时代中国特色社会主义思想相关内容宣传201条。各地市也利用各种新媒体进行治超舆论宣传和引导，其中“晋城治超”发布102期共计475条信息，“晋中治超”发布88条信息，对治超工作起到宣传引导作用。

（段璐婷）

山西省交通运输厅行政审批管理处

2021年，在厅党组正确领导下，厅行政审批管理处全面落实省委、省政府、交通运输部和厅党组交通运输工作安排部署，紧紧围绕全力打造“六最”营商环境目标，进一步加大简政放权、放管结合、优化服务改革力度，创新工作思路，不断提高行政效率、提升服务品质，圆满完成各项工作任务。

【聚焦主责主业，提升审批效能，保证行政审批业务有序开展按时办结】 深入贯彻落实省委、省政府和交通运输部关于深化“放管服”改革工作部署，进一步理顺和完善审批工作机制，优化细化审批工作举措，省级行政审批业务高效有序运行。2021年1—11月省级交通运输行政审批事项共办理97762件，其中网上办理96155件（跨省49620件，省内46535件），全程网办率达98.4%，线下办理1607件，所有行政审批事项按照规定时限办结。其中，超限运输许可办理，省交通运输政务服务窗口受理超限运输许可60723件，分设于10个市的10个远程窗口共受理超限运输许可36700件；工程建设类许可事项办理，公路水运工程建设项目设计文件、设计变更审批41件，公路建设项目施工许可25件，公路建设项目竣工验收5件，公路工程质量安全监督手续批复27件,公路工程交竣工质量鉴定18件;涉路施工许可办理,办理输电线路跨越公路、天然气管道和供水管道穿越公路或占用挖掘公路用地、国省干线和高速公路跨线桥梁建设等事项共59件;海事许可事项及各类资质认定事项办理,办理船舶检验34件,船员培训机构培训计划备案9件,公路工程专业丙级监理资质认定5件,公路水运工程试验检测机构等级认定18件,公路养护作业单位资质审批98件。

【持续深化行政审批制度改革,助力优化营商环境,激发市场主体新活力】 优化营商环境是促进市场主体参与公平竞争和发展的关键因素,对于推动经济高质量发展、激发市场主体活力特别是对民营企业发展具有重要意义。2021年以来,按照省委、省政府关于优化营商环境的工作部署,激发市场主体活力、促进市场主体倍增,配合省行政审批服务管理局、省市场监督管理局和省住建厅等部门,推出一系列工作举措,深入推进交通运输领域行政审批制度改革。一是积极推进省级行政审批事项"取放调"工作。根据省行政审批服务管理局《关于征求取消下放一批行政审批事项意见的函》要求,商有关业务处室提出省厅省级行政审批事项取消下放意见,拟取消3项("在通航水域进行水上、水下作业施工同意及作业完毕遗留物清除效果验收认可""船员培训机构许可初审""船员培训机构培训计划备案"),拟下放调整3项("通航水域岸线安全使用和水上水下活动许可""专用航标的设置、撤除、位移和其他状况改变审批""渔业船舶及船用产品检验")。二是"证照分离"改革全覆盖工作深入推进。认真贯彻落实省委书记林武在全省全面推行"证照分离"改革全覆盖工作动员部署会上的讲话精神,按照省市场监督管理局要求,积极参加"证照分离"改革全覆盖工作网络培训。根据《山西省人民政府关于全面推行"证照分离"改革全覆盖工作的通知》要求,对照《山西省"证照分离"改革全覆盖事项清单》,结合交通运输工作实际认真梳理,形成《省交通运输厅"证照分离"改革全覆盖事项清单》(全省交通运输行业纳入改革范围的省级行政审批事项共9项,其中实行告知承诺制事项4项,优化审批服务事项5项)并对事项清单实行动态管理;印发《山西省交通运输厅"证照分离"改革全覆盖工作实施方案》和《山西省交通运输厅"证照分离"改革全覆盖事项办理指南》,分类推进审批制度改革,针对不同的改革方式,进一步细化改革举措和事中事后监管措施。根据《山西省市场监督管理局关于建立"证照分离"改革全覆盖工作月报告月通报制度的通知》要求,每月及时梳理上月工作内容及成效,按时报送。根据《交通运输部关于印发深化交通运输"证照分离"改革进一步激发市场主体活力实施方案的通知》要求,取消"水运工程监理企业丙级资质认定"和"公路工程专业丙级监理资质认定"事项。三是稳步推进工程建设项目审批制度改革。根据山西省工程建设项目审批制度改革领导小组办公室《关于开展工程建设项目审批"体外循环"、"隐形审批"问题整治做好审批事项清单核对的通知》和《山西省工程建设项目审批制度改革领导小组办公室关于做好交通、水利、能源类工程建设项目审批流程编制工作的通知》要求,多次召开工作协调会,商厅有关处室和厅直单位共同梳理制定省厅工程建设项目"全流程全覆盖"相关事项清单,编制社会投资交通工程项目(不含PPP项目)办理事项清单和全事项办理标准流程图。

【立足企业群众办事创业需求,着力打造队伍更专业、流程更标准、服务更规范的政务服务窗口】 作为省厅面向社会公众提供服务的"一扇窗",省交通运输政务服务窗口始终以人民群众满意为出发点和着力点,以精准服务申请人为目标,结合行政审批业务办理实际,全年先后开展窗口人员选派、行政审批事项"四级四同"等多项工作,不断提升服务意识和服务品质,树立交通运输行业良好形象。一是窗口工作人员选派圆满完成。为进一步加强省交通运输政务服务窗口的正规化建设、打造交通运输政务服务稳定专业的工作人员队伍,省厅按照"组织选派、统一管理、相对固定、定期轮换"的原则开展窗口人员选派和轮换工作,并于2月下旬组织新选派工作人员业务培训。培训内容主要为省级交通运输行政审批业务知识,形式包括理论知识学习和实操技能训练。厅行政审批管理处以《山西省交通运输厅行政审批政务服务指南》为基本教材，与技术支持单位联合制作培训课件，集中讲授省级交通运输行政审批事项清单和办理流程。集中授课结束后的实操培训阶段，则采用窗口原工作人员与新学员之间“一对一、传帮带”的方式，以新学员动手体验为主，“老师傅”全程指导并及时答疑解难。19名新选派工作人员已基本掌握省级行政审批事项办理流程和审批平台操作技能，全部上岗参与窗口值班和后台业务办理。第一季度，省交通运输政务服务窗口获省政务服务中心“红旗窗口”称号，截至三季度，共有3名窗口工作人员被授予“服务之星”。二是梳理规范政务服务事项“四级四同”。为落实《国务院关于加快推进全国一体化在线政务服务平台建设的指导意见》和《国务院办公厅关于切实做好各地区各部门政务服务平台与国家政务服务平台对接工作的通知》等文件精神，按照省行政审批制度改革工作领导小组办公室《关于再次核实认领国家级政务服务基本目录事项的通知》要求，组织各市交通运输局、厅直有关单位、厅机关有关处室依据国家法律、行政法规、部门规章等，对照《国家级基本目录》和《山西省政务服务事项“四级四同”目录》事项，按照“应领尽领、应上尽上”的原则，再次核实认领省、市、县三级交通运输行政审批事项，进一步规范梳理行政审批事项清单，实现事项名称、编码、类型、设定依据“四级四同”。梳理制定省级行政审批事项《一次性告知单》，明确各事项申报材料的名称、规格份数、出具单位、咨询电话等内容，有效解决申请人“多头跑”“来回跑”的问题。结合审批事项办理流程制定高频事项业务操作指南（试行版），突出资料审查要点、系统录入导引等重点内容，为窗口工作人员提供规范性指导，提升业务办理准确度和审批操作效率。三是政务服务“好差评”系统全面对接。认真贯彻落实交通运输部《交通运输政务服务“好差评”工作管理办法《试行）》和省行政审批服务管理局的相关工作部署，按要求规范实施政务服务“好差评”制度。根据《交通运输部办公厅关于做好跨省大件运输并联许可“好差评”工作的通知》工作安排，省厅已于2020年10月开展跨省大件运输并联许可“好差评”工作，截至年底累计好评数量1553件、有效差评数量0件，好评率100%，其中2021年1月1日—11月30日，好评数量1035件、有效差评0件，好评率100%。申请人在省交通运输政务服务窗口办理的省级交通运输行政审批事项，办结后可通过评价器进行评价，月均评价数约20件，好评率100%；省级交通运输行政审批事项网上办理“好差评”评价对接工作方案已制定，待省行政审批管理局对接方案完善后按照要求进行对接。四是“12345”热线承办工作成效提升。根据《山西省“12345”政务服务热线运行管理办法（试行）》要求，按照“事事有回应、件件有着落”标准，继续做好省级“12345”政务服务热线承办工作，1—11月受理高速和国省干线公路隐患处置、政务服务事项申办、政务平台技术故障处理等领域工单共552件，均按期办结，按期办结率和回访满意率进一步提高。

【提高政治站位，强化党建引领，扎实推动支部党建工作再上新水平】 认真贯彻落实习近平总书记在党史学习教育动员大会上的重要讲话精神和《中共中央关于在全党开展党史学习教育的通知》精神，紧紧围绕厅党组《党史学习教育实施方案》的目标任务，根据《中共山西省交通运输厅党组党史学习教育领导小组办公室关于进一步推进党史学习教育工作的通知》要求，结合处室工作实际，深入开展学习研讨，扎实推进各项党建活动。党支部组织开展党史专题学习4次、专题研讨8次。学习研讨内容主要为习近平总书记党史学习教育动员大会重要讲话精神、习近平总书记在福建考察期间重要讲话精神和四本指定文献书籍，以中国共产党百年历史为基本时间线索，专题学习新民主主义革命时期、社会主义革命和建设时期、改革开放新时期和中共十八大以来的历史。省交通运输政务服务窗口坚持“党史学习周例会”模式，组织窗口工作人员每周定时开展党史知识学习研讨，通过集体学习、个人自学和交流研讨等方式，把握“三个贯穿始终”，力求深学、深悟、深刻。同时将理论知识与工作实际相结合，着眼于当前行政审批和政务服务工作中的难题，探讨提高工作效率、提升服务水平、增强人民群众获得感的有效措施。为深入推进党史教育专题学习活动，丰富学习形式，深化学习成果，省交通运输政务服务窗口全体党员于5月13日赴黄樵松起义纪念馆和碉堡战斗庙碉遗址开展以“追忆革命历程、践行初心使命”为主题的党史教育主题党日活动。按照厅直机关党委“我为群众办实事”实践活动要求，同时结合交通运输行政审批工作实际，按照“切口小、发力准、效果好”的标准，以更快更好方便企业和群众办事创业为导向，认真研究提出多项举措。

【立足全省经济发展，积极调整审批方式，助力重点项目建设】 2021年初，中铁六局集团太原铁路建设有限公司承建的朔山联络线铁路，是全省年度重点工程，要求于2021年年底开通，省重点办要求于2021年度10月底完成桥梁架设施工。由于本工程所需用的800片混凝土T形梁由不同制梁场提供，从制梁场运至施工现场约100—200公里，由于前期参与运输的车辆没有达到预期数量，如果按照正常审批流程，运梁进度必将滞后于总工期要求。厅行政审批管理处在详细听取申请人情况介绍后，在大件运输审批业务的法律规范范围内，结合工作实际认真分析研判，制定一系列具体措施，如在项目业主、运输企业做出规范运输双重承诺的基础上，以企业自觉、自检、诚信为主导，结合公路入口和治超检测点检查核验及审批部门不定时抽查承诺的落实情况等措施，有效缩短办证时间，为T形梁的顺利运输和抢夺工期提供必要条件，得到企业认可，为助力山西经济发展提供保障。

【聚焦企业群众关切，多措并举提升政务服务能力】 在认真落实“我为群众办实事”实践活动要求基础上，从企业群众办事的需求出发，从审批工作细节入手，提出一系列举措持续提升工作效能。一是减窗口加热线、以“加减法”思路提高效率。将原有高速公路超限运输业务窗口和普通干线超限运输业务窗口合并为公路超限运输业务窗口，相应减少一个窗口工位后，原值守窗口工作人员参与申报资料审核，提高后台办理工作效率；因窗口合并撤销的办公电话增加为业务咨询热线，与原有咨询电话双号并行，接受申请人业务咨询、投诉和建议，进一步疏通业务办理“堵点”和“难点”。二是“换位”申请人，将心比心精准服务。结合全省交通运输政务服务工作实际，制定出台《“假如我是申请人”讨论实践活动实施方案》，组织省交通运输政务服务窗口全体工作人员开展为期一个月的“假如我是申请人”换位思考讨论实践活动。窗口多次组织由申请人、货运企业及政务服务人员参与的大讨论。讨论中全体工作人员换位思考、踊跃发言，在交流研讨和思想碰撞中，充分体会到作为一名申请人对办事环境、办事程序、办事态度、办事效率等各方面需求。同时对照《方案》要求，针对工作中存在的问题，积极剖析原因、讨论解决办法，围绕简化程序、提高效率、优化服务等方面重点推进、定向突破。

（刘 宁）

山西省交通运输厅民航综合协调处

2021年，按照党中央及省委、省政府安排部署，厅民航综合协调处深入学习习近平总书记在庆祝中国共产党成立100周年大会上的重要讲话，认真抓好党史学习教育工作，以先进思想理念为指引，立足新发展阶段，贯彻新发展理念，紧抓构建新发展格局机遇，开拓创新谋发展，巩固成果求实效，不断夯实基础，取得显著成效。

【开拓创新谋发展，实现全省国际货运航线从无到有的突破】 太原机场开通国际货运航线工作是2021年省政府工作报告中的重点工作，受到省领导高度重视。厅民航综合协调处按照省委、省政府安排部署，积极推进该项工作。一是提前谋划，全面调研。2020年下半年开始，厅民航综合协调处通过各类渠道，收集河南、河北、安徽等6个省（市）的航空货运发展政策并结合省情进行深入研究。同时协调山西航产集团赴成都、郑州、上海机场实地考察调研，并邀请行业内发展较好的货物代理企业来晋调研，对符合全省实际的航空货运政策进行深入探讨研究。二是借助智库，开展研究。2020年聘请具有中国民航局备案咨询资质的第三方咨询机构，共同对太原武宿国际机场航空货运业务进行深入研究，并多方收集研究国内航空货运发达省份的相关扶持政策，借鉴成熟经验，结合全省实际，形成对太原武宿机场货运枢纽建设的研究成果。三是积极落实，扎实推进。2020年12月，根据省领导安排，由省交通运输厅牵头，召集省商务厅、太原海关、山西航产集团等相关单位，共同对全省航空进出口货运情况进行研究讨论。随后，厅民航综合协调处起草《关于全省航空物流出口货物情况的报告》呈报省政府。随后，省政府分别于1月29日、2月8日召开全省航空运输进出口专题工作会，同时多次在其他会议中研究该议题，按照省政府安排部署及省领导批示精神，厅民航综合协调处牵头起草《关于推进省委省政府部署太原机场开通国际货运航线的工作方案(草案)》，并2次征求12家单位意见，努力协调各单位基本达成一致。4月1日，省政府召开关于太原机场开通国际货运、客运航线工作专题研究会，按照副省长韦韬在会上指示精神，厅民航综合协调处起草《关于成立山西省推进太原机场开通国际货运、客运航线工作领导小组的方案》建立完善领导机制，同时组织航产集团对太原机场开通国际货运航线工作方案进一步细化和完善，经过反复与12家单位沟通协调，最终达成一致，力争于6月底开通国际货运航线。4月21日，将方案上报省政府，得到省长林武圈阅，副省长韦韬批示同意。四是协调督促，形成合力。按照省领导批示精神及工作方案要求，厅民航综合协调处分别于4月29日、5月21日两次召集12家成员单位召开联席会议，系统传达省领导指示精神及方案要求，协调解决部分疑难问题，进一步明确各单位工作任务及时限要求，协调督促各单位做好各自工作。会后，将有关事项以会议纪要形式呈报省政府。同时，每周汇总各成员单位上报的工作进展，随时跟进工作，关注重点环节，特别是在航线和货源组织方面，针对难点问题，反复磋商，努力协调各单位达成一致，确保各项工作有序开展，按时推进。根据工作进度情况，6月10日，厅民航综合协调处向省政府呈报《关于太原机场开通国际货运航线工作进展情况的报告》，省领导圈阅。6月17日，省政府召集相关单位召开第三次联席会议，副秘书长梁敬华出席会议，传达省领导指示精神，再次强调该项工作重要性，明确时限要求，要求各单位抓紧做好各项工作，确保6月底首航。

按照进度安排，经过厅民航综合协调处协调推进，6月26日，太原至旧金山货运航线举行首航仪式，副省长韦韬出席，标志着全省国际货运航线实现从无到有的重大突破。截至12月4日，共执行太原至旧金山货运航班21班，运送货邮总重量36.1吨。

【巩固成果求实效，继续扎实做好其他省政府重点工作】 一是稳中有进，坚持不懈抓好疫情防控工作。按照中国民航局安排，太原机场是16个入境航班分流机场之一，承担大量航班分流工作，2020年3月21日至2021年11月27日，太原机场共分流国际航班84班次，平均1班/周，厅民航综合协调处慎终如始全力做好国际航班经停太原入境防控工作。一是，全程参与，加强防控力量。派驻专人长期驻太原机场监督指导并协调解决相关问题。二是，压实责任，强化分析研判。密切关注疫情防控要求，联合纪检部门，及时对派出车辆提出调整建议，严格落实纪律规定。三是勇于担当，协同联动，形成闭环。由于石家庄疫情及西安重大活动，厅民航综合协调处协调太原机场在完成好民航局分配的航班分流任务的同时，顾大局，敢担当，承担石家庄和西安的分流航班疫情防控任务，严格遵照防控要求，确保人员闭环管理。2020年12月，副省长卢东亮赴中国民航局拜会，中国民航局副局长吕尔学高度肯定，向山西民航在疫情期间承担大量北京经第一入境点分流航班以及其他国际国内客货运航班保障工作表示衷心感谢。2021年，中国民航局局长冯正霖会见省委书记林武时，重点强调，新冠肺炎疫情防控期间，山西承担大量北京经第一入境点分流航班，为疫情防控工作做出突出贡献。一是按照中央及省委、省政府安排部署，厅民航综合协调处继续积极完成国际航班经停太原入境赴京工作，指导太原机场按照全省疫情防控要求认真开展相关工作。同时，协调运力，做好国际入境分流航班旅客转运的交通运输服务保障工作。2020年3月21日至2021年11月27日，共保障入境分流国际航班84班次，保障转运车辆738台次，转运入境分流人员12370人次。2021年1月2日至11月27日，共保障42班次，保障转运车辆301台次，转运入境分流人员5068人次。二是抓好重点城市航空快线工作。按照省领导在省厅2020年12月31日呈报的关于开通日本、韩国、欧洲航线相关补贴事宜请示上的批示精神，厅民航综合协调处协调航产集团按照省财政厅意见，对有关材料进一步细化完善。6月21日，省厅向省政府呈报《关于呈报全省“公交化”航线工作方案的请示》，省领导批示予以支持。为此，厅民航综合协调处抓紧落实省领导批示精神，适时推进重点城市航空快线工作。三是全省机场一体化管理工作。按照《关于实施机场一体化运营管理的意见》及协议要求，继续深入推进全省机场一体化管理工作。2021年11月，按照意见要求，协调组织开展全省机场一体化管理督导工作，年底前完成督导总结报告，上报省政府，此后，根据省领导批示指示精神，不断提升全省机场一体化管理工作水平。

【深入开展理论学习开展业务研究与谋划工作】 一是积极贯彻上级安排部署，认真开展党史学习教育，深入学习习近平总书记“七一”重要讲话。根据厅党组《党史教育实施方案》及《关于进一步推进党史学习教育工作的通知》等要求，厅民航综合协调处紧紧围绕学懂弄通做实党史学习教育这个主题，下功夫抓落实，坚持学习党史与提升业务工作能力相贯通，以学史明理、学史增信、学史崇德、学史力行为主要目标，按照时间表和任务安排，多次举行参加党支部党史集中专题学习会，全面贯彻上级关于党史学习教育的有关文件及会议精神，重点学习有关文献书籍，确保中央和省党史学习教育相关会议精神入脑入心、有关要求落地落实、目标任务高标准完成。全体党员全身心投入，静下心来，认真学习、深入思考，做到学有所思、学有所悟、学有所得。党员和干部职工克服工学矛盾，坚持线上与线下学习相结合模式，通过自学、党支部学习、“学习强国”App、组织党员干部集中学习研讨等形式，学原著、悟原理，认真学习新中国史、改革开放史、社会主义发展史和习近平新时代中国特色社会主义思想蕴含的科学精神和科学方法，深刻领悟习近平总书记“七一”重要讲话精神。特别是领导干部率先垂范，充分发挥带头示范作用，重点学习习近平总书记“七一”重要讲话内容及四本指定文献书籍，全面系统学习党的百年奋斗史，感悟思想伟力，自觉用创新理论武装头脑，不断树立“四个意识”、坚定“四个自信”、坚决做到“两个维护”。进一步增强全处凝聚力和战斗力，确保步调一致向前进。二是认真研究梳理省民航机场管理局及厅内设机构涉及处职能职责内容。省民航机场管理局及厅民航综合协调处职能确立的依据分别是《关于省交通运输厅增加职责和机构编制的通知》和《中共山西省交通运输厅党组关于印发〈山西省交通运输厅内设机构细化职责（试行）〉的通知》，这两个文件分别是2017年、2019年出台的，经过3—4年运行，与实际业务开展情况有些差异。按照厅领导安排，厅民航综合协调处对这两个文件中涉及自身职责内容开展深入研究。结合自身业务情况，逐条对照分析，先后征求中国民航局、民航山西安全监管局等行业管理部门意见，查阅有关中国民航局等行业部门职能职责及业务规定，参照全国其他省政府对民航机场管理业务的职能职责安排情况，并系统梳理全省各民航机场所在市交通运输局有关民航职能职责设置及业务开展情况，形成《关于山西省民航机场管理局履职情况的报告》，对全省属地民航管理工作开展进行总结和探索。三是开展国际货运航线政策研究。按照省政府安排部署，厅民航综合协调处密切关注太原至旧金山国际货运航线运行情况。同时，积极收集国内外国际货运航线有关政策信息，重点对周边及几个先进省资料进行整理汇总，深入分析，结合全省省情，展开对标研究，探索全省国际货运航线政策。

（贾一帆）

山西省交通运输厅民航建设运行处

2021年，厅民航建设运行处紧紧围绕省委、省政府及厅党组重点工作安排部署，通过致电、函询、专题研究、现场督导等方式，积极推进机场新建、改扩建，推动全省民航通航发展。

【推进“武宿机场飞行区西区滑行道工程”】 认真落实省委书记林武、副省长韦韬指示批示，围绕“7月31日前保障飞机临时拖行需求，10月31日前满足飞机正常拖行需求”两个阶段性目标，多次组织相关单位深入工地现场办公，确定推进方案，明确任务分工，积极协调山西综改区、太原海关、山西航产集团等单位，加快推进联络道工程建设。一是加强调度推动，通过致电、现场调研、协同省政府“13710”等方式，建立联系机制，实行工作进展半月报制度，强化督促落实。二是专题研究推进，先后四次召开专题工作会议，研究解决推进过程中存在的困难和问题，确保各环节紧密衔接、提速推进。三是现场督导调研，先后六次组织工作专班深入工地现场，督促相关单位在抓好安全生产前提下，倒排工期，加快推进。圆满完成两个阶段性目标任务，在两次工作进展报告中，得到省委书记林武肯定和圈阅，有效保障禧佑源航空科技再制造基地维修中心项目投产，为全省全方位推动航空产业高质量发展做出积极贡献。

【推动太原武宿机场三期改扩建主体工程、朔州机场新建工程开工建设，继续推进运城、长治机场改扩建工程】 积极对接山西航产集团及相关市政府，印发《关于加强民航机场重点工程建设项目市级监管和加快推进2021年民航机场重点工程建设项目的通知》，要求各项目单位加快推进重点机场建设及前期工作，加强各市对民航机场重点工程建设项目的市级监管和跟踪督办，明确责任分工，合理编排工作进度，提出各阶段工作时限要求，严格落实进度计划，确保完成全年目标任务。截至11月底，太原武宿国际机场三期改扩建总规已获国家民航局批复，预可研报告已获国家发改委立项批复，国家民航局已出具可研报告行业审查意见，自然资源部门已出具项目用地预审与选址意见书，省发改委已完成社会稳定性风险评估报告，山西航产集团正在加快推进可研报告所需附件办理、环评报告修改、航展区设计优化等工作，配套工程同步推进中。朔州机场新建、运城机场飞行区改扩建顺利进行。长治机场改扩建已竣工验收，新航站楼于10月21日正式投入运营。

【研究设立全省通用航空业发展基金】 根据省委书记林武在2020年9月15日通航专题会上的指示，省厅第一时间启动研究设立山西省通用航空业发展基金工作，于2020年12月24日前完成基金可行性调研、草拟《基金设立方案》并两轮征求意见，形成初步成果呈报省政府，后根据省委安排该项工作移交给省发改委。2021年4月30日，根据通航示范省建设年度工作任务分工，该项工作重新交由省厅办理。省厅对《基金设立方案》进一步完善，同步拟定《山西省通用航空发展基金管理办法(初稿)》，于7月30日将研究成果上报省政府。

【组织编制《山西省民航机场建设“十四五”发展规划》】 主要是服务国家战略、对接上位规划，高质量完成民航机场建设规划编制工作，做好交通发展顶层设计。该《规划》作为《山西省交通运输“十四五”发展规划》“1+15+2+16”规划体系中的专项规划，研究成果对于指导“十四五”期间山西民航行业科学发展，加快推进“四型机场”建设，更好地服务国家及山西省发展战略，满足人民美好生活需求的客观需要，具有重要的现实意义，可以为山西民航管理部门统筹安排各年度民航发展重点和重大项目建设进度提供重要参考，并为总规划提供支撑。

【组织修订《山西省处置民用航空器飞行事故应急预案》】 根据省政府关于制、修订省级专项应急预案要求，先后对全省民用航空器飞行事故风险进行研判、评估，对全省民用航空器飞行事故应急资源情况进行调查摸底，提出《山西省处置民用航空器飞行事故应急预案》的修改意见，多次广泛征求省处置民用航空器飞行事故应急指挥部成员单位意见后修改完善，经厅长办公会审议，并与省应急厅共同组织有关人员和专家召开预案评审会，配合省政府完成核稿校对工作。7月27日，《山西省人民政府办公厅关于印发山西省处置民用航空器飞行事故应急预案的通知》正式印发。该《预案》对进一步建立健全我省民用航空器飞行事故应急机制、保证民用航空器飞行事故应急处置工作协调有序高效进行、最大程度减少人员伤亡、保护公众生命和财产安全具有重要意义。

【发展“通航+旅游”新业态】 以交通强国建设试点任务交旅融合“通航+旅游”部分为抓手，发挥全省丰富的文化和旅游资源优势，以三大板块划分区域，围绕“短途运输与低空旅游”制定行动计划及实施方案。4月14日，主动对接省文旅厅、山西通航集团，在发展模式研究、试点项目推广等方面作进一步深入研究。全省已开通太原尧城至大同、吕梁、长治、运城、石家庄栾城，吕梁至大同、临汾，长治到大同，太原到运城到南阳等9条短途航线，初步构建起山西通航短途运输航线网络；累计开展壶口瀑布、太行山大峡谷、雁门关、晋阳湖公园、绵山风景区、老牛湾、碛口古镇、七彩盐湖、平遥古城、云冈石窟、五台山等10余个低空旅游项目，打响“空中看山西”旅游品牌。

【搞好食品安全管理工作】 省厅为山西省食品安全委员会成员单位，根据省食安委年度重点工作安排，厅民航建设运行处会同厅公路运输管理处、路网运行管理处推进全省机场、车站、服务区食品安全管理及冷链运输相关工作。针对食品安全，省厅通过下发文件、检查督促、宣传活动、定期报送工作情况信息、年底考核评议等方式落实工作要求。2021年6月，在厅机关及山西航产集团开展食品安全宣传周活动，以张贴海报、食品安全知识答题的方式进行食品安全的宣传和落实。2021年，牵头反馈省食安办相关意见、工作信息13次，督促山西航产集团按时报送机场食品安全工作信息12次。

【争取“华北区域第二空管中心项目”早日落地山西】 “华北区域第二空管中心项目”是民航华北空管局筹备项目，该项目已计划列入全国民航管制中心“8+N”布局方案，待审核通过后纳入民航“十四五”发展专项规划中建设实施。该事项于2021年1月被列入省政府“13710”督办任务，省厅与山西航产集团协助民航山西空管分局推进项目前期相关工作，9月7日，接省政府通知，该工作事项办结。

（张羽宇）

山西省交通运输厅路网运行管理处

2021年，厅路网运行管理处坚持以习近平新时代中国特色社会主义思想为指引，坚决贯彻中共十九大和十九届五中、六中全会，以及习近平总书记视察山西重要讲话精神，认真落实厅党组安排，奋发有为，扎实工作，全省公路路网运行管理水平明显提升。

【党建引领】 2021年，严格按照厅党组要求和厅直机关党委具体安排，以党史教育为载体，以巩固提升为抓手，一是加强政治理论学习。采取集中与自学相结合方式，全面系统学习《习近平新时代中国特色社会主义思想学习问答》《毛泽东 邓小平 江泽民 胡锦涛关于中国共产党历史论述摘编》《中国共产党问责条例》《中国共产党党员权利保障条例》《中国共产党组织处理规定（试行）》《中国共产党简史》《中华人民共和国简史》《社会主义发展简史》《改革开放简史》等重要文献及领导人重要讲话。二是积极开展党日活动。驱车100多公里前往黄崖洞教育基地瞻仰黄崖洞保卫战烈士墓地、纪念碑、兵工厂车间遗址等遗迹，重温入党誓词。三是坚持党建引领。始终将政治理论学习与实际工作相结合，理想信念更加坚定，政治理论水平进一步提升，忠诚干净担当工作作风更加牢固。

【养护管理】 一是完善养护管理制度体系。持续加强公路养护管理制度建设，出台《国省干线公路养护工程管理办法（试行）》《提升桥梁安全耐久水平的实施意见》，强化监督管理，明确国省干线管养责任和养护工程实施要求。根据《“十四五”公路养护管理发展纲要》《山西省交通运输“十四五”发展规划》，结合全省实际，着力提升整体路况服务水平，组织编制公路养护“十四五”规划，按照征求意见认真修改后印发实施。二是加强公路日常养护。在科学研究全省公路冬季养护工作特点基础上，组织开展全省国省干线公路裂缝坑槽病害冬季处治专项行动，在投入资金较少前提下，有效处治全省国省干线公路裂缝坑槽等病害，消除雨(雪)水渗入路基、损毁公路等隐患，延缓公路路面路基损毁进度，节省养护资金，延长公路使用寿命。在2021年交通运输部组织的公路检查评价时，得到检查组充分肯定。与此同时，印发《关于在全省国省干线公路深入开展“灌缝补坑”持续消除路面病害工作的通知》，开展全年“灌缝补坑”行动，为延长公路使用寿命、及时消除坑槽裂缝等病害打下坚实基础。根据检查结果显示，高速公路“灌缝补坑”率达到80%。三是实施公路精准养护。鉴于全省地处北方，降雨量相对较少，路基几乎未发生破坏。为节约养护成本，积极推进精准养护，以晋中、吕梁为试点，以百米为单元，对不同次差路段不同病害实施不同养护措施。首先，对次差路百米单元“优良”路段养护措施。对轻度纵横裂缝以开槽灌缝工艺进行处治；对重度纵横裂、龟裂、块裂及其他损坏统一进行挖补处治，并在坑底和坑壁增贴“抗裂贴”。其次，对次差路百米单元“中”路段养护措施。病害处治措施与“优良”百米处治措施相同，处治完成后，统一在原整百米路段进行同步碎石封层或微表处。最后，对次差路百米单元次差路段养护措施。对轻度纵、横裂缝，以开槽灌缝工艺进行处治；对重度纵横裂、龟裂、块裂及其他损坏统一进行挖补处治，并在坑底和坑壁增贴“抗裂贴”。对病害较严重路段，进行铣刨重铺，并再重铺增贴“抗裂贴”。相比路面重铺，通过精准养护，每公里养护费用由280万元/公里降为50万—80万元/公里，截至年底，晋中、吕梁境内次差路已处治200公里。四是开展危旧桥梁改造行动。按照交通运输部要求，出台《关于印发山西省公路危旧桥梁改造行动方案的通知》，及时召开动员部署会，成立工作专班，开展为期5年的危旧桥梁改造行动。经排查，全省普通国省道危旧桥梁共957座，其中：技术状况较差桥梁37座、老旧桥梁827座、专项行动涉及桥梁93座。2021年度批复普通国道危旧桥梁工程项目88项，危桥17项，旧桥71项，已完工15座，正在施工73座。五是持续推进公路安全提升专项行动。首先，开展独柱墩桥梁运行安全提升专项行动。对所有独柱墩桥梁的横向稳定性进行验算。共排查出104座高速公路桥梁需要加固改造。截至10月底，已全部完成改造。其次，开展公路隧道提质升级专项行动。全省共排查出需要提质升级的隧道659座，792065延米；高速公路已实施改造571座，751846延米；普通国省干线公已实施改造78座，30880.2延米。再次，开展公路桥梁安全防护能力提升专项行动。高速公路共排查需提升的防护Ⅱ类桥梁480座，截至年底已全部改造完成，完成率100%。普通国省干线公路共排查出需提升的桥梁1640座，已完成提升174座桥梁。普通国省干线公路桥梁Ⅱ类安全防护设施按照要求继续结合各类新改建、养护工程一并处置。110座纳入各类依托工程桥梁Ⅲ类安全防护设施，将按照工程进度一并实施。93座桥梁Ⅲ类安全防护设施省厅计划已下达。11月11日，省厅完成93座桥梁Ⅲ类安全防护设施施工图设计批复。最后，开展连续长陡下坡安全通行能力提升专项行动。高速公路共排查连续长陡下坡路段6处。普通国省干线公路共排查连续长陡下坡路段56处，其中国道34处，省道22处。高速公路完成全部6段长陡下坡路段提升改造。普通干线公路完成15处路段，剩余41处将逐年统筹结合国省干线公路改造、公路安全生命防护工程、日常养护等工程逐步整改实施。六是顺利完成迎接2021年干线公路养护评价工作。11月4日，交通运输部组织相关单位从内业(养护管理)和外业(路况、桥梁、隧道、安全设施)2个方面对全省开展国家公路网技术状况监测工作。按照交通运输部有关要求，及时印发《工作方案》，召开部署会，明确责任分工，层层分解落实。组织省公路局、交控集团，对照评价标准和细则，认真开展各项准备工作，积极配合检查组进行资料查阅和现场检查工作，圆满完成全省2021年干线公路养护评价的各项工作任务。检查组一行对全省干线公路养护表示充分肯定，认为：山西省能够积极充分履行行业监管职责，完善管理制度，落实高速公路监管资金，委托专业机构对高速公路路面、桥梁、隧道进行全方位监测，及时掌握路况水平，针对问题督促高速公路运营企业进行整改。特别是全省从2021年加强“灌缝补坑”为主线的日常养护工作，效果显著。同时，全省积极探索在降水较少的北部地区采用精准养护方式消除次差路的做法，既提高公路技术状况，又节约大量资金。各级桥隧管养单位养护管理资料与安全运行制度总体比较齐全，落实责任主体和监管主体，执行国家、交通运输部相关制度要求及行业标准、规范，落实情况良好。受检桥梁、隧道技术状况评定结果准确，技术状况良好。桥隧管养单位养护人员、养护设备配置能较好满足所管辖桥隧日常养护工作，能够基本按照规范要求频率及内容开展桥梁、隧道的检查、评定、清洁、维护及病害处治等工作。七是规范养护市场秩序。首先，养护作业资质管理。全年共计受理公路养护从业资质申报资料98件，涉及98家企业，其中养护资质复审87家、新申报7家、更名6家，截至年底已经按照程序全部审核完成。交通运输部发布《公路养护作业单位资质管理办法》，2022年1月1日起施行，厅路网运行管理处同步编写的山西省实施细则已经完成全社会征求意见，养护资质审核平台开发也基本完成，12月20日全部完成，2022年1月1日正式启用。其次，规范招投标管理。实现全省国省干线公路养护工程招投标，全部由省厅审核，方可通过国资委、招投标网等渠道发布，有效加强对参与单位的履约管理。最后，开展养护市场督查。根据交通运输部有关工作部署，下发《关于开展国省公路养护市场督查的通知》，对全省公路养护工程情况、前期工作和计划编制、招标和投标、信用评价和合同履约、设计变更和造价管理以及各参建单位管理情况等内容进行督查，并将督查结果作为年度信用评价重要依据，进一步加强对养护市场监督管理。

【路网运行】 一是加强路网运行制度体系建设。针对高速公路体制改革后，全省服务区运营和管理制度缺失，起草并出台《高速公路服务区管理办法》，弥补服务区在管理制度上的缺失，进一步完善服务区考核评价机制。联合省公安厅、省应急管理厅等六部门，制定出台《山西省运营高速公路服务区危险化学品运输车辆停放管理办法》，明确各部门管理职责，规范服务区危化品运输车辆的设置和停放管理。为持续推进公路标志标线优化提升专项工作，逐步提升公路交通安全和服务水平，拟定《公路交通标志和标线管理办法》，将于省交通运输厅长办公会审议通过后印发。二是强化服务区管理。首先，开展服务区提质升级三年行动方案。为认真落实省委、省政府领导批示指示精神，起草并以省政府办公厅名义印发《山西省高速公路服务区提质升级三年行动方案》，通过开展公共卫生间改造、“司机之家”建设、危化品停车区改造、危化品停车区标志标线完善、监控系统改造、护坡修复和人行天桥建设、场区路面硬化改造、消防设施改造、加气站、加油站、充电站建设等措施，全面解决环境卫生差、服务质量低、服务区品质不高等突出问题。一年来，全省高速公路服务区共投入资金6.79亿元，基本实现企业LOGO规范统一、外观形象焕然一新、公共环境干净整洁、服务功能进一步完善目标。开工建设加气站19座，建成1座；新增开通运营加油站6座；充电站建设方面，交控集团已与国网山西电力公司达成合作意向，《合作协议》正由国网山西电力公司党委会审议，签订后开始实施。其次，印发《高速公路LNG加气站规划》。根据副省长韦韬主持召开的专题会议精神，安排交控集团着手开展高速公路液化天然气（LNG）加气站规划（2021—2025年）的编制工作，并先后两次组织专家对《规划》进行评审。4月29日，提请省政府同意后，联合省发展改革委联合印发《山西省高速公路液化天然气（LNG）加气站规划（2021—2025年）》。最后，开展“厕所革命”专项行动。按照交通运输部要求，下发《关于开展公路服务区“厕所革命”专项行动的通知》，通过对服务区老旧厕所改造，增设第三卫生间，完善无障碍卫生设施，增加厕位数量等措施，解决公众“如厕难”和“卫生差”问题。截至年底，高速公路已完成16对服务区公共卫生间整体改造。三是开展高速公路畅通行动。按照省纪委监委“督促开展高速公路畅通行动”要求，下发《高速公路畅通行动实施方案》，定期召开工作会，扎实推动方案有效开展。尤其是针对群众反映强烈的G55二广高速高蒲附近限速值“不合理”的问题，委托交通运输部公路院对该段路段限速管理进行综合评估，最终确定将小型车辆限速由原来的100公里/小时升至120公里/小时，大型车辆维持80公里/小时不变。根据评估结果，在充分调研并广泛征求各方意见基础上，提出二广高速忻州高蒲至太原东环（K691+000~K733+098）段限速提升标准化示范路段方案，主要采取分车道限速与车型限速相结合的办法，增加路面文字标线和限速提醒，设置门架式车道限速标志，从而大幅降低因小客车与货车混行导致的交通事故发生率。示范路段共计新增标志牌6处，龙门架1处，改造旧龙门架标志牌5处，新划标线20143.8平方米。截至年底，施工已全部完成，运行效果良好。依托“高速公路交通事件共享系统”，与高德地图导航实现交通事件及路况信息秒级共享对接，实时发布交通拥堵、占道事故、占道施工、交通管制等路况信息至高德导航客户端，为司乘提供“个性化”交通出行信息服务。改善高速公路运营单位与高德地图之间双方信息共享效率，提高信息时效性和准确性。据高德软件公司反馈，截至11月8日，系统对接数据服务出行帮助人数245万人次，节约出行时间1560小时；减碳3.5万千克；信息利用率从原来50%上升到87%；上线速度评估从45分钟降低到10分钟。四是持续提升路况服务水平。首先，加强公路沿线环境整治。印发《关于对全省国省干线公路沿线环境专项整治工作检查的通知》，组织检查组先后5次对国道、省道集中开展整治，彻底治理乱搭乱建、乱堆乱放、乱扔乱倒等问题，实现公路沿线安全隐患消除、环境干净整洁、绿化美化有序。其次，开展标志标线专项提升工作。通过对在用公路和在建工作交通标志标线开展排查评估和优化提升，持续提升公路交通安全和服务水平。截至年底，普通国省道新增标志203块、更换标志128块、调整标志9块、拆除标志17块，新增标线29778平方米，调整标线23567平方米，清除标线1537平方米。高速公路新增标志452处，更换标志332处，调整标志167处，拆除标志89处。新增标线56172平方米，调整标线109611平方米，清除不合理标线52988平方米。五是持续开展公路限高限宽设施和检查卡点专项整治行动。按照交通运输部等四部委持续深入开展限高限宽设施和检查卡点专项整治行动要求，在2020年工作基础上，坚持问题导向，创新工作思路，进一步加大工作力度，积极协调太原、郑州、北京等铁路局，圆满攻克铁路部门限高设施整治难问题，受到部公路局领导好评。为及时解决群众投诉反映的限高限宽设施设置不合理问题，人员在深入一线实地调研同时，主动协调设置限高限宽设施的地方市、县、乡政府以及环保、城建、公安交警等部门，积极宣传国家政策，争得设置单位理解和支持，高质量完成群众投诉反映问题整改任务。据统计，全省共拆除取缔公路限高限宽设施和检查卡点共131处，整治完善公路限高限宽设施和检查卡点1556处。较为圆满地完成全省公路限高限宽设施和检查卡点专项整治工作任务，该项工作进入全国先进行列。六是开展普通国省道收费公路自由流收费技术试点工作。认真落实省领导批示精神，积极协助长治市政府以长治市普通国道环线公路为试点，探索推进普通国省干线公路自由流收费模式和技术在长治市率先落地实施。7月5日，省厅以《关于长治市先行先试开展普通国省干线收费公路自由流收费技术试点工作的意见》（晋交路网发〔2021〕195号）报省政府。7月13日，省长蓝佛安阅示，副省长韦韬批示“拟同意开展试点工作”。截至年底，省厅已出具关于自由流工程可行性研究报告的行业意见，各项工作正在稳步推进。七是持续推进自然灾害普查和地质灾害预防治理工作。按照部普查工作领导小组要求，成立工作专班，细化工作方案，加强技术保障。截至年底，已结合全面普查工作要求，修订全省公路承灾体的普查实施方案，召开全省公路承灾体普查动员会。截至年底，公路承灾体普查共采集高边坡和自然灾害风险点4657处；高速公路和普通国省公路承灾体普查进度为100%；农村公路普查进度为95%，全国排名第5。因自然灾害普查落实到位，强降雨造成公路灾毁中，有效避免人民群众生命和财产损失。八是开展灾毁路段抢通保通和灾后恢复重建工作。2021年入汛以来，全省遭遇几十年不遇强降雨天气，部分地市公路基础设施损毁严重，全省公路受损6681公里、中断3350处。其中高速公路32处，普通国省干线公路80处，农村公路3238处；经济损失100.45亿元。灾情发生后，厅路网运行管理处严格按照厅党组安排，先后印发《山西省公路水毁灾损评估技术指南》《山西省公路灾毁抢险抢通和灾损评估工作方案》，加大力度，强化措施，积极组织各级公路机构，迅速开展公路抢通工作，经过全系统广大干部职工共同努力，全省交通运输系统累计出动抢险人员22.7万人次，投入各类机械9.5万台班次，实现高速公路已全部恢复通行，普通国省干线公路已抢通78处，农村公路已抢通或至少有一条绕行道路畅通，能源运输通道全部畅通。剩余2处325省道长治市段于年底前抢通，333省道泽州段于2022年6月底前抢通。全省大部分地区灾情得到有效缓解，工作重心正由抢险抢通转向灾后恢复重建。

（朱 烨）

山西省交通运输厅农村公路管理处

2021年，在厅党组坚强领导下，全省各级交通运输部门认真学习贯彻习近平总书记关于“四好农村路”重要批示指示和视察山西重要讲话精神，以“交通强国建设”为抓手，以“四好”为基础，以“三畅四优”为目标，以创建“四好农村路”全国和全省示范市、县为牵引，强化政府主导，注重规划引领，紧盯目标任务，加大资金投入，狠抓责任落实，推动农村公路高质量发展，确保年度工作任务圆满完成。

2021年，省厅年初下达农村公路建设任务4300公里，总投资194.4亿元。其中，“四好农村路”安排建设2300公里，投资64.4亿元；旅游公路安排建设2000公里，投资130亿元。截至11月底，全省农村公路已建成5024公里，完成投资220亿元，分别占目标里程、投资的117.3%和113.6%。其中，“四好农村路”已建成3039公里，完成投资83.9亿元，分别占目标里程、投资的132.1%和130.3%。三个一号旅游公路本年开(复)工2231公里，完工2003公里，完成投资136.8亿元，分别占目标里程、投资的100.2%和105.3%；2018年以来累计开(复)工5700公里，建成5472公里，完成投资459.1亿元，分别占总规划里程、投资的42%和44%，串联沿线74个A级及以上旅游景区、185个非A级旅游资源(点)。

1月8日，《山西省旅游公路管理办法》出台，以省政府令形式发布，从根本上保证旅游公路的专用性、安全性。1月25日，《旅游公路设计技术指南》作为全国首家地方标准发布，有效规范旅游公路主体、慢行、景观、服务和信息五大系统设计，确保三个一号旅游公路协调统一。4月21日，交通运输部印发《关于表彰全国交通运输脱贫攻坚成绩突出的集体和个人的通知》，农村公路管理处被表彰为“全国交通运输脱贫攻坚成绩突出的集体”。5月21日，黄河一号旅游公路临汾市永和南庄至阁底段被交通运输部授予“全国十大最美农村路”，成为宣传山西形象、展示交旅融合发展又一张新的亮丽名片。7月13日，全省“四好农村路”和三个一号旅游公路建设工作推进现场会召开，省长蓝佛安出席会议并讲话，给予“交旅融合发展初见成效，有力服务全域旅游发展”的高度评价。7月13日，建成太行一号旅游公路晋中环城绿道的“城景通、景景通”精品示范段119公里，首次应用“人车路”一体化感知网络系统，树立全省“智慧型”旅游公路的建设样板。11月18日，交通运输部公示运城市、晋城市获评全国“四好农村路”市域示范创建突出单位，河津市、高平市、阳城县、长子县、榆次区5个县(市、区)获评全国示范县。2021年以来，全省“四好农村路”和三个一号旅游公路先后多次被中央、省级新闻媒体报道，受到社会各界高度关注。

【坚持规划引领，高水平谋篇布局】 在开展农村公路普查的基础上，编制《山西省“十四五”农村公路规划发展纲要》，组织各市县制定了《县域农村公路建设专项规划》，进一步明确发展目标、主要任务和实施路径，及时把目标任务分解到市县，层层落实任务、层层压实责任。按照省委、省政府“进一步加快推进旅游公路建设”的部署要求，高质量编制《黄河、长城、太行三个一号旅游公路规划纲要（2018—2025年）》，提出“快旅慢游深体验”“交旅融合”等现代旅游交通理念，明确旅游公路每年建成2000公里，按照“两性两型”建设要求，督导市县同步推进五大系统设施建设，到“十四五”末，全面建成“结构合理、设施完善、功能齐全、特色突出、服务优良”的“城景通、景景通”全域旅游交通网。

【强化政府主导，高质量推动落实】 省委、省政府坚持把农村公路摆到乡村振兴、经济转型的大局中研究谋划，连续4年召开“四好农村路”和旅游公路建设现场会、推进会和项目建成投用仪式，学习贯彻习近平总书记重要批示指示精神，统筹安排部署各项工作，并将“四好农村路”和三个一号旅游公路建设任务等列入省委全委会、经济工作报告和省政府工作报告。将农村公路“一灯一带”列为全省交通运输领域“我为群众办实事”任务，推动将“四好农村路”和三个一号旅游公路年度目标任务、农村公路管养体制改革、“路长制”完成情况等纳入政府绩效、乡村振兴的考核范畴，切实压实主体责任。截至年底，11个市均出台市级农村公路管理养护体制方案，多数县（市、区）主要领导将“四好农村路”和改革任务作为“一号工程”，亲自部署，全力推动，全省“政府主导、部门协同、上下联动、运转高效”的工作格局正在形成。

【健全制度体系，高标准规范实施】 在省政府《关于深入推进“四好农村路”建设的实施意见》的基础上，制定形成涵盖农村公路设计、施工、管理全过程的“5+2+1+3+N”制度体系（“5”是指旅游公路主体、慢行、服务、景观和信息五大系统设计技术指南；“2”是指《农村公路建设管理办法》《关于提升农村公路工程质量的实施意见》；“1”是指《“四好农村路”和旅游公路建设资金使用管理办法》；“3”是指《山西省人民政府办公厅关于在全省全面推行农村公路“路长制”的通知》《山西省深化农村公路管理养护改革实施方案》《山西省旅游公路管理办法》；“N”是指《关于推进“四好农村路”高质量发展的实施意见》等一系列制度文件为统一标准、规范管理、保证质量提供制度保障。

【创新投融资模式，多元化提供保障】 与省财政厅联合印发《山西省“十四五”期普通省道和农村公路建设补助标准》，在“四好农村路”建设上，由“十三五”期按项目投资额给予一定比例补助调整为定额补助方式，按照乡村振兴重点帮扶县、整体推进县、先行示范县分三类进行差异化补助，确保“十四五”期间补助标准不低于“十三五”，省级补助比例不低于总投资30%。在旅游公路建设上，采取“政府补助+债券+PPP”模式（政府补助部分主要用于旅游公路主体工程建设，其他附属设施由市县采取市场化运作方式建设，政府不再投资）。全省每年安排旅游公路投资130亿元，其中，省财政安排一般预算12.92亿元，省交通运输厅安排省成品油税10.34亿元；市级给予10%的资金补助，省财政代市县每年发行一般债券51.08亿元，剩余32%由县级采用PPP等市场化运作方式筹措，构建“政府主导、金融支持、社会参与”的多元化投融资机制，为推动农村公路高质量发展提供资金保障。

【深化管理养护改革，加快建立长效机制】 组织晋源区、长子县等6个担负农村公路管理养护体制改革试点单位出台《实施方案》，加强过程监管，总结典型经验，切实发挥示范引领作用。组织各市出台《农村公路管理养护体制改革的实施意见》，推动市县健全以公共财政投入为主、多渠道筹措为辅的养护资金保障机制，确保日常养护资金投入。全面推行农村公路“路长制”，完成全省“路长制”组织人员和路线信息的建档立卡，登记在册县级路长117人、乡级路长1294人、村级路长21198人，并建立“县有交通运输综合执法员、乡有监管员、村有护路员”的路产路权保护队伍，“县有所、乡有站、村有员”的农村公路养护管理机构设置率为100%。同时，依托农村公路综合信息服务云平台，建立全省12.56万公里基础数据库，加强动态网格化管理，着力实现业务数据共建共享共管，不断提升农村公路信息化管理水平。

【强化行业管理，全过程锻造精品】 坚持从设计源头抓质量，牢固树立全寿命周期设计理念，对旅游公路建设项目实行全过程设计监督，2021年共咨询69个项目1131公里，解决路线方案不合理、设计深度不足等问题和缺陷。健全质量监管责任体系，严把市场准入、材料进场、过程监理、交竣工验收等关口，确保工程质量和施工安全。强化过程监管，建立厅领导包市督导工作机制，扎实开展“强服务、进工地、解难题”活动，采取“一月一排队，一月一通报”方式推进工程建设，同时依托各市公路分局成立市县专项督导组，每月对资金落实、建设进度、工程质量、安全环保等进行巡查，与市县两级交通运输部门形成工作合力。自2019年起，持续推进农村公路平交道口“一灯一带”示范工程，截至2021年11月底，累计完成减速带12182个，超额完成5231个，有效提升全省农村公路安全水平。

【注重示范创建，推动高质量发展】 在“四好农村路”方面，创建运城市、晋城市和河津市等5个县（区）分别获2021年全国示范市、示范县称号，晋中市、寿阳县等3个市、8个县（市、区）分别获省级示范市、示范县称号。2016年以来，全省共创建全国示范市2个、示范县12个，省级示范市3个、示范县32个。在旅游公路方面，以扎实推进交通强国交旅融合试点建设为重点，截至11月底，全省共建成设施齐全、功能完善、各具特色的精品“城景通、景景通”示范段2420公里，建成以太行一号晋中市环城旅游绿道为代表的“智慧型”示范段，黄河一号旅游公路临汾永和南庄至阁底段被授予“全国十大最美农村路”。

【全力灾毁抢通，有序推进恢复重建】 2021年7月以来，全省部分地区出现强降雨天气，农村公路灾毁路段共12373处，涉及影响里程5524公里，造成交通阻断3238处。灾情发生后，按照厅党组安排部署，先后多次派出督导组开展全省农村公路抢险救灾和灾后抢通恢复督导，全力组织市县开展抢通保通和灾后恢复重建。截至年底，共投入人力157547人次、机械69586台班、资金6.9亿元，实现省委、省政府“10月底前全部抢通”要求，保证人民群众生产生活秩序。同时，建立“日报告”制，加强工作调度，按照“分类分级、财力可行，远近结合、巩固提升”原则，组织市县完成农村公路重建项目排查和一般灾毁项目恢复重建，建立全省重建修复项目库。截至2021年年底，正在组织市县对较重及以上项目开展前期工作，确保2022年底前所有灾毁路段恢复至灾前水平。

（孙　宇）

山西省交通运输厅水路运输管理处

2021年，全省水路运输领域坚决贯彻落实交通运输部和省委、省政府及厅党组各项决策部署，认真履行海事行政、水路运政、港口航道行政职能，扎实推进安全专项整治2021年“集中攻坚”，狠抓“船员不安全状态、船员不安全行为、企业管理漏洞缺陷”源头治理，严密组织水路运输业核查，加强船员考试考官队伍建设，推动船舶检验高质量发展，精准落实“常态化”疫情防控部署，全面推进水上搜救工作，各项工作取得明显成效。

【水运市场平稳有序发展】 持续优化营商环境，根据相关法律法规规章和省政府规范性文件，按照“放管服”改革和便民原则，取消下放6项（调整后水运审批项目已由12项调整至5项）行政审批事项。下发《关于加强运输船舶市场准入管理的通知》，从源头上规范运输船舶市场准入各个环节，提升船舶本质安全水平。严密组织水路运输业年度核查，加强水运市场秩序与服务质量监管，限期整改水运企业11家，个体经营户3户，船舶34艘，注销未通过核查船舶2艘，已基本完成整改。截至11月底，全省水运企业45家、营运船舶216艘、注册船员904名，水路客运量83.57万人，货物运输量15.67万吨，因受天气和疫情影响，同比下降17.5%和21.4%。

【水上交通安全基础更趋牢固】 制定下发《关于进一步加强水路客运安全管理工作的通知》《关于监督指导乡（镇）政府加强农村生产、生活使用船舶安全管理工作的通知》《关于进一步加强采砂船监督管理的通知》，联合三部门下发《关于贯彻执行〈“三无”船舶联合认定办法〉的通知》，压实属地安全管理责任，扎实推进“集中攻坚”各项任务，动态更新“两个清单”，加强“四类重点船舶”安全监管，专门组织重点时段安全检查，整改问题。深化渡口渡船现场管理，开展逃避海事监管船舶、船舶碰撞桥梁等专项整治行动，持续清理“三无”采砂船，对4处跨航道桥梁进行隐患排查治理，停业整顿水运企业5家，对发生责任事故的，严格实施“一案双查”。下发《关于加强水路运输领域极端恶劣天气预警预报工作的通知》，在2021年“七上八下”和10月份极端恶劣天气期间，指导各市水运企业落实停航停运、系泊加固等措施，没有发生水上交通事故险情，为保护人民群众生命和财产安全发挥重要作用。

【加大水运基础设施规划建设维护力度】 完成水路交通“十四五”专项规划编制工作，全省7个水运建设项目全部列入交通运输部“十四五”水运发展规划重点建设项目库，总投资9.6亿元，是“十三五”期间入库项目资金的3倍，预计申请部补助资金5亿元，在周边非水网省份中处于中游水平。下发《关于加快推进水运“十四五”重点建设项目前期工作的通知》，争取2020年部分项目能够开工实施。10月份，全省大部分地区航道码头受灾受损严重，积极向部水运局请示汇报争取支持，及时下发《关于补报航道应急抢通补助资金申请资料的紧急通知》，统计全省航道码头受损情况，补报2021年航道应急抢通资金850.3万元，年底前拨付到位。

【规范地方海事业务工作】 下发《关于进一步规范船员管理工作的通知》，加强船员考官队伍和质量体系建设，参加部海事局组织的海事业务培训，规范船员考试受理、发证各个环节，公布44名船员考试考官、评估员合格人员名单，向部申报26名首席考官，完成船员考试365人次，签发相关证书350本，船员考官队伍趋向合理，管理制度逐步完善。严格船舶检验管理，下发《关于做好2021年船舶检验工作的通知》，强化垂直管理事项和派出机构业务管理，完成部海事局组织的年度不定期检查工作，全面落实渔业船舶检验和监督管理职能，全省5家渔船检验机构取得部海事局业务范围核定批复，下发《关于做好渔业船舶检验工作的通知》，明确渔船检验指导、协调和监督管理职责，落实渔船检验事权属地责任，加强渔船验船师队伍建设，做好第二批渔船检验机构业务范围核定申报工作。

【全面推进水上搜救工作】 联合省财政厅下发《关于切实加强水上搜救工作的通知》，要求市县人民政府全面落实属地责任，推动成立水上搜救机构，将水上搜救所需经费纳入年度同级财政预算。下发《关于开展水上搜救工作调度的通知》，加大对各地工作落实情况的跟踪问效和随机抽查，推动巡航救助一体化和装备物资库建设进度。建立水上搜救队伍，累计发放水上搜救奖励资金20余万元，太原、阳泉、运城等市组织开展水上搜救应急演练。7月底，根据部海事局援助河南救援物资的电话通知，省厅紧急调配海事救生船艇2艘，投入10余万元采购救生设备1800余件(套)，动员5家水运企业共17艘船艇、30余人全力援助河南灾区。

(苏慧杰)

山西省交通运输厅城市客运管理处

2021年，在厅党组正确领导下，厅城市客运管理处紧紧围绕省委、省政府和厅党组提出的目标任务及工作安排，建设交通强国、优先发展公共交通、轨道交通运营安全等重点工作取得显著成效。

【深入贯彻公共交通优先发展战略】 一是持续推动国家公交都市建设示范工程创建工作。指导太原市完成国家公交都市创建工作，2021年7月30日被交通运输部命名为“国家公交都市建设示范城市”。指导临汾市加快推进公交都市创建工作，力争2022年通过专家组验收。二是深入开展绿色出行创建行动。指导太原、大同、阳泉、晋城、临汾5市制定创建方案，分解创建指标，不断提升绿色出行水平。组织开展“山西省2021年绿色出行宣传月和公交出行宣传周活动”启动仪式，印发海报2400余份，在全省积极营造“优先选择绿色出行”的舆论氛围。三是不断提升城市客运服务水平。指导各市统筹配置公共客运资源，全省新开通公交线路85条，调整优化线路105条，定制公交、旅游公交、接驳专线等特色公交，进一步满足群众日常出行需求。电子站牌(592块)、手机App乘车信息查询(11个设区市城区）、移动支付覆盖区域逐步扩大，全省公共客运智能化、信息化水平稳步提升。推动太原地铁2号线完成交通一卡通系统改造，与全国300多个城市实现互联互通，全年一卡通共发卡128.9万张。联合省人社厅推动第三代社会保障卡加载交通一卡通功能，2021年3月12日进入发卡阶段，实现全国省级首发。

【督促指导交通强国建设试点任务】 督促指导阳泉市开展“高密度中等城市交通拥堵治理与绿色出行”交通强国试点任务，阳泉市出台《关于贯彻落实〈交通强国建设纲要〉的实施意见》《加快推进交通强国建设（2021—2022年）行动计划》等文件，各项工作稳步推进。

【扎实做好“十四五”纲要编制工作】 牵头完成《山西省城市公共交通优先发展战略研究》《山西省城市公共交通“十四五”发展纲要》编制工作，根据交通运输部相关规划内容进一步修改完善后，印发实施。

【狠抓城市客运行业安全生产工作】 完成《山西省城市轨道交通运营突发事件应急预案》编制和《山西省城市公共交通运输突发事件应急预案》修订工作，已以省政府办公厅名义印发。先后4次对地铁2号线进行明察暗访，下发《关于反馈太原市城市轨道交通存在问题的函》，指导运营单位对存在问题进行整改。指导太原市交通运输局督促运营单位开展地铁2号线安全风险辨识和隐患排查治理工作，运营单位建立2021年安全风险数据库，编制完成隐患排查手册，共辨识安全风险1286项，制定隐患排查内容1419项；针对太原地铁2号线发生的“7·6”淹水倒灌险性事件，指导太原市交通运输局联合市防汛办召开城市轨道交通防汛应急联席会议，初步建立防汛救援联动机制，针对全国城市轨道交通安全检查中暴露出的问题，指导相关单位限期整改。印发《关于切实做好全省城市公共客运领域运营安全工作的通知》，截至12月底，全省新增和更新公交车辆驾驶区安全防护隔离设施安装率为100%。

【持续推动城市客运领域车辆新能源化】 贯彻落实省政府工作要求，持续推动城市客运领域新能源汽车推广应用工作。截至2021年年底，全省新能源公交车1.48万辆，占比87.4%，全国排名第5，朔州、忻州、吕梁、晋中、长治、晋城、临汾等7个市城市建成区公交车全部实现新能源化；新能源巡游出租车2.22万辆，占比52.8%，全国排名第2；太原、忻州、吕梁、阳泉、临汾、运城6个市城市建成区巡游出租车全部实现新能源化。

【加快推动网约车合规化进程】 印发《山西省推进网约车合规化工作方案》，通报三季度末各市网约车合规化相关数据，督促各市尽快出台当地网约车合规化工作方案，结合打击非法从事出租汽车经营行为专项行动，重点打击网约车非法营运，会同有关部门破除行业准入“玻璃门”“旋转门”等问题，加快网约车合规化进程；梳理全省巡游出租汽车车辆和驾驶员数据，上报至部网约车监管平台，有效提升全省网约车双合规完成订单率，高于全国平均水平；截至12月底，全省累计许可网约车平台公司195家，核发“网络预约出租汽车运输证”2.2万张，核发“网络预约出租汽车驾驶员证”3万张，合规化进程不断加快。

【扎实做好出租汽车行业稳定工作】 先后印发9个文件，赴大同、朔州、忻州、阳泉4地进行实地调研、督导，就阳泉市“出租车公司乱收费问题”组成工作专班进行实地核查，阳泉市出租汽车企业累计退还各项不合理费用888万元，减轻出租汽车经营者、驾驶员负担。针对部分县、市出租汽车司机反对共享电单车投入运营问题，印发《关于切实做好出租汽车行业稳定有关工作的通知》，督促各市扎实做好出租汽车行业稳定工作，严格落实行业稳定每日“零报告”制度。

（郭　艺）

山西省交通运输厅直属机关党委

2021年，在厅党组坚强领导下，厅直属机关党委认真落实中央和省委关于全面从严治党的战略部署，按照厅党组党风廉政建设工作会议安排，积极发挥职能作用，协助厅党组落实全面从严治党主体责任，不断加强全省交通运输系统党的建设。

【提高政治站位，聚焦主责主业，充分发挥协助作用】 一是协助开展党史学习教育活动。党史学习教育开展以来，厅直属机关党委协助厅党组严格落实政治责任，紧紧围绕“学党史、悟思想、办实事、开新局”的总要求，以学史明理、学史增信、学史崇德为主线，精心组织、周密部署、丰富载体、创新方法，扎实推进全省交通运输系统党史学习教育各项工作走深走实，为推动交通运输行业高质量发展提供不竭动力和政治保障。首先，认真谋划，层层压实主体责任。印发3份指导性文件，制定5个方面、18项措施，从严、从实、从细谋划党史学习教育各环节工作。抽调厅直单位处级干部和专业党务干部组成三个巡回指导组，督促全系统各级党组织认真履职。其次，开展专题学习。协助厅党组中心组领学，制定中心组学习计划，坚持每半个月组织开展1次专题学习。全年开展中心组专题学习19次，专题交流研讨12次，中心组成员交流发言实现全覆盖。多种形式助学，全覆盖配置专题学习资料，分类制定党支部学习计划，明确学习要求。依托“山西交通干部在线教育培训”平台，面向全省交通运输系统干部职工配套开发8个系列专题139门线上党史学习教育课程，合计142.5个学时，并开展党史知识在线学习测评，测评人数达6838人。挖掘学习典型，推广晋中公路分局基层党支部党员先锋岗等优秀创建经验和学习管理模式。组织开展“为什么学、学什么、怎么学”等5次主题党日活动。开展专题培训和宣讲，邀请周文彰等省内外专家学者，为广大党员提供政治理论前沿指导，拓展学习深度。组织开展2期党史学习教育培训班。指导督促全系统开展专题讲座、辅导、宣讲227场次，参与人数1.7万余人次。再次，切实做好“为群众办实事”工作。协助厅党组督促相关处室完成厅机关5件实事，其中推进高速公路服务区“厕所革命”项目，受到山西新闻联播的专题采访和报道。督促厅直各单位建立办实事清单35项，完成32项。最后，加强宣传引导，积极营造浓厚氛围。统筹网上网下宣传媒体，不断创新宣传形式，切实推动全系统党史学习教育走心、走实。充分利用《山西交通报》、厅官网及山西交通微信公众号等新媒体平台，开设党史学习教育宣传和党史百年天天读专栏，广泛宣传全系统各级党组织开展党史学习教育的动态消息和创新举措，向广大干部职工推送党史知识。依托山西交通微信公众号，专题策划“光荣在党50年纪念章颁发仪式”等系列报道活动，通过视频、图片、H5等多媒体宣传方式，带动和促进全员掀起“四史”学习热潮，推动党史学习教育深入群众、深入基层、深入人心。省厅向省委党史学习教育简报报送稿件241篇，被采纳宣传13篇。二是协助厅党组履行全面从严治党主体责任。协助党组召开党风廉政工作会，对全系统全面从严治党工作作出安排部署，督促各级党组织进一步压实党风廉政建设主体责任。协助召开全面从严治党专题会议，定期分析全面从严治党和意识形态形势与任务，全力维护全系统稳定大局。结合厅领导分工实际，修改完善《厅党组及领导班子成员落实全面从严治党责任清单》。在全系统开展第9次“党风廉政宣传教育月”活动，组织开展党规党纪学习、警示教育，加强日常监督，进一步增强党员干部“不想腐”的思想自觉，全系统党风廉政建设和反腐败工作取得明显成效。三是扎实开展政治监督。开展巡察工作是厅党组严肃党内政治生活，净化党内政治生态，加强党内监督的重要抓手。作为省委、省纪委明确的第一批开展巡察工作的省直单位，厅党组坚决贯彻落实省委、省纪委关于省直部门开展巡察工作的总体部署，探索建立《巡察工作流程(试行)》《巡察抽调人员管理办法(试行)》2项基础性制度。组建巡察人才库，制定工作计划，确定6家已经完成事业单位改革的厅直单位开展巡察。通过3个多月工作，巡察组顺利完成各项工作，共检查发现各类问题77个，截至年底，正在督促整改。这项工作得到厅领导肯定。四是组织迎接省纪委政治监督专项检查。作为牵头部门，厅直机关党委认真起草厅党组《政治监督专项检查自查报告》，梳理汇总厅党组关于习近平总书记视察山西重要讲话重要指示等9个方面情况，做好印证材料准备工作和有关会务工作，确保不漏项、不缺项，积极协调、主动配合检查组工作，充分反映厅党组自觉接受监督的良好态度。

【强化责任担当，扎实推进全系统党的建设各项工作】 厅直机关党委以党的政治建设为统领，全面推进全系统党的政治建设、思想建设、组织建设、作风建设、纪律建设，把制度建设贯穿其中，不断提高党的建设质量，推动党建向中心工作聚焦。一是组织开展庆祝中国共产党成立100周年活动。举办省交通运输厅“光荣在党50年”纪念章颁发仪式，组织对全系统104位党龄达到50周年、一贯表现良好的党员颁发“光荣在党50年”纪念章；组织召开老党员老干部话党史座谈会，与老领导老干部共聚一堂，话党史忆初心；完成“两优一先”的评选工作，对全系统97名共产党员、28名党务工作者和16个基层党组织予以表彰；协助厅领导走访慰问全系统生活困难党员、老党员；结合党史学习教育，在全系统开展“诵读红色经典•传承时代精神”活动，在诵读红色经典的过程中感悟思想伟力，赓续精神血脉；与省公路运输工会一同开展庆祝中国共产党成立100周年书画展、中国梦•劳动美“永远跟党走 奋进新征程”职工演讲比赛等系列主题活动。二是加强党的政治建设。组织全系统认真学习贯彻习近平总书记视察山西重要讲话重要指示，学习贯彻中共十九届五中、六中全会和省十二次党代会精神，切实树立“四个意识”、坚定“四个自信”、坚决做到“两个维护”。组织召开党委会议11次，研究议题30个，对党员发展和培训、基层组织建设、换届选举工作等事项进行研究，并就党员发展、表彰、处分等工作情况，按照党内法规规定，及时上报厅党组研究。三是加强党的思想建设。认真服务厅党组理论学习中心组学习，累计开展集体学习19次，交流研讨12次，实地研学1次；充实党支部学习，组织开展“崇尚英雄、缅怀英烈”等主题党日活动；加强督促指导，定期对厅机关党支部学习情况进行检查，严防机关学习“灯下黑”。四是加强党组织建设。组织完成厅直机关党委、纪委换届工作，并选举产生山西省交通运输厅直属机关第三届党委、纪委集体和机关党委书记、专职副书记、副书记及纪委书记；配合完成省委换届相关工作，按照省直工委部署，坚持政治标准，严肃换届工作纪律，严格把关，组织全系统召开党员大会酝酿产生出席省直党代会和省十二次党代会候选人初步人选，真正选出能够充分代表广大党员意愿、信念坚定、对党忠诚、有较强议事能力和联系群众能力的代表；提升党员教育培训质量，落实《2019—2023年全国党员教育培训工作规划》，按照省委组织部文件要求，扎实开展中期检查评估工作；梳理党费使用管理相关党规政策并统一印发，进一步规范党费收缴使用和管理。高标准做好发展党员工作，全年发展党员40人。严肃党内政治生活，认真落实“三会一课”、民主评议党员等党的组织生活制度。组织厅直系统105个党支部召开专题组织生活会，逾1700名党员参加。组织开展“建强基层党组织”大调研，组织赴太原高速综合执法支队小店大队一支部等5个基层党组织进行实地调研，研究起草调研报告。五是加强党的纪律作风建设。深入开展党政领导干部违规入股企业专项清理工作。针对全系统151名需完成纠正退出工作的党员干部职工，积极督促相关单位严把政策规定，推进纠正退出工作，帮助解决问题困难。截至年底，147人已完成纠正退出，4人因公示、工商手续等情况正在纠正退出中。坚持在关键时间节点发送廉政短信，累计发送900余条，坚持开展廉政文化进机关等系列活动，营造以廉为荣、以贪为耻的文化氛围，增强党员干部“不想腐”的思想自觉，巩固纪律作风防线。严肃进行执纪问责，截至年底，共处理问题线索17件，给予诫勉谈话3人，批评教育3人。此外，共接到效能监督举报4件，办结率100%。六是深入推进精神文明建设。配合省直工委完成厅直单位文明单位创建验收工作。2020年，厅直系统共有省直文明单位标兵6个、省直文明单位8个。组织开展社会主义核心价值观主题实践月活动、学雷锋和志愿者服务及公益广告创作等活动，开展寻找、发现、推荐全国第八届道德模范候选人的活动。抓好群团工作，完成1998年至2018年全省交通运输系统14个国家青年文明号复核定级工作，全系统共有3个集体获第20届全国青年文明号称号。组织参加省文明办公益广告大赛、“红色传家福”家风主题作品征集活动。

（白　雪）

山西省交通运输厅离退休人员工作处

2021年，在厅党组正确领导下，在省委老干部局指导和厅相关处室积极支持配合下，厅离退休人员工作处按照厅党组统一部署，大力开展学习贯彻十九大精神和习近平总书记视察山西重要讲话精神，遵循以习近平总书记关于老干部工作的重要指示精神，按照“一聚两强三提升”工作思路和要求，不断增强离退休干部党建活力，深入扎实做好离退休干部服务保障，组织引导离退休干部为山西高质量发展助力赋能，进一步发挥离退休干部党组织的凝聚力和战斗力，取得一定成绩。

【创新载体悟思想，聚焦庆祝中国共产党成立100周年，着力加强离退休干部政治领导】 广大离退休干部是革命、建设和改革的奠基者、见证者、参与者，他们在发扬红色传统、传承红色基因方面具有不可替代的独特政治优势。厅离退休人员工作处组织离退休老干部开展党史学习教育，以学习贯彻习近平总书记给上海市新四军历史研究会百岁老战士的重要回信精神为抓手，按照中央和省委统一部署，采取灵活方式组织引导老干部积极参加党史学习教育。依托离退休党支部，通过“三会一课”、主题党日等形式，组织老干部认真学习习近平《论中国共产党史》等学习材料，开展诵读红色经典、党史讲座、党史知识竞赛等形式多样的学习活动。组织老干部到红色基地接受党性教育，就地就近参观改革发展成果，坚定初心使命。同时我们还引导老干部结合自己亲身经历、以耳闻目睹讲党史，回忆奋斗历程、讲述初心故事、讲述党的光辉传统和优良作风，以此激励广大党员不忘初心、坚定信念。

根据省委老干部局晋老办〔2021〕1号、3号文件精神，在中国共产党成立100周年之际，以“百年奋斗路 银龄心向党”为主题，通过征文、书画展等老干部喜闻乐见的方式，讲述在党的教育培养下成长、成人、成才的故事。从故事入手，以小见大，见闻知著，生动展示全省交通运输系统广大离退休干部永远跟党走、奋进新征程的精神风貌，反映老干部们老有所知、老有所学、老有所为、老有所乐的新社会风貌。

【落实老干部政治和生活待遇，切实维护老干部利益】 一是落实老干部政治待遇。根据省委组织部、省委老干部局关于转发《中共中央组织部关于在建党100周年之际提高抗战时期参加革命工作的部分离休干部医疗待遇的通知》文件精神，厅离退休人员工作处认真核实并上报省委组织部，经省委组织部批准，为12位老干部提高医疗待遇。二是按照厅党组《庆祝中国共产党成立100周年活动实施方案》部署，厅离退休人员工作处配合厅人事处、厅直机关党委“七一”前夕做好对困难党员和困难离退休老干部的慰问工作。三是根据《中共中央组织部关于〈“光荣在党50年”纪念章颁发管理办法的通知〉的通知》要求，厅离退休人员工作处认真积极做好统计工作上报机关党委，配合机关党委颁发纪念章，并派专人去慰问因身体有恙，无法参加颁奖仪式老党员，给他们送去温暖。四是根据省人社厅《关于做好全省功勋荣誉表彰奖励获得者摸底统计工作的通知》文件精神，积极认真核实，整理相关印证材料并报送厅人事处。五是邀请老干部召开座谈会。20多位老干部到场，并介绍省交通运输厅“十四五”转型发展新局面，让老干部对交通事业发展有了新认识，更加充满信心。大家畅所欲言，十分健谈，对这次座谈会很满意，对工作给予肯定。六是生活待遇。1月份为厅机关全体离退休人员发放两节慰问金、对部分生活困难离退休家庭进行走访慰问并在重阳节前夕为老干部发放慰问金，充分表达厅党组对老干部的关心和爱护。七是积极参加省老龄委、省老干部局组织的庆祝中国共产党成立100周年网上答题、建党百年征文活动、老年人乒乓球比赛、老年人书画展等各具特色活动，并取得优异成绩。八是为了贯彻习近平生态文明思想，牢固树立绿水青山就是金山银山理念，积极响应省委建设“体育山西、健康山西、幸福山西”号召，进一步丰富离退休干部文化体育活动，提高老干部身体素质，营造健康绿色出行氛围，组织厅机关离退休人员开展“低碳环保，强健体魄，喜迎建党一百周年”健步走活动。九是举办机关离退休老干部趣味体育运动会，树立积极健康生活方式。十是组织广大离退休老干部赴昔阳大寨、阳泉狮脑山革命纪念馆参观学习，缅怀革命前辈丰功伟绩和艰苦奋斗敢于挑战的精神。十一是为离退休老干部安排一次健康体检。积极主动宣传老年健康促进行动以及老年人健康管理、老年健康与医养结合、高血压患者健康管理、糖尿病患者健康管理等国家基本公共卫生服务政策，提升老干部健康素养。十二是加大老干部权益保护相关法律法规宣传力度，开展面向老干部电信网络反诈骗宣传工作，进一步提升防范意识和防范能力。十三是坚持“四访一庆”(生病住院必访、重大节日必访、后事料理必访、重大困难必访、生日必庆贺)长效机制。对于老干部日常生活，关怀备至，老干部生病需要车辆接送的,保证随叫随到。并定期对长期卧床的老干部进行走访,得到离退休人员充分肯定。广大老干部在过生日当天还会收到一个蛋糕、一束鲜花、一句祝福，用看得见、摸得着的实事、好事，架起连心桥，起到暖人心、得人心、稳人心作用。对离退休人员有关信访需求，按照国家有关政策和文件予以答复与落实，做到矛盾不激化，具体问题妥善解决。通过一系列人性化服务，使老干部们更加理解厅党组工作部署，纷纷表示要更加支持厅党组工作，努力发挥余热，建言献策，为全省交通运输科学发展做出新贡献。

（王美芳）

山西省交通运输厅
铁路安全综合协调和监督管理处

自2021年成立以来，铁路安全综合协调和监督管理处深入学习贯彻习近平总书记关于铁路安全的重要指示精神，坚决落实省委、省政府和厅党组工作部署与要求，不断提高政治站位，深化思想认识，树立安全发展理念，突出机制引领，紧扣工作重点，强化协调攻坚，以机制建设为保障，以问题治理为导向，以攻坚克难为载体，迅速开展铁路沿线安全环境治理工作，取得一定成效。

【深化学习认识，自觉贯彻落实】 一是加强政治理论学习。组织处室人员深入学习习近平总书记“七一”重要讲话和视察山西重要讲话重要指示精神，及时学习中共十九届六中全会和山西省第十二次党代会精神，积极参加党史学习教育，接受全面精神洗礼，自觉树立“四个意识”、坚定“四个自信”、坚决做到“两个维护”，用新时代党的理论创新成果武装头脑、指导实践、推动具体工作。二是牢固树立安全发展理念。重点学习习近平总书记关于安全生产重要论述和关于铁路安全的指示精神，学习安全生产和铁路安全相关法律法规，深化思想认识，提高政治站位，增强业务能力，切实担负起加强铁路沿线安全环境治理，保障铁路安全，推进交通强国的职责使命。三是全面加强党风廉政建设。坚持党风廉政和业务工作紧密结合，不断强化党风廉政建设主体责任落实，认真贯彻落实中央八项规定和实施细则，落实中央八项规定精神负面清单，自觉遵守国家法律法规和机关各项规定，严明纪律，明确职责，坚守底线，筑牢防线。

【强化顶层设计，工作高标起步】 一是高起点建立铁路沿线安全环境治理联席会议制度。起草、发布《山西省铁路沿线安全环境治理联席会议制度》，分管副省长任总召集人，成员单位包括省委政法委、省交通运输厅等16家部门和铁路方面9家单位，联席会议办公室设在省交通运输厅，从制度层面明确省铁路沿线安全环境治理联席会议主要职责、成员单位、工作规则和工作要求。指导全省11个地市建立分管副市长任总召集人的市铁路沿线安全环境治理联席会议制度。二是高质量召开铁路沿线安全环境治理推进会议。筹备、召开山西省铁路沿线安全环境治理联席会议第一次全体会议暨全省铁路沿线安全环境治理推进视频会议，解读《山西省铁路沿线安全环境治理联席会议制度》，进一步安排全省铁路沿线安全环境治理工作。会后，推动各市迅速行动，对辖区内铁路沿线安全环境情况进行摸排，召开工作会议，详尽安排各市铁路沿线安全环境治理工作。三是高标准部署铁路沿线安全环境治理工作。根据安全生产专项整治三年行动要求和全省重点领域安全生产大排查大整治工作安排，组织对铁路沿线安全环境风险隐患进行全面排查，梳理问题隐患1699件，下发问题清单，组织开展铁路沿线安全环境风险隐患排查治理专项行动，各地铁路沿线安全环境治理工作迅速展开。

【突出机制引领，夯实治理基础】 一是制定颁布“双段长”制实施办法。起草并报请省政府办公厅印发《山西省铁路沿线安全环境管理“双段长”制实施办法》，组织铁路沿线设区市政府会同辖区内铁路局集团公司建立“双段长”对接工作机制，对铁路沿线安全环境管理工作实施长效管理。二是建立铁路沿线安全环境治理工作机制。起草制定《铁路沿线安全环境治理工作机制（征求意见稿）》，建立协同工作、沟通联络、定期报告、随时报告、重点督办、联合检查、通报评价、专题调研、专题会议和陆地联动十个机制，形成有效制度体系和工作机制，已征求各联席会议成员单位意见并根据工作实际逐步完善。三是推动各市、县“双段长”制落地。组织各铁路局集团公司对各自管辖铁路区段按县（区）、乡（镇）区划相对应，完成各区段铁路“双段长”名单，路地双方共设立县、乡两级“双段长”770名，印发山西省铁路沿线安全环境管理“双段长”人员名单，组织路地人员结对开展工作，全面推行“双段长”制。

【明确工作重点，开展隐患整治】 一是制定下半年全省铁路沿线安全环境治理工作要点。印发《2021年下半年全省铁路沿线安全环境治理工作要点》，从五个方面，制定工作要点20项，明确年度目标任务。二是开展铁路沿线风险隐患排查治理专项行动。按照交通运输部等单位部署实施的存量隐患集中治理销号行动，开展铁路沿线风险隐患排查治理专项行动；根据季节特点和今冬明春保暖保供工作重点，部署开展以飘浮物为重点的安全隐患排查治理。三是组织编制铁路沿线安全环境治理工作手册。梳理铁路安全监督管理相关法律、法规、规章和规范性文件36个，铁路安全生产专项整治三年行动相关文件4个进行汇编，收集省内铁路线路详细资料分市域、分企业进行汇总，绘制山西省铁路线路详图，最终整理形成《山西省铁路沿线安全环境治理工作手册》，下发各市，提供基础业务指导。

【协调多方联动，攻克重点难点】 一是推动公铁并行交汇段整治。对公铁并行路段护栏及公跨铁立交桥等情况进行调研摸底，明确相关法规依据和技术标准，指导各市和各铁路局有关部门对接，共同开展问题隐患整治和移交等工作。二是协调成员单位开展工作。协调省水利厅对太原局报告的50处大西高铁两侧抽取地下水安全隐患问题进行排查处理，协调省工信厅推进同蒲线2处桥涵积水改造项目，推进铁路安全报警电话纳入地方110应急处置联动系统。三是指导各市有效开展工作。建立各市铁路沿线安全环境治理负责人联络机制，解答铁路安全监督管理相关法规、政策，对铁路沿线安全环境问题治理提出具体指导建议，帮助各地及时开展工作。

【主动担当作为，治理初见成效】 一是铁路沿线安全环境风险治理成效显著。《关于开展铁路沿线安全环境风险隐患排查治理专项行动的通知》下发后，督促铁路局会同地方政府对问题清单进行全面排查核实、组织整改。2021年全省排查发现的1699件铁路沿线安全环境问题，截至12月31日，已治理1591件，销号率93.6%；395座上跨铁路桥梁已移交386座，完成率97.7%。二是重大灾害安全隐患协调作用有效发挥。协调交控集团开展北同蒲上行线皇后园至南塔底站间上跨铁路的公路桥安全隐患专项排查，组织省公路局消除省道坪曲线K155公里处水毁塌方公路影响铁路路基稳定隐患。面对特大洪涝灾害，主动对接各铁路局，掌握铁路受损情况，协调地方政府参与太焦线、同蒲线等水灾断道抢通工作。三是铁路沿线安全保障能力有效提升。组织开展铁路沿线安全环境风险隐患排查治理专项行动以来，各市、各成员单位积极落实安全责任，隐患治理工作有序推进，全省铁路未发生一起因沿线安全环境问题造成的安全事故。8月16日，副省长韦韬在《关于铁路沿线安全环境治理工作情况的报告》上批示表扬。12月17日,《铁路沿线安全环境治理部际联系会议工作简报》头条刊登山西省工作材料。

（梁甲慧）

山西省公路运输工会

2021年,在省交通运输厅党组、中国海员建设工会和省总工会正确领导下,山西省公路运输工会以习近平新时代中国特色社会主义思想为指导,全面贯彻中共十九大和十九届历次全会精神,深入贯彻习近平总书记视察山西重要讲话重要指示、关于工人阶级和工会工作的重要论述精神,开展党史学习教育,紧扣全省交通运输中心工作和省总工会十项重点工作,坚持"维护核心、服务中心、凝聚人心",不断增强政治性、先进性、群众性,团结动员广大职工为全面开启交通强国建设山西篇章新征程积极贡献力量。

【强化职工思想政治引领】 积极组织全体党员干部开展党史学习教育,积极组织广大干部职工参加省总工会党史知识竞赛答题活动,共有来自省交通运输厅直属单位和山西交控集团的23000余名干部职工参加活动。组织交通运输系统党史知识竞赛预赛,选拔6名优秀选手,参加全省职工党史知识竞赛,省公路运输工会获团体三等奖,其中两名选手分别获个人二等奖和个人三等奖。印发《关于深入学习宣传贯彻中共十九届五中全会精神的通知》,在全省交通运输系统开展调研,向中国海员建设工会报送全省交通运输系统产业工会组织体系状况的调研报告。进一步配合省总工会"听党话感党恩、蹚新路作贡献""送党史、送文化、送温暖""进项目、进企业、进工地"活动,组织开展"送党史、送文化"活动,为部分基层工会或工会小组图书室、图书角赠送《中国共产党简史》《中华人民共和国简史》等书籍,切实满足广大职工群众精神文化需求。

【深入开展扶贫帮困,充分发挥"职工之家"作用】 全省交通运输系统工会自上而下深入开展2021年元旦、春节"两节"送温暖活动,对困难职工、离退休老干部、省部级以上劳动模范及在重点工程和重大项目建设中做出突出贡献的职工、节日期间坚守在公共服务一线岗位的77名干部职工开展慰问活动,共发放慰问金15.4万元。同时做好春节期间为坚守岗位一线职工送温暖活动。省公路运输工会将省总下拨的全总慰问团送温暖活动慰问金10万元直接拨付太原西北二环高速公路发展有限公司工会工委,用于2021年元旦、春节期间送温暖慰问活动。与此同时,组织全系统各级工会广泛开展"情系职工,清凉一夏"活动。7月至8月,厅一级巡视员李贵顺,厅党组成员、副厅长王晋和厅党组成员、副厅长王四小一行,分别深入国道307、207线阳泉市绕城改线工程和吕梁南高速分公司汾阳收费站一线、长城板块旅游公路原平市区至天涯山风景区段工地及晋中公路分局太谷公路段机械化养护中心等地,开展"送清凉"慰问活动,及时将厅党组和工会组织的关心、关爱送到一线职工中。

【积极做好先进典型选树工作,充分发挥先锋模范引领作用】 一是根据省总工会《关于做好2021年全国五一劳动奖和全国工人先锋号推荐评选工作的通知》和中国海员建设工会全国委员会《关于做好2021年全国五一劳动奖和全国工人先锋号推荐工作的通知》文件要求,省公路运输工会严格按照规定程序推荐,实行扩大比例推荐、择优差额评选的办法,通过层层推荐、优中选优,把全系统近年来贡献最突出、事迹最感人的先进典型选树出来。山西省公路局晋中分局获"全国五一劳动奖状"称号,省交通运输厅综合规划处、山西交通科学研究院集团有限公司黄土地区公路建设与养护技术交通行业重点实验室获"全国工人先锋号"称号,长治高速公路公司长邯隧道管理站站长、高级政工师王安宏获"全国五一劳动奖章"。做好"三晋工匠"评选上报工作。严格按照省总工会文件要求、评选程序,本着好中选优原则,经省公路运输工会主席办公会议讨论后向省总工会上报全系统5名职工。二是开展对全省交通运输系统劳模、五一劳动奖章获得者摸底统计工作。此次摸底统计工作作为一项基础性工作,各单位在全面调查核实基础上,严格审核把关,精准填写信息,有效防止漏报错报。三是深入开展“工会进万家”调研走访慰问活动。省公路运输工会主席刘贵良、副主席王海锦亲自深入到劳模家中进行实地走访慰问，还为劳模徐尤荣解决长期困扰的个人待遇问题。全系统各级工会精心组织，细化安排共组织走访慰问全国劳模、省级劳模、困难职工58人次，并发放慰问金、慰问品共计5万元。四是根据省总工会、省人力资源和社会保障厅、省科学技术厅、省工业和信息化厅、省公安厅联合下发的《关于举办2021年全国行业职业技能竞赛——山西省第七届职工职业技能大赛的通知》文件要求，结合全系统实际，省公路运输工会在全系统范围内选派7名人员组队参加网络与信息安全管理员竞赛，最终选出排名靠前的3人参加省级决赛，并取得优秀成绩。五是组织开展2021年“五小”创新大赛优秀成果申报评审工作。根据省总工会《关于开展2021年“五小”创新大赛优秀成果申报评审工作的通知》要求，按照《山西省公路运输工会关于开展2021年“五小”创新大赛优秀成果申报评审工作的通知》和工作安排，积极组织各级工会开展“五小”创新大赛优秀成果优胜单位评选申报。省公路运输工会召开评审专题工作会议，参照省总工会《山西省“五小”创新大赛优秀成果评比办法》进行评比打分排序，评选出优秀成果26项，优胜单位3家。六是做好全省交通运输系统“六新”领域职工(劳模)创新工作室评选命名工作。按照《关于推荐申报全省交通运输系统“六新”领域职工(劳模)创新工作室的通知》，各单位工会高度重视，积极谋划、精心组织，择优推荐张亚军创新工作室等6个职工(劳模)创新工作室。组织专家评审组对上报的6个职工(劳模)创新工作室资料进行评审、打分、排序。综合各工作室申报资料、评审组意见，对张亚军创新工作室等6个职工(劳模)创新工作室进行本级命名，并将排名前三的张亚军创新工作室、甄俊杰创新工作室、常爱国创新工作室推荐申报山西省“六新”领域职工(劳模)创新工作室。

【稳步推进工会组织建设，积极推进工会改革工作】 一是召开省公路运输工会三届六次全委会。会议全面总结2020年工作，安排部署2021年工作，会议增替补省公路运输工会第三届委员会委员。认真指导督促新组建厅直单位组建工会，省运行监测与应急处置中心、省运输事业发展中心、省交通建设中心、厅发展研究中心均已完成工会组建工作。二是开展模范职工之家“结对共建”暨专题调研活动。根据省总工会《关于开展模范职工之家“结对共建”活动的通知》文件精神，下发文件，按照地域相邻、行业相近，双向选择原则，选取3个模范职工之家，分别结对帮促1个工作基础相对薄弱、作用发挥不够充分的基层工会。6月，省公路运输工会到“结对共建”单位路桥股份公司就工会工作情况进行调研，听取工会工作汇报，并就今后如何更好开展“结对共建”工作，如何建立好联系制度，制定好工作方案，解决好实际问题进行安排。三是加大工会干部培训力度，切实提升工会干部的履职能力。在省交通干部学校举办女工委员和女工骨干党史教育暨素质能力提升培训班，来自厅属单位和山西交控集团下属单位的80余名女职工参加培训。在全总(哈尔滨)劳模技能交流基地举办“山西省工会财务资产特色培训班”，厅直各单位、山西交控集团工会分管财务资产工作的领导、工会财务资产干部共16人参加培训。四是组织开展模范职工之家复查工作。按照省总工会关于转发《中华全国总工会办公厅关于对1983年至2005年期间受表彰全国模范职工之家进行复查的通知》文件要求，积极开展模范职工之家复查工作，积极组织基层工会对历年来“模范职工之家”和“模范职工小家”开展自查复查工作，并按要求及时进行汇总和上报复查报告。五是高质量完成2021年全系统工会统计年报工作。根据省总工会《2021年度全省工会统计年报调查方案》，采用在线直报方式，及时准确掌握工会组织建设及工会各项工作发展情况，在全系统各级工会共同努力下，圆满完成统计年报工作，为全系统各级工会开展工作提供真实可靠的统计信息支持。

【管好用好工会经费，为工会工作开展提供充足保障】 2021年初，召开省公路运输工会第三届委员会常委会议，通过《省公路运输工会经济活动管理内部控制制度》，为开展好工会工作提供理论依据。坚持将工会经费管理作为一项重要工作抓牢抓好，将该项工作纳入全年工会工作谋篇布局。根据《工会预算管理办法》预算编制要求，按照“统筹兼顾，保证重点；量入为出，收支平衡；真实合法，精细高效”原则，编制2021年度经费收支预算。按照省总工会财务部要求，使用北京博思软件公司开发的信息平台填报预算基础数据和预算情况说明。与此同时，认真组织对基层工会财务经费审计工作。根据《中国工会审计条例》规定及2021年经审工作安排，为加强对基层工会经费收支的审查监督力度，促进基层工会收好、管好、用好工会经费，省公路运输工会经审委采用录取招标方式，聘请第三方会计师事务所对省公路局工会、省交通执法局工会、省交通干部学校工会3家厅直单位工会和山西交控集团工会经费财务收支情况进行审计，对山西晋路投资开发有限公司、山西省公路运输工会太原交通运输执法局委员会、山西交通控股集团有限公司太旧高速公路分公司工会委员会、山西省交通开发投资集团有限公司工会委员会4家基层工会开展延伸审计，审计年度为2018至2020年度（因2020年事业单位改革及疫情影响未开展审计工作，个别单位需延伸至2017年度）。此次经审工作采取送审方式，在厅机关统一开展，并聘请鹏盛会计师事务所山西分所参与经审。

【广泛开展职工文体活动】 元宵节前夕，在省交通运输厅机关开展“欢闹元宵·乐猜灯谜”活动，机关100余名职工参加猜灯谜活动，感受元宵节喜庆气氛，促进干部职工之间交流。5月，组织厅机关65名干部职工参加“支持乡村振兴·喜迎建党百年”健步走主题活动。6月，编排诗朗诵节目参加省交通运输厅“两优一先”表彰大会文艺会演，共有8名干部职工参与表演节目，获得广泛好评。7月，为庆祝中国共产党成立100周年，举办“中国梦·劳动美——永远跟党走 奋进新征程”全省交通运输系统职工演讲比赛，25名选手参赛。举办“中国梦·劳动美——永远跟党走 奋进新征程”全省交通运输系统职工书画摄影展，共展出交通运输系统职工书法、绘画、摄影作品共430余幅。

【深入开展女职工工作】 一是“三八”节前夕，组织举办主题为“品中国茗茶·做健康女性”的“三八”节品茗活动，厅机关及厅属单位共80余名女干部职工代表参加活动。4月，组队参加省总工会“巾帼建新功 共筑中国梦”第三届全省女职工乒乓球比赛。经过组织选拔赛，最终选拔出6名优秀选手代表工会参赛。最终1名选手获全省女子单打第5名好成绩，省公路运输工会获“体育道德风尚奖”。二是深入开展“玫瑰书香”主题阅读活动。按照省总女职工委员会《关于开展“玫瑰书香”全国女职工主题阅读活动的通知》要求，组织厅直各单位和山西交控集团开展此项活动，并向省总工会报送优秀作品2个，优秀征文2篇，省公路运输工会获优秀组织奖。三是继续开展2021年“妈咪小屋”建设工作。表彰命名10家全省交通运输系统第3批“妈咪小屋”，并为每家补助资金5000元，用于“妈咪小屋”建设。山西交控集团工会和省交通运输执法局工会共高质量建成22家“妈咪小屋”，其中2家受到省总工会表彰。

（王 京）

山西交通运输

2022

年鉴

厅直单位

山西省公路局

2021年，在省委、省政府和省交通运输厅坚强领导下，山西省公路局（以下简称省公路局）以习近平新时代中国特色社会主义思想为指导，坚持稳中求进工作总基调，把握新发展阶段、贯彻新发展理念、服务构建新发展格局，着力推动高质量发展，较好完成年初确定的目标任务，有力维护改革发展稳定大局，实现“十四五”良好开局。

【转变观念与机制，推动公路建设快速健康发展】 根据建设事权下放需要，主动转换观念和机制，加快由直接管理向行业管理转变，调动各方力量加快推进公路建设。一是按月分解全年目标任务，层层压实责任。指导续建项目科学制定施工组织计划，全力推进项目建设；督促新开工项目压缩准备工作时间，及早启动主体工程施工。全年完成投资160.37亿元、里程156.6公里，超额完成省厅目标任务。二是始终把工程质量摆在首位，认真履行改革过渡期普通国省道工程质量监督职责，持续开展创建品质工程攻关行动和质量提升年活动，增强群众参与性，提高活动影响力。受省厅委托由局领导带队，两次实地检查督促在建项目实施情况；加强建设市场督促检查，帮助建设单位及时发现问题纠正问题，推动工程建设规范有序发展。三是抢抓“两新一重”建设政策机遇。结合“十四五”发展，规划新改建项目123个、收费公路项目50个；申请中央车购税补助63.2亿元，极大拓展发展空间，增强发展后劲。四是高标准启动重载运输交通强国建设试点，在“十三五”重载交通建设成果基础上，制定试点实施方案，成立试点任务实施领导小组，加快编制全省重载运输路网规划，加速推进晋中“建管养运”样板示范区建设。

【聚焦服务大局，持续提升路网通行保障能力水平】 建立公路、桥梁养护工程项目库管理制度，健全完善公路养护科学决策体系。开展桥隧数据大清底行动，确保基础数据准确性。以灌缝补坑专项行动为抓手，狠抓日常养护、预防性养护。在晋中、吕梁开展次差路处治试点，为科学处治次差路积累经验。全力开展危旧桥梁改造、桥梁Ⅲ类安全防护设施改造等专项行动前期工作攻坚，统筹推进各类养护工程实施。持续开展路域环境综合整治及道路扬尘污染治理，打造生态文明风景线。路面改造工程PPP项目完成交工验收及运营期管理办法草案编制，推动规范有序运营。全年完成刷油灌缝92万米，实施预防性养护207万平方米，处治各类路面病害144万平方米；改造危旧桥（隧）41座，完成桥梁Ⅲ类安全防护设施改造26处，实施灾害防治14公里，普通国省道通行能力持续优化，服务品质持续提升。

全省遭遇历史罕见洪涝灾害后，全局上下科学研判、积极应对，闻汛而动、向险而行，团结一致、全力抢险，累计出动应急抢险队伍7.1万余人次、各类机械设备2.1万余台次，清理路面落石、塌方69.3万立方米，截至年底，除1处受损特别严重路段外，其余79处阻断路段全部恢复正常通行，确保全省普通国省道安全畅通。争取交通运输部和省厅支持，确定灾后恢复重建项目69个，前期工作完成60项、正在审批9项。抢险救灾工作的生动实践，充分展示全省公路人讲政治、顾大局，善打硬仗、能打胜仗的优良传统作风，受到交通运输部、省委、省政府和省厅充分肯定。

【围绕重点难点，持续加强行业治理】 一是坚持挖潜堵漏、开源节流并重，奖惩并举激发收费活力，全年收取车辆通行费3.71亿元，同比增长23%。统筹偿还收费公路债务，坚决守好不发生系统性债务风险底线。二是科学编报年度投资计划和财政收支预算建议，落实预算绩效管理，严控追加预算支出，加大监督检查力度，年度预算执行率比上年提高4.7%。三是面对综合执法改革后的新情况新问题，协调建立处理涉路违法案件联动机制、工作例会制度，加强投诉举报受理，全力维护路产路权，促进改革平稳过渡。落实路警治超联合执法机制，强化治超规范化管理，全年检测货运车辆5387万余辆，查处超限车辆5040辆，超限率0.009%，大大低于0.2%的控制上限。

【统筹发展和安全，全力维护大局稳定】 一是坚持“外防输入、内防反弹”总策略，从严从紧落实各项措施，严格全链条防控，全力保障应急物资运输，全面推进行业重点人群疫苗接种，做到常态化防控和局部应急处置相结合，高效处置数起省外确诊患者密接输入应急事件，在实战练兵中进一步提升应急防控能力。二是从“两个维护”高度正确认识和把握安全生产工作，严格落实“三管三必须”要求，逢会逢事逢节必讲安全。深化安全生产专项整治三年行动，全面开展风险隐患大排查大整治，建立重大风险清单38项。以第一次全国自然灾害综合风险公路承灾体普查为契机，深入开展地质灾害隐患排查整治，确定高等级风险点582处、中低隐患风险点2192处。全年组织开展各类应急演练163场次，应急保障能力持续提高。全系统安全生产形势总体稳定，安全防控能力进一步提升。三是坚持和发展新时代枫桥经验，一手全力化解存量问题，深入开展巩固治重化积专项行动，9件省挂牌积案基本化解办结；一手全力防范新增问题，对可能影响改革的不稳定因素作了全面排查梳理，制定稳定风险防范化解任务清单29条，最大限度预防和减少各类矛盾纠纷，全力实现信访形势平稳有序。四是加强平安公路建设，常态化推进扫黑除恶，强化治安综治，建立健全大平安防控体系，持续巩固安全稳定大局。

【锐意改革创新，增强发展动力】 一是组建主要领导挂帅的工作专班，配合省厅深入开展深化改革研究，采取多种方式调研了解全国情况，结合“十四五”发展需求，合理提出改革思路举措建议。完成全系统142户事业单位资产清查及所办企业清产核资，局属26户全民所有制企业基本完成公司制改革。对近20年来建养工程项目开展全面调查核实，推动历史遗留问题清仓见底。扎实开展原省高管局及所属事业单位固定资产核查盘点，加快账务合并。积极推进综合执法改革，路政执法职能顺利移交地方交通综合执法机构。二是充分发挥科技引领作用，新获批发布省级地方标准2项、总数达到6项。高速公路绿色通道车辆快速检测系统开发研究等19个科研项目取得积极进展，重点路段、重点部位基本实现实时监测监控，在长治国道环城公路率先开展自由流收费技术创新应用研究，有力助推公路工作质量效率动力变革。三是积极践行“双碳”战略，强化建养工程生态环保设计，努力实现废旧路面材料“零废弃”，粉煤灰、煤矸石等工业固废综合利用量超过150万吨(方)，推动绿色低碳发展。

【全面加强党的建设，为改革发展稳定提供坚强保证】 一是坚持把党的政治建设摆在首位，树立“四个意识”、坚定“四个自信”、坚决做到“两个维护”，不断提高政治判断力、政治领悟力、政治执行力。二是扎实开展党史学习教育，隆重庆祝党的百年华诞，教育引导广大党员、干部正确看待和面对公路系统改革，保持奋发进取精神状态和有条不紊工作秩序，凝心聚力谋发展，砥砺奋进抓落实。深入推进“我为群众办实事”实践活动，建立任务清单98件，实现学党史、悟思想、办实事、开新局。三是持续引深“十个起来”和“党员示范路”“党员先锋岗”“党员突击队”“党员责任区”等活动，“党员示范路”被省直工委授予“十佳十优”行业党建品牌、省委组织部宣传推介。四是坚持不懈推进党风廉政建设。严格落实定期分析研判、与驻厅纪检监察组专题会商等工作机制。开展第9个“党风廉政宣传教育月”活动。有序完成领导干部违规入股企业专项清理。严格落实中央八项规定及其实施细则精神，加快文风会风转变，会议公文数量持续减少。拓展审计监督深度，完成内部审计55项。综合运用“四种形态”，对29人次作出严肃问责，营造风清气正的政治生态。五是践行社会主义核心价值观，创建和保持国家级文明单位9个、省部级文明单位69个(含标兵20个)、省直文明单位4个(含标兵2个)、国家级青年文明号1个、省级青年文明号28个，行业整体文明程度跃上新台阶。

一年来，省公路局主动作为，全力协助省厅开展高速公路和农村公路监督管理、指导服务工作，助力高速公路、农村公路发展。局直企业在夹缝中求生存、危机中保稳定、逆境中求发展，在整体实现自给自足基础上，稳步增强多元经营和可持续发展能力。国防战备、乡村振兴、对口援疆等工作迈出新步伐。统计、宣传、史志、档案等工作取得新进步。这些成绩的取得，是习近平新时代中国特色社会主义思想科学指引，厅党组、局党委正确领导，地方各级政府、有关部门大力支持，全局上下勠力同心、奋力拼搏的结果。

（薛东梅）

山西省高速公路综合行政执法总队（山西省交通运输综合行政执法局）

2021年，是全省高速公路（交通运输）综合行政执法事业开局起步的第一年。一年来，在省委、省政府和省交通运输厅党组坚强领导下，山西省高速公路行政执法总队（山西省交通运输综合行政执法局）（以下简称总队）全系统锚定改革目标，强化使命担当，砥砺奋进，攻坚克难，努力做好改革“后半篇文章”，圆满完成各项工作任务，实现“十四五”良好开局。

【综合行政执法改革】 全省高速公路综合行政执法改革涉及153个单位和2000余名工作人员的职能重组、单位重构、人员重调、岗位重定，情况复杂，任务艰巨。总队党委坚持系统观念，加强统筹谋划，奋力推进改革任务落实落地。

一是凝聚改革合力。1月29日，省高速公路综合行政执法总队（省交通运输综合行政执法局）召开干部大会，宣布新任领导班子成员，举行揭牌仪式。3月31日，召开总队机关党员大会，选举产生总队党委委员，为发挥党组织统揽全局、协调各方的领导核心作用打下坚实基础。总队党委成立以来，紧紧围绕机构组建和上路执法履职，派出4个专题调研组，分赴北京、四川、安徽等8个省（自治区、直辖市）10个单位进行考察调研，学习借鉴综合执法改革先进经验和做法。并通过实地调研、座谈交流等方式，广泛听取系统内各级单位对改革工作的意见和建议。研究确立“一年打基础、三年见成效、五年创一流”的工作目标，为全系统深化改革、推动发展明确主攻方向和目标。先后四次调整充实总队改革领导组，成立12个工作专班，制订机构组建运行总体方案，建立重点改革任务台账，实行方案化、项目化、清单化管理，共确立重点改革任务102件，分事项清单233项，挂图作战、精细施工、倒排工期、强力推进。截至2021年年底，各改革专班协同推进、密切配合，改革事项已完成152项，抓紧办理的81项中基础性工作已完成61项，完成任务的91%。二是攻坚改革难题。先后配合厅党组完成总队机关处室、各支队43名处级干部宣布任命工作，完成总队、11个支队、68个大队三级机构挂牌组建和人员调配工作。各支队按照总队党委要求，2021年11月底确定支队机关科室和一线大队临时负责人共108名，按照规定时间节点进入岗位、开展工作。完成支队大队管辖区域、管辖路段划分和执法大队办公场所确定、外勤组挂牌工作。配合省厅在全国首创出台《高速公路沿线综合行政执法业务用房建设和管理办法》，有效解决新建高速公路项目综合执法办公用房问题。协调推动省厅和交控集团建立高速公路综合行政执法工作联席会议制度，制订出台《高速公路综合行政执法机构与高速公路经营企业业务协作方案》，总队与交控集团联合印发《高速公路综合行政执法机构与高速公路经营企业对接工作方案》，强力推进业务对接和协作工作全面展开。三是创设制度体系。着力构建系统完备的制度体系，稳步推进工作程序规范、工作机制健全、工作流程明晰、执行落实有力的运行机制。总队先后研究制定《党委工作规则》《党委会议工作规则》等26项工作制度，同时指导各支队制定8大类55项内部管理制度；着力加强执法基础制度建设，印发行政执法“三项制度”实施办法、“四基四化”建设实施意见、信用交通体系建设实施意见等。起草高速公路综合行政执法业务流程指引（试行）及配套的行政处罚简易程序、普通程序、听证程序，行政强制措施、行政强制执行、代履行、证据登记保存等7项流程图。全面梳理界定执法职责，编制完成《山西省高速公路综合行政执法事项清单》上报省厅审定，印发《山西省高速公路综合行政执法文书式样及适用规则填制说明》《山西省高速公路综合行政执法案卷制作基本规范》，印制常用行政执法文书。刻制总队及11个支队共12枚行政执法专用章。设计编制《山西省高速公路综合行政执法标识建设规范》，为严格规范公正文明执法奠定坚实基础。四是加强队伍建设。扎实开展执法资格培训，先后组织8期执法资格培训班，全系统1090名执法人员通过考试，申领到国家统一制式的行政执法证件。强化履职能力提升，全系统累计6600余人(次)参加省司法厅组织的六次“行政执法大讲堂”活动。举办两期领导干部履职能力提升班，集中培训全系统新任处级领导干部、支队机关各科室和一线执法大队临时负责人以及总队机关科级以上干部186人。先后举办全省公路工程质量安全监督执法培训班和运政执法培训班，累计培训执法人员156人(次)。强化执法人员素质能力提升，制定出台《山西省高速公路综合行政执法队伍素质能力提升三年行动实施方案(2021—2023年)》。组织全系统71名处级干部完成“山西干部在线学院”平台学习任务，工作人员完成“山西交通在线”教育平台学习任务，稳步提升执法人员综合素质和执法水平。经过近一年的拼搏努力，2021年12月6日，“全省高速公路综合行政执法系统上路执法启动动员会议”顺利召开，标志着全省高速公路综合行政执法改革取得决定性成果。

【综合执法】 一是高速公路建设项目执法检查。对建设里程1010公里的12个在建高速公路项目进行“全覆盖”执法检查，共推动6个在建高速公路项目和1个高速公路养护工程依法办理工程质量监督手续。坚决贯彻省厅工程质量提升年专项行动部署要求，先后开展两轮综合监督执法检查，累计发现各类问题隐患934条，印发通报并督促整改到位。工程质量指标抽查总体合格率为95.9%，其中关键指标合格率96.2%，一般指标合格率95.3%，均满足省厅质量提升年总体目标要求，推动全省高速公路建设工程质量迈上新台阶。二是高速公路运营领域执法检查。先后组织11个支队深入高速公路服务区、收费站，对通行秩序、安全生产、疫情防控等工作进行明察暗访，共检查服务区111个、收费站245个、停车点8个、出省口8个、超限检测站18个，检查公路运营单位企业553个，共发现问题183个，提出整改意见，并督促整改到位。在此基础上，2021年12月15日至23日，总队组织6个督导组，对交控集团11个高速公路分公司所辖的52个高速公路入口治超检测点进行专项督导，针对发现的19个问题，全部现场予以反馈，并向交控集团进行通报，提出五个方面12条强化治超检测工作的建议，推动高速公路治超工作始终保持高压态势。三是道路水路运营领域执法检查。组织对忻州、朔州、吕梁等市的道路客货运输安全生产进行明察暗访，有效解决应县至太原、应县至朔州和佳县至太原班线客车扰乱市场秩序问题。2021年10月10日至12月31日，在全省范围内组织开展“重点货运源头治理专项整治行动”，共查处源头超限超载案件228起，处罚金额390.15万元，有效打击源头企业违法超限超载行为。实施全省水上交通安全工作专项执法检查，共排查水上交通安全隐患22项，全部跟踪整改到位。此外，还协助省厅完成水运企业年度核查以及全省水上搜救奖励资金申报、审核和发放工作，有力保障水运管理各项工作顺利开展。四是市、县交通运输综合行政执法业务指导。在开展以上工作的同时，组织召开全省交通运输综合行政执法队长座谈会，紧紧围绕机构改革、综合执法等工作进行深入交流，实现良性互动。各市交通运输综合行政执法队在地方党委、政府和交通运输主管部门坚强领导下，勇于担当、主动作为、正视困难、扎实工作，积极推动综合行政执法改革和各项业务工作开展，取得显著成效，为全省全方位推动高质量发展和交通强省建设提供坚强的综合执法保障。

【专项整治行动】 为深入贯彻落实习近平总书记重要指示精神，切实维护从业人员合法权益，加强执法队伍建设，从2021年5月份开始，总队按照部省要求，聚焦人民群众反映强烈的热点、制约严格规范公正文明执法的堵点，全面开展一次为期半年、上下联动的交通运输执法领域突出问题专项整治行动。先后召开3次专题推进会，深入基层开展专项督导检查4次，组织座谈32次。各支队累计召开各类专题会议近70次，开展下沉督导52次，持续推动专项整治行动在全系统走深走实，取得明显成效。一是转变工作作风。专项整治行动期间，全系统共查找出9大类144项问题，坚持查摆问题见人见事、整改问题不留死角，所有问题全部整改到位。通过开展“对标一流找差距”“为行业发展献计策”“提振精神增效率”等活动，增强广大干部职工担当作为意识，激发干事创业动力。二是强化法纪意识。围绕打造政治坚定、素质过硬、纪律严明、作风优良、廉洁高效的执法队伍，把学习贯彻习近平法治思想与开展执法人员职业道德规范及风纪规范培训、贯彻行政执法“十条禁令”、开展“落实中央八项规定精神纠四风、树新风”专项检查结合起来，编印《山西省高速公路行政执法人员规范手册》，全系统干部职工遵章守纪、守住底线、不压黄线、不碰红线意识不断深植于心。三是提升社会认可度。在专项整治过程中，全系统各单位主动走进工厂、学校、社区、车站、建设工地及高速公路收费站，开展政策法规宣讲，接受群众咨询，累计走访企业97户，参与座谈人员近400人次，累计巡查汽车客运站、源头治超站点等执法冲突易发场所399处，推动整改突出问题69个，用实际行动让人民群众真切感受到专项整治带来的新变化、新气象，展现交通运输综合执法队伍新面貌。各市交通运输执法工作也按照省厅要求，开展专项整治，取得显著成效。在省厅专项整治总结大会上，省高速公路执法总队、长治市交通运输局、临汾市交通运输局、吕梁市交通运输局、运城市临猗县交通运输局作典型经验交流。

【安全生产和疫情防控】 一是周密安排部署。不断深化安全生产专项整治三年行动和综合治理工作。总队全年共召开4次安委会全体会议和15次安全生产及疫情防控专题会议，认真总结安全生产工作，安排部署重点工作任务。在春节、“两会”、“五一”、国庆等重点时段，有针对性地制定应对措施，加强监督检查，全系统安全形势保持稳定。二是强化安全宣教。扎实开展新《安全生产法》宣传贯彻工作，充分利用“5·12”全国防灾减灾日、“6·16”安全宣传咨询日、“11·9”消防宣传日、“路政宣传月”等重要时间节点，进行集中宣传教育，并通过安全宣传“五进”活动和开展“我为群众办实事、普法宣传进工地”活动，向广大干部职工和人民群众宣传普及自然灾害、安全生产及消防安全等知识和技能。三是抓好疫情防控。通过组织执法检查和专项督查，督促高速公路建设工地和运营公司严格落实各项防控措施。认真组织干部职工做好疫苗接种工作，全系统12个单位2065名工作人员完成疫苗接种，接种率达到95.8%。坚持“日报告、零报告”制度，严格执行外出审批报备制度，严格落实防控要求，不断筑牢防线、守好阵地。

【党建和党风廉政建设】 一是强化政治建设。总队党委把旗帜鲜明讲政治作为第一要求，把学习习近平新时代中国特色社会主义思想作为第一任务，建立并严格执行“第一议题”制度，推动学习常态化制度化，全年累计开展理论中心组(扩大)学习20次，坚决拥护“两个确立”，不断树立“四个意识”、坚定“四个自信”、坚决做到“两个维护”。严格落实民主集中制，全年召开15次党委会议、7次总队长(局长)办公会议，严格按程序研究讨论议题125项、“三重一大”事项近50项，有效保障各项重点工作顺利推进。年初组织开展为期15天的“讲政治、强责任、严纪律、转作风”集中学习提升专项活动，有效提振队伍士气，凝聚工作合力。二是开展党史学习教育。坚持把党史学习教育作为贯穿全年的一项重大政治任务，对全系统12个党委、163个党支部、1834名党员进行“全覆盖”安排部署。先后开展专题学习研讨、支部书记讲党课、主题党日等一系列主题鲜明、各具特色的学习教育活动，引导广大干部职工从百年党史中汲取改革奋进的智慧和力量。积极推进“我为群众办实事”实践活动，研究确立重点项目94项，所有基础保障类项目已全部完成，执法便民类项目与上路执法工作一体推进落实。先后组织开展“两优一先”、“七一”表彰、“光荣在党50年”纪念章颁发、职工运动会、演讲比赛、文艺会演等庆祝建党百年活动，全系统干部职工的凝聚力和向心力不断增强。三是群团建设。严格按程序召开工会第一次会员代表大会，选举产生第一届工会委员会，总队工会"三委"分别召开一届一次会议，选举产生工会主席、副主席、经审委主任、女工委主任，总队党群工作架构进一步完善。四是全面从严治党。严格执行《党委（党组）落实全面从严治党主体责任规定》，认真落实党风廉政建设责任清单，明确主责首责全责，层层传导压力，一体推进不敢腐、不能腐、不想腐。扎实开展"党风廉政宣传教育月"活动，坚持用身边事教育身边人，进一步树牢干部职工底线思维和纪律规矩意识。围绕落实中央八项规定精神、纠"四风"树新风工作开展情况，总队党委对全系统累计开展4轮次"全覆盖"式监督检查，根据发现的问题，组织各单位、各部门主要负责人进行集体廉政约谈。全年累计作出党纪处分9人次、政务处分6人次、组织处理4人次，批评教育支队领导班子1次、党员干部65人次。同时，扎实推进领导干部违规入股企业专项清理工作。风清气正的政治生态在全系统逐步形成，在省纪委监委政治监督专项检查中得到充分肯定。

2021年，总队机关先后获全国交通运输系统"七五"普法工作先进集体、省直文明单位标兵、厅直系统先进基层党组织等荣誉称号，11个支队共获评省级文明单位标兵2个、省级文明单位6个、市级文明单位标兵1个、市级文明单位1个、市直文明单位标兵1个，实现文明单位"满堂红"。

（茹　雷　杨金成）

山西省运输事业发展中心

2021年，在省交通运输厅党组坚强领导下，省运输事业发展中心（以下简称运输中心）全体干部职工坚持以习近平新时代中国特色社会主义思想为指导，坚决拥护"两个确立"，积极践行"两个维护"，以助力行业转型发展、高质量发展为目标，积极探索新发展思路，统筹开展各项工作，圆满完成年度目标任务。

【坚持以人为本，扎实办好更贴近民生实事】 一是率先实现高频事项"跨省通办"业务双渠道办理。对在用的"道路运输从业人员管理系统"和"山西省运政管理系统"全面升级、更新，完成与"互联网道路运输便民政务服务系统"部省联调和业务协同。道路运政电子证照App与从业人员管理系统、电子证照管理系统实现数据对接与共享，形成双渠道通办工作模式，极大提高办事效率、节约办事成本，受到交通运输部高度认可。二是道路客运电子客票系统前期准备圆满完成。在充分了解安徽、江苏等省系统建设情况及经验做法，并赴阳泉等市开展实地调研基础上，结合全省客运站客流量实际情况，运输中心提出一、二级客运站设施设备配置需求，研究起草《山西省道路客运电子客票实施方案》，为2022年实现全省二级及以上客运站、定制客运线路电子客票应用部署奠定良好基础。

【坚持绿色发展，运输结构调整和生态环境保护取得新成效】 一是助力全省运输结构调整持续推进。以推进大宗货物运输"公转铁、公转水"为主攻方向，大力推广引进先进运输方式，推进多式联运和甩挂运输。在运输结构调整三年行动中，直接参与"运输结构调整攻坚行动指挥部"各项工作，协助制定实施方案，对接铁路货运量完成情况，全年完成铁路货运量9.7亿吨，超额完成国家下达全省9.42亿吨的运输结构调整三年目标任务。二是超额完成国三及以下排放标准营运柴油货车淘汰任务。抽调专人协助省厅开展国三车淘汰各项工作，2021年，全省共报废注销国三及以下营运柴油货车2.25万辆。2019年至2021年，三年合计淘汰注销15.28万辆，完成三年淘汰13.8万辆目标的110.67%。三是持续做好新能源车应用工作。全省各市新能源车更新工作已全部开展，在11个设区市中，除大同、朔州、晋城、长治市区外，其余7个市的市区出租汽车已全部更新为新能源车。截至年底，全省运营出租汽车中，新能源车占比为52.8%，清洁能源车占比达到94.2%（含新能源车），全省新能源车在城市客运领域推广应用工作走在全国前列。进一步开展部分城市新能源出租汽车车辆更新使用情况调研，对出租汽车新能源车辆更新使用情况和存在的问题进行深入研究，形成《关于山西省出租汽车行业稳定与发展情况的调研报告》,为省厅决策提供参考。四是完成"千家企业"节能目标责任考核。组织完成对全省21家运输企业的现场考核,形成2020年度"千家企业"考核报告。相较于2015年度,全省营运客车、公共汽车(出租车)、营运货车、营运客船、营运货船单位运输周转量平均能耗降低率分别为10.14%、37.56%、14.13%、22.44%、12.13%;单位运输周转量二氧化碳排放平均降低率分别为20.59%、98.45%、25.60%、52.84%和12.11%。

【坚持创新引领,行业改革和新业态发展取得新进展】

一是积极推进道路运输电子证照推广应用工作。在全国交通运输行业先行先试,率先完成电子证照系统建设,实现了山西省《道路运输经营许可证》《道路危险货物运输许可证》等九类道路运输电子证照线上申领、启用。积极探索创新电子证照应用场景,实现电子证照App与危货道路运输电子运单二维码的融合。截至年底,全省累计转化道路运输电子证照153.96万张。二是全面落实道路货物运输驾驶员从业资格考试制度改革。制定道路货物运输驾驶员从业资格证申领流程及办法,对在用的机动车驾驶员培训监管服务平台、从业人员管理信息系统进行联网对接调试,并按照新的《道路货物运输驾驶员培训教育大纲》完成升级更新。三是开展深化出租汽车行业改革相关工作。针对制约出租汽车行业发展的关键问题,对省外其他城市出租汽车运营情况和全省各市出租汽车经营权归属、运价等情况再次进行调研。参与《改革试点工作方案》和《关于山西省出租汽车行业改革工作的情况汇报》的修改工作。出租汽车行业改革工作已由省政府提请省委审议。四是出租车行业新老业态融合发展。在全省大力开展"95128"出租汽车电召服务,全省11个市和34个县已开通电召服务,共有219个出租汽车公司加入平台,注册出租汽车近3万辆、出租汽车司机4.5万余人,全年共计接单近48万单。完成与交通运输部通信信息中心的对接工作,理顺了全省网约车合规化数据对接和传输机制。五是深入开展网络平台道路货物运输工作。全面规范网络平台道路货物运输经营,维护货运市场秩序,进一步促进物流业降本增效。截至年底,全省注册平台企业达到345家,货运车辆纳入108万辆,入统企业全年完成营业额685亿元,网络货运企业数量达到全国第一。积极开展网络货运监管平台建设,研究编制了《山西省网络货运监管服务平台建设方案》。

【坚持履职尽责,全力做好服务保障和技术支撑】

一是协助省厅圆满完成重点时段运输保障工作。配合省厅圆满完成2021年春运工作,完成节假日及"两会"、"七一"、全运会等重点时段、重大活动期间的道路客运信息汇总上报工作,并根据交通运输部要求,对全省分时段进入重点区域的客运车辆进行统计汇总。二是完成2021年水路运输业核查工作。协助省厅安排部署2021年全省水路运输业核查工作,指导各市对45家水运企业开展年度水路运输业核查,联合有关部门边审核、边指导,边发现问题、边解决纠正问题,有效促进水运企业安全管理规范化。三是高标准完成船舶现场检验和船舶检验机构运行、航区划分有关工作。始终以"提高检验质量"为总要求,把握船检的重点,大船重强度,小船重稳性,对船体结构及船体腐蚀、救生消防设备、信号设备等进行重点检验,确保船舶检验质量,全省共完成船检发证362艘。完成《山西省五米以下机动船和电瓶船检验办法》初稿起草和《山西省内河有关水域航区划分评审资料》编写工作。修订山西省以及忻州、晋中、长治、临汾等市的《渔船检验机构划定检验范围的申请》。四是完成《山西省危险货物道路运输安全监管系统》一期建设。系统于12月28日正式上线运行,系统建成后面向省、市、县三级交通运输主管部门和全省道路危货运输企业,实现电子运单监管、现场监督检查等信息采集、分析及应用等功能,有效推进危货运输企业安全生产主体责任落实,提升管理部门监管效能,推进行业治理能力和治理体系现代化,保障危险货物安全高效运输。五是严格落实交通运输经营单位营运驾驶人员吸毒筛查制度。协助省厅起草印发《关于建立健全全省道路运输企业驾驶人员吸毒筛查制度的工作方案》,并对各市交通运输局上报的运输企业驾驶人员吸毒筛查情况进行汇总、整理,配合省厅完成全省筛查工作。

【坚持担当作为,高质量做好改革工作】 一是岗位设置和聘用工作平稳有序完成。运输中心党委制定《山西省运输事业发展中心岗位设置实施方案》。按照实施方案的步骤,各项工作有序推进,经省厅和省人社厅审核通过,在编107名职工全部入岗,重新签订聘用合同,圆满完成改革后的首次岗位设置和聘用工作。二是厘清职责边界,明晰工作流程。运输中心成立研究专班,对陕西省等15个省进行书面调研,专题咨询交通运输部相关专业人员意见,依据省编委确定的职责,结合全省运输发展和管理工作实际,研究编制《细化职责、业务范围、业务边界和工作流程清单》。省厅以党组文件印发执行,明晰运输中心职能定位,理顺政事关系,建立健全相互协调且配合紧密的工作机制。在此基础上,中心对15个部室的职责进行细化,明确具体工作事项和责任。

【坚持以政治建设为引领,党的建设全面加强】 一是持续强化党的政治建设。切实树立"四个意识"、坚定"四个自信"、坚决做到"两个维护"不断提高政治判断力、政治领悟力、政治执行力。坚持党委对"三重一大"事项的集体研究决策制度,全年共组织召开党委会议14次,党委专题会议4次,研究议题60项;接受厅党组巡察二组巡察,反馈4个方面13条问题,制定并印发《关于落实厅党组巡察二组反馈问题的整改方案》,梳理分解整改内容30个,实施整改措施33项。截至年底,整改措施落实到位30项,占比91%;正在整改3项,其中2项需长期整改,1项正在落实之中,制定修订各项制度、规则、办法14项。二是持续加强党的思想建设。进一步完善制度体系,制定《"三会一课"制度实施细则》等6项制度。组织开展党委中心组、党支部专题学习研讨、专题辅导讲座等;开展庆祝建党百年系列活动和"诵读红色家书、传承红色基因"诵读比赛等活动。组织干部职工收听收看省第十二次党代会直播,并进行专项研讨。三是持续推进党的组织建设。积极开展主题党日活动,按照党史学习教育安排部署,运输中心以党委集中组织和党支部自行组织的形式,开展"为什么学、学什么、怎么学"等4个专题主题党日活动。开展特色创新党支部结对共建工作,积极探索提高党建工作水平的有力方法和举措,充分发挥各自特长,实现"1+1>2"的效果,互融互通,互促互进,共同进步。四是持续抓好党风廉政建设。运输中心党委认真履行党风廉政建设"第一责任人"和"一岗双责"政治责任,制定《2021年党风廉政建设主体责任清单》和《党委成员2021年党风廉政建设"一岗双责"责任清单》。组织对全体干部职工进行集体廉政提醒谈话,并与39名中层干部发放《廉政提醒谈话卡》。开展党风廉政教育月活动。紧盯假日节点,驰而不息纠正"四风"问题,严明节日期间各项纪律要求。五是大力开展精神文明建设。以创建省直文明单位标兵为目标,高标准推进精神文明建设各项工作。组建"学雷锋志愿服务队",在"志愿山西"平台注册登记,服务队积极开展义务植树、学雷锋志愿服务等活动。组织开展"我为灾区献爱心"、无偿献血和生活困难党员、老党员慰问等活动。2021年,运输中心被授予"省直文明单位标兵"称号。

【坚持学思践悟,扎实开展党史学习教育】 运输中心党委坚持高起点谋划、高标准推进,以政治担当落实政治责任,将党史学习教育作为一项重大政治任务抓紧抓实,成立党史学习教育领导小组,制定《实施方案》,组织开展党委中心组专题学习研讨10次,"读原著、学原文、悟原理"专题学习3次,各党支部集中学习研讨9次,专题讲座、辅导5次。党委领导班子成员讲党课5场,党支部书记讲党课17场。组织干部职工收听收看省第十二次党代会直播,并结合县处级以上领导干部专题学习进行专项研讨,形成研讨材料4篇;开展"我为群众办实事"实践活动,5项实事全部完成。

除以上工作外,运输中心还在疫情防控、行业质量信誉考核、科技创新和课题研究、汽车租赁市场发展、行业数据统计和分析、维护行业稳定、扫黑除恶、"三零"单位创建等方面做了不少工作。被省人社厅、省交通运输厅授予"山西省交通运输系统先进集体"称号。

（王　梅）

山西省交通运输运行监测与应急处置中心（山西省交通运输厅新闻中心）

2021年，在厅党组坚强领导下，山西省交通运输运行监测与应急处置中心（以下简称中心）坚持围绕中心、服务大局，抓重点、补短板、强弱项，全力以赴推进路网运行监测、公众出行和应急保障服务、新闻舆论宣传等各项工作，圆满完成目标任务。

【路网运行监测体系逐步完善】 除开展高速公路运行监测工作外，中心还进行国省干线公路、民航、轨道交通报表数据汇总，并与高速交警指挥中心实现视频资源共享。针对交通运输部视频云联网相关要求，完成山西省交通运输行业视频监控设备互联互通测试和云联网关测试工作。出台《山西省交通运输行业云联网平台及设备技术要求》，适用于全省已建、新建、改（扩）建公路的视频系统与视频云平台进行联网的总体规划、方案设计、工程实施、智能应用和运行维护等。完成全国音视频协同保障系统畅行通App的日常巡检、上线率监督和实时调度任务，全年在线率全省始终保持在全国前三名。稳步推进省级治超平台建设，主要建设的6个应用系统已进入数据测试阶段，全省11个地级市全部完成数据对接，系统建成后将联网交通运输部平台，初步实现治超业务行业科技监管。

【公众出行服务不断优化】 2021年，12122高速公路紧急救援热线累计呼入量63.7万次，累计人工接听量13.8万次，值班人员监控并发布交通事件2.39万件，实施紧急救援396次；“12328”交通运输服务监督电话受理业务191万件，人工接通率91.32%，回访满意率98.7%，及时答复率100%，工单限时办结率85.6%，被交通运输部授予成绩突出的“12328”电话服务中心。拓展高速公路路况信息发布渠道，主要依托厅网站、山西交通微信公众号、山西高速微信公众号、山西交通广播电台以及高德、腾讯、百度地图等平台进行对外发布。同时，在山西高速微信公众号新设防疫出行信息栏目，在山西交通微信公众号新设“天气预警”“实时路况”“ETC服务”等栏目，进一步方便司乘人员。

【服务保障能力持续增强】 认真做好厅机关网络信息系统服务保障工作，对省厅视频会议系统设备、网络等进行优化升级，实现部—省—市三级联网；为厅应急指挥中心接入公路桥梁管理系统、危险货物道路运输安监系统、网约车监管系统等，实现省厅应急值班室远程访问与图像接入；协助省厅编制《山西省数字交通五年（2021—2025年）建设行动计划》，该行动计划是全省综合交通运输“十四五”发展规划体系的支撑，也是“十四五”时期推进全省数字交通发展的指导性文件。持续做好全国高速公路信息通信系统联网工程（简称“国干网”）（山西段）、“13710”督办系统、山西交通通信专网运行维护工作，系统完好率达98%以上。中国交通通信信息中心向省厅发来感谢信，感谢中心圆满完成“国干网”（山西段）备用铁路建设工作和年度系统运行保障任务。与山西汽运集团迎泽物流公司签订应急保障车队协议书，初步构建起应急保障运力调配机制。与省气象服务中心建立联络机制，提升交通气象预报预警服务能力。

【新闻舆论工作能力和水平全面提升】 一是牢牢把握正确舆论导向，不断巩固壮大内部主流舆论阵地。“山西交通”新媒体平台紧紧围绕厅党组中心工作，对加快建设交通强国、狠抓交通基础设施建设、提升运输服务水平、灾毁公路抢通保通和恢复重建、党史学习教育、疫情防控、安全生产以及学习贯彻中共十九届六中全会、省第十二次党代会精神等工作作了重点宣传。报纸累计发行2444期，年度发行50期；厅网站排名由第15位上升到第9位，受到交通运输部通报表扬；微信年度发布234期1495条，现有粉丝8.1万人；微博年度发布1800条，现有粉丝18.6万人；抖音年度发布256条，现有粉丝2.4万人。“山西交通”新媒体平台的内容质量、阅读量较上年都有很大提升。二是持续用力做好外宣工作，讲好交通故事，树立行业良好形象。《中国交通报》山西记者站、山西电视台驻厅记者站充分利用平台优势，及时宣传全省交通运输行业取得的重大成就、典型人物、先进事迹。《中国交通报》山西记者站在《中国交通报》发稿108篇、头版头条4篇，头版发稿30篇、刊发专版5个。山西电视台驻厅记者站在山西电视台播发新闻16条、在中央电视台播发4条。中央驻晋及省内主流媒体共刊发全省交通运输新闻430余篇(条)，其中《山西日报》60余篇。三是协助省厅做好重大政策解读及发布工作，积极开展交通舆情监测和舆论引导工作。先后三次参加省政府新闻办举行的汛期灾情和灾后恢复重建新闻发布会，因势利导开展新闻宣传工作，为防汛保通和灾后恢复重建工作营造良好舆论氛围。建立反应快速、灵敏高效的舆情监测、预警和舆论导向体系，累计形成舆情日报365份，舆情月报12份，舆情专报7份。

【疫情防控和安全生产常抓不懈】 一是持续抓好常态化疫情防控。严格按照中央、省、厅疫情防控工作系列要求，坚决克服麻痹思想、厌战情绪、侥幸心理、松劲心态，以"万无一失、一失万无"的底线思维落实落细各项疫情防控工作。进一步制定完善工作制度，定期召开专题工作会议，及时传达学习党中央、省、厅疫情防控工作最新决策部署要求，通报疫情防控工作情况，分析查摆工作中存在的不足和问题，查漏补缺，固强补弱，确保疫情防控各项工作扎实有序高效推进。全面落实领导带班和24小时值班制度，坚决执行好日报告、"零报告"等信息报告制度，按照要求及时将工作开展情况向厅疫情防控领导组办公室进行汇报。二是坚决守住安全发展底线。严格落实"三管三必须"要求，先后召开6次安全生产专题会议，分析研判安全生产形势，针对性部署重点工作。制定出台中心安全生产委员会工作规则、安全生产委员会成员工作职责、全员安全生产责任制，建立起安全生产工作"层层负责、人人有责、各负其责"的工作体系。协助省厅建立《山西省交通运输厅网络安全信息通报制度》，初步实现网络安全防护工作的有效预警；制定《山西省交通运输厅网络安全事件应急预案(暂行)》，加强应急处置机制。

【强化党建引领焕发新气象】 一是筑牢党员思想根基。注重教育引导全体党员干部不断树立"四个意识"、坚定"四个自信"、坚决做到"两个维护"，坚持把党的政治建设摆在首位，不断提高政治领悟力、政治判断力、政治执行力，弘扬伟大建党精神，不折不扣推动厅党组决策部署在中心落地生根。深入开展党史学习教育，严格落实中心组学习制度、党员集体学习制度，严格执行党员学习签到制度，做到学习有记录、学习有笔记，并严格要求全体党员利用"学习强国"App、"山西交通在线"教育平台等进行线上自主学习。2021年，党委中心组集体学习18次(含扩大会)，各党支部集体学习30余次，党委成员开展专题党课5次，组织集中宣讲5次。二是丰富党史学习教育内涵。先后组织开展"中国共产党为什么能，马克思主义为什么行，中国特色社会主义为什么好""为什么学，学什么，怎么学""庆祝建党100周年""不忘初心快乐行"职工健步走等形式多样的主题党日活动；举办学习省第十二次党代会、党的十九届六中全会、"七一"讲话精神等系列宣讲活动；组织全体党员干部观看庆祝中国共产党成立100周年大会、纪念辛亥革命110周年大会现场直播以及《三打三捷》《1921》《跨过鸭绿江》等党史题材电影，使广大党员干部进一步锤炼党性，有效增强党组织凝聚力和战斗力。三是全力推动全面从严治党向纵深发展。结合厅党组巡察一组对中心提出的3个方面、13项具体问题的巡察反馈意见，认真制定整改方案，坚决抓好整改落实，并开展为期三个月的纪律作风整顿，取得显著成效，干部职工精神面貌和工作作风得到很大提升。严格落实中央八项规定及实施细则精神，定期对工作纪律、工作作风情况进行检查，对倾向性、苗头性问题及时提醒，对发现的问题督促其限期整改。常态化开展谈心谈话，每逢节假日向中心全体干部职工发送廉政提醒，让党员干部时刻绷紧廉政之弦。编印行政管理制度汇编(试行)、纪检工作汇编，并加强对制度执行情况的检查监督，用制度管人管事。四是扎实抓好干部队伍建设。始终坚持正确的用人导向，注重培养和选拔真正富有开拓创新意识，想干事、会干事、能干事、干成事，作风过硬的年轻干部和各类优秀人才。中心党委于2021年6—9月开展中层干部竞聘工作，做到坚持原则不动摇，执行标准不走样，履行程序不变动。通过自愿报名、资格审查、民主推荐、竞聘演讲、民主测评等环节，20人走上新的岗位。

在抓好以上重点工作的同时，中心统筹推进工会、文明创建、法治建设等各项工作，取得良好成效。中心被交通运输部直属机关工会、中共交通运输部党校、中国交通书画摄影协会授予全国交通运输行业庆祝中国共产党成立100周年暨第十二届全国交通运输行业书法绘画摄影展最佳组织贡献奖；被省直文明委授予2020年度省直文明单位标兵。

（吕秉洮）

山西省交通建设中心

2021年，在省交通运输厅党组的正确领导下，省交通建设中心(以下简称建设中心)坚持以习近平新时代中国特色社会主义思想为指导，深入贯彻落实省委经济工作会议、全省交通运输工作会议精神，紧紧围绕年度目标工作任务和厅党组各项决策部署，不断提升技术支撑保障服务质量，守牢安全生产底线，切实抓好疫情防控，扎实开展党史学习教育，全面加强党的建设，圆满完成年度各项重点工作任务，为开创全省“十四五”交通运输新局面做出积极贡献。

【高速公路项目建设服务保障进展顺利】 一是根据省厅年初提出的“2月底全面复工”总要求，及时督导各项目建设单位编制复工复产保障方案、施工组织计划，全力推进复工复产。二是努力完成省厅下达的投资任务。1至10月份13个项目累计完成投资293.2933亿元，占年度投资322亿元任务的91%。三是全力推进新开工和在建高速公路项目前期工作，加快推动2个年内开工高速公路项目土地预审手续工作，已取得临汾至浮山项目土地预审批复手续，青银二广高速公路太原联络线补正资料已于10月26日报送自然资源部；通过定期会议、专项调度、部门联动协调、专题汇报等手段积极推进在建项目土地预审手续办理等前期工作。四是积极协调解决土地报批推进会反映的被征地农民养老保险补贴、生态红线、压覆矿产、失地农民社保等前期工作问题。五是加强基础统计上报工作，年内完成各类报表141次。对前期工作、复工复产情况、农民工工资“治欠保支”等工作进行专项检查。

【工程质量服务保障扎实有效】 全力推进“质量提升年”专项行动，督促各项目严格按时间节点完成任务清单内的相关工作，认真严格落实“工程首件制”，推动各项目开展各类质量通病治理，积极通过完善考核平台来逐步规范标准培训考核，建立技术标准引导体系，大力推行先进工艺工法并加快智慧工地建设，创新隐蔽工程监管，积极开发建设质量管理系统。按计划完成对静兴、隰吉等12个续建高速公路项目的首轮综合检查服务，随后又开展质量提升及综合检查整改情况“回头看”专项检查。做好第二轮综合检查服务工作，已完成对朔神、隰吉检查工作。截至10月底，共抽检34364点(组)，合格32905点，合格率为95.7%。坚持在线课堂培训与实操技能比武并重，在各类检查过程中，共对2000多名从业人员开展规范标准学习、培训及考核活动，举办了全省公路工程质量安全业务培训，联合省路桥集团在昔榆高速建设现场举办第一届“路桥杯”技能比武大赛。完成霍永高速公路东段蒲县连接线工程等5个项目的交工质量检测工作，完成了太原冶峪互通改造工程、霍永西二期、神岢连接线、京乌高速公路山西段的竣工质量鉴定。

【建设项目安全生产稳定可控】 认真贯彻落实上级安全生产工作部署，先后印发22份关于安全生产文件通知，及时发布气象灾害警示信息30多次，按季度召开全省重点公路工程安全生产工作会议。扎实开展安全生产专项整治三年行动“集中攻坚年”专项行动、“坚守公路水运工程质量安全红线”专项行动、“零事故”单位创建活动等，部署开展起重机械安全专项整治工作，不断深化公路工程平安工地建设水平。深入组织开展安全大检查，全方位排查整治问题隐患。上半年首轮安全综合检查中对12个高速公路在建项目的79个合同段、43种类型的安全隐患进行全覆盖，排查各类安全隐患570条，下发通报12份;10月开启的第二轮综合安全检查已完成朔神、离隰、隰吉、黎霍4个高速公路项目。在抓好隐患排查的同时,进一步强化整改落实,通过对静兴、离隰等10个在建高速公路项目实施整改问题"回头看",再次排查新隐患26条,整改率100%,有效实现隐患闭环式管理。抓好安全生产宣传教育,认真组织全省重点公路工程项目建设单位主要负责人、分管安全负责人、安全管理人员对新颁布的《中华人民共和国安全生产法》进行专题学习和线上考试;以"落实安全责任,推动安全发展"为主题,专题学习《生命重于泰山——学习习近平总书记关于安全生产重要论述》电视片;6月份安全生产月活动期间,在黎霍高速举行"安全生产月"活动启动仪式;参加省厅"安全宣传咨询日"现场活动,深入晋阳高速改扩建项目参与"安全宣传咨询日"活动;在离隰高速督导隧道坍塌事故应急演练;向建设单位、监理单位和施工企业赠送技术资料。在各方共同努力下,全省重点公路工程建设安全水平明显提升,全年安全形势持续保持稳定。

【市场管理服务水平全面提升】 一是协助省厅完成2020年度设计、施工、监理、检测企业信用评价工作。共完成26个建设项目(高速项目13个、干线13个)42个合同段的设计评价、21个建设项目(高速项目12个、干线9个)93个合同段施工评价和65个合同段监理评价;完成64家等级检测机构的信用评价,评价结果AA级8家,A级48家,B级8家。二是认真做好行业服务工作。对企业提交的人员注册注销申请进行认真审核,对符合条件的人员进行审核登记。及时为企业办理资质申请、换证、延期、变更等事项;认真履行从业单位业绩初审工作;积极组织造价人员管理和继续教育。免费组织610名持证人员参加2021年度公路工程造价培训并为考核合格的528名人员申请认定选修课学时;组织全省73家检测机构进行能力比对试验,配合省厅完成37家检测机构志愿帮扶工作、省住建厅试验检测机构动态考核的核查工作;周密组织4950人参加2021年度全国公路水运工程试验检测专业技术人员职业资格考试山西省考区的考试工作。三是加强工地试验室和现场监理机构管理。对太原西北二环、昔榆、晋阳改扩建等6个建设项目的34个工地试验室备案申请资料进行严格审查,并对申请备案的工地试验室进行备案核查,对不符合要求的工地试验室列出详细整改要求;为符合备案条件的30个工地试验室发放《工地试验室备案通知书》;对97个工地试验室进行了运行监管,指出问题601条;对37个监理合同段进行检查,指出问题124条,全部进行督促整改。

【工程造价技术服务保障有序开展】 截至10月底,共完成60个项次工可、概算、预算、招标限价审查任务,审查总金额1555.9亿元,调整不合理费用31.4亿元,调整率2%,其中核增3.5亿元,核减27.9亿元,总核减24.4亿元,核减比例1.6%。主持编制《公路工程标准工程量清单及计量规范》(DB14/T 1319—2021),2021年9月1日发布,12月1日实施,统一计价标准,明确计量规则。在造价文件审查过程中及时提出计价依据不完善及四新技术项目。根据《山西省普通国省干线养护工程预算定额及编制实施细则》试运行期间的意见反馈及时做好勘误、调整工作。完成5期《山西公路工程造价管理信息》出版工作。起草《山西省高速公路工程智慧建设》(草稿)并上报省厅审核。

【全面从严治党主体责任深入落实】 建设中心党委主动扛牢政治责任,坚持"一岗双责",确保各项责任层层压实、贯彻到底。扎实开展党史学习教育,把学习党史和习近平总书记重要讲话和指示批示精神作为党委会"第一议题",多次召开党委会议研究部署,先后组织9次中心组理论专题研讨学习,党员干部通过个人自学与集体相结合、网上在线与网下集中学习相结合等形式深入开展党史学习教育,各党支部组织党员干部赴红色教育基地举行专题学习5次。积极组织庆祝中国共产党成立100周年系列活动。接受厅党组政治巡察,对反馈的问题立整立改。2021年省厅组织的"两优一先"评选活动中,有4名党员获评优秀党员,2名党员获评优秀党务工作者,第一党支部被授予优秀基层党组织。

【认真做好维稳、法治宣传教育、保密及档案工作】按照省厅部署要求扎实开展平安建设工作,切实抓好

“三零”单位创建、常态化扫黑除恶、国家安全、禁毒、“扫黄打非”、重点公路建设领域违法犯罪和突出问题专项整治、涉黑涉恶和行业乱象问题线索摸排等重点任务，按时向省厅报送工作进展。积极开展法治宣传教育工作，制定年度学习计划，建立普法清单，落实领导干部学法用法述法制度。全年组织4次专题学法，印发宪法宣传周活动方案，开展形式多样的宣传活动，组织观看旁听庭审视频、宪法答题等活动。强化保密管理，密件收发文指定专人负责，认真做好涉密文件登记、传阅及保管工作，无失、泄密事件发生。认真开展保密自查工作，完善保密台账。加强档案管理，认真组织开展档案自查自评，发现问题及时解决。制定建设中心档案归档范围和保管期限，完成2020年度档案的收集整理工作。

（王志勇）

山西省交通运输厅发展研究中心

2021年，山西省交通运输厅发展研究中心(以下简称中心)领导班子以习近平新时代中国特色社会主义思想为统领，全面贯彻中共十九大和十九届历次全会精神，深入学习贯彻习近平总书记一系列重要讲话重要指示，认真落实省委、省政府和厅党组各项决策部署，全面加强党支部建设和党风廉政建设，深入推进交通运输规划研究和史志编撰工作，着力提升为省厅服务的能力和水平，圆满完成全年目标任务，不断拓展事业单位改革“后半篇”工作新局面。

【以政治建设为统领，推动全面从严治党在党支部走深走实】 中心坚持把党的政治建设摆在首位，认真落实新时代党的建设总要求，切实提高政治站位，带领中心全体干部职工团结一致、践行使命、履职尽责、担当作为。一是强化理论武装，深入开展党史学习教育。坚持以理论武装统领中心思想政治建设，紧紧围绕庆祝中国共产党成立100周年这条主线，把开展党史学习教育作为重要的政治任务和理论学习的主要着力点，引导党员干部学史明理、学史增信、学史崇德、学史力行。全年共组织集中学习、研讨交流、主题党日、专题党课等学习活动30余次，为退休老党员“送学上门”，充分利用在线教育平台以及省厅组织的专题培训强化理论学习。坚持读原著、学原文、悟原理，深入学习习近平总书记重要讲话精神、党的十九届六中全会精神和省第十二次党代会精神，教育引导党员干部不断树立“四个意识”、坚定“四个自信”、坚决做到“两个维护”，坚决贯彻中央、省委和厅党组重大决策部署，迅速学习传达，认真贯彻落实。二是加强党支部建设，不断增强战斗堡垒作用。首先，严格执行党建工作责任制。研究制定《党建工作责任制度》，列出责任清单，对重点任务和工作责任分解细化、责任到人。严格执行“三重一大”事项集体决策制度，及时向省厅、驻厅纪检监察组报告工作情况，如实填报个人事项报告。其次，进一步规范和完善中心规章制度。制定出台30余项工作制度，持续深入开展制度建设专项工作；研究制定《山西省交通运输厅发展研究中心细化职责、业务范围、业务边界和工作流程清单》并上报省厅。再次，严格党内组织生活。积极开展领导班子民主生活会和党员组织生活会，并按程序对党员进行民主评议；认真落实“三会一课”制度，领导干部带头讲授专题党课，定期召开党员大会和支委会议；坚持每月一次主题党日活动，深入开展“坚定理想信念、传承红色基因”、强化政治机关意识专题研讨、“诵读红色经典，传承红色精神”等主题学习实践活动。最后，认真履行意识形态工作责任制。加强思想阵地建设和管理，定期开展党支部意识形态分析研判，时刻关注干部职工思想动态，加强思想宣传和舆论引导，牢牢把握意识形态工作主动权。三是狠抓作风建设，积极推进全面从严治党。首先，严格履行全面从严治党主体责任和监督责任，专题研究全面从严治党工作2次，研究制定《中心支委及领导班子成员落实全面从严治党责任清单》，党支部书记和全体党员干部签订党风廉政建设责任书。其次，扎实开展“党风廉政宣传教育月”活动，强化理论学习和警示教育，以案说法、以案明纪，通过警示案例教育引导中心党员干部牢记初心使命，挺纪在前，警钟长鸣。最后，贯彻落实中央八项规定精神和各项作风纪律规定，强化党内监督，深入纠察“四风”，集中整治形式主义、官僚主义，加强节假日等关键节点的监督检查，促进作风建设常态化。四是积极整改清零巡察组反馈问题。中心党支部积极配合厅党组巡察工作，全面落实整改，巡察组反馈的4个方面11项问题已全部整改到位。

【找准目标定位，扎实推进交通运输发展研究工作】 一是全力做好省厅“十四五”规划服务支撑工作。首先，协助省厅完成《山西省省道网规划》《山西省交通运输“十四五”发展规划》《山西省综合立体交通网规划》等研究编制工作，积极参与规划研究讨论，加强审核校对，多次组织专题会议对重要章节进行研讨、修编，进一步修改完善规划文本、指标体系、重点任务等内容，相关成果均被省厅采纳吸收，其中《山西省省道网规划（2021—2035年）》已经省政府印发实施。其次，组织赴交通运输部及广东、甘肃等省份开展学习调研，坚持对标一流，深入了解掌握全国交通运输行业的先进理念和发展经验，进一步解放思想，拓展视野，有效提升中心服务能力和研究水平。二是着力推进公路重点建设项目线位方案审查。代厅组织开展全省118个建设项目的线位方案审查工作，其中组织专家组现场踏勘98个项目、会议审查72个项目，按时完成“十四五”规划项目国土空间线位方案研究工作和全省重点公路建设项目线位方案审查任务。三是积极开展交通运输基础课题研究。首先，高质量完成《山西省交通物流若干重大问题与发展战略研究》基础课题。结合行业政策、市场趋势和前沿科技，聚焦利用交通基础设施网络支撑山西建成中西部现代物流中心、实现货运物流枢纽集聚提升与枢纽经济发展、构建新时代路域经济应用推广多式联运“一单制”和“十四五”时期交通物流的发展战略问题等内容开展研究，提出发展思路和对策。其次，高质量完成《山西交通运输基本公共服务均等化研究》基础课题。根据全省实际情况，重点以山西交通运输基本公共服务均等化特征、发展基础、趋势、发展目标、指标体系、重点任务、保障措施等方面内容为研究方向，同时强化交通运输基本公共服务均等化具体指标和保障措施研究，保障措施涵盖管理体制机制、规划和政策保障等研究内容。最后，组织启动了《山西省推进综合交通枢纽体系建设提升枢纽辐射能级战略研究》和《山西省高速公路互通立交增设改造专项研究及管理办法》等研究工作，为省厅开展相关工作提供技术支撑。四是扎实开展全省交通运输史志编纂工作。首先，组织完成《山西交通运输年鉴》《山西交通运输大事记》编纂工作。坚持编纂精品年鉴标准，进一步调整优化篇目体例，对收集汇总的全行业210家单位及厅机关22个处室报送的近500万字的资料进行认真细致的分析研究，全面完成编纂工作。其次，按时完成交通运输部、省委、省政府等相关部门史志年鉴资料编辑报送任务，累计报送稿件资料10余万字。最后，扎实开展“我为群众办实事”清单项目，积极响应社会需求，为相关单位（部门）提供山西交通历史资讯相关服务。五是圆满完成省厅安排的其他工作事项。协助省厅完成有关公路规划建设工作的人大建议和政协提案答复38件；为省政府、省直相关部门和厅属单位编制提供《山西省高速公路网规划与建设进展图》《山西省高速公路网出省口、断头路示意图》等各类工作用图400余幅。

【切实做好事业单位改革工作，稳步推进单位效能建设】 一是加强干部队伍建设，深化事业单位改革成效。首先，健全完善从严管理干部工作机制，严格按照《党政领导干部选拔任用工作条例》等规定及程序要求，选拔任用3个内设机构正科级干部3名、副科级干部1名，任命副科级干部2名，核定的3正3副科级领导职数已全部健全。其次，建立健全干部担当作为激励机制，充分与省人社厅、厅人事处沟通对接，中心岗位设置及全体人员岗位聘用工作顺利完成，干部职工的切身利益得到保障，为工作有效开展和调动全体职工做好工作积极性奠定良好基础。二是加强普法宣传力度，推进法治单位建设。将法治学习纳入全年学习计划安排，深入开展法治专题学习和“宪法进机关”主题党日活动，组织开展宪法宣誓、集中旁听庭审等活动，进一步提高干部职工运用法治思维和依法行政能力。三是扎实开展“我为群众办实事”实践活动，推进文明单位建设。首先，建立健全工会组织。经省公路运输工会批复，组织召开中心工会第一次会员大会，选举产生第一届工会委员会、经审委员会和女工委员，为开展职工工作奠定良好基础。其次，丰富职工文化生活。建立完善文化宣传长廊和职工文体活动室，充实图书阅览室存书，为干部职工提供积极向上的良好环境。再次，积极参与社会公益活动。坚持核心价值引领，认真组织开展社会主义核心价值观主题实践教育月活动，赴定点帮扶村开展实地调研和入户走访，深入开展义务植树、义务献血等志愿服务和暴雨灾情募捐、“送温暖 献爱心”捐款等公益活动。最后，深入开展走访慰问。组织开展对“光荣在党50年”老党员、退役军人、普通干部职工等不同群体的节日慰问工作，营造和谐共进的良好氛围。四是切实做好安全教育及检查，推进平安单位建设。首先，严格常态化疫情防控。及时传达部署落实上级有关疫情防控精神和举措，研究制定应急预案和节假日期间疫情防控工作方案，加强应急值班管理和信息报送，做好疫情防控物资储备，保障干部职工身体健康和生命安全。其次，健全完善安全生产制度和应急管理制度，做到职责明确，责任到人。扎实开展“三零”单位创建工作，夯实稳定基础，提升治理效能。定期开展消防安全隐患排查和网络信息安全检查，做好日常和节假日期间安全监督检查工作，为正常工作开展打造安全稳定的工作环境。

2021年，在厅党组正确领导和全体干部职工共同努力下，中心各项工作取得一定成绩。被表彰为“山西省直文明单位”“全省交通运输系统先进集体”，多人获省厅“优秀共产党员”“全省交通运输系统先进个人”等称号。

（李文越）

山西省交通运输厅联网收费结算与会计核算中心

一年来，在省交通运输厅党组的坚强领导下，山西省交通运输厅联网收费结算与会计核算中心（以下简称核算中心）深入学习贯彻习近平新时代中国特色社会主义思想，按照省厅全方位推进高质量发展的部署要求，扎实推进收费核算各项工作。

【党史学习教育】 坚决贯彻党中央决策部署，把开展党史学习教育作为重大政治任务抓牢抓实，围绕“学史明理、学史增信、学史崇德、学史力行”和“学党史、悟思想、办实事、开新局”的目标要求，聚焦学习领会习近平新时代中国特色社会主义思想的主线，认真学习领会习近平总书记“七一”重要讲话、中共十九届六中全会精神，统筹把握各阶段重点任务，深入开展“四史”学习教育，扎实推进“我为群众办实事”实践活动，广大党员干部受到深刻的政治教育、思想淬炼、精神洗礼。一是突出政治建设。把深入学习贯彻中共十九届五中、六中全会和省十二次党代会精神作为首要政治任务，引导职工深刻领会“两个确立”的重大意义，牢牢把握意识形态领域的主动权。全年中心组集中学习14次，党支部集中学习16次、小组48次，用习近平新时代中国特色社会主义思想武装头脑、指导实践、推动工作。二是扛起政治责任。认真落实厅直机关党委部署的各项工作任务，层层落实工作内容；配合厅巡察组和省纪委政治监督专项检查组开展工作。成立专班、相互协作，全力配合完成检查的各项任务；把模范机关建设作为一项长期政治任务，结合创建要求逐步建立健全责任落实、督促检查、典型激励、考评考核等工作机制，推动收费核算工作稳步提升。三是加强廉政建设。把全面从严治党作为中心强基固本大事来抓。抓好压力传导。以中心领导班子成员和部门负责人为重点对象，健全完善中心上下有机互动、逐级压力不减的责任传导机制。抓好制度落实。建立中心职权清单，确定权力边界。构建决策科学、执行坚决、监督有力的权力运行机制。抓好常态化管理。严格落实中央八项规定精神，领导班子成员严守纪律，按照一岗双责的要求，签订廉政目标责任书，促进业务工作与党风廉政建设齐抓共管。抓好上年度查摆和巡察问题的整改工作。建立整改问题清单，明确责任人，细化整改措施及整改时限。截至目前13个问题立行立改，并逐步建立长效机制，其他5个问题于12月上旬完成整改。四是落实岗位责任。制定下发《党支部党群工作任务分解》和《精神文明建设创建实施方案》两个文件，成立党支部党群工作组，将党务工作责任到人；成立工会组织、调整党小组成员，强化人员融合。严格落实党支部"三会一课"制度，党内政治生活按时高标准执行；扎实推进党支部各项职能标准化建设，强化对"三重一大"事项决策、执行过程的监督，不断完善落实内控制度；贯彻落实党管人才、党管干部要求，制定核算中心《专技岗位聘任、管理岗位竞聘工作方案》，坚持好干部标准，完成专业技术岗聘任和空缺管理岗的推荐、竞演、考察环节工作。2021年，核算中心获全省交通运输系统先进集体、脱贫攻坚先进集体、省直单位文明标兵等称号，收费稽核工作受到部路网中心肯定。

【联网收费】 一是提高服务意识主动对接、实时跟进。按照省厅要求协助绿地集团古城联络线和静兴高速运营管理单位，完善相关报送资料的收集整理、收费基础信息采集工作，按照时间接点有序推进，确保按省厅要求如期通车。二是协助省厅完成全省23条高速公路差异化收费政策优化调整。进一步优化全省路网通行结构，提高路网通行效率，推动物流业降本增效，实现高速公路经营企业与社会公众、物流企业等的多方共赢。三是完善联网收费拆分结算相关工作机制。明确在每旬结束3个工作日内，生成通行费划拨通知单旬报，全年累计拆分通行费228.69亿元，通过班报审核系统平台公布36次，平均每旬拆分通行费6.35亿元，确保清分结算工作及时准确。四是强化稽核管理。利用部、省级稽核平台开展数据稽核及全省稽核工单流转、管理、考评工作。全年稽查工单派发处理效率和协查处理效率达到98%以上，追缴通行费2373.27万元，在部路网中心的通报中稽核工作多项业务指标高居全网榜首，为全网联动稽核工作起到积极的引领作用。五是加强基础管理。制定《山西省高速公路联网收费运营和服务规则》《山西省高速公路联网收费技术要求》《山西省高速公路稽核管理规则》，进一步规范全省高速公路运营管理。六是根据2020年底开展的ETC车道功能检测结果，组织相关单位开展全省高速公路ETC专用车道与ETC/MTC混合车道运行情况整改工作，有效保障全省高速公路收费车道系统平稳有效运行，为公众提供良好出行环境奠定基础。七是编制完成东环停止收费费率、阳蟒差异化费率、隰县东收费站费率、亳城收费站费率，并及时向部中心申请，确保上述路段费率变化在全网的稳定运行。八是克服困难，完成系统运维、网络安全及攻防值守等工作。九是认真开展政务信息系统清查工作，积极推进联网收费系统移交和优化升级的前期准备工作。十是全面指导、完成交通运输部和部中心安排的ETC发行服务系统升级、建立对账业务平台等各项工作任务，完成重要节假日小客车免费通行、抗洪救灾、抢险车辆免费等工作。

【会计核算】 一是以预算管理一体化单位会计核算系统落地为抓手，推动交通运输系统会计核算工作再上新台阶。组织开展厅属145个预算单位新系统部署、340个账套财务核算和2019年、2020年历史数据迁移等有关工作，确保厅会计系统与财政一体化系统顺利对接，实现会计核算"一张网"运行。二是以高速公路PPP项目车购税资金支付管理为抓手，提供高质量的资金管理服务保障工作。2021年，高速公路PPP项目累计提交车购税资金支付申请22次，申请金额63.57亿元，经审核全部支付。三是全面推进中心内部控制制度体系建设。编制《制度（内控）汇编》《内部控制手册》，将内控规定有效嵌入中心运行管理全流程并覆盖落实到全体员工，利用纪检、巡视、审计等监督成果，形成内控监督合力，保障中心在依法合规、高质量发展。四是做好全省收费公路通行费收入解缴、划差返还等保障工作。截至12月31日，累计上解省财政通行费26笔，上解金额8.52亿元；明确通行费划差返还时间节点，建立通行费日报制度，确保通行划差及时返还各运营单位，累计划差返还各路段通行费30批次799笔，返还通行费收入57.24亿元。

【亮点工作】 一是按照三部委全面推广高速公路差异化收费实施方案精神，在维持全省126号文、50号文相关收费政策标准总体不变的基础上，9月17日，完成对全省23条高速公路的差异化收费政策的优化调整。通过差异化收费优惠政策的调整，有效提升全省ETC使用率，客车保持在65%以上、货车75%以上，ETC交易金额占通行费80%左右，货车ETC使用率名列全国前茅。二是通过部、省稽核平台开展数据稽核及全省稽核工单流转、管理、考评工作。全年稽查工单派发处理效率和协查处理效率达到98%以上。追缴通行费2373.27万元，在部路网中心的通报中稽核工作多项业务指标高居全网榜首，受到部中心来函感谢，为全网联动稽核工作起到积极引领作用。三是根据省厅国高网项目车购税预算资金申请及拨付协调专题会议纪要精神，为加快车购税资金支付进度，减少存量资金，同时确保车购税资金安全，协助省厅对车购税资金支付比例进行调整，明确项目建设单位职责，提高支付比例，为重点项目建设提供有力资金支持。

（杨　俊）

山西省交通干部学校

2021年，省交通干部学校（以下简称学校）以习近平新时代中国特色社会主义思想为指引，深入学习贯彻中共十九大、十九届历次全会精神和习近平总书记视察山西重要讲话重要指示精神，认真贯彻落实厅党组各项决策部署，始终坚持以政治建设为统领，以培训创新、服务创新、管理创新和质量创优为主线，全方位推动学校高质量发展，全面超额完成各项工作任务。

【党的建设全面加强】 一是坚决做到“两个维护”。牢牢把握干部教育培训的政治属性，突出党性教育的主课地位，在坚决贯彻、忠诚执行中央及省委、省政府和厅党组决策部署基础上，认真执行新形势下党内政治生活若干准则，坚决贯彻民主集中制，重大工作及时向上级党组织请示报告，以工作成效践行“两个维护”。二是强化理论武装。全年开展党委中心组理论学习19次，围绕党史、中共十九届六中全会和省第十二次党代会精神，进行专题研讨11次，校领导讲党课6次。认真落实意识形态工作责任制，坚持定期开展意识形态领域形势分析研判并向厅直机关党委报告有关情况。三是扎实推进党史学习教育。全年开展集中学习110次，交流研讨43次，提交心得体会420篇；组织知识竞赛2次，播发党史故事和信息97条，视频47个。把学习党史同总结经验、观照现实、推动工作结合起来，聚焦学校发展薄弱点、群众需求和办学效益提升，将“学党史、抓整改、正作风”作为自选动作，一体推进党史学习教育、厅党组巡察反馈问题整改和“我为群众办实事”，着力促进学习成果转化。四是党的组织建设得到加强。扎实推进学校和第三方教育管理机构党支部结对共建，实现党建与业务二者相融共促。加强对离退休党支部的教育管理和服务，通过建立党员活动室，组织开展征文、参观红色基地等各项活动，离退休党支部的活力进一步增强。丰富活动载体，对涌现出来的先进党支部和优秀个人进行表彰。“七一”前夕，对困难党员、老干部进行慰问，为5名符合条件的老干部颁发“光荣在党50年”纪念章。全员参加以庆祝中国共产党成立100周年为主题的文艺会演，展现学校朝气蓬勃、奋发向上的精神风貌。五是党风廉政建设不断深化。全面履行党风廉政建设“两个责任”。学校党委书记认真履行第一责任人职责，领导班子成员认真履行“一岗双责”职责。严格落实党风廉政建设责任制，实施制度管控，梳理制作34个工作流程图，更新完善22个廉政风险防控运行图，做到全流程闭环管控。深化运用“第一种形态”，全年开展警示教育1次，日常谈心谈话156人次，廉洁从业谈话26人次；谈话对象涉及班子领导、中层干部、支委委员等，形成谈话全覆盖。六是坚决推动巡察整改落实落细。厅党组巡察一组反馈学校11条意见，学校制定13条整改举措，完成10项，完成率90%，整改结果全部上报厅党组巡察办。

【办学效益显著增强】 一是线上线下融合，干部培训实现机制创新。学校依托“山西交通在线”教育培训平台，深入实践“线上+线下”一体化培训新模式，推进干部培训工作新常态。首次联合省直机关工委创办“直播课堂”，对全省1600余名党员发展对象，进行网络在线学习培训和线上结业考试，获得省直机关工委的好评，社会影响力进一步扩大。在做好在线注册、严审资料等各项工作基础上，分3批次81场考试历时26天，圆满完成公路施工企业安全生产三类人员7000人线下考核。线下年培训人数万人次以上；新增“每日一习话”晨读环节，实施红色基地现场教学，并根据基层需要开展“送教到基层”服务，通过线上线下一体化方式打造灵活的培训课堂和培训模式，干部教育培训信息化水平和服务能力进一步提升。二是深化校际合作，继续教育实现稳中有进。全年培养毕业生354人，在校生达到4251人。招生专业由原来交通类5个专业扩展到面向社会13个专业，与8所国内知名高校建立合作关系，办学层次有专科、本科、研究生教育。三是创新办学理念，在线教育实现高速发展。“山西交通在线”教育培训平台”和“山西交通在线”安全教育培训平台”同步并行运营，注册人员9.2万人。其中，“山西交通在线教育培训平台”年内上线39个学习专题，总计完成线上培训近500万学时；“山西交通在线”安全教育培训平台上线3860家企业，累计参训15万人次。四是有效推进落实，技能鉴定实现创新突破。完成职业技能等级认定5052人，其中高级工占比近50%。建立全省首个轨道列车司机职业技能鉴定站，对太原地铁站2号线61名从业人员进行全省首批职业资格鉴定。协助省厅完成专职技术人员贯通高技能人才1800人，联合承办太原市邮政快递行业首届技能大赛。五是专技人才培养工作推进有力。进一步完善全省交通运输系统专技人才库，建立交通运输工程职称评审理论知识题库，组织1000人参加职称机考；加强与交通运输部、行业相关企事业单位的长期合作机制。协助省厅圆满完成805人的交通运输专业工程技术职务任职资格评审工作任务。

【治校水平持续提升】 一是管理效能进一步提升。坚持正确选人用人导向，选拔任用11名中层干部。完善学校教学绩效及超工作量绩效发放管理办法，激活学校发展内生动力。聘请法律顾问，积极开展“宪法宣传周”活动，组织《中华人民共和国民法典》专题学习，强化法治意识，完善管理制度，全面推进依法治校；年内自行组织开展财务内审和法务合同审查，对审查发现的问题，坚持立行立改，营造起风清气正的浓厚发展氛围。二是民生实事高效落实。学校持续改造亮化校园环境；为符合条件的专技人员晋升岗位等级、办理岗位聘用，教职工归属感进一步增强。三是平安校园建设持续推进。持续完善校园安全管理体系，不断加强安全隐患排查，扎实深入开展“三零”单位创建，为学校发展提供坚实安全保障。

（张警予）

山西交通运输 2022 年鉴

公路系统

山西省公路局太原分局

2021年，山西省公路局太原分局(以下简称太原分局)实事求是，真抓实干，锐意进取，较好地完成全年目标任务，推动太原公路事业不断取得新成绩。

【规划先行，增强服务重大战略能力】 积极响应省委提出的“一群两区三圈”城乡区域发展重大决策，科学制定太原地区普通国省干线公路“十四五”发展目标，规划总长274.8公里、投资约284亿元的6个新改建项目，打造太原地区“国省道一级公路环线”，推动G108线、G208线、G307线、G339线、G241线及省道双阳线等6条国省干线公路提档升级。充分发挥公路部门服务地方经济社会发展的先行官职能，推进省会太原加快打造国家综合交通枢纽规划和具有国际影响力的国家区域中心城市目标，为太原晋中一体化、太忻经济区建设奠定坚实交通支撑。截至年底，规划项目中241国道汾河水库段改线工程已开工建设，其余5个项目全部纳入国土空间规划和《山西省“十四五”现代综合交通运输体系发展规划》。项目工可均通过省厅、省局评审，年内先后开展项目线位审核、土地指标落实、交通量OD调查和经济效益评价等基础工作，为推进各项目前期工作奠定良好基础。

【精准施策，提升公路养护水平】 创新养护管理和决策体系，统筹推进预防养护、修复养护、应急养护和专项养护，以路面养护为中心，开展“路面病害处置”和“灌缝补坑”专项行动。截至年底，国省道路面性能指数(PQI)保持在82.5以上、MQR为86.2，优良路率保持在84%。投资665万元完成危旧桥改造、桥梁三类安全防护设施改造等4项养护工程。积极开展公路沿线环境专项整治行动，加大公路扬尘污染防治，打造文明公路、环保公路。精心组织，圆满完成2021年度国家公路网技术状况监测项目(太原片区)养护管理迎检工作。开展桥梁冬季养护专项行动和地质灾害隐患排查，完成135座桥梁和地质灾害隐患数据库建设。全力以赴开展防汛保通抢险，累计投入应急抢险资金392.2万元，初步处治恢复受灾301处32.4公里，并积极做好恢复重建的准备工作，确保太原地区国省干线公路在汛期安全畅通。与此同时，切实履行PPP路段养护监管职责，制定印发《太原境内国省干线公路PPP路段养护要求》《关于加强山西省国省道(太原境内)路面改造工程PPP项目养护、安全监管工作的通知》，建立监管常态化机制，确保PPP项目良好运营。

【推动监管，加大公路建设步伐】 坚持“监管、督促、服务”理念，3月初积极推动241国道、省道岚马线汾河水库段改线工程复工，定期对项目公司开展履约督导检查和绩效考核，5次以督办卡和发函等不同形式对发现问题予以通报。开展“送专家、送技术、送服务到基层”行动，促进项目管理水平、安全生产形势、质量控制稳定向好。截至年底，项目完成征地拆迁82%，资金到位13.7亿元，2021年度完成投资11.5亿元，圆满完成省局下达的投资计划。

【依法履职，夯实公路管理能力】 一是开展路产保护维权专题调研和政策论证，制定出台《太原分局公路及设施保护办法》，成立公路巡查护路队，强化护路员法规、业务培训和统一持卡上岗，建立与交警、交通综合执法部门联动机制，坚持常态化巡查护路。年内，所管辖路段共发现26起损坏路产事件，处置25起，较好地保护路产安全。二是持续提升超限检测队伍素质和站点基础设施建设，投资77万元对局属检测站LED显示屏、检测办案区、检测磅、办公楼、职工食堂进行维修改造。发挥不停车检测系统信息化优势，严格执行24小时不停车检测规定，强化与治超办、交警联动机制，不断提升治超工作常态化和规范化水平。

【强基固本，提高单位治理水平】 一是精心组织实施改革“前半篇文章”。按照省厅、省局总体部署，完成太原分局国有资产、编内和编外人员的基本信息清查统计上报工作，完成路政执法职责和5名路政人员的人事关系、人员经费、保险、档案等移交划转，有组织、有纪律、有步骤地推进改革的各项准备任务。二是深化“三零”单位创建。落实安全生产目标责任，完善管理组织机构，以开展“安全生产三年专项行动”“安全生产反三违”“安全生产月”“安全生产三年专项整治攻坚年”为契机，落实安全风险“双防双控”机制，排查治理隐患35处，努力提高安全生产意识和管理水平，坚决守住安全发展底线。坚决贯彻“内防反弹、外防输入”要求，根据上级统一部署，全链条抓紧抓实抓细办公区、施工工地、家属区、站区的疫情防控工作，实行人员动态管理。与社区协调联防联控，有效保障全体干部职工及家属健康安全，在职职工两剂新冠疫苗接种率98%。把维护和谐稳定特别是维护改革期间整体稳定作为重大政治责任，全面做好信息收集研判、矛盾纠纷排查化解、政策宣传、思想教育、重点人员稳控、突发事件应急处置等各项工作，完成信访工作接入“全省民生信访平台”建设，妥善处理省委信访局转办2件网上信访案件和“12345”热线转来的6件涉及群众切身利益的突出问题，确保改革发展稳定互促共进。三是加强计划预算管理。科学合理编制年度建议计划，合理统筹和分解下达小修切块预算资金，提高预算资金使用效率。全面启动行政事业单位预算管理一体化单位会计核算平台建设，实现国库集中支付与单位会计核算自动对接。进一步加强财务管理规范化精细化建设，上报省局《2020年度内部控制报告》工作并通过审核，严格“三公经费”使用和成本费用核算，不断规范财政预算支出和公务卡结算，加大预算执行监督检查力度，确保预算执行率达100%。四是加强审计监督。充分发挥审计“治已病、防未病”作用，在积极配合省厅、省审计厅完成外部审计基础上，加大内审力度，完成对局属各单位经济责任审计、预算执行审计、财务收支审计工作，对已完工项目实施竣工决算审计工作，促进单位预算管理、财务核算依法治理。

【全面加强党的建设，为改革发展提供坚强保障】 一是坚持强化理论武装。党委中心组集体学习14次，其中党史专题学习11次、专题研讨13次，精准把握中共十九大和十九届历次全会、习近平总书记视察山西重要讲话重要指示和省第十二次党代会精神，做到“两个维护”。二是扎实开展党史学习教育。深入学习贯彻习近平总书记“七一”重要讲话，开展好庆祝中国共产党成立100周年系列活动和“永远跟党走”等主题活动，党员干部政治自觉不断提升。三是持续推进组织建设。加强两级领导班子建设，认真落实《“三重一大”集体决策制度》和党委会议、局长办公会议、专题会议《工作规则》，进一步提高班子集体决策科学化、民主化，不断提升党建科学水平。四是以文明单位重新申报验收为契机，组织开展第58个学雷锋月活动，积极开展志愿者送温暖、献爱心等社会公益活动，进一步提升干部职工践行社会主义核心价值观的主动性和自觉性，增强事业心和责任感，全系统文明程度不断提升。五是常态化落实党风廉政建设责任制和中央八项规定精神。重点围绕办公用房、公务用车、津贴补贴、财务管理等6个方面，年内对全部基层单位进行专项整顿监督检查，按时填报《贯彻落实“一把手”和领导班子监督清单》，严格开展违规入股企业专项清理，9人完成退出。开展对干部人事档案专项审核工作再次“回头看”。切实抓好日常监督，认真处置线索和办理案件，年内对一起违纪案件进行处理，保持惩治腐败高压态势，党风廉政建设保持良好态势。

（李　渊）

山西省公路局大同分局

2021年，山西省公路局大同分局（以下简称大同分局）在省交通运输厅党组、省公路局党委坚强领导下，以习近平新时代中国特色社会主义思想为指导，全面贯彻中共十九大和十九届历次全会及省第十二次党代会精神，紧紧围绕全省交通“十四五”发展规划目标，全力打好公路建养管攻坚战，高标准推进庆祝中国共产党成立100周年和党史学习教育，努力实现公路建设新发展、公路养护新提升、公路管理新局面，圆满完成全年各项任务目标。

【公路建设】 为把东大线建设成内实外美、人民满意的精品工程，大同分局严格履行基本建设程序，在质量管理方面继续实行“横向到边、纵向到底、控制有效”的质量控制与保证体系。不断建立完善各项规章制度和管理办法，加强各个环节管理工作，做到挂牌施工，责任到人，思想到位。续建项目国道239线东坊城至大磁窑段改建工程全长11.74公里，估算投资5.6亿元，截至年底,工程累计完成投资5.66亿元。

【“十四五”发展】 本着提档升级、优化路网的总体思路，完善领导包干推进制度，坚持定期召开前期工作调度会，促进项目审批。全年已完成工可编制和批复2项、合计里程17.34公里，投资估算2.59亿元；正在开展前期工作5项，合计里程174.19公里，估算总投资53.63亿元。

【养护管理】 以提升(PQI)指标为目标，对优良路突出小修养护及时性，通过灌缝、贴缝、小型刷油、罩面等日常预防性养护措施，将路面病害消灭在萌芽状态；以提升路况等级为目标，对中等路突出中修养护的时效性，安排部署以罩面、微表处为主的中修养护，确保中等路提等升级；以维持路况保畅通为目标，对差等的薄弱重交通路段进行大修。自筹资金600余万元对239国道线部分路段进行病害处置；养护工程完成6项，完成投资2438万元。同时强化桥隧管理。通过调取档案，查阅资料，现场勘验，详细摸清桥梁各项基础数据，完善更新桥梁档案库各项数据，同时各养护段对所有桥梁重新制作安装加注二维码的不锈钢信息牌，并对管养的桥梁限载等相关标志进行补设。

【超限治理】 按照规范化标准要求,各站利用有限经费，努力搞好站点环境美化、绿化及服务区功能完善。按照省厅治超工作总体要求和大同分局2021年治超工作要点，全方位开展多部门联动综合治超，持续打击短途超限运输、车辆抛撒污染和超限车辆闯站等行为。全年共检测车辆3842508台次，查处超载车辆833台次；卸载货物23312吨;超限超载率控制在0.02%以内。西韩岭收费站全年完成通行费征收5136万元，超额完成1636万元。

【常态化疫情防控】 年初召开专题会议，成立领导小组，研究部署全年疫情防控工作。结合防控要求，切实加强分局系统各单位办公楼、宿舍楼等重点场所管理，同时要求各单位利用LED显示屏循环滚动播放宣传标语，并利用微信群、悬挂宣传标语等方式营造浓厚氛围，提高广大人民群众疫情防控意识和思想警惕性。

【安全生产】 年初召开安全生产专题会议，与各基层单位签订目标责任书，将目标层层分解、责任到人。深入开展“安全生产专项整治三年行动”“集中攻坚年”活动。各养护单位配合当地交警、安监等部门，全面深入推进安全隐患排查治理工作，加大事故路段治理力度，实现分级评价、分级验收、逐段销号机制，保证事故多发路段隐患整改全过程闭合管理。在此基础上，完成市交安委6处隐患点督办任务，完成左云交安委隐患督办任务。同时在汛期来临前超前筹划，本年度发生11处水毁已全部恢复，完成投资93.07万元。进一步提高应急处治能力，年初根据管养道路实际，在常家堡市级应急库利用公路养护安全作业沙盘，对一线工作人员进行养护作业安全培训。6月9日，灵丘段开展汛期山体塌方应急演练。6月11日阳高段开展防汛应急演练。全年共召开安全例会12次，专题安全会议4次；完成安全专项检查12次，全年无安全事故发生。

【落实从严治党主体责任】 按照《党委落实全面从严治党主体责任规定》,大同分局不断强化全面从严治党主体责任意识，定期召开党委专题会议，分析研判形势、解决突出问题，明确工作任务，坚持党的建设与业务工作同谋划、同部署、同落实、同考核，推动形成党组织落实主责“不松手”、主要领导履行首责“不甩手”、班子成员尽责“不缩手”的管党治党工作格局，坚决防止因责任落实不到位出现纪律作风方面问题。

【党史学习教育】 大同分局第一时间召开学习教育动员大会，印发实施方案，制定党史学习教育中心组、党支部、领导小组任务清单，以清单落实为抓手，指导推动党史学习教育向高标准推进。在日常学习中，运用“学习强国”“三晋先锋”“山西交通在线”教育培训等平台推进个人自学，开展纪念建党一百周年党史知识竞赛手机线上答题活动。编印11期党史学习教育专题简报，在省厅门户网站、《山西交通报》、“山西交通”微信公众号、《大同日报》等发表26篇大同分局开展党史学习教育情况新闻稿件，组织开展三期大讲堂，组织观看《一个不落》等大型纪录片、警示教育片、微视频等可视化教材，组织机关党员在大同红色记忆馆开展“学党史缅怀革命先烈，悟思想赓续红色精神”为主题的现场教学，联合朔州分局在平型关纪念馆开展“学习新思想 永远跟党走 奋进新征程”学习体验等活动。在此基础上，把学习教育同推动各项工作结合起来，同解决实际问题结合起来，积极开展“我为群众办实事”实践活动。截至年底，全年为群众办理的10件实事已完成8件，各基层单位为群众办理的81件实事已完成72件。真正把学习教育成果转化为增进民生福祉、加快高质量发展新成效。在资金十分紧张情况下，投入284万元为206名退休职工补缴公积金，彻底解决后顾之忧；在省厅、省局帮助和支持下，从立项已经12年之久的208国道上跨大同东站场燕庄公铁立交桥重新开工建设，经过两年拼搏奋斗，已于2021年9月1日通车运行，彻底解决当地群众出行难问题，同时填补了全省最大跨度顶推工艺钢箱梁桥施工历史空白。

【基础管理和文明创建】 不断完善计划管理，合理安排资金；健全财务监督制度，严格费用支出；加大审计跟踪监督力度，确保各项经济活动安全平稳运行；落实信访责任制，创建和谐稳定发展环境；工会举办端午节包粽子活动暨道德讲堂现场体验活动，庆祝中国共产党成立100周年红色经典颂歌会，拿出专项资金为全局职工进行体检；老干科举办离退休人员门球邀请赛，较好地落实老干部“两个待遇”。继续深入开展精神文明创建工作，大同分局共获得1个“全国文明单位”、1个“省级文明标兵单位”、4个“省级文明单位”、17个“市级文明单位”称号。

（张建伟）

山西省公路局朔州分局

2021年，在省公路局坚强领导下，山西省公路局朔州分局（以下简称朔州分局）坚持以习近平新时代中国特色社会主义思想为指导，全面贯彻落实中共十九大和十九届历次全会精神，深入贯彻落实习近平总书记视察山西重要讲话重要指示，按照省局各项决策部署，深入开展党史学习教育，全力做好常态化疫情防控，持续提升路况水平和服务品质，加快提升干线公路治理水平，积极推进智慧绿色公路创建，持续夯实安全应急保障能力，深入推进党建和党风廉政建设工作，着力构建“畅、安、舒、美”的公路服务体系，有效服务区域重大战略实施，实现“十四五”良好开局。

【坚守公路阵地，常态化疫情防控交出新答卷】 针对疫情反复的实际情况，不断筑牢常态化疫情防控意识，牢牢扛起疫情防控责任，加强公路巡查管养，加强出省通道管控，全面从严从紧抓好疫情常态化防控工作，为群众营造健康安全的出行环境。

【坚持项目为王，基础设施建设迈出新步伐】 持续推进续建项目建设，力促项目早日完工。其中，西朱庄大桥危桥改造工程于4月初复工，10月初全部完工，完成投资2320万元；上水泊超限检测站4月底复工，11月底完工，共完成投资1398万元。省道宁应线铺龙湾至陈家堡段改建工程、241国道线右玉县城过境改线工程、336国道线平鲁县城至口子上段改建工程、208国道怀仁王家堡至山阴薛圐圙段公路改扩建工程等项目前期工作取得实质性进展。此外，严格落实监管责任，加强对241国道阳方口至朔州段和336国道朔州至平鲁段公路改扩建工程、336国道朔州市境内应县罗庄至朔城区东榆林段改扩建工程项目监管，确保早日完工。

【坚持“公路为民”，路况水平和服务品质达到新高度】 一年来，完成危桥改造11座，完成投资1374万元；4座桥梁Ⅲ类安全防护设施改造工程进行施工招标；中修工程完成路面翻修7000平方米，改性沥青同步碎石封层14.1万平方米。小修及日常养护共完成翻浆治理1320平方米，车辙处置1.8万平方米，沥青路面贴缝带贴缝23.6万米，密封胶灌缝128.5万米，龟网裂刷油4.5万平方米，沥青路面坑槽修补10.2万平方米，补修石砌边沟3200米，锥坡、八字墙维修480立方米，补设轮廓标、警示桩260根，维修波形护栏562米，清理非公路标牌46套，完成水毁恢复54

处，道路技术状况稳定向好。此外，深入开展安全隐患排查专项整治、应急处置能力提升、路域环境专项整治、公路安全设施专项整治等活动，增强公路安全保障能力。

【注重“优化高效”，路政管理能力获得新提升】 继续秉持“依法行政、为民服务”理念，狠抓超限超载治理，积极维护路产路权，切实保障人民群众安全、便捷出行。全年共检测车辆336.4万辆，依法查处超限车辆191辆，卸载货物3646.39吨，超限率稳控在0.2%以下。深入开展路域环境综合治理，累计拆除巨型非公路标志标牌3块，小型非公路标志标牌55块，清理建筑控制区内违法建筑、构筑物，公路用地内堆积物36处，共计425平方米，清理路障39处，共计672平方米。

【坚守“安全底线”，安全生产稳定向好成为新常态】 全面抓好安全生产监督、检查和事故防范各项具体工作，顺利完成春运、“两会”、“五一”、中秋、国庆等重点时段的公路运输安全保障工作。同时，深刻汲取各方面事故教训，加大道路安全隐患排查力度，排查道路安全隐患18处，已全部整改完成。此外，持续深化“三零”单位创建，营造安全稳定发展环境。依托已建成的路网监测及应急指挥中心，进一步强化应急保障建设，补充完善应急物资储备，有效提升应急处置能力，确保道路安全运输，全年未发生安全事故。

【注重“党建引领”，党的建设和党风廉政建设质量得到新提高】 坚持以习近平新时代中国特色社会主义思想为指导，深入贯彻中共十九大和十九届历次全会精神，深入贯彻落实新时代党的建设总要求，以政治建设为统领，以党史学习教育为主线，以转变观念、改进作风、强化素能为抓手，坚定不移推进党的建设各项工作。一是组织党员干部读原著、学原文、悟原理，深入学习《习近平谈治国理政》第一、二、三卷，学习习近平总书记关于交通运输领域重要论述，学习习近平总书记最新重要讲话精神和视察山西重要讲话重要指示精神。二是深入推进“我为群众办实事”实践活动，确定6件为民实事，涵盖公路养护、危桥改造、便民服务、水暖改造、老旧小区改造等方面。截至年底已完成5件，朔州境内省道11座危桥改造工程预计2022年9月全部完工。三是与大同分局党委联合组织“学习新思想 永远跟党走 奋进新征程”学习体验活动；同朔州交通运输执法局党委共同举办为期3天的党史学习教育培训班。四是召开庆祝中国共产党成立100周年暨表彰先进大会，举办“学党史颂党恩跟党走”庆祝中国共产党成立100周年红色经典朗诵比赛和唱红歌比赛。五是组织开展“党旗在基层一线高高飘扬”主题党日、“庆祝建党100周年·党建引领心连心”主题微视频等主题宣传教育活动，持续深化拓展“十个起来”，持续引深“党员示范路”“党员先锋岗”“党员突击队”“党员责任区”等创建活动。这一系列活动，进一步激发广大党员干部的奋发进取精神，促进党建与养建同频共振、深度融合，在路网结构、路况质量、服务理念、服务方式、生态环保、安全保障能力等方面实现新突破、新提升、新发展。此外，朔州分局持续开展“党风廉政宣传教育月”和警示教育活动，引导广大干部职工进一步增强廉洁自律意识，提高拒腐防变能力。坚决贯彻落实中央八项规定精神及其实施细则，在元旦、春节、中秋、国庆等重要时间节点，重申纪律规定，加强监督检查，在全分局形成风清气正、干事创业的良好氛围。

（王晓东）

山西省公路局忻州分局

2021年，山西省分路局忻州分局(以下简称忻州分局)坚持以习近平新时代中国特色社会主义思想为指导，认真贯彻落实省交通运输厅、省公路局和市委、市政府各项决策部署，慎终如始抓好疫情防控，持续推进“12266”发展战略，扎实做好公路养建管及其他各项工作，全力推动108国道线改建一级公路项目顺利落地，坚守安全稳定底线红线，深入开展党史学习教育，切实推动党的建设和业务工作深度融合发展,圆满完成全年各项任务目标。

【全力推进项目建设，前期工作进展成效显著】 牢固树立“项目为王”理念，坚持不懈抓好项目监管和前期推进，工作取得新成效。一是监管新改建工程项目进展良好。针对国省干线公路投资主体和建设模式日趋多元化发展趋势，忻州分局积极转变角色定位，努力创新工作思路，探索拓展管理手段，切实做好以地方政府为实施主体的新改建工程项目监管工作。监管338国道线原平过境改线工程，全长10.38公里，概算投资2.8169亿元，项目实施主体为原平市政府，主体工程已基本完工，年度完成投资14844万元，完成年度目标106%。监管336国道偏关过境改线工程，全长6.496公里，概算投资2.0990亿元，项目实施主体为偏关县政府，主体工程已基本完工，年度完成投资11476万元，完成年度目标104%。三是一级公路改建项目前期推进取得新突破。全力推进108国道线砂河至石岭关段改建一级公路和338国道线西镇至阳方口段改建一级公路等项目前期工作，着力打造"Y"字形一级公路主骨架，努力为太忻经济带建设和全市高质量转型发展助力赋能。108国道线砂河至石岭关段改建一级公路项目，2021年完成立项、"两评一案"、勘察设计招标等工作，项目推进平稳有序。省委第十二次党代会作出建设"太忻一体化经济区"的重大战略部署，108国道改建成为"太忻一体化经济区"建设的头号先导性项目，受到省委、省政府、市委、市政府和各级领导高度关注。338国道线西镇至阳方口段改建一级公路项目，已完成工可报告编制并通过省公路局评审，省交通运输厅将该项目作为"十四五"规划储备项目组织专家对线位方案进行审查，忻州分局根据省厅线位方案调整意见，对工可报告作进一步修改完善，力争尽快报省评审。另外，247省道河曲刘家塔至保德土崖塔段新建一级公路项目也在积极谋划中。

【管养干线路况水平和安全运营水平稳定提升】 切实抓好日常养护、季节性养护和预防性养护，扎实推进危旧桥梁改造，妥善应对暴雨、滑坡等特殊气候和地质灾害，进一步巩固深化"美丽公路"建设成果，管养干线整体路况水平、安全运行水平得到稳定提升，更好地满足人民群众对美好交通出行的向往。2021年，按省局要求完成路面改造PPP项目交工验收。忻五线岩口桥危桥改造工程10月中旬全部完工，11月通车运行，完成投资712万元。22座危旧桥梁进行拆除重建和加固改造，其中拆除重建17座，加固改造5座，总投资6224.7万元，已进入施工阶段；汛期期间，罕见强降雨带来的严重灾情，累计发生水毁146处（小型水毁137处，大型水毁共9处），恢复投资862.819万元。特别是国庆期间遭遇罕见连续强降雨，造成69处水毁，恢复投资约378.4万元。截至11月底，水毁道路全部恢复，正常通车运行；聚焦路地共建、平交道口整治和过村镇路段治理，着力巩固深化"美丽公路"建设成果，协调河曲矿山企业投资在专用公路与国省干线公路平交道口改造安装焊接铁质盖板，依托代县当地政府支持、集中部分资金对代县峨口镇过村镇路段进行综合整治，有效解决困扰该路段沿线居民多年的路面脏、乱、差和排水不畅等问题，进一步消除沿线安全隐患、改善路容路貌、提升人民群众出行品质。

【保护路产、维护路权，公路超限检测工作平稳有序】 忻州分局顺利与各市（县、区）交通运输局完成路政执法职责划转移交工作。认真做好路产保护和涉路施工行政许可的现场勘验及初审等辅助工作，有效维护路产路权。全年共发现查处路政案件110起，收取路产赔补偿费98.7万元，清理路障4151平方米/359处，初审行政许可案件2件，办理超限运输许可2958份。以开展"三提升一杜绝一创建"活动为抓手，坚持把文明单位创建和治超工作紧密结合，有力推动治超队伍素质、质量、形象实现较大提升。局属11个公路超限检测站全部创建为县级文明单位，其中安头、阳方口、石家庄3个公路超限检测站被忻州市文明委授予市级文明单位称号。全年共检测车辆490多万辆，卸货1157吨，查处超限车辆139辆，抄告违法超限车辆104辆，超限率严格控制在0.01%以内。

【持续加强财务、审计、资产等规范化、精细化管理】 一是加强财务审计管理。强化预算执行动态管控，严格事前规划，加大力度，预算执行率达98.5%；着力推进财政电子票据改革工作，不断提高财政票据管理水平和工作效率。二是制定年度审计工作要点和审计工作计划。完成局属6个单位行政领导任期经济责任审计、6个单位预算执行和财务收支审计，审计覆盖率达30%；完成对局属单位内部审计和社会审计发现问题的审计整改，审计整改率100%。三是加强国有资产管理。严格落实国有资产管理条例、制度，严格按照审批流程权限进行政府集中采购。完成养护机械设备和驾操人员的年检年审工作，车辆设备完好率、红旗设备率达到规定要求。

【增强大局意识、强化底线思维，整体安全稳定形势持续向好】 一是扎实开展"安全生产专项整治三年行动"，严格落实忻州市安全生产"543"工作机制，及时修订完善应急预案、配齐应急物资，切实加强应急值班管理，做好重大活动和重点时段公路安全保畅，认真组织开展安全生产大检查。2021年以来，共组织开展应急演练29次，在"五一""十一"等时段对基层单位安全生产进行专项督查检查。以管养干线公路安全保畅为重点，建立安全隐患排查治理工作常态化机制，重点对临水临崖、急弯陡坡、易塌方路段等安全隐患进行排查。共排查一般安全隐患86处，处治86处。同时维修完善波形护栏、防撞护栏2.6公里，维修标志18套。二是牢记"守土有责"，做到"守土尽责"，努力把影响和谐稳定的苗头和事端解决在基层、化解在萌芽状态。

【深入推进党的建设，持续深化党风廉政建设】 一是认真贯彻落实中央决策部署和省厅党组、省局党委党史学习教育工作要求，严格落实县处级领导干部9项规定动作和基层党支部8项动作。党委中心组先后组织集体学习9次，分局领导讲党课15人次，"我为群众办实事"工作明确7个方面办实事事项，局属各单位党支部开展书记讲党课活动和集中学习交流，开展革命传统教育、爱国主义教育等主题活动，引导广大党员干部真正做到学有所思、学有所悟、学有所获，更加坚定理想信念，更好地把党史学习教育成果转化为提升忻州国省干线公路综合服务水平的动力和成效。二是认真履行"一岗双责"，严格落实"两个责任"，持之以恒正风肃纪，认真贯彻落实中央八项规定和实施细则精神，严肃党的政治纪律和政治规矩，持续巩固"风清气正、干事创业、担当作为"的良好氛围。

（陶江江）

山西省公路局阳泉分局

2021年，山西省公路局阳泉分局（以下简称阳泉分局）全面贯彻落实全省交通运输和全省公路工作会议精神，汲取建党百年奋进力量，坚持把党史学习教育与具体工作实际相结合，坚持把抓发展、促改革和保稳定贯穿于全年工作始终，圆满完成全年各项目标任务，实现"十四五"开好局、起好步的发展目标，在2021年全省公路工作会议上获"目标完成优秀单位""公路养护先进单位"等称号。

【保持干劲不松，强力推进公路建设】 全年完成养建投资34.12亿元。重点工程建设领导组，加强项目全链条督导、跟踪和问效，各项目建管部都制定专项"作战图"，以项目之进夯实发展之基。针对338、239国道两个EPC总承包管理模式特点，编制实施方案，推行项目责任化落实，清单化管理，奖惩化推进，实现对项目加速建设的运行把控。307、207国道绕城改线通过组织召开"战百天，保通车"、"路基交验、路面施工"和"首件工程推进会"等劳动竞赛活动，以周保旬、以旬保月、以月保年，实现主线全部贯通目标。同时制定建设质量提升年专项行动方案，并以省局对在建工程综合检查问题整改为契机，严把材料进场关和工序控制关，严格推进首件认证制，积极推进智能建造和智能化监测，项目建设质量管理水平得到大力提升。

【保持步伐不停，统筹推进"十四五"规划】 完善以"四纵五横两循环"为主骨架的阳泉市国省干线公路"十四五"规划，并以"阳泉市国省干线公路全域通达提质升级工程"正式列入省市建设规划。12个规划项目已全部纳入省政府批复的"山西省省道路网（2021—2035）"建设项目规划和国土空间规划，其中10个项目纳入"十四五"，2个项目纳入"十五五"。按照市委、市政府与省交通运输厅对接会议精神，制定"两步走"分期实施计划，科学有序调度，统筹推进列入第一期实施的7个前期项目。同时加快落实项目资金，完成239、338国道盂县境内两个改线工程专项债申报准备和中央车购税资金申请申报工作，有力确保“十四五”顺利开局。

【保持标准不降，提升养管服务水平】 以深入开展环境整治、路面灌缝补坑和桥梁冬季养护三个专项行动为抓手，积极做好安全专项整治和地质灾害防治，开展桥梁数据大清底行动，完成隧道提质升级专项行动和2处隐患治理工程。并以207国道线和307线为重点，深入开展交通安全文明示范路创建。面对国庆假期最强秋汛引发水毁塌方，造成管养干线公路发生多处交通阻断的重大险情，闻汛而动，向险而行，累计投入人力2719人次，出动机械610479台次，清理塌方落石危岩卸载4万余立方米，投入抢通应急资金877万元。省厅、省局抢险保通要求得到全面贯彻落实，受阻道路在最短时间内恢复通行，灾害损失降到最低。展现负责任、勇担当的公路部门良好形象。面对阳泉市生态环境保护严要求，努力克服资金不足等困难，积极争取地方环保配套资金205万元，保质保量落实绿化美化、洒水抑尘、清扫保洁和建设工地“六个百分之百”等环保措施，为社会公众提供了“畅、洁、绿、美、安”的公路通行环境。2021年末国省干线公路路面使用性能指数（PQI）值为86.2，优良路率为83.5%。

【保持规范管理，提升行业治理水平】 持续强化部门联合治超，全年检测车辆246.87余万辆，查处超限车辆271辆，超限率为0.01%，大大低于0.2%的控制上限。路政服务大厅共办理超限运输许可证849个。无公路“三乱”现象发生，治超秩序保持良好。持续提升财务管理，开展“财务管理转型提升年”和严肃财经纪律专项整治等活动，坚决贯彻“先有预算、后有支出”的原则，全年预算执行率达95.34%。持续加强审计监督，对分局机关和基层各单位2019—2020年两年账务进行检查，对具备工程竣工决算审计条件的7个项目进行审计，对2020年及以前年度下达计划或预算的车辆购置税交通运输专项资金使用情况进行自查。持续加强法治建设，充分发挥法律顾问团队作用，共计开展法律咨询和普法宣传23次。持续推进养护技术培训创新，应用研发快速修补剂等20余种路面养护新材料和护栏清洗机等工具，有效提升了养护工作创新力。持续推进工地信息化建设，338、239国道盂县境内两个改线项目建设的BIM管理平台已初步实现GIS三维建模展示，为项目规范管理开创新模式。

【保持高度站位，奠定坚实改革基础】 严格贯彻省厅、局改革部署，进一步做好涉改人员的再摸底再核查工作，做到基础数据真实、准确、完整。继续加强对编外用工的总量控制，定期进行人员备案，杜绝新聘人员；按时完成事业单位及所办企业资产、负债、净资产总体情况和拟划转情况的统计和上报工作。认真做好资产清查工作，做到了账物、账卡、账账一致，并完成2001年至2018年139项工程项目的调查核实。顺利完成局属2家企业的脱钩改革任务。路政执法职能划转移交后，主动与地方交通综合执法部门加强协作联动，全年发生85起涉路案件，查处率、结案率、赔偿率均达100%，路产路权得到有效保护。经营单位按照“稳队伍、稳业务、稳效益”要求，不负众望，勇于开拓，经济效益与社会影响力得到持续发展。

【保持底线不变，扎实推动安全发展】 把全力做好庆祝中国共产党成立100周年、中共十九届六中全会和省市党代会等重要时段的安保维稳和单位安全稳定作为底线工程，以深入创建“三零”单位为抓手，落实安全责任，推动安全发展。扎实开展安全生产三年专项整治行动和安全风险隐患大排查大整治“百日攻坚”集中行动等活动，进一步夯实安全基层基础。为提高安全防范意识和应急处置突发事件能力，开展地质灾害、隧道处等应急演练。并以“临战”状态，持续抓好常态化疫情防控，倡导职工加强自我防范，疫苗接种确保“应接尽接”，切实筑牢安全发展钢铁屏障。

【坚持政治引领，全面加强党的建设】 阳泉分局党委按照确定的“11223344”工作思路，围绕中心工作，强化政治统领，严格落实“四个责任”，扎实开展党史学习教育、中共十九届六中全会和省市党代会精神的贯彻学习，举行三期领导干部“读原著、学原文、悟原理”专题研讨和党委中心组9次专题学习，坚持把“我为群众办实事”实践活动贯穿于党史学习教育始终，并通过“八个一”系列活动持续推动党史学习教育持续升温，增强广大党员干部听党话、感党恩、跟党走的决心，营造干事创业建新功的新气象。分局纪委立足“监督的再监督”，严格对照省局党委《关于进一步更严更细落实中央八项规定精神的通知》明确的6个方面重点，结合省纪委政治监督专项检查和驻厅纪检组政治巡查反馈意见，全部进行督查整改和落实。并推行“一谈话，一自查，一促改，一报告”的“四个一”制度，对重点工程、党史学习教育、违规入股企业清理和改革进程中清产核资等工作进行监督问效，为全局改革发展稳定提供坚强的纪律保障。

（崔海军）

山西省公路局吕梁分局

2021年，在省交通运输厅、省公路局、市委、市政府正确领导下，山西省公路局吕梁分局（以下简称吕梁分局）紧扣全省“十四五”公路建设和发展总目标，坚持稳中求进工作总基调，夯实基础管理根基，牢守安全底线，着力提升行业治理水平，圆满完成各项工作。

【认真履行党建主体责任，以党史教育为契机，全面加强党的政治建设】 深入学习习近平新时代中国特色社会主义思想，始终同以习近平同志为核心的党中央保持高度一致，坚决执行上级党委各项部署。强化意识形态工作主体责任。全面提升党支部规范化标准化建设。认真开展党史学习教育，精心制定实施方案和党史学习教育工作计划。制定“我为群众办实事”重点任务清单，党委层面2项重点任务截至年底全部完成，基层党支部重点任务完成率98.22%。严格落实中央八项规定精神及其实施细则要求，坚决防止隐形、变异“四风”问题。从3月份开始集中一个月时间分四个阶段在全局系统开展作风纪律大整顿，建立健全作风建设常态化机制，不断巩固扩大作风建设成果。把巡察问题反馈作为查漏洞、强弱项、补短板的良好契机，列出责任清单，把党风廉政建设和反腐败工作列入重要议事日程，与中心工作同部署、同落实、同检查、同考核，不断推动全面从严治党向纵深发展。

【聚焦主责主业，持续抓好公路养护，路网综合服务保障能力稳步提升】 做好日常养护工作，加大预防性养护力度，稳步提升路况质量水平。深入开展实施道路安全保障专项行动，完成6座危桥改造、9座老旧桥梁改造和21座Ⅲ类桥梁安全防护设施提升，完成离石境内王家塔三川河大桥危桥改造续建任务；完成利民隧道改造工程和隧道提质升级任务。夏汛秋汛吕梁境内险情出现后，全局闻令而动，迅速响应，人机合力，投入人员2782人次，投入机械482台次，清理各种塌方淤泥29500立方米，确保行车安全。完善“十四五”养护工程项目规划库数据及吕梁境内134座老旧桥梁的排查及数据收集工作，扎实开展管养道路桥梁冬季养护管理、桥梁基础数据核查、桥梁信息公示牌及限载标志设置调查及桥梁数据专项大清查等工作。预防性养护观念深入人心，养护投入产出正向循环基本形成，2021年（PQI）值排名全省第5名，高于省平均水平，养护工作实现提质增效，最大程度巩固建设成果。

【创新监管方式，开展质量提升年专项行动，公路工程建设有序推进】 进一步理顺与地方政府职能，做好监管、协调、服务工作，督促地方政府全面履行职责，落实到位筹措资金，保障项目顺利推进。深入开展质量提升年“10项活动”的专项行动，严格落实“工程首件制”，严格细节管控，精细组织施工。2021年省局下达的新改建监管工程项目2项，总里程84.87公里，总投资73.43亿元。2021年完成投资26.5亿元，完成27.44亿元，完成占计划投资的103.5%。

【认真落实中央、省委省政府和厅党组决策部署，在服务重大战略实施中体现行业担当】 一是与地方政府深度融合高效联动。通过市政府层面牵头，与相关县市联动融合，汇聚各方力量，重点推进一级公路和瓶颈路段升级改造项目，优化存量、稳定增量，梯次推进公路建设。受市政府委托授权，为汾石高速公路罗村镇至转角(晋陕界)高速公路工程、离碛高速;307国道线清徐至汾阳一级公路改线工程、307国道线汾阳至晋陕界段改建工程实施机构,同时还负责离隰高速、汾石高速的征地拆迁协调工作,各项目正按时间节点有序推进。二是认真抓好生态文明建设。形成质量提升技术新成果,提升设计质量和水平,在设计阶段充分融入平安百年品质工程理念,积极推广应用BIM+GIS技术,提高勘测设计精准度和成果质量,保证前期工作深度。加快智慧工地建设,以数字化手段推动实现隐蔽工程全程留痕管理。三是全力助推防返贫工作。与兴县东会乡鱼湾村开展结对共建活动,把结对共建活动转化为防返贫强大动力,在互帮共建基础上,全力以赴巩固脱贫成果,推动乡村振兴。四是认真做好“四好农村路”和三大板块旅游公路督导工作。“四好农村路”完成里程113公里,完成投资4.6亿元;黄河一号旅游公路完成里程45.6公里;完成投资7.3亿元,为地方经济发展提供更有力的交通支撑。

【妥善化解各类不稳定因素,巩固强化基础管理,维护行业稳定大局】 不断强化安全生产责任和安全生产措施落实,加强安全生产督促检查,加大安全生产隐患排查整治力度,全年安全生产无事故。全年查处路政案件213起,发现率、查处率、结案率均为100%,收取赔(补)偿费203万元,路政服务大厅受理大件超限车辆许可1890件。超限固定检测站检测车辆4987374辆,查处超限车辆375辆,卸载货物3745.79吨,超限率0.008%。交警记分1318分,罚款18.21万元。无严重失信违法行为。开展分局15个预算单位资产清查工作报告核实验证工作。配合省交通运输厅对2016—2020年车购税资金开展审计工作。开展2001—2018年工程项目调查核实工作,将327个项目逐一进行查证、辨别、资料核实。完成车辆购置税交通运输专项资金使用和结存情况专项审计调查,及时报送相关报表及调查报告。提高风险防控能力,加强改革宣传,引导干部职工积极拥护改革、支持改革。分局信访维稳态势良好,办公楼项目主体建成,老干、工会、宣传、后勤服务等工作均取得较好成绩,有效助力全局和谐稳定发展。2021年,全局系统文明单位覆盖率保持在90%以上,全局系统共创建省级文明标兵单位1个,省级文明单位5个,市级文明单位2个,市级文明标兵单位3个,厅级文明和谐示范窗口2个,局级文明和谐示范窗口2个,为改革发展提供有力保障。

(樊小兰)

山西省公路局晋中分局

2021年,在省交通运输厅党组、省公路局党委、市委、市政府正确领导下,山西省公路局晋中分局(以下简称晋中分局)坚持以习近平新时代中国特色社会主义思想为指引,全分局干部职工主动作为、砥砺前行,紧紧围绕“1688”发展思路与目标,扎实推进“112668”工程,全面提升行业治理能力和治理水平,圆满完成各项任务指标,标兵单位的“含金量、含新量”取得新提升,实现“十四五”良好开局,连续20年被省公路局授予标兵单位称号,获“全国五一劳动奖状”。

【公路养护】 全年完成养护工程11项,完成投资1.18亿元。(PQI)值达92.2,路面优良路率97.2%,彻底消灭次差路,10个公路段达到“双优”公路段标准,全省120个管养单位路性能(PQI)排名,所有公路段均在前20名,优良路率和路面(PQI)值无论是增加值还是绝对值均为全省第一和分局历史最高值,为全省提供可借鉴、可复制的典型案例和管理模式。在全省率先提出消灭次差路养护目标,扎实推进精准养护和分级分类养护措施。投资3201万元对列入省厅次差路集中处治的三条路线进行处治,筹集资金48471万元对超龄油路与薄弱路精准施策,采取路面改造和局部补强等措施提升路况。累计投入资金51672万元,消灭次差路223公里。全面开展“六个专项行动”,大力实施绿色养护,深化路地共管机制,扎实做好扬尘污染治理和中央环保督察整改,创建示范公路332公里、美丽公路1146公里,路域环境综合整治覆盖率100%,不断满足人民群众出行多样化需求，以舒适安全的路况质量服务地方经济发展，被省局授予"公路养护先进单位"，养护工作连续25年保持全省第一。

【公路建设】 一是坚持高点定位，科学规划。"十四五"新改建工程15项929公里，估算投资879亿元，全部列入"十四五"国土空间规划，列入交通运输部"十四五"规划7项301.8公里，估算投资209.3亿元。优质高效推进项目前期。二是着力推进青银二广高速太原联络线、307国道线阳泉坡头界至榆次段一级公路等9个项目前期，全部列入省"十四五"现代综合交通运输体系发展规划，青银二广高速太原联络线、339国道线昔阳县城过境（建都隧道）改线工程相继开工，其中青银二广高速太原联络线项目前期推进创造审批时间最短、效率最高、要素最全的"晋中速度"，被省局授予"工程项目前期工作先进单位"。三是奋力攻坚，完成建设任务。5项192.5公里在建新改建工程，总投资126.5亿元，全部为省重点工程。其中207国道线新建一级公路完成投资31.5亿元，并竣工通车；新开工的4个政府收费还债公路完成投资30亿元，占全省国省干线公路完成固定投资总额的19.5%，建设里程与投资规模均居全省第一。项目实施后，到2023年分局一级路里程将达551公里，占养护总里程42%，比全省一级路里程平均占比19.2%高22.8个百分点，被省局授予"公路建设先进单位"。四是严细精实提升管理水平。围绕工程建设"六大目标"，始终坚持"精神、精细、精准、精品"的工程建设理念，扎实开展"质量提升年"活动，工程建设管理水平实现新突破。

国庆期间，持续强降雨造成晋中境内国省干线公路共13条路线336处发生水毁，交通阻断34处，水毁损失12860万元。灾情发生以后，晋中分局以雨为令，闻"汛"而动，把抗洪抢险作为践行"我为群众办实事"主题活动的生动实践，第一时间成立6个督导组，局领导分县包片全部下沉一线开展巡查督导，各基层公路段成立11支应急抢险队伍，发现一处、抢通一处，奋战三天三夜抢通208国道鲁村桥，解决好公路沿线人民群众"出不去，进不来"的"急难愁盼"问题。10天时间内34处交通阻断路段全部抢通，336处水毁处治完成129处、临时处治207处，抢险保通投入2200余万元。抢险救灾工作的生动实践，再一次展示晋中公路人特别能战斗、特别能吃苦、特别能奉献的担当和作为，受到地方党委政府和人民群众的高度赞扬与充分肯定。

【路政管理】 全年发现、查处、结案路政案件449起，收取赔补偿费436.41万元，占全省20%；检测运输车辆643.8万辆，超限超载率严格控制在0.02%以内。2021年完成通行费征收2.23亿元，占全省一级公路收费额的60%。

【党建、党风廉政建设和行业文明】 2021年，晋中分局聚焦从严从紧，以"党的建设、责任落实、担当作为、能力建设"为抓手，分局党建和党风廉政建设工作迈上新台阶。全面贯彻党委落实全面从严治党主体责任规定，扎实开展好党史学习教育和"我为群众办实事"实践活动。组织召开中心组学习31次、交流研讨9次、专题学习32次，邀请专家专题辅导5次。全面提升党建工作质量和水平。深度推进党建和业务工作深度融合。以重点项目建设为载体，深化"支部建在项目上，党旗飘在工地上"主题活动，引深党员示范路、党员先锋岗创建活动。精心组织庆祝中国共产党成立100周年系列活动，不断加强基层组织建设，建成标准化党员活动阵地35个。晋中分局被授予"晋中市先进基层党组织"。深入推进党风廉政建设和反腐败工作。从严从紧落实"两个责任"，一体推进不敢腐、不能腐、不想腐。持续巩固中央八项规定精神及实施细则成果，抓住重要节点、关键环节、关键少数，不间断开展政治巡察和监督检查，全年累计开展监督检查6次。认真开展党员领导干部违规入股企业专项整治，上缴违规获益78.33万元。不断深化政治巡察，认真落实省委第八轮巡视反馈问题整改。驰而不息抓好"四风"整治和纪律作风整顿，对3名科级干部和1名股级干部进行谈话提醒，着力营造风清气正的政治生态。大力培育和践行社会主义核心价值观。积极开展群众性文明创建活动，分局被授予"全国五一劳动奖状"。高度重视乡村振兴、职工教育、群团组织、档案管理、人大政协建议提案办理、老干部等各项工作，向上向善的凝聚力不断增强。

【行业管理】 2021年，晋中分局聚焦管理规范，以深化“四个全面提升”主题活动为抓手，行业治理能力和水平得到新发展。“四个全面提升”主题活动三年行动计划取得的成效亮点纷呈。干线公路服务能力极大提升，基本实现“走到哪里都是好路”目标，工程建设规范管理水平稳步提高，在建工程合格率100%。干部职工想干事、干成事、干好事的体制机制和用人导向逐步形成，保持奋发有为的发展势头。全分局共创建国家级文明单位2个、省级文明单位标兵3个、省级文明单位5个、市级文明单位15个，标兵单位“含金量”“含新量”更加纯真。全面加强财务资产、审计管理。确保国有资产保值升值，固定资产达7.8亿元。全面加强人事管理。自上而下开展“六位一体”绩效考核，激活力、增动力、提能力。稳步提升编外用工工资待遇，编外用工工资增长5%以上，职工幸福指数不断提高。全面加强路政、治超、收费工作。全面加强企业经营管理。六个局属企业完成年产值1.3亿元，实现利润1500余万元，保持稳定发展势头。

【疫情防控】 2021年，晋中分局聚焦安全稳定，以“防疫情、抓安全、保稳定、建机制”为抓手，平安公路建设取得新成效。毫不放松抓好疫情防控。压紧压实“四方”责任，坚持“人、物、环境”同防，认真履行部门责任，协助地方政府做好出省口道路管控，持续保持疫情防控良好态势。多措并举筑牢安全稳定防线。认真贯彻落实“三管三必须”。组织召开了6次安委会会议和10次安全生产专题例会。深入开展隐患排查治理和安全生产专项整治三年攻坚行动，完成地质灾害处治69处。全面巩固108国道创建国家级交通安全文明示范路成果，打造230公里省级交通安全文明示范路。突出抓好工程施工安全，扎实开展平安工地创建，深入推进安全生产标准化建设，建立分局安全体验馆，全面夯实安全生产基础管理。依法依规做好信访稳定，深化“三零创建”“综合治理”“扫黑除恶”等各项工作，着力营造和谐发展环境。

（张志英）

山西省公路局长治分局

2021年，山西省公路局长治分局(以下简称长治分局)紧紧围绕省交通运输厅、省公路局和长治市委、市政府决策部署，以党建为引领，以改革为牵引，以干线公路提质升级为重点，以服务品质提升为目标，全面推动长治干线公路高质量、高速度发展。工程建设项目完成投资14.25亿元；实施隧道提质升级7座、危桥改造工程5项，实施省道河潞线地质灾害路段挂网处治工程，累计完成投资2895万元，全局优良路率达到83.38%，为地区经济社会发展提供强有力的交通基础支撑和保障。被省局表彰为日标完成先进单位、公路建设先进单位、公路养护先进单位，下黄公路超限检测站被表彰为全国公路交通行业先进基层党组织，被省局表彰为标兵超限检测站；长治市公路管理段被表彰为全省先进基层党支部；潞城公路管理段被省厅表彰为全省交通运输系统先进集体，被省局表彰为标兵公路段。

【项目前期工作】 围绕打通大动脉、畅通内循环，加快构建以“一纵一横一环”一级公路国道为骨架，以其他干线为脉络的干线公路网络，13个项目纳入省厅“十四五”干线公路新改建项目，建设里程总计522公里。208线、309线国道全市域一级公路改造纳入省“十四五”现代综合交通运输体系发展规划重大交通项目，写入市十二次党代会报告，成为今后五年省、市重点推进的干线公路升级改造项目。全力推进路地共建项目，241国道（省道汾屯线）沁源松罗至上滩段正式通车运行，341国道平顺王庄至晋豫界段公路工程、241国道沁源过境交口至有义段公路改建工程、省道黄龙线长子过境公路改建工程有序推进，519线国道和省道南沁线武乡过境段项目土地预审与规划选址获批。所有项目累计建成通车里程32.8公里，完成投资14.25亿元，均超额完成目标任务。

【科技创新】 认真贯彻落实《交通强国建设纲要》，充分发挥科技创新对普通干线公路建设的引领和支撑作用。依托长治市国道环线公路重载运输和城市过境两个典型特点，开展重载交通城市过境典型示范工程创建并顺利通过省交通运输厅、省公路局验收，形成多项技术专利、论文，为相关地方标准和指南制定提供技术支撑。以国道环线为载体先行先试，开展普通干线收费公路自由流收费试点，纳入省交通强国建设（2021—2022年）行动计划和省道网规划（2021—2035年），获省领导批示同意，工可补充说明通过省发改委批复，技术方案等配套方案基本编制完成，建成后有望成为全国首条采用自由流收费技术的收费公路，推动开放式收费公路收费模式变革。针对208国道重载交通占比高，沿线村庄及工矿企业密集、交通组织复杂、工业固废材料丰富、环境敏感点多等特点，在208国道线晋中长治界至屯留小河北段改扩建项目开展以“智慧和环保”为主要内容的重载交通条件下二级公路改一级公路的科技示范工程建设，是交通运输部目前唯一的普通干线公路二改一科技示范工程。

【公路养护】 坚持全寿命周期养护理念，采取同步碎石封层、路面大修等措施，对207线、341线国道、227省道线等薄弱路段实施路况提升65公里。提升养护科技化水平，在危桥改造、病害处治中先后运用GMA无收缩自流密实混凝土、新型冷拌冷铺聚氨酯混凝土、高聚物快速结构修补材料、超薄冷铺冷拌技术、水泥毯修复边沟技术等养护新技术、新材料、新工艺，提高养护质量和效率。代表全省接受国家公路交通标志标线优化提升专项工作检查，得到交通运输部通报表扬。全年累计填补油路坑槽10.47万平方米，处理沉陷4033平方米，处治路面翻浆9948平方米，刷油罩面21万平方米，浆砌边沟4178米，修标准化边沟149公里，修整文化景点44处，修剪绿化平台1.64万平方米，全局公路技术状况指数（MQI）为87.39，优良路率为85.89%。坚持依法治超、科技治超，全年检测车辆572.5万辆，查处超限车辆204辆，全部依法移交交警处置，卸货1785.54吨，超限率0.004%，低于0.2%的控制指标。坚持抓好路域环境，对国道309线沿线进行了积极治理。加大日常保洁力度，累计出动机械630台次、人员2508人次，洒水2490次、清扫2148次、清理垃圾1.08万立方米，确保了路面干净整洁。

【安全生产】 始终坚持“生命至上、安全至上”，在汛期、节假日等重点时段组织开展安全生产大检查。积极推进“平安公路”建设，对赵店桥等5座危桥进行改造，对司庄等7座隧道实施提质升级，有效提升桥隧安全运营水平。深入细致开展公路沿线地质灾害隐患排查整治工作，对排查出的地质灾害隐患路段加强日常养护管理，对省道河潞线地质灾害路段进行挂网处治。全力以赴抓好防汛保畅工作。面对几十年一遇的严峻汛情，牢固树立防大汛、抗大灾、抢大险思想，提前对干线公路隧道、桥涵构造物和防护、排水设施开展专项排查，保持排水设施的最佳状态，有效降低汛情对公路设施的损害。7月中下旬、9月下旬、10月上旬，全市境内先后发生三次特大降水，省局管养干线公路险情频发，国道207线、208线、309线、省道河潞线、长陵线等路段由于严重水毁发生交通阻断，长治分局第一时间成立3个现场督导组，分片负责、下沉一线、靠前指挥，勘察险情、制定方案，连夜调动大型机械对阻断路段进行抢通恢复。特别是在7月份国道207线西井桥、柏官庄桥因持续降雨出现险情时，不等不靠，第一时间组织开展应急抢修，在最短时间内完成桥梁抢险加固，恢复道路通行，保证桥梁安全，有效避免后期强降雨有可能引发的次生灾害，保障了省旅发大会重点路段畅通。截至年底，全局累计投入应急队伍14支420人，应急物资8.6万余件、应急机具113台，疏通排水设施208公里、桥涵379处，增设各类标志85套，抢通8处阻断路段，完成水毁恢复投资2902万元，为灾后恢复重建和能源保供提供有力支持。

【党建和党风廉政建设】 扎实开展党史学习教育，赴革命教育基地开展了多次学习体验活动，举行“光荣在党50年”纪念章颁发仪式。在提升党建工作“牵引”“融合”“转化”上精准发力，在养管一线开展“党员示范路”“党员先锋岗”创建活动，在防汛抢通一线成立“党员应急抢险突击队”，党组织凝聚力和战斗力显著增强。扎实开展“我为群众办实事”实践活动。分局党委深入对口帮扶村开展乡村振兴调研活动，持续推进机关家属院改造提升，投资700余万元完成了小区管网、外墙保温等设施改造。全力服务地方发展，先后5次深入涉路施工一线现场评审确定方案，提升办事效率。针对群众反映的超限站减速带过高、车辆通过缓慢的问题，各超限站迅速进行处理落实。

（史　骥）

山西省公路局晋城分局

2021年，在省交通运输厅，省公路局正确领导下，在市委、市政府强力支持下，山西省公路局晋城分局（以下简称晋城分局）坚持以习近平新时代中国特色社会主义思想为指导，认真贯彻全省交通运输工作会议和全省公路工作会议精神，全体干部职工与时俱进，真抓实干，奋力拼搏，取得显著成绩。

【扎实抓好常态化疫情防控】 面对晋城周边省、市疫情反复无常严峻态势，始终把职工身体健康与生命安全放在首位，提前部署做好防疫物资和生活物资储备，加强各单位机关、治超站、收费站、服务区、住宅区、施工人员驻地等场所管控，确保各项防控措施落地落实。年初，晋城分局与晋城市卫健委及市疾控中心对接，出资7.66万元，为174名职工进行新冠疫苗紧急接种；8月份出资2.5万元，邀请晋城大医院为663名职工集中开展核酸检测工作，10月份以来，组织开展党员进社区“双报到”，积极配合地方政府做好来（返）晋城人员设卡排查防控，从源头上做好“外防输入，内防反弹”的各项工作，坚决守好公路部门疫情防控阵地。

【圆满完成公路建设任务】 始终把重点公路项目建设摆在首位，坚持“项目为王”，实施清单化管理，落实建账、理账、对账、交账、算账“五账法”，持续开展品质工程攻关行动和质量提升年活动，4个重点项目完成投资41160万元，圆满完成年度目标任务。一是207国道改线新增2个互通建成通车。金凤路互通完成剩余四条匝道路基路面工程，于5月15日建成通车；红星东街互通完成东延段路基路面工程，于6月28日建成通车。全年完成投资4500万元，占年度目标任务100%。二是207国道线长治晋城界至陵川段升级改造工程，采空区治理、原地面重夯全部完成，完成路基挖方83.3万立方米、填方48万立方米，完成涵洞通道18道、防护排水1.75万立方米，完成桥梁桩基42根、承台4座、肋板4座。全年完成投资1.8亿元，占年度目标任务100%。三是342国道晋城过境段书院街连接线工程，采空区处置及桥梁主体施工全部完成；路基挖方全部完成，填方完成67.8%；路床水泥稳定土完成54%；涵洞完成90%；雨、污水主管道完成91.8%，路面基层完成36.4%；沥青路面10.3%。全年完成投资1.366亿元，占年度目标任务100.4%。四是208国道长治司马至高平刘庄段改扩建工程，项目选址意见书已办理，土地预审、项目工可、初步设计已批复，省交通运输厅已授权高平市政府和长治市上党区政府为项目建设主体，正在进行设计施工总承包招标前期和土地补划手续及正式组件报批工作。全年完成投资5000万元，占年度目标任务100%。五是207国道线新房洼至省界瓶颈路段重载交通典型示范工程，开展的针对普通干线公路重载交通山区道路BIM技术、沥青混凝土抗车辙技术、特殊路段下安全耐久铺面技术、安全保障技术等示范应用探索以及绿色和谐发展示范创建，2021年12月顺利通过省交通运输厅验收，为普通公路重载运输“建管养运”一体化发展提供经验。

【路网服务水平有效提升】 一是加强公路日常养护，加大路面保洁、病害处治力度，全年完成隧道提质升级23座，完成路面中修10.55万平方米、路面加铺3.5平方米、路面病害挖补5.63万平方米、预防性养护49.2万平方米、桥梁小修83座，涵洞小修107座，有效保证路况整体稳定，路面（PQI）值达85.5，年末优良路率达83%。二是持续推进“一县一路一特色一亮点”建设。有机融合当地人文、历史、自然风貌，新建美化亮化示范景点5.17万平方米，新建绿色生态示范路166公里，打造干线公路美丽生态通道形象。三是全力做好重点时段道路保障。投资334万元，高速度、高标准、高质量完成342国道北环路、208国道绕城段、晋高一级路共计46公里干线公路环境整治提升，为全国康养大会、炎帝陵祭典、中国共产党成立100周年等活动做好公路保畅服务。四是342国道过境改线项目顺利进入运营阶段，该项目2021年6月底完成交工验收，半年以来运营良好，年度绩效考核等级为优，为全省干线公路PPP项目建设管理做出新尝试并提供相应管理经验。

【"防汛抢险"得到交通运输部肯定】 2021年晋城地区连续出现三轮历史罕见、范围最广、强度最大、时间最长的强降雨侵袭，晋城辖区干线公路发生水毁479处，道路中断5条/198公里，灾毁损失约4.87亿元。晋城分局积极开展防汛抢险救灾，投入抢通费用3805万元，完成公路抢通197公里，基本打通人民群众出行的"最先"与"最后"一公里，得到沿线群众和地方各级政府的高度赞扬与充分肯定。截至年底，按照"一恢复三提升"工作思路(全面恢复水毁路段，提升养护水平上一个新台阶，提升"一县一路一特色一亮点"展新篇，提升路域环境整治出成果)，正在快速有序推进灾毁恢复重建。晋城分局防汛抢险应急准备、抢通保通、灾毁排查、新闻报道4方面工作受到交通运输部抢险救灾督导组表扬，得到交通运输部党组、省厅、省局和地方各级政府肯定。

【超限治理和通行费征收平稳有序】 一是保持治超高压态势，积极推进科技治超建设，扎实推进路警联合执法常态化。全年共检测货运车辆285.86万车次，查处超限车辆314辆，卸货5102吨，移交交警罚款26.43万元，非法超限超载率控制在0.01%以下，公路审批窗口办理超限运输许可证2196件，网上办理1967件，网上申报率达90%。二是加大通行费征收管理。全年共征收车辆通行费3576.51万元，同比增加137.49万元。严格落实绿色通道政策和重大节假日车辆免费通行政策，共减免绿色通道车辆3.11万车次，24.88万元。

【安全环保维稳保持良好态势】 一是高度重视安全生产管理，严格落实安全生产责任制和安全生产清单化管理，深化"三零"单位创建和安全生产专项整治三年行动，加强社会治安综合治理，加大安全检查和隐患排查。全年开展安全检查12次，排查安全隐患140条，整改率100%，保持安全稳定发展态势。在208国道瓶颈路段实施的"半幅通行"分流管控措施，为全市山区公路交通安全做出积极贡献，得到晋城市道路安委会高度肯定。大力推行的国省干线公路隧道"两客一危"安全管控措施，有效提升隧道内"两客一危"车辆的安全管控水平，开创全省干线公路隧道安全管理先河。二是加大国省道公路环境整治。结合晋城市开展"三洗六见一红旗"活动、农村人居环境整治等有利契机，构建路地联建联管模式，形成紧密协作、联动配合、齐抓共管、联防联治态势，管养干线公路路域环境得到有效改善。全年未发生环保追责事件。三是加大信访维稳力度。高度关注改革期间干部职工思想动态，切实加强重点对象稳控，做好九方公司职工社会保险转企工作，努力把矛盾化解在基层，全年未发生集体上访事件，全局保持和谐稳定良好局面。

【深入开展党史学习教育，党建、党风廉政建设和精神文明建设取得新成绩】 一是扎实开展党史学习教育。充分运用红色资源，推进专题学习、交流研讨、主题党日、交叉宣讲、专题党课，举办主题征文、"两优一先"表彰、"光荣在党50年"纪念章颁发仪式，扎实开展"我为群众办实事"活动，推动党史学习教育入脑入心、走深走实。二是加强政治理论武装。坚持集体学习与个人自学相结合，坚持领导带头、线下线上相结合，把强化思想理论武装融入日常、抓在经常、落地落实。全年开展党委中心组学习23次、专题学习会13期。三是强化基层组织建设。按期完成基层党支部换届工作，认真落实"三重一大"事项集体决策制度、"三会一课"制度、双重组织生活会制度，持续开展"十个起来"活动、"党旗领航、一路先行"品牌创建、"五型机关"建设，夯实基层基础，推进党内政治生活有序开展。四是推进党建养建融合，坚持把党的建设融入公路养建管全过程，有力推进公路养建任务、全市重大活动道路保障任务圆满完成。五是加强意识形态工作。积极开展形势教育，定期开展意识形态领域形势分析研判，做好正向舆论引导，确保意识形态阵地可管可控。六是强化党风廉政建设。认真落实党风廉政建设"两个责任"和"一岗双责"，认真落实中央八项规定精神，积极开展廉政警示教育月和宣传教育月活动，开展警示教育20余次，按期完成党政领导干部违规入股企业问题专项清理，全局廉政建设和作风建设持续好转。七是积极践行社会主义核心价值观。主动参与晋城市全国文明城市创建，广泛开展文明单位创建，晋城分局继续保持全国文明单位和省级文明单位标兵称号，局属单位建成省级文明单位标兵1个，市级文明单位标兵2个，市级文明单位8个，市直文明单位标兵1个，市直文明单位9个。

在省局2021年度目标考核中，晋城分局综合排名位列全省第三，公路工程、公路路况位居全省第二，防汛抢险位居全省第一，被省局授予“2021年度目标完成优秀单位”“公路建设先进单位”“公路养护先进单位”称号，实现“十四五”良好开局。

（宋永胜）

山西省公路局临汾分局

2021年，山西省公路局临汾分局（以下简称临汾分局）坚持以习近平新时代中国特色社会主义思想为指导，全面贯彻中共十九大、十九届历次全会和省第十二次党代会精神，按照省交通运输厅、省公路局决策部署和全省交通运输和公路工作会议目标要求，立足新发展阶段，贯彻新发展理念，融入新发展格局，以建设人民满意公路为目标，以全方位推动高质量发展为导向，积极推进项目建设，深耕细做养护主业，确保公路安全畅通，为区域经济发展提供有力公路支撑。

【做好项目谋划，优化路网结构，确保“十四五”稳步开局】 一是项目谋划。牢固树立高质量发展理念，重点从国省道规划调整、过境路、薄弱路改造提档等方面推动项目储备和实施，积极推进路网结构优化升级，为公路事业长远发展打下坚实基础。确定“十四五”项目58项，纳入交通运输部“十四五”规划6项，列入国土空间控制规划项目20项，其中已开工建设项目4项，已开展前期工作项目38项，累计建设里程2115公里，匡算投资508亿元。二是项目前期。把项目建设作为经济工作的第一支撑，建立项目前期工作专班，深度抓好项目前期，积极推动落地见效。2021年完成前期运作项目有3项，均按PPP项目模式推进。108国道线襄汾至曲沃至侯马过境公路改线工程，路线全长67.68公里，总投资37.87亿元。截至年底，项目公司、施工单位人员、设备已基本就位，具备开工条件；襄汾、曲沃已发布征地预公告，用地界放线、开挖红线沟槽已完成，土地分类登记以及地上附着物登记已启动；文物勘探工作已完成。国道108线霍州至襄汾过境改线工程，路线全长96.27公里，估算投资54.32亿元。截至年底，已完成工可报告初审，线位方案已确定。计划2022年6月批复立项，2023年开工建设。309国道线曲亭至峪里段改建工程，路线全长53.19公里，估算投资35.66亿元。截至年底，已完成工可报告初审；线位方案已确定。计划2022年6月批复立项，2023年开工建设。三是监管项目。临汾分局始终把质量摆在工程建设首位，推行现代工程“五化”管理，加强过程控制和现场管理，使工程质量、安全、进度始终处于良好受控状态。古县县政府实施的341国道线李子坪至梗壁（沁源古县界至洪洞108国道）公路改建工程，建设里程54.52公里，总投资38.61亿元。项目2020年12月开工，计划2023年完工。省局要求2021年完成投资11亿元，实际完成投资11.06亿元，超额完成年度任务。浮山县政府实施的241国道线北王乡至县城段改线工程，建设里程5.44公里，总投资4.85亿元，其中车购税1.3亿元，已全部到位。项目于2019年开工，计划2022年完工。省局要求2021年保底完成投资1.7亿元。全年超额完成保底投资任务，实际完成1.76亿元。翼城县政府实施241国道线翼城县城过境公路改线工程，建设里程3.94公里，总投资8777万元，其中车购税3178万元，已全部到位。项目于2020年开工，计划2021年10月交工通车。项目因县自筹资金未到位，影响征地拆迁工作，截至年底，除桥梁工程外，路基工程尚未开工。工程累计完成投资2291万元，占总投资26.1%。

【突出创新引领，力促养护转型，提升服务保障能力】 一是日常养护。2021年，临汾分局坚持以稳路况为目标，践行全寿命周期成本理念，分析研判检测数据，合理分配保养经费，科学制定养护对策，保持优良路存量，确保中修和预防性养护起到明显效果，全力焕发路容路貌新气象。截至年底，共完成坑槽处治10.3万平方米、处治沉陷2.8万平方米、刷油10.1万平方米、灌缝80.6万米、贴缝9.3万米、车辙1.2万平方米；整修路基边坡3.4万平方公里、整修绿化平台3.2万平方公里、清理边沟151.3万米、完成标线施划5.1万平方米;完成栽(补)植行道树552棵、修剪行道树8万棵、种植冬青1500株、种植草坪6310平方米、修剪草坪178.4万平方米；出动清扫车1640台班、水车1721台班、养护车辆1.9万台班、养护人员14.7万人次，完成道路清扫8.3万平方公里、清理垃圾4.2万立方米、清洗路面8.8万平方公里、洒水抑尘9931公里、清洗护栏5549公里、清洗隔离墙9.75万米、清洗防眩网13.3万平方米。二是养护工程实施。2021年全局共有养护工程5项，具体为：①341国道线车家坡至岔口段李家腰隧道机电完善工程，已完工；②309国道线一道河桥等6座危旧桥改造工程，主体工程已完成；③临汾境内桥梁三类安全防护设施改造工程，招标工作已完成，计划于2022年3月开工建设，5月完工；④临汾境内国省干线公路隧道提质升级专项工程已完工；⑤国省干线公路限速标志调整工程已完工。全年共完成投资2443万元。在养护工作中，第一是以路面养护为中心，扎实开展日常养护和预防性养护，持续做好路基标准化建设，确保次差等路不失养，路况指标不下滑。第二是以路域环境整治为重点，持续巩固路域环境治理成果和临汾市“一城三区”干线公路路域环境治理、沿线广告牌非公路标志清理及“五堆”问题治理成果，深化路地联管，探索长效机制，形成社会效应。第三是以公路环保责任落实为担当，坚持高标准做好公路保洁和二次扬尘治理，对公路扬尘实施“以克论净”标准，实行网格化管理，常态化保持，城市过境路段、重污染路段机械化清扫实现“全覆盖”。第四是持续提高养护规范化和标准化水平，对标国检标准，强化段班管理，细化作业流程，落实技术标准，逐级做好督查，确保养护管理、作业、资料“三规范”。第五是不断强化桥隧管护能力，开展桥隧数据大清底和隧道安全提质专项行动，严格落实管理制度，实现一桥(隧)一档，实施桥隧提档升级，确保技术状况稳定。2021年危桥改造完成后，全局一二类桥梁达396座，占养护桥梁总数428座的92.5%。

【强化综合治理，夯实发展根基，提升行业现代化治理能力】 一是狠抓安全责任落实。始终坚守安全生产底线红线，压实安全生产责任，织牢安全责任网，建立健全安全生产责任清单、权力清单和督查清单，严格落实目标责任考核管理，严格实行“尽职照清单免责、失职照清单问责”。持续深化安全生产专项整治三年专项行动，认真落实问题隐患整改、重大隐患挂牌督办、追责问责、联合惩戒等“四个清单”制度。二是严格做好疫情防控。高度警戒防控疫情，坚持“外防输入、内防反弹”“人、物、环境同防”，压实“四方”责任，落实“四早”要求，慎终如始抓好常态化疫情防控。特别是西安疫情发生后，立即召开专题会议，进行重点部署，机关、基层、家属区严格落实防疫措施，做到在临守规范、出临必报备、返临保安全，坚决守好山西疫情防控南大门。三是规范治超费收管理。在超限检测和收费工作中，严格落实超限检测工作制度和通行费收费标准，为广大群众提供优质温馨服务。全年检测货运车辆695.9万辆，查处非法超限超载车辆312辆，卸载3268.97吨，超载率0.004%，大大低于0.2%的控制上限，治理效果明显；西涧北收费站收费总额为5287.58万元。四是提升应急处置突发事件能力。持续完善应急体系，加强应急队伍建设，强化应急物资管理，为及时高效处治突发灾害事件提供强有力制度、人员和物资支撑。特别是针对2021年入汛以来，连续强降雨引发严重公路灾毁实际，临汾分局以汛为令，闻汛而动，启动应急响应，制定八大举措，实行路地联动，全体干部职工全力投入到防汛抢险工作中。经过20余天昼夜应急抢通施工，阻断路段全部恢复通行，为人民群众生命财产安全和公路正常运输提供有力保障。五是高度重视信访稳定。以问题发现早、采取措施早、矛盾化解早为目标，逐级组建信访维稳工作专班，完善协调对话机制，广泛开展宣传教育，全年未发生群体性上访事件。

【加强党的建设，凝聚奋进力量，推进全面从严治党向纵深发展】 一是多措并举学党史。按照党史学习教育总体部署，及时召开动员大会，精心制定实施方案，做到部门、内容、形式、时限和效果“五明确”。以红色教育为载体，筑牢革命信仰，全年共开展红色教育28场次，1150人次参加。同步抓好“学习强国”、三晋先锋等新媒体平台和主题党日、“三会一课”等组织生活，“线上+线下”同发力，汇聚工作大合力。全年开展中心组学习17次，领导干部集中学习14次，专题交流研讨9次。同时，积极开展“学党史、践行动、连续作战保畅通”“我为群众办实事”“党旗在基层一线高高飘扬”主题实践活动，实现重点工程、应急抢险、灾毁恢复等工作与党史学习教育互促互融。二是强基固本抓党建。组织全体干部职工集体观看党的重大活动直播，组织走访慰问光荣在党老党员和生活困难党员，召开庆祝中国共产党成立100周年暨“两优一先”表彰大会，重温入党誓词，宣传先进典型，激发工作热情。同时，加强队伍管理，优化党员结构，全年有7人转为正式党员，发展预备党员20名。持续践行以党建促养建理念，“党员示范路”“党员先锋岗”等党建品牌在重点工作中活力持续释放，党支部的战斗堡垒作用和党员的先锋模范作用得到进一步发挥。三是持之以恒正风纪。加强政治监督，以《中国共产党章程》《中国共产党廉洁自律准则》《中国共产党纪律处分条例》为戒尺，加强对政治纪律和政治规矩执行情况的监督检查。严格监督执行民主集中制和“三重一大”制度。继续开展党风廉政宣传教育月活动，组织全体党员干部观看《法学博士的阴谋》等警示教育片，教育党员干部时刻把纪律和规矩挺在前面，时刻保持清醒头脑，严控底线，不越红线，增强不想腐的自觉和定力。

（贾　鑫）

山西省公路局运城分局

2021年，在省交通运输厅党组、省公路局党委和运城市委、市政府坚强领导下，山西省公路局运城分局（以下简称运城分局）以习近平新时代中国特色社会主义思想为指导，面对繁重任务、肆虐洪涝灾害和来势汹汹的疫情冲击，咬紧牙关，齐心聚力，攻坚克难，砥砺奋进，公路服务水平全面提升，重点项目提速推进，从严治党向纵深发展，精神文明建设亮点纷呈，圆满完成各项工作任务。

【项目前期工作稳步开展】 为抢抓国家重点支持“两新一重”建设政策机遇，乘势而上，主动作为，共有新（改）建工程11项通过省交通运输厅线位审查，列入“十四五”国土空间规划。其中，209国道线王官黄河大桥山西连接线、108国道新绛至河津改扩建工程、342国道闻喜至临猗改扩建工程、241国道绛县过境段改线工程、521国道永济段改建工程、209国道河津段改建工程、临夏省道线夏县水头至县城高速连接线、裴运省道裴庄至南张段改建工程共8个项目已完成工可编制，正在办理用地预审等前期工作。

【在建项目全面提速推进】 6项在建、续建项目，共计91.424公里，完成投资8.4亿元。108国道河津市过境改线（寺庄至龙门段）工程，一级公路，建设里程8.51公里，截至年底，路基、桥涵全部完成，路面完成6.2公里，完成投资24000万元；521国道线盐湖段改建工程，一级公路，建设里程30.98公里，截至年底，完成路面4.8公里，完成投资15000万元；522国道平陆三湾至常乐段改建工程，二级公路，建设里程22.70公里，截至年底，完成路基挖方155万立方米、填方84万立方米、桥梁桩基62根、梁片预制26片、涵洞46道，完成投资18280万元；省道临夏线新绛县城过境段改线工程，一级公路，建设里程9.42公里，截至年底，完成路基3.1公里、灌注桩78根、墩柱36根，完成投资10050万元；裴运省道线南张至薛李段公路改建工程，一级公路，建设里程6.8公里，截至年底，完成路基土方9万立方米、路面基层20万平方米、涵洞3道，完成投资4000万元；342国道闻喜县城过境改线工程，一级公路，建设里程13.024公里，截至年底，完成征地拆迁投资12700万元，正在进行施工招标。

【公路服务能力全面提升】 为加强改革过渡期公路养护管理工作，提升公路养护管理水平和通行保障能力，运城分局多次召开新形势下养护工作专题研讨会、座谈会，科学统筹养护资金，制定精准养护方案，做到计划控制先行、养护任务明确、工作标准明确、费用测算明确、经费控制明确，确保养护管理责任落实到位、监督考核到位。一年来，先后完成普通国省干线公路限速标志调整工程433.282公里，新增限速标志337块，完成投资231万元；统筹资金1376.95万元，完成路面大中修工程18.25公里；国道108线汾河大桥等10座危旧桥梁加固改造工程正在抓紧施工，完成投资2917万元；普通国道桥梁Ⅲ类安全防护设施改造工程，已全面开工建设，完成投资265万元；督促山西路桥晋运公路管理有限公司对运城境内10个项目15条路段，共194.871公里的PPP项目路段进行交工验收；完成裂缝处治111.5万延米，刷油21.4万平方米，补坑7.7万平方米，罩面2.7万平方米，同步碎石封层17.9万平方米，微表处3.7万平方米，铣刨加铺3.6万平方米，绿化补植8666棵，清理坍方2380立方米，疏通、维修涵洞2077道，清理垃圾1.99万立方米。年末国省干线公路路面使用性能指数（PQI）值达83.7，公路技术状况指标（MQI）值达88.6。

【毫不放松抓好常态化疫情防控】 牢固树立“疫情就是命令，防控就是责任”意识，严格执行“外防输入、内防反弹”防控策略，坚持“人、物、环境”三防原则，在工作上动起来，在措施上实起来，在纪律上严起来，坚持严防死守的态度不变，坚持雷厉风行的工作作风不变，慎终如始抓紧抓细抓实各项常态化防控举措。全年累计出动600余名干部职工奋战在收费站、停车服务区、超限检测站等防疫一线。局属各单位疫情防控物资储备充足，新冠疫苗实现应接尽接。

【汛期救灾显行业担当】 在10月份汛情中，辖区干线公路受灾严重，累计发生水毁299处、道路阻断14处，直接经济损失6479.97万元。面对险情，运城分局不等不靠，第一时间启动应急预案，组织人员迅速奔赴抢险一线，先后投入抢通人员5100余人次，投入机械设备840余台次，投入抢通费用1895.51万元，清理路面落石、塌方13.57万立方米，辖区299处水毁路段完全恢复192处，抢通但未完全恢复107处，14处交通阻断点于10月28日前全部恢复通行。全局干部职工众志成城，日夜奋战，为受困群众打造出安全通道，成为恢复生产生活和灾后重建工作的开路先锋，受到新绛、稷山、河津、绛县、平陆等地政府和人民群众高度赞扬与肯定。灾后恢复重建项目已列入交通运输部灾后恢复项目库5项，投资约3.5亿元。

【公路治超效果显著】 面对综合执法改革后的新情况新问题，协调建立处理涉路违法案件联动机制，加强投诉举报受理，全力维护路产路权，促进改革平稳过渡。全年辖区内共发生路政案件121起，路政案件的发现率、查处率、结案率均达100%，路产设施保持率为100%，收取路产赔（补）偿费81.88万元。9个公路超限检测站共检测货运车辆532.7万台次，查处超限运输车辆914台次，卸载超限货物22629.5吨，超限车辆控制在0.02%以内。

【规费征收应征不漏】 以服务社会公众出行为主旨，不断加强队伍建设和作风建设，努力提高行业形象和管理水平，全年共收取公路通行费1558.93万元，同比增长11.3%。

【安全生产形势稳定】 坚持“安全第一，预防为主，综合治理”方针，以安全生产事故预防“减量控大”为抓手，不断压实安全生产责任。以安全生产三年行动集中攻坚年为契机，狠抓公路专项整治和隐患排查整治，坚持开展“安全生产月”、“安全宣传五进”、“消防安全专项治理”、新《中华人民共和国安全生产法》宣传贯彻等活动，确保安全生产形势持续向好。全年共排查各类安全隐患147项，整改147项，整改率100%，实现全年无安全生产事故目标。

【综合管理成效显著】 完成闻喜、新绛、绛县、垣曲4个公路段行政领导任期经济责任审计；运城分局财政预算执行率97.13%；完成2001—2018年工程项目调查核实工作；完成同行业、同岗位待遇调查工作，完成事业单位资产清查及局属企业清产核资，为公路体制改革提供参照和依据。改革期间各单位运行平稳，公路队伍总体稳定，为改革顺利完成打下良好基础。

【从严治党向纵深发展】 按照中央、省、市统一部署，全面开展党史学习教育活动，采取中心组理论学习、讲专题党课、开展主题党日活动等多种形式，组织党员干部认真研读学习资料，树牢共产党人的初心和使命，不断提升党员干部的政治素质、理论水平、决策能力和凝聚力。局属35个党支部累计开展党史学习教育专题党课163场、专题学习会280次、交流研讨110次、集中培训15场。隆重庆祝中共百年华诞，深刻感悟中共百年光辉历程，在全局范围内开展“学党史、颂党恩、跟党走”主题演讲比赛和“忆党史 感党恩”党史知识竞赛等活动。分局党委先后组织廉政教育培训3次，参加培训人员160余人次；举办“党员干部学党史暨履职能力提升培训班”，通过培训，进一步提升党员干部廉洁自律意识、综合素质和履职能力。积极组织开展“调研解难题、访民办实事”活动，分局领导班子成员先后开展调研6次，走访单位9家，召开座谈会9次，访谈50余人。在抢险救灾中，分局党委充分发挥基层党组织战斗堡垒作用和党员先锋模范作用，第一时间成立由100余人组成的5支党员突击队奔赴抗洪抢险第一线，用实际行动让党旗在防汛第一线高高飘扬。

【法制建设效果显著】 严格落实中央全面依法治国工作会议精神和省委全面依法治省工作会议精神，深入开展法制学习宣传教育活动，弘扬法治精神。组织开展路政管理宣传月、“4·15”全民国家安全教育日、“6·26”国际禁毒日、信用交通宣传月等系列宣传活动。依托“山西交通在线”教育平台“学习强国”“三晋先锋”App等新媒体平台分批次、多层次开展《中华人民共和国宪法》《中华人民共和国安全生产法》《中华人民共和国公路法》《中华人民共和国安全保护条例》等法律法规的全覆盖学习培训活动，为依法治路工作提供强有力法律支撑。

【精神文明建设硕果累累】 2021年，运城分局获国家文明单位1个、省级文明单位标兵3个、省级文明单位(省厅文明示范窗口或青年文明号)16个、市级文明单位标兵9个、市级文明单位4个，行业文明创建水平持续提升。与此同时，工会、老干部等各方面工作也都圆满完成既定目标，取得突出成绩。

(张 霞)

山西省公路物资供应有限公司

2021年，是省分路局深化事业单位改革，所办企业脱钩、推进公路养护转型的关键年。一年来，山西省公路物资供应有限公司(以下简称物资公司)在省局党委正确领导下，领导班子带领全体员工内抓疫情防控、事企改革，外抓市场拓展、业务创新，始终坚定不移地围绕资产保值增进经营管理，围绕创新发展推进体制改革，围绕生产经营加强组织建设，不断在学习中统一抗疫决心，竞争中增强危机意识，改革中积蓄磅礴力量，各项工作齐头并进，取得优异成绩。全年累计实现营收6383万元，完成目标120%，实现利润242万元，国有资产保值增值率100%，在低迷的需求氛围下取得不俗成绩。

【聚力攻坚，破解发展难题】 一是业务销售。公司年内困难主要有两个。首先，普通国省干线的开工、续建及养护工程出现大幅缩水；其次，用油期暴雨、暴雪冲毁大量辅路、便道和栈道，限制计划内工程进度，导致部分沥青供应停滞、迟滞。面对上述不利因素，物资公司领导班子及时调整业务销售策略。即提高合作交流深度，扩大沥青投标范围；拓展营销渠道宽度，争夺拌合沥青市场；提升代理服务高度，巩固集采沥青份额；加强资金回流力度，降低外储沥青存量。针对需求萎缩，一把手亲自带队上阵，多渠道谋求政策支持，研判市场走向，努力构建供需交流平台，疏通项目运作的难点、卡点；引导采购部、销售部业务人员深入养护第一线收集客户诉求，汇总反馈信息，有的放矢地将工作重点聚焦在各地区来料拌合、成品加工和施工用料的工程实体，不断通过打造专项服务、品牌承诺、定点售后、进驻蹲点等高标准服务方式全面撒网、定点公关。全年共参加和代理参加沥青招投标项目6个，中标2个，先后与宇琛、宏森、宏坤等多家区域性沥青拌合站签订并供应沥青8200吨，与长洲建设等养护承建单位签订并供应沥青1100吨，代理销售集采沥青1万吨。二是在巩固主营业务的同时，大力推进沥青材料创新和营运模式创新，加快工程机械等非主营产品市场营销的领域切换，努力推进业务范围由传统的公路项目向外系统延伸。年内，混改公司润合通盛养护工程有限公司除了向方山县等公路段提供养护材料供应外，持续加强沥青深加工业务，累计为施工单位提供橡胶改性沥青1700吨；子公司恒义昌销售的34台大型机械中，25台为系统外销售，占总营收七成，制约其发展的销售空间得到扩展。

【注重统筹，全面夯实基础】 资产管理方面，充分运用财务部门事前管理职能，强化内部管理，在螺旋提升资产效率基础上，进一步完善闭环系统，坚守国有企业保值增值的底线思维，努力提升闲置资产和低效资产收益安全边际。2021年，该项工作的主要亮点是解决长期以来南内环街写字楼的历史遗留问题，彻底剔除原整体租赁合同中严重违约承租人资格，引入更诚信、更具实力的合作伙伴，追回前者所有欠缴租金，并在原租金130万元/每年的基础上提升20%，签订新的整体租赁合同。

【紧盯节点，筑牢安全防线】 综合治理方面，夯实一把手负总责，副职领导各负其责的社会治安防控体系。全年共组织4次大范围安全生产检查，2次大规模消防实战演练，集中排查漏洞隐患，更换应急设备，升级安检系统；坚持以“八五”普法宣传为契机，狠抓综治宣传，全年共组织法学讲座5次，发放宣传材料200余份，多次开展在线法律知识测试评比活动，举办《中华人民共和国民法典》《中华人民共和国安全生产法》《中华人民共和国宪法》等法治专题研讨会，努力提高党员干部甄别风险、排查隐患、化解矛盾的能力，全力保障公司经营和管理工作顺利推进。

【围绕创新发展，推进体制改革】 通过不懈努力，2021年物资公司延续与路桥集团、中海沥青密切协作的良好势头，签署集采沥青服务合同3万吨，并敲定2022年度4万吨沥青的三方合作协议。子公司恒义昌也在立足公路，扩大直销业务基础上，凭借多年来行业内累计起来的良好口碑，不断向园林绿化，城乡环卫、市政建设、大气污染、污水处理领域拓展业务，打造出一系列新的利润增长点。一年来，公司领导班子积极以创新发展助推事企改革始终，坚持创新驱动的发展理念，内外兼修，努力完善转企改制各项准备工作，在认真讨论、广泛调研基础上，反复修订改制方案和组建预案，配套拟定人员安置、提前离岗、资产划拨、债务承接等多项实施细则，时刻准备以无缝对接的高标准要求迎接即将到来的体制革新。

【下大力气抓好党建工作】 在物资公司党委正确领导下，领导班子成立坚持以习近平新时代中国特色社会主义思想为指导，认真学习贯彻中共十九大和十九届历次全会精神，以政治建设为统领，党史学习教育为主线，坚持基层组织标准化、规范化建设，坚定不移推进全面从严治党，始终把“党的领导融入到公司治理各环节”作为以党建促生产的着力点，认真落实“三重一大”决策机制，建立健全党委参与企业经营管理的前置程序，深刻领会“政治三力”的深刻内涵，坚定开展深化改革，始终把解决转企改制中遇到的实际问题作为打开工作局面的突破口，不断在实践中提升公司党委深化改革控制力，创新发展决策力，把控全局领导力。

在全面贯彻学习党史主题教育系列活动中，物资公司以强化党支部堡垒功能为支点，努力通过“三会一课”、民主评议、谈心谈话、主题党建、主题党日等经常性活动，健全组织生活，加强党性教育；通过参观太原解放纪念馆，实地学习右玉精神，集中观看申纪兰、刘胡兰等先进人物、英雄事迹等活动，不断丰富党支部教育形式，激发党员担当精神；通过落实个人申报制度，创办警示专栏，加强预防性教育等反腐倡廉活动的常态化，持续拧紧党员干部思想“总开关”。在庆祝中国共产党百年华诞的系列活动中，努力组织高质量文艺节目，两次参与省厅、省局大型庆祝建党100年活动会演，得到一致好评；积极响应百年政党主题征文，三个党支部选送作品全部获奖，并荣登排行榜前列。在打造企业文化塑造企业形象的系列活动中，坚持开展员工生日福利、定期体检、爱心捐助、主题团建等暖心爱岗活动，全面提升职工团队的归属感和凝聚力；坚持定点扶贫脱贫项目、积极参加救灾募捐活动、支持承包单位支援抗洪一线，累计回馈社会超过20万元，充分彰显公司的社会责任心、企业荣誉感。

（杨立梅）

山西省公路工程质量检测中心（山西省公路工程监理技术咨询有限公司）

2021年，山西省公路工程质量检测中心（山西省公路工程监理技术咨询有限公司）（以下简称检测中心）面临前所未有的压力和挑战。党委竭尽心智，多方运筹，签订合同额2603万元。在全力承揽业务的同时，强化经营管理，科学控制成本，加大回款力度，全年完成产值2600万元（其中工程监理完成2550万元，试验检测完成50万元），超额完成2500万元的经营目标，实现利润210万元，超额完成200万元目标。国有资产保值增值率103%，成本较上年度压减2.7%。经营目标全面完成，使职工福利得到有力保障。

【统筹安排，扎实推动事企改革】 按照上级部署，结合实际，党委稳步推动事业单位转企改制工作。自改革启动以来，未出现信访、谣言、不安等现象。截至年底，质检中心转企改制工作方案和监理公司改制方案请示已上报，待批复后按程序办理相关事项。

【强化管理，各项工作有序推进】 一是疫情防控落在实处。党委高度重视疫情防控工作，按照上级部署，严格细致开展工作。及时组织购回口罩、消毒液、体温计等疫情防控物资，为稳定职工、开展工作奠定坚实基础。同时，转发、下发有关通知、要求，普及防控知识，落实到每位职工。坚持日报、零报告制度，对职工情况摸清摸细。通过疫情防控工作，检验党委执政能力和组织管理能力，凝聚人心，使管理工作显著提升。二是项目管理稳步推进。组织职能部室对项目部日常工作进行指导、监督、检查，使项目部各项工作有条不紊开展。对新中标项目严格按承诺组织进场、驻地建设和开工准备，每项工作都以诚信为本，以最快最好为目标，克服诸多困难，收到实效。临汾108项目快速进场，进行驻地建设。10月份，对在建项目部进行综合检查，对存在问题书面通知限时整改，有效推动项目管理落实，受到业主好评。截至年底，各项目部的工作优质高效，口碑良好，为今后可持续发展奠定坚实基础。三是学习考证再创佳绩。党委以人才为本，通过6年来持续引导，大兴学习之风，全体职工谈学习，比学习，学习型单位已然形成。全年共有67名职工报考参加职业资格考试，有6名监理工程师、3名一级造价师、7名试验检测师（员）通过考试。四是安全生产常抓不懈。紧紧围绕《2021年安全生产工作目标责任书》，结合单位实际，从源头抓起，重点抓好项目部自身安全和工程实体施工安全、车辆安全、机关办公环境的安全，对机关进行不定期检查。项目部实行安全生产一票否决制，对抓安全不力的项目部取消评比资格。国庆期间，安排对项目部进行安全专项检查，要求深刻认识安全生产重要性，高度重视。同时加大教育培训工作，扎实推动规章制度和有关要求的贯彻落实，全年无安全生产责任事故。五是精神文明有效创建。党委高度重视精神文明创建工作，把精神文明同职工幸福感紧密结合起来。5月，精神文明创建工作再提升，顺利通过省直文明单位验收。党委狠抓综合治理、“三零”单位创建、学法用法等工作，强化工作纪律，认真值班值守，使单位始终保持令行禁止、积极向上、文明和谐的精神面貌，职工归属感大幅提升。

【坚守初心，全面提升党的建设】 检测中心党委以党建为统领，深入学习贯彻中共十九届历次全会精神和省第十二次党代会精神，全面落实党的建设各项工作，取得实效。首先，厚植党的理论优势，坚持每周一次的政治理论学习。党委领导和中层以上干部参加，领导带头领学，其他人分别领学，内容有习近平总书记三篇光辉文献、《中国共产党简史》、法治内容、安全生产内容及《中国共产党全国代表大会》《遵义会议》等影视作品，共计43次，参加学习职工在政治理论水平方面有较大较全面提升，提升了党委执政水平。其次，厚植党性根基，充分发挥基层党组织战斗堡垒作用和党员先锋模范作用。下发文件提出详细要求，党支部工作得到规范，并通过党支部书记集中轮训，水平显著提升。积极倡导共产党员干在前面、冲在一线，特别是重要岗位和条件艰苦岗位，都有共产党员的身影，中心85名党员的先锋模范作用得到很好发挥。“七一”期间，各党支部开展丰富多彩的主题党日活动。最后，厚植党的执政基础，狠抓党风廉政建设。党委把抓好廉政建设、抓好队伍的干净纯洁同经济效益、持续发展的信誉口碑紧密联系起来，不是空谈虚抓，而是同每一位职工的切身利益挂钩，从而始终保持队伍纯洁。通过回访、座谈、暗访，未发现违反党风党纪的问题。

（魏超飞）

山西晋路投资开发有限公司

2021年，在省公路局党委坚强领导和大力支持下，山西晋路投资开发有限公司(以下简称晋路公司)坚持以习近平新时代中国特色社会主义思想为指导，深入贯彻中共十九届六中全会和省委第十二次党代会精神，认真落实省局决策部署，经过公司全体干部职工的奋力拼搏，较好地完成全年工作任务目标。

2021年，公司产值目标20500万元，实际完成产值21419万元，占全年计划的104.5%。其中，德力咨询公司完成835万元，科技公司完成1177万元，绿化公司完成4731万元，同创公司完成4001万元，工程公司完成3579万元，励新公司完成2208万元，新能源公司完成768万元(不包含神池供暖特许经营投资项目)，资产公司完成731万元，道生公司完成3389万元。房地产公司的路欣苑、金潞苑项目销售及出租共完成12051万元。

【克难奋进闯市场，全力拼搏抓经营】 面对改革新形势和新冠肺炎疫情尚未结束的情形，为确保全年工作目标顺利完成，各经营公司努力开拓市场，积极承揽业务，力求稳步提升。科技公司完成承担的收费站、计重、远程监控设施维护及设备改造等，承揽国省干线二期安装项目及一期维护业务；新能源公司完成承担的超限站采暖设施维护保养以及盂县生物颗粒燃料供货等。2021年9月中标并完成忻州市神池县2021年农村生物集中供暖特许经营项目；工程公司完成榆次5万平方米水泥冷再生项目，承担新能源公司神池项目土建和站房工程；励新公司完成承担的忻州、晋中、大同、朔州、晋城、阳泉、长治分局超限站的日常维修，先后与山西锦能聚环保、山西嘉能动力、上海牛磨王等公司达成长期生产加工协议；同创公司在继续做好代理产品基础上，承揽完成自动化控制系统改造提升业务，重点向物联网大数据平台发展；德力咨询公司承揽完成国省道12个项目前期工可业务；资产公司在做好公司内部经营流动资金调节的同时，注重资产经营，将金潞苑商务楼对外长期租赁，提升收益；绿化公司主要完成太原市滨河绿化工程和河津市农业设施部分项目；房地产公司完成路欣苑验收及交房工作，并按照晋中市政府提出房产“清零行动”的要求，办理金潞苑小区不动产证1787户，商务中心大证全部办理完毕；道生公司108国道太谷东服务区、宁武LNG加气站正式投入运营。长治南、蒲县乔家湾、太谷服务区和榆次项目正在有序建设中；太谷工业厂区办理配套宿舍楼及道生综合服务区的土地及规划手续，并按照厂区整体规划，完成办公楼前10000平方米绿化工作。

【强化精细化管理，促进高质量发展】 一是提高创新能力，促进创新发展。面对激烈市场竞争，各子公司不断创新发展，努力开展经营业务。同创公司自主研发生态能源物联网大数据综合运维管控、车道控制器设备远程运维管理、超限站远程运维控制系统等平台；工程公司克服自身短板，寻求向承揽一般基础建设施工任务发展；科技公司抢抓机遇，把自身发展与山西省公路信息化建设融合起来，参与省交通信息化设计方案，使公司逐步参与交通信息化建设，拓展未来发展空间；绿化公司响应“绿水青山就是金山银山”的号召，由单一的承揽园林绿化工程，向农业领域渗透，以河津农业产业园区大棚项目为方向，积极探索公司经营可持续发展；新能源公司结合产业政策，探索参与地方集中供暖特许经营项目。同时，联合工程、励新、同创等子公司形成合力，共同参与项目建设。二是加强财务管理，推进规范化建设。首先，全面推行标准化、程序化、信息化财务管理模式。建立有效风险防范处理机制，加强财务风险管控，切实发挥财务监督作用。不断完善会计核算工作，改进内部管理报告体系，提升财务管理水平。其次，提高资金管理水平。严格按照量入为出原则，合理规划使用资金，提高资金运转效率。全年为各子公司提供资金支持1800万元，有力推动新能源公司神池县供暖项目、科技公司交通量调查、绿化公司绿化工程项目及励新公司加工业务的顺利实施。再次，不断加强审计监督。继续聘请第三方对经营及财务进行审计，在规范财务管理同时，对生产经营过程中原材料、人工成本、工期成本及维修成本等进行有效监督。最后是强化成本管控措施。提高预算编制水平，强化预算执行力度，有效实施成本控制。坚持“先预算后支出”的原则，所有支出必须执行公司批准的预算。三是完善绩效考核，加强内部管理。继续加大绩效考核力度，完善绩效考核体系，实行闭合管理。细化、量化考核内容，明确考核标准。坚持“通用性和个性化”相结合，尽可能简化、优化，最大限度实现“指标数字化”，特别注重各部门、各子公司在实际工作中，是否认真落实公司会议精神，严格执行“三重一大”议事和各项规章制度等情况。并通过日常考核、定期考核等方式进行监督、协调，确保做到“定性准确、定量合理、考核到位”。同时加强考核结果应用，提高管理水平，充分调动干部员工的积极性、主动性和创造性，确保全面实现公司的各项目标、任务。四是落实安全责任，推动安全发展。始终坚持“安全零事故”总体要求，持续以“党政同责、一岗双责、齐抓共管”为核心，按照年度安全生产工作要求，全面落实安全生产责任制，严格防范安全事故发生，强化安全生产基础工作，扎实开展“安全生产月”、安全生产大检查等活动。建立安全检查及风险防控排查台账，发现问题及时纠错整改。确保安全生产平稳运行，完成省局安全生产目标，全年未发生任何安全生产事故。五是严密防范，全力做好疫情防控工作。严格执行上级对疫情管控要求，落深落细落实疫情防控各项工作。多元化、多渠道宣传疫情防控知识，提高员工自我防护意识。积极联系新冠疫苗接种单位，组织员工分批有序地进行新冠疫苗接种，并做好登记及时上报省局和社区。通过各项防疫措施的实施，切实筑牢疫情防控防线，确保自身防控有力有效。

【持续加强党的建设，发挥党建引领作用】 一是抓好基层党建工作，促进企业和谐发展。第一，公司党委重点开展党史学习教育、学习习近平总书记重要讲话精神和十九届六中全会及省第十二次党代会精神。围绕4本指定教材和“四史”等内容进行学习研讨。全年先后组织理论中心组学习24次，党支部学习20次，专题研讨15次，组织习近平“七一”重要讲话精神专题宣讲4场次，讲党课3场，共计参与人数78人次。开展“为什么学、学什么、怎么学”等一系列主题党日活动，精心策划红色教育、红歌歌咏比赛、慰问老党员等建党百年活动。第二，认真落实“三重一大”事项党委前置讨论审议制度。2021年召开党委会9次，讨论研究重大事项13项，发挥“把方向、管大局、促落实”的重要作用。再次，完善“三会一课”、民主评议党员、党员发展、党费交纳、党员帮扶等基础工作制度，建立党员信息档案和考核评价体系。第三，注重加强干部人才队伍建设。大力支持鼓励员工参加各类专业技能和学历提升培训学习，并与薪酬定级挂钩，有效激发员工学习积极性。加强对中层人员的业绩考核，提升业务管理能力，公司干部人才队伍整体能力素质得到明显提升。第四，以开展“党员先锋行”“党员示范岗”等活动为载体，坚持“支部建在项目上、党旗插在工地上、监督跟进项目中”的项目党建模式，充分发挥党支部的战斗堡垒作用和党员的先锋模范作用，创建党员品质工程。第五，稳步推进“我为群众办实事”实践活动。晋路公司领导与各子公司深入了解生产经营情况，协调解决各类事项20余件，结合生产实际帮助制订出具体工作计划，有效推动新能源公司神池县农村集中供暖项目、科技公司交通量调查、工程公司冷再生施工、绿化公司太原滨河自行车专用道工程及景观绿化工程项目、励新公司锅炉加工业务的实施。第六，深入开展企业文化和精神文明建设。以创建精神文明单位为目标，不断开展道德建设"五个一"活动，将精神文明建设和企业文化建设贯穿日常工作，为高质量发展凝心聚力。2021年9月继续被省直文明委授予"省直文明单位标兵"称号。二是加强作风纪律建设，筑牢廉洁自律防线。首先，严格落实中央八项规定精神。晋路公司纪委把日常监督、专项监督和调研工作按照时间节点进行计划安排，制订《年度检查监督工作计划》，由点到面，使监督工作实现全覆盖。通过定期、不定期对各单位业务接待、公款购买礼品、违规发放津贴补贴和公车管理等落实中央八项规定精神情况进行专项检查，有效地防范违反中央八项规定精神事项的发生。其次，大力开展制止餐饮浪费活动。积极落实习近平总书记关于制止餐饮浪费行为的重要指示精神，开展专项监督检查工作，坚决制止"舌尖上的浪费"，营造勤俭节约良好氛围。最后，扎实做好问题整改。本着即知即改原则，在监督和考核检查过程中，对发现的苗头性问题，及时要求整改。三是落实全面从严治党，提升党建工作水平。首先，落实党风廉政建设主体责任。深入推进党风廉政建设，"两个责任"有效落实；召开党风廉政建设工作会议，与各子公司负责人签订党风廉政建设责任书，明确领导责任、重要责任、直接责任和监督责任。其次，落实监督责任。按照"谁主管，谁负责"的原则，明确公司领导班子成员"一岗双责"的责任。再次，明确细化责任清单。制定全面从严治党责任清单，细化党风廉政建设《目标管理责任书》，进一步压紧压实管党治党责任，推动全面从严治党向基层延伸、向纵深发展。最后，落实意识形态工作责任制。认真落实意识形态工作责任制，并纳入领导干部考核管理的重要内容，召开专题会议对意识形态工作进行研判，坚持正面宣传，加强舆论引导。

（刘雅楠）

山西诚达公路勘察设计有限公司

2021年，面对复杂多变、竞争激烈的"十四五"开局，面对事业单位所办企业脱钩改革的不确定因素以及新冠疫情影响，山西诚达公路勘察设计有限公司（以下简称设计公司）上下振奋精神、攻坚克难，各项工作均取得较好成效。2021年共承接工可、咨询、勘察设计、监理业务44项，签订合同额4432万元，完成省局全年3500万元计划合同额的126%；实现产值6349.8万元，完成省局下达2600万元产值的244%；实现利润635.4万元，国有资产保值增值率为120%，成本较上年度压减6%，员工人均收入增发3%，各项指标超额完成省局下达年度目标考核任务。

【科学防疫安全生产，夯实生产经营新基础】 疫情防控常态化期间，认真做好三项工作。一是结合实际，及时下发《做好疫情防控工作的通知》《疫情防控紧急通知》，应用抗疫保产成功经验，实现全员疫苗接种，做好疫情摸排和基础数据统计工作，建立疫情台账档案，精准摸清底数，动态掌握情况，做到全覆盖无死角。二是严格贯彻落实领导带班制、疫情"日报告"和"零报告"制度，以最严措施、最严作风、最严纪律做好防控工作。同时，加强值班值守，实行24小时领导值班制度，并对突发事件及时报送，为疫情防控工作提供有力保障。三是抓好防控物资保障、每日定时消杀，及时购买口罩、消毒液等防疫物资，为每一位进入办公区的员工发放口罩、测量体温并做好登记；并对办公场所、员工宿舍、食堂等区域每日进行消杀。10月，公司出现一名确诊病例密切接触者，有关部门迅速响应，全力配合区防疫办、社区，隔离相关人员、封闭公司、办公场所消杀、全面核酸检测，圆满完成一场"抗疫应急演练"，为生产经营健康发展提供保障。

【逆势提升市场开拓，生产经营取得新突破】 2021年，受疫情和山西经济转型双重影响，全省经济下行压力持续加大，"十四五"开局之年全省交通前期工作重点在可研立项，导致可研编制报告前期任务重，勘察设计承揽项目少、回款率低。设计公司结合实际，积极沟通协调，及时了解规划侧重点、投资新动向、梳理各个项目时间节点，完成一批"十四五"规划项目工可研究，并积极开展对外咨询审查10余项。同时，积极对接省局、分局，争取大、中修工程项目，全力参与危桥改造、交通抢修抢通及灾后重建、安防工程项目的勘察设计，推进生产任务有效落实，基本保障全年任务完成。另外，把握后疫情时代走势，加强市场联动和信息共享，不仅持续跟进全省“十四五”中期规划项目，而且积极走出去，有力开拓省外市场，完成西藏国道318工可任务、新疆南山伴行二期工可和设计等任务。

【主动谋划多方协调，项目管理更加优化】 一是各项目分管领导始终坚持深入一线。按照时间节点，加快推进勘察设计任务，并及时协调解决项目实施中的重点难点问题，确保项目建设顺利有序向前推进。二是总结经验全力推动新项目建设。进一步总结项目管理经验，把项目建设中各流程环节的关键点、管理过程中费用控制的易错点、进度质量和安全管理方面的痛点都梳理出来、固化起来，为新项目建设打好前站、做好铺垫。三是积极推动全方位项目管理部负责制，充分调动和发挥项目负责人的管理职能，激发管理主动性。四是牢固树立服务观点，及时了解业主需求和意见，跟进重点推进项目，不断提高设计质量和设计水平，做好后续服务。并将设计回访反馈质量信息，作为考核技术人员依据。2021年，根据项目实施情况，设计公司对已开工的晋中208、阳泉338、岚马线等项目安排6次设计回访，并将回访中发现的问题及时改进。

【增强能力提高质量，服务水平有显著提升】 一是加强内控体系建设。进一步规范设计质量流程，坚持“谁签字谁负责，谁主管谁监督，谁分管谁把关”的原则。将质量管控关口前移，发挥总工办积极作用，实行全过程跟踪。二是为提高综合竞争实力，设计公司把资质升级作为头等大事来抓，积极筹措申报公路行业（交通工程）专业乙级升甲级，截至年底，有关申报材料已经上报至住建部。三是实行全过程跟踪。各层级干部定期深入一线，及时协调解决项目完成中的重点难点问题，有力推进设计质量提升。四是积极推广应用设计BIM技术，为推进生态文明公路设计提供支持。把BIM技术应用到公路选线、方案优化中来，进一步节约投资，为项目下一步实施发挥积极作用。

【服从改革改进管理，优化机制增强执行力】 一是按照全省国企国资改革精神和省交通运输厅、省公路局要求，深化改革，上报《改革意见》《风险评估及防控措施》等，整理填报各类报表，做好固定资产盘点。同时，转变思想，借改革之机研究解决设计公司长期存在的经营不灵活、市场化程度不够等问题。二是制定2021年工作清单，年初下发重点工作责任分工及考核方案，科学划分“责任田”，确保年度岗位实现目标和完成工作任务。制定下发一系列制度，进一步规范公车管理、报销流程等。三是加快薪酬绩效改革。实行全员绩效考核，形成差异化薪酬分配体系，探索与企业市场定位和业绩贡献相匹配、与考核结果紧密挂钩、增量业绩决定增量激励的薪酬分配和长效激励约束机制。四是提高员工待遇和收入水平。落实企业年金政策，重新测算公司保险基数，坚持在制度范围内“就高不就低”原则，踏踏实实为员工办实事。

【强化党建引领作用，加强党风廉政建设】 按照党要管党、从严治党要求，深入学习贯彻习近平新时代中国特色社会主义思想，牢固树立“抓好党建就是最大政绩”的理念；以开展党史学习教育为抓手，进一步强化党支部规范化建设，不断打造党建工作新亮点；结合业务实际开展“三会一课”、民主生活会、组织生活会等组织生活，自我加压，砥砺前行，大胆创新，积极作为，有效促进党建工作全面进步、全面过硬。另外，加强党风廉政建设，严格落实主体责任和“一岗双责”，严守纪律红线，加强廉政教育，引导党员干部律己修身、忠诚履职。

【把安全工作摆在首要位置，建立长效管理机制】 积极动员，落实职责，保持安全教育、安全检查在时间上的连续性，推行安全生产逐级承诺制，各部室负责人、全体员工签订安全承诺书，层层落实安全责任。加大对安全隐患和危险源排查力度，建立健全安全风险预控体系，确保全年无安全事故发生。全年累计开展专项安全检查、教育活动15次，开展消防安全应急培训演练1次，发送安全短信130余万字。

（韩　彦）

山西省公路构件厂

2021年以来，按照省公路局党委安排部署，山西省公路构件厂(以下简称构件厂)认真学习贯彻中共十九大和十九届历次全会精神、习近平总书记视察山西重要讲话重要指示精神和省委第十二次党代精神，巩固深化“不忘初心、牢记使命”主题教育成果，深入开展党史学习教育，引领党员干部坚定理想信念、筑牢初心使命，开拓思路，凝神聚力，共克时艰，努力克服新冠疫情带来的不利影响，加强企业内部管理，深化人事管理制度，鼓励职工自主创业，多措并举，开源节流，加快推进事企脱钩改革工作。全年向省局借款未突破省局规定。通过房产土地及机械租赁和开源节流、多措并举，全年实现增收166.6万元，

【加强领导班子建设 增进团结协作敢担当】 一是厂领导班子牢记使命，履职尽责，自觉遵守党章，严格按照党的组织原则和党内政治生活准则办事。坚定正确政治方向，在思想上、政治上和行动上始终与党中央保持高度一致。严守政治纪律和政治规矩，严格执行《关于新形势下党内政治生活的若干准则》，严格党内政治生活，进一步加强党的集体领导。二是严格执行民主集中制原则，严格执行“三重一大”议事决策制度，严格落实重大事项请示报告制度。在议事和决策过程中，做到集体研究、集体讨论、集体决策，自觉维护和增进领导班子团结统一，顾大局、识大体、讲原则，努力形成领导班子的整体合力。班子成员积极参与集体领导，自觉服从集体决定，做到不越权、不缺位，共同营造心齐气顺风正劲足的良好气氛。三是坚持领导班子专题民主生活会、基层组织生活会、三会一课、民主评议党员等制度。大胆、经常、用够、用好批评与自我批评这个武器，不断提高党内政治生活的严肃性、实效性。

【加强干部队伍建设 提升整体履职能力】 坚持以德才兼备、以德为先的选人用人导向，坚决匡正选人用人风气，突出政治标准，突出新时代选人用人标准，切实建强干部队伍建设。始终坚持以严标准要求干部、以严措施管理干部、以严纪律约束干部，把从严要求贯穿到干部工作全过程。首先，认真落实习近平总书记提出的新时期好干部标准，树立“四个意识”、坚定“四个自信”、坚决做到“两个维护”。其次，从严干部日常管理，加强经常性教育，严格干部考核制度。从严规范选人用人机制，认真贯彻执行新修订的《党政领导干部选拔任用工作条例》，认真做好干部的培养、选拔、管理、使用工作。

【加强党风廉政建设 压实全面从严治党主体责任和监督责任】 2021年，在省局党委正确领导下，厂党委深入贯彻十九届中纪委五次全会精神和省纪委十一届七次全会精神，认真学习贯彻落实《中共中央关于加强党的政治建设的意见》，深入开展党的政治纪律和政治规矩学习教育，扎实开展“党风廉政宣传教育月”活动，坚持把政治建设摆在首位，压实全面从严治党主体责任和监督责任。厂党委切实担负起主体责任，班子成员承担着分管领域党风廉政建设重要职责，着力抓住三个环节。一是增强责任意识，在抓好业务工作的同时抓好党风廉政建设。二是明确党委书记要认真履行第一责任人职责。三是实行集体领导与个人分工负责相结合，各负其责，狠抓落实。按照“谁主管，谁负责”原则，履行“一岗双责”责任，保证主体责任在分管领导层面落实。签订《全面从严治党主体、监督和“一岗双责”责任书》。厂纪委以监督执纪问责为抓手，把党的纪律和规矩挺在前面，严格执行局党委《关于进一步贯彻落实中央八项规定精神的实施细则》，持续深入整治“四风”特别是形式主义、官僚主义。强化监督检查和执纪问责，切实履行好主体责任和监督责任。加强对重点人员、重点岗位监督，注重领导干部自查自纠，开展批评与自我批评，使其不断完善自我。加强制度建设，规范权力运行，强化对权力的制约和监督，严格责任追究。

【扎实推进党史学习教育 筑牢初心使命】 3月18日，厂党委召开党史学习教育动员大会，深入贯彻习近平总书记在党史学习教育动员大会上的重要讲话精神，切实提高政治站位，注重在思想引领和

政治动员方面着力。按照省局党委安排部署，紧密结合实际，制定《实施方案》，统一为105名党员（其中退休党员40名）发放学习材料。党委书记、党支部书记履行“第一责任人”职责，发挥“领头雁”作用，充分运用中心组学习、“三会一课”制度，领导班子成员、党支部书记带头讲党课。“七一”前夕，组织厂里58名党员（其中退休党员19名）到阳泉市狮脑山百团大战纪念馆瞻仰革命先烈，举行重温入党誓词主题党日活动，传承伟大抗战精神。与此同时，学党史、悟思想、办实事。一是按照太原市老旧小区改造有关政策精神，积极与属地街办协调沟通，为厂区92户和北张小区128户职工住户进行老旧小区改造。改造后的职工住宅区，居民生活环境达到根本性改善，职工拍手称快。二是按照国家公产房清零相关政策精神，积极为厂区92户和北张小区128户职工住户申办房屋产权证。

在建党百年大庆、“七一”前夕，根据省局党委安排，厂党委6月30日召开“两优一先”表彰大会，对2021年优秀共产党员、优秀党务工作者和先进基层党组织进行表彰。15名共产党员被授予“优秀共产党员”称号，2名党务工作者被授予“优秀党务工作者”称号，机关党支部被授予“先进基层党组织”称号。

【统一干部职工思想，有序推进事企脱钩改革】 按照省局《关于加快推进全省公路系统事业单位办企业脱钩改革实施方案》，经省局批复同意，已将构件厂国有股产权全部无偿划转至山西晋路新能源有限公司。2021年3月，企业名称已在太原市工商管理部门进行预核变更登记，核准后企业名称为“山西省公路构件厂有限公司”，但是，预核变更名称后在六个月之内未改制的情况下，须重新预核变更。构件厂已通过北京中天恒会计师事务所有限公司山西分所进行清产核资审计。中国人民银行征信中心已出具企业信用报告。开户行已为构件厂出具金融债权保全证明。

【提高政治站位 抓好安全稳定工作】 按照“党政同责、一岗双责、齐抓共管、失职追责”和“三管三必须”的总要求，严格落实管理部门安全监管责任和企业安全生产主体责任，压实压紧层级安全责任，坚决遏制重大事故发生。始终把信访工作摆在突出位置，按照“一岗双责、属地管理”原则，切实履行好信访主体责任，尤其是在厂改革期间，抓好信访工作，努力把信访隐患消除在诉源地，避免越级访、集体访。严格落实领导带班、中层干部24小时值班、“一日一报”和“零报告”制度。

（石秀林）

山西交通运输

2022

年鉴

综合执法

山西省高速公路综合行政执法总队太原支队

2021年，在省交通运输厅、省高速公路执法总队坚强领导下，山西省高速公路行政执法总队太原支队（以下简称太原支队）以习近平新时代中国特色社会主义思想为指导，认真学习贯彻中共十九大和十九届历次全会精神，坚决落实习近平总书记视察山西重要讲话重要指示，认真贯彻落实省第十二次党代会部署要求，凝心聚力、攻坚克难，认真完成年度各项工作任务，有力保障太原高速公路执法事业改革发展稳定。

【自身建设】 持续深入学习贯彻习近平新时代中国特色社会主义思想，扎实开展党史学习教育，坚定理想信念，增强干部队伍的政治判断力、政治领悟力和政治执行力。加强组织领导，积极稳妥推进事业单位改革，优化基层机构设置，推动编制资源下沉，加强科学规范管理，确保改革目标任务如期完成。强化以《中华人民共和国宪法》《中华人民共和国民法典》为中心的知识学习，重点加强掌握交通运输法律法规知识，建设一支能适应形势和工作发展需求的学习型队伍。持续抓好常态化疫情防控工作，构筑疫情阻击屏障。一是改革任务。事业单位机构改革期间，太原支队把握总体要求，精心谋划、统筹安排，及时成立改革领导组，按时完成支队和大队挂牌、领导班子分工调整、干部调整和人员调配、科室整合和大队组建、议事协调机构调整等重点改革任务。根据高速公路综合行政执法工作职能，建章立制，起草55项基础管理制度，推动内部管理规范化。对涉改单位的各门类档案和固定资产进行清查核实登记，按照属地管理原则进行移交或划转；对所属基层单位财务进行合并，各项工作实现无缝衔接。紧紧围绕改革稳定大局，把维护职工队伍稳定作为首要任务，成立维稳工作机构，建立健全信访维稳工作机制，从职工群众的实际困难出发，扎实做好各项帮扶工作，为困难职工排忧解难，有力维护职工队伍和谐稳定。二是队伍建设。首先，开展党史学习教育。按照省交通运输厅党组和省高速公路执法总队党委有关党史学习教育活动要求，太原支队第一时间成立领导小组，制定方案，以党委中心组带头学、各党支部集中学、开展“学党史，弘扬雷锋精神”志愿服务、党史学习教育专题辅导讲座、利用“学习强国”平台等方式，树立“四个意识”、坚定“四个自信”、坚决做到“两个维护”，自觉在思想上政治上行动上同以习近平同志为核心的党中央保持高度一致。全年开展党史学习教育研讨13次，各基层党支部开展9次，并聚焦改革推进过程中干部职工“急难愁盼”问题，开展了“我为群众办实事”主题实践活动，落实7件实事。领导班子成员深入党支部讲授党史学习教育专题党课，宣讲中共十九届六中全会精神。其次，提升业务技能。注重干部队伍建设，印发《执法队伍素质能力提升三年行动实施方案（2021—2023年）》，先后6次组织职工参加省司法厅组织的“行政执法大讲堂”活动，通过加大培训力度、制定学习方案、开展讲座和“以案释法”案例评析、实行执法业务常态化考试等方式，强化执法人员业务知识储备和技能提升，着力打造一支高素质专业化干部队伍。三是疫情防控。慎终如始做好常态化疫情防控，严格落实疫情防控举措，实行外来人员登记和职工进出入办公区域测温制度，定期对办公区域进行消毒，配足配齐防疫设备。组织干部职工接种疫苗，太原支队疫苗接种率达95%，全力保障干部职工健康安全。密切与驻地街办和社区配合，对中高风险地区返并人员，按要求向上级和社区报备，第一时间要求返并人员落实居家隔离要求，共同承担起联防联控、群防群控、严防严控责任。

【综合执法管理】 始终坚持把习近平总书记全面依法治国新理念、新思想、新战略作为开展普法、依法治理工作的根本遵循，积极开展法治宣传教育，落实交通运输执法领域突出问题专项整治活动要求，清理整治执法顽瘴痼疾，保持执法队伍作风优良、廉洁高效。加强依法行政，以规范执法行为、提升执法形象为基础，夯实内部基础管理，完善各项工作制度，推进执法管理规范化、业务工作精细化。

一是法制工作。首先，落实法治建设责任及相关制度。制定印发《“八五”普法实施方案》，深化普法教育，增强干部职工法律意识；扎实开展“路政宣传月”、“宪法宣传周”和“安全生产宣传月”等活动，加强对外法治宣传，营造良好法治环境；夯实基层基础，有序推进高速综合行政执法“四基四化”建设；围绕重点领域和关键环节，建立健全信用监管机制，强化高速公路综合行政执法信用体系建设。其次，抓好执法领域突出问题专项整治行动。太原支队制订《太原高速公路综合行政执法领域突出问题专项整治行动计划》，先后4次召开领导组会议、推进会议，督导检查2次，对照省高速公路执法总队《全面摸排问题对照表》认真开展自查工作，针对梳理出的工作作风不优、执法能力不强、担当作为不够、基础管理不实等四个方面存在的8项问题，实施“月度任务分解”工作法，按时整改完成。最后，完成执法人员执法证申领考试和信息录入工作。6月30日、10月27日，组织150名符合执法证件申领条件的执法人员参加省司法厅组织的“2021年度申领行政执法证人员公共法律知识考试”线上考试，成绩全部及格。同时，根据省高速公路执法总队安排，对150名执法人员的身份证、毕业证、执法证照片、培训合格证等信息进行审核和录入。二是专项行动。按照省高速公路执法总队工作安排，太原支队及时制定方案，细化工作任务，先后3次开展执法检查专项行动任务。“五一”期间，出动80人次、对辖区内7个高速公路服务区、通往热门景区的高速公路37个收费站入口等区域场所的通行秩序、安全生产等工作开展明察暗访，巡查里程3220公里；端午小长假期间，对辖区内10个县(市、区)的交通行政执法领域工作开展情况进行督导检查；“十一”期间，出动210人/次，深入辖区37个收费站、7个服务区、2个水上经营单位以及阳曲县公路段、古交市交通运输局、尖草坪区交通运输局、太原高速公路公司等50家企业的通行秩序和安全生产等情况开展明察暗访，巡查里程3220公里。共查出四个领域20项问题，并在第一时间将发现的问题和隐患移交给相关责任单位，得到整改反馈。三是基础管理。首先是人事管理。严格执行人事管理相关政策及规定，加强职工队伍、人事档案管理，做好工资(值班补助)发放、“四险一金”缴纳等工作；安排职工参加上级各类培训，抓好在线学习。其次是财务审计。严肃财经纪律，执行公务卡结算制度，严格预算执行进度，完成年度决算、预算的编报工作。做好行政补助工会经费问题整改、经济责任审计前期自查、机关维修工程审计等工作。最后是效能建设。高度重视舆论宣传，先后信息报道114篇，编发《内情通报》42期；坚持做好上传下达工作，确保政令畅通；严格落实文件收发和保密规定，强化档案管理。四是安全维稳。树牢安全责任意识，开展“安全生产月”、安全风险隐患排查治理专项行动等十多项活动，严格实施安全隐患月报告制度，筑牢安全防线，全年未发生社会治安、安全生产责任事故。落实信访工作责任，组织召开信访工作会议2次，妥善解决矛盾纠纷。

【党建、党风廉政建设和文明创建】 坚持和加强党的全面领导，以党的政治建设为统领，强化理论武装。持之以恒抓基层、打基础，发挥基层党组织战斗堡垒作用和党员先锋模范作用。着力推进正风肃纪，营造风清气正的政治生态。深入培育和践行社会主义核心价值观，不断丰富载体，创新工作机制，扎实有效开展文明创建活动。一是党的建设。首先，加强思想政治建设。坚持党要管党、全面从严治党，树立“四个意识”，始终把学习党章党规和习近平总书记系列重要讲话作为党员干部必修课，坚持用党章党规规范言行，用习近平总书记系列重要讲话武装头脑、指导实践、推动工作。坚持党委中心组学习、党支部周二五学习制度，将党的理论、路线、方针、政策和法律法规传达给每一名党员。按要求开展“讲政治、强责任、严纪律、转作风”集中学习提升专项活动，努力完成各项工作。其次，加强组织建设。严格贯彻民主集中制，全年召开党委、支队长(局长)办公、改革领导组会议30次。推进“三基建设”，落实“三会一课”、组织生活会、主题党日等制度，按时做好党费收缴、民主评议党员、发展党员等工作。先后开展党支部书记讲党课、“学习宪法、尊崇宪法”两次主题党日活动。“七一”期间，共有4个基层党组织、3名党务工作者、20名优秀共产党员获得厅党组、省总队党委表彰。最后，积极开展“庆祝建党100周年”有关活动。“七一”前夕，太原支队选派选手参加省交通运输厅文明办“诵读红色经典·传承时代精神”和建党百年主题征文活动；选送两名选手参加省高速公路执法总队“永远跟党走·奋进新征程”职工演讲比赛，获得一等奖、三等奖好成绩；选调50名职工先后参加省交通运输厅、省高速公路执法总队庆祝中国共产党成立100周年表彰大会及“永远跟党走·奋进新征程”文艺会演，受到广泛肯定和好评；积极选送职工参加“中国梦·劳动美——永远跟党走 奋进新征程”职工书画摄影作品展，干部职工的凝聚力和向心力不断增强。二是党风廉政建设。严格执行《党委(党组)落实全面从严治党主体责任规定》，认真落实党风廉政责任清单，完善领导干部下基层调研制度，及时督导检查阶段工作落实情况。强化纪律教育，组织学习中纪委、省纪委全会精神，《落实中央八项规定负面清单》《省纪委监委“十个严禁”作风纪律规定》等，教育引导党员干部严以律己、知止存畏；扎实开展“党风廉政宣传教育月”活动，通过辅导讲座、集体廉政谈话，树牢干部职工的底线思维和纪律规矩意识；做好关键节点提醒督促，遏制违纪违法问题发生；开展领导干部超标准配备办公用房等问题专项整治行动，抓早抓小，防微杜渐；开展党政领导干部违规入股企业问题专项清理工作，清理完成率达100%。三是文明创建。践行社会主义核心价值观，广泛开展道德实践活动；注册成立志愿服务队伍，引深学雷锋志愿服务活动；积极开展“送温暖、献爱心”、博爱一日捐等活动，弘扬中华民族优秀传统美德；充分发挥群团组织桥梁纽带作用，组织开展劳动竞赛，做好帮扶救济、节日慰问、福利发放、退休职工座谈、工会会员管理等工作。大力开展文明单位创建工作，太原支队被省文明委复查确认“继续保留山西省文明单位”、被省直文明委授予“2020年度省直文明单位标兵”称号，被省交通运输厅、省人社厅授予“山西省交通运输系统先进集体”；八个基层单位被太原市文明委认定为“2020年度市级文明单位标兵”、两个基层单位被太原市文明委认定为“2020年度市级文明单位”。

（周海燕）

山西省高速公路综合行政执法总队大同支队

山西省高速公路综合行政执法总队大同支队(以下简称大同支队)是根据省委编委和省交通运输厅有关精神，在原山西省大同交通运输执法局基础上，于2021年9月2日组建并挂牌成立，支队内设综合科、执法科、法制科、督查科四个内设科室和七个基层大队，主要管辖京大、大呼、得大、二广大同段、大同绕城、同浑、广源、灵山等，总计620公里。高速公路路政(含治超)、运政及建设、养护工程质量安全生产监督等执法门类的行政处罚及与之相关的行政强制、行政检查工作。现有干部职工108人，其中中大专以上学历100人，具有专业技术职称44人，中共党员96人。

2021年，在省厅和省总队正确领导下，大同支队以习近平新时代中国特色社会主义思想和习近平总书记视察山西重要讲话重要指示精神为指针，以省厅、省总队各项工作安排部署为重点，担当作为、开拓创新，较好地完成各项工作目标和任务。

【党的建设得到新加强】 2021年，大同支队理思路、明职责、抓落实，以“讲政治、强责任、严纪律、转作风”为着力点，坚决扛起全面从严治党政治责任，促进党风廉政建设健康发展，营造风清气正的政治生态。一是以思想引领为根本，在固本强基中推进从严治党。首先是向政治建设聚焦。积极开展党史学习教育，组织党员群众认真学习习近平总书记在党史学习教育动员大会上的讲话，在庆祝中国共产党成立100周年大会上的讲话等系列重要讲话精神，充分发挥党委中心组学习作用，高质量开展集中学习，领导干部带头自学，理论中心组党史专题学习研讨9次，党支部专题研讨8次。其次是向学懂弄通深化。认真做好习近平总书记“七一”重要讲话精神专题学习辅导，开展实事求是思想路线、党的光辉历程、党史学习教育专题培训5次，参与学习人数434人次；开展机关全体党员手抄入党誓词、建党精神、社会主义核心价值观；手写党史学习教育心得体会；开展基层党支部书记讲党课13场次；对88名干部职工进行为期三天的集中培训。二是以责任落实为抓手，在统筹部署中推进从严治党。首先是抓统筹谋划。召开全面从严治党暨党建工作会议和党风廉政建设工作会议。“党风廉政宣传月”活动党支部书记专题汇报会，对“三重一大”问题集体研究、集体决策。主要领导涉及全局性重要问题亲自部署；工作中遇到难点亲自研究解决；重要工作亲自督导；重点环节亲自协调；执法领域专项清理工作亲自过问。其次是抓督促检查。定期听取基层党支部落实全面从严治党工作汇报，抓规范，补短板，任务明确，责任到人。三是以作风建设为保障，监督执纪问责。深化“三转”工作继续有序推进，明确政治监督为统领，前移监督关口；充分利用参加会议、谈话提醒、下发建议书、监督意见等方式，深化整治不履行主体责任、推诿扯皮、空泛表态以及形式主义、官僚主义等问题，确保政治监督常态化；在疫情防控监督中，紧盯主体责任不履行、填表防疫等形式主义问题；紧盯食堂就餐、日常接待等方面，把落实节约措施、杜绝浪费行为作为纠治“四风”重要抓手，确保政治监督常态化。

【党风廉政建设得到新推进】 一是坚持政治引领，狠抓工作落实。督促推进大同支队党史学习教育活动深入开展，让“讲政治、强责任、严纪律、转作风”常态化；不断提高政治判断力。动态更新领导干部廉政档案，全面开展“政治扫描”“政治画像”。对苗头性、倾向性的政治问题及时跟进纠治，抓早抓小，防患未然。督促签订党风廉政建设责任清单。督促构建四责协同的党风廉政建设工作机制，确保政治生态风清气正。坚持挺纪在前，确保风清气正。教育在先、警示在先、预防在先，以“党风廉政宣传教育月”为契机，开展集体廉政谈话，准确运用“四种形态”，提醒告诫、预警纠偏，促进党员干部廉洁自律；签订无违法违纪责任书，从六项纪律进行全方位约束和规范，使党员干部进一步增强纪律意识。二是持续正风肃纪，增强监督效能。节假日期间，严查公款违规吃喝、公款送礼、违规发放津补贴，公车私用，借操办婚丧喜庆之机敛财等情况，坚持重遏制、强高压，推动中央八项规定精神和纠“四风”树新风工作不折不扣地落实。三是突出三聚焦、三推动，积极整改明察暗访存在问题。聚焦重点问题、突出问题，坚持整章建制，推动构建长效机制。堵塞漏洞；聚焦主体责任，坚持传导压力，推动各项责任一体贯通，一体落实；聚焦改革发展，坚持现代化治理体系和能力建设，推动高速执法事业有序健康发展。四是大力开展“党风廉政宣传教育月”活动。开展廉政宣传警示教育，汲取教训，引以为戒，不碰红线，守住底线；组织进行党规党纪学习，不忘初心、牢记使命；组织召开党支部书记专题汇报会。

【党史学习教育得到新落实】 大同支队将党史学习教育与工作实际紧密结合、与全系统“讲政治、强责任、严纪律、转作风”常态化开展紧密结合、与高速公路综合行政执法改革紧密结合，扎实推进党史学习教育。加强组织领导，丰富学习内容和学习方法，成立党史学习教育领导组，制定工作方案。征订《论中国共产党历史》《毛泽东　邓小平　江泽民　胡锦涛关于中国共产党历史论述摘编》《习近平新时代中国特色社会主义思想学习问答》《中国共产党简史》167本，党员人手4册。定制庆祝中国共产党成立100周年党史学习笔记本。大同支队采取领导干部带头自学，原原本本学习习近平总书记重要讲话和指定学习材料，做到基本了解党史主要脉络，基本把握党史重大事件、重要会议、重要人物，基本理解党的思想理论、精神谱系、历史经验，为深化学习教育打下坚实基础。党史学习教育活动开展以来，大同支队先后组织干部职工参观大同红色记忆馆；开展主题党日活动；开展“传承红色基因、祭奠革命先烈”主题活动；举办党史学习教育专题学习研讨会；开展专题宣讲活动；开展党史学习教育“我为群众办实事”实践活动；开展“以歌咏史”活动；开展庆祝中国共产党成立100周年系列活动；举办“永远跟党走，奋进新征程”为主题的演讲和文艺会演，组织举办身边先进人物、先进事迹报告会。联合街道社区慰问老英雄、老党员等。与此同时，大同支队及时宣传好党史学习教育推进动态情况，为党史学习教育营造浓厚氛围。先后报送宣传报道134篇。被媒体采用新闻报道合计37篇，被人民交通网采用新闻报道5篇，被今日头条采用新闻报道11篇，被山西交通网采用新闻报道5篇。

【精神文明建设迈上新台阶】 2021年，大同支队以精神文明建设为载体，以培育和践行社会主义核心价值观为根本，扎实开展精神文明创建活动。一是学习研讨加强党的建设。扎实有效推进中心组学习，提高政治判断力、政治领悟力、政治执行力，在思想上政治上行动上同以习近平总书记为核心的党中央保持高度一致；每周二、五由机关党支部组织党员读原著、学党史、悟原理，增强政治自觉、理论自信、情感融入；充分利用“学习强国”“三晋先锋”平台开展党建活动、学习党建知识。二是推动单位文明建设工作高质量发展。以文化建设为引领，进一步丰富机关文化内涵和提升干部职工的文化自信，着力建设学习型机关、服务型机关、活力健康无烟型机关。组织开展“讲政治 强责任 严纪律 转作风”专项整治活动；开展“我们的节日”主题活动；在全支队形成社会主义核心价值观宣传教育活动氛围；倡导文明交通、文明上网、文明餐桌，养成良好的文明行为习惯；将“道德讲堂”与党史学习教育活动有机结合，牢固树立爱岗敬业、服务社会的思想，树立共同的理想信念；开展移风易俗活动；开展“两优一先”表彰大会暨“永远跟党走 奋进新征程”文艺会演。三是全员参与推动精神文明创建工作。常态化开展学雷锋志愿服务工作，开展元旦、春节送温暖慰问活动；积极参加省厅、省总队组织的文艺会演活动；开展“送清凉”慰问活动，“玫瑰书香”阅读活动和争做中国好网民活动；关心职工下一代，建立儿童书屋、采购儿童书刊；以帮扶为责任，完善困难职工帮扶系统档案和爱心帮扶联系卡，开展帮扶村疫情防控活动、农村卫生大整治活动、联手群众清洁家园活动、贫困户存在困难征询活动、消费扶贫活动、产业帮扶活动等。2021年年底，在经过涉改摸底、征求意见、材料复核、实地测评等复查工作，根据《关于确认继续保留荣誉称号的山西省文明单位、文明校园的通报》，大同支队继续保留“山西省文明单位标兵”称号。

【“讲政治、强责任、严纪律、转作风”集中学习提升专项活动取得新成效】 大同支队按照抓住“两个”关键，抓实“四个”环节，开好“三个”会，达到“五个”效果，全面推动专项活动有序进行、有效进行。抓住“两个”关键，就是从改革形势要求、从队伍现实需要、从面临的实际问题出发，深刻理解并领会省总队开展这次专项活动的目的意义，从市局领导干部和班子与基层领导干部和班子这两个关键入手，通过提升领导班子和班子成员认识来推动全局专项活动的扎实有效开展。在活动中，大同支队抓实集中学习、研讨交流、问题查摆和整改落实四个环节，通过制订学习计划，明确学习篇目任务、提出学习要求，进行目标考核的过程，全面掀起学习热潮，形成学习氛围、落实学习活动，完成学习任务、解决思想问题，由学习革命达到思想革命、认识革命；通过结合实际、深入调研、针对现状，设计命题、组织研讨方式，由统一思想达到统一认识、提高认识；通过问题查摆，自上而下，自下而上，反复征求，由群众画像，对照自我画像，敢于揭短亮丑，勇于自我剖析，达到放下包袱，轻装上阵，找准不足，促进工作的目的；通过整改落实，明确个人、部门这一界线，列出时间表、路线图给组织解决问题的方案，给群众解决问题时限。开好三个会，就是高度重视动员会，谋篇布局，做好全局性的安排部署；开好研讨会，挑选不同层次、把好代表关；挑选课题，把好研讨关；挑选召开时间，把好进程关。开好总结会，通过总结、改进，再总结、再改进，全面推动专项活动见成效、见实效。基本达到把干劲鼓起来，把标杆立起来，把能力强起来，把底线划起来，把形象树起来。

【高速公路综合行政执法改革取得新进展】 主要包括调研大同高速公路路政执法管辖里程与机构设置现状，调研基层执法大队管辖公路划分设置，开展外勤驻勤点调研，确定大队办公场所选址，开展业务实战化培训。把干部职工队伍的素质与能力作为适应新职能新要求的着力点、着重点，增加自行组织的多方式培训学习。组织专人编写印发学习资料，组成专门学习指导小组，定期组织业务法律答题训练，定期组织集中培训辅导答疑解惑，针对性地辅导执法处理技巧方法与执法难点疑点，上岗初期能够准确识别路运政违法行为并能够正确查处与处置。其间，大同支队组织答题训练5次以上，集中辅导培训4次，解析路政运政案例3次。9月2日，山西省高速公路综合行政执法总队大同支队正式挂牌成立，标志着改革进入新阶段，标志着新事业迈上新征程。

【执法领域突出问题专项整治工作建立新机制】 一是深入学习，全面部署。从思想上提高整治行动认识的重要性与必要性，从行动上迅速统一到总队的安排部署上来，确保整治行动走深走实不走样。二是自查自纠，揭摆问题。按照宗旨意识不牢、工作作风不优、执法能力不强、担当作为不够、执法意识不强、基础管理不实，各自对照查、对照比，如实填写问题汇总，根据总队要求，全面摸排自查自纠阶段的问题，梳理对照表。三是深入整改，全面提升查纠整改效力。对照查摆出的问题，剖析问题根源，盯住突出问题，薄弱环节，列出清单与路线图、务实整改，坚持边查边治、举一反三，推动个性问题与共性问题、显性问题与深层次问题一起解决，努力把专项整治成效转化成做好高速综合行政执法工作的强大动力。四是开展督查活动。制定方案，成立若干小组，深入机场、汽车站、火车站、治超站、物流经营场所，出动人员30余人，出动23车次，开展端午“小长假”专项整治督查活动。

【安全生产及疫情防控提到新高度】 2021年，大同支队扎实推进交通运输安全生产专项整治三年行动和“零事故”单位创建活动，着力防范化解安全生产重大风险，全面深入做好安全生产各项工作，确保安全和大局稳定。一是及时召开安委会议。认真部署并扎实开展春节、元宵节、“五一”、“安全生产月”、国庆期间安全生产工作，加强教育提醒，突出精准监管，坚持严查快处，强化纠树并举，压实安全责任。二是根据省厅、省总队制定的疫情防控工作总体方案和突发疫情应急预案，按照省疫情防控办和属地疫情防控办要求，扎实开展工作。在疫情防控切实扎紧扎牢防输入、防扩散、防反弹防线，严格值班值守制度，加强人员管控，加强体温检测和信息登记，对进入办公区域的所有人进行体温登记，对办公区域进行消毒。配置口罩、消毒液、防护服、喷雾器。从2021年1月7日至4月5日，连续上报全体职工及家属无确诊或疑似病例，无中、高风险区域返回人员，无被采取隔离措施人员等涉疫情况，全体干部职工完成新冠疫苗接种。严格报备，非必要不出市、不出省。

（昝成继）

山西省高速公路综合行政执法总队朔州支队

2021年，在省交通运输厅党组和省交通公路综合行政执法总队党委正确领导下，山西省交通公路综合行政执法总队朔州支队(以下简称朔州支队)坚持以习近平新时代中国特色社会主义思想为指导，不忘初心，牢记使命，全面贯彻中共十九大和十九届历次全会精神、习近平总书记视察山西重要讲话重要指示精神和省第十二次党代会精神，按照厅领导确定的“年内上路执法”工作目标和总队党委确立的“一年打基础、三年见成效、五年创一流”总体工作思路，坚持制度建设和狠抓落实并举，坚持行业稳定和改革推进并进，统筹推进各方面工作，全面从严治党、扎实开展党史学习教育，稳步推进改革，狠抓执法业务，尽心尽力履职尽责，推动高速公路综合行政执法事业实现良好开局。

【抓思想政治建设，夯基垒台，强基固本】 认真落实“坚持用习近平新时代中国特色社会主义思想武装全党”要求，以党史学习教育为抓手，将习近平新时代中国特色社会主义思想、习近平总书记系列重要讲话重要指示精神、党史学习教育指定教材和中共十九大及十九届历次全会精神等党的理论方针政策纳入中心组和党支部学习计划，共组织理论中心组学习21次，专题研讨10次；直属党支部集中学习

56次，专题研讨8次；开展专题讲座1次，专题宣讲4次，专题辅导1次，专题培训3次，直属党支部党员撰写心得体会130余篇。有力推动全体干部职工把“两个确立”作为最深刻的政治领悟、最牢固的政治信念、最重要的实践要求，把“两个维护”作为最高政治原则和根本政治规矩，坚决同以习近平总书记为核心的党中央保持高度一致，坚定中国特色社会主义信念和共产主义信仰，始终沿着习近平总书记指引的方向砥砺前行。

【加强党的建设，切实以“第一责任”领导保障“第一要务”】 一是全面从严治党，加强领导班子建设，履行第一责任人职责。党委书记切实履行第一责任，班子成员根据分工认真履行“一岗双责”，扛起政治责任。坚决贯彻落实《中共中央关于加强党的政治建设的意见》，严格执行《关于新形势下党内政治生活的若干准则》《中共中央关于加强对“一把手”和领导班子监督的意见》等要求，领导班子成员带头参加双重组织生活会，自觉接受监督；以身作则落实好党员领导干部带头讲党课、党组织书记抓基层党建工作述职等制度，坚持书记抓、抓书记，领导班子成员在直属党支部和包片基层单位讲授党课，全年共开展专题党课11次；严格执行民主集中制，落实党委会议、支队长办公会议、“三重一大”事项集体研究、重大事项请示报告和领导干部个人有关事项报告等制度，加强“一把手”监督制约，坚决执行一把手“四个不直接分管”和末位表态制度，人事、财务、项目由领导班子成员分管，定期向主要负责人报告。坚决杜绝“一言堂”，确保决策的科学、民主、透明。二是全面加强基层党组织建设。认真落实谈心谈话、组织生活会、民主评议党员和党支部书记述职制度等，强化政治引领；从按时交纳党费，开展“三会一课”、党支部主题党日活动等抓起，增强党员意识和干事本领；从抓实基层党组织书记轮训，不当甩手掌柜做起，党支部书记带头学习、讲党课，常态化学好《中国共产党章程》《中国共产党支部工作条例》《中国共产党基层组织工作条例》和《党员教育管理工作条例》，分层次、分批次抓好基层党组织书记集中轮训和党支部党务骨干培训，全年专题辅导1次，专题培训4次，确保每人每年至少参加1次培训。三是强化廉政教育，做到警钟长鸣。多次召开党风廉政工作会议，对党风廉政建设和反腐败工作进行全面安排部署，召开改革领导组会议部署驻厅纪检监察组政治监督专项检查工作；开展党风廉政宣传教育月活动，分解党风廉政建设主体责任，签订党风廉政建设目标责任书；认真开展党政干部违规入股企业清理和领导干部超标准配备办公用房等问题专项整治工作，各级党员领导干部办公用房全部符合规定；在机构组建到位后，及时与各大队、各科室新任负责人进行任前廉政谈话，持续不断关注“四风”问题新动向，做到常打“预防针”，不断增强党员干部落实全面从严治党责任意识，锻造忠诚干净担当的干部队伍。

【抓工作落地见效，推动高质量发展】 一是扎实开展党史学习教育，推动“我为群众办实事实践活动”取得实效。党史学习教育活动开展以来，朔州支队认真学习贯彻落实党中央决策部署和省委、厅党组、总队党委工作要求，多次召开领导小组会议，强化组织领导，听取工作汇报，推进工作往深里走，往实里走。细化制定《处级以上领导班子党史学习教育工作重点任务分解表》和《党支部党史学习教育工作重点任务分解表》，巩固党委“中心线”，夯实支部“生命线”，共开展中心组专题学习9次、专题研讨9次、读书班2次、专题培训1次、专题辅导1次、专题讲座1次、专题宣讲4次。党支部集中学习30余次、专题研讨8次、主题鲜明的主题党日活动3次、道德讲堂活动1次，赓续红色血脉，传承红色基因，全体党员干部从百年党史中汲取前行奋进力量，真正教育引导党员干部深刻认识到红色政权来之不易、新中国来之不易、中国特色社会主义来之不易，使党员干部深刻认识到中国共产党为什么能、马克思主义为什么行、中国特色社会主义为什么好；结合工作和单位实际开展执法业务为民惠民便民优质服务，“五一”、端午、国庆假期安全生产明察暗访，在张蔡庄乡泰胜车队开展“情系职工、清凉一夏”慰问活动，为全体职工交纳晋惠保补充医疗保险，设立“妈咪小屋”等“我为群众办实事”实践活动，解决一批干部群众“急难愁盼”问题，真正把学习教育和解决实际问题相结合，把学习成效转化为推进工作动力；开展庆祝中国共产党成立100周年系列活动，走访慰问党龄满50年的离休干部，颁发“光荣在党50年”纪念章，召开庆祝中国共产党成立100周年暨“两优一先”表彰会，开展“重温入党誓词 坚定理想信念”主题党日活动，成立党史学习宣传小组，发表简报130余篇，营造活动浓厚氛围。二是扎实做好机构改革等各项工作，确保厅党组、总队党委决策部署落实落地。朔州支队认真落实各项决策部署，慎终如始开展常态化疫情防控、安全隐患排查、风险防范等工作，为改革发展奠定基础；按照省总队重点工作任务推进安排，机构改革调整如期完成，基础管理工作更上新台阶；提高政治站位，巩固脱贫攻坚成果，乡村振兴工作积极推进；持之以恒做好业务大练兵大提升工作，执法业务能力水平持续提升；扎实开展执法领域突出问题专项整治工作，行业治理能力和水平有效提高；持续不断深化精神文明创建工作，发挥“市级文明单位(标兵)”先进性，为朔州市文明城市创建做出新贡献，为高速公路综合行政执法事业发展提供强有力人员素质保障。三是加强法治建设，为综合行政执法主业提供有力法治保障。朔州支队始终将法治建设放在重要地位，以法治建设引领综合行政执法事业高质量发展。认真贯彻《党政主要负责人履行推进法治建设第一责任人职责规定》，将法治建设纳入党委会议题及中心组学习计划，年内集中学习法律法规10余次，进行宪法知识测试；加深与合作律师事务所对接咨询力度，加强对规范性文件、执法相关制度等重大决策的合法性合规性审查；制定法制宣传教育年度工作计划，认真开展“12·4”宪法宣传活动，组织干部职工参加旁听庭审，增强干部职工法制意识和法律思维。

（潘志峰　田向刚）

山西省高速公路综合行政执法总队忻州支队

2021年，在省交通运输厅党组、省高速公路综合行政执法总队党委正确领导下，山西省高速公路综合行政执法总队忻州支队(以下简称忻州支队)坚持以习近平新时代中国特色社会主义思想为指导，深入贯彻落实中共十九届六中全会和省第十二次党代会精神，紧紧围绕省总队重要工作部署，推进支队党的建设和改革发展稳定工作，完成各项任务。

【党史学习教育】 从党的性质宗旨和初心使命出发，以解决干部职工“急难愁盼”问题检验党史学习教育成效，力争做到“四个聚焦”。一是聚焦“学党史”。党委书记、支队长为全体干部职工讲党史、明党志，带动全体干部职工自觉学习、主动学习党的历史，党员干部的政治判断力、政治领悟力、政治执行力全面提高。二是聚焦“悟思想”。全年共开展理论中心组学习19次、党支部每周二五集中学习60余次、廉政专题党课讲授1次，通过持续推进党的创新理论入心入脑，使干部职工真学真懂真信真用。三是聚焦“办实事”。结合党史学习教育“十个一活动”，将有限的维修预算资金用在最紧急的项目上，先后对拟定作为大队办公场所的忻府区、五台、繁峙县分局的办公楼楼顶进行修缮，安装彩钢顶防水；对岢岚县分局楼顶做了油毡防水处理；对河曲县分局办公楼干挂外墙瓷砖，一次性彻底解决漏雨问题;支队主要领导多方奔走、积极联系驻地老旧小区改造办公室等单位，组织动员原单位家属院64户业主参与忻府区老旧小区改造，争取政府改造资金73万余元，主要改造小区道路、排水、墙体保温、楼顶防水等项目，此项工作已顺利竣工;为争创省级文明单位，配合忻州市争创全国文明卫生城市复检，确保“我为群众办实事”实践活动取得实实在在成效。四是聚焦“开新局”。为进一步引深党史学习教育活动，全面落实总队关于党史学习教育工作要求，切实做好“十个一”、开展庆祝中国共产党成立100周年系列活动，开展主题征文、文艺演出、演讲比赛等，取得较好效果。

【疫情防控和安全生产】 一是继续做好疫情防控工作，特别是做好法定节假日职工外出报备和外来人员进入办公场所的登记工作，组织职工进行新冠疫苗接种工作。二是持续巩固拓展“”单位创建成果，通过全面摸排化解，形势持续稳定向好。2021年是高速公路综合行政执法改革取得实质性进展关键期，忻州支队将信访工作作为一项重要政治任务来抓，做到持续平稳可控。三是实行领导双带班24小时值班备勤工作机制，确保信访工作领导值班和带班人员共同落实，并按时通过邮箱、微信向省总队报送每日来访情况及重要敏感信访信息，切实做到有事报情况，无事报平安。

【专项整治行动】 高度重视，周密部署，统一安排，精心组织，确保各类专项行动有序推进。一是认真开展"讲政治、强责任、严纪律、转作风"集中学习提升专项活动。按照省总队要求，按照规定动作，扎实开展四次集中学习提升专项活动研讨、撰写心得体会，查摆问题。二是认真开展执法领域突出问题专项整治工作。贯彻落实省厅、省总队专项整治行动方案，切实提升执法能力和水平，努力打造政治坚定、素质过硬、纪律严明、作风优良、廉洁高效的高速公路综合行政执法队伍，确保蓄势待发的执法队伍招之即来，来之能战，战之必胜。以此次整顿为契机，加强组织领导、强化使命担当，做到"六个紧密结合"。坚决贯彻落实省厅和总队重大决策部署，从小事着眼，从细处入手，高标准、严要求确保专项整治取得实实在在效果。三是认真开展党政干部违规入股企业清理工作。按照厅党组、省总队工作要求，忻州支队召开专项会议学习省纪委监委汇编的《党政干部违规入股企业相关规定和典型案例汇编》，成立专项清理领导组，严格清理范围，做实"两清单、四台账"，严格督查检查。按照清理范围人员要求，符合清理范围人员共89名，主动申报存在以本人或亲属名义入股企业情况12人。通过细致开展专项工作宣传教育，谈心谈话，以及政策讲解，知晓纪律红线，确保清理工作取得实实在在成效。

【高速公路综合执法】 一是初步建立健全基础管理制度。按照总队列出的八大类55项制度清单，忻州支队分成起草工作小组，压实责任，责任到人，改革领导组召开3次专题扩大会议，认真审定，并适时在钉钉办公平台、微信群、办公内网等广泛征求基层单位及干部职工意见建议，数易其稿，为下一步规范有序开展工作提供基本遵循。二是完成支队各科室、大队干部配备及一般工作人员调配工作，完成事业单位法人证书、印章变更及所属基层单位法人注销工作和支队所属各基层单位银行账户清理核销及支队银行账户变更工作。

【精神文明创建】 根据《关于对2018—2019年度山西省文明单位涉改情况摸底的通知》，按照精神文明考核细则测评体系要求，把文明单位创建与日常工作同步推进，拓展领域，丰富内容，创新载体，完善机制，落实措施，转变作风，提高效能，最终，忻州支队精神文明建设工作取得新成就，内设4个科室和8个大队将同享省级精神文明单位荣誉，蝉联全省文明单位称号。

【落实党建、党风廉政建设、意识形态工作责任制】 一是从严管党治党，加强党的全面领导。坚持把落实全面从严治党主体责任作为党委政治责任、首要责任，多次召开专题会议研究全面从严治党的主体责任，与各党支部签订全面从严治党责任书，把主体责任层层压实、一贯到底。党委书记带头履行第一责任人责任，党政领导班子成员严格落实"一岗双责"，认真履行分管责任，对所分管单位全面从严治党工作开展情况进行督促检查，及时了解基层单位党支部履职尽责情况，带动全支队党组织和党组织书记履职尽责。二是加强党的政治建设，进一步强化理论武装。党委紧紧围绕习近平新时代中国特色社会主义思想、中共十九大、历次会议精神以及习近平总书记关于全面从严治党的重要讲话和指示精神，先后召开理论学习中心组学习及专题会议23次。严格落实"三会一课"、组织生活会、民主评议党员、主题党日、党员谈心谈话等制度，深入开展学习活动，通过每周二五集中学习，运用"学习强国"App、"好干部在线"App、"交通在线"App、党支部钉钉群、微信群等平台，做到及时跟进学习习近平新时代中国特色社会主义思想、上级重要文件和会议精神。严格党员教育和管理及党员发展程序，2021年发展预备党员4名、入党积极分子1名。三是加强法治建设，学法守法用法氛围渐浓。深入学习贯彻习近平法治思想，不断提高交通运输执法领域工作法治化水平。认真落实“谁执法谁普法”普法责任制、领导班子和领导干部学法用法述法制度、法律顾问制度，在充分利用法宣在线和交通运输内部学习平台自学基础上，通过党支部集中学习、专题学习、知识竞赛、大练兵等形式开展法治宣传教育学习，提高普法教育成果。此外，还认真组织开展“12·4”国家宪法日专题宣传活动，通过集中观看《中国宪法》宣传片，在市内人口集中的场所发放宣传资料等方式，把法治理念融入具体工作中，有力提升干部职工依法行政能力和水平。四是保持高压态势，严格落实党风廉政建设责任制。定期开展警示教育活动，认真开展“以身边事教育身边人”专题警示教育活动，通过反面典型教育党员干部遵守党规党纪。用好交通系统警示录，深刻剖析，充分利用典型案件开展警示教育活动，加强对党员干部党性、理想信念和廉洁从政教育、警示教育，筑牢思想防线，营造“以廉为荣，以贪为耻”的良好氛围，提高党员党性意识，形成“自觉受监督、习惯被监督”的良好心态。经常性召开廉政谈话会，以案说法开展警示教育，使党员干部严格自律，廉洁从政，在潜移默化中养成知党纪、懂敬畏、守规则、敢担当的优良作风。

【亮点工作】 一是对忻州辖区高速公路综合情况进行详细调查，初步建立高速公路信息数据库，为下一步开展综合行政执法工作打下基础。在调查摸底有了基础数据基础上，组织力量绘制《忻州支队辖区高速公路基础数据示意图》，详细标注大队办公场所、外勤点、管辖路段、起止桩号、高速路运营公司、桥涵隧道特殊路段等5种信息、11组图例164处，直观形象反映地忻州辖区高速公路概况。二是坚持管理创新。率先落实省厅、省总队领导关于全面推进“四基四化”建设指示精神，加快交通运输综合行政执法数字化转型，针对2021年度取消县分局财务预算，统一由忻州支队编报、执行的要求，有效应对基层单位多、分布散、路途远的实际情况，积极探索试行通过“钉钉”平台、电脑端和手机端移动智能化办公审批流程，综合科请假、用车、费用请示、报销等实现“指尖”操作，大大提高管理效率。三是“五抓五看”，切实做好党史学习教育“十个一”活动。一抓组织领导，看政治站位；二抓深学深悟，看思想认识；三抓时间节点，看创新形式；四抓学习载体，看承载内容；五抓营造氛围，看通信报道。进一步把党史学习教育“规定动作”做到位，把“自选动作”做精彩。

（杨淑娟）

山西省高速公路综合行政执法总队阳泉支队

山西省高速公路综合行政执法总队阳泉支队（以下简称阳泉支队）于2021年9月正式挂牌成立，隶属于山西省高速公路综合行政执法总队，属正处级建制。实行行政首长负责制，处级领导编制为1正3副。阳泉支队下设3个科室、4个大队，全局人员编制65名，现有在职编制内人员61名，编制外人员30名（无固定期限10名、劳务派遣16名、非全日制用工4名），在岗人员共计91名。管辖4条高速公路。里程共计322.4公里。截至年底,有省级文明单位标兵1个、省级文明单位2个、市级文明单位标兵2个、市级文明单位2个，实现文明单位满堂红。2021年2月，省交通运输厅授予阳泉支队“全省脱贫攻坚工作突出贡献奖”。授予第一书记潘云飞“全省脱贫攻坚工作突出贡献奖”。

2021年，阳泉支队认真贯彻省交通运输厅、省高速公路综合行政执法总队、市委、市直机关工委各项工作部署，紧扣全面工作任务，坚持稳中求进工作总基调，坚持“四为四高两同步”总体思路和要求，强化责任担当、弘扬实干精神，抓好常态化疫情防控、高速公路综合行政执法改革等各项工作，守牢安全生产底线，巩固“山清水秀”政治生态，持续发力、久久为功，奋力开启交通运输综合行政执法事业改革发展新征程。

【理论学习】 阳泉支队党委始终把政治建设放在首位，进一步树立“四个意识”、坚定“四个自信”、坚决做到“两个维护”，深刻把握“两个大局”，牢记“国之大者”，不断增强战略思维、系统观念。深入学习贯彻习近平新时代中国特色社会主义思想，及时跟进学习习近平总书记重要讲话和重要指示批示精神，认真研读党史学习教育指定书目，读出真理味道，悟出信仰力量，学出为民情怀，始终把旗帜鲜明讲政治刻入骨髓、见诸行动、落在常态。扎实开展好“三会一课”、党委中心组（扩大）学习及党支部集中学习，组织开展好主题党日活动。运用好“学习强国”、“山西交通在线”学习、好干部在线等平台的政治理论学习，持续在学懂弄通、细照笃行上下功夫。

【疫情防控】 新冠疫情以来，阳泉支队坚决响应党中央和省委、市委号召，秉持“防控漏洞再排查、防控重点再加固、防控要求再落实，同步跟进整改，补齐防控短板”原则，坚持做好常态化疫情防控工作，确保“外防输入、内防反弹”常态化疫情防控责任落实落细。一是提高政治站位，压实责任到人。成立疫情防控专项工作组，统筹部署疫情防控工作。二是强化督导检查、压实防控责任。不定期开展明察暗访、严明纪律规矩，重点对各大队、各科室疫情防控主体责任落实、防控措施落实、查纠失责问题等工作进行督促检查、跟踪问效。三是坚持问题导向，督查整改到位。严格落实好“两个责任”，走进基层一线，实地督查疫情防控工作，对防控存在的问题现场交办、限期整改、跟踪问效，切实敦促抓好常态化疫情防控工作。

【行业文明建设】 一是坚持社会主义核心价值观引领，培育时代新人，弘扬时代新风。创新活动载体、打造特色亮点、激发内生动力，带头组织开展文明单位、文明科室、文明职工等群众性文明创建活动。二是举办富有单位特色的文体娱乐活动，积极开展“献礼建党100周年”和“学党史悟思想守初心勇担当”等活动，积极参加省总队、省厅“庆祝建党100周年”系列文艺活动，切实抓好宣传教育。杨洁获省总队“永远跟党走、奋进新征程”演讲比赛第二名，省厅“中国梦·劳动美——永远跟党走、奋进新征程”演讲比赛第三名的好成绩。积极参加省厅、省总队、市委组织开展的党史学习教育、中共十九届六中全会精神宣讲，促进对党的创新理论的理解和掌握。创新“党课+”模式，提升党课教育实效。不断优化党课内容、创新党课载体、丰富党课形式、强化党课实效，运用“党课+实地教学”“党课+新媒体”两种新模式，切实提升全体党员干部经常性教育和集中教育成果。2021年7月，被省厅授予“山西省交通运输系统先进集体”。三是认真做好精准扶贫收尾和乡村振兴开局工作。认真贯彻落实上级扶贫政策，加强定点帮扶研究，结合村实际因村施策、因户施策，切实做到真扶贫、扶真贫。以党建助推精准扶贫工作取得实效，逐步探索出一条“党建开路，产业铺路”的新路子、“项目+企业+农户”的脱贫新模式，连续多年被授予“阳泉市优秀帮扶单位”“全市脱贫攻坚驻村帮扶工作模范单位”。

【管理模式】 全力推进提升管理效能的“三个体系”（完备制度体系、科学运行体系、严格监督体系）建设。带领干部职工结合阳泉高速公路综合行政执法特点，系统梳理基础性工作，不断完善制度体系建设。新修订相关规章制度8大类55条，有效规范管理。结合省总队组织开展的“讲政治、强责任、严纪律、转作风”集中学习提升专项活动，持续推进“争当改革发展稳定排头兵”活动。采取“指挥部+督察组”模式，紧紧围绕“五比五看”（比学习心得、活动开展，看能力素质强不强、信念坚定真不真；比方法做法、落实情况，看支部建设紧不紧、推行贯彻快不快；比工作进度、完成情况，看本职工作实不实、履职能力行不行；比纪律作风、行风政风，看反腐倡廉硬不硬、党风廉政牢不牢；比四个意识、执行力度，看政治建设好不好、完成质量高不高），突出重点难点，全面推进各项工作任务落实。组织开展专题学习、专题研讨、督导检查，细化量化工作任务，统筹推进、协调开展。全体干部职工主动作为，“以有为、有位”的思想积极迎接改革，认真贯彻落实好省厅、省总队各项工作部署。以“三个体系”建设为基础，“争当改革发展稳定排头兵”活动为载体，全力做到“七个抓好、七个保持”（抓好党建、带好队伍，始终保持共产党员的先进性；抓好安全生产、确保支队平安，始终保持安全平安的工作局面；抓好管理、澄清家底，始终保持高效的管理能力；抓好学习培训、夯实业务基础，始终保持高素质执法水平和能力；抓好廉政建设、严守廉洁纪律，始终保持廉洁本色；抓好劳动纪律、加强作风建设，始终保持良好工作作风；抓好巩固拓展脱贫攻坚成果，保持实现同乡村振兴有效衔接）。凝心聚力、振奋精神，统筹推进各项工作有序高效开展。

【党史学习教育】 坚持以习近平新时代中国特色社会主义思想为指导，紧扣学习贯彻习近平总书记"七一"重要讲话、中共十九届六中全会精神等重要内容，坚持学用结合、坚持统筹分类、坚持效果导向，高标准、高要求、高质量推进党史学习教育持续走深走实。党史学习教育整体呈现有力有序、持续深入的良好态势，各党支部扎扎实实完成"规定工作"、凸显特色做好"自选动作"，学习教育取得新进展、新成效，全体党员干部理想信念进一步坚定、为民宗旨进一步树牢。一是坚持以上率下，在组织推进中发挥引领作用。党委始终以强烈的政治自觉和深刻的历史自觉，把开展党史学习教育作为一项重大政治任务抓紧抓实，确保学习教育布局有方、推进有序、落实有力。二是注重顶层设计，在整体谋划中体现学习特色。认真梳理确定党史学习教育重点任务，确保"规定动作"不走样、"自选动作"有特色。三是有序组织推进，在深入学习中强化理论武装。坚持系统观念和问题导向，运用多种形式深化学习教育，着力用党的创新理论武装头脑，做到融会贯通、真信笃行。把党史学习教育与推动支队工作结合起来，把学习成效转化为办实事、开新局的工作成效，不断提高应对风险、迎接挑战、化险为夷的能力水平，推动党史学习教育取得实实在在的成效。

【党建和干部队伍建设】 阳泉支队党委认真落实《党委(党组)落实全面从严治党规定》，召开专题会议研究部署全面从严治党工作，全力做好党组织书记抓基层党建述职评议考核工作。将全面从严治党工作与主业工作同部署、同考核，组织开展党建督查，倒逼基层党组织规范化建设。严肃党内生活，认真组织开展"三会一课"、民主生活会、组织生活会、民主评议党员，开展好革命传统教育和党史学习教育，紧密结合专项行动和党史学习教育，持续抓好党员干部学习，不断提升政治素养，不断夯实党的基层组织建设。严格落实意识形态工作责任制，围绕党管意识形态工作原则，定期分析研判单位舆情和意识形态情况，专题研究部署意识形态工作，防范化解意识形态风险，形成党委统一领导、全体干部共同参与、齐抓共管的良好工作局面，持续加强领导班子和干部职工的思想、组织、作风建设。

【党风廉政建设】 以落实党风廉政建设为抓手，认真履行主体责任，加强组织领导、落实责任分工、强化制度建设、规范权力运行，严肃党的纪律，持续推进党风廉政建设。纪委坚持把落实党委主体责任、纪委监督责任作为推进党风廉政建设深入开展的"牛鼻子"来抓，牢牢抓住"明责、查责、追责"等环节，推动"两个责任"落实到位。党委书记严格落实"第一责任人"职责、班子成员落实好"一岗双责"，全体党员干部切实增强自身廉洁意识，筑牢防腐拒变思想防线，立足本职岗位，锤炼过硬本领，从严从实贯彻落实好"中央八项规定、六大纪律"，坚持不懈纠正"四风"，防止不正之风"反弹回潮"。一是全面贯彻落实好全省交通运输工作会议、全省交通运输系统党风廉政建设和反腐败工作会议精神。二是把政治建设摆在首要位置，积极发挥党支部直接教育党员、管理党员、监督党员职责，推动全面从严治党向基层延伸、向纵深发展。三是切实做好驻厅纪检组巡视反馈问题整改。认真制定整改方案，精心组织整改工作，坚决做到立行立改、即知即改、倒排工期、对账销号，反馈问题都已整改完毕。四是坚持问题导向，深入开展自查自纠，推动完善制度规定。围绕"用制度管人、靠制度管事"，筑牢制度藩篱。新修订《贯彻落实中央八项规定精神的实施细则》《"三重一大"决策制度》《重大行政执法决定法制审核制度》等规章制度。

【专项活动】 一是"讲政治、强责任、严纪律、转作风"集中学习提升专项活动。紧紧围绕"迅速收心归位、调整状态、凝聚共识、压实责任、提振士气，为新年度交通综合行政执法事业开局起步营造良好氛围、奠定坚实基础"的目标要求和8项重点任务迅速部署、积极推进，层层明确第一责任人。按照省总队活动实施方案，结合单位实际，对活动内容进行任务分解，专题研究制订详尽的落实计划。活动开展以来，通过党委中心组（扩大）学习、党支部集中学习、个人自学、集体研讨、撰写心得体会和意见建议等多种形式开展活动，将专项提升活动落实到每一个党支部、每一名党员，实现全过程和全覆盖。先后召开党委中心组（扩大）学习2次，以党支部为单位开展集中学习、专题研讨均达6次，共计22学时。查摆问题12个、整改措施13条（立整立改6条，长期坚持7条）。全局副科级以上干部人人写心得、谈体会，确保活动做实做细。创新工作举措，夯实活动效果。在圆满完成"规定动作"基础上，结合单位实际，组织开展丰富多样的"自选动作"，确保活动落实落细、取得实效。二是"党风廉政宣传教育月"活动。根据省总队要求扎实开展好各项工作。围绕活动主题，运用集体学习、交流研讨、自主学习等方式，深入学习《中国共产党章程》《中国共产党纪律处分条例》《中国共产党问责条例》等内容；根据省总队党委"回头看"要求，严格对照"整改台账"4方面12项问题，立整立改；召开党委中心组（扩大）学习，对党章和条例部分章节进行重温学习，进行专题研讨交流、廉政谈话。举办党风廉政建设专题讲座。党委书记、支队长范文生与基层单位负责人逐一签订《全面从严治党责任书》。三是执法领域突出问题专项整治行动。认真贯彻省厅、省总队会议精神、不折不扣落实总队专项整治行动方案，迅速成立由主要领导挂帅的专项整治领导组，结合实际制定出台工作方案，列出清单、建立台账、明确职责、细化分工、责任到人，以刀刃向内、刮骨疗毒、自我净化、自我革新的勇气清除各类顽瘴痼疾，以六个紧密结合为着力点，努力打造政治坚定、素质过硬、纪律严明、作风优良、廉洁高效的行政执法队伍，切实提升干部职工的执法能力和水平。对照总队下发的《专项整治自查自纠阶段问题摸排对照表》，进行两轮自查自纠。整改阶段，坚持边查边改、依类分项、责任到人原则，对照问题台账，深挖细纠问题产生原因，制定出具体整改措施，明确整改时限、责任部门、责任人，达到预期整改效果。

（张　鑫）

山西省高速公路综合行政执法总队吕梁支队

2021年，在省高速公路综合行政执法总队党委正确领导下，省高速公路综合行政执法总队吕梁支队(以下简称吕梁支队)克服领导班子不健全、人员严重短缺的困难，坚持以习近平新时代中国特色社会主义思想为指导，坚决落实厅党组和总队党委决策部署，切实加强党建设，紧紧围绕高速公路综合执法改革大局，统筹开展集中学习提升专项活动、党史学习教育、安全维稳、交通执法领域突出问题专项整治、庆祝中国共产党成立100周年系列活动和全面从严治党等各项工作，为全省高速公路综合行政执法事业迈好第一步做出积极贡献。

【加强组织建设强化领导】 坚持以政治建设为统领，扎实推动各级领导班子和干部队伍以过硬的党性践行忠诚、担当使命、履职尽责。一是把政治建设摆在首位。教育引导全体干部职工不断树立"四个意识"、坚定"四个自信"、坚决做到"两个维护"，不折不扣贯彻执行中央大政方针、省厅和省总队决策部署。从严要求市、县两级领导班子特别是"一把手"，切实以习近平新时代中国特色社会主义思想武装头脑、指导实践，示范带动干部队伍忠诚干净担当。牢固树立大抓基层的鲜明导向，严格贯彻执行党支部工作条例，积极推动各党支部发挥教育、管理、监督党员职责。围绕"提升党的建设质量和水平"目标，严格按标准和程序开展"三会一课"等组织生活，持续加强党员党性锻炼、提升党性修养，力争将每个党支部都打造成坚强有力的战斗堡垒。二是坚持深化党史学习教育。成立领导小组，以文件形式建立清单，明确党委25项、党支部13项重点工作任务，层层压实责任，逐项推动落实。围绕习近平总书记关于中国共产党历史的重要论述、在党史学习教育动员大会上的重要讲话、在庆祝中国共产党成立100周年大会上的重要讲话精神等重点学习内容，领导班子坚持带头领学，开展专题学习18次，交流研讨14次，以普通党员身份参加党支部交流研讨

10次，讲党课2次。同时，聚焦“我为群众办实事”实践活动宗旨，深入开展在职党员进社区“双报到”、为企业调入人员补缴基本养老保险等活动。在完成规定动作的同时，创新开展自选动作，组织党员先后走进4处红色教育基地，深入学习“吕梁精神”丰富内涵。在支队机关办公楼梯台阶立面以时间顺序，贴上精美党史知识条，“一步一台阶，步步学党史”。选派入党积极分子参加吕梁市直工委举办的“学党史、跟党走”演讲比赛；择优推荐青年党员参加吕梁市直工委举办的“学党史、做表率”主题征文比赛，2人在征文比赛中获优秀奖；精心组织干部职工参与省总队演讲比赛和文艺会演；先后开展“践行初心使命、手抄党章字帖”“讲述党史故事、赓续红色血脉”等主题活动，持续培厚活动氛围，确保取得良好成效。三是不断深化党风廉政建设。坚持严的主基调，紧盯关键人、关键事、关键时，切实加强干部队伍建设，以一体推进“三不”，深化标本兼治，持续净化政治生态，坚定不移推动党风廉政建设和反腐败斗争向纵深发展。全面部署开展中央纪委国家监委《工作提示》所涉及的专项整治工作，深入查找公款购买和违规收受高档烟酒茶等问题，持续释放“越往后执纪越严”的强烈信号。扎实开展“党风廉政宣传教育月”活动，以“四周四主题”为载体，不断将党风廉政建设引向深入。按照省总队要求，以领导干部超标准配备办公用房等问题为重点，认真部署开展专项整治工作，坚决彻底纠治“四风”隐形变异问题；深刻汲取原职工高茂林因犯非法吸收公众存款罪被判处有期徒刑的沉痛教训，对全体干部职工进行排查摸底，确保无类似问题发生。

【扎实推进各项改革任务】 吕梁支队挂牌以来，迅速转换角色，找准工作定位，以与全系统同步实现年内上路执法为目标，深入贯彻总队长刘清平在吕梁支队干部大会上的讲话精神，围绕支队挂牌到内设科室和大队完成组建的阶段性任务，凝聚思想共识，提高政治站位，加快开展改革发展各项工作。一是加强组织领导，强化保障措施。9月9日、10日，先后召开第一次支队长办公会议，第一次改革领导组全体成员会议，组建五个专项工作组，全面分析当前面临的形势和存在的主要问题，对当前重点工作任务进行安排部署，全力保障各项改革任务按时完成。为解决支队不动产遗留问题，成立不动产遗留问题处置领导组，制定专项工作方案，专职负责不动产遗留问题处置工作。二是统一思想认识，凝聚奋进力量。9月6日挂牌后，主要负责人深入基层一线，利用3天时间，与全体干部职工逐一进行面对面谈心谈话，进一步熟悉和掌握每个人的思想动态及诉求，引导大家主动适应改革进程、适应改革需要，并在第一次改革领导组全体会议上，动员全体干部职工把思想和行动统一到总队党委的安排部署上来，为全面推进改革工作任务打牢思想基础。三是狠抓工作落实，推进改革重点工作。按照总队要求，实行清单化管理，明确各专项工作组责任分工、目标任务、完成时限。明确改革任务23项，已完成18项，完成率78%。同时为确保党组织活动正常开展，强化改革期间对党员的教育、监督、管理和服务，经过充分研究、讨论，报请吕梁市直工委批准，变更党委名称，撤销原15个党支部，在支队机关和各大队整合组建8个党支部。四是加强自身建设，提升队伍综合素质。围绕总队提出的“一年打基础、三年见成效、五年创一流”的工作思路，积极参加总队组织的高速公路综合行政执法人员资格培训，制定印发培训方案，组织全体干部职工进行业务培训；组织57人参加省司法厅申领行政执法证公共法律知识考试，全员通过考试，通过率100%。同时依托总队搭建的“交通运输执法人员学习考试系统”、省司法厅“行政执法大讲堂”、“山西交通在线”等线上学习平台开展技能提升教育培训，教育引导干部职工精通政策、熟悉业务，努力成为高速公路综合行政执法的行家里手。

【强化内部管理夯实基础】 重点聚焦基础性工作，不断提升财务管理、固定资产管理、安全生产管理和社会治安综合治理水平，努力为改革发展提供更加坚实的基础保障。一是切实加强财务管理。严格贯彻落实财经政策，全面做好改革期间预算管理、收支管理工作，积极配合上级部门开展领导干部离任经济责任审计工作，坚决杜绝违反财经纪律的问题发生。二是全面加强基础性工作。统筹推进“零上访、零事故、零案件”单位创建工作，深入排查化解不稳定因素。积极开展扫黑除恶、反恐维稳、“扫黄打非”、禁毒等工作，持续构建横向到边、纵向到底、全面覆盖的综治工作责任体系。

【统筹推进各类专项行动】 2021年以来，严格贯彻落实总队党委安排部署，以专项行动为抓手，不断激发干部职工干事创业的动力和活力。一是深入开展“讲政治、强责任、严纪律、转作风”集中学习提升专项活动。组织党员干部认真对照活动方案所列学习内容，先后开展4次共8学时集中学习，并要求全体副科级以上干部亲笔撰写心得体会，多措并举推动学习成果转化为开展工作的强大思想动力。围绕专项活动4方面重点工作，细化分解形成10项切实可行的具体任务，坚持领导领办、部门督办，逐项推动落实。各单位共梳理形成第一责任人责任清单14份、岗位责任清单33份，各岗位工作职责进一步明确。先后组织开展“以案释德、以案释法、以案释责”警示教育和“我是党员我承诺”主题党日活动，并将“三问三答”、廉政承诺与各支部年度组织生活会有机融合、统筹推进，通过多种形式持续将专项活动引向深入。通过集中学习提升专项活动，干部职工进一步凝聚改革共识，转变工作作风，提振队伍士气，不断激发干事创业的动力和活力。二是扎实推进交通运输执法领域突出问题专项整治行动。按照省厅和总队安排部署，吕梁支队第一时间召开动员会议，制定印发《专项整治行动方案》，研究提出更加切合吕梁实际的工作举措，分阶段、分重点全面部署开展专项整治行动。认真对照《专项整治自查自纠阶段全面摸排问题对照表》，通过干部职工填报、相关部门审核、领导组办公室复核等方式，共查摆出6方面14项问题、涉及59人次，已整改13项，需长期整改1项，整改率92%。加强督导检查，在端午节期间成立两个督查组，深入各县区开展专项督查，有力推动专项整治行动走深走实。同时，坚持将专项整治行动融入各类专项活动中，在服务对象较集中的场所广泛开展宣传，不断提升群众对专项整治行动的知晓率，努力争取社会各界广泛参与和支持。三是扎实开展安全生产专项整治三年行动。制定印发工作方案，梳理形成任务清单，定期开展安全生产督导检查，对发现的问题逐一推动整改落实。认真开展“安全生产月”活动，组织干部职工深入客运站、收费站，向客货车司机及乘客详细讲解安全生产知识，累计发放宣传资料4260份；积极参与“‘6·16’我问你答”直播答题、“测测你的安全力”知识竞赛等线上活动，干部职工参与率达到100%。严格按照总队党委和吕梁市委、市政府部署，坚持做好密集区域日常防控工作，全面推进疫苗接种工作。截至年底，疫苗接种率达98.3%，为做好疫情防控提供有力保障。

（宋　文）

山西省高速公路综合行政执法总队晋中支队

2021年，在省交通运输厅和省高速公路综合行政执法总队坚强领导下，省高速公路综合行政执法总队晋中支队(以下简称晋中支队)以党的建设为引领，以深化改革为主线，凝心聚力，履职尽责，攻坚克难、争先进位，推动晋中高速公路综合行政执法事业实现强势开局。

【强化政治统领，坚决做到“两个维护”】 认真贯彻执行中央和省委关于加强和维护党中央集中统一领导的有关规定，严格按照党的组织原则和党内政治生活准则办事，认真贯彻民主集中制，落实“三重一大”制度，领导干部带头参加“双重”组织生活会。全年召开党委会议19次、改革领导组会议11次、支队长办公会议1次、专题会议4次，研究“三重一大”事项9项。严格落实“第一议题”制度，不断增强“两个维护”的政治、思想、行动自觉，把“两个维护”体现在坚决贯彻党中央决策部署行动上，体现在履职尽责、做好本职工作实效上，体现在党员干部日常言行上，确保中央、省委和厅党组、总队党委重大决策部署在本单位贯彻落实。

【强化责任传导，推动全面从严治党】 严格落实党建工作责任制，召开专题会议安排布置党建和党风廉政建设工作,印发年度党建工作要点和任务责任清单,与业务工作同部署、同落实、同考核。严格落实党风廉政建设责任制,定期研究、布置、督导、检查党风廉政建设“两个责任”落实情况,层层签订“两个责任书”。严格落实意识形态工作责任制,严把政治方向关、舆论导向关,掌握意识形态工作的领导权和主动权。

【强化理论武装,开展党史学习教育】 坚持把学习贯彻习近平新时代中国特色社会主义思想作为深化理论武装的首要任务,把党史学习教育贯穿全年,以“六学联动”多样化学习方式,组织专题学、研讨学、现场学、主题学、实践学、在线学,党委中心组遵照“9+2”要求举行专题学习18次、专题研讨12次;各党支部按照“8+2”安排开展专题学习研讨10次,处级干部深入联系点宣讲辅导、讲授党课9次,引导广大党员干部从百年党史中汲取智慧和力量。在庆祝中国共产党成立100周年之际,举办“十个一”系列活动,鼓舞士气,凝聚力量,展示党员队伍的新风貌新气象。1名党员代表省厅参加省总工会举办的“全省职工党史知识竞赛”,获个人二等奖。

【强化组织建设,筑牢建强战斗堡垒】 以“加强基层组织、夯实基础工作、提升基本能力”为导向,认真贯彻落实党支部工作条例,持续深化党支部标准化规范化建设,推动基层党建和支部工作事项台账化、程序化、精细化。“七一”期间,6名共产党员、2名党务工作者、3个基层党支部获总队党委和晋中市直工委“两优一先”表彰。在支队及内设科室、执法大队两级机构相继组建到位后,积极协调市直机关工委批准,在支队机关和6个执法大队新建立8个党支部,进一步强化改革期间对党员的教育、管理、监督和服务,确保党组织活动有序衔接、正常开展,党的基层组织建设走在全系统前列,多次受到市直机关工委和支队党委的肯定与表扬。

【强化正风肃纪,构建良好政治生态】 坚持落实中央八项规定精神,持续纠“四风”树新风,集中开展“讲政治、强责任、严纪律、转作风”学习提升专项活动和党风廉政教育宣传月“四周四主题”活动,党员干部签订“我的岗位我负责、我的廉政党放心”承诺书,全年召开党风廉政集体谈话会5次,邀请驻厅纪检监察组领导讲授廉政党课2次。对驻厅纪检监察组政治监督和专项检查中反馈的问题全部进行整改,对问题相关责任人进行约谈和批评教育,对重要时段落实中央八项规定精神和值班值守情况开展明察暗访18次、电话抽查66次,党风廉政建设取得积极成效。

【强化学习培训,提升队伍能力素质】 严格落实党委中心组学法用法制度和领导干部学法用法制度,聚焦高速公路综合行政执法新职能新使命,常态化开展学法规、学业务,每月下达学习计划、进行学习测试,举办“路政宣传月”等系列法律法规宣传活动,组织全员分批参加总队举办的8期执法培训,参加了执法资格考试,参加“行政执法大讲堂”网络培训、“以案释法”案例评析等活动,参加“交通在线”“干部在线”“学习强国”线上学习,参加线上执法业务考试,参学率和合格率均达到上级要求。

【强化专项整治,解决执法领域问题】 深入开展交通运输执法领域突出问题专项整治行动,聚焦六个方面主要内容,盯住改革期间堵点难点,查找梳理共性个性问题6类20项,列出问题清单、建立问题台账,细化整改措施,先后3次召开推进会,安排部署对照自查、问题整改和“回头看”工作,下大力气整治解决顽瘴痼疾,6类20项问题基本得到整改。通过专项整治行动,干部职工面对改革重大考验、重大挑战、重大机遇,“学在当下”的自觉性、坚定性,“担在关键”的责任感、使命感,“干在实处”的执行力、落实力,“严在日常”的组织性、纪律性进一步增强。

【强化为民宗旨,扎实办好群众实事】 按照“切口小、发力准、效果好”要求,积极办好本单位职工“急难愁盼”的实事,为老党员送学帮学50人次;慰问困难党员16人、退役军人35人、退休老职工73人;统一规范59名编制外人员工资,解决7个基层单位安全隐患,修缮机关办公楼、家属院部分设施。派出新一轮驻村工作队对接乡村振兴帮扶工作,排查核实建卡脱贫户143户;组织180名村民进行农业技能培训;职工捐款1665元、捐物30件投入村办爱心超市;

开展节日消费扶贫2批次、103人、价值6万余元；投资3.4万元购置面粉、大米慰问全村176户村民；投资9万余元购置惠农农机器具用于农村发展。截至年底，“我为群众办实事”确定的7个项目全部完成。

【强化改革工作，夯实上路执法基础】 围绕“一年打基础、三年见成效、五年创一流”的新目标新任务，紧跟总队改革步伐，加快落实改革任务，在全系统率先实现机构、场所、人员、设施全到位。一是组建两级机构。如期举行支队揭牌仪式和大队揭牌仪式，组建4个职能科室和6个执法大队，及时完成支队及内设机构设置。二是整合调配人员。按照“一突出、两兼顾、三统筹”六项原则，制定《科室、大队人员调配方案》，召开人员调配大会，对99名在编人员和58名编外人员在逐一谈话基础上，平稳顺利进行整合调配，工作人员心顺劲足，状态良好，全部到岗到位。三是建立工作班子。支队成立改革领导组，指定科室负责人、大队负责人，建立各科室、各大队工作组，保证各项工作有序推进、正常运行。四是配置设施设备。本着“先过渡、再改善”的原则，克服经费困难，统筹现有资产，解决大队办公、食堂、住宿等基本需求，实现集中办公、集中管理。五是开展岗前培训。结合执法队伍素质能力提升三年行动，大抓业务学习、岗前培训、实战练兵、军训和内务整训。六是重塑制度体系。按照“四基四化”建设要求，完成8类55项制度和党支部7项规范的起草、修订、印发工作。同时，按照总队统一部署，组织开展多项、多次专项执法监督检查等业务工作，统筹做好改革期间的资产管理、档案管理、预算管理等基础性、常规性工作，为晋中高速公路综合行政执法工作起步开局奠定坚实基础。

【强化平安建设，维护安全稳定局面】 全年召开安委会及安全生产专题会5次、“”单位创建推进会1次、信访工作部署会1次。集中开展“安全生产月”活动和“防风险、除隐患、保平安、迎党庆”消防安全专项行动，分类签订安全生产、综合治理、信访工作责任书，研究梳理《改革风险隐患清单》存量风险3项、增量风险2项。毫不放松抓疫情防控工作，从严从细落实常态化防控措施。组织开展日常检查、集中排查和重点督查，严格落实24小时值班带班制度和重要时段应急值守、“零报告”制度，全年未发生重大安全责任事故，未发生集体上访、越级上访事件，保持改革期间平安稳定。

（王云龙）

山西省高速公路综合行政执法总队长治支队

2021年度，山西省高速公路综合行政执法总队长治支队（以下简称长治支队）按照山西省高速公路综合行政执法总队党委“高起点布局、高标准推进”综合执法改革要求，以实现上路执法为目标和“着力点”，以强化党建引领和统筹推进各项工作为“结合点”，以纪律保障和改革事项完成为“落脚点”，顺利完成支队、大队挂牌组建任务，支队保持“省级文明单位”称号，圆满实现既定目标。

【党建工作】 长治支队党委坚持以党的政治建设为统领，推动从严管党治党各项举措落地见效，努力提高党的建设质量。一是着力加强思想建设，提高党员干部的政治理论水平。采取干部自学和集中学习相结合、主要领导上党课和观看主题影片相结合等多种方式进行学习教育。学习内容主要包括中共十九大精神和十九届六中全会精神、习近平《论中国共产党历史》、《中国共产党简史》，习近平总书记视察山西重要讲话和关于交通运输行业的重要指示批示及重要论述。在学习过程中，始终坚持领导带头、全员参与。干部职工参与政治理论学习的主动性和积极性得到全面提升，“四个意识”更加牢固，“四个自信”更加坚定，始终做到“两个维护”。二是着力加强作风建设，扎实开展“讲政治、强责任、严纪律、转作风”集中学习提升专项活动。通过学习引导，全体干部职工第一时间跟进学习上级重要会议精神和重要决策部署，不断提高“政治三力”。三是着力加强党史学习教育。积极做好各项规定动作，组织党员认真研读党史基本著作，开展以“学党史·作表率”为主题的党员读书日活动，进一步筑牢信仰之基、补足精神之钙、把稳思想之舵。四是着力加强党委中心组学习，发挥领学促学作用，在学懂弄通做实上当好示范。用好“学习强国”“山西交通在线”等学习平台，形成浓厚的学习氛围。五是着力加强基层组织和队伍建设。做实基础性工作，开展好主题党日活动，严格执行党务公开制度，加强干部队伍建设，充分发挥群团力量，切实做好服务群众工作。六是着力加强党风廉政宣传教育。聚焦党章党规党纪学习、警示教育等重点任务，以“四周四主题”为载体，推动各项任务落地落实。同时，开展庆祝中国共产党成立100周年演讲比赛、“光荣在党50年”纪念章颁发仪式、慰问老党员和困难党员、“两优一先”表彰等丰富多彩的活动。

【综合执法改革】 9月3日挂牌组建后，聚焦谋划和推进改革“后半篇”文章，突出强化组织领导、健全规章制度、开展执法练兵、执法大队组建、稳定干部队伍“五个抓手”，统筹推进各项改革工作。一是以强化改革工作组织领导为抓手，改革领导组和相关办事机构经过充分调研和讨论，将各项任务分解到各个科室，全面实行项目化清单化管理。二是以健全各项规章制度为抓手，先行制定完成八大类55项制度。同时，梳理支队内设科室及大队工作职责，共梳理出执法科职责6项、法制科职责7项、督查科职责4项、大队职责12项。三是以提升执法队伍素质为抓手，开展“执法大练兵活动”。通过阶段性攻坚学习，提升执法人员能力。四是以执法大队组建为抓手，积极做好大队选址和挂牌等项工作。五个执法大队均已在12月上旬组建完成，工作人员全部调整到位。针对各大队办公用房、办公设施、办公设备等各个方面存在的困难和问题，积极筹措资金进行修缮，同时统筹调配各分局原有的办公设备充实到各个大队，基本满足日常工作需求。五是以稳定干部队伍为抓手，强化思想教育和引导，为支队机关科室和五个执法大队的干部调整、人员配置工作顺利进行，奠定坚实思想基础，确保队伍稳定。

【执法领域专项整治】 在行动中，采取“会议发动、领导带动、督导推动、整改拉动”措施，扎实推进各阶段工作。一是先后组织召开动员部署会、任务分解会、工作推进会，层层传导压力，落实整改责任。二是市、县两级领导班子成员在自查自纠环节主动带头查找存在问题，深挖思想根源，为干部职工做出表率，共查找出14类问题172种表现并全部整改完毕。三是扎实开展“路政宣传月”活动和端午、国庆期间的监督检查工作，深入执法一线锤炼队伍，展示良好执法形象；四是集中开展调研督导。对各基层单位的专项整治、信访维稳、安全生产、办公用房治理等项工作全面督导检查，推进各项重点工作走深走实。五是针对突出问题，强化整改措施。修改完善《公文处理办法》《工作人员管理制度》，制定高速公路《综合执法人员风纪》《综合执法人员文明用语》《综合执法检查行为规范》《党员廉洁自律制度》。通过采取上述措施，专项整治取得明显成效，执法队伍精神面貌明显改观、整体素质明显提高、突出问题得到解决、制度建设更加完善。

【综合行政管理】 一是把维护职工队伍稳定和提高职工素质，作为推进改革的一项基础性工作。在维护稳定方面注重听取干部职工诉求、深入了解思想现状，及时沟通交流解决问题。在提高队伍素质方面，编写《高速公路综合执法学习资料》，作为干部职工日常学习教材。二是坚持“三零单位”创建和安全生产工作相结合，扎实开展“安全生产月”活动。深入排查矛盾隐患和安全隐患，积极解决各类敏感性问题和历史遗留问题，杜绝群体性事件的发生。三是注重各项日常工作的精细化管理。严格执行公务用车管理、人事管理、考勤管理、固定资产管理、安全生产管理、财务管理等各项管理制度，确保各项工作的规范协调运转。四是持之以恒抓好新冠疫情防控工作，做到组织机构、防控措施、督导检查、工作落实四个到位，全年未发现一例疑似、密切接触和确诊病例，确保干部职工生命安全。

【党风廉政建设】 紧紧围绕省总队《2021年纪检工作要点》，认真贯彻落实省厅党组和驻厅纪检组工作部署，从四个方面扎实推进纪检监察工作。一是坚持每月开展一次警示教育，组织干部职工观看廉政教育警示片。积极开展廉政风险排查，对廉政风险早发现、早预警、早遏制，筑牢拒腐防变的思想道德防线。二是坚持纪律规矩挺在前，持续正风肃纪。4月份对落实中央八项规定精神情况开展明察暗访和监督检查，6月份对支队机关和各基层单位办公用房情况进行摸排，未发现超标准配备办公用房的情况。三是抓住重要节点，针对节日期间不正之风易发、多发的关键环节和重点领域进行严肃认真自查自纠，紧盯“四风”问题新动向，排查“四风”隐形变异问题，进一步强化内部管理。同时，积极开展疫情防控监督检查，确保各项防控措施落实到位。四是多渠道营造廉洁从政的舆论氛围，在支队微信工作群及时发布相关政策法规，在重大节假日时间节点发送廉政短信，做到提醒教育同步进行。同时，畅通信访举报渠道，监督举报体系更加完善，有力促进和加强支队的党风廉政建设。

（韩建华）

山西省高速公路综合行政执法总队晋城支队

2021年，在省高速公路行政执法总队党委坚强领导下，省高速公路行政执法总队晋城支队（以下简称晋城支队）深入贯彻习近平新时代中国特色社会主义思想和中共十九大、十九届历次全会精神，围绕改革发展工作要点，紧密结合实际，扎实有效开展党建、党风廉政建设、精神文明建设和思想政治工作，积极做好改革后半篇文章，为高速公路综合行政执法开局起步提供思想基础和组织保障。被晋城市授予“促进晋城经济社会发展贡献奖”，在晋城市创建国家级文明城市工作中，获“三洗六见一红旗”活动红旗单位，党委获“先进基层党组织”。以支队名义整体继续保留“省级文明单位”标兵称号。

【坚持加强党的建设，筑牢政治核心地位】 一是扎实开展党史学习教育。教育引导全体党员干部职工树立“四个意识”、坚定“四个自信”、坚决做到“两个维护”。首先，领导带头，全员参与，认真组织教育活动。党委中心组坚持集体学习和个人自学相结合，主讲与自由讨论相结合，以指定书籍为重要学习内容，结合习近平总书记最新重要讲话抓好组织学习。党委理论中心组开展专题学习16次、研讨交流10次，班子成员每人撰写学习心得体会3篇；处级领导开展党课宣讲16人次。支队全员参与，开展形式多样的学习活动。即拓宽视野“开放”学。举办“讲党史故事，悟初心使命”活动，邀请驻厅纪检组副组长任玉胜为全体干部职工作党史学习教育专题宣讲。借力媒体“互动”学，充分利用“学习强国”“三晋先锋”“山西交通在线”等网上学习平台，推动党史学习教育入脑入心；积极参加省厅组织的建党百年主题征文活动，《赞歌送给党》获得三等奖。注重体验“拓展”学。开展实地体验式学习活动，组织干部职工到多处红色教育基地开展主题党日活动；组织编排《中共一大》情景剧并参加省厅和省总队庆祝建党百年文艺会演，得到大家一致好评，在总队职工演讲比赛中获三等奖。其次，隆重开展庆祝中国共产党成立100周年系列活动。“七一”前夕，开展庆祝中国共产党成立100周年“九个一”活动，干部职工踊跃参与，进一步将党史学习教育推向高潮。即组织广大党员干部认真组织收看庆祝中国共产党成立100周年大会盛况，开展“党旗在基层一线高高飘扬”活动，开展走访慰问活动，开展党建工作检查评比评优活动，开展“我为群众办实事”实践活动，开展讲党课活动，组织开展颁发“光荣在党50年”纪念章仪式，开展参观体验和重温入党誓词活动，观看党员教育专题片《初心录》。最后，扎实开展“我为群众办实事”实践活动。支队党委眼睛向内，聚焦全体干部职工“急难愁盼”，聚焦解决实际问题这个靶心，以“访民情、释民惑、解民忧”为主题，采取调查研究、基层走访、召开座谈会、一对一交流、广泛听取基层党员群众的意见建议，梳理为民办实事清单16项，已解决16项。巩固深化脱贫攻坚成果，有效衔接乡村振兴。与结对帮助村北义城楼岭村“两委”班子开展座谈对接，为其制作宣传优秀传统文化、科学知识、村规民约等版面6块，“七一”前夕组织慰问村困难党员和困难群众6名。组织干部职工购买农产品，帮助销售农产品红薯1000余千克、小米250余千克。与此同时，积极开展党员志愿服务活动，组织参与“文明交通”志愿服务活动23天，参与人员92人次；开展党组织到社区报到、党员到社区报到"双报到双服务"活动，与上辇社区、东圣社区开展环境卫生整治、整治乱停乱放、宣传疫苗接种等党员志愿服务活动4次，参与人员68人次。二是落实党风廉政建设责任，切实加强监督管理。按照"党要管党，从严治党"的要求，强化责任分工，层层传导压力，落实党委主体责任和纪委监督责任。坚决贯彻厅党组、总队党委和晋城市委关于党风廉政建设的部署要求，开展廉政警示教育月活动、党风廉政宣传月活动，通过开展集中学习、线上答题、党风廉政建设专题党课、集体廉政谈话、参观廉政教育基地等形式，教育引导党员干部时刻知敬畏、存戒惧、守底线。针对春节、清明节、"五一"、中秋、国庆等重大节日期间腐败现象易发、多发特点，纪委采取微信工作群通知等方式，重申领导干部廉洁自律和厉行节约、制止奢侈浪费各项规定。认真开展党政领导干部违规入企专项清理工作，建立两清单四台账，与符合清理范围的51人进行谈心谈话，并签订承诺书。认真开展领导干部配备办公用房专项整治活动。支队党委召集机关全体、基层副科级干部集体廉政谈话，作出无违规配备办公用房承诺，并加大检查力度，确保做到全部清退。三是立足本职突出亮点，开展文明创建活动。完善配套基础设施建设，加强日常卫生管理，强化办公区、家属区的绿化设施、增种绿植等。举办丰富多彩的文体活动，丰富职工文化生活，增进干部职工凝聚力。组织学习社会主义核心价值观、《公民道德建设实施纲要》、《公民基本道德规范》、《晋城市文明市民守则》等一系列规范守则，定期开展道德讲堂活动。积极开展捐资助学、扶贫帮困等社会送温暖活动。开展"博爱一日捐""慈善一日捐""送温暖·献爱心""衣旧情深"等捐赠活动，共捐赠11700元。积极参与全国文明城市创建工作。与东圣社区开展联点共建，替社区排忧解难，累计为东圣社区捐赠图书200余册、垃圾桶30余个、急救箱2个、矿泉水30余箱，开展疫情防控、垃圾分类等版面知识宣传，投入资金1.5万余元。

【稳步推进执法领域突出问题专项整治行动】 一是全员发动，落实责任。成立领导组，细化实施方案，明确每项具体任务的责任科室，提出工作要求。先后召开2次全体动员大会，传导责任和压力。积极落实，制定出具体实施方案、时间表、路线图。二是对标对表，自查自纠。在自查自纠阶段，认真对照省总队6方面24类问题开展广泛摸排，对摸排出的74个问题列出清单，建立台账，并进行归类整理，共整理出10类问题。严格按时间节点深入推进整改。已全部整改完毕。三是突出问题，专项攻坚。针对执法人员素质和能力不足的突出问题，加强提升素质能力专项攻坚。组织开展"执法人员业务素质大提升"活动，不断提升职工履职能力。通过参加案件庭审旁听、集体讨论、线上法律知识培训、观看视频讲座、会操训练、执法场景模拟演练等一系列学习和培训，进一步提升执法人员法治思维和执法能力。四是加强宣传，营造氛围。先后印发简报信息61篇，在报纸刊登活动信息11篇，在门户网站发表信息21篇。开展以"学党史、当先锋、护公路、优服务"为主题的宣传月活动。执法人员出动宣传车12辆，宣传员60余人，现场向群众发放宣传单、宣传册9000余份，发放宣传物品2000余份，接受群众咨询、解答问题数百人次，营造法制宣传的浓厚氛围。

【坚守底线思维，扎实做好安全生产、"三零"创建和信访维稳工作】 一是按时召开安委会会议。不折不扣贯彻落实省厅、总队安全生产决策部署，强化对安全生产工作的领导和落实。严格防控措施，抓好常态化疫情防控工作。积极推进新冠疫苗接种工作，干部职工接种覆盖率98%。深入开展消防安全检查治理，自主评估风险、自主检查安全、自主整改隐患。支队领导带队深入基层单位开展"防风险除隐患、保平安、迎党庆"消防安全专项行动督查。二是认真开展"安全生产月"活动。组织干部职工参与全国安全知识网络竞赛和"山西交通在线"教育平台"安全生产月"专题课程学习，观看《生命重于泰山——学习习近平总书记关于安全生产重要论述》电视专题片，教育引导各级领导干部树牢"人民至上、生命至上"理念。编印安全生产宣传折页1000份彩页2000份，制作宣传条幅4条。开展"安全宣传咨询日"活动，营造关注安全的良好氛围。国庆节期间，组织10个督查组对辖区国省干线和水上交通运输企业安全生产情况督导检查，共出动人员75人，检查企业18个，发现安全隐患12处，当场责令整改2次，及时通报相关公路管理机构4次。三是召开“三零”单位创建动员大会。把“三零”单位创建工作、党史学习教育、信访维稳和疫情常态化防控相结合，对交通运输综合行政执法改革过程中可能出现的安全稳定风险隐患进行全面排查，制定《安全稳定风险防控化解任务分解清单》《安全稳定风险防控化解任务清单个性问题情况说明》，进一步做好风险防范和化解工作，持续加强风险管控。召开2021年度信访工作会议，同基层单位签订2021年度信访工作责任书。

【新机构挂牌成立，行政执法掀开新的一页】 一是成立改革领导组，对班子成员进行重新分工，全面落实省总队各项工作部署，积极稳妥推进支队改革工作。二是9月3日，举行山西省高速公路综合行政执法总队晋城支队挂牌仪式。三是完成晋城支队事业单位法人证书登记相关工作和各分局事业单位法人证书注销工作。四是相继拜访分管市长、市长、市委组织部、市直工委、市委考核办、市文明办、市交通运输局、公路局、晋城高速公司等相关单位，为下一步工作营造良好氛围。五是认真分析研判，梳理完成晋城支队改革风险隐患清单，细化责任，严密防范，妥善化解改革风险。修订完成晋城支队《来信来访受理办理工作办法（试行）》《信访维稳和突发事件应急预案》。六是开展制度建设，研究通过工作规则类制度、党的建设类等11项并发文。其余各类制度提交相关科室审核把关。七是坚持以人为本、统筹调配，民主和集中相结合，审慎稳妥做好支队、大队人员调配和干部配备工作。12月1日，支队所属大队举行集体揭牌仪式，召开全体职工大会，全体人员调配到位。八是开展有序交接，并整修部分大队办公场所，解决二、三大队食宿安排，解决职工后顾之忧。对改革后空余的两处办公场所的看管工作进行妥善安排，确保守土有责；九是与市直工委及市委组织部沟通，进一步理顺组织关系。党委先行更名，计划把下属党支部收回支队党委统一管理。十是抓学习提升素质，为全面履职做准备。积极开展中共十九届六中全会和省十二次党代会精神学习，强化政治引领，牢固树立执法机关首先是政治机关意识，提高政治站位。开展形式多样的业务知识学习，为更好履行职责筑牢基础。

（丁　亮）

山西省高速公路综合行政执法总队临汾支队

2021年，在省交通运输厅党组、山西省高速公路综合行政执法总队党委正确领导下，山西省高速公路综合行政执法总队临汾支队（以下简称临汾支队）坚持以习近平新时代中国特色社会主义思想为指导，认真学习贯彻落实中共十九大、十九届历次全会精神以及习近平总书记两次视察山西重要讲话重要指示精神，坚决执行上级重大决策部署，狠抓从严治党主体责任落实，扎实开展学习提升专项活动、党风廉政宣传教育月活动、党史学习教育及安全生产专项行动、执法领域突出问题专项整治等活动，各项工作稳步推进、效果明显。

【综合行政执法改革任务落实落地】 严格按照省厅、省总队的改革部署要求，成立改革领导组和综合、党群人事、财审、业务4个专项工作组，厘清责任、明晰任务、确定时间节点，全面推进改革任务圆满完成。一是支队、大队和大队外勤组全部挂牌成立。2021年9月2日，临汾支队正式挂牌成立。经过逐一与全体副科级以上干部转调任用交心谈话，征求意见、取得最广泛支持和认同，形成一致，保持干部队伍稳定。12月3日，8个大队集中统一举行揭牌仪式，科室、大队临时负责人配置到位，科室与各大队组成人员调整整合全部到位。通过与临汾高速南公司、北公司的反复沟通协商，确定外勤组、驻勤点办公用房，大队的外勤组也已全部挂牌成立。二是确定各大队执法区域。结合临汾辖区高速公路分布、里程、流量，组织相关人员反复勘测研究，对8个大队的管辖路段里程起止点进行合理划分，并与毗邻连接的晋中、长治、晋城、运城支队进行实地勘定边界。三是制定并逐步完善基础性管理制度及办法。支队领导班子专题研究部署建章立制工作，按科室职能分解制度建设任务，立足实际、着眼长远，共制定涵盖执法装备管理、执法人员考勤纪律、执法操作规定、业务管理内控及党的建设、党风廉政建设等方面制度55项，为上路履职提供制度保障。四是组织“上路执法”启动仪式。12月6日，支队高标准、严要求参加全省组织的“上路执法”仪式，标志着改革顺利推进、实现“年内上路执法”工作目标提速推进。五是与临汾高速经营公司建立业务协作和联席会议制度。二大队、三大队、四大队、五大队、六大队、七大队与各路网保障大队、中队、路产维护单位开启学习交流、联勤互动。

【安全稳定的改革发展局面持续巩固】 一是坚持不懈狠抓疫情防控工作。落实“四方”责任，认真执行属地管控政策，履行单位之责，普及防控知识，做好防控物资设备储备调拨，严格执行外出报备制度，在召开会议、集中学习、教育培训、主题党日、专项整治等活动中，严格落实监测体温、佩戴口罩等防护措施，多次开展排查来往中高风险地区的干部职工，督促全体干部职工接种疫苗，接种率达96.8%，有效阻断疫情传播途径，确保全支队无疫情无感染。同时按照市文明办部署，连续3天在临汾高铁西站开展“战役有我，关爱有我”疫情防控志愿者行动，组织8名志愿者主动深入解放路办事处社区卫生服务中心，慰问一线接种医务工作者，展示支队心系抗疫、服务社会的良好形象。二是全力维护安全稳定大局。按照“三管三必须”原则，扎实开展安全生产整治三年专项行动；5次召开安全生产季度例会、部署会；认真开展安全生产月活动，集中收看典型事故案例；开展安全防范培训和消防应急演练，为基层单位购置配齐消防器材专柜，更新完善消防器材设备；组织全员线上安全生产专题考试，深入开展“防风险、除隐患、保平安、迎党庆”安全专项行动；2次开展用电燃气、防汛防灾隐患排查治理；消除古县、乡宁、永和、安泽、襄汾、吉县等分局的办公场所楼顶雨天漏水问题，以及侯马、汾西分局围墙歪斜倾塌等安全隐患。同时，把安全生产与“扫黑除恶”和“三零”单位创建充分结合，同步推进，维护安定有序发展环境。

【专项督查检查行动和“路政宣传月”活动成效彰显】 根据省厅、总队工作部署，在“五一”、劳动节、端午节、国庆节等群众密集出行的重要时点、节点，3次组织开展高速公路出入口通行、疫情防控、国省干线汛期畅通安全状况等专项检查。定方案、细部署、严落实，领导班子成员深入一线指导和解决基层落实难点、逐日收集分析汇总上报情况，分别按时形成专项报告上报省总队。3次专项检查共成立58个小组，205人，累计检查高速公路收费站、服务区、客运站、交通运输局等单位137个，查出问题31条，及时反馈相关单位整改完善，有力确保群众安全快捷出行，促进执法队伍提前熟悉适应高速公路综合执法环境和特性，为全面上路执法积累实战经验。在路政宣传月中，突出“学党史、当先锋、护公路、优服务”主题，印制宣传单6万份、宣传漫画3000册，宣传版面27块。组织“5·26”统一集中宣传日，深入30个点位开展宣传，覆盖高速公路沿线单位、学校、集市、运输企业、在建工地，累计撰写宣传简报20余期，新闻媒体强势跟进，强化高速公路法律法规政策解读，展示新形象，营造社会共治良好氛围。

【交通运输领域突出问题专项整治行动取得阶段性成果】 在为期五个多月的专项整治行动中，临汾支队始终坚持以人民为中心的发展思想，坚持问题导向，规范行政执法，维护好从业者合法权益的理念，成立专班，狠抓整治工作深入开展。细化整治项目18项；制定“我为群众办实事”等6个具体实施清单；对18个基层单位全方位全覆盖督导检查；7次组织集中学习习近平总书记关于依法治国重要论述；落实“我为群众办实事”活动33项；走进27家运输企业开展大走访大调研，收集意见建议55条；4次开展“以案释法”；2次在线观看“旁听庭审”；3次向总队专题汇报；2次接受省厅、省总队专项检查；编发简报专报55篇；制定执法内业管理制度22项；对梳理汇总的6类、19项问题已全面整改销号，9月底在总队督导整改“回头看”检查中得到充分肯定，专项整治行动取得阶段性成果。

【法治建设水平和执法人员综合素质持续提升】 以提升执法队伍专业素质，满足新职能新需求为目标，深入学习贯彻习近平法治思想，4次组织领导干部集中学法；开展“12·4”国家宪法宣传日活动；组织4批37名执法人员参加省总队执法资格培训；全员参加交通在线“山西交通运输执法系列讲座”专题培训；6次参加省司法厅举办的执法大讲堂；交通运输模拟练习系统参与率100%；并将学习达标率、参与率、正确率与干部职工绩效工资挂钩，严格奖惩，全面强化日常业务学习效果；89名执法人员顺利通过省司法厅考试取得行政执法证，执法人员的综合素质和履职能力得到大幅提升。组织相关科室及基层业务骨干认真探讨研究总队制定的执法事项清单、三项制度、相关法律修订和执法流程指引等十余项，积极建言献策，提出相关意见及建议，助力上路执法目标早日实现。

【基础管理工作更加夯实】 按规定要求及时更换党委、行政印章，注销18个基层单位公章，按要求刻制8个大队用章；变更执法车辆行驶证单位名称；按行驶年限规定报废车辆，置换出公务车辆更新指标；按照改革期间“六项纪律”，加强固定资产盘点核对和档案收集、整理、移交、接收、保管等工作；办理电子政务外网接入手续；对全局在编人员人事档案开展专项审核“回头看”，重新对所有档案进行人员“三龄两历一身份”信息再复核，做到底数清、情况明；变更财务设立的银行开户名称，顺利完成18个基层单位财务账户撤销工作及各项遗留问题；整合基层账务数据，合并基层账务，对基层单位开展集中核算工作；对8个大队的办公场所、基础设施重点进行维修改造；年底投入30余万元用于购置外勤组、驻勤点办公桌椅、文件柜、床及部分执法装备，为外勤工作启动及顺畅运行打下坚实基础。

【党建创新引领作用充分发挥】 一是专项活动和党史学习教育高起点开局高标准推进。在总队党委组织开展的“讲政治、强责任、严纪律、转作风”集中学习提升专项活动中，支队党委积极动员，迅速行动，狠抓落实，动真碰硬，向政治意识不强、行动拖沓、消极应付、履职不尽责、底线思维不牢、法纪观念淡薄、担当不足等现象和问题开刀，广大干部职工精神面貌焕然一新。特别是党史学习教育开展以来，严格按照学党史、悟思想、办实事、开新局要求，定方案、定计划、定内容、定任务，为每名党员发放必备党史书籍，统一印发专项学习教育笔记本，依托党委中心组学习、党支部“三会一课”、主题党日等形式，丰富学习落实载体。党委书记参加省委组织的党史学习教育中央宣讲团宣讲报告会，并选派14名优秀党支部书记参加市直机关党史学习教育宣讲报告会和“党课开讲啦”活动。支队成立3个督导组，对18个基层单位扎实开展学习提升专项活动和党史学习教育进行督导检查，及时跟进督促落实“三会一课”、主题党日、组织生活会和民主评议党员等重点内容，确保各项活动任务高起点开局、高质量推进。二是党委中心组表率引领、营造浓厚氛围。在党史学习教育中，临汾支队领导班子成员发挥模范带头作用，组织11次党委中心组学习，3次“读原著、学原文、悟原理”专题学习研讨，跟进学习习近平总书记在建党百年时的重要讲话精神以及关于交通运输工作的重要论述等内容。75名副科级以上党员干部撰写心得体会，全体党员认真撰写学习笔记。党委不断拓展学习教育平台和方式，采取线下线上相结合，积极鼓励党员干部职工充分运用“学习强国”“三晋先锋”“山西交通在线”等平台，营造比、学、赶、帮、超的浓厚氛围，将习近平总书记重要讲话精神、党建理论创新成果、党的光辉历史和成功经验不断深入人心、扎根结果。2021年，“学习强国”个人最高积分46800余分，“山西交通在线”个人最高学分560分、445个学时。三是党史学习教育专题活动特色鲜明亮点纷呈。组织机关全体党员集中观看曲青山党史专题宣讲报告；举办“学党史、强信念、跟党走”道德讲堂活动；“七一”前夕，党委书记为全体党员进行专题党课教育，领导班子成员深入各党支部进行授课；组织“红色徒步跟党走”健身行活动和“传承红色基因·弘扬革命精神”主题党日活动；21个党支部组织召开党史学习教育专题组织生活会；2篇庆祝建党百年主题征文被省厅授予“优秀奖”；1篇征文被《山西交通报》刊载；《百年奋斗路》诵读作品获省厅“诵读红色经典·传承时代精神”“二等奖”；7名党员参加省总队举办的“永远跟党走、奋进新征程”职工演讲比赛暨文艺会演；1名党员获省厅党史知识竞赛“优秀奖”；6名优秀党员、1名优秀党务工作者和2个先进基层党组织受到总队党委表彰奖励；1名优秀党员、1个先进基层党组织受到市直工委表彰奖励；省厅脱贫攻坚记功、嘉奖中，支队获记功奖励，6名党员干部获嘉奖奖励；支队党委共撰写编发党史专题简报30余期，各基层党支部发布60余期，全方位展示深化党史学习教育、继承优良传统、弘扬革命精神的工作进程和丰硕成果。四是“我为群众办实事”活动落地生根。党委结合改革实际，制定完善“我为群众办实事”14项重点项目内容清单，切实解决干部职工群众“急难愁盼”问题。领导班子成员主动深入基层，走访慰问4名“光荣在党50年”离退休老干部、1名因公殉职党员遗孀、1名老干部，颁发“光荣在党50年”纪念章，发放慰问品。“八一”前夕走访慰问52名退伍军人。9月份，组织219名在职、离退休职工进行健康体检。中秋节前夕，领导班子成员专程看望部分离退休老干部。积极改善办公环境，对机关外墙、楼道进行粉刷翻新。积极推进落实脱贫攻坚和乡村振兴工作有效衔接，划拨扶贫专项资金加固改造汾西县对竹镇扶贫点窑洞，解决群众人身安全隐患。积极响应市委号召，深入开展“我为灾区献爱心”捐助活动，累计捐款9460元。同时，群策群力，全面做好文明单位考核验收工作，精神文明单位创建工作全部通过验收，临汾支队保持“省级文明单位”称号。

【“两个责任”履行扎实推进】 一是坚持问题导向，转变工作作风。临汾支队党委、纪委主动扛起管党治党主体责任和监督责任，认真落实“一岗双责”，做好“两为主一报告一把关”制度推进落地，进一步制定细化领导班子及班子成员责任清单和岗位清单，健全完善问题整改台账，做到“六个明确”，密织责任体系。制定完善75名副科级以上党员干部责任清单、岗位清单。机关党支部带头组织党员进行党员廉政承诺宣誓，121名在职党员签订《廉政承诺书》，做到责任覆盖无盲区。坚持常年不定时和重大节假日通过微信平台发送廉政短信，提醒党员干部时刻牢记党章党规党纪。二是强化警示教育，巩固整治成果。支队党委多次组织学习驻厅纪检监察组编辑的《党的十八大以来查处的山西省交通运输系统违规违纪违法典型案件警示录》，以身边事教育身边人。集中观看《正风反腐就在身边——严正家风》专题警示教育片和《榜样5》专题节目。邀请省厅驻厅纪检组副组长任玉胜进行廉政专题党课教育，筑牢思想道德防线。集中学习并认真落实省纪委《落实中央八项规定精神负面清单》及省总队党委相关文件精神，做到警钟长鸣、防微杜渐。三是提高政治站位，强化专项清理。深入开展重点清查领导干部违规入股专项清理工作，完善“两清单”“四台账”。开展领导干部超标准配备办公用房等问题专项整治的集体廉政约谈，层层签订承诺书。同时，持续加大监督检查力度，多次深入基层对执行纪律规定、办公用房、公务用车管理使用及考勤值班制度执行情况等方面进行大力度监督检查，始终坚持严的主基调，加大执纪问责力度，全年廉政提醒谈话9人次，给予党内严重警告和政务记大过处分并调离工作岗位1人，不断净化全队的政治和廉洁从政环境。

2021年，临汾支队全体干部职工在高速公路综合行政执法改革中顺应改革、支持改革、服从改革、参与改革、推进改革，面对各项艰巨而重要工作任务，锚定总队提出的“一年打基础、三年见成效、五年创一流”目标要求，勠力同心，以负责任、能担当、快节奏、务实效、高质量的精神态度和标准，真抓实干，确保工作目标圆满完成。

（李 峰 郭 旗）

山西省高速公路综合行政执法总队运城支队

2021年，山西省高速公路综合行政执法总队运城支队（以下简称运城支队）按照总队党委“一年打基础、三年见成效、五年创一流”的工作部署，以习近平新时代中国特色社会主义思想为指导，认真学习贯彻中共十九大和十九届历次全会讲话精神，全体干部职工与时俱进，改革创新，真抓实干，奋力拼搏。为推进运城高速公路综合行政改革、稳定、发展做出积极贡献。

【坚持党建统领，持续推进党风廉政建设】 一是严肃党内政治生活。认真落实"三会一课"、理论学习中心组学习制度。组织每月开展"主题党日活动"。全年累计召开20次党委会议、6次党委专题会议、严格按程序研究"三重一大"等事项，保障各项工作顺利推进。二是强化理论武装。组织集体学习32次、中心组学习17次。全员在"学习强国""山西交通在线"等平台完成在线学习任务，"学习强国"成绩位居市直56个党委第四名。三是扎实开展党史学习教育。召开安排部署会，制定工作方案，从十个方面进行安排部署，圆满完成各项任务。开展"我为群众办实事"实践活动，清单任务全部完成。四是持续抓好党风廉政建设。开展"党风廉政宣传教育月"活动，签订《落实全面从严治党责任书》，开展专题学习12次。重要节日发布廉政提醒7次。开展领导干部超标准配备办公用房等问题专项整治，进行廉政谈话，作出廉政承诺。深入基层监督检查8次，为改革提供坚强纪律保障。五是持之以恒抓好文明单位创建工作。12个基层单位通过省级、市级文明单位复检验收，支队机关通过市直文明单位验收。积极参加运城文明城市创建活动，组织开展14次文明交通劝导活动。

【完成改革任务，着力推动总队决策部署落地见效】 9月2日运城支队揭牌后，坚决贯彻落实厅党组和总队党委决策部署，切实推进各项工作。一是迅速成立改革领导组，协调、推进改革期间各项工作。下设4个专项工作组，召开9次改革推进会，研究财务审批流程、制度制定等事宜。研究出台《改革期间公务事项审批制度》等流程。完成原市局、分局法人注销、支队法人登记和印章刻制、银行账户开设、土地使用证及产权证变更等工作。制定支队改革信访维稳和突发事件应急预案。列出改革风险隐患清单并及时上报化解情况。二是不断加强队伍建设。制定《关于组织开展"加强业务学习 提升履职能力"活动的实施方案》，成立课题组，制定学习计划，明确学习内容，以专题讲座形式授课辅导，累计开展18次专题业务讲座。认真落实总队《执法业务学习考试常态化管理的通知》精神，要求每日答题50道以上，"日常练习"参与率98%，正确率85%，达标率86%。组织平台考试三次。在省总队考试中，获得集体成绩第三名，1人进入个人成绩前十名。三是认真做好改革"后半篇文章"。首先，积极推进大队及内设科室组建工作。对各大队、机关科室岗位设置、人员调整多次讨论，完成大队和科室组建、人员调配工作。为各大队补充执法装备，采购空调等设备。其次，努力改善大队办公生活条件。对三大队办公楼进行维修。对三大队、五大队、八大队取暖进行改造。对7个大队食堂进行维修，采购厨房用具。最后，建立运城高速公路信息数据库。与运城高速南、北公司对接，对辖区内路线名称、编号、起止点位置等情况实地察看，绘制《运城支队辖区高速公路基础数据示意图》。确定与临汾支队分界线及各大队分界线。积极主动履行高速公路综合执法职责。2021年12月30日闻垣高速古城联络线通车，按照省总队安排，临汾支队三大队开始履行综合行政执法职责。

【持之以恒抓好安全生产及疫情防控工作】 一是认真组织学习上级安全生产重要论述、指示和文件精神，特别是做好"一法一条例"宣传贯彻工作。二是召开4次安全生产专题会议。召开12次安全生产分析研判会。坚持"一月两巡查"，及时发现隐患并整改。三是深入排查风险，找准问题彻底整改。开展拉网式全方位排查，进行两次"回头看"，确保隐患消除。在"五一"、端午重点时段，全面排查重点场所、关键环节。四是开展第20个全国"安全生产月"活动。组织"6·16"安全宣传咨询日。组织观看《生命重于泰山》。组织参加安全生产月专题学习、安全生产法宣贯专题学习和新安全生产法考试。五是认真开展"防风险 除隐患 保平安 迎党庆"消防安全专项行动。召开专题会议，成立工作小组，进行持续拉网式隐患排查，为中国共产党成立100周年提供坚实可靠的安全保障。六是做好常态化疫情防控工作。密切关注疫情动态，严格落实"四方"

责任,保障全支队安全稳定运行。严格落实外出报备制度,做好疫情检测监控。积极动员疫苗接种工作,筑牢安全屏障。12月份稷山出现疫情后,立即启动应急预案,配合落实防控措施,确保人员安全。

【深入开展执法领域突出问题专项整治工作】 一是按照省总队专项整治行动要求,制定相应整改目标、要求和措施。查摆出自身10项问题,已整改8项,其余2项通过制度建设和建立长效机制方式进行整改。二是制定交通执法领域专项整治行动工作提纲,4次下发专项整治行动补充意见,扎实推进专项整治行动。三是将专项整治行动与端午"小长假"期间专项整治督导检查相结合,深入辖区13个超限站、6个治超办、27个客运站及相关场所开展检查,出动46车次,157人次;将专项整治行动与"路政宣传月"活动相结合,出动30车次,113人次,发放宣传单4000余份;将专项整治行动与安全生产监督检查相结合。国庆期间,对高速公路、国省干线、水上交通安全情况进行检查,出动281人次,发现隐患数量26处。

【夯实基础、确保改革平稳有序推进】 一是研究制定工作规则、党的建设等各项管理制度。在省总队要求的55项制度和原有规章制度基础上,30项制度讨论通过并装订成册,为规范有序开展工作提供基本遵循。二是加强固定资产管理。对固定资产进行摸底核查,完善交接程序,确保改革期间固定资产安全完整。三是做好档案处置工作。对2021年8月底前档案资料收集清点,确保完整归档。四是发挥工会桥梁纽带作用。开展职工体检,开展"送温暖"和帮贫助困活动。组织参加省厅中国共产党成立100周年书画摄影展,1名员工获摄影三等奖,举办2021年职工运动会。五是严格预算管理,严肃财经纪律。做好改革期间各项财务工作,预算执行率达95.81%。六是加强干部人事管理。完成109名在编人员和42名编外人员调配,实现平稳过渡。七是完成其他工作任务。协助厅审计处完成厅后勤中心主任杨建平经济责任审计和部分车购税资金的审计调查工作。

(李　鑫)

山西交通运输

2022 年鉴

邮政管理

山西省邮政管理局

2021年，在国家邮政局党组坚强领导下，山西省邮政管理局以习近平新时代中国特色社会主义思想为指导，全面贯彻中共十九大和十九届历次全会精神，坚决贯彻习近平总书记关于邮政快递业指示批示和视察山西重要讲话精神，坚决落实党中央、国务院重大决策部署，深入贯彻全国邮政管理工作会议和山西省委经济工作会议精神，按照国家局党组"服务全领域、激活全要素，畅通双循环、打造双高地"战略思路，坚定不移贯彻新发展理念，坚持稳中求进工作总基调，以推动高质量发展为主题，以深化供给侧结构性改革为主线，以改革创新为根本动力，以"两进一出"工程为抓手，以满足人民群众日益增长的美好用邮需求为根本目的，着力稳态势、促改革、强基础、畅循环，统筹发展和安全两件大事，统筹事业与产业双轮驱动，不断推动山西邮政快递业实现高质量发展、高水平崛起，各项工作取得积极成效。截至10月底，全省邮政行业业务收入累计完成110.68亿元，同比增长27.13%；业务总量累计完成106.3亿元，同比增长32.1%。其中，全省快递服务企业业务量累计完成6.27亿件，同比增长51.34%；业务收入累计完成72.91亿元，同比增长39.25%。

【全面从严治党持续深入推进】 一是深入开展党史学习教育。举办全省邮政管理系统党史学习教育专题培训班和读书班，省邮政管理局党组书记带头讲授《中国共产党的奋斗历程》专题党课，邀请专家做专题辅导。隆重召开"两优一先"表彰大会，组织开展庆祝中国共产党成立100周年文艺展演，持续推动党史学习教育走深走实。全省邮政管理系统干部职工认真观看庆祝中国共产党成立100周年大会，举办全省邮政管理系统庆祝中国共产党成立100周年文艺会演，通过理论中心组学习会议和党员干部理论学习例会，深入学习宣传贯彻习近平总书记"七一"重要讲话精神，编发12期党史学习教育简报，进一步激发奋进新征程、开创新局面的信心和勇气。二是深入开展"我为群众办实事"实践活动，将推进"快递进村"、加强快递员权益保护、优化快递业务经营许可流程、推行包容审慎柔性执法纳入"为民办实事"重点任务，服务水平、营商环境、发展质量持续向好。三是压实全面从严治党责任，组织召开2021年全省邮政管理系统党建暨党风廉政建设工作电视电话会议，签订年度党风廉政建设责任书，印发党建和党风廉政建设工作要点，明确年度任务和目标。四是切实强化纪律监督，持续强化节日廉洁提醒，毫不松懈纠治"四风"问题；深入开展"三重一大"决策不规范、技术和服务项目外包不规范、行政执法不规范等三个方面突出问题专项整治。五是开展全省第二轮第一批政治巡察，对6个市局聚焦2018年以来重点工作、重点领域，以及历次巡视巡察整改情况进行巡察，坚持严字当头，刀刃向内，持续深化纪律作风建设。六是不断建强基层党组织。持续推进非公快递企业党建工作。截至10月底，全省快递企业成立26家非公党组织，8个地市成立非公快递行业党委。

【持续创优行业发展环境】 2021年年初，中央政治局常委、国务院总理李克强莅临山西运城中通分拨中心，把党和政府的温暖送到一线快递小哥身边。全省邮政管理系统备受振奋，顺势而为、乘势而上，持续加大与党委政府对接沟通力度，省长蓝佛安三次深入行业一线调研，省委常委、副省长胡玉亭，省委常委、副省长韦韬先后调研邮政管理行业，在体制机制、经费保障、行业发展等方面作出具体的批示指示。朔州、阳泉、晋城、运城、吕梁市委书记亲临邮政管理行业调研指导工作，推动行业高质量发展。一是目标考核再获肯定。省委考核办对邮政管理工作予以高度评价，认为"2020年，山西省邮政管理局紧紧围绕中心大局，积极主动服务地方，各项目标任务推进力度大、措施强、效果好"，再次获评"促进山西经济社会发展突出贡献单位"。二是推进三级物流体系建设。认真贯彻4月9日第7次省长办公会议审议通过的《山西省推广农村物流创新模式工作方案》，立即成立工作专班，组织开展实地调研，召开政企座谈会，明确工作措施和步骤。联合省发改委印发《关于开展农村物流创新模式推广工作的通知》《关于开展全省农村三级物流体系专项债券项目审批工作的通知》，制定《农村三级快递物流体系建设实施细则》，持续强化政策保障。截至年底，20个试点县已经确定，专项债券项目申报工作稳步推进。在前期调研、座谈的基础上，拟定《关于开展农村物流创新模式推广工作的实施方案》。对县级物流仓配中心和乡村级服务站点的建设、运营管理等内容作了详细规划。同时，积极向省政府汇报农村寄递物流全覆盖工作，多次对接省政府民生事务处，制定多种方案，争取把这项工作纳入2022年省政府为民办实事项目之中。三是持续深化"放管服"改革。将优化快递许可审批作为推动行业发展的重要抓手，进一步精简申请材料，优化审批流程，压缩审批时限，先后印发规范实地核查、加强许可审查、做好许可延续等通知，制定下发《快递业务经营许可审批办事指南》，并在许可系统开通预约服务功能，切实为市场主体增便利、减负担、降门槛。定期召开工作调度会，及时通报许可优化贯彻落实情况。全省许可优化工作持续推进，有效促进快递市场释放活力，全省1—10月累计审核许可申请、变更、延续、注销等共519件。截至10月底，全省有快递品牌32个，许可企业达到319家，较2020年增加67家。设立分支机构1857家，备案末端网点8348家。指导帮助5家新业态企业取得许可准入，全省新业态许可企业达到8家。

【行业发展质量不断提升】 一是普遍服务改革创新稳步推进。扎实开展乡镇邮政局所"两转"工作，全省688个农村邮政普遍服务委代办局所全部转为自办，普遍服务网点全部完成"营投分离"，全省农村邮政普遍服务水平迈上一个新台阶。深入推进警邮、税邮、政邮合作，截至10月底，全省"警邮合作"县级覆盖率达100%，"税邮合作"县级覆盖率达91.46%，"政邮合作"县级覆盖率达99.27%。太原、大同、晋城、晋中、临汾、吕梁、忻州、阳泉等8个地市已实现全市范围内政邮、警邮、税邮县级城市全覆盖。全省范围推进村级邮政综合服务站点建设，推广"村邮站+快递超市+金融便民服务站"模式，截至10月底，圆满完成年初确立的1000个的建设任务。二是全面推动邮快合作。截至10月底，全省邮快合作"实物通"覆盖全省11个地市、56个县区、239个乡镇、2004个建制村，建制村覆盖率为9.69%，累计代投代收252.8万件，累计收入136万元。邮快合作"渠道通"覆盖全省11个地市、75个县区、574个乡镇、7203个建制村，建制村覆盖率为34.8%。三是快递服务提质升级成效明显。持续强化快递末端服务站规范管理，出台管理意见，集中整治未及时办理备案手续、擅自将快递服务委托给非法末端服务站、未经用户同意擅自将快件转为用户自取和快件箱投递等三种违法违规行为。持续推动快递末端综合服务平台建设，人民群众用快满意度显著提升。1—10月全省累计建设完成末端公共服务站3065个；全省城市自营标准化网点达1550个，标准化率达到100%；智能快件箱达到5629组，较2020年（4906）增加723组，增长15%。加快推进"246"工程培训任务开展，截至10月底，全省"246"工程累计完成培训9177人次，申领培训补贴资金275.31万元。职称评审工作仍在推进中。四是关心关爱快递小哥。全面落实习近平总书记重要指示精神，联合省总工会、团省委开展关爱快递员"暖蜂行动"，设立专项经费，组织开展春送岗位、夏送清凉、金秋助学、冬送温暖活动；建立专项基金，积极构建快递员从业意外和重大疾病保险等保障体系；联合团省委开展"快递从业青年服务月"活动；印发《保障快递员群体合法权益工作系统内分工表》，全面压实工作责任。各市局积极与多部门联动，广泛开展走访慰问、"12355"咨询、疫苗接种和有针对性的爱心服务。组织学习李克强总理视察中通山西运城转运中心时的重要指示精神。将李克强总理对快递从业人员的厚望厚爱和关心关怀落深落细落实。积极协调省住建厅争取将快递从业人员纳入保障性租赁住房公共领域范围，解决快递小哥住房难问题，切实做好保障快递员合法权益工作。对接地方相关部门，通过座谈会议、电话沟通、汇报交流等形式，最终形成九部门《关于做好快递员群体合法权益保障工作的实施方案》，目前正在会签阶段，近日即将出台。省局主要领导分别带队对主要品牌快递企业旺季服务保障工作进行督导检查，并进行慰问，尤其是听取企业负责人对快递员群体权益保护方面做的工作，要求企业要不断提高快递员的福利待遇，保障快递员合法权益。五是绿色生态发展持续向好。召开全省邮政业生态环保工作电视电话会，印发2021年生态环境保护工作要点。重点强化《中华人民共和国固体废物污染环境防治法》《邮件快件绿色包装规范》等监督检查。大力实施升级版“2582”工程，重点开展重金属和特定物质超标包装袋与过度包装两个专项整治，联合省发改委等部门召开加快推进快递包装绿色转型专题研讨会。“2582”工程有序推进。截至年底，全省寄递行业采购使用符合标准的包装材料比例达80%，按照规范封装操作比例达90%，可循环快递盒使用量新增6620个，保有量达31981个，电商快件不再二次包装97%，新增设置符合地方标准包装废弃物回收装置的快递网点数量1690个，行业生态环保执法案件办理4起。全省行业生态治理水平稳步提高，“绿色驱动力”不断显现。

【“两进一出”工程取得新成果】 一是大力开展快递进村三年行动。截至10月底，全省快递服务已通达19288个建制村，覆盖率已达92%，提前半年完成年度覆盖率目标；建设村级服务点达到8154个。积极打造农村物流服务品牌，太原市万柏林区“长途客运+邮+货+农融合”被交通运输部评选为全国第二批农村物流服务品牌。组织11个市局签订《“快递进村”承诺书》，保障“快递进村”工作高质量完成，组织各主要品牌快递企业省级公司向社会公开承诺“快递进村”覆盖面，营造良好进村氛围。二是“快递进厂”有新进展。积极投身全省全方位高质量发展战略，紧紧抓牢山西省“千亿产业”培育、开发区建设等重要机遇，加快延伸快递产业链。持续开展快递服务制造业项目建设。朔州陶瓷、运城玻璃器皿、晋中太谷饼等“快递+制造业”项目规模持续扩大，其中朔州陶瓷年业务量达到637万件，带动制造业产值达8661万元。三是快递助力乡村振兴。2021年全省快递企业继续推进“一地一品”“一县一品”项目实施，其中运城“快递+苹果”项目业务量达到2400万件，带动农业总产值达10.4亿元。连续2年被国家局评选为“金牌项目”，年内新增一项“一地一品”项目吕梁杂粮。省局开展快递服务农业“银牌项目”评选，各市局积极申报项目，全省“一县一品”年业务量超过10万件的有7个项目，支撑农产品销售8857万元。沁县小米、大同黄花、娄烦土豆、吉县苹果等业务量较上年有所突破。四是“快递出海”有新作为。开通首条太原直飞旧金山洲际航空邮路，太原国际邮件互换局实现离境互换功能。截至10月底，太原国际邮件互换局(交换站)共处理进出口国际邮件233.77万件，“快递出海”为打造内陆地区对外开放新高地建设做出新贡献。

【依法治邮能力进一步提升】 一是稳步推进普遍服务监督。开展邮政普遍服务营业场所规范化达标专项检查。截至10月底，全省共监督检查邮政普遍服务营业场所488个，检查1058人次，下发责令改正通知书124份，约谈16次，下发通报36份，行政处罚4起，处罚金额3万元。依法开展邮政企业停限办业务和撤销营业场所审批。截至10月底，全省撤销普遍服务局所审批6个，备案新增提供普遍服务营业场所6个，办理其他备案事项535个。全面加强建制村投递打卡情况考核，打卡率均保持在99%以上。狠抓《邮政机要通信保密管理规定》等各项规章制度的贯彻落实，共发现安全隐患36处，针对检查发现的问题，下发机要通信整改通知书36份。省局领导分别带队对全省11个市进行“四不两直”“双随机、一公开”全覆盖督导检查，下发机要通信整改通知书16份。圆满完成高考录取通知书寄递专项保障工作，满意度平均得分9.65分。开展《辛丑年》《五牛图》《中国共产党成立100周年》等17种重大题材纪念邮票发行监督。为确保县级城市实现《人民日报》当日见报，省局领导亲自带队开展《人民日报》投递专项检查，采取“四不两直”方式对《人民日报》山西分印点、省市邮件处理中心、晋中市寿阳县和榆次区3个农村邮政网点、1个县直行政机关、1个乡政府进行《人民日报》等党报党刊投递专项督查和走访。二是持续强化邮政市场监管。继续落实“双随机、一公开”监管和“两库一清单”动态管理要求，加快推进集邮和用品用具市场主体入库管理。加强“绿盾”工程已建系统应用，克服经费紧张带来的影响，严格落实过紧日子要求，减少非刚性支出。充分发挥安全监管、实名收寄、视频联网、安检机联网等信息系统作用，每月开展一次绿盾视频巡检，强化对收寄禁寄物品、未严格执行实名收寄制度以及安检员不在岗、安检行为异常等违法违规行为的查处，形成线上线下立体互补的监管新模式。三是做好快递市场监管。合理安排执法检查计划，严肃查处重大违法违规行为。稳步推进快递业务经营许可证到期延续。严肃查处泄露用户信息等违法行为。继续开展参与刷单、贩卖快递盲盒等清理整顿。认真做好申诉处理工作，维护消费者合法权益。扎实推进包容审慎柔性执法，研究起草《邮政行业监督便利措施》，推出六大类25种轻微违法行为首违不罚清单。1—10月全省行政处罚罚款金额136.51万元，作出行政处罚142起，其中停业整顿3起。四是健全依法治邮制度体系。编制起草《邮政行政处罚案卷管理规定》《邮政行政处罚回避制度》《邮政行政处罚说明理由制度》《邮政行政约谈制度》《邮政行政监督检查工作规定》《邮政行政执法疑难问题会商制度》《邮政行政执法过错责任追究制度》《邮政行政处罚统计分析报表》8项邮政行政执法制度。开展案卷评审，及时反馈评审情况，督促做好问题整改落实。

【扎实做好寄递安全服务保障工作】 一是毫不放松抓好疫情常态化防控。严格贯彻省委、省政府和国家局党组防控要求，及时根据疫情变化，调整防控策略和响应等级。认真抓好快递冷链运输、国际邮件快件等重点部位防控，指导企业强化防疫物资储备，慎之又慎做好生产作业场所、快件运输车辆、邮(快)件等消杀通风。妥善应对春节前夕韵达涉疫奶枣事件。认真做好快递员疫苗接种工作。截至12月底，全省从业人员已接种48422人，接种率达93.27%。二是坚定不移落实安全监管责任。年初召开全省邮政快递业安全生产会，连续4年出台一号文件部署行业安全生产工作。组织召开2021年全省寄递渠道安全管理领导小组会议，着力巩固联合治理机制。指导企业建立健全安全生产组织领导机构和管理机构，切实夯实企业主体责任。狠抓“三项制度”落实，持续巩固实名收寄专项整治行动成果。稳步开展寄递渠道反恐、禁毒、“扫黄打非”、打击侵权假冒、濒危野生动植物保护等专项工作。强化应急体系建设，推动应急演练常态化和实战化。全力保障寄递渠道安全畅通。积极应对行业运行风险，围绕快递派费政策、网络运营、稳定安全等开展专项摸排，引导寄递企业做好稳网点、稳网络、稳运营等工作。高质量完成庆祝中国共产党成立100周年系列活动期间寄递渠道安全保障工作，圆满实现元旦、春节等重要节日期间服务保障任务。持续开展涉枪涉爆隐患集中整治行动，对邮政、快递企业涉枪涉爆物品寄递风险管控情况开展全面检查，严防枪爆物品流入寄递渠道。

（常　敏）

太原市邮政管理局

2021年，太原市邮政管理局(以下简称太原局)以习近平新时代中国特色社会主义思想为指导，全面贯彻中共十九大和十九届历次全会精神，深入学习贯彻习近平总书记“七一”重要讲话精神和习近平总书记关于邮政快递业重要指示批示精神，扎实开展好党史学习教育，按照“服务全领域、激活全要素，打造双高地、畅通双循环”的工作思路，全面落实省邮政管理局和市委、市政府决策部署，坚持以改革创新为根本动力，聚焦中心工作和重点任务，全面进军“十四五”新征程，各项工作部署取得显著成效。1—12月，全市邮政快递行业业务收入累计完成39.05亿元，同比增长28.69%；业务总量累计完成35.75亿元，同比增长39.22%。快递业务量达到2.61亿件，同比增长52.54%，快递业务收入达到29.49亿元，同比增长35.86%；快递收入占行业比例达到75.5%。

【坚持政治引领，夯实党建基础，干部队伍建设焕发新活力】 一是深入开展党史学习教育。坚持党组中心组学习和双周全体人员定期学习制度，局党组书记带头讲授专题党课，2021年以来共组织召开党组会27次、中心组学习会12次、双周学习例会21次，开展学习研讨4次，推进党史学习教育走深走实。制定2021年党建工作要点、党员干部理论学习计划、党组理论学习中心组学习计划等，始终将习近平总书记重要讲话作为"第一议题"，深入学习《中国共产党简史》《新征程面对面》等规定书目，学习贯彻习近平总书记"七一"重要讲话精神和关于邮政快递业的重要指示批示精神，宣传贯彻中共十九届六中全会精神。先后开展"百句名言重温百年党史"主题活动，每日推送党史名言，每周推送党史大事要事，邀请市委宣讲团做专题辅导。认真落实党内政治生活规则，严格"三会一课"、组织生活会等制度，采取自办和联办方式，先后开展以学党史、强信念为主题的时代新人宣讲、道德讲堂6次，开展主题党日活动5次，参加创城志愿活动5次，全局党员干部进一步树立"四个意识"、坚定"四个自信"、坚决做到"两个维护"。二是积极推进文明单位创建。深入开展精神文明、"双拥"和节约型机关创建，先后开展春节期间志愿服务、学雷锋志愿服务、"快递从业青年服务月"等活动；开展"坚持不懈制止餐饮浪费"文明创建活动，促进文明用餐、厉行节约蔚然成风；与市卫健委、市文旅局等18家单位共同开展无偿献血活动，以实践行动传承志愿服务精神；结合全民国家安全教育日，开展常识及典型案件学习，组织机关全体党员干部观看《凤凰花开》《毒爱》等禁毒影片与太原反恐工作宣传片；结合"我们的节日——清明节、端午节"，向机关全体人员发出倡议书，参加网上祭英烈活动，开展好优秀民俗文化和家风传承活动，组织机关观看传承好家风影片；与太原警备区签订军民共建协议，建军节前夕联合企业开展"八一慰问"活动，为警备区所有军兵送上慰问品。2021年，获太原市2020年市级文明单位和市级双拥先进单位称号；获全省邮政管理系统"先进基层党组织"称号；获太原市委目标责任考核"良好"等次；2人分别获全省邮政管理系统"优秀共产党员"和"优秀党务工作者"称号。三是持续推进非公党建工作。落实加强基层党组织建设行动计划，考察成立行业党委班子，健全完善行业党委党建制度，部署开展机关党组织书记抓基层党建考核。深入16家品牌快递企业开展调研座谈工作，建立通信录完善沟通联系机制，推动完成顺丰、中通、圆通、申通、京东、百世、极兔、宅急送、优速等9家主要品牌企业按单位、按总部直属等多种模式建立党支部。积极协调市委两新组织工委和市直工委，理顺隶属和指导关系，考察成立行业党委班子，健全完善"两新组织党组织建设重要文件""行业党委工作制度""基层党建工作基本制度"等三方面行业党委党建制度。邀请太原师范学院专家学者进行红歌专题党史授课，协调市委讲师团、行业党委等深入企业宣讲党课，行业非公党组织影响力和覆盖面持续扩大。四是有力推进党风廉政建设。严格落实中央八项规定精神，持续纠治"四风"。召开党建和党风廉政建设工作会议，层层签订党风廉政建设责任书，切实加强对全局工作人员的纪律要求和监督，教育引导党员干部严守政治纪律规矩。落实为基层减负工作要求，出台督检考事项工作指引和计划，加强督检考工作统筹。持续落实巡察整改要求，开展巡察反馈工作。抓实纪律教育和警示教育，组织观看"违纪违法案件""安全生产事故"等警示教育片，认真对照反思、落实整改要求。强化纪检干部队伍建设，用好监督执纪第一种形态，深化重要节点重点干部廉政提醒谈话，开展廉政提醒6次。

【严格履职尽责，突出引领示范，内控管理体系实现新提升】 一是夯实组织机构。市级邮政业安全中心实现独立运行，建立健全规章制度，合理设置安全中心管理岗和专技岗(3:7)，为安全中心工作人员提供更高发展空间；推进县级安全中心组建，古交市、娄烦县安全中心于3月份获批，古交市编委会已印发《关于古交市交通运输局所属事业单位机构编制事项的通知》(古编字〔2021〕31号)，明确古交市邮政业安全中心由市邮政管理局进行业务指导。以行业党委为统领的快递协会、行业工会联合会“三驾马车”运行良好，组织、协助、协调作用成效明显，积极主动服务大局，各项任务目标推进力度大、效果好、服务满意度高。二是优化干部队伍建设。领导干部梯队化建设稳步推进，到位班子成员1名，提任内设机构负责人1名，职级晋升干部1名，交流调整干部2名，安全中心引进研究生1人，干部队伍年龄梯次、知识结构更加合理，队伍活力不断释放。三是健全三定方案。广泛征求各部门意见建议，明确人员编制、主要职责及内设机构等具体内容，提请党组研究审议，各部门会签后印发执行，进一步理顺行政、事业、聘用制人员管理体系，细化责任分工、完善协调配合机制，各项工作达到有据可依、有章可循，部门工作更加规范化、制度化、科学化。四是规范基础保障。加强机关财务管理工作，落实“过紧日子”要求，强化预算执行和内控管理；发挥双重管理体制优势，争取到地方财政三项奖金50.27万元、行业监管经费30万元，保障正常运转和工作履职。做好新闻宣传、保密、信访、政务公开等工作，持续扩大行业影响力，牢牢把握意识形态主动权，提高机关行政效能。严格做好统计数据的审核上报，强化统计数据分析应用，按计划对21家快递企业开展统计检查。完成市局办公业务用房落实保障工作，干部职工获得感幸福感明显增强。

【积极担当作为，全力攻坚克难，行业改革发展迈上新台阶】 一是优化环境，坚持做强规划引领。持续加强与太原市委、市政府及相关部门衔接，坚持融入大局、服务发展，行业发展再获政策利好，太原市政府印发《太原市国民经济和社会发展第十四个五年规划和2035年远景目标纲要》，将“快递+”、无接触配送、绿色工作、县乡村三级物流配送体系、建立畅通高效的农村跨地物流服务网络等内容纳入规划；太原市委、市政府印发《太原市推进服务业提质增效2021年行动计划》，明确将深入推进城乡高效配送分拨中心、末端共配站点标准化建设，加快电子商务与快递物流协同发展，推广多种合作模式，落实“快递进村”三年行动方案。结合实际修改完善《太原市邮政业发展“十四五”规划》。二是强化基建，增强基础服务能力。稳步推进智能快件箱、智能信包箱和快递综合服务场所项目建设工作，推动成立智能快件箱工作领导小组，联合太原市发改委、市财政局、市商务局等12家单位印发《关于推进太原市智能快件箱项目建设的工作方案》，明确2021—2025年5年预计获地方财政补贴1亿元以上；联合市发改委和房产局召开新闻发布会，积极动员号召企业广泛参与。组织项目推进会解读方案内容，了解企业实际情况和存在的困难及需求，集中商议解决方案。全力推进行业基础设施建设项目进度，已建设完成智能快件箱2050组，快递综合服务站430个。三是科技覆盖，稳步推进安全监管信息化建设。多次深入邮政、快递企业，现场指导“绿盾”配套设备安装、安检机设备联网、视频监控摄像头位置选取、点位命名等具体工作。充分运用“绿盾”工程信息系统，加速全市行业安全监控平台建设，规范各快递企业实名收寄、开箱验视及过机安检基本操作流程，为邮政普遍服务网点分级管理、统计工作、视频监控和行业数字地图等提供技术支撑，不断提升行业发展信息化、数字化和智慧化水平。截至10月底，视频联网巡查监管系统接入企业7家，安检机联网系统接入企业安检机设备14台，AI技术智能分析警报异常件255件。

【聚焦行业重点，着力守正创新，重大部署落实见到新成效】 一是稳步推进农村寄递物流体系建设，深挖行业发展潜力。深入开展加快农村寄递物流体系建设专题调研，按照省局农村寄递物流体系建设方案，引导支持快递企业采取邮快合作、快快合作、驻村设点、交快合作等方式，推动仓储、分拣、车辆、站点等服务网络和设施的共享衔接，鼓励“多站合一、一点多能、一网多用”，补齐农村寄递物流基础设施短板。加强与三县（市）政府对接，推动试点申报工作，古交市、清徐县政府已申报全省农村寄递物流体系专项债券项目取得实效，明确由供销社发债，政企互动好、发展前景广阔。二是快递进村实现全覆盖，协同发展持续深化。以打造试点城市经验为目标主动加压，持续督导“快递进村”工作走深走实。多次组织邮政企业和快递企业进行“邮快合作”项目谈判，持续跟进邮快合作项目向县级延伸，“三县一市”6个主要品牌21个乡镇192个行政村已开展邮快合作。指导阳曲县主要品牌快递企业充分利用同仓共配优势，与供销社开展合作，在各行政村建立电商服务站点，实现供销和快递共享资源，已选定所有村级网点，网点正在升级改造中，同时快递企业已搬入新的分拣场地，为精准分拣投递到村做好准备。鼓励古交市快递企业节约成本，合仓共配，2021年古交中通、圆通、申通、韵达4家实现共拣共配，合租库房面积1500平方米，通过快快合作方式，实现快递进村70余个，同时抓住农村三级物流体系建设有利契机，申报试点成功，为做好下一步工作推进奠定基础。指导娄烦中通、圆通、韵达因地制宜，搭载电商买菜配送网络配送快件，实现静游镇、杜交曲等6个乡镇60余个建制村通快，开创进村新模式。联合市交通运输局、市交通运输综合行政执法队等相关单位，赴阳曲县录古咀综合服务站、娄烦客运站、古交客运站等地调研农村客货邮融合发展，研究推进示范县创建工作。积极将“快递+”融入乡村振兴战略，畅通农产品进城和工业品下乡双向流通渠道，推动培育“阳曲小米”“清徐葡萄、醋”“娄烦土豆”等快递服务现代农业项目，带动农业总产值约1166万元。截至10月底，太原市六区三县一市共辖乡镇52个、建制村636个，邮政、顺丰、京东、三通一达、百世、极兔等主要品牌快递企业采取驻村设点、快快合作、邮快合作等方式实现全市快递进村全覆盖。三是深入关爱快递小哥，快递员归属感显著增强。深刻体恤快递小哥的从业艰辛，有效开展关心关爱工作，将保障小哥合法权益作为“我为群众办实事”的中心工作。与快递行业党委共同组织快递小哥献礼视频，在三晋先锋、锦绣太原、今日头条、太原晚报等融合媒体发布，强化舆论宣传，引导社会公众尊重、理解、关心快递小哥；联合行业党委与快递协会，协调市邮政公司，在全市163个邮政普遍服务营业网点建设“快递小哥爱心驿站”，已全部挂牌并投入使用；协调市房产管理局开展“快递小哥之家”建设，结合太原市实际，以政府补贴市场化租赁的形式推进试点建设；指导市快递行业工会联合会成功举办“太原市第十二届职工职业技能大赛——邮政快递行业第一届大赛”活动，促进激励全市快递小哥大幅提升业务技能素质；与省市总工会、市委宣传部、团市委等相关部门强化协同配合和政策衔接，先后共同举办“暖蜂行动”“夏送清凉”“新就业形态劳动者温暖行动”服务月(快递专场)启动仪式等慰问活动，共计争取45万元慰问品和15万元行业工会经费；组织行业从业人员参加书法、羽毛球、文艺会演等系列文体活动，为保障快递员群体合法权益创造更加有利环境；开展“最美快递员”等先进典型评选活动，增强从业人员荣誉感，激励担当作为、创新服务；持续开展行业人才队伍培养，明晰相关政策，完善企业培训资料，积极协调沟通人社局，大力推进快递从业人员职业技能培训，全市开展职业技能提升培训2458人次，行业人才素质稳步提升。四是推进行业绿色治理，生态环保工作成效明显。强化组织领导，大力实施“2582”工程，推进行业节能减排，成立行业生态环保工作领导小组，细化工作措施，明确重点任务。开展生态环保工作培训，全面部署传达全省邮政快递业环保工作会议精神，学习宣传贯彻《邮件快件包装管理办法》《中华人民共和国固体废物污染环境防治法》等相关法律法规，解读2021年行业绿色环保“2582”工程。积极对接发改委等相关部门，推动出台《太原市加快推进快递包装绿色转型方案》。紧盯行业用品用具市场，做好绿色快递源头管理。扎实开展绿色网点和绿色分拨中心创建工作，通过优选试点，以点带面方式，认真对全市各网点、分拨中心进行筛选，完成绿色网点、分拨中心建设评价验收工作。加强宣传引导，印制2000余份“绿色寄递·从我做起”倡议书在全市邮政快递网点张贴。编印《太原市邮政快递业绿色环保法规文件汇编》50余册，发放至全市许可企业，营造良好绿色发展氛围。重点对企业包装物使用、绿色环保装置配备、可循环使用中转袋使用、重金属等情况开展专项检查30余人次，根据现场检查发现的问题重点向企业讲解生态环保法规、标准和工作要求，有效提升企业生态环保意识。截至10月底，全市可循环快递箱(盒)使用量达2.3万个,新能源汽车保有量达600辆,新增351个邮政快递网点设置标准化包装废弃物回收装置,引导1家寄递企业建设完善充电桩配套设施。

【规范市场秩序,深化依法行政,行业发展质量得到新升级】 一是深化"放管服"改革,推行包容审慎柔性执法。严格按照省局决策部署,优化许可核查要点,采用线上视频、线下检查等多种方式,切实为企业增便利、减负担。2021年以来,新增许可企业20家,许可延期5家,新增备案分支机构255家,末端网点新增2208家,其中菜鸟变更备案主体979家。截至10月底,全市共有快递品牌31个,许可企业53家,分支机构331家,快递末端网点2324家。结合投诉处理工作,对检查中发现的企业委托未经许可企业经营快递业务、制度未上墙、监控保存时间不够等问题,采用抄写、背诵法律法规等软处理方式,引导企业规范经营行为。严格规范公正文明执法能力和水平,强化理论武装,提升专业素养,组织安全中心干部职工参加执法证考试,开展《智能信包箱》等两项标准培训,参加省司法厅"行政执法大讲堂"线上法制培训5期,着力打造"精、专、实、效"的市场监管队伍。切实提高投诉处置实效,截至10月底,共处理"12345"投诉136起,其中末端网点无证投诉86起,许可投诉1起,投递服务44起,违规收费4起,其他1起;太原局接到投诉7起,均为末端无证投诉。二是开展快递市场秩序整顿,强化快递末端规范管理。印发《太原市快递市场秩序整顿专项行动工作方案》,针对违反快递市场准入管理制度、违反快递服务标准、违规处理无着快件等问题,严格市场经营秩序。印发《关于强化全市快递末端服务站规范管理的通知》《关于开展全市快递末端服务站专项执法检查的通知》等文件,进一步强化快递末端服务站实现合法化、规范化、标准化管理,对太原中瑞通达快递有限公司长治路营业部等17家企业委托未经许可经营问题进行立案查处,共处罚金8.9万元。三是强化普遍服务监管,做好服务民生实事。组织召开全市邮政普遍服务监管工作会、政企联席会,通报问题,安排部署全年重点工作任务。开展邮政普遍服务法律法规培训,详细讲解《中华人民共和国邮政法》《邮政普遍服务标准》等规定制度,树立邮政企业法律意识。合理制订全年执法计划,把严守"两条红线"、开办法定业务、乡镇局所服务达标、补白网点运营以及投递场所服务等情况作为执法检查重点。截至10月底,共检查63个普服网点(其中乡镇专项检查"回头看"29个)、5个投递场所,下发责令改正通知书8份。审核22个普服局所备案材料,其中营业时间信息变更13个、业务范围变更1个、暂停业务办理8个。持续巩固建制村通邮成果,加快村邮站建设进度,对建制村投递方式、投递地点进行摸底核实,优选出10个具备条件的建制村进行村邮站建设,全部完成妥投协议补充签订,并悬挂新设计制作的村邮站铭牌,全市共建成村邮站22个。全面加强建制村投递打卡情况考核,打卡率均保持在99%以上。开展《辛丑年》《五牛图》《中国共产党成立100周年》等重大题材纪念邮票发行监督。组织开展巡视专用邮政信箱监督检查,共收到企业31份专题报告,完善邮寄渠道畅通安全。持续加大机要通信监管力度。开展"两轮"专项检查,共检查7处场所,出动14人次,下发邮政机要通信整改通知书2份。协调解决省机要车辆太原站通行问题,确保机要通信安全畅通。全面推进政邮、警邮、税邮、交邮合作项目。截至10月底,政邮合作共有网点12个,警邮合作在全市30个网点开办,税邮合作在全市111个网点开办,均覆盖6城区4县,交邮合作利用便民客车运输党报党刊,共投递党报党刊20.1746万份,代办公安交管业务228笔,为群众提供就近、便捷、高效服务。四是积极推动快递"进厂""出海"服务。引导顺丰利用自身网络优势、科技优势,积极与富士康、太钢不锈钢等省内制造企业深度合作,助力地方经济发展,截至10月底,服务制造业企业共计发运38.2万票,累计运费收入936.4万元,直接拉动制造业经济增长1.9亿元。逐步提升服务跨境电商能力。加强对太原国际邮件互换局(交换站)运行情况的了解掌握,太原已开通首条直飞旧金山的洲际航空邮路,太原国际邮件互换局(交换站)实现离境互换功能。截至12月底，共处理进出口国际邮件233.77万件，“快递出海”为打造内陆地区对外开放新高地建设做出新贡献。

【保障寄递安全，抓实疫情防控，双统筹服务展现新作为】 一是扎实做好行业疫情防控工作。严格贯彻省局党组和市委、市政府防控要求，根据疫情变化调整防控策略和响应等级。组织召开全市寄递渠道常态化疫情防控工作培训，宣传贯彻学习《关于进一步加强从中高风险地区通过寄递渠道进入山西冷链食品排查管控工作的通知》等文件，督促企业加强宣传教育及时整改，从严从实从细抓好常态化疫情防控工作，着力筑牢寄递渠道“外防输入”国际快递关口。对执法检查中发现的优速、宅急送、菜鸟等企业疫情防控措施落实不到位问题进行通报，及时督促企业严格整改，确保行业各项疫情防控措施落地见效。协助相关部门对涉疫奶枣、江苏帝王蟹等流入太原的涉疫邮快件摸排梳理，督促企业及时做好涉疫邮快件的路由监测、核酸检测及相关作业场所、营业网点及运输车辆的全面消杀，切实保障行业安全。开展行业疫苗接种专场，建立疫苗接种情况周报制度，切实提高行业从业人员疫苗接种率。截至10月底，全市邮政管理行业完成全部疫苗接种人数15525人，完成接种率97.4%，只接种第一针的人数213人，部分接种率1.37%。合计接种率98.77%。二是层层压实安全监管责任。印发1号文件《关于做好2021年全市邮政快递业安全生产工作的通知》，全面强化企业安全生产工作台账化管理，明确行业17项重点任务。制定《太原市快递企业安全生产检查体系建设方案》，抽检企业安全制度建设情况，督导企业完善安全生产管理机构，配置安全管理人员，按月、按季开展安全检查全覆盖。组织开展邮件快件处理场所规范化提升行动、重点场所消防安全风险隐患排查整治专项行动，强化“四不”问题整治及“三不治理”巩固提升。深入企业一线开展专项检查，推动企业消除传动轮、传动轴及高台安全隐患63处，消防用电安全隐患12处，人车分流安全隐患8处，员工着装不规范47人次。组织开展“三合一”“多合一”场所、沿街门店等重点场所消防安全风险隐患排查整治专项行动，采取“四强化”措施，及时消除火灾隐患。强化应急体系建设，推动应急演练常态化实战化。联合公安组织召开全市寄递渠道安全服务保障培训会，夯实本质安全基础。稳妥处置相关企业经营异常、停网停运、派费纠纷、生产安全事故等，保障行业安全平稳发展。太原局获全市安全生产和消防工作目标责任考核“优秀等次”，三名党员干部获2020年度安全生产先进个人。截至10月底，累计出动执法检查人员468人次，检查企业216家，下达责令改正通知书28份，行政约谈企业7家，对企业各类违法违规行为立案查处28起，共处罚金55.1万元，对企业违法违规行为形成有效震慑。三是全力保障寄递渠道安全畅通。强化寄递安全管控，督导企业严格落实“三项制度”。组织开展联合执法检查，围绕快递派费、安全生产、疫情防控等开展专项调研摸排。多次夜查全市主要品牌快递企业分拨中心，高质量完成快递业务旺季服务保障工作任务，确保重大活动期间全市行业安全稳定畅通。与市禁毒办、市反恐办等相关部门联合印发《寄递渠道禁毒百日攻坚行动实施方案》《寄递渠道全民国家安全教育日反恐怖宣传教育活动方案》等文件，妥善做好行业“扫黄打非”、禁毒、反恐、涉枪涉爆等工作，发放“护苗2020·绿书签”等宣传资料，做好相关知识培训，提升行业从业人员责任意识、识别意识，严防非法物品流入寄递渠道。配合交警部门开展快递三轮车违法、违规、无牌上路专项检查，督导协会对邮政、顺丰、三通一达等13家快递企业共计4414辆三轮车进行年审，占实际发放号牌总量75%。

（魏胖胖）

大同市邮政管理局

2021年，大同市邮政管理局（以下简称大同局）深入贯彻全省邮政管理工作会议和市委经济工作会议部署，紧紧围绕国家局党组“服务全领域、激活全要素，畅通双循环、打造双高地”战略思路和省局党组邮政强省的总体目标，坚定不移谋发展，为民服务解难题，实干担当谱新篇，推动各项工作取得积极成效。

【坚持党建引领，政治生态更加风清气正】 一是严格履行管党治党主体责任，印发《中共大同市邮政管理局党组讨论和决定重大事项清单》《大同市邮政管理局意识形态研讨制度》等制度，每季度开展意识形态工作分析研判，统一思想、凝聚共识，打造党建工作“同心圆”。二是持续强化基层党组织建设。认真落实“三会一课”等制度，领导干部带头过好双重组织生活，不断推进党支部标准化、规范化建设，机关党支部被省局授予“优秀党支部”称号，4名党员干部分别受到表彰。指导行业党委开展非公党建工作，市局选派党建指导员4名，指导建立工作台账，推动行业党建工作进一步规范；落实3名党员转移组织关系，助力行业党员队伍壮大；督导开展“三亮三比三争”活动，进一步提升行业党委在行业发展中的引领力和凝聚力。三是推进党风廉政建设规范化制度化。压实主体责任、强化纪律约束，年初制定党风廉政建设工作要点，与各科室负责人签订年度党风廉政建设责任书，推动全面从严治党向纵深发展。切实深化廉政风险防控，充分发挥纪检监察的推动和保障作用，开展谈心谈话50余人次，强化日常监督执纪，开展警示教育2次，常态化运用“第一种形态”，驰而不息深化正风肃纪，扎实筑牢防腐拒变思想防线。四是认真做好巡察整改工作。积极配合省局党组开展巡察，针对省局党组第一巡察组反馈的18方面45条意见，梳理制定73条整改措施，划定时间、责任到人，确保年内全面完成整改任务。召开专题民主生活会，紧扣政治责任和职责使命，查找和纠正政治偏差，专题民主生活会征求意见12个，对症整改措施19条，为扎实做好巡察整改“后半篇文章”打牢基础。

【抓实党史学习教育，行业奋进力量不断凝聚激发】 紧紧围绕党史学习教育，完成规定内容，设计自选动作，策划开展“百读不厌、百炼成钢、百家争鸣、百花齐放”系列活动，专题开设党史学习教育文化长廊，打造党员干部学习园地；协同行业党委，扩展“四史”学习教育覆盖面。3月以来，大同局自主开展、主动参加党史学习教育各类学习班、研讨会30次，讲授专题党课5次，党史知识测试16次，切实凝聚起全行业干事创业的前进力量。一是“请进来”传承百年红色。通过每日党史诵读，每周知识测试，每月交流研讨，领导干部开展主题微党课等活动，深入学习党史、新中国史、改革开放史和社会主义发展史，深入研讨习近平总书记“七一”重要讲话精神，推动党史学习教育走深走实。二是“走出去”体验百年芳华。组织参观红色记忆馆、平型关大捷纪念馆、郭家窑乡红色革命教育基地等，现场学习革命历史、重温入党誓词，扎实筑牢理想信念之基。三是“动起来”庆贺百年华诞。参加省局组织的庆祝建党百年文艺会演，精心拍摄建党版《少年》快闪视频，赢得一致好评。在全行业组织开展红歌会，上下齐动、人人参与，进一步提高行业整体向心力、战斗力。四是入企业实现“百花齐放”。协同市委组织部对快递行业党委党史学习教育情况进行专题调研2次，指导行业党委开展形式多样的“党史课”、“七一”专题党课，在全行业掀起党史学习教育热潮。

【树立机关文化，内控体系持续精细完善】 一是着力培育“忠专实精”干部队伍。2021年与市总工会多次沟通，首次争取到工会经费3万元，为扎实开展工会工作保驾护航。全方位、多维度关爱干部成长，落实干部轮岗制度，提高工作积极性，强化聘用人员管理，精兵不简政。最大限度发放节日福利，提高餐费补贴，不断增加员工福祉；开展文体活动，组织每日工间操、健康体检等，增强身体素质。开展“学先进、做表率、树形象、争一流”主题活动，营造争先创优良好氛围，会同团市委、市总工会等部门持续开展先进典型选树工作，1名快递小哥获全市“优秀共产党员”称号。推动行业精神文明创建，市局连续第六年获评“市级文明单位标兵”，行业整体归属感和荣誉感进一步增强。二是“守正出新，精业笃行”，机关文化有效树立。聚焦“五型”机关建设，制作年度任务目标宣传展板，锚定既定目标、夯实工作责任；建立工作督办机制，每周听取进度查漏补缺，确保各项工作齐头并进；坚持过好“紧日子”，印发《关于落实过紧日子坚持厉行节约反对浪费的通知》，精打细算，加强节约，实现保工资、保基本、保运行；认真开展统计检查、固定资产盘点等专项工作，进一步推进机关行政运行和财务审批规范化、程序化；新闻宣传格局进一步优化、保密工作扎实开展，档案管理、环境管理等工作稳步推进，机关内部建设卓有成效。三是行业监管“蓄能池”不断强化。积极争取地方政府资金和政策支持，争取到安全监管经费、目标责任考核奖等地方经费共计43.52万元（安全监管经费30.22万元、目标责任考核奖13.3万元），为机关高效运行提供强大动能。多轮次协调推进安全中心到岗运行。与编办、交通等部门多次沟通协调，10月初，7名工作人员全部到岗，行业监管力量得到强力补充。

【汇聚各方合力，支撑体系搭好“四梁八柱”】 一是坚持规划引领。邮政快递业发展写入《大同市国民经济和社会发展第十四个五年规划和2035年远景目标纲要》，全行业更加深度融入地方社会经济发展大局。积极向地方党委政府请示汇报，推动出台多项政策为企业纾困解难、保驾护航。推动市政府出台《大同市交通运输领域财政事权划分改革实施方案》，协调平城区政府、团市委、市发改委、市人社局、市工信局、市生态环境局、交警支队等部门，就推进智能信包箱、关爱快递小哥、三级寄递物流体系建设、快递业与制造业融合发展、快递包装绿色治理、道路通行等多项工作，联合发文10个，为行业高质量发展提供有力政策实施保障。二是深化“放管服”改革。落实省市优化营商环境考核要求，邮政普遍服务“两项审批”纳入地方一体化政务服务平台，开展行业营商环境问卷调查，为市场主体倍增工程实施打下基础。组织开展审批备案工作专题培训，全面推行许可备案在线核查。2021年以来，备案审批时间较上年同期平均下降0.8个工作日。认真贯彻落实省局柔性执法工作要求，积极通过预警、提醒，帮助执法对象预防并及时纠错改正，引导企业规范经营。全市邮政普遍服务局所147处，快递法人企业8家，分支机构207个，末端总数达到977家。三是强化行业人才支撑。深入推进246工程，积极对接市人社局争取技能提升补贴名额，年内组织5批共1040人次参加培训，25名快递员参加快递行业初级职称评审，累计争取补贴金额22.5万元。依托大同市兴同职业技能学校建立职业技能等级评价第三方机构，为批量开展快递员职业等级认定工作、强化行业人才队伍建设打下坚实基础。

【落实习近平总书记重要指示批示精神，行业高质量发展势头强劲】 聚焦行业经济运行指标，引导邮政企业补强传统邮务类业务和寄递主业，鼓励快递企业创新服务模式、提高服务质量，有效拉升行业总量增速。行业发展持续向好，发展增速保持在全省第一方阵，市政府对邮政管理工作给予充分肯定。2021年，市局获评“2020年度突出贡献单位”。一是疫情防控防线全面筑牢。联合市交通运输局印发《关于进一步加强物流及邮政快递业疫情防控工作的通知》，强化行业疫情防控常态化长效化。推动相关部门将行业从业人员纳入疫苗优先接种范畴，实现疫苗接种全覆盖，加强针接种在全市率先启动，已接种40人。联合市卫健委印发《关于进一步强化全市邮政快递业疫情防控工作的紧急通知》，在全市开展重点行业从业人员核酸检测全覆盖工作中，多次向市政府沟通协调，努力争取到将全市4523名从业人员纳入每周两次免费核酸检测范围中，到春节前减免费用164.2万元。二是快递进村加速冲刺。全面落实“快递进村”三年行动方案，有效实行挂图作战、逐村销号管理工作模式，探索实施“以邮快合作为主线，快快、商快、交快等合作模式多轮驱动，发改、商务、交通等部门协同推进”的大同路径。出台《全市“快递进村”工作邮快合作专项实施方案》，在云州区、浑源县、左云县开展“邮政+”合作进村试点，打造左云吉家庄、阳高东小村邮快合作示范点，邮政网点一线从业人员月均收入增加1500余元，真正实现企业增收、群众受惠、合作共赢。大力推进三级寄递物流体系建设，与发改部门建立协调会商机制，协同调研、定期通报，推动浑源、灵丘两个全省试点县全面开展创新模式推广工作。2021年，全市新增进村邮路27条，在8县32乡镇399个原快递服务网络空白行政村实现快递进村，其中云州区、新荣区基本实现邮快合作全覆盖。1—10月，邮政公司累计代投民营快件7.2万件，实现代投收入4万余元；推动除顺丰、京东外其他民营快递进村覆盖率较上一年度增长70%，行业整体进村率达到94.38%。三是快递进厂有新进展。聚焦晋北肉类出口平台建设、雁门关农牧交错带示范区战略，鼓励寄递企业深度参与全市优势产业集群，精准嵌入上下游供应链、销售链，围绕寄递主业，构建寄递产业生态圈。2021年，大同黄花、广灵小米、浑源凉粉、阳高杏脯等"邮政+制造业"典范项目创新突破，顺丰承运大同装备制造园工业配件、中通百世发运大同小米、中通发运服装等"寄递+"项目持续发力。1—10月，带动相关产品销售额达到7460.5万元，业务量达231万件，业务收入227万元。其中，黄花系列产品销售743万元，同比增长150%。培育百世西城快递积极对接农产品网销平台，年销售小米150万千克，带动包裹200万件，杂粮销售位居全省第一。四是快递员合法权益维护取得突破。联合市总工会、团市委共同印发《切实做好保障快递员合法权益相关工作的通知》，建立多重联动保障机制政策体系。依托大同大学专业学术团队开展快递员群体及快递行业发展现状专题调研，深入了解快递员所需所急所盼。团市委、市总工会、市红十字会先后8次开展调研、慰问，赠送口罩、运动鞋、安全头盔、体检卡等慰问品价值达29.2万元，向生活困难快递员发放慰问金5000元；联合市人社局开展快递员缴纳社保情况调研，帮助4300多名快递员享受到社保、商保；联合市总工会向快递员开放首批24个爱心驿站，关爱快递员的实际举措更加走心、社会氛围更加浓厚。

【释放监管效能，治理能力现代化水平稳步提升】一是有效推进行业法制建设。扎实推进"八五"普法工作，局内举办机关业务知识大讲堂，培养业务多面手；开展案卷评审，提升行政执法规范性。加强行业法律宣传贯彻力度，开展"送法进企"，以《中华人民共和国民法典》、新《中华人民共和国安全生产法》、《中华人民共和国固体废物污染环境防治法》等为重点，进行专题培训。从严压实企业主体责任，强化从业人员教育培训，"智能信包箱""鲜活水产品快递服务要求"等两项标准培训覆盖率超过80%。二是巩固提升邮政普遍服务发展质效。完成全市邮政普遍服务局所基础信息规范化、精细化、准确化、可视化"四化"建设，一所一册一档，实现全市邮政普遍服务综合信息台账化管理。组织开展市—县—乡—村四级邮政普遍服务、建制村通邮和党报党刊投递水平函件测试，发放调查问卷2381份，全面提升邮政普遍服务水平。特殊服务监管持续强化，机要通信监督检查两轮全覆盖。圆满完成20个网点升降级审核、高校录取通知书寄递服务保障、重大题材纪念邮票发行监督、巡视巡察专用信箱专项检查等工作。积极推进邮政综合服务平台建设，全市警邮、税邮、政邮合作网点达到71个，实现县级城市全覆盖。三是大力支持邮政创新发展。30个乡镇局所叠加简易金融业务、97个乡镇局所叠加联通开号业务，新建邮乐购站点24个，督导邮政企业投入248万余元，改造升级普服基础设施，乡镇局所造血功能持续增强，邮政企业便民服务优势进一步扩大。四是着力提高快递市场治理能力。首先，启动末端标准化规范化建设，系统推动末端服务能力转变。聚焦末端建设标准不一、服务质量不高等问题，制定《大同市快递末端服务站运营规范》，先后召开工作推进会、现场观摩会，制作专项教学视频，推动建设运营标准化、管理规范化、服务高质量的快递末端服务站。全市已建成标准化末端网点25个，打造快递服务标准化社区1个。其次，强化快递末端市场监管，有效净化行业环境。保持高压态势、坚持疏堵结合，建立全市快递末端网点设立、运营情况等抽检制度，加大"12345"热线反馈问题处理力度。1—10月共受理解决754条热线工单，集中注销一批不符合运营标准的末端网点，解决一批未按址投递等热点问题，严肃查处扰乱快递市场经营秩序和侵犯消费者权益案件13件，处罚金额7.8万元，形成震慑效应，全市快递市场环境更加公平有序。最后，实施"互联网+"监管，科技赋能监管效率提升。建立线上线下并济监管模式，通过远程监管调度系统实现远程会议、在线培训、视频监管、应急调度、线上约谈等功能，有效助力行业监管要求直达一线。

【构建安全体系，寄递渠道安全形势稳定向好】 一是深化安全生产体系建设。印发《关于做好全市快递企业安全生产体系建设的通知》，指导各企业建立安全管理制度、设立安全生产管理机构，配备兼职安全生产管理人员195名。企业定期开展安全隐患排查，每季度开展企业安全生产责任履职情况专题汇报，构建起自上而下、层层覆盖的安全生产工作机制。二是开展安全生产专项整治。认真贯彻邮件快件处理场所安全管理规范化提升行动，召开现场观摩会。开展"四不"问题专项整治，对全市寄递企业下发整改通知书20份，确保处理场所"人车分流""有缝必堵"。印发《全市寄递渠道消防安全专项整治三年行动"集中攻坚"阶段工作方案》等文件，在全行业开展消防事故警示教育，维护寄递渠道安全稳定。修订邮政行业应急预案，开展邮政快递业综合应急演练，有效提升行业突发事件应急处置能力。三是发挥联合监管机制作用。协同公安、国安、消防等部门召开2021年大同市寄递渠道安全管理领导小组会议，夯实行业安全联合监管基础。积极贯彻落实国家、省禁毒工作安排，强化"寄递渠道禁毒百日攻坚行动"，联合市禁毒办印发工作通知，联合市公安局开展专题培训，现场发放资料1000余份，切实将禁毒工作落实到基层一线。印发《防范打击整治寄递渠道枪爆违法犯罪专项行动工作方案》，依法严厉打击寄递渠道涉枪涉爆违法犯罪。联合市烟草专卖局全面强化邮政快递业涉烟寄递行为监管。大同市"扫黄打非"办及时查堵非法出版物，累计查处相关书籍4册。7月，全国"扫黄打非"第二督查组临同检查，对邮政管理部门"扫黄打非"取得的成绩给予充分肯定。四是持续保障行业安全稳定。积极开展安全领域执法检查，圆满完成中国共产党成立100周年庆祝活动、服贸会、全运会、进博会、"双十一"业务旺季等重大活动和重要节日期间全市寄递渠道安全和服务保障工作。截至11月初，全局累计出检552人次，检查企业267家，排查安全隐患85起，下达安全问题责令改正通知书64份，督导企业自行排查整改安全隐患139项，全市邮政管理行业未出现安全生产事故。大同市局获2020年度全市安全生产和消防工作考核优秀等次。

（李　东）

朔州市邮政管理局

2021年，在省局党组坚强领导下，朔州市邮政管理局（以下简称朔州局）全面贯彻落实中共十九大和十九届历次全会精神，坚决落实习近平总书记关于邮政快递业重要指示批示精神，紧紧围绕"服务全领域、激活全要素，打造双高地、畅通双循环"的工作思路，聚焦高质量发展、高效能治理，推动全市邮政快递业持续健康发展，邮政监管服务效能得到有效提升。

【突出政治引领，持续加强党的基础建设】 一是高质效开展党史学习教育。以开展党史学习教育为牵引，把党史脉络、政治理论学习和实践活动有机结合起来，围绕学史明理、学史增信、学史崇德、学史力行目标，多形式、重实效开展党史学习教育。首先，坚持党组书记亲自抓，严格制度，划出重点，创新形式，落实安排，通过集中学习、个人自学、党课辅导、专题研讨、知识竞赛、观看电影、现场观摩等多种方式，在体悟党的奋斗历程和伟大成就中鼓舞斗志、启迪智慧和砥砺品格。其次，深入推进"我为群众办实事"实践活动。结合实际制定《实施方案》，建立"三服务"服务调研清单，局领导带队到企业现场办公，纾解企业和快递员工在证照办理、权益保护等实际困难。有效开展机关党支部和党员到安泰社区开展"双报到"工作，积极开展互联互动，参与社会治理，听取群众用邮呼声建议，协调解决基层群众各类生活诉求，在身体力行中做到学党史、悟思想、办实事、开新局。再次，举办全行业党史学习教育习近平总书记"七一"重要讲话精神培训班。朔州局党员干部、邮政快递企业代表约30人参加，在培训班上，组织行业全体党员干部原原本本学习习近平总书记"七一"重要讲话，深刻领悟讲话的重大意义和丰富内涵；还请中共朔州市委党校教授薛平花以"百年征程谱华章、赓续奋斗正当时"

为题，深入解读习近平总书记“七一”重要讲话精神，展望中华民族伟大复兴的光明前景。最后，推选优秀共产党员和优秀党务工作者参加省局和地方党委评选。4名优秀共产党员参加市交通运输局机关党委举办的“永远跟党走、奋进新征程”主题演讲比赛，获得最佳朗诵奖。同时创新活动形式，组织排练“万水千山百年路”红色朗诵节目。二是多形式开展品牌党支部建设。围绕品牌党支部建设，充分挖掘党建引领保障潜力，更好发挥党支部堡垒作用。首先，加强政治建设，严格执行民主集中制、领导干部双重组织生活、“三会一课”、民主评议党员等制度，以党史学习教育为主题系列开展诵红诗、唱红歌、观红色电影等主题党日活动。其次，有计划组织政治理论学习，不断推动“不忘初心、牢记使命”学习教育常态化。累计开展中心组学习14次，专题研讨6次，政治理论学习16次，书记讲党课2次。再次，完成党支部书记改选和党支部换届工作，健全组织体系，配齐配优配强党建工作队伍，让年轻干部在思想淬炼、政治历练、实践锻炼中经风雨、见世面、壮筋骨。又次，加强队伍建设。规范党员发展和管理，机关党员比例进一步提升，2人先后被授予全省邮政管理系统、全市交通运输系统优秀党员和党务工作者。最后，丰富组织生活。灵活运用“学习强国”等App以及塞北烈士陵园、右玉精神展览馆等红色资源，创新组织生活形式，不断提升组织生活感染力和吸引力。三是多举措守好意识形态阵地。第一，严格落实意识形态工作责任制，建立行业网络安全通报制度，标准化开展网络安全自查，加强网络信息引导管控。第二，强化意识形态阵地建设和媒体宣传联动，依托邮政快递报、地方日报、“学习强国”等各类媒体平台，动态开展行业发展、监管等新动态、新成效和新举措宣传。2020—2021年度获全省新闻宣传工作一等奖，首次进入全省新闻宣传第一梯队。第三，深化行业精神文明建设。注册组建朔州市邮政行业志愿服务队，组织干部职工积极参加“交通文明百日行”、“6·26”国际禁毒日、“安全生产月”等系列志愿宣传服务活动，在行业内大力推介宣传全市“新时代最美劳动者”“五一劳动奖”获得者张日军先进事迹，传播行业正能量。朔州局获评省级青年文明号。第四，积极推选行业内优秀人才参选市县“两代表一委员”。右玉申通贺鹏飞当选为为右玉县政协第十届委员会委员，张炳强代表邮政参加中国共产党朔州市第七次代表大会。第五，切实提升快递员权益保障。该项工作在全省邮政管理系统内作经验介绍。连续三年联合市总工会、团市委在全市范围内开展“快递从业青年服务月”“暖蜂行动”新春慰问活动。联合市工会开展“送体检、送保险、送慰问信”三送活动和夏日送清凉慰问活动，1864名快递员获累计57万元的保险和体检保障，600名快递员获赠水杯、毛巾等消暑9件套。继续扩大快递员之家、户外劳动者之家和快递小哥便利型阅读站等服务阵地，快递员之家获评“全省模范职工之家”。组织开展快递员权益保障专项调研工作，通过“实地调研+线上问卷”的形式，调查摸底企业用工及快递员劳动薪酬等情况。第六，行业党委、协会、工会和团委组织职能实现更好衔接和发挥，行业党委批复成立9个党支部，畅通快递小哥入党途径，4名优秀快递小哥光荣入党，行业党委工作得到省委巡视组肯定，郭增荣被授予全市优秀党务工作者。行业工会牵头快递职业技能培训取得较大进展，先后分三批对370名职工进行职业技能培训，持证人数达到370人，全面系统地提升邮政快递从业者自身业务能力和综合素质。

【强化责任担当，持续深化全面从严治党】 一是落实全面从严治党责任。召开2021年党建暨党风廉政建设工作会议，印发工作要点，层层签订《履行党风廉政建设主体责任书》，实行“一岗双责”全程纪实。严格执行民主集中制和“三重一大”党组议事规则，制定《中共朔州市邮政管理局党组讨论和决定的重大问题清单》等，全年召开党组会议20次，各项重要决策在民主团结氛围中有序落地，发挥党组领导核心作用。二是营造风清气正政治生态。针对省局巡察组指出的16个方面37个问题，制定切实可行的整改措施44个。局党组和班子成员以高度政治责任感和严肃认真态度，按“一岗双责”主动承担领导责任，在专题民主生活会深入查摆问题，自觉彻查彻改，切实履行巡视整改主体责任，对照整改任务分工和进度安排表，根据自身职责，认真开展整改，做到立行立改、即知即改和全面整改，切实做到“件件有整改、事事有落实”。将巡察整改落实持续转化为全面加强党的领导和谋创事业动力，努力推动全局各项工作取得新的更大成绩。

【深化改革创新，持续提高行业发展质效】 一是持续优化行业营商环境。简化许可办理环节，持续加强行政许可审批时限管控，快递许可审批平均办结时限为7.6个工作日，按时完成率为100%。全面实行“无纸化、全线上、零线下、不见面”审批分支机构和末端备案流程，优化行政审批程序，真正为市场主体增便利、减负担、降门槛。大力扶持新兴企业，优化许可备案程序，实施“宽进严管”，根据省局优化后的核查标准，全年集中通过9家企业的许可申请，46家分支机构和58家农村综合末端服务站的备案申请。灵活推行柔性执法机制，甄别违法情节开展针对性法制培训、约谈告诫、责令整改，包容审慎开展行政处罚。整顿清空“僵尸”“黑户”企业，掌握行业底数。二是稳步推进信用体系建设。联合市发改委落实《快递市场法人主体信用评定方案》，结合各法人企业上年度奖惩情况有序核定信用评价等次。结合疫情防控常态化工作实际，通过门户网站、微信公众号，组织快递企业开展“诚信快递、你我同行”线上“3·15”主题宣传活动，组织126家企业签订诚信经营和安全生产承诺书。逐步推行信用信息系统动态管理，加强事中事后监管，督导企业健全从业人员档案管理。三是加快推进绿色邮政建设。首先，进一步融入地方治理大局。联合20个部门建立塑料污染治理联席会议机制，形成治理合力，促进快递业生态环保治理工作提档升级。继续开展“邮来已久，绿动未来”主题宣传活动，不断提升消费者环保意识，营造全民参与、绿色共治的良好氛围。其次，开展行业绿色生态环保专项检查。在全市范围内开展生态环保执法检查52次，检查中发现突出问题36个，下达通报2份。再次，加快推动“2582”工程取得实效。召开生态环保专题培训班，印发执行《2021年行业生态环境保护工作要点》《快递包装绿色治理工作任务台账》等制度，全面推进快递绿色包装操作指南落地，持续推进重金属等特定物质超标包装专项治理、过度随意包装和塑料污染治理，全市行业采购合标包装应用比例89%，规范封装比例达86%，可循环快递箱(盒)使用量达1200个，电商快件不再二次包装99%，新增21个包装废弃物回收装置。新建3个绿色分拨中心，完成了主要快递品牌县城绿色快递网点全覆盖目标。最后，积极推进邮件快件处理场所规范提升工作。继续延续重视“三化”建设传统，召开专题会议部署解读邮件快件处理场所安全管理规范化提升行动，指导企业排出时间表进度图，正排工作任务，倒排工作期限，发挥各自企业特色优势开展建设，并将处理场所规范化提升工作纳入日常检查，稳步推进处理场所规范化水平持续提升。

【强化使命担当，持续提高行业服务水平】 一是稳步推进“两进”工程。首先，“快递进村”有序推进。召开专题会议，明确推进步骤、具体完成时间、责任落实等实施细则，全面摸清底数，分县区、分品牌，全面摸清全市六个县(区)62个乡镇、7个街道办事处1166个建制村快递进村现状，具体统计进村数量、进村品牌和进村模式，建立台账，为因地制宜推广快递进村打好基础。组织召开“快递进村”座谈会1次、“邮快”合作工作座谈会3次，鼓励引导企业以驻村设点、“邮快”合作、“快快”合作等多种形式，多种模式推进“快递进村”。民营快递设点和直投比例不断提升，农村快递市场发展日益蓬勃。全市569个建制村通达全品牌快递，全品牌“快递进村”率为48.8%，顺丰、京东、德邦“快递进村”率为100%。其次，“快递进厂”精准实施。深度融合农产品精深加工业，积极培育“应县陶瓷 ”“右玉杂粮”等“快递进厂”典范融合项目，先后推动18家快递为山西瓷源阁商贸有限公司、山西尊强陶瓷有限公司、右玉农到家合作社等40余家企业提供寄递服务，精准发挥快递进厂实效。指导快递企业与朔州市龙头企业对接，培育成功“快递+陶瓷”和“快递+杂粮”两个典范融合项目。2021年以来，带动应县、怀仁企业销售陶瓷586.2万件，业务收入1758.6万元，支撑产值9379.2万元；销售杂粮28.33万件，业务收入141.65万元，支撑产值849.9万元；销售羊肉3.88万件，业务收入19.4万元，支撑产值341万元。二是全面强化普遍服务监管水平。第一，全面完成委代办改自办任务。按照分步实施计划，督促市邮政分公司指定专人负责，制定工作方案，于6月25日圆满完成66个委代办普服网点改自办工作，邮政企业及时提交备案资料，并在国家局普服系统中完成线上备案工作。第二，扎实开展乡镇邮政局所专项检查“回头看”工作。按照检查方案，重点检查市、县两级邮政企业邮政普遍服务营业场所自查自改情况、邮政企业落实邮政管理部门责令改正情况、乡镇邮政局所和城市普服局所服务情况，实地检查邮政普遍服务营业场所16处，其中乡镇邮政局所9处，“补白”局所7处，检查32人次。检查发现97个问题，向邮政企业下达《责令改正通知书》8份、专题检查通报1份。第三，健全邮政企业考核机制。坚持管理先行、制度先行，切实强化邮政企业内部管理，督促市邮政分公司先后出台《建制村投递打卡考核办法》《邮政普遍服务质量管理考核办法》，进一步压实县级邮政企业和市级邮政企业职能部门责任。第四，妥善解决乡镇人民政府所在地未设置普服网点问题。监督邮政企业在朔城区下团堡乡下团堡村、应县南河种镇西堡村分别设置一处邮政普遍服务营业场所，怀仁市金沙滩镇和毛皂镇整改工作正在有序推进，邮政企业目前正在镇政府所在地租赁场地。第五，精心做好邮票销售监管工作。按照省局要求，重点监督邮政企业做好《辛丑年》《中国共产党成立100周年》等重大题材纪特邮票销售工作，督促邮政企业提前报备销售方案，提前做好信息公示工作，确保万无一失。第六，从严做好“扫黄打非”工作。督导寄递企业严格执行“三项制度”，落实“画像法”，加强对一线员工培训力度，提高辨识能力，严防非法出版物通过寄递渠道传播。第七，全力保障巡视巡察等专用信箱寄递服务。坚持高标准、严要求，督促邮政企业规范寄递服务，确保专用邮政信箱邮件安全畅通。向市邮政分公司下发2份专项文件，邮政企业全年累计报备专用邮政信箱4个。第八，两轮全覆盖检查提升机要保障能力。全面做好机要通信保障工作，对全市6处邮政机要通信营业、处理场所完成上、下半年两轮全覆盖检查，共发现安全隐患5处，行政约谈市邮政、市机要分局和山阴县邮政主要负责人，下达邮政机要整改通知书5份，经过复查督促，全部完成整改。三是着力引导企业拓展发展领域。首先，持续推进“邮快”合作。召开2次“快递进村”工作座谈会，听取邮政企业和快递企业意见建议，推动“邮快”合作取得实效，全市“邮快”合作试点建制村达52个，合作模式均为直接投递，累计投递快件4.3万件，实现收入3.4万元。其次，指导邮政综合服务平台取得实效。邮政企业累计办理“邮寄办”寄递业务量10万件，实现收入186万元，服务8.8万人次。“警邮”合作业务开办网点10个，县（市、区）覆盖率实现100%；“税邮”合作业务开办网点9个，覆盖率达83.33%,；“政邮”合作覆盖率达100%，寄递业务量3314件。

【坚持尽职履责，持续筑牢安全生产底线】 一是抓好常态化疫情防控不放松。首先，坚持统筹调度靠前指挥。召开两次党组会、4次疫情防控工作推进会、4次疫情防控应急保障工作领导小组会议部署疫情防控工作，督导企业将“五有”加“一有”等各项防控部署落实到位。其次，积极督导一线严格检查。市局共开展6次疫情防控专项检查，深入市县40余家企业营业场所和处理场所进行摸排，全面清查防控漏洞隐患。坚持分类指导，专项督办，跟踪问效，下达问题通报2份，检查中发现的129个问题已全部整改到位。妥善应对处理山东涉疫奶枣，河北晋州、内蒙古服饰等涉疫快件，行业疫情防控形势稳中向好。最后，持续跟踪督导疫苗接种和核酸检测。积极协调对接疫情防控相关部门，针对行业作息开通绿色通道，2656名从业人员接种疫苗。二是提升安全保障水平。第一，开展安全生产体系建设，压紧压实安全责任。严格按照有机构、有人员、有检查、有考核要求开展全市快递企业安全生产体系建设工作，纳入日常检查，重点检查企业安全生产管理机构设置、计划制订、企业自查情况，倒逼企业落实安全生产主体责任。第二，扎实开展安全生产专项整治三年行动和“三零”单位创建。紧盯责任落实，印发《朔州市邮政快递业安全生产专项整治三年行动集中攻坚年工作方案》，开展作业现场安全、作业行为隐患排查、寄递渠道涉枪涉爆涉毒隐患整治、违法寄递危险化学品整治等专项行动。紧盯事故教训，组织企业观看《邮政快递业生产安全警示教育片》，对近年来行业发生的各类生产安全事故进行分类分析，举一反三，强化企业安全发展理念，确保行业安全平稳运行。第三，圆满完成重大活动期间寄递渠道安全生产和服务质量保障工作。深入总结历次重大活动寄递安保经验，坚持靠前安排部署、靠前检查落实，全力做好全国“两会”期间、建党100周年庆祝活动期间和旺季期间寄递渠道安保任务。第四，积极推进邮件快件处理场所规范提升工作。5月份召开专题会议，详细解读《全市邮件快件处理场所安全管理规范化提升行动方案》，要求企业以时间节点为轴，正排工作任务，倒排工作期限，抓好工作落实。为进一步抓好邮件快件处理场所“四不”问题整治工作，10月份成立两个检查组，分别在6市（县、区）开展专项检查，重点检查企业传输带堵缝、人车分流“两项任务”整治工作完成情况，针对发现的问题，下发责令改正通知书9份。第五，统筹抓好“寄递渠道禁毒百日攻坚行动”和旺季安全保障。要求企业督促一线从业人员严格执行“三项制度”，从源头上提升实名数据质量，把好收寄验视关，同时通过开展形式多样的安全禁毒宣传培训，有效提升一线揽收人员、安检人员识毒、辨毒能力，确保“百日攻坚行动”取得成效。

【推进依法治邮，持续提升行业治理能力】 一是积极推进财政事权支出责任落地。积极加强与地方交通、财政、编办等部门沟通协调，《朔州市交通运输领域市级与县（市、区）财政事权和支出责任划分改革实施方案》正式出台，邮政业在安全监管、邮政公共服务、基础设施建设和环境治理等方面获政策支持，获市财政拨付行政运行资金12万元。二是持续完善安全监管体制机制。首先，安全中心组建方案出台。3月30日，市编办印发《关于朔州市交通运输局所属科级事业单位机构编制职能规定的通知》，同意朔州市交通运输事业发展中心加挂朔州市邮政业安全中心牌子，承担全市邮件、快件寄递安全服务保障工作，所需人员编制由市交通运输事业发展中心内部调剂。其次，继续推进邮政业安全中心建设。完成第一期、第二期“绿盾”工程设备调试、安装及机房整体搬迁和场地改造工作。已接入6个分拨中心实现实时监控，监管信息化程度进一步提升。三是全面实施“双随机、一公开”监管。全面落实行政执法“三项制度”，严格执行“双随机、一公开”制度，全年出动执法检查612人次，检查快递企业204家，下达责令整改通知书85份，下发通报2份，行政约谈3起，行政处罚15起，罚款15.65万元，行业发展秩序得到持续改善。与此同时，不断强化市场监管，深入开展安全生产专项整治三年行动，继续对刷单、贩卖快递盲盒等进行清理整顿，持续做好寄递渠道危险化学品、涉枪涉爆物品违法寄递整治工作，开展好禁毒、反恐、“扫黄打非”、打击侵权假冒、野生动植物保护、扫黑除恶等专项工作。四是大力开展快递末端网点规范管理专项整治行动。组织召开全市快递末端网点规范管理推进会，现场解读《朔州市快递末端服务站规范管理实施方案》，同时对末端备案流程和资料准备进行现场培训。利用免费电子地图平台，组织企业为末端网点同步在地图上进行定址定位，市、县两级企业建立本品牌快递末端服务站基础台账，实行动态化、精细化、科学化管理。共出动末端规范管理专项检查15次，3次下发《关于市级邮政快递企业在城区部分未备案网点收放快递整改情况的通报》，禁止在29个不符合条件的便利店经营快递业务，末端综合服务站新增95个，达到226个，合法合规经营成为常态。

（高　伟）

忻州市邮政管理局

2021年，在省局党组和忻州市委、市政府正确领导下，忻州市邮政管理局（以下简称忻州局）认真贯彻落实习近平总书记关于邮政快递业重要指示批示精神，立足新发展阶段，贯彻新发展理念，坚持稳中求进工作总基调，主动担当作为，勇于攻坚克难，不断巩固行业安全态势，着力推动行业高质量发展，全局各项工作取得积极成效。1—10月份，全市邮政行业业务收入（不包括邮政储蓄银行直接营业收入）累计完成6.87亿元，同比增长11.37%；业务总量累计完成6.62亿元，同比增长10.75%；全市快递服务企业业务量累计完成1420.52万件，同比增长19.72%；业务收入累计完成2.89亿元，同比增长20.68%，邮政快递业发展保持良好态势。

【全面从严治党持续深入开展】 一是突出使命担当，落实党建主体责任。始终围绕中心大局和发展主题主线，思考谋划党建和全面从严治党工作，并把党建工作列入重要议事日程，做到年初有研究、年中有推动、年末有总结。年初，按照省局党组要求，结合忻州局实际，印发全年党建工作要点，细化目标、明确重点，全面强化党建工作领导。年中，以党组理论中心组学习为主阵地，结合“三会一课”、主题党日活动、观看警示教育片等多种形式，紧紧围绕中共十九大精神、中共十九届五中、六中全会精神、《习近平谈治国理政》（第三卷）、习近平总书记关于邮政业的重要指示精神等重点内容，开展深入广泛的学习宣传贯彻，切实树立“四个意识”、坚定“四个自信”、坚决做到“两个维护”。二是突出示范引领，深化党史学习教育。第一，组织召开党史学习教育动员部署会。制定活动实施方案，细化全局党史学习教育任务，精心绘制活动开展时间表，并及时配发《论中国共产党历史》《中国共产党简史》等相关学习资料。第二，充分发挥带头作用。局领导班子成员紧紧围绕党史学习教育重点内容，带头讲党课，带头书写心得体会，带头开展交流研讨，坚持做到学在先、干在前、作表率。第三，打造党史学习教育亮点活动。集中组织党员重温入党誓词、实地参观红色教育基地、观看中国共产党百年述职报告，动员党员干部利用“学习强国”、微信公众号等平台学习重温党史，开展党史知识每周测试、积极参加市委、市政府和市总工会举办的党史知识竞赛。第四，扎实开展“我给群众办实事”活动。组织全市邮政快递企业召开“我为群众办实事”专题座谈会，针对企业发展存在的问题困惑，深入探讨解决举措，破解群众“急愁愿盼”难题。第五，督导非公快递企业党组织开展党史学习教育活动，强化与非公综合经济委沟通，指导非公快递企业党组织召开党史学习教育动员会，并撰写学习心得，全力推动邮政快递行业党史学习教育走深走实。三是突出纪律要求，加强党风廉政建设。严格贯彻落实国家局、省局党组党风廉政建设工作部署，认真研究相关工作，制定党风廉政建设工作要点，签订党风廉政责任书，切实把工作任务分解到位、细化到岗、责任到人。持之以恒贯彻落实中央八项规定及其实施细则精神，坚持从严监督管理党员干部，开展经常性谈心谈话和廉政谈话，健全和落实廉政风险防控机制。在清明、“五一”、端午、春节等节日，提前签订廉洁过节承诺书，严明纪律要求，强化监督检查，约束党员干部遵章守纪。强化纪律教育，组织学习《中国共产党纪律处分条例》，开展警示教育，观看警示教育片，以案为鉴、以案示警。

【支撑保障工作推进成效显著】 一是积极争取财政事权和支出责任落地见效。忻州市人民政府印发《忻州市交通运输领域财政事权和支出责任划分改革实施方案》后，局领导主动作为，积极落实地方财政事权。3月初向分管联系领导汇报工作，特别是对财政事权改革后行业安全监管经费严重不足、急需地方政府落实改革要求、承担地方支出责任的情况做了陈述说明。6月16日，忻州市财政局下发《关于下达忻州市邮政管理局安全监管经费的通知》，通过与市财政局对接，最终拨付安全监管经费14.5万元，用于保障邮政安全监管市级事权应承担的支出责任。二是职业技能培训工作持续推进。为深入实施快递人才素质提升工程，为邮政快递业持续稳定发展提供高质量人才支撑，忻州局持续发力、主动作为、攻坚克难，精准对接市人社局和市财政局，推进行业利好政策落地落实，并采取部门联动、政企沟通方式引导、支持快递企业根据行业特点和实际情况开展职业技能培训工作，在培训实施过程中，持续加强和两部门联动作用，加大与企业沟通力度，做好“中间人”角色，传达要求，指导企业规范流程，保障以工代训顺利实施，共培训757人次。三是推动新闻宣传工作提质增效。明确全年新闻宣传工作总体目标，安排部署全年新闻宣传工作任务，鼓励全局人员深挖重点、亮点工作，不断强化写作能力，提高新闻质量，充分做好行业宣传工作。1—11月，全局共编发79篇信息，新闻稿件的质量较上年有大幅提升，全局新闻宣传工作再上新台阶。积极引导邮政企业参与中国邮政快递报社联合央视新闻客户端组织的高考录取通知书投递直播活动，提前布置相关工作，并积极协调企业做好准备工作，成功助力央视新闻连线忻州邮政直播高考录取通知书派送全过程。

【内部管理质量持续提升】 一是积极采取各项措施，全面落实“过紧日子”要求。牢固树立过紧日子思想，发扬艰苦奋斗精神，大力提升预算管理能力，精打细算，加强节约，严控行政经费和一般性支出，提升财政资金使用效能，把有限资金用在刀刃上，保证各项工作开展。全体党员干部统一思想，凝聚共识，树牢节约理念、养成节俭习惯，倡导节水、节电、节纸、利旧、用旧，推行办公用品定额管理。进一步精简会议和各类活动，严格控制会议和培训数量、时间、规模及列支范围和标准，加强经费审核管理，大力压减“三公”经费支出，加强“三公”经费预算审核，严格执行相关支出标准。落实机关食堂管理办法，职工就餐实行报餐，用餐按量酌取，反对铺张浪费。二是严格落实人事管理制度，坚持正确用人导向。开展公务员年度考核，重点从德、能、勤、绩、廉五个方面进行考核，按照人事选拔任用方式和程序，坚持实事求是、客观公正原则，遵循注重实绩、突出能力的用人导向，确保选拔任用全面、客观、真实、准确。自职务与职级并行工作开展以来，全面领会贯彻国家局、省局关于职务与职级并行实施方案的指示精神，加强学习，成立专项领导小组，开展专题培训，根据实际情况，全面完成职务与职级并行工作。同时加强人事管理，全面做好调任干部的相关工作，推动局内人员轮岗流动，优先保障执法人员队伍，确保行业监管职能有效发挥。

【行业发展质量不断提升】 一是全面推进邮快合作。贯彻落实中央关于实施“快递进村”工程部署，全面拓展邮快合作范围和深度。要求邮政企业和快递企业牢固树立“一盘棋”思想，既要各司其职、各负其责，又要密切配合、通力协作，打好“组合拳”，依托邮政普遍服务网络和建制村全面通邮的基础，“增点+扩面”相结合全面推进邮快合作，使邮快合作成为“快递进村”的重要渠道。二是“快递进村”及农村三级物流体系建设。组织全局人员研究和学习《推广农村物流创新模式工作方案》，依照要求进行周密部署，并深入县、乡、村调研。和市发改委牵头组织市商务局、市 交通运输局等部门以及各快递企业召开农村物流创新模式部署会，经过反复分析研判各县(市)特点优势，因地制宜开展相关工作。召开全市全面推进邮快合作动员部署会，明确目标任务，设立组织机构，细化工作阶段，将快递未通的建制村通过邮快合作打通“最后一百米”。组织县级企业代表召开座谈会，对运营、成本、差异、位置分布等多个方面因素进行充分讨论，听取代表们关于快递进村的意见建议，为“一县一策”精准推进提供依据。赴静乐县开展县乡村三级物流体系调研，了解合作模式、运行系统、配送方法、助农计划以及遇到的困难等情况，进一步确立工作方案和目标，推进三级物流体系标准建设，高标准、严要求打造标准化、规范化、高起点的项目。三是加强生态环境保护工作。首先，组织全市快递企业对《中华人民共和国固体废物污染环境防治法》《邮件快件包装管理办法》法律法规进行学习贯彻。其次，印制1000套国家局设计的《邮件快件包装管理办法》宣传海报，分发各级企业，要求企业在一线网点张贴上墙，全面学习和宣传行业环保理念。再次，持续推动企业开展“邮来已久、绿动未来”宣传活动，促使行业绿色发展观念深入人心。最后，大力实施“2582”工程，通过会议宣传贯彻，推动企业整治重金属和特定物质超标包装袋和过度包装，电商快件不再二次包装率达到99%，新增设置符合国家或地方标准包装废弃物回收装置的邮政快递网点数量121个。四是开展全市快递末端网点专项治理工作。持续推进末端综合配送平台建设。首先,出台关于强化全市快递末端服务站规范管理的通知,要求企业填写《快递企业末端网点设置基本信息表》,开展自查自纠,包括对本品牌快递末端服务站设置和备案情况、存在的问题、整改时间;其次,强化末端服务站备案管理工作,按照"谁设点、谁备案""谁管理、谁负责"的原则,要求企业依照快递末端备案管理的相关要求,及时为快递服务站办理备案、变更、撤销手续,全市办理末端网点备案465个。五是加强邮政机要通信监管。坚持"党管保密"根本原则,严格落实机要通信"一把手"负责制。局党组召开会议对全年机要监管工作作出部署,对全国"两会"期间机要通信监管专门安排。进一步压实企业主体责任,安排企业年内开展"两轮"自查,并将自查情况向管理部门进行专题汇报。忻州局全年对16个机要室进行两轮检查,上半年和下半年分别开展一轮。六是开展邮政普遍服务执法检查。对全市普服网点共进行检查56人次,检查网点28个,重点检查邮政普遍服务营业场所服务设施、营业时间、法定业务开办、邮筒开取信件、业务戳记等内容的合标情况。认真做好邮票发行工作。检查人员与社会监督员对纪特邮票《辛丑年》等的销售情况进行检查,销售点邮票出售正常,票源充足,现场销售井然有序,营业人员服务态度较好,购票用户感到满意。七是加强综合服务平台建设。继续拓展警邮、税邮、政邮、医邮、法邮等各类政务便民服务领域,推动神池邮政服务入驻政务大厅,除宁武外,其余13个县(市、区)全部实现政邮合作,年底实现政邮合作全覆盖。指导邮政企业加强与市政务大厅沟通,结合疫情防控和"一网通 一次办"政策,开发340余种证件寄递业务,月均收件2000余件,收入2万余元,实现跨越式发展。完成2021年度国防战备动员能力调查邮政行业方面工作,首次将快递企业纳入调查范围。

【扎实做好寄递安全服务保障工作】 一是落实寄递企业疫情防控工作。按照省局统一部署,积极协调市卫健委,安排和督促邮政、快递企业组织从业人员按照"除有禁忌症外,18岁以上人群应种尽种"的目标及时登记和接种疫苗。按照忻州市疫情防控调度会精神,迅速开展行动,统计各企业寄递冷链情况,并迅速发布通知,加强防范进口冷链食品安全防范工作,要求企业做好防疫措施,尤其强化寄递生鲜冷链安全防范,禁止快递从业人员在运输配送过程中擅自开箱冷链食品,做好及时处置和消毒工作。做好涉疫快件排查工作,对入忻的新冠污染快件,及时登记排查信息,与本地疫情防控办进行沟通对接,配合其对涉疫产品涉及企业、人员的排查追踪工作进行环境检测和核酸检测。二是完成重要活动期间的安全保障工作。在建党100周年庆祝活动、"两会"期间,要求企业严格落实疫情防控各项工作,不断提高思想认识,切实做好全国寄递安全服务保障工作,履行安全生产主体责任。要求各企业严格落实"三项制度",全面加强从业人员、车辆、消防、用电、机械操作等安全管理,强化值班值守和应急管理,落实好24小时值班和负责人带班制度,及时妥善应对各种突发事件。同时,开展一系列安全生产检查和隐患排查整改行动,切实督促企业排除隐患,保障安全。局领导亲自带队开展专项检查,主要针对各企业落实"三项制度"情况,进京邮件快件执行"分堆存放、有效隔离、专人管理、视频覆盖"等工作要求的落实情况,各企业安全生产设备设施的配置使用情况,各企业重大活动期间专项应急预案的制定情况以及疫情防控工作落实情况等进行检查。三是推动企业安全生产体系建设。通过出台文件、会议宣传贯彻、文件解读、安排落实等方式,要求各级企业必须按照"四有"(有机构、有人员、有检查、有考核)组织开展本企业安全生产工作,切实做到闭环管理。各企业设立安全生产管理机构,配备足够专职或者兼职的安全生产管理人员,并建立所属品牌本级企业及所有许可、备案分支机构、末端网点的基础台账,制订安全检查计划,并按计划开展检查。四是开展作业场地安全管理规范化提升行动。首先,出台《关于开展作业场地安全管理规范化提升行动的通知》和《关于作业场地安全管理规范化提升行动的补充要求》,要求企业认真学习和贯彻文件精神,解决着装不规范、现场管理不到位、设备设施不达标、作业操作不合规等问题。其次，组织全市市级快递企业及许可企业负责人召开动员部署会，要求各企业结合实际逐条逐项自查并形成整改方案，充分发挥主体责任；加强生产作业制度建设，提升现场管理水平，严格落实培训制度，强化从业人员操作规范，有序、有效开展实施工作；强化考核验收，将此项工作形成常态化管理，常抓不懈，不断改善优化企业形象。五是开展寄递渠道“扫黄打非”、禁毒工作。落实企业安全生产责任，要求各寄递企业严把验视关、实名关、安检关，加强对全员安全生产教育等相关知识培训，对于无法明确合法性的自编出版物、无刊号出版物或者印制资料不予收寄。保障全市寄递渠道安全畅通，坚决杜绝非法出版物通过邮政寄递渠道流向社会。联合公安禁毒支队召开寄递渠道禁毒“百日攻坚”行动工作推进会，通过向企业普及识毒辨毒知识，宣传禁毒法律法规，公布举报热线，加强企业禁毒责任感，提升禁毒意识，营造浓厚禁毒氛围。联合市公安局组织召开2021年全市邮政快递行业安全生产工作会议，就寄递安全、禁毒防毒等工作进行安排部署。进一步了解近年来通过寄递渠道查处的涉枪涉毒案件特点，分析当前严峻形势，要求寄递企业积极提供有效线索，形成严厉打击寄递渠道违法犯罪活动的合力。六是开展“四不”问题专项整治。及时印发《关于进一步抓好邮件快件处理场所“四不”问题整治工作的通知》，召开多次会议宣传贯彻文件精神，要求企业对传送带连接缝隙处进行全面排查，采取在缝隙处加装防护条、传送带边缘设置安全挡板等措施安装隔离保护设备，设置车辆隔阻设施，叉车等盘驳车辆严格在线内安全行驶，场内人员在指定区域内作业、行走，实现人车分流。另外，实地走访企业，现场安排指导，对市级分拨中心进行走访督导，要求各企业切实加强作业场地安全管理，重点针对设备设施不达标、现场管理不到位、员工着装不规范、作业操作不合规的问题，着力加强对传送带连接缝隙、人车混流等安全隐患点的排查整改，坚决遏制机械伤害事故发生。七是完成旺季服务保障工作。要求企业高度重视，充分评估全年疫情、气候多变等因素影响，做好谋划，稳定末端、提升储备能力和应急能力。做好快递员权益保障，落实好派费调整工作，坚决克服中间环节截留、克扣和拖延问题发生。全面落实行业疫情防控基本制度，充分做好应对零星散发病例和局部聚集性疫情准备工作。同时，开展专项督导检查，领导带队，了解企业旺季服务工作进度、每日进出港量和员工待遇等情况，督促各企业严格落实2021年旺季服务和各项安全保障措施。

（范馨月）

阳泉市邮政管理局

2021年，阳泉市邮政管理局（以下简称阳泉局）高举习近平新时代中国特色社会主义思想伟大旗帜，全面贯彻中共十九大和十九届历次全会精神，认真落实习近平总书记关于邮政快递业重要指示批示和视察山西重要讲话精神，深入贯彻省局工作会议和市委经济工作会议部署，全市邮政快递业平稳向好运行；“快递进村”和农村物流体系建设取得突破性进展；连续出台一批保障邮政业发展政策法规，行业发展环境显著优化；安全中心完成组建投入运行，市域邮政业治理体系初步形成，治理能力得到提升；开展党史学习教育活动，成立快递行业党委，行业党建得到加强；全面推动行业安全生产和监管工作，加强行业党建，以党建促进邮政快递业发展，充分发挥邮政快递业在发展经济、服务社会等方面的作用。

【扎实开展党史学习教育，加强党建统领作用，持续深化全面从严治党】 一是以党建统领整体工作，以党史学习教育为中心开展党建工作。局党组认真贯彻中央、省局和地方部署，突出“学党史、悟思想、办实事、开新局”，积极开展党史学习教育。截至11月底，机关党支部已完成8次专题研讨学习，积极组织建党百年庆祝活动，全体党委党员参观“中共创建第一城旧址”并重温入党誓词，认真学习习近平总书记建党百年庆祝大会重要讲话。党建工作与行政工作、行业党建和机关党建工作互相促进。阳泉局联合市直工委和市广播电视台，在全市邮政企业举办主题为“绿色邮政红心向党”的“寻找绿色使者”活动。市委常委、宣传部部长和市委常委、组织部部长先后调研阳泉局系统党史学习教育和非公党建工作，给予肯定。获得上级党委“优秀党务工作者”、“优秀共产党员”和“理论学习先进个人”表彰，市邮政公司机要党支部授予全省先进基层党组织。开展“组织找党员、党员找组织”活动，在 成立快递协会党支部基础上，市委非公和社会组织党委批复成立快递行业党委。成立5个联合党支部：阳泉百世快递联合党支部、阳泉申通快递联合党支部、阳泉京东快递联合党支部、平定快递联合党支部、盂县快递联合党支部，实现党建工作100%全覆盖。全行业党员共273名，其中邮政企业253名，快递企业12名，机关8名。由阳泉市人民政府主办，市邮政管理局、市消防救援支队、中国邮政集团有限公司阳泉市分公司承办，启动“消防邮路”活动，展现消防邮政公共服务队伍风采和共创公共服务平安城力量。二是扎实推进巡察整改工作落实到位。2021年9月，省邮政管理局党组第二巡察组对阳泉市局党组开展巡察。10月召开情况反馈会，提出反馈意见。市局党组高度重视，坚决贯彻落实巡察有关要求，为制定《反馈意见整改方案》，认领6项31条任务，扎实推进整改落实工作，截至11月底，已整改17条，正在整改14条。三是全面从严治党加强纪检监察工作。局党组履行主体责任，落实一岗双责，定期研究部署党建和党风廉政工作，局党组、党支部、党员层层签订党风廉政建设责任书，建立健全党员干部廉政档案，定期开展廉政谈话。“正作风、明规矩、守纪律”，持续以作风建设促党风廉政建设。将日常监督与重点监督相结合，加强“八小时”以外监督，将思想引导与劝勉谈话相结合，把纪检监察工作融入到各项工作全过程。

【积极争取政策支持，邮政业发展环境显著优化】 一是出台行业发展政策。阳泉市第十三次党代会上，市委书记雷健坤强调阳泉市邮政快递业多项重点工作被纳入阳泉市“十四五”规划。市局积极争取地方党委支持，出台七项支持发展邮政业政策。邮政快递业发展纳入《阳泉市国民经济和社会发展第十四个五年规划和2035年远景目标纲要》，“发展现代邮政快递业，建设晋东区域物流快递园区”；邮政末端设施、新能源车辆纳入《阳泉市推进建设交通强国行动计划》；市政府将邮政业安全管理和安全监管、其他邮政公共服务、邮政末端基础设施和邮政业环境污染治理纳入县（市、区）财政事权和支出责任；阳泉农村邮政体制监管体制改革纳入邮政基础设施；市政府发文将智能快件柜和邮政跨地末端设施建设纳入老旧小区改造范围；邮政业绿色生态环保纳入地方生态环境治理范畴，政府专门配置循环中转袋；财政补贴邮政快递员工职业技能提升培训。二是邮政治理体系不断完善，治理能力日益加强，市、县和直属事业单位三级邮政业治理体系初步建立。邮政业安全中心完成组建投入运行，场地、人员、经费三到位。中心人员纳入地方人才引进范围，引进三名硕士，市委给予生活补贴、租房补贴。中心工作经费纳入地方财政保障；盂县邮政业发展中心在地方事业单位改革中得到保留；机关办公区纳入地方保障；阳泉局工作纳入阳泉市目标责任考核。

【扎实开展“我为群众办实事”实践活动，提升行业服务水平】 结合实际，扎实开展“快递进村”和“智能快件箱进入住宅小区”两件实事。“快递进村”“邮快合作”得到省委、省政府和省邮政管理局充分肯定。一是“快递进村”全覆盖。近年来，省邮政管理局党组高度重视“快递进村”工作。认真贯彻习近平总书记发展邮政快递业指示和国家邮政局《快递进村三年行动方案（2020—2022）》，对全省“快递进村”工作进行全面安排部署，省局局长秦红保多次调研，对阳泉市“快递进村”工作给予方向性指导。省委书记对全省多地“快递进村”工作给予肯定，作出批示：“推广平定做法”，省政府办公厅赴平定实地调研，阳泉市委书记雷健坤对邮管部门引导行业服务地方经济促进公共服务均等化给予肯定。阳泉局坚决贯彻落实省局决策部署，将“快递进村”作为“我为群众办实事”典型示范实践活动，认真落实《山西省推广农村物流创新模式工作方案》，以农村地区寄递物流渠道建设为主线，精准施策，着力健全县、乡、村快递物流体系,以快递业发展的切实成效持续提升人民群众的获得感、幸福感,持续全力推进"快递进村"工作。9月8日,随着平定县娘子关镇回城寺村实现快递服务进村,全市948个建制村实现"快递进村"全覆盖,在全省率先实现"快递进村"全覆盖,省局予以通报表扬。二是积极推进智能快件箱进入住宅小区。市政府印发《阳泉市城镇老旧小区改造攻坚行动方案》(阳政办发〔2021〕46号)文件,将智能快件柜和邮政跨地末端设施建设纳入老旧小区改造范围,阳泉局列入市长任领导组组长的老旧小区改造成员单位。阳泉局积极落实,联合住建部门印发《关于推进全市智能快件箱建设和管理的通知》,分类分步扎实推进智能快件箱建设工作。从设计、实施、验收阶段对建设单位和智能快件箱运营企业提出明确要求,对事前、事中、事后全过程推进智能快件箱建设工作提供保障。同时协调市老旧小区改造指挥部发文将智能快件柜列入老旧小区改造具体内容。2021年新增55家末端网点。

【各级领导高度重视,加快推进农村三级物流体系建设】 在省局指导下,阳泉局积极推进农村物流体系试点建设,2021年4月,秦红保局长两次调研指导,盂县、平定、城区三县(区)列入全省农村物流创新模式第一批20个试点县(市)。市委书记雷健坤表示支持推进农村物流体系试点建设。9月,省局市场处调研农村寄递物流建设阳泉试点工作并召开座谈会。阳泉市局市发改委联合发文,召开座谈会,落实省局寄递物流体系建设推进会和秦红保讲话精神,专题研究部署农村寄递物流体系建设工作,畅通经济循环。以加快推动《国务院办公厅关于加快农村寄递物流体系建设的意见》为契机,明确地方政府属地责任,扎实推进县级邮政快递业安全中心组建工作,更好地推动邮政快递业助力全民增收,服务乡村振兴。阳泉局和盂县政府共同召开协调会,协调项目落实落地。截至11月底,盂县三级物流体系仓配中心的建设主体和建设用地已经确定,地方注册专门公司为建设主体,规划面积45亩,3万平方米,设计方案初步拟定。城区和平定项目正在积极推进中。

【加强监管依法治邮,邮政快递服务有序规范】 一是加强监管,落实邮政普遍服务政治责任。全市67个普服局所保持稳定。邮快合作成效显著,快快合作、交快合作多样并进。积极引导邮政企业加强警邮、税邮、政邮合作,全市邮政综合服务平台县区100%覆盖。二是加强机要通信监管,名列全国地级市邮政机要通信前列。三是持续加大快递市场监管。集中开展"四不"专项整治和快递市场清理整顿等行动,全面推行"双随机、一公开"检查,实施"两库一清单"动态管理,畅通地方"12345""接诉即办"机制,全市快递服务满意度稳步提升。

【全面落实企业安全主体责任,有效保证寄递渠道安全稳定】 履职尽责,紧抓安全生产不放松,定期召开党组会议研究布置安全生产工作,局领导带队检查督导安全生产。一是完善寄递渠道安全领导机制制度。调整市寄递渠道领导小组成员单位。印发《关于强化落实企业安全生产主体责任的实施意见》(阳邮管〔2021〕10号)和《关于做好寄递企业安全生产体系建设的通知》(阳邮管〔2021〕18号),要求企业进一步建立健全安全生产组织领导机构,企业负责人定期自查所辖网点,完善安全检查台账和网点问题隐患台账,夯实企业安全生产主体责任。二是组织开展盂县乡镇快递网点专项检查、疫情防控专项检查、中国共产党成立100周年专项检查、"四不"问题专项整治检查等,重点检查邮政、快递企业分拣中心和偏远乡镇安全生产及疫情防控工作。三是持续做好寄递渠道禁毒工作。阳泉市被授予全国禁毒示范城市。阳泉局与市禁毒委员会办公室联合下发《关于适应新形势进一步加强寄递渠道禁毒工作的通知》,严格防范利用寄递渠道贩毒活动,在禁毒方面对寄递企业提出更高要求。积极开展禁毒百日攻坚行动,加大禁毒执法检查力度,将涉毒问题作为重点检查事项,提高检查频次,督促寄递企业严格执行收寄验视、实名收寄、过机安检等安全管理制度。四是积极开展安全生产月活动。印发800份宣传手册,提高邮政快递从业人员安全生产意识和依法规范作业意识。下发《阳泉市邮政快递业安全生产风险隐患排查行动方案》,

将企业自查与执法检查相结合，全方面、多角度、多时段对全市寄递企业开展安全生产监督检查。五是积极推进“绿盾”工程建设。完善“绿盾”视频联网巡检监管系统，阳泉市应接入主要转运企业12家，已接入12家，接入摄像头507个，摄像头在线率保持在99%以上，实现主要转运企业视频监控全覆盖，转运中心监控点位命名编码已按照“绿盾”工程标准要求全部完成。安检机联网系统（试点），阳泉市接入安检机3台，系统内注册安检员6人，平均开机率为82.18%，截至2021年11月15日，过包数165637件。六是切实履行监管职责。对全市17家许可品牌企业、131个分支机构、254个末端网点进行全覆盖检查，出动检查人员400余人次，共处罚各类违法案件19起，约谈告诫5次，责令整改7次，罚款12.1万元。七是进一步提升重要节点安全服务保障能力。圆满完成全国“两会”、中国共产党成立100周年庆祝活动、双十一等重大活动和重要节点安全服务保障任务，以最高标准、最严要求、最强举措构筑寄递渠道安全保障防线。2021年以来，阳泉局持续开展疫情防控专项检查，要求邮政、快递企业严格按照《疫情防控期间邮政快递业生产操作规范建议（第七版）》做好疫情防控工作。一线人员外出派送快件一律佩戴口罩，分拣中心及营业场所每天最少消杀一次，切实做好快递处理场所、营业场所、运输工具、内部办公场所的清洁消毒、通风换气。出台《阳泉市邮政快递业疫情防控和安全生产责任督导实施方案》，根据阳泉市邮政快递企业位置分布，分四个片区开展疫情防控专项督导工作，确保邮快件零污染、从业人员零感染。阳泉局主动与地方疫情防控部门协调沟通，安排医护力量对快递从业人员免费进行核酸检测，做到应检尽检。从业人员接种疫苗做到应接尽接，为已接种全部针数、接种时间达6个月以上的从业人员接种加强针。截至12月底，完成全部疫苗接种1912人，接种率达95%。

【全面推进快递包装治理，推进行业绿色发展】 组织全行业集中学习《中华人民共和国固体废物污染环境防治法》《山西省固体废物污染环境防治条例》《邮件快件包装管理办法》等相关法律法规，深入检查寄递企业落实“2582”工程目标情况，两个专项治理实施情况以及快递包装材料、可循环快递盒、包装废弃物回收等情况，逐步实现包装材料减量化和再循环利用。截至11月底，全市电子运单使用率达到100%，电商未二次包装率99%。全市快递包装废弃物回收装置网点达到400多个，可循环中转袋使用率超过98%，采购并使用符合标准的包装材料比例达到98%，按照规范封装操作比例达到95%，电商不再二次包装比例已达95%，一联电子运单使用率达到100%，“瘦身胶带”应用比例已达到100%，全市电动三轮车483辆，新能源车辆82辆。

【积极开展关爱与维护快递小哥权益活动】 落实中央七部委文件，联合市总工会、团市委开展关爱维护快递小哥权益活动。阳泉局、盂县邮政管理局和市快递行业工会深入盂县、郊区、城区邮政快递一线，宣传国家七部委文件精神，调研了解企业落实情况，在分拣场地和营业厅向坚守岗位、辛勤作业的快递员工表示亲切慰问，为快递小哥送上夏季清凉和疫情防护用品。同时，与企业负责人座谈落实具体措施，积极协调政府相关部门单位做好维护快递小哥的权益工作。

（苏　蕾）

吕梁市邮政管理局

2021年，在省局党组坚强领导和市委、市政府的关心支持下，吕梁市邮政管理局（以下简称吕梁局）坚持以习近平新时代中国特色社会主义思想为指导，深入学习贯彻习近平“七一”重要讲话精神，全面贯彻落实国家局提出的“服务全领域、激活全要素，打造双高地、畅通双循环”的工作思路，以寄递渠道安全畅通为目标，以统筹疫情防控和安全生产为重点，以满足人民群众日益增长的美好用邮需求为出发点和落脚点，担当实干，攻坚克难，各项重点工作稳步开展。

1—10月，吕梁市邮政行业业务收入累计完成7.54亿元，同比增长27.10%；业务总量累计完成7.66亿元，同比增长33.74%。其中，快递服务企业业务量累计完成4377.07万件，同比增长54.47%；业务收入累计完成4.69亿元，同比增长39.72%。

【坚持党建引领，凝聚工作合力】 一是强化政治理论武装。局党组牢牢扭住党史学习教育这一主题主线，坚决履行主体责任，切实强化组织领导，持续丰富学习内容，拓展学习渠道和载体，有力有序推动党史学习教育落地落实。首先，启动迅速，及时动员。及时召开全市邮政管理系统党史学习教育动员部署会议，成立领导小组及其办公室，定期购买相关图书，设立宣传专栏，结合实际制定“七一”前后党史学习教育实施方案，明确重点任务安排，确保学习教育取得实效。其次，党组带头，以上率下。充分发挥党组中心组“头雁效应”，坚持每月集中学习，通过举办专题学习读书班、交流讨论会等形式，深钻细研习近平系列讲话精神，带头研学，力求实效。政务网站和微信公众号定期发布党史知识，高质量编写15期党史学习教育简报，积极向省局和市级媒体投稿，“党史学习教育道德讲堂”“我为群众办实事活动”等稿件被市级媒体多次发表，行业影响力持续扩大。最后，精准施策，为民服务。制定“我为群众办实事”实践活动任务清单，组织全体在职党员向单位所在地社区报到，立足岗位职责为社区群众解决实际困难和问题，在“学史力行”中彰显担当作为。结合文明城市创建要求，组织全体党员干部每周深入包联路段兴盛路，开展“我为群众办实事，文明创建当先锋”志愿服务活动，排查登记了多项影响群众生活问题，为文明城市创建贡献力量。二是强化新时代支部建设。吕梁局全力贯彻落实新时代党的组织路线，把党支部建设放在更加突出的位置，不断提高党支部建设质量。首先，脚踏实地，做好“规定动作”。坚持每周集体学习，围绕习近平在党史学习教育动员大会上的讲话、习近平在庆祝中国共产党成立100周年大会上的讲话、伟大的建党精神、“九个必须”等重要内容的学习成果开展专题研讨，结合自身岗位实际谈感悟、谈体会、谈作为，在交流讨论中持续筑牢坚定信仰。坚持以政治引领促进业务提升，在政治理论学习中嵌入业务知识板块，促进党史学习与业务知识双学习、双提升。党组书记讲授“奋斗百年路 砥砺新征程”专题党课，理想信念根基进一步夯实。召开专题组织生活会，围绕党史学习教育主题和目标要求，深入查摆问题，深刻剖析根源，明确整改措施，确保取得实效。其次，守正创新，把“自选动作”做出彩。深入挖掘吕梁本土红色资源，开辟党史学习“第二课堂”，先后组织全体干部职工参观刘志丹纪念馆、泰化党建文化园及党史金句书法展，开展主题党日活动，重温入党誓词，接受革命洗礼。先后开展了党史学习教育知识测验和庆祝中国共产党成立100周年保密知识测试，积极参与省局举办的庆祝中国共产党成立100周年文艺会演，创新性地把党史学习相教育搬进道德讲堂，观看“四史”教育专题片，进一步凝聚起党员干部鼓起迈进新征程、奋进新时代的精气神。三是一以贯之全面从严治党。吕梁局把党风廉政建设摆在全局工作的首要位置，进一步压实政治责任。首先，狠抓党风廉政建设责任制落实。年初召开党建暨党风廉政工作会议，制定《党风廉政建设工作要点》，每季度召开党组会专题研究部署党风廉政建设工作，坚持党建工作与业务工作同谋划同推进。领导班子严格履行“一岗双责”，主要负责人与科室负责人、县级机构负责人签订《党风廉政工作责任书》。其次，持之以恒反“四风”。贯彻中央八项规定精神，加大监督检查力度，紧盯隐形“四风”，坚决防止“四风”反弹。通过发文、签订承诺书、微信公众号宣传等形式，践行廉洁节俭过节规定。再次，以巡察促整改。围绕省局党组第二巡察组反馈的28条整改意见，明确任务分工，制定整改措施，全面整改存在的问题，扎实推进全面从严治党常态化、制度化。最后，抓早抓小强化提醒监督。充分运用监督执纪第一种形态，坚持把人文关怀和廉政教育相结合，采取节前提醒、日常谈心、任前谈话等方式推进廉政教育关口前移。四是切实发挥非公党建指导作用。行业党委成立以来，吕梁局注重机关党建与行业党建融合发展，不断拓展非公党建工作覆盖面、影响力。一方面持续健全非公企业党组织体系，推动市快递协会成立党支部，行业党建工作迈上一个新台阶，另一方面，开展全行业党史学习教育动员部署会，出台《中共吕梁市快递行业委员会“我为群众办实事”实施方案》，把学习党史同推动基层党建、推动行业发展和快递员权益保障等各项工作结合起来，以高质量党建引领行业高质量发展。10月吕梁多地遭遇洪水灾害，在行业党委的引领带动下，全行业发扬“一方有难八方支援”的优良传统，迅速组织开展防汛救灾活动，共捐赠价值5.5万元的救援物资，凸显邮政快递业的社会担当。

【多策并用，统筹做好疫情防控和安全生产】 一是坚持常态化疫情防控不松懈。首先，织密寄递渠道疫情防控网。充分利用网站、公众号、微信工作群发布防疫知识，编制印发最新防控指南，及时转发国家局1至7版操作规范，切实提升基层防控能力。指导帮助企业加强防疫物资储备，全面推动邮快件、车辆、作业场所等的消杀，慎终如始抓好常态化疫情防控。全市行业从业人员未发生一起感染病例。其次，坚持统筹指挥妥善处置。山东涉疫奶枣、河北涉疫邮快件、顺丰榴莲泥等事件发生后，市局党组第一时间启动应急机制，统筹指挥，企业积极配合属地疫情防控部门，妥善处置涉及的邮件快件、人员、处理场所等的消杀和核酸检测，并将相关信息及时向市疫情防控办进行报告，确保行业稳定运行。再次，加大执法检查力度。紧抓春节、国庆、旺季等时间节点，联合电视台、卫健委开展疫情防控专项督导检查，重点检查快件、场所、车辆的消杀台账以及日常口罩佩戴、测温、扫码、值班值守等各项措施落实情况，确保从严从紧落细落实常态化防控措施。最后，大力推进行业从业人员疫苗接种。根据市防疫办安排，第一时间对全市快递行业从业人员开展摸底工作，并组织全市快递从业人员进行疫苗接种，截至10月底，全市邮政快递业从业人员接种全部针剂人数共计3133人，占比95.15%。同时，根据市疫情防控办要求，组织符合接种新冠疫苗加强针剂的人员开展接种工作，全力配合防疫部门组织好快递从业人员疫苗接种工作，共接种加强针剂276人。二是筑牢行业场所消防安全“防火墙”。首先，智慧消防系统助力安全生产。为有效消除企业场所消防安全隐患，2020年初吕梁局与铁塔公司签订智慧安全战略合作协议，在前期安装了110个智慧安全烟感器的基础上，2021年继续推进安装工作。截至10月底，汾阳寄递企业已实现全覆盖，并接入市铁塔公司智慧消防管理平台统一监测、统一管理，行业场所消防安全网络格局初显成效。其次，联合市消防支队组织全市邮政快递企业开展行业消防安全培训。此次培训以真实案例讲解火灾隐患预防与消除、安全疏散与逃生自救、各类消防器材的作用及使用方法等内容。结合湖南娄底物流中转站火灾事故案例，全面分析当前邮政快递企业营业场所、处理场所、运输过程等不同环节中可能存在的消防安全隐患及防范措施。通过培训，进一步提高从业人员消防安全意识，提升邮政快递业消防应急能力。三是全力以赴确保寄递渠道安全畅通。坚持提前部署，充分动员，以最高标准、最严要求、最强举措构筑寄递渠道安全保障防线。首先，压紧压实安全责任，全面推进平安寄递建设。充分发挥寄递渠道安全管理领导小组职能，落实联合监管职责，组织召开领导小组会议，持续开展涉枪涉爆隐患集中整治，做好反恐禁毒、打击侵权假冒、“扫黄打非”、打击整治网售仿真枪等专项行动。联合市禁毒办、市公安局开展禁毒百日攻坚行动，进一步提高寄递渠道毒品治理能力和水平。成立邮政快递业安全生产委员会，全面压实企业安全生产主体责任，提升全市行业安全生产水平。圆满完成全国“两会”、庆祝中国共产党成立100周年、中共十九届六中全会、“进博会”、“双11”旺季等重大活动和重要节点安全服务保障任务。吕梁局连续四年获得安全生产目标责任考核表彰，2人被授予年度安全生产个人。其次，扎实开展安全生产专项整治三年行动。严格按照《吕梁市邮政快递业安全生产专项整治三年行动实施方案》开展督导检查，结合安全生产“大排查、大整治、大检查、大警示”活动，认真贯彻习近平总书记关于安全生产的重要论述，深刻汲取省内外重大安全事故教训，全面排查行业事故隐患，集中整治寄递危化品和野生动物、违章生产作业、快递末端车辆事故多发等突出问题。扎实推进“三零”单位创建工作，督促企业进一步完善防范化解安全风险责任体系、制度成果、管理办法和长效机制。最后，行业安全水平持续提升。稳步推动“绿盾”体系建设，推进视频联网和安检机联网工作。积极组织开展快递实名收寄信息异常问题整治工作，重点对企业收寄异常情况、企业协议客户备案情况、用户信息安全管理等方面进行梳理检查，严防泄露客户信息。持续夯实实名收寄、收寄验视、过机安检三位一体防控管理模式，全市实名收寄率持续保持在99%以上，位居全省前列，四是加大宣传教育和综合培训力度。以宣传保安全。深入贯彻落实“谁执法谁普法”普法责任制工作要求，依托“安全生产月”在全行业大力弘扬“生命至上、安全发展”思想，通过线上、线下多种方式进行宣传，在全行业营造浓厚的安全生产氛围。围绕企业负责人安全生产责任落实、安全管理制度制定及执行、安全风险辨识及管控、全员安全教育培训、职工全员参加隐患自查自纠、“三项制度”执行情况等方面开展宣传教育，专题学习《生命重于泰山——学习习近平总书记关于安全生产的重要论述》和新《安全生产法》，安全意识不断筑牢。在全市开展了为期三个月的普法送法进企业宣传活动，深入一线营业网点、分拨中心、末端网点发放宣传资料和海报，现场讲解并答疑解惑，为学习好贯彻好落实好行业法律法规奠定了法治基础。部门联动强化综合培训。联合市公安局、市禁毒办开展涉枪涉爆、涉毒涉危等综合培训，全面解读当前全市禁毒工作面临的严峻形势，讲解涉毒法律法规及工作要求，现场展示了当前流行的毒品样品，进一步提高企业从业人员辨识能力。以案为鉴开展警示教育。组织召开全市邮政快递业安全生产警示教育大会，邀请市公安、国安有关专家对行业安全开展现场教学，组织观看了国家局拍摄的安全生产警示教育片，通报了全年以来全国行业安全生产事故，落实安全生产主体责任的意识不断提高。

【持续巩固“两进一出”工程，高质量服务乡村振兴】 一是因地制宜推进“快递进村”。进一步完善县乡村三级寄递物流体系，与市发改委建立农村物流创新模式联动机制，共同开展调研督导试点推进工作。采用邮快、快快、交快、商快合作等多种方式开展“进村”工作。继续支持石楼、中阳、方山等地快递企业用好电子商务进农村政策，持续保持“进村”覆盖率，进一步提升农村快递服务质量。推进兴县、临县等偏远地区开展“邮快合作”，交城、文水、柳林等开展“快快合作”，逐步提升进村覆盖率。汾阳局以农村物流体系建设试点市为契机，积极培育汾阳圆通、韵达建立统收统配模式深度融合，开拓推进汾阳申通、中通、百世汇通分收统配模式，积极推动“交快合作”物流创新模式，为新型快递经营模式本土化奠定基础。二是分类分步推进快递“进厂”。聚焦酿品、服装、快消品等领域，引导企业积极对接本地电商，为企业提供更多服务方式，打造吕梁制造业“移动仓”。三是积极稳妥推进快递“出山”。紧抓吕梁转型发展新机遇，持续深入推进“快递+特色农产品”、一市一品项目，深挖本地优势资源，对接优势电商，积极打造“快递+吕梁杂粮”项目，从2020年四季度至2021年三季度，全市杂粮寄递量达1346.2万件，业务收入总计7077.2万元，带动农业总产值4.03亿元。

【聚焦行业发展，治理能力和服务水平双提升】 一是全面完成“两转”目标。局党组专题研究“两转”工作，每季度召开政企联席会议，结合吕梁营业网点实际，制定切实可行的阶段工作目标，督导邮政公司在减员增效的形势下增加费用预算，对委代办网点人员身份进行转化。上半年，全市15处“营投合一”网点已全部实现“营投分离”，124处“委代办”网点转“自办”营业。“两转”网点营业情况良好，能够满足人民群众的日常用邮需求。二是邮政综合服务平台建设取得新成果。截至10月底，全市已累计建设具有政务服务功能的便民服务站点101个、邮乐购站点1242个，共有19处网点开办“警邮合作”业务，68处网点开办“税邮合作”业务，“政邮合作”网点13处，实现县级城市全覆盖。共开展“邮寄办”服务件数15.088万件，服务人次15.088万人次，寄递收入275.365万元。三是全面强化快递末端服务站专项治理工作。先后组织召开快递末端网点专项治理工作部署会、推进会，全面解读了《吕梁市邮政管理局关于强化全市快递末端服务站规范管理的实施方案》,并对相关工作提出具体要求。成立专项检查组,深入县城、乡镇一线快递末端服务站开展专项督导检查,对发现的问题严格按照法律法规予以处理,其中,对交城中通、岚县中通、岚县韵达、方山中通末端网点未按照规定备案予以行政处罚。并以交城中通快递末端网点未备案为例开展警示教育。截至10月底,全市共有末端网点522家,较年初增加118家。四是积极推进快递园区化进程。以孝义为例,邮政、四通一达、顺丰、极兔8大品牌的分拨中心全部集中到大地物流园区。截至10月底,四通一达已经做到集中分拣、集中配送、统一驿站的发展模式,已建成共享驿站53个,极大地方便了群众,提升了行业服务质量。

【聚焦权益保障,“关心关爱快递小哥”落到实处】 吕梁局将“扎实做好快递员权益保护工作”《2021年邮政快递业更贴近民生七件实事》中,重点围绕“暖蜂行动”、选树典型、规范企业内部层层罚款等方面开展相关工作,确保快递员权益保护相关工作能落到实处。一是召开会议,专题推进。专题学习探讨《关于做好快递员群体合法权益保障工作的意见》,结合工作实际,组织全市邮政快递企业召开宣传贯彻快递员群体合法权益保障工作会议以及快递员权益保障座谈会,充分听取了解一线快递从业人员对工伤保险、人身意外险、劳动保护等方面的意见建议,摸清情况,找准需求,精准施策,切实维护好快递员群体的合法权益。二是借力推动,联合保障。积极对接工会、建行等相关单位,扎实开展“向夏送清凉”活动,向全市百世、中通、顺丰等8家快递企业的一线从业人员发放水杯、茶叶、绿豆、冰糖等夏季消暑用品580份。联合离石区总工会为快递小哥等户外劳动者建立起50个爱心驿站,更多快递从业人员享受到温馨暖心的人文关怀,“我为群众办实事”真正落到实处。加强与人社部门沟通,结合疫情防控要求,确定“线上+线下”培训模式,培训人次达400余人,全市从业人员技能水平进一步提升。

【践行“绿色快递”发展理念】 一是强化快递包装治理。大力实施“2582”工程,重点开展重金属和特定物质超标包装袋与过度包装两个专项整治。截至三季度,全市邮政快递业采购使用符合标准的包装材料应用比例15%,按照规范封装操作比例100%,可循环快递箱(盒)使用量3120个,电商快件不再二次包装达95%,新增设置符合国家或地方标准包装废弃物回收装置的邮政快递网点数量107个。二是稳步推进节能减排。推进行业生产方式绿色转型,推广应用高效、节能、环保的运输装备,年内新能源或者清洁能源车辆新增70%。持续开展绿色网点、绿色分拨中心、绿色办公创建工作,截至三季度,新建2个绿色分拨中心,9个绿色快递网点。三是切实加强监督管理。继续实施台账管理,明确各方职责。充分压实企业主体责任,按照“谁污染、谁治理”“谁污染、谁付费”“谁受益、谁补偿”的原则,督促企业抓好落实。强化生态环保监督检查和行政执法,依法查处石楼韵达未向协议用户书面告知包装物要求案件,全面提升全市企业对行业生态环保工作的重视。

(郭　琦)

晋中市邮政管理局

2021年,在省邮政管理局党组坚强领导下,晋中市邮政管理局(以下简称晋中局)坚持以习近平新时代中国特色社会主义思想为指导,坚决落实党中央、国务院重大决策部署,认真贯彻落实全省邮政管理工作会议要求,坚定不移贯彻新发展理念,着力稳态势、促改革、强基础、畅循环,统筹发展和安全两件大事,不断推动晋中市邮政快递业实现高质量发展。2021年1—10月,晋中市邮政业务总量、业务收入分别完成7.53亿元和7.53亿元,同比增长27.07%和22.87%;快递业务量、业务收入分别完成0.41亿件和4.87亿元,同比增长51.29%和30.18%。行业运行平稳顺畅,服务质量稳步提升。

【持续加强党的全面集中统一领导】 一是坚持深化党的建设。坚定政治站位,认真贯彻习近平总书记关于邮政业重要指示批示和省局、市委、市政府重大战略部署,以党史学习教育为牵引,引领党员干部牢记人民邮政为人民初心,担当建设邮政强国使命，不断推进全市邮政业高质量发展。扎实开展巡察整改和专题民主生活会，围绕“三个聚焦”深刻查摆问题，明确推进举措30条。充分发挥年轻党员热情，排练舞蹈节目《万疆》，庆祝中国共产党成立100周年。成立晋中市快递行业党委，加强党组织对快递行业的引领作用。充分发挥行业自治，依托行业协会开展形式多样的精神文明创建活动。推进行业先进典型选树，开展劳动模范评选活动，2名“快递小哥”被授予晋中市劳动模范并获得表彰，极大增强快递员归属感和荣誉感。二是毫不放松强化执纪监督。以省局党组政治巡察工作为契机，督促全体党员进一步牢固树立“四个意识”，提高政治站位和政治觉悟，坚决落实政治巡察要求，在政治高度上突出党的领导，在政治要求上严抓党的建设，在政治定位上聚焦全面从严治党，严格按照省局党组要求，严守政治规矩和政治纪律，履行好“一岗双责”，种好“责任田”，守好“主阵地”，全力以赴将巡察整改转化为具体的工作成效。严格开展新任职务职级干部廉政谈话，强化纪检组监督执纪抓手，打造忠诚干净担当的干部队伍。聚焦预算支出管理、行政执法、行政审批等关键领域，督促党员干部习惯在受监督和约束的环境中工作。三是认真开展党史学习教育。做到规定动作不走样、自选动作有特色，党组中心组带头读原著、学原文、悟原理，将学习教育、调查研究、检视问题、整改落实贯穿全过程，召开党组会专题研究部署，党组书记带头学党史、分享心得体会，营造浓厚学习氛围。组织党员学党史、看原著，学习习近平总书记重要论述，从党史中汲取精神力量。开展党史知识竞赛，精心挑选涵盖党的标志性事件、重大历史意义等党史知识100题，通过知识竞赛形式重温党的光辉历程。

【全力推进农村三级寄递物流体系建设】 一是“快递进村”覆盖率稳步提升。以全省邮政快递业更贴近民生七件实事为抓手，将“快递进村”工程作为全局重点工作，引导寄递企业因地制宜，采取多种合作模式，持续发力推动“快递进村”工程。截至10月底，全市1942个行政村中，建制村快递服务率达到100%，有效打通农产品进城、工业品进村的双向流通渠道，“快递进村”取得明显成效。二是“快递进厂”取得新进展。引导快递企业从被动适应需求向主动创造需求转变，提升与企业的关联性和协同性，快递服务进一步向产业链上下游延伸。祁县快递企业与玻璃器皿厂合作，安排专人在厂家成品车间提供打包、封装、贴单服务；指定专车输运，直达快递企业分拣中心，减少产品破损率，提高发件效率和服务质量，获得用户好评，快递业务量日均1.5万件，同比增长110%。顺丰快递与平遥县推光漆器生产厂家合作，根据产品价值高、易划伤的特点，使用充气袋、葫芦膜等定制包装，确保产品无划痕；专业提供保险、保价服务，受损快件及时理赔；专人解决用户售后服务问题，快递业务量稳步提升。三是体系建设稳步推进。积极主动与市发改委相关部门沟通协调，印发《晋中市发展和改革委员会 晋中市邮政管理局关于申报农村物流创新模式推广试点县的请示》（市发改农服发〔2021〕156号），组织试点县（和顺县和榆社县）运营管理企业召开农村三级寄递物流体系建设座谈会，组织现场观摩，深入调研各县快递企业合作意愿，认真分析讨论工作推进过程中存在的难点堵点，对运营企业下一步工作提出意见建议，全力以赴推进三级寄递物流体系建设工作。

【坚定不移维护安全稳定发展局面】 一是毫不放松抓好疫情常态化防控。严格贯彻国家局、省局和市委、市政府防控要求，及时根据疫情变化，调整防控策略和响应等级。指导企业强化防疫物资储备，做好生产作业场所、快件运输车辆、邮（快）件等消杀通风。与防疫部门开展联合检查，督导企业贯彻落实《疫情防控期间邮政快递业生产操作规范建议（第七版）》。配合防疫部门做好快递员疫苗接种工作，截至10月底，晋中市3350从业人员新冠疫苗已实现应接尽接，加强针的接种工作稳步推进。守牢安全底线，妥善处理涉疫奶枣流入事件和石家庄、内蒙古国等涉疫邮件快件，联合地方疫情防控部门开展联合检查，晋中市邮政快递业无一人感染。二是扎实做好平安寄递建设。持续推进“三项制度”落实，严禁违禁物品流入寄递渠道。强化与市公安局、市国安局、市市场监督管理局等部门沟通协调，一体推进禁毒、危化品、涉枪涉爆、“扫黄打非”、信息安全等治理工作。扎实开展寄递渠道禁毒百日攻坚行动，召开晋中市寄递渠道禁毒百日攻坚行动部署视频会议，检查寄递企业31家次，未发现涉毒线索。做好全国“两会”、庆祝中国共产党成立100周年、中秋国庆和旺季等重大活动期间寄递渠道安保工作。三是全面加强安全生产监管。强化落实企业主体责任。督导企业安全生产体系建设，严格落实安全生产制度，排查安全风险隐患，落实安全防控措施，提升安全管理人员履职能力。加强安全生产知识培训，强化底线思维，做好日常安全生产知识培训，使安全生产知识内化于心，外化于行，树立全员安全生产意识，保障全市寄递渠道安全畅通。不断提升技防水平，合理使用“绿盾”视频监管巡查系统对行业安全生产进行监管。持续开展末端服务站规范管理和集中整治，召开快递末端规范管理座谈会和高校末端规范治理研讨会，不断提高全市快递末端服务合法化、规范化和标准化水平。晋中市有快递末端网点已备案755个，在企业自查基础上组织人员深入实地查看，加快备案进程，确保所有末端网点合法化、规范化。召开全市邮件快件处理场所安全管理规范化提升行动动员部署会，印发《晋中市邮件快件处理场所安全管理规范化提升行动方案》，实现市级主要品牌处理场所检查全覆盖，抽查部分县级企业处理场所，就相关问题向企业下达整改意见书4份。

【加快提升行业现代化治理效能】 一是深化落实“放管服效”改革。包容审慎推进新业态监管，新增1家快递末端服务站企业。配合省局完成核查16家新增许可申请，3家延续许可申请，新增许可企业11家。核查96家快递企业分支机构变更。高效便民推动末端网点备案，审批末端网点备案申请834次，新增通过299个。截至10月底，晋中有取得快递业务经营许可的企业主体37家，备案登记的营业局、所、分公司及快递末端网点1005个（含邮政网点158个）。二是加强普遍服务和特殊服务监管。首先，合规审慎开展行政审批备案工作。按照两项审批预报对接要求，在邮政企业上报2021年“两项审批”预报对接内容基础上，严格审慎开展邮政普遍服务营业网点撤销审批新增备案等工作。截至11月，共依法受理各类备案72个，其中迁址3个，暂时停办邮政普遍服务业务及特殊服务业务2个，营业网点信息变更67个。其次，全面开展邮政普遍服务达标专项监督检查。结合各项专项工作，开展全年不间断邮政普遍服务达标专项检查。随机抽查35个邮政普服营业网点、9个邮件处理场所，对检查发现的邮政普遍服务不达标、安全设备配备不规范、营业场所布局不合理等问题，晋中局下达责令改正通知书2份，季度通报3份，要求企业进一步服务规范提升质量。再次，巩固建制村直接通邮成果，打造高质量进村服务。根据国家局建制村投递服务信息化监督工作简报通报内容，按照省局要求，晋中局建立“日通报、日反馈”工作机制，要求邮政企业提高认识，制定切实有效整治方案，安排专人每日监督打卡情况做好后台管控，严格规范投递员打卡行为；针对网络不稳定无法打卡查找具体原因及时整改，确保建制村打卡率达标，保障日打卡率基本保持在99%以上。最后，审慎开展邮政普遍服务营业场所分级监管工作。根据分级监督管理精神，结合2020年全年邮政普遍服务分级监管、乡镇邮政局所专项检查、《邮政普遍服务》达标专项监督检查等检查结果及邮政企业报告，对5个网点进行升级调整，对1个网点进行降级。通过此次，晋中市邮政普遍服务营业网点二级以上网点数量占比55%以上，成功实现全市邮政普遍服务能力再提升目的。三是坚持强化市场监管。在行政执法中坚持处罚和教育相结合原则，针对日常检查发现的一般性问题，运用政策辅导、行政建议、警示告诫、规劝提醒等方式，对企业进行指导，对重大违法违规行为坚决严肃查处。开展快递市场秩序整顿专项行动，截至10月底，共检查企业98家，下达责令改正通知书34份，行政处罚21家，罚款14.6万元。引导榆次区圆通快递、榆次区韵达快递、太谷县圆通快递、平遥中通快递投资购置自动化分拣设备，加快设施迭代更新，实现降本增效和服务质量提升。四是持续推动绿色邮政发展。积极贯彻落实国家局“2528”工程要求，督促企业加大资金投入，普及绿色发展常识，创建绿色网点、绿色分拨，营造共建共治良好氛围，加快推进行业绿色发展。截至11月，晋中市邮政快递业无重金属和特定物质超标包装袋库存，采购使用符合标准的包装材料应用比例37%，可循环快递箱(盒)使用量达25000个、电商快件不再二次包装率达100%。五是推进快递员群体合法权益保障工作。成立晋中市快递行业工会联合会，开展形式多样的“送温暖”“送清凉”等慰问活动，争取慰问金16万余元，对全市13个品牌800多名快递员进行慰问。截至11月，共慰问快递员1500余名，切实增强快递从业人员幸福感和获得感。全市快递企业为快递员购买社会保险或商业保险等累计覆盖2100人次，安检人员培训不断取得突破，大力推进快递工程技术人员职称评审工作，推动191名快递从业人员参加职业技能培训，快递员群体社会权益保障取得初步成效。

（赵　瑞）

长治市邮政管理局

2021年，长治市邮政管理局(以下简称长治局)始终坚持以习近平新时代中国特色社会主义思想为指引，全面贯彻党的十九大和十九届历次全会精神，坚决把习近平总书记关于邮政业的重要指示精神落实到行业发展的各个环节和领域，按照“服务全领域、激活全要素，畅通双循环、打造双高地”战略思路，坚定不移贯彻新发展理念，坚持稳中求进工作总基调，以推动高质量发展为主题，以深化供给侧结构性改革为主线，以改革创新为根本动力，统筹发展和安全，积极主动做好常态化疫情防控和行业发展各项工作，为全面建成与小康社会相适应的现代邮政业持续发力。截至10月底，全市邮政行业业务总量累计完成62258.84万元，同比增长19.46%；业务收入累计完成64534.4万元，同比增长19.9%。其中全市快递服务企业业务量累计完成2881.39万件，同比增长17.7%；业务收入累计完成38328.49万元，同比增长32.37%。

【深入开展党史学习教育】 一是周密安排学习计划。明确“线上+线下”“集中+自学”的学习方式，党组中心组学习6次，党支部学习12次，将学习安排精确到日，确保学习效果。二是深入进行学习研讨。组织主题研讨6次，撰写学习心得和研讨材料24篇，交换学习意见，为开展好党史学习教育打好思想基础。三是组织全体人员赴壶关县常行村窑洞保卫战和全国劳动模范赵月芳工作室参观学习，召开党史学习教育专题组织生活会；开展批评与自我批评，明确今后努力方向。四是开展庆祝中国共产党成立100周年系列活动。即组织机关干部集体收看庆祝中国共产党成立100周年大会实现，为党员过政治生日，向七月前后加入中国共产党的党员发放政治生日贺卡，引导党员时刻不忘自己的“第一身份”，始终发挥先锋模范作用。

【持续开展关心关爱快递从业人员活动】 一是开展“暖蜂行动”暨春节慰问活动。联合团市委、市快递协会深入快递分拨处理中心，向快递小哥赠送慰问品，对快递车辆通行、快递从业人员作业环境改善、专业能力培训等问题进行现场“会诊”，将关心关爱快递小哥落实到具体行动上，切实维护好快递从业人员基本权益，让快递从业人员拥有获得感、幸福感、安全感。二是开展“关爱快递小哥 构建和谐家庭”六一主题活动。6月1日，长治局联合市总工会和快递协会深入快递物流园区各个岗位慰问一线快递小哥，为家有儿童的50名一线快递小哥送上儿童夏凉被、书包、图书等合计价值2.5万元的慰问品，呼吁全社会关心关爱快递小哥，为行业和从业人员争取更多利好政策，持续将“我为群众办实事”活动引向深入。三是开展业务旺季“寒冬送温暖”活动。11月11日，联合市总工会开展“工会进万家·新就业形态劳动者温暖行动”，为各邮政快递品牌一线快递员工送上头盔、围脖、手套、护膝等寒冬慰问品，向全市邮政快递从业者致以冬日慰问。

【深化“放管服”改革】 一是创新审批模式提高审批时效。在快递业务审批中率先推行“1+1+2+N”模式，创新使用不见面线上“远程核查”。形成1本政策文件汇编、1份实地核查清单、申请材料和实地核查“双线上”核查、全员参与的“1+1+2+N”的审批模式。二是加强培训提升能力。4月份组织开展快递业务经营许可专题培训，实现“人人都是操作员、人人都是审批员”目标，有效解决机关人员资金不足问题，实现人员和时间的科学高效调配。率先尝试实地核查内容线上核实，在首批尝试中创下2小时内完成3个分支机构全过程审批记录。三是优化资料一次告知。坚持“宽进严管、放管并重”原则，贴近实际探索简化申请材料、办理环节、实地核查等内容，及时编印下发《快递业务经营许可申请操作指引》《实地核查内容清单》《实地核查内容重点提示》，方便企业准备场地材料，提升现场核查一次通过率。2021年深化许可审批“放管服”改革以来，丰巢智能快件箱落户长治，本土智能快件箱运营企业百诚科技获许可；分支机构申请受理27个，末端网点备案受理562个，智能快件箱批量审批80组，分支审批时限由原来的22个工作日压减为7个工作日，末端网点备案由规定3个工作日压减为1.3个工作日，改革激发市场活力效果明显。

【推动行业高质量发展】 为有效推动快递进村，长治局印发《“快递进村”三年行动方案(2020—2022年)》，加强组织领导，明确任务分工，细化落实举措，压茬多元推进，达到推进不间断、标准不降低、任务不掉队的目标。市政府将“快递进村”纳入《长治市推进服务业提质增效2021年行动计划》。截至10月底，全市110个乡镇、2440个行政村，有驻村设点1220个、合作设点118个、电商快递合作138个，三种主要形式实现快递服务通达行政村的1903个，快递进村覆盖率达到85.6%。根据省局开展快递末端服务站规范管理的有关要求，长治局多措并举开展全市快递末端整治专项行动，取得阶段性成果。截至10月底，全市快递末端网点备案数量1130个，比规范治理工作开展之前增加94.8%。以开办末端网点未备案和违反服务质量损害群众利益问题为重点，开展地毯式摸排，强化执法检查，责令整改6家，行政处罚2起，处理“12345”市长热线转办申诉15件，快递市场秩序得到有效规范。

【不断完善安全监管支撑体系】 全市邮政快递业安全生产委员会组建以来，充分发挥在保障邮政业安全生产方面的作用，坚持召开每月安全生产例会，建立例月简报制度。在创新工作方式规范企业内部管理上持续发力，统一修订全市寄递企业安全管理制度，编制寄递渠道安全保障应急预案，指导企业成立安全管理机构，配备专职安全员，初步形成多维度寄递渠道安全管理格局。与此同时，加强安全生产基础建设。打好安全生产专项整治三年行动集中攻坚战和开展“三零”单位创建，聚焦寄递企业安全生产主体责任落实，坚持问题导向、标本兼治、务实管用，扎实开展邮件快件处理场所安全管理规范化提升行动。8月，全市10个主要品牌寄递企业处理理场所全面实现“四个全覆盖、五个必须、六个严禁”要求；9月，邮件快件处理场所安全管理规范化提升行动现场观摩会在长治市召开，长治局高标准谋划、高速度推进、高质量落实经验得到推广。

【锻造过硬执法队伍】 一是创新性开展“专案组模式”执法。打破机关内部科室和级别限制，在日常执法中随时抽调各科室干部，有针对性地搭配出最佳办案组合，实行组长负责制，一案一授权，凝聚力量，精准执法，在执法工作中相互促进、提高执法实践能力。二是定期开展“法律法规知识大讲堂”，提高干部依法行政能力。结合执法工作中遇到的问题，从执法人员基本素养、行为规范、法律法规依据、典型案例等多个方面为题材，定期组织干部自己当老师开展法律法规知识讲堂，“老师”通过现场讲解增强“学法”主动性，“学生”通过提问、讨论等方式强化学习法律法规时效性。三是开展案卷评审。组织机关法制审核人员和执法人员交叉开展2020年度行政执法案卷评查工作，对2020年度行政处罚案件卷宗进行集中评查，检视行政执法和处罚过程中存在的不足，提出整改建议，起到以评代训作用。四是鼓励“80后”青年职工参加司法考试。加强法律法规知识学习，拓展和提升法律素养，执法人员的综合能力明显提升。

（韩国芳）

晋城市邮政管理局

2021年,在国家局和省局正确领导下,晋城市邮政管理局(以下简称晋城局)坚持以习近平新时代中国特色社会主义思想为指导,始终坚持党的领导、始终坚持以人民为中心的发展思想、始终坚持改革创新、始终坚持全面正确履职,坚决贯彻习近平总书记关于邮政快递业指示批示和视察山西重要讲话精神,认真贯彻落实全省邮政管理工作会议精神,深入贯彻落实国家局党组、省局党组和市委、市政府各项决策部署,按照国家局提出的"服务全领域、激活全要素,打造双高地、畅通双循环"战略思路,围绕地方财政事权改革、"两进一出"、绿色发展"2582"、农村寄递三级物流体系建设等重点难点工作,不断提升行业治理体系和治理能力,各项重点工作取得积极进展。1—10月,晋城市全行业业务收入累计完成38240.49万元,同比上升30.33%;业务总量累计完成36438.94万元,同比上升33.68%。全市快递服务企业业务量累计完成1581.52万件,同比上升92.09%;业务收入完成23572.91万元,同比增长46.27%。

【持之以恒抓好疫情防控】 一是完善与地方疫情防控部门的对接机制,积极向地方政府汇报疫情防控工作。省人大常委会副主任、晋城市委书记张志川深入快递企业调研指导快递行业疫情防控工作,晋城局多次召开疫情防控工作会,与各寄递企业现场签订《疫情防控承诺书》,局主要领导多次深入企业开展疫情防控检查。二是做好常态化精准防控。督导快递企业严格落实国家邮政局《疫情防控期间邮政快递业生产操作规范建议(第七版)》,认真采取"六有"措施,把好境外输入关和进口冷链管。联合公安部门、防疫部门对邮政快递企业开展115次疫情防控监督检查,出动检查人次340人,下发通报12期。三是组织做好疫苗接种、核酸检测工作,组织全市快递企业对行业从业人员进行新冠疫苗接种,共完成接种从业人员2447人,除禁忌症人员外接种率100%,持续开展核酸检测及疫苗加强针接种工作,共完成加强针接种从业人员100余人。四是争取地方政府疫情防控经费支持,为企业多次发放口罩、84消毒液、医用酒精、消毒凝胶、红外额温枪、防护服、检查手套、医用护目镜、酒精消毒喷雾、测温消毒一体机等防护物资。

【全面加强从严治党取得新成效】 一是发挥党建引领作用,党组织凝聚力战斗力不断增强。制订印发《学习计划》,严格按照计划组织讨论,已组织党组理论中心组学习15次;认真开展党史学习教育。印发《实施方案》,充分利用三会一课、"学习强国"、"三晋先锋",开展专题研讨,开设8期党史学习教育专题读书班;印发《关于开展"党旗在基层一线高高飘扬"活动的通知》,开展系列活动,激励动员全局党员干部坚定必胜信心、勇于担当作为、全力攻坚克难。通过开展"面对面""一对一"谈心谈话活动,掀起党史学习教育新热潮。组织开展好"我为群众办实事"实践活动,在局微信公众号"晋城邮政管理"开设"我为群众办实事"实践活动网上意见征集专栏;领导班子带头开展实地走访,走访农村快递服务点调研,推进快递进村工程;实施"快递+地方农特产品"工程,立足晋城优质农特产品优势,采取快快、交快、邮快、快商等多种方式提高进村效益。贯彻落实"四严禁、五倡导"专题会议,加强党员干部文明道德建设,倡导科学文明卫生的生活方式,破除陈规陋习,弘扬时代新风。二是加强警示提醒教育,党风廉政建设不断深化。成立了以党组书记为组长的党风廉政建设工作领导小组,召开党建暨党风廉政建设部署会,印发《2021年工作要点》《2021年党风廉政建设工作要点》,细化责任清单和任务清单,加强对领导班子成员、科室负责人履行主体责任和"一岗双责"情况监督检查,签订党风廉政责任书,形成一级抓一级,层层抓落实的工作机制。通过督查通报、廉政谈话等方式,层层压实管党治党主体责任。始终把政治建设摆在首位,强化党组织的政治功能,切实树立"四个意识"、坚定"四个自信"、坚决做到"两个维护"。开展警示教育月活动。印发《实施方案》,组织全局党员干部参与警示教育月线上测试;集中观看警示教育片《贪欲》,严抓贯彻落实,防止流于形式、走过场,以实际成果抓出成效。多渠道宣传教育，利用微信工作群、即时通信群、公众号等平台发布节假日廉政提醒，签订廉政承诺书，切实将廉洁意识内化于心、外化于行。三是关心关爱快递小哥，精神文明建设持续加强。联合共青团晋城市委在快递园区开展“关爱快递小哥暖蜂行动”，冬送温暖，夏送清凉，多次为快递小哥发放爱心防疫包裹，价值20余万元。积极推进快递从业人员疫苗接种工作，主动加强与市防疫部门沟通对接，组织全市快递企业对行业从业人员进行新冠疫苗接种。联合市总工会、团市委共同举办“迎‘七一’颂党恩”邮政快递行业文艺会演，展示快递小哥风采，丰富文化生活，加强行业精神文明建设。加强群团组织建设，经中共晋城市委非公经济组织和社会组织工作委员会批复同意，晋城市快递行业党委于8月正式成立，党委发挥党群团组织引领带头作用，提升行业精神文明建设水平，积极争取相关政策，协调相关部门，形成工作合力，有力维护“快递小哥”权益。快递专业技术人员职称评审工作持续推进。加强与市人社局沟通，优化职称申报条件，印发《2021年全市工程系列快递专业初级职称评审工作安排意见》，全年13名申报人员进入评审阶段。积极对接市总工会创建“户外劳动者爱心驿站”228个，基本实现市域范围全覆盖，切实解决快递小哥在工作期间遇到的饮水难、吃饭难、休息难、如厕难等问题。七是开展《智能信包箱》等两项标准培训、新《中华人民共和国安全生产法》培训、安检机操作技能等培训，提升快递小哥法律意识，提升快递小哥业务能力。

【行业发展环境取得新突破】 一是快递物流园区建设稳步推进。山西蓝远快递物流园区二期工程正在稳步推进，晋城局多次深入园区现场调研指导，该项目作为晋城市全年重点工程加快推进，年底前完工。中通快递（晋城）智能科技电商快递产业园区项目于7月30日正式开工奠基，建成后为全国型转运中心，提供1000个就业岗位，日处理件在300万件以上。晋城申通省级转运中心于5月开始建设，11月底完工，中心位于泽州县高都镇，可就地转化本地劳动力200余人，建成后日处理量达100万件以上。二是政策支持持续加码。晋城市邮政业安全事务中心完成事业单位机构改革，5人正式履职；联合市发改委多次召开推进会，共同督促农村物流创新模式试点县建设，高起点高标准高质量推动县级仓配中心建成运营。晋城局再获晋城市“促进晋城经济社会发展突出贡献奖”，连续三年获优秀基层党组织称号；快递进村被纳入晋城市推进服务业提质增效2021年行动计划，市委书记王震对邮政快递行业发展提出要求，指出要加快现代服务业提质增效，发展现代物流，重点抓好蓝远、中通、空港等十大物流园区建设。

【行业发展质量实现新提高】 一是提升普遍服务水平。开展邮政普遍服务营业场所分级监管工作，按照《晋城市邮政普遍服务网点分级监管实施办法》，对辖区内邮政普遍服务网点重新进行分等分级，有效提高监管实效性。通过发函调查、实地走访等方式进行督导，全市所有建制村持续保持通邮率100%，保持县城以上党报当日见报率100%。全面完成邮政普遍服务“两转”工作，全市35处委代办网点转为自办经营、7处单人营投合一网点转营投分离，改制局所均达到自办局所标准，实现营业人员代办转自办，全市邮政局所全部实现邮政自办经营。推动“邮快合作”建设，2020年晋城市邮政分公司与晋城中通、圆通、韵达等10家快递企业正式签订“邮快合作”框架协议。2021年8月，以陵川县作为突破口，经过多次协调后促成当地2个乡镇11个建制村邮快合作。推动邮政综合服务平台建设。积极引导邮政企业加强警邮、税邮、政邮合作，全部实现县区100%覆盖。扎实开展邮政专用标志车辆检查、邮票发行监督管理、“扫黄打非”、高考录取通知书寄递服务保障工作，开展两轮机要通信场所全覆盖检查。结合乡镇局所专项整治“回头看”及汇兑专项检查开展普遍服务合标检查。监督检查普服网点36个（乡镇局所24个），投递场所20个，检查人次89次，下发责令整改通知书9份，季度通报4份，约谈2次，疫情防控通报4份。强化社会监督，聘用邮政特邀社会监督员开展社会监督工作，充分发挥社会力量对普遍服务进行监督。全面助力精准脱贫。选取“喜禾金小米”项目作为“一市一品”农产品进城示范项目。全市累计建设552个建制村邮乐购站点。二是强化市场监管。首先，持续深化“放管服”，推动许可、备案流程优化改革。许可核查自指派之日起10个工作日完成，分支机构备案一般1个工作日受理，10个工作日在线回复准予核准或不予核准通知，末端网点备案时限由3天缩短至2天。其次，取消不合理、不必要限制，简化农村快递末端网点备案手续，引导利用村内现有设施，建设村级寄递物流综合服务站，适度降低农村快递末端备案准入门槛，加快农村快递末端网点备案进程。再次，坚持“双随机、一公开”，完成2家快递业务经营许可证到期延续，完成3家邮政用品用具换证申请和1家邮政用品用具换证注销。最后，开展行业统计培训，强化行业统计管理，保障统计数据真实准确反映行业发展实际，为行业科学发展提供坚实数据支撑。开展行业统计检查，11月共检查10家许可企业。2021年，晋城局认真学习《省局关于在全省邮政快递业推行包容审慎柔性执法的实施意见(试行)》，针对日常检查发现的一般性问题，坚持处罚和教育相结合，充分运用政策辅导、行政建议、警示告诫、规劝提醒、走访约谈等方式，加大对企业指导力度。共开展监督检查快递企业(网点)115家，下发责令整改通知书19份，立案11起，下发行政处罚决定书11份，罚款9.1万元。三是加快推进快递进村、进厂工程，实现高质量发展。积极主动向地方党委、政府汇报，将快递融入全市大交通体系，引导寄递企业因地制宜，采取多种合作模式，持续发力强力推动“快递进村、进厂”工程。首先，快递进村稳步推进。全市有建制村1552个，借助“交快合作”“快快合作”“商快合作”，全市实现快递覆盖建制村1475个，覆盖率95%，较上年年底增长3.76%。其次，强力推进农村三级寄递物流体系建设。高平、泽州、陵川、阳城、沁水5个县(市)均被列为试点县，晋城局紧抓这一有利契机，成立领导小组，强化与地方政府部门沟通协调，持续加大工作力度，推进“交快合作”，持续畅通农村配送网络，形成可复制、可推广的晋城经验。四是推动末端服务站规范化管理。全市共有快递末端服务站574家，备案473家，其中新增备案332家，备案率为70.19%，依法注销快递末端服务站40家，基本实现全市快递末端服务合法化、规范化、标准化。

【安全生产形势持续保持稳定】 一是扎实开展平安寄递工作。首先，深入开展安全生产专项整治三年行动和“三零”单位创建。强化落实三项制度，实名收寄率为99.39%。集中约谈申通、中通、圆通、韵达等8家县级许可品牌快递企业，并下发责令整改通知书，督促企业规范经营管理，强化安全制度落实，保障寄递安全。其次，完善寄递安全管理机制。召开寄递渠道管理领导小组会议，联合公安部门寄递服务安全保障专项督导检查，督导企业严格落实主体责任，全力做好全市寄递安全服务保障工作，未发生违规收寄禁寄物品重大寄递安全事件。指导各寄递企业落实好主体责任，按要求完成“四有”建设工作，建立健全安全生产台账，提高行业安全生产水平。完成邮件快件处理场所安全管理规范化提升行动，联合公安、国家安全、疫情防控等部门开展邮政行业安全生产培训班，举办全市邮政业突发事件综合应急演练。二是推动绿盾工程建设。召开建设推进座谈会，对企业提出的问题现场进行答疑解惑。开展对安检机联网试点企业检查，督促开机率、平均在线时长、过包数均为零的企业进行整改，将联网设备安装在企业日常使用的安检机上，确保正常上传数据。继续做好应急终端值守，无人值守时进行及时转接，确保转接功能正常使用，确保应急指挥终端24小时有人接听，截至年底，辖区内6个分拨中心已接入绿盾系统，整体在线率80%以上。

(张馨月)

临汾市邮政管理局

2021年，临汾市邮政管理局(以下简称临汾局)坚持以习近平新时代中国特色社会主义思想为指导，全面贯彻中共十九大和十九届历次全会精神，按照国家局党组“服务全领域、激活全要素，畅通双循环、打造双高地”的战略思路和省局党组邮政强省的总体目标，以党史学习教育为主题主线，悟思想、提作风、强素质、办实事，不断开拓全市邮政快递业高质量发展新局面。

【扎实开展党史学习教育】 根据国家局党组和省局党组安排部署，成立党史学习教育领导小组，制定实施方案和措施办法，以全面学习党史、新中国史、改革开放史和社会主义发展史为重点，抓深抓细专题党课、党组集中学、党员干部深入自学等规定动作，精心谋划好主题党日活动、"微课堂""晨读党史""红色邮史"等自选动作，开展集体学习8次；"知史爱党知史爱国""学党史、严纪律、强作风""学党史、抓安全、强责任"主题党日活动8次，举办"学党史、抓业务、强素质"主题系列讲堂6期，公众号"微课堂"推送"党史上的今天"50期，集中观看《党史故事100讲》，组织参加庆祝建党百年保密知识竞赛、密码宣传教育等活动，营造党史学习教育的浓厚氛围。

【有效防范廉政风险】 坚决把党规党纪挺在前面，抓好日常监督教育，组织党员干部集体学习习近平总书记在十九届中央纪委五次全会上的重要讲话精神、在广西视察时重要指示精神；强化以案说法，利用系统典型违纪违法案件开展警示教育，集体观看《正风反腐就在身边》《扫黑除恶》等专题纪录片；紧盯关键节点，持续抓好廉政教育和廉政提醒，签订元旦、春节、"五一"、端午、中秋、国庆期间廉洁过节承诺书33份；抓住关键少数，对2020年以来提拔、调整职务的党员干部开展廉政谈话，重点提出履职用权和廉洁自律要求，有效筑牢遵规守纪的思想防线。

【包容审慎推动行业发展】 深化"放管服效"改革，截至11月底，全市普服网点共198个，全部实现营投分离，代办转自办；村邮站746个，邮政普遍服务网点乡镇覆盖率、建制村直接通邮率、县级城市党报当日见报率均为100%。许可快递企业33家，分支机构172家，快递末端网点754个。全市县级以上仓储配送、分拨中心达到22个，日最大处理量超过百万件。建成快递综合服务站168个，其中，城市社区快递综合服务站84个、乡镇（乡镇政府所在地）快递综合服务站49个，村级（非乡镇政府所在地）快递综合服务站35个，基本形成覆盖城乡、便捷高效的邮政快递服务网络。

【服务乡村振兴】 联合市发改委深入推进农村三级物流体系建设工作，临汾局成立由"一把手"任组长的工作专班，多次向分管副市长请示、汇报工作进展，明确试点县由县发改局牵头设立试点工作领导组和办公室，吸收邮政和民营快递企业代表参加，负责该项工作的具体推进和落实；起草《关于加快农村寄递物流体系建设的实施方案》，提请市政府办公室发文；市服务业发展工作领导小组印发文件，通报农村三级物流体系建设工作推进情况，对推进缓慢的县进行点名通报。截至11月10日，临汾市共有建制村2115个，已通快递的建制村2115个。其中，2115个建制村实现邮政EMS、京东、顺丰快递服务全通达（100%），391个建制村实现所有快递品牌通达，快递企业驻村设快递网点501个。

【稳步推进"快递进厂"】 深入襄汾米醋生产厂区、吉县苹果、隰县玉露香梨原产地和迎乐食品加工生产园区，认真查看"快递进厂"实施情况，仔细了解企业诉求，帮助解决发展难题，加速邮政快递业与制造业深度融合。充分发挥桥梁作用，引导快递企业主动与制造企业对接，共同设计制造企业供应链流程，打造个性化、定制化供应链管理解决方案，与制造企业建立互利共赢、长期稳定的战略合作关系。临汾市打造临汾市迎乐食品有限公司、襄汾县太平米醋酿造有限公司等6个一体化的"快递进厂"服务样板示范点，逐步形成先进经验，推动快递业与制造业协同发展。聚焦建制村投递信息化监管，以"制度+机制+平台"为着力点，指导企业用足用好建制村直接通邮App，认真解决系统登录、定位、打卡、变更等问题，每日通报督导企业加强投递员管理。对于因特殊原因无法打卡的，要求企业补充提供手工排单或现场拍照、现场视频等第一手资料，健全完善考核方式，督导邮政企业认真做好建制村投递服务。经过持续督导，建制村周三班以上投递比例保持100%，除因强降雨、降雪、冰冻等极端天气灾害引发地质灾害，导致10月、11月的部分时间段部分地区无法投递打卡外，其余时间每周实地打卡率保持在99.5%以上。

【规范市场行为】 4月，临汾局印发《关于开展邮政快递业经营资质和经营行为清理规范专项行动的通知》，聚焦邮政快递业经营合法化和服务规范化两大热点，采取完善机制、压实责任、优化服务等措施，督促20个末端网点完成备案；约谈邮政企业2次，要求整改网点设置不规范、服务不到位等问题，坚决杜绝不“按址面交”、抛扔快件、暴力分拣等行为，确保群众合法用邮用快权益。5月24日，印发《邮件快件处理场所安全管理规范化提升行动方案》；8月19日，印发《关于进一步抓好邮件快件处理场所“四不”问题整治工作的通知》，就整治设备设施不达标、现场管理不到位、员工着装不规范、作业操作不合规等问题做出具体要求，签订作业场地安全整治承诺书51份。截至11月9日，共检查处理场所11个，下达整改意见书11份，收回整改报告11份。

【开展“暖蜂行动”】 召开专题会议部署落实《关于做好快递员群体合法权益保障工作的意见》；联合市总工会、团市委印发“暖蜂行动”和“快递从业青年服务月”活动方案，建立沟通机制；6月1日，联合市总工会在全市邮政快递业开展“关心关爱、助力成长”、“六一”关爱慰问活动；双11旺季期间，联合市总工会、团市委、行业协会等深入邮政快递企业市级分拨中心和营业网点，为一线员工送去食品、药品、保健品等暖心用品。在全市119个快递小哥“爱心驿站”配备热水、快餐、手机充电器、电车充电设备等，为寒风中辛苦工作的快递小哥提供歇脚、充电、喝水场所，邀请共青团“12355”青少年服务台老师，现场为快递从业青年提供劳动权益、职场适应、心理健康、亲子关系等方面咨询疏导服务。引导全市企业为1590名快递员工购买社会保险或商业保险。开展派费落地专项督查，保障一线投递员合法权益。

【开展执法检查】 按照《邮政普遍服务监督检查指导手册》要求，对辖区邮政普遍服务网点法定业务开办、场所三化标准保持、安全隐患排查治理、危化品和涉枪涉爆涉毒整治、“三项制度”贯彻落实、“扫黄打非”工作开展、专用标志车辆运营、旺季服务保障等事项，对照检查表逐项检查，对发现的问题责令企业限期整改到位，确保整改实效。督导企业持续做好疫情防控工作，加大场所、车辆消杀力度，做好员工疫苗接种等工作。截至11月底，共出动执法人员168人次，检查邮政普遍服务局所55个，投递处理场所13个，邮件处理中心5次，视频巡检83次，检查邮政专用标志车辆3次，建制村通邮检查252次，下发责令改正通知书26份，行政约谈3次，检查通报3份，行政处罚企业1起，罚款5000元，有效维护普遍服务水平。

【建设邮政综合服务平台】 坚持以“邮政+政务服务”提升公共服务能力，协调税务、交警等部门强化与企业沟通联系，指导企业抓好深化放管服改革契机，发挥邮政资源优势，做好人财物支撑保障，持续拓展警邮、税邮、政邮合作范围，以“邮政+政务服务”模式将便民服务延伸至群众家门口。在警邮、税邮合作市县全覆盖基础上，全市警邮、税邮合作网点分别达到28个、87个，政邮合作覆盖17个县(市、区)，实现警邮、税邮、政邮市县100%全覆盖目标，累计代征税款801.75万元，开具普通发票29599笔，产生寄递业务3463件。

【全面助力乡村振兴】支持邮政企业做大做强。鼓励企业以临汾农产品加工十大产业集群规划为引领，立足吉县苹果、隰县玉露香梨、翼城苹果、曲沃樱桃等“一市一品”精品项目，深度挖掘地方名优特产品资源，推广“寄递+电商+产销地”等模式，探索产销一体化综合性服务模式，进一步激活邮政渠道支撑农村经济发展强大势能，实现邮政寄递主业做大做强。一年来，邮政企业以玉露香梨、吉县苹果为精品项目带动农特产品210万千克，销售额1071万元，邮政包裹业务量40.33万件，业务收入188.01万元,带动农户增收677.31万元。

【筑牢疫情防控“主阵地”】 严格落实《邮政快递业疫情防控与寄递服务保障工作指南》，强化与市政府和市疫情防控办工作对接，确保沟通顺畅、政令畅通。疫情防控“六个台账”；制定详细的营业场所、分拨中心的消杀流程；建立跨市企业疫情防控工作群，要求企业每日拍摄员工体温测量、快件消杀视频并在群内上报;督导邮政快递企业配合各县(市、区)卫健防疫部门开展疫情防控专项工作。

【强化安全治理能力】 一是深入开展安全生产专项整治三年行动,督促市级企业加强全网统一管理,持续开展安全隐患自查整改,严防安全生产事故发生。临汾局紧盯重要节点、重大节日,在全国两会、五一期间,采取“四不两直”方式,深入邮政、快递企业分拨中心和营业网点,现场检查邮件快件过机安检、安全生产隐患整改和疫情防控消杀等情况。此外,加快推进“绿盾”工程,积极探索“非现场”检查方式,利用视频巡检开展检查52次,检查营业网点89次、分拨中心60次,针对问题依法下达整改意见书56份,下达行政处罚决定书21份,累计罚款14.07万元,责令2家企业停业整顿15天。二是做好全行业防汛抗涝工作。2021年以来,临汾市出现多地强降雨,根据市政府气象灾害、地质灾害、防汛救灾视频调度会议精神和省局相关工作要求,8月4日,联合消防部门开展邮政快递业汛期安全专题培训,进一步增强从业人员防汛意识,提高行业防汛应急处置能力。7月、10月,临汾局先后指导全市邮政快递企业严格落实防汛抗涝各项工作措施,扎实做好入汛以来最强降水天气地质灾害防范工作,要求全行业高度警惕、提前准备,落实好防汛各项工作举措。三是开展全市邮政快递业消防安全应急演练。在第二十个“安全生产月”,组织全市邮政快递企业开展2021年邮政快递业突发事件应急演练,同时,邀请第三方消防机构进行理论培训和现场指导。四是召开专题会议宣传贯彻新《中华人民共和国安全生产法》。

(史 强)

运城市邮政管理局

2021年以来,在省局党组和市委、市政府坚强领导下,运城市邮政管理局(以下简称运城局)坚决贯彻习近平总书记对邮政快递业的重要指示批示精神和上级决策部署,持续巩固疫情防控和行业改革发展稳定成果,统筹做好发展和安全等各项工作,行业发展数量和效益显著增强,发展能力持续提升,发展态势稳定良好,为推动全市经济和社会发展做出积极贡献。

【在走深走实中彰显学习教育成果】 一是党组率先垂范,各项动作规范开展。局党组成员带头讲授专题党课5次,举办理论学习中心组专题学习8次;机关党支部开展专题学习7次。在自身学深悟透基础上,党组成员以普通党员身份参加党支部专题组织生活会,带头学习研讨,取得帮学促学、交流提醒的良好效果。二是围绕主题主线,红色信念传承有序。组织行业党员干部和普通群众结合建党百年主题,通过请进来学、走出去学、沉下去学等方式抓好学习教育,连续举办党史知识竞赛、书画摄影展览、红色经典阅读、端午民俗等系列主题活动,传承红色精神,汲取榜样力量。多点多样开设党史学习教育课堂,组织观看专题影片、祭扫烈士陵园、参观陈家庄红色基地、参加全市党史培训讲座,组织企业党员参与2021书香运城阅读季直播诵读、两新组织党史知识竞赛,广泛传承共产党人信仰如磐的坚定意志,激发催人奋进的精神力量,从业人员政治认同、思想认同、情感认同极大增强。三是心怀国之大者,实践活动落地见效。准确把握行业需求,制定实事项目清单,把国之大者贯穿到“我为群众办实事”实践活动中。着重选准切口小、分量重、期盼高的快递员吃饭、休息、行路难题狠抓落实,协同市委组织部等牵头部门依托党群服务场所建成201座“快递小哥爱心驿站”,实现驿站市县全覆盖;联合市人社局印发通知,专项整治规范行业劳动用工,构建完善劳动服务保障体系,快递员群体幸福感、获得感不断提升。在汛情大考中,局党组坚持人民至上、生命至上,果断调整行业运行,迅速组建党员突击队,组织机关开展“我为灾区献爱心”“博爱一日捐”等活动。行业党委冲锋在前,示范引领,协同顺丰快递捐赠4万元救灾物资,动员全行业捐款捐物9万余元驰援灾区,以实际行动构筑防汛救灾的红色堤坝。

【在从严从深中加强党的全面领导】 一是以政治建设为统领,全面深化党的建设。制定《工作要点》,

始终确保党总揽全局、协调各方。局党组会议定期研究党建、意识形态和重大事项，把政治标准和政治要求贯穿各项工作当中，党组政治组织力和政治领导力更加凸显。夯实支部政治基础，以“三会一课”为载体狠抓标准化规范化建设，积极创建“寄递强市党旗扬”党建品牌，推动党建和业务互融互促、共建共进。市局机关2名党员获得全省交通运输系统优秀党务工作者和优秀党员称号、1人被授予全市两新组织优秀党务工作者。以党建带群建，组建运城市快递行业党委，成立2个非公快递企业联合党支部，行业党员全部纳入党组织日常教育管理，邮政快递业加快融入全市基层党建格局。快递企业2名党员分获全市优秀党员和两新组织优秀党员称号。用好用活运城红色资源，组织行业党员干部通过重温诗词、合唱红歌、传诵经典、研读故事、观瞻红色基地等方式，开展建党100年系列庆祝活动，引导行业人员从艰辛历程和建党精神中感悟精神伟力，汲取奋进之志，赓续精神血脉。二是以政治学习为基础，不断坚定党性信念。真学真信习近平新时代中国特色社会主义思想，认真开展“三会一课”，常态化开展以“一月一主题”为特色的主题党日活动。巩固完善以固定时间、指定内容为特点的机关每周学习机制，拓展微信群、即时通、“学习强国”App平台，探索形成党组学在前、支部学在全、干部学在深的学习模式，党员干部政治理论武装不断强化，理想信念更加坚定。三是以党风廉政为重点，压实管党治党责任。制定出台《2021年党风廉政建设工作要点》，与各科室负责人签订《党风廉政建设责任书》，督促落实“一岗双责”。常态化开展廉政警示教育，紧盯春节、五一、中秋、国庆等重要节点进行廉政提醒，观看警示教育片《正风反腐就在身边》，开展党规党纪知识测试，推进廉政机关建设。认真开展“三重一大”决策不规范等三方面问题专项整治，权力运行更加科学规范。对3名新任职干部开展廉政谈话，更新科级干部廉政档案8份，落实廉政风险防控责任。严格落实中央八项规定精神，持之以恒开展“四风”问题专项整治，机关人员干事担事意识持续增强，政治生态风气持续清朗。四是以队伍建设为关键，推进精神文明创建。深化文明城市创建活动，机关全体干部职工积极参与垃圾清扫、交通劝导等系列活动，推动志愿服务制度化，彰显行业精神风貌和责任担当，市局被授予“2020年度市直文明单位标兵”称号。与市总工会、团市委联合印发《快递从业青年服务月》《暖蜂行动》两个专项文件，从户外保障、关怀慰问、环境改善、薪酬保险等方面落实落细快递员权益保障。开展“清凉一夏”慰问活动送去2万元消暑物品，为300余名快递员免费体检并赠送人身保险，推动全市建成201座爱心驿站，有效传递党的温暖，从业群体使命感、荣誉感、归属感显著增强。顺丰快递1人获评全国交通系统抗疫先进个人，稷山邮政1人获全国优秀共青团员称号。联合市人社局、市财政局等部门印发《职业技能提升培训实施方案》，采取上门培训、夜间授课等方式灵活授课，累计培训1152人次，行业发展人才队伍支撑愈发坚实。

【在延链强链中构建全新发展格局】 一是更大格局健全保障体系。持续深化拓展体制机制改革成果，扎实做好机构改革后半篇文章，市邮政业安全中心实现人员到位、经费到位、职责到位，临猗县邮政业发展中心组建成立，监管体系重塑和功能再造初步完成。在更大范围、更高效能、更深层次强化行业发展保障，省局和市委、市政府主要领导、分管领导先后9次实地调研肯定并作出指示批示，特别是省局局长秦红保、市委书记丁小强年内先后5次亲临指导，为行业健康快速发展指明方向，奠定基础。市委常委会第184次会议部署快递产业发展示范城市工作；行业多项内容纳入市委常委会“我为群众办实事”重点项目清单；市政府会议专题研究促进快递物流体系建设；财政、交通部门联合印发《交通领域财政事权和支出责任划分方案》；与市职业技术大学联合建立校企合作基地；与组织部、文明办、非公工委、市直工委以及交通、发改、财政、人社等党政主要部门协作更加紧密，机制更加顺畅，保障更加务实，行业保障更加健全有力。二是更高站位谋划发展布局。紧盯运城“一区两城三强市三高地”发展定位和全国全省物流通道发展规划，立足运城地域优势和产业优势，布局建成以楚侯顺丰、临猗邮政、运城中通等大型分拨为龙头的枢纽集群，快递年处理量突破3500万件，支撑销售额超20亿元，形成立足黄河流域、服务周边省份的多元多核发展布局，有效提高运城在全省快递体系中的“首位度”和“话语权”。三是更强力度建设服务节点。市局多次协调地方政府跟进服务、大力推动，投资3.4亿元的顺丰晋南产业园年初建成投产，同时整合盐湖、临猗、永济等地多家企业服务资源设立联合分拣中心，与现有大型枢纽和末端节点形成联动互补优势，市县乡多层级寄递物流体系进一步完善。四是更广覆盖拓展末端网络。高起点谋划两进一出工程,快递进村项目由市委书记直接包联，为进村工程提速加力、顺利推进奠定基础。市局出台方案，指导企业因地制宜通过设点、沉网、协作等方式路径，品牌企业“挑大梁”，邮快合作“唱主角”，邮快、快快、交快、快商多模式齐头并进、协同推进。临猗中通、申通、韵达仓配共建共用创造先进经验，形成临猗模式。全市1824个建制村实现快递进村，覆盖率达84%。邮政综合服务平台建设稳步加强，警邮、政邮合作覆盖县100%，税邮合作在河津、新绛探索实施，全省首家军邮驿站正式启用，“邮政平台+政务服务”助力放管服改革，使基层群众享受到实实在在的便捷服务。五是更深层次推进产业融合。以网络为硬核支撑，服务为强大动能，全环节全链条深度衔接融入运城农业、轻工业、电商等关联产业。第六届国际果博会设立快递专区，多家企业参展亮相。主动参与“南果”平台建设，年寄递苹果2400余万件，运城苹果连续3年成为全省唯一金牌项目，带动樱桃、甜瓜、冬枣等农特产品销售18.24亿元。积极培育玻璃、袜子、锅巴等银牌项目，年寄递量超570万件，推动行业向物流体系和价值链条中高端迈进。六是更严管控开展绿色治理。全市共采购可循环快递箱(盒)700个，99.47%以上的电商快件不再二次包装，753个网点设置包装废弃物回收装置，环保绿色成为邮政快递业最亮底色。

【在真抓真管中提高行业治理效能】 一是把普遍服务监管硬起来。审慎包容开展行政审批备案，最大限度激发邮政企业活力，完成邮政企业审批备案60个，36处普服网点实现提档升级，服务效能稳步提高。以乡镇网点“回头看”行动为重点，严厉整治普服营业、邮件投递、建制村通邮、邮票零售、邮车运营等方面违法违规行为，先后开展检查94次，下达整改通知书10份，约谈企业负责人2次，形成监管高压态势。督导企业建立投递打卡考核制度，全市2172个建制村每周三班以上投递继续保持100%。坚持政治标准，党组专题研究机要工作，发文安排全年机要监管，组织企业机要法规培训，完成13处机要网点两轮全覆盖检查，确保机要通信万无一失。大力抓好一市一品培育、党报当日见报、录取通知书寄递、社会监督等重点工作，邮政普遍服务满意度不断提高。二是把邮政市场监管严起来。先后组织快递末端服务站、安全生产体系建设、处理场所安全管理规范化提升、旺季服务等专项行动，部署企业把法律责任和自查整改贯彻到各场所，体现到各环节，落实到各人员，加强内控，规范运行。指导企业加强储能，统筹任务，做好上下游、收派端、政企间衔接协同，科学制定服务预案，旺季服务保障准备工作得到副市长批示肯定。对扰乱市场秩序、违反服务标准、损害用户权益等行为持续亮剑，累计出动执法人员286人次，约谈企业18家，下达改正通知书41份，立案查处16起，罚款9.7万元，邮政市场发展秩序持续规范，发展质量稳步提高。三是把安全监管职责强起来。把安全作为发展前提和基础，大抓“三项制度”落实。在强化安全理念上，守牢安全红线，联合行业协会开展“送法入企”宣传活动，专题组织《智能信包箱》《水产品快递服务要求》两项行业标准培训。在强化安全责任上，邮政快递企业全部签订《安全责任状》，细化任务目标，督促企业责任、投入、培训、管理、应急五到位；深入推进安全专项整治三年行动，开展处理场所“四不”问题整治，切实堵塞消除安全漏洞；发挥寄递渠道领导小组职能，协同公安等部门抓好查枪禁爆、禁毒反恐、“扫黄打非”工作；在强化安全应急上，联合开展禁毒、反诈、防恐、防疫、消防、防汛等六项应急演练，本质安全水平不断提升，推动高质量发展和高水平安全同向同力、共促共进。四是把疫情防控责任挺起来。主动对接、主动报告市疫情防控办，强化常态化疫情防控。主要负责人亲自抓、担总责，多形式组织防控部署会，多轮次实现全覆盖检查，多渠道发布消费提示，多举措加强“人物同防”，督导企业认真落实《行业指南》和防控要求。配合地方政府妥善处置企业涉疫突发事件。全市从业人员疫苗接种率达99.92%，切实织细织密行业防线。

【在建优建强中夯实监管体系基础】 一是聚势“放管服效”改革。将“放管服效”改革作为转变政府职能的重要举措，审批备案做到专人专岗、即报即审，对符合条件的企业实行“网上办、一次办”，审批事项按时办结率保持100%，分支机构备案办结时限大幅压缩80%。加强事中事后监管，市场主体“从宽进，从严管，从实服”格局加快形成，发展活力全面释放，发展秩序更加规范。二是聚力法治邮政实施。全面运用“双随机、一公开”方式，严格执行行政执法“三项制度”，认真落实“谁执法谁普法”要求，研究制定全年执法计划，动态调整“两库一清单”，推行“初违从宽，屡违从严，轻微从教，严重从罚”的柔性执法方式，让法治邮政建设在温情监管中向纵深推进。三是聚优干部队伍建设。坚持新时期好干部标准，选优配齐科室负责人，完成5人职务职级晋升，开展干部轮岗锻炼，做好年度考核和推先推优，组织“学党史、找差距、促提升”大讨论，激励干部勤学苦练、担当作为，干部队伍结构更优、活力更强、动能更足。岗位历练和党性实践同步开展，把疫情防控执勤、入户反诈宣传、防汛救灾等一线急难险重任务作为检验机关干部担当奉献精神的试金石和磨刀石，让队伍在一线经风雨、见世面、练本领、增能力，打造讲忠诚、肯奉献、勇担当、善作为的监管铁军。四是聚精机关运行支撑。立足预算支出大幅压减的“紧实际”，把“过紧日子”作为运行常态和基本要求牢牢坚持。着眼开源，积极推动地方政府落实邮政领域财政事权和支出责任，行业监管经费申请获得市政府原则同意；着眼节流，从严从实从细制定落实“紧措施”，夯实“紧责任”，实现机关厉行节约、长效常治。筑牢意识形态阵地，建强用好官网、公众号、微信群、朋友圈等新平台新载体，加强与《运城日报》、《运城晚报》、运城电视台等主流媒体合作推介，围绕重点工作传播行业声音，展示行业形象，全年编发各类信息79篇，多篇政务信息刊登省市两级政府门户网站主页，行业舆论传播力、影响力、引导力不断增强。定期做好统计数据分析上报，开展行业统计专项检查，规范统计基础，提高数据质量。圆满完成市委、市政府交办的各项任务，运城局获全市2020年度目标责任考核“优秀单位”称号，“13710”工作获得市政府通报表扬，市政府“12345”政务满意度达100%。高质量完成工会、信访、保密、公文、档案、网站管理、信息公开等日常工作，为自身建设赋能添势，夯基垒台。

（王　刚）

山西交通运输 2022 年鉴

交通控股

山西交通控股集团有限公司

2021年，山西交通控股集团有限公司（以下简称交控集团）坚持以习近平新时代中国特色社会主义思想为指引，认真贯彻落实省委、省政府决策部署，统筹推进项目建设、经营管理、深化改革、科技创新、风险防控、党的建设等各项工作，圆满完成目标任务，实现“十四五”良好开局。

【坚持稳中求进，经营效益创历史新高】 全年实现营业收入493.44亿元，增长16.07%；实现利润总额7.36亿元，增长38.61%；资产负债率76.93%，较上年下降1.62%。盈余现金保障倍数、现金流动负债比率、技术投入比率等对标评价指标高于行业优秀水平。（2018—2020年）任期和2020年度省属国企经营业绩考核获得A级评价。

【坚持聚焦主业，交通项目建设成效显著】 完成投资346.27亿元，同比增长22.8%。全省最后两个“县县通高速”项目汾石、浮临高速公路开工建设。6个在建高速公路项目建设稳步推进，受到省交通运输厅表扬。209国道吕梁新城区公路改线工程、207国道左涉一级公路等6个国省干线，临汾市旅游公路（永和段）、晋城太行一号国家风景道等12个旅游公路和“四好农村路”项目扎实推进。长临高速等3个高速公路项目获全国公路交通行业最高工程质量奖李春奖。路桥集团等6户企业在全国施工、设计、监理企业信用评价中上升为最高等级“AA”级。

【坚持精细管控，高速公路经营服务水平稳步提升】 实施政府还贷高速公路独立核算，制定47项成本控制指标，养护成本同比下降4亿元。扎实开展高速公路沿线环境综合整治、运营管理创优活动，路容路貌明显改善。智慧管理系统上线运行，全路域管理能力稳步提升。大力发展路域经济，通过办公区屋顶光伏发电、闲置房屋租赁、养护机械和通信管廊租赁等方式，实现收入8222万元。实施4对服务区“一区一策”提质升级改造，新开通21对服务区、21座加油站，建成20座加气站，服务区经营收入实现11亿元，同比增长28%。追缴通行费、标志标线提升专项行动2项工作，受到交通运输部通报表扬。

【坚持深化改革，发展活力明显增强】 深入推进国企改革三年行动，27项改革任务年度目标全部完成。董事会任期制、经理层聘任制、员工合同制全部落实，现代企业制度不断完善。银团贷款利率统一调降至LPR5Y，年可节约财务成本11.31亿元。通过非公开发行股份方式，向上市公司注入83.1公里、63亿元高速公路资产，引入央企投资人实现资本市场再融资4.8亿元，资产证券化取得新进展。成立服务区管理分公司，优化服务区管理体制。重组信通公司，着力做强数字经济。清理退出不具备优势的非主营业务企业7户、压减15户、完成“止损挽损”12户，不断推进瘦身健体。加强资产资金管理，开展服务区资产清查、财务管理专项检查，基础管理水平不断提升。

【坚持创新驱动，科技支撑更加有力】 强化科研攻关，“特长公路隧道辅助通道设置及施工关键技术研究”等8项科研成果获山西省科学技术奖。主编的《绿色公路评价指南》等7项地方标准由省市场监督管理局获准发布，填补省内绿色公路建设领域技术标准空白。交通专有云智慧运维管理平台等3个项目被省工信厅确定为全省信创试点补助项目，是全省入选项目最多的企业。承担省交通运输厅科研项目达到19项，总规模超过前三年总和。智慧交通山西省实验室加快建设，聘任3位院士担任第一届学术委员会主任、副主任委员，努力为交通强国建设提供山西思路和山西经验。

【坚持底线思维，风险防控扎实有效】 加快推进全面风险管理体系建设，构建重大风险定期评估机制和预警机制。开展合同管理专项检查工作，检查经济合同9783份，涉及合同金额1179亿元，有效防控合同法律风险。强化审计风控，审计404个项目，节约资金2566.97万元。深入开展安全生产专项整治三年行动，健全完善全员安全生产责任制，排查安全隐患4839项、整改4416项，整改率91.3%，努力把问题解决在萌芽状态，没有发生重特大生产安全责任事故。严格落实领导维稳责任和信访包案制度，扎实做好矛盾纠纷排查化解工作，未发生非正常上访事件。加强知识产权工作，省委宣传部、省版权局授予“山西省版权示范单位”荣誉。

【坚持加强党的建设，干事创业氛围更加浓厚】 扎实开展党史学习教育，从百年党史中汲取智慧和力量，完成“我为群众办实事”3115件，达到学党史、悟思想、办实事、开新局的目的。不断完善党组织体系建设。深入推进党建与生产经营深度融合，党建项目化取得新成果，11个典型项目入选省国资委重点项目库。出台《关于加强对“一把手”和领导班子监督的若干措施》等制度，从严从实加强干部管理监督。强化政治监督，完成3户企业常规巡察、7户企业专项巡察、30户企业政治监督专项检查，风清气正的政治生态不断巩固。深入开展“号岗队手”青年岗位建功、“工人先锋号”劳动竞赛等活动，干部职工的凝聚力和引领力持续增强。驻村帮扶、文秘信息、督查督办、机要保密、后勤保障等各项工作均取得新成绩。

一年来，省委书记林武、省长蓝佛安等7位省领导先后到交控集团调研指导，对改革发展工作给予充分肯定。这些成绩的取得，是习近平新时代中国特色社会主义思想科学指引的结果，是省委、省政府坚强领导的结果，是省国资委、省交通运输厅、省国资运营公司等单位指导支持的结果，更是广大干部职工担当作为、奋力拼搏的结果。

（周应华　程才锋）

山西路桥建设集团有限公司

2021年，山西路桥建设集团有限公司（以下简称路桥集团）坚决贯彻新发展理念和高质量发展要求，深入推动《新战略机遇期发展规划》落地实施，市场化、专业化、法治化、信息化水平稳步提升，营收、利润、资产总额、职工收入再上新台阶。2021年，营收248亿元，同比提升9.8%，利润总额14.43亿元，同比增加32.8%；资产负债率74.87%，同比下降3.3%；资产总额达到1123亿元，步入“千亿级”企业行列；在岗职工平均工资达9.5万元，提前实现新战略机遇期（2019—2022年）“在省属国有企业平均水平基础上再增加一万元”的目标，为跻身行业一流，打造“管理科学、经济坚实、文化先进、职工幸福”的新路桥夯实基础。

【路桥品牌展现新气象】 勇担国企使命、争做开路先锋，主动投身交通强省建设。一是项目建设跑出“加速度”。全年完成高速公路、国省干线项目投资286亿元，占全省公路建设投资的60%。顺利开工“支撑太忻经济区建设”的青银二广高速太原联络线，稳步推进离隰、昔榆等重点工程，有力实施晋城太行、忻州偏关等旅游路960公里，全面推进晋中榆次、长治武乡等“四好农村路”764公里，全幅贯通隰吉、吕梁209国道主体工程，高效建成左涉207国道。二是项目建造体现“高品质”。深入创建“平安百年品质工程”，持续推广“三集中”管理、“四新”应用、“五化”建设、“六个百分百”环保作业，引入路面无人摊铺、隧道机械化施工等成套装备，“标准化、机械化、智能化”建造水平显著提升。隰吉、离隰高速入选全省“推进交通强国建设行动计划”；昔榆高速被省厅确定为“智慧公路”示范工程；3个项目荣膺“李春奖”，3个项目获得“汾水杯”。省外项目，屡创佳绩。京雄项目与央企同台竞技，全线第一家完成路基主线工程，创造“山西路桥速度”；延崇项目服务京津冀协同发展，高质量完成建设任务，为北京冬奥会贡献“山西路桥力量”；新疆阿乌项目作为全国首条沙漠探险旅游公路，全体参建人员克服气候、环境等多重困难，在西北边疆展现“山西路桥担当”。三是项目运营展现“新特色”。实施“十大专项提升工程”，应用“智慧停车系统”，推进LNG加气站建设，路容路貌、通行环境、服务水平提档升级。优化太佳东高速“重点营运车辆智能监控与预警系统”，实现危化品车辆精准管控、不留盲区。探索“晋南公司统筹、属地公司配合”的非经营性公路管理模式，逐步形成路桥特色运营体系。

【市场经营呈现新格局】 充分发挥“投资、建设、施工一体化经营、协同化发展”优势，2021年新签合同额407亿元，同比增长20%。守牢省内市场“主阵地”，积极承揽高速公路、国省干线和旅游公路等项目，中标331亿元。开辟省外市场“新天地”，设立江西省、内蒙古自治区等11个办事处，建立覆盖全国的市场开发新格局，成功中标路桥集团省外最大投建项目——新疆218国道那巴公路、设计施工总承包EPC项目——浙江235国道云和段改建工程，以及安徽、河北等地多个施工项目，合计76亿元，创历史新高。依托交通主业，建设“千亿级”数字化交通产业园，实施“新能源物流平台”“全国工程机械租赁平台”“建筑工业品采购平台”“交通模板标准件生产基地”“交通产业工人培训基地”5大业态；成功申报省交通静脉产业工程研究中心，规划“山西交通低碳科技园”；完成86兆瓦分布式光伏项目备案，建成光伏电站115个，累计发电超3000万度，降本创效1800余万元；积极推动“交通苗木培育基地”“鹿泉驿站”建设，全方位打造交通新业态集群。

【治理能力实现新跃升】 坚持数字转型，全年召开信息化工作推进会12次，建设涵盖“人、财、物”全方位、“投资、建设、施工、运营”全链条的28个管理平台，将路桥集团特色管理内嵌到信息化系统，进一步固化管理流程、规范管理权限。搭建“山西路桥数字一体化管控平台”，实现工程、成本、资产、招采、劳务等关键业务与财务数据融合。取得软件著作权12项，财资税银、成本核算、平安交通、人力资源等系统得到行业认可推广。持续对标一流，实施“12项管理提升”。精准开展项目策划，“二次利用”“班组化建设”“智能化施工”密集落地；充分利用税收优惠政策，节约成本1.84亿元；率先搭建“全业务”采购场景的电子商务平台，总节支率达到4.5%；创新融资模式，债务性融资加权平均成本降至4.49%，节约财务费用1.4亿元；建立债权债务动态治理机制，全年回收债权15.53亿元，清理民营中小企业欠款1.36亿元。坚持“红线管理”，深化应用“平安交通”管理平台，落实危大工程视频报告制度，持续推进“平安智慧”工地建设。推广应用隧道环境自动化监控技术和智慧用电系统，实时预警监测，填补行业空白。升级完善涵盖8类284项制度体系，启动合规体系建设，进一步规范管理、防控风险。

【国企改革取得新成效】 深入贯彻“国企改革三年行动”，聚焦150项改革任务，持续推进“六定”改革，优化总部职能定位，提升组织绩效。加快清理退出不具有竞争优势的企业17户，压减法人户数、止损挽损重点攻坚任务全部完成。积极推进施工板块改革“后半篇”文章，推动施工管理模式变革，强化“协作队伍管理”，施工板块企业竞争力显著提升。稳步推进三维华邦脱困解困，多措并举妥善转岗安置1502人，建成高分子模压井盖等5个车间，生产20余种产品，年产值2.1亿元；积极引进阳化能源、大秦物流等战略合作方，有效盘活现有资产。省国资委要求完成国企改革三年行动任务总量70%，路桥集团已经完成80%。

【队伍建设迸发新活力】 坚持结果导向，健全“党建+业绩+项目+专项”四位一体考核体系，完善向“基层一线、技术人才、关键岗位、创利单位”倾斜的薪酬体系，切实发挥正向激励作用。修订“领导人员管理”等5项制度，打通中层人员、项目经理、专业人才成长晋升通道。2021年，共48名青年骨干、优秀项目经理得到提拔重用。坚持人才强企，67名年轻大学生深入基层一线历练，9名优秀大学生进入后备人才库。加强“企校间”“企业间”合作，与长安大学、重庆交通大学等5所高校开展人才引进合作，与山西工科大搭建“产教融合实训基地”，与徐工集团建立“交通产业工人培训基地”，全年完成培训1084次，开展新型学徒培训520人次。

【科技创新取得新成果】 坚持技术指导生产，组织编制100项“施工工艺”标准，发布省级标准2项、企业标准52项；获得科技成果及奖励148项，其中省部级科技成果96项。运宝黄河大桥顺利通过住建部“绿色施工科技示范工程”验收，“大跨径——波形钢腹板”关键技术与应用获2021年度中国公路建设行业协会科技进步一等奖。坚持绿色发展，打通固废资源综合利用产业链、创新链、价值链。全年推广利用固废物资1400余万吨。全省首例“CFB灰渣改良土”试验段，在吕梁209国道路面工程成功铺筑。“路桥生态水泥”荣获全国“利废新材料科技创新奖”和我省“科技工作者双创大赛金奖”，并成功应用于隰吉高速、吕梁209国道路面基层。坚持智慧建造，优化升级“山西路桥数字建造管理平台”，转化GIS+BIM“便道规划、项目策划、智慧工地、无人机航测、工程量统计”等5项技术成果，建设昔榆高速“智慧指挥中心”，打造山西交通智慧建设和BIM应用示范点。

【党的建设呈现新风貌】 扎实推进党史学习教育，完善“1+3+N”法人治理体系，建立“第一议题”制度，推动习近平新时代中国特色社会主义思想走深走实。深入实施“1235”党建项目化管理，“支部建在项目上”党建品牌获“全国交通企业管理现代化创新成果”一等奖。严格“三重一大”决策，全年召开党委会44次，前置研究重大事项360项，党委“把方向、管大局、促落实”作用不断彰显。坚持党建引领文化建设，编制推广“企业视觉识别”“项目部标准化”手册，拍摄制作路桥集团首部党建宣传片，全新发布《新路桥、蹚新路》宣传画册，讲好“路桥奋斗者”故事，开展庆祝建党百年系列活动，唱响“党旗红·路桥蓝”的高昂旋律。深入实施夏送清凉、金秋助学、扶贫帮困、乡村振兴等工作，凝聚高质量发展强大合力。坚持全面从严治党，构建“政治监督、日常监督、联动监督、基层监督”一体贯通的全方位监督格局，探索“智慧监督”，启动“廉洁路桥·违纪风险大数据研判平台”建设，推动全面从严治党向纵深推进、向基层延伸。

（刘　扬）

山西省交通开发投资集团有限公司

2021年，山西交通开发投资集团有限公司（以下简称交投集团），交投集团董事会严格按照《中华人民共和国公司法》等法律法规以及《公司章程》《董事会议事规则》等相关规定，以稳中求进为工作总基调，坚持“创新、经营、效益”工作思路和“主业稳、辅业强、新业新”总体要求，统筹推进企业治理、生产经营、改革创新等各项工作，完成了年度各项目标任务，实现了“十四五”良好开局。

【经营效益稳定向好】 全力变“运营”为“经营”，围绕“经营”精准施策、定向发力，取得了优异的经营成绩。全年利润总额同比增长36.5%；营业收入利润率较目标值高出近5个百分点，资产负债率同比下降2个百分点；全员劳动生产率、人工成本利润率等核心经营指标均超额完成目标任务，稳住了生产经营基本盘。

【现代企业制度持续完善】 以董事会建设为核心，不断完善法人治理结构。制定“三会”议事清单，严格落实董事会向经理层授权、经理层向董事会报告工作制度，全面实施经理层成员任期制和契约化管理，形成了权责法定、权责透明、协调运转、有效制衡的公司治理机制。所属企业外部董事应配尽配，基本实现外部董事占多数。国企改革三年行动目标任务完成率83%，“三项制度”改革、科技创新、员工发展“双通道”建设等机制改革取得重大进展，干部职工干事创业积极性不断提高，“向管理要效益”的氛围基本形成。

【业务结构不断优化】 黎霍高速、晋阳高速改扩建等重点项目完成年度投资任务，为做强主业打下基础。加快多元业务发展，中小产业园正式开园运营，服务区、商务楼招商工作取得新成效。加快专业化整合、板块化经营，服务区经营、物业管理、工程建设与养护施工等业务向着规模、精耕方向迈进。加快低效无效资产处置和历史遗留问题解决，完成山西煤销忻保等5户企业清算注销，完成凤凰山综合教学楼不动产权登记，王村南街职工住宅楼产权办理有序推进。全年非路产业营收占比大幅提升，营收结构发生可喜变化。

【风险防控有力有效】 坚持把防风险作为定战略、作决策的大前提，设立战略投资等5个专门委员会为董事会决策提供专业支持，尽职调查、合规审查成为业务流程的必要环节。修订完善《法定代表人授权管理办法》《担保管理办法》等制度27项，切实提高了内控管理水平。紧盯重点风险领域，构建了覆盖全员、全过程的安全生产责任制链条，安全生产形势持续稳定。实施负债率和负债规模双管控，资产负债率始终控制在合理水平。

【企业履行社会责任情况】 一是安全责任。坚持“防微杜渐、管控风险、关爱生命”安全理念，以深化安全生产“五大体系”为主线，以落实安全生产责任为重点、以加强隐患排查治理为抓手、以杜绝重特大责任事故为目标，全面加强高速公路运营安全、在建项目施工现场安全和人员密集场所消防安全，全年未发生生产安全责任事故，安全生产形势平稳向好。全年累计投入1亿余元，全力保障2项重点工程建设和安全教育培训、安全生产设备设施和职工职业健康环境等各项经费支出。制定安全生产专项整治三年行动“集中攻坚年”任务清单，加强隐患排查的过程监督。持续组织开展安全大讲堂、新《中华人民共和国安全生产法》宣贯、安全环保培训，参训人数达3000余人次。联合地方应急办、高速交警开展消防、防汛、危化品车辆事故处置等应急演练538次，持续提升应急处突能力。安装“雾区引导防撞系统”7公里，安装能见度检测仪4处，确保安全风险始终处于可控范围。所属5家高速公路运营单位全部实现“业务达标、岗位达标、企业达标”，其中2家高速获2021年省级安全文化示范企业称号，进一步推进了安全生产文化建设。强化疫情防控各项举措，因时因势动态调整、细化和完善防控措施。职工新冠疫苗接种率100%，2021年，未接到职工疑似或确诊新型冠状病毒感染的肺炎情况报告。二是创新责任。大力实施创新驱动发展战略，充分发挥创新在交投集团发展中的支撑和引领作用，重点围绕经营发展及智慧高速公路建设，助力交投集团高质量转型发展。黎霍高速公路项目的“高风险富水岩溶隧道灾害识别监测预警及控制技术研究”及“山区桥梁装配式下部结构合理连接构造技术设计及质量控制技术”通过省交通厅立项评审，是全省2021年交通系统重点建设工程项目。积极开展QC质量管理活动50余项，获“交通运输行业优秀质量管理小组”等省部级表彰奖励13项。所属企业研发的“开口式建筑外露植筋除锈器”与“自动栏杆报警装置”获得国家专利。三是环境责任。坚持“保护优先、预防为主、源头控制、综合治理、公众参与、损害担责”的原则，修订完善了《生态环境保护制度》，进一步明确交投集团各层级生态环保责任，将环境保护工作与生产经营工作同计划、同部署、同检查、同总结、同考核。所属各企业全部采用空气能热泵热水采暖设备和天然气锅炉供热采暖。积极发展光伏发电产业，利用屋顶、空地设置光伏发电设备，自发自用，余电上网。高速公路隧道采用LED节能照明，部分基层办公区采用人体感应模式照明设施，节约能源。所属各企业污水全部实现达标排放，为离城镇较远的基层站点安装污水处理设施41套，提升中水回收利用率，节约水资源；厨余垃圾、固废垃圾协议委托专业单位定时清运，妥善解决垃圾排放，减少环境污染。所属公路运营单位加大养护和清扫保洁力度，开展路侧清洁行动，及时清理公路用地范围内的“五堆问题”；工程建设项目认真贯彻落实绿色公路建设理念，严格执行施工工地扬尘整治“六个百分百”要求，全面提升大气污染防治管理水平；公路养护推广使用热再生综合循环养护技术，进一步提高废渣利用率。四是企业责任。员工情况、劳动保障、培训与成长、薪酬福利员工情况：截至2021年年底，在岗职工3231人。劳动保障：按照《中华人民共和国劳动法》《中华人民共和国劳动合同法》等法律法规要求，全部签订劳动合同，严格执行全省最低工资保障制度，足额支付薪酬，缴纳各项保险；按照年度培训计划，组织职工开展专业技能和素质提升各项培训，提高职工专业能力；执行带薪年休假制度，每年为职工进行体检。培训与成长：以打造企业经营管理人才、专业技术人才和高技能人才“三支队伍”建设为抓手，大力实施人才强企战略，进一步加强人才储备。按照各所属企业产业升级、技术创新、生产经营需要，积极组织员工结合岗位性质，多层次开展职业技能提升培训工作；充分利用在线教育平台的专业培训课程，开展全体员工在线教育培训；与国内专业培训学校建立合作关系，举办“干部履职能力提升培训班”，围绕企业改革发展、提质增效等方面全面提升管理人员履职能力；畅通人才发展渠道，制定出台《综合管理职务与专业技术职务并行管理办法》，为员工的自我实现提供了更广阔的发展空间。薪酬福利：严格执行相关薪酬制度，每月按时发放工资；通信费补贴、职称和职业资格补助严格按照相关办法执行，取暖费补助按照山西省相关规定执行；住房公积金及各项社会保险按照国家规定的比例缴纳，全年未发生欠薪欠保情况。扶贫救灾情况：根据省扶贫办、山西交控集团安排部署，交投集团党委坚持以"巩固拓展脱贫攻坚成果同乡村振兴有效衔接"为出发点，从优秀年轻干部中推选出驻村第一书记及工作队员共6名，组建2支驻村帮扶工作队，承担五台县宏塘村和小王村的乡村振兴任务。按照新的帮扶任务，结合帮扶村实际，制订了2021年乡村振兴工作计划，为扎实推进乡村振兴做好准备工作。工作队驻村期间，深入走访，了解村情、民意，开展了支部共建、入户帮扶、消费帮扶、节日慰问等系列活动，积极落实"我为群众办实事"实践活动，全面做好防疫防汛工作，深入开展农村"六乱"整治工作，努力提升乡村人居环境，提高群众的获得感、幸福感和安全感。

【党风廉政建设】 交投集团党委坚持以习近平新时代中国特色社会主义思想为指引，以党史学习教育为主线，全面贯彻中共十九大和十九届历次全会精神，深入贯彻省十二次党代会精神，坚定贯彻新时代党的建设总要求和新时代党的组织路线，坚决扛牢党风廉政建设主体责任，支持纪委扎实履行监督责任。制定《落实全面从严治党主体责任2021年任务安排》，建立领导班子成员落实党建工作责任制提醒机制，通过台账化管理、项目化推进，保证了全面从严治党主体责任落实落细。扎实开展巡察整改工作，对交控集团巡察组反馈的问题，照单全收、立行立改，一批历史遗留问题取得突破性进展。制定印发《关于贯彻落实交控集团党委〈关于加强政治监督的实施细则〉的实施意见》，推动政治监督具体化规范化常态化，贯通协作形成监督合力。交投集团纪委在交控集团纪委、监察专员办和交投集团集团党委的坚强领导下，始终坚持以习近平新时代中国特色社会主义思想为指导，认真落实新时代党的建设总要求，坚定不移推进全面从严治党，充分发挥监督保障执行、促进完善发展作用，不敢腐、不能腐、不想腐一体推进综合效能充分显现，为"十四五"良好开局提供了坚强的纪律保障。一是政治监督显著增强，"高质量发展"成为鲜明导向。二是作风建设显著增强，"忠诚干净担当"成为行为准则。三是监督保障显著增强，"清正廉洁"成为底线标配。四是标本兼治显著增强，"三不"一体推进成为实践要求。

（高　洋）

山西省高速公路集团有限公司

2021年，山西省高速公路集团有限公司（以下简称高速集团）坚持以习近平新时代中国特色社会主义思想为指导，坚决贯彻落实交控集团各项决策部署和高质量发展要求，紧紧围绕年度经营目标，聚焦"强管理、抓项目、提效益"工作主线，以党的建设为引领，统筹推进深化改革、经营管理、项目建设、科技创新等各项工作，稳住发展优势、稳住增长态势、稳住安全形势，总体呈现出稳中向好、稳中创优的良好发展趋势，实现"十四五"良好开局。

【聚焦年度经营目标，持续提升经营质量】 始终坚持以效益为中心，全面对标交控集团下达的各项经营指标，强化高速公路保通保畅力度，深入开展联网收费稽核专项行动，强化成本管控，支持太原公司提增资质，加大产业拓展力度。全年完成营业收入100055万元，同比增长53%；实现利润8782万元，同比增长144%，完成年度目标124%，完成交控集团下达的各项指标任务。

【坚持投资引领，稳步推进项目投资建设】 始终坚持以项目投资作为高质量发展主战场，增强主业、拓展辅业，培育高质量发展新动能。朔神高速坚持挂图作战，推进项目建设，全年完成投资10.5亿元；房地产项目统筹推进开发报建、工程建设与营销推广，全年完成投资2.21亿元，内部认购销售货值2.58亿元，回笼资金4955万元；忻州PPP项目7月底完成交工验收转入运营，成为全省8个国省道改造项目第一家完成交工验收的项目，全年实现利润116.74万元；郝家庄、杨家湾、龙门大桥三座新能源加气站完成主体施工，武宿充电站、组建新能源运营公司、转型发展基地建设项目稳步推进。

【全力推进十大专项工程，持续提升运营服务水平】 始终坚持"保安全、保畅通、保收费、提管理、强服务"核心理念，全力推进十大专项工程，持续提升高速运营服务水平。全年日常养护投入4495万元，专项工程投入1.32亿元，强化预防性养护，高速集团所属高速公路整体运行状况良好；加大路面清洁、白色垃圾和沿线"五堆"清理力度，持续推进路域环境综合整治行动和打造原生态绿色走廊行动，长效化巩固路域环境治理成果；大力打击偷逃通行费行为，全年查处逃费车辆10102辆次，追缴通行费46.4万元，有效维护收费秩序；实施高速公路畅通行动，强化道路、桥涵、隧道隐患排查和运行监管巡查力度，快速处置平榆高速水文地质灾害，有效保障出省能源通道畅通；积极完善服务区功能，平遥南、云竹湖服务区4座加油站开通运营，顺利完成省政府下达的服务区提质升级行动年度目标任务。

【强化资本运作，着力拓展产融结合优势】 积极拓展资本运营渠道和市场融资渠道，助力高质量发展。顺利完成平榆高速注入上市公司各项任务，实现高速集团对路桥股份控股；持续推进存量贷款债务化解，通过贷款置换，平榆、吕环贷款利率均实现大幅下降，年度减少财务成本3600余万元，得到交控集团通报表扬；积极促成大成公司贷款置换，极大缓解还本付息压力；提前偿还平榆贷款本金7亿元，合理控制集团资产负债率；大力拓展低成本融资渠道，获批银行授信28.6亿元，首发20亿元公司债券获得证监会批复，高速集团主体信用等级AA+级持续保持。

【深化改革创新，着力推进管理提升】 持续强化管控体系建设，高速集团治理能力和水平不断提升。深入贯彻落实国企改革三年行动，部署71项改革任务，100%完成的有44项，完成70%以上任务的有27项，9月份注销潞安公司，清理低效无效资产、亏损子企业专项治理成果位列交控集团前茅；修订议事规则、前置研究讨论清单，认真落实董事会职权，为5家子公司配备外部董事，强化外部董事考核、管理，全面推行经理层成员任期制和契约化管理，企业治理结构改革重点任务基本完成；主动对标上市公司和一流企业，持续完善制度体系，全年修订完善各类制度43项，新制定出台30项，清理废止27项，努力实现管控制度化、制度标准化、标准流程化；进一步加大技术投入，加强"六新"技术应用，鼓励太原公司申报高新技术企业，扎实推进在研项目研发实施，全年研发投入1022万元，取得实用新型专利2项，发明专利1项，实现"六新"收入296万元，超额完成交控集团下达的年度指标。

【持续推进风险防控，运行平稳健康有序】 始终坚持问题导向，强化底线思维，持续推进风险防控。坚持依法治企，强化合规体系建设，健全完善财务、投资、内控、审计、违规经营投资责任追究工作体系和法律审核体系，内控体系持续优化完善；强力推进安全生产专项整治三年行动，紧紧围绕高速运营和工程建设两大重点，夯实安全生产管理五大体系，扎实开展安全风险评估管控和隐患排查治理，强化应急救援处置能力提升，足额提取建设项目安全费用，全年提取运营安全费用718万元、安排突发事件准备金460万元，为790名员工以及181公里运营高速投保安全生产责任保险，保持安全生产平稳态势；深入开展环境污染防治暨"两高"沿线环境综合整治专项行动，环境治理成效明显，环保风险可控；持续推进"三零"单位创建，安全生产、信访维稳、社会治安综合治理一体推进，发展环境持续稳定；密切关注疫情防控形势变化，持续落实常态化疫情防控各项措施，全力以赴做好"外防输入、内防反弹"各项工作，疫情防控扎实有效。

【坚持政治统领，党建引领保障发展能力持续增强】 始终坚定不移地以习近平新时代中国特色社会主义思想定向领航，持续加强党的领导党的建设，为高质量发展奠定坚实政治保障。坚持"第一议题"制度，及时跟进学习、深入研讨领会领袖讲话精神、党的最新理论政策，持续推动习近平总书记重要讲话精神和党中央、上级党组织决策部署落地；扎实开展党史学习教育，进一步坚定理想信念，增强理论自觉，提升政治意识，强化宗旨观念，激发奋斗热情，达到学党史、悟思想、办实事、开新局的目的；认真落实全省国有企业领导干部警示教育大会精神，强化政治监督，督促权力规范运行，建立廉洁风险防控体系，筑牢坚固防线，有力推动全面从严治党向纵深发展；高标准推进巡察整改，42项整改事项完成39项，整改率达到93%；大力推行“1235”工作法，持续巩固党建项目化成果运用，推动党建工作与中心工作深度融合；落实“人人持证、技能社会”职业技能提升，完成技能提升培训任务422人，全年新增技能人才235人，新增高技能人才58人；加强工青妇团各项建设，组织企务公开专项检查，完善企务公开工作制度，积极组织员工群体文化活动，在交控集团庆祝中国共产党成立100周年歌咏比赛中，高速集团百人合唱团敢于争先，从22支参赛代表队中脱颖而出，勇夺第一获金奖。此外，信访维稳、网络信息安全、扶贫攻坚、后勤服务保障等各项工作均取得较好成绩，高速集团落实党中央决策、交控集团党委部署更加到位、更加自觉，也更加富有成效，党建工作引领保障企业高质量发展的作用和能力全面增强，凝聚起推动改革发展的强大合力。

（雷　倩）

山西交通科学研究院集团有限公司

2021年，山西交通科学研究院集团有限公司(以下简称交科集团)领导班子坚持以习近平新时代中国特色社会主义思想为指导，深入贯彻落实中共十九大、十九届历次全会精神和习近平总书记视察山西重要讲话重要指示精神，认真贯彻落实省委第十二次党代会精神、省委经济工作会议精神和交控集团重大决策部署，带领全体干部职工团结一致，砥砺奋进，各项工作取得新突破，全年完成营收28.27亿元，利润5.25亿元，新签合同额34.6亿元，较上年分别增长11.04%、45.43%和60.86%，实现“十四五”良好开局。

【突出政治建设，班子履职展现新作为】 始终把政治建设摆在最突出位置，着力打造坚强有力的领导班子。坚持不懈强化理论武装。严格落实第一议题制度，精心组织中心组专题学习16次，持续领会习近平新时代中国特色社会主义思想的精髓要义和实践伟力，切实把科学理论作为推动工作、解决问题的“金钥匙”。扎实有序推进党史学习教育，将党史学习教育与贯彻上级会议精神相结合，全年组织专题研讨11次、专题培训7次、理论宣讲24次，完成“我为群众办实事”实践活动192项，切实做到“学史增信、学史明理、学史崇德、学史力行”。精准高效落实上级决策部署，在学用结合中检验学习成效，制定《贯彻落实全省国有企业“苦练内功 提质增效 高质量发展”推进会会议精神的具体措施》7项39条，出台《贯彻落实省长林武在交控集团调研座谈会会议精神的具体措施》5方面22项任务，确保上级决策部署在交科集团落地见效。

【坚持扭住关键，企业改革交出新答卷】 始终把深化改革作为全方位推动高质量发展的关键一招，扎实推动国企改革三年行动任务落地落实。高位谋划强领导，全面建立“一把手”挂帅的领导小组，逐级压实工作责任，明确66项改革任务，形成“上下贯通、横向联动、高效运行”的组织体系和攻坚合力。统筹推进抓落实，细化、量化改革“时间表”“路线图”，压茬推动各项任务攻坚突破、落实落地，全年完成60项改革任务，其中2021年27项任务完成100%，2022年39项任务已完成33项，剩余6项完成率超70%。典型指引出经验，定期召开专题会议研究推进，及时总结推广典型经验，激发内生动能。通过内部资源整合重组完成2户企业压减、6户企业“止损挽损”工作，盘活出清资金547万元，改革成效被选送参加省属国有企业改革典型案例征集活动。

【把握发展要务，生产经营迈上新台阶】 始终坚持以效益为核心，多措并举优化市场和产业布局，统筹做好疫情防控和生产经营工作，经营效益稳步提升。一是持续优化市场布局。坚持项目为王，围绕全年生产经营目标扎实推动各项工作。加快拓展省外市场，统筹推进集团化、协同化、区域化经营，在省外市场规划设立西北、西南、华东、华南四个区域经营中心，全年承揽省外项目67项，合同额4.92亿元；持续深耕省内市场，组织开展“深化交流合作、促进共同发展”交流活动10余次，携手各企业助力交控集团和全省交通运输行业高质量发展；充分发挥板块协同优势，持续巩固推广EPC承揽业务实践经验，以设计施工总承包模式承揽业务13项。全年实现利润总额5.25亿元,交科集团外业务实现利润3.46亿元,分别完成年度目标126.81%和209.70%。二是加快推进产业结构升级。着力优化产业布局,结合发展战略需要,提升省交通安全技术公司、交科开发经营公司管理层级,进一步做强主业、做优辅业,参股投资成立中科智信空间科技有限公司,积极拓展信息产业发展空间;加快传统产业转型,全年新增市政工程总承包、建筑工程总承包、城市及道路照明专业承包等资质12项,推进传统优势产业向市政、建筑、生态等领域进军,全年新签非公路行业合同162项,合同额1.44亿元;积极培育上市企业,拓展改制上市思路和途径,拟定多层次资本运作规划,做好交通设计和检测板块上市培育工作。三是着力提升内控管理水平。坚持以一流管理不断提升治企能力,切实把降本增效做实、做细、做好。狠抓成本内控管理,持续完善成本管控制度体系建设和成本预算定额应用,以成本管控为抓手,提升生产经营效能,全年成本费用利润率同比提升4.56%,全员劳动生产率同比提升12.15%;建立健全资金管理体系,建立交科集团"资金池",打造资金集中管控平台,提高资金使用效率,推广应用分离式保函,探索运用银行票据结算方式,切实降低资金成本。四是切实增强风险防控能力。首先,做好常态化疫情防控工作。从严人员出省管控、从严疫苗接种管理,始终确保干部职工生命安全和身体健康。其次,抓好安全生产工作。围绕安全生产五大体系建设,压紧压实安全生产主体责任,强化监督检查与隐患排查,全年深入一线开展安全监督检查20余次,确保隐患在第一时间落实整改。再次,严防资金债务风险。持续强化合同及账款回收管理,严格规范资金使用和内部资金管理,多措并举降低资产负债率,确保融资环境安全稳定。最后,认真推进法治建设。出台《法律风险管理办法》,加强重要经营决策法审工作,全年共审核重大决策事项134项,规章制度285项,经济合同3991项,"三项法律审核"率达100%。

【强化科技赋能,创新驱动激发新动能】 始终坚持创新驱动发展战略,持续加强科技研发、平台建设、成果转化力度,不断提升科技创新水平,引领企业高质量发展。一是深化创新体制机制改革。坚持市场需求导向,积极探索重大科技项目"揭榜制",鼓励揭榜企业和技术人员灵活组建科研特战队,激发科研人员创新活力;持续加大科技研发投入,构建"科研促进产业发展、产业反哺科研创新"模式,全年投入科研经费2.15亿元,较上年提升47.3%;扎实推进技术委员会建设工作,充分发挥专业技术人才在新技术推广应用、解决重大关键技术问题和技术管理的支撑引领作用。二是聚焦关键核心技术攻关。自主研发国内首台ETC智能检测装备,率先实现全国ETC智能检测技术落地示范;高质量完成全国首条高速公路智能网联重载货运车路协同科研实验路智慧化改造工作,实现从"0"到"1"的突破;研发的山西省高速公路AI稽核大数据分析平台,助力交控集团实现追缴偷逃通行费近5000万元;高质量完成全省"一桥一档"建设,首次实现桥梁数据库、桥梁病害库与大件运输通行安全评估系统互联互通。全年新立项各类科研项目57项,其中国家级科研项目11项;15项科研成果获省科学技术奖励表彰,其中3项成果获一等奖;155件国家专利获得授权,其中授权发明专利41件。三是全力打造一流创新平台。成功筹建智慧交通山西省实验室,邀请3位院士和16名知名专家高标准成立学术委员会,建设与运行实施方案通过省科技厅组织的专家论证,成为全省首个具备去"筹"条件的省实验室;交科集团认定为太原市企业技术中心,所属研发公司成功认定为高新技术企业;与太原理工大学、长安大学联合开展博士后培养工作,办理入站5人、培养出站1人;基于大型工程结构试验平台,完成同济大学、太原理工大学、长安大学等高校委托的模型试验8项,产学研合作成效显著。四是加快促进成果转移转化。聚焦"六新"突破,不断将特色优势转化为核心技术,环保型彩色沥青路面、隧道智能检测系统、危化品车辆过隧道跟踪辨识和自动警示系统、雾区引导防撞系统等具有完全自主知识产权的新材料、新技术、新装备、新产品在全省全面应用,全年共开展"六新"项目97项,实现"六新"收入3.5亿元。高质量完成《山西省省道网规划(2021—2035)》《山西省交通运输“十四五”发展规划》等省级重点战略规划项目，支撑行业发展能力进一步突显。首次参编《基于人脸识别的智慧交通出行》ISO国际标准，发布各类标准15部，以标准引领成果转化的水平进一步提升。

【深化从严治党，党建引领开创新局面】 始终坚持培根铸魂，推动国企党建工作全面强起来、严起来、实起来。一是从严履行管党治党主体责任。强化党的领导核心作用，严格落实党组织前置研究程序，全年召开党委会33次，前置研究讨论重大事项98项，有效发挥党委“把方向、管大局、保落实”的领导作用。树牢大抓基层鲜明导向，建立领导班子基层党建工作联系点制度，班子成员深入基层调研16次,现场解决职工“急难愁盼”问题；全面推进党建项目化管理，2个项目获交控集团党建项目化评选一等奖。牢牢掌握意识形态主动权，出台《党委意识形态工作责任制实施细则》《2021年统战工作要点》，开展意识形态分析研判4次，党外知识分子专题培训1次，推荐22名党外人士进入交控集团党外代表数据库，3名统战人员担任山西省党外知识分子联谊会理事。二是全面加强干部人才队伍建设。牢牢把好干部选用政治关，全年选拔任用干部37名、重用5名，配置专兼职外部董事11名；选派3人驻帮扶村开展工作，递进式培养、多岗位历练干部；分层分类建立186人的干部后备库，切实抓好后继有人这个根本大计。扎实做好人才引育服用，多元化引进各类人才36名，其中市场化选聘经营管理人才1名，“一事一议”引进博士1名，实施雏鹰工程、青蓝工程、薪火工程“三个定制化培养工程”，推荐1人入选“中国科协十大代表”、1人获“三晋工匠”提名奖，1人当选省第十二次党代会代表、1人获评省优秀共产党员、8人在职攻读博士学位；加大人才服务力度，为15名高校毕业生和1名技能人才申请各类补贴26.9万元。三是大力加强工团组织建设。坚持党建引领，工团桥梁纽带作用充分发挥，职工凝聚力和青年生力军作用日益凸显。全年2个职工创新工作室被命名为全省交通运输系统“六新”领域职工创新工作室，3个项目分获全省“五小”创新大赛优秀成果奖一、二等奖，1个项目获全省交通运输系统“五小”创新大赛一等奖，黄土地区公路建设与养护技术交通行业重点实验室获“全国工人先锋号”称号。四是深入推进党风廉政建设。坚持思想上重视、精力上投入、落实上求效，党委研究加强党风廉政建设工作2次，明确党委党风廉政建设主体责任8方面28项清单，班子成员“一岗双责”151项清单；出台《关于加强对“一把手”和领导班子监督的实施细则》，强化对关键岗位、重要人员特别是一把手的监督管理；大力支持纪检组监督执纪，优化纪检机构设置和人员配备，年内处置问题线索4件，给予党政纪处分1人、组织处理6人，释放管党治党从严从实的强烈信号。

（柳锐锋）

山西交通物流集团有限公司

在交控集团党委正确领导下，山西交通物流集团有限公司(以下简称物流集团)以习近平新时代中国特色社会主义思想为指导，坚决贯彻落实习近平总书记视察山西重要讲话重要指示精神，按照高质量发展要求，强党建、增效益、促改革，不断提升企业经营管理水平，大力实施“155”工程，着力培育交通物流产业，明确“以交通物流开发经营为主业、物流平台服务为辅业”的主辅业定位，全面完成2021年年度经营目标任务，为开启物流集团转型发展新局面奠定扎实基础。

2021年，物流集团实现营业总收入4718.57万元，年度利润总额经营业绩目标值100万元，实际完成143.49万元，完成年度经营目标143.49%；年度营业收入利润率目标值-31.15%，实际营业收入利润率为8.8%，完成年度目标的228.25%。全年技术投入比率目标为0.24%。

【坚持党建引领，推动党建与党风廉政建设取得新成效】 一是全面开展党史学习教育，抓实理论武装。紧紧围绕“学史明理、学史增信、学史崇德、学史力行”，注重突出“学党史、悟思想、办实事、开新局”，促进为群众办实事解难题效果，推进党史学习教育迅速升温、全面铺开。首先，以“严肃+灵活”学党史，激发党组织活力。采取灵活多变的方式推进党史学习教育，把党史学习教育同“三会一课”“主题党日”等组织活动有机结合，进一步激发党支部组织活力，凝聚队伍合力；开设读书班，学习习近平总书记在中国共产党成立100周年大会上的讲话精神和中共十九届六中全会以及省第十二次党代会精神，深化理论认识，进一步将理论学习成果转化为指导工作实际能力。其次，以“拼搏+创新”传党史，提升干部履职能力。通过学习党史，在思想受洗礼、党性受砥砺的同时，把“我为群众办实事”实践活动贯穿学习教育全过程。二是聚焦党建赋能经营发展，抓实互融互促。首先，认真落实交控集团党委巡察发现问题整改要求，广泛征求意见，制定整改方案，明确责任扎实推进巡察整改工作，整理形成“三清单”，建立政治巡察反馈问题整改长效机制，定期上报整改落实进度，推动政治巡察整治工作取得扎实成效。其次，将党建工作制度纳入管理制度体系，把党建工作内嵌物流集团章程。同步修订完善党建工作、生产经营和“六定”改革制度29项，确保党建工作与生产经营制度相适应、相协调。再次，增强党组织领导力。认真落实党委研究讨论是董事会、经理层决策重大问题的前置程序，召开党委会议25次，研究董事会前置事项41项，将党委前置贯穿于物流集团治理各个环节。最后，认真学习贯彻落实交控集团领导调研讲话精神，第一时间召开党委会研究研判工作任务，制定具体举措21条，明确任务书、时间表和路线图扎实推进落实情况，保证调研指示落地走实。三是筑牢党风廉政建设根基，抓实反腐防线。进一步完善党领导反腐败的工作体制、决策机制和实施举措，推动党委主体责任与纪委监督责任一体落实，切实解决领导班子成员“一岗双责”缺位问题，破解“一把手”监督难题，对领导班子及成员履行从严治党进行政治“画像”，促使监督和被监督成为自觉，推动形成齐抓共管的良好局面；建立党风廉政建设定期分析研判机制，针对工程建设、财务管理、招投标、审计法务、安全生产等重点领域、重要岗位和关键环节进行分析研判；以落实中央八项规定精神和遏制“四风”为抓手，注重严抓严管，重点做好疫情防控、廉洁工程、党务企务公开、制止餐饮浪费等监督工作，推动日常监督走深走实；编撰《纪检工作规范化法治化手册》，总结提炼纪检工作规范化法治化方面的探索和实践。把廉洁风险排查防控贯穿于日常监督工作始终，构建纪检工作规范化法治化建设的“四梁八柱”。

【坚持经营理念，推动路域经济发展取得新业绩】 一是低效土地资产盘活迈出新步伐。与太原公司签订三处存量土地框架协议和土地租赁合同，向交控集团报备提出东社、清徐南安全应急物资标准库建设项目方案，推动小店养护基地项目初步具备机械设备展示、维保、技改、调拨功能；与吕梁北公司就推进高速公路沿线土地资产盘活事宜签订战略合作框架协议，兴县东收费站集物流园区、物资城、装饰城于一体的多功能物流集散地试点项目定位基本确定；启动大运公司成立专项工作组，对全省71处高速公路收费治超回转车道进行核查，选取符合物流产业发展条件的38处土地提出四个阶段开发实施建议；12月，物流集团与交通运输部公路院中路高科检测中心就治超回转车道房车营地建设达成平台化运营合作意向，拓展发展高速公路路域经济实施路径；交通研创商务基地充电站项目前期停车场建设工程于10月正式开工，建成后年收益30万元。场地平整硬化工作已完成，整体项目12月底前全面完工，2022年1月初具备运营条件；在交控集团12月14日组织的路域经济发展工作推进会上，物流集团作了现场展演和典型经验交流。二是交通研创商务基地正式开工建设。经与市政府、市规划资源局及行政审批局等相关单位多次沟通协调，项目于8月底正式取得《建设工程规划许可证》《建筑工程施工许可证》，累计完成相关招采工作14项，签署合同21项。截至11月底，项目施工场区临时围挡、道路硬化、临时供水供电工程已全部完成，一期工程开闭所换热站主体封顶，1号综合办公楼桩基施工完成302根，完成投资6392.96万元。三是机械设备租赁业务得到全面推进。围绕存量机械设备盘活，推动机械设备租赁业务走上可持续发展道路。多批次、多层面、全覆盖完成全省各路段公司机械设备摸底核实工作，与运城北、临汾北、吕梁南3家分公司签订机械设备委托代管协议，基础数据信息已全部录入由物流集团负责管理的山西交控机械智慧管理平台。通过“以租代购”模式，助力物流集团实现降本增效，累计与11家路段公司建立租赁合作关系，租赁机械设备36台、工作用车9台，在没有机械租赁补贴政策支持下完成年度产值500余万元。与江铃公司、上汽公司签署战略合作协议，7月在吕梁北高速开展四新技术推广会，现场展示除雪设备、清扫设备、标线设备、安全设备、坑槽修补设备等多种新型养护设备，对推广应用起到积极效果。持续对接江淮、红旗、江铃等汽车生产商确定车型目录，跟踪了解工信部关于电动车列入国家公告目录的相关政策变化，并从低碳环保和经济成本两个方面进行具体分析，在物流集团内部租赁增程式新能源工作用车5台。

【坚持平台管控，推动高速公路全产业链经营管理服务保障功能趋于完备】 一是养护工程差异化服务路径基本明确。转换公路养护理念，与交通运输部公路科学研究院、东南大学等科研机构开展技术合作；与重庆诚邦公司就公路沥青路面精表处成套技术推广应用进行深入交流；在吕梁北高速应用引进的新型材料对路面病害进行样板试点处治，对破损路面接缝进行修复试验，试验效果良好，并得到相关管养单位一致认可；全面推广安全防撞缓存车在养护施工现场的应用，在安全生产和企业宣传上取得良好效果；完成108国道神堂堡至沙河段路面微表处应急工程、运城北高速标线补划工程、吕梁北高速方山路产维护站桥梁伸缩缝病害维修处治工程、吕梁南高速军渡公安检查配套工程与夏汾段锈蚀护栏防腐翻新养护处治工程，共计约518万元。二是招标代理服务水平显著提升。所属招标公司2021年4月加入交控集团招标代理库。提升服务意识，积极承揽交控集团、高速集团、养护集团、太旧公司、忻州南公司、平榆公司等企业招标代理业务，为山西晋北高速公路养护有限公司等物流集团内部企业自采项目提供技术支持服务。全年累计完成招标代理业务80余项，咨询服务业务1项，自采项目技术支持服务百余项，实现营业收入140万元。三是应急物资采供服务功能基本完备。积极与临汾北公司对接2021年度应急物资(专用实物)采供业务，签订应急物资储备中心安全应急物资(专用实物)供应合同，物资采供业务成交金额约85万元；完成交控集团视频通信设备和全省收费站、服务区消杀防疫物资采供任务，成交金额210万元。四是机械设备技术改造服务试行落地。在“修旧利废，降本增效”上探索新方法新技术。年初，对吕梁北公司两台旧工具车进行技术支持维修，对2台车辆液压系统进行升级改造成功，安装两台融雪撒布机，并与车企生产商合作，在现有扫路车基础上安装前置扫刷，满足客户需求。五是推动供应链信息化及第三方快速清障救援服务平台取得新进展。积极探索企业数字化转型，聘请北京大学信息技术研究院作为咨询机构，立足物资集采、路业开发、高速清障救援三大重点任务，研究形成《数字化供应链项目可行性调研报告》并作出风险评估。按照交控集团“培育物流集团第三方快速清障救援主体”的相关要求，制定实施方案，配合协调省发改委、省交通运输厅等有关单位，推进清障救援服务收费标准调整。高速公路车辆救援服务收费标准已确定，自2022年1月20日起执行。12月与运城北公司就清障救援业务开展合作洽谈，为推动物流集团成为清障救援主体奠定基础。

【坚持合规管理，推动企业治理取得新进展】 一是完善内控机制，企业经营管理能力有所提升。夯实各层级经营目标责任，科学分解指标体系，和经理层领导班子成员及4户所属企业签订年度经营目标责任书，推行全员经营目标责任书签订工作。组织开展年度经营业绩考核及成果兑现，定期组织召开季度经济运行分析会，找差距、定措施、保落实，为完成年度经营目标业绩考核工作提供抓手。推动物流集团改革走深走实，制定深化改革三年行动实施方案(2020—2022年)，共计75项改革任务。制定方案，分解任务，压降管理费用180多万元。科学管控流动资金，增加经济效益400万元；开展土地使用权划转税收筹划事宜，节省增值税、土地增值税、企业所得税等各项税款11700万元左右。完成契税申报，可享受免征契税2591万元。二是积极防范风险，安全工作水平持续提升。实行“三零”单位创建台账化管理，以推进解决所属物资公司二营盘宿舍院土地开发历史遗留问题为重点，强化信访问题处理。始终把防范化解重大风险隐患摆在突出位置，紧紧围绕安全生产目标，建立健全规章制度，强化隐患排查治理和安全风险防控双体系建设，大力推进安全生产专项整治三年行动。根据交控集团《2021年安全生产工作要点》《2021年安全生产目标任务分解清单》，与各部门、各岗位签订安全生产责任书，把安全责任层层分解。促进应急防范，全年完成应急预案体系建设，投入安全生产专项资金150余万元。物流集团无信访上访、安全事故、治安案件发生，安全生产形势总体平稳。三是以人才管理为基础，厚植专业技术人才实力。通过对标对表先进，秉持“不求所有、但求所用”的人才理念，探索采用“柔性引才”新方式，为企业发展提供智力支持。修订完善人才工作管理、培养开发、选拔任用等配套制度办法11项，支持员工通过继续教育完善知识结构、拓宽知识层面、补充新知识和新技术。编制《人才工作领导小组2021年工作要点》，设立人才工作专项经费和教育培训经费，开展培训需求调研。通过开展职业技能鉴定，形成“一人多技、一人多证、人人持证、各有精专”的浓厚氛围，加强员工培养激励力度，构建员工职业生涯规划，促进企业管理水平提升。

（王惠玲）

山西交通养护集团有限公司

2021年，山西交通养护集团有限公司（以下简称养护集团）全面贯彻落实交控集团一届四次职代会暨2021年工作会精神，立足新发展阶段，贯彻新发展理念，以经济效益为中心，以市场拓展为主线，以改革创新为动力，以推动高质量发展为主题，按照交控集团“提站位、降成本、增效益、强管理、抓创新、防风险”的工作思路，持续发力、久久为功，扎实推进国内一流养护企业建设。

【积极推动企业改革】 以国企改革三年行动为指引，紧跟现代企业制度改革方向，聚焦组织优化和业务结构优化，大力推进改革，不断增强企业发展活力和动力。国企改革三年行动，梳理出70项改革任务，完成总体改革任务81%以上。完善企业法人治理结构，董事会新增4名外部董事，达到外部董事占多数要求。全面实行经理层成员任期制，董事长与经理层成员签订《岗位聘任协议》和《经营业绩考核责任书》。按照“六定”改革方案，科学架设总部组织机构，完成部门负责人和所属各企业负责人选任工作及员工定岗工作，构建起与养护集团发展相适应的岗位管理体系、职级体系和薪酬体系，完成“六定”改革任务。

【努力夯实发展基础】 完善养护基地布局。榆次养护基地取得土地使用证，完成基地、环保料棚建设和拌合楼设备环保改造，顺利投产；侯马养护基地完成基地建设和拌合楼机组设备安装，环评手续正在办理中，年底将实现投产。按照交控集团《关于划转较大型路面施工设备和养护基地管理使用权的通知》，完成60台路面施工设备接收工作，进一步提高施工机械化水平。办理取得公路路面工程专业承包三级等4个资质，为挖掘高速公路养护产业链及增值业务、提升企业竞争力提供有力保障。

【深入实施创新驱动战略】 印发《2021年度科技工作总体安排的通知》，要求所属企业积极开展技术研究、技术攻关。2021年共申报科研课题12个，在研科研项目7个，其中3个课题被列入省交通运输厅2022年科研项目。申报的“山西高速公路科技养护研究中心”被授牌认定为山西省交通运输厅第一批科技创新中心，2名职工创新工作室被交控集团命名。开展“高速公路沥青路面厂拌热再生关键技术研究”，成功在太原高速东环段和太旧高速进行试验段摊铺，为大面积推广应用提供技术支撑。抗凝冰技术成功应用在灵河高速和太原东环高速。

2021年，共投入科研费用504万元，实现“六新”收入8468万元。

【大力拓展省内外市场】 参与宁夏、天津、浙江等省市多个项目投标，2021年投标161个项目，中标94个项目，其中系统外项目6个。利用养护基地优势，积极拓展所辐射路段的日常养护业务，在承揽晋中高速公司日常养护基础上，2021年新承揽太旧高速、太原高速和忻州南高速的日常保养服务项目。紧密跟踪服务区提档升级改造项目，承揽12个服务区场区硬化路面改造项目和2个专项工程。积极拓展沥青混合料成品市场，对大成高速、翼侯高速和榆次市政道路进行沥青混合料供应。

【科学完成养护施工】 充分做好工、料、机各项准备工作，合理安排项目施工工期，及时协调解决困难问题，全面抓好质量、安全、进度，2021年完成系统内项目181个。在完成系统内高速公路养护的同时，积极承揽系统外业务，完成山东省、天津市、东北地区高速公路路况检测；完成京大、汾平高速公路桥梁检查；完成京大和石太高速2项预防性养护工程；完成长治机场航站区改扩建循环道路交通设施等3个交安工程。积极加强应急能力建设，打造“召之即来、来之能战”的应急队伍，全力做好道路应急抢修工作，2021年国庆期间全省范围内连续降雨，多条高速公路出现塌陷、滑坡等险情，养护集团各子分公司紧急出动进行抢修，保障高速公路畅通。

【全面落实依法治企】 落实交控集团《企业主要负责人履行推进法治建设第一责任人职责实施办法》，切实增强法治意识。组织开展“4·15”全民国家安全日普法宣传等普法活动，强化干部职工法治意识、法治思维，提升合规经营水平。将法律审核作为不可逾越节点嵌入治理各环节，实现企业规章制度、经济合同和重要决策三项法律审核100%。

【不断提高治理能力】 积极面向国内一流企业开展对标。与对标单位浙江交通资源投资有限公司签订战略合作协议。养护集团管理人员赴北京中交基础设施养护集团有限公司进行对标考察，学习中交养护集团先进经验。对标一流调研报告，被交控集团评选为2020年度优秀调研报告。制定完善管理制度，并对养护集团成立以来制定的所有规章制度进行汇总，印发《制度汇编》。在OA办公系统增加招采审批和“三项法律”审核模块，实现线上办公，提高工作效能。养护集团及所属子公司实现全级次网报上线工作，完成交控集团要求的财务信息化一体建设工作。积极推进标准化管理，完成《日常养护作业指导书》等25个工序的作业指导书编写。

【推动降本增效纵深发展】 编制2021年财务预算，增强经营管理计划性和科学性，总体运行支出同比降低10%以上。加强养护集团内循环体系建设，交安设施产品、试验检测服务由专业子公司提供。2021年，检测公司开展的质量检查和试验检测内部费用89万元；内部提供交安设施产品服务费305万元，各子分公司交安设施由分散采购变为集中采购，对使用率低、价值高的交安设施以租代购，对废旧交安设施进行翻新处理，降低交安设施费用30%以上。研究推广的厂拌再生绿色环保技术，利用废旧料变废为宝，产生良好经济效益和社会效益，出料成本降低约30%，二氧化碳排放量减少约30%。

【提高安全管控水平】 不断夯实安全生产管理“五大体系”，着力提升安全水平。与子分公司负责人签订安全生产责任书，将安全责任落到实处。严格落实项目开工安全备案制度，建立施工安全管理台账。开展多层次安全培训，把安全生产知识内化于心，规范员工安全行为。开展大排查大整治活动和安全生产检查，督促所属企业堵塞管理漏洞，夯实安全基础。在路面施工项目中引进激光警戒雷达，在特殊路段布设防撞示警缓冲车等新型安全设施设备，提高安全保障能力。自主研发的“废旧轮胎制成的新型节能环保防撞桶”获得国家实用新型专利。开展创建安全生产标准化项目部、标准化场站、标准化班组的“安全生产标准化三创建活动”。编制《高速公路养护作业班组安全生产标准化作业指南》，大力推广路面养护作业安全标准化管控，在交控集团安委会第三次现场会议，配合路段运营公司圆满完成现场观摩活动。通过扎实有效工作，全年无安全生产责任事故，实现安全稳定发展，被交控集团授予“2021年度安全生产先进企业”。

【打好疫情防控阻击战】 安排养护集团本部和子分公司进行核酸检测,组织开展疫苗注射,指导各单位按照属地管理原则落实好疫情常态化管理。通过采取严密措施,养护集团取得“零感染、零病例”的防疫成果。

(梁福轶)

山西交通实业发展集团有限公司

2021年,中国共产党隆重庆祝百年华诞、中共十九届六中全会胜利召开,是山西“十四五”转型出雏型开局之年,也是推动交通强省建设、《山西省高速公路服务区三年提质升级行动方案》夯实基础之年。一年来,在交控集团的正确领导下,山西交通实业发展集团有限公司(以下简称实业集团)加快推进质量变革、效率变革、动力变革,着力实业集团竞争力、创新力、控制力、影响力、抗风险能力,较好地完成了各项任务指标。

【抓班子带队伍,聚合力促发展】 按照习近平提出的新时期好干部的五条标准,贯彻落实《(2019—2023年)全国党政领导班子建设规划纲要》,加强领导班子和员工队伍建设,确保各项工作有条不紊进行。一是强化服务意识。实业集团既建立“权力层层有,任务个个担,责任人人负”的工作机制,又秉承“真诚相处,融合共生,培养默契,优势互补”的处世原则。提倡“淡化管理,走向服务”的管理思路,重心下移,将管理策略重点放在指导和引领上,发挥班子成员自身优势实现个人与企业共同发展,营造人性化的管理软环境,通过柔性的管理将刚性的制度落实,体现以人为本的管理理念。二是树立发展理念。在领导班子中大力提倡“在工作中学习,在学习中工作”。在学习中做到:坚持结合改革过程学习,结合大家的热点话题学习,结合改革发展实践案例学习,结合出现的问题分析反思。通过学习与反思,班子成员保持了心灵的纯净与激情、拓展了专业内涵,增长了实践智慧、提高了班子成员的素质,促进了核心团队的成长。同时使班子成员个人在政治、业务素质上不断提高,爱岗敬业的自觉性不断增强,在思想上牢固树立法制观念,做到依法治企、依法用权。三是注重团结协作。领导班子注重团结协作,做到工作密切配合,工作分工不分家,处处发挥表率作用。班子成员在荣誉和个人利益面前不伸手。工作中坚持民主集中制,凡企业“三重一大”都由领导班子集体讨论决定。经常倾听一线干部职工的意见要求,还坚持领导班子定期议事制度、企务公开制等,促进了民主集中制的有效实施。四是树立务实形象。知实情,深入生产一线,与广大干部职工广泛交流,调查研究。使实劲,以对上、对下高度负责的精神,把劲头使在解决实际问题上,使在经营管理工作上。抓落实,真心实意地为群众办实事、抓落实,树立实干、公正、廉洁、奉献的形象。党员领导干部在各项工作中发挥表率作用,工作中坚持高起点思考、高效率运作、高品位服务“三高标准”展示严、实、细、进“四字”工作要求,追求每做一事必致精品的工作标准,提高管理效率。五是加强廉洁自律。领导班子成员带头承诺廉洁从业,大力开展廉洁教育,接受全体干部职工和社会的监督。实行企务公开,凡重大事务,均向各部门、单位公示。2021年,领导班子得到干部职工的认可,工作不断进步。

【坚持党建引领,凝聚发展强大动力】 始终坚持党的领导,把党的政治优势和组织优势转化为企业经营管理的优势,强有力地促进实业集团全方位推动高质量发展。一是加强政治和思想建设。一方面,建立《党组织会议“第一议题”制度》,印发《关于巩固深化“不忘初心 牢记使命”主题教育的实施方案》,全年组织党委理论学习中心组学习19次。另一方面,跟进学习习近平总书记重要论述重要讲话重要指示,组织开展围绕习近平总书记重要指示重要批示贯彻落实情况自查自纠、贯彻落实全国国有企业党的建设工作会议精神情况“回头看”、政治监督自查自纠,有序推进山西省国企改革三年行动、常态化疫情防控落实、巩固拓展脱贫成果同乡村振兴有效衔接、防范化解金融风险、扎实做好防汛抢险及灾后重建,努力提高政治判断力、政治领悟力、政治执行力。二是着力推进法治建设。抓好党纪国法教育和依法治国依法治党教育，将习近平总书记关于国有企业改革发展和党的建设重要论述纳入其中，编印《党纪国法教育和依法治国依法治党教育学习资料汇编》《党员应知应会知识》《理论学习应知应会》《党员必须牢记的100条党规党纪》等资料，将学习教育纳入党委理论学习中心组学习内容，做好国家宪法日、全国交通安全日、宪法宣传周、安全普法、信用交通等宣教工作，教育引导党员干部不断筑牢“两个维护”的思想自觉。三是做实党史学习教育。以党史学习教育为核心任务，抓好专题学习、专题培训、专题党课、专题宣讲、专题研究宣传阐释、专题民主生活会组织生活会、我为群众办实事实践活动“六专题一实践”和实业集团党委、党支部、党小组、团组织、党员团员“五级联学”等机制，整个党史学习教育求实、务实、扎实，达到了学党史、悟思想、办实事、开新局的目的。扎实推进开展“我为群众办实事”实践活动，通过坚持聚焦改革创新发展办实事、聚焦数智化驱动办实事、聚焦提升出行品质办实事、聚焦助力乡村振兴办实事、聚集员工成长成才办实事、聚集基层民生需求办实事“六个聚焦”，制订我为群众办实事“一张清单”，办好推进国企改革的要紧事、支撑交通强国的重点事、关爱职工群众的暖心事、助推乡村振兴的惠民事、巩固基层党建的重点事“五项实事”，做到责任要实、调研要实、问题要实、措施要实、效果要实“五个要实”的“6155”模式层层推进“我为群众办实事”实践活动，完成21件“办实事”项目。四是织密建强基层战斗堡垒。党委与党支部签订《全面从严治党主体责任的责任书》，党支部与党员签订《党员责任区目标责任书》，实行党支部向党委报告年度党建工作、党委负责人向交控集团党委党建述职、基层党组织书记抓党建述职评议三项制度。落实党建工作分管书记例会制度，实行党建工作每月自查、季度督察、年度考核，以卓有成效的党建工作成果推动了“三零”单位创建、“降本增效、减员增效、提质增效”专项行动、“止损挽损”专项行动、“创新创业、管理提升”实践活动等各项工作任务的顺利完成；以庆祝党的百年华诞为根本主线，组织“党旗在基层一线高高飘扬”、“两优一先”表彰大会、重温入党誓词、讲党课和优秀党课展播、走访慰问、主题征文、“永远跟党走，建功新时代”主题宣传等6个方面18项内容的庆祝活动。以党支部“标准+示范”建设为基础支撑，运城分公司党支部、朔州分公司党支部分别获交控集团“党建工作示范点党支部”“标杆党支部”称号；积极运用“1235工作法”，支部立项备案实现100%全覆盖，运城分公司党支部的管理成果获得交控集团二等奖，实业集团《构筑基于流程管理模式的基层党组织标准化党建质量管理体系》和运城分公司《党员积分制管理的探索与实践》均获“2020年全国交通企业管理现代化创新成果二等奖”。树立党建品牌管理理念，建成“情满河东”党建微展馆，已经形成并正在培育21个党建品牌；加强精神文明建设和文化建设，实业集团获“全国交通运输文化建设优秀单位”，3个分公司获“全国交通运输文化建设专项优秀成果”，1个班组成为“全国质量信得过班组”单位。组织“环境整治、服务提质”服务区劳动竞赛，共有62人获得交控集团“十佳服务区经理”及“服务区岗位能手”荣誉。开展“五小”竞赛活动，“一种服务区安全管理用人员导流装置”项目荣获全省交通运输系统“五小”创新大赛二等奖。开展“送温暖、献爱心”社会捐助活动，共有1205名员工捐款41692元。充分发挥共青团工作品牌优势，现辖青年志愿服务队16支406名，累计开展9447.5小时的志愿服务，共有2个团支部、1名团员、1名团干部、3名青年志愿者获得省国资委、交控集团“两红两优”表彰，4个青年集体获得交控集团“青年安全生产示范岗”命名表彰；依法依规开展帮扶济困、慈善捐助等公益活动，以国企担当回馈和奉献社会。开展党建联建、结对帮扶、社区建设、综合治理等活动，以国企担当回馈和奉献社会。五是提升党风廉政建设质量。始终把政治监督放在首位，实施政治监督“六步六化工作法”，找准6个着力点覆盖45个方面，建立政治监督“六清单”“一档案”“两报告”体系；定期分析、综合研判所辖单位政治生态的整体情况，精细刻画政治生态全景和各级领导班子及班子成员、中层副职及以上管理人员“政治画像”。召开党风廉政建设和反腐败工作协调小组会议，总结经验并提出问题，确保科学有效做好反腐败协调工作。紧盯“关键少数”，重点加强对各级党组织领导班子成员和各部室负责人的监督，督促其扛起政治责任；与各党支部纪检委员签订《党风廉政监督目标责任书》，明确履行主体责任、责任目标等内容，延伸党内监督触角。完成398名监察对象信息采集录入及上报工作，实现信息化监督的全覆盖。印发《关于实行任职廉洁谈话、集体谈话、约谈、提醒谈话、谈话提醒、诫勉谈话的暂行办法》，进一步强化对党员、干部以及经营管理人员的教育、管理和监督；将监督工作与经营业务相融合，从业务看政治，用廉政促业务，把提升服务区经营效益、拓展经营思路、创新经营模式、挖掘市场潜力摆在重中之重的位置，严格执行“一季一查”工作机制，加强对“三重一大”事项监督，针对“体外循环”现象、合同执行不规范等问题进行了“回头看”，对疫情防控、灾后恢复重建、企务公开、招标采购、财务制度执行情况等重点工作进行了专项监督检查。在春节、“五一”、中秋、国庆等关键时间节点，通过微信公众平台向广大党员干部发送廉洁提醒卡，营造风清气正的节日氛围。通过开展自查自纠、明察暗访、专项检查等方式，对贯彻落实中央八项规定精神情况进行常态化检查；召开警示教育大会，通报实业集团成立以来办理的问题线索和典型案例，发布中国古代四十八则廉洁故事。针对规矩意识不强、组织纪律不严、自身作风不硬、工作效率不高等问题，开展形式主义、官僚主义专项集中整治和纪律作风整顿活动，做实以案促改、以案促治、以案促教；精准处置问题线索，严肃查处违规违纪案件，开展依规依纪依法安全文明办案专题教育活动，对实业集团成立以来办理过的案件进行“回头看”，提升依规依纪依法安全文明办案能力和水平。

【坚定“135”发展思路，全方位推动高质量发展】坚定实业集团“135”发展思路不动摇，全方位推动高质量发展，构建新发展格局迈出新步伐，高质量发展取得新成效，企业营业收入11.64亿元，同比增长42.52%；提升人民群众美好出行的舒适度和满意度、获得感和幸福感。一是强化治理体系建设。围绕两个“一以贯之”要求，积极推动党的领导嵌入公司治理结构，在融入上下功夫，在结合上求实效，企业的现代治理水平和治理能力有效提升。抓牢“改革”，交控集团审时度势，坚持从根上改、制上破、治上立，深化服务区管理体制机制改革，组建成立服务区管理分公司，专职负责服务区公共服务管理，进一步理顺了服务区管理体制和投资渠道，厘清了资产属性，有利于充分发挥服务区管理分公司与实业集团的各自优势、相互促进，有利于激活力、添动力助实业集团“轻装上阵”。完成总部职能、机构和岗位设置调整，建立经理层成员任期制和契约化管理制度；坚持完善制度设计和运行机制，实业集团及所属子公司均已完成党建进章程工作，并严格执行党委会前置研究讨论重大经营事项清单制度。修订《董事会下设专门委员会议事规则》《财务等重大信息公开实施办法》，制定《董事会向经理层授权管理办法（试行）》，组织召开董事会2次涉及16项决策事项。推动经理层成员任期制和契约化管理，实业集团本部经理层成员签订《经营业绩责任书》《岗位聘任协议》；全力加速国企改革三年行动的“收官”冲刺，重新设计实业集团及全资子公司制度架构，健全以章程为统领的基本制度、实施细则、岗位手册等为一体的内部制度体系。修订企业“三重一大”决策制度和决策事项清单，全面依法落实交控集团授予董事会的6项职权制度，结合企业实际，新制订《实业集团董事会授权管理制度》等3项授权制度，通过召开董事会，审议议案、召开总办会，审议议案，各项议案做到依法决策、规范决策、民主决策、科学决策。制定《实业集团国企改革三年行动实施方案（2020—2022年）》，70项重点任务已全面完成59项，完成率达84%以上；深入开展法治国企建设，建立重大决策、规章制度、经济合同法律审查机制，三项法律审核100%；法务部门负责人列席党委会、总经理办公会，参与各项重大决策全过程。制定规章制度，合法性审查是必要环节，业务部门、法务部门和律师共同制定《标准合同范本》，所有合同签订之前必须经过法务审核。实施5项经济责任审计、16项工程财务竣工决算审计，按季对所属子公司的经营情况进行监督汇报，与3个子公司谈话。二是筑牢风险防控管理防线。聚焦战略思维的全局性，强化对宏观经济形势、政策环境变化和战略落地成效的动态跟踪评估，专注核心业务，主动拥抱变化，及时纠正偏移，实现高质量可持续增长；聚焦全面预算的精准性，加强对一般性费用预算的定额化研究和推广，建立预算预警系统和考核机制；聚焦风险管理的全面性，拴牢重大投资“管控链”，持续完善风控体系，及时发现风险隐患，稳健妥善处置，切实降低风险。守住资产负债“警戒线”，确保不发生流动性风险事件；扣准本质安全“关键点”，按照新《安全生产法》要求，持续强化隐患风险的识别排查治理与应急管理工作机制。点亮廉洁监督“探照灯”，健全“大纪检+大督察+大审计+大安全”的“大监督”平台，开展警示教育。三是打开两个效益新局面。一方面，公共服务品质得到新提升。树立“硬件不足软件补、软件不足功能补、功能不足服务补”的改观理念，在服务区开展“场区优化、公共卫生间净化、建筑物亮化、环境美化、公共服务标准化、管理精细化、运营安全化、目标考核制度化”“八化”工程，从“场区、公共卫生间、建筑物、环境、安全、管理、服务、考核”八个方面细化了36项整治内容，涵盖了服务区公共服务日常运营的全过程、全范围。制定“进口匝道、场区、建筑物、营业场所、附属设施、出口匝道”公共服务整治流程，明确路面干净整洁无破损、停车分区停放有序、公共卫生间干净无异味等66项整治标准，推广绛县服务区垃圾桶标线定位、霍州服务区交通指挥手势操、临汾服务区保洁流程标准化、河津服务区清洁工具整理“六要诀”、运城分公司文明服务“五心五声”“十点标准”、加油服务“八步法”、潞城服务区专项整治“对比法”等好的经验和做法。服务区共修补坑槽1925平米；维修路沿石4421处、粉刷路沿石182277米；更换井盖525个、粉刷井盖12428个；清洗垃圾桶74699个、更换垃圾桶1882个；建筑物外立面粉刷44778.56平方米、清洗120386平米、修补3521处；清理乱搭乱建、乱堆乱放、乱贴乱画443处；更换各种配件8969个；清理卫生死角30888处；粉刷标线9593处；清洗陈旧性污渍10361处；绿化修剪3032894.6平方米；开展各类培训10270次；大盂和太原服务区作为统一LOGO试点，更换交控LOGO及功能标识320块，服务区“环境、形象、服务、安全、管理”全面改观。认真贯彻落实《山西省高速公路服务区提质升级三年行动方案》，组织实施了15对服务区公共卫生间改造、10对服务区场区路面硬化工程、10对服务区危化品停车区安全设施改造、11对服务区消防设施设备改造项目、57对服务区危化品停车区标志标线完善和微型消防站改造项目、6对服务区“司机之家”建设、60对服务区视频云联网工程等10大项179小项改造，服务区如厕难、停车难问题得到有效缓解，人民群众的切实体验得到极大改善。另一方面，经营业绩取得新成效。配合交控集团编制《高速公路服务区油、气、电统筹推进实施方案》《服务区液化天然气（LNG）加气站规划（2021—2025年）》。全力推动油品经营业务，新开通吉县、岚县、广灵、天镇、芮城5对服务区10座自营加油站，在营加油站达到111座；与中石化合资公司成立山西高速石化公司，完成了清徐等19座加油站证照变更、经营权移交等工作。加快推进LNG加气站建设，完成潞城、东阳关、灵丘服务区等11座加气站的主体建筑与安装工程，其余20座加气站正在加紧推进中。积极推进充电站建设，新增加16个充电桩位，在用充电桩568个。服务区整体提档升级工作稳步推进，启动对晋中、襄汾、大营服务区进行整体提档升级改造项目。组织开展高速公路“百站示范、千站提升”创优活动，平遥服务区荣获第二届“全国高速公路旅游特色服务区”称号。四是扎根做实民生保障。一是扎实做好常态化疫情防控。多次开展疫情防控专题会议，印发、转发《关于进一步加强疫情防控工作的通知》等各类疫情防控文件，严格落实服务区疫情防控各项措施。在服务区设置检查登记点，并安排专人进行体温测量、健康证明（健康码、行程码等）查验和登记，有条件的服务区在人流量大的主要场所安装自动测温仪，为无口罩顾客免费提供一次性医用口罩，推荐顾客采用非接触扫码付费，定时消毒、通风等。强化员工自身防疫措施，不定期开展疫情防控专题培训。积极动员广大干部职工接种疫苗，现除有禁忌症者（137人）未接种外，已全部接种。强化资金投入，共计采购口罩约37万个、手套约7.5万双、护目镜约530副、测温枪386个、酒精55升等疫情防控物资，共计投入资金75万元；抓好安全生产责任制落实。建立健全安全责任制，把安全责任落实到每个环节、每个岗位、每个人，修订《安全生产监督管理办法》等制度。开展所辖64对服务区危化品车辆停放的安全风险评估工作，深入推进安全生产三年专项整治行动，开展"防风险除隐患保平安迎党庆办实事"消防安全专项行动、"安全带——生命带"专项行动等各类专项行动，持续排查整治安全隐患，化解安全风险。修订突发事件应急预案和专项应急预案，开展各类应急演练，特别是开展运城服务区危化品车辆突发事故及新冠肺炎疫情防控应急演练、临汾服务区危化品车辆突发事件综合应急演练。巩固扩大2020年安全生产标准化建设二级达标成果，加强危化品车辆停放管理，严格落实"一车一登记"、24小时值班和动态巡查制度，实行定点限时，专区停放。加强安全生产宣传教育，每日在微信内发布安全生产小知识，开展"安全生产月"活动，足额提取安全费用，实施安全教育培训素质提升，出台安全奖惩制度，对2395名人员投保"地方性安全生产责任保险"；扎实做好防汛救灾及灾害重建。对服务区边沟、排水沟、急流槽、下水管道等排水系统进行全面排查，加强对服务区高边坡、房屋基建等隐患排查治理，应急物资储备齐全适用。遭遇水毁灾害后，各服务区管理单位第一时间启动应急预案，对发生水毁灾害情况较轻的服务区，通过发动服务区自身人员，清除积水、淤泥，设置临时围挡、警示标志等方式进行临时处治，累计投入人工300余人次，机械8台，砂石水泥300余吨；对受灾较重的安泽、白家庄服务区（停车区），在请示上级单位后，临时进行封闭，等待修缮。

（冯立山）

山西交通建设监理咨询集团有限公司

2021年，在交控集团正确领导下，山西交通建设监理咨询集团有限公司（以下简称监理集团）坚持以习近平新时代中国特色社会主义思想为指引，认真贯彻落实交控集团各项决策部署以及董事长武艺调研时的重要讲话精神，以党建为引领，以效益为中心，以改革为动力，聚焦主业，多元开拓，高起点、高标准夯基固本、守正创新、提质增效，全方位推动高质量发展，较好地完成年度目标任务，实现"十四五"良好开局。

【监理主业创收创利取得新突破】 2021年，监理集团聚焦主业，多元开拓，主动作为，稳中求进，在确保省内交控集团内部市场份额基础上，积极参与交控集团以外市场竞争。经过全体职工上下齐心协力，辛勤耕耘，共同发展、资源共享、优势互补，形成规模效应，提升整体核心竞争力和盈利能力，经营格局实现跃升。截至12月31日，监理集团在监项目193个，控制投资额1233亿元，分布在山西、北京、青海、云南、辽宁、甘肃、贵州、广东、山东、新疆10个省区，人员稳定，运行正常。2021年监理业务新中标项目157项、合同额16291.66万元，其中交控内119项，合同额9706.78万元，占总额59.6%；交控外38项，合同额6584.89万元，占总额40.4%；太佳项目公司通行费税后收入4287.47万元，利润796.62万元，超额完成目标任务。2021年营业收入26700.40万元，实现利润3277.85万元，完成交控集团下达的年度目标任务2600万元的126%，其中交控集团外利润1158.87万元，完成交控集团下达的年度目标任务780万元的149%。

【监理项目管理迈上新台阶】 为加强对项目管控，维护好企业品牌，监理集团不断加大对各项目部检查、指导力度，多次组织由主要领导带队进行的质量、安全、廉政综合大检查和安全生产、疫情防控等专项检查，要求各项目部提升主动意识，强化责任担当，狠抓整改落实；各项目总监办能够认真履行岗位职责，严格按照监理规范对工程质量、进度、环保、合同、安全等进行监督管理，严谨细致、精益求精，监理工作质量不断提升，多次受到业主表彰奖励。2021年，监理集团获得全国交通运输企(事)业诚信建设先进单位称号，2019年、2020年连续两年在全国公路监理企业综合信用评价及全国公路水运工程试验检测信用评价中均被授予“AA”级。承担监理的霍永高速公路西段获2020—2021年度第一批国家优质工程奖；广东省高明至恩平高速公路、山西省黎城(冀晋界)至长治公路改扩建工程、青岛至兰州国家高速公路山西长治至临汾段3项工程获2020—2021年度交通优质工程奖——“李春奖”；长治至临汾高速公路获2021年度山西省建筑业协会“汾水杯奖”；广东省高明至恩平高速公路、山西永和至永和关高速公路、青海省310国道大循段公路均被交通运输部冠名2018—2020年度公路水运建设项目平安工程；青海省310国道大循段和循隆段均获青海省建设工程江河源杯奖。

【内控管理机制展示新作为】 监理集团积极开拓思路，完善内控机制，夯实腾飞之基。大力提升管理水平，建立职责清晰、精简高效、运行专业的管理机制，为全面提升企业现代化治理水平提供保障。大力提升财务管理水平，持续推行“成本核算、过程控制、利益同享、风险共担”为原则的质量、安全、廉洁、费用目标管理模式，提高资金使用效率，促进生产经营良性循环；大力提升人力资源管理水平，建立健全人才激励机制，出台《各类执业资格证书一次性奖励办法》，鼓励员工考取所需各类职业资格证书，出台《市场开拓经营绩效激励规则》，鼓励员工承揽项目，调动职工积极性和主动性。大力提升标准化管理水平，顺利通过“三合一管理体系”运行情况年度监督审核，实现连续22年保持“三合一管理体系”认证注册资格。大力提升规范化管理水平，制定修改完善15项管理制度，涵盖综合管理、财务管理、人力资源管理、合同管理、考核奖惩等各个方面，为顺利开展各项日常工作提供制度支撑。

【持续深化改革取得新成效】 国企改革三年行动开展以来，监理集团认真贯彻落实省委、省政府及交控集团的重大决策部署，按照全方位推动高质量发展目标要求，苦练内功、提质增效，充分发挥党建引领作用，不断完善中国特色现代企业制度，优化国有经济布局结构，健全市场化经营机制，企业内生活力得到激发，发展质效得到提升。截至年底，监理集团国企改革三年行动实施方案中54项改革任务，已经完成48项，剩余6项正在按时序要求积极推进中。为进一步优化管理结构，更好地适应市场发展需要，2021年组建四个分公司和一个检测咨询子公司，并重塑薪酬考核分配体系，薪酬分配向做出突出贡献的人才和一线岗位倾斜，突出盈亏、增量、责任、效率等关键指标，职工薪酬收入平均同比提升24%，在调动职工积极性同时，也提升获得感、幸福感、归属感。四个分公司组建以来，在集团授权、直接管理下进行市场开发和开展相应业务，通过合理使用资源，有效控制成本，推行精细化管理，都较好地完成经营目标任务，呈现出良好发展势头。按照国家认证认可监督管理委员会等部门有关检测机构应具有独立法人资格要求，在原试验中心基础上，监理集团出资设立子公司——山西交通监理咨询检测有限公司。下一步，将按照市场化经营、集约化管理要求，做好合规经营和风险防范工作，积极开拓外部市场，实现持续稳定健康发展。

【科技创新持续发力，科技成果不断涌现】 2021年，监理集团5个科技项目获“实用新型专利”、2个获国家版权局“软件著作权”；推选的7个QC成果、2个质量信得过班组获奖；2项科研成果分别获中国公路学会第二届全国公路微创新大赛金奖、铜奖，这是监理集团在2020年中国公路学会首届微创新大赛获得2项银奖后，再次获此赛大奖，也是交控集团内唯一获奖单位。

【保阵地拓市场呈现新亮点】 监理集团紧紧围绕年度工作目标，积极优化结构、巩固优势、开拓新兴，生产经营持续向好，亮点纷呈。2021年陆续中标9项25座LNG加气站监理项目，开拓新业务领域，迈出向多元化发展新步伐；9月与长治市沁源经济技术开发区签署战略合作协议，就开发区投资项目开展全过程咨询，构建“新理念、新业态、新模式”工程建设管理机制达成多项共识，为今后向“1+N”全过程咨询企业转型起到促进作用。监理主业持续做专做优做强，2021年，在交控集团大力支持下，在高速公路运营单位积极配合下，监理集团推动高速公路养护工程施工监理“分片区打捆招标”模式在交控集团范围内取得实质性进展：5月，吕梁北高速公路公司以公开招标方式进行2021—2025年度养护工程监理服务招标；6月，太原高速公路公司以公开招标方式，进行2021—2023年度养护工程监理服务招标，监理集团凭借雄厚实力和影响力，实现“分片区打捆招标”模式下成功中标零的突破。各分公司全力以赴找路径、拓市场，推动市场经营开新局，一分公司太原项目部承揽太原市滨河东路南延二期工程监理项目，中标额563万元，承揽太原市2021年城区雨污分流改造工程监理项目，中标额46.78万元。三分公司北京项目部承揽昌金路市政配套一期工程监理项目，中标额42.84万元。这是组建分公司后中标的交控外市政工程项目，为今后拓宽市政市场及开拓省外市场奠定坚实基础。

【抵御各类风险能力持续提升】 监理集团坚持底线思维，持续构建抵御各类风险防线，风险防控能力得到提升。坚持“防治结合、以防为主”原则，强化“三项法律审核”，审核规章制度106项、经济合同565份、重大决策17项，审核率达到100%；强化审计风控职能，配合会计师事务所完成年报决算审计和所得税汇算清缴审计，配合交控集团完成对监理集团原董事长离任经济责任审计；深入开展“三零”单位创建、“安全生产月”活动、安全生产专项整治三年行动集中攻坚、防风险除隐患保平安迎党庆办实事消防安全和安全带——生命带专项行动；太临高速临县黄河大桥安装雾区引导防撞系统，提高突发团雾发现、预警能力，提升恶劣高速行车环境下道路感知管控能力；加强应急救援处置体系建设，在山西交通运输应急管理系统建立应急管理平台，并坚持领导带班及24小时值班制度，确保应急准备到位、值班值守到位、信息报送到位；加强关键信息基础设施防护，2021年将门户网站和OA办公系统迁至交控集团服务器，保障网络安全态势平稳。加强疫情防控，800名从业人员除有禁忌的外全部接种新冠疫苗，无感染新冠人员。

【以高质量党建引领高质量发展】 监理集团认真开展党史学习教育，为高质量发展提供坚强政治保障，制定“我为群众办实事”重点项目清单，切实解决子分公司职工群众“急难愁盼”问题，真正做到学党史、悟思想、办实事、开新局。针对振兴公司资金周转困难问题，两次共给予600万元资金支持；利用在兴业银行和招商银行授信额度，为振兴监理公司、兴路监理公司、交科监理公司分别办理项目履约保证金和履约保函630余万元；积极协助振兴、兴路、道合监理子公司寻租、督促、落实办公场所；为全体职工缴纳保额115万元的意外伤害团体险、附加医疗保险以及重特大疾病险。通过扎实开展办实事活动，更加坚定全体员工紧跟监理集团发展步伐，持续推动各项工作提质、增效、升级，以优异成绩助力高质量发展的信心和决心。认真贯彻落实“第一议题”制度，提高运用习近平新时代中国特色社会主义思想指导实践、推动工作、破解难题能力。党委理论中心组始终坚持把学习党的最新理论、重大决策部署、重要会议精神作为第一要务，深入学习党章党规、习近平总书记系列重要讲话和理论文章等。持续推进“1235工作法”推进党建项目化管理工作，“初心”+“创新”项目蹚出监理工作新路子，在交控集团“1235工作法”推进党建项目化管理成果验收中获三等奖。加强精神文明建设，开展“社会主义核心价值观主题实践教育月”活动、健康骑行等文明单位创建活动，2021年被省国资委授予2019—2020年度“精神文明单位标兵”称号。充分发挥团员青年突击队和生力军作用，3人分别获交控集团“优秀共青团员”、第二届“十大杰出青年”“青年岗位能手”称号。充分发挥群团组织桥梁纽带作用，组织职工健康体检，夏送清凉、冬送温暖，及时帮助职工群众解决实际困难；工会组织职工参加庆祝中国共产党成立100周年系列活动；在“送温暖、献爱心”等社会捐助活动中，共捐款22515元；在“三八”妇女节开展“巾帼心向党百年正辉煌”活动，试验中心被交控集团工会授予“巾帼先进集体”称号，在“安康杯”竞赛活动中，3个总监办被交控集团工会授予“安康杯优胜班组”称号。

（袁燕芳）

山西省交通环境保护中心站（有限公司）

一年来，在交控集团坚强领导和鼎力支持下，山西省交通环境保护有限公司（以下简称环保公司）以习近平新时代中国特色社会主义思想和中共十九大精神为统领，坚定不移贯彻新发展理念，落实高质量发展要求，统筹推进疫情防控和生产经营工作，持续深化改革，强化创新驱动，优化市场布局，呈现出全面发力、多点突破、纵深推进的良好态势，高质量发展取得新成效。

【2021年主要经营指标完成情况】 利润总额3800.3万元，完成年度目标的100.01%；经济增加值2580.02万元，完成年度目标的129%；营业收入利润率14.56%，完成年度目标的54.43%；全员劳动生产率41.89万元/人·年，人工成本利润率106.41%，研发投入1512.24万元，“六新”收入突破500万元，资产负债率23.83%；经济增加值率、成本费用利润率、现金流动负债比率等对标评价指标均介于良好值与优秀值之间；未发生重特大安全生产责任事故和环境污染责任事故。

【工作亮点】 一是混改转型工作深入推进。积极谋划环保产业发展新思路、新模式，以混合所有制为手段，引进江苏普利匡环保材料科技有限公司和山西交通产业基金合伙企业（有限合伙）为战略投资者，控股成立了山西晋交普利匡环保新材料科技有限公司，主攻树脂混凝土环保新材料，致力于打造国内领先的高端环保装备基地。二是资质资信建设卓有成效。环保公司取得工程咨询资质和林地调查规划资质，被认定为山西省“专精特新”企业，入选山西省交通运输厅第一批交通运输行业科技创新中心；交控生态被认定为省级专精特新“小巨人”企业。三是行业外市场取得重大突破。中标大同市重点地区地下水污染状况调查评估项目，合同金额3481万元；交控生态联合中标晋城市农村生活污水治理PPP项目，中标金额约5.6亿元，为今后深度参与山西省污染场地调查、农村生活污水治理工程奠定了坚实基础。四是科技创新水平再创新高。联合清华大学共同开展山西省交通运输领域碳达峰碳中和专项行动方案研究课题，承揽山西省发改委2021年重大专项课题《山西省黄河流域水资源高效利用问题研究》和《山西省黄河流域水土保持综合治理研究》；编制的《绿色公路建设技术指南》（DB14/T 2315—2021）和《绿色公路评价标准》（DB14/T 2314—2021）发布实施。五是污水治理工程初战告捷。高速公路运营站区污水治理EPCO项目第一阶段工程94个站区顺利通过交工验收，交控生态自主研发的“智慧水务管理平台”建成试运行，全部站区的污水处理设备实现了远程在线监控和管理。六是三年改革行动成效初显。编制完成《深化改革三年行动实施方案（2020—2022年）》和《深化改革三年行动工作任务清单》，67项改革任务中，61项指标完成100%，6项指标完成率超过70%，圆满完成2020至2021年度阶段任务，为环保公司高质量发展提供了制度保障。

【探索企业转型发展之路，着力锻造高质量发展强劲引擎】 第一，聚焦技术咨询，夯实主业基础，持续提升品牌影响力。一是立足交通，加强市场开拓，咨询业务全年新签合同额突破8000万元。推行专家式营销模式，与省厅、各市县交通局、公路分局、设计单位建立起良好的沟通联系机制；省外市场采取“一省一策”策略，积极争取项目落地，先后承揽到重庆永川至自贡高速公路、新疆叶尔羌河大桥，广东深圳市泗黎南路提升工程等环评水保咨询业务。二是坚定信心，多措并举、交通外咨询业务取得重大突破，新签合同额突破4000余万元。充分发挥人才、技术优势和省属国企影响力，成功中标大同市环保局重点地区地下水污染状况调查评估项目，成功入围晋城市审批局2022年政府购买服务专项经费项目，为环保公司综合性咨询业务转型打下坚实基础。三是聚焦重点工程、攻坚克难，全年共取得批复或者完成备案30余项。先后取得黎霍高速（补充工程）环评、汾石高速水保批复；广西11条高速公路、重庆7条高速公路的环评、水保、防洪取得批复；神岢高速、长临高速、晋蒙黄河大桥等项目完成了竣工环保水保验收备案。第二，聚焦环保工程，优化产业布局，全面激活发展新动能。2021年是交控生态公司混改后的第一年，环保公司坚持“两主两辅”战略布局，“水、土、固废”三大业务齐头并进，全年新签合同金额超6亿元，完成营收约2亿元。高速公路运营站区污水治理EPCO项目第一阶段工程94个站区顺利通过交工验收，第二阶段工程完成新建设备84处、改造12处、入网12处。联合中标晋城市农村生活污水治理PPP项目，先后承揽到长晋高速晋城东收费站污水改造工程、太原绕城高速北环声屏障工程，广西柳州市泗潍河流域综合整治EPC总承包工程、河南内乡县黑崖山矿山生态修复工程。第三，聚焦环境监测，补短板强弱项，稳步增强发展硬实力。高质量完成隰吉高速、离隰高速、榆昔高速、黎霍高速等十余条在建高速公路施工期环境监测工作，出具环境监测报告58份；完成太古隧道、八盘山隧道提质升级专项工程环境监测系统试点工程建设；积极开拓行业外检验检测业务，先后承接大同经济技术开发区土壤污染状况调查、太原综改区水环境智慧监管平台实施方案等项目。第四，聚焦生态科技，拓宽发展空间，开创转型发展新局面。从原生态绿色走廊入手，先后承揽到太旧高速公路、忻州南高速公路绿化施工项目，运城北高速站区环保公厕改造项目。积极与太原综改区以及交控集团内多个高速公路管理公司开展城市与路域环境服务业务对接，编制完成多个项目的实施方案，为后续项目落地打下坚实基础。第五，聚焦创新驱动，激发内生动力，引领转型升级新局面。2021年共承担科研课题19项，通过验收评审4项，在研课题15项。编制的《绿色公路评价标准》《绿色公路建设技术指南》《高速公路沿线服务和管理设施污水回用处理技术指南》三个山西省地方标准发布实施。与中北大学、太原工业学院联合攻关开发的公路混凝土耐久性防腐贴片，具有抗腐蚀性强、易养护清洗等优点，在太古高速上进行了推广试验，受到公路养护管理部门的高度评价。

【扎实筑牢风险防控屏障，提升企业治理水平和治理效能】 一是强化管理提升质量，巩固深化提质增效。环保公司把树立一流标杆、持续管理提升作为推动高质量发展的不懈动力。第一，首次取得ISO 14001环境管理体系和ISO 45001职业健康和安全管理体系认证，完成了ISO 9001质量体系的审核和换证工作，为环保公司强化品质管理、提高经济效益奠定了制度保障。第二，加强项目协作管理工作，建立协作单位信息库，严格按照招投标管理规定开展协作业务，实现了优势互补、合作共赢、降本增效的目标。第三，按期召开月度季度年度经营分析会以及重点项目推进会，加强数据分析，强化过程管控，优化对策措施，狠抓落地考核。二是强化全面预算管理，有效防控财务风险。第一，严控支出降低管理成本，通过将各项经营指标还原、分解、汇总、平衡，编制了“2021年度全面预算”和“2021年度融资计划”，为环保公司完成全年各项经营指标量化了实施路径。第二，加强预算控制管理，财务部构建环保公司全面预算管理模块，依托财务软件通过控制报销实现预算控制，实时监控环保公司各项预算指标的完成情况，为预算的分析、执行、调控提供了数据支撑。第三，持续强化应收账款的动态管理，扎实开展集团内部债权债务清算工作，组织多次专题会议，对账款性质进行分类、明确时间节点、责任到人，及时掌握清理进度，确保国有资产保值增值。三是加强安全风险防范，营造安全发展环境。第一，与环保公司各部室全部签订了2021年安全生产目标责任书，并根据新《中华人民共和国安全生产法》的要求，组织编制了《环保公司全员安全生产责任清单》；第二，结合公司工作实际，修订完善了《安全生产风险管控体系》，实行分级负责，分级管控，责任到人的方式，全面提升员工风险识别能力；第三，扎实推进安全生产专项整治三年行动集中攻坚，坚持按月进行安全生产大排查大整治行动，确保安全隐患的及时查处；第四，积极推进应急管理体系和能力建设，组织编制了《应急预案体系手册》，并进行多次应急演练；第五，为不断提升环保公司全体员工安全生产意识，环保公司安委办开展了新《中华人民共和国安全生产法》、习近平总书记关于安全生产重要论述、消防知识、安全技能提升等一系列安全教育培训。四是加强人才队伍建设,扎实筑牢发展根基。环保公司把人才建设作为推动高质量发展的重要保障,坚持引人与引智、引技术与引理念相结合的原则,采用临时聘用、劳务外包、聘请专家顾问等柔性方式,增强人力资源的“活性”,形成有效的人才外部支撑。通过“线上+线下”的方式培养“技术+技能”的“双师型”人才,重点加强环评水保、防洪林调等咨询服务技术及污水治理、土壤修复等环保工程治理技术的培训和交流。2021年,共有3人授予正高级工程师,13人授予高级工程师,4人授予中级工程师,8人授予助理工程师,1人入选交通运输安全应急专家,为环保公司高质量发展提供坚强的人才支撑和智力保障。五是抓实抓好文化建设,全面推动文化强企。环保公司把企业文化建设作为推动高质量发展的重要载体,不断健全完善与环保公司发展相匹配的企业文化体系。第一,加强工会的组织与制度建设。召开了环保公司工会一届二次会员大会,补选主席、副主席各1人,成立五个工会小组,积极吸收新职工入会;第二,积极维护职工合法权益。签订集体合同、女职工特殊权益专项保护集体合同及工资专项集体合同,严格落实职工两节福利,全面开展职工健康体检,推进春送温暖、夏送清凉等慰问活动常态化;第三,积极开展职工演讲比赛、“安康杯”安全知识竞赛、冬季运动会等丰富多彩的文体活动,满足职工群众日益增长的生活文化需求。

【持续强化党建引领作用,推动党建与生产经营深度融合】 环保公司党委坚持以习近平新时代中国特色社会主义思想为指导,以党的政治建设为统领,着力深化理论武装,着力夯实基层基础,着力建强干部队伍,着力推进正风肃纪,在抓重点、补短板、提质量、强效果上下功夫,全面提高党建质量和党建引领发展水平,为环保公司高质量发展提供坚强政治保障。一是落实主体责任,推动各项工作开创新局。认真贯彻落实习近平总书记“两个一以贯之”重要论述,环保公司党委会前置研究讨论“三重一大”事项103个,不断完善各司其职、各负其责、协调运转、有效制衡的现代企业决策体系和治理机制。二是加强党建引领,以“我为群众办实事”为宗旨,将基层党建工作更好地与生产经营工作相融合,充分发挥基层党组织战斗堡垒作用,环境监测中心主动上门为11名职工进行室内甲醛检测服务。三是加强党风廉政建设,推动从严治党向纵深发展。定期开展形势分析、廉政谈话、督导检查和明察暗访,保持正风反腐高压态势。不断完善廉政风险防控体系,织紧织密制度“笼子”,紧盯关键人员、关键岗位的监督,为环保公司改革发展稳定提供坚强的政治和纪律保障。

(温 涛)

山西交控置地有限公司

2021年,山西交控置地有限公司(以下简称置地公司)以优势资源为驱动、以优质服务为宗旨、以市场为导向、以打造交控置地品牌为目标,坚持“立足内部,拓展外部,紧盯市场,抢抓机遇,因地制宜,多元发展”的发展思路,在业务、财务、法务等各方面风险控制能力有力加强。一年来,置地公司严格落实上级安排部署及文件精神,进一步完善各项工作机制和内控制度,明确界定职责权限、审批程序,持续加强科技创新机制,加强管理和审计监督,保持战略定力,充分激发各业务版块协同能力,不断优化内部管理和各项资源配置,进一步提升置地公司运营效率。全年经营状况积极向好,管理日臻完善,经营指标完成良好。

2021年,置地公司利润总额目标1000万元,累计盈利1231.53万元,完成年度目标123.15%;经济增加值目标2300万元,累计完成2,598.70万元,完成年度目标112.99%;营业收入利润率目标1.3%,累计完成3.42%,完成年度目标263.08%;全员劳动生产率目标为16.56万元/人·年,累计完成21.56万元/人·年,完成年度目标130.19%;人工成本利润率目标21.68%,累计完成39.52%,完成年度目标182.29%;总资产报酬率目标0.18%,累计完成

0.24%，完成年度目标133.33%。

限制约束指标完成情况为：资产报酬率同口径下降；建立健全社会责任管理体系，完善社会责任管理制度，积极主动履行社会责任，推动社会责任工作规范开展；杜绝特重大安全生产责任事故及特重大环境污染责任事故；完成“三零”单位创建各项工作；全面落实“降本增效、减员增效、提质增效”。

【担当实干勇突破，项目建设稳推进】 置地公司认真贯彻落实交控集团总体部署，按照“项目为王，效益优先”管理思路，在抓好、抓牢、抓细各在建项目建设管理上下真功夫。紧抓工程质量、进度、成本、安全、环保等方面工作，在厘清项目建设全过程基础上，开展成本分析工作、及时采取成本动态管理与成本优化控制措施，高效保障各项目全过程成本控制成效，有力支撑公司完成年度目标。

太原龙锦院项目：实现五证齐全，完成投资68574.21万元，完成15栋楼座及1号商业楼(活动中心)主体结构封顶，12月2日龙锦院项目营销中心正式开放，建筑面积90—313平方米住宅正式发售。

临汾易和苑项目：实现五证齐全，累计完成投资58529.50万元，住宅、商业及地库主体结构已全部封顶，完成本年度回款指标101%。

吕梁丽水苑项目：已取得“山西省企业投资项目备案证”“不动产权证”“建设用地规划许可证”“建设工程规划许可证”，完成投资2755.12万元。

云南磨憨住宅项目：努力克服边境疫情影响，主动担当、逆势而上，完成投资520.9万元，完成土地契税缴纳、土地权籍调查工作，12月2日取得“不动产权证”。

【紧抓机遇迎挑战，聚焦主业谋发展】 一是高效推进股权划转。为进一步优化产业板块布局，根据交控集团深化国有企业改革战略规划及压缩企业层级、减少法人户数工作部署，置地公司从深化国有企业改革“板块化经营、专业化发展”目标出发，按照专项工作推进组模式高效开展划转工作，积极开展资产清查、财务审计工作，全面厘清项目情况，编制可行性研究报告、专项财务审计报告、股权无偿划转协议、企业债务处置方案、企业职工分流安置方案、股权划转实施方案等。高效率完成路桥集团房地产板块企业股权划转、路桥集团物业管理有限公司股权受让，完成山西忻州宏图发展有限公司、山西交通国际旅行社有限公司、交通控股集团忻州顿村职工培训有限责任公司三户企业股权及交控集团三处房产无偿划转工作。二是内育外引双向发力。为更好履行国有资产保值增值职责使命，置地公司贯彻执行省委、省政府以“项目为王”的发展理念，积极推进龙城大街南区土地项目开发进程，特成立专项领导小组全面梳理太原公路主枢纽武宿货运中心项目历史遗留问题，重点对该项目定位、控规修编、土地变性、土地收储、新设公司成立等一系列工作进行全流程指导监督。同时紧跟行业发展趋势，不断加强与房地产行业龙头企业交流合作，提高自身核心竞争力，先后与富力地产、山西融创、红星金茂、金地商置、华润置地等优秀地产企业商议合作地块开发事宜。三是分析研判地市项目。2021年，置地公司积极开展和推进各类项目研判、跟踪、调研等工作。积极部署落实交控集团关于“开展高速公路沿线闲置资源开发行动”要求，对高速公路沿线闲置和低效土地进行摸排，进一步与吕梁南、太原等高速公司进行对接洽谈，对汾离建管处和太古建管处等地块进行整理、分类研判。深入分析市场环境、洞察行业趋势，从项目基本信息、商业模式、拟投资模式、拟合作方基本情况、经济效益分析、项目论证开展情况、项目初判风险点等7个维度，先后完成启迪未来初判报告、长治综合客运枢纽项目初判报告、运城康立生旧厂址地产开发初判报告、大同市古城墙以北地块项目初判报告等，对目标项目进行反复论证，为后期跟踪项目进展提供依据。

【调整战略强部署，明确方向定规划】 一是优化部署战略方向。为响应交控集团结构调整战略部署，推进国有资本布局优化，增强新形势下抗风险能力、市场竞争力和可持续发展能力，置地公司完成主辅业目录编审工作，确定“一主一辅”发展定位，主业为交通配套地产开发(依托交通优势资源、符合国家及山西省政策导向、配套投资开发的地产开发业务），辅业为物业管理（居住物业、商业物业等物业管理业务及衍生业务），发展按照主辅业目录，优化资源配置、规范投资行为，围绕主业加大市场投资研究，推动资本要素向主业集中，做强主业，做优辅业，全面提高企业核心竞争力。二是科学编制发展规划。紧紧围绕交控集团关于“十四五”规划指导思想和编制要求，积极探索和实践“房地产+”的发展模式以及低负债、低杠杆、低成本、高周转的经营模式，从行业内外部发展环境、企业竞争力分析、五年发展目标设定、业务发展规划、区域发展策略、投融资规划、战略成本管控、企业文化建设等多个维度不断加强前瞻性思考、全局性谋划、战略性布局、整体性推进的预判能力，编制出台“十四五”发展规划，系统性地阐述未来五年的基本发展方向，为实现公司高质量发展提供强大内生动力。同时先后完成交通配套地产专项发展规划编制、物业管理专项发展规划编制、关于数智化发展建议初稿。

【强化基础促管理，加强统筹降成本】 一是建立健全制度体系。积极对接交控集团各职能部门，不断健全各项制度，2021年制度印发114项，修订14项，开展制度宣传贯彻活动，构建形成有章可循、有据可依、按章办事、规范高效的管理体系，切实提高制度约束力和工作执行力。二是加强资金计划管理。稳步推进运行“财务核算系统”“预算管理系统”“网报系统”，牵头推进“降本增效、减员增效、提质增效”，充分运用增值税留抵退税、契税免征等优惠政策，做到退税免税1623万元；在确保资金安全性和流动性前提下，开展资金竞争性存放工作，本年提高资金存放收益达40万元；积极对接路桥集团，下调贷款利率，节约资金成本700万元。三是高效落实成本控制。发布试行11项涉及成本管理制度，建立健全成本管理体系，先后到各项目现场办公50余次，掌握最及时项目信息，运用最科学管控理念，对所有项目实行成本集中管理，组织技术专家讨论并优化图纸，定期进行成本动态分析、进行成本控制，合理节约工程投资。

【提高风控抗风险，法治建设强推进】 置地公司高度重视法治建设工作，充分发挥法治在经营管理活动中的作用，成立依法治企法治建设领导组、全面风险防控体系领导组等组织机构，严格落实企业主要负责人履行推进法治建设第一责任人职责，出台《重大决策法律审核管理办法》《法治宣传工作实施方案》《关于构建全面风险防控体系的指导意见》等规范意见，全面落实省国资委三项审核100%，完成141项规章制度、83份合同、股权划转方案、所属企业章程等重大事项法律审核，力图通过搭建风控管理、合规管理、法务管理、风险管理“四合一”的法务管理体系，全力推动实现经营合规、管理有序、风险适度，以法治建设新成效推动高质量发展。

【强化责任保安全，细化措施稳落实】 置地公司严格落实企业安全生产主体责任，深入推进安全生产专项整治三年行动和“三零”单位创建工作，突出抓好项目建设领域安全生产、疫情防控，构建安全长效机制，深化隐患排查治理，强化安全生产监督检查。深入组织开展6月“安全生产月”、9月“质量月”活动，排查安全生产、质量控制类隐患28项，所属各企业按照整改要求完成整改28项；严格执行24小时应急值班和领导带班制度，建立预警监测机制，及时发布预警信息，做好突发事件信息报送工作；将疫情防控纳入常态化工作，完成新冠病毒接种“清零行动”，对置地公司机关、所属各企业办公区、项目现场做好出入人员登记、测温及每日消毒；积极开展安全宣传教育工作，在OA内网设置“质量安全环保”专栏，实时发布“安全宣传册”4期，组织开展发放安全宣传资料和安全月条幅签名活动，发放安全宣传传单600份；12月开展全员消防安全培训，通过沉浸式实操体验，强化和提升应急管理能力。

（张　希）

山西交控金资管理有限公司

2021年，山西交控金资管理有限公司（以下简称金资公司）按照交控集团各项决策部署，贯彻“以路为基、产融结合、创新驱动、多元发展”理念，以党建为统领，纪检监督为促进，优化内部治理结构、主动有效地管控化解风险，积极拓展各项业务，开启管理工作信息化、规范化，主动作为，真抓实干，经营管理取得实效，高质量发展再上新台阶。

2021年，实现利润2.82亿元，完成年度目标100.7%；实现经济增加值7043.96万元，完成年度目标234.8%；实现营业收入利润率248.2%，完成年度目标206.83%；共开展投融资项目15个，合计余额23.83亿元。资产管理规模近39亿元。其中，债权投资业务投资项目3项，实现收入1.06亿元；股权投资业务投资项目8项，实现浮盈1.78亿元；保理业务融资项目4项，实现收入750.48万元。保理业务、债权业务均投向优质省属国企；股权类投资项目合作机构均为国内头部股权投资机构。

【主要业务】 一是股权投资。秉持“优中选优”投资思路，以股权投资助力经营效益快速发展。股权公司2021年度实现利润总额2.27亿元。利用合作伙伴项目筛选、投研转化等优势，布局8项优良项目：中航锂电项目、有为技术项目、招银国际招赢郎曜二期基金项目、中信城市发展基金屏山县项目、能链项目、交投融创项目、中金并购基金、山西交通产业基金项目等。其中，中航锂电项目，投资金额5195万元，2022年3月在港交所递交招股书，拟在香港主板挂牌上市；能链项目，投资金额11004.21万元，2021年年底已实现100%浮盈收益；招赢郎曜二期基金项目，2021年12月投资LP份额1亿元，基金净值已实现30%增值。2021年调和参与的项目均来自中金资本、招银国际资本、华平投资、中信城开等国内知名头部机构，同时与华远陆港资本、晋建私募基金、山证投资、中合盛资本等省属兄弟集团旗下投资机构积极沟通，建立良好合作关系，有效降低项目选择风险，提高投资效率。二是保理业务。利用“依托供应链，建立信用链，疏通融资链，提升价值链”总体特点，着力打造新的效益增长点。保理公司积极开拓市场，先后拓展山西建投集团、晋控集团、兰花集团等重点客户，开展4笔保理业务。全年总计投放保理融资款人民币2.15亿元，实现服务费收入437.08万元，利息收入358.45万元，全年实现利润总额545.98万元，资产管理规模达到19234万元。此外，保理公司还主动与各大银行机构联系，获得光大银行2亿元授信支持，为更好地开展保理业务积极储备资金来源。三是债权投资。在债权投资业务中，始终坚持稳健投资思路，努力做到既保障资金盈利不闲置，又确保资金安全可归还。截至年底，累计开展交投集团通建融创项目、晋信资本资金拆借项目等3笔债权投资业务，总投资余额14.78亿元。

【风险控制】 金资公司始终严控业务风险，把保障国有资产安全放在首要位置，秉持“风险可控、收益可期”思路，党建引领、纪检监督、法务风控、业务研判多管齐下，为健康有序发展留足安全空间。2021年，党委前置研究讨论重大决策事项128项。一是严格执行三项重点法律审查。共审核各类合同协议文本76份，涉及金额32亿余元，审核规章制度30项，法律审核率达到100%。风控法务部列席参加金资公司党委会，对党委会每一项议题合法、合规性问题进行审查研判，有效确保“决策先问法，违法不决策”的法治理念。二是提升专业投研能力。持续完善《投资管理办法》《董事会战略投资委员会工作规则》等相关投资决策制度；成立投资研究中心，为投资战略、投资方式等方面提供理论支持、决策依据与实践指导。三是开展股权存量业务合规性审核。邀请专业律师事务所就投资的9笔存量业务进行合规性审核，根据律师事务所审核报告，补充完善项目资料、规范后续项目审批流程、修订完善相关制度，满足项目投资的合规性、合法性要求。

【内控管理】 始终坚持优化治理结构、提升管理效率，更好地为主业赋能。一是认真贯彻落实国企改革三年行动方案。54项改革任务年度目标全部完成，全年制定、修订各项制度56项，进一步厘清党委会、董事会、经营层职责边界。二是优化组织机构。调整机关部室设置、调配工作人员，实现机构设置专业化、人员效能最优化，最大程度克服人员短缺困难。三是启动信息化、标准化建设。深入推动信息化建设，综合办公室搭建OA办公系统，财务部采用浪潮财务系统，开启信息共享，高效协同工作模式。

【党建与党风廉政建设】 始终以党建领航高质量发展，坚定不移全面从严治党，切实发挥党组织领导核心和政治核心作用。一是把党的工作嵌入各个环节。研究修订《党委会议事规则(试行)》和《贯彻落实"三重一大"决策制度的实施细则(试行)》,明确党委前置研究讨论议事范围和重大经营事项清单,2021年共召开党委会34次,研究审议187项议题,其中前置研究讨论重大决策事项128项。设立机关党支部,夯实党建基层战斗堡垒。与山西银行太原分行签订党建、纪检共建合作协议,通过共享党建、纪检资源和经验,共同探索党建共建、纪检共建特色活动,开拓新局面。二是扎实开展党史学习教育。印发《党史学习教育实施方案》,组建领导机构,扎实开展"我为群众办实事"实践活动。开展意见征集2次,收集群众"急难愁盼"事项16项,完成15项,完成率94%。依托省内红色资源,先后组织机关党员干部前往昔阳大寨、武乡八路军纪念馆、黎城黄崖洞、山西国民师范旧址革命活动纪念馆开展主题党日活动。三是坚持不断理论学习。全年共开展理论中心组集中学习14次,交流研讨8次,专题党课6次,班子成员带头宣讲10余次、共撰写个人学习心得体会40篇。组织党员集中学习18次,共计350余人次。全年在微信公众号公开工作动态信息、普及知识共计182篇。四是党风廉政建设常抓不懈。建立"三个一"日常监督体系。对9名中层干部进行任前廉政谈话。对新入职的12名员工进行入职廉政谈话。结合党史学习教育,纪委书记与中层干部以及党员员工进行"推动党史学习、落实具体工作"谈心谈话,开展3次自查自纠。开展廉政警示教育12次,为全面建设清廉金资筑牢堤坝。

(李博伦)

大同北高速公路管理有限公司

2021年,大同北高速公路管理有限公司(以下简称大同北公司)全年实现通行费收入38932.04万元,同比增长1.62%。全年累计减免通行费6702.94万元。其中绿色通道减免60421辆,减免通行费3109.39万元;节假日减免98251辆,减免通行费3593.55万元。所辖得大、绕城、大呼、天大和京乌高速(山西段)5条路段共19个收费站,173条车道、60个ETC门架系统和21个匝道治超检测点33条治超车道。

【依法治企】 2021年12月,开展"宪法周系列宣传活动"。制定《法律风险管理工作办法》,编制《法审说明书》,使法审工作规范化、标准化迈上新台阶。2021年制度审核、合同审核、重大决策审核率100%。《合规管理体系构建方案》《风险防控体现建设工作实施细则》,为下年度合规化体系建设做好前期准备工作。

【路域环境整治提升】 完成各路段5公里标准化养护示范路段工作目标。汛期前完成对沿线高填深挖路段、桥梁、涵洞及安全设施、排水设施进行经常性检查、维护、整修和预防性维修处治,累计排查安全隐患16次,排查重点路段18处。结合绿色走廊建设,完成全线对中分带、道路两侧声屏障下部杂草的清理、喷药,以及道路两侧路基边坡的紫穗槐、柠条修剪,完成全线绿化调查及补植工作。

【路产路权】 2021年,共查处案件114起,其中简易案件6起,一般案件67起,重大案件41起,案件发现率、查处率达到100%,结案率达到97.37%。办理超限运输许可828件,其中高速路线许可452件,混合路线许可376件。

【京乌高速公路建设】 2021年11月19日,北京至乌鲁木齐国家高速公路山西段通过竣工验收,该工程建设项目综合评价等级为优良。

【加气站建设】 根据《关于召开高速公路加气站、加油站土地审批推进工作会议》文件,主动与大同市、天镇县自然资源部门对接沟通,建立常态化协调机制,完成新平堡停车区2宗土地交易。

【安全生产体系建设】 2021年,根据大同北公司制定的总预案,指导各单位修订735个现场处置方案。对8个二级应急物资储备中心的管理台账、出入库记录、标识标签进行统一规范。11月为新平堡路产维护站补充配齐应急物资。2021年,共开展应急演练82次,其中实战演练33次,桌面演练49次。建立危化品车过隧道辨识跟踪及预警系统,该系统集成

"高清卡口+智能视频+毫米波雷达"技术，有效提高亮马台隧道危化品车辆安全监管信息化、智能化水平，大幅降低危化品车辆事故率。获2021年度山西省安全文化建设示范企业称号。

【机电运行维护】 2021年，完成所辖路段收费站维护688次，巡检48次，收费站保养48次，治超检测点维护186次，巡检48次，保养48次，外场设备巡检48次，保养48次，节假日专项巡检11次，治超设备专项巡检11次。

【人才队伍组建】 建立机电维护人员档案库，已完成所辖各党支部机电类专业技术人才推荐报名入库人员124人，并完成入库人员培训。

【ETC管理】 2021年所辖7个运营网点共新发行OBU设备7009台，记账卡7027张，完成ETC充值2143690元。

【收费现场管理】 规范管理、坚持文明用语、微笑服务，延伸便民服务措施、提高业务处理速度，做到服务质量"车多车少一个样、外地本地一个样、大车小车一个样"，为过往司乘人员提供安全快捷优质高效的通行环境。

【收费稽核管理】 持续抓好"一张网"运行新格局下的收费稽核工作，建立稽核奖励机制，设立站级稽核网，加大稽核追缴力度，确保通行费收入都能顺利归仓，完成年度通行费任务应收尽收。

【数字化档案管理】 完成2020年度743件（共有12709页）文书档案的数字化扫描录入和存储，档案电子化工作取得初步成效。

【党建片区建设】 成立新平堡、天镇、云州、新荣、云冈、左云、右玉7个党建片区，完成7个党建片区书记及片区委员选举工作，实现基层党支部由"单兵突击"向"集体作战"转变，形成合力共治新格局。

【工会工作】 2021年，积极响应山西省社会救助基金会倡议，在全公司范围内开展"爱在三晋，暖心守护"——为困境、留守儿童捐款活动，共募集广大干部职工爱心捐款31211元，为重症员工李宏伟募集爱心善款34812元。10月份，组织开展职工健康体检活动，共发放体检卡1805张，让广大干部职工真真切切得到实惠。12月，省公路运输工会把2021年度困难职工省级配套专项帮扶资金由交控集团工会下拨到大同北公司工会，帮扶1名在档困难职工生活救助类金额8220元，医疗救助类6000元，共计金额14220元。

【"职工心理咨询室"建设】 2021年，建设心理咨询室，分为两个房间，一个是心理咨询室面积约20平方米，另一个是心理康复训练室面积约40平方米，室内设有智能身心减压舱、智能反馈型宣泄系统击打型、智能情景心理释放运动单车等主要设备，心理咨询室能够帮助职工疏导心理压力，解决心理问题，全面提高全体职工心理素质，培养乐观、向上心理品质，促进身心健康全面发展。

【"百站示范、千站提升"专项活动】 全面推进"百站示范 千站提升"提升活动，以点带线、以线带面，对收费岗亭、车道、收费广场开展环境卫生大整治，努力打造"大道同昌、臻美同北"企业品牌和形象，营造优美、洁净、和谐的行车环境，展示良好形象。

【军事会演庆百年】 2021年9月，进行秋季军事会演，取得预期效果，不仅磨炼个人体质和意志，而且极大地增强了团队凝聚力和集体荣誉感。

（李 慧）

大同南高速公路管理有限公司

2021年，大同南高速公路管理有限公司（以下简称大同南公司）带领广大干部职工高举习近平新时代中国特色社会主义思想伟大旗帜，深入贯彻交控集团2021年工作会议精神，全面落实"十四五"战略目标，紧紧围绕服务保畅、降本增效、安全廉政、运转规范、党建融合，坚持改革创新，强化制度程序，注重结果导向，补短板、强弱项、防风险、利长远，统筹推进国企改革三年行动，持续巩固运营管理再见新成效十大专项提升工程成果，全面打赢降本增效、减员增效、提质增效"攻坚战"，保通保畅"持久战"，百站示范、千站提升"突击战"，准确把握全方位发展新常态，奋力开拓高质量发展新境界，较好地完成年度各项工作任务。

全年累计支出21005.78万元，其中：日常养护费用3392.84万元，养护工程费用2628.18万元，运行费用3261.57万元，完成年度目标82.41%。全年累计完成通行费收入106707.72万元，完成年度目标95.27%。全年全线养护质量为优，优良路率100%。全年未发生一例网络安全责任事故、安全生产责任事故、环境污染责任事故，未发生一例有理投诉事件。

【聚焦重点任务抓落实，全力开创经营管理新局面】 一是深入推进国企改革三年行动工作。按照交控集团要求，从完善中国特色社会主义制度等4个方面，研究制定《深化改革三年行动实施方案》，逐项分解任务，逐级压实责任，全面深入推进，形成横向到边、纵向到底的网格化工作机制。70项具体任务已完成66项，剩余4项任务已完成70%，完成率达94%，超过交控集团目标任务24%。二是全面推进依法治企各项工作。全年共处理各类案件14起，挽损止损72.81万元。成功以民事诉讼方式处置偷逃通行费案件1起，开交控集团乃至全省司法诉讼追缴通行费先河。有序推进合规体系建设工作，编制实施《合规管理体系构建方案》《合规管理办法》，按时完成尽职调查工作，梳理各系统现有规章制度187项，审核经济合同291份，被交控集团列入合规体系建设试点单位。《招标投标（采购）管理办法》在交控集团推广应用，《依规交费 文明行驶》获"竹叶青杯"法治动漫视频优秀奖。三是扎实开展降本增效工程。探索实施"自主+咨询"机电维护模式；尝试对接大客户用电售电项目，节约19余万元；创新灭火器年检方式，减少人为损耗、降低空档风险，节约检测成本20余万元；大力拓展路域经济开发利用，与路桥集团机电公司合作开展光伏发电项目，累计收取租赁费10余万元；探索发展"绿色养殖、生态养殖"，年内产出各类有机蔬菜3200余千克，产值2万余元；拍卖处置无法正常使用且无维修价值的废旧物资创收63万元；开发"高速公路站区污染物资源化循环利用课题"，节省污水拉运费用130余万元。全年实现降本增效240余万元。四是积极推进技术成果转化。对隧道电伴热箱实施智能控制改造，降低用电量30%。研究"高速公路隔音屏障"课题，并获得实用型技术专利。针对养护过程中的难点、堵点问题，完成10个QC项目研究，并逐步将研究成果转化到实际工作中。其中，峰峪路产维护站"解决柱式轮廓标冬季无法拆旧换新问题"项目QC小组获全国交通运输行业优秀质量管理小组称号，王庄堡路产维护站"降低沥青路面坑槽修补返修率"项目QC小组获山西省质量管理小组活动三等成果。

【围绕中心工作提质量，有效激发创新发展新活力】 一是全力促进通行费增收。深入开展"差异化收费优惠政策"宣传和ETC推广活动。通过组织运输企业座谈、发放调查问卷等方式，了解司乘需求，编制《关于G18荣乌高速灵山段应县至浑源西区间引流增效调研报告》，针对性研究实施精准营销，提升服务质量。深度履行国企担当、践行为民服务，从自有经费中出资91.5万元帮助属地公路管养单位对G18灵山高速并行的336国道干线路面和涵洞病害进行应急处置，增加通行费收入，培育出行高速公路的消费习惯。通行费收入由10月中旬划后收入3978万元增至10月下旬4811万元，通行费划后占比由135%增至175%。持续强化稽核追逃，积极开展收费稽核"百日清零"行动，全年追缴车辆25915车次，追缴通行费588.46万元，两次受到交控集团通报表扬。二是全力保障辖区道路畅通。大力建设生态长廊，有序推进标准化路段管养进程。全年机械清扫路面446车次，清理桥梁伸缩缝9197道、泄水孔29019个，修补路面坑槽3600余平方米，路面灌缝297余公里，路况水平和路域品质有效提升。汛期处治水毁161处，灾毁路段未发生交通阻塞现象；降雪期间出动361人次，设备138台次，撒布融雪剂212吨，缩短恶劣天气交通管制时间，全力保障群众安全快捷出行。改造独柱墩桥梁27座、防眩网21公里，硬化灵山段中央分隔带3.8公里，修复破损路面、桥梁伸缩缝和隔离栅，有效提升路况本质安全水平。三是全力提升路政维权水平。持续巩固协同共治机制，强化部门联动，创新实施路警联合、错时巡查制度，规范治超管理工作。2021年共处置路赔案件98起，收取路赔款131.14万元，案件发现率、查处率均为100%。共检测货运车辆225.69万车次，通行219.56万车次，持证车辆1480车次，劝返5234车次，向驻地治超办移交非法超限超载车8辆，未放行一辆非法超限超载车辆，受到省、市治超办充分肯定。四是全力提高路网运行保障能力。深入贯彻落实《畅通行动实施方案》，与朔州公司、大同北公司、河北荣乌公司推进信息互联互通。强化值班值守，拓宽信息采集渠道，规范信息发布，全年人工接听量2.16万次、处置交通事件信息306次、发布路况信息448次。创新实施《精准封路方案》，应急救援指挥和现场处置能力有效提升，交通管制同期减少44.5%，封闭管制减少47.1%。全年累计实施清障任务1745次。5月15日实施清障收费以来，收取费用26.37万元。五是全力推进人才强企战略。始终坚持"以人为本"的核心理念，创新人才工作机制体制，持续推进"育才同南"品牌战略，3名在职研究生获得学费补贴，40名人员获得职称等级奖励，32名员工获得驾驶技能持证奖励，206名职工调档提薪，444名收费员、198名养护工、43名人力资源管理人员完成技能等级认定工作，13名员工获得中级职称，2名员工获得高级以上职称。六是全力筑牢安全生产防线。研究推广运用各系统《风险分级管控清单》《隐患排查治理清单》《安全风险四色图》《作业安全风险比较图》等系列标准。深入开展安全生产专项整治三年行动和安全生产风险隐患大排查大整治"百日攻坚"行动，圆满完成"防风险除隐患保平安迎党庆办实事"消防安全和"安全带=生命带"专项行动，全年排查整改隐患44项。组织开展防汛抢险、冬季除雪等各类应急演练84次，改建应急物资储备库2个。发放防疫宣传资料1200余份，各类防疫物品2.5万余件，新冠疫苗无接种禁忌症者应接尽接。获交控集团"平安交控知识竞赛"优秀奖，"三级安全培训教育竞赛"团体奖，"2021年度安全生产先进企业"称号。

【坚持党建引领促发展，持续激活党建工作新引擎】 一是全面落实从严管党治党责任。一年来，大同南公司压实党委主体责任、纪委监督责任，严格落实"一岗双责"，持续巩固巡察整改成果。抓实政治监督，有效推动各级党组织严格落实党中央、省委、省政府和交控集团重点任务，管党治党责任压力层层传导、层层落实。扎实开展党史学习教育，积极开展"我为群众办实事"实践活动，组织实施各类"为民、便民、惠民"项目27个。二是不断深化"五强+"标准化党支部建设。夯实基层"战斗堡垒"，按程序新成立4个党支部，调任13名党支部书记。强化党员教育、培养和管理，按程序确定发展对象10名、预备党员19名、积极分子42名。瞄准党建和生产经营中的重点难点问题，创新打造"五星+"便民服务型路政中队等24个党建项目，浑源北收费站党支部打造"太阳花"服务品牌项目被交控集团授予三等奖。按季度对各基层党支部进行督导检查，促进党建工作规范化、制度化。浑源东、浑源北收费站党支部分别被交控集团授予"标杆党支部"和"党建工作示范点"。三是持续巩固风清气正的政治生态。始终保持惩治腐败高压态势，定期研究党风廉政建设工作，稳步推进党务、企务公开，加强问题线索查办力度，推进"四种形态"特别是第一种形态在监督工作中的具体运用，全年累计办理问题线索4件，谈话提醒6人次，形成不敢腐震慑。深化标本兼治，重点围绕"三重一大"等经营管理重点领域和关键环节，落实六级监督体系，先后开展疫情防控、费用公示等专项检查9次，对5个招标采购项目进行抽查监督，保证招采过程可知可控，扎牢不能腐的笼子。强化理想信念教育，组织实施廉政文化建设行动，开展廉政警示教育活动2次，发放廉政教育书籍1200余本、宣传手册150余份，增强不想腐的自觉性。

2021年，大同南公司以党史学习教育为契机，紧紧围绕经营目标，找准支撑点，挖掘增长点，在改革中摸索、在摸索中创新、在创新中前进，各项任务取得较好成绩，这是坚持以习近平总书记为核心的党中央坚强领导的结果，是交控集团党委、大同南公司党委正确领导的结果，更是广大干部职工上下一心、团结进取、砥砺奋进的结果。

【党组织和党风廉政建设】 为持续深化"五强+"标准化党支部建设，大同南公司党委下设32个党支部，共有党务工作者54名，党员237名(含19名预备党员)，按季组织考核，着力推动党组织建设全面过硬。一年来，在交控集团纪委、监察专员办公室和大同南公司党委正确领导下，公司纪委始终高举习近平新时代中国特色社会主义思想伟大旗帜，不断加强政治建设，认真贯彻落实交控集团党委、纪委和大同南公司党委工作部署，切实发挥监督保障执行、促进完善发展作用，协助党委坚定稳妥推进全面从严治党、党风廉政建设和反腐败斗争，各项工作取得新进展。

【突出政治监督，“两个维护”落实更加坚决有力】 始终把学习贯彻习近平新时代中国特色社会主义思想作为首要政治任务，把习近平总书记关于全面从严治党重要论述和视察山西重要讲话重要指示贯通起来学习，发挥领学促学作用，带动全体党员学思践悟、真信笃行，在学懂弄通做实上持续深化、巩固拓展，不断提高理论素养、政治素养。强化政治监督，紧紧围绕“两个维护”根本任务，梳理出7项16条重点内容，建立政治监督“四清单”，以日常监督为重要支撑，做深做实、做精做准政治监督，扎实推进具体化常态化，发现涉及全面从严治党责任等2项4个问题。健全144名领导干部、监督对象的廉洁档案，把脉分析存在问题，精准“画像”19份，为见人见事见效开展政治监督打下坚实基础。

【强化责任担当，压紧压实全面从严治党“两个责任”】 切实履行好协助职责和监督专责，发挥“监督的再监督”作用，为党委主体作用发挥提供有效载体、当好参谋助手。协助党委制定《领导班子、主要负责人和其他领导成员落实全面从严治党主体责任清单》，与32个党支部签订目标责任书，层层落实责任，压力传递到位，形成职责清晰、全面覆盖的责任落实体系。压紧压实巡察整改主体责任，推动整改清仓见底，督促党委按期完成交控集团第三巡察组反馈11类24个问题的整改任务，对整改不到位的2个部室发放《日常监督提醒卡》，提醒谈话1名整改不力的中层管理人员，对巡察中发现的1个问题线索进行函询。在干部提拔使用、单位和个人评先评优等关键环节上严格把关，坚决防止“带病提拔”“带伤评优”情况出现，累计审查回复党员干部党风廉政情况186人次，相关部门根据回复意见取消6人相关评先评优等资格，开展干部任前廉政谈话8人次，推动形成风清气正的选人用人氛围。

【立足监督职责，作风建设和监督效能不断增强】 驰而不息落实中央八项规定及其实施细则精神，密切关注“四风”苗头性、倾向性、隐蔽性问题。紧盯关键节点，通过集中通报曝光、下发通知、廉洁提醒等形式，持续打招呼、发信号、提要求。开展作风建设专项检查3次，发现涉及32个基层单位管理类问题21个，下发监督提醒卡21份。督促党员干部和公职人员办理子女生日宴、升学等事宜做到“四严禁、五倡导”，进一步纠“四风”，树新风，推进移风易俗。围绕权力运行、设置、公开、监督等方面，协助党委建立健全《党委会议事规则（试行）》《关于加强对“一把手”和领导班子监督的若干措施》等运行机制，规范“关键少数”正确履职。运用列席组织生活会、三重一大会议、基层调研、谈心谈话、监督检查等方法，深入了解各级党组织“一把手”和领导班子践行“两个维护”、执行民主集中制、廉洁自律等情况。2021年累计列席18次民主生活会和组织生活会，参加“三重一大”会议29次，每季度下沉基层一线调研走访，同109位职工谈心谈话，监督检查6次，同涉及“人、财、物”的3个关键部室“一把手”进行廉政谈话。

【深化治理效能，一体推进不敢腐、不能腐、不想腐、惩治腐败释高压】 2021年收到问题线索4件，其中谈话函询2件，初步核实2件，谈话提醒6人，点名道姓通报2名中层管理人员。以案促改见成效。针对日常监督、问题线索中发现管理不完善等问题，向相关部室提出8条工作建议，解决基层单位生产用车、食堂备用金等4个问题，推动健全完善《企务公开实施办法（试行）》《差旅费管理补充办法》2项制度。廉政教育树新风。常态化开展党章党纪党规学习，把《中国共产党章程》《中国共产党纪律处分条例》等纳入党员干部的必学内容，组织开展廉政、警示教育14场次，受教育2813人次，党纪党规测试4次。

【聚焦忠诚干净担当，打造高素质专业化纪检队伍。强化政治思想素质】 以开展党史主题学习教育活动为契机，组织全体纪检干部学习《论中国共产党历史》《改革开放简史》等7本书，专题研讨中共十九届六中全会精神、习近平总书记讲话精神等9次，全面提高纪检干部理论素养、政治站位、境界情怀，不断淬炼严实深细作风。提升业务能力水平。围绕转变执纪理念和强化法治观念这一关键，定期组织纪检干部业务学习，扎实开展依规依纪依法文明办案教育，深刻剖析、扎实整改存在的问题，纪检干部执纪问责和调查处置专业化能力得到进一步提升。

（景芸轩　唐　烨）

忻州北高速公路管理有限公司

2021年，在交控集团党委坚强领导下，忻州北高速公路管理有限公司（以下简称忻州北公司）高举习近平新时代中国特色社会主义思想伟大旗帜，认真贯彻落实省委、省政府、省国资委和交控集团各项决策部署，深入开展党史学习教育，动员广大干部职工从党的百年奋斗重大成就和历史经验中汲取智慧力量，紧紧咬定通行费征收和道路保通保畅两大目标任务，进一步解放思想、开拓进取，齐心协力、攻坚克难，各项工作取得显著成效。

【晋蒙黄河大桥竣工验收】 根据交控集团安排，扎实推进晋蒙黄河大桥竣工验收工作，2021年2月完成工程决算审计，8月完成环保验收，10月29日—11月15日组织竣工验收前质量检测，计划2022年完成竣工验收工作。

【高速公路沿线资源盘活利用】 深入推进资产盘活工作，提高资源利用率。制订《河曲管理分中心大院整体租赁方案》，通过互联网将信息上传至专业交易平台（58同城），先后接待意向租赁单位4家，暂未达成租赁事宜。组织人员对河曲收费站出口门面房进行招租，已完成租赁事宜，年收入2.7万元。通过道路沿线、部分站区闲置土地推动光伏发电项目，提高闲置土地利用率，安装光伏发电设施，提升经济效益，全年共收入18.03万元。

【建设美丽山西，优化路域环境】 严格落实省委、省政府和交控集团关于绿色生态走廊建设决策部署，在沿线8个互通区域和1个收费站种植各类苗木共计77184棵，完成既定目标。深入开展高速公路扬尘污染长效治理，加强路面保洁力度，常态化开展路域环境整治。通过加大清扫频次，科学合理配置和使用机械化清扫保洁设备，及时清理路面抛撒物、遗失物、炸胎等固体废弃物。安排专人对沿线桥梁伸缩缝进行彻底清理；对沿线桥梁泄水孔进行清理；对沿线标志牌及轮廓标进行擦洗；及时修复、更换损坏的交通安全设施。全年累计机械化清扫路面32761公里，人工清扫路面2002.9公里，清理桥梁伸缩缝1406道，清理桥梁泄水孔1474个，擦洗标志牌及轮廓标278块，更换护栏板416块、立柱241根、修复刺丝网574米。

【隧道提质升级专项工程】 按照交控集团统一部署，扎实开展隧道提质升级专项工程。组织人员积极与交控集团和设计单位沟通协调，一阶段施工图设计于8月10日经交控集团批复同意。9月1日，朔州公司与交通集团签订《高速公路隧道提质升级专项工程项目委托建设协议书之补充协议》。12月15日完成隧道提质升级专项工程施工。忻州北隧道提质升级专项工程累计完成标线2786.3平方米，立面标记12平方米，标志40个，柔性警示柱430根，防撞垫16个，护栏端头3个，缆敷电缆33451米。可挠性金属管1022米，安装疏散指示标志585套，安装调试PLC控制器1套。

【山西省高速公路视频云联网工程】 认真落实交通运输部关于高速公路视频联网监测工作部署，按照“可视、可测、可控、可服务”的高速公路运行监测体系建设要求，持续推进高速公路视频联网监测工作，同时组织人员加强现有视频监控设施的巡检力度，提高故障设备维修及时率，逐步完成问题视频监控设备及老旧视频监控设备的维护更新工作，实现云联网视频在线率从76%至98%以上跃升。截至年底，视频云联网工程通过交工验收，云联网视频在线率98%以上，最高可达到100%。

【深化国企改革三年行动】 按照省国资委和交控集团安排部署，忻州北公司扎实推进深化国企改革三年行动，成立以公司主要负责人为组长的深化改革三年行动领导小组，制定《深化改革三年行动实施方案(2020—2022)》和《深化改革三年行动工作任务清单》,将任务分解到部门,按计划逐条逐项落实。10月22日,按照交控集团国企改革三年行动推进会精神,及时组织各部门召开专题会议进行再安排再部署,对完成度不达标的任务进行进一步分解,提出具体改进措施和时间节点。层层压实工作责任,强化考核督促,倒排工期、挂图作战,全力打好攻坚战,尽快补齐短板弱项,确保三年行动取得实效。截至12月31日,44项具体改革措施,完成34项,占总任务77.27%。

【对标行业一流,提升管理水平】 积极开展对标一流提升行动,组织各部室相关人员到忻州南公司、吕梁南及吕梁北公司等行业先进单位进行交流学习,从企业文化、管理方法、制度建设等方面进行全面对标对表。按照管理制度化、制度流程化思路,共计梳理各项制度23项,内容涉及生产用车、养护工程款支付、招标采购、加班管理、财务审批等。印发《关于进一步加强朔州公司规章制度的宣传贯彻学习和提升制度执行力的通知》,为制度落地见效提供有力保障。开展标准化建设,编印完成《标准化管理手册》;选取原平北收费站等5个基层站区为试点,开展标准化站区建设。截至年底,忻州北公司标准化管理体系已基本形成。扎实推进法治国企建设,先后召开2次规范合同管理宣传贯彻培训会,1次法律知识专题讲座,开展全民国家安全教育日、《中华人民共和国民法典》、《中华人民共和国反间谍法》、《中华人民共和国宪法》宣传周等系列法治宣传,对经济合同、重大决策、重要制度等实行律师法务审核全覆盖,忻州北公司依法治企能力和风险防范能力进一步提升。深入推进"三零"单位创建工作,按月开展矛盾纠纷排查,全年保持"零事故、零案件、零上访"。

【强基础、补弱项,提升收费服务能力】 扎实推进标准化站区建设,编制站区标准化手册,对收费站顶棚、船岛、内外广场标线进行美化修复,铺设草坪、安装花坛,美化亮化站区、车道环境。以文明服务考核为抓手,以司乘人员满意为目标,不断完善便民服务举措,创新拓展便民服务内容,把文明优质服务贯穿到工作每一个环节,提升社会满意度。开展差异化收费政策实施情况调研,以数据为载体,分析车流量及通行费变化,提出更加科学差异化收费政策,已于9月17日经交控集团批准正式实施。开展稽核软件、收费投诉办理工作、稽核业务等培训学习,进一步提高收费人员业务技能及服务水平。严格落实收费站月考核制度,对CPC卡发卡差错率、牵引货车丢轴率、投诉率、工单处理率、最小费额处理率等指标进行考核排名,各项指标均有明显提升。不断探索创新稽核工作新模式、新方法,通过强化数据筛查、线上告知、现场预防、路警联合、政策宣传等方式,全年共追缴逃漏通行费467.84万元,在集团考核排名中多次位列第一名,并获交控集团"收费稽核与入口治超专项整治行动"优秀单位。

【抓日常,促专项,提升道路保通保畅能力】 扎实开展道路日常养护,完成日常小修工程共计213处,施划神河段一级护面墙轮廓线43963.2米,在K191+000~K283+500段双向路面施划车行道分界线122316米;在沿线8个收费站ETC进出口施划指示导流线132.4平方米,减速彩色防滑标线940.8平方米,路面标记388.8平方米,修复桥梁防撞墙马蹄部位9370米。稳步推进道路养护专项工程,完成红星河大桥等5座三类桥梁病害维修工程和温岭大桥等12座二类桥梁病害维修工程,完成K118+414~K287+192段路面病害处治工程。采用钢盖梁加抗拔销方案,完成K39+775天桥和K74+227天桥2座独柱墩桥梁改造。开展高速公路交通标志标线优化提升专项工程,在沿线4个服务区和8个互通施划车道边缘线16900米,车道分界线(实线)7660米,出入口3-3线15110米,导向箭头104个,振动减速标线面积1533.7平方米。全面完成沿线应急水毁修复和道路灾后重建工作,组织完成应急抢修9处,水毁处治工程17处,确保道路安全畅通。

【抓服务,提效率,信息处理及时准确】 增强服务意识,累计接听信息服务电话28057次,ETC客服业务6615次,均按照客户联络服务有关规定和业务流程进行处理回复。开发机电系统运维管理App,有效提升忻州北公司机电运维整体管理水平。在治超车道增设栏杆机实现“一车一杆”功能，对治超工控机进行优化升级，有效减少入口治超丢轴。进行UPS备用电源专项排查整改，对各站区总计305块性能不满足要求的电池进行更换。制订《机电系统养护管理办法（试行）》，对维保单位的工作进行规范，提升机电维保效率。开展高压外供电线路隐患排查，对排查出的隐患和问题进行及时处理，确保供电线路安全。

【强巡查，抓路赔，有效保护路产路权】 加大道路巡查力度，全年日常巡查4044趟次，恶劣天气增加巡查56趟次，路养、路警联合巡查74趟次，实现定时、定线巡查与机动巡查相结合，24小时全线路段巡查覆盖，保证辖区内各种安全隐患与紧急情况的及时发现与处置。狠抓路赔案件调查处理，全年处置路产案件79起，其中重大案件21起，一般案件55起，简易案件3起，收回路赔款91.995万元，实现路政案件发现率、结案率100%，有效保护路产。严格按照有关规定实施超限检测，全年共检测车辆1797306辆，治理超限超载双超率0.08%，控制在0.2%以内，辖区内无非法超限超载车辆，无违规违纪行为和公路“三乱”行为发生，未发生有理投诉及媒体曝光事件，未发生安全责任事故。

【防疫情、保安全，安全生产形势稳定可控】 全面深入落实全员安全生产责任制，修订完善《安全生产责任清单》，建立条目化安全生产履责内容。层层签订安全生产目标责任书，并与所有职工签订安全生产承诺书。按季度召开安委会，重点解决安全生产工作中存在的问题。强化风险防控，建立《风险辨识及分级管控制度》，编制完成《风险辨识手册》，完善《风险辨识及分级管控报告》，为基层站区配备9个微型消防站。修订完善《安全生产检查与隐患排查治理制度》，开展节假日安全大检查大整治、春季消防安全大检查、消防安全专项检查、消防安全月等安全生产专项行动，共排查一般隐患60余项，均已整改完毕。扎实推进安防工程，建设完成隧道毫米波雷达预警系统、隧道水性瓷化涂料涂装工程，完成16处能见度检测系统安装。按照“外防输入、内防反弹、人物同防”总要求，抓紧抓实抓细常态化疫情各项工作。从严人员出省管控，严格对外出人员行程进行摸排，认真核查返岗人员行程码。严控会议规模，尽量采取视频会议或线上线下相结合方式，减少人员聚集。严格落实办公场所疫情防控措施，加大办公场所消杀力度。配合相关部门加强冷链货物运输车辆管理，坚决防止病毒通过交通运输渠道传播。积极组织员工进行新冠疫苗接种，接种率达100%。强化防疫物资补充和发放工作，本年度累计发放口罩10万余只，消毒液2000余升、防护面罩500个、一次性手套10万双。

（张　澜）

忻州南高速公路管理有限公司

2021年，忻州南高速公路管理有限公司（以下简称忻州南公司）坚持以习近平新时代中国特色社会主义思想为指导，认真落实省委“四为四高两同步”的总体思路和要求，认真落实国资委、省国资运营公司和交控集团总体部署，以党的建设为统领，以改革创新为动力，以提质降本增效为目标，深入开展路域环境集中整治、原生态绿色走廊建设、收费联网追逃、“干净、节约、安全”主题评比提升活动、党史学习教育等活动，开创忻州南公司高质量高速度发展新局面。顺利通过安全生产标准化建设一级企业达标认证，继续保留山西省文明单位称号，获2021年交通运输文化建设卓越单位和交通运输安全文化建设优秀单位称号，被交控集团授予收费稽核工作优秀单位、安全生产先进企业、2021年度先进基层党组织、红旗党委等。

2021年，忻州南公司通行费收入22.004亿元，路赔收入510.11万元，清障收入59.15万元，其他收入145.53万元，运营成本总支出21008.81万元，人均通行费收入130.59万元，人工成本投入产出率1325.14%，高速公路总体技术状况（MQI）94.82，优良路率达到100%，路面使用性能指数（PQI）新原路93.7，原太路92.01，忻保路93.23，神岢路达97.22；一、二类桥梁比例98%，三类桥梁处治率79.2%，无

四、五类桥梁；三类及以上隧道比例100%。ETC门架连通率100%，收费站车道连通率99.67%；收费站ETC专用车道一次通过率和收费站车道状态名单下载及时率均达到95%以上。辖区内未发生网络安全责任事故，未发生重特大安全生产责任事故，未发生重特大环境污染责任事故。

【坚持固本强基，学先进、补短板，全面提升运营管理水平】 一是实施流程再造，全力构建现代企业制度管理体系。对现有制度办法进行全面修订完善，组织各职能部室开展为期半年的制度修订工作，共梳理修订完善并印发制度80余项，建立制度管理体系。开展4期制度宣传贯彻培训班，增强干部职工制度意识、规矩意识和程序意识，提高制度执行力，实现“制度再完善、管理再规范”的目标。二是开展对标一流活动，推动国企改革走深走实。高标准推进忻州南公司《对标世界一流管理提升行动实施方案》及《对标提升工作清单》落实落细，缩小与行业一流企业差距。制定印发《关于开展“学先进、抓落实、促改革”专项工作实施方案》，开展“学、抓、促”专项工作。组织管理人员积极参加国资e学线上培训活动。制订《深化改革三年行动实施方案（2020—2022年）》，细化《深化改革三年行动工作任务清单》，扎实有序推进改革任务落实。对照《地方2021年落实国企改革三年行动改革任务评估表》，完成自查自评。制订《压缩企业层级减少法人户数工作方案》，成立压缩企业层级减少法人户数工作领导组，切实提升资产运营效率。三是开展“百站示范、千站提升”创优活动，推动基层单位运营管理全方位提升。围绕“政治引领力强、推动发展力强、科技创新力强、安全保障力强、基础工作力强”创优目标，制订《高速公路“百站示范、千站提升”创优活动实施方案》，成立创优活动领导组，下设创优业务工作组，明确工作职责、创优目标、创优标准及考核指标，按照“一站一策”模式开展创优活动。对照《高速公路“百站示范、千站提升”创优活动验收评价标准》，择优推荐5个收费站、2个路产维护站、1个隧道管理站、1个信息监控中心参加交控集团示范基层单位评选。

【创新经营理念，谋发展、求突破，全力推动经营管理提质增效】 一是开展精准营销活动，实现挖潜增效。加大ETC宣传推广力度，通过公众号、App等线上渠道，在收费站和ETC服务网点张贴文件二维码，召开座谈交流等形式，积极开展ETC服务提升专项调研工作，共办理ETC业务5589单。开展收费营销活动，深入乡村、物流点、客运中心进行收费政策宣传，累计提供便民服务17532次、咨询服务28433次。继续深化“高速+文旅”引流增效营销模式，积极与地方酒店、餐饮和景点等单位进行联络洽谈，实行“持高速通行票优惠”措施，有效带动区域经济发展。二是加强收费稽核，促进堵漏增效。成立追缴偷逃通行费工作专班，完善收费稽核管理流程，建立联网收费稽核追逃机制，制定印发《收费稽核工作奖励制度》，编制《收费站偷逃通行费典型案例汇编手册》，开展打击倒卡换卡、跟车逃费、跨省追缴等系列整治偷逃通行费行为活动。累计追缴车辆31479辆次，追回通行费462.7万元。三是开拓对外经营开发事项，促进营收增效。制订《经营开发管理办法》，积极统筹忻州南公司范围内的路域资源，开展沿线站区房屋租赁、闲置土地租赁、光伏发电用地租赁、用电出售等对外经营事项，经营开发收入累计实现62.03万元，提高沿线资产收益占比。四是开展路产逃逸案件追逃活动，保护路产维护路权。建立路产逃逸案件追逃长效机制，与辖区高速交警、地方公安、车管所、服务区等建立共享互助、多维联动机制，开展车辆排查，提取车辆信息，扩展协查范围，提高追逃效率。成功追缴路产逃逸案件30起，追回路产赔（补）偿费23.15万元。五是开展十大专项提升工作，实现质量增效。深入开展桥隧本质安全保障工程、交通安全设施改造提质工程、路基路面病害治理工程、原生态绿色走廊建设工程、路域环境治理示范路创建工程、收费广场美化亮化工程、ETC支付使用率提升工程、入口治超防丢轴堵漏工程、服务区服务水平提升工程、运营信息化建设工程，全面改善路况质量、优化通行环境、提升服务品质，实现质量增效。六是开展降本增效、减员增效、提质增效专项行动，实现提质降本增效。构建覆盖养护管理、机电运维、物资采购等全要素成本管控机制，实行周期性养护作业，推行集中养护模式，降低日常养护成本。加强机电运维队伍建设，实行自主运维和第三方运维服务相结合。建立人力资源配置长效机制，做好员工退休、调入调出、劳动合同解除等工作，通过自然消化实现减员增效，公司机构设置、管理人员职数、在岗职工人数严格控制在“六定”改革要求之内。

【关注顾客需求，美环境、优服务，全面提升公共服务水平】 一是加强原生态绿色走廊建设。编制《2021年度高速公路原生态绿色走廊建设方案》，加强原生态绿色走廊建设，开展路域环境集中整治活动，修复完善交通安全设施，为公众创造优美舒适、安全畅通的通行环境。二是提升收费服务能力。将22个收费站的补费工作站迁移安装至收费岗亭，为司乘人员及时补缴通行费提供便利。针对易拥堵收费站点，按照“一站一策”原则，制定疏堵保畅方案，提升车道通行效率。组织完成顿村收费站、忻州收费站ETC专道铺设彩色路面工程，提高ETC车辆一次性通过率。为大盂等10个收费站配备安装绿通查验云梯，确保绿通车辆高效通行。对收费站岗亭监督牌进行统一规划，增加值班投诉电话、服务投诉电话，设定“全面服务日”，提升顾客满意度。三是提升路政服务能力。打造路政移动便民服务站，主动为司乘人员、受困人员提供救援救助服务，塑造路政新形象，共受到上级表扬38次，收到锦旗10余面。以新科技综合运用推广为手段，利用车载视频监控指挥系统、车载激光抗疲劳系统、4G移动单兵系统、GPS数字对讲系统、路政无人机巡查系统和涉路施工远程监控预警系统，强化协同调度指挥，进一步缩短事故处置、清障救援时间，提升应急处置能力。四是提升指挥调度能力。加强与高速交警协调联动，建立“我为群众办实事”高速畅通行动信息研判会商工作机制，深入开展降低封路时间、快速救援、快速清障、快速通行“一降三快”行动，有效提高运营安全水平。五是提升员工服务满意度。制订2021年基层站区修缮计划和三年滚动规划，逐步对基层站区老旧生活设施进行修缮改造，对部分站区的供暖设施和老旧澡堂进行改造升级，逐步改善职工生产生活环境；重新优化通勤车行车时间、路线和停靠站点，为站区职工上下班提供极大便利。在工作上为员工解惑，开展制度宣传贯彻培训活动，不断增强业务实操水平；制定岗位培训计划，邀请内外部专家上课，学习行业最新规范，指导考取行业证书；完善各项突发事件预案，联动高速交警及驻地相关单位开展演练活动，全面提升应急能力。

【坚持依法治企，强学习、做试点，先行先试提升合规管理能力】 一是加强法治宣传教育。将法律法规学习纳入干部理论学习计划和各部门、单位职工日常学习培训计划，组织员工通过线上线下进行学习，通过印制宣传单、悬挂宣传条幅、拍摄宣传短片等形式，开展《中华人民共和国档案法》宣传教育、《信访条例》宣传周、信用交通宣传月、宪法宣传日等法治宣传活动，营造知法、守法的良好氛围。二是加强“三项”制度审核。认真落实规章制度审核、经济合同审核、重大决策事项审核制度，按程序进行规章制度法律合规性审核60项，经济合同法律合规性审核333个，做到应审尽审。三是开展合规管理体系建设。忻州南公司成立合规管理体系建设领导组，制定印发《合规管理体系建设构建方案》，组织各部门、单位开展合规管理体系建设工作。制定印发《合规管理办法》，配合交控集团外聘律师团队完成合规管理体系建设尽职调研和合规管理风险调研。

【坚持目标导向，抓重点、善作为，高效有序推进综合管理工作】 一是全力推进项目竣工验收。忻州南公司成立忻保高速竣工审计工作组，全力推进忻保高速竣工审计工作。成立神岢高速竣工验收工作专班，全力推进竣工验收工作。项目档案资料已完成初验工作，并达到档案资料专项验收要求。省交通运输厅已向省委办公厅出具档案专项验收申请文件。环保、消防、质量专项验收工作已完成。二是积极推进土地确权工作。成立土地确权专项工作组，全力推进忻州南高速土地确权相关事宜。分别取得神岢段岢岚、神池、五寨服务区（经营用地）、忻保段忻府区的不动产证，辖区用地总面积约

2493.2万平方米，确权率达94%，取得突破性进展。三是建立收费站片区互助协作机制。将22个收费站点划分为9个互助协作片区，实现业务互补、力量互助、资源互通。有效缓解收费站人员短缺、车辆拥堵、个别收费站日常业务工作滞后问题。四是强化工程项目管理。修订完善《工程管理办法》。2021年度组织实施养护工程共计22项。深入开展隧道提质升级、公路独柱墩桥梁安全运行能力提升、公路桥梁安全防护能力提升等专项行动，改善通行环境，提升路况质量。五是加强应急救援能力建设。定期召开安全保畅协调会，通过开展应急演练，不断提高突发事件的快速反应和应急处置能力。针对部分路段车流量大，交通事故多发，遇救援力量紧张时，由大队统一调度协调邻近中队参与清障救援，形成片区应急救援联动机制。六是强化治超管理。认真落实入口劝返责任，成立治超专项督导检查小组，常态化进行督导检查，不断巩固治超成果。七是加强人力资源优化配置。对1405名职工养老保险缴费明细进行核对。按时足额缴纳职工社会保险及住房公积金费用，及时停缴解除劳动合同（辞职、调离、死亡等）人员的各项社会保险及住房公积金费用。完成退休职工审批申报工作。组织干部职工进行线上线下学习培训，实现全员素质提升。实行全员绩效考核管理，完成半年、季度绩效考核工作，考核结果与绩效挂钩，有效激发员工主动担当作为的动力和热情。

【深化问题导向，防风险、除隐患，全面提升安全发展能力】 一是常态化抓好疫情防控。建立常态化疫情防控工作机制，统筹抓好防疫物资调配，共发放医用外科口罩11.7万只，消毒液170箱，酒精285桶，一次性PVC手套400盒，免洗手凝胶210瓶。及时发布《疫情防控工作指南》《疫情防控消毒技术指南》《疫情防控健康码管理与服务办法》等，引导干部职工提升疫情防控技能。组织职工进行核酸检测和疫苗接种，做到应接尽接，实现疫苗接种清零目标，辖区范围未出现任何疫情。二是安全生产再上新台阶。强化安全生产五大体系建设，签订《安全生产工作目标责任书》，印发《安全生产工作要点》，织牢安全生产责任网。修订完善15项安全生产工作制度。召开安委会扩大会议4次，安全例会12次。强化应急保障体系建设，建立一级应急储备库1个，二级应急储备库11个，建立应急小分队42个。开展防盗抢、快速放行等应急演练活动132次，有效提升应急处突能力。加强安全风险分级管控及隐患排查治理双重预防机制建设，顺利通过专家评审。强化防汛抢险、除雪防滑应急保障，及时消除水毁隐患，及时进行打冰除雪，提升保通保畅能力。开展安全生产专项整治三年行动、“零事故”单位创建、安全风险隐患大排查大整治“百日攻坚”行动等专项活动。引深开展安全生产标准化建设，公司顺利通过安全生产标准化建设一级企业达标认证。加强人员、设备调配，建立联勤联动应急保障机制，确保太忻大道封闭施工期间辖区路段安全畅通。

【全面从严治党，讲政治、谋全局，以高质量党建引领高质量发展】 一是坚持党建引领，护航改革稳定发展。忻州南公司党委聚焦全面深化改革和经营管理重点工作，建立完善与经营管理相适应的民主决策制度、党建管制度和纪律作风制度，把方向管大局，确保公司正确发展方向。发挥党委政治引领作用，聚焦经营管理重点工作前置研究、民主决策；聚焦疫情防控、恢复收费通行、重点工程建设等工作主动作为、靠前指挥，不断推进公司决策部署落实落地，累计召开党委会38次。科学制定2021年理论学习计划安排，建立“第一议题”制。规范工作微信群、QQ群、公众号的管理报备和稿件宣传管理，组织开展网络安全专题培训，不断提高思想意识形态和网络意识形态工作质量。二是夯实党建基础，提高党建工作质量。完成党代会代表推荐工作，交控集团两委委员候选人推荐工作。扎实开展“党建质量提升年”，制定标准化党支部指导手册，大力开展标准化党支部创建和“一支部一特色”建设，开展党员管理业务培训。开展党员先锋队、党员示范岗、党员责任区等活动，充分发挥党员模范带头作用，不断激发党支部内在活力。三是发挥组织作用，服务经营管理发展。全面开展党建项目化管理、疫情防控“党员先锋行”、“干净、节约、安全”建言献策等系列活动,党建项目化管理全覆盖,其中以“干净、节约、安全”主题提升评比为抓手,促进经营管理高质高效发展获交控集团党建项目化管理三等奖。积极开展QC小组课题攻关和“五小”竞赛等群众性创新活动,深化职工素质提升工程建设,激发全员创新创效工作动力,其中《焊接铲雪刀板再利用降低养护成本》被交控集团选送参加省公路运输工会评选。实现党建与经营管理深度融合,互促互进,全面提升。四是开展党史学习教育,提高为民服务能力。制定党史学习教育方案、重点工作任务清单和学习计划,打造“线上+线下”双模式学习平台,组织开展中心组党史专题学习会11次,研讨交流11次,党史宣讲13次;开展主题演讲和以学党史为主题的书法、绘画、剪纸、摄影、手工艺等活动,积极营造党史学习教育氛围;忻州南公司多维融合,以调查问卷方式对职工群众“急难愁盼”和服务对象需求有关问题进行线上意见征集,建立“一实事一档案”,先后为公众、职工办理“急难愁盼”实事好事24件,既提升社会服务满意度、员工服务满意度,又提升干部职工办实事开新局精神动力和服务能力。五是严明纪律规矩,提升企业治理能力。积极开展形式多样的党纪法规学习培训和廉政宣传教育活动,深入开展廉政文化宣传教育活动,打造具有忻州南公司特色、寓意深刻的廉政文化长廊;高标准推进纪委谈话室建设,有效促进依纪依规安全文明开展纪律审查工作;为5个基层党支部配置廉政文化多媒体展示机会,助推党风廉政建设新成效。开展管理人员年度集中警示教育谈话,围绕经营管理工作定期开展党风廉政建设分析研判和风险防控工作,严明纪律规矩,堵塞管理漏洞,实现党风廉政建设与生产经营工作无缝链接、一体推进。完成政治生态分析研判暨政治画像工作。深化“三零”单位创建,深入开展“建制度、守规矩、抓落实”主题活动,不断提高忻州南公司综合治理能力和纪律执行能力。六是深化文明创建,营造文明和谐氛围。开展职工子女升学奖励、困难慰问、“三星”评选、中医义诊等活动,开展捐款活动,募集捐款共计56891元。共创建省级妈咪小屋5个,市级妈咪小屋1个,保障职工身心健康。忻州南公司继续保留山西省“文明单位”称号、被中国交通企业管理协会、交通行业优秀管理成果评审委员会授予“2021年交通运输文化建设卓越单位”和“交通运输安全文化建设优秀单位”称号,被交控集团授予2021年度先进基层党组织、红旗党委等称号。

(吕　锋　边裕人)

朔州高速公路管理有限公司

2021年,在交控集团坚强领导下,朔州高速公路管理有限公司(以下简称朔州公司)坚持以习近平新时代中国特色社会主义思想为指导,深入贯彻落实交控集团各项工作部署要求,始终牢记为社会创财富、为企业谋发展、为职工造福祉的使命,围绕全年各项目标任务,坚持“高质量党建引领高质量发展”主线,狠抓“效益”“成本”两大重点,以激发经营活力为抓手,以提高经营效益为重点,坚持“党建引领、创新驱动、智慧应用、提质增效”的发展理念,狠抓工作落实,较好地完成各项工作任务。

2021年,朔州公司通行费稳步增长,拆分后总收入7.5309亿元,路赔收入200.86万元,清障收入15.85万元,其他收入共计140.37万元,年度总收入达7.566609亿元,同比增长10.68%;运营总支出为1.584978亿元,同比节约16.4%,有效控制在交控集团下达的指标内。全年人均通行费收入65.03万元,人工成本投入产出率665.68%。所管养的5条高速公路总体技术状况(MQI)94.9,优良路率100%,路面性能指数(PQI)平均值为93.9;一二类桥梁比例99.67%,新发现四、五类桥梁当年处治率100%,二类及以上隧道比例100%(无三类及四类以下隧道)。ETC车道一次性通过率98.19%,门架车道连通合格率100%,收费数据上传及时率99.72%,各项管理指标均达到交控集团要求。

【狠抓稽核营销,全面推进收费管理】 一是开展精准营销。科学研判全年收费形势,层层分解任务,强化征收责任,将全年征收任务分解至各收费站,强化绩效考核,激发内在活力,形成浓厚的工作氛围,为完成全年通行费征收任务提供有力保障。制定2021年收费营销工作方案,通过成立营销队伍、开展OD调查、建立数据分析、精准实施营销等方面大力开展系列活动,为精准营销工作提供有效数据支撑。同时,以"弯道超车"之势,深化多元营销策略,积极落实山平高速公路通行费优惠政策,完善收费营销工作方案,充分抓紧秋冬季运煤黄金期,层层动员,责任到人,全面开展"通行费百日会战"行动。深入朔州市过境109国道、336国道、212省道、206省道等11条国省干线道路进行车流调查,依托15个站区,围绕4条路段,在朔州6区县内多点发力、数线齐抓、全面铺开,深入大中型货运、物流企业开展新差异化收费优惠政策专题讲座、召开交流座谈会,认真倾听企业心声,协调、解决企业通行高速公路困难,签订"路企合作协议",全力实现路企共赢。二是提升打逃力度。主动研究和应对联网收费新情况,深钻细研,针对辖区高速公路门架CPC交易成功率较低问题,对门架牌识进行全面摸排,从CPC卡入手进行重点打击,并结合上年稽核打逃经验,重点加大CPC卡环节的逃漏费打击力度,对超时倒卡、一车多卡、屏蔽卡等行为进行打击,不仅大幅提高门架CPC交易成功率,使得朔州公司机电指标连续多月在交控集团考核中排名前列,而且严厉查处倒卡行为,全力维护通行费征收秩序。按照收费稽核与治超检测专项整治行动要求,全面筛查收费、治超数据,收集大车小标、有入无出、治超丢轴等违规车辆证据资料,全部发起稽核工单进行追缴,形成逃漏费打击高压态势,维护收费秩序,全年补缴通行费6836辆共计433.23万元。三是创新稽核模式。全面开展"一张网"运行格局下的收费稽核工作,大力开展偷逃通行费打击和追缴行动,主动从屏蔽通行介质逃费这一痛点、难点下手,先后组织筛查1091辆车近2.7万车次流水,全部发起部级稽核工单进行追缴,派驻专人在省中心值守,并与省中心共同联系内蒙古、河北、天津等省份高速公路公司,加快跨省逃费车辆工单处理进度。同时,对于已经查证且恶意拒补或者无法取得联系的车辆,主动函询公安、交警等部门,多次主动上门朔州市公安局和高速交警二支队进行沟通,提交逃费车辆证据,并在朔州市公安局建立"联合打逃办公室",形成联合打逃新机制,对逃漏高速公路通行费行为形成强有力震慑。全年通过"联合打逃办公室"联合追缴屏蔽介质逃费车543辆,追回通行费1160万元,拆分到朔州公司278万元。四是强化文明服务。严格按照服务标准,分别从工作纪律、业务规范、队伍风貌、站容站貌、疫情防控、安全操作等六个方面,对照各岗位工作职责、工作标准、操作流程及规范等内容进行检查,有效提升服务质量,实现文明礼仪服务100%的目标,全面提升高速公路收费窗口服务形象;特别是充分利用多功能职工技能培训中心开展全员业务技能、文明服务等培训,营造"比、学、赶、帮、超"的良好氛围,为人才队伍建设、收费业务能力提升奠定坚实基础。在ETC推广方面,通过"进企业、进园区、进社区"等措施开展ETC现场办理服务,增加ETC办理量。

【突出科学管养,全面提升道路保畅水平】 一是深入开展原生态绿色走廊建设。坚持"因地制宜、因路制宜、经济适用、分类施策"原则,结合各路段实际情况,制订《2021年度高速公路原生态绿色走廊建设工程设计方案》,根据不同地形地势特点,全面完成绿化补植工作,右平高速、山平高速、朔州环城高速初步实现"绿色高速"。二是常态化开展日常养护和路域环境治理。深入贯彻"精准养护""全寿命周期养护"理念,做好所辖高速公路养护基础工作的同时,严格按照交控集团部署要求,集中对辖区高速公路沿线护栏、标志标牌标线、路面坑槽、桥梁隐患、建筑控制区等进行全面排查,通过对所辖高速沿线两侧路肩、边坡杂草、中央分隔带及路肩排水沟垃圾等进行清理,加大路面保洁力度,进一步提升高速公路路域环境。特别是在呼北高速朔州绕城段、鸳鸯会隧道、六郎山隧道、怀仁收费站内外广场运用STAC高韧阻裂薄层路面技术处治路面175540平方米,在大新段运用现场热再生技术处治沥青路面65156平方米,极大地提升路面性能,延长路面使用寿命。2021年,共完成路况和桥梁经常性检查4次,日常保洁累计完成清理中央分隔带

3848.8公里、机械清扫8267公里、急流槽清理10104道、排水沟清理184.74公里、边坡清理574.18公里等;同时,修复沿线缺损轮廓标、警示柱等损坏设施设备,确保公路设施完好有效、规范统一。三是持续推进隧道提质升级专项行动。加强对辖区9座隧道的定期检测和设施维护,确保隧道及其附属设施设置规范、防护有效,照明、消防、通风、通信信息等设施齐全功能完善、运转正常。2021年,加强对隧道监控视频图像维护,全面保证隧道图像清晰可见。对辖区高速公路隧道两侧道壁和车行横洞进行全面清洗,并加装隧道开灯标志和应急逃生导向标识及紧急停车带标志,切实改善提升隧道通行环境。四是高效应对汛期灾毁。针对国庆期间极端天气,高度重视、及早部署、提前谋划,始终绷紧"安全第一、预防为主"这根弦,对所辖路段开展拉网式排查,做到"雨前排查全面、雨中巡查到位、雨后核查精准",坚决不放过任何一处风险隐患,高效开展水毁处治工作,以高效有力举措打好高速公路安全保畅攻坚战。五是多措并举做好防雪保畅工作。进入冬季以来,朔州公司及早安排部署、快速反应,迅速启动除雪除冰保畅应急预案,突出除雪除冰重点区域,采取机械与人工相结合方式,加大撒布频次和撒布量,在隧道出入口、桥面、弯道、长大下坡等重点点位,有力管控,高效联动,科学除雪除冰,全力以赴确保朔州高速的安全畅通。

【突出路政管理,全面提升公路服务水平】 高质量完成2021年路产普查工作,详细对辖区内的公路标志、标牌、安保设施、桥涵构造物等公路路产进行全面普查,按照"一物一档"标准,完善高速公路路产路权档案资料,为高效、优质、细致做好路产管理工作打下坚实基础。同时,从内部管理入手,健全路政党员服务常态化机制,进一步落实"首问责任制""一次性告知制"等便民服务制度,取得实实在在工作成效。2021年,路政党员服务突击队共收到锦旗16面,清理路面安全隐患182次,帮助司乘69次,救助流浪人员8次,取得良好社会效果。

【强化底线思维,全面筑牢安全生产防线】 一是持续落实安全生产责任制。始终把安全生产摆到重要位置紧抓不懈,创新安全生产方式,不断固根基、补短板、强弱项,进一步巩固安全生产形势。坚持把深入开展安全生产专项整治三年行动作为防范重特大安全生产事故的有效抓手,落实企业安全生产主体责任,召开专题会议进行部署,对重点场所、关键环节安全风险隐患进行全面排查治理。牢固树立安全生产意识,深化"五大体系"建设,强化风险管控,针对2021年局部恶劣天气、洪涝灾害和降温降雪,修订、完善各类应急预案,加强值班值守,密切关注天气变化,及时发布预警预报信息,突出抓好道路安全保畅。二是成功举办高速公路应急演练。10月19日,朔州公司开展由交控集团主办、朔州公司、高速交警、地方应急部门承办的危化品车辆泄漏道路交通事故应急演练,全程运用"安全应急智慧管理系统"进行现场指挥,圆满完成演练既定科目,达到锻炼队伍、提升处置能力良好效果,是高速公路公司应用新科技的一次有益探索,为今后高速公路全面推广智能化安全应急管理工作积累宝贵实战经验。三是持续落实疫情防控政策。针对新一轮疫情传播,持续加强疫情防控工作,及时下发《关于进一步加强管理严格落实新冠肺炎疫情管控措施的通知》,从员工请销假、区域化疫情防控、重点摸排、疫苗加强免疫针接种和强化信息报送五方面做出明确要求,确保打赢新一轮疫情阻击战,建立起防疫屏障。截至年底,辖区未发生重特大安全生产责任事故,未发生重特大环境污染责任事故。

【强化运营管理,全面提升整体工作效能】 一是全面保障右平高速竣工验收。紧紧围绕高速公路竣工验收、相关要求,积极协调,主动作为,全力推进验收各项任务。截至年底,档案资料已通过省交通运输厅验收,水保、环保、消防已通过专项验收并完成备案,已完成工程竣工检测,并出具报告初稿,积极推进工程结算、财务决算、质量鉴定和质量专项验收工程等,确保完成右平高速公路竣工验收各项工作。二是进一步加强示范站区创建活动。下发"百站示范、千站提升"创优活动实施方案,根据创建标准,内部评选出7个单位作为重点,从内部管理、站区环境、主题特色等方面进行创建,以点带面,全面提升基层站区整体形象。三是全面落实降本增效专项行动。坚持把精细化管理作为降本增效“良方”,严格执行交控集团下达的年度经营成本指标,开展“降本增效、减员增效、提质增效”专项行动,坚持问题导向、目标导向、效益导向,综合运用数智化、对标降本、考核管控、“六定”改革实施等多项手段,优化支出结构,多点发力创效,做到成本有效管控。

【突出降本增效,全面激发发展活力】 2021年,在鸳鸯会隧道下行方向采用水性环保高分子瓷化材料对隧道墙壁进行美化亮化,改善隧道行车环境,减少洞内外光线差效果,增强行车安全系数。山平段、环城段隧道更换长寿命隧道专用节能灯具1460盏,将出入口段原安装的400瓦钠灯更换为160瓦LED可调光灯具,200瓦无极灯更换为120瓦LED可调光灯具,并安装自动调光装置,可根据洞内外亮度调整光源。实施2021年山平高速公路防眩设施改造工程,利用翻新后的老旧防眩板对山平高速沿线进行整体更换,降低运营成本。利用高速公路沥青铣刨料对山阴路产维护站一级应急物资库厂区近10886平方米地面进行摊铺硬化。利用山阴北收费站二楼闲置资源打造朔州公司安全教育实训中心。强化国有土地资产管理,将应县西收费站附近100余亩、朔州南收费站附近60余亩、高家堡连接线50余亩、富甲园区收费站附近12余亩、平鲁收费站10余亩闲置土地进行围挡,通过发展种植业或光伏发电项目进行有效盘活。

【突出科技创新,全面提升机电运维效率】 认真落实自主创新工作思路,主动开发“机电运营管理信息化平台”,根据分布于高速公路沿线的收费站、ETC门架、隧道等真实构建物,按1:1比例绘制三维虚拟场景,并将大量、零散无序的各路视频监控数据和机电系统数据实时融合到三维场景中,从而在一张图上快速准确分析出机电系统监控运行状态和历史变化,可及时进行动态的预警、监管、展示、提醒,实现3D实时监控。同时,在可视化管理基础上,把所有在用和备用的机电设备在平台的另一板块进行详细录入,打破传统机电设备管理离散状态,加强对机电设备现有资源机电设备的“集成化、一体化、智慧化”管理。在机电运维管理方面,将平台与机电员巡检终端进行连接,通过机电故障线上申报和增设站级机电员初检程序,规范运营机电设备故障报修流程,实现运维工作全程监督,为整个高速公路机电系统稳定性和可靠性提供保障,增强高速公路经营效益。朔州公司还开发“智慧物联网运维系统”和“机房物联网动环系统”,在部分高速公路外场设备和信息监控中心机房安装智慧物联终端,24小时全面掌握所有设备的实时状态,及时预防故障、发现故障、定位故障、排除故障,远程实现设备重启维护操作,保证数据传输和共享,做到真正无人值守、智能防护,最大程度降低整个安防系统运维成本。

【突出党建引领,全面提升融合发展能力】 按照以党建促业务、以党建助发展的工作思路,深入学习贯彻习近平新时代中国特色社会主义思想,全面落实党的建设主体责任,持续深入推进“十个一”党建项目,并按照“以文化人、赋能铸魂”作用,在部分基层党支部打造各具特色的企业文化阵地,推进支部标准化建设。以“六新六力”探索实施“心动力”党建品牌,为各项经营工作高效开展提供坚强政治保证。党史学习教育开展以来,朔州公司党委紧紧围绕“学党史、悟思想、办实事、开新局”总要求,精心谋划,广泛动员全体干部职工积极参与,坚持规定动作到位、自选动作出彩要求,从“点”入手,抓点促“线”,以线带“面”,三种方式扎实开展党史学习教育,营造出“处处有课堂、时时被熏陶、人人受教育”的学习氛围,确保党史学习教育活动取得实效。

(李晓旭　任睿华)

吕梁北高速公路管理有限公司

2021年,在交控集团正确领导和大力支持下,吕梁北高速公路管理有限公司(以下简称吕梁北公司)紧紧围绕“转变观念”和“改革创新”两大发展主题,坚守“开源节流”和“降本增效”两大经营管理核心,秉承“心通路通、人达已达”的企业核心价值观,全力攻坚党建“1555”行动、“一体两翼六型”发展战略和“心敬道”企业文化宣传贯彻“三大主战场”，构建六大体系（党建引领体系、制度标准体系、程序管控体系、效益评价体系、薪酬考核体系、风险防控体系），全面建设和谐智慧、畅通智能、美丽魅力、幸福富足“四个吕北”，各项工作稳中有新、稳中有进、稳中向好，服务保障能力不断增强，发展质量效益不断提升，企业高质量发展迈出坚实步伐。

2021年，吕梁北公司运营总支出目标17090万元。累计运营总支出11439.54万元，完成年度目标66.94%。人均通行费收入56.70万元，人工成本投入产出率833.69%。

【聚焦改革创新，发展动能更加强劲】 一是对标一流促提升。静兴高速、运城北公司、物流集团、数字交通科技公司、监理集团、运城南、临汾南、吕梁南公司等单位分别到吕梁北公司进行工作交流。同时，吕梁北公司走出去，前往太原（太原公司、交科集团）、江苏、山东等地学习最新管理经验。围绕企务公开、车辆管理、养护信息化管理等方面进行“走出去、引进来”对标学习交流，转变工作思路，不断强化创新意识，努力提高科技水平，用科学化、规范化管理努力提升生产效益。二是实施精细化管理。从病害类型、处治方案、资金去向等，运用数据、图表等形式，编制完成《2020年度经营运行数据分析报告》和《数据年鉴（2020）》，科学分析运营情况，全面系统，准确真实，实现标准化管理新突破。出台收费、养护、路政、路网运行等各项标准化管理制度，制定业务流程图、流程说明和表格记录，完成制度标准体系和程序管控体系建设，健全吕梁北公司六大体系建设。开展“制度宣传贯彻月”活动，全面提升管理规范化、标准化、精细化水平，在全公司营造“自觉尊崇制度、严格执行制度、坚决维护制度”的浓厚氛围。三是全面提升依法治企水平。严格落实三项法律审核（经济合同、规章制度、重大决策），公司规章制度审核49项，经济合同审核483份，审核率100%。严格执行“三重一大”决策事项法律前置审核，确保各项规章制度、重大事项决策内容合法，程序合规，全面推进依法治企水平。加强合同管理，实行合同业务OA系统线上审核，合同资料通过在线上传，各级管理人员在线审批，相关资料线下纸质版和线上电子化相结合归档，提高合同审核流程便捷化、信息化、规范化。加强法律、法规的宣传培训，培养全员法治理念和法治思维，增强全员法治水平和法治能力。四是高质量增强企业活力。扎实推进国企改革三年行动。深化公司治理，修订公司章程，完善党委会、董事会、总经理办公会等议事规则，制定董事会授权经理层管理办法及清单，健全完善现代企业制度。建立改革任务台账，明确责任主体、实施路径和完成标志，全面完成年度改革任务。扎实推进“百站示范、千站提升”创优活动。按照“一站一情一时一策”的创建思路，以“五强+”管理单元为抓手，发扬工匠精神，聚焦管理提升，内部择优选优，初步选树推荐6家示范站区，全面提升基层单元综合管理能力。认真贯彻交控集团四季度运营管理工作会会议精神。第一时间召开第三季度运营管理监督检查问题整改专题会议，建立任务清单、问题清单、责任清单，抢时间、补进度，扎实做好第三季度运营管理整改工作。

【聚焦主责主业，发展质量更加优质】 一是收费管理取得“新提升”。第一，坚持“引车上路”，实施营销创收。分别与方山县政府和临县政府积极合作，开展蓝天保卫战，就太佳西路段并行的209省道和省道岢大线K151+110~K151+245采取交通管制限行措施，全力以赴促引煤运、货运车队驶入辖区高速；针对前半年通行费收入与计划差距较大实际，积极向吕梁市政府汇报，认真开展创新型收费营销。第二，做好车道安全畅通工作，规范收费秩序。加强与当地政府以及公安、交警部门信息共享和协同工作，坚持做好音频视频会商系统（畅行通App）在线接通工作，有效跟踪监测各站拥堵情况。第三，提升窗口服务质量，展现吕梁北公司新风貌。多措并举确保收费站区环境优，文明服务质量高，各站定期清除收费广场和边沟卫生死角，冲洗擦拭车道、顶棚、岗亭、照明等设施，不断完善收费站便民服务举措；为更好地服务广大人民群众安全便捷智慧出行，临县北收费站将ETC推广和便民服务有机结合，成功打造“ETC办理、惠民服务、信息咨询、司乘小憩”一站式服务中心，在服务司乘实践中彰显吕北风采。持续做好各类咨询，妥善处理各类投诉等，受理“12328”和“12345”服务投诉均为无理投诉。第四，高标准开展收费站标准化建设。编印500本《收费站标准化建设手册》，以方山收费站为试点，打造一间稽核工作室，以“视觉展示标准化”“操作流程标准化”“政策解读标准化”“客户服务标准化”“站区阵地建设标准化”5大板块为主要内容，以点带面，推动全线收费管理标准化进程。第五，多措并举开展“堵漏增收”活动。通过组织开展专项行动，联合公安交警部门建立起联动机制，严厉打击冲卡偷逃高速公路车辆通行费用违法犯罪行为，成立稽查工作室，抽调技术专业人员组成专业稽查队伍，“稽查工作室+站级稽查”模式双管齐下，试点加装激光轮轴识别设备，有效保证货车丢轴问题解决。智慧分析治超入口车辆的轴组类型信息，有效降低驶入高速车辆丢轴率，多措并举，推动收费稽核工作取得实效。1—11月共追缴通行费246.9万元，追缴逃费车2.22万辆。获交控集团“收费稽核与治超检测专项排查整治行动优秀单位”称号。二是养护管理获得“新进展”。实行全面预算管控，严格控制日常养护成本，执行“经费包干、超支不补”的成本控制机制。具体实行“单价招标、总量控制、验收审计、结算支付”日常养护管理模式。有效控制养护费用不合理支出。开发养护标准化管理系统，依托交控集团运营管理系统大平台，从编制维修计划、组织实施、计量、验收、结算、审计等环节开发应用，实现日常养护流程标准化，养护项目全过程闭合管理，对构建高速公路养护信息化管理，加强养护运营管理数字化建设起到积极推动作用。有效提升养护工作管控效率，降低养护管理成本，为吕梁北公司运营管理实现精细化、数字化、系统化、信息化迈出实质性步伐，系统模块已全面推广试用。在养护工程方面，加强专项工程管控力度。从项目立项、上会、设计、招采、合同、验收、计量、支付等各环节进行管控。结合实际，制定出切实可行、操作性强的专项工程实施细则。加强应急工程管理。严格按照程序办理，经OA系统应急工程处治审批表快速审核，确保应急工程第一时间得到及时处治，防治病害进一步扩大，节约养护资金，达到降本增效。在招采方面，为提高日常小修保养及应急工程处治效率，节约养护成本，通过筛选符合资质的优良施工队伍，建立吕梁北公司施工队伍储备库，对单项费用30万元以下工程在储备库中择优选取施工队伍，并制定《施工队伍选用管理办法》。为推进养护工程管理工作，减少监理服务招标采购次数，节省招标采购费用，达到科学高效、提质增效目的，率先在全省养护工程施工监理采取“分片区打捆招标”模式，与监理集团签订2021—2025年度养护工程监理服务项目，为双方进一步深化合作、携手共赢奠定坚实基础。在科技创新公路方面，引用新材料。采用具有耐腐蚀、不易污染性能纳米自清洁材料，在架梁山隧道两侧喷涂“蓝天白云”，不仅可以使隧道侧墙长周期保持清洁状态，还可以改善隧道光环境，提升驾驶者视觉舒适性，保证行车安全，实现兼顾实用与“高颜值”；英达热再生公司就2019年太佳高速方山段就地热再生施工段落进行回访，与物流集团联手成功举办养护联盟暨“四新”技术现场观摩会，以技术比武形式呈现聚焦“六新”突破、强化创新驱动新成果。与月明星（北京）科技有限公司利用卫星遥感（INSAR）技术在高速公路地质灾害防治中的应用进行合作，对不良地质路段进行监测监控。加强防汛方面，共计投入抢险人员776余人次，装载机、自卸车、混凝土罐车、泵送车、洒水车、挖掘机等各种机械210余台班，巡查车、指挥车、引导车等60余次，确保道路安全畅通。三是路网监测善用“新技术”。改善网络运行环境，更换升级网络安全防火墙、核心交换机等硬件设施，实现无线路由及个人专用IP管理；完成部云联网监控视频数据核对工作，完成监控视频1001路图像字符叠加更改工作，核对省云联网平台视频监控数据；建设智慧高速综合管理云平台，打通已有系统间数据闭环，整合各部门软件多样化，复杂化，实现大数据综合展示；召开联网运行专题会。针对交控集团下发的《联网系统运行专报》中排名靠后的指标，认真分析原因，限期整改，切实提高各项联网运营指标，确保全网系统稳定运行。四是路政管理展现"新气象"。强化队伍建设，开展法律法规及业务知识培训，根据日常工作中常见的问题进行剖析，通过一些典型案例、经验交流，使路政工作人员增强对现实工作可能遇到的焦点难点问题的认识和解决能力，提高整体素质。对各中队的案卷、巡查命令、联合巡查等2020年路政档案进行分类整理，将日常工作资料尽快装订完善，规范路政档案；巡查监管常态化，运用联合巡查、错时巡查和交互巡查，重点对公路桥梁、跨线天桥、急弯陡坡等路段加强监管，确保清明、"五一"、端午等节假日期间道路安全畅通；开展以"学党史、当先锋、护公路、优服务"为主题的路政宣传月活动。共计印发宣传资料1000余份，悬挂宣传条幅40条，制作宣传展板4块，出动宣传车80台次，宣传执法人员300人次，接受群众咨询50余人次，树立路政执法为民良好形象。五是安全生产再上"新台阶"。首先，深入开展隐患排查。持续深化安全生产大排查大整治专项行动和安全生产专项整治三年行动，紧盯高速运营中各责任范围内的重点领域，明确工作任务和工作重点，深入开展安全生产隐患排查，着力堵塞安全管理漏洞，全年发现隐患19处，整改19处。其次，进一步完善疫情防控、除雪保畅等应急预案、工作方案，高标准做好应急准备，加强形势研判和应急培训、演练，加强联防联控和24小时应急值守，设立临县西应急物资库，全面提升应急保障能力。积极开展新冠疫苗接种，主动与属地卫健部门对接，按照"应接尽接"的原则，全面开展新冠疫苗接种。再次，开展安全应急基础知识专题培训。落实"人人持证、技能社会"提质增效目标任务，37名基层各单位专兼职安全员参加2021年安全应急基础知识专题培训，均取得安全培训合格证书。最后，"省级安全文化示范企业"和一级安全生产标准化双目标圆满实现。坚持"一丝不苟、一刻不懈"的安全管理理念，依据《高速公路运营企业安全生产标准化评价实施细则》，围绕《安全文化建设规划》《安全文化实施方案》，明确各部门、各单位职责要求，全面指导具体工作实施，完成安全文化长廊和安全活动室，通过安全生产标准化一级达标评审，被省政府安委办命名为省级安全文化建设示范企业；多次开展安全文化活动专题培训，强化安全生产意识。

【聚焦党建引领，发展生态更加清朗】 一是全面加强党的建设。修订完善《前置研究讨论重大经营管理事项清单》，严格落实"第一议题"制度，全年召开党委会35次。坚持理论学习常态化，持续改进党委理论学习方法，充分运用"七学并举"载体做到"六个一"，全年组织开展中心组学习24次，交流研讨13次。坚持党对意识形态工作领导权，召开意识形态领域分析研判会4次，党委书记议稳会议2次。坚持重点工作扎实推进，深入开展领导班子建设、贯彻落实全国国有企业党的建设工作会议精神情况"回头看"等多项工作。坚持筑牢宣传阵地，以"公司微信公众号主推+积极向外部媒体投稿"方式，突出展现在改革发展中的成效与成就，微信公众号共计推送稿件1800余篇。坚持党建引领生产经营，坚持"党建+生产经营"，围绕"党旗红·高速情"党建项目化品牌，方山路产维护站"陈彦明创新工作室"，获全省交通运输系统"六新"领域职工（劳模）创新工作室称号，"防眩网立柱起拔装置"和"固定在护栏板上的施工标志牌"2项工具设备创新获得国家实用新型专利。二是扎实推进党史学习教育。拟定"123456"工作法，细化"5+23"具体措施，紧抓党委、党支部、党员三个维度"一条线"，充分利用党建VR体验室，党员"亲身体验"数字科技赋能的中国共产党成立100周年、党史体验馆，开设"我是党员我承诺——献礼中国共产党100周年"专栏，以"我为群众办实事"重点项目清单15项53条举措为主要抓手办好民生实事，累计为民办实事200余条。三是清廉高速建设纵深推进。以全面从严治党为主线，将清廉高速建设融入管理各方面、全过程，一体推进不敢腐、不能腐、不想腐。积极运用好先进高效便捷的网络技术工具，搭建大数据监督平台，不断新增数据分析模块，不断扩大重点监督范围，根据实际需求，督促强化"云上车管系统平台"，完善"工程养护管理系统平台"，建设"集中采购平台"，运用"廉政管理平台”，综合运用信息化监督手段实现精准监督。推动监督机制创新升级，严格落实《采购业务监督管理办法》，督促出台《招标采购管理办法实施细则》等制度，把监督延伸到各个方面。打造具有特色的党风廉政教育阵地、依托“清廉吕北”微信公众号创新教育形式、组织开展党员干部廉政教育培训等一系列举措，着力营造风清气正良好氛围。

（张晓娟）

吕梁南高速公路管理有限公司

2021年，吕梁南高速公路管理有限公司（以下简称吕梁南公司）牢固树立新发展理念和高质量发展要求，全面学习贯彻中共十九届六中全会、省第十二次党代会、交控集团工作会议和第一次党代会精神，在吕梁南公司党委坚强领导下，立足实际、抢抓机遇，凝心聚力、踔厉奋进，党的建设和经营管理有效融合，高质量发展步伐坚定，取得较好成绩。

【经营目标指标完成较好】 狠抓收费营销，全年完成通行费收入12.53亿元，日均通行费收入343.38万元，人均通行费收入130.15万元，年公里收费725.75万元，人均收费和年公里收费在16个政府还贷路段公司中双双排名第一。保护路产、维护路权，发现、查处路政案件213起，案件发现率、查处率、恢复率均达100%，收取路赔款201.38万元。狠抓路况质量，路面使用性能指数（PQI）为88.69，道路优良路率98.9%，一、二类桥梁比例94.3%，三类及以上隧道比例100%，路况指数较上年基本持平。扎实开展“零信访”创建工作，分类研判、精准施策，成功化解武桂林等6起疑难信访积案，信访案件实现清零。未发生网络安全责任事故、重特大安全生产责任事故和环境污染责任事件。

【全面从严治党不断加强】 严格落实《第一议题》制度，强化中心组学习，引领党员干部忠诚捍卫“两个确立”，坚定践行“两个维护”。强化基层党支部标准化规范化建设，汾阳和文水收费站党支部分别被集团党委授予示范点党支部、标杆党支部，党支部战斗堡垒更加牢固。抓实党建项目化管理，交城收费站党支部打造“党建主题文化园”项目获交控集团验收评审二等奖，入选省国资委重点项目库。坚持党建引领，深化“安暖吕南”企业文化品牌建设，路网运行监测中心获“全国巾帼文明岗”，吕梁南公司获省国资委省属企业和交控集团“文明单位标兵”。一体推进不敢腐不能腐不想腐，紧盯重要时间节点，开展各类监督检查13次，提醒纠正问题90余个，促进工作不断规范、风气持续向好。

【党史学习教育成效明显】 高标准高质量扎实开展党史学习教育，按照“1+1+3”的工作思路，采取“党委领学、党支部深学、党员自学、督导组督学”四学联动机制，召开党史专题学习会9次，举办读书班6期，交流研讨5次，指导基层党支部完成8次党史专题学习。“安暖吕南”团队获交控集团党史知识竞赛团体一等奖。紧扣中国共产党成立100周年重要时间节点，就地、就近、就便用好用活红色资源，组织开展红色教育27次，举办多场演讲比赛、书法绘画展览系列活动，开展党员全覆盖轮训4期，党建业务培训3期。强力推动“我为群众办实事”实践活动，对20项重点民生实事实时跟踪督办，解决基层办公生活基础设施落后、噪声污染等群众“急难愁盼”问题，真正为职工为司乘人员办实事做好事解难事，党史学习教育成效明显。

【推进改革步伐坚定有力】 按照省国资委、交控集团国企改革三年行动总体要求，研究制定国企改革三年行动实施方案，明确8个方面、63项重点改革任务，层层压实责任、层层推进落实。全面加强董事会建设，建立董事会向经理层授权管理制度，实行经理层任期制和契约化管理，董事会运作不断规范；谋划设置董事会专门委员会，推进法人治理体系不断完善。修订完善“三会”议事规则，完成党建进章程工作，全年召开董事会15次，研究决策重大事项149项，经理层执行率100%，董事会各项决策部署有效落实。推进家属区“三供一业”分离移交，圆满完成退休人员社会化管理，全面深化改革有力有效。

【收费管理不断深化】 坚持收费经营定期分析研判，精准把握收费形势；全面宣传推行汾离路段差异化收费政策，签订用户306户。研究出台《通行费追缴奖励办法》，有效调动一线职工参与稽核，全年累计筛查漏费车辆27761车次，完成追缴21553车次共计113.64万元。保持通行费打逃堵漏高压态势，与属地公安联合开展偷逃通行费整治活动，追缴通行费11.86万元。组建机电运维中心，集中机电管理和维护力量，全面开展机电系统检查筛查和维修保养，推进隧道机电提质升级，切实以专业化队伍保障机电系统稳定运行。推进联网收费跨省交易对账业务，完成平台搭建和升级测试，业务系统切换顺利、工作有序，累计发起、处理跨省交易对账工单517条，涉及金额11.65万元。

【养护管理不断加强】 认真落实全省环境污染防治暨高铁高速沿线环境综合整治会议精神，同“五堆治理”相结合，实施全方位路域环境整治，清运渣堆、煤堆、垃圾堆和平整土堆累计达1.6万余立方米，并对汾离段K962+400处多年来存在的渣堆和废旧铣刨料进行彻底整治，道路隧道清洁保洁、护坡边沟碎落台清理整修、收费广场以及互通垃圾杂草清理等同步推进，完成34座桥梁单侧防撞墙防腐涂装，路容路貌不断向好。探索大流量交通下的日常养护集中作业，道路管养水平和作业效率不断提高。推广新能源技术在隧道照明中的应用，年节约能耗约50%，实现降耗增效。突出道路、桥梁隐患整治，统筹实施专项工程和政策性调整项目，推进桥梁安全防护能力提升工程，实施桥梁伸缩缝处治、桥面铺装、路面裂缝和路面病害处治，完成3座独柱墩桥梁和汾离段薛公沟东沟中桥维护加固，路况质量有效提升。

【重点工作任务稳步落地】 全面盘活沿线资源，将原汾阳西主线收费站及连接线处31亩闲置土地和铣刨机、摊铺机等大型养护机械设备资源划转养护集团汾阳分公司，实现资产盘活、高效利用。就所辖高速公路杨家庄境内35千伏电力线路租用和原汾离管理中心综合办公楼部分房间租赁与意向方签订协议并获取收益，实现国有资产保值增值。以打造“五强+”管理单元为抓手，突出综合管理、主要指标、示范效应三大内容，全力推进“百站示范、千站提升”创优活动。研究制定实施方案和样板站工作规范，各业务领域全覆盖一体推进、同时发力，成效明显。按照“一站一策”原则，加强路警地协调联动，采取有效措施持续推进易拥堵收费站治理，特别是在离石西拥堵治理中，与吕梁市交警支队、高速交警三方共同研究建立疏保畅联勤联动警务平台，长效推进收费站拥堵治理见到效果。圆满完成杏花收费站改造建设，全力推进吴城服务区LNG加气站建设土地变性工作，加快推进离军段新建服务区前期项目，各项工作稳步推进。

【“平安路”创建高位推进】 按照“平安文明示范高速公路”创建总目标，认真贯彻落实省交通运输厅历次调度会议、协调推进会议部署要求，成立创建工作专班，加强与交警一支队沟通协调，多次召开会议共同研究创建工作，进一步优化方案，细化内容，明确任务，为创建工作高标准推进打下坚实基础。紧盯隧道消防安全和长大纵坡高风险路段运营风险，按照相关技术标准规范，开展全方位道路安全隐患排查治理，实施道路、桥梁、隧道、收费站交通安全设施提质升级，创新应用八盘山隧道AI联动监测系统，道路本质安全水平不断提升。联合省交通安全中心建立安全风险分级管控和安全隐患排查治理标准，利用大数据、云协同等科技手段，加强重点路段安全智慧管控，道路安全风险有效降低。在持续大流量交通下，道路交通事故同比下降33%。强化路警路地协调联动，科学实施极端天气、突发事件等条件下的交通管制，交通协调管控、道路养护作业和快清快处联动效率不断提升。

【安全生产持续强化】 严格落实安全生产责任制，层层签订安全生产目标责任书，定期召开安委会全体会议，巩固深化安全生产标准化建设成果，全面压实安全生产责任。扎实推进安全生产专项整治三年行动和安全隐患排查治理，道路安全形势持续稳定，为应急救援物资运输和能源保供提供坚强的道路运输保障。强化应急管理，建成汾离路产维护站一级应急物资储备库，同步完善应急物资储备。突出危化品车辆运输风险管控，路警地多部门联合开展八盘山隧道危化品车辆突发事件综合应急演练，应急联动处突能力有效提升。以应急管理思维狠抓常态化疫情防控，配齐配足防疫物资，内控外防相结合，确保安全稳定。

（刘万红）

太原高速公路管理有限公司

2021年，太原高速公路管理有限公司（以下简称太原公司）紧跟交控集团战略部署，聚焦“养路护路、收费保畅”主责主业，强化“履职尽责、敬业担当”理念，积极推动经营管理高质量发展，各项工作呈现出持续、健康、协调发展的良好局面，在收费标准化、路域环境治理、降本增效管理等方面取得长足进步，路面、桥梁、隧道技术状况均符合交控集团要求，安全生产、环境保护未发生责任事故。

截至11月30日，太原公司所属四条路段共计征收通行费7.8亿元，完成交控集团下达任务（8.7亿元）的89.9%。年度运营支出27162.2万元（人力成本支出16708.2万元，运行费用支出3300.07万元，日常养护费用支出1980.8万元，养护工程费用支出4873.42万元，其他支出197.49万元）。人均通行费收入40.28万元，人工成本投入产出率468.21%。全线公路技术状况（MQI）平均值96.2，优良路率100%；路面使用性能指数（PQI）平均值94.8，评定等级为优；一、二类桥梁比例98.7%（4座三类桥，1.3%），无四、五类桥梁；三类及以上隧道比例达到100%（西山特长隧道、周家山隧道土建结构评定等级均为2类），各项指标均达到交控集团目标要求。

【聚焦主责主业，推动运营质量持续提升】 在收费方面，一是加强稽核管理，净化收费环境。完善稽核管理办法，细化执行部级稽核管理规程，明确追缴通行费奖励机制，实施“一车一策”追缴方案，建立催缴台账，扎实开展收费稽核百日清零行动。截至11月底，追缴通行费约170万元，取得阶段性成果。在交控集团年度稽核工作推进会上得到集团领导肯定和奖励，并获“收费稽核工作优秀单位”称号。二是加强日常考核，提升各项指标达标率。建立月度营运分析制度，制定收费系统绩效考核方案，基层收费站实施逐月考核排名，充分发挥考核的激励和导向作用，提升各项指标达标率，促进收费业务水平提高。三是深入开展易拥堵缓行收费站专项治理行动。坚持“一站一策”原则，充分发挥路网信息枢纽作用，实时发布所辖路段交通管制、拥堵、阻断、疫情检测点设置等影响高速公路通行信息，最大限度保障车辆有序通行。四是深入推进收费管理标准化建设。构建收费业务、政策、解读客户及服务现场管理等四大管理标准化体系，优选四个试点收费站实施视觉展示标准化建设，塑造企业良好形象，提升企业竞争力。在养护方面，一是以创建美丽高速为工作目标，编制全年日常养护计划，拓宽与养护集团合作渠道，从加强路况质量提升着手，注重路面裂缝、坑槽病害处置，加强绿化保洁管理，全面提升日常养护质量。全年道路日常养护共投入资金1400余万元。二是扎实开展防汛减灾工作。国庆期间，围绕交控集团目标，对各类防护及排水构造物进行检查和疏通，所有水毁段落均在第一时间进行及时处理，未发生因水毁造成过往车辆及人员安全事故，确保能源运输通道安全畅通。按照“人、材、机”三到位原则，做好冬季道路保畅工作。三是加强事故多发段隐患整治，高效完成长风西互通D匝道路面下沉高风险隐患处置，采用预制整体式F型混凝土护栏方案对西北环高速公路、太祁高速公路5处发生过多起货车穿越、骑轧中央分隔带护栏事故多发区中央分隔带护栏进行改造，改造后护栏防护等级提升到SSm级，确保高速公路安全运营。四是稳步推进遗留工程问题解决。长风西、冶峪互通工程具备竣工验收条件，已向省交通运输厅提交竣工验收申请。晋祠高架桥工程具备交工验收条件，已向省厅提交交工验收申请。清徐南互通工程正在进行审计结算。在路政治超方面，一是深入开展高速公路入口治超防治丢轴专项行动，按照“一站一策”原则，精准制定改进措施，完成检测仪表软件升级、加装人为修改数据系统权限等项目。二是加大错时交叉巡查、大密度巡查力度，构建基层各站队中心信息共享机制。截至11月30日，共查处路政案件182起，结案率达100%，路产赔偿款收入233.06万元，治超检测点共检测车辆610.99万辆次。三是深入作风纪律教育整顿行动。进一步转变观念，改进作风，优化服务，营造风清气正的执法环境。四是规范涉路施工管理，加强现场监管力度，实时掌控施工动态，提升护路维权能力。在隧道管理方面，一是为有效防范化解隧道安全风险，提升安全运营和主动预防能力。根据隧道提质升级总要求，结合"百站示范、千站提升"创优活动实施方案，在西山特长隧道(外广场及古交方向路段)安装交通标志电子投射灯、车道亮化标志、隧道洞口立面引导装置、LED窄光束投光灯等综合安全预防系统。二是强化信息保障能力。完成隧道监控高清改造项目，提高视频监控效率。三是将西山隧道信息监控中心作为隧道综合应急指挥平台，通过优化与交警、消防、路政等部门的信息处理流程，实现对突发事件处理的高效联动、快速反应，提高应急管控效能。四是结合交控集团关于降本增效原则，采用成熟的LED技术替代西山隧道高耗能大功率高压钠灯，极大提高高速公路隧道照明效益，提升节能减排效果。截至年底，太原至古交方向隧道的LED照明节能改造项目全部完成，共更换安装LED照明灯具3500余盏。在安全管理方面，一是加强风险隐患排查力度，强化责任落实。签订安全生产工作目标责任书，实现安全生产履职尽责承诺制度全覆盖。建立本单位安全风险清单，编制《运营风险辨识及防控手册》，隐患排查治理实行自查自改自报闭环管理，完成罗城互通匝道危险路段风险管控示范项目改造。二是强化应急救援处置能力。编制完成"1+13"应急预案，与万柏林区武装部联合组建民兵队伍，在民兵队伍基础上建立隧道管理应急救援队伍，并联合高速交警等各单位开展危化品车辆着火事故突发事件应急处置演练。三是推进新冠疫苗接种工作。协调迎泽区疫情防控部门于2021年5月8日至9日、6月10日、7月13日，采取"分批、分组、分时段"的方式对全体员工进行新冠疫苗接种。共计接种1807人，接种比例为93%。四是推进安全文化阵地建设。开展"冬春火灾防控""安全带——生命带"等各类专项行动，开展消防知识和消防器材简易操作专业培训，逐渐形成人人想安全、人人抓安全、人人保安全的良好氛围。2021年，通过省政府安全文化建设示范企业复审工作。

【突出工作重点，提升经营管理水平】 一是路域环境整治。全面落实省委、省政府关于开展环境污染防治暨高铁高速沿线环境综合整治专项行动决策和交控集团安排部署，常态化推动高质量道路养护、高标准路面保洁、高水平植被管护、高频次日常巡查，按照"整一处、销一处"原则，累计清理"五堆"216处，1.6万余立方米杂物，完成路域环境治理示范路创建34公里，原生态绿色走廊建设42.96公里，进一步提升和改善所辖高速公路路域环境质量。二是专项工程方面。遵循"科学有序、精准实施"原则，高效完成"两桥"能力提升工程，共完成独柱墩改造36个，完成桥梁防撞墙加高改造33018.6延米，桥梁结构安全防护能力得到提升，行车环境得到改善。以"全寿命周期成本"为理念，切实提升公路技术状况。全年完成路面病害处治13.72万平方米，处治裂缝7万延米，龟裂处治8.8万平方米，坑槽修补343.33平方米。三是降本增效方面。首先，通过预算审核和招标采购两个环节，实现"双重降本"目标。截至11月30日，完成146个项目前期预算审核，核减资金1019万元，降低成本5.2%；履行招采程序并已成交的146个项目，降本金额490万元，降本率达3.0%。其次，坚持问题、目标、效益导向，综合运用数智化、对标降本、考核管控、"六定"改革实施等多项手段，推动"降本增效、减员增效、提质增效"专项行动取得实效。再次，全面推动高速公路路域经济发展，充分发挥区域优势，因地制宜，有效盘活沿线闲置资产，切实提升国有资产利用率。分别与7家政企单位进行开发协作，实施"高速+光伏""晋源稻花城"等项目，合同年度经济效益约149.45万元。12月14日，交控集团路域经济发展推进工作会在太原公司举办。其间，太原公司闲置资产盘活举措和各项会议保障工作得到交控集团领导充分肯定。

【夯实基础，全面加强党的建设】 一是政治建设方面。党委全面落实习总书记"两个一以贯之"要求，研究制定《加强政治监督的实施细则》《“第一议题”制度》等，着力加强党委自身建设，督促班子成员落实“一岗双责”，形成合力。研究出台《干部职工思想政治教育方案》，每月配套下发《思想政治教育提纲》，在太行干部学院组织党支部书记、纪检委员党性锻炼等，促进党员干部政治理论、职业素养、道德修养得到普遍提高。党委思想政治工作调研课题取得丰硕成果，一项在交控集团评比中获一等奖，另一项在省委《探讨》杂志上发表推广，赢得上级肯定。太原公司坚持把党的领导融入企业治理全过程，进一步研究完善《前置研究讨论重大经营管理事项清单》，截至11月30日，组织中心组学习研讨21次，召开党委会31次，研究议题229项，确保党委全面领导作用有效发挥。二是基层组织建设方面。党委按照“党委领导有力、部门指导有方、党支部自建坚强”的总体思路，创新提出“1234”党建重点工作任务。召开3次党建项目化工作研讨会，深化“一企一品一党支部一特色”党建品牌建设，长风西收费站“打造魅力站区 风雨同舟行”党建项目获2020年度交控集团终审三等奖，实现党建项目化全覆盖；制定实施《“双争双创”工作管理办法》，营造“争在平时、比在平时、争当先进”的浓厚氛围；召开党支部“三个能力”建设专题研讨会，通过拍摄“三会一课”示范教学片、编制标准化工作手册、升级改造党员活动室、制作党建制度版面等，积极推进党支部标准化建设，基层党支部战斗堡垒作用进一步增强；紧紧抓住“4个经常性工作”，召开思想工作研讨会，认真落实周例会、月例会和安全例会等制度，有效引领各项工作提质增效。2021年，组织文艺骨干人员代表交控集团参加省国资委迎“七一”歌咏比赛中获金奖。三是干部人才队伍建设。党委深入贯彻落实习近平总书记提出的“20字”好干部标准，坚持把政治立场、政治能力、政治品质、政治担当作为选人用人第一标准，将个人成长进步、薪酬分配与业绩考核密切挂钩，推动实施机关与基层、党务与业务、不同业务之间干部“多向交流”，通过交流轮岗，努力打造多元化、专业化的复合型干部人才队伍，形成靠素质立身、凭实绩进步的良好氛围。2021年，共提任中层正职6人，调整到重要岗位1人，交流调整24人，推荐到一线主持工作5人。太原公司积极响应省政府“人人持证、技能社会”号召，坚持全员培训、按需施教，鼓励员工持证上岗，争做“业务尖兵”，着力培育“工匠”能手。截至11月30日，累计组织外部培训19次，参训200余人次。9月中旬，组织部分领导班子成员和中层管理人员，赴浙江大学开展领导力提升研修班，为提升广大党员干部理论素养和管理能力发挥积极作用。同时，扎实开展线下业务培训、安全生产培训、公文写作、办公软件应用等培训20余次，累计参训3000余人次，均收到很好学习效果。四是党史学习教育。党委第一时间研究制订《党史学习教育工作实施方案》《党史学习教育任务清单》等，采取个人自学、集体学习、读书班等多种形式，分专题开展学习研讨。太原公司领导班子成员通过调研座谈、专题党课等形式，全覆盖开展基层宣讲和检查指导30余次，有效发挥示范带动作用。依托“明德大讲堂”，邀请省委党校教授进行专题宣讲。利用线上“学习强国”“三晋先锋”“交通在线”等学习平台以及线下红色资源，通过“七个一”学习模式、党史知识竞赛、主题征文等丰富形式提升学习效果，在“太原高速”微信公众号、抖音号、视频号开设专栏，不断掀起学习教育新热潮。党委研究制订《“我为群众办实事”重点项目清单》等共29个事项，细化工作方案，实施台账管理，努力以高标准高质量要求办实事、解难事。太原公司获交控集团党史知识线上竞赛优秀组织奖，2名个人获三等奖，5名个人获优秀奖；另外2名选手在省国资委线上党史知识竞赛中获三等奖。五是党风廉政建设。首先，认真落实党风廉政建设主体责任，召开廉政建设工作推进会，定期组织党风廉政建设分析研判，全面推进干部廉洁档案电子化管理，开展路政、治超作风纪律整顿，落实政治生态分析研判暨政治画像工作，着力维护风清气正良好政治生态。其次，积极支持纪委开展监督，持续强化“三重一大”、民主集中制、党务企务公开等方面的监督，督促各党支部严格落实《监督责任实施办法》，努力营造廉洁从业浓厚氛围。最后，以党史学习教育为契机，组织开展“观看一场电影、组织一轮参观、说出一个心愿、举办一场活动”等系列活动，建成太原公司廉政警示教育基地，全覆盖组织党员干部进行参观学习，积极营造廉洁自律文化氛围，持续推动“三不”体制机制建设一体推进。

（任国光　杜晓阳）

晋中高速公路管理有限公司

2021年，在交控集团正确领导下，晋中高速公路管理有限公司(以下简称晋中公司)认真落实交控集团运营管理工作会议精神和生产经营重点任务安排，坚持目标导向，加强党的领导，深化国企改革，优化运营管理，强化安全管理，推进降本增效，着力提升经济效益和公众出行满意度，奋力夺取“十四五”高质量改革发展开篇起步新胜利。

【公司改革】 一是党的领导。晋中公司明确党建工作总体要求，将党组织机构设置、职责分工、工作任务纳入公司管理体制、管理制度、工作规范，使党组织发挥领导核心作用和政治核心作用组织化、制度化、具体化。强化党委前置把关，出台《党委前置研究讨论重大经营管理事项清单》《党委会议事规则》《“三重一大”事项集体决策制度的实施细则》，明确党委在决策、执行、监督各环节的权责和工作方式，确保党的领导在晋中公司改革发展中、重大决策中得到充分体现和切实加强。二是企业制度。晋中公司出台《董事会议事规则》《董事会专门委员会议事规则》《董事会战略投资委员会工作规则》，厘清董事会与党委会、经理层之间职责边界，理顺董事会运作关系。建立董事会向经理层授权管理制度，并列出授权事项清单；严格落实总经理对董事会负责、向董事会报告工作机制，充分发挥经理层经营管理作用。夯实现代企业制度基础，把制度建设作为改革创新、高质量发展的重要抓手，从运营体系、组织执行力和管理现状出发，梳理查找自身不足，补短板，强弱项，制定各项规章制度159项，初步构建起一套具有晋中公司自身特色的经营管理制度体系。三是经营机制。晋中公司推行经理层成员任期制和契约化管理，对经理层成员全面实行任期管理，签订聘任协议和业绩合同，经董事会决议对经理层领导实行聘任，按照约定严格考核、实施聘任或解聘，兑现薪酬。全面推进用工市场化，制定以劳动合同管理为关键、以岗位管理为基础的市场化用工制度《劳动合同管理办法》和《员工异动管理办法》，进一步健全公开、平等、择优的市场化招聘机制，确保在进人用人上做到公平、公正、公开。完善薪酬分配机制，深化内部分配制度改革，出台《绩效考核方案》，实行全员绩效考核，一岗一薪、易岗易薪。

【运营管理及各项指标】 一是收费管理。晋中公司与长安大学合作，深度开展差异化收费调研和政策评估跟进，深入客货集散地，开展OD调查、ETC服务提升专项调研，掌握第一手数据，不断优化差异化收费政策方案。2021年实现通行费收入9.5亿元，同比增加11.59%，创三年历史新高。集中开展收费稽核与治超检测专项排查整治行动、收费稽核百日清零行动，充分利用大数据和稽核管理平台，加大追逃力度，全年累计追缴通行费62.5万元。二是路产维护。2021年修订《日常养护管理办法》等8项养护管理制度，从规范工程管理入手，严把安全、材料、施工关等关键环节，确保养护工程有序优质完成。全线路况指标稳中有升，总体技术状况(MQI)值为93.9，(MQI)优良路率100%；平均路面使用性能(PQI)值为93.4，一、二类桥梁比例为100%，无四、五类桥梁，三类及以上隧道比例100%。国庆强降雨期间，管理路段均遭遇水毁灾害，晋中公司全力组织抢险保通，累计出动抢险人员1300余人次，投入各类机械1100余台班，投入砂石料、水泥等4万余立方米，重点对祁临段K637+650处边坡坍塌、成王庄隧道泥石流、左黎高速K544处水毁、阳左段护面墙鼓肚变形、影响道路通行安全的10处路面沉陷等严重灾害进行应急抢险处治，第一时间抢通道路，及时解决假期返程高峰的交通安全通行保障。三是隧道管护。完成沐池隧道、桐峪隧道的路面改造和机电系统改造，实施韩信岭隧道群高清视频改造和照明线路改造，完成隧道消防标准化建设。开展隧道预防养护，完成8个隧道、15个单洞的土建结构检测，对存在的43项问题进行分类解决，及时排查故障隐患，减少突发性故障，降低运维成本。提升应急处治能力，健全高速公路隧道路段和隧道群联动应急预案，自主研发隧道救援设备，实现隧道事故车辆扶正、破拆、切割、灭火等救援功能。2021年，隧道照明系统完好率100%，通风系统完好率100%，通信系统完好率99.85%，监控系统完好率99.85%，供配电系统完好率100%，消防系统完好率100%。四是路网运行保障。加强对建筑控制区和违法涉路施工管控，2021年管辖路段共发生路赔案件366起,查处366起，赔偿353起，恢复366起，收取路赔款453万元，完成目标值106%。强化涉路施工作业现场秩序，规范涉路许可审批，将施工带来的安全隐患降到最低，全年检查涉路施工1036次，下达整改通知书8次；强化辖区服务区监督管理，形成常态化监管机制，全年监督服务区整改各类问题247项，推进服务区管理服务水平提升，受到交控集团肯定。五是路网运行监测。全力确保防病毒软件、内网审计、防火墙、入侵检测等网络安全设备的运行正常。收费服务器实现主机加固策略“全覆盖”，客户端实现杀毒软件、内网审计软件“全覆盖”，联网收费系统运行安全稳定。实现骨干网(接入网)完好率99%，通信传输网完好率99%,监控网络完好率100%，监控数据传输完整率99%,视频监控图像完好率98%,监控设备完好率98%。信息服务水平持续提升，充分运用“互联网+交通”，拓展出行信息服务渠道，及时发布路况和预警信息。“12122”救援热线服务1.2万余次，电话服务司乘5.3万余次，通过网站、媒体、微信、情报板等发布路况信息3.09万余次，为公众出行提供全面及时周到的信息服务。

【2021年重点任务】 一是路域环境整治。编制《晋中高速公路环境污染防治暨沿线环境综合整治专项行动工作方案》，与地方有资质的清运单位签订协议，将站区内生活垃圾、污水排放等进行分类处置；完成机关及站点17个污水处理设备改造，确保污水排放达标；完成“五堆”问题7904立方米清理治理，排水沟、截水沟385公里清理；对所辖高速路段全线65.2公里中央分隔带树木进行修剪补植，补植树木1300余株，增补防眩板4公里；积极配合地方部门完成平遥互通、张兰至灵石段两侧绿化带整治，整体路域环境得到明显改善，为公众出行提供舒心行车环境。二是沿线闲置资产盘活。出台《高速公路沿线资产盘活利用实施方案》，成立资产盘活领导小组，对沿线资产进行调查摸底，共有房产1处60间房、场地1处5亩、土地7处106亩，积极动员基层单位及广大干部职工招商引资。2021年，先后与当地有合作意向的12家单位和个人进行多次对接洽谈。创建“驿家”服务中心，立足实际充分挖掘营收资源，拓宽经营思路，在平遥、介休、和顺建设具有公益和经营双属性的三个“驿家服务中心”，并成功注册“祁临驿家”“阳黎驿家”两个品牌商标；不断提升行业窗口形象，加快ETC推广使用和便民的延伸服务，实现经营收入稳步上升。2021年，完成其他收入151万元，完成经营目标100%。三是降本增效。养护方面，全年日常性维护费用537.02万元，同比下降3.3%，日常维修保养单价同比下降1.0%，通过优化祁临段桥梁防护能力提升工程和独柱墩桥梁运行安全提升专项工程设计方案，比计划金额下降3.5%，节约资金136.17万元；完成泡沫沥青就地冷再生工艺升级改造，并选取2.8公里病害严重路段进行实验应用，相比传统工艺节约93.17万元。收费方面，改造老旧收费栏杆机配套全线26条治超车道，节约资金52万元，收费站货车入口治超平均丢轴率由1.12%下降至0.08%，每月挽回通行费损失约10万元。人员方面，将全线14个收费站站级监控改造为集中监控，改造后监控工作人员减少至12人，有效解决收费一线人员紧张问题，实现集约高效管理。安全方面，研发“安全应急智慧管理系统”，管理效率提高20%，有效降低安全管理成本。

【安全管理】 一是安全生产责任。以安全生产专项整治三年行动攻坚年为抓手，制定《落实主要责任人安全生产责任制清单》，构建以落实企业主要负责人安全生产责任为重点的企业安全生产主体责任体系。晋中公司与43个基层单位、机关部室签订

《安全生产目标责任书》，与所有从业人员签订《安全生产承诺书》，建立"层层负责、人人有责、各负其责"的全员安全责任体系，推进企业安全生产由被动接受监管向主动自觉管理转变。二是安全生产建设。《应急预案》通过专家评审，在晋中市交通运输局完成备案。7月27日，与地方消防、卫生、交警等相关单位，联合开展隧道危化品车辆事故应急演练，检验预案实施，提升处置能力。研发"安全应急智慧管理系统"，实现高效安全管理和贴心伴随式服务。通过打造"安全管理标准化示范班组"，"安全生产标准化建设一级企业"评估安全管理现状，补齐管理短板，切实提升本质安全。三是风险防控。疫情防控方面，严格落实疫情防控主体责任，坚持落实站区消杀、来访人员登记、全员接种疫苗等防疫举措，全力做好应急救援队伍、装备、物资准备工作,始终保障疫情防线稳固状态。合规风险防控方面，严格落实合同、重大项目等合规性审核，规章制度法务审核。2021年审核合同文本260项，规章制度96项，重大决策1项，有效防止经济纠纷的发生，避免制度违规和冲突。财务风险防控方面，印发《会计人员稽核制度》等8项内部控制制度，强化风险管理意识，提升财务管理能力；提升财务人员涉税业务处理能力，促进公司纳税管理的规范性、标准化。信访维隐防控方面，把职工思想政治工作作为深化改革的重要保障，扎实开展矛盾纠纷排查化解工作，把矛盾化解在萌芽阶段。2021年，公司实现"零上访"。

【党建工作】 一是政治建设。晋中公司党委始终把党的政治建设摆在首位，坚决贯彻党的理论和路线方针政策，引领企业始终保持改革发展正确方向，出台《党委会"第一议题"制度》，把学习习近平新时代中国特色社会主义思想，学习中央、省委、交控集团党委重大决策部署、重要会议和文件精神作为党组织会议"第一议题"，着力深化理解、强化信仰、融会贯通，自觉运用习近平新时代中国特色社会主义思想指导实践、解决问题。二是党建引领。开展党建工作责任制考核，积极推动党建责任制和生产经营责任制有效联动，紧密结合生产经营开展党组织活动，通过设立党员示范岗、党员突击队等形式，引导党员创先争优、攻坚克难，争当生产经营能手，创新创业模范，提高效益标兵，服务群众先锋。2021年深入推进党建与生产经营深度融合，深化1235党建工作项目化管理工作共计立项27项，上报交控集团党委立项3项，灵石路产维护站党支部"党建引领，助推养护管理'新'发展"项目，获交控集团党委2020—2021年度"1235"党建工作项目化成果一等奖。三是党建考核。制订《党建工作责任清单》，明确党建工作问题清单、任务清单、责任清单，与所属35个党支部签订《党建工作目标责任书》，不断强化主体、主动、主责意识。积极开展标准化党支部建设，2021年完善党支部活动室12个，设置党员先锋岗、责任区46个。创新开展"星级党支部"评定，制定评定细则，推进规范化建设，35个党支部全部达到三星级以上标准，评选五星级党支部5个。同时，加大党建在综合绩效考核中的权重，细化考核细则，建立系统的党建考核体系，将考核结果与任免、薪酬、奖惩挂钩，使党建工作由"软指标"变为"硬杠杠"。四是正风肃纪。根据交控集团《监察对象监督管理办法》确定监察对象151人，实现监督全覆盖。按照《落实监督责任实施细则》要求，对8名晋中公司领导和115名中层干部建立廉洁档案并签订廉洁承诺书，摸清"廉情"底数，实现对中层以上干部实时监督。围绕重大节假日时间节点，紧盯"四风"新动态，畅通信访举报渠道，进一步贯彻落实中央八项规定精神，持续加强作风建设。积极开展政治监督专项检查，深入35个基层党支部，聚焦六项监督重点，发现问题6类216项。通过加强廉洁教育和警示教育，开展廉政剪纸文化活动，编制《岗位廉洁风险点及防控措施》《纪检工作规范化法治化实务手册》《漫说纪法》书籍等营造浓厚廉洁氛围。五是社会责任。始终把履行社会责任作为发展重要内容，持续改进服务、推进扶贫助农，回馈人民、回馈社会。2021年，晋中公司选派3名队员进驻五台县孟家坪村，进行定点帮扶，投入帮扶资金35万余元，进一步巩固脱贫成果，助力乡村振兴。六是文化建设。不断深化党的建设，打造"大道·宏途"党建品牌，激发创新活力，发挥引领效应,党建真正做到融入中心促进改革发展。提炼“勤奋、规范、卓越、和谐”的企业文化,组织开展“孺子牛”“拓荒牛”“老黄牛”模范人物评选活动;举办职工歌咏比赛、文艺晚会、书画作品大赛群众性文明创建活动,选树先进典型,丰富职工文化生活,促进员工之间感情交流,营造和谐向上良好氛围。获省国资委省属企业“文明单位标兵”,交控集团首批“文明单位标兵”。

(曹　勇)

太旧高速公路管理(太原)有限公司

2021年,太旧高速公路管理(太原)有限公司(以下简称太旧公司)坚决落实交控集团发展战略和决策部署,坚持新发展理念和高质量发展要求,围绕“发展、服务、管理”三项理念,团结一致、攻坚克难、知难而进,努力展示新作为、创造新业绩、实现新发展,不断提升企业管理效率及综合效益,努力实现高质量发展,完成全年各项目标任务。

【现代企业治理展现新作为】 坚持党的领导和公司治理有机统一,厘清党委会、董事会、经理层职权边界,制定相关议事清单。修订《董事会专门委员会议事规则》,调整各专门委员会组成人员,制定下发《董事会向经理层授权管理办法》。董事会与6名经理层成员签订《岗位聘任协议书》《年度经营业绩责任书》及《任期经营业绩责任书》,顺利完成经理层成员契约化管理工作。贯彻落实太旧公司《“13710”工作制度》。扎实开展“对标世界一流管理提升行动”,积极推进“国企改革三年行动”,全年累计完成改革任务46项。配合交控集团开展风险管理体系建设。完成运营管理标准化体系编写并印发执行。建立企业治理结构改革开展情况月报制度。修改完善企务公开制度,及时公开重大决策、经费使用等重要事项。

【高速公路运营管理跃上新台阶】 积极推进高速公路服务提质工程,着力提升路况水平和服务质量。一是收费管理。全年累计通行费收入25.54亿元,同比增幅27.3%。完成岔口、河底、盂县南收费站集中监控试点。增设岔口收费站ETC服务网点。全力推进稽核“百日清零”行动,累计追缴偷逃费车辆6.52万辆次,追缴通行费503.39万元。被交控集团授予“收费稽核与治超检测专项排查整治行动优秀单位”称号。因部级工单完成数量多,处理效率高受到交控集团通报表扬。二是养护管理。完成阳泉西环高速竣工验收。累计建成标准化养护路段79公里。灌缝补坑专项行动完成灌缝28.6万延米。全年完成交控集团安排的政策性养护工程2项、各类切块养护工程18项,累计踏铺路面21.9万平方米、预防性养护40.4万平方米。顺利完成5项水毁抢修工程。为聂家庄村安装声屏障400米。所辖高速公路总体技术状况(MQI)达94.4,平均路面使用性能指数(PQI)达93。三是隧道管理。完成藏山、下细腰、安子垴、南娄、檀树岩隧道消防标志更换。推进平阳高速东段隧道摄像机模拟信号改数字信号工程。组织实施隧道提质升级工程,完成部分隧道交安设施、消防设施升级前期工作。四是路网监测管理。完成网络安全大排查及整改,实施核心网络防护系统升级。推广使用值班管理平台服务器系统。推进办公软件正版化,拓展优化企业微信功能。实施太旧公司办公楼显示屏升级改造。完成太旧公司会议系统及视频会议系统升级。利用“高德智慧服务平台”严格路网运行监测。建立“信息研判会商工作机制”。五是机电运维管理。完成400公里干线光缆检测及太旧高速主线光缆割接。配合完成“交通运输部干线传输系统的备用传输链路”建设。实施收费业务网络和4G收费无线物理链路安全优化。重新制作收费网络拓扑图及ETC门架网络拓扑图。实施收费机电防雷系统及部分收费站UPS设备改造。部署收费网络智能管理平台。六是路政治超管理。扎实开展“路政宣传月”活动。组织各路政中队对辖区服务区开展监督检查。全年累计路赔收入775.08万元,清障收入27.1万元。深入开展入口治超丢轴防治专项行动,完成20套高速采集仪表安装,在全线入口治超检测点安装自动栏杆机。开展入口治超检测点防散落物集中整治行动。各入口检测站点共检测车辆568万余辆,劝返和移交非法超限车辆2011辆。

【安全管控能力得到新提升】 完成全员安全生产责任清单、安全承诺书签订备案。建立安全隐患整改责任清单、重大隐患挂牌督办清单。持续开展安全用电、燃油储存、涉路施工安全检查。组织所辖路段风险隐患排查、梳理,累计整改隐患41项。完成东黄水安全生产培训基地建设。鼓励制作安全生产精品案例,编演精品课件10余部。全面推行岗前班前会。组织"安全生产月"各项活动,筹办"安全生产公开课",开展消防救援和消防技术比武,获"平安交控"主题知识竞赛活动团体三等奖。

【闲置低效资产盘活实现新拓展】 将原郝家庄省界收费站闲置场地出租用于LNG加气站建设,武宿枢纽桥下闲置土地用于新能源充电桩项目建设。开展晋中北大院闲置土地规划测绘,并进行再利用可行性研究,完成闲置办公楼出租。签订铁塔信号场地租赁协议。推动与路桥机电光伏电站项目合作,南娄等三座大院光伏电站已建设完成,实现并网运行。组织专人督促配合第三方办理加气站土地出让手续。全年累计其他收入106.38万元。

【路域环境整治取得新成绩】 扎实开展路面病害处治、交安设施完善、乱搭乱建整治、"五堆"垃圾清理等重点工作。完善收费站标志标线,修补收费广场路面坑槽。更换、维修船岛钢板。完成收费站船岛、防撞柱粉刷及人造草坪铺设,9处互通枢纽区景观提升,以及沿线路侧和桥隧三角带增绿补植。实施路面抗滑能力提升、隔离栅维修、路面标线补划等工程。累计完成轮廓线、导流线涂刷3.8万平方米,护面墙标语、小品景点油刷1.14万平方米,中央带打草54.45万平方米,全线路域环境明显改善。

【人力资源配置得到新优化】 完成星级评定结果与一线员工薪酬挂钩工作。探索劳动强度调整金切块分配制度,采取经济手段调节收费岗缺编问题。组织首批内训师选拔。完成28名干部推荐考察及42名干部调整交流、任免、聘用。通过两次竞聘考试择优录取17名青年员工加入管理人才队伍。推荐7名工程系列专业技术人才通过职称评审。落实"人人持证、技能社会"要求,完成300余名员工收费技能认定和169名员工公路养护技能认定。实施人事档案办公场所和专用库房升级改造,通过交控集团人事档案专项审核。

【科技创新工作取得新突破】 持续推动"五小六化"提质行动,组建创新工作室,"收费站双链路聚合提升传输带宽瓶颈"等三个创新成果节约生产成本15万余元。刘永恒、高金富2个创新工作室被命名为山西交控集团创新工作室。继续配合在五盂高速开展无人驾驶与车路协同应用。"高速公路路面基层冷再生快速修复技术研究"科研项目已顺利结题,完成"基于振动感知的沥青路面结构状态监测与分析"科研项目年度实施任务。利用卫星微波遥感开展道路日常管养和安全监测,建立全路段地质灾害周期性监测平台。应用新型移动式路检器。在太旧、平阳高速事故多发段安装防疲劳预警系统及车速显示仪。完成22处站点污水处理设备调试运行。

【企业文化建设展现新活力】 参与"沿着高速看中国"主题宣传活动。太旧高速微信公众平台累计推送94期,点击阅读量25万余次。举办体育类兴趣小组竞赛、职工书画摄影作品评比及"书香三八"读书等活动。参加交控集团庆祝中国共产党成立100周年职工合唱展演并获金奖。建成武宿、旧关收费站2个心理减压室。积极创建以"1+5+N"为创建思路和载体的"太阳花"服务品牌,并衍生出"武宿·星""清风和韵"等15项党支部特色"子文化"品牌。太旧公司先后被省人社厅、省交通运输厅联合授予"山西省交通运输系统先进集体";被省属企业文明委授予"山西省省属企业文明单位标兵";被中国交通企业管理协会授予"交通运输服务文化建设优秀单位"和"全国交通运输廉政文化建设优秀单位";被中国企业文化研究会授予"企业党组织引领企业文化建设"先进经验;被共青团山西省国资委委员会授予"五四红旗团委";被交控集团党委授予"宣传思想工作先进集体"和"红旗党委";盂县南收费站"太阳花"文明形象使团队被中国公路学会授予第八届"中国路姐团队"称号。

【党建引领发展迈出新步伐】 坚持"围绕发展抓党建、抓好党建促发展"的总体思路,全面加强党的领导。深入开展党史学习教育，推进“我为群众办实事”实践活动，全年累计办理涉村排水设施完善等服务社会清单82项，改善工作生活环境等服务职工清单53项。持续深化交控集团政治监督专项检查反馈问题整改。强化党员领导干部“一岗双责”，围绕生产经营抓党建。持续建强标准化党支部，累计建成35个标准化党员活动阵地。实现“1235工作法”党建项目化管理工作基层党支部全覆盖。武宿收费站党支部“党建+文化传承”党建项目获交控集团2020—2021年度“1235”工作法”成果验收一等奖。不断建立健全党风廉政建设工作制度和办法，进一步加强中央八项规定精神情况监督检查。建成“廉政谈话室”，印发《廉政家书》《廉政漫画》，常态化开展廉政提醒谈话，切实做好廉政风险防范各项工作。

（李　君）

临汾北高速公路管理有限公司

2021年，临汾北高速公路管理有限公司（以下简称临汾北公司）经营业绩考核指标中年度总收入73292.44万元，全年共收入72282.71万元，其中，通行费收入目标73000万元，全年征收通行费71914.78万元，同比增长22.1%，完成目标任务98.51%。通行费及时足额解缴率100%，收费系统完好率99%，收费站各类设施完好率99%，文明礼仪、文明用语、微笑服务标准达标率100%，收费投诉事件受理率和处置率达100%。全年匝道治超检测点检测车辆365.51万辆，其中超限车辆6277辆次，超限率0.17%。路面坑槽发现率、修复率100%，裂缝处治率大于95%，交安设施修复率100%，养护机械设备利用率100%。标准化路段建设里程占总里程≥35.9%。养护工程计划项目执行率100%。处理路赔案件188起。清障430次。办理超限运输许可证1764次。路政案件发现率达100%，路政案件结案率达100%，建筑红线控制率达100%。路赔款及时足额上解率达100%，清障救援完成率达100%，财政电子票据系统使用率达100%。投诉事件受理率和处置率达100%。涉路施工审批率达100%。接听客服电话53732次，其中“12122”电话7828次、热线电话32397次、ETC客服电话13507次。上报政务信息48次，提供救援服务621次，利用可变情报板发布信息1203次，填报TIMS系统交通事件2435次，交通运输部路网监测与应急处置中心平台填报交通信息298次。

【深化改革】 印发《国企改革三年行动实施方案》和《国企改革三年行动工作任务清单》，成立以主要领导为组长，分管领导为副组长，相关部室负责人为成员的深化改革三年行动领导小组，全面负责深化改革三年行动决策部署和统筹推进工作。改革任务清单内的44项改革任务，已完成41项，正在积极推进3项，已完成的改革任务占总体改革任务93.2%，达到交控集团要求。

【专项提升】 根据交控集团要求，制订《专项提升工程工作方案》，成立领导组和9个工作组，认真贯彻“小业主、大监理”管理理念，积极组织实施。截至年底，独柱墩桥梁安全运行提升工程、入口治超防丢轴堵漏工程等10项工程已保质保量完成。

【畅通行动】 与临汾南公司、高速交警、陕西省交通建设集团公司延延分公司、临汾市气象局召开信息共享联席会，实现高速公路信息共享互通。积极开展路面病害处置，大力提升清障救援效率，不断加强联网收费和系统维护，认真做好机电设备日常巡检保养，及时向司乘人员发布交通管制信息、路况阻断信息等，有效开展车辆疏导分流工作，全面保障高速公路安全畅通。

【稽核专项】 在专项行动中，采取超常举措织密追逃堵漏“防护网”，去存量、控增量，推动实现数据精准筛查全覆盖、逃漏费车辆通行费全额追缴，专项行动稽核总量51058辆，完成进度100%，共追缴省内外通行费175507元。在百日清零行动中，深入开展历史数据排查，确保逃漏费车辆全部进入追缴名单，实现历史数据排查全面清零。

【路域环境】 建设美丽山西、优化路域环境亮点纷呈。积极探索路段保洁承包模式。对排查出的辖区护网内外“五堆”进行全部清理。以“车在景中走、人在画中行”为目标，努力打造具有地域特色的原生态绿色走廊，在汾西收费站外广场建设“千年古邑、绿塬汾西”公园。按照“坑槽修复不过夜、安全设施不隔天”要求，及时对损坏护栏、坑槽进行修补。在临侯段K738~K740公里处打造2公里标准化示范路段。路域环境治理专项工作的扎实有效开展受到社会认可。

【开通运营】 隰县东收费站于12月9日正式通车运营，作为霍永高速连接蒲县、隰县的重要交通枢纽，进一步完善区域高速公路路网结构，有效缓解周边人民群众出行困难，为助力沿线区域经济社会发展起到至关重要推动作用。

【科技创新】 临汾北公司汾西路产维护站不断创新施工理念，积极探索施工新技术、新设备取得的新亮点。在养护施工作业期间，通过人工在养护巡查车厢上将安全锥帽投放至设备上后，便能够在公路上完成安全锥桶的自动摆放，除具有操作安全性好、自动化程度高、距离控制精确等特点外，还能根据不同作业路段调节安全锥桶摆放距离。该设备的亮点在于充分利用现有养护巡查车辆及材料，设备动力采用车轮动力，动力传输采用齿轮与链条传输，相对于传统的电机控制器动力输出而言，大大节省成本，动力更加稳定，操作更加便捷，维修成本也更加低廉。设备投入使用后，将改变当前公路日常施工养护作业中，安全锥桶摆放完全依赖人工作业现状，有效解决人工作业存在的安全性差、工作效率低等问题。

【安全生产】 深入开展安全生产专项整治三年行动，积极推进隐患信息化建设和《高速公路养护作业安全立体布防系统》示范项目建设，常态化开展安全教育培训，采购WPS国产办公软件245套，Win10企业版操作系统85套，实现企业操作系统、办公软件正版覆盖率达100%。有序推进新冠疫苗接种工作。在交控集团2021年度安全生产工作目标管理考核中被授予优秀单位，同时获交控集团2021年度安全生产先进企业称号。

【文化品牌】 践行“打造一流品牌高速企业”愿景，秉承“和融平阳 畅达三晋”核心价值观，深化“以路为本、开放融合、诚信服务”经营理念，把太旧公司改革发展与交控集团企业文化、重大决策、战略部署有机结合起来，形成以社会主义核心价值观为统领、公司主打品牌植入人心、基层站点自创动作丰富多彩的企业文化品牌。通过开展“一党支部一品牌一特色”创建活动，精打细磨党建品牌和站区特色，匠心培育企业文化品牌，初步构建层次鲜明的企业文化体系。

（吴彩贤）

临汾南高速公路管理有限公司

2021年，临汾南高速公路管理有限公司（以下简称临汾南公司）通行费收入107284.74万元，完成本年征收任务83000万元的129.26%。较2020年同期相比增长50.08%。其中，临吉段通行费收入25427.51万元，比2020年同期增加59.64%；吉河段通行费收入14106.26万元，比2020年同期增加45.26%；长临段通行费收入67750.96万元，比2020年同期增加47.78%。其他各项收费指标均达到行业标准。

【养护管理】 临汾南公司所辖路段总里程279.548公里，根据《2021年临汾南公司所辖高速公路路面技术状况检测评定分析报告》，公司所辖临吉段（MQI）值为96，（PQI）值为95.9；吉河段（MQI）值为97，（PQI）值为96，长临段（MQI）值为96，（PQI）值为94.4，桥隧技术状况良好，一、二类桥梁比例100%，三类及以上隧道比例100%。各项指标基本达到行业标准。高度重视路域环境整治，稳步推进全线7个互通、2个枢纽的原生态绿色走廊建设，高质量打造56公里标准化示范路，全段路容路貌持续改善。持续推广“六新”技术应用，引进就地热再生、抗凝冰精表处和TFC技术，高效完成路面病害处治及预防性养护工程。完成省检及交控集团运营工作检查，获得一致好评。

【路政治超】 2021年，路政大队共处理各类路产赔付案件230起，收回路赔款321.65万元。路政案件发现率、查处率、结案率均达到98%以上。各超限检测站共检测车流量320.84万余辆，超限超载率控制在0.1%以下。有效维护路产路权，全面提高治超检测速度和放行速度。

【信息服务】 通过对内建设“智慧高速管理系统”，对外构建与属地交通、交管、电台等部门信息协同机制，全面提升对突发事件的应急救援效能。全年累计接听电话68120次，发布路况信息10779次，发布交通管制信息570次、道路施工信息912次，处置交通事故信息291次，救援服务信息812次。日常例行信息和定期运行分析报告报送率100%，信息录入业务系统正确。车辆救援信息和服务投诉受理率100%，处置率100%。

【安全应急】 坚持底线思维，提高防控能力，保持和谐稳定良好局面。全年召开安委会5次、安全月例会10次，修订完善《岗位安全生产责任清单》，建立“月报表+季考核+年总结”的安全生产目标责任考核机制，以奖惩激励推动责任落实；常态化开展疫情防控工作，完成1006名无禁忌症职工新冠疫苗接种和299名无禁忌症职工加强针接种工作，应接尽接率达100%；建立5个安全应急管理片区联盟，组织开展片区协同共治工作，合力提升防范化解安全风险水平；开展安全生产检查5次，排查隐患108项，下达隐患整改通知单15份，全部整改到位；与属地政府、兄弟单位建立应急联动协作机制，累计开展应急演练125次，成功承办交控集团2021年首次大型实战演练任务，提升突发事件处置和协同作战能力；扎实开展安全生产月活动，获交控集团“2021年度安全生产先进企业”，“平安交控安全知识竞赛”团体一等奖，个人特等奖、一等奖、三等奖。扎实开展“三零”单位创建，防范化解各类风险隐患，全力推进“平安临南”建设。

【科技创新】 积极推进QC及“五小”创新活动，深度提炼“五小”创新工作亮点和经验，持续提升科技创新和应用能力。坚持高位统筹、高标定位、高效推进，加强同交科集团开展深度合作，试点应用桥梁防撞墙马蹄部位防腐处治技术、桥梁伸缩缝混凝土快速修补料、CPC卡管理机等“六新”技术，全力推进“养护工程科技示范路工程”“公路健康检测科技示范工程”等科技项目落地实施，提升经营管理的科技和智慧含量，实现以科技创新引领高质量发展。其中，“特重交通沥青铺面材料及病害预警技术研究”获得部级科技进步二等奖；“降低隧道电能消耗、提高治超车道车牌抓拍率”等10项成果获省级“优秀质量管理小组”奖项，2项成果获省级“质量信得过班组”奖项。

【党风廉政】 临汾南公司党委充分发挥党建引领作用，围绕经营抓党建，抓好党建促经营，形成党建与业务齐心协力、齐抓共管、齐推共进的良好局面。一是抓实党史学习教育。为职工办实事460余件，为司乘办实事290余件，真正做到学党史、悟思想、办实事、开新局。二是夯实基础组织建设。规范完成15个党支部换届、35名预备党员的接收审批工作；完成党建工作督查4次、党史学习教育督导7次，促进党建各项任务落实落细。三是狠抓干部队伍建设。加强人才梯队建设，建立“内＋外”交流挂职长效机制，为想干事、会干事的优秀青年人才搭建施展才华舞台；开展职工技能等级认定，有序推进人人持证、技能强企。四是深入推进党风廉政建设和反腐败工作。健全“一把手负总责、领导班子成员齐抓共管”工作机制，积极探索“日常监督+专项监督”长效机制，全年共进行廉洁审查鉴定48人次，开展任前廉政集体谈话7人次，开展“监督的再监督”3次，形成齐抓共管、有序推进的党风廉政建设工作机制。与此同时，全面做好群团工作。注重新闻宣传，获交控集团党委“新闻宣传工作先进集体”称号；加强精神文明建设，获省国资委“省属企业文明单位”称号、交控集团“党建工作示范点（党委）”称号；积极参加交控集团及上级组织的各类活动，获得交控集团集体奖项12个、省级个人奖项7个、交控集团个人奖项27个；临汾南公司团委获省国资委“五四红旗团委”，乡宁收费站团支部获全国“青年文明号”称号。

【文化建设】 成功打造“怡路同行·畅美临南”文化品牌，获中交企协“交通运输优秀文化品牌”称号，安全文化喜获省级“安全文化建设示范企业”称号；加大培育“一党支部一品牌、一单位一特色”文化氛围，党支部子文化品牌“众星捧月”“劲鼓铸魂”“古槐香”“鲁班”“劲松”等亮点纷呈、交相辉映。乡宁西隧管站党支部获“全国交通运输文化建设优秀单位”称号，乡宁路产维护站获“交通运输安全文化建设优秀单位”和“交通运输廉政文化建设优秀单位”称号。

（李家宁）

长治高速公路管理有限公司

2021年以来，在交控集团正确领导下，长治高速公路管理有限公司（以下简称长治公司）深入学习贯彻落实中共十九大和十九届六中全会精神，按照高质量发展要求，围绕“以改革促发展、向管理要效益”工作思路，紧盯生产经营目标任务，以党的政治建设为统领，扎实推进党建工作和生产经营深度融合，运营管理各项工作有序推进。

【提升收费管理效能，促进费收稳步增长】 紧紧围绕完成年度通行费征收任务这条主线，深入挖掘新费源，有效提升收费额。在持续做好“高速+旅游”“高速+产业”收费营销、深化“一降三快”事故处置机制、加强收费机电设备运维、提升收费文明服务等工作基础上，采取多项措施保障通行费稳步增长。一是组织开展“百站示范、千站提升”创优活动收费技能业务比武。制定《实施方案》，按照“一站一策”要求，明确任务清单和工作举措，全面唱响岗位练兵、技能提升的主旋律，为打造“五强+”收费站，实现基层站区全方位提升和高质量发展奠定良好基础。二是提升客户满意度，促收高速通行费。三是紧抓稽核不放松，精准打逃促费收。召开收费稽核暨国庆期间安全保畅运营专题会议，在全线范围内开展收费稽核业务轮训，对重要收费操作、稽核业务、超限检测等进行梳理和规范，开展收费稽核“百日清零”专项行动，通过广泛宣传、堵塞漏洞、数据筛查等手段，有效避免通行费流失。四是如期完成隧道照明改造工程。对左黎（长治段）黄崖洞隧道、茶壶山隧道、横岭隧道、尧帝山隧道和长平段虹梯关特长隧道的隧道照明进行节能改造，完成虹梯关特长隧道景观带亮化改造，有效改善隧道通行环境，提升隧道行车安全性和舒适性。

【提升路产维护质量，优化高速通行环境】 一是继续加强日常养护，加大路面保洁力度，及时灌注裂缝、修补坑槽、清扫路面、修复刺丝护网、清理边沟。二是重点开展路域环境整治，完成管养里程25%的标准化示范路段创建工作，持续深化路域环境整治工作，路况水平不断提升，环境质量明显改善，服务能力逐步增强。三是大力实施原生态绿色走廊建设，2020年提前一年完成76省道长平高速公路原生态绿色走廊建设既定任务。四是全面加强巡查力度，确保水毁路段安全畅通，成立领导组，第一时间对水毁段落进行应急抢修，在最短时间完成抢通工作，辖区道路均恢复通行。五是积极开展专项工程建设，严格履行各项建设程序，在保证工程质量的同时做到工期不延误，及时交竣工，完成工程结算。六是重点工作全力推进，制定桥隧本质安全保障工程方案，制定交安设施改造提质工程方案，并全部组织实施完毕。

【严格路政治超管理，护航运营管理提质】 一是积极落实交控集团、省交管局高速公路协同共治座谈会精神，组织召开辖区高速公路路警协同共治座谈会，进一步细化工作措施、明确责任部门和工作完成节点，形成长治高速道路保畅机制化、安全管理智慧化、道路信息共享化、协同共治常态化的良好工作态势。二是以路警协同共治机制为基础，完善信息共享机制，实行路警养隧错峰巡查制度，实现全线24小时路面监管，及时排查辖区安全隐患，有效降低事故发生率，达到“一快三降”快速科学处置效果。三是针对全线非公路标志、红线控制区违法建筑及危害公路、桥隧等违法行为，开展路域侵权行为专项排查整治行动，进一步改善辖区路容路貌，有效巩固路域环境治理成果。四是以沿着高速讲路政为宣传主线，与党史学习教育活动有机结合，采取进校园、进企业、进村庄等宣传方式，全方位、多角度广泛开展“学党史、当先锋、护公路、优服务”路政宣传活动，为打造和谐路政执法环境奠定坚实基础。五是强化路政治超人员业务能力，围绕路政治超相关法律法规及工作纪律等内容，结合当前路政治超工作面临的形势和工作中存在的问题及短板，开展警示教育活动和一线路政治超人员培训活动，切实提升执法人员综合素质。

【夯实安全应急管理，筑牢安全发展基石】 一是紧紧围绕安全管理目标，组织召开"五一"、国庆等节假日保畅专题会，部署节假日保通工作。其间，长治公司领导多次到一线督导安全保畅工作，与一线工作人员共同研究制定保通方案，确保假期群众出行的安全顺畅。二是配合长治市政府开展虹梯关特长隧道"使命 生命 遵命"交通事故综合应急演练，长治公司高效的协调联动能力和组织保障工作得到市政府及各参演单位高度好评。三是主动作为，积极做好防汛工作，长治公司上下以"汛情就是命令，保通就是使命"为己任，迅速启动应急响应，主要领导一线指挥，严格执行领导带班和24小时值班制度，一线员工更是顶风冒雨、夜以继日奋战在抢险保通的最前线，全力保障汛期高速公路安全畅通。四是经河北陆航检测认证有限公司有关专家现场评审，顺利通过高速公路系统安全生产标准化一级达标。五是借助交控集团安全培训教育培训系统，对全员进行线上培训，全面掌握安全生产法新标准、新提法、新要求，进一步压紧压实从主要负责人到一线员工的安全生产责任，营造良好氛围。

【全面开展标准运营，着力提升管理效能】 持续开展高速公路经营管理和服务标准化建设工作，在规范管理、提升服务、运行保畅及形象建设等方面取得良好成效，打造"一站一亮点、一站一特色"品牌工程。一是以标准化制度建设为基础，管理水平持续提升。按照科学制度分类和层级标准，运用标准化制度模板构建标准化制度集合，共制定4大类12篇260项制度，真正让健全规范的标准化制度体系为高质量发展提供坚实制度保障。二是以标准化党支部建设为引领，党建工作提质增效。持续深化基层组织建设，按照组织健全、制度完善、运行规范、活动经常、档案齐备、作用突出"六条标准"，开展"标准化党支部"建设工作，确保党组织设置始终和长治公司改革发展、生产经营相适应。按照"六有"要求，规范党群服务中心建设；规范主题党日、三会一课、谈心谈话、组织生活会、走访慰问、党费收缴、党务公开、党史学习等党支部活动，公司党建工作质量明显提升。三是以标准化站区建设为载体，业务水平稳上台阶。始终坚持"对标一流，打造品牌"工作理念，从现场管理、票证管理、稽查管理、信息监控、隧道管理、机电运维、文明创建七个方面推进站区标准化建设，同时各站充分利用自身特色积极拓展标准化站区创建载体，推出"党建+互联网""收费业务+"等站区创建模式，提升基层站所标准化创建工作质效。四是以标准化路段建设为途径，服务水平显著提升。为切实做好养护管理工作，确保所辖路段养护质量和服务水平再上新台阶，开展高速公路养护示范路段创建活动。通过推进标准化示范路段的病害处理、路域环境整治和原生态绿色走廊建设，坚持以点带面，突出特色，形成亮点，牢固树立"畅通、安全、舒适、快捷、美观"的对外形象，打造长治高速公路独具特色新名片。

【精准施策"三个增效"，提高企业经济效益】 降本增效方面，一是结合用电单位点多、线长、面广和用电量大等实际情况，制定与发电企业直接交易电量方案；二是大力实施隧道照明节能改造，全年完成左黎段隧道和虹梯关特长隧道的照明节能改造工作，以上两项预计每年节约电费百余万元；三是发挥机电维护中心职能作用，加强对收费设施设备的检修保养，降低维修成本，实现降本增效目标。减员增效方面，通过对现有收费站及片区信息监控中心进行设备改造、技术攻关、数据整合，已实现各收费站站级监控向片区中心集中监控模式转变，该工程将站级监控人员由原先48人缩减至20人，节约人力成本约60%。提质增效方面，一是继续推进智慧交通可视化综合管理平台的应用，继续实施"一降三快"事故处置机制，最大限度减少交通延误，同期比较事故处置时长平均缩短11分钟，信息处置效率提高15 %。二是积极开展"五小"创新活动，持续推进科技兴企、人才兴企，涌现出"消防深井潜水泵远程控制系统""避险车道智慧云视频应急系统"等一系列科技降本增效项目，推动新技术、新材料、新工艺、新方法在收费、养护等重点业务领域的广泛应用，实现高速公路业务管理整体提质增效。

【盘活高速沿线资源，聚力开发优质项目】 一是利用长平路段虹梯关超限站东侧闲置土地，结合当地具有优质天然山泉水水源的特殊优势，与路桥集团共同开发太行灵泉天然山泉水生产项目。项目引进山泉水生产设备开发生产天然山泉水，投产后可满足交控集团内部会议及员工饮用水需求，提升交控集团内部员工饮用水质量，同时利用高速公路闲置资产助力转型发展，对促进多元发展、培育新的利润增长点、提高水资源利用率意义重大，项目兼具经济、社会效益。二是积极推进光伏发电工程。该项目由山西路桥集团交通机电工程有限公司具体实施，截至11月底，已在长子北收费站、潞城收费站、左黎隧管站等11个站区合计安装容量为2265千瓦光伏发电站，光伏场区占地面积约23979平方米，发电量约179万千瓦时，在节约标准煤、减少二氧化碳、二氧化硫、氮氧化物排放方面成效显著，创造可观的绿色生态经济效益。

【党的建设、党史学习教育工作】 一是坚持党建引领，推动融合发展。长治公司党委紧紧围绕“党建质量提升年”主线，以党的政治建设为统领，全面提高党建质量和党建引领发展水平。二是学习党史悟思想，开拓创新办实事。成立党史学习教育领导小组和巡回指导工作组，组建党史专办，为党史学习教育提供有力组织保障；制定出台党史学习教育《实施方案》，细化目标任务，明确6个方面48项重点工作和98项具体措施，推进党史学习教育落地落实；围绕《中国共产党简史》《论中国共产党历史》等内容，组织开展学习研讨交流，截至年底，党委理论学习中心组集中学习26次，所属32个党支部集中学习累计400余次，实现党员学习培训全覆盖，有力推动学习贯彻往实里走、往深里走、往心里走。依托微信公众号平台，创新推出“云听党史”“诵读红色经典”“党史学习教育专题”“红歌传唱”“我为群众办实事”等专栏，运用“学习强国”“三晋先锋”“云端学习”等平台，掀起覆盖广泛的党史学习教育热潮。创办《党史学习教育月刊》，编撰《党史学习专题简报》，制作党史学习专题展板，营造浓厚宣传氛围。以“永远跟党走”为主题，先后组织开展主题征文、知识竞赛、书画摄影比赛、清明节致敬革命先烈等各类群众性文化活动。开设“明德正行”文化大讲堂，组织开展“学党史、守初心”基层宣讲、“学党史、强信念、跟党走”竞演讲述和“庆五一、迎五四”集中入团等活动，激发全体员工学史爱党热情。用好身边红色资源，依托主题党日组织党员和职工群众走进黄崖洞兵工厂旧址、平顺西沟展览馆、潞宝集团毛主席纪念馆等地，传承红色基因，赓续百年初心。打通“我为群众办实事”的“最后一公里”，建立“推进依法治企”“圆梦微心愿”“原生态绿色走廊建设”等25项重点民生项目，各项目有序推进，完成率达95%以上。三是创新党史学习教育方法途径。首先，“线上+线下”相结合，实现“党史随身听随身学”。线上E起学，即依托微信公众号、OA办公系统，创新推出“云听党史”“诵读红色经典”“党史学习教育专题”“党史百年天天读”“党史党建知识学习”“党课开讲啦”等专栏，以“音频+文字”形式，实现全员随时、随地、随处学党史。线下齐发力，创办《党史学习教育月刊》，编撰《党史学习教育专题简报》，依托党史学习教育指定书目，制作党史学习教育专题展板，结合收费站区、办公楼宇、路维隧管、路政治超等站所可变情报板张贴、悬挂、刊播相关宣传标语，实现长治公司党委与各党支部全域联动。其次，打造“党建文化广场”，实现党史学习教育场所由室内向室外延伸，学习模式由相对封闭向对外开放转型，教育对象由党员为主向职工群众普及，营造全员学党史知党史浓厚氛围。获省国资委“文明单位”和山西交控集团“文明单位”称号。

（姬　婕）

晋城高速公路管理有限公司

2021年，晋城高速公路管理有限公司（以下简称晋城公司）经营业绩考核指标中年度总收入目标任务为70530万元，全年共收入67813.29万元，其中：车辆通行费收入67548.35万元，路赔收入134.76万元，清障收入36.87万元，其他收入93.31万元。

ETC车道一次性通过率97.82%,门架车道连通合格率99.82%,收费数据上传及时率99.96%,状态名单下载合格率99.57%。全年匝道治超办公室共检测车辆606.6157万辆,其中超限车辆6083车次,超限率0.10%。所辖路段公路技术状况指数(MQI)平均值为94.95,(MQI)优良路率100%,路面性能指标(PQI)平均值为94.6。262座桥梁中,一类桥25座、二类桥237座,72座隧道均为二类以上隧道。处理路赔案件481起,案件发现率、结案率100%,投诉受理率、处置率100%,涉路施工审批率100%,清障1860台次。接听客服电话71603次,其中"12122"电话792次,热线电话59406次、ETC客服电话11405次。提供救援服务493次,利用可变情报板发布信息826次,填报TIMS系统交通事件989次,交通运输部路网监测与应急处置中心平台填报交通信息683次。

【深化改革】 印发《国企改革三年行动实施方案》和《国企改革三年行动任务清单》,成立以主要领导为组长,分管领导为副组长,相关部门负责人为成员的深化改革三年行动领导小组,全面负责深化改革三年行动的决策部署和统筹推进,68项改革任务完成60项,完成率88.23%,达到交控集团要求。完成ISO 9001质量、ISO 14001环境和ISO 45001职业健康安全管理体系认证,推进日常管理规范化、标准化。建成集党建、法治、安全、廉政宣传教育为一体的培训基地,成为交控集团第一家省级"法治宣传教育基地"。

【重点工程】 12月2日,高平至沁水高速公路项目通过省交通运输厅竣工验收。高平至沁水高速公路是全省"十二五"期间高速公路网规划"三纵十二横十二环"的重要组成部分,全长69.966公里,2013年10月开工建设,2017年8月22日建成通车。

【收费稽核】 成立收费稽核工作组,开展收费稽核百日清零行动,完成跨省交易对账业务,严厉打击偷逃漏费行为,全年共追缴通行费120.99万元。

【文化品牌】 坚持"党建引领,文化强企",融合地域、历史、人文和行业文化,形成"和畅智美,大道晋城"文化子品牌和"尚德、守正、崇实、奉献、融合、致远"核心价值观,概括晋城高速人长期以来积淀形成的精神风貌和价值追求。结合"百站示范、千站提升"创优活动,着力打造国学驿站天井关"尚德"站区、"学习强国"高平南"守正"站区、工匠精神牛匠"崇实"站区、用心服务晋城西"奉献"站区、绿色生态沁水西"融合"站区、运动健康润城北"致远"站区,企业文化"软实力"逐步转化成为经营管理的"硬功夫"。

(张　宇)

运城北高速公路管理有限公司

2021年,运城北高速公路管理有限公司(以下简称运城北公司)通行费收入13.06亿元,路赔收入总计466.83万元,清障收入30.3457万元,其他收入51.59万元。运营总支出14855.73万元,人均通行费收入98.72万元,人工成本投入产出率855.25%。所辖路段公路技术状况指数(MQI)为95,(PQI)为92.61,优良路率100%,一、二类桥梁占比98.5%(三类桥梁5座,占比1.5%),二类及以上隧道占比100%。

【依法治企】 坚持法治思维,严格落实"三项法律审核"百分之百,依法追偿路产损失12.13万元,取得法院判决5000平方米房屋的所有权。

【重点工作开展】 深入推进国企改革三年行动,制定切合实际的《深化改革三年行动实施方案(2020—2022年)》和《深化改革三年行动工作任务清单》,明确4个方面20项具体工作,分解4个方面改革内容76项具体措施,75项工作任务圆满完成。获得交控集团"安全生产先进企业"称号。

【常态化防疫】 全力阻击新冠疫情,坚决落实各项防控措施,投入46万元为一线职工配备防疫物资,圆满完成疫苗接种清零任务。

【课题研究】 自主研发的公路仿形清扫机取得国家实用新型专利证书。"高速公路中央分隔带自动清扫设备研发"与"降低高速公路中隔带单公里绿化管护费用"两项获得全国交通行业优秀质量管理小组QC成果;"缩短高速公路运营报表报送时间"获得山西省优秀质量管理小组活动一等成果；“提高ETC车辆通行率”获得山西省优秀质量管理小组活动二等奖成果。

【党建项目化建设】 自主研发的“党建+中分带智能清扫王”项目获交控集团党建工作项目化“三等奖”。

【廉政建设】 根植河东文化精髓，创建“盐洁如玉·廉洁路长”廉政理念，推进廉政理念“入脑入心入行”。运城北公司党委获“省属企业先进基层党组织”“新闻宣传工作先进集体”称号，2个党支部获得交控集团党委“党建工作示范点”和“标杆党支部”称号。公司获省属企业文明单位、交控集团“模范职工之家”称号，部分单位获先进集体、巾帼先进集体、工人先锋号等称号，2个职工创新工作室分别获省级和市级“职工创新工作室”称号。

（王晓兵）

运城南高速公路管理有限公司

运城南高速公路分公司（以下简称运城南公司）坚持以习近平新时代中国特色社会主义思想为指引，认真贯彻落实交控集团决策部署，紧紧围绕“降本增效、减员增效、提质增效”总目标和“十大专项工程”重点任务，认真落实管理提升年等各项要求，坚持以党建为保障，以效益为中心，以改革为动力，完成各项目标任务。

2021年，共征收通行费4.28亿元，完成计划任务（4.1亿元）的104.3%；收取路赔款170.99万元，清障收入14.68万元，其他收入335.10万元。预算执行2.26亿元，执行率92.1%（预算数24591.29万元）；目标责任书年度运营实际总支出9794.80万元，执行率87.5%（考核指标11200元）。人均通行费收入35.34万元，人工成本投入产出率327.6%。

【精细管理】 深入贯彻落实《国企改革三年行动方案》，改革任务指标完成96%，为2022年全面完成指标打下坚实基础。开展标准化提升专项行动，全年修订完善制度19项，形成“制度健全、指标精准、流程顺畅、过程闭合”的精细化管理体系。严格法务审核程序，开发OA办公合同网上审签功能，“三项”法律审核率达到100%。完成《收费标准化工作流程汇编（初稿）》《标准化机电运维管理制度汇编(初稿)》，收费管理标准化试点工作有效推进。启动OA办公，推广企业微信，实现微信公私转换，解决上下联动问题。编制《路网运行监测操作规范》和《机电运维月度分析报告》，明确4类18项巡检标准，收费机电指标排名交控集团第三名。

【降本增效】 围绕“降本增效、减员增效、提质增效”专项行动要求，坚持以路况检授予问题导向，在降本增效总源头上做到“量价双控”。加大机电自主运维管理，自2018年以来，机电外包维护费累计节省440余万元，同比下降38.2%。按照物尽其用原则，利用省界站撤销后的车道秤体完成沿线6个入口治超车道的老旧秤体更换，节约改造费用30万元。探索实施路段监控管理，合理优化配置人员，落实减员增效。完成中条山隧道右洞LED照明改造，隧道照明设备更加稳定，照明质量有效提升，维护成本大幅减少，能耗同比下降50%。持续抓好“一张网”运行新格局下的收费稽核工作，建立“数据稽核循环工作法”，稽核专项行动完成率100%，位列全省第一，年度追缴通行费33.79万元，同比增长9倍。全年追回路赔款13.84万元。加强高速公路权益保护，年度收取专用电费13万元，施工协作费11万元，房屋拆除费9万元。与平陆县政府初步达成就改造后的运三连接线管养达成“日常养护移交、管理权限不放”意向，每年可节约管养费用100余万元。率先在全交控集团对所辖27条治超车道安装“智能轮轴识别仪”和“数据自动比对预警系统”，入口货车丢轴率由0.66%降为0.08%。

【科技创新】 研发ETC门架系统管理软件，实现对门架系统心跳连通成功率、数据上传及时率等关键运行指标的日常监测，达到门架系统运行稳定、设备运维成本降低、客户投诉大幅减少的目的。成功研发信息中心运营管理平台，形成综合运营管理“一张图”，业务管理、安全生产、运营决策和社会服务能力及水平有信息化保障和提升。升级中条山隧道监控软件平台，利用智能视频分析、数字孪生等信息化手段，加快突发事件下隧道内系统联动响应时间，提升隧道日常监控和应急处置能力。建立山区高速长大纵坡路面通行环境监测预警系统，彻底改变高速公路交通管制的单方随意性和主观盲动性。发布的四项QC成果均取得良好成绩，其中“内嵌式同心液压护栏调整器”课题获得全国优秀质量管理小组QC成果，创新成果已经申请国家专利，其余三个小组分别获得省优、部优质量管理小组称号。

【车道通行效率】 以客户需求为导向，多方位开展差异化政策OD调查、政策宣传、“高速+ETC”专项营销等活动，现场调查并主动提供ETC设备发行、升级、更换、激活等一条龙服务，完成31条混合车道改造，实现ETC车道全覆盖，ETC用户持有量稳步提升。为易拥堵的运城西、平陆等7个收费站配置14套手持式应急收费设备，ETC使用和通行效率大幅提升。认真做实做细“百站示范、千站提升”创建活动，基层运营管理成果得到持续巩固。针对系统不稳定造成的ETC车辆投诉事件，利用大数据排查筛选特殊事件4.5万条，主动办理退费1.04万元，客户投诉率下降61%，重复投诉量下降80%。

【交通保畅能力】 建立交通事故分析机制，采取进村入户宣传、路警协作治理等手段，本年度事故发生比例降为百万分之六，特别是运三高速事故发生数量同期下降40%。围绕易堵路段、站点，联合交警部门超前研判、联合施策，路警联合带道通行10次，疏堵保畅55次，协助清障道路救援280余次；全路段因交通事故封道管制比例下降25%。不折不扣地执行好风陵渡黄河大桥货车30吨限载通行管制措施，通过“入省口预检、出省口抓拍”等方式，有效化了解主线货车闯检问题，强化管控能力，确保大桥运行安全。

【道路安保能力】 先后实施春融期、汛期路面专项维修、运风高速跨线桥路面维修保养专项处治等工程；强化路基集中整治，完成边坡整修、排水设施疏通清淤、圬工砌体维护、砌体勾缝抹面等日常维保；持续推进桥梁预防性养护，加大交安设施维保投入，加大路面保洁力度，机械清扫作业GPS考核完成率100%。扎实推进“备、查、防”三位一体防汛机制，全面完成路段82处各类灾毁处治工作，为群众提供安全畅通的高速公路通行环境。运城主流媒体连续以“侯平高速运三段抢修的运城速度”“侯平高速运三段K120+200处恢复正常通行”为题，对公司灾毁处治工作给予充分肯定。

【路域通行环境】 开展路容路貌提升行动，实施收费站环境卫生专项治理、设施设备维修改造、标识形象维护提升、隧道设施除尘清理等工作，全面提升隧道内机电、照明和消防设施效能，擦新扮靓收费站的窗口文明服务形象。对照“345”创建标准，打造64公里路域环境治理示范路段。持续高标准推进高速公路原生态绿色走廊建设，完成运城绕城高速毗邻主城区路段单幅计24公里的绿化升级改造，边坡“地毯式”环境整治6万平方米；融合生态造林与苗木基地双重功能，对长江府枢纽进行绿化扩容提质；全面推行“六浇两剪一涂白”高速公路绿化管养模式，完成全线200公里的中分带绿化浇水作业；配合地方政府完成解州出口1200亩的生态景观绿化工程。通过“一站一策”精品整治，基本打造形成以环城出入口和旅游景区站为主的9个对外形象示范窗口。

【全员安全理念】 通过开展“学制度、学规程、学政策”等系列培训，引导广大干部职工主动提升安全素养，形成“让标准成为习惯，让习惯符合标准”的安全价值观。打造以法律法规为标准、以行为规范为核心的安全标准化管理体系，建成“两室一站两阵地”（安全活动室和安全VR体验室、基层安全文化示范站、消防安全培训基地和机关安全文化阵地），设置沉浸式VR体验、情景式模拟灭火、实操式心肺复苏等功能，同步广泛开展“安全大讲堂”“演练大比武”等宣教培训和实战训练，运城南公司被省政府安委办命名为“省级安全文化建设示范企业”，顺利通过安全生产标准化一级达标验收。

【开展控危行动】 排查各类问题隐患113项，完成整改109项；交控集团安委办检查发现的11项问题，已完成整改7项，剩余4项纳入2022年专项整改。实施隧道提质升级专项行动、独柱墩桥梁专项提升等安全保障工程，在事故易发路段更换6组梯形高性能活动护栏，运三临崖路段增设警示灯127个，道路本质安全持续提升。外聘专家开展消防安全专项排查行动，累计配备39个微型消防站；开展“生命带——安全带，高速路——幸福路”系列宣传，全民共建平安幸福公路。完成交控集团交付的“运城南高速安全应急协同指挥系统”和“中条山隧道安全事故智能警示系统”两个安全生产风险管控示范项目的开发任务，提升高速公路运营安全能力。

【安全应急能力】 严格执行领导带班、24小时值班和信息报告制度，及时妥善处置突发事件。开展中条山隧道消防器材实操演练、实战演练桌面展示比武竞赛等活动，基层单位陆续开展各类应急演练140次，各层级应急处突能力得到加强。妥善处置运风、河运路段因暴风雨天气导致的路侧15公里苗木大面积倾倒路面险情，高效处治因强降雨造成的河运高速路面积水、运三高速水毁沉陷、绕城高速山洪侵路、运宝中条山隧道路面渗水等事件，确保运营公路安全度汛。

【环保和疫情防控】 建立以收费站为点、路段为线的“节点式、网格化”责任体系，所辖28个站区全部实现供暖清洁化，26处站区纳入运营站区污水治理工程项目，已开工18个站点，预计2022年全部实现污水定期抽运、不外排；与环保部门签订协议，生活垃圾统一清运。认真落实人员外出报备和作业场所消杀制度，组织830余名一线职工开展全员核酸检测，主动应对疫情输入风险。分批次推进新冠疫苗接种工作，顺利完成疫苗接种“清零”任务，全体职工无疫情感染病例。

【党的领导】 推动“第一议题”制度落地生根，不断将学习成效转化为提高公司治理效能、引领高质量发展的不竭动力。制订《党委前置研究讨论重大经营管理事项清单》，修订“三重一大”等相关制度，新订《董事会专门委员会议事规则》，基本形成适应高质量发展的领导决策机制。建强宣传主阵地，探索实施特约通讯员聘用制，获2020年度交控集团“宣传思想工作先进集体”称号。持续推进党建工作项目化管理，永济路产维护站、风陵渡超限检测站两个党支部分别获得交控集团二等奖和三等奖。

【组织建设】 按照“应建必建”原则，优化基层组织设置，选优配强组织力量，持续提升基层组织建设覆盖能力和覆盖水平。建立《发展党员工作标准化操作流程及全程纪实模板样例》，年度确定发展对象41名，接收预备党员25人，发展党员工作更加规范有序。成立5支“青年突击队”，不断发挥青年职工在企业改革发展中的积极作用。大力实施评先树优、典型引路工作，先后开展年度评优评先、“两优一先”等系列评优表彰活动；实施党员先锋示范创建工程，不断树立党员干部的领跑形象、敬业形象和奉献形象，带领广大群众职工共同为运城南公司改革发展不懈奋斗。

【队伍建设】 以“六定”改革为契机，选定助理级人员2名，提拔选任中层人员14名，平职调整中层人员55名，竞聘选拔一般管理人员28名，实现公司机关、基层单位、业务领域、综合领域的“四向交流”，干部队伍结构更加优化。研究出台《中层管理人员能上能下管理办法》，采用政策疏导方式稳妥解决中层管理人员退出问题，16名到龄中层人员退出管理岗位；同步制定《一般管理人员管理办法》，采用3年聘期制并保持10%的淘汰更新率，明确中层管理人员原则上从一般管理岗组织选拔。经过改革，员工的成长渠道更加畅通，干部队伍梯次趋于明朗，搭配合理、上下贯通、优势互补的干部队伍结构基本形成。高效率完成全员档案整理和“三龄两历一身份”信息认定等工作，人事档案实现全员自管。深入贯彻落实“人人持证、技能社会”总体要求，909名职工参加职业技能等级认定评价，24人参加新型学徒制培养，15人参加通用航空产业无人机测绘操控培训班，全公司新增职业技能持证人员848人，取证通过率达94%以上，完成交控集团下达目标任务的169%，新增专业技术人才40人，员工综合素质和专业技能进一步提升。

【民主管理与监督】 以服务职工为抓手，通过节日慰问、发放“云游卡”“蛋糕券”等方式，广大职工满意度和幸福感不断提升；建成3个高标准“妈咪小屋”，累计发放扶贫解困等资金2.9万余元，为6名困难职工发放慰问(品)金1.18万元,组织全员向受灾严重的职工家庭捐款3万余元,充分体现公司温情关怀。以激发热情为抓手,先后组织知识竞赛、主题演讲、职工乒羽(球)比赛等系列活动,4个"职工(劳模)创新工作室"获得交控集团考评命名,"张志创新工作室"被授予运城市"职工创新工作室"。以民主管理为抓手,修订完善《企务公开实施细则》,设置"固定式"党(企)务公开栏,开发"媒体式"电子企务公开系统,实现从发布式向交互式的形式转变,确保企务公开的多渠道和覆盖率。以文化建设为抓手,打造"心联大道、情贯河东"企业文化品牌,继续保持"交通运输文化建设卓越单位"称号。通过建立"文化站区""文明楼道",设置"文化墙"等方式,持续在潜移默化、润物无声的熏陶中传递正能量,服务新发展。公司党委的《党建引领 文化兴企》入编交控集团《高质量党建引领高质量发展》基层党建工作实录。

【党风廉政建设】 制定《纪委处置诬告陷害行为暂行办法》等6项制度,进一步规范纪委监督程序、畅通检举控告渠道,严厉打击诬告陷害行为,充分调动和激发党员干部干事创业积极性,营造风清气正的政治生态。牵头建立晋南片区纪检联动工作机制,构建上下相通、左右联动的纪检工作网络,先后组织片区纪检人员赴汾酒集团和吕梁南、北公司进行对标学习和经验交流,赴运城民航机场进行深入交流,进一步提升纪检工作业务水平。创建以"心至廉,行致远"为核心内涵的"心·廉"廉政文化品牌,获"交通运输廉政文化建设优秀单位"称号;开展"正家风,助清廉""翰墨颂清廉,永远跟党走"等主题宣教,6幅剪纸作品获得交控集团表彰。通过实施廉政文化"入脑入规入心",广大党员干部因敬畏而"不敢"、因制度而"不能"、因觉悟而"不想"的"三不"一体推进理念不断深化。扎实开展政治生态分析研判和政治画像工作,为实现政治生态研判与日常监督工作"双融合、双促进、双提升"提供有力保障。全面推行廉政日志,全面推行廉政日志"九必记"和"365"廉政养成计划,全力打通监督执纪"最后一公里"。

【党史学习教育】 抓好"出发点"。建立党史学习教育"4122"工作机制,精心打造线下式、沉浸式、宣讲式、云端化"四类课堂",在晋南土改会场旧址开展第4期中心组(扩大)学习暨专题党课,中心组学习走进芮城县党员干部理想信念教育基地,邀请朱忠良等省内一批专家学者作专题辅导5期,200余名党员干部分批次赴红色教育基地开展沉浸式革命传统教育和体验式红色主题实践活动,有力推动党史学习教育走"新"更走心。找好"着力点"。组建优秀党员代表宣讲团,引导广大党员在基层一线锻炼能力、建功立业。先后举办主题征文、线上答题、知识竞赛、红歌比赛、书法绘画剪纸展评等系列党史宣传活动,编印党史学习教育应知应会"口袋书",拍摄《不忘初心跟党走》和《奋进中的运城南》两部献礼片,交控集团党史知识竞赛团体二等奖,1篇征文获得交控集团征文大赛二等奖、省国资委征文大赛三等奖,5名职工进入交控集团党史线上答题前100名,1名职工获省国资委党史知识竞赛三等奖。明确"落脚点"。完善11类25项"我为群众办实事"项目清单,召开"我为群众办实事"项目推进展示会,重点开展服务暖心、道路畅通、管理提升、安全保障"四大工程"。从改善基层生产生活条件入手,先后实施基层站点的房屋修缮、装修改造等工程,安排35名职工就近工作,为一线班组长每月增发工作强度调节金,协调安责险完成186亩农作物受损统计核查工作,担负起高速公路为民服务应有的责任和义务。

2021年,运城南公司新增国家级荣誉1项,交控集团荣誉6项,运城市级荣誉1项。1名员工获得国家级荣誉,2名员工获得省级荣誉,29名员工获得交控集团表彰和奖励。

(李瑞芳)

山西交通运输 2022 年鉴

民用航空

山西航空产业集团有限公司

2021年，山西航空产业集团有限公司（以下简称山西航产集团）所辖7个成员机场共完成运输起降14.33万架次，旅客吞吐量1461.06万人次，货邮吞吐量6.58万吨，同比分别增长13.25%、12.51%、12.33%。其中，太原机场完成运输起降8.83万架次，旅客吞吐量999.53万人次，货邮吞吐量5.56万吨，同比分别增长12.21%、10.90%、9.57%；长治机场完成运输起降0.43万架次，旅客吞吐量35.00万人次，货邮吞吐量0.01万吨，同比分别增长-14.88%、-16.31%、-53.43%；大同机场完成运输起降1.09万架次，旅客吞吐量88.52万人次，货邮吞吐量0.16万吨，同比分别增长17.92%、18.76%、-2.01%；吕梁机场完成运输起降0.60万架次，旅客吞吐量37.97万人次，货邮吞吐量0.07万吨，同比分别增长22.11%、16.15%、207.99%；五台山机场完成运输起降0.44万架次，旅客吞吐量29.71万人次，货邮吞吐量0.02万吨，同比分别增长5.61%、8.43%、32.78%；运城机场完成运输起降2.12万架次，旅客吞吐量191.93万人次，货邮吞吐量0.73万吨，同比分别增长16.60%、17.17%、35.99%；临汾机场完成运输起降0.82万架次，旅客吞吐量78.40万人次，货邮吞吐量0.02万吨，同比分别增长30.01%、37.34%、75.28%。

2021年，全省民用机场在全国境内248个定期航班运输机场（不含港澳台地区）旅客吞吐量排名中，太原武宿机场排名30；运城张孝机场排名62；大同云冈机场排名100；临汾尧都机场排名106；吕梁大武机场排名149；长治王村机场排名156；忻州五台山机场排名161。山西省机场旅客吞吐量在全国31个省、自治区、直辖市机场中排名24。

【党建引领】 2021年，山西航产集团党委深入贯彻习近平总书记关于全面从严治党的重要论述和在全国国有企业党的建设工作会议上的重要讲话精神，严格落实全面从严治党主体责任，坚持以高质量党建引领推动高质量发展，不断树立“四个意识”、坚定“四个自信”、坚决做到“两个维护”，持续涵养风清气正、实干担当的政治生态。一是筑牢思想根基，扎实开展党史学习教育。印发《实施方案》，明确5大类20项具体工作任务；共开展9次党史学习教育专题学习，3次“读原著、学原文、悟原理”专题学习研讨；各级党组织共开展党史专题宣讲、“七一”专题宣讲共740余场，处级以上领导干部讲专题党课280余次；成立3个党史学习教育巡回指导组，分别对各二级党委开展4次党史学习教育指导工作；深入开展“我为群众办实事”实践活动，从职工群众“急难愁盼”的具体问题入手，专题调研、专项落实，有力推动完成集团党委31项重点办实事项目。二是强化警示教育，营造风清气正的良好政治氛围。印发《党委关于建立健全“不敢腐、不能腐、不想腐”机制的实施意见》，明确3大板块、11项、36条工作措施。加强党员干部教育监督管理，传达学习党内法规和省纪委重要会议精神，深入开展警示教育。加强作风建设，拓宽举报渠道，收集舆情动态，组织明察暗访，持续开展纠治“四风”专项监督检查。三是拓展宣传维度，促进企业文化建设。充分利用新媒体丰富宣传渠道，展示企业形象，2021年，在中央、省级媒体刊发稿件300余篇，利用抖音号、微信公众号共发布视频、文字作品170余条。启动企业文化建设，形成企业文化建设调研报告、规划纲要，确定集团企业文化理念体系，推动经营理念与文化建设有机融合。四是凝聚发展合力，充分发挥统战、群团作用。召开统战人士座谈会，建立常态化沟通机制，广泛凝聚共识。加强职工活动阵地建设，新建篮球场，充实职工活动中心设施设备；持续开展“五小”竞赛活动，共产出成果22项；坚持以职工文化活动阵地为依托，参与或开展中国共产党成立100周年系列文化体育活动。全面完成省属企业共青团改革各项目标任务，召开山西航产集团第一次团代会，选举产生共青团第一届委员会；不断深化各项“青”字品牌创建工作，擦亮“春锋行动”志愿服务品牌，成功争创一个“全国青年文明号”集体。

【航空安全】 2021年，山西航产集团严格落实上级关于安全生产一系列指示精神，贯彻“没有安全、一切归零”理念，完善安全管理体系、推进信息化建设、切实提高保障能力，安全形势持续平稳。一是树牢安全发展理念，健全管理体系。采取“线上+线下”多种形式在山西航产集团范围内开展新《安全生产法》学习，组织开展新安法暨运行单位值班领导上岗资格培训，进一步树牢全员安全意识。深入开展以“三个敬畏”为内核的安全从业人员作风建设，有效提升安全管理能力和水平。强化安全管理顶层设计，制定、修订一批规章制度，规范安全管理工作；压实安全责任，逐级签订安全生产责任状，通过责任分解将安全管理工作细化为7个方面28项重点工作目标任务；开展省内民航机场安全管理体系（SMS）外审项目，推进梳理安全管理体系建设短板，提升机场安全治理能力和治理水平。二是开展信息化建设，数智赋能安全生产。推进数据共享平台建设，通过构建集团“一个库”、各机场“一张图”的协同运行模式，数智化赋能安全一体化管理，完成项目可研和初设，利用“统采分购”形式，完成统一招标。重要节点开展网络专项检查，开展信息系统网络安全等级保护测评，提升信息系统网络安全防范能力。完成梳理存储重要数据和个人信息业务系统、庆祝中国共产党成立100周年网络安全保障、完善操作系统安全补丁等网络安全工作。三是规范运行程序，提升保障能力。制定空管运行手册与塔台应急检查单，规范空管工作程序，推进省内机场空管工作一体化；召开全省军民航防相撞工作会，梳理军民航保障流程，修订管制指挥协议，提升军民航同场运行能力；开展全省军民航平战转换协议审核，确保平战转换顺畅、有序。四是落实隐患排查治理，守牢安全底线。建立风险基础信息、防控责任、监测监控、防范措施、应急处置5个清单，开展隐患排查，实现闭环管理；结合《安全生产专项整治三年行动实施方案》，强化风险防控和隐患排查双重预防机制，深入开展净空管理、鸟击防范、跑道安全等10项专项整治行动，共排查一般隐患1689条，隐患整改率95.1%，其余均采取等效措施并明确整改方案。五是开展质量提升行动，优化服务水平。形成质量体系内审长效机制并及时积极整改。针对老年、母婴和残疾旅客优化改进行业服务措施，为特殊旅客提供更便捷和更优质服务体验；推出“空空中转”和“空巴联运”两项便民举措，通过行李免费寄存、行李直挂一站式服务、开通中转急转和行李迟交运电话预约服务等具体措施，进一步优化中转便利服务。

【持续深化改革】 山西航产集团以构建现代企业治理体系为目标，在不断深化改革中加快“赶考”“补考”，坚持创新发展、着力瘦身健体，内部资源整合稳步推进，成本管控持续加力，不断为提质增效赋能。一是聚焦顶层设计，高质量编制发展规划。印发山西航产集团公司战略规划、“十四五”发展规划以及“十四五”发展10个专项子规划。根据“一主三辅”四大板块发展需求，明确未来经营战略和发展愿景，以及未来5年发展目标和重点任务。二是扎实推进改革，治理体系更加完善。落实国企改革三年行动实施方案，建立常态化推进机制，重点任务完成率达90%以上。加强董事会建设，山西航产集团及所辖子企业公司制改革全部完成，董事会建设应建尽建，基本实现外部董事占多数，出台《贯彻落实“三重一大”决策制度实施细则》《党委前置研究讨论重大经营管理事项实施细则》《董事会授权管理办法》，形成法定透明、有效制衡的法人治理结构。深入开展对标一流管理提升研究工作，选取国内具有代表性的机场集团作为对标对象，在战略、财务、风险管理等方面制定实施方案和工作清单。推进混合所有制改革，完成山西航产集团混改评估报告；与广东薛航集团有限公司合资成立“山西机场物流有限公司”，混改后货邮吞吐量较上年同期增长超过10%；创新性地提出省内航空市场一体化混改方案，与同程艺龙公司签订战略合作协议，积极推进双方合资合作；与中国航信集团接洽，对科技公司开展股权多元化改革，基本明确股权比例、组织架构、经营业务。三是坚决瘦身健体，解决历史遗留问题。深入开展“腾笼换鸟”“止损挽损”等处僵治困工作，分两次完成中航兰田装备公司股权出清工作，回收国有投资5900余万元；多次对接海航集团清算组，确定山西航旅集团处置方案并顺利完成减资退出工作，回收国有资金2700余万元；拟定客货公司清算方案，加快清算进度，取得实质性进展；研究明确进出口公司改革方案，按程序积极推进股权转让工作。完成厂办大集体改革，妥善安置60余名大集体职工；退休人员的党组织关系、人事档案，以及场所、固定资产和营具均移交完毕；完成“三供一业”分离移交，“三供一业”改造工作已完成整体改造进度的98%以上，所辖道路环卫及绿化养管职能已完成移交。四是优化经营管理，激发企业内生动力。围绕“依法治企”全面推进建章立制工作，新修订和完善68部规章制度，现行有效制度达163部，初步建立依法治企、合规管理新局面。“六定”工作全面完成，实现公开招聘、管理人员竞争上岗、末等调整和不胜任退出等市场化用工机制；山西航产集团及所辖子企业已100%实现对经理层管理人员任期制和契约化管理；制定“降本增效、减员增效、提质增效”实施方案，细化考核指标、明确压降要求，建立常态化增效机制。探索科技创新项目，成立创新中心，牵头民航实验室和通航实验室建设，开展区域枢纽机场数智化和无人机森林火灾巡检技术研究，2021年科研投入较上年同期增长100%。践行以人为本管理理念，成立健康中心，提升职工健康服务水平。出台《“13710”督办工作管理办法》，推动各项工作执行能力和工作效率有效提升。五是搭建专业平台，创新一体化管理模式。探索区域机场一体化管理的山西模式，积极推进“机务、航务、市场、人事、财务、信息”6个专业化平台建设。机务平台，机务分公司实现对除运城机场外的全面管理；航务平台，突破地域限制，在全集团调配航务人才支援支线机场发展；市场平台，借助线上优势资源，整合优化全省航空市场人流、客流和物流；财务平台，着手建设行业领先的财务共享中心，提升财务集团化管理能力；人事平台，初步搭建起组织、人事、档案、教育、培训等综合管理体系；信息平台，依托各支线机场的信息化建设项目，构建区域枢纽机场数智化体系。六是加强风险控制，构建合规管理体系。将内部审计嵌入合同审核，融合法务与审计防控职能，2021年完成合同审核636份，审核金额14.14亿元，实现经济合同100%法律审核。加大对重点部门、重点岗位、重点环节的审计力度和审计品质，完成48项审计任务，其中工程项目审计44项，核减金额199.44万元。进一步细化责任追究范围和资产损失标准情况，制定问题线索核查操作规程，以及损失认定、责任认定、离职退休人员违规责任追究处理等工作规则。成立审计中心，完善“集中统一、权威高效、全面覆盖”的内部审计工作体系，充分发挥审计在风险防控中的作用。加强投资风险控制，制定投资管理负面清单，规范投资行为;成立董事会投资决策委员会，为科学决策提供参考意见。

【航空市场】 发挥航线补贴引导作用，稳定航班运营，2021年各机场共向政府申请航线专项补贴资金11.45亿元，其中省级财政资金0.95亿元。落实省委、省政府决策部署，继续推进“公交化”航线运营，加密太原至京津沪地区的航班频次，其中太原至北京增加至每日4班，太原至天津增加至每日3班，太原至上海增加至每日12班。针对市场需求，运营客改货航班，实现省内国际货运航线从“无到有”和“从有到多”突破，先后开通太原至旧金山、伦敦、布鲁塞尔、马德里等国际货运航班，累计40架次，运送货物和邮件8.8万件、1320吨。2021年，全省机场累计开通客运航线278条，通航城市82个；开通货运航线6条，通航城市7个。其中：太原机场累计开通客运航线159条，通航城市82个（其中国内航线158条，通航城市81个，地区航线1条，通航地区城市1个），执飞航空公司30家；开通货运航线6条，通航城市7个（其中国内航线2条，通航城市3个，国际航线4条，通航城市4个），执飞航空公司5家；长治机场累计开通客运航线11条，通航城市14个；大同机场累计开通客运航线18条，通航城市27个；吕梁机场累计开通客运航线20条，通航城市26个；五台山机场累计开通客运航线18条，通航城市22个；运城机场累计开通客运航线30条，通航城市34个；临汾机场累计开通客运航线22条，通航城市24个。

【通航产业】 实现业务常态化运营，2021年短途运输航线累计运行1186架次，运输旅客5593人次，飞行时长1478.1小时；低空旅游相继运营老牛湾、碛口、盐湖、平遥、长治大峡谷、太原古县城等景点，共执飞2709架次，搭乘游客7224人次，飞行时长529.6小时。加强基础设施建设，推进河曲、繁峙、阳曲、绛县等通用机场建设前期准备工作；启动山西运控二期暨低空飞行服务保障体系建设项目可研编制；与清徐县政府联合申报省特色小镇——清徐通航小镇。开展多样化通航业务，北方护林总站应急救援物资站落户尧城机场，进一步拓展航空应急救援能力；与航空工业珠海飞校签订合作协议，在尧城机场设立辅助训练基地，开展飞行培训业务；谋划建设直升机维修基地，打通军民融合业务路径；与航科院达成初步意向，重点推进科研机场及大型商用无人机试验认证基地落户尧城机场；航天神舟飞行器有限公司入驻尧城机场开展无人直升机飞行验证；与东航集团123航空就国产ARJ21在山西设立保障维修基地达成合作意向。加强品牌建设，组织开展第三届中国通航双创大赛，促进航空产业科技创新和成果转化的良性循环；参与中博会，搭建通航产业户外展区，集中展示山西通航企业在运营服务、基础设施、保障体系等业务领域取得的成果；主办2021“空中看山西”摄影展活动，扩大山西通航影响力；开展航空科学普及研学业务，共举行研学32次，参与研学1365人次。

【疫情防控】 2021年，山西航产集团始终将疫情防控工作当作首要政治任务，及时研判疫情形势，动态调整防控措施，做到国内防疫“零差错”、涉外防疫“零失误”、员工防疫“零感染”，以实际行动诠释国有企业责任和担当。一是严格管控措施，守好外防输入第一关。深刻汲取国内某些机场疫情防控不力的教训，结合季节性特点和防疫工作实际，先后印发17份防疫文件，召开疫情防控专题会20次，指导省内各机场（单位）持续做好疫情防控工作。2021年，所辖机场累计完成14.33万架次，1461万名进出港旅客的体温筛查工作。针对国际分流航班保障工作，完善保障方案，坚持“双指挥部运行”，切实做到“四指定”“四固定”“两集中”。截至年底，共保障国际经停太原入境赴京航班84架次，入境人员13534人次。二是做好内部防控，确保职工健康安全。常态化开展员工健康监测，以及中高风险地区旅居史员工及员工家属排查，对不同岗位员工开展不同频次的定期核酸检测工作，做到全时、全员覆盖；进一步加强各机场保洁、装卸等外包人员管理，层层压实管控责任；两次下发加强内部疫情防控工作的通知，明确公共区域、人员出行、会议活动等方面的内部管控措施。截至年底，省内各机场员工（包括合约方）共接种疫苗6795人，疫苗接种率达到95.17%，除有禁忌症人员，做到应接尽接，并按省疾控中心要求完成新冠疫苗实验组2460人次的血液采集工作。

【重点工程建设】 面对受疫情影响，民航发展基金大幅压减、建设资金严重不足的不利情况，严格控制投资规模，2021年首次对各单位年度投资计划进行总额控制；同时积极争取，向省发改委和民航上级部门申请建设资金约1.7亿元，保证重点项目顺利推进。紧盯太原机场三期改扩建工程，挂图作战、压茬推进，健全指挥部机构建设，加快办理前期手续，全面做好开工准备。2021年8月底，获国家发改委立项批复；11月19日，自然资源部及省自然资源厅出具用地预审意见；11月22日，可研报告取得民航局行业审查意见；11月29日，省自然资源厅出具节能审查意见；12月6日，可研报告上报国家发改委；航站区及航站楼的初步设计工作正加速推进；协调太原、晋中两市政府、省市主管职能部门，以及各产权企业，推进用地征拆、通信电力塔拆降等工作。完成飞行区西区滑行道工程年度任务，于10月28日保障禧佑源首架维修飞机（A319）拖行任务。此外，长治机场改扩建工程已完成，新航站楼已投运；大同机场机坪扩建已竣工验收合格，并通过行业验收；运城机场飞行区扩建工程、朔州机场新建工程已开工建设，晋城机场新建工程已着手开展前期工作。继续推进国际邮件互换局扩容项目、货运物流基地流程及海关设施改造项目建设；基本完成山西航空产业综合馆建设项目，部分场馆达到使用标准。

（张　芮）

太原武宿国际机场三期改扩建工程现场指挥部

2021年，太原武宿国际机场三期改扩建工程现场指挥部(以下简称“扩建指挥部”)科学谋划、精心组织，克服一切困难、调动所有资源，按照省委、省政府确定的“压茬推进、交叉向前”的工作原则，积极推进前期手续办理、设计方案优化、系统工程建设、西区滑行道工程等重要工作，各项工作有序推进，为工程主体项目尽早开工奠定基础。

【坚持党建引领，牢筑管理基石】 一是坚决做到“两个维护”，全面贯彻中央重大决策部署。首先，建立“第一议题”制度。印发《扩建指挥部党委“第一议题”制度》并一以贯之贯彻执行，将习近平总书记重要讲话重要指示列为党委会第一议题，开展集体学习和研讨交流。其次，认真开展中心组学习。规范中心组学习形式，扩大学习范围到全体二级干部；参学领导干部会后提交学习心得，保证每次学习有收获；将工程建设融入中心组学习中，重点学习习近平总书记关于本行业重要论述。全年组织中心组学习22次，参学领导干部提交学习心得120篇。二是认真履行主体责任，全面落实从严治党重大战略部署。首先，严格落实“一岗双责”。党委书记严格落实管班子、带队伍、抓落实职责，通过深入细致思想工作，形成班子共识；在充分了解每个班子成员基础上，扬长避短、合理分工；经常与班子成员沟通、谈心，增进班子凝聚力；充分发挥兼职优势，积极协调集团组织人事部门，配齐配强工程专业技术、安全质量管理、设计管理、工程审计等人员，及时补充岗位人员缺口。其次，持续推动作风建设。开展廉政教育和党纪国法教育，引导党员干部自觉遵守政治纪律和政治规矩，严格落实中央八项规定精神；开展“全面建设清廉国企”专题民主生活会，教育干部吸取太重系列腐败案件教训，反躬自省、引以为戒。再次，强化纪委监督工作。初步建立内审机制，每半年一次，对已完成的项目采购工作进行内审，及时发现问题，纠偏问题，改正提高，已完成2018年启动至2021年上半年工作的内部审计；纪委办公室全程参与项目采购的监督工作，为廉政安全保驾护航；建立三级以上管理人员廉政档案，组织13名三级干部廉政提醒谈话；开展政治生态分析研判暨政治画像、干部员工日常考核监督、廉政教育提醒等工作。最后，充分发挥民主集中制。严格按照《扩建指挥部党委会议事规则》规定，组织党委会审议“三重一大”事项。2021年，共组织召开党委会25次，专题研究党的建设、制度建设、项目采购、机构调整等55项重大决策部署的落实措施。三是推进党史学习教育，高质量抓好教育成果转化。首先，认真组织学习。理论中心组开展党史学习教育专题研讨11次；党委班子成员为党员干部讲专题党课2次；跟随总书记的工作经历，开展“读原著、学原文、悟原理”专题研讨3次；组织干部职工赴刘胡兰纪念馆和贾家庄村史展览馆开展“缅怀革命先烈，传承革命精神”主题党日活动。其次，深入推进“我为群众办实事”活动。聚焦群众“急难愁盼”，制定“我为群众办实事”工作清单，责任到人。2021年，完成党建活动阵地建设，成立扩建指挥部工会和共青团支部，制定人员加班补助管理办法，积极落实集团“三八”座谈会上的相关问题。

【加强统筹协调，推进工程进度】 一是协调完成立项审批等手续办理工作。8月下旬，完成军地协议签署工作；8月30日，国家发改委正式批复工程项目建议书；10月20日，省发改委组织完成社会稳定评估工作；11月19日，自然资源部及省自然资源厅依次出具用地预审与选址意见；11月22日，国家民航局出具可研报告的行业审查意见；11月29日，省能源局出具了工程的节能报告审查意见；12月3日，省政府出具机场工程资金筹措方案；12月6日，可研报告上报国家发改委，12月19—21日，国家发改委组织召开太原武宿国际机场三期改扩建工程可行性研究报告评估会议。争取2022年2月底前获批。与此同时，同步推进文物勘探及保护、水土保持方案报审、环境影响评估等开工前审批工作。截至2021年12月31日，文物勘探工作已全部完成，文物保护工作已完成约70%；水土保持方案相关前期工作已完成，待可研评估单位出具国家发改委确认的评估报告后，即履行方案报审手续；环境影响评估工作已完成80%。二是积极开展设计方案优化工作。在航站区规划与航站楼设计方案基础上多次对接、协调省住建厅、太原市轨交办等单位，推进设计方案深化、优化工作。组织召开9次专题技术方案的咨询论证会，先后完善轨交T3站引入方案、航站楼值机柜台布局方案、陆侧综合交通组织方案等19项设计方案；完成周边路网配套及T3航站楼综合交通枢纽建设方案报审工作，按程序完成公示；推进航站楼建筑风貌评审、建设时序研究、BIM咨询项目前期研究等工作；完成航站区工程设计招标工作，确定设计单位，并全面启动航站区设计工作。三是协调推进系统工程建设工作。协调太原、晋中两市政府、省市主管职能部门、各产权企业等，推进市政道路、水暖电气等外围配套落地，开展通信塔、电力塔的净空拆降，燃气、石油管线的迁改等工作。四是推进集团自主项目的建设进度。首先，完成太原机场西滑工程年度建设任务。高效完成飞行区西区滑行道工程的施工图设计、施工图审查及备案、民航专业工程安全及质量监督备案等施工准备工作，有序推进VOR/DME监视天线及避雷天线搬迁、机场安防围界拆改、不停航施工批复等工作，并分区域按计划组织开展施工。截至2021年10月底，已全部完成年度任务"机场安防围界以外、机场地界以内滑行道工程"，并协助完成禧佑源首架维修飞机(A319机型)的拖行任务。其次，完成临时业务用房项目开工前筹备工作。经上报建设指挥部同意，指挥部及时推进临时业务用房项目各项工作，先后组织完成项目可研报告编制及批复、初步设计编制及评审、项目设计勘察招标、开工建设筹备等工作。并与集团后勤管理分公司、资本运营部、资产管理分公司对接，推进原高尔夫训练用房的资产核销事宜。五是做好疫情常态化工作，保障工程有序开展，制定下发疫情防控规范化管控文件，并组织理论考试，提高全体干部职工防疫意识；在疫情形势严峻时期，从严管制出晋返晋人员，严格外部人员管控，严格规范设计单位人员的疫情管理；组织完成办公区全体人员(包括指挥部办公室专职人员、协同工作人员、驻场设计人员等)、西区滑行道项目部全体人员(包括施工单位、监理单位、劳务工)的新冠疫苗接种工作，完成疫苗接种范围的全覆盖；扩建指挥部党委使用集团党委下拨的1万元疫情防控专项党费，购买口罩、消毒液等防疫物资，并分发给全体干部职工，支持扩建指挥部开展疫情防控工作。

【理顺体制机制，强化项目管理】 一是调整充实专业人员队伍。根据工程进展需要，2021年，扩建指挥部社会招聘2名中层干部、2名专业审计人员，内部调配3名专业技术人员，安排17名基建人员协同推进改扩建工程，各部门干部职工队伍得到充实，各专业技术力量得到增强。二是不断完善管理工作机制。扩建指挥部积极完善机制体制，制定《安全生产管理总则》《太原机场三期改扩建工程加班补助管理办法》《合同管理实施细则》《工程造价管理办法》《工程变更管理规定》《工程签证管理规定》等管理制度，修订《招标采购管理办法》《竞争性谈判及单一来源采购管理办法》等管理制度。三是规范项目采购合约管理。指挥部切实履行职责，配合工程推进需要，规范开展项目招标、谈判等工作，对招标、谈判采购各个环节进行严格全过程管控，细化优化工作流程环节，并邀请纪检人员全程进行监督，严明工作纪律。2021年度，共完成38个项目招标、谈判采购工作，其中公开招标17个，竞争性谈判20个，单一来源采购1个。严格按照合同管理实施细则要求，从合同起草开始，提前介入拟定规范合同模板内容、严把合同审核程序，明确合同资金归属，所有合同均通过集团法务部审核把关、规范合同签订程序，实现"五位一体"的合同管理方式。截至年底，已签订三期改扩建项目合同77份、西滑工程项目合同7份。四是做好项目资金调度管理。根据工程进展需要，指挥部积极与省财政厅等部门沟通，通过地方政府专项债券筹资的6亿元已到位。同时，指挥部定期与两家牵头行召开银团工作推进会，制定贷款方案，随时做好前期手续完备后签订银团合同准备，保证在资本金同比例到位情况下银行贷款可及时到位，为确保工程顺利推进提供资金保障。财务部按季度汇总、制定项目资金使用计划，不断提高资金使用的计划性和科学性。五是加强对开工项目安全管理。指挥部严格执行民航专业工程施工现场安全管控有关规定，按照《运输机场专业工程参建单位安全自查指南（试行）》要求，逐项梳理，认真落实监管职责。在对西滑工程管理中，针对指挥部工作人员频繁进出机场飞行区，为消除安全隐患，制定《进入飞行区人员、车辆自查清单》；认真组织开展项目开工前安全规章制度检查、节假日前综合安全检查以及燃气、临时用电两项专项等安全生产检查工作，狠抓隐患排查治理，逐一落实隐患治理归零，保证整改效果，确保工程安全。

【超计划完成太原机场飞行区西区滑行道工程年度建设任务】 按照省交通运输厅安排部署，根据禧佑源航空科技再制造基地维修中心提前投运需求，扩建指挥部在完成2021年工程计划任务基础上，提前实施原计划2022年度的部分建设任务，保证10月28日维修飞机的拖行任务。在建设过程中，扩建指挥部精心组织、统筹谋划，克服夜间不停航施工、连续降雨天气影响、新冠疫情影响等不利因素，在确保工程质量和安全前提下，超计划完成太原机场飞行区西区滑行道工程年度建设任务。

（胡建云）

太原国际机场有限责任公司

2021年，太原国际机场有限责任公司（以下简称太原机场）累计运营客运航线159条，通航城市82个，其中国内航线158条，国内城市81个，地区航线1条，地区城市1个，执飞航空公司30家，国内航空公司29家，外籍航空公司1家。运营货运航线6条，通航城市7个，其中国内航线2条，国内城市3个，国际航线4条，国际城市4个，执飞航空公司5家。全年共保障运输起降8.83万架次，同比增长12.21%，旅客吞吐量999.53万人次，同比增长10.9%。货邮吞吐量5.56万吨，同比增长9.57%。多式联运累计运输旅客19.32万人次。其中空巴联运11.35万人次，空空中转7.76万人次，空铁联运0.21万人次。全年实现营业收入47237.11万元，同比增长16.28%。其中航空性收入32933.98万元，同比增长11.15%。非航空性收入14260.55万元，同比增长30.56%。全年实现利润总额-7942.87万元，同比减亏4598.41万元，总成本59335.37万元，同比增长11.67%。

【航空安全】 一是顺利完成航空安保审计和机场使用许可证符合性审查工作。结合法定自查工作，制定迎审方案，组织各保障单位扎实开展自查，顺利通过局方评审，截至年底，安保审计30项、符合性审查44项整改事项已全部清零。二是完成中国共产党成立100周年大庆期间安全保障工作。成立保卫组，制定方案，组织开展“内部纯”排查、航空安保法定自查等工作，组织开展反恐、大面积航延、非法干扰等应急演练，确保大庆期间安全、运行、服务工作顺畅开展。三是稳步推进安全管理体系建设。按照《运输机场安全管理系统建设指南》，在2020年试点基础上，完成太原机场《安全管理体系手册》编制工作，结合体系建设，推进SeMS、SMS-DG体系融合，促进安全管理良性运行和持续改进。四是扎实做好安全基础工作。融汇民航安全“五个属性”“六个起来”“三个敬畏”要求，开展从业人员作风建设。组织学习《中华人民共和国新安全生产法》，树牢安全意识和法规意识。结合安全生产专项整治三年行动，强化风险防控和隐患排查双重预防机制。联合市公安局开展净空宣传和联合检查，完成低温修正、RVR运行标准标注等飞行程序优化工作。对周边乌鸦、鸽群等鸟类活动进行针对性干预，鸟击万架次率同比下降11.8%。开展道面综合检测评估工作，做好道面高标准养护，全年未发生一起因道面破损超标影响运行的情况。利用道面影像传输系统、FOD探测系统等信息化手段，提升外来物防控能力，轮胎扎伤万架次率同比下降36.2%。通过定期开展机坪安全运行规则复训、驾驶员管理、完善监控系统等措施，严防跑道侵入事件。实施控制区道口人车分离改造，提升通行效率，保证通行安全。对控制区围界、排水口、防洪沟及空侧建筑门窗等部位进行专项检查，及时封堵隐患漏洞。实施软件正版化、重要节点网络安全检查、信息系统安保测评工作，提升网络安全防范能力。通过上述举措，太原机场本质安全能力和系统安全能力得到持续提升。五是提升应急处置能力。完善应急预案管理配套程序，完成《突发事件应急救援综合预案》及十部专项预案修订工作。制定《应急救援规范》，统一信息通报流程、用语规范、响应指令等。组织开展航空器遭爆炸物威胁、航站楼内旅客核酸检测阳性等应急处置演练，提升处突能力。更新采购残损航空器搬移设备，提升硬件水平。

【党史学习教育】 一是担当政治责任，扎实开展理论学习。印发《实施方案》，成立专项工作组和巡回指导组，通过中心组和读书班学习形式，坚持“一周一学一交流”。党委完成9次集中学习研讨，各级基层党组织完成328次学习研讨，开展专题宣讲161场，讲授专题党课118场，覆盖3300余人次。召开党史学习教育专题民主生活会和总结大会，推动学习教育成果深化和经验固化。二是丰富活动形式，扩大教育覆盖范围。通过文化长廊、专题微党课、微视频和演讲比赛等形式，丰富学习内容。各类媒体平台发布党史知识及报道120余篇。组织团干及统战人士举办2次主题活动。通过“党员先锋岗”“党员责任区”等形式，开展岗位践行。采取“一帮一、一对红”方式，带动职工群众，营造浓厚氛围。三是赓续红色血脉，切实为民办实事。研究制定“我为群众办实事”项目清单24项，从旅客、航司、员工和社会责任四个层面入手开展办实事活动。聚焦旅客“急难愁盼”的出行问题，打造“暖阳服务”品牌、开展“晋如意”中转服务，为旅客出行提供便利。运行“96566”热线，为旅客服务咨询及预约提供便捷途径。强化航班正常管理，航班正常率持续高于行业平均水平。参加“爱心送考”公益活动，彰显社会责任担当。

【党建工作】 一是抓好政治建设，坚定理想信念。严格执行第一议题制度，狠抓任务落实。贯彻党中央和省委加强政治建设工作要求，完善党内政治文化建设。建立“不忘初心·牢记使命”长效机制，统筹推进各级党组织学习交流。开展“以考促学”活动，覆盖全体党员512人，提升学习效果。严格落实意识形态工作责任制，定期开展思想研判，确保队伍稳定。二是补齐短板弱项，落实巡察整改。贯彻落实习近平总书记关于巡察工作重要指示，研究制定《整改方案》和“三个清单”，推进整改落实。召开“巡察整改和选人用人专项检查”专题民主生活会，将巡察整改工作作为推进全面从严治党的有效手段，截至年底，6个方面15类问题已整改完毕。三是围绕中心工作，推动融合发展。贯彻落实“两个一以贯之”，扎实开展党建与业务融合工作，推出“理论学习+业务研讨”模式，通过党员讲党课，骨干讲业务，提升全员素质。持续打造“党员先锋岗”“党员责任区”“青年突击队”，推动党建责任和安全生产责任有效联动，党的政治优势、组织优势、群众优势转化为推动高质量发展的强大动能。四是健全治理体系，发挥核心作用。贯彻落实国企党建工作会议精神，进一步加强党的领导，推动党的建设走深走实。严格执行“民主集中制”和“三重一大”事项决策程序，进一步厘清各责任主体事权边界。推动党建工作项目化，以经济工作理念提升党建工作质量。强化安全从业人员作风建设，调整问题清单，着力构建安全作风长效机制。五是抓好组织建设，提升党建质量。创新考核机制，通过各党总支互相考核，实现共同进步。开展全体党员“履行一岗双责”活动，为太原机场发展提供政治保证。加强新设机构党组织、党务人员配备，切实做到“四同步”“四对接”。坚持党建带动团、青、工工作提升，建立员工心理赋能室，彰显人文关怀，推进“青”字号创建，安检金蔷薇班组获“全国青年文明号”称号。六是坚持严实作风，夯实廉政基础。定期研究党风廉政和反腐败工作，压紧压实工作责任。落实党委定期谈话和重要时段廉政提醒提示制度，做到防微杜渐。修订《落实党风廉政建设责任制的监督责任清单》，纪检监督工作更加规范化、制度化。完成本级政治生态分析研判工作，进一步涵养良好政治生态。召开“全面建设清廉国企”专题民主生活会，不断筑牢拒腐防变思想防线。

【疫情防控】 一是吸取南京等地机场防控教训，动态优化方案、改进措施、提升标准、压实责任。严格按照中国民航局《疫情防控指南》，扎实做好“查、测、消、防、转、闭”各环节防疫工作。推进全员疫苗接种，接种率达到97.35%。根据不同岗位风险等级，开展不同频次的人员核酸检测工作，确保核酸检测全时、全员覆盖。配强专职力量，实现机场疫情防控办实体化、常态化运转，进一步优化疫情防控工作组织体系。二是持续完善国际分流航班保障方案，细化保障措施，强化专班管理，做到“四指定”“四固定”“两集中”。积极对接省市防控办，制定国际客改货航班疫情防控工作方案，通过演练磨合，细化保障流程，确保保障工作顺畅完成。2021年，共完成8.83万架次、1643万名人员的体温筛查工作，完成43架次，5033名旅客国际分流航班保障工作，完成40架次、1320吨进出口货物的国际客改货航班保障工作，确保国内防疫“零差错”、涉外防疫“零失误”和员工防疫“零感染”。

（胡　锐）

长治机场有限责任公司

2021年，长治机场有限责任公司（以下简称长治机场）完成运输起降4300架次，旅客吞吐量35万人次，货邮吞吐量100吨，同比分别减少14.88%、16.31%、53.43%。

2021年，长治机场累计通航城市14个：北京、上海、广州、武汉、重庆、天津、沈阳、桂林、海口、南昌、厦门、成都、大连、长沙。运营航线11条：北京（大兴）—长治—南昌、北京（大兴）—长治、北京（首都）—长治、上海长治、广州—武汉—长治、重庆—长治—天津、天津—长治—海口、沈阳—长治—桂林、厦门—长治—沈阳、沈阳—长治—长沙、成都—长治—大连。合作航空公司7家：中国国际航空公司、中国南方航空公司、中国联合航空公司、吉祥航空公司、华夏航空公司、湖南航空公司、山东航空公司。

长治机场占地1500亩，旧航站楼7500平方米，新航站楼14000平方米，七部廊桥，停机坪九个，可同时停放8架C类飞机1架B类飞机。

长治机场航站区改扩建新建航站楼及附属配套工程（配套工程包含新建货运库、新建公安业务用房、新建垃圾转运站）受新冠肺炎疫情影响，工程推进过程中遇到极大阻力，公司党委以坚持做好疫情防控工作为前提，以加快推进工程进度、加大日常管理力度、深入开展党风廉政建设等工作为抓手，重点突破工程建设过程中遇到的重点难点问题，经过两年半的艰苦奋斗，于2021年10月21日正式投入运行，从根本上解决长治机场旧航站楼硬件设施设备落后的问题。

【疫情防控】 2021年，长治机场持续做好疫情防控措施落实。严格按照“外防输入、内防反弹”的总体要求，严格落实国务院、国家民航局及省、市有关疫情防控工作的决策部署，开展常态化疫情防控工作。修订完善《长治机场疫情防控方案》4次、《长治王村机场新冠疫情防控应急预案》3次，从制度和操作层面为公司疫情防控工作提供坚实基础；扎实推进疫苗接种工作，接种第一针新冠疫苗308人，接种第二针305人，接种第三针加强针239人；持续开展疫情防控监督检查，不断发现薄弱环节，有效杜绝存在的问题和漏洞，接受省、市、区疫情防控检查10余次，公司开展疫情防控工作专项检查7次，发现问题21项，均已完成整改。

【航空安全管理】 一是完善安全制度体系建设。组织对公司级、部门级、岗位级手册、制度和程序进行全面梳理、排查。完成安全管理体系、安保管理体系、危险品航空运输安全管理体系等的修订和完善；完成长治机场使用手册的编制工作并通过局方审核；制定安全生产管理规定、安全生产约谈制度和应急预案管理办法；同时修订风险管理制度、隐患排查治理制度、安全信息管理制度、防跑道侵入管理制度、外来物防范制度等公司级安全管理制度。二是开展各项专项行动。开展安全生产专项整治三年行动，共排查隐患43项，已全部整改。同时紧紧围绕中国民航局26条措施，开展军民合用机场自查、机坪外来物专项整治、机坪设备安全专项整治、极端天气运行保障自查、机场动物防治等专项整治工作。通过各专项行动开展，有效提升运行安全保障水平。三是完善风险管理和隐患排查治理。通过公司层级定期检查、部门和班组自查的方式查找运行中存在的风险及隐患，建立清单，并逐一核销，持续落实风险管理和隐患排查双重预防机制。全年共发现问题隐患119项，已完成整改116项，整改完成率97.48%。四是狠抓空防安全措施落实。通过开展法定自查、安保测试、安保演练等质量控制手段，严格落实企业主体责任；学习经验，完成平安机场建设交叉考核工作；提升物防，使用双视角X光机，对视频监控系统、门禁系统和隐蔽报警系统进行升级；开展空防安全保障能力评估、控制区专项整治、控制区防侵入专项整治活动、顺利完成春运、“两会”、“建党100周年”等重要安保任务，未发生机场责任原因的空防安全事件。五是加强危险品航空运输管理。完成机场使用手册和公司危险品航空运输手册的修订报审；完成78人危险品航空运输基础知识培训，不断提升一线岗位人员在实际工作中解决问题的能力。六是持续加强应急管理。制定应急预案管理办法，修订突发事件应急处置预案，开展新冠病毒疫情防控应急演练、突发恐怖事件应急处置演练、新航站楼全流程全要素保障、突发事件应急处置及紧急情况下疏散演练、航空器突发事件应急综合演练，进一步加强处突能力。七是持续加强与军方的协调、沟通。与驻场部队召开专题会议三次，深入沟通存在的风险和隐患；修订《长治机场军民航飞行指挥协议》，进一步明确同场飞行时双方的职责和调配方案，通过在起飞线塔台设置“双岗”、引接通信设备和气象设备到起飞线塔台、开展风险评估等一系列措施，杜绝违章指挥事件；签订《长治机场军民航保障协议》，从16个方面建立联合保障机制。八是持续加强净空管理。认真贯彻落实民航华北地区管理局关于长治机场超高障碍物处置工作的一系列决策部署，积极协调长治市人民政府开展后续处置工作。将民航局《运输机场净空区域内建设项目净空审核管理办法》和更新的机场净空保护区障碍物限制图及时备案至长治市自然资源规划局和长治市审批局，进一步协调落实政府各职能部门净空管理职责，从源头上杜绝超高障碍物的再次出现。结合节日和季节特点针对秸秆焚烧、放风筝、饲养鸽禽等组织三次净空知识宣传，有效杜绝升空物体影响航空器运行情况发生。

【民航服务质量】 长治机场贯彻落实党史学习教育“我为群众办实事”实践活动，结合2021年“民航服务质量标准建设年”主题活动，践行“人民航空为人民”服务理念。一是持续提升航班运行保障能力。加强与市以及驻场部队气象部门沟通交流，提升复杂天气预报、预警能力，强化复杂天气下管制指挥措施，完善雷雨、风切变、低云、低能见度等复杂天气下的应急保障措施。全年航班正常放行率86.21%，完成航班正常放行率不低于85%的目标。二是强化基础设施建设，提高服务保障水平。持续加强对候机楼内各项设施设备、引导标识进行维护更新；在母婴室增设微波炉等设备；对残疾人厕位、停车位、通道进行维护保养，尤其是新航站楼的投入使用大大提高硬件保障能力，为旅客出行提供便利；同时开展残疾人航空运输保障、人体捐献器官运输保障流程、投诉受理方式与技巧等专项培训，不断强化运行保障人员的服务技能和水平。三是统筹解决老年人运用智能技术困难，提升传统服务渠道。各服务岗位做好老年人服务引导和健康核验，为老年人提供方便；保留线下售票窗口和人工服务柜台，支持现金支付和凭证打印，为老年人提供咨询、指引等便利化服务和帮助；利用有效空间为老年人设立优先购票窗口、专用等候区域，设置引导标志，便利老年人出行。四是提升投诉管理能力。每日安排值班人员登录民航服务质量监督管理平台查看投诉情况，同时规范处理流程，加大业务培训力度，提升投诉处理人员综合素质，提升投诉管理能力，确保长治机场公司投诉响应率100%，未发生逾期处理的情况。

【行政管理】 一是完成“六定”改革，按照山西航产集团要求，结合工作实际，确定长治机场机构设置、主要职责、管理人员职数和职能部门员额，形成扁平、高效的管理和运行体系。一是施行绩效考核。以业绩为导向，综合考量员工工作态度和能力贡献，制定出台《长治机场绩效考核管理办法》，初步搭建起绩效考核机制并稳步推进。二是完善法人治理机构。根据国企改革三年行动方案，健全以公司章程为核心的企业制度体系，规范党委会、董事会、经理层机构及权力义务，进一步健全各司其职、各负其责、协调运转、有效制衡的法人治理结构。三是推进制度体系建设。根据机构变革，成立制度建设领导小组，按照计划有序开展整章建制工作，已新建公司级及部门级制度共30项。四是做好教育培训。按照员工培训方案，对全员开展安全生产、防控疫情、消防安全、反恐等基础培训工作，进一步强化全员安全思想意识；对安检、消防、客货运等相关部门开展职业技能提升培训，着力提升员工技能水平。

（王　真）

大同机场有限责任公司

2021年，大同机场有限责任公司(以下简称大同机场)共完成运输起降10939架次，旅客吞吐量885224人次，货邮吞吐量1602.7吨，同比分别增长17.92%、18.76%、-2.01%。

2021年，大同机场增加哈尔滨—大同—福州、桂林—大同—大连、天津—大同—海口、重庆—大同—大连4条航线。服务山西通航示范省建设、大同市打造全省通用航空业发展示范市要求，开通太原、长治、吕梁3条省内短途运输航线。全年与9家航空公司合作开通国内航线18条，通航城市27个，其中包括18个省会城市、2个直辖市以及厦门、青岛、深圳、大连、桂林、秦皇岛6个旅游热门城市和经济中心城市。

2021年，大同机场压实安全管理责任，落实安全责任到人到岗。印发《大同机场2021年安全服务重点工作落实方案》，逐项推动重点项目稳步实施。完善制度体系建设，采取分制度、订时限、责任到人的形式，全面梳理公司级安全服务制度，形成大同机场安全服务制度汇编，确保各项安全服务工作有章可循、有据可依。持续加强作风建设，开展作风建设宣教比赛和知识竞赛，建立推进“作风建设”四个试点单位，组织召开试点单位交流研讨会。组织开展工作作风建设“隐患大扫除”活动，开展“安全红袖章”“争做安全吹哨人”行动，及时治理管控安全隐患，推动作风建设落地到岗。持续推进法定自查工作，全面统筹开展安全绩效管理工作，同步进行危险源识别，使双重预防机制真正落地。开展“机坪设备安全专项整治”“飞行区保障能力提升”“安全生产月”等8个专项活动，强化各项安全保障措施，提升安全管理能力和水平；修订完善5项应急预案，形成大同机场应急预案汇编，实现横向、纵向相关应急预案有机衔接。有序组织开展公司级疫情防控期间反恐防暴演练、防洪防汛联动应急演练及中航油大面积草火联合应急演练等5次，各部门月度应急演练54次，与云州区消防救援大队、云州区人民医院地方支援协议单位联合开展“古都—2021”应急救援综合演练，逐步提升应急处置能力。通过机场使用许可符合性评价、华北局安保测试，圆满完成“两会”、中国共产党成立100周年庆祝活动及成龙国际电影周期间的航班保障工作。机场全年安全形势持续平稳。

【疫情防控】 2021年，大同机场坚持“外防输入、内防反弹、人物同防”原则，持续抓好常态化疫情防控各项工作。对接地方政府，建立无缝衔接的联防联控机制，根据阶段性疫情防控形势，及时调整本场疫情防控措施。组织修订《新冠疫情防控操作手册》2次、《疫情监测预警工作方案》1次，完善《疫情防控工作方案》，制定《疫情防控监督检查工作方案》，印发《关于加强应对德尔塔变异株防控措施的通知》。从个人防护、环境卫生及货邮消杀、培训考核、监督检查、旅客查控等方面入手，强化细化防控措施，对所有进出航站楼人员全面实行“四个百分之百”(即“百分之百一卡一码查验”“百分之百红外体温检测”“百分之百要求佩戴口罩”“百分之百排查重点地区进港人员”)。全年累计接种新冠疫苗428人，筛查各类护照及港澳通行证旅客2821名，排查出境外归国来同旅客1141人，排查中高风险地区所在地市和疫情发生地行程史的进港旅客无法提供48小时核酸检测阴性证明的旅客3296人，现场均组织进行核酸检测和详细信息登记，并按要求进行相关处置，做到旅客查控“不漏一人”、货物消杀“不落一件”，“内不感染、外不输入”，守住防疫空中门户。

【机场使用许可符合性评价】 2021年5月18日—19日，由民航山西安全监督管理局组织，民航华北地区管理局、民航大兴机场监管局、民航山西监管局、民航内蒙古监管局共同组成8个专业组，对大同机场开展机场使用许可符合性评价及《大同机场使用手册》等相关内容现场对照审核工作。检查组通过听取汇报、查阅资料、现场检查、模拟演练、访谈安全管理人员和作业人员等方式，对照2116项《监管事项库》清单项目，分别对综合管理、飞行区、目视助航、应急救援、应急救护、消防救援、危险品及运输管理、机场空管等方面开展检查工作。检查组认为大同机场管理层高度重视安全管理工作，全面落实安全生产责任制，基本构建安全管理体系，安全管理人员有清晰的安全管理理念和较强的执行力，建立质控员内部监督机制，构建较为完整的应急管理架构。对利用思维导图模式，创建“1+5”安全质量体系“树”，将体系要素逐级分解细化；研发涵盖8大功能模块的移动智慧安全管理平台等安全管理亮点工作给予充分肯定。同时，针对机场使用许可符合性评价以及综合安全大检查中的不足提出建议和意见。通过现场检查和验证，各检查组形成综合评价意见，一致认为大同机场通过使用许可符合性评价。

【“古都—2021”应急救援综合演练】 2021年10月21日下午，大同机场联合云州区消防救援大队、云州区人民医院等地方支援协议单位共同开展“古都-2021”航空器应急救援综合演练。民航山西监管局派出督导组参加演练。此次演练是大同机场开航以来第二次大规模应急救援综合实战演练。演练模拟航班从国内某疫情中高风险地区城市起飞到达大同机场，落地时偏出跑道，右侧发动机冒烟，部分旅客受伤，机场立即启动应急响应。以演练航空器落地偏出跑道和涉疫航班处置为主线，包括陆空信息传递、应急救援信息传递、紧急出动、航空器灭火、现场警戒、旅客紧急撤离、受伤旅客救治和转运、旅客登记和防疫查控、现场勘查取证、家属接待、卸除航油、卸下机上行李和货物、残损航空器搬移、恢复运行等14个科目，调用航空器1架，出动车辆及设备31部，参与人员92人。演练前期，大同机场克服疫情防控和生产保障多重压力，利用航班间隙共计组织召开演练专题会8次，修改脚本10稿，开展桌面推演2次，实战预演6次，各参演单位在信息通报、处置程序、协同配合等方面进行探讨和交流，不断完善演练科目，优化处置流程。在演练准备和实施过程中，各单位攻坚克难，通力配合，完成演练任务。在总结讲评会上，各参演单位分别对演练过程进行复盘梳理。民航山西监管局督导组指出，相比2017年综合演练，本次演练反映出大同机场在应急管理、处置能力上有了显著提升，演练达到预期效果，检验大同机场在疫情防控常态化形势下面对突发情况时的应急能力，为今后应急处置积累实战经验，锻炼队伍。

【机场服务建设】 2021年，大同机场以提升“航班正常率”、打造“花园式机场”为目标，提升机场服务质量。制定大同机场《2021年民航服务质量标准建设年专项活动方案》，明确“不断完善航班正常管理”“持续提升民航服务质量”“继续推进民航服务质量体系建设”等三大部分39项具体要求。完成春运、暑运、国庆等重要节点以及雷雨、大风、低温等特殊天气下服务保障工作。打造“舒心，伴你行”品牌问询服务岗，为特殊旅客推出预约服务、智能通信设备使用服务，为视听残障人士提供全程引导等服务项目；增设“无法随身携带物品”邮寄到家服务。落实老年人航空出行便利措施，安排专人为老年人提供服务，设立老年人优先购票和现金支付售票窗口。全面升级候机楼服务功能，新建25平方米两个暖心“母婴室”，对吸烟室进行改造，在T2候机楼停车场安装5台新能源电动汽车直流充电桩，为驾驶充电型车辆的旅客提供便利；改造更新候机楼照明示范工程，加装从候机楼入口至停车场步行区域灯光，亮化机场道路方便旅客进出机场。

【“舒心·伴你行”一站式特色预约服务】 为全面提升特殊旅客出行便捷性，大同机场通过问卷调查、旅客调研等方式，在总结特殊旅客出行需求基础上，在候机楼“雷锋服务站”问询柜台推出“舒心·伴你行”一站式特色预约服务。此项特色预约服务，是在原有爱心陪伴服务基础上，增设预约服务环节，旨在提升特殊旅客出行体验感与舒适感。雷锋服务站问询柜台以“舒心·伴你行”为目标，创建一支平均年龄25岁的“流动问询”团队。旅客在出行前可致电机场服务热线0352-5688112、5688114进行服务预约，预约成功后，即可享受到车下迎接、协助办理及护送登机的“一站式”服务。

【“主播走一线”活动】 6月8日、6月15日、6月24日，大同机场分别组织各部门业务骨干在抖音平台开展“主播走一线”直播活动。直播主要围绕航空安全知识、安全检查等内容进行讲解，广泛宣传、普及航空旅行知识、乘机注意事项，引导旅客文明乘机与安全旅行，同时回答旅客关心、关注的民用航空安全问题。直播现场累计观看人次达7729人次，共计发放头等舱服务体验卡30张，接受咨询449人次。

【“安康杯”职业技能竞赛】 11月29日，大同机场组织开展2021年“安康杯”职业技能竞赛活动。本次竞赛活动由部门个人赛和公司团体赛构成，分两个阶段进行。通过部门个人竞赛的激烈角逐，总成绩排名前三的选手组队代表部门参加公司团体赛。公司团体赛则由6支代表队共18名队员参加，竞赛设置必答题、抢答题、趣味猜词题、违章识别题等环节。最终航行保障部代表队获竞赛团体一等奖。该活动还引入“直播”元素，在线下开展活动的同时，开通“抖音”App直播，扩大受众面，带领广大观众和职工进现场、看比赛、学知识，并在直播间内实时互动，展示大同机场职工的精神面貌。直播现场累计观看人次达1322人次，点赞次数6859次。

【航空市场开发】 2021年，大同机场继续做好市场宣传。利用传统媒体宣传阵地，报纸、广播每月及时更换航班宣传及特价信息，并在春运、古都灯会期等重要时间节点，组织开展航线推广及机场官方公众号及抖音号的吸粉等活动；借助专业平台及技术团队，升级优化“大同飞”产品为“大同飞2.0”线上产品平台。截至2021年底，共有17家优质合作伙伴；积极开发新媒体宣传方式，协同旅游局、云冈石窟、华严寺、各媒体、携程网、深圳航空、昆明航空开展网络直播宣传活动，观看人数达132.16万人，机票加中转券总销售金额达到44万余元。携手各大航空公司联合大同大学开展助力复学活动，共组织200余人。针对全省国有A级景区对江浙沪游客免费开放的政策，推出“飞大同·游山西”活动，拉动华东区域来同团队约1万余人，全年各条航线团队组织3万多人。持续开发拓展周边市场。启动空汽联运模式，与山西汽运集团雁北汽车运输公司、怀仁汽车站、应县汽车站等合作增设怀仁、应县接驳车服务；与右玉干部学院合作开通交通服务保障服务，为全国各地游客学习“右玉精神”架起空中桥梁，为提高大同机场的知名度、扩大辐射范围，为下一步打造大同机场晋北重要航空口岸奠定坚实基础。

【开展“大同飞精彩出行”直播活动】 2021年5月13日、14日，大同机场与携程网合作开展以“大同飞精彩出行”为主题的系列直播宣传活动。此次直播活动是大同机场开发网络新媒体宣传渠道、借助携程国内航旅网络龙头企业的资源优势对大同文化旅游资源、大同机场航线网络以及“大同飞”产品的一项新型宣传举措。直播活动得到市文旅局、云冈石窟研究院和华严寺文物管理处等单位的支持和帮助，同时也获得优质餐饮、酒店等民营企业参与及配合。直播分别在云冈石窟景区和华严寺开展，现场以大同文化旅游资源为依托，推广“大同飞”产品为主线，重点对大同机场的航线航班情况及围绕古都大同“吃、住、行、游、购、娱”进行更广泛深入推广，在线推出抵同特价机票及经大同机场中转优惠券，吸引大量粉丝进入直播间。据携程网统计，两场直播观看人数共计132.16万人，粉丝点赞热度27476个，粉丝互动评论数7703条，中转券销量476张，大同出港机票销售690张，机票加中转券总销售金额440186元（注：“大同飞”项目是大同机场自主创新产品,通过整合城市最特色的吃、住、行、游、购、娱等优势资源,把大同最特色美食、最舒适住宿、最精华景区、最便捷交通等,整体打包向游客进行推荐,为来同自由行旅客打造一套旅游攻略和指南。凡持有大同机场进出港航班登机牌的旅客,到“大同飞”协议商家可享受不同程度的优惠折扣)。

【夏航季工作新闻发布会】 4月23日,由大同市政府新闻办公室、市委市政府新闻中心主办“大同机场2021年度夏航季工作新闻发布会”在大同市综合行政办公楼会议中心召开。大同市委宣传部、市政府新闻办、大同机场有相关负责人及来自中央、省、市20多家新闻单位30多位记者参加新闻发布会。发布会上,大同机场就夏航季安全服务保障、航班航线网络优化,以及推出的最新便民举措等工作内容向社会公众发布,同时对媒体提出的针对航班换季的主要特点和“我为群众办实事”实践活动便民举措等方面的提问进行回答。

【机场基础设施建设】 2021年,大同云冈机场推进重点项目建设。机坪扩建项目完工,航管和导航设备更新项目已通过民航华北局初设批复,飞行区排洪渠改造项目和消防设施设备更新项目可研报告进入报审阶段。三期改扩建项目可研初稿编制已基本完成,进入对接市政地面交通规划阶段。航空口岸正式开放已通过省级预验收。

【机坪扩建项目】 12月9日,大同机场机坪扩建项目完成行业验收。为缓解机场高峰时段机位紧张的现状,项目于2020年10月1日开工建设,2021年9月10日通过竣工验收。该项目批复项目概算总额为1434.02万元。设计内容包括在现有机坪西北侧布置2个自滑进顶推出C类机位,并将现有机位滑行道延长,满足飞机进出机位,在机位周边设置相应的服务车道,供保障车辆提供服务;配套建设助航灯光、机坪照明及供电、机坪消防、安保等工程。

【大同海关业务合作备忘录】 8月10日,大同机场与大同海关签署业务合作备忘录,落实省市口岸正式开放验收要求,共同打造“便捷、高效、安全”的口岸环境。大同机场、大同海关领导及相关工作人员参加,双方代表在合作备忘录上签字。为促进大同航空口岸开放和发展,大同机场与大同海关建立口岸危险货物突发事件应急处置机制,提高航空口岸检疫查验技术和能力;建立口岸病媒生物联合防控协作机制;加强疫病疫情防控合作,当发生重大疫病疫情时,相互配合落实各项应急检疫措施,构建多层面的联防联控机制,做到及时切断传染源,防止疫情传入传出等,共同维护国门安全。双方表示,要以协议签署为契机,充分沟通,主动配合,进一步完善口岸功能、加快口岸正式开放验收工作、强化流程服务配套,共同推进口岸通关便利化,打造高效便捷航空口岸,服务大同市经济和城市发展。

【大同航空口岸通过市级验收】 9月18日上午,大同航空口岸通过市级验收。副市长赵学斌及山西出入境边防检查总站、大同军分区、大同海关、大同市商务局、大同机场等单位相关领导出席验收会议。市级验收组由大同市商务局(口岸办)会同大同海关、山西出入境边防检查总站、大同机场四个单位组成。验收组对照标准、验收流程和验收意见表,现场查验口岸通关流程、国际航站楼和联检单位业务用房,以及设施设备安装调试等情况,仔细查验口岸验收相关资料,并听取各单位开展前期工作的情况汇报。验收组一致认为,大同航空口岸查验基础设施配套已基本完成,联检单位业务用房已建成,相关设施设备已安装调试,航空口岸基础设施设备运行正常,口岸规范安全运行机制及配套管理制度已基本形成,具备开放条件,验收组同意大同航空口岸通过市级验收。

【大同航空口岸通过省级预验收】 11月17日,大同航空口岸顺利通过省级预验收。省市相关领导及验收组成员参加会议。省级预验收组由省商务厅会同太原海关、山西出入境边防检查总站、山西省军区战备建设局、民航山西监管局、山西省航产集团和大同市政府组成。验收组对照标准、验收流程和验收意见表,现场查验口岸通关流程、国际航站楼和联检单位业务用房,以及设施设备安装调试等情况,仔细查验口岸验收相关资料,并听取口岸各单位开展前期工作情况汇报。验收组一致认为,大同航空口岸查验基础设施配套已基本完成,联检单位业务用房已建成，相关设施设备已安装调试，航空口岸基础设施设备运行正常，口岸规范安全运行机制及配套管理制度已基本形成，具备开放条件，验收组同意大同航空口岸通过省级预验收。

【大同机场被授予山西省第四批“社会主义核心价值观建设示范点”】 12月20日，省委宣传部、省文明办下发《关于命名第四批社会主义核心价值观建设示范点和首批社会主义核心价值观主题公园（广场）的通知》，大同机场被命名为山西省第四批社会主义核心价值观建设示范点，是大同市唯一一家获得省企业类的示范点。大同机场把中心各项工作与践行社会主义核心价值观相结合，紧密结合“航空+”特色，融入“四型机场”建设理念，围绕“三个倡导”24字基本内容，打造“花园式”机场，推进传统节日节点振兴工程、学雷锋志愿服务、创建“一企一品”精神文明品牌、开展文明服务礼仪教育、传承好家风、参与扶贫帮困活动等各项工作，把党建工作、文明创建与安全运行和真情服务相融合，夯实基础，建立机制，创新载体，注重实效，内强素质，外树形象，营造团结一心、积极进取的和谐氛围，让广大旅客舒心出行，打造出机场“空港”文明形象。

【助力乡村振兴】 5月26日，大同机场乡村振兴驻村工作队正式进驻广灵县壶泉镇赵庄村开展帮扶工作。党委负责人实地走访了解赵庄村农业生产基础设施、村容村貌以及标准化种植大棚、养猪场等产业发展情况，召开四次专题会议，研究驻村帮扶工作。帮助申报赵庄村农业社会化服务体系项目，投资估算总额150万元，已获得批准并投入实施。在“第四个中国农民丰收节”，与深圳航空公司、昆明航空公司共同举办“丰秋深昆会，游购话灵丘”直播活动；以大同机场投资、职工捐赠筹集物品方式，成立“乡村振兴爱心超市”，激励村民通过积分在“爱心超市”换取相应生活、生产用品。帮助村民销售农副产品，白菜、圣女果、豆角、小米等价值7.33万元，联系市级医院为39名65岁以上老人免费进行健康体检。

【“丰秋深昆会，游购话灵丘”直播活动举行】 9月23日，大同机场在灵丘县乡村振兴局开展以“丰秋深昆会，游购话灵丘”为主题的乡村振兴直播活动，庆祝“第四个中国农民丰收节”。本次活动由大同市灵丘县乡村振兴局主办，大同机场与深圳航空公司、昆明航空公司合办。直播以推荐灵丘文化旅游资源为依托，宣传大美灵丘，帮助带货当地特色品牌农产品，助推康养乡村游，同时，将直播与航线航班营销有效融合，推介航线航班、发布航班时刻及优惠政策、介绍通航目的城市旅游信息等，通过深航直播平台对全国进行推广宣传，吸引更多旅客认识山西、知道大同、了解灵丘，为旅客提供更直观、更便捷的旅游体验向导，延伸精细化服务，使活动突出接地气、重服务导向，收获到广泛关注和农民朋友欢迎。据统计，此次直播在线观看人数峰值2万余人，点赞5万多次。

【模拟机培训基地运行】 4月15日，大同机场模拟机培训基地正式运行。该基地为省内第一家开展该业务的支线机场，现有机场管制模拟机设备2套，民航局备案程序管制教员3名，并编有程序管制培训教材1本。模拟机设备已录入省内各机场飞行程序，可为各机场提供执照考核前100小时模拟机培训及程序管制技能提升培训。大同机场已向华北地区管理局提交管制员年度复训培训资质申请，待审核通过后可对外开展国内管制员年度复训的培训。

【党建工作】 2021年，大同机场党委坚持以习近平新时代中国特色社会主义思想为指导，以党史学习教育为主线，落实党的建设主体责任制。重新调整领导干部分工及党建联系点，落实党委书记周工作计划表，定期召开党务工作例会，完成5个党支部换届工作，全年共发展党员3名。建立落实党内关怀帮扶有关事项的实施意见；开展贯彻落实全国国有企业党的建设工作会议精神情况“回头看”工作。加强落实党委会议事规则，修订完善《前置研究讨论重大经营管理事项清单》《党委会议事规则》《董事会议事规则》《经理层议事规则》《“第一议题”制度》《党委会和董事会议题征集管理办法》等制度。加强思想建设。坚持“学习强国”、“三晋先锋”、微信公众号平台、读书班党史学习教育专题学习等同频共振，请省市委党校老师开展专题辅导学习；开辟专栏刊发“党史学习教育”简报40期;开展党史学习教育巡回指导3场14次。开展中国共产党成立100周年庆祝活动,通过升国旗仪式、重温入党誓词、集体过政治生日、红色歌曲合唱、书画摄影展、征集祝福语、召开专题交流座谈会。开展“我为群众办实事”实践活动,制定“我为群众办实事”实践活动项目清单,将确定的54个问题全部进行整改取得实效。推进“党建工作项目化奋力转型出雏型”专项行动,分级分类打造公司党委、各党支部共三级项目,将党建工作融入到生产经营和管理。强化公司两级党组织书记第一责任人职责和领导班子成员“一岗双责”,把握重要节日节点,扩大干部和关键岗位人员承诺书签订范围;完成航产集团巡察反馈和选人用人工作专项检查整改工作。做好对外宣传、微信公众平台等宣传阵地的建设和管理,在“学习强国”山西平台刊载8篇稿件;开设“大同机场”抖音平台,制作《抗疫365》疫情防控先进典型汇编,讲好大同机场故事。召开夏航季新闻发布会、与携程网开展网络直播、开展安全生产月抖音直播等活动,展示机场社会责任担当。持续开展精神文明创建活动,打造“启航舒心大同飞、呵护不同文明美”精神文明品牌,形成“花园式机场”的“一企一品”品牌项目,获得“大同市文明单位标兵”、省级第四批“社会主义核心价值观示范点”称号。

(韩向荣)

吕梁机场有限责任公司

2021年,吕梁机场有限责任公司(以下简称吕梁机场)共计完成飞机运输起降6015架次,同比增长22.11%,完成旅客吞吐量37.96万人次,同比增长16.15%,完成货邮吞吐量682.2吨,同比增长207.99%。2021年,完成利润总额-289万元,同比减亏324万元,较2019年减亏10万元,完成航产集团下达的-400万元利润指标的127.75%。全年共计完成营业收入2226万元,同比增长4.9%,其中航空性收入1279万元,同比增长1.3%,非航空性收入947万元,同比增长10%;完成其他收益及营业外收入2021万元;全年共计发生成本费用4536万元,同比增长14.17%。成本中增幅较大的是人工成本,2021年全年共计发生人工成本2135万元,占总成本47%,同比增长25%,其中工资总额1368万元,同比增长8.7%;社会保险费506万元,同比增长143%;福利费217万元,同比增长11%;工会经费及职工教育经费44万元,同比下降10%。

【夯实党建工作】 一是加强思想政治建设,筑牢党建根基。首先,抓好第一议题及理论中心组学习教育。吕梁机场党委通过第一议题制度和中心组学习计划,坚持把学习贯彻习近平总书记最新重要讲话和重要指示批示精神作为第一议题,第一时间组织学习,深入抓好贯彻落实,不断增强“两个维护”的自觉性和坚定性。2021年,围绕党建、安全、改革、法治等方面开展第一议题学习15次,中心组集中学习20次;组织学习《论党的宣传思想工作》4次,领导班子成员分别撰写心得体会。其次,扎实开展党史学习教育。通过召开动员部署会,成立领导小组、巡回指导小组,制定《实施方案》,下发具体工作安排等举措认真开展党史学习教育。领导班子成员专题学习研讨交流12次,开展党史学习教育“回头看”自查自纠,接受航产集团党史学习教育巡回指导督查2次。最后,深入开展“我为群众办实事”主题实践活动。吕梁机场党委召开专题会议研究部署,制定方案,班子成员结合季度领导干部下基层蹲点调研制度,采取实地走访、集体座谈、民意调查等多种方式,广泛听取职工旅客意见、掌握需求。针对群众“急难愁盼”的实际问题,通过设立7个党员先锋岗,1个党员示范岗,1个疫情防控检查志愿服务队,开展党员志愿服务活动等方式,围绕党史学习教育知识宣传、防疫、防火、防范电信诈骗、护坡保卫战、爱国卫生环境整治、服务旅客(尤其老年人等特殊旅客)、职工生活等方面开展实践活动,充分发挥党员模范作用,引导广大党员群众,积极参与活动,主动作为、甘于奉献,形成“学党史、做表率”的良好氛围。党委把“我为群众办实事”实践活动作为党史学习教育的重要内容和突出抓手,多措并举,用心用力解决群众困难事烦心事18条。二是加强党风廉政建设，营造风清气正氛围。首先，加强警示学习。制定《实施意见》，成立领导小组，开展党纪国法教育和依法依规治党教育，以案例学习为抓手，开展日常廉政警示教育，全年共集中学习11次，共计200余人次参加；重要节点对管理人员开展廉政学习和谈话提醒，开展纪律检查，结合党史学习教育，开展作风建设双百警示教育，对13名新任干部进行任前廉政谈话，强化干部职工纪律规矩意识。其次，加强日常监督。开展疫情防控专项检查7次，现场开展教育引导，对检查发现的问题加强督促整改；加强对纪委"三转"的落实，制定《实施办法》，针对工程谈判、采购调研等，要求各部门事前报备相关调研、采购和谈判情况。三是加强党建宣传力度，提高实效性。首先，抓好宣传和理论宣讲。在候机楼、办公楼及支部阵地以展板、横幅、电子屏刊播等方式，在办公网以简报、新闻等形式大力宣传党史学习教育、庆祝中国共产党成立100周年及日常党建、安全运行等工作。截至年底，共发布党史学习教育简报9期、党务工作简报8期，新闻240篇；由公司党委委员和各党支部书记组成宣讲团，开展"学党史、守初心"和习近平总书记"七一"重要讲话精神专题宣讲40次；组织所有党员参加航产集团党委专题宣讲报告2次。积极联系山西卫视、吕梁交通广播电台、吕梁新闻联播等媒体对吕梁机场疫情防控工作进行宣传报道。2021年，吕梁机场获省交通运输厅和省人社厅共同颁发的"山西省交通运输系统先进集体"。其次，抓好精神文明创建及统战工作。制定《吕梁机场"一企一品"精神文明品牌创建活动方案》，认真开展品牌创建活动；积极联系山西卫视、吕梁交通广播电台、《吕梁新闻联播》等栏目媒体对吕梁机场疫情防控工作进行宣传报道。认真学习并贯彻落实《中国共产党统一战线工作条例》，及时采集统战人士相关信息，党委会专题研究统战工作，邀请统战人士参加党内活动和党史学习教育，积极组织统战人士参加航产集团统一战线理论专题培训讲座等，不断深化思想政治引领，夯实统战工作。最后，抓好双拥工作。开展军民共建，两次参加空军西安辅助指挥所组织的平战转换方案协调评审会，促进军民融合发展。2021年吕梁机场获吕梁市"拥军优属拥政爱民先进单位"称号。四是加强群团建设工作，凝聚强大合力。首先，深入推进工会工作。加强基层工会组织建设，完成分工会设置、选举工作，让工会工作更加深入基层；深入开展"安康杯"技能竞赛活动、"五小"竞赛活动、元宵节职工文化活动；加强慰问工作，扎实开展"冬送温暖"、"夏送凉爽"、重点节日全员慰问，重病、特困、困难职工、劳模等慰问工作，让职工持续感受到组织的关怀和温暖；落实全体会员生日送蛋糕、结婚、女职工生育、生病住院、去世等慰问工作；积极参加集团公司及上级单位组织的书画摄影作品展等主题活动；组织全体干部职工参加线上法律知识竞赛和学党史知识竞赛活动。其次，扎实抓好团建工作。加强团组织建设工作，完成团组织调整，加强团支部基础管理，严格落实"三会两制一课"制度。按照上级团委要求，结合实际，开展团干部直接联系青年活动，11名团干部共联系青年135人。积极开展形式多样的党史学习教育，联合共青团方山县委开展，聆听党史固守初心·奉献爱心传递温暖"主题活动，慰问一名92岁高龄、参加过抗美援朝战争和解放战争的老战士李增发老人；组织团员青年前往兴县黑茶山四八烈士纪念馆和晋绥边区革命纪念馆，开展"缅怀革命先烈 传承革命精神"党史学习教育学习活动；与中国民航飞行学院空管学院开展"青春向党 奋斗强国"主题团日活动；成立团员青年志愿者队伍，开展疫情防控和重点节假日保障工作；督促青年文明号集体创建工作；组织开展出席集团团代会选举工作。

【航空安全保障】 一是强化领导责任，明确安全目标。严格执行安全生产"一岗双责、党政同责、齐抓共管、失职追责"制度，进一步强化安全生产工作的组织领导；严格落实安全生产会议制度，通过周讲评会、月度安全例会及安全专题会议，及时发现问题、解决问题，针对当前安全工作重点，研究对策，部署落实方案，截至年底，共召开安全生产和疫情防控讲评会27次。二是完善安全管理制度，提高安全管理水平。2021年对照新版《运输机场安全管理体系(SMS)建设指南》,修订完善机场《安全管理体系》各项安全管理制度,根据实际及时进行调整。三是强化应急管理体系建设,增强应急处突能力。结合2021年年度计划,每月对各部门开展的应急管理培训和演练工作进行考核。按照年度演练计划及实际工作需要,机场各部门组织开展航站楼疏散、防汛、消防紧急出动、医疗救护、反恐制暴、消防安全等演练,共组织应急演练60余次,其中实战演练20次,其余为桌面推演。四是开展专项整治活动,建立风险隐患机制。结合机场安全管理中的薄弱环节,积极开展疫情防控、春运保障、"两会"安全大检查等17项专项治理工作,细化、落实安全生产专项整治各项工作要求,强化跟踪、督促,确保各项工作落实到位,通过各项整治工作,强化安全主体责任落实,提高机场安全保障能力。

【经营管理工作】 一是做好全面绩效管理。持续完善绩效管理体系,组织各职能部门建立科学合理的绩效考核指标。提升绩效考核工作效率及绩效考核结果应用的准确性。加强绩效考核落实情况监督检查,有序推进绩效管理落地实施。二是着力提升财务管理水平。健全管理,完善制度,严格内部管控。加强预算,严控执行,强化成本管控。制定、修订《市场开发资金》《航线补贴资金》等相关规章制度,规范内部审计管理。加强合同、采购管理、招标管理,实现对投资、采购项目全流程闭环式管理。

【基础设施建设】 吕梁机场飞行区充电设施建设工程已完工。吕梁机场新建污水站二期工程土建及安装均已完工,并于12月17日完成竣工验收。吕梁机场客运系统升级改造项目,已完工并完成验收,该项目主要增加配载系统一套,实现一套系统主配,两套系统复核,成为省内第一家实现图形化配载功能的机场。此外,吕梁机场飞行区道面病害治理项目前期跑道病害区处理、助航灯光系统改造等工程已完工,跑道滑行道沥青道面雾封层养护、机坪水泥混凝土道面病害治理等工程,因冬季严寒季节,影响施工质量,已暂停施工,该项目已于2021年11月2日报航产集团申请延期,待2022年4月复工,预计2022年6月完工。吕梁机场生产保障用房附属工程,已完成图纸内的全部工程及设施设备安装调试;《吕梁机场排水系统及边坡修复工程立项(代可行性研究)报告》已经航产集团党委会、航产集团董事会审议通过同意启动,省发改委已换文并于12月中旬转报民航华北地区管理局。

【强化疫情防控】 吕梁机场共开展疫情防控专项检查8次,及时按照民航局各项疫情防控举措落实开展疫情防控检查工作,成立疫情防控专班引导旅客通过"测温—查码"一体化闸机,严格查验进港旅客及出港进京旅客的48小时核酸检测阴性证明;与汾阳医疗废弃物处理中心签订协议,定期进行回收处理;邀请吕梁市疾控中心专业医护人员对机场公司业务骨干、保洁、值机、安检等人员开展一次防护用品穿戴、消杀、通风等专业培训,提高机场人员个人防护能力;与市、区卫生部门建立联防联动机制,实施每周进行2次全员核酸检测和航站楼环境核酸检测;响应疫苗接种"清零行动",完成含机场员工、驻场单位、合约单位在内270余人疫苗接种工作,积极响应加强免疫,符合接种条件人员共228人加强疫苗接种,占比81%。

(杨　岚)

忻州五台山机场有限责任公司

2021年,忻州五台山机场有限责任公司(以下简称五台山机场)完成运输起降4400万架次,完成旅客吞吐量29.71万人次,完成货邮吞吐量200吨,同比分别增长5.61%、8.43%、32.78%。

2021年,五台山机场开通航线17条,通航城市22个。一是全年多次参加航班时刻协调会,积极争取机场航班时刻增量,在航班时刻紧张情况下,增加大连、兰州、昆明、长春、海口、宁波等7条航线6个航点;二是加强与低成本航空合作,与春秋航空合作开通厦门—五台山—沈阳航线;三是明确旅游支线机场的市场定位,重点开通长沙、贵阳、昆明、大连等热门旅游城市;四是提高航线补贴资金的使用效率,全年人均补贴418元,同比降低8.9%,全年班均补贴9万元,同比降低7.8%。

2021年，非航总收入95.25万元，为开航以来历史新高。一是面对疫情考验，主动求新求变，改变以往候机楼商业运营模式，积极引进第三方公司统一经营候机楼商业，共17家商铺入驻候机楼，实现商业收入66.28万元，同比增加65.79%，首次将候机楼商户全部铺满，解决商业业态单一的问题，完善机场服务功能；二是加强与地方企业和银行的业务联系积极引入候机楼广告业务，实现广告收入28.97万元，同比增加79.33%。

【航空安全】 2021年，五台山机场以“三个敬畏”“五个属性”“六个起来”为引领，以作风建设、安全生产专项整治三年行动为抓手，牢固树立安全红线意识，持续完善内部管理机制，健全安全责任体系链条，持续开展“问题隐患清单清零”治理以及机场保障能力评估落地，逐步构建安全生产标准化建设体系。一是发挥“六个起来”指挥棒作用，推进工作作风建设。通过贯彻习近平总书记关于安全生产重要论述，修订公司安全生产责任制，逐级签订安全生产目标责任书，让“脑”紧起来；通过多形式宣传、调研，全面掌握一线员工的思想动态、技术能力、工作作风等情况，让“心”细起来；通过不间断采取舱单式动态监察，全年对航站楼、机坪安全监管，对关键岗位、重点区域、重要时段、重点人员进行巡查纠正86起“三违”现象，让“眼”亮起来；领导干部带着思考、奔着问题勤入一线检查调研，切实解决安全生产中的薄弱环节，让“脚”勤起来；通过“日有通报、周有复查、月有考核”安全监管机制，让“脸”红起来；对标安全规章及岗位手册督查，检查结果和员工绩效考核挂钩，让“手”硬起来。二是加大安全生产投入力度，提升安全保障能力。2021年，结合安全生产专项整治三年活动要求，从人、财、物不断增加安全投入力度。全年通过航产集团招聘员工29人，其中劳务派遣26人，空管专业2人，气象专业1人，按照岗位需求，全部充实到航行、地勤、安检、消防、特车等一线岗位，强化安全保障能力；全年开展安全隐患大排查、净空管理、鸟击防范、跑道安全等11项专项整治活动；通过与法定自查、专项检查、日常监察有机集合，从空管指挥、鸟击防范、净空管理、跑道安全、空防安全、FOD管理等重点风险防范措施进行完善，全年自查发现的隐患全部落实整改，稳步推进双重预防机制构建。三是加强飞行区隐患排查治理，夯实安全运行基础。制定《跑道侵入管理规定》，与部队外场建立直通电话，对军方入伍新兵进行规范安全指令与用语专项培训，认识跑道安全运行的重要性和严重性；制定车辆和人员侵入跑道、作业车辆故障、无线电失效、车辆驾驶员情景意识丢失等各类突发事件的应急预案，定期进行培训演练，确保遇到紧急情况能够及时妥善处置。四是加强网络安全建设，筑牢网络安全防火墙。五是持续完善机场服务质量标准，建立健全服务质量管理体系，组织开展“民航服务质量标准建设年”活动。六是加强沟通，统一标准，推进构建起协同指挥、联合行动工作机制，提升军民同场飞行协调指挥能力。针对军民融合标准互认专项课题，军民航双方坚持“军为民用、民为军备”的原则，多次组织召开军民融合专题会议，以探索军民航标准互认为突破口，联合成立8个专业标准对接小组，全面梳理军民航在日常保障工作中的标准对接问题，探索具有五台山机场特色的军民融合运行保障流程。军民航双方共同提出“两本”手册的研究制定。完成《军民航保障标准差异化手册》，正在制定《军民航保障工作标准手册》。

【党建工作】 2021年，吕梁机场党委坚持党建引领，全面加强党的领导和推进党建工作落地，全面落实从严治党主体责任，党员干部不断树立“四个意识”、坚定“四个自信”、坚决做到“两个维护”，持续开展党风廉政建设，营造风清气正政治生态。一是加强党的建设，发挥党委领导核心作用。党委修订完善《党委会议事规则》《党委中心组学习制度》《意识形态工作责任清单》等20余项党建规章制度。全年组织40次党委会，涉及“三重一大”事项156项，“第一议题”学习24次，党、纪、工、团、统战、意识形态等53项，充分发挥党委把方向、管大局、保落实的作用。二是加强思想建设，深入开展党史学习教育活动。按照党史学习教育“学党史、悟思想、办实事、开新局”总要求，征订指定教材258本，参考教材

60本，做到指定教材全体党员干部人手一本，党委专题研讨10次，党支部专题学习30次，专题党课7次，设立党员先锋岗4个，党员示范区1个，党员承诺50人次，党员志愿服务10人次，全年解决9项“为群众办实事”具体事项。三是加强组织建设，严管厚爱选优配强基层干部。党委坚持党管干部原则，对三级干部提醒谈话3人次。在选人用人上，坚持德才兼备、注重实绩、群众公认、以德为先原则，全年竞聘选拔5名三级干部，全年调配部分干部和人员岗位，着力建设干部能上能下的组织管理体系，打造肯干事、会干事、能干事、干成事的高素质干部队伍。四是加强党支部建设，强化党支部战斗堡垒作用。2021年党支部完成换届选举，选出合格能干支委班子。开展党支部主题党日活动50余次，发展5名新党员补充到一线班组，为党建进班组打下坚实基础。党支部与地方部门、驻场部队业务部门完成3次共建活动。五是加强党风廉政建设，营造风清气正政治生态。制定党建工作责任制清单、党风廉政建设责任制清单，严格落实党委主体责任、书记第一责任、领导班子成员“一岗双责”的职责。组织全体党员干部开展警示教育14次，传达学习党内法规和省纪委重要会议精神7次，宣传贯彻中央、省、市纪委监委公开曝光违反中央八项规定精神典型案例85次，做到警钟长鸣，起到威慑震慑作用。六是加强统战、群团建设，发挥凝心聚力作用。全年召开统战人士座谈会，广泛凝聚统战人士共识，为机场发展贡献力量。加强职工活动阵地建设，新建职工活动室，配备职工活动室设施设备。夏季开展“送清凉”到一线岗位活动。继续开展“五小”竞赛活动，产出成果2项，安全护卫部开展的“安检设备云数据管理平台”获得省总工会“五小”竞赛优秀奖。以职工文化活动阵地为依托，弘扬劳模精神，全年推荐先进集体1个、先进个人4名。选派3名职工到宁武县参与乡村振兴事业。各团支部召开团员大会，选优配齐3名团支部书记、9名团支部委员，将适龄团员重新划分为3个团支部，规范健全团组织机构。七是加强企业文化建设，扩大机场影响力。企业文化是凝聚人心、汇聚力量的基石。2021年，在利用机场LED大屏宣传基础上，充分利用新媒体丰富宣传渠道，宣传机场良好形象，全年发布新闻宣传稿件62篇，在党建公众号围绕党建及党史学习教育设立“党史讲堂”“党史专题讲座”“建党百年”“建党纪录”等栏目，共发布80余篇内容，通过多方位宣传，塑造五台山机场对外良好形象，展现奋勇争先、风清气正的正能量环境。八是创建党建品牌，打造“军民融合共建”党建特色。结合机场军民航工作互补实际，各党支部、一线班组和部队连队开展党支部共建活动，通过军民融合党建共建，加强军民业务融合，增进军民双方感情，发扬拥军爱军优良传统，同时军民双方发挥各自优势，做到信息互补、资源互补，形成支部、党员、业务之间良性互动，打造具有五台山机场“军民融合共建”特色的党建品牌。

【疫情防控】 2021年，五台山机场坚持防疫思想不放松、防疫力度不减退，持续更新完善《疫情防控工作手册》，根据上级部门政策变化，适时调整防控措施，实现全年疫情防控“三零”目标。一是通过点对点“测温+亮码+证明”核验进出站旅客、线连线完善疫情防控处置流程、面对面建立信息通报制度，构建“点线面”立体防疫机制；二是严格落实所有员工、驻场单位及合约商核酸检测以及健康监测，全年完成核酸检测12543人次、环境采样58次；三是紧盯疫苗接种工作，公司员工、驻场单位及合约方全部完成新冠疫苗接种，同时完成加强针接种209人；四是持续开展疫情防控理论与实操培训考核，定期开展突发疫情应急演练，不断提升人员防控处突能力；五是严格落实员工自我防护责任，科学穿戴防护用品，保持勤洗手、常通风、少聚集、一米线等常态化个人防护措施；六是克服麻痹松懈思想，严格落实各项疫情防控措施，切实做好航站楼通风消杀、旅客口罩佩戴、体温检测、健康码行程卡查验、登机口手部消毒、防护用品回收处理等常态化疫情防控措施；严格落实疫情防控“日报告”机制；七是加强对物流、冷链管控工作的关注，避免因疫区货物造成人员感染；八是严格落实值带班制度，如发生突发事件，要第一时间报告，第一时间反应；

九是切实做好防疫物资储备工作，备足物资储备，杜绝物资短缺情况发生。

（韩　斌）

太原空港配餐有限公司

2021年，面对航空公司降本增效、餐食减标简配等多重挑战，主营配餐业务下滑严重，经营压力持续增加，太原空港配餐有限公司（以下简称配餐公司）不等不靠、迎难而上、砥砺攻坚，围绕“两稳一新”总体工作目标，全面落实疫情防控工作，确保安全生产；全员行动，朝着“航空+地面”的发展方向不断发力，转观念、提效益、谋出路，积极营造发展新局面。

【党建工作】 一是深入开展党史学习教育。以庆祝中国共产党成立100周年为主线，营造浓厚氛围，扩大场所，丰富形式，在配餐楼内制作党史油画布、10块宣传磁吸式展板、3块宣传版面，在党员群内发布“党史天天读”“三个进一步”“党史百科”等，全方位、多角度宣传党史学习教育活动。先后召开党史学习教育动员部署会、制定《实施方案》及专题学习计划、营造浓厚学习氛围、积极开展党史专题学习等。通过采用微信群推送、钉钉直播、自主学习、集中学习等多种形式，共计组织10次党史专题学习，领导干部讲党课5次，专题知识讲座1次，习近平总书记“七一”重要讲话精神专题宣讲8场次，受众人数达到155人次。通过党史学习与中心工作相结合，达到学有所感，学有所悟，学以致用的目的。二是抓好党员作风建设。签署干部及关键岗位承诺书，完善领导干部廉政档案，抓好关键节点廉政提示。在每个法定节假日前夕都要对党员干部进行廉政教育，提出廉政要求，签订廉政承诺书，从思想到行为无缝隙管理。严格按照党支部廉政档案要求执行，严格落实八项规定精神负面清单。三是抓群团工作。党支部完善党建带团建工作，先后开展“文体趣味接力赛”“庆祝建党100周年唱红歌”“党史知识竞赛”等群团活动，利用香思饼屋的窗口向顾客发放《中华人民共和国民法典》宣传册，青年志愿者带头解读民法典的核心意义和重点内容，组织开展“中国梦·劳动美——永远跟党走、奋进新征程”“红色家风”主题活动等。利用钉钉开展全员素质提升培训，号召青年大学习，积极进取，传播正能量，做一名合格团员，积极向党组织靠拢。四是坚持党建经营双轮驱动。党支部结合实际，开展“党建引领新发展，打造品牌壹号店”专项活动。结合党史学习教育，为加大党建宣传力度，扩大外延性，随时随地宣传党建，搭建无论是党员还是群众、顾客都可以触达的党建平台，真正做到“党建看得见”。为扩宽品牌宣传渠道，形成经营与党建深度融合机制，以“香思饼屋壹号店”为第二宣传场所，将配餐自主品牌“头等仓品”推向市场。

【航空安全】 一是完善体系制度，运行有章可循。2021年共完成安全管理方面制定新制度3项、各部门安全考核细则；修订安全管理制度22项、应急处置预案17项，修订完成航空安保手册、部门员工岗位职责和安全操作手册，编辑制定完成全员安全责任制手册和各岗位安全操作手册；顺利通过ISO 22000食品安全管理体系和HACCP食品安全保证体系外部审核换证工作，双重保险护航食品安全管理。二是加强隐患排查，严控安全风险。采用日常检查和专项检查相结合，规定每周至少进行一次全面安全检查，重大节假日和重要保障活动之前必须进行安全检查。2021年，完成日常安全检查46次，共发现安全隐患312项，已全部整改；专项检查38次，其中疫情防控安全检查11次，内保专项检查13次，消防专项检查14次。三是强化安全培训，筑牢安全意识。全年共完成各类安全培训211次，其中日常培训106次，专项培训30次，警示教育33次，管理人员培训10次，应急演练8次，节前安全教育3次。其中新《中华人民共和国安全法》专项培训21次。四是狠抓专项行动，取得安全实效。全年共开展各类安全专项活动14次，包括服务质量建设年、平安民航、三年专项整治、食品安全宣传周、网络安全宣传周、消防安全宣传月、安全生产月、“七一”安保等重要活动。

【疫情防控】 始终把疫情防控作为最重要的政治任务和安全职责来抓，严格执行“人物同防”、“外防输入、内防反弹”要求，从生产环境、餐食配送、员工防护等多方面全力抓好常态化防控，共开展体温检测55331人次，产品外包装消毒11915批次，疫情防控专项培训35次，行动轨迹排查15次，专项检查11次。2021年，148名员工除怀孕、备孕、严重过敏人员以外，全部完成两针疫苗接种。

【生产经营】 2021年，共保障2.6万架次，同比2020年（2.4万架次）增长8.8%；同比2019年（3.4万架次）降低24.9%；餐食结算量223.7万份，同比2020年（173.9万份）增长28.6%，同比2019年（332.4万份）降低32.7%。一是精准定位保障角色，主营业务稳中求进。截至年底，共与国内外46家航空公司（外航9家）签订配餐协议，担负太原机场保障航班中近60%的餐食配送任务。2021年，配餐公司进一步加强与航空公司的沟通协调，同时深挖旅客需求，完善数据分析，有针对性地不断研发新品，打造多样化新锐美食，扩大客户优选范围，争取降标不减配、增加二段餐，争取机供品、仓储及洗涤等业务。2021年争取四川航空、吉祥航空以及江西航空共计6架航班餐食计划以及吉祥航空机供品业务，累计创造收入47万元；向昆明航空、海南航空推荐付费选餐餐食结构，推出机上营养餐、轻食餐等10余种产品，为其提供差异化服务；另外，还推出生日当天为机组人员提供生日蛋糕的特色增值服务，提升服务质量涉及人员范围由单纯旅客群体辐射到工作人员。二是深入认知经营性质，地面市场寻求突破。面临行业经营压力，党支部确定“航空+地面”发展方向，并且强调一定要再次拔高对地面市场认知，主动出击，寻找新突破、谋划新发展。公司成立市场开发领导组，下设航空营销组、地面营销组、产品研发组、品牌建设组以及香思饼屋组5个小组，组建市场开发团队，打造人才梯队，积极开展地面工作。首先，依托航空食品品质优势，建立自主品牌。顺利通过太原市行政审批服务管理局的各项审核，成功取得“食品生产许可证”，获得热加工糕点类的地面市场准入资格，标志着配餐公司开启地面服务新阶段；通过征集评选已拟定“头等仓品”为食品商标名称，国家商标总局已受理配餐公司5大类食品注册申请，并已取得商品条形码认证证书，为进一步拓展市场奠定基础。其次，走出机场，积极开拓产品外输渠道，充分利用网络配送平台，积极寻找地面餐饮合作。通过前往“梅森凯瑟”、“双合成”以及“群力超市”等商家开展市场调研、进行洽谈合作，获得15份产品配方，并与“群力超市”“天天优品”达成合作意向；通过反复洽谈，陆续与中国航空油料有限责任公司山西分公司、中国航油集团山西石油有限公司、中国民用航空山西安全监督管理局、中航信山西分公司达成合作协议，累计创收11.2万元；先后与山西师范大学、贝赛斯冰淇淋王府井店、山西卡乃驰汽车销售有限公司三家单位达成合作。通过不断调研和研发，提供“藜麦鸟巢”“香蕉克林姆”“牛奶冰面包”等专属定制的航空品质产品，扩宽销售渠道，拓展地面市场业务，将云端产品推向多层次消费人群，持续扩大产品覆盖面，增加地面市场业务收入的同时，提高“头等仓品”的品牌认知度。把握“中秋节”契机，开展为期45天的全员月饼大生产行动。各部门以及市场开发各小组主动请缨，积极制定销售任务，扎实推进全员营销工作。累计创造收入约37万元。顺利取得“烟草专卖零售许可证”、食品生产许可证、食品经营许可证，将航空品质的烘焙产品、热食产品合法合规地推向地面市场，拓展新消费群体，促进空地业务互补、消费对象互相带动，增添利润增长点。再次，不断探索地面市场核心产品，累计开展研发60余次，共研发产品70余种，其中养生枸杞吐司、国潮绿豆糕、三色军等30种产品已上架销售，又推出煲仔饭、熟肉类等众多新品；设计出新品试吃反馈表，形成“研发→投放→产出”的产品研发闭环机制。最后，将香思饼屋作为试点，采用“店长责任制”，是一次破冰行动，通过新经营方式，挖掘经营潜力，突破经营难点，培养企业人才。三是号召员工转变观念，地面销售全员行动。制定全员营销方案，树立全员营销理念，同时配套专项绩效奖励，强化激励。方案一经实施，各部门之间紧密配合，扎实推进，员工纷纷发挥潜能，挖掘潜在客户群体，在全员同心努力下，全年共创造收入42万元。

【行政管理】 一是体验至上，创新改革。配餐公司自2021年8月11日起正式受托管理山西航产集团太原地区职工食堂起，迅速行动，充分发挥专业化管理优势，坚持提质、降本、增效原则，秉承餐饮一体化经营理念，采取标准化管理、集中采购、资源整合、人员共享等举措，确保职工食堂收支平衡、持续经营。2021年重点对职工食堂运营模式进行调整，按照第三次伙委会通过的《食堂管理部运营情况及托管运行方案》，推进各食堂自助餐改革。第一，自助餐实施自助固定刷卡模式，简化“取餐—结账—刷卡”环节，提高就餐效率；第二，增设取餐岛台，从而实现多通道取餐以解决排长队的问题；第三，遵循受众面广、厉行节约的原则，以家常、时令菜品为主，搭配地方特色小吃，实现一周不重样，一月不重叠的高标准要求，另外在法定节假日增加不少于25%的菜品，结合“想吃什么多吃什么”的便利条件，优化职工就餐体验。太原地区五个食堂已全部采取自助餐新模式。二是制度管人，流程管事。2021年组织制定、修订公司和部门制度共计90项，并汇编成册，促进落实“制度管人”要求；组织修订部门职责、岗位职责共计2次，并制作成“口袋书”发放至各部门及各岗位人员，同时新制定班组职责以及班组长职责，结合各岗位工作流程不断梳理和完善，确保岗位职责清晰、工作流程科学，促进落实“流程管事”工作要求。三是强化要求，完善细节。结合实际陆续完善各项会务工作，明确区分支委会、总办会、专题会以及讲评会，分别形成申请表、请示内容以及会议纪要等全套规范材料及文件，并严格按照审批要求设定相应的OA流转流程；完善OA公文流转工作，严格按照制度要求规范落实流转、下发及公布；2021年启用“单位空间”板块，加强信息公开工作和宣传统战工作。四是引进人才，培养人才。为夯实职工基础理论，打造优秀人才梯队，2021年通过公开竞聘方式引进3名三级管理人员，补充中坚力量；在梳理修订班组职责基础上，结合岗位职责，完成班组长竞聘工作，设班组长15名，并组织参加3次培训，加强锻炼基层管理力量，确保管理衔接无缝隙。五是效率优先，绩效激励。2021年初，制定《全员绩效考核制度》，注重公平、激励效率，确保“多劳多得、奖勤罚懒”的工作要求落到实处。

（张亚欣）

山西空港贵宾服务有限公司

2021年，山西空港贵宾服务有限公司（以下简称贵宾公司）始终将疫情防控作为首要政治任务，严格落实省委、省政府要求，积极对接航产集团防控办，及时进行风险提示，动态调整防控措施，更新防疫手册5版，实现“双零”目标。

【安全工作持续平稳】 一是安全管理体系不断完善。按照法定自查要求，建立法定自查项目库，包含危险品、消防、网络信息安全等13大类，共136项。制定《突发事件处置办法》《应急救援指挥手册》，明确突发事件处置程序，全年开展消防应急演练2次。落实北京总部安全“四个底线”要求，梳理分解安全底线指标735项。二是安全风险隐患有效治理。按照《安全生产专项整治三年行动实施方案》，持续完善事故隐患排查和安全风险预防机制，按要求更新“两个清单”。定期组织开展安全形势分析会，开展双重预防机制专项培训，强化风险预判，进一步提高“两库”管控和治理能力。邀请山西安全教育网、山西消防职业技术培训学校，针对应急演练、专项知识培训、消防隐患排查等，指导开展消防专项行动，强化消防安全综合治理水平。建立安全风险隐患定期通报机制，持续跟进整改事项，确保整改措施落实到位。全年识别和管控危险源23条，安全隐患排查84项，整改率100%。三是安全队伍管理持续加强。按照《关于促进民航安全从业人员工作作风建设的指导意见》，结合公司实际，梳理35条安全从业人员负面清单，并纳入岗位操作手册。分层级组织学习新《中华人民共和国安全生产法》，积极宣传贯彻安全生产依法治理理念，强化全员安全责任意识。组织参加民航运行单位值班领导上岗资格培训，实现持证上岗。选聘兼职安全监察员，强化日常监察力度，通过季度考核评价，促进安全监察员充分发挥作用，提高履职能力。

【服务品质稳步提升】 一是管理体系进一步完善。制定《服务监察制度》,细化"发现—整改—检验—关闭"的闭环监察流程,明确各级监察职责。对标北京总部,完善贵宾服务、厅内礼仪实操、职业形象等6项服务标准,重点统一贵宾区域、卡类销售、行李打包等岗位话语话术。修订《特殊旅客服务工作规范》,固化老年人便利服务措施。二是优化服务举措。对标"民航机场旅客服务质量标准",开展服务短板排查工作,梳理流程、标准等问题短板11条,制定长短期整改方案。开展服务问题自查自纠,全年收集上报问题153项,重点针对重复性问题,制定考核标准,加强考核力度。强化投诉管理,畅通旅客意见反馈渠道,通过发放服务承诺卡、在重点面客岗位配备录音设备等,制定针对性改进措施,编制《投诉处理手册》。及时响应客户意见,实施客供品种类季度调整、全区域提供正餐服务等提升举措。三是深入品牌建设。组织开展"服务品牌专项检查"活动,全面统一标志标识使用和摆放标准25处。持续开展服务品牌输出业务,为银行、税务局等多家单位开展礼仪培训28次。

【经营工作稳中有进】 一是加大市场开发。加强贵宾业务开发力度,全年新发展普通卡客户50余家;开展嘉宾向贵宾引流工作,转化客户近800人。积极拓展嘉宾业务,开展嘉宾畅行产品合作项目招商,分区域引入合作商,激发市场活力,全年销售会员卡2万余张;主动拓展移动全球通客户,推广旅客近5000人。二是加大客户维护。坚持做好冠名客户回访,保持有效沟通,响应客户诉求,既有冠名业务实现持续稳定。针对重点客户,提高接待标准,指定营销专员一对一服务,客户体验反馈良好,客户黏性进一步增强。积极配合银行推广贵宾服务,全年推出7期"您知道您是贵宾旅客吗",培养银行客户的使用习惯。优化畅行卡售后服务,跟踪客户首次使用情况,提升产品体验感。三是加大网络拓展。加强全国异地机场贵宾业务,业务快速恢复,并新增异地合作2家。完善省内业务链条,相继开通两家省内支线机场贵宾服务业务。试运行"晋享贵宾"公众号,探索线上线下营销相融合。

【行政管理高效有序】 一是持续抓内部管理。继续推进制度建设,修订制定《董事会议事规则》《工程管理实施细则》等制度。强化全面预算管理,严格执行月度采购计划,严控专项费用,严格落实北京总部人工成本管控要求。推动降本增效,与多家公司达成资源合作,有效节约运营成本。严抓工作落实,在做好年度重点工作督办基础上,加强日常工作清单管理。二是持续抓人员素质建设。以提升培养对象综合素质为目标,深入推进人才队伍建设,完成第一批人才培养工作,启动第二批人才培养计划。开展员工复训,重点围绕隐患管理、服务短板整改等方面,强化员工业务基础。开展"安康杯"技能比武,发现一批专业知识扎实、业务能力强的骨干员工。制定《员工培养实施方案》,以"师傅带徒弟"的方式助力员工快速成长。三是持续抓信息化建设。完成贵宾服务系统信息安全等级保护测评。继续推动贵宾服务系统功能优化,开发贵宾服务系统银行卡识别功能、多点位库存管理系统,完善贵宾服务系统摆渡车模块等。贵宾服务系统覆盖至大同、运城事业部。

【党建引领持续增强】 一是党史学习教育取得实效。党委把党史学习教育作为重大政治任务来抓,认真开展中心组(扩大)学习、读书班学习28次,组建党史学习教育宣讲团,开设"迎百年·学党史"学习专栏,开展庆祝中国共产党成立100周年"十红"系列活动,完成"我为群众办实事"具体措施22项,切实做到学党史、悟思想、办实事、开新局。二是不断加强党的政治建设。规范制度建设,制定《贯彻落实"三重一大"决策制度实施细则》《党委前置研究讨论重大经营管理事项实施细则》等制度7项。落实"第一议题"制度,全年落实党委会第一议题18次,中心组学习首要议题28次。推动党建工作清单化管理,分解《党建目标责任清单》40条。强化组织建设,全年发展党员19名。加强议事管理,全年召开党委会25次,研究重点事项50余个,充分发挥党委"把方向、管大局、保落实"作用。三是持续强化党风廉政建设。认真履行"一岗双责"要求,建立《党委及其成员落实全面从严治党主体责任清单》。建立领导干部廉政档案，全年开展廉政警示教育15次。持续改进职能部门工作作风，严格落实“答题”意识，强化服务基层理念。开展党支部纪检委员专项培训，充分发挥“近距离”监督作用。持续加强监督力度，全年围绕干部竞聘、员工续签、物资采购、合同谈判、疫情防控等重点领域重要环节，开展监督29次，政治生态“风清气正”。四是积极发挥群团组织作用。组建宣传员队伍，全年征集贵宾好故事50余篇。邀请统战人士列席参加党组织学习教育活动，广泛开展建言献策。持续做好“青”字号品牌建设，积极开展“春锋志愿”活动。深入开展精神文明创建工作，制定“一企一品”品牌建设方案。完成“四合一”阵地建设，该项目被列为省国资委党建工作重点项目库和首都机场集团公司创新项目，阵地标识取得著作权。

（王 君）

太原空港停车场管理有限公司

2021年，在上级党委正确领导下，按照航产集团《2021年重点工作目标责任分解》内容，太原空港停车场管理有限公司（以下简称停车场公司）坚持以习近平新时代中国特色社会主义思想为指导，逆水行舟，努力克服新冠疫情和地铁施工对经营工作带来的不利影响，积极开拓经营思路，增收节支，全力提高效益水平。

【生产经营】 一是按照太原市相关单位文件要求，春运期间停车场免费运行，收费部高度重视，积极应对，认真落实。利用设备功能，通过计价功能落实免费政策实施，既保证免费时段车辆免费停放，同时对部分非免费时段停放的车辆收取停车费。事后安排督察员进行核查，收费和免费车辆收费、免费时段清晰明确，没有旅客提出异议。二是积极与一嗨租车总部联系、沟通，成功签约租赁场地协议，规范出租车公司在车场的经营和交付旅客车辆过程，既取得较好经济效益，又抓好车场日常秩序管理。三是为应对疫情影响和道路客运市场严重萎缩冲击，充分利用自身行业优势和政策红利，采取多种措施，大力拓展车辆包租业务。全年完成航产集团内部包租车96趟次，外部包租车46趟次，太原机场航班延误保障1087趟次，西藏航空机组接送874次，并承揽东方航空不正常航班保障。

【生产安全】 坚持“100-1=0，没有安全一切归零”的安全理念，认真落实全员安全生产责任，不断完善安全基础工作，全年未发生责任原因引起的火灾事故，重、特大道路交通事故和重大社会影响事故。在疫情防控和国际航班保障工作中未发生员工疫情感染，总体安全形势平稳。一是完善安全生产责任制，强化安全责任落实。建立并完善经理全面负责、分管领导具体负责、各部门主管分头把关的安全生产责任制度，细化岗位安全责任，层层签订安全目标责任书、安全和消防承诺书，形成千斤重担众人挑，人人头上有责任的安全生产局面。按照《道路旅客运输企业安全生产标准化评价实施细则》要求，对安全生产体系进行重新梳理，修订公司安全生产管理制度，对应急预案、安全风险防范措施、岗位作业指导书等进行修订完善，停车场公司和五台山空港快线公司分别通过交通主管部门道路运输企业安全生产标准化二级和三级评审。二是加强全员安全培训，提升员工安全意识。始终把安全教育作为安全管理中的一项头等大事来抓，结合实际、季节特点制定安全教育培训计划，开展多种形式的安全教育和警示教育，通过分析事故案例，查找安全管理和生产工作存在的问题，增强从业人员安全意识。组织员工及外包服务商开展各类培训，深入学习新《中华人民共和国安全生产法》，利用线上云端学习App+线下方式开展疫情防控知识培训，结合“安全生产月”、“5·12”防震减灾日、安康杯岗位技能竞赛等开展应急处置知识培训，积极参与航产集团组织的急救知识培训，增强员工安全意识，营造良好安全文化氛围。

【党建工作】 在上级党委指导下，党支部深入开展党史学习教育，认真学习贯彻习近平总书记系列重要讲话精神，以从严治党为主线，坚持不懈地抓好思想、组织、作风、制度和党风廉政建设，为发展提供坚强政治和组织保证。一是抓党史学习教育，提高党性修养。把党史学习教育活动同安全、经营活动结合起来，制定《实施方案》，利用电子显示屏、展板等在工作场所营造浓厚的党史学习教育宣传氛围，全年以主题党日、集中学习、小组学习等形式开展党史学习教育专题学习10次，专题宣讲9次，支部委员讲党课6次。将党史学习教育活动同为群众办实事结合起来，及时了解诉求，解决实际困难。二是抓组织建设，提高党建工作水平。支委班子成员结合分工抓好分管部门党建工作，做到业务工作和党建工作一起部署、一起检查、一起落实。严格遵守“三会一课”制度，认真落实党内组织生活要求，开展1次组织生活会，2次专题组织生活会。严格按照程序做好发展党员工作，着重从一线优秀员工中培养发展年轻党员，切实增强党员队伍活力。2021年共发展3名青年员工成为预备党员，7名一线年轻员工被列为入党积极分子。在国际航班保障工作中，机场巴士运行部3名驾驶员向党支部递交入党申请书。三是抓党风廉政建设，筑牢党员干部拒腐防变的思想防线。认真落实党风廉政责任机制，严格党风廉政建设“两个责任”落实，通过航产集团内网《纪检监察》板块组织党员干部开展廉政学习，观看警示教育片《失重》，抓住节假日等特殊节点开展警示教育等方式，提高党员干部底线、红线意识。强化党员干部规则意识，形成自觉维护党的各项规章制度良好风气，筑牢拒腐防变思想防线。切实做好巡察整改工作，根据《山西航空产业集团有限公司直属党委巡察反馈意见整改方案》制定的整改时限，针对第二巡查组提出的整改意见，成立停车场党支部整改工作小组，制定整改措施并监督落实，确保整改工作稳步推进。四是抓精神文明建设，为创建文明城市贡献力量。认真组织全员开展创城工作，学习“创城”应知应会手册内容，熟知熟记社会主义核心价值观，通过服务专项培训提升窗口人员的服务意识和服务水平，组织党员干部在停车场内清理烟头、垃圾，用实际行动为“创城”作贡献。

【疫情防控】 按照航产集团要求，认真做好疫情常态化防控，对工作方案、预警机制进行实时修订，保证防疫物资储备充足。严格落实各项疫情防控措施，开展防控知识宣传培训，强化员工防护意识，坚持一线员工每周两次，一般员工每周一次核酸检测。掌握员工行程动态，认真开展旅居史排查，确保员工健康安全，坚持做好疫情防控信息报告工作。全力做好国际航班旅客转运和国际客改货航班保障工作，不断优化国际航班旅客转运流程，强化保障人员疫情防控知识培训，严格落实人员防护、车辆消杀和环境评估措施，确保疫情防控安全。截至12月31日，始终保持疫情防控“零感染”。

（孙桂明）

山西龙腾中天科技有限公司

2021年，山西龙腾中天科技有限公司（以下简称中天公司）按照航产集团总体思路和要求，以年初制定的工作计划为指导，克服内外部环境不景气，内部业务萎缩等困难，带领全体职工统一思想、开拓进取，强化经营管理，转变经营理念，确保安全指标、服务和利润指标顺利完成。

2021年，全年完成收入1689.79万元，实现利润153.14万元，领导班子紧抓生产不松劲，紧抓管理不松懈，紧抓新业务发展不停滞，借助三期改扩建项目及全省机场信息一体化契机提升自己，努力从集团公司走出去不断寻找新业务，咬紧牙关加油干，攻坚克难攀高峰。

【以党建引领工作，提供有力保障】 一是将党史学习教育与各项工作有机融合，提高党史学习教育质量，推动工作有力有序开展。党史学习教育有计划、有落实、有成效、有记录，全年党支部共组织党员开展党史集中学习44次，党史专题研讨8次，党史专题主题党日11次，党小组党史专题学习计20次，讲党史专题党课3次，党史专题宣讲14次。二是认真贯彻落实《中国共产党国有企业基层组织工作条例（试行）》，将党建工作纳入公司章程，将党支部党建工作项目化，较好地推动党建工作与生产经营融合。严格贯彻落实党组织前置研究讨论重大经营管理事项，2021年党支部特别加强对“三重一大”和选人用人事项的监督力度，完善党支部议事规则及前置研究重点经营事项内容清单，坚决贯彻党支部研究讨论为经理办公会讨论的前置程序，把参与企业“三重一大”(重大问题、重要干部、重要项目、大额资金)问题决策作为加强党的基层组织建设、发挥党支部政治核心作用和保持党组织先进性的重要手段。三是党支部始终坚持以人民为中心的理念，牢记人民利益高于一切，真心实意帮助职工解决实际困难，维护职工正当权益和利益，增强职工获得感、幸福感、安全感。党支部班子通过基层调研和谈心谈话，着力于聚焦解决职工群众最急最忧最盼的问题。领导班子成员严格落实联系点制度，不定期深入联系点实地调研，围绕解决改革发展稳定中的重点难点问题开展联系点工作，了解社情民意，谋划发展思路，解决发展难题。在群众关怀方面，党支部建立“不忘初心、牢记使命”长效机制并按要求开展党内关怀服务，及时了解并协调解决和帮助解决涉及群众切身利益的问题。扎实开展“我为群众办实事”活动,共计为群众办实事5件。四是严格党支部党内生活,抓好党员的日常教育和管理。严格落实民主生活会、“三会一课”、民主评议党员、组织活动日、党员学习日等党内生活制度，提高党员组织意识、纪律意识，加强党员日常教育和管理。按照“控制总量、优化结构、提高质量、发挥作用”总要求，有计划地培养发展党员，确保党员队伍质量。党支部现有2名入党积极分子，2名职工主动提交入党申请书。

【抓安全打牢基础，发展再上台阶】 2021年，中天公司将“没有安全，一切归零”的安全理念始终贯穿于各部门生产全过程，确保2021年各类信息传递畅通、准确、及时；杜绝民航局规定的重大信息不安全事件；杜绝责任原因发生火灾、重特大道路交通、重大社会影响等事故的发生；杜绝责任原因航空严重差错、航空一般差错。一是落实安全责任制。坚持将安全责任层层分解，并严格按照航产集团要求，每月对安全工作开展自查并按时上报相关安全隐患。二是以活动为手段，提高安全生产能力。加强安全生产专项整治、工作作风和工作纪律建设，开展“安康杯竞赛”和“安全生产月”活动，将系列安全活动与安全隐患排查相结合，与换季检修、月度安全隐患排查工作结合，进一步增强员工安全意识，提高安全保障水平和安全管理水平，对全年安全生产起到积极推动作用，确保全年安全生产目标完成。三是开展风险源识别和隐患排查。加强风险源识别和风险管控有效性工作，深化修订公司风险源识别制度，建立风险源及管控措施库；在风险管控基础上，每月查找隐患并限期整改，形成安全隐患闭环管理，杜绝不安全事件发生。四是应急管控工作。积极配合航产集团安全部门，加强日常运行维护，邀请网络安全公司对航产集团办公网进行隐患排查，逐步推进航产集团IP地址规划工作，协助航产集团开展密码应用评估工作，全年对“挖矿”活动、勒索病毒及各类安全漏洞进行全面排查封堵。五是加强安全培训。结合疫情、消防演练和“安康杯”竞赛活动，深入开展系列安全培训。包括生产安全、消防安全、机坪安全、网络安全、应急防控等方面，通过网络学习、实操演练、技术交流等新方式，认真做好每一次培训学习，健全培训档案和考核档案，切实提升公司职工安全意识和安全知识。六是抓好作风落实。为持续深入开展以“三个敬畏”为内核的从业人员安全作风建设，持续夯实“三基”，按照航产集团要求，中天公司深入开展安全作风建设教育整顿活动。从加强组织领导着手，把各项措施落到实处，对照航产集团规章、安全文件和科技公司制度，围绕主体责任、领导责任、岗位责任、宣传教育等内容深入进行自查自检，全面落实作风建设各项工作。

（弋小戈）

山西通用航空集团有限公司

2021年，山西通用航空集团有限公司(以下简称通航集团)认真贯彻新发展理念，主动融入新发展格局，高点谋划、主动作为、多措并举，重点发展、强化主营主业，全力拓展通航产业发展新局面。

【航空运输】 一是运营服务能力持续加强。优化短途运输省内环飞航线布局，改善偏远地区地面交通不便情况，逐步建立常态化运行态势，新开长治=大同省内航线。2021年,短途运输航线累计运行1186架次,运输旅客5608人,安全运行88686分钟(1478小时)。积极拓展"通航+旅游"业态,在偏关老牛湾、吕梁碛口古镇、运城盐湖、平遥古城、太原古城、长治大峡谷6个景点开通直升机低空游览项目,实现"黄河、长城、太行"三大旅游板块基本覆盖。全年低空旅游共执行2806架次,搭乘游客7478人,安全运行32673分钟(545小时)。二是通用机场建设稳步推进。以咨询—建设—运营一体化服务模式积极承接省内通用机场建设,稳步推进河曲通用机场前期咨询工作。协助实施繁峙直升机起降点建设,合作推进繁峙、阳曲等通用机场建设前期准备工作。三是产业园区合作不断深化。紧抓通用航空发展机遇,积极发挥尧城机场产业集聚效能,谋划"太原·清徐通用航空产业园区"规划前期工作。深化产业园区合作,规划以尧城机场为核心,打造"产、城、人、文"四位一体且"特色鲜明、产业发展、绿色生态、美丽宜居"的清徐通航小镇。四是企业核心能力全面提升。三晋通航通过旋翼机外载荷资质、空中游览飞行资质审定,主营业务运营资质得到有效补充;完成通信、导航、气象设备日常检修工作,安全保障省内短途运输航班936架次。五是科技创新动能不断强化。积极推动无人机公司资质申请、研发体系构建。完成"通用航空智慧运营及无人机技术山西省重点实验室"挂牌,通过"一种固定翼无人机起飞装置"项目申报及验收工作,申购取得4项实用新型专利及4项软件著作权,丰富、完善专利技术积累。六是基础保障能力持续完备。完成山西航空产业综合馆项目主体结构及部分道路广场绿化,进一步提升"太原国际通用航空博览会"办展硬件条件,完善尧城机场及清徐通航产业园发展设施环境。七是无人机业务多点开花。在中部博览会、晋城康养大会、武乡八路军文化旅游节等重大活动和晋阳湖庆典广场、太原方特欢乐世界等知名景点进行商业无人机飞行表演,提高通航集团知名度,开拓通航新业务。正式获批"民用无人机驾驶员训练机构",承接完成200余人次无人机驾驶员培训。八是航空应急救援业务取得突破。发挥应急救援体系中通用航空重要作用,协助省应急厅完成左权、陵川、阳泉森林大火航空救援保障工作。积极参与航空应急救援政府服务采购,中标山西省通用航空应急救援及森林防火服务采购项目和岚县直升机应急救援项目。借助尧城机场优势,发挥国有企业优势,担当作为,引入山西省航空护林站正式落户尧城机场,参与护林站管理。九是通航文化规模不断扩大。圆满承办第三届中国通航双创大赛和2021通用航空高质量发展论坛,积极宣传全省政策条件与发展环境优势,推动山西省通用航空产业和航空前沿技术发展,促进航空产业科技创新和成果转化的良性循环。参与第十二届中部六省博览会,集中展示山西通航企业在积极拓展通航运营服务、通航基础设施、通航保障体系等业务领域取得的成果。主办2021"空中看山西"摄影展活动,扩大山西通航影响力。依托尧城机场和新建机库,打造航空科普研学、青少年航空教育等通航服务业发展新亮点,申请获批省科协"山西省科普教育基地",2000平方米山西短途运输、低空旅游宣传主阵地对外开放运营,举行航空科学普及研学活动30多次,参与研学1365人次。十是产业合作重点项目协同推进。积极创新推进通航新兴战略产业高质量发展,航天神舟飞行器有限公司无人直升机飞行验证项目入驻尧城机场,推动直升机维修基地落户尧城机场。主动与国内大型航空企业对接洽谈,积极推进科研机场及大型商用无人机试验、国产民机备份仪表试飞验证平台和航空飞行气象探测平台、北方航材供应生产基地、国产ARJ21山西保障维修基地、尧城FBO基地、141航校等通用航空产业重点项目合作。

【党建工作】 一是开展党史学习教育,持续深化理论武装。围绕落实"学党史、悟思想、办实事、开新局"总要求,加强组织领导,制定工作方案,推动学习教育各项任务落实。进一步教育引导党员干部做到学史明理、学史增信、学史崇德、学史力行。二是加强党风廉政建设,营造良好政治生态。深入学习党章党规、党纪国法和全省国有企业领导干部警示教育大会精神,不断强化党员干部严守党的政治纪律和政治规矩的意识，作风和纪律建设得到新改进，营造风清气正政治生态。三是加大宣传工作力度，深化精神文明创建工作。通过微信公众号、视频号、办公网等渠道加大对发展动态及党建信息宣传力度，制作通航集团短途运输及低空旅游宣传片、《永远跟党走——庆祝建党百年华诞》微视频，讲好通航故事，展示企业形象。结合实际，开展“赓续红色基因，铸造蓝色梦想”精神文明品牌创建工作，培育和践行社会主义核心价值观，将精神文明建设工作引向深入。四是加强群团工作，凝聚队伍合力。发挥群团组织桥梁纽带作用，制定工会职工大会制度，建成综合服务阵地，开展重要节日慰问、探病走访慰问、大病捐助活动，组织参与朗诵、唱红歌、书画摄影、线上知识竞赛、主题征文等活动，开展2021年度“安康杯”技能比武活动、“五小”创新活动、粉红丝带乳腺健康讲座等活动。组织青年职工加强理论学习，利用“青年大学习”网上团课扩大学习覆盖面，开展春锋行动、学雷锋志愿服务活动等，提升团队凝聚力，激发工作活力。

【安全管理】 遵照省委、省政府及民航上级部门部署，秉承“没有安全、一切归零”理念，不断强化安全生产责任落实，逐步完善安全管理体系，积极推动规章制度落地，努力提升安全管理水平，确保疫情防控和安全生产运行平稳有序。一是慎终如初，常态化疫情防控工作。2021年1月，榆次使赵乡发生疫情，按照航产集团安委会会议要求，通航集团结合实际，制定一系列安全管理制度，建立健康管理员工作制度，确保短途运输业务及内部人员防控方面不出差错。2月，通航集团主动与清徐防疫部门对接，建立春运工作协调联动机制，将尧城机场监测预警工作纳入地方防疫部门监测预警机制。春运、春节、两会期间的各项疫情防控工作正常。5—6月，针对国内部分地区出现本土确诊病例的情况，通航集团及时应对，在安委会会议上多次强调疫情防控工作，要求各单位清醒认识疫情防控的长期性、复杂性和艰巨性，继续按照民航局《运输机场疫情防控技术指南》严格落实各项要求，保证疫情防控工作平稳有序。8月，为深刻吸取武汉多处工地群体性新冠疫情感染事件的深刻教训，以及山西航空产业综合馆工地出现次密接人员情况，从人员外出报备制度、防疫物资保障、日常消杀、宣传引导等方面，严格工地内部管理。10月，针对“2021通用航空高质量发展论坛”，积极与晋源区卫健体局沟通、备案，疫防办专业人员在大会前进行现场指导，圆满完成论坛疫情防控工作。二是警钟长鸣，强化安全教育培训。按照3月22日华北局航空安全作风建设和宣教工作动员会议精神，通航集团立即召开安全专题会议，进行安排部署，要求各单位认真汲取东海航空机组空中纠纷事件教训和“3·1”北大荒通航人工增雨作业坠机事故教训，围绕“三个敬畏”，认真做好2021年安全作风建设和宣传教育工作。5月底，组织全体干部职工观看《生命重于泰山——学习习近平总书记关于安全生产重要论述》电视专题片；总经理讲安全“公开课”，重温习近平总书记及中央有关领导对民航安全生产工作的批示指示及习近平谈总体国家安全金句。针对9月份新施行的《中华人民共和国安全生产法》，通航集团充分利用办公楼电视大屏、微信工作群“线上＋线下”等形式开展宣传贯彻，将新《中华人民共和国安全生产法》与三会一课结合起来，对重要条文进行逐条学习领会，并将其融入安全生产全过程，使干部职工从内心深处真正认识到安全生产的重要性，为企业安全平稳发展保驾护航。三是持之以恒，持续推进安全隐患排查治理。按照行业主管部门和航产集团要求，围绕通航集团安全工作重点难点，扎实开展一系列专项整治活动。安排组织开展安全生产大检查、三年安全生产专项整治行动、安全生产月、中国共产党成立100周年等专项活动，通航集团围绕直升机运行安全、维修安全、空防安全、消防安全、空管保障、疫情防控、保密安全、地面保障、后勤保障等多方面内容进行专项检查。四是闻汛而动，做好防汛救灾和灾后恢复重建工作。针对国庆期间尧城机场周边出现汛情，通航集团积极响应，全力以赴开展防汛抢险救灾，以最快速度转移安置山西航空产业综合馆项目工地工人，全力做好防汛抗洪工作。为第一时间掌握灾区实际情况与汛情趋势，通航集团无人机公司出动垂直起降固定翼无人机、旋翼无人机开展大面积巡查与应急实时监控，配合清徐应急部门开展应急救援工作，及时排查隐患，进一步完善防汛抢险工作的精准性和高效性。

（黄旭栋）

山西民航文化传媒有限公司

2021年，在股东会领导关心指导和上级各职能部门大力支持下，山西民航文化传媒有限公司（以下简称传媒公司）积极运营太原机场及运城、长治、大同、吕梁、五台山5个支线机场媒体资源，为实现山西航产集团可持续发展做出新贡献。

【经营分析及品牌建设】 2021年，太原机场及运城、长治、大同、吕梁、五台山五个支线机场在内累计实现营业收入3900.45万元，比上年3881.42万元增加0.49%，其中太原机场3305.9万元，运城机场190.93万元，长治机场111.56万元，大同机场151.93万元，吕梁机场101.69万元，五台山机场38.44万元。全年利润总额76.37万元。

太原机场。2021年国外疫情仍未缓解，全国疫情零星散发。传媒公司顺势而动、抱团取暖，力保大部分客户合作，为全年经营奠定存量基础。但有以下几项影响因素对年度计划收入形成较大冲击，一是部分客户续约价格受后疫情经济影响降低；二是因疫情期间资金链中断，部分客户提出终止合同；三是部分到期客户期满投放意愿不足未续约；四是停车场部分媒体设施因地铁施工拆除。上述因素对太原机场年度收入影响较大。

运城机场。针对2021年新的市场变化，传媒公司及早制订销售计划，与运城机场多方协调，不断开发新客户，销售工作较上年大幅度提高，新签广告合同8个，预计回款率能达到100%。主要困难是特许费150万元/年，成本费用较高。

长治机场。2021年长治机场经营情况不理想。一是旧航站楼已于9月19日终止运营，传媒公司收入于该日结束核算，影响全年收入；二是新航站楼启用，大部分客户倾向投放新楼，传媒公司持续与长治机场商谈新航站楼广告媒体合作经营事宜，已草拟新航站楼媒体招商方案给机场方审阅。

大同机场。大同机场受后疫情经济影响，广告市场呈疲软状态。根据市场形势，传媒公司转而采用短期签约策略，向客户推荐投放周期较短、价格相对便宜的媒体，推动大同机场媒体销售。

吕梁机场。吕梁机场较其他支线机场旅客吞吐量一直较少，2021年虽受后疫情影响，但到期合同均正常续签，媒体发布率为100%。

五台山机场。2021年客户投放需求不高，下半年虽新签两家金融客户，但媒体空置率较高。

【经营创新举措及亮点】 2021年受后疫情经济影响，部分客户投放意愿不明显，持观望态度，为打开市场、推动签约，传媒公司从5个几方面着手扩宽经营渠道。一是召开客户恳谈会。与主要客户深入探讨机场媒体经营思路，理顺经营方向，谋求合作共赢。同时主动与各支线机场合作开发广告业务，共同拓展市场，深挖潜在客户，全面由过去的“等客户”向“跑客户”和“抢客户”转变。二是创新提出“空置媒体预代理”模式。代理公司与传媒公司签订战略合作协议，扩大代理公司媒体量，提升代理公司签约率。该模式得到客户认可，未来将继续推行。三是积极发挥华北大区联动营销机制，借力华北大区营销平台及联动营销模式，努力拓宽经营空间。四是开展“6·18”媒体促销方案和“金秋”媒体大促方案。在“6·18”“金九银十”“双十一”营销旺季加大宣传力度，实行媒体签约满减、媒体单月组合套餐等销售策略，促使目标客户顺利签约。五是持续加强应收账款回款工作。2021年各代理公司受疫情影响回款速度放缓，到款率为70%，存在一定风险。传媒公司已制定应收账款催缴方案，主动走访客户，积极与客户沟通，争取顺利回款。与此同时，多措并举，追缴欠款。2021年涉及历史诉讼案件9家。全年诉讼欠款预计可回收136.8万元，截至年底已收回欠款74.19万元。为履行社会责任，加强品牌建设，传媒公司始终秉持“立足机场、服务社会”的原则，密切政企关系，履行社会责任，加大为政府及机场的服务力度，发挥窗口媒体作用。不断提升媒体资源的社会与商业价值，为政府、机场及其他驻场单位提供各类公益宣传。全年公益宣传共计62项，其中有“参军报国 不负韶华”“电信防诈骗”“中国中部投资贸易博览会”“党史学习”“百年大庆”“创建文明城市”“红色教育”“24节气——裸眼3D视频”等，共3199平方米。获得政府、机场等各方认可，传媒公司品牌得到更广泛的宣传。

【疫情防控及监督检查】 为持续巩固疫情防控“三个零”目标，传媒公司高度重视，严格落实“四方责任”，按照“应接尽接”的原则全面接种新冠疫苗及加强针，毫不放松抓好“外防输入、内防反弹、人物同防”各项工作。一是持续完善制度落实责任。严格贯彻落实各项防疫举措，持续加强疫情防控及监督检查工作。全年共开展疫情风险场所关联人员排查110次，先后修订并实施《新冠疫情防控工作细则》8版，不断完善修订《新冠疫情应急处置预案》，明确分工，落实责任，有序推进各项疫情防控工作。二是持续强力推进疫苗接种工作。按照“应接尽接”原则全面接种疫苗及加强针，传媒公司全员及服务商员工疫苗接种率均为100%，且公司全员已基本完成加强针接种。严格落实一线员工个人防护要求，一线员工及服务商员工在巡视期间佩戴N95口罩、手套及护目镜。按要求增加核酸检测频次，一线员工及服务商员工每周2次核酸检测，非一线员工每周1次核酸检测，确保防疫安全工作落实到位。三是强化纪律，加强督导检查。加强常态化个人防护要求，严格服务商管理，传媒公司全员及服务商坚持每日“健康打卡”制度，做好八小时内的监管和八小时以外的监督，持续抓紧、抓实、抓细防控工作。每周开展疫情防控监督自查，做好防疫物品采购与下发，及时传达学习中央和上级有关疫情防控的文件精神，做好疫情防控知识和法律宣传贯彻，督促全体员工加强防控，科学防护。

【媒体维护及安全管理】 2021年，传媒公司严格按照山西航产集团和北京首都机场广告有限公司总体要求，加强疫情防控和媒体安全管理，细化安全考核指标，层层签订安全责任书。严格贯彻习近平总书记关于安全生产系列重要指示批示精神，严格控制区证件办理，对安全隐患零容忍，确保所辖媒体安全无事故。一是加强安全制度建设。结合审计要求和建议，完善安全工作台账，对发现问题及时整改。每月定期组织巡视、维保服务商召开沟通协调会，每季度及重保任务前媒体管理部组织员工及外包服务商进行应急演练和安全培训，制定工作方案，提高安全意识和业务能力。同时制定安全文化宣传园地，将安全口号、安全禁令等内容上墙展示，确保工作有标准、有计划，形成完整闭环管理。二是高度重视安全生产。长期对太原及支线机场开展安全隐患排查，对发现的问题立查立改，总结经验教训。5月启动用电媒体线路专业检测项目，聘请拥有专业检测资质的单位对太原及各支线机场媒体线路进行地毯式检测，对发现问题及检测结果形成报告并及时整改。9月22日，线路检测及整改工作全部结束，发现问题全部清零，截至年底，传媒公司所辖媒体线路运行状态良好。中国共产党成立100周年及其他重保期间，开展电子媒体及网络安全隐患排查，确保“一键关停”设备有效性，制定值班安排，加强巡视频次和巡视力度，多次组织应急演练，强化应急处理流程的熟练程度，确保所有视频类媒体及网络信息运行正常。3—4月期间，传媒公司投资77.35万元对太原武宿国际机场航站楼户内外光源进行LED亮化改造，改造LED媒体119块、面积902.54平方米，在整体照明效果和光照均匀度上有明显改善，同时有效降低媒体故障率，并达到节能环保要求，为提升媒体品质，吸引优质客户，提升机场整体形象起到积极作用，助力建设绿色、平安广告。

【行政管理及培训工作】 认真落实并持续完善各项制度，加强台账科学管理，以行政助力传媒公司安全生产及市场经营。加强考核管理，强化督办意识，行政效能得到提升，工作质量和效率显著提高。坚持各项行政工作有计划、有执行、有总结。重视全员职业素养培训和职业道路规划，强化人才梯队建设，严格规范选人用人，明确岗位分工，明晰工作职责。在工作中引入培养和传帮带，不仅适用于岗位要求，更要跟上数字化改革行业发展大趋势。统筹推进常态化疫情防控和创新发展，提升员工专业素质能力。积极组织全员参加山西航产集团及北京首都机场广告有限公司举办的“云课堂”、文秘及制度等学习培训，同时组织全员积极参加核心能力建设学习研讨、“三牛精神大家谈”、“庆祝建党100周年职工书画作品评比大赛”、“国际档案日”等各项活动，引导全员结合实际系统学习、深入思考，探寻未来发展方向。

【强化党建与主题教育】 2021年建党百年，传媒公司强化党建引领，全面加强党建工作。坚持以习近平新时代中国特色社会主义思想为指导，认真学习领会中共十九大及十九届历次会议精神，树立“四个意识”、坚定“四个自信”、坚决做到“两个维护”。始终把意识形态工作放在重要位置，推进党建与业务融合发展，落实“一消一控两创”。坚持“三重一大”和“三会一课”制度，按照广告公司党委巡察反馈意见全面落实整改，强化“三基”建设，健全规章制度，加强考核管理。同时持续强化疫情防控，加强党风廉政建设，充分发挥基层党组织的战斗堡垒作用。深入开展党史学习教育活动，制订党支部党史学习教育活动计划，学党史、悟思想、办实事、开新局。学以正心，树立正确党史观；学以致用，切实为群众办实事解难题；学以创新，不断增强针对性和实效性。面向社会、面向行业、面向群众办实事，落实公益宣传，加强“四型广告”建设，应用全景技术推广线上营销，提升员工办公环境，加强基层调研，解决员工薪酬诉求问题，加强与支线员工交流及关怀。同时建立华北大区党建学习、“主题党日”等活动机制，丰富党日活动内容和形式，有效推进大区内部党建与业务深度融合。全年组织党员集中学习40余次，召开党员大会5次、党支部委员会19次、支部书记上党课4次，党日主题活动17次，新闻宣传报道30篇，按时收缴党费。为传媒公司经营、安全及疫情防控提供坚强的政治保障，较好地完成各项工作。

（孔　婷）

山西航空产业集团机务工程技术公司

2021年，山西航产集团机务工程技术公司（以下简称机务公司）共保障航班62158架次，同比增加4.9%；全年累计收入3358.8万元，累计成本费用3018.7万元，实现利润总额340.1万元。

【全省机场机务一体化管理】 一是统一干部选拔、交流，改善支线机务安全管理薄弱问题。二是统一放行人员调配。2021年外派技术支援47人次，处理航空器故障820起，较2020年增长43.8%。收到协议航空公司表扬信15封，省内5个机场达到维修放行全覆盖。三是统一资质能力提升。安排支线机务人员到太原实操培训，提升支线维修放行人员专业技术能力水平，截至年底，长治、吕梁地点能够开展航后保障，大同地点可以独立换轮。2020年77人持有基础执照，2021年新增12人，增幅15.6%；2020年87人取得机型证书，2021年新增27人，增幅31%。启动A320系列机型定检能力增加准备工作。四是统一工具设备管理。统一购置、维护、鉴定，避免重复投资、资源浪费。五是统一维修生产控制。严格信息通报、监控保障节点，保证生产安全、顺畅、有序。六是统一维修业务拓展。与南航协商取消吕梁、忻州地点无过站放行，签署维修放行协议；与东航、海航、深航、邮航签署太原地点除防冰协议；与山东航签署太原地点航线维修放行协议；与临汾机场签署机务维修放行合作协议；与成都航签署ARJ21维修协议。

【航空安全】 一是信息化建设。利用维修业务信息管理平台——“机务维修网”持续开展信息化建设，实现太原、长治、大同、忻州、吕梁5个地点安全管理体系建设全覆盖，推进规章、标准落地。二是维修作风建设。制定工作作风建设和宣教方案，出台管理办法、负面清单、作业规范，严格监管、严格考核，2021年下发安全监察通告6份，对16名违规责任人进行处罚。三是风险隐患管理。建立以数据驱动、风险管理为核心的隐患排查治理机制，动态管理问题隐患和风险防控措施“两个清单”。以周为频次开展监督检查，下设5个地点以视频形式在安全生产委员会上汇报控制措施落实情况以及新增隐患治理情况。2021年自愿报告系统收集安全生产建议320条。

【党建工作】 一是思想建设。将学习习近平新时代中国特色社会主义思想和中共十九届历次全会精神作为“三会”的第一议题，同时开展国有企业党的建设、推进国资国企改革知识学习。2021年开展党课教育15次。进行“党史学习教育”专题学习、交流研讨、召开专题组织生活会、民主生活会。二是制度建设。出台8项党建类规章制度，为工作开展提供制度保障；严格执行《党总支会议议事规则》《“三重一大”决策实施细则》《前置研究讨论重大经营管理事项实施细则》，将加强党的领导和完善机务公司治理相统一，2021年召开党总支会议37次，把方向、管大局、保落实。三是组织建设。按照党组织选举工作程序及要求，完成机务公司各级党组织机构建立健全、干部配备工作；开展党支部规范化建设、落实党员的日常教育管理及发展工作，开展党员先锋岗活动，党员亮身份，做示范带动周围群众。四是文化建设。每月召开人员思想分析会，及时解决存在问题并定时向职工反馈问题进展情况；创建微信公众号，建立通信员队伍，发表120篇新闻；开展庆祝中国共产党成立100周年知识竞赛、红歌会等活动；开展“一企一品”品牌建设工作，打造“航产工匠先锋”品牌；开展“我为群众办实事”活动，深入各地点基层调研，了解职工“急难愁盼”，列出责任清单并限时督办，完成社保办理、劳保用品配备等实事办理35项。五是廉政建设。定期召开党风廉政专题会，贯彻上级党风廉政要求，全年开展廉政专题学习30次；组织召开“全面建设清廉国企”专题民主和组织生活会；组织开展采购业务、疫情物资管理等自查工作。六是群团建设。开展群团机构组建工作；开展建言献策、慰问隔离人员及大病特困职工等送温暖活动；为航产集团篮球队、羽毛球队输送主力队员；应用新媒体以直播方式实现多地点同时开展“安康杯”技术比武大赛；积极组织团员参加航产集团公司青创大赛，成立青年突击队，主动参加疫情一线防控工作。

【疫情防控】 及时研判疫情形势，4次修订疫情防控手册。2021年机务公司投入防疫经费17.3409万元、组织核酸检测6846人次、人员疫苗接种率达到99.5%、开展防护服穿脱等防控知识培训36次，专项考试13次。严格落实国际分流航班疫情防控措施，开展航后驾驶舱消杀等工作，全年保障国际分流航班80架次，16人次参与专班保障，员工防疫“零感染”。

（李　莉）

运城机场有限责任公司

2021年，运城机场有限责任公司(以下简称运城机场)旅客吞吐量191.9万人次，货邮吞吐量7306.5吨，完成年度运输任务。2021年，运城机场开通30条航线，35个城市。夏航季新开南通—运城—银川航班，首次开通南通航点。宁波航班由每周四班加密至每天一班，恢复西宁、银川航点。冬航季加密运城—武汉每天两班，优化大连—运城—南宁、海口—运城—沈阳航线。

【党建工作】 2021年，运城机场坚持以习近平新时代中国特色社会主义思想为指导，深入学习贯彻中共十九大、十九届历次全会精神和省委、市委党代会精神，坚持以党史学习教育为主线，牢牢把握“学党史、悟思想、办实事、开新局”要求，将学习融入日常、抓在经常，促使党员干部真正做到学史明理、学史增信、学史崇德、学史力行，推动全年党建工作顺利开展。认真落实“一岗双责”，促进党建和党风廉政建设工作与业务工作深度融合，做到同部署、同考核，以完成好重点工作任务、维护好政治生态的实际行动拥护“两个确立”，做到“两个维护”。

【安全管理】 2021年，面对新冠疫情冲击和运行安全双重压力，运城机场按照民航局和省市各项防控要求，落实好常规性和阶段性防控措施，将“四个百分之百”要求贯彻始终。把握安全发展态势，在趋势研判中把握规律特点。从新冠疫情暴发初期至今，从各部门抽调人员30人组成专门疫情防控队伍，将防疫人员增加至48人。投资35万余元，购买消毒机器人，在候机楼内定时进行环境消毒；个人防护用品投资20万元，全年防疫投资共计55万元。所有员工100%接种疫苗，每周两次核酸检测。严格境外旅客管控，2021年以来，共排查境外入运旅客1341人，均进行点对点交接，牢牢守住运城“外防输入”防线。全年鸟防工作取得显著成效，未发生机场责任原因鸟击航空器事件，做到持续安全。

【服务质量】 2021年是民航服务质量标准建设年，着力提升服务品质，不断完善服务标准体系，持续提升以航班正常工作为牵引的服务质量，全年航班正常率为89.83%。制定“真情服务”管理制度，推进老年旅客便利化服务和旅客中转便利化服务。坚持开展学雷锋志愿服务活动，全力推动“我为群众办实事”活动扎实开展，确保办实事工作不打折扣、富有成效，提高人民群众的满意度和获得感。

【扩建工程】 航站区改扩建工程通过国内行业验收复查与航站楼国际部分行业验收。9月通过口岸市级验收，已具备国际口岸开放条件，等待省级、国家级验收。边检营房建设，2021年12月底边检楼主楼内外装修工程已完成95%。周转房主体完成，准备进入装修施工，2022年6月10日完成。飞行区改扩建工程，2021年6月开工建设，已完成1710米跑道道面及12~17号停机位建设，11月通过飞行区12~17号机坪的竣工验收，2023年12月底全部完工。

【乡村振兴】 从群众“急难愁盼”具体问题入手，帮助村民销售自产农产品，解决村民生活困难。积极落实引水工程，8月15日完工。督促毛家山村委于6月30日召开全体党员干部大会，商议面粉加工厂对外承包事宜并发布公告对外承包，毛家山农副产品加工厂也顺利移交村集体，并承包给致富能人，运营正常。

【工会活动】 3月学雷锋日、妇女节、植树节等节日相继开展学雷锋示范岗、“巾帼新担当，芬芳新时代”插花沙龙、机场新航站楼植树活动、“青年节”组织筑梦杯羽毛球赛、“永远跟党走”歌咏比赛等，弘扬志愿红、献礼“半边天”、播种文明绿，进一步增强实践活动的影响力和感染力，增强团队意识，凝聚思想共识，弘扬新时代民航精神。在宣传方面，“幸福的一天”视频被华北民航工会公众号采纳3部，“情系女职工 法在你身边”法律知识竞赛全省100名排行中有机场6名职工；6名职工书画摄影作品获民航工会优秀奖。开展“我为群众办实事”实践活动，建立“妈咪小屋”，彰显人文关怀。通过制订《实施方案》，梳理工作台账，厘清任务清单，时刻筑牢“安全第一，优质服务”宗旨，始终把“旅客满意，职工幸福”作为检验群众满意的重要标尺，切实把“办实事、解难题”落实到位。5月份组织部分职工及子女走进德育教育基地和红色革命传统教育基地——麦来少年宫，开展“关爱职工儿童，弘扬优良家风”红色教育活动，用实际行动践行习近平总书记提出的“注重家庭，注重家教，注重家风”指示精神。

（李　鸣）

山西交通运输

2022 年鉴

区域发展

太原市

太原市交通运输局

2021年，在市委、市政府坚强领导下，在省交通运输厅精心指导下，全市交通运输系统立足新发展阶段，全面贯彻新发展理念，积极融入新发展格局，交通运输事业取得新成效。局党组全年共向市委、市政府和省交通运输厅请示汇报工作136次，市委、市政府和省交通运输厅领导专门做出指示批示41次，全市交通运输仓储业规模以上企业全年完成营收825.78亿元，增速75.93%，交通运输固定资产完成投资91.69亿元，同比增长66.6%，圆满完成市委、市政府目标考核任务和省交通运输厅重点工作指标，被授予全省交通运输系统重点工作完成情况优秀单位。

【综合立体交通网络加快构建】 一是高位谋划落实《交通强国建设纲要》。着力强化全市交通运输建设顶层设计和规划引领，制定出台《太原市贯彻落实〈交通强国建设纲要〉的实施意见》，编制印发《太原市“十四五”综合交通运输体系规划》，为全市交通运输事业发展绘就蓝图。二是重点推进高速公路及太忻大道建设。西北二环项目持续推进，全年完成投资75亿元，累计完成115.34亿元。全力推进古交至娄烦至方山高速公路前期手续。高标准推进太忻大道建设，以实际工作成效贯彻落实省第十二次党代会决策部署，助力打造山西中部城市群发展“北引擎”。三是积极推进“四好农村路”和旅游公路建设。全年完成“四好农村路”建设里程92公里，完成投资4.73亿元；完成旅游公路建设里程115公里，完成投资7.55亿元。农村公路管理养护体制改革工作扎实推进，以市政府办公室名义印发《深化农村公路管理养护体制改革实施方案》，农村公路“路长制”100%实施，全年累计投入5266.3万元用于农村公路养护，优良中等路率达93%，全市农村公路治理体系规范化建设水平明显增强。晋源区农村公路管理养护体制改革试点工作取得阶段性成效。小店区被授予2021年“四好农村路”省级示范县。

【交通运输服务能力稳步提升】 一是“公交都市”创建成果持续深化。全年新开太原至古交城际公交、轨道交通站点接驳公交等10条线路，优化、调整90余条线路，新采购投运纯电动公交车529辆。在全国率先实现社会保障卡加载“交通一卡通”功能，推动“一卡通”在全市公交、地铁实现互联互通。圆满完成中博会、2021年太原能源低碳发展论坛等重大活动服务保障工作。7月30日，交通运输部正式命名太原市为“国家公交都市建设示范城市”。二是轨道交通运营秩序持续规范。编制实施《太原市城市轨道交通运营管理办法》《太原市城市轨道交通运营重大隐患治理督办制度》等一系列规章制度，制定《太原市城市轨道交通运营突发事件应急预案》《太原市城市轨道交通运营突发事件公交接驳应急处置方案（试行）》等一系列应急预案，组织开展安全风险排查治理和综合应急演练，妥善处置地铁站雨水倒灌风险性事件，轨道交通运营管理水平持续提升。三是农村客货邮融合发展稳步推进。联合市邮政管理局制定《太原市交通运输局客货邮融合发展工作方案》，构建交通运输、邮政、物流快递等部门协同联动机制，指导推动阳曲县开展客货邮融合发展“示范县”创建工作，建成1个综合服务站、开通2条交邮融合线路，农村客运、货运、邮政快递融合发展取得实质性进展。

【绿色交通体系加速构建】 一是大力开展绿色出行创建。制定《2021年度太原市公交都市创建暨绿色出行创建工作任务书》，持续推动优化公交线路和公共自行车站点布设、加快公交场站建设、升级公交智能化信息化设备、拓展公交专用道网络、完善无障碍基础设施。二是扎实推进绿色货运配送示范工程建设。制订完善《太原市城市绿色货运配送示范企业认定与管理考核办法》《太原市城市绿色货运配送示范车辆运营补贴办法》，推动实施新能源货车便利通行和补贴政策，2021年年底全市新能源货车保有量达5838辆；加快城市货运配送体系建设，建成投用干支衔接型货运枢纽4家、公共配送中心13家、末端共同配送站3240个。三是持续抓好运输结构调整。大力推进“公转社”，积极配合市发改委推进清徐精细化工园区铁路专用线建设，年度完成铁路货运量4390万吨，同比增加264万吨。四是全力抓好行业生态环保工作。持续推进国Ⅲ及以下排放标准营运中重型柴油货车淘汰工作，2021年完成淘汰2440辆，累计淘汰7792辆，圆满完成省下达的目标任务。全面实施机动车排放检测与强制维护制度，常态化开展柴油货车联合执法路检路查，加大公路预防性养护和路侧清洁力度，高标准做好中央环保督察反馈问题整改工作，反馈交办的4个问题全部办结。

【行业治理能力持续提升】 一是法治部门建设持续深化。认真开展交通运输执法领域突出问题专项整治，深入开展“六类问题”排查纠治，省厅督办的34个问题全部整改清零，行业执法行为法治化规范化水平明显提升，全年累计开展行政检查1537次、实施行政处罚1588次，未发生一起复议诉讼案件。广泛开展“路政宣传月”“依法行政宣传月”活动，积极利用报刊、电视、广播等形式大力宣讲宣传交通运输法治知识。深入开展法治学习，认真组织法律法规知识培训，提升全体干部依法履职意识和水平。严格落实《山西省行政规范性文件制定与监督管理办法》，加强内部重大行政决策、规范性文件合法性、公平竞争审查，有效提高决策科学性。二是文明交通综合治理深入开展。常态推进行业创城工作，公交车、出租车“礼让斑马线”活动示范效应显著。8月14日，央视《新闻直播间》以《公交车出租车带头 礼让率显著提升》为题报道太原市礼让斑马线情况。狠抓行业规范化管理，常态化开展联合打击非法营运，着力规范出租车行业运营秩序，专项开展网约车合规化整治工作，共清退不合规网约车车辆9600余台、驾驶员9700余名，全市网约车合规化进程成效显著。开展共享电单车专项清理行动，一次性清退全部5家共享电单车企业，清理共享电单车64857辆；研究出台《太原市互联网租赁自行车运营企业服务质量考核办法》，实施共享单车“一车一牌”管理，实现13万辆单车规模控制，受到市人大主要领导高度评价。三是“平安交通”建设不断加强。持续深化“扫黑除恶”专项斗争，坚决打击交通运输行业违法犯罪；深入开展“扫黄打非”“禁毒”活动，举行禁毒宣誓仪式，开展禁毒宣传教育，组织吸毒检测筛查，确保交通运输行业健康有序发展。

【安全生产和疫情防控工作统筹推进】 一是安全生产形势平稳有序。扎实组织全市交通运输系统安全生产三年行动，开展全方位、全链条、多层次整治行动，全面加强交通运输行业安全风险防控和隐患治理，从源头准入、监管执法、基层基础、应急救援等方面补齐安全监管短板，夯实行业安全基础。组织行业重点领域1146名企业主要负责人签订安全生产履职承诺书，制定安全生产监督检查计划，常态化组织督导检查，累计排查安全生产一般问题隐患3014条，整改率达100%，形成严抓严管工作态势，全年未发生较大及以上安全生产事故。严格“一超四罚”，强化超限治理，全市交通运输系统超限超载率严格控制在0.2%治理目标以内。二是铁路沿线安全环境治理有效开展。建立全市铁路沿线安全环境治理联席会议制度，实施“双段长”工作机制，构建路地协同治理工作平台，形成全市铁路沿线安全环境管理常态化工作格局。深入开展铁路沿线安全风险隐患排查治理专项行动，全力推进铁路沿线风险隐患存量问题整改落实，全年共整改169项，销号率93.37%，高标准完成年度治理任务。三是常态抓好行业领域疫情防控工作。突出长途客运、城市客运、冷链物流等重点领域、重点部位、重点环节，严格落实防控举措，全力防范疫情通过交通运输渠道传播扩散风险。四是全力推进防汛救灾和灾后重建工作。坚决贯彻落实习近平总书记关于防汛救灾工作的重要指示精神，按照省、市党委政府部署，细致摸排、周密部署，倒排工期、全力实施，应急抢通阻断交通200余处，完成应急抢通项目136个，推进恢复重建项目129个，为做好灾后重建工作做出交通贡献。

【坚持党建引领行业发展】 一是始终把政治建设摆在首位，严格落实"第一议题"学习制度，中心组34次学习研讨习近平总书记重要讲话、重要论述、重要文章，跟进学习中共十九届五中、六中全会精神，进一步树立"四个意识"、坚定"四个自信"、坚决做到"两个维护"。扎实开展党史学习教育，不折不扣做好规定动作，创新开展"六个一百"系列活动，贯穿推动"我为群众办实事"，34个承诺事项全部办结。开展庆祝中国共产党成立100周年暨学习贯彻习近平总书记"七一"重要讲话精神系列活动，组织"亮身份、作表率、当先锋"主题活动，选树70余名优秀共产党员、20余名优秀党务工作者，在全系统形成引领示范效应。扎实做好行业意识形态领域工作，坚持每季度分析研判行业意识形态工作形势，严格落实意识形态工作责任制，进一步强化宣传教育、舆论引导、舆情处置等工作落实，为行业有序发展提供有力思想保证和舆论支持。二是坚持全面从严治党不放松。始终把党的作风建设贯穿工作全过程，第一时间传达学习市纪委各类问题通报，组织观看警示教育片，开展"纪律作风整顿暨党风廉政教育月"活动，组织4个轮次全覆盖式监督检查，累计给予党纪政纪处分4人，责成6人作出深刻检查，强化有错必究、有责必问、执纪从严的工作态势。深入开展领导干部违规入股企业问题专项清理，调查核实9人相关情况，跟进做好问题整改、追踪问效。认真开展公职人员回迁户口享受村（社区）福利、与民争利专项清理，6人主动清退27万余元。三是着力提升党建工作质量。坚持以"规范化标准化建设"为抓手，先后19次研议推动基层党建工作，开展2个轮次督导检查、8个轮次专项督查，基层党组织政治功能、组织功能进一步提升。牵头组织推进快递物流行业党建工作，创新谋划实施"强基、强质、强效"三强工程，打造快成物流、易通天下、一汽清徐服务站等示范样板，得到中组部有关部门认可。四是持续抓好干部和人才队伍建设。积极做好局系统干部调整，提拔正科级干部15人，副科级干部5人，交流转任正科级干部16人、副科级干部1人，提高职级待遇6人、保留正科级待遇14人，以军转干部安置方式接收2名科级以下年轻干部，有效改善干部结构，激发工作动力。扎实推动局属事业单位改革进程，完成市交通运输综合行政执法队领导班子和中层干部调整配备工作，修订完成局属事业单位"三定方案"，明确主要职责、内设机构、人员编制等相关规定，确保全市交通运输行业系统履职到位、执法到位、监管到位。

与此同时，注重抓好行业精神文明建设和双拥工作落实，工青妇和离退休干部工作有序展开，军民融合与交通战备工作稳步实施，驻村扶贫工作与乡村振兴战略有效衔接，人大代表、政协委员提案办理积极推进，切实为全行业健康有序发展凝聚力量、夯实基础。

小店区交通运输局

2021年，区交通运输局领导班子认真落实区委、区政府各项工作要求，以党建工作为引领，以打造"文化交通、科技交通、安全交通、廉洁交通、生态交通"为工作目标，抓班子、带队伍，圆满完成各项任务，获得"四好农村路"省级示范县、"红歌颂党恩奋进新征程"小店区庆祝中国共产党成立100周年大合唱比赛三等奖等多项称号。

【政治思想建设】 认真贯彻落实习近平新时代中国特色社会主义思想、中共十九大和十九届历次全会精神，深入学习习近平总书记视察山西重要讲话重要指示及省、市党代会精神，认真贯彻落实区委决策部署，扎实开展党史学习教育、"三会一课"、主题党日等活动，敏于结合、善于转化，全力推动各项工作落到实处。全年共组织编写交通信息147期，在中新网、中国报道网、澎湃新闻、今日头条、《太原日报》等媒体刊登70余条，切实履行第一责任人职责，在全局干部职工中进一步树立“四个意识”、坚定“四个自信”、坚决做到“两个维护”。

【党风廉政和作风建设】 在落实主体责任上，带头严格执行区委、区纪委制定的党风廉政建设有关规章制度，建立完善多项制度并贯彻执行；在落实监督责任上，与一线人员签订廉政承诺书，在全局范围内开展纪律作风整顿，组织党员干部前往狄仁杰文化公园开展党风廉政警示教育活动。

【突出公路建管养主责主业】 组织完成小仁线（小北格至208国道）公路改造工程、东山五龙森林公园惕龙湖至小西沟路面修复工程、农村公路安全养护提升工程、防汛应急抢险保通等工作。

【强化企业安全监管】 严格落实党委领导责任、部门监管责任、企业主体责任，加大安全隐患排查力度，实现安全生产“全年零事故”。共出动执法人员962人次，执法车辆320台次，检查企业293余次。

【打赢疫情防控阻击战】 2021年以来，共4次协同公安、卫体、交警等部门在全区6个高速出口设立防控卡口，150余名干部职工全员出动。同时，全局90名党员干部及个人车辆列入核酸检测样本转运保障范围。

【背街小巷治理】 晨光西街、太航市场、二校街无名路、汾东北路西六巷、新联巷等大中修道路、44条路面小修治理道路已全部完工，安保设施项目共设置隔离护栏4500米，划设道路标线29000平方米，安装警示柱46根，安装导向牌15组。

【环保路面管控】 联合交警、环卫、应急分队等部门组成联合执法队，每晚对渣土车遮盖不严、沿途抛撒等货运车辆和超限超载车辆进行查处。联合交警、小店环保分局，对重点车辆进行尾气检测。设置6个固定检查点，开展禁燃煤管控。完成国Ⅲ及以下车辆淘汰工作。

【防范电信诈骗宣传】 邀请小店公安分局反电信诈骗讲师作《防范电信网络诈骗》专题宣讲。依托刘家堡超限检测站，对过往车辆、行人全天不间断进行宣传。深入监管企业开展反电信诈骗宣传。

【铁路沿线环境安全隐患治理】 省铁路沿线环境安全隐患入库的小店区辖区内38条安全环境隐患已全部销号，同时对在排查整治中发现的另外4条安全环境隐患已进行彻底整治，共完成安全环境隐患整治42条。

【扎实做好普法工作】 局主要负责人切实履行法治建设第一责任人职责，带头学法用法。围绕宗旨不牢、作风不优、本领不强、担当不力、执法不廉、管理粗放六个方面的突出问题进行全面整治，每一名执法人员对照六大问题类型、28项具体问题逐一查找，人人做出廉政承诺。

迎泽区交通运输局

2021年，迎泽区交通运输局认真贯彻党中央《交通强国》战略方针，紧密结合辖区实际，在上级交通运输部门指导下，扎实履责，较好地完成全年各项工作任务。

【重点公路建设】 一是2020年结转松小线至杏花岭界森林防火通道公路建设、董家庄至森栖谷公路建设、太原市东西山旅游公路支线307至孟小线连接线、太原市东西山旅游公路支线张新线和小郝线均已按期完工；二是完成农村公路指示牌、路长公示牌安全设施增设工程。2021年度对4条县公路、5条乡公路进行指示指路牌的完善工作，共安装98块标志牌，投资120万元；三是完成太钢矿区至柳沟村口全长540米，投资230万元道路改造工程；四是完成小郝线K4+740~K5+060路段全长320米，投资310万元治理工程（森栖谷门口）。

【农村公路养护】 全区142.63公里农村公路养护按照净化、绿化、美化“三落实”，安全、应急、畅通“三提升”要求，结合农村公路“路长制”实施方案，建立以区政府为养护主体的区镇村三级农村公路管理体制，进一步推动全区农村公路养护管理工作规范化、制度化，形成长效机制。

【道路运输】 一是交通运输安全生产保持高压态势。全面落实安全生产三年专项整治攻坚阶段各项工作任务，加大对道路运输行业"两客一危"重点车辆的安全生产监管力度，抓住关键节点、重要节假日，深入开展行业安全生产大排查。二是全力做好极端天气行业安全生产工作。国庆期间，受强降雨影响，小郝线、张新线、松小线等路段均出现不同程度水毁、落石等隐患，区交通运输局启动应急措施，设置警示标志43处，处理安全隐患67处，出动机械55班次，保障辖区县乡公路及时恢复安全畅通。三是全面加强道路运输行业监管力度。与道路运输企业签订安全生产承诺书88份，完成客运、旅游客运企业营运车辆年度审验车辆，共计531辆；落实源头企业每周巡查任务，发现一般隐患410个，全部要求现场整改落实；重点加强辖区危险品运输企业安全监管力度，排查安全隐患72个，均已督促整改落实。四是全年出动执法人员1088人次，查处违规经营案件12起，罚款17000元；查处抛撒、脱落、遗漏等散装物料货车共276辆，处罚27600元；检测柴油货车尾气数为347辆车，其中不合格车辆1辆，联合交警查处超限超载车辆51起，均按规定进行卸载。排查机动车维修企业795次，查处未履行备案手续的企业25家。辖区驾培机构18家，查处违规企业经营行为8起，对违规经营企业下发安全隐患整改通知书8份，及时约谈2个存在安全隐患问题的驾校负责人。

【专项整治行动】 5月31日，交通运输执法领域突出问题专项整治行动启动以来，区交通运输局紧密围绕整治目标、六大问题、六个专项行动，完成系统问题清单、执法人员清单的梳理及整改落实。梳理查找问题18条，逐一明确整改落实责任人、整改期限，"一对一"认领、落实销号；全体执法人员分别结合自身岗位实际，列出个人问题清单。开展二轮执法案卷自查，按照时间节点完成各阶段专项整治任务，适时开展执法体验周、入企执法调研座谈等。积极组织执法人员参加省厅开展的行政执法线上培训，要求全员按时按期认真学习；结合党史学习教育，全面提升执法人员思想政治站位，安排定期学习。同时，还完善健全机关、外勤请销假制度；将日常执法检查也逐步纳入"双随机、一公开"监管系统，全面接受社会监督。执法队伍纪律作风明显好转、服务意识明显提高。

【疫情防控】 一是完成辖区高速公路卡口疫情防控工作。2021年1月、8月、11月、12月分四次，调集全体干部职工与公安、卫生防疫等部门共同开展疫情防控检测工作，24小时日夜守护在各防疫卡口上。二是做好疫情防控常态化工作。坚持"人、车、物、环境"同防，坚决防止通过交通运输工具传播疫情，重点抓好"两客"、冷链物流领域的疫情防控，督导运输车辆、客运站点的查检、通风、清洁和消毒工作。认真落实国家全民免疫政策，针对交通运输重点行业，加强宣传动员，会同企业采取积极步骤，有力推动行业新冠疫苗接种工作。辖区重点企业、重点人群已完成疫苗接种2000余人。同时，做好本单位人员疫情防控，凡符合接种条件的工作人员均已接种疫苗。

【行业环保】 一是全面贯彻落实党中央、国务院和省市关于国Ⅲ及以下标准营运柴油货车淘汰工作。2021年是收官之年，上级下达全区淘汰任务118辆，完成133辆，完成率112.7%。二是加强柴油货车路检路查和散装物料装载、城市道路抛撒扬尘治理联合执法。共出动850人次、465辆车次进行检查，对抛撒、脱落、遗漏等散装物料货车共查处276辆。同时东峰路柴油车污染治理固定检测点全年已抽检柴油货车尾气数438辆，其中不合格车辆1辆；三是加强在建公路施工工地扬尘污染防控，严格六个百分之百，杜绝施工机械超标排放。

【铁路安全】 一是按照《山西省铁路安全管理办法》，落实铁路沿线安全管理责任，明确"双段长"职责分工，建立起铁路安全联席会议制度，二是积极与铁路部门密切配合、对各类问题紧盯不放，对安全隐患问题库中的24处安全隐患，区交通运输局组织街办、铁路等单位进行实地排查，对存在24处彩钢瓦等轻漂浮物隐患问题一一记录台账，督促属地街办整治落实，切实改善铁路沿线安全环境。

杏花岭区交通运输局

在区委、区政府正确领导下，在市交通运输局大力支持下，区交通运输局深入贯彻落实中共十九大精神和习近平新时代中国特色社会主义思想，紧紧围绕年初下达的各项工作任务，加快推进交通基础设施建设步伐，加强运输行业管理，有效推进交通行业文明执法，着力打造作风过硬的交通执法队伍，统筹推进交通运输各项工作，交通基础设施建设取得显著成就，交通运输行业管理水平迈上新台阶，养护管理常态化、安全管理全覆盖呈现良好态势，为全区经济社会发展提供坚实交通保障。

【农村公路】 一是稳步推进张新线旅游线路配套工程、东山旅游线路苏家山至洪子峪防火通道工程和农村微循环公路(防火通道)。二是认真贯彻落实上级养护政策，严格按照养护规范扎扎实实开展养护管理、养护施工作业，完善养护机制，确保全区农村公路路况稳中有升和安全畅通。三是根据区政府办下发《杏花岭区农村公路路长制》要求，区交通运输局建立以区政府主要领导为一级路长，镇街办对全区护路员进行考核，通过考核按照《目标责任书》的要求逐一落实，群众对农村公路养护积极性日益提高，养护质量明显改善，树立“有路必养、养必到位”从而较好地解决农村公路管理养护失管失养的问题。四是坚持把预防和治理水毁、雪阻作为重点工作来抓，实行24小时值班制，成立抢险防汛突击队。为应对强降雨天气，及时加大对汛前、汛中、汛后的公路巡查、检查力度，全面了解、准确掌握公路路基、路面、桥梁、涵洞和边沟等的实时状况，及时检修，消除隐患。同时，对重点路段实行不间断巡视，准备必要的木桩、蛇皮袋、工业用盐等物资，做到出现险情及时汇报，出现问题及时维护。防汛期间处理滑坡120余处，处理水毁12000平方米。

【行业管理】 一是规范营运车辆管理，完善评定归档工作。截至年底，在册车辆户数515户，货运车辆988台，新增及过户车辆106台，普货货车营运证审验498台；普货车辆等级评定387台；危货车等级评定65台；客车等级评定43台。二是严打非法营运等行为，规范营运市场秩序。为了营造良好的交通运输环境，在非法营运车辆聚集的东客站、胜利桥东以及丈子头、杨家峪两个高速口等重点区域，不断加强执法力度，严厉打击非法营运行为。累计出动执法人员468人/次，出动车辆156台/次，查处非法超限超载运输车辆77台，非法营运车辆4台，10月12日起查扣并移交太原市交通运输综合行政执法队非法营运车辆3台，未经许可擅自从事驾驶员培训行为2起，倒查超限超载源头1起，打击长途客运车辆不进站拉人，扰乱客运市场秩序行为1起。

【安全生产】 结合安全生产三年专项行动，“三零”单位创建工作，区交通运输局层层签订《安全生产目标责任书》，责任到人，并挂牌公示，覆盖率达100%。将元旦、春节等节假日开展道路交通、基础设施等安全生产大检查工作，与日常工作相结合，认真履行“一岗双责”工作职责。共计出动执法人员373人次，出动执法车辆98辆，入企检查103次，检查中共发现一般安全隐患问题62个，整改62个，整改率100%。

【专项整治】 区交通运输局深入开展交通运输执法领域突出问题专项整治行动，经剖析自查，共梳理问题16项，其中表象问题15项，根源性问题1项，并对存在的问题及时整改。一是将一线执法人员进行分组，以小组形式，要求全体执法人员轮流进行法律宣讲，做到人人参与，人人学法。二是邀请辖区企业及部分驾驶员代表62人，召开执法领域整治座谈会和“我为群众办实事，执法大调研大走访”活动，切实提升杏花岭区交通执法行业服务大局、服务企业、服务群众的能力和水平。截至年底，办理完成“我为群众办实事”6大项，25小项，得到企业及群众的一致好评，共收到感谢信2封，锦旗3个。三是举办首届“基层站(所)开放日”活动，通过座谈交流、体验执法、实地观摩等方式，深度了解交通运输综合行政执法工作，增强群众对交通运输综合执法工作的认同感。

【治超工作】 一是针对9家公示企业，监管率达到100%。累计出动源头执法人员1026人次，执法车辆342车次，检查车辆1612辆次，查处源头企业非法超限超载运输行为1起，处罚11500元。二是由交通、交警、环保部门组成的联合执法队伍，开展路检路查工作，重点检查柴油货车尾气排放、超限超载情况。对排放不达标的外地车辆进行劝返，对排放不达标的本地车辆进行处罚、监管维修，对超限超载车辆进行处罚。

【国Ⅲ车淘汰】 为确保圆满完成国Ⅲ车淘汰任务，区交通运输局将淘汰工作精准分析，将联系车主工作落实到所在地各街镇，并执行一周一通报工作制度。一是对工作不力，进展缓慢的街镇进行约谈；二是及时掌握工作开展过程中存在的问题，第一时间协调各部门予以处置；三是严格落实补贴标准，扩大宣传范围，广泛动员国Ⅲ车车主主动注销。第一批国Ⅲ车淘汰任务139辆，6月底，共完成淘汰任务148辆，提前超额完成任务，在十县区排第二名；第二批杏花岭区摸底任务80辆，区顺利完成下达任务，其中:同意注销并签订《机动车注销法律责任承诺书》4辆，法院查封扣押4辆，联系不到车辆所有人47辆，联系不到原车主25辆。

【铁路安全】 按照省、市、区政府统一安排和部署，区高度重视铁路沿线安全环境治理工作，于10月26日召开铁路沿线安全环境治理推进会，对辖区铁路沿线安全环境治理工作进行安排部署，并组织相关街镇进行隐患归属现场确认，要求相关铁路运营单位主动对接所属街镇积极开展隐患治理。涉及杏花岭区的11条问题隐患，其中7条验收销号；剩下4条正在整改。

【扫黑除恶】 一是针对所辖旅游客运、危险货物运输、普通货物运输、维修及物流企业开展线索摸排，共发放摸排表52份；二是对工程建设领域强揽工程、恶意竞标等行为、县乡公路沿线村庄及施工企业开展线索摸排，共发放摸排表10份；三是针对12月8日营业执照注册于杏花岭区的太原市百川特物流有限公司及其人员独占太原东山五龙煤业有限公司的运煤业务一案，为有效排查违法犯罪行为，推动区扫黑除恶常态化发展，区交通运输局对辖区内运输企业进行新一轮线索摸排，共发放20份摸排表，未发现违法犯罪线索。四是畅通举报渠道，公示举报电话及邮寄地址。

尖草坪区交通运输局

【农村公路建养】 一是完成108国道至北山头村、西关口南街、金滩大道、108国道至欢咀至西黄水村四条道路工程可行性研究报告并报区政府，进入立项审批。二是更换杨家村东巷与杨家村街交叉口、绿果路与太泥路交叉口往东50米路北两处雨水箅子；修复黄花园路与皇后园路交叉口往东300米路北、杨家村拥军街交通标志牌两处。日常养护共设立警示标志24处，警戒线16处，清理落石泥浆一万多立方米，修复县乡村水毁公路28.665公里、破损路面9374.99平方米，安装波形护栏101.5米。针对汛期强降雨，加强全区农村公路隐患排查，共排查出隐患15处，应急抢修15条，全部保畅通行。

【安全生产】 一是认真落实党政同责，主要领导和分管领导及时组织召开系统安全工作会议10次。同时制定下发交通运输系统年度和各重点时段的安全生产工作任务。局安委会与下属单位签订《2021年度安全生产目标责任书》，并督促各部门和重点岗位签订目标责任状，一级抓一级，层层抓落实。深化安全生产专项整治三年行动。开展安全生产专项检查、"安全生产月"活动。特别在节假日期间，强化道路桥梁、车辆、渡口、船舶、公路、桥隧、施工现场安全检查。保证春节及清明、"五一"等重大节日期间交通运输安全畅通，没有发生因组织不力而导致旅客滞留，影响社会稳定现象发生。累计检查项目及企业150余次，发现一般安全隐患103条，整改隐患103条，整改率100%。全系统未发生安全生产责任事故。二是共梳理59处问题，涉及柴村、上兰、向阳、光社、尖草坪、汇丰、阳曲7个乡街。制定出台《尖草坪区铁路沿线安全环境专项治理联席会议制度》。8月18日，召集各乡街分管领导召开推进会，按属地进行任务分解。区铁路沿线安全环境专项治理联席会议办公室不定期下乡街进行督导。10月19日，由区铁路沿线安全环境专项治理联席会议总召集人、副区长杨泰主持召开第一次全体会议及铁路沿线安全环境专项治理工作推进会，有力推动该次工作开展。

【环保工作】 一是对全区29家公示源头企业车辆出入口加强监管,重点指导砼业、渣土、运煤等15家企业严格执行污染天气治理的措施运输,要求其严格按照市政府及交警支队核发的通行证在指定运输时间、运输路段、场地进行运输。严禁不苫盖及超限超载车辆出厂,橙色以上预警污染天气错峰运输,对发现的问题及时采取措施进行整改。共出动执法人员235人次,执法车辆121车次。二是开展柴油货车和散装物料运输车辆污染治理专项行动,2021年累计检测车辆1322台,处罚14台。三是落实国家政策,积极开展推广节能环保车辆工作。淘汰国Ⅲ及以下排放标准营运中型和重型柴油货车149台。

【疫情防控】 建立交通防控卡点3个(向阳、阳曲、柴村高速口)做好隔离、登记和报告,全年共计排查车辆38000余辆,排查人员50000人,劝返车辆1200余辆,劝返人员1200人。指导客运车辆经营者做好站场、车辆卫生清洁和通风、消毒工作,加强对驾校培训、物流快递等交通运输企业的管理,落实行业疫情防控的主体责任。

【依法行政】 深入开展《中华人民共和国宪法》和《中华人民共和国行政诉讼法》《中华人民共和国行政复议法》等基本法律法规的学习培训,坚持把法治建设和依法行政工作紧抓在手,定期研究部署,及时破解难题。加强交通运输行业市场监管,加强事中事后监管,规范监管行为,提升行政监管效率。2021年,全系统未出现行政不作为、乱作为和办事不公开、不公正、不透明现象。

【综合治理】 深入开展文明交通综合治理工作,严厉打击非法营运行为,净化客运市场。加强道路路域文明交通整治,做到县乡公路路面平整,排水畅通;对违法占道经营等行为进行规范清理整治;认真抓好行业秩序文明交通整治;主要包括:强化路面管控,加强非法超限超载车辆治理,依托治超站点,重点查处超限超载及不苫盖车辆驶入县乡农村公路,严厉查处无证经营、违法经营等行为,加大打非治违力度。治理工作开展以来,共查处非法运输车辆1台。

【专项整治】 成立领导小组,制定并印发《行动方案》。共组织召开4次专题会议。针对六大方面问题,全面排查梳理执法领域存在的突出问题,共查找问题24个,对检视出的问题,区交通运输局逐条逐项列出问题清单,截至年底已全部整改完毕。

万柏林区交通运输局

在区委、区政府和上级行业主管部门正确领导下,区交通运输局深入贯彻中共十九大、十九届历次全会精神,以习近平新时代中国特色社会主义思想为指导,以扎实开展党史学习教育为主线,以“防控疫情赢开局,抓好前期谋主动”为重点,围绕交通运输行业工作重点,较好地完成工作任务。

【提高政治站位,不断夯实党建工作引领功能】 一是扎实开展党史学习教育。局党工委高度重视,统筹推进,专题传达学习中央及省、市、区委党史学习教育动员会议讲话精神,结合实际,研究制定实施方案,成立以书记为组长的领导小组;指导基层党组织运用“学习强国”“第一议题”“三会一课”“主题党日”等平台开展集中学习、个人自学、研讨交流,扎实开展“我为群众办实事”实践活动,经过局领导班子集体会商并广泛征求服务对象和行管企业意见,共立项7件为民实事,其中基础设施类2件,公益服务类5件。截至年底,局党工委召开专题会12次,开展专题学习暨交流研讨会8次;组织党员观看红色爱国主义影片和警示教育片4场次,受教育人次达到110余人(次);编写工作简报60余期。二是深入开展党性教育及党员志愿服务活动。组织党员在黄坡烈士陵园开展“追忆革命先烈,传承红色基因”主题党性教育活动,积极开展党员志愿服务活动,深入文明结对帮扶单位杜儿坪街道葡萄苑社区开展志愿服务活动,完成创城任务,组织执法力量在西客站周边对非法营运车辆进行专项打击。三是加强党员教育管理。规范发展党员工作,全年新发展党员7名,确定发展对象1名。完善和加强全国党员信息管理系统,严格党费基数核定、收缴管理,全面推行党费证使用管理制度。修订完善党员积分制管理手册,巩固党员积分管理成效,全面推行党员“承诺践诺积分评议”星级化教育监管制度。

【坚持统筹推进,扎实做好公路建养工作】 一是农村公路。2021年省交通运输厅下达农村公路建设计划项目为大窊至西沟公路提质改造工程,设计公路等级为四级,估算总投资1088.50万元。该工程前期立项、施工图设计及评审工作已完成,进入招投标阶段。二是农村公路养护工作。深入推进路长制工作,安排专人对管辖农村公路进行清扫、保洁,整治路域环境,拨付日常养护经费38万元。三是土路扬尘污染路段整治。按照相关文件要求,对全区土路、扬尘污染路段进行摸排,经市交通运输局现场核实,确定需整治硬化路段11条共13.95公里,最后确定实施1条,虎峪河南沿线至白河线工程正在进行招投标。王封一线天旅游公路绿化美化提质提档工程,可研、立项工作已完成,正在进行招投标。四是公路损毁情况及治理,国庆节期间,受连续强降雨影响,区交通运输局管辖的多条农村公路发生水毁、滑塌等损毁情况,已对轻微灾害进行处置,无法自行处理的损毁路段已设置警示标牌,并及时上报区政府申请灾后重建报告。此外,已按照上级行业主管部门要求,安装桥梁公示牌、限载牌25套。

【强化行业监管,持续营造道路运输良好环境】 牢固树立以人民为中心的发展思想,切实提高交通运输发展质量,努力建设人民群众满意交通。一是加强运输企业安全监管。督促企业签订安全生产承诺书,并按照时间节点对企业安全生产情况进行监督检查,全年共开展安全监督检查329次,并完成14家企业质量信誉考核工作。深入企业开展平安建设、扫黑除恶、“扫黄打非”、禁毒等专题活动,与企业及从业人员签订各项承诺书,督促企业从业人员下载“国家反诈中心”App并实名注册,增强从业人员防诈骗意识。二是严查道路运输违法违规行为。为有效维护道路运输市场秩序,区交通运输局对辖区道路运输经营行为进行专项整治。共出动执法车辆890辆次、执法人员3677人次,检查道路运输车辆3083车次,查处非法超限超载运输案件188件;查处非法违法经营案件64件。三是加强道路运输行业污染治理。根据市、区要求,联合属地交警、生态环境部门开展柴油货车尾气超标和渣土车管控专项治理行动,集中查处一批违法超限超载和扬尘抛撒的违法行为,逐步形成交通运输行业污染治理“零容忍”的高压态势。完成万柏林区第一批国Ⅲ及以下排放标准营运柴油货车淘汰工作,经车管所信息统计共注销145辆,已完成2021年计划任务,完成率102.1%;第二批71辆车联合交警部门和11个相关街办进行对接入户摸排,全部符合强制淘汰。四是加强常态化超限超载治理。采取超限站逢车必检和其他路段不定时巡查等方式,对非法超限超载行为进行治理,共检测车辆16814车次,查处非法超限超载货运车辆3台次,查处损坏路产路权案件3起。

【强化红线意识,确保交通安全态势平稳向好】 一是加强工作落实。组织召开“节假日期间安全生产工作部署会议”,进行具体部署。为保障节日期间道路运输安全,以西客站周边为监管重点,每日出动1个稽查队、1台执法车辆,对旅客运输车辆进行安全检查,主要检查车辆及驾驶员的营运资质、车辆安全设施、是否存在超员等情况。共出动8车次,40人次,共抽查车辆89辆次,现场纠正乘客“未系安全带”10起。二是强化安全督导检查。中秋、国庆“两节”期间,局长罗丽国陪同区委副书记、区长张喆,区委常委、副区长郝晓军督导检查,并对发现的问题提出具体整改要求,有力保障全局交通运输行业领域安全。

【强化疫情防控,筑牢疫情防控防线】 按照区委、区政府统一部署,在辖区3个高速公路卡口进行疫情防控工作,对有省外旅居史的司乘人员进行登记,圆满完成疫情防控任务。按照疫苗接种“应接尽接”原则,督促全体干部职工和管辖企业从业人员进行疫苗接种工作,全局干部职工完成疫苗接种率97.9%,管辖企业完成98.69%,剩余未接种人员为接种禁忌者。

晋源区交通运输局

2021年,在市交通运输局和区委、区政府正确领导下，晋源区交通运输局以交通强国建设为引擎，统筹兼顾疫情防控和经济发展，努力提升运输服务保障能力，稳步推进农村公路建设，扎实抓好行业管理，严守交通安全防线，推进全区交通运输事业又好又快发展。

【农村公路养护管理持续加强】 一是扎实推进农村公路养护体制改革工作。2月2日印发《晋源区农村公路管理养护体制改革试点创建工作方案》（晋源政办发〔2021〕5号），8月5日，再次印发《晋源区深化农村公路管理养护体制改革实施方案》（晋源政办发〔2021〕17号），同时按照乡村公路日常养护目标责任制、路长制、信用评价机制有序推进养护体制改革，已全部安装完成路长公示牌110块。二是扎实开展农村公路日常管护工作。在日常管养中，对公路管养单位采取邀请招标方式，对公路采取“县道县管，镇村道路镇村管”，在区交通运输局统一监督日常管养模式下开展工作。全年完成农村公路养护15条24公里。三是有序推进农村公路调查统计工作。截至年底，乡镇通三级路及以上公路基础数据核实、建制村通双车道、较大人口规模自然村、组通硬化路基础数据核实及普通省道和农村公路路况数据核查核实工作全部完成，实现农村公路管养信息化。四是高效开展农村公路桥梁检测工作。9月完成对全区56座农村公路桥梁、约508公里的检测工作并出具相应检测报告，全区乡村公路桥梁整体处于较良好状态。

【行业管理水平大幅提升】 一是集中开展交通运输执法领域突出问题专项整治行动。加强对执法人员的教育、培训和管理，严格规范交通行政处罚自由裁量标准，推进规范执法、文明执法。二是严厉打击道路运输违法行为。累计查处交通运输违法行为13起，罚款4.79万元；查处超限车辆98辆次，卸载转运货物732.26吨，车辆超限超载率持续下降。源头治超管控治理，共出动巡查车辆934台次，巡查人员1561人次，移交移送违法车辆3台次，并对货运源头运输企业及驾驶人员，严格按照“一超四罚”要求抄告相关部门予以处理。三是加大联合执法力度。充分利用2个尾气固定监测点，严查柴油货车超标排放。2021年，局联合执法234次，出动执法人员2684人次，执法车辆1221台次，检查运输车辆2936台，检查尾气排放不达标车辆9辆。完成淘汰国Ⅲ及以下标准排放营运柴油货车202辆任务和新一轮淘汰任务车辆（暨连续三个周期未检验车辆）27辆。四是始终把领导班子和干部队伍建设作为加强管理的基础，全体干部职工讲政治，顾大局，勇于担当，奋力争先，圆满完成防汛救灾、天龙山佛首回归交通保障、疫情防控等重大任务。

【“平安交通”建设稳中趋好】 牢固树立“安全第一、生命至上”理念，坚持“党政同责、一岗双责、齐抓共管、失职追责”和“三必管”原则，细化分解安全生产责任，夯实安全生产基础，积极排查治理事故隐患，在解决制约安全生产突出问题的同时，努力推动长效机制建设，交通行业本质安全水平得到全面提升。一是严把道路运输行业安全隐患治理关。深入开展行业隐患排查，累计出动执法人员320人次，发现一般隐患82条，整改78条。规范用电不规范企业23家，核查数字城管转办单（涉及汽修行业违法喷漆）2起，责令停业整顿违法喷漆企业5家，查处违法喷漆2起，罚款3000元；已拆除机动车违法喷漆设备6家。二是严把公路安全隐患治理关。下发《关于加强地质灾害防治和汛期安全隐患排查治理的通知》15份，定期委派专业技术人员对全区县乡公路及桥梁进行安全检查，做好对火灾、汛期和极端天气的应急部署，设立抢险队伍、抢险物资，力争将灾害性天气的影响降到最低。2021年以来，共排查安全隐患68条，整改68条。特别是10月3日以来，受强降雨影响，晋源区辖区内13条农村公路遭遇水毁，区交通运输局迅速反应，设立警示标志26处，处理运输渣土落石11000立方米，排除安全隐患56处，出动机械60班次。10月31日前将水毁工程全部修复。三是严把水运码头监管关。积极完善水运企业手续及从业人员证书。制定巡查工作机制，做好日常巡查检查工作，坚决杜绝水上交通运输事故发生。

【疫情防控紧抓不懈】 为阻断新冠疫情传播，一是从严管控卡口。按照区委、区政府要求，分别于1月

6日至2月17日、8月6日至9月10日，区交通运输局共出动3000人次，联合公安、交警、卫健等部门坚守高速公路防控卡口检测点。二是严控冷链运输。积极配合卫生健康、市场监管等部门，对全区储运冷链食品的冷库和物流冷藏车进行全面排查，一经发现特殊情况迅速向卫生健康及市场监管部门报告、处置。

清徐县交通运输局

2021年，在市交通运输局正确领导下，县交通运输局以习近平新时代中国特色社会主义思想为指导，认真学习中共十九大和十九届六中全会精神，紧紧围绕党的建设、公路建养、行政执法、安全运输和综治等工作重点，凝心聚力，扎实工作，圆满完成交通运输各项工作目标任务。

【"四好农村路"提档增速】 一是强"建设"。根据"四好农村路"建设规划，加快推动旅游公路、乡镇通三级路、建制村通双车道公路、公路提质改造、危桥改造等项目建设，计划项目稳步推进。2021年完成投资28025万元，其中中央车购税配套1449万元，剩余全部由县级自筹完成，配套率100%，累计完成农村公路建设50公里，危桥改造14座。二是抓"养护"。全县以推动落实农村公路主体责任、健全管理养护体制为抓手，以加强农村公路建设、管理、养护、运营和路域环境综合治理为主要任务，以健全农村公路治理体系提升农村公路治理能力为目的，结合"路长制"和"养护提质改革"实施方案，在全县范围内积极建立和全力推行，充分发挥农村公路在服务乡村振兴战略中的支撑作用，提供制度保障，年度养护任务工作已全部完成。农村公路优良路率82.66%，其中县道优良路率85.26%、乡道优良路率84.5%、村道优良路率81.3%。三是压"管理"。加强路政管理工作，对县级主干线公路红线以内的垃圾、土堆、砂石等堆放物进行清理，加强路政案件查处力度，做到及时发现、及时查处。截至年底，查处路政案件6起，清理非法广告牌405处，清理堆积物315处，清理非法占道经营245处，有效保护县乡公路路产路权完好畅通。四是提"运营"。通过对公交运营线路、时间、班次进行重新勘察和设置，进一步优化线路，整合调整线路25条（城内6条、城乡19条），同时对所有线路重新编号。7月1日起，在全市率先实行县域公交车免费乘坐，切实解决人民群众乘车出行"最后一公里"难题。对县城道路改造临时拆除的公共自行车站点进行恢复，共恢复站点11处、桩位406个。同时，为进一步方便新建小区及人口密集等区域群众出行，新增公共自行车站点10处、桩位404个。从10月1日起，已全部投入运营。全县运营的123台公交车的驾驶区域已经全部安装驾驶员隔离区，每台公交均安装5个视频监控装置，确保公交安全运营。

【安全运输工作有序发展】 采取多种形式贯彻国家、省、市、县关于安全生产工作的安排部署，完善各项安全制度，严格落实安全生产责任制，深入开展安全风险隐患排查、安全生产专项整治集中攻坚行动，按照"三管三必须"原则签订安全责任书。积极履行行业监管责任。对客、货、危货运输企业、客运站点进行全面排查，巩固全县交通运输行业安全生产形势稳定。通过安全考核管理平台，完成8家危险化学品运输企业和2家客运企业安全考核，对第二批355人的安全考核正在进行。对8家危货运输企业的智能视频监控报警系统安装情况进行摸排，危货运输车辆已全部安装智能视频监控报警系统。与151家重点道路运输企业，38家汽车维修企业和5家公路工程施工企业签订《道路货物运输企业责任承诺书》和《公路工程安全施工承诺书》。截至年底，全县客运企业2家，车辆223台；出租车100台，全部为油气混动车辆；公交车123台，全部为纯电动公交车，新增公交车、出租车新能源占比已经达到100%。每月都对公交车、出租车驾驶员开展安全培训，重点节假日联合交警队安全科组织公交车驾驶员和校车驾驶员召开中秋、国庆"两节"安全会。根据文明交通综合治理要求，对公交车和出租车开展礼让斑马线活动。

【治理超限超载工作全面开展】 一是打击非法营运。根据市交通运输局文件，县交通运输局综合执法大队联合交警队在公交站、文源路、梗阳大街等车辆密集重点路段开展联合行动，严厉打击非法营运行为，净化全县客运市场。二是超限超载治理。全年共出动治超执法人员4320人次，执法车辆1440台次，共检查货运车辆17650辆，查扣超限超载车辆31辆，全部移交交警部门处罚；源头治超巡查队对全县50家重点源头企业每月不少于5次巡查；北尹超限固定检测站共检测车辆487969辆，卸载货物502.86吨；路政案件查处7起，发现率、查处率、结案率均为100%，收取赔偿费138803元。三是铁路安全工作。按照“运输企业报告太原市境内铁路沿线安全环境问题清单”涉及清徐段太中铁路沿线清源、西谷、柳杜3个乡镇的8处安全隐患，其中1处经联合复查归其他县区管辖，剩余7处安全隐患于11月15日经县铁路沿线安全环境治理办公室、铁路段长、地方段长等相关人员共同验收，已全部按要求整改完毕。

【交通战备应急工作持续加强】 制定《交通战备应急预案》《地质灾害实施方案》《防汛工作应急预案》等各项制度预案。加强应急队伍建设，组织应急队伍在晋白线平泉段、柳小路柳杜段开展公路抗洪抢险演练。派出两名战备应急保障人员参与支援河北疫情防控工作，负责将冬用帐篷由清徐县太原市江凯仓储物流有限公司运至河北石家庄、邢台地区；参与防汛救灾运输保障，转移受灾群众、运输救灾物资等，共出动工作人员379人次，应急车辆152台次，大型挖掘机4台，渣土车63台，公交车68辆，厢式货车4台。

【行政执法稳步推进】 县交通运输综合行政执法队“三定”方案经2021年第三次县委编委会审议通过，于2021年12月完成人员转隶手续。为深化交通运输综合行政执法改革，加快建设一支政治坚定、素质过硬、纪律严明、作风优良、廉洁高效的交通运输综合行政执法队伍。根据市局安排，在全县开展历时6个月的交通运输执法领域突出问题专项整治行动，取得成效，共召开4次工作推进会；制订实施方案；按照统一部署要求，查找问题4次，查找的问题清单共12项，均按计划整改，整改到位。

【信用制度体系有序开展】 完成2021年度部门联合“双随机、一公开”抽查计划。与市场监管局联合印发《2021年度太原市交通运输领域“双随机、一公开”联合执法检查方案》，并开展联合检查。对“互联网+监管”系统事项清单进行梳理，细化，并按照行政检查、行政处罚、行政强制及其他事项进一步细分，明确各项检查事项清单，定期进行系统数据录入。在运输企业中开展“信用交通”创建，对全县运输企业进行年度质量信誉考核，考核结果均为A A级。

【“三零”工作有序进行】 围绕信访问题、公共安全和社会治安风险，持续开展隐患排查整治工作，通过查漏洞、补短板、紧密结合平安清徐建设及重大安全风险差异化监管工作，持续开展安全生产隐患排查整治，通过全覆盖、堵漏洞、去死角，将各类安全隐患消除在萌芽状态。全年共收到网上信访单件、智慧清徐“12345”平台派单、“13710”工作制度督办事项累计483件，已办结483件，办结率100%，所有单件均在规定时间内办结，确保市民反映事项事事有落实、件件有回音。

阳曲县交通运输局

2021年，在县委、县政府坚强领导下，在县人大、县政协监督支持下，县交通运输局坚持以习近平新时代中国特色社会主义思想为指导，认真学习贯彻中共十九大和十九届历次全会精神，全面落实省、市十二次党代会精神和县委、县政府决策部署，以党史学习教育活动为主线，以服务全县大局为中心，主动作为，奋力建设人民满意交通。特别是在推进全县重点项目建设、公路养护管理、事业单位改革以及市县考核的分解项目等多项工作中，做出新亮点，交出新答卷，受到县委、县政府充分肯定和上级交通运输部门高度认可。

【践知践行推进学习教育，交通行业社会形象得到有效性提升】 2021年，县交通运输局以深入开展学习教育活动为契机，以坚定态度、以行促学，落实新时代党建总要求，创新开展“我为群众办实事”活动，强化政治建设，树立“四个意识”、坚定“四个自信”、坚决做到“两个维护”，凝聚起新时代全局干部担当有为的“精气神”。在推进全县重点工程项目中，砥砺党性心性，以新气象，迈好服务大局第一步。一是党支部建设得到强化。以事业单位改革为契机，对局属各党支部进行撤销合并，撤销原运管所党支部、汽车站党支部、养建队党支部、离退休老干部党支部、汽运公司联合党支部，保留局机关支部，新成立交通运输综合行政执法队党支部，并在11月26日、29日，分别召开党员大会进行换届选举，产生新一届支部委员会委员，提升党支部组织力、战斗力和凝聚力。二是理论素养得到提升。加强理论学习，实化推进举措。首先，领导带头示范学。充分发挥榜样示范作用；局领导班子成员按照统一部署，分别深入联系点、深入基层站所、深入生产一线讲党课；其次，科学谋划系统学。采取自学、集中学、专题辅导等措施，线上线下相结合，组织全体党员认真学习习近平总书记视察山西重要讲话、《习近平谈治国理政》和党史学习教育指定书目等内容，认真学习习近平“七一”讲话。每名党员都作了学习笔记和心得体会。最后，创新载体深入学。在常规学习基础上，赴店子底“请进来、走出去”“送学上门”以及登录“学习强国”“三晋先锋”等平台，实现全局党员线上线下自主学习全覆盖。三是学习教育得到深化。以喜迎建党百年华诞为契机，把党史学习教育作为推进交通运输工作的新引擎，作为凝聚全局干部职工的“精气神”突破口，及时召开专题会议要求部署，统筹学习教育和主责主业，引领全局党员干部尽职尽责，提高工作质量，确保全年各项工作落地生根，达标达效，开花结果；结合为民办事，通过学习引领，努力把学习成果转化为干事创业、积极有为、推进工作的自觉行动，解决好群众”急难愁盼“问题，展示新时代交通运输行业新形象；结合队伍建设，把学习教育与改进作风结合起来，不断加强以领导干部廉洁自律为重点的党风廉政建设。通过四个结合，有效推动全局学习教育活动全面铺开，有序开展。

【用情用力推进重点工程，综合交通项目建设取得标志性进展】 以工程建设为重点，纵深推进农村公路体系建设，主动融入、精心服务全县转型发展工作大局。一是坚持前瞻思维、规划引领。结合全县未来交通发展需求，与省交通设计院规划合作，制定《阳曲县农村公路“十四五”发展规划》，在全县率先制定完成“十四五”发展规划。二是坚持协同协调、创优服务。紧抓太忻经济区发展机遇，服务省、市重点工程项目。以太忻大道（108国道改造工程大盂镇石岭关至阳兴大道）工程项目和太原北二环高速公路工程项目建设为契机，做好协调服务工作，加快构建全县现代化综合交通运输体系，为全县实现高质量发展当好先行、提供支撑。截至年底，太忻大道前期清点工作已结束，待征地拆迁款到位后开展征拆工作；太原北二环高速公路征拆工作已结束，各乡镇向标段交地基本完成，施工单位已全面进场施工。三是坚持巩固拓展、提质扩面。深化拓展“四好农村路”成果，太原市下达全县7项农村公路项目，共计里程45.7公里，占比46.6%，在确保以上项目顺利完工前提下，县交通运输局自加压力，围绕县政府重点工作，服务全县经济建设，又新增农村公路提质改造项目3项、“三个一号旅游路”改造项目1项，合计实施11项农村公路项目建设。截至年底，除太行一号旅游公路阳曲黄泥路主线（阳曲县产业园区连通道路）正在实施3.6公里县城改造段外，其余项目全部完工，累计完成投资约3亿元，农村公路建设取得新业绩。

【提质增效创新一流生态，公路养护管理品质取得突破性成果】 按照县政府、太原市交通运输局2021年公路养护管理目标要求，县交通运输局紧紧围绕农村公路实现“通、平、美、绿、安”的养护目标，大力推进农村公路养护管理，完成市县考核目标，取得积极成效。一是融入“路保姆”新理念。在全市率先融入“路保姆”新理念。根据省政府办公厅《关于深化农村公路管理养护体制改革的实施意见》和市政府办公室《关于印发深化农村公路管理养护体制改革实施方案的通知》文件精神，以县政府名义出台《关于印发阳曲县深化农村公路管理养护体制改革实施方案的通知》，配套日常养护资金198.2万元，与喜跃发“路保姆”进行合作，一站式解决道路养护问题，实现全县道路养护模式转型升级。二是加大日常养护力度。每日出工100人，重点路段每日洒水4~6次，坚决防止扬尘污染现象发生。完成各项养护工程。维修新阳大桥，完成投资约4万元；修补康西线、贾城线和权新线沥青路面，完成投资约150万元；维修康西线和黄东线排水渠、浆砌挡墙，完成投资约40万元；维修康西线和黄东线波形护栏，完成投资约10万元;康西线清理挂网完成投资约23万元。合计完成总投资约227万元。三是建立乡（镇）养护考核体系。全县各乡（镇）成立农村公路管理站，建立“乡（镇）设监管员、村设护路员”的管理体系，每季度由县交通运输局对各乡（镇）养护工作进行考核，严格按照考核结果，拨付养护经费，同时加强资金管理，确保专款专用。实现以制度约束、强化管理的目标。四是做好水毁道路修复。2021年以来，全县遭遇罕见的洪涝灾害，特别是国庆以来，全县连降大雨，全县53条农村公路出现不同程度水毁。投入人力950人次，投入资金约520万元，投入机械设备377台次，共抢通2条4处水毁灾害，确保全县道路尽快恢复畅通。

【尽心尽职深化体制机制，交通行业治理能力得到实质性改变】 2021年，按照事业单位改革要求，整合路政、运政、治超等执法职能，县交通运输局率先在全市各交通运输部门中，完成执法队伍深度融合，建立素质过硬、纪律严明、作风优良、廉洁高效的交通执法队伍；通过整合农村公路建设、管理、养护，以及部分治超职能，挂牌成立县交通运输发展中心，建立认真履职，尽责主动，担当作为，真抓实干的交通工作队伍。“一队一中心”建立，代表县交通运输局职能细化，效率提升，目标明确，全面建设权责统一、服务优质的队伍初见成效。一是安全基础更牢。积极开展企业安全生产检查工作，出动执法人员1080人次，出动执法车辆360台次，检查运输企业56家，检查各类运输车辆520辆，查纠各类安全隐患45起，为全行业安全生产打下良好基础。防汛应急保障工作不断深化，对全县县乡公路及重点涉险路段进行隐患排查，特别是10月3日至7日，全县受连续强降雨影响。为确保过往及沿线群众生命财产安全，出动执法人员140人次，出动车辆56台次，紧急设立警示标志25处，现场处置安全隐患10处。二是治超监管更强。3月29日至5月10日，县交通运输综合行政执法队开展为期40天的重点公路超限超载专项治理行动，有效遏制贾城公路、权新公路等重点路段运输车辆超限超载、抛撒、污染公路等涉路违法行为。行动期间，共出动执法人员320人次，执法车辆128台次，处理超限、抛撒和不苫盖车辆16辆。同时，在日常执法工作中，继续深化治超执法，加大源头企业监管，及时查处各类涉路案件，共出动执法人员3780人次，执法车辆1440车次，检查企业5220次。查处违规装载货运源头企业6家，罚款103500元；查处非法改装货运车辆6辆，罚款35000元；查处超限运输货运车辆48辆，罚款35050元；西凌井公路超限站检测车辆365987辆，处罚32辆，罚款43600元。有效维护路产路权，继续巩固县乡公路无“三乱”成果。三是服务模式更新。通过推进“四大行动”，再塑全县交通运输社会公众“新形象”。即通过开展执法领域突出问题专项整治行动，深化综合行政执法改革，创新执法方式、健全执法管理制度；通过开展治理超限超载专项行动，有效遏制贾城公路、权新公路等重点路段运输车辆超限超载、抛撒、污染公路等涉路违法行为；通过开展农村人居环境“六乱”整治百日攻坚专项行动，消除农村公路污染设施、修补破损路面、拆除违法建筑；通过开展创建农村客货邮融合发展示范县活动，依托录古咀客运综合服务站和县交通运输综合枢纽中心，借助现有公交线路，建立农村物流服务发展新模式，解决农村“最后一公里”问题。

【从细从实服务全县大局，交通先行强国战略得到高质量推进】 一是积极推动国Ⅲ车淘汰任务。多方推动国Ⅲ车淘汰，环境治理工作呈现新局面。市政府下达全县淘汰任务304辆，实际完成注销316辆，完成率103.95%，提前超额完成任务，完成率在太原十县（市、区）名列前茅，“入户入企、逐个排查，以车找人、以人找车”的经验做法受到市交通运输局高度赞扬，并在全市推广。二是坚决杜绝疫情出现新“燃点”。面对新冠疫情多点暴发的严峻态势，按照县委、县政府安排部署，全体工作人员不惧严寒酷暑，狠抓各道路卡口布控工作，把防输入和防扩散作为疫情防控工作的重点。卡口设防期间，累计出动防疫人员2522人次，出动防疫车辆632辆次。全局干部职工齐心协力、义无反顾、积极防控、保障畅通，以实际行动筑牢疫情防控外防输入的坚强防线。三是开展创城志愿服务活动。2021年是全县创建文明城市的关键时期，按照县委宣传部统一安排，县交通运输局在积极完成日常“靓丽星期五”活动和交通文明劝导志愿服务活动以外，出动党员干部职工60人次，冒着严寒，对县域范围内20个公交站台、公交候车亭进行全面清理擦洗；根据创城要求，对全县公交候车亭公益广告进行全部更换，累计投资约5万元；踊跃参加公益献血活动，全局共采集新鲜血液11200毫升；参加“慈善一日捐”“博爱一日捐”活动，累计捐款10400元。

娄烦县交通运输局

2021年，娄烦县交通运输局以习近平新时代中国特色社会主义思想为指导，紧紧围绕太原市交通运输局下达的年度工作重点和目标责任，按照县委“生态优先、绿色引领、融合发展”的总体思路和坚持高质量发展新理念，以建设交通强国为导向，以创建交通运输服务经济社会发展转型为抓手，以加强能力建设、提质增效为目标，以保障县乡道路安全畅通为重点，大力推进交通基础设施建设，狠抓行业管理，持续不断地推动各项工作有序进行，圆满完成年度重点工作和目标任务。

2021年，县交通运输局全面贯彻县委“一主三翼”战略发展定位，以推进交通运输高质量发展为重点，全力开展四好农村路“三线一站”（罗马线公路、下寺线公路、塔米线公路、县城二级汽车站）交通重点项目和县乡道路养护提质完善和路域环境综合整治项目建设，大力推进城乡交通运输一体化和旅游班线客运建设，深入开展文明交通综合治理、绿色交通创建、行业安全生产监管等各项工作，通过这些项目实施和工作全面推进，以实际成效，为推进娄烦交通运输事业高质量发展提供坚强保障。

【农村公路】 全年农村公路完成投资4700万元，三个一号旅游公路建成10.3公里，超额10公里任务；农村公路优良路率达90%；一、二、三类桥梁占比达100%；已制定农村公路管理养护体制改革方案，管养长效机制已建立并运行，农村公路养护有序进行，路长制已全面完成并严格按照方案措施进行管理，建档立卡率达100%；已积极按时完成农村公路自然灾害主体调查工作。“四好农村路”和三个一号旅游公路建设县级配套资金到位率85%，省补资金预算执行率达到90%。

【公共交通】 全县116个行政村公交全覆盖，财政年度补助16万元。新增出租车全部是新能源纯电动车辆，新能源车辆占比达到100%。开展交通秩序安全整治专项行动，有力打击非法营运等行为，有效促进交通客运秩序好转。同时在全县客运企业倡导安全文明驾驶，纳入对企业考核工作。持续加强对交通运输企业安全监管各项工作。落实疫情防控，截至年底，全县客运及交通运输企业均保持安全稳定运行无事故。

【客货邮融合发展】 积极创造条件，大力推进农村客货邮融合发展，截至年底，快递已通达全县7个乡镇，通达乡镇覆盖率100%。同时对现有资源进行整合，依托现有乡镇五级客运站，整合资源进行五站合一设立乡镇综合服务站。充分利用交通运输、农业、商务、供销、邮政等既有农村物流资源，合理规划和设置县、乡、村三级农村物流节点数量、布局、规模、功能，实现县域内农村物流网络节点全覆盖，全力推动客货邮综合发展。

【安全监管】 一是完善分级分类监管台账，确保安全生产责任制全面落实。二是加强对重点企业、特殊行业特别是“两客一危一货”车辆的监管和执法查处，持续保持交通执法高压态势，切实保障运输车辆安全稳定运行。三是深化“隐患清零”行动，通过对问题隐患的落实整治，有效防范各类事故发生，为全县经济和社会发展创造良好交通运输安全环境。四是加大专项检查和监管执法力度，全面开展交通运输领域风险隐患排查整治工作，严密制定管控治理措施，始终坚守安全红线，为全县经济和社会发展创造良好交通运输安全环境。

【绿色交通】 一是以绿色公路创建为目标，在项目建设中遵循生态优先原则，优化工程设计布局，严格按照生态保护法则。二是强化交通运输节能管理，在交通运输企业全面推进运输装备专业化、标准化和大型化。三是加强节能宣传创建，在全系统积极倡导绿色生活、绿色办公、绿色出行理念，全力推进效能创建工作。

古交市交通运输局

2021年，古交市交通运输局紧紧围绕古交市委、市政府决策部署和上级交通运输部门总体要求，明确目标任务，狠抓措施落实，扎实推进交通运输系统各项工作，使交通运输事业保持持续健康协调发展良好态势。

【重点项目建设】 一是古交市汽车客运站。2019年11月开工，2020年4月7日批复施工许可，截至2021年年底，已完成总工程量80%。二是屯村至太克线新建二级公路2019年6月开工，已通车。三是古交至岔口公路改建工程2021年3月底正式开工建设，截至年底，已完成总工程量75%。四是太原西北二环高速公路建设项目。古交段全长71.2993公里（原79公里，因改线有所变动），征拆范围共涉及8个乡镇、街道（原9个），33个行政村（社区），总投资117.75亿元。2021年计划投资32.27亿元，已完成投资30亿元。截至年底，全市红线内土地共6423亩，累计清点丈量5989亩，丈量比例93%；土地累计交付5744亩，交付比例达89%；土地累计清表5744亩，清表比例89%，其中坟墓总量共计为3245座，已迁移3182座，迁移完成率达98.06%。房屋拆迁总量62915.59平方米，累计完成10169平方米，完成迁移比例16.16%。

【交通运输发展】 一是积极落实上级下达的“四好农村路”建设项目（危桥改造工程），共7座，已开工建设。二是围绕农村公路养护开展应急养护工程，共16项，已有部分工程完成结算审计工作。三是河口镇综合运输服务改造工程，已全部完工，监理单位进行工程量核定、检查完善施工资料。

【集中整治活动】 为认真贯彻落实上级部门有关要求，对全市范围内县及重要乡公路沿线开展集中整治行动。其间，共出动人员3200余人次，出动机械420余台次，清扫路面370余公里，清理排洪沟180余公里，清理垃圾堆积物700余吨，清理死树歪树600余棵，清理路边杂草长度150余公里，铺筑路面、填补坑槽5000余平方米，画设标线30余公里，粉刷道路两侧防撞墙100余米，防撞墩400余个，安装波形护栏2400余米。入汛以来，连续强降雨导致全市公路重大水毁，共计出动人员3000余人次，巡查车辆30台次，清理塌方、滑坡、泥石流机械140台，设立临时标志牌90余块，警示墩400余个，围挡2处，清理塌方390立方米，清理太古路想儿岭段路基塌陷约120立方米，清理淤泥228立方米，疏通边沟26公里。此外，汛情导致古交市太古路红梁山隧道连接线K718+700处发生大面积滑坡，长约130米，高约54米，塌方量600立方米。收到发生滑坡消息后第一时间，市交通运输局立即安排交通运输执法队与公安交警部门联合对该路段进行封闭。因处置及时，此次事故并无人员车辆损伤。10月13日，中铁北京工程局太原西北二环高速ZH05标项目部带领专家组对山体滑坡的形势进行判断，制定详细整改方案和抢险应急预案，于当天下午调集7台挖掘机、20多台土方车、20余人进行清理。后又调集装载机、破碎锤以及自卸汽车等大型机械设备火速开赴抢险一线。为防止边坡发生二次坍塌，项目部经过现场考察，采用先封闭两侧道路、卸载山顶土方再清理道路、修整边坡的方案，保障边坡及抢险施工安全。截至10月20日，经过交通、交警、工程施工等多部门齐心协力应急抢修，共完成清理道路、修整边坡、山顶挖除土石方2万余立方米，路面清理以及边坡处理已基本完成，初步具备车辆通行条件，红梁山路全线恢复通车。

【行政执法】 一是开展隐患排查，确保道路运输安全。对参加旅客运输的全体驾驶员和参运客车进行全面资格审查和车辆安全技术状况检查，审查合格率达到100%，同时，对辖区企业进行全面安全隐患排查整治，及时排除安全隐患。1—12月，共出动执法人员8216人次，检查各类企业2946次，与客货维驾企业签订安全生产承诺书218份，确保全市道路运输安全。二是加强运输市场监管，维护运输市场秩序。加大打击非法营运车辆力度，出动执法人员2135人次、执法车辆407台次，查处非法营运车辆15台。同时深入客运停车站场和旅客集散地进行检查，要求客运公司通过GPS加强车辆动态安全监管，认真开展从业人员安全教育培训，保障全市道路旅客运输安全。三是加强货运源头单位巡查，搞好源头治超工作。各辖区监管中队对货运源头企业进行巡查，截至12月底，对政府公示的133个货运源头单位进行监管，共出动交通运输执法人员7235人次，执法车辆1846余台次。监督企业完善治超工作资料，帮助源头企业培训治超工作人员106人次，和源头企业签订"无双超"承诺书56份，逐步规范源头企业的经营行为，从源头上做好源头企业监管工作。四是加强路面巡查力度，突出巡查实效。在公路巡查中，针对有超载超限运输行为的车辆，加强巡查频次，强化执法力度；对治超任务重的339国道邢家社段、县道娘棱线炉峪口段和国道G241三岔口段，实行24小时治超巡查，加大打击力度。1—12月共查处超限运输车辆122台，罚款19.76万元。五是多举并重，加强运输结构调整工作。根据上级安排部署，联合环保、公安等部门继续对重型柴油货车和散装物料运输车开展专项整治，严厉打击违法改装、超限、超高、尾气超标等违法行为，出动执法车辆450余车次，出动人员1736人次，检测柴油货运车辆542车次，有效控制输入性污染。开展国Ⅲ及以下排放标准营运车辆淘汰工作，已全面完成全年194台淘汰车辆的任务。六是依法行政，公正执法，严格按程序办事。截至年底，共办理各类交通违法案件218件，其中非法旅客运输6件，非法货物运输20件，非法驾培行为5件，未苫盖篷布行为28件，无从业资格证案件5件，擅改行为1件，等评核定超期处理13件，超限运输行为172件，检察院移交危化行为3件，罚款金额累计62.6万元。

【疫情防控】 为做好新冠肺炎疫情防控，及时成立疫情防控专项领导小组，共印发3份疫情防控文件，接种疫苗1029人。一方面定期深入交通运输公共服务场所，对企业交通工具消毒、通风以及人员测温、佩戴口罩、"双码验证"、"一米线"等疫情防控措施进行检查。另一方面着力推进各企业从业人员疫苗接种工作，确保相关行业内疫情防控各项措施落实到位。

【党建工作】 局党总支共110名中共党员，2020年以来，根据年初工作目标，认真落实党建各项工作，结合党组中心组理论学习制度、"三会一课"、主题党日、山西干部在线学习、"学习强国""三晋先锋"等平台，积极开展各项学习活动，重点开展党史学习教育活动，共开展15次专题学习会，扎实开展"我为群众办实事"实践活动，组织党员干部深入工程项目建设、汽车客运站建设等工作一线，召开党组会议，调查走访民意，掌握实情、认真梳理群众"急难愁盼"的具体问题。以党的政治建设为统领，严肃党内政治生活，不断提高局党组创造力、凝聚力和战斗力，坚定扛起全面从严治党主体责任，营造清风正气政治生态和干事环境，促进交通干部队伍素质和交通运输工作效果双提升。

【"三零"创建】 2021年是"三零"创建工作第二年，局领导高度重视，密切配合。以安全生产为工作重点，进行再部署，再排查，再整治；以信访维稳问题为工作核心，进行再研究，再摸底，再化解；以常态化举措为工作主线，进行再分解、再拓展、再分类，从而确保"三零"创建工作的扎实推进。

（董日辉）

大同市

大同市交通运输局

大同市交通运输局是政府正处级组成部门，是全市交通运输行业主管部门，内设15个科室，局属4个事业单位，分别是:市运输事业发展中心(城市客运服务中心)、市交通运输综合行政执法队、市公路发展中心、市交通运输运行监测与应急处置中心。全局编制人员252人，实有职工418名。

全市共有公路通车里程12715公里，公路密度为89.94公里/百平方公里；有交通运输重点企业766家，汽车客运站11个；全市共有出租车公司22家，共有公交企业10家，公交车辆1806辆。其中市公交公司共有公交车1246辆，均为新能源车和清洁能源车。公交场站14处，常规公交线路69条，定制公交线路20条，线路长度1132.5公里，线网长度516.5公里。2021年，全年累计完成建设里程469.05公里，完成投资150538万元，超额完成时序进度。其中，“四好农村路”完成里程265.55公里，完成投资37940万元；长城一号旅游公路完成里程203.5公里，完成投资108630万元；完成457个“一灯一带”建设、111.66公里安全生命防护工程、14座危桥改造。2021年，积极落实建设资金，每月两次通报调度进度，实现由全省末位向上游跃进，累计进度和年度进度均达到全省第四。全年建成89座公交电子站牌，一卡通设备和电子支付扫码设备安装率达100%，公众出行更加便捷、更加暖心。

【国省道公路改建】 一是用3个月时间完成203省道东王庄至兴胜村段及康养支线二级路提质改造工程14，完成投资4500万元；二是积极争取到省厅支持，协调大同公路分局完成燕庄桥改造，彻底解决13年久拖不决的老大难问题；三是积极协调省厅落实2.3亿元资金，确保部省扶贫项目G239线东坊城至大磁窑段改建工程的顺利完工。

【规划体系】 全市交通规划为“1+3”体系。“1”即《大同市“十四五”现代综合交通运输体系规划》，“3”即《大同市公共交通“十四五”发展规划》《大同市农村公路“十四五”发展规划》和《大同市货运枢纽城市规划》。其中，综合体系规划、农村公路规划、公共交通规划已多次征求相关部门意见，形成送审稿；货运枢纽城市规划是2021年新增项目，已启动编制工作。

【重大项目前期工作】 为扩大城市框架，提升承载力和发展潜力，巩固大同在晋北核心城市地位，彻底解决国道穿行市区带来的交通安全、环境污染等问题，重点推进3项事关大同发展的战略性、全局性交通项目。一是南环高速南移项目，立项前期工作全面完成，已组卷报请省厅行业审查，申请立项；二是109线、208线大同市过境公路改线工程，已列入省级重点项目，立项前置许可基本就绪，正在积极协调朔州市加快推进怀仁境内基本农田补划，完成后即可申请立项；三是增设天黎高速云州街互通，经过多次赴省协调，省交通运输厅已出具同意设站意见，已经与省交控集团达成合作意向和建设投资模式，启动立项手续。

【交通运输服务】 一是推进出租车新能源化实现突破和稳定两大预期，此项工作是省委国“13710”督办事项。由于大同冬季气候严寒，司机对新能源汽车认可度不高，此项工作面临较大阻力和稳定风险。为既全面完成任务，又确保稳定，市交通运输局周密制定工作方案并报请政府同意后实施。在车型选取这一敏感环节，充分尊重经营者选择权，采取全过程公证方式，通过汽车厂商报名、组织召开推介会、出租车经营者线上线下推选等程序，公开公正公平地产生3种入选新能源车型。截至年底，全市167辆到期和新增的出租车已全部使用新能源汽车，也实现稳定预期。二是彻底解决城市中巴车运营乱象。随着城市管理水平提升，全国市一级城市中巴车在20世纪就陆续退出运营，但大同市仍未禁止。为彻底解决这一乱象，经报请政府同意，按照“强制淘汰、适当补贴”原则，一次性将剩余的91辆城市中巴车全部淘汰。此项工作中，一是采取先开渠后放水、为淘汰的中巴车经营者办理出租车经营许可；二是对淘汰的中巴车经营区域，及时跟进班线公交和预约公交全覆盖，也确保稳定大局和公众出行需求。三是推进智慧公交建设。建成89座公交电子站牌，一卡通设备和电子支付扫码设备安装率达到100%，公众出行更加便捷、更加暖心。四是审慎推动网约车合规化。大同市网约车进程相对滞后，根据交通运输部和省交通运输厅工作安排，市交通运输局经过专业机构咨询、公众民意调查、开展需求评估等程序，拟定《大同市推动网约车和规划工作方案（讨论稿）》，已提请政府常务会研究决策。

【打赢蓝天保卫战】 一是完成6080辆国Ⅲ及以下排放标准营运中重型柴油货车淘汰，这是省下达3316辆任务的183%，全省排名第二。二是加快推动城市绿色货运配送示范工程，各项准备工作基本就绪。经过自评，符合验收条件。如通过验收，大同市将成为全省首家绿色配送城市。三是大宗物料运输。公转铁两年均完成1.9亿吨以上，为污染治理贡献交通力量。

【依法治交和行业安全】 深入开展交通运输执法领域突出问题专项整治行动，治超管理多次受到省治超办肯定表扬，常态化、规范化开展联合执法，有效震慑打击交通运输污染和违法运输行为，维护市场秩序。持续开展安全生产专项整治三年攻坚行动，全年未发生较大及以上安全生产责任事故。开展铁路沿线安全环境风险隐患排查治理，省督办18处问题隐患全部完成整治销号。

【疫情防控】 督促相关场站、企业严格落实运输场站、运输车辆疫情防控措施，全年共出动人员3000余人次，配合公安、卫健部门做好交通卡口防控和“双码”查验工作。

【交通执法】 一是加强法治宣传，提升依法行政。集中组织开展《中华人民共和国行政处罚法》《中华人民共和国行政强制法》《中华人民共和国行政许可法》《中华人民共和国公路法》《中华人民共和国安全生产法》《山西省安全生产条例》《安全生产典型事故案例盘点》等学习活动，全面提高全员素质和工作水平。6月份全市交通运输系统符合条件的106名执法人员参加省司法厅组织的2021年全省交通运输综合行政执法人员资格考试，有105名考生顺利通过。二是聚焦群众反映强烈热点、制约规范公正文明执法的堵点，全面摸排、清理、纠正交通运输行政执法队伍中存在的各类顽疾，坚持刀刃向内，刮骨疗毒，坚持纠错性、警示性、导向性，从群众最不满意的地方改起，从群众最期盼的事情做起，切实维护交通运输市场主体和人民群众的合法权益。三是依法打非治违，规范运输秩序。加强对火车站、机场、各景点进行道路旅客运输专项整治和道路旅客运输安全严管严控等专项行动，全年共出动执法人员9500人次，执法车辆4000台次，共查处违法行为206起，处罚金额75.65万元。其中，非法营运行为120起，罚款66万元。四是在第二十个“安全生产月”活动中，对辖区内的旅游客运、危险品货物运输、客运站场、普货、驾校、维修等企业进行全面安全生产大摸排，确保“三不进站，六不出站”落实到位，确保旅客运输安全。

【农村客货邮融合发展】 为巩固交通运输脱贫攻坚成效，推进农村客运、货运、邮政快递融合发展，统筹解决农民群众幸福出行、物流配送、邮政寄递三个“最后一公里”，市交通运输局制定下发《关于2021年推进农村客货邮融合发展更贴近民生实事工作的通知》，要求各县区至少打造一个客货邮综合样板服务站、开通一条以上客货邮合作样板线路。构建“一点多能、一网多用、功能集约、便利多效”的农村运输服务发展新模式，让农村运输发展更有温度,农民幸福生活更有质感。

【城市公交】 市公交公司共有运营线路72条,总长度1182.75公里(不含定制公交),总站点数2608个,300米站点覆盖率62%,500米站点覆盖率100%,公交出行分担率16.97%,累计年客运量16932.33万人次。新开通9路支线、19路支线和203路三条线路,优化调整12条线路;临时调整线路13条,延伸线路3条,开通祭扫专线和观灯专线。根据大同火车南站列车到站时间变更,对涉及线路及时调整班次和发车时间,采取增配车辆、制定应急线路、延时发车等有效方法,最大化保障到站乘客及时疏散。自4月1日起,根据“大同不夜城灯展”时间安排及实际需求,开通“观灯专线一”和“观灯专线二”两条线路,制定“关于途经古城周边部分公交线路延长运营时间及增开观灯专线的实施方案”,完成线路变动调配、数据汇总计划等前期准备工作,保障观灯线路正常上线运营。2021,还完成“大同职业教育中心定制公交”“大同师范定制公交”“大同通用航空学院定制公交”线上预售票、派车、现场维护、验票共75个班次。8月底开通为期4天的“大同大学返校定制公交”,助力疫情期间大学生安全返校,共接送学生647人次,累计发送21个班次。在学生高考期间,开展大同公交“爱心送考”公益活动,所有考生均可由一名家长陪同免费乘坐公交车。同时在平城区、云冈区途经的8处考点站点值勤,涉及考点的线路达46条。

【政务服务】 2021年,在局党组领导下,大同市交通运输局不断深化行政审批改革,推进放管服改革,优化营商环境,圆满完成年度工作目标。交通窗口行政许可共受理2947件,新许可道路危险货物运输企业3家,新增危险货物运输车辆64辆(含挂车),更新危险货物运输车辆24辆(含挂车)。延续省、市、县际客运班线22条,客运车辆39辆。换发道路运输经营许可证9件,补发IC卡17件,配发车辆运营证128件。完成巡游出租汽车更新591辆,出租汽车驾驶员从业资格证补换发4400件。对涉及行政审批的24项,按照省审批事项“五统一”(统一事项名称、统一事项编码、统一设定依据、统一申请材料、统一网办要求)要求等要件,在省政务服务管理平台同步录入数据。精简申报材料,压缩审批时限,平均审批时限,缩减3个工作日。重新制作一次性告知书、事项服务指南,做好咨询服务。

【铁路安全监督】 2021年,在充分征求多方意见基础上,建立“大同市铁路沿线安全环境治理联席会议”制度,明确分管副市长担任联席会议总召集人,17家市直相关部门和9家铁路运输单位为成员单位,市铁路联席办公室设在市交通运输局,局长卫君兼任办公室主任。9月初,联席办公室组成专项联合督导组,陆续对全市铁路沿线7个县区开展安全环境风险隐患排查整治情况进行专项督导和“回头看”行动,对铁路运输企业报告的111处问题,至10月份已销号88处,销号率79%。

【灵丘和阳高通用机场建设】 一是灵丘平型关通用机场,2020年12月该项目可研报告批复,批复投资2.1亿元,机场规模为A1类通用机场。2021年8月,初步设计通过专家评审并完成评审报告。10月9日,召开选址报告评审。年底,通用航空产业园建设项目一期工程已正式启动,完成土地调规、地形测绘、建设项目环境影响登记、可行性报告行业分析、岩土工程勘察报告等相关工作;完成机场飞行区北围建3000米左右,更改迁移电信、联通等通信线路2500米左右,天然气管道改造也同步进行,完成场地平整土方量33万立方米,项目建设的其他各项工作也在安全有序进行。二是阳高通用机场,总投资2.3亿元,占地面积1947亩,建筑面积70285平方米。2021年取得核准、选址、用地预审等手续,环评等其他前期手续也在积极办理。

【运输管理】 2021年,大同市共有经营权到期的出租车327辆,其中清洁能源车199辆,新能源车128辆,全部更新完毕;给予办理退出经营、重新许可等事项共计180余件。从10月20日起,对平城区辖区内三家投放共享单车的企业因服务不到位进行约谈。对辖区内9家道路旅客运输企业进行年度审验,其中旅游客运车辆160辆,班线车辆254辆。平城区普货、危货运输企业的年度审验卡,只要手续齐备,做到随到随办,全年普货车辆参加年度审验共11009辆。全年共组织3046人次参加道路客货驾驶员从业资格考试，安排1740人次参加出租车驾驶员从业资格证考试。为实现高额服务事项跨省异地办理，推广宣传道路运输驾驶员“跨省通办”业务诚信考核。加强客运行业诚信体系建设，组织参与对辖区内道路旅客运输企业和出租汽车企业的服务质量信誉考核初评工作，对全市54所机动车驾驶员培训机构和11家出租汽车公司开展质量信誉考核工作。2021年全市共有综合性能检测线25家，维修企业267户，其中一类5户、二类166户、三类96户，均本着让“网络多跑路，用户少跑腿”的原则对其进行年度质量信誉考核。

强化寄递企业收寄验视制度落实，对进出港数据每日进行统计更新，全年开展安全生产培训3次，组织安全检查2次，通过“绿盾”系统实时监测。处理“12328”交通运输服务监督呼叫中心热线下发的有关交通运输方面的工单，答复道路运输和高速公路上的及时路况信息，2021年共受理有效业务42891件，派发给各相关科室及时回复，同时将办理结果反馈给市民服务热线。

新荣区交通运输局

2021年，新荣区交通运输局紧紧围绕长城一号农村旅游扶贫公路建设及“四好农村路”建设、养护和管理、疫情防控阻击战、交通运输安全生产等工作总体目标，以高质量赶超发展为主线，以扎实开展“三零”活动为载体，紧抓交通建设不放松，强化行业服务不动摇，严守交通安全不懈怠，真抓实干，砥砺奋进，各项工作均取得良好成绩。

【公路建设】 一是长城一号农村旅游扶贫公路新荣段建设里程全长101.055公里，其中主线67.107公里、支线33.948公里，总投资8.4318亿元。主线已全部贯通。9月，全市长城一号旅游公路(北线)全线贯通仪式在新荣区举行。二是新荣区晾马台主题公园旅游线项目16.979公里，计划总投资9215.6558万元，年内全部开工，完成路面5公里。

【公路养护】 2021年，认真落实省交通运输厅《关于进一步强化农村公路设施服务和安全保障能力的通知》和市局《关于开展农村公路交通标志标线优化提升及隐患排查治理工作的通知》及《公路安全生命防护工程实施技术指南(试行)》，切实落实管护主体责任，加大农村公路养护力度，对全区范围内县乡村农村公路、桥梁基础设施和安全设施设置情况进行排查统计，根据排查结果完善警示标志设置，对逆反射系数不足、缺失和污损标线，按照优化提升专项工作进行喷划；对辖区内农村公路长陡下坡、急弯陡坡、临水临崖等重点路段和事故多发点路段进行全面排查，根据排查结果，有针对性地制定防范措施和治理方案。健全管护长效机制，深化农村公路管理养护体制改革，落实县乡村三级路长制。

【交通运输执法】 加强对公路巡查，全年共出动路巡人员520余人次，出动车辆140余台次，办理公路赔偿案件4起，办理行政处罚案件2起，查处超限超载车辆10起，卸载货物226.05吨，处罚11200元。年内，与交警、环保联合执法，共出动联合执法人员150余人次，检查车辆2400余辆次，农村公路超限超载态势得到有效遏制。

【客运管理】 完成清明、“五一”、中秋、国庆、春节等节假日的运输组织和安全监管工作，节假日期间无重大、特大运输安全责任事故发生。对全区“两客一危”企业车辆的证照、标志(灯、牌)、GPS监控平台、危险品车辆安全设施设备配置、危险品运输从业人员进行专项整治，规范完善“两客一危”企业的基础资料，建立健全车辆基础管理台账，督促企业落实各项管理制度。全年完成6家运输企业2021年度质量信誉考评。全区淘汰国Ⅲ及以下排放标准运营中型和重型柴油货车491辆，上半年落户养车户2029户，车辆5570台。与山西汽运集团雁北汽车运输有限公司签订车站委托经营协议，汽车站正式启动运营，使公交车、农村客运车、校车、环区公交车全部进站。同时，由雁运公司注册环区公交公司运行，6月正式开通运营。为了遏制非法营运出租车，区交通运输局邀请市客运办，联合交警、市容、残联等部门，在全区范围内进行联合大整治，取缔两辆电动出租车，没收顶灯8个，批评教育15人次。

【党建工作】 一是坚持不懈整肃干部纪律作风，完善反腐倡廉工作机制，全面履行领导干部“一岗双责”，与局属各单位第一责任人签订年度党风廉政建设责任书，夯实“党组统一领导，党政齐抓共管，部门各负其责，层层抓落实”的领导体制和工作机制。二是深入贯彻学习习近平总书记视察山西重要讲话精神，根据区委《关于开展党史学习教育的实施方案》和区委党史学习教育领导小组相关文件要求，组织全局机关干部扎实开展党史学习教育活动，要求党史学习教育贯穿全年。三是坚定不移提高干部履职能力，领导干部带头深入客货运企业、站场了解基层问题需求，倾听基层呼声，围绕问题想办法、出主意、解难题，用实际行动提升群众满意度。

平城区交通运输局

2021年，平城区交通运输局按照平城区委、区政府制定的“将平城区建设成为现代服务集聚区、创新生态试验区、市域治理示范区、幸福大同先行区”目标作为行动指引，全面开展全区交通运输工作取得显著成绩。

【党的建设】 区交通运输局坚持以习近平新时代中国特色社会主义思想为指导，全面贯彻中共十九大和十九届历次全会精神，深入学习贯彻习近平总书记“三篇光辉文献”精神、习近平总书记视察山西重要讲话重要指示精神、习近平总书记在庆祝中国共产党成立100周年大会上的讲话精神，切实在学懂弄通做实上下功夫，深入开展多形式、全覆盖的学习培训和宣传教育活动。一是党史学习教育活动。结合实际制定《实施方案》，购买《论中国共产党历史》《毛泽东、邓小平、江泽民、胡锦涛关于中国共产党历史论述摘编》《中国共产党简史》等系列学习材料，以专题学习、研讨和活动为抓手，依托“三会一课”和主题党日，组织参观红色教育基地、重温入党誓词，学习习近平总书记重要讲话精神、党史学习材料、观看教育片和爱国主义教育电影，互相讲述身边红色故事，同时利用“学习强国”山西学习平台、好干部在线、“三晋先锋”等学习平台并结合读书月活动，推动党史学习延伸拓展，形成领导带头、党支部集中、党员自觉的浓厚学习氛围。教育引导党员学党史、悟思想、办实事、开新局，激励全局广大党员干部加压奋进、争先出彩，为奋力书写平城区践行新时代中国特色社会主义新篇章贡献力量。二是落实从严治党主体责任。制定《履行全面从严治党主体责任清单》，撰写“履行全面从严治党主体责任自查自纠报告”“关于解决形式主义问题的自查情况报告”“关于决策议事机制落实情况的自查报告”。同时利用各项专题学习活动，不间断传达学习《关于重申领导干部操办婚丧喜庆事宜纪律要求的通知》《落实中央八项规定精神负面清单》《区委区政府关于中央八项规定精神的实施细则》等从严治党各项要求，以职能范围具体日常工作为抓手，要求全体党员干部严肃纪律筑牢防线，正风肃纪，严格遵守中央八项规定和党风廉政建设有关规定，切实从思想上受到教育、心灵上受到触动，真正树立拒腐防变、廉洁自律的意识，牢牢把握基层工作特性，严格遵守各项制度与纪律要求，把落实中央八项规定精神常态化、常效化。

【公路建设与管理】 2021年，平城区完成“四好农村路”东河河检车线至党校口0.578公里改造工程，完成投资122万元。完成县道大谢线田村东至红卫桥1.148公里养护工程，完成投资212万元。完成东王庄至西谷庄段2公里提质工程，完成投资600万元。根据国务院、省、市要求，制定《大同市平城区“农村公路”路长制实施方案》，年底已有25个行政村设立农村公路路长。对于农村公路限高设施进行全面调查，要求全区8个村的限高限宽设施全部拆除。成立区铁路沿线安全环境治理联席会议制度，全年消除省级督办安全隐患6处，市级督办安全隐患9处。配合相关执法部门整治公路工程建设领域恶意竞标、强揽工程、违章违建、强迫交易、恶意拖欠工程款、闹事滋事、垄断材料供应、盗窃材料、损害公路设施等行为，持续关注建设单位拖欠工程款、农民工工资支付不及时等易引发矛盾纠纷的风险隐患。至年底，全区农村公路建设市场未发现黑恶现象存在。

【车辆与治超管理】 按照《实施方案》安排，区交通运输局积极行动，全年共完成1320辆货车淘汰工作，发放补贴款项2176.779万元。2021年对辖区16家源头企业进行公示，配合市治超办现场检查源头企业两次。

云冈区交通运输局

2021年，在区委、区政府正确领导下，在市交通运输局大力支持下，云冈区交通运输局深入贯彻落实中共十九大精神，全局上下共同努力，以构建和谐、稳定交通为目标，突出项目建设、狠抓安全生产、加强行业监管、常抓疫情防控，内增素质，外塑形象，圆满完成各项工作任务，为全区经济社会发展提供强有力交通服务保障。

【交通运输建设与管理】 一是农村公路建设。2021年，全区实施“四好农村路”(窄路基路面拓宽、建制村通硬化路)工程，建设里程25.54公里，分布4乡2镇16个行政村，总投资3942.8775万元。工程项目按分布乡镇村划分为12个标段，除9、10标段未开工(预算资金占总投资15%)，其他10个标段全部完成合同任务，完成投资总量85%。二是公路养护。坚持管养并重、有路必养原则，深入管养机制改革。首先，做好预防性养护各项准备工作。年初对所养护12条187.901公里县公路的路基、路面、桥涵构造物进行全面细致的调查摸底，对检查出的病害，根据其分布范围及严重程度进行统计，确定路面病害出现性质，制定具体措施。做到早知道、早处理，把安全隐患消除在萌芽中。其次，经常清理排水沟，疏导涵洞，确保排水畅通。

【治理超限超载】 一是强化责任落实，完善联动机制。健全治超工作组织机构，深入推进“政府主导、部门联动、立足源头、标本兼治、依法严管、联防联治、规范行为、追究责任”的治超工作联动机制，建立起公路治超区域内联动、区域间联防机制，严查严治严重违法超限超载车辆。二是加强源头治理，把好货运装载关。以厂矿、企业为重点，严格落实巡查制度，确保超限超载车辆不出场、不出矿、不出站。三是加强队伍建设，规范执法行为。努力打造一支素质过硬、业务精通、作风优良、纪律严明的治超执法队伍是做好治超工作的根本保证。区交通运输局制定《全区治超人员培训工作制度》，对执法人员开展执法和业务技能进行全面培训，有力提高执法人员业务素质，初步形成一支素质高、作风硬、业务精的治超执法队伍。同时严格落实制度，坚持依法治超，按照“五不准”“十条禁令”要求，确保挂牌执法、亮证执法、阳光执法，保证治超工作依法、公正、规范、高效运转。对可能出现的“公路三乱”行为，实行零容忍，对于违纪行为一查到底，绝不姑息。

【安全工作】 根据安全生产责任制、安全生产主体责任人、安全生产监管责任人“三落实”规定，按照“一岗双责”要求，与各部门、各施工单位层层签订安全责任书，把安全责任进行细化、量化、落实到人。同时加强辖区内农村公路、施工工地、桥梁、隧道等安全隐患的排查力度，制定安全巡查制度，确保安全生产工作的常态化，真正做到安全隐患早发现、早知道、早预防。2021年，深入区域内11家“两客一危”企业及137家源头企业进行安全检查共计494次，严格遵循“三管三必须”基本原则，层层压实企业安全生产主体责任，夯实安全发展基础，全面提升安全发展水平，确保道路危化品运输安全生产形势稳定。

【货车淘汰】 根据任务分解，市下达淘汰国Ⅲ及以下排放标准柴油货车任务3512辆，要求在9月底前全部完成。截至12月全部完成，完成年度任务100%。同时对符合补贴标准的2254辆货车发放补贴。

【运输管理】 年内成立5个交通运输综合执法队，对辖区内监管企业进行日常监管，对辖区内黑驾校进行彻底清查，对棚户区黑出租进行严厉打击，规范辖区内出租市场的正常运营。

【党风廉政建设】 2021年，把开展理想信念教育、党风党性党纪教育、警示教育和岗位廉政教育有机结合，促进机关廉政文化建设深入开展。纠正有令不行、有禁不止行为，杜绝不作为、乱作为、“吃拿卡要”等损害群众利益的不正之风。通过召开廉政会议，组织观看廉政警示教育纪录片，营造出一个执法必严、违法必究的严肃工作氛围。2021年党史学习教育开展以来，区交通运输局紧扣“学党史、悟思想、办实事、开新局”目标要求，牢牢把握工作重点，精心谋划，主动作为，持续有效推进党史学习教育走深走实。充分利用每周学习例会，由局党组成员领学相关党史知识，对机关股室、各治超站进行党史学习教育，系统全覆盖、学习制度化。

云州区交通运输局

2021年，区交通运输局以习近平新时代中国特色社会主义思想为指导，全面贯彻中共十九大和十九届历次全会精神，落实全国、全省和全市交通运输工作会议精神，紧扣“巩固、增强、提升、畅通”八字方针总要求，全面开启交通强国建设新征程，围绕优化综合立体交通网，提升农村交通基础设施，为乡村振兴提供有力支撑和保障。

【公路建设】 2021年，重点将云州街东延与区址主干道连接线、旅游路、产业路、农村公路改造、建制村通双车道等项目列入规划，年内在建的长城一号旅游公路共3条65公里，总投资31558万元，按照年度目标任务，已完成路基工程62公里，完成路面工程45.2公里，完成投资2.32亿元。“四好农村路”二倍线项目及苏家寨至永胜项目全部完工。

【公路养护】 在做好农村公路日常养护基础上，重点做好两方面工作，一是结合农村人居环境“六乱整治”，年内对全区公路沿线积存的生活垃圾、建筑垃圾、工业废弃物等进行大整治、大清零，做到无盲区、无死角、全覆盖。二是对农村公路、桥涵及附属设施全面排查，在所有农村公路、桥涵安装路长制公示牌和信息牌，更换、增设标志标牌292块，安装减速带260米，补栽道口桩1000根，处治水毁道路5公里，疏通排水沟120公里，清淤涵洞18道，清理积雪道路480余公里。农村公路养护年终好路率平均达86%，超年度目标任务8%。

【运输管理】 为进一步巩固脱贫攻坚成果，开展创建文明城市活动，提升交通运输服务能力，规范运营秩序，在开通西坪、倍加皂至市区、大同南站605公交和区址城市公交基础上，在区址东西街新增候车厅10座、充电桩9个，新增农村公交班线3条，调整优化农村客运班线13条，投放新能源纯电动车13部，设置停靠站点168个。增加发车班次，农村客运逐步向公交化转变。按照市下达云州区两年淘汰车辆总任务1106辆，其中，2021年任务331辆，已超额完成。同时，发放补贴579辆981.8380万元，未公示待发放补贴39辆约70万元。8月10日至16日，区交通运输局共出动执法人员224人次，执法车辆63辆次，大型机械3台，拆除109国道、301省道、302线大型广告牌17个，小型广告牌400余个、大型喷绘广告20余张，取缔公路沿线违规搭建木材市场3家、二手车交易市场1家。按照经济运行任务分解，由区交通运输局负责的规上交通运输企业三季度为4家，第四季度注销1家。全年累计完成营业收入20173.5万元，超额完成区下达任务4.56%。

【交通执法】 按照上级关于加快推进交通运输综合行政执法改革工作的部署，区交通运输局整合路政、运管、治超、海事等部门组建成立区交通运输综合行政执法队，下设4个中队。全年共出动执法人员6306人次，检查企业352家次，检查货运车辆27200余辆，巡查客运站点106次，开展专项行动5次，整改安全隐患76处，查处非法超限超载车辆127辆，对客运企业提出工作建议71条，交通执法工作逐步进入正轨，综合执法改革走在全市前列。

【党的建设】 一是党史学习教育。经过认真学习，全局党员干部达到学史明理、学史增信、学史崇德、学史力行的目的，党建工作质量和水平得到提高，全系统共完成“为民办实事”事项10件。二是党风廉政建设。首先，保持惩治高压，强化“不敢腐”。坚持无禁区、全覆盖、零容忍，坚持重遏制、强高压、常震慑，紧盯关键节点、关键领域、关键岗位，发现问题严肃处理。其次，提升治理效能，强化“不能腐”。加强与驻局纪检监察组协同联动，织密扎紧制度笼子，提高监管质效，增强制度刚性，确保制度严格落实，管好关键人，管到关键处，管住关键事，管在关键时。再次，坚定党性立场，强化“不想腐”。加强党史学习教育，创新活动载体，广泛开展廉政教育、纪律教育、警示教育，始终做到理想信念立得住、纪法底线守得住，家属子女管得住，前车之鉴记得住，筑牢拒腐蚀、永不沾思想防线。

阳高县交通运输局

2021年，在县委、县政府正确领导和上级交通运输主管部门关心支持下，县交通运输局以习近平新时代中国特色社会主义思想为指导，牢记“在转型发展上率先蹚出一条新路来”殷殷嘱托，按照省委“四为四高两同步”的总体思路和要求，聚焦县委“三大工程”，继续巩固贫困乡村的交通基础设施，加大长城一号旅游路建设，打造交通与旅游融合发展新路径。

【党的建设】 一是坚持把政治建设摆在首位。全面落实新时代党的建设总要求，时刻把意识形态工作放在全面从严治党首位，把意识形态工作纳入重要议事日程，和党的建设工作紧密结合，一同部署，一同落实，一同检查，一同考核，在思想认识上牢固树立“两个责任”意识。2021年共召开各类党风廉政专题会议12次。二是全面提高党建工作质量和水平。发挥党组理论学习中心组表率作用，带动广大党员开展党史学习教育，切实推动学有所获、指导实践。继续大力整治形式主义官僚主义、不担当不作为、违反中央八项规定精神等问题，确保全系统政令畅通。紧盯关键节点，聚焦交通运输项目审批、资金使用、干部调整等关键领域，保持正风反腐高压态势，2021年党组中心组开展专题学习活动11次。三是持续加大干部和人才队伍建设。贯彻落实新时代党的组织路线，坚持好干部标准选人用人，严把选人用人政治关，优化领导班子和干部队伍结构，加强三基建设，全面夯实党在基层的执政基础，进一步密切与群众的血肉联系。2021年共组织全局党员开展党支部主题学习活动34次，开展党支部主题党日11次，组织党员学习党课4次。

【公路建设与管理】 一是东纵脱贫攻坚路。长城一号旅游公路(天镇至灵丘)阳高县段共有两条线路，第一，神泉堡至南徐段，计划建设里程34.686公里，估算投资21844万元；第二，东双寨至上深井段，计划建设里程42.926公里，估算投资11938万元。该项目工程可行性研究报告与初步设计5月已批复，年内进行施工图设计。二是乡镇通三级及以上改造。为县道守狮线太师庄至罗文皂段，计划建设里程19.5公里，计划投资5850万元。11月，施工单位开始进场作业。三是旅游扶贫公路。长城一号旅游路阳高段项目估算投资33076万元，计划建设里程全长65.032公里，年内已全部完工。支线主体工程完成21.253公里，完成投资1485万元，主体六棱砖护坡完成3624.064立方米，1.8镇边支线主体工程已完工，龙泉支线上的洋墩河大桥完工通车。

2021年，开展以“学党史、当先锋、护公路、优服务”为主题的路政宣传月活动，在天马线、一王线、阳西线、守狮线的通村路段设立宣传点，向过往车辆、群众发放传单300余份，悬挂宣传标语5条。着力维护农村公路路产路权，依法对守狮线守口村段违规在公路控制区内埋设电杆下达限期移除通知书。在普通国省干线公路上，出动执法人员900余人次，执法车辆130余辆次，清理违规广告15条，违规摆摊设点31处，发现并清除安全隐患25处，发现未经许可擅自穿越公路1处，依法给予5000元罚款。

【公路养护】 2021年，始终坚持“有建必养、养必优良，有桥必管、管必到位”原则，对日常养护工作常抓不懈，在农村公路平交路口安装减速带44条，超额完成上级下达34条安装任务；对全县52284米农村公路病害路面裂缝进行沥青灌胶处治；在乡道罗家屯至狮子屯线狮子屯段、村道西坨至东水头线东坨段、S202至新团堡段安装波形护栏944米、对县道、重要乡道及时安排进行清扫、清理垃圾、处理水毁，增补标志牌42块，道口桩61根，划设标线23651平方米，划设振动带499.5平方米，出动人工1559人次，清扫农村公路1481公里，修整边沟13.52公里，粉刷桥梁防撞墙5座912延米，安装县道路长制公示牌84块。在长城一号旅游路大力建设景观系统，新植油松2075多亩153509株，种植花草11557亩，使旅游路两侧绿化率达到100%。在汛期加大巡查力度，对高边坡、易发生地质灾害路段、桥梁重点检查，对神南线的神泉堡中桥、尉家小堡1号、2号桥、桑干河大桥、南徐2号桥等有缺陷的锥坡、桥墩进行修复；处置修复水毁路面3处。

【疫情防控】 一是按照市委、市政府印发的《关于加强新冠肺炎疫情防控工作的紧急通知》，县交通运输局认真落实，为汽车站购置门式测温设备，对进站旅客实行测温、登记、查验健康码，不允许未佩戴口罩的乘客进站登车，发往大同、太原的客车，实行乘客信息登记制度，每天向汽车站报备留存，便于发生感染疫情能够追查密切接触人群。疫情期间，共检查登记进出乘客2934人次，核查备案太原到阳高人员363人次。二是配合公安部门高速和国省干线公路出口的交通检疫工作，共派出路政执法人员28人、城市客运执法人员14人，在京大神泉堡高速出口、天黎高速出口和512国道长城乡入口配合公安部门对来阳人员通行大数据行程卡、健康码核查和车辆、人员信息登记。其中京大高速派驻21人、天黎高速派驻14人、512国道长城口派驻7人。为便于交通检疫站开展工作，购置10间18平方米彩钢简易房，20张高低两层床，40套被褥床垫，6个电热取暖器，4套道闸式起落杆，6个探照式照明灯。三是对寄递物流运输企业的疫情进行监管，召集全县11家寄递企业召开动员部署会，通报寄递物流企业的疫情防控政策，制定《关于寄递物流企业新冠病毒疫情防控措施的实施方案》。全年共排查出14家寄递物流企业、27个分支机构、112名从业人员备案登记，建立监管台账。

【运输管理】 2021年，全县共完成客运量43.38万人次，旅客周转量2357.99万人公里；货运量300万吨，货物周转量105000万吨。2021年，对县公交公司、暄阳汽车客运站进行年度质量信誉等级考核，公交公司为AAA级，暄阳汽车客运站为AA级；全年受理办结县内班线客运许可3件；开展加油（气）站专项巡查，出动检查人员18人次，检查车辆3辆次，对全县23家加油站和7家加气站进行检查；办理普通货运经营行政许可1103户；发放(换补)IC卡电子道路运输证3317张。2021年初，全县共有客运车辆176辆，其中新能源电动车142辆，占比80.7%，居全市前列。为了规范巡游出租汽车经营行为，客运管理部门加强对巡游出租车的监管，全年共出动执法人员5551人次，稽查车辆867辆次，共检查客运车辆462辆，查扣非法营运车辆2辆，收到12345工单62件，全部按期回复处置。全年共检查客运企业70余次，发现安全隐患29条，全部整改到位。全年与28家源头企业开展源头治超法律法规培训，并签订《不超限不超载承诺书》，共出动巡查人员1128人次，巡查车辆188辆次，巡查企业465家次，检查车辆98辆次。全年收到违法超限超载抄告案件17件，退回不合规13件，查实上传违法超限超载车辆4辆。市交通运输局转来的北京、天津、江苏三省市抄告的102辆山西籍超载车辆，经梳理有7辆阳高籍车辆，电话警告6辆、约谈1辆。加大对污染运送渣土车辆实施专项整治，全年出动执法人员330人次，执法车辆98辆次，发现未加盖苫布车辆8辆，依法下达整改通知书。按照省市政府关于推进国Ⅲ及以下排放标准营运柴油货车淘汰工作的安排，至7月20日，共注销车辆823辆，超额完成任务。

天镇县交通运输局

2021年，天镇县交通运输局以党史学习教育为切入点，积极把握学党史、悟思想、办实事、开新局的核心要义，团结一致，扎实工作，锐意进取，克服各种困难风险，圆满完成全年各项目标任务，迎来“十四五”交通运输事业发展开门红。

【公路建设】 全年完成新改建农村公路56.589公里，完成投资20826万元。完成里程占全市37%，位列全市第一；完成固定资产投资占全市34%，位列全市第一。一是512国道改建工程全长4.868公里，年内完成3.106公里，完成投资6857万元。剩余0.58公里因征地拆迁问题进展缓慢，完成基层铺筑。二是三大板块旅游公路唐八里至高家店段(二期)全长19.109公里，投资11731万元。工程分两期实施，一期已完成。三是县道改造工程。按照上级下达“十四五”建设任务，改造县道南高崖至张辛窑线左所沟至张辛窑段（二期）全长27.212公里，6月25日开工建设，10月20日建成通车，投资7750万元。四是建制村通双车道建设工程。共计7.6公里，分别为红土窑至杨家窑旧村西3.6公里，张西河至盛家庄4公里。工程9月10日开工建设，投资1140万元，年内主体工程全部完工。五是出省路建设和街巷硬化工程。年内新建永嘉堡至河北省怀安县李信屯出省路2.8公里主体工程，完成投资205万元，年内投资213万元实施李家庄、瓦窑口、鲍家屯、石家庄等4个行政村的街巷硬化工程，共计里程4.318公里。4月28日开工，11月底全部完工。六是危桥改造。全年改造危桥11座，新建桥梁7座（楼子町桥、韩小屯桥），投资332万元。

【公路养护】 全年养护农村公路1367.3公里，养护工作逐步走上规范化轨道，养护质量稳步提升。一是日常养护。按照县道县管、乡村道乡村管、水毁工程集中修复的原则，全年累计清扫路面810公里，修理边沟、排水沟8750米，修整路肩63000米，修整边坡5980米，动用机械4320台班，出动人工9840工日。二是大中修工程。在县道宣贾线宣家塔至谷大屯段砌筑挡土墙434立方米，挡渣墙450立方米，刷坡清理塌方39370立方米，铺筑20厘米碎石水稳基层1831平方米，铺筑沥青混凝土面层1893平方米；在县道卅赵线、于下线，乡道天李线、窑赵线等共计200的农村公路进行沥青灌缝16.2万延米；在县道柴黄线、卅赵线，乡道赵舍线等129条农村公路上安装标志牌811块、新安装和更换波形护栏1040米，增设道口桩81根，增设减速带14米，增设里程碑22块，增设百米桩418根；对39.5公里沿线设施进行粉刷美化，粉刷桥涵防撞墙7082平方米，粉刷道口桩573根，里程碑111块，百米桩1096根；对谷前堡至谷后堡1.246公里进行路面改造，铺筑沥青混凝土8700平方米；对马走线至赵家沟0.089公里进行路面改造，铺筑水泥混凝土2700平方米；对天马线至汇地园区1.311公里进行硬化，铺筑水泥混凝土路面5900平方米。针对年内农村公路水毁严重现象，投资253万元对35条线路、共计48处水毁进行修复。三是绿化美化。深入实施“百乡千村万里美丽农村路”创建活动，对县道卅赵线两侧进行重点绿化，栽种樟子松、金叶榆、丁香球、红叶李等景观绿化行道树27565余株，投入资金340.68万元；对宣贾线、柴黄线、卅赵线等6条县道及长城一号旅游路共计150公里播撒格桑籽种2000公斤，投入资金11.05万元。为了打造“绿、美、舒、安”交通出行环境，出台《农村公路沿线环境专项整治行动实施方案》，对公路沿线范围内的垃圾堆、柴草堆、粪堆、渣土堆等全部清理，排查安全隐患，发挥路长制作用，依靠乡镇公路管理站对全县范围道路状况全面摸排，先排险后整治，营造良好出行环境。

【运输管理】 一是积极履行安全监管责任，全年共检查企业24家次，排查一般安全隐患16条，整改16条，整改率100%。二是圆满完成春运、“五一”、国庆等小长假客运工作。春运40天，共投入管理人员26人、车辆3台，累计运送旅客0.3672万人次。三是货运市场管理。全县共有运营货车3499辆62377.24吨位，其中牵引车1565辆、挂车1830辆、中型货车104辆。全年新增许可经营户129户，新增许可货运车辆172辆，完成普货年度审验车辆2632辆，合计吨位45415.245吨。四是完成对全县维修二类企业备案1家，三类企业3家；对1家检测企业、20家二类、三类维修企业完成质量信誉考核。五是形成治超高压态势，全年共收抄送超载车辆25辆。

广灵县交通运输局

2021年，在县委、县政府正确领导下，在县人大、县政协、县纪委监委监督下，广灵县交通运输局紧紧围绕全县“一门户三基地两长廊”发展定位，按照交通运输工作总体要求，认真开展各项工作。

【“四好农村路”建设】 一是长城一号旅游公路广灵县冯庄至罗疃线斗泉至眷头段公路改造工程，全长10.288公里，投资4543.86万元。年内，路基全部完成，完成投资3986万元。二是资源路产业路项目洗马庄至杜家庄农村公路改造工程，全长2.83公里，估算总投资327万元，2021年8月开工，10月全部完工。三是南房至东宜兴农村公路改造工程4

公里，投资488万元，10月全部完工。四是正阳线至平城农村公路改造工程0.376公里，投资44.9985万元，7月底完工。五是平城村北田间路改造工程1.1公里，投资25万元，6月底完工。六是南狼线至榆沟农村公路改造工程1.23公里，投资385.03万元，6月25日完工。

【农村公路养护】 一是日常养护以路面养护为重点，治理公路沿线环境，防扬尘、治污物，全年累计出动机械274个台班、人工5400工日，清理垃圾2900余立方米，完成投资74万元。全年好路率达到94.83%，综合值82.91。二是小修保养补坑槽、疏桥涵、清理边沟、整理路肩、修复护栏、警示桩、标志牌，粉刷沿线安防设施，交叉道口安装"一灯一带"，完成投资32万元。三是大中修及处治水毁为重点，治理翻浆、加固桥涵洞、排水沟，浆砌挡土墙，治理地质灾害，防止路基塌方、沉陷，共完成投资171万元。四是建立农村公路县乡村三级路长制，路长管理组织体系全覆盖，安装公示牌，充实路政员和护路员，形成路联管、路合管、路共管、路常管的农村公路发展格局。开展"百乡千村万里农村路"创建工作，美丽示范乡1个，美丽示范村8个，美丽农村路84.967公里。持续巩固脱贫攻坚成果，人民群众满意度明显提升。

【路政管理】 一是加大宣传力度，提高全民爱路护路意识。5至6月在全县范围内开展以"学党史、当先锋、护公路、优服务"为主题的"路政宣传月"活动。活动期间，组织路政执法人员在街心广场、重点公路沿线、沙岭公路超限检测站开展路政咨询活动，通过散发宣传资料、利用LED显示屏滚动播放、悬挂横幅标语、制作宣传牌等形式，大张旗鼓地进行宣传，积极争取人民群众对路政工作的理解和支持，营造爱路护路的良好氛围。二是以沙岭公路超限检测站为重点，严格落实路警联合执法工作，坚持24小时日常检测和交接班制度，对进站货运车辆进行动态超限检测。全年共检测货运车辆28.8万辆，超限超载37辆，卸载货物92.5吨。通过"以卸为主、卸罚并重"原则，使超限超载车辆得到有效遏制。三是按照"应公示尽公示"原则，经县治超办和相关部门对全县货运源头企业进行调查摸底核实，县政府依法对14家合法货运源头企业进行公示，召开源头治超工作会。会上，分管副县长与14家企业签订源头治超目标责任书，督促企业落实源头治超主体责任。

【运输管理】 一是在全县道路运输企业开展行业安全隐患排查整治，召开专题会议1次，安全例会3次，"春运"安全警示会1次。积极开展春运、元旦、春节、"五一"、国庆等重大节假日驻站和安全生产检查，累计开展各类安全检查45次，投入人力270余人次，检查运输企业5家，抽查客运车辆40辆次，抽查从业资格证46人次，排查隐患11处，下发、转发安全生产方面文件10余次，发放春运安全出行宣传材料220余份，张贴春运宣传挂画20余张，设置春运倒计时牌1块。全年安全指标圆满实现，未发生较大以上安全责任事故。二是与高速交警联合执法常态化。联合高速二支队七大队在两个高速上下口开展打击非法营运整治行动，七大队在日常执法中查获涉嫌非法营运车辆，初步取得证据后移送县交通运输局调查查处。为杜绝疫情防控运输环节漏洞，8月初与七大队联合开展为期一个月的疫情防控打非治违专项行动，以从事长途班线"黑客运"为打击重点。日常处置举报案件快速响应，最短时间赶到违法行为现场取得第一手证据，避免乘客离开现场无法取证。全年累计投入执法人员650人次，出动稽查车次160次，查处非法营运6起，电动三、四轮车非法载客2起，未经许可擅自从事巡游出租汽车经营1起，其他违法行为1起，行政处罚4.3万元。净化道路运输市场，规范经营行为，对非法营运等道路运输违法行为形成巨大震慑力。三是按计划完成"双随机、一公开"检查工作，联合县市场监督管理局随机抽取执法人员对两家道路运输企业开展2021年度"双随机、一公开"大检查。及时对100辆出租汽车、40辆城市公交进行年度检验和信誉考核，推进公交数字化系统管理平台和驾驶区安装防护隔离。截至9月底，全县实现客运量5.734万人次，旅客周转量95.9584万人公里；货运量141万吨，货物周转量15228万吨公里。2021年全年预计客运量7.645万人，旅客周转量127.9168万人公里；货运量192万吨，货物周转量20736万吨公里。四是2020年11月开展国Ⅲ及以下排放标准营运中重型柴油货车淘汰工作，全县淘汰任务164辆，发放110辆完成拆解注销车辆奖补款182.237万元，至2021年9月30日圆满结束，10辆已完成拆解注销报废车辆待支付奖补款14.553万元，存在奖补资金缺口13.79万元，有户无车已办结淘汰手续及无法联系已注销的车辆75辆，有户无车已办结淘汰手续未注销的车辆2辆，共计完成淘汰197辆。

灵丘县交通运输局

2021年，在县委、县政府坚强领导下，在市交通运输局指导支持下，灵丘县交通运输局党组团结带领全局干部群众，全面贯彻习近平新时代中国特色社会主义思想和习近平视察山西重要讲话精神，落实党中央、省、市、县各项决策部署，立足“三新”总体要求，围绕年初确定的目标任务，紧抓交通建设不松劲，提高养护水平不懈怠，严守交通安全不放松，凝心聚力，砥砺奋进，真抓实干，久久为功，推动全县交通运输事业再上新台阶。

【公路建设】 一是国防公路通道工程。国防公路柳科至庄头段，全长17.488公里，总投资3752万元。至12月上旬，已完成路基9公里，桥涵构造物建设完成90%，完成投资2000万元。二是长城板块旅游公路。本项目为续建项目，属大同市东纵脱贫攻坚路二期，建设总里程52.272公里，总投资21000万元。建设性质为旧路改造，年底项目已完工，开始组织交工验收工作。三是空中草原旅游公路。全长20.8公里，总投资1.2亿元。年内，可行性研究报告由山西通畅勘察设计咨询有限公司编制完成，已开始启动招投标工作。四是公路提质改造工程。全长5.6公里，总投资2206万元，年内完成路基5.6公里，完成投资1685万元。五是街巷硬化工程。全年计划10个乡镇44个行政村主街巷路面硬化115549平方米，总里程26.43公里。实际完成41190平方米，完成率82.6%。

【公路养护】 认真落实省交通运输厅《农村公路养护管理实施细则》，遵照“建养并重，养管结合，有路必管，有路必养”原则，加强日常养护和大中修工程，全年共完成清理边沟、落石52240立方米，紧急修补坑槽1540平方米，完成沥青灌缝封闭43.5公里，抢修水毁护岸46处，完成“一灯一带”安全工程83个，修复护栏17处512米，安装各类标志134套。全年县道好路率达到90.43%，乡道好路率达到82.15%，村道好路率达到82.89%. 全年完成危桥改造12座，完成投资1140万元。

【交通运输管理】 从强队伍、重业务、抓规范、保安全、促党建等方面入手，使队伍建设出成果，路政管理上台阶，运政业务更规范，客运市场见成效，安全管理无事故。一是加强治超管控，净化运输市场。全年共出动治超执法人员1680余人次，出动宣传车辆16台次，发放宣传单5000余份，出动执法车辆660余辆次，查扣各类超限超载、不遮盖苫布货车36辆。非法超限超载空置率控制在0.2%以内，非法超限超载行为得到有效遏制。严肃查处运营车辆违法经营和“三超一疲劳”行为，检查客运车辆460余辆次，客运企业64家次，排查一般安全隐患24条，整改24条。加强货运车辆GPS动态监管，建立社会化服务商监督平台8个，安装货运车辆GPS定位800余辆，检查货运车辆1100余辆次，出动维修稽查人员400余人次。二是打击非法营运。在打击“黑车”过程中，交通运输执法人员集中力量、集中地点、集中时间，采取定点检查与流动检查相结合方式，对火车站、汽车站、高速路口等非法营运车辆经常出没地区完善日常巡查机制，加大早、中、晚检查力度，有力震慑非法经营行为。年内，共出动执法人员1080人次，出动执法车辆590余辆，检查车辆600余辆，查扣“黑出租”“顺风车”等非法经营车辆54辆，处罚处理32辆。三是监管源头。县交通运输局联合县环保、住建、交警、城市综合执法等多部门召开大气污染防治和渣土车综合整治联席会议，抽调精兵强将组成联合执法小组，分别在G201线和巍山南、北路设立3处定点检查站，采取流动巡逻和设卡盘查的方式，重点对工程车闯禁行、渣土车未密闭运输、抛撒散漏渣土、驾驶排放检验不合格、“冒黑烟”车辆及逾期未检验、未报废、非法改装车辆等严重违法行为予以重点查处。全年共联合执法20余次，出动车辆60余辆，出动人员1500余人，检查车辆300余辆。四是整治汽车维修行业。重点检查企业喷烤漆作业是否在烤漆房进行，烤漆房除尘设备是否改造完成并符合环保要求等。对发现问题企业，检查组下发整改通知书，责令其限期整改。检查中，共出动执法人员80人次，出动执法车辆40辆次，检查维修企业28家，责令暂停钣金喷漆房8家。此外，严格按照职责分工，积极与相关单位密切协作，全力做好柴油货车淘汰工作。市下达县国Ⅲ总任务252辆，至12月初，完成270辆。五是安全生产。面对新时代新形势新要求，全局上下深入学习贯彻习近平总书记关于安全发展理念，强化红线意识、底线思维、责任体系、防控风险等方面的重要指示，时刻绷紧安全生产弦，坚决守住安全生产底线。全年共抽调7人，排查客运企业6家，维修企业24家，驾校2家，物流运输企业5家，检测线2家，GPS定位服务公司2家。共排查一般安全隐患73条，整改73条，整改率100%，做到全年安全生产“零”事故。

浑源县交通运输局

2021年，浑源县交通运输局以县十六次党代会提出的总要求为核心，以乡村、文旅双振兴为抓手，紧扣县域交通路网规划、布局、建设、管理重任，创新畅行，攻坚克难，扎实工作，瞄准转型蹚新路目标勇毅前行。

【公路建设】 一是旅游公路。全年规划建设5条，分别是恒山水库至腰家坪旅游公路，设计里程6.48公里，预算6039.9675万元。年度目标考核任务完工里程6.7公里，完成投资5800万元。至12月初，实际完工里程6.73公里，完成投资5896万元，完成考核任务103%；龙盆峪景区至恒山景区旅游环线金沙线县道改建，设计里程17.447公里，预算4966.6078万元。年度目标考核任务完工里程7.3公里，完成投资2084万元。至12月初，实际完成路基10公里，完成路面7.35公里，完成投资3181万元，完成考核任务153%；陈韩线吴城至香水寺段，设计里程5.710公里，预算2157.3758万元。年度目标考核任务完工里程2.3公里，完成投资932万元。至12月初，实际完工里程2.4公里，完成投资950万元，完成考核任务102%；郝罗线官儿至应县段改造工程，设计里程10.338公里，施工图预算3073.4576万元；龙盆峪景区至恒山景区旅游环线唐家庄至凌云口至大辛庄，设计里程30.621公里，施工图预算9288.4480万元，累计设计长度70.596公里，预算投资2.5526亿元。年度目标考核任务完工里程11.2公里，完成投资3864万元。至12月初，实际完工里程23公里，完成投资7524.6万元，完成考核任务194.74%；旅游公路年度目标考核任务4项，考核建设任务里程27.5公里，考核完成投资12680万元；至12月初，共计完成39.48公里，完成投资17551.6万元，完成总目标考核任务138.42%。二是应需自主规划公路。建设里程共计4.577公里，批复总投资共计2561.0418万元。分别为:县域陈韩线至神溪村公里改造工程，设计批复里程1.257公里，批复总投资341.7117万元，已完工。县域永蔡线至神溪村公里改造工程，设计批复里程1.848公里，批复总投资485.0009万元，主体完工。县域静脉产业园（垃圾焚烧电厂）配套道路建设工程，设计批复里程1.472公里，批复总投资694.9208万元，路基桥涵已完工。县域恒山风景名胜区唐家庄交叉改建工程，涉及恒山南路65,046米、239国道改造181.52米、悬空寺景区道路改建230米，已完工。三是生态路修复。露天矿山开采破坏生态环境修复区域公路建设共计6项（移交县生态文明投资有限公司具体实施），分别为:大仁庄至恒山古镇公路工程20.78公里，官王铺至黄花滩公路工程8.48公里，洪朔线至官王铺至大磁窑公路工程22.152公里，水沟至西王铺、橡厂至王庄堡公路工程10.416公里，大西沟至抢黄线公路工程8.3公里。主体全部完工；英庄至云州界公路改造工程8.94公里年内已开工建设。四是协调239国道改线。239国道线东坊城至大磁窑段改建工程是省级重点工程，项目主要由大同公路分局负责，县交通运输局配合协调。通过与东坊城乡政府协调，建设中的征地、树木问题得到解决。通信、电信、联通、移动线路的迁改，经过多次沟通，工程得以有序推进。

【公路养护】 2021年，在资金严重紧张前提下，对落石严重的郝罗线、官泽线进行防护；对大灵线至吴城K10+007处涵洞拓宽及乡道大洼至下辛安线K1+600~K1+677段水毁涵洞进行重建；整治修复水毁隐患1起；在127个路口安装减速带，对安全隐患较大的23个路口加装爆闪灯。按照全县农村人居环境“六乱”整治工作部署，2021年着手开展交通运输系统涉及“六乱”行动。成立专门领导小组，制定出台整治方案，从5月开始，对县域内1537公里农村公路(包括县道9条206公里、乡道79条613公里、村道467条718公里、旅游公路4条55公里)，集中展开以清洁、安全、畅通为主的整治。首先以县内客货运繁忙的郝罗线、韩陈线、韩镇线、官泽线为主攻方向，清理沿线积存的建筑垃圾、生活垃圾、车辆遗弃垃圾147吨，清扫路面300公里102处，拆除遗留废弃广告牌以及无实际用途、有碍观瞻的视觉设施51处，拓宽加固入村桥涵1处。“六乱”行动开展期间，全系统出动527人次，发放宣传品3000多份；出动中型机械43台(套)次，完成投资37万余元。

【超限超载治理】 针对源头企业网点多、监管难、任务重的特点，落实落细源头巡查制度，组织20多批次执法人员深入货运、物流、维修企业及大型厂矿开展治超宣传和日常巡查。保持固定点监测“逢车必检、逢超必卸、逢超必罚”，加强流动稽查，对超限超载车辆避站绕行，冲关闯卡，扰乱检测站点秩序等违法行为加大打击力度。发挥超限检测站监控功能，实施24小时检测监控。全年共检测车辆1218293辆次。

左云县交通运输局

2021年，县交通运输局以习近平新时代中国特色社会主义思想为指导，全面贯彻中共十九大和十九届历次全会精神，落实全国和全省全市交通运输工作会议精神，紧扣“巩固、增强、提升、畅通”八字方针总要求，全面开启交通强国建设新征程，围绕优化综合立体交通网，以提升农村交通基础设施能力、交通运输服务品质为目标，全面推进各项工作任务，为实现城乡交通一体化，全面实施乡村振兴提供有力支撑和保障。

【公路建设】 一是长城一号农村旅游扶贫公路。2021年，重点实施主线黄土口至宁鲁段17.5公里的彩色路面铺装，10月上旬已完成8公里。保安至宁鲁段路肩、排水渠、平交路口等附属设施全部完善。剩余9.867公里终点至右玉段也已开工建设。截至12月初，共完成投资2250万元。二是长城一号旅游公路连接线长城至宁应线(摩天岭段)改造工程全面开工建设。三是持续推动“四好农村路”高质量发展，全面完成窄路基路面拓宽剩余建设任务6公里，养护提质改造工程31.87公里。

【公路养护】 一是制定出台《关于深化农村公路管理养护体制改革的意见》，建立农村公路管理养护长效机制和绩效管理考核机制。全面实施县乡村三级路长制，按照县道县管、乡村道乡村管原则，建立县有路政员、乡有监管员、村有护路员的路产路权保护队伍。二是全面开展农村公路平交路口“千灯万带”专项行动，安装减速带、震荡标线42处。全面开展农村公路技术状况评定、农村公路危旧桥梁改造工程、安全生命防护工程、排查整治农村公路限高限宽设置，实施乡镇通三级及以上公路、建制村通双车道、自然村通硬化路摸底排查等各项工作。三是以持续改善城乡环境卫生质量、优化提升公路路域环境、确保公路安全畅通为重点，组织全体干部职工进行重点公路沿线环境整治行动，清理公路两侧可视范围内建筑、生活垃圾及其他废弃物1300立方米，清扫路面356公里，清理标识标牌72块，清理公路五堆346立方米，移交环境整治通知单10份，清理占道经营、随意停放车辆54次，使城乡交通环境薄弱地段脏乱差问题得到有效解决。2021年，将路域环境综合整治工作纳入对公路管理目标责任制考核，每月对工作开展情况进行督查总结，全年共投入公益性岗位人员和保洁人员600余人次，清扫路面280公里，清理公路沿线垃圾2580立方米，清理桥涵进出口垃圾162立方米，清理非公路标志58块，排查整修路肩、边坡、边沟86公里，修复破损警示桩160根。

【安全生产】 深入开展各领域安全生产隐患排查专项整治，切实解决影响交通运输行业安全生产的突出问题和薄弱环节，按照“日督导、月抽查、季全查”督查计划，对客货运、危货、驾培、站场等企业和交通建设项目开展严格的安全生产专项监督检查，对公路、桥涵、路基、排水设施、防护工程等重点部位及急弯陡坡、视距不良路段和事故多发路段加大隐患排查力度，健全完善公路病害台账，对破损的公路设施、标志标牌进行维修、更换、刷新，全年共出动执法人员510人次，执法车辆126辆次，共发现一般隐患68起，即知即改61起，限期整改7起。

（高　青）

朔州市

朔州市交通运输局

2021年，在市委、市政府坚强领导和省交通运输厅大力指导下，朔州市交通运输局坚持以习近平新时代中国特色社会主义思想为指导，坚持人民中心思想、绿色发展理念和“先行官”定位，围绕“党建引领、作风保障，完善路网、构建体系，畅通运输、提升品质，强化监管、搞好服务，建设交通强市”目标，主动作为，积极努力，“铁公机”一体建设融合发展迈出新步伐，打造布局合理、内联外通、多路并行的晋陕蒙交会区域综合运输枢纽和能源物流运输网络取得新成效，为全面开启“十四五”和交通强国建设奠定较为坚实基础。

【党建工作】 一是严格落实党建工作制度。坚持第一议题制度，跟进学习习近平总书记最新重要讲话精神；严肃党内政治生活，严格落实“三会一课”、组织生活会、民主评议党员、书记述职述廉、谈心谈话、主题党日等制度；成立加强意识形态工作领导小组，将意识形态工作作为年度目标责任考核重要内容，3次专题研究；强化理论学习和阵地管理，在《山西日报》《山西交通》等报刊报送稿件200余篇；修订完善、建立健全18项党建工作制度；优化基层组织设置，总党支升格为党委，成立妇委及团委；“七一”表彰20名优秀共产党员和5名优秀党务工作者，充分发挥党员先锋模范作用。二是扎实推动党史学习教育。开展“读原著、学原文、悟原理”专题读书班，党组理论学习中心组开展23次党史学习教育专题学习，处级领导干部共撰写心得体会100余篇；各支部分别以召开党员大会、小组交流讨论、撰写学习心得等形式进行学习宣传贯彻省第十二次党代会、市第七次党代会精神，党员学习覆盖率达100%；承诺为基层群众办的6件实事，均已圆满完成。三是充分发挥党建引领作用。坚持思想引领，党组理论学习中心组深入学习习近平总书记关于总体国家安全观、乡村振兴、发扬斗争精神和防范风险挑战等重要论述，带动机关各科室、各单位和各党支部加强政治理论学习；坚持党员带头，疫情防控期间，坚持党员领导带班科级干部值班制度，加强督导检查，常态化在汽车客运站等人员密集场所，加强场所设施通风、消毒和清洁，进行体温检测，对客运班线进行严格管控；坚持精神引领，强化引导全体党员自觉讲党性、重品行、作表率，树立干事创业、创先争优的进取意识，营造简单清新的党风、行风，努力锻造作风优良、能打硬仗的干群队伍。

【综合规划】 印发《朔州市贯彻落实交通强国建设纲要的实施方案》和《朔州市推进交通强国建设行动计划(2021—2022年)》,成立由市长任组长的推进交通强国建设工作领导小组,为高位推进交通强国建设提供组织保障,市交通运输局也制定相关推进措施。《朔州市综合立体交通网络发展规划(2020—2035年)》(包括综合立体交通网络发展规划和农村公路发展规划等12个专项规划)已经编制完成,通过评审。提前谋划取得好成绩。共谋划33项(纳入省交通强国行动计划15项),估算总投资634.388亿元,其中综合交通枢纽项目3项,估算投资14.77亿元;铁路项目4项,估算投资296.176亿元;高速公路项目5项,估算投资143亿元;国省干线公路项目12项,估算投资133.66亿元;农村公路项目2项,估算投资44.47亿元;其他项目7项,估算投资2.312亿元。近期推进的重点项目有13项,估算总投资517.846亿元(铁路162.776亿元、高速公路143亿元、干线公路212.07亿元),其中:正在建设的有4项(铁路2项、高速公路1项、干线公路1项),推进前期工作的有9项(高速4项、干线公路5项),均已完成线位研究。

【项目建设】 一是全年完成投资18.34亿元,为省定目标126.5%,其中:普通国省道完成投资6.9亿元,为省定目标172.5%;农村公路完成投资11.44亿元,为省定目标109%。二是长城一号旅游公路建成183.386公里,为省定目标任务111.8%;完成"四好农村路"新改建153.67公里,为省定目标任务121%;完成村通硬化路2.816公里、乡镇通三级公路107公里、危桥改造2座,完成"一灯一带"267个,为省定目标任务112.7%。三是朔神高速公路。全长30.595公里,总投资27亿元,朔州境内14.56公里,投资13亿元。2021年度省交通运输厅下达朔神高速公路投资目标任务为10亿元,本年度完成投资10.015亿元,为年度目标任务100.15%。四是阳方口至平鲁一级公路工程。也称G241阳方口至朔州段和G336朔州至平鲁段改扩建工程。全长60.97公里,概算总投资为16.378亿元。累计完成投资6.9亿元。五是集大原高铁线路全长270公里,朔州段113公里,2020年6月30日开工建设,2021年10月底全线工程开工建设。恒山隧道累计完成产值3.32亿元,完成合同总价16.36亿元的20.3%。新建大同至原平铁路客运专线"三电"及地下管线迁改工程,朔州段概算总投资4.9亿元,已完成产值1.1亿元。2021年度计划完成产值1.2亿元。连接市区至朔州东站的迎宾大道主体工程已完工,正在进行沥青面层铺设作业,10月建成通车。朔州段4座客运车站站前广场、通场道路规划、设计等前期工作正在进行。在争取上级补助资金同时,采取EPC模式,将207公里长城一号旅游公路集中组包进行建设,和市城发集团签订管理协议,发挥国企融资能力,提质提速建设旅游公路。

【运输管理】 一是圆满完成春运保障任务。2021年春运疫情防控期间,共投入客运车辆4907辆次,完成客运量109358人次,无发生重大以上交通安全事故和突发疫情情况,圆满完成省、市交办的工作任务。二是提升城市公交服务质量,市区公交车线路持续优化,公交线路已覆盖城市主要街道及周边46个行政村。公交"一卡通"共计办卡25623张,与全国303个城市实现互联互通。公共交通分担率为25.91%,居民出行服务满意度为94.4%。三是国Ⅲ及以下排放标准柴油货车淘汰工作,2020年省里下达2020年、2021年两年淘汰任务2435辆,实际完成3081辆,为省定任务126.53%,全省第一。在此基础上,市里决定年内全部淘汰,淘汰任务1757辆,已淘汰1098辆,完成62.49%。四是服务业提质增效。全市交通运输业实现增加值102.6亿元,占年度任务100%。山西经纬通达股份有限公司网络货运、多式联运发展较好,完成营业收入3.19亿元,同比增长1050.3%,并于2020年10月实现代开增值税专用发票。五是"公转铁"工作,市政府研究通过《朔州市推进货物运输"公转铁"工作方案》,明确目标、任务和责任,提出路径、方法和要求。大宗货物年运量150万吨以上的40家大型工矿企业中,16家有铁路专用线,7家通过皮带传输使用既有铁路,共23家实现"公转铁",占比57.5%。六是积极开展道路运输行业"跨省通办"业务。申请量658人次,有效申请量651人次，办结量640人次，办理成功量615人次，不通过、不受理25人次，撤回量7人次，办结率98%，成功率96%。全省第一。完成从业人员继续教育12115人次。

【安全工作】 一是扎实开展安全生产专项整治三年行动，与全市"两客一危"企业、城市客运企业和公路工程建设企业主要负责人签订《安全生产承诺书》，督促企业落实安全生产主体责任。组织开展企业主要负责人和安全生产管理员安全考核，参加考核267人，147人合格，合格率55%。二是围绕推进社会治理体系和治理能力现代化总体目标，深入推进"三零"单位创建。组织开展重大矛盾隐患集中排查化解"百日攻坚"专项行动，共排查出一般隐患270条，重大隐患0条，已整改256项。6月初成功提前化解一起出租汽车集体串联停运事件。三是组织开展出租汽车从业人员吸毒筛查工作，筛查率100%。四是开展公路防汛演练1次。建设农村公路平交道口减速带267个，超额完成省定任务。五是建立铁路沿线安全联席会议制度，建立"双段长"制度，向各县(市、区)转交42处铁路沿线安全隐患，并进行跟踪督办，联合铁路部门建立安全隐患台账，定期汇总进展情况。六是坚决落实常态化疫情防控工作，全局干部职工疫苗接种率达到98%以上，完成"扫黄打非"、反恐怖、重点时段安保维稳等工作，交通运输安全生产形势总体保持稳定。

【行政执法】 一是开展打击非法营运专项行动。共出动执法人员2800多人次，出动执法车辆700余辆次，纠正违规违章运输行为45起，查扣非法营运车辆100多辆，收缴罚没款126万元，准备移送案件17件。对网约车平台公司处罚2起；处理出租车违规案件132件；处理违规客运班线车辆、车辆逾期未检、车辆北斗卫星违规使用等案件65件，"12328""12345"群众投诉举报结案率100%。二是加强源头超限超载治理。共检查源头企业车辆出站总数21.6万辆，查处违法案件共12起，收缴罚款共计35万元。其中市级层面查处11起，罚款20万元；区县查处1起，罚款15万元。2021年全市共有14家公路超限检测站，上半年共检查车辆330多万辆，查处违法超限超载运输车辆233辆，累计卸载4966.75吨，移交交警处理罚款19.3万元，扣分932分，治理非法超限超载效果明显。三是加大路域环境整治力度。共处置道路扬尘污染事件10余起，劝返大型货运车辆100辆次，市区周边道路扬尘污染明显改善，工作成果得到市委、市政府领导肯定。四是开展执法领域突出问题专项整治工作。成立全市交通运输执法领域突出问题专项整治行动领导小组，制定《朔州市交通运输局交通运输执法领域突出问题专项整治行动实施方案》。截至年底，组织各县(市、区)交通运输局和市交通运输综合行政执法队，对标市局《实施方案》中的整改内容，梳理出问题清单24条，整改24条，发布信息动态4条，编发工作简报14期，向省厅报送信息数据28次。

朔城区交通运输局

2021年，在区委、区政府坚强领导下，朔城区交通运输局党组以习近平新时代中国特色社会主义思想为指导，忠实践行"两个维护""四个意识""四个自信"，立足新发展阶段，贯彻新发展理念，构建新发展格局。党史学习教育、国Ⅲ车等淘汰、普速铁路沿线安全环境治理、倡导"四性"、反对"四化"纪律作风整治新工作取得新业绩，再上新台阶。朔城区交通运输局获得由省交通运输厅、省人力资源和社会保障共同授予的"山西省交通运输系统先进集体"称号，经市交通运输局推荐，申报全省"四好农村路"示范区。

【党史学教创造特色】 根据区委党史学习教育领导小组安排，结合实际，局党组在做好加强领导、制定方案、落实责任、动员部署等规定动作基础上，在谋求特色、塑造个性上下功夫，主要采取专题辅导、图板展示、党史索引、寓教于乐、对话交流、微信传播6种办法。充分运用周五"文化讲堂"这一载体，党组成员分"八大专题"转换角色为党员干部轮流授课；在"文化长廊"开辟"党史学习教育专栏"，以图文并茂形式重点展示新民主主义革命时期党简史。在文化长廊打造"区交通运输局历届党组(党总支)实绩概览”，简明扼要勾画全区交通史，从一个角度、一个侧面“以小见大”，反映党的丰功伟绩；编发《中国共产党简史索引》“口袋书”，教育引导广大党员干部把握重大事件，厘清历史脉络，知党、爱党，为党的壮丽事业奋斗终身；组织党员干部到朔城区党史陈列馆参观展览，运用多媒体进行学习教育，进行全系统党史学习教育知识测试；召开全系统党史学习教育座谈讨论会，党员干部各抒己见、畅所欲言，交流学习体会，实现资源共享；为照顾离退休等不便直接参与党史学习教育的党员，专门开通全系统党史学习教育微信群，党史学习教育覆盖率达到100%。

【作风整治持续推进】 紧跟区委步伐，局党组把倡导“四性”反对“四化”纪律作风整顿当作一项严肃政治任务，摆位升温造氛围、画像写真找问题、精准施策抓整改。党组将方案引领、集会动员、深入学教、座谈讨论“四措并举”，教育引导干部职工以高度思想自觉和行为自觉体现区委意图，在思想和行动上与区委保持高度一致；比对区委倡导的“四性”和反对的“四化”，杜绝强拉硬扯、机械照搬、照猫画虎、上下一般粗问题。通过请示汇报、座谈访谈、网络征询、设置意见箱、热线电话、手机短信等办法征求意见，对本系统存在的问题进行画像写真，梳理出工作“精准性”、履职“均衡性”、配合“协同性”、纪律“严谨性”四个不足；党组坚持问题导向，顺藤摸瓜、精准施策、标本兼治、长效治理，主要采取思想警戒、规矩约束、岗位练兵三种办法。其中在规矩约束方面针对省委第四巡视组对区委反馈的涉及交通运输方面问题，建立健全征地拆迁的一系列制度规矩，并与“三基”建设紧密结合融会贯通。依托“五路”工程、企业监管、“三零”单位创建、“安全生产专项整治”等平台，为干部职工设岗定责，明确工作标准和工作要求，让他们在工作岗位上掌握本领锤炼作风，在实际工作中彰显纪律作风整治效果。

【“五路”工程再攀新高】 局党组把“我为群众办实事”作为重点，以“五路”工程为抓手，突出协调保障省、市重点工程，持续推进“五路”工程、道路养护提质、雁阳驿站建设、企业监管等重点稳步推进各项工作。一是协调保障省级重点工程。以协调征拆为主，主要保障朔神高速公路建设工程、241国道改造、长城一号旅游公路建设工程。朔神调整公路建设工程和241国道改造为山西省重点工程，两大工程对连通朔州、忻州两地，促进两地高速高质量发展具有十分重要的意义。“长城一号旅游公路”规划建设1000公里，是“市域全景通连、重点乡镇通达、特色园区延伸、美丽乡村串联”的长城板块全域旅游公路网，共覆盖朔州84个景点景区，连接沿线近100个村庄。以路引景、以景串线，充分挖掘长城、边塞、军事、游牧、贸易等历史文化元素，整合特色景观资源，全力打造军事文化游、避暑休闲游、文化体验游、康养保健游等新型旅游业态，是文旅融合典范。在促进全市旅游业繁荣，助推乡村振兴方面发挥巨大作用。以“五路”工程为抓手，持续铺开了朔只线大北岔至山场、朔张线朔州至张蔡庄、应汴线五花营至白圐圙段“四好农村路”建设三项工程，共31公里。二是抓好道路养护提质。主要实施5项工程。即7条县乡道路和1条连接线全长80.938公里的养护工程；完成朔南线、广梵线、小神线、朔只线、化神线、朔紫线、康马公路等104.788公里农村公路养护灌缝工程；完成朔南线、广梵线等848米农村公路波形护栏更换工程；完成朔只线地质灾害(SC0008)处置工程；完成朔沙线、朔紫线、朔南线等40处县乡公路平交路口“一灯一带”减速带安装工程。雁阳驿站建设由朔州富华燃气有限公司、朔州市城市发展集团有限公司为项目投资主体。由律师事务所审查《雁阳路驿站合作开发框架协议》后，签订协议。

【加强安全管理】 局党组以习近平总书记“生命至上、安全至上”重要指示为指针，把实施“安全生产专项整治三年行动计划”作为“我为群众办实事”的重要举措。以“核心在法制、重点在强化、关键在领导、根本在落实”为工作的推进机制，扎实实施“安全生产专项整治三年行动计划”，主要抓好四个方面工作。一是高站位统筹部署。加强领导压实责任，拟制方案明确路径，明确目标细化任务，集会动员营造氛围；二是立体式宣传教育。以《中华人民共和国安全生产法》《中华人民共和国道路交通安全法》为主，采取文化讲堂、文化长廊、路政宣传、交通信息、微信微博、影像视频、广告传媒、联合送学、调研宣教、案例警示等有血有肉，广接“地气”的办法宣传教育，凝聚“交通创安”的“热空气”。三是拉网式排查隐患。坚持“不放过任何一个漏洞、不丢掉任何一个盲点、不留下任何一处隐患”原则，采取领导带头查、明察暗访查、分兵把口查、部门联动查、发动群众查、结合渗透查等办法，拉网式、常态化排查安全隐患。四是全方位整治隐患。先后对十大安全隐患进行整治。针对安全警示隐患，在交通干线、交通枢纽、沿线村庄配置安全警示、禁令标志标识牌460多块；针对公路排水隐患，采取疏浚或配置相关设施相结合的办法解决排水不畅问题，康马公路设置排水带、急流槽，解决排水不畅问题；针对山崖落石隐患，在山区临崖处设置围网防止落石；针对安保设施隐患，在朔只线、朔利线实施120公里安全生命防护工程；针对路面破损隐患，以乡村公路的提质改造为重点，突出窄路基路面加宽、危桥改造、安防工程等重点，加强“四好农村路”建设，先后建成“四好农村路”781公里，提升农村公路路况水平、质安水平和群众满意度。对朔只线和小神线进行改造，改造后的朔只线打通朔城区西北出口，为贫困山区经济和社会发展提供反应迅速、机动安全的交通保障。改造后的小神线打通朔城区西南出口，不仅解决存在的坑槽、龟裂、网裂、推移、翻浆等路面病害问题，而且展示利民镇儿女山旅游文化，拉动儿女山生态旅游景区形成一个集塞外风情、民俗文化、军事文化为一体的生态旅游景区；针对桥梁护栏隐患，采取设置波形护栏、建设防护墙等办法对桥梁进行升级改造；针对乡村客运隐患，乡村客运车辆全部进入朔州汽车南站安检，严格执行安全例检及维护保养，确保车辆安全技术状况良好；针对超限超载隐患，严格按照五部局“9·21”治超新规，落实严抓严教、严管严防、严查严处“三大举措”。其中严管严防方面，源头监控、路政巡察、站点监管多头联动。运管股严把货运源头车辆进场、登记、装载、称重、出场“五关”，对煤站等货物收购源尾定期不定期监察监督，并利用视频监控系统严格监督。路政股不定时不定点上路巡察，化庄公路超限检测站运用静态监测磅、不停车监测系统、静态监测系统、视频监控系统等科技手段进行站点监测；针对运营市场隐患，督促未检企业进行补检或淘汰，与交警队联合，严厉打击酒驾、超载、拼车、甩客、宰客等问题；针对汛期水毁隐患精准施策，拆除应汴线陈庄段和广梵线何庄段施工桥涵2处，处理朔只线、小神线、西环路、康马公路水毁工程105处114公里。修复下西关村上跨高速公路路面水毁工程150平方米，修复滋润乡夏关城、新进疃、里磨疃水毁工程3处，完成窑子头、裕民村、梵王寺、水泉梁等桥涵水毁修复48处。

【环境治理“双管齐下”】 一是加强国Ⅲ及以下排放标准营运中型和重型柴油货车淘汰工作。根据《朔州市人民政府办公室关于高排放柴油货车淘汰更新计划的通知》（朔政办发〔2021〕6号）、《朔州市人民政府办公室关于印发朔州市国Ⅲ及以下排放标准营运中型和重型柴油货车淘汰工作的通知》（朔政办发电〔2021〕16号）文件精神，以营运柴油货车为主攻方向，以国Ⅲ及以下排放标准的中、重型营运柴油货车为重点，采取经济补偿，鼓励淘汰、限制使用、加强监管执法等措施，全面推进高排放柴油化车淘汰工作，已淘汰国Ⅲ及以下排放标准营运中型和重型柴油货车115辆，强制注销665辆。二是加强普速铁路沿线安全环境治理工作。根据国务院转发交通运输部等《关于加强铁路沿线安全环境治理工作的意见》，结合朔城区实际情况，由区政府组织领导，区交通运输局牵头，按照“两路”、“七乡”（镇、街道办事处）、“31处问题”的工作思路进行整治。“两路”即北同蒲铁路上下行东榆林至阳方口（K101+000~147+000）和准朔线单线店坪南至平鲁西区间（49+000~59+000）。“七乡”即“两路”区间内所涉及的下团堡乡、小平易乡、窑子头乡、沙塄河乡、神头镇、北旺庄办事处、南城街道办事处。“31处问题”分三个板块。第一个板块是桥梁移交问题。对应北同蒲线K112+298上跨桥（马邑立交桥）已坚持属地管理原则由大秦铁路股份有限公司朔州公务段移交神头镇政府管理维护。第二个板块是“平改立”问题。共2处，分别位于北同蒲线K125+998、K127+403（七里河、石油公司附近）已移交市住建局改造，市住建局正在拟制“平改立”方案并开展前期相关工作。第三个板块是29处涉违建、堆放、硬飘浮、倒落、树植类隐患。

【提质增效明确思路】 根据省、市、区推进服务业提质增效2021年行动计划，按照全区《“十四五”规划纲要》明确的路径特别是全区“一核两翼三圈”现代服务业格局，梳理出助力服务业提质增效的工作思路。一是建设晋北地区大型物流枢纽。依托紫荆物流园区、西环路栋梁市场、居然之家等，整合资源、深度拓展，全力打造沟通南北、覆盖晋陕蒙的现代物流网络体系；二是培育农村新型流通业态。按照乡村振兴要求，支持龙头企业、合作社、家庭农场等建设冷链物流集散中心和产地预冷、分拣包装、仓储保鲜等设施；三是疏通农产品流通渠道。改造“生产基地—农产品批发市场—标准化菜市场—消费者的传统经营模式”，建立“生产基地—农产品物流配送企业—超市（酒店、食堂）”的“农超对接”“农校对接”流通体系；四是落实“快递进村”三年行动方案。延伸快递渠道，提高民营快递设点和直投比例，提升“邮快合作”进村比例。2021年下半年“快递进村”覆盖率达到80%以上。

【新冠疫情联合防控】 以“联动机制”为主线，与朔州汽车北站、南站及火车站联合加强疫情防控。区疫情防控工作会议召开后，局党组连夜召开紧急会议，研究部署疫情防控工作。由3名党组成员牵头，吸纳全系统所有工作人员组成三个疫情防控领导小组，分别进驻火车站、汽车南站、北站，与“三站”密切配合，24小时不间断开展疫情防控工作。以检查进出站乘客的“三码”（行程码、健康码、疫苗接种码）为主开展工作，严把“购票”、进站、出站“三关”，疫情防控工作取得良好成效。

平鲁区交通运输局

2021年，朔州市平鲁区交通运输系统坚持以习近平新时代中国特色社会主义思想为指导，坚决贯彻落实中央、省、市、区决策部署，围绕中心、服务大局，迎难而上、担当作为，圆满完成既定目标和各项任务，全区交通运输工作再上新台阶，为“转型出雏型、实现双翻番、建设美丽幸福新平鲁”提供先行支撑和有力保障。

【履行主体责任】 一是抓学习，固本强基。从强化队伍建设、提升整体素质入手，采取党课教育、培训教育、集中学习等方式加强“学习型”党组建设，努力营造浓厚学习氛围。二是抓落实，明责履责。认真落实党风廉政建设“两个责任”及“一岗双责、党政同责”要求，明确党组书记的第一责任人责任、分管领导的分管领域第一责任人责任、股室负责人的直接责任人责任。三是抓保障，完善制度。健全完善“一把手”“五不直接分管”和“末位发言表态”“三重一大”等党风廉政建设制度，强化日常监督，紧盯关键岗位、关键人员、关键事项，对交通运输行业岗位廉政风险进行全面深入分析研判，并针对查找出的廉政风险点制定防控措施，逐步构建决策科学、执行坚决、监督有力的权力运行体系，建立有效的防控工作机制。四是抓作风，提升标准。认真践行“守初心、担使命、找差距、抓落实”12字总要求，深入开展漠视侵害群众利益专项整治及“提升工作标准，创造一流业绩”为主题的作风整顿活动；对标中央要求，对照省委、市委、区委部署，始终把整改落实、补齐短板贯穿于工作全过程，认真自查，积极整改，在抓作风、促行风、提升工作标准上取得明显成效。

【党史学习教育】 一是加强领导。建立责任清晰、架构完善、分工合理、人员齐整的学习教育工作领导小组及其办公室。紧跟区委、区政府工作节奏，第一时间启动党史学习教育，召开党史学习教育工作部署会，传达学习习近平总书记在党史学习教育动员大会上的重要讲话精神，及时安排部署落实区委、区政府最新精神和工作要求，推动学习教育高标准开展。二是精心谋划。制定《实施方案》《安排意见》，明确各项任务时间节点，按月作计划、按周排活动、按日抓实施，努力把“规定动作”做到位，把“自选动作”做出彩。三是强力推进。注重宣传引导，充分运用报刊、“学习强国”平台、微信公众号等媒体，全方位、多角度宣传党史学习教育的目标要求、工作安排、进展成效和典型经验，不断增强党员参加党史学习教育的积极性和主动性。围绕党史学习教育，开展党史学习教育集中学习9次。同时，充分利用宣传栏及显示屏，设置党史学习教育专栏，滚动播放宣传标语，有效深化学习教育效果。

【专项整治行动】 认真贯彻落实交通运输执法领域突出问题专项整治行动的部署要求，制定《行动方案》，成立专项行动领导组，明确目标任务、检查时限、职责要求和工作标准。结合"路政宣传月""安全生产月"活动，积极开展走访宣传活动，执法人员通过现场讲解、发放宣传材料及宣传展板展示等方式开展宣传活动，共发放宣传材料600张，制作展板2个，充分展示交通运输执法工作的点滴细节，有力提升全区交通运输执法队伍形象，营造良好社会氛围。结合农村公路沿线环境专项整治行动，坚持严要求、全覆盖原则，在交通运输路政、运政、道路养护、城市公交客运等领域，全面开展综合整治自查自纠，要求每位执法人员对照7类28项问题，进行全面自查自纠，防范、杜绝交通综合执法领域中的风险、盲区。

【落实公路项目】 一是扎实推进"四好农村路"建设。开工建设2021年省计划下达的乡镇通三级路项目任务，按原路标准实施改造，建设里程16.7公里。其中：凤平线凤凰城镇东西城门段3.9公里、郑家营至阻虎段12.8公里。二是全面推进长城板块旅游公路建设。续建实施长城板块旅游公路项目共34.289公里。三是协助配合推进阳方口至平鲁区改扩建工程和右平高速连接线工程。四是336国道平鲁县城至口子上改建工程，前期相关手续已陆续办理到位，已报省发改委，等待立项批复。

【推进法治建设】 一是加强法治学习。组织实施2021年度普法计划，按照"八五"普法教育规划，完善全局干部职工学法用法制度，年内领导班子集体学法5次，班子成员每人讲法治课1次。二是加强队伍建设。组织全体干部职工开展两期交通运输行政执法培训，不断提升执法人员综合行政执法水平和办案能力，积极推进交通运输信息化、智能化手段辅助执法，努力适应新时代法治交通建设，增强在改革新形势、新要求下依法行政的过硬本领，打造一支素质过硬、作风优良的交通运输执法队伍。三是强化行政执法监督。严格实行重大行政决策法定程序，杜绝违法、不当决策，进一步完善法律顾问制度，让法律顾问在推进依法行政中充分发挥积极作用。全面落实行政执法公示、全过程记录、重大执法决定法治审核三项制度，强化对行政执法活动全过程监督。

【重视质量管理】 一是责任压实到位。建立工程质量责任体系、安全责任管理体系、廉政责任体系，从质量、安全、廉政三个方面明确区政府主体责任，交通运输部门实施主体，监督主体责任及设计单位、施工单位、监理单位相应责任。各参建单位建立健全责任制，做到责任到人，形成一级向一级负责、一级向一级交账的责任落实保障体系。二是监督检查到位。严格实行工程"四制"，设立项目组、质量监督组，组建实验室，采取内部巡查和质量抽查相结合方式，全面加强质量管理。首先，加强内部巡查。在配合市、区两级督导组日常督查基础上，强化内部巡查，由局综合办组织对各在建项目质量安全进行不定期巡查，局领导班子成员参与，每月巡查次数不少于2次。其次，加强质量抽查。强化实验室质检器材配置，加强内部质检力量，对所有项目按照规定次数实施抽检，积极邀请市局质检站对项目质量进行抽检。确保监督覆盖率100%，工程质量合格率100%，优良率85%以上。三是专项整治督查。认真落实部、省要求，对近三年来实施的农村公路新改建项目、养护工程项目进行质量安全隐患全面排查，做到项目全覆盖、参建单位全覆盖、进场原材料全覆盖、关键部位和隐蔽工程全覆盖，有效推动质量安全登记制度、质量安全承诺制度、质量安全主体责任、质量责任终身制、过程质量安全管控落实到位。

【加强治超工作】 2021年，紧紧围绕"抓综治、保畅通、保安全、为人民"总目标，进一步加大治超工作力度，在管理上进行规范、整顿，取得新成效。一是加大站点管理力度。进一步整章建制，加强队伍建设，规范内部管理，加大科技投入，严防死守，继续加大治超宣传力度和打击恶意超限超载力度，强化动态治理，不断提高规范化管理水平。二是加大路面管控力度。认真落实部、省、市、区的治超工作精神及要求，建立路警联动工作机制，依托治超站点，加大路面管控工作力度。首先，加大日常巡查力度。组织路政、运政执法人员组建路面巡查队，加强日常巡查，特别是对重点路段加大巡查频次，有力打击绕道逃避检测行为，加大短途非法超限超载打击力度。其次，集中力量突查。根据巡查情况及群众举报情况，由区治超办组织，区公安、公路、交通部门参加集中力量开展夜间突查。查纠行动开展以来，共进行集中行动12次，有效增强路面管控能力，取得明显工作成效。最后，加强内部督查。为确保专项行动扎实有效开展，加大内部督查力度，专门成立督查组，对治超工作中的作风、纪律等问题进行全面督查，并设立举报电话，鼓励社会群众参与治超监督，切实加强治超工作力度。三是加大源头监管力度。继续落实“思想不松、要求不变、力度不减、标准不降”的要求，采取“重点进驻、一般巡查”的方式，加强对政府公示的66家源头企业监管，要求货运源头企业、货运企业、货运驾驶员签订“无超限超载”承诺书，自觉主动配合治超工作，不断开创源头治超工作新局面。

【农村公路养护】 持续加大养护管理力度，加强和规范农村公路养护管理；推行养护监理制度、造价审核制度，建立质量综合评价体系；以加强计划管理为突破口，所有任务全部量化预算，形成日常巡查、隐患排查、制定方案、设计预算、下达计划、组织实施、质量评价、造价审核完整的流程链条，特别是监理制度的推行，农村公路养护向专业化、精细化迈进一大步。在任务实施方面遵循“巩固、提升、发展、完善”的思路，分类实施整体推进，巩固一大批中等路，提升一大批次差路，发展一大批优等路，农村公路路况发生明显变化，确保优良中等路率控制在85%以上。先后实施道路修复工程2.4公里，完成道路灌缝90公里，安装减速带61处、广角镜8块，补修钢波纹护栏920米，增设道路标志标牌181块，施划道路标线42公里。

【夯实综治工作】 一是常态化开展扫黑除恶斗争。继续加大扫黑除恶力度，开展新一轮黑恶线索大起底，全方位开展集中排查、滚动排查，建立日常排查、企业排查、督促检查的长效机制，结合安全生产隐患排查、“三零”单位创建隐患排查、重大风险防范隐患排查等，加强对流动人口的排查和车匪、路霸、拦工阻工等黑恶势力的线索摸排。二是扎实开展“三零”单位创建活动。加强对各监管企业、道路设施、执法检查进行隐患排查。共排查企业400余次，发现一般隐患73条，已全部整改完成；道路隐患排查432余次，发现一般隐患90条，已全部整改完成，做到零上访、零事故、零案件。三是推进平安交通建设。认真落实“两个主体”责任，大力开展“平安交通”三年攻坚行动，深入开展“安全生产月”活动、安全生产专项整治和在重点领域开展安全“体检”活动、高陡边坡隐患排查等“三个专项行动”，对客运场站设施，公交车辆、“两客一危”重点车辆及公路、桥梁、涵洞等设施方面存在的安全隐患进行全面排查和隐患治理。完善道路交通安全设施，实现列养县道标志标牌全覆盖、县道标线全覆盖、防撞护栏全覆盖、道路安保护栏全覆盖，有效促进列养公路达标提级，消除危险路段，保障交通运输安全生产形势的持续稳定好转。

【抓好疫情防控】 认真落实省委、省政府“五严五防”及交通运输部有关要求，全面落实交通管控措施，强化交通运输服务保障，认真落实“一断三不断”要求。认真落实客运车辆、交通场站消杀工作，坚决杜绝疫情通过交通工具传播。巩固新冠疫情防控成果，保障疫苗接种工作安全高效开展，积极组织单位员工完成疫苗接种。加强应急值守，严肃工作纪律，严格执行领导带班制度和24小时值班制度。

山阴县交通运输局

2021年，在县委、县政府正确领导下，在上级交通主管部门大力支持下，县交通运输局坚持以习近平新时代中国特色社会主义思想为指导，全面贯彻落实中共十九届六中全会和习近平总书记视察山西重要讲话精神，贯彻落实省十二次党代会、市第七次党代会和县第十五次党代会部署要求，牢固树立“四个意识”、坚定“四个自信”、坚决做到“两个维护”，加强推进交通基础建设步伐，持续保持道路运输业良好态势发展，切实规范道路运输市场秩序，努力实现“平安交通”向纵深发展，全力优化交通营商环境，全方位推进交通运输行业高质量发展，以打造“人民满意交通”为宗旨，交通运输事业取得显著成效。

【交通基础设施建设稳步推进】 一是“四好农村路”建设项目(含自然村通硬化路建设工程、乡镇通三级及以上公路建设工程)，项目涉及5条道路，总里程23.248公里，预算总投资4062.96万元，8月25日开工建设，11月30日完工。二是长城一号旅游公路支线“下疃东至胡峪口段”工程：项目总里程3.86公里，预算总投资2312.01万元，2021年6月30日开工建设，12月28日交工验收。三是长城一号旅游公路“G208至胡峪口段”建设项目：总里程37.087公里，预算总投资21173万元。2021年9月18日开工建设，计划2022年12月完工。四是2021年度农村公路养护工程，总里程4.405公里，预算总投资379.25万元，9月5日开工建设，11月24日交工验收并审计。

【道路运输业继续保持良好发展态势】 一是全县城乡公交一体化。农村客运覆盖所有村庄，运营线路更加优化。积极争取县政府支持，在原有扶持力度基础上，每月新增建制村公交线路补助费用96460元。建制村公交线路由原来23条增加为35条，其中12条原有线路进行延伸。配套设施日趋完善。完成乡镇综合汽车客运站改造一座，完成投资40.57万元；二级客运站建设一座，完成投资1700万元；增补村通公交公示牌46块。重新规划后的线路，群众享受到更加安全便捷的客运出行方式，特别是让贫困村、边远村的老百姓出行更有保障。二是供配中心快递进村进一步扩大。全县已建成运营45个乡村网点。其中申通、中通、圆通、韵达旗下共设9个乡镇代理点；顺丰4个代理点；极兔9个代理点；百世9个代理点；京东1个代理点(岱岳镇)；德邦1个代理点(岱岳镇)；邮政12个代理点，配送网点得到延伸。

【道路运输市场管理逐步规范】 一是客运市场。着重完善客运驾驶员教育培训，确保车辆安全规范运行；春运期间，将执法人员分成3组，到车站和各客运线路巡查，发现隐患及时现场处理，较好完成春运组织及安全监管工作，完成清明、“五一”、端午等小长假运输组织及安全监管工作，节日期间无重特大运输安全责任事故发生。加强全县客运市场监督管理。督促企业建立健全各项管理制度和基础档案，继续规范和完善客运车辆技术档案和管理档案，为顺达出租汽车公司换发运营证车辆215辆，为津鑫城乡公交公司换发运营证82辆，客运市场监管工作得到延伸。不断完善客运服务网络，提升服务品质，为进一步提升班线客运服务品质，打造第三空间，完善其配套功能，以山阴县广武旅游景区为依托，继续推进旅游集散中心新型客运服务，努力实现交旅融合。二是货运管理。为积极推进物流业发展，制定《山阴县农村物流和城市配送试点推进方案》《山阴县冷链物流发展现状有效解决方案》，为企业发展提供有效依据。规范货运管理工作，加强货运市场发展调查，及时上报货运车辆数统计信息，落实企业安全主体责任。三是维修管理。将山阴博昌4S店作为汽车配件追溯体系试点建设企业，树立维修建设工程品牌，切实加强车辆维护管理。四是驾培市场。加强管理人员日常监管，不定期深入驾培学校，对每期培训学员档案作规范化指导，对教练员理论和实际操作课的授课情况及车辆性能进行检查。五是源头治超。全县没有发生一起因超限超载车辆引发的道路交通事故，没有发生一起因超限超载车辆引发的路桥受损事件，车辆超限超载率始终保持在0.01%以下，2021年无一超四罚问题。六是“打非治违”。共查扣21辆，教育批评7辆，处罚14辆，处罚金额6.2万元。

【交通运输安全形势平稳】 一是打好安全“保卫战”，落实行业领域安全生产工作责任制。主要领导和分管领导及时组织召开各类安全工作会议共计10余次。传达贯彻习近平总书记关于安全生产的重要指示精神和上级关于安全生产的会议精神，研究部署各个时期的安全生产工作,全面落实安全生产责任。同时制定下发交通运输系统年度和各重点时段的安全生产工作任务。年初与各股室及下属单位签订《2021年度安全生产目标管理承诺书》,并督促各部门和重点岗位签订目标责任状,一级抓一级,层层抓落实。二是打好节日"防卫战",切实抓好节假日期间运输安全保障工作。三是打好隐患"歼灭战",抓行业领域安全隐患排查治理。全系统累计出动100余个检查组,出动执法人员累计400余人次,出动检查车辆累计近千余辆次,累计检查企业230家(处),发现一般隐患54处,已整改54处;较大隐患1处,6月底已完成整改。继续加强应急管理工作,及时完善应急预案。高度重视汛期预警工作,提供安全有效保障。按照"一灯一带"要求,补充完善交通标志2套;设置橡胶、铸钢减速带共计85个平交道口1200米,对2020年安装的减速带进行维护共80米,有效缓解安全压力,四是打好舆论"宣传战",抓安全生产知识宣传教育。积极参加县安全生产月启动仪式,向过群众发放交通安全法规宣传资料1000余份,接待现场咨询100余人;在车站、企业、人员密集场所、公路及施工现场等醒目处悬挂横幅或展板20条(块),营造良好安全氛围。

应县交通运输局

2021年,在县委、县政府正确领导下,应县交通运输局党组以习近平新时代中国特色社会主义思想为指导,以"学党史、悟思想、办实事、开新局"为目标,紧扣县委"做大一产、做强二产、做活三产"战略,年度目标工作任务如期实现,取得较好成绩。

【党史学习教育扎实推进】 按照县委要求,结合实际,制定《实施方案》和学习计划,领导上好党课,专题研讨等,紧紧围绕学懂弄通做实党史学习教育,坚持学习党史与学习新中国史、改革开放史、社会主义发展史贯通,严格按照开展专题学习、开展专题培训、开展"我为群众办实事"和召开专题组织生活会四个方面进行学习安排,确保学习教育落到实处,取得明显效果。此基础上,局党组在4月上旬及时召开交通运输系统党史学习教育动员大会,党组书记、局长作动员讲话,要求全体党员干部提高政治站位,深刻认识开展党史学习教育重大意义,把握目标要求,以扎实有效举措开展党史学习教育,把学党史、悟思想、办实事、开新局贯穿学习教育全过程,确保学习教育成果落实到交通各项工作当中。

【项目建设持续推进】 一是县乡农村道路建设工程。双沟至梨树坪道路改建工程。全长11.751公里,预算投资2312.05万元;应县县道康辛庄至杏寨线改造工程,全长6.35公里,预算投资1717.23万元;三条岭至白马石道路改建工程。全长10.716公里,预算投资2734.05万元;山岔至葱坪道路水毁工程,全长14.45公里,预算投资1569万元。二是长城一号旅游公路。高铁站至桑干河段全长14.124公里,桑干河至应县木塔段全长9.034公里,两个标段预算投资1.2亿元。三是068县道至上桥头国防公路改建工程。全长5.84公里,预算投资1861.4万元。起点位于战备公路刘霍庄村附近,终点与空军怀仁机场公路相连接。

【行业管理力度加大】 一是成立两支巡查队,开展经常性道路巡查。一年来,共发现道路隐患16处,其中重大隐患1处。新修建涵洞2处,加宽加固涵洞4处,修建挡墙2处500平方米,处理水毁路段2公里,新建边沟400米。11月6日,全县普降历史罕见大雪,针对恶劣极端雨雪天气,大雪过后,出动50多人次,铲雪机械5台,共清理积雪路段124公里,抛撒融雪剂15吨。二是加强安全生产责任监管。按照行业特点,安排专职工作人员对各企业进行安全生产监管。行政执法队成立3个安全生产工作组,各企业成立安全工作领导组,设有专职安全员,形成局长负总责、分管局长具体抓、监管单位监督管理、企业主体抓的四级安全生产监管格局,层层传导压力,传导责任。三是大力实施生命安全防护工程。针对道路安全安装波形护栏、减速带、挡墙、护坡、标识标志等安全设施,共实施安全生命防护工程43公里。联合交警队加强公路平交路口"一灯一带"工程建设,平交路口安装警示标志牌18块,安装橡胶减速带61条,热熔减速震荡带255条,安装信号灯18处。四是开展营运客运汽车安全信息管理排查。继续推进“两客一危”重点营运车辆加装智能视频监控报警系统，安装率达到70%以上。严格执行客运车辆“三不进站、六不出站”和危险货物运输“五不承运、五不出车”以及“三关一监督”等规定，继续实施“安全带——生命带”工程。五是加大“打违治违”工作排查力度。县局执法大队联合县公安交警大队，在县辖区内设立临时治超点，对过往的货运车辆进行检查，同时，加大对黑出租、黑客运打击力度，一方面维护客运市场稳定，一方面促进安全营运。通过大排查和专项整治行动，抓典型、严处罚，形成强大震慑力，造成非法营运者群体心理上恐慌，从根源上堵塞非法营运行为的蔓延扩大。

【生态环境保护工作成效明显】 作为县环委会成员单位，结合实际，县交通运输局着力在新能源车辆、柴油货车和散装物料运输车污染治理、县乡公路扬尘污染治理、施工工地扬尘污染治理四个方面下硬功、做文章。一是全县已经淘汰国Ⅲ及以下排放标准营运柴油货车39辆，二是协调交警、环保继续抓好336国道、205省道、210省道应县段扬尘污染整治巡查，确保队伍稳定、频次到位，不遗不漏，及时反馈，跟踪整改，保持常态。加强县乡路域环境整治，采取定人员、定里程、定责任方式，全面抓好清扫保洁整治工作，整体提升全县路域环境面貌。三是推动使用新能源汽车。全县共有公交车213辆，更新189辆；出租车239辆，其中2020年更新13辆，2021年51辆，全部使用纯电动汽车。今后凡是到期的公交车、出租车，全部更新纯电动车。

2021年，全县交通运输工作取得3项成效：一是真正实现建制村村村通硬化路。全县2021年撤并后保留的建制村至少有一条通畅的通村硬化路，全县214个行政村庄实现村连村，道路硬化全覆盖。南部山区，特别是白马石乡的不少村庄首次硬化路通到村，如长彦、白滩、土巷、麻会、李子沟、葱坪、高庄、鹞子沟等，方便群众生产生活出行，为脱贫攻坚、实施乡村振兴战略提供有力交通运输保障。二是消除不少道路不畅死角区域。主要包括偏僻村庄、乡镇交界、县交界一些村庄，地处相对闭塞、交通不便的村庄，全年基本得到解决。三是形成相互循环的道路框架。清凉庄至小石口至北楼口的环长城旅游公路建成后，与朔州市生态观光旅游路新广武至下马峪至清凉庄相连接，形成南山脚下贯通五大峪口的县域南环线，与336国道（天神线，原省道洗朔线）并行，与南北向的郝罗线（罗庄至北楼口至跑马梁）、左砂路、应汴线（县城至南河种）、应繁线（市生态观光旅游路）、康杏线、马武线南段（北湛至武家店）相连接，再加上分布其间的乡村道路，在县城南部形成循环道路。

右玉县交通运输局

2021年，右玉县交通运输局全体干部职工深入贯彻落实中共十九届五中全会精神和习近平考察山西重要讲话精神，秉持以人民为中心的发展思想，严格落实好疫情防控措施，抓好交通项目建设，保障道路运输安全，努力实现全年工作目标任务，为加快建设环境好产业优人民富的美丽右玉做出新贡献。

【全力抓好】 2021年建设项目共15项，其中：新建项目8项（含市直接实施项目3项），续建项目7项。截至9月底，已完工2项，其余项目正在建设中。其中，右后线黑土窑危桥改造工程，总投资394万元，5月开工，8月完工；反帝大桥危桥改造工程，总投资820万元，8月底完工；“四好农村路”建设项目，右玉县1个，即后所堡至丁家窑路面改造工程，路线全长9.574公里，总投资1371.47万元，10月底开工；长城板块旅游路建设项目2个，即刘贵窑村至左长城附近十三边村，路线全长12.824公里，投资12012.21万元，属主线工程，10月开工建设；南元村至三十二村，总投资6227.42万元，属支线工程，路线全长10.114公里，10月开工建设；市交通运输局牵头实施的长城一号旅游公路建设项目三项：威东村至北辛窑、欧村至二三墩、北辛窑至元山长城板块旅游公路支线，全长55.804公里，总投资30594.0024万元，未开工实施；续建共项目共7项：总里程79.647公里，总投资55865.873万元，截至9月底，已完成桥涵、路基工程。

【严防疫情反弹蔓延】 按照属地管理原则，强化对重点场所和重点人群管控措施，落实好“外防输入、内防反弹”防控策略，确保交通运输领域疫情防控形势持续稳定，一是加强学习教育，绷紧思想不放松。及时召开会议，传达学习习近平关于疫情防控工作重要批示指示精神和省市县疫情防控指挥部要求，克服麻痹思想，松劲心态。二是加强车辆监控，防止运输传播。加强对往返自中高风险地区运输车辆监控，重点加强冷链车辆运输的监控，杜绝运输车辆擅自违规上路运营，保障交通运输环节安全。三是加强督导检查，落实主体责任。不定期对客运场站和运输工具的检查，督导各货物运输企业加强管理和监督，增加对运输车辆、物品的环境消毒杀菌频次，降低通过物流运输传播病毒的风险。

【营造有序运输环境】 一是加大客货运输车辆监管。结合交通运输安全生产专项整治三年行动，严厉打击违法运输经营等行为，集中整治旅游客运市场；深化超限超载治理工作，继续依托治超卡点，对路面进行监控。二是加大维修行业治理。对取得维修经营许可的企业，通过认真组织开展维修企业的年度信誉考核，规范经营行为。三是加大驾培市场监管力度。加强对驾校的监督检查，规范驾培机构经营行为，切实规范驾校的管理。并按照市运管服务中心统一安排部署，组织开展对教练员和驾校进行信誉考核工作。

【保障行业安全平稳】 一是严守安全生产红线。深入学习习近平总书记关于安全生产的重要论述，清醒认识当前全县交通运输安全生产工作面临的新形势，新挑战，始终以人民为中心，坚守安全“红线”意识，全力抓好交通部门各项安全生产工作。二是加强危货运输监管。加强对危险货物运输作业的安全监管，督促危险品运输责任人严格落实主体责任，认真开展自查自纠活动，严防危险货物运输安全事故发生。三是开展隐患排查和集中整治。督促相关企业加强汽车客运站、重点路段桥梁等人员密集场所的安全管理，充实应急处置力量，并采取“四不两直”方式，加大明察暗访和突击整治力度。以检查促整改、以督查促提升，切实提高安全整治的针对性和实效性，真正做到“全覆盖、零容忍、严执法、重实效”。

【聚焦扫黑除恶斗争】 一是提高政治站位，提升政治定力。深化对习近平总书记关于扫黑除恶专项斗争重要批示指示精神和党中央决策部署的认识，巩固“不忘初心、牢记使命”主题教育专整治成果，坚决防止“过关”思想、自满和厌战情绪，以更高政治站位、更强的政治定力推动专项斗争。二是认真开展排查，及时上报线索。以“深挖根治”为目标，继续组织开展重点工程建设、运输市场领域黑恶线索大排查，发现涉黑涉恶违法犯罪线索立即上报，并按时报送工作信息。三是加大督导检查，强化考评问责。将扫黑除恶专项斗争工作纳入局年度考核重要内容，对推进有力、成效显著的通报表扬，对工作不到位、责任不落实的，予以倒查问责。

【大力推动交通改革】 一是推动公路路长制，建立县、乡、村道三级路长体系，设置30名各级路长及路政员、监管员、护路员组成的农村公路路产路权保护队伍。二是推进交通综合执法改革，积极对接市交通运输局、市交通行政执法总队，加强全县交通综合行政执法队伍“四基四化”建设。

【加强党建正风肃纪】 一是强化教育引导。深入开展党史学习教育活动，引导全系统党员干部树立“四个意识”、坚定“四个自信”、坚决做到“两个维护”，不断提高政治判断力、政治领悟力、政治执行力，真正做到学党史、悟思想、办实事、开新局。二是强化组织领导。从严落实党内“两准则四条例”。进一步明确党组职责和议事规则，严格规范决策行为，充分发挥党组织核心领导作用。三是强化党组织功能。把党建工作列入重要议事日程，纳入全局目标考核体系。坚持“三会一课”、组织生活会、民主评议党员等制度。继续抓好党员发展工作，从严把好党员发展入口关。认真开展软弱涣散党组织的整顿提升工作。四是强化监督管理。把严肃问责贯穿于管党治党全过程，按照“有权必有责、有责要担当，用权受监督、失责必追究”要求，重心下移，把责任分别释放到基层单位、党组织和每名领导干部身上，把“权责对等”要求落到实处，推动形成管党治党强大合力。

怀仁市交通运输局

2021年，在市委、市政府和上级交通运输主管部门正确领导下，市交通运输局坚持以习近平新时代中国特色社会主义思想为指导，全面贯彻落实中共十九大和十九届历次全会精神，坚持依法规范管理，提升队伍素质，加强行业管理、狠抓作风建设，全力以赴做好保安全、保畅通，各项工作再上新台阶。

【党史学习教育】 高度重视，精心部署，召开党史学习教育部署暨动员会议，制订《实施方案》，成立领导小组。认真制订《学习计划》，深入宣传，营造氛围，利用出租车、公交车等进行宣传，同时在机关单位及综合客运站悬挂宣传标语、悬挂展板。共进行党组专题学习研讨11次，党支部专题学习10次，深入红色教育基地学习2次。扎实推进“我为群众办实事”活动，一是增设二广高速怀仁南互通项目获得省厅同意，将于2022年开工建设；二是运管所职工拖欠多年的养老金问题得到解决，维护职工个人利益；三是综合客运站——大同云冈机场免费接送车顺利开通，市民乘坐飞机更加方便；四是长城板块旅游公路怀仁境内建设任务全部完成，交通旅游更好融合发展。

【工程建设】 长城板块旅游公路全长9.9公里，计划投资4047万元，已完工；乡镇通三级路全长19.359公里，投资4646万元；建制村通双车道工程计划里程7公里，投资790万元，已完工；县乡公路改造工程9.3公里，投资1395万元，已完工；危桥改造项目1个，投资285万元，已完工。

【道路养护】 加大路面巡检力度，对所管养的农村公路进行再调查，做到台账明晰，问题清楚，有效保证养护作业；加强桥梁安全隐患排查工作，提升检查频率，细化检查项目，全力确保桥涵安全。截至年底，完成清扫路面2230公里，路面灌油缝143.1公里，补栽警示柱557根，补栽道口桩1492根，粉刷警示柱6354根，清洗道口桩1186根，更换标志牌378块，安装铸铁减速带384米，修补马路牙石399米，整修边沟431米。

【客运管理】 一是城市公交。公交车车身张贴创建文明城市标语400余条，所有运行公交车车内张贴禁烟标志，乘客须知、安全灭火器使用须知、流动红旗、线路走向图、投诉监督电话，公交车显示屏循环播放公益广告。新建公交候车亭3个，197个公交候车亭进行清洗喷刷，更换玻璃40块，更换车辆运行图158张，维修防撞柱260根。每月不定时对公交营运服务质量进行抽查，要求司乘人员规范公交乘客上下车秩序。共抽查公交车40余次，下达整改通知书50份，纠正司乘人员不文明行为21次。二是出租车。加强对出租车驾驶员的安全文明学习教育，通过学习交通法律法规、道路运输管理规定、出租车职业道德规范等内容，出租车驾驶员安全文明服务经营意识明显提高。出租车内张贴行程码、健康码、禁烟标志、行业规范、社会主义核心价值观、举报电话等，并督促出租车驾驶员清除与创建文明城市无关的广告，张贴创建文明宣传标语。服务监督电话24小时开通，受理群众投诉、意见和建议，接受群众监督。三是非法营运。加大运输市场管理力度，重点打击非法营运，发放宣传资料6100余份。共查获违章101起，其中查处非法营运43起、出租车违章58起；受理举报投诉62起，其中电话举报37起，“12345”投诉25起。有效维护广大经营者和乘客的合法权益。四是行业培训。为提高客运行业从业人员执业水平和文明服务意识，树立客运企业良好形象，组织出租车驾驶员分批次开展职业道德、文明礼仪、安全教育、规范服务等一系列教育培训活动。全年共举行出租汽车驾驶员培训3期，培训人数达1750人次，公交司乘人员培训3期，培训人数达366人次。

【运输管理】 按时发放燃油补贴，化解乡村客运经营风险；加快农村客运站候车亭等基础设施建设，对全市候车厅进行维护；引导运输经营户车头向下，发展农村客运，农村客运班车通村率继续提高。初步形成以市为中心，辐射周边中心乡镇的客运模式，为全市客运一体化建设奠定坚实基础。加强基础管理，重新整理全市货运档案资料，开展对货运企业质量信誉考核。积极培育货运市场，拓宽货源渠道，完善市场准入及退出机制，促进货物运输行业平稳健康发展。严格落实运管部门“三管一监督”职责。同时，要求客运站加强安全生产管理，抓好车站疫情防控工作，全市农村客运站例行安检率达100%，未发生一起安全责任事故。

【治超工作】 坚持路警联合治超执法常态化、制度化工作机制。坚决做到违法状态未消除不放行，公安交警未实施处罚、记分不放行，源头核查未完成不放行。共出动执法人员1600余人次，出动执法车辆400余辆次，共计检测车辆90万余辆次，查扣超限车辆115辆次，卸载货物2699吨，全部移交公安交管部门处罚。

【安全监管】 扎实开展“安全生产月”专项活动，向过往司乘人员普及安全生产法律法规以及超限运输治理法律法规，发放安全宣传材料3000余份，接待现场咨询300余人，累计开展各类安全生产及应急管理培训5次，共计210余人次参加。2021年消防器材各企业检验合格。企业安全检查全覆盖，发现一般安全隐患38条，整改率为100%，无重大安全隐患。组织开展“查隐患、防风险、保安全、迎建党百年”集中检查督查专项行动。

【其他工作】 一是常态化开展疫情防控。严格进出全市客运疫情防控管理，严格旅客信息核查，建立司乘人员和客运场站服务人员健康监测制度。二是精准谋划、精心谋划，科学编制《怀仁市农村公路“十四五”发展规划》《怀仁市现代综合交通运输体系规划》《怀仁市“十四五”现代物流发展规划》3个规划。三是按时完成事业单位改革，保留交通运输综合行政执法队和交通运输事业发展中心（“一队一中心”），三定方案已印发。四是组织人员开展自然灾害综合风险普查工作，通过现场采集，电脑录入等方法进行，截至年底，普查工作已全部完成。

（侯　兴）

忻州市

忻州市交通运输局

【疫情防控】 认真贯彻落实中央、省、市疫情防控工作部署，持续强化疫情防控措施落实，巩固疫情防控成果。一是持续开展宣传引导。在全市交通场站和营运车辆大力宣传疫情防控形势和防控措施，提高人民群众对于疫情防控的认知度和警惕性。二是加强交通场站和运营车辆监管。在全市交通场站进行常态化督导检查，采取旅客“行程码”“健康码”查验登记、体温检测、留观室设置、车辆消毒通风、口罩佩戴、应急处置等疫情防控措施，开展“三不进站、六不出站”“三品检查”“安全例检”“实名售票”等安全生产检查，督促驾乘人员做好防护工作。三是做好重要生活物资供应保障。加强统筹指挥调度和动态监控，应急保障车队（含客运车、公交车、普货车、危货车共计159辆）随时待命，配备防疫物资，确保应急运输及时高效。畅通运输绿色通道，公路收费站设置应急道路专用通道，确保农产品、农业物资等重要生活物资运输车辆“不停车、不检查、不收费”，优先便捷通行，保障全市“菜篮子”产品供应、质量安全和价格平稳。四是加强交通运输企业指导帮扶。深入开展入企服务，加强疫情防护知识宣传教育，督促企业认清主体责任，帮助企业有效落实各项疫情防控措施。全市16个客运站、44户客运企业、34户租赁企业、835户普货企业、25户危货企业、108户物流企业、3户物流园区、377户维修企业全部正常经营，未出现停工歇业情况。五是落实疫苗接种“百日攻坚”行动。开展宣传发动工作，普及新冠疫苗接种个人预约登记流程，督促干部职工使用健康山西、微信、支付宝等App，上传个人信息，预约疫苗接种服务，联系医疗机构上门服务，机关干部职工和1000余名公交从业人员全部接种疫苗。

【交通基础设施建设】 一是“四好农村路”。新改建里程136.8公里，完成村道安防工程44.8公里，改造危桥7座，完成投资3.13亿元，超额完成省厅下达的任务目标。二是三个一号旅游公路。完成建设里程264.3公里，完成投资25亿元，超额完成省厅下达的任务目标。三是快速推进忻定大道、忻原大道、太忻大道建设。忻定大道全长15.8公里，总投资约9.41亿元。4月29日开工，9月28日通车。忻原大道全长23.2公里，总投资约26.37亿元。4月29日开工，完成投资8.4亿元。太忻大道全长16.5公里，总投资约15.5亿元，12月10日举行开工仪式。四是全力推进高速公路建设。呼北国家高速公路朔城至神池段全长30.62公里，投资估算27亿元，其中神池县境内约16公里、投资13.5亿元，累计完成投资约8.96亿元；静乐至兴县高速公路项目全长93.7公里，总投资109.8亿元，其中静乐县境内9.7公里，投资约10.95亿元，累计完成投资10.95亿元；太原绕城高速公路(太原西北二环)项目全长159公里，投资估算246.6亿元，其中静乐县境内5公里，投资约2.64亿元，征地、清表工作已完成78.5%，完成投资1.9亿元。五是加快推进普通干线公路建设。338国道原平市过境改线工程全长10.5公里，计划投资约2.7亿元，完成投资2.75亿元；336国道偏关县城过境公路改线工程，全长6.49公里，预算总投资2.02亿元，完成投资1.38亿元；108国道砂河至石岭关段改建工程全长170.6公里，投资约92.38亿元，拟采用PPP融资模式建设，已由省发改委批复工可立项，正在进行投资人招标工作；241国道宁武县城过境公路改建工程全长13.6公里，投资约5.9亿元，工可报告已上报省公路局并通过初步评审。

【道路运输及物流发展】 一是圆满完成春运保障任务。2021年春运期间，共投入客运车辆26761辆次，发送班次36848班，运送旅客330917人次，实现交通零事故、运输零滞留、零投诉的预期目标。二是持续推动农村客运发展。以“建制村全部通客车”为兜底目标，定期对全市的建制村通客车情况开展摸底调查，实时掌握通村底数，督促企业健全完善台账和车辆、驾驶员档案，做到“静态可查”，全市建制村通客车率保持100%。三是提高运输行业从业质量。通过“运输从业人员继续教育”网络平台，对36000余名客货运输驾驶员开展职业技能和职业道德网络远程教育。严格执行货运资格证考试改革政策，辖区内从事B2、A2(A1)培训的8所驾培机构全部完成计时培训系统的调试和数据对接，平稳有序开展报名、培训、考核和制证等各环节工作，完成2500余名客货运输驾驶员的从业资格考试和发证工作、36000余名道路运输驾驶员的年度诚信考核与换证工作。四是加快推进农村物流三级网络体系建设。组织开展全市物流市场全覆盖调研摸底，通过交通和电商资源融合等方式持续深化完善农村物流运输网络，建成三级农村物流县中心12个，乡级站节点122个，村级站节点925个。

【城市公共交通】 一是落实公交优先发展战略。推进公交相关基础设施配套，持续完善城市公交路网建设，引导市民选用公交绿色出行，推广公交“一卡通”和支付宝等线上云闪付扫码支付功能，实现多渠道非现金乘车付款方式。市区公交候车亭和站牌共计550个，候车站点732个，万人拥有量23.3个，交通站点500米覆盖率153.2%。城区市民出行城市公交(不含步行)交通分担率为30.58%，机动化出行总量日均13.6769万人次，出行分担率43.3%。二是延伸扩展城区公交线路。开通古城、禹王洞、奇村、体育公园、“五馆一院”、师院新校区等公交线路，城区公交线路总里程达到240公里，为市民提供更加方便快捷的出行服务。三是推动城区“电动单车”建设工程。与忻州市伯乐觅马信息技术有限公司签订“互联网租赁电动自行车落地签约协议”，项目正式落地，有效解决市民“最后一公里”出行需求。

【法治交通建设及行业治理】 一是加强法治交通建设。严格落实领导干部学法述法和法治政府建设年度报告制度，强化党政主要负责人法治建设第一责任人职责。先后组织学习习近平全面依法治国新理念、新思想、新战略和《中华人民共和国行政处罚法》《中华人民共和国民法典》等内容，组织参加交通运输部举办的2021年度网络培训班。二是强化交通运输综合行政执法。梳理完善行政执法事项清单，健全“谁执法、谁普法”工作机制，积极推行“行政执法三项制度”，落实《山西省交通运输厅交通运输行政执法指引（试行）》和《山西省交通运输领域实施包容免罚清单（第一批）》，逐步建立完善交通运输综合执法体制。对《忻州城区互联网租赁电动车项目落地协议》进行合法性审核和公平竞争审查。开展交通运输执法领域突出问题专项整治，聚焦人民群众反映强烈的热点问题，认真开展自查自纠，共查摆问题51条，整改49条。三是深入开展污染防治。严格执行《道路运输达标车辆核查工作规范》，对未通过生态环境部门年度环保检验和公安部门年度安全技术检验的柴油货车不予通过道路运输证年审。督促运输企业履行污染防治主体责任，引导运输企业优先选购绿色环保新能源车型，督导货运企业严格执行运输无扬尘要求和散装物料运输车实施篷布覆盖等措施，落实重污染天气预警期间大宗物料运输错峰要求。开展国Ⅲ及以下营运柴油货车淘汰工作，2021年任务为2065辆，已淘汰3652辆，完成任务的175.85%，排名全省第三。四是持续保持治超工作高压态势。坚持依法治超、科技治超，认真安排部署治超重点工作，加强督促检查，落实一超四罚和相关报表信息报送工作，全市政府公示企业源头单位670家，源头驻站企业共4家，累计巡查源头企业28171家，超限超载率始终控制在0.2%以内，继续保持较好水平。五是全面推进铁路沿线安全环境治理。建立《忻州市铁路沿线安全环境治理联席会议制度》和《忻州市铁路沿线安全环境管理“双段长”工作机制》，召开忻州市铁路沿线安全环境治理联席会议第一次全体会议暨全市铁路沿线安全环境治理推进视频会议和忻州市铁路沿线安全环理路地“双段长”对接工作会议，明确路地“双段长”工作职责。

【政务服务及监管】 一是提升政务服务水平。深入贯彻忻州市相对集中行政许可权改革精神，严格落实并联审批制度，梳理上报权责清单，编制录入政务服务数据目录。牵头完成综合立体交通指数指标任务，配合完成政务服务、市场监管等5项指标任务，成功对接《互联网道路运输便民政务服务系统》，网上业务办理4230件，窗口受理办理48596件，办结率100%。深入企业服务8次，实行上门办、就近办，共涉及人员643人，联合邮政系统实现行政审批结果快递送达54件，减少群众跑路次数，提供更加便利的政务服务。启用道路运输经营许可证、道路危险货物运输许可证、道路运输证、道路运输从业人员资格证等电子证照，制定告知承诺制度流程图、行政审批告知书和承诺书，优化审批服务惠企19家。二是强化事中事后监管。制定“双公示”工作方案，按时推送“双公示”信息，共推送行政许可信息140条，行政处罚信息90条。制定印发“双随机、一公开”抽查工作细则和部门联合检查以及内部抽查计划，组织实施检查事项8项，随机派出执法人员34人，抽查监管对象17家。三是推进信用体系建设。开展诚信缺失突出问题和严重违法失信行为专项治理行动，对1家市场主体连续3年13件违法行为进行纠正处理，包括约谈主要负责人、签订信用承诺和进行信用修复。对全市道路运输及相关业务经营企业和公交出租汽车企业开展2020年度质量信誉考核，考核各类企业共计928家。

【安全生产与应急保障】 坚持“生命至上、安全第一”理念，坚持安全生产“三管三必须”原则和“543”工作机制，严格落实部门监管责任，督促企业落实主体责任。一是扎实组织开展安全生产专项整治三年行动。重点对危货运输进行集中整治，强化车辆技术状况管理，规范安全运输过程管控，实现全市危货运输电子运单全覆盖，共检查全市道路运输企业158户次，发现问题265条，已全部整改。二是推进城市客运领域安全生产专项行动。运用智能终端对车辆运行动态和驾驶员操作行为实时监控，积极协同城管、交警等部门，对非法运营“哈啰单车”依法处置，共查处非法车辆126辆。三是加强重点营运车辆视频监控。全市“两客一危”企业均建立企业动态监控平台(视频),所有车辆全部安装智能视频终端报警系统,同时加强车辆动态信息抄送报告工作,对发现的超速报警、疲劳驾驶等问题督促相关企业落实整改,消除安全隐患。四是开展农村公路自然灾害综合风险承灾体普查工作。农村公路路线采集信息完成82.8%,桥梁信息采集完成89.8%,隧道信息采集完成100%。五是开展运输企业考核工作。组织道路运输企业主要负责人和安全生产管理人员参加安全考核工作,参加考核161人,合格124人,合格率77%。六是强化值班和应急工作。认真做好值班值守,严格实行24小时在岗带班值班制度。修订《忻州市交通运输局突发事件应急预案》,指导全市交通运输行业突发事件风险防控、应急准备、监测与预警、应急处置与救援等工作。

【党的建设】 举行庆祝中国共产党成立100周年系列活动。举行市局15名老党员“光荣在党50年”纪念章颁发仪式,召开忻州市交通运输局庆祝中国共产党成立100周年大会,对2个先进基层党组织、7名优秀党务工作者和37名优秀共产党员进行表彰。扎实开展党史学习教育,弘扬伟大建党精神,传承发扬党的光荣传统和优良作风,全年开展12次专题研讨,举行红色教育活动,深入开展“我为群众办实事”活动,兑现办实事承诺10件。加强基层组织建设,对市局部分基层党组织进行调整,调整后机关党委共有1个党总支、7个党支部。选举产生新一届中共忻州市交通运输局机关委员会、机关纪律检查委员会。成立中国共产党忻州市物流行业委员会。

【党风廉政建设】 认真履行全面从严治党和党风廉政建设主体责任,深入推进党风廉政建设和反腐败斗争,保持惩治腐败的高压态势。加强党性教育,狠抓党内政治生活质量,开展廉政警示教育,瞄准突出问题和重点环节,持续推动中央八项规定有效落实。强化廉政风险防控工作,重点加强工程领域廉政建设,严防“围猎”现象。坚决整治群众身边的“微腐败”问题,全力支持纪检部门案件查办,依法依纪严肃惩处违规、违纪干部。针对发生在身边的腐败案件,召开专题民主生活会,从坚守初心使命、坚定理想信念、锤炼党性修养、恪守底线思维、党内相互监督以及落实党风廉政建设主体责任等方面逐一进行剖析,深刻吸取教训,切实引以为戒,做到警钟长鸣。交通行业政治生态明显好转,“不敢腐、不能腐、不想腐”成为党员领导干部的廉政共识。

【精神文明建设】 开展全国文明城市集中提升行动,积极开展包点共建,对市区1条主干道和7条背街小巷开展常态化整治,累计出动志愿服务人员1200余人次。强化交通场站示范点创建,对忻州站、忻州西站、忻州汽车客运中心、五台山飞机场4个场站开展定期督导工作。提升城市公交领域创建水平,组织城市客运行业1000余名从业人员开展爱国文明服务教育培训,提升行业整体服务质量。实行65岁以上老年人免费乘坐公交政策,完善“老弱病残孕专座”及提示标识,车厢醒目位置张贴“尊老爱幼”等公益广告,保障维护弱势群体乘车权益。通过努力,市局2021年再次被授予“忻州市文明单位标兵”。

【乡村振兴】 按照巩固拓展脱贫攻坚成果5年过渡期的任务安排和“四个不摘”要求,向保德县孙家沟镇窑洼村、韩家川乡豆塔村、东关镇大黄坡村派出9人进行驻村帮扶,并派出1名局领导在保德县挂职担任乡村振兴驻村工作驻县大队长,统筹领导保德县驻村专项工作。2021年,市局被交通运输部授予全国交通运输脱贫攻坚成绩突出的集体,市委主要领导批示:“好,致敬! 祝贺!”

忻府区交通运输局

【工程建设】 杨石线建设续建项目37.91公里,全面推进二期工程建设,完成油面铺设25.1公里,完成总工程量73%。奇顿合续建项目23.52公里,其中新建九原街至合索段5.4公里,改建奇合线金村至忻黑线段11.47公里,改建合马线陀罗村至黄龙王沟村段6.6公里建设任务,主体工程全部完工通车,剩余照明工程、绿化工程、安全防护工程、驿站正在推进中。忻定大道完成9.64公里主体工程建设任务,完成施工产值29490万元。忻原大道忻府区境内12.25公里，管网工程、路基工程、桥涵工程主体基本完成，整体工程完成50%以上，产值完成30159.2万元。“四好农村路”续建项目，完成旅游公路2条2.3公里，完成投资1098.5万元；完成村公路13条30.9公里，投资1350.7万元。

【公路养护管理】 一是加强日常养护。加大对路料采备力度，积极进行水毁防治，利用有利时机，及时对坑槽进行填补，全年共计采备路料3230立方米，填补坑槽10070平方米，清扫路面228公里，对所养路段进行维护保养，确保道路安全畅通，路况质量稳中有升。实现优等路10公里，良等路162公里，中等路30公里，次等路8公里，优良路率达81.9%。二是实施养护大中修。为消除道路病害，延长公路使用周期,结合本区县公路路况实际开展县公路养护大中修，2021年投资427万元，对4条县公路实施大中修养护工程并全部完成。三是坚持路政常态化巡查。结合农村公路路域环境整治，重点查处擅自破坏公路设施、挖掘公路等违法行为，全面清理路域范围内非法公路标志、构筑物，依法保护路产路权。发现并联合乡政府处置秸秆焚烧3处，宏忻线处置公路两侧倾倒垃圾1起，取缔非公路标志4处，清理忻禹线道路抛撒200平方米，整治义定线乱摆摊设点6处，清除公路两侧乱堆乱放5处。四是积极开展路政宣传。在检测站点、县乡公路沿线、人员聚集场所，向群众宣讲《中华人民共和国公路法》《公路安全保护条例》《山西省公路管理条例》，普及公路安全保护法律法规知识。同时加强超限超载运输、公路沿线乱搭乱建、乱堆乱放、违法占道、污染公路、超限超载典型案例宣传，发放宣传资料3000余份。

【道路运输管理】 一是强化道路运输日常监管。积极开展道路运输市场专项整治工作，严厉打击非法运输经营行为。联合市场监管、应急管理部门和有关乡镇，开展机动车维修行业大排查，进一步加强备案监管，依法依规取缔无证无照维修摊点。开展打非治违专项整治行动，严厉打击“黑车”“黑驾校”等违法经营行为，规范运输市场秩序，确保全区道路运输行业安全有序发展。二是提升综合保障服务水平。组织开展春节、“五一”、清明、端午、中秋、国庆小长假等重大假日期间道路运输专项整治工作；持续强化对汽车站、火车站、高速口等客源集散地道路运输监督；加强城市周边及农村地区运输服务供给，积极引导城乡群众选择合法合规的运输车辆出行，纠违章、查隐患，着力营造公开、公正、公平的道路运输市场大环境。同时，加快推进行业从业人员疫苗接种工作。三是打好交通污染防治攻坚战。认真落实省政府关于国Ⅲ及以下柴油货车淘汰工作要求，加强与公安交警、环保等部门协同工作，全部完成全区1300辆国Ⅲ及以下中型重型柴油货车淘汰任务。规范实施机动车排放检测与强制维护(I/M)制度，认真履行交通部门监督维修职责，积极协同环保部门检测取证、交警部门实施处罚。巩固重型柴油货车和散装物料运输车污染治理联合执法专项行动成果，加强运输车辆管控，加大抛撒扬尘污染治理，加强散装物料运输源头管理和路检路查力度，严格落实抛撒扬尘治理企业主体责任和行业监管责任。

【超限超载治理】 一是路面治超。以关城、路村、牛权线公路超限检测站点为主控点，同步在境内其他路线积极开展流动稽查，配合加大治超辐射面，形成全区域、全路段、全天候监控，始终保持路面严管严控的治超态势。按照“一超四罚”精神，检测站实行路警联合执法机制，路政、交警各司其职，三班24小时不停车检测。截至年底，关城公路超限检测站检测过往车421995辆，查处超载车6辆，卸载53.86吨；路村公路超限检测站检测过往车辆83263辆，查处超载车4辆，卸载22.5吨；流动稽查队检查车201辆,查处超载车7辆，卸载211.7吨。二是源头治超。以综合处置为依托，强化源头治超。严格管控货运源头企业，全面加强源头监管和路面管控，“防疫情、助复工、抓管控”，充分运用各种手段，守住源头第一关。认真开展源头治理和打击短途非法超限超载运输集中整治行动，对辖区内各类货源点、汽车改装修理厂进行排查，严打非法源头企业。加大对在建工程施工现场和运输车辆监管力度，严禁超限超载，强化货运源尾企业监管，倒查途经路线、站点直至货运源头企业，有力形成源头治超闭环监管，严厉打击非法超限超载运输行为，确保全区超限超载率始终控制在千分之二以下。全年巡查货运源头企业共计5472个次，检查维修源头企业48个次，检查源头出站车辆数81574辆次，出站装载货运总量1851691吨。

【安全监管】 一是坚持常态化日常监管。紧抓交通运输重点领域风险防控，紧盯“人”“车”“路”，全面加强安全生产工作，提高交通运输从业人员安全教育培训频次，以“两客一危”企业为重点，实施常态化日常监管，严厉打击安全生产违法行为，不断加大公路巡查力度，全面排查、消除公路安全隐患，确保全区道路交通安全。二是强化隐患排查整治。严把行业“三关一督”源头监管和车辆动态监控，启动道路运输车辆第三方安全动态监测，实现重点营运车辆全程动态监控。把“平安交通”创建和开展道路运输安全生产隐患排查与各类专项整治行动结合起来，出动检查人员195人次，检查运输企业384家次，排查隐患22条（已全部整改），有力维护运输市场安全稳定。三是提升应急处置能力。由交通运输事业发展中心牵头，5月份陆续组织所辖8家危货企业开展危险品运输道路交通事故应急救援演练，相关行业工作人员及企业安全员现场观摩，提升应急演练实战性，提高应急处置救援能力，为推进行业安全发展提供有力保障。

【行政执法】 深化法治机关部门建设。认真组织实施“八五”普法工作，全面推行行政执法三项制度，主动学法用法守法。坚持落实“谁执法谁普法”工作机制，严格执行行政规范性文件管理制度和合法性审查机制。深化交通运输行业监督。加强市场有效监督，充分利用“互联网+监管”，“双随机、一公开”部门联合监管平台开展工作。在常态化检查的基础上，盯紧重要时段、重点领域，开展多种形式的集中检查行动，严厉打击交通运输行业各类违规行为。深化行政审批。行政许可办理货运新增1042辆，转入415辆，转出511辆，审验6172辆，注销78辆。客车新增32辆，审验279辆，注销11辆，转入2辆。新增运输企业35家。

【疫情防控】 一是加强组织领导。建立健全领导小组，制定《2021年“两会”、春节期间疫情防控交通运输应急预案》《关于做好新冠病毒德尔塔等变异株应对准备工作的实施方案》。认真传达贯彻落实中央和省、市、区关于疫情防控最新指示要求，积极落实属地、部门、单位、个人“四方责任”。二是加强值班值守。持续落实24小时值班值守制度，积极储备防疫物资，配备消毒液、酒精、医用口罩等防疫物品，对办公区、宿舍区以及管辖区域全方位防控。严格落实外来人员信息登记制度，扎实做好“查验健康码、行程码、疫苗接种信息”，检测体温等防疫要求。三是交通场站防疫。认真落实交通运输工具及场站通风消毒、司乘人员防护、乘客测温和信息登记、通信大数据动态行程卡检查等防疫措施。对奇顿合项目公司作出重点要求，做好邢台返忻工作人员防控措施。四是全力推进复工复产。为农民工返岗、学生返校和生活生产物资运输，为节后复工复产、复商复市、复学复课提供保障。做好各项施工手续批复、防疫物资储备、工队进场等开工前疫情防控准备工作，所有交通建设项目全部开复工。五是加强宣传引导。全系统积极履行主体责任，加强传染病防治法律法规及防治知识的宣传普及，通过悬挂标语、电子屏滚动播放等方式，网络平台未传播不实信息，做到不信谣、不传谣、不造谣。

定襄县交通运输局

【基础设施建设】 忻定大道，定襄县境内路基、路面、绿化、管线（雨、污、给水、照明、强电、弱电）已全部完成，完成总工程量96.9%，完成投资24516万元。忻原大道，忻原大道（中段）完成投资3878万元，完成总工程量67%。忻原大道（南北段）工程初步设计和建设用地已批复。忻原大道（南北段）采用PPP模式，正在办理入库手续，跨滹沱河大桥和跨三家村桥已提前施工，定襄段隧道已做好开工准备。三个一号旅游公路建设。瑶池至三家村高速口段工程，全长36公里，总投资9520万元。一期规模19公里，2021年10月已全部完工，完成投资4850

万元；二期规模17公里，2021年10月已完成10公里，计划于2022年7月全部完成。牧马河大街工程建设。牧马河大街三期工程，全长966米，红线宽30米，投资2400万元。2021年8月已完工。县城外环路亮化工程。计划安装太阳能路灯600余套，投资470万元。2021年10月已全部完工。康乐街改造工程。康乐街（环城路至惠众园小区）拓宽改造工程，长0.67公里，建设内容为路面、交通设施、给排水、雨污水、照明绿化工程等，投资1355万元。2021年10月已完成施工图审批。定襄北收费站入口加宽升级工程。拟对沧榆高速定襄北收费站入口车道进行加宽升级，使其可以通过8米直径的风电法兰运输车辆，投资380万元。2021年12月已完成可研报告。

【安全生产】 一是坚持不懈抓好安全生产。牢固树立“安全第一”理论，坚持安全生产“三管三必须”原则和“543”工作机制，组织开展第20个全国“安全生产月”宣传活动。全年检查交通运输类企业7家，维修企业8家，检测中心企业1家，排查隐患2处，已整改隐患2处。深刻吸取山东枣矿集团新安煤矿“5·26”冒顶事故、山西代县大红才铁矿4号井“6·10”透水事故、贵州“6·12”甲酸甲酯泄漏事故、湖北十堰市张湾区“6·13”燃气爆炸事故、河南柘城武术馆“6·25”火灾事故教训，排查整改隐患5条。二是深化平安公路创建。坚持路政日常巡查，结合农村公路沿线环境整治，及时发现处置路损路毁案件，严格管控涉路施工活动。三是启动“零上访零事故零案件”创建。制定印发“三零”单位创建工作实施方案，创建工作指南和做好公交出租汽车行业稳定工作方案，未出现破零情况。四是深入开展扫黑除恶专项斗争。持续加强宣传引导，未发生涉黑涉恶案件。

【法治建设】 一是认真组织实施“八五”普法工作。严格落实领导干部学法制度，坚持依法行政，落实行政规范性文件管理制度和合法性审查机制。严格公正文明执法，全面推行行政执法三项制度。2021年，共调查处理非法客运5起，路面抛撒3起，超载超限2起，危货运输1起，砍伐树木影响公路3起，纠正违规占道经营3起，受理并办结“12328”平台举报案件8起，配合治超办和交警等部门联合执法3次。2021年共立案处罚各类交通运输违法违规案件17起，罚款8.2万元。二是加强市场有效监管。加强事中事后监管，推动“互联网+监管”，“双随机、一公开”监管全覆盖、常态化、制度化。三是加强行业大气污染防治工作。加强重污染天气期间柴油货车管控和道路抛撒扬尘治理，交通运输牵头，联系财政、交警、生态环境等部门，完成国Ⅲ及以下排放标准柴油货车淘汰任务。

【行业改革】 按照《忻州市深入事业单位改革实施方案》，整合5个单位成立定襄县交通运输事业发展中心（定襄县城市客运服务中心），完成“三定”方案草案，理顺工作机制，创新和调整工作方式；深入“放管服效”改革，优化政务服务，规范实施“好差评”制度，确保行政审批事项全程网办率达到90%以上。优化营商环境，提升综合立体交通指数，实现换乘无障碍。

【运输发展】 客运。定襄县共有候车棚65个，招呼站牌127个，清洗、维修候车棚、招呼牌2次。共有载客汽车30辆，903座；其中班线客车20辆，662座位，旅游客车10辆，241座。货运。定襄县共有货车1591辆，吨位25805吨。其中货车167辆，牵引车715辆，挂车709辆；审验车辆1124辆。新增330辆，吨位4920吨。五台山机场。年度完成运输起降2436架次，旅游吞吐量17.2万人次，货邮吞吐量89.64吨。全县邮政行业业务收入累计完成0.0172亿元，同比增长16.1%，全县快递服务企业业务量累计完成3.17 万件，同比有较大增长，业务收入累计完成0.0154亿元，同比明显增长。全县铁路货运量完成12万吨，同比增长20%。全县118个行政村通客车率100%。全县3家“两客一危”企业均建立动态监控平台，车辆安装智能视频终端共计10辆，达到100%。县城公交服务水平持续提高，共设置公交候车棚65个，招呼站牌127个，万人拥有8.7个，站点500米覆盖率100%，城市公交（不含步行）交通分担率达到30.58%。

【党建、党风廉政和文明建设】 坚持和加强党的全面领导，深刻学习领会习近平总书记党的政治建设思想，旗帜鲜明讲政治，政治建设放首位，不断增强“两个维护”的思想自觉和行动自觉。落实好党内政治生活制度，丰富党建活动内容，创新主题党日形式，精心组织开展党史学习教育，隆重庆祝中国共产党成立100周年，把党建活力转化为发展动力、党建成果转化为发展优势。深入推进党风廉政建设和反腐败斗争。认真贯彻落实中纪委十九届五次全会、省纪委十一届七次全会和市纪委四届六次全会精神，坚定不移落实党风廉政建设“两个责任”，坚持“严”的主基调，坚持推进正风肃纪反腐。

【公路养护】 围绕“畅通、安全、平整、干净”原则，全面加强日常养护、季节性养护和预防性养护工作，精准开展修复性养护，及时消除坑槽裂缝等轻微病害，逐步减少次差路，延长使用寿命。深化农村公路养护管理体制改革，继续实施“百乡千村万里美丽农村路”建设，做好“有路必养、养必到位”，全面落实县、乡、村三级路长制。2021年，修补坑槽3590平方米，处治坑槽、裂缝、拥包、沉陷2000平方米；清洁标志标牌127余块，疏通桥梁、涵洞17座，处置边沟、啃边30；清理路面障碍树木12次，清扫路面积雪10次，抛撒融雪剂20吨等应急处置。

【党史学习教育】 以党史学习教育为总抓手，按照县委党建工作要点指导精神，以党建百年为契机，扎实抓好党员干部学习教育，使全系统党员干部做到学史明理、学史增信、学史崇德、学史力行。一是突出学习领悟习近平新时代中国特色社会主义思想这个中心内容，有机结合、融会贯通；二是突出抓好领导干部这个重点，带学促学、全员覆盖；三是突出解决实际问题这个导向，精准施策、务求实效；四是突出典型示范引领这个抓手，表彰先进、营造氛围。

【驻村帮扶】 组建三个驻村工作队，聚焦存在返贫和致贫风险的困难群体，提高返贫致贫的发现能力，重点对三个村监测易致贫返贫人口的收入支出状况、“两不愁、三保障”及饮水安全状况进行入户摸底排查，积极配合村委发展产业，为群众提供就业稳岗，不断提高群众增收的发展能力；对特困群众推动落实“忻保障”“晋忻保”等救助政策，提高常态消除贫困的治理能力，驻村工作分层分类做好常态化帮扶，确保不发生规模性返贫。持续加强“人人持证、技能社会”建设，配合乡村做好农村劳动力技能培训，实现稳岗就业，协助村两委摸清各类扶贫项目形成的资产总数，强化项目资产管理。

【疫情防控】 严格按照中央、省、市、县疫情防控指挥部的安排部署，成立领导小组，结合实际及时开展疫情防控工作，按照“内防扩散，外防输入”的工作要求，扎实有效开展系列检查。

2021年7月，县交通运输局获全省交通运输系统“先进集体”称号；2021年6月，获忻州市脱贫攻坚“先进集体”称号；获市人大2021年度交账“优秀单位”称号；获2021年度市交通运输局考核“优秀单位”称号；2021年取得交通运输仓储邮政业指标全市第三的好成绩。

五台县交通运输局

【公路建设】 三个一号旅游公路续建项目，长城板块旅游公路五台县境内五台界至殿头段项目7.54公里，总投资6793万元，路基已完工，路面铺筑4.5公里。三个一号旅游公路新开工项目，太行板块旅游公路教场至盂县界段项目8.79公里，总投资6477万元，路基已开工，完成投资2600万元。“四好农村路”建设，目标任务2014万元，建设里程16.76公里，全部完工。县乡公路养护工程，全年完成投资255万元。

【机构改革】 行政执法改革。组建五台县交通综合行政执法队，公益一类事业，核定编制15名（其中，财政拨款事业编制14名，自收自支事业编制1名），实行“局队合一”模式，局长任队长，设专职副队长1名（副科级），下设案卷管理股和三个执法中队。已划转人员14人（干部13名，工人1名），女性7名。为便于开展工作，从运输事业发展中心抽调11名原执法人员，充实执法一线。事业单位改革。组建五台县运输事业发展中心（五台县城市客运服务中心），公益一类事业，核定财政拨款事业编制10名，实有人员78名，设主任1名，下设综合办公室、业务股、治超股、公路建养股4个机构。

【公路养护】 养护总里程177.29公里，2021年养护评检里程130.07公里，好路率达到76.64%。全年清理边沟35公里，疏通涵洞10道，清弃零星塌方1850平方米，填补路基缺口、坑槽、翻浆2560平方米。

【运输管理】 全县营运车辆拥有量760辆，其中营运货车677辆11362吨，营运客车83辆2222座。客运班线42条：其中市际班线16条，投放客车29辆1085座；县际班线5条，投放车辆22辆546座；县内班线21条，投放客车32辆588座。辖区内有机动车维修企业10家，其中二类维修企业6家，三类维修企业4家；普通货运企业12家；驾驶员培训学校2家。2021年共年审车辆511辆，新增车辆77辆，转入车辆66辆，转出车辆10辆。从业资格证年审170个。全年共发送旅客30056人次，五台汽车站售票金额87.10万元。

【安全监管】 狠抓安全责任落实，层层签订安全生产责任状。认真开展“安全生产专项整治行动”“安全风险隐患大排查大整治专项行动”“消防安全专项整治”“安全生产大检查”“安全生产宣传教育‘七进’活动”等行动，推进“安全生产标准化创建活动”“道路运输平安年活动”等活动。安全生产专项大检查活动中，共检查道路运输企业71家次，汽车客运站31次，深入企业检查23次，采取明察暗访检查8次，组织检查组6组，出动检查人员132人次；安全风险隐患大排查大整治专项行动中，共检查道路运输企业10家次、汽车站6次、人员密集场所4次、重点路段区域3次；安全生产宣传教育“七进”活动中，深入道路运输企业、汽车站开展宣传教育“七进”活动12次，深入人员密集地开展宣传教育10次，深入机关、家庭、学校开展宣传教育15次。强化安全教育培训，重点对“两客一危”企业组织安全培训7次，组织汽车客运站培训6次，组织企业员工开展安全教育培训每月至少1次。提高应急保障能力，制定2021年道路运输突发性公共事件应急预案和安全生产应急预案，组建应急保障车队，落实维修救援车辆应急人员，落实应急救援设备。

【源头治超】 加大宣传力度，向源头企业下发治超文件22份，22期简报，通报11份，发放治超宣传资料20余份，治超传单50余份。强化对货运源头企业治超工作的监督检查，按照省223号、224号令的要求，继续加大对政府公示货运源头企业监管力度，并组织企业对相关人员进行培训，要求企业每天按时上报装载车辆数目及载重量，由所治超办每天汇报至市治超办，并且按时向市治超办汇报日报表、月报表等各类报表。对49家政府公示货运源头企业实施治超监管，共检查货运源头企业491次，检查源头出站车辆3250辆，装载货物97500吨，派出治超巡查人员738次，巡查车辆246辆。检查维修企业291次，维修检查人员840人，未发现超限超载车辆。

【客运管理】 常态化监督运输企业和汽车站做好疫情防控工作，加强对汽车客运站的消毒、通风工作，做好对全体汽车站职工和司乘人员体温检测登记工作，要求乘客进行实名登记和体温检测，客运车辆要做好“四不进站、七不出站”、安全例检、车辆消毒和人员防护工作。监督客运站经营行为，重点督促客运站执行制度，杜绝发生不按规定安全例检的行为。强化安全隐患排查，重点检查客运车辆是否证照齐全有效、客运车技术状况是否符合安全要求、驾驶人员资质是否有效。组织开展全县客运企业、汽车站质量信誉考核，全部合格。

【货运管理】 坚持“外防输入、内防反弹”和“人物并防”，督促企业继续做好疫情防控各项工作，尤其加强对进口冷链食品运输疫情防控工作的监管力度，防止疫情通过运输车辆、从业人员和货运站场等进行传播。督促企业制定突发事件紧急救援预案。继续与各部门联合开展推进国Ⅲ及以下排放标准营运中型和重型柴油货车的淘汰工作。对2家货运企业进行质量信誉考核，均合格。

【维修管理】 督促各维修企业做好疫情防控工作。对全县从事机动车维修的烤漆房进行地毯式排查，经排查，全县共有18家机动车维修摊点有烤漆房但未进行备案，维修办工作人员对这些未备案的维修摊点现场进行督促，要求其尽快到运管部门进行备案登记。继续促进机动车排放污染维修治理站（M站）建设工作，加强机动车排放污染综合治理，全县共有2家M站投入运营。对全县维修企业进行质量信誉考核,9家合格,1家因设备不全未进行考核。中秋、国庆期间共排查维修企业13家次,对于存在的问题逐一督促整改,全部整改完毕。

【疫情防控】 调整疫情防控工作领导小组,加强对交通运输行业疫情防控统筹领导。印发《防控应急预案》《实施方案》,强化职责,统一思想、明确要求,确保各项防控措施落实。加强冷链运输、交通卡口和客运站场防疫检查,有效阻截疫情输入和扩散。

【党建工作】 开展党史学习教育活动。组织全体党员集中学习习近平《论中国共产党历史》《习近平新时代中国特色社会主义思想学习问答》《中国共产党简史》等章节,引导广大党员干部及职工知史爱党、知史爱国,做到学史明理、学史增信、学史崇德、学史力行,树立"四个意识"、坚定"四个自信"、坚决做到"两个维护"。组织开展"主题党日活动",规范党费收缴管理。认真落实"三会一课"制度,夯实基层组织建设。

代县交通运输局

【重要经济指标】 2021年,代县交通运输、仓储和邮政业高质量发展考核指标值为4.24亿元,全年完成客运量61万人,旅客周转量2002万人公里,货运量1236万吨,货物周转量165175万吨公里,客货运完成收入4.96亿元,较目标任务增加16.98%。下达固定资产投资任务数2.59亿元,实际完成2.7亿元,较目标任务数增加5.1%。

【重点项目建设】 三大板块旅游公路建设。长城板块旅游公路108国道线至白仁岩段项目已完成16.35公里建设任务,完成投资1.81亿元;长城板块旅游公路刘家圪洞至赵杲观段项目,完成投资7549万元;长城板块旅游公路108国道至胡峪口(县界)段项目,已完成部分路基工程,完成投资1.02亿元;长城板块旅游公路108国道至海子至官庄至牛村段项目正处于可研审批、立项阶段,已与省交通运输厅、市交通运输局对接,正在完善前期准备工作。场站建设。交通客运综合枢纽二级客运站项目于2020年3月开工建设,已完成投资2936万元,于2021年8月投入运营;交通客运综合枢纽城市公共交通项目,已完成投资1569万元,正在进行公交事项审批。"四好农村路"建设。全年共完成建制村通双车道项目1.93公里(1个),县乡公路改造项目4.45公里(3个),危桥改造2座。

【管养体制改革】 积极推进代县农村公路管理养护体制改革,加快建立农村公路管理养护长效机制,形成上下联动、密切配合、齐抓共管的工作局面。全面推行由党委领导、政府主导的农村公路"路长制"管理模式,将单一的部门管理转变为"路长制"负责的综合管理,加强"路长制"常态化运行体系建设,不断推进农村公路治理体系和治理能力现代化。县道共设置路长制公示牌4块,乡村公路设置路长制公示牌8块,还有部分乡村公路正在设置当中。积极推行农村公路养护工程精细化,实施养护大中修工程6.98公里、养护提质工程186.29公里,项目已经完工,进入验收阶段。日常养护常态化,加大巡查力度,及时发现和处置道路安全隐患,加强对路容路貌、路肩边坡、排水沟的清理开挖及公路附属设施养护监督管理,保障道路出行安全和路域环境整洁,设置农村公路桥梁信息公示和限载标志52个。

【超限超载治理】 保持治超高压态势,采取固定值守和流动巡查相结合方式,坚持24小时不间断执法,对违法超限超载货车严管重罚。2021年共办理超载超限案件30起,罚款金额21.73万元。加大对重点货物源头单位监管力度,积极协调相关部门对源头企业经常性走访加强督查力度,执法人员开展源头企业走访、专项检查20家次,对发现的问题,责令源头企业立行立改,从而筑牢违法车辆出站(场)的第一道防线。全年处罚源头企业7家,处罚金额8.05万元。

【道路运输市场】 加强道路运输市场常态化监管。通过与交警、高速交警联动,信息化监管等多种方式及多部门联合开展打击非法营运、违法网约车经营等专项整治活动,共计检查道路运输运营车辆1200辆次,查处无证经营、非法揽客、出租车不打表等各类道路运输市场违法违规行为33起,罚款金额

7.07万元,道路运输市场秩序得到明显改善。开展危化品运输专项整治。加强危化品运输安全生产工作,对检查中发现的问题,现场提出整改意见,并下达整改通知书及时反馈整改结果,全年查处危化案件2起,罚款金额3万元。

【平安交通建设】 结合农用车载人专项整治工作,开展道路安全隐患排查整治。组织开展公路桥梁安全防护设施、连续长陡下坡路段安全隐患摸排和评估200公里,稳步有效处置公路安全风险。投入防汛资金20万元,清理大小塌方40处,共计5000立方米,砍伐存在安全隐患的路树40棵,清理公路障碍物20处,清理水沟5公里。强化交通运输应急保障。进一步健全完善安全事故应急救援、防汛抢险应急、交通突发事件应急等各项工作预案,落实应急人员、运输抢险车辆和工程抢险机械。抓好节假日和敏感时段的安全生产工作,建立健全安全生产长效机制,构建应急保障体系,打造交通运输安全的"铜墙铁壁"。

【乡村振兴】 2020年已全面完成交通脱贫攻坚目标任务,全县195个建制村全部实现"两通"(通硬化路、通客车)。2021年巩固拓展脱贫攻坚成果与乡村振兴有效衔接,代县交通运输局派驻工作队对峨口镇下社村开展驻村帮扶工作,建立健全防止返贫动态监测和帮扶机制,巩固"两不愁三保障"成果,加强农村低收入人口监测和常态化帮扶,着力培育发展乡村特色产业,积极推进正下社村劳务输出,促进脱贫人口稳定就业。

【重点污染源管控】 做好道路扬尘治理。严格查处未覆盖、抛撒、带泥上路等不规范装载污染公路行为5起;部分矿山、料场等企业与公路搭接道路及延伸部分全部硬化;加大冲洗清扫频次,杜绝运输车辆夹带粉尘泥土上公路,入企业宣传"三严禁五不准"10次;加强对国六燃气柴油货车三元催化器的现场检测,全年共检测车辆160辆次,查处私拆三元催化器案件7起,处罚金额1.05万元;淘汰国Ⅲ老旧柴油货车100辆,下发柴油货车污染防治宣传单1000份。

【疫情防控】 把疫情防控工作作为当前最突出、最关键、最重要工作来抓,全面部署、科学安排,精准施策,精心推进,扎实做好交通领域疫情应对处置各项工作,以实际行动参与疫情防控阻击战。第一时间成立以局长为组长、各部门负责人为成员的应急处置领导小组,认真、全面、精准制订《关于扎实开展全县应对新型冠状病毒感染肺炎交通专项执法检查的通知》,认真履行监管职责。1月、12月,按照县政府统一部署,由县公安局牵头,县交通运输局会同县交警、县卫健委在辖区高速路口驻点检查,对进出高速车辆、人员严格各项防控措施,确保不漏一车、不漏一人。县交通运输局领导带队,对全县货运企业、客运企业、汽车站、出租公司、在建工程项目、邮政快递企业开展专项执法检查和督导5次,确保车辆严格消毒正常运行、人员场所消毒规范达标,疫苗接种"应接尽接",有效阻止疫病传播。通过全局干部职工共同努力,交通运输行业疫情防控工作取得明显成效,为代县打赢这场疫情防控战作出应有贡献。

【服务保障】 优化营商环境,落实"换位思考、主动服务、有求必应、无事不扰、结果评价"的服务理念,高标准推动优化营商环境工作。做好"互联网+监管"系统维护和录入工作,提高监管行为数据录入量。通过"互联网+政务服务"工作平台,及时领取公布政务服务事项109项,通过"互联网+监管"领取行政权力事项109项,录入检查事项1450条83项。推进信用体系建设工作,落实信用修复机制、全面推广双公示体系建设、创新"包容普惠"工作,出台客货运企业包容免罚清单13项。优化政务服务。做好电子证照推广和使用,推动电子证照线上共享应用和线下亮证服务,全面提升政务服务能力。认真办理人大代表建议6件、政协委员提案1件,办结率、满意率100%。充分利用"12345"热线、"12328"热线,倾听群众呼声,解决群众诉求,全年接收办结上级"12328"交通运输监督电话转办单41起,办理"12345"政务服务热线30起,调查处理回复率为100%,处理群众来信来访7件,满意率达100%。

【党史学习教育】 以高度政治自觉、思想自觉、行动自觉,多措并举大力开展党史学习教育。把学习教育与例会学习结合起来。县交通运输局充分利用每周一学习例会，由专人领学相关党史知识，对党员干部进行党史学习教育。把集中学习与个人学习结合起来。除周一学习例会、党组中心组理论学习会等集中学习外，充分发挥党史学习教育的自觉性，利用党史书籍、"学习强国"App、学习网站等开展自学。把制度安排与督导学习结合起来。切实把开展党史学习教育作为一项重大政治任务，制定方案，明确措施，压紧压实责任。局纪检监察组、办公室联合对学习教育情况定期开展督导，及时通报。把学习教育与实践活动结合起来。把"我为群众办实事"实践活动作为党史学习教育重要内容，把学习成效转化为工作动力和成效，着力解决好群众"急难愁盼"问题。通过"12328"平台和来电来信，即时反馈办结市民出行不同诉求17件，处置非法营运6起；处理因城市公交服务差，收费不合理8起；处置驾校乱停乱放、收费不合理2起；处理汽车站、客运服务差1起；投资27万元为太和岭口村、八里庄村、试刀石村、西段村四村修建农田灌溉管理工程；结合"六乱"整治清扫县道100公里，清理道路沿线垃圾60立方米，清理塌方800立方米，治理排水渠6000米；修补路面坑槽300平方米，修补挡墙200立方米，为民办实事举措得到民众一致好评。

繁峙县交通运输局

【三个一号旅游公路建设】 长城一号公路项目总投资48561万元，2021年完成投资35089万元，占项目总投资98.3%。太行一号公路项目总投资54341万元，2021年完成投资26175万元，占项目总投资55.4%。主要做法：一是加强领导，落实责任。局长赵永宽、副局长闫志诚经常带队深入施工现场监督检查，并每月召开一次工程项目推进会，总结经验教训，制定下一步工作措施，进动建设项目。二是制订详细严谨的项目施工组织计划并根据实际施工进度和完工期限，细化工序，逐月倒排工期。三是强化管理，要求监理单位巡视、旁站，严密监督施工各环节，确保安全和质量。四是提供施工现场技术指导，工程部、质检部、安全部的技术人员深入工地一线监督检查，做到质量、安全、进度、环保"四保证"。五是积极与相关乡镇、部门协调，共同协作解决征地拆迁(包括移除电杆、通信干线等)遇到的难题。

【公路工程建设】 根据繁峙县自然村通达情况，规划实施自然村通硬化路4条，分别是108国道至东山、汽火线至杏园、石河至新苑村、联兴村至苏家口，共计里程6.57公里，投资526万元,以上项目已全部完工；规划实施县乡公路改造工程杏园村至泽萌泉村路，里程共4.53公里，投资1358万元，已完成路基路面2公里。

【"六乱"整治行动】 按照繁峙委农村工作领导组办公室安排部署，围绕本单位职责，组织协调相关部门开展农村人居环境"六乱"整治百日攻坚专项行动。其中：国省道完成处理路面裂缝69205米，修补坑槽7175平方米，刷油1230平方米，清扫路面14300平方米，清理路边垃圾86立方米、塌方45立方米，疏通边沟3.5公里，疏通涵洞10道，清洗防撞设施2.5公里，补划标线3286平方米，安装标志6块，维修波形护栏248米，清理非公路标志6块，拆除乱搭乱建5处，油漆粉刷沿线设施10处，整修绿化平台256平方米，整治里程共计120公里，完成农村人居环境"六乱"整治任务总量72%。县、乡、村道完成清理交通沿线积存垃圾、建筑垃圾共940吨，消除安全隐患110处，治理坑洼路面、隔离带、绿化带200处，美化、绿化公路17060平方米，清扫路面928公里，拆除视线内非公路标志牌、广告牌及有碍观瞻的视角污染设施77处，更换下水井盖12个、雨箅子48个、路面交通标志13块，清理公路摊点5处，协调企业清理公路抛撒物2处，依法处理公路抛撒案件2起。整治里程共计928公里。通过此次行动，全县公路路域环境显著改善。主要做法：一是加强领导，抓好督促检查，将整治措施落到实处，确保整治效果。二是继续发挥好牵头部门作用，积极协调协作，形成多方联动、共治共管工作合力，扎实有序推进"六乱"整治行动。三是坚持"严、细"并重原则，紧盯整治效果，突出整治重点，不放过整治死角，提升整治效果。四是加强宣传，使农村公路路域"六乱"整治深入人心，动员全社会力量积极参与整治行动，变“政府干，群众看”为“政府管，群众干”，构建政府、社会协同的路域整治工作格局。

【安全生产】 全面落实安全生产主体责任、部门监管责任和全员岗位责任以及“543”工作机制，坚持常态化开展道路交通及运输企业安全隐患排查治理工作，强化对“两客一危一货”运输企业、汽车维修企业、驾校、机动车综检机构、物流公司和公路工程施工企业的安全监管，对“两客一危”企业坚持每月由局领导带队检查一次；其他企业坚持由行业监管部门按月或按季检查一次。抓住重点时段、重要节假日、重大会议、重要活动等关键时间节点，持续开展安全隐患排查整治，共开展5次较安全隐患排查集中整治行动。分别是危险化学品道路运输安全集中整治行动、“两客一危一货”汽车维修、物流企业安全大检查行动、长城一号和太行一号旅游公路建设工程安全隐患排查整治行动、用电安全隐患排整治行动、燃气运输环节安全隐患排查整治行动。累计出动检查组1362个次，出动检查人员4342人次，检查企业1883家，发现隐患648个。深入开展安全生产“七进”活动，重点宣传《新安全生产法》、公路施工安全、消防安全、森林草原防灭火和道路运输安全等法律法规，提升交通从业人员的安全生产意识。

【抢通水毁公路】 7月11日，岩头乡发生特大暴雨，乡道、岩头至茶铺线16.39公里、大桥至宽滩线4.39公里、宽滩至禅堂线8.89公里、宽滩至二茄兰线6.55公里遭遇山洪暴发，路线及河床遭受不同程度损坏。县交通运输局接到山洪冲毁岩头乡农村公路消息后，第一时间启动《公路抢险应急预案》，迅速组成应急抢险救援队。局长赵永宽亲自带队，火速赶赴受灾现场，与岩头乡政府及相关部门密切协作，对水毁道路及被困车辆人员实施抢修救援，水毁路段已全部抢通。救援期间出动挖掘机3辆、装载机5辆、救援车辆18辆，68名工作人员。

【交通执法】 2021年，县交通综合执法大队共出动执法人员8840余人次，检查车辆2500多辆次，查处出租车违规经营服务方面案件22起，处罚4400元；查处非法营运案件33起，处罚23.5万元；查处道路抛撒案件4起，处罚5000元；查处危货车辆违法案件4起，罚款12万元；查处不按规定携带包车证件案件4起，罚款5000元；查处超标准装载货运源头企业3家，罚款3.15万元；“黑名单”累计录入2家货物运输企业、2辆运输车辆和驾驶人员信息。在事故高发路段、农村公路风险路段和重要交通路口安装减速带、弹力柱51根共340.75米，爆闪灯和慢字反光牌14套。清理马路市场30余处（155县道）；清理不合规标志105处（108国道79处，砂台线26处）；修复水毁路基1330米，清理边坡落土、石1715立方米，设置安全警示标志牌26块，安全警戒线1500余米。共受理“12328”交通运输服务监督管理案件37件。

【优化营商环境】 一是优化服务流程。将机动车驾驶员培训经营许可改为备案，提升服务质量，切实推动机动车驾驶员培训行业高质量发展。二是强化信息共享。实施跨部门联合监管，采用“双随机、一公开”等方式，加强事中事后监管；大力推进大众创业万众创新和推动实施“互联网+”行动计划，协助繁峙县滹源陆港智运开发区物流科技有限公司进行货运网络平台建设，开展智慧物流经营，鼓励无车承运物流创新发展。三是推进便民服务。强化道路运输从业资格证“审验”、车辆“三检合一”及其他便民政务服务事项“跨省通办”落地落实；全面推行证明事项和涉企经营许可事项告知承诺制，减少证明事项，方便企业和群众办事创业，并逐步建立简化高效、监管配套、措施完备的服务新模式。

【疫情防控】 做好日常防控工作，继续落实各项防控工作制度，在繁峙火车站砂河汽车站设立核酸抽查点，坚持每周对汽车站、火车站乘客及公交车人员场地、物流从业人员进行核算抽检；对高风险地区来繁旅客进行核酸抽检；常态化开展对所辖企业单位的监督检查，严格落实“四方责任”，积极组织开展疫苗接种工作。县交通运输局及所属运输企业共接种（完成3针）424人。

宁武县交通运输局

【公路建设】 一是241国道线宁武县城过境公路改建工程。全长13.26公里，投资约5.6亿元，项目可行性研究报告已经报忻州公路分局初审，征得省公路局优化意见。二是三个一号板块建设项目。续建长城一号旅游公路阳方口段改建工程，建设里程3.78公里，预算投资7080万元，已完成路面1.1公里，完成投资3208万元。新建长城板块旅游公路宁武坝门口至荷叶坪景区公路改造工程，建设里程17.6公里，项目估算投资3530万元，已完成路面12公里，完成投资2255万元。新建长城板块旅游公路宁武支锅石至万年冰洞公路改造工程，建设里程14公里，项目估算投资1848万元，已完成路面10公里，完成投资1300万元。三是"四好农村路"建设。隔河至怀道公路改造工程全长13.46公里，项目估算投资2800万元，完成投资2704万元。自然村通硬化道路改造工程项目南沟至圪廖沟1.48公里，完成投资80万元。全年新改建项目完成38公里，完成投资9547万元，超额完成省、市任务计划建设里程1公里。

【公路养护】 县公路日常养护。拨付县公路养护队养护资金106万元，开展县公路10条155公里公路日常保养护工作。完成路线清理边沟75公里，整修路肩边坡28000平方米，清理塌方3500立方米。疏通涵洞35道，砂砾填筑坑槽12000平方米，清扫路面155公里。乡、村公路日常养护。拨付乡镇、村公路养护资金投资124.1万元，完成乡专用公路408.7、村公路441.6公里日常养护任务。农村公路养护大中修工程。涉及6条农村公路养护维修，分别是怀东线、杨石线、中蒯线、前马线、川胡屯至韩家沟线、辉顺沟至赵来咀线养护大中修工程。合计完成投资298.5万元。农村公路养护水毁、应急抢险、维修工程。共完成17个项目，完成投资156.18万元。

【行业管理服务】 全县共有客运车辆97辆，客运线路44条，乡镇通班车率100%，行政村通班车率100%。共有货运企业58家，物流企业7家；货运车辆3969辆。辖区内有机动车维修企业13家，综合性能监测站2家，驾驶员培训学校2家。全年完成客运量73万人次，旅客周转量8838万人公里；完成货运量925万吨次，货物周转量169067万吨公里。客运市场。督促企业建立健全疫情防控各项制度，严格旅客进站"两码"检查，体温检测，严格交通工具消防工作。圆满完成春运、节假日运输组织工作。督促企业建立健全各项管理制度和基础档案，推进客运企业保险，帮助企业落实"543"工作机制，对客运车辆车载终端进行一次全面维护检修。加强驻站人员日常监督工作，重点对汽车站严格落实"四不进站、七不出站"制度情况、安全例检情况、三品检查情况和客车出站前安全嘱咐情况进行跟踪监督。按期完成2021年客运车辆年审工作。争取相关部门支持准备网约车尽快上线，正在办理营运手续。完成2020年度客运企业质量信誉考核工作，6家客运企业全部考核合格。货运市场。推进货运企业安全生产标准化建设，引导和促进道路运送企业加强管理，保障安全，诚信经营，优质服务。加快推进物流规范化管理，已达标企业复标工作及符合标准化企业达标企业申请，已达标企业13家，拟申报5家。培育县内运输企业做大做强，增加规模企业运力运量，依托阳运公司及宝捷物流园区整合个体零散运输户规模化、集约化经营，增强抗风险能力和运输竞争实力。搭建"物流＋电商＋农户"模式，建立3个乡镇级物流服务中心，开辟郑州等8条物流干线，实现物流货运县城仓储省内直达、国内中转，年吞吐量达27000万件，货物交易额4200万元。通过共同开发打造体验店185家，镇级物流中心10家，基本实现全县农村电商服务网点全覆盖。

【综合执法】 一是国Ⅲ车辆淘汰工作。成立工作专班，大力宣传，积极为符合条件的车辆办理淘汰手续，有效带动经营户办理积极性。全县共淘汰符合淘汰条件车辆370辆，发放款项573万元。二是规范道路运输。对辖区内17家加油站、加气站进行摸排，对12辆危货车辆信息进行采集，全部合法有效。全年共计查处违规案件36件，行政罚款18.05万元。共处理回复"12328"投诉案件45件、"12345"政务热线39件，确保交通运输良好运营环境，进一步规范交通运输市场安全、有序、高效、绿色、便捷。三是超限超载治理。在路面执法中，紧紧抓住企业、人、车、路四个方面，严格要求从源头运输企业落实主体责任，与辖区60家源头企业签订源头禁止超限超载承诺书和严禁不采取遮盖措施造成货物扬撒承诺书，每月每家至少巡查2次，从源头方面根除超载车辆进出厂区对路面造成的损坏及引起的道路安全隐患。在源头治超工作中，坚持站内检测与执法大队流动稽查相结合，始终保持高密度、高频率、高强度治超工作态势，无超载超限车辆通过。

【安全生产】 工程建设领域。扎实开展“坚守公路水运工程质量安全红线”行动，全面做好“平安百年品质工程”建设，持续推进公路水运工程平安工地建设全覆盖。做好恶劣气象和复杂地质条件下施工现场的安全管理，严防大风、暴雨、冰雪、泥石流等可能对施工作业现场、驻地造成危害。长城一号公路开工3处，发现隐患3项，都已整改完毕。国庆期间，水毁便道1处，及时抢通。道路安全领域。实施公路安全生命防护和危旧桥改造工程，继续推进农村公路平交路口“一灯一带”建设。新建农村公路平交道口减速带56道，设置减速慢行标志27处。投资106万元处理县公路10条155公里。公路日常保养护工作，良等路60.2公里，优良率81.0%。养护大中修工程完成290万元。城区道路安全排查，因汛情造成柳沟湾、李家山两条道路通行受阻，南外环一处桥基外露，3处隐患全部治理完毕。企业安全。将监管的87家企业进行分类，明确监管任务，责任到人。分别制定各行业“突发事件应急预案”“安全生产对照检查表(一张表)”“安全生产重大风险清单”，依据“企业安全等级分类(四级分类)”严格执行年度安全生产监督检查计划，专人专职切实抓好日常监督检查工作。

【党史学习教育】 一是强化组织领导，周密安排部署。成立以局长为组长的党史学习教育工作领导小组，制定实施方案和学习计划，明确总体要求、目标任务、学习内容、时间范围、措施方法、具体要求、工作安排等，确保党史学习教育深入扎实推进、取得实效。二是明确学习重点，开展学习教育。为每位党员发放习近平《论中国共产党历史》等书籍，严格按照制定的学习计划开展学习教育，采取集中学习、个人自学交流研讨等方式，教育引导党员干部深刻认识习近平新时代中国特色社会主义思想的丰富内涵和实践意义，切实做到以理论滋养初心、以理论引领使命。运用“三晋先锋”“学习强国”“干部在线学院”等多个平台进行党史学习教育的线上学习。全年共组织专题学习12次，主题学习5次，交流研讨11次、讲党课6次，形成良好学习氛围。开展龙山公园、西马坊革命遗址等红色教育活动，邀请党校教授进行党史专题讲座。三是开展交流研讨，推动工作落实。结合工作实际，积极组织党员干部开展研讨交流，分享学习心得，召开民主生活会、主题生活会开展批评和自我批评，在学思践悟总书记重要讲话中交流心得，在思想碰撞交流中明确工作思路，在批评和自我批评中发现问题，明确努力方向，把学习研讨的认识成果转化为推动局机关各项事业发展的根本动力，切实推进各项工作任务的完成。

静乐县交通运输局

【农村公路“十四五”发展规划】 “十四五”期间，静乐县规划项目：国道过境改线工程项目总里程31.107公里；乡镇通三级路建设项目总里程16.578公里；三大板块旅游路建设项目总里程130.000公里；建制村通双车道建设项目总里程14.405公里；较大人口规模自然村通硬化路新建15.021公里。总投资23.32亿元。

【农村公路“路长制”】 全面推行“路长制”，以落实县级政府农村公路主体责任、健全管理养护体制和运行机制为抓手，以加强农村公路建设、管理、养护、运营和路域环境综合治理为重点，健全农村公路治理体系，提升农村公路治理能力，深化农村公路建、管、养、运改革力度，建立相互分离又有机衔接的运行格局，真正建立路有人管、路有人护、路有人养、分工明确、职权清晰的新格局。

【高速公路建设】 协调推进太原西北二环过境高速路项目，项目全长159公里，投资估算246.6亿元，其中静乐县境内5公里，投资2.64亿元，2021年完成投资1.9亿元。协调推进静兴高速路项目静乐至兴县高速公路，全长93.7公里，总投资109.8亿元，其中静乐县境内9.7公里。路基、涵洞、桥梁、路面工程已完工，累计完成投资10.95亿元。

【337国道过境改线】 工程线位已经省交通运输厅组织专家审查确定，工程可行性研究报告编制已完成，土地预审已上报省交通运输厅。

【国Ⅲ车淘汰】 市政府下达淘汰任务为137辆，现已淘汰64辆。其60辆车补助资金已拨付给企业(个人)。剩余4辆车已与财政对接，办理相关手续。

【公路养护】 完成路基工程331.43立方米；路面工程42902.85平方米；防护工程178.3立方米；标线工程13299.57平方米；投资265万元。

【"一灯一带"示范工程】 上级下达静乐的安装任务为17个，现已完成24个。

【乡村振兴】 紧盯"两通"目标，实现全县223个建制村全部通硬化路，建制村通硬化路率和通客运班车率均达到100%。养护上，建立完善县、乡、村三级责任体系；运营上，深化交邮合作，推进农村物流节点建设，调整加大客运班次密度，扩大农村道路客运服务覆盖面。

【安全监管】 牢固树立安全发展理念，筑牢"红线意识"，强化"底线思维"，以"平安交通"为主线，以靠实责任为着力，以强化"事前、事中、事后"为重点，推动安全生产各项措施落实到位。按照"一岗双责"对安全生产工作职责进行明确分工，全面落实各项安全生产任务，明确工作重点、工作计划及职责分工，做到安全工作未雨绸缪，有的放矢，权责明晰。

【党风廉政建设】 认真落实县委和市交通运输局党组会议及文件精神，引深党风廉政建设、行风建设和反腐败工作，加大源头预防和治理腐败的力度，深入开展政风、行风建设和评议工作。

【市场管理】 认真贯彻落实《中华人民共和国道路运输条例》，加强货物运输和道路旅客运输市场管理，扎实开展汽车维修优质文明竞赛活动，强化公路建设市场执法监督，严格执行建设程序。

【应急管理】 按照《中华人民共和国突发事件应对法》和县《突发事件总体应急预案》的要求，强化领导，健全机制，完善预案，加强值班，应急处置，提高应急管理和应对各类突发事件能力。

神池县交通运输局

【党史学习教育】 紧抓学习不放松。制订学习计划，认真研读《论中国共产党历史》《毛泽东邓小平江泽民胡锦涛关于中国共产党历史论述摘编》等4本必读书目，深入学习习近平总书记在党史学习教育动员大会上的讲话、在福建、广西考察时的重要指示精神。围绕"学史明理""学史增信""学史崇德""学史力行"四个专题开展学习研讨，撰写心得体会。重温红色之旅。组织党员干部瞻仰毛主席路居纪念馆，听专题讲解、讲红色故事、重温入党誓词，接受革命传统和担当作为教育。深入开展"我为群众办实事活动"。编发简报28期，为群众办事3件，完成县道尚仁线地质灾害防治处置、农村公路"六乱"整治，疫苗接种进社区工作。

【公路建设】 "四好农村路"建设。乡镇通三级路义太线太平庄至虎鼻段建设项目13.9公里，投资4171万元。路基工程全部完成；建制村通双车道板井至宋村段建设项目4.7公里，投资853万元，已完工；神池县县道尚仁线公路改造工程4.4公里，总投资1036万元，已完工。营头镇危桥改造1座，总投资58万元，已完工。长城一号旅游公路续建。2021年度下达神池县长城一号旅游公路续建项目计划任务40.9公里，总投资2.72亿元。第二标段3.8公里全部完成，第一标段、第七标段完成路基工程9.5公里，第五、第六标段22公里已完成招标工作。

【农村公路养护】 加大预防性养护。坚持"以精细化公路整容、规范化路面修补、及时性处置公路病害"的三个阶段养护方针，变被动养护为主动养护。整修路容、疏通边沟106公里，清除路障90余处，清理路面淤泥75600平方米，清扫路面82.4万平方米。增加劳动力公益性岗位。设置贫困劳动力公益性岗位护路保洁员20名，为农村公路日常养护工作充实力量。提高应急防汛。制定印发防汛工作方案，编制和完善防汛抢险应急预案，成立防汛应急保障组，储备防汛应急物资。国庆期间，按照"雨前检查、雨中巡查、雨后核查"的思路，公路养护站加强道路巡查力度，以边坡、边沟、桥梁、涵洞、易发生地质灾害路段为重点，对所辖路段开展隐患逐一排查。提高农村道路优良路率。针对一些损坏严重的道路，制定维修方案，按照先急后缓，突出重点的原则实施养护工程。完成沥青补坑槽6200平方米，处理翻浆205平方米，处理沉陷1024平方米，碎石补坑槽5960平方米，浆砌边沟65立方米，处理水毁39处。全面推行农村公路路长制。成立由县政府主要领导任组长的领导小组，由县政府主要领导担任县级总路长，分管副县长担任县级路长，各乡(镇)由乡(镇)长担任乡及总路长，各行政村由村委会主任担任村级路长，建立县乡村三级路长组织体系。设置县级路长制公示牌10个，乡、村级路长制公示牌已完成150个。

【安全生产】 认真落实"543"机制和"三管三必须"要求。完善局长负总责，局领导班子成员分工牵头负责，干部职工分企业、分路段包干的安全生产监管机制，重点路段和企业实行"双人包保、挂牌监管"责任制，分级签订安全监管责任书和安全监管承诺书，逐条明确行业安全监管的范围、标准、程序和目标要求。全年排查企业安全主体责任风险隐患16条，应急装备配备等风险隐患6条，汽车站风险隐患2条，路面安全方面风险隐患19处，防汛期灾害等方面的风险隐患8条，全部整改。加快推进农村公路平交路口"一灯一带"示范工程，完成减速带安装4处。加大运政和路政执法，严查破坏道路设施和安防设施行为，严厉打击各种非法客运。对过境危化品运输车辆进行排查登记，加强危化品运输车辆临时停车点管理，配合交警部门疏通拥堵路段，严防危化品运输车辆碰撞引发重大伤亡事故。

【农村公路"六乱"整治】 组建机构，制订方案，规范阵地，积极营造浓厚宣传氛围，紧扣目标，狠抓落实。对全县221公里县道、17公里专道和20公里高速连接线，进行分段包干，所有县道全覆盖，分段列出整治清单，逐条研究逐项整治。治理高陡边坡地质灾害点4处，修补路面坑槽、裂纹80公里，清理边沟排水4000米，修缮更换和新装标识标志23块，维修安全护栏6000米，处理水毁路段19处，倾倒陈年垃圾和农作物秸秆4300立方米。特别是县道太平庄至虎鼻段空心板桥两侧边坡冲毁，存在较大安全隐患，及时请专家制定整治方案，2天之内完成整改。

【国Ⅲ车淘汰】 在县域内全面持续开展国Ⅲ及以下排放标准重型营运柴油货车淘汰工作。按照国家锁定的目标任务，县交警队进一步核实确认需要淘汰的国Ⅲ及以下排放标准营运中型和重型柴油货车详细信息，完成淘汰任务73辆。

【交通执法】 开展执法领域突出问题专项整治行动。研究制定专项整治执法信息公开制度、培训方案、培训计划，累计编发简报26期。召开警示教育会，通过真实案例，引发执法人员反思，强化纪律意识和规矩意识，树立自身知敬畏、存戒惧、守底线意识，切实将专项整治工作精神内化于心，外化于行。注重专项整治质效，深入企业开展调研，通过召开座谈会、发放宣传资料广泛征求意见，深入研讨问题发生根源和解决办法。坚持问题和目标导向，紧紧围绕六个方面问题，深入开展"执法顽瘴痼疾清理整治、规范公正文明执法、讲政治优作风强服务专题教育、执法隐患排查防控、执法队伍轮训"五项工作，把差距找准、把问题找实、把根源挖深，抓好专项整治行动各项任务。打击非法营运专项行动。联合公安交警、城管、信访等部门在全县范围内开展严厉打击非法营运专项行动，形成合力统一、各司其职的工作格局。加大宣传力度，在火车站、汽车站、学校、医院、人民广场组织开展宣传活动，发放宣传资料5000余份，出动宣传车12辆次，悬挂宣传横幅6条。充分发挥社会舆论监督作用，及时向社会公开举报电话，对各类举报投诉案件进行记录，设专人负责，按时办结，做到件件有落实、事事有回音。对查扣的非法营运车辆及时在政府网站进行录入，做到公开、公平、公正。

【疫情防控】 聚焦疫情防控重点，筑牢交通运输行业疫情防控防线。全年在县汽车站、火车站和高速公路出入口处设置防疫卡口6处，实行交通、公安、卫健等部门联勤联控机制，对外来车辆、人员进行全面检疫，严防病源输入，累计检查车辆2.3万余辆；布置防疫常态化，把好出入"关口"。实施火车站疫情防控常态化，配合工作人员严格落实乘客测温扫码、正确佩戴口罩、实名制登记等常态化疫情防控措施，确保旅客信息可查询、乘车轨迹可追溯，实现重点疑似人员行程轨迹有效跟踪，保障乘客健康、安全出行。有序推进疫苗接种，做到“应接尽接”。组织召开公交、出租、货运、客运等交通运输行业相关企业负责人参加的疫苗接种专题会议，安排专人迅速排查从业人员底数，建立全行业人员台账，迅速开展交通运输业新冠疫苗接种工作，共筑全民免疫屏障，全县交通运输业从业人员全部完成疫苗接种。

五寨县交通运输局

【公路建设】 三个一号旅游公路。长城板块五寨县县城至芦芽山景区公路改建工程，全长26.547公里，总投资1.2亿元。2021年已完成前期招标工作。南环路改建工程。积极与省交通运输厅对接争取项目，已开工建设。县乡公路胡白线改造工程。实施里程18.66公里，总投资5490.9万元，已完成该项目可行性研究报告和施工图设计批复，进入招标阶段。“四好农村路”建设。完成17公里自然村组通硬化路工程。养护工程。完成116公里县道边沟清挖，保证排水通畅；对县乡道路面补坑21362平方米，投资257.4万元；修复水毁路基路面10公里，投资54.2万元；对全县21座桥梁重新进行技术评定检测，未发现危桥，安装桥梁公示牌和限载标志牌。全县31个交叉路口安装减速带，共完成投资145万元。应急养护工程完成2.7公里，投资50万元。

【道路安全】 整顿道路运输市场秩序。与交警部门联合进行道路运输专项整顿行动，对全县所有营运车辆的道路运输许可证及驾驶员的从业资格证进行核查，对无证经营、超范围经营和宰客、甩客、拒载、改装车辆、超限超载等违章违法行为进行严厉查处和打击，共出动执法人员530余人次，检查车辆340余辆，共查处1宗非法营运黑出租案件，并对其进行行政处罚2000元。组织开展“安全生产月”活动。加大宣传力度，悬挂安全生产条幅、张贴安全标语113条，发放宣传资料2800余份，在交通系统形成人人讲安全、事事重安全氛围。加强应急值班管理。严格执行24小时领导带班制度，确保信息畅通，及时应对各类突发事件。开展道路运输专项整治行动。狠抓安全隐患的排查治理工作，特别是“6·11”全省安全生产电视电话会议召开后，制定全县交通运输安全生产集中检查督查工作方案，成立领导组，并专门组建两支检查组，分别对县、乡、村道路安全隐患和“两客一危”运输企业、驾校、公交、出租车进行排查整治，共排查出道路安全隐患14处，企业安全隐患11处，已全部整改完毕，有效杜绝道路交通事故发生，维护人民群众生命财产安全。

【补考进位争先创优】 五寨县共有入统入规的交通运输企业4家，每月月初召开调度会议，充分与企业负责人沟通，帮助企业解决困难和问题。4家规上企业共实现营业收入302019万元，同比增长28.2%。

【疫情防控】 出台《应急工作方案》。加强对汽车站、客运站场、运营车辆及司乘人员消毒督促，与交警、卫健部门联合在马五线李家坪路段、五寨高速口、209国道线梁家坪路段、三岔高速口、209国道线交叉口和神保线韩家楼路段6个疫情检测点进行布控，同时加强值班值守，强化人员调度。做好与市交通运输局、县政府的通信联络畅通和交通运输保障工作，确保新型冠状病毒感染的应急处置人员、药品、器械畅通运营。

【机构改革】 按照五寨县县委深化事业单位机构改革方案精神，由原五寨县乡养护管理站、五寨县道路运输管理所、五寨县城市公共客运管理办公室合并为五寨县交通运输事业发展中心（五寨县城市客运服务中心），重新组建五寨县交通运输综合行政执法队，两个事业单位已于6月20日全部挂牌成立，人员转隶工作已全部完成，两个单位的工作有序开展。

【党史学习教育】 成立县局党史学习教育领导组，制定《实施方案》，进行安排部署。全年共组织集中学习30余次，广大党员干部切实做到学有所思、学有所悟、学有所得。将党史学习教育与交通运输工作结合起来，扎实开展“我为群众办实事”活动，截至年底，已为群众解决各类问题23件，增强党组织凝聚力、向心力,拉近党群、干群关系。

【国Ⅲ车淘汰】 五寨县国Ⅲ及以下排放标准柴油货车淘汰任务319辆,12月底淘汰车辆的营运证全部注销,行驶证注销225辆,拆解补贴116辆,淘汰工作取得阶段性成果。

【乡村振兴】 根据《中共五寨县委组织部 五寨县扶贫开发办公室〈关于做好驻村第一书记和工作队选派工作的通知〉》(五组发〔2021〕90号)精神,县交通运输局重新调整充实驻村工作队,局机关共派出由3名队员组成的驻村工作队进驻李家坪乡张家坪村,队长兼任第一书记。驻村工作队与当地干部群众一起共商集体经济发展,共建美丽宜居乡村,受到群众认可和支持。

岢岚县交通运输局

【公路建设】 实施县道2021年养护大中修工程,路线全长43.34公里,投资253万元,于7月底完工并通过验收。实施50农村公路养护提质工程,县政府筹措资金300万元对20个路段合计50公里公路进行养护提质,7月底已经全部完工并通过验收。

【公路养护】 持续推行"路长制",健全公路管理网格。建立县、乡两级11个公路管理站点,设立县级路政员、乡级监管员、村级护路员三级600余人的公路管护队伍;明确将农村公路管养纳入职责之内,农村公路养护人员、经费、设备等得到充分落实。加强公路养护,路况水平稳步提升。以美化路容,优化路况为前提,认真抓好公路日常养护管理。做好公路养护、保洁等各项工作,确保辖区道路安全畅通,干净整洁。加强路政管理。以"规范执法,护路为民"为宗旨,坚持依法行政、依法治路、文明执法,强化路政管理,积极开展公路法律法规宣传活动和路域环境整治行动。设置重点路段入口限高限宽设施30余套、标识标志80多个,坚持路政上路巡查每月不少于16次,坚持集中点和流动治超相结合,保证全年超载率不超2‰。

【城乡客运】 全面推行城乡一体化,采取"大客车+小客车""定日发车""延伸公交班线""电话预约"等多种途径,放大班线、客车加法效应,打通群众出行"最后一公里"。

【环境保护】 结合创建文明工作开展"文明交通绿色出行"主题公益活动,出动志愿者120人次,发放"文明绿色出行倡议书"6000份,提高公众对绿色出行方式的认知度和接受度。完善绿色公共交通体系。持续推进绿色公交系统建设,公交车充电站正式完工并通过验收,公交公司已经开始正式运营。全面部署落实交通污染防治工作,持续开展柴油货车联合治理工作,常态化开展扬尘污染防治及建筑废弃物运输车辆源头管理。完成国Ⅲ及以下排放标准营运中型和重型柴油货车淘汰工作任务。

【安全生产】 全年共组织开展行业安全生产大检查10次,共出动检查人数人214次,排查出一般安全隐患87条,完成整改87条,整改率达100%;扎实做好安全生产专项整治三年行动各项工作;召开安全生产专题会议10次,参加人数达70人次;6月份开展"安全生产月"活动,发放宣传资料1000余份,其间组织交通事故救援演练1次,提高公众风险防范意识和自救互救等灾害应对能力。

【党建和党风廉政建设】 严格执行"三会一课"制度,共召开固定党日10次;开展党史学习教育,制定学习方案,成立党史学习教育领导小组,张贴宣传展板与标语5个,制订详细学习计划,全体党员按照计划做好笔记、撰写心得体会与研讨交流材料。开展各类学习交流活动28次,为群众办实事91件;全体干部职工按时完成"学习强国"App学习积分任务;与东街社区对接"双报到、双服务"党员干部进社区活动;发展党员2名。坚持把党风廉政建设纳入中心工作和重要议事日程。在春节、中秋、国庆等重要节假日持续纠治"四风"。一体推进"三个不腐"建设,扎实运用"四种形态",对1名干部进行警告处分,强化"不敢腐"这一前提;严格落实"三重一大"决策制度、工作人员廉洁自律规定等,推进"不能腐"这一关键;开展警示教育4次,筑牢"不想腐"这一根本,将党风廉政建设落在实处。

【法治建设】 深入学习贯彻习近平法治思想,加强党内法规学习培训,制定领导干部履职应知应会法律目录。领导班子及领导干部带头尊法学法用法守法，加强事中事后监管。转变政府职能，把更多监管事项由事前监管转到事中事后监管上来。全面推广“双随机、一公开”监管方式，加强“市场主体名录库”“检查人员名录库”动态管理，扎实做好“互联网+监管”工作。深入推进交通运输执法领域“突出问题”专项整治行动。针对交通运输行政执法队伍中存在的宗旨不牢、作风不优、本领不强、担当不力、执法不廉、管理粗放等突出问题，刀刃向内，认真查摆问题，坚决整改提升。实现交通运输行政执法队伍政治素质明显提升、纪律作风明显好转、服务意识明显提高、业务本领明显增强、执法权威和公信力明显加强、社会认可度和群众满意度明显上升。

河曲县交通运输局

【机构改革】 人口小县机构改革以来，县交通运输局按要求完成机构重组、财务划转、人员整合，机构设置和人员配备到位，机关各项工作运转规范平稳。制定切实可行工作制度，明确领导班子成员职责分工，层层压实责任，人盯人、人盯事，做到事事有人管、件件有落实。同时，所属两个事业单位于当年3月底完成挂牌，按要求完成内设机构设置、人员配备及财务划转等工作。

【党史学习教育】 按照县党史学习教育领导组安排，及时召开动员会，制定活动方案，成立领导组，按规定动作开展集中学习、专题党课、主题党日、红色教育等系列活动，同时制定“我为群众办实事”清单，抓好具体落实，以实际行动全力推动城乡建设和交通运输各项工作迈上新台阶。

【党风廉政建设】 召开安排部署会议、制定《实施方案》。局党组始终做到坚持不懈强化政治建设，落实好“两个维护”根本政治任务；驰而不息强化作风建设，拓展落实中央八项规定精神成果；锲而不舍强化纪律建设，推动全面从严治党向纵深发展。

【驻村帮扶工作】 机构改革后，帮扶村调整为刘家塔镇李家第一村、崔家第一村、长尾沟村。第一时间派出9名党员干部分别担任第一书记和驻村队员，确保驻村帮扶工作不脱节。实地走访贫困户，查看村内扶贫产业，并与驻村工作队员座谈，全面了解帮扶单位落实帮扶责任情况、贫困村脱贫巩固情况。

【疫情防控及复工复产】 根据习近平总书记批示以及国务院、省、市、县新冠疫情防控工作有关文件及会议精神，年初第一时间召开工作专题部署会。成立领导小组，建立健全防控体系，加强对防控活动的管理。制定应急预案，切实落实防控工作责任制。严格要求房屋建筑企业、市政运营企业和交通运输企业、物流快递企业落实各项防控措施，做好人员、技术、物资和设备的应急储备工作，有效预防、控制疫情发生和流行。疫情减弱后，按照县政府复工复产要求，积极协助行业领域企业做好复工复产各项工作，达到疫情防控与复工复产两不误。

【行业营业收入】 交通运输业营业收入增幅任务为不低于10%，计划完成产值1.874亿元。1—12月份完成产值2.26亿元，占全年任务量120.5%。

【公路建设】 三个一号旅游公路。2021年12月30日，黄河一号旅游公路主线河曲县境内娘娘滩至船湾段正式建成通车。黄河一号旅游公路主线河曲县境内全长78公里，其中寺沟至娘娘滩为完全利用段全长17公里，船湾至保德界完全利用段全长38公里。新建娘娘滩至船湾段旅游公路全长23公里，分南北两段建设，南段长7.9公里，北段长6.9公里，总投资5.1亿元，按二级公路标准建设，路基宽度12米，沿线设3.5米宽的彩色骑行道、观景台、停车场等配套设施。中间段已建成临陕大道全长8.2公里，总投资1.8亿元，按城市道路标准建设。娘娘滩至船湾旅游公路，已打造成“城景通”“景景通”的旅游公路示范路。全长78的黄河一号旅游公路将河曲县弥佛洞、娘娘滩、黄河湿地公园、临陕公园、西口古渡、鸣三省公园、南元生态示范园、海潮庵等主要旅游景点串联起来，带动全县沿黄生态旅游业发展。黄河一号旅游公路主线S249寺沟至巡镇段改线工程项目，列入2021年度三个一号旅游公路建设计划，当年完成可研、初步设计，完成投资1790万元。“四好农村路”建设。落实“路长制”。实施李家沟至赵家沟公路改造工程、巡大线改造工程两项续建工程，两项工程已于当年9月底竣工通车。

【公路养护】 结合城乡通道环境综合整治专项行动以及农村人居环境“六乱”整治，开展县道养护工作，对全县7条县道采取四个工区制包段专人负责，重点开展道路沿线清理生活垃圾、建筑垃圾、露天杂料堆、残垣断壁、绿化带、整理修复坑洼地面等规范整治。

【安全生产】 制定安全生产大检查工作方案，安排部署交通运输系统安全生产工作。同时结合实际，制定专项整治方案，扎实开展交通运输、公路工程建设等领域安全生产隐患排查整治，当年未发生安全事故。

保德县交通运输局

【疫情防控】 建立“两靠、两抓、三定”防控机制。主动扛起疫情防控政治责任，第一时间组织成立疫情防控工作领导小组，作出具体安排部署。及时划定防控责任区，建立“主要领导靠前指挥抓统筹，领导班子成员靠实责任抓落实”，“相关工作人员定点、定时、定责开展工作”的“两靠、两抓、三定”工作机制。主动对接各有关部门，在汽车站对旅客进行检测、登记、消毒等工作，确保顺利开展疫情防控工作。认真落实《邮政快递和货运物流预防性消毒与个人防护指南》指导，督促邮政快递企业完善落实各项防控措施，确保疫情防控严格有效。筑牢“外防输入”防线。联合县公安局、交警、卫生健康体育局和杨家湾镇、窑洼乡等单位，在沧榆高速杨家湾、窑洼收费站设立疫情防控检查点2个，共出动防控人员1372人次，查验车辆1.8万辆、人员2.9万人，筑牢“外防输入”的保德防线，为全县疫情防控‘零报告’做出贡献。

【党史学习教育】 制定《实施方案》，成立由党组书记、局长王雁兵为组长，局党组领导班子成员为副组长的领导小组，拉开党史学习教育总体战序幕。4月1日组织召开全系统动员部署会，要求各部门负责人严格落实“第一责任人”职责，发挥“关键少数”示范引领作用，确保党史学习教育各项部署要求不折不扣落实到位。全年局领导班子党史专题学习10次，赏支部集中学习党史9次，党组成员讲授党课9次。深入学习习近平新时代中国特色社会主义思想和《论中国共产党历史》《毛泽东邓小平江泽民胡锦涛关于中国共产党历史论述摘编》《习近平新时代中国特色社会主义思想学习问答》《中国共产党简史》等党史学习用书，全体党员干部宗旨意识、服务意识、廉政意识、凝聚力、战斗力得到大大提升。全体干部职工坚持用党的奋斗历程和伟大成就鼓舞斗志，用党的光荣传统和优良作风坚定信念，用党的实践创新和历史经验砥砺品格，受到全面深刻政治教育、思想淬炼、精神洗礼。推进新时代交通运输工作创新发展能力加强与各种困难作斗争精神更加坚定，立足交通职能为党和人民事业而奋斗的自觉性更加增强。

【重点项目建设】 三个一号旅游公路推进顺利。249省道忻州市保德县境内改线工程(黄河板块旅游公路庙峁至故城段)项目，正在设计施工招投标。“四好农村路”建设任务圆满完成。保德县腰庄至刘家洼道路改建工程，完成投资1247.34万元；完成沙保线提质养护工程1.74公里，投资145.45万元；完成农村公路“六乱”整治水毁恢复工程，投资231.74万元；完成保德县大烟墩至故城(同德氧化铝厂东线道路)续建工程5.2公里，投资3446.25万元；完成道路安全建设“一灯一带”计划任务20条，投资4.6万元；完成修复养护工程，投资390.29万元。

【公路管护】 对市级列养县乡公路111公里进行全方位养护管理，全力打好县乡公路“道路通行”联防战，优良路率达75%。日常养护。完成111公里县乡公路疏挖边沟、培路肩、预防水毁、铲草等工作，清理山体落石塌方68处1456立方米，恢复路基缺口134处5270立方米，清理垃圾1300立方米。养护工程。维修万瓦线河保交界处牌楼1座；迎宾大道油路补坑槽4735立方米，沥青灌缝29.9公里，挖淤塞边沟9.公里，踏铺路面9000立方米；岢保线更换损毁护栏1308米，油路补坑槽1385平方米，沥青灌缝12.77公里，清理淤塞边沟910米，修复涵洞1道；沙保线油路补坑槽215平方米，急流槽145米，砼边沟33.6立方米，浆砌挡墙75立方米，安装波形护栏2528米；桥西线油路补坑槽202立方米，浆砌挡墙8处178立方米，砼边沟13立方米，下沉路面（六角块）重铺780立方米，钢板急流槽45米，更换损毁护栏112米。完善农村公路“路长制”。完成全县农村公路县、乡、村三级路长责任人挂牌公示，形成职责明确、齐抓共管、高效运转的工作机制和路联管、路全管、路共管、路常管的农村公路发展新格局。

【安全生产】 高度重视安全生产工作，深入贯彻习近平总书记有关安全生产重要论述，始终坚持“安全第一、预防为主、综合治理”方针，按照“三管三必须”要求，厘清部门安全生产权责清单，明确职责分工，严格落实安全生产“543”工作机制，持续推进全县交通运输安全生产专项整治三年行动集中攻坚和“零事故”单位创建，通过扎实深入排查化解风险隐患，开展安全宣传“安全生产月”“七进”活动，推动公路、客运、水运行业安全生产责任落实，有效防范遏制各类安全生产事故发生。全年安全检查共计32次，出动检查人员135人次，检查企业150家次，排查安全隐患139项，现已全部整改完成；完成上级“一灯一带”计划任务20条。狠抓监督检查和重点行业整治。针对春节、“五一”“两会”等重要时段，开展安全生产大检查，有效遏制各类事故发生。帮助企业开展隐患自查，解决企业“怎么查、查什么、如何改”的问题。对所辖的90多家货运企业、3家客运企业、1家汽车站、1家汽车综检站、1家驾驶员培训学校以及其他相关运输企业进行安全生产排查，查出安全隐患2起，排除隐患2起。强化水运企业安全生产体系监管。结合“安全生产月”、汛期水上交通安全大检查对水运企业（保德县永安水上观光有限公司）进行隐患排查整治。对县域黄河流域日常巡查37次，出动海事执法车辆37余次，组织所有企业参加学习水上交通安全暨船员水运从业人员安全培训会1次、组织全体职工新《中华人民共和国安全法》培训考试1次。强化城市客运安全监管。每月不定期对公交企业、出租企业进行安全生产检查和安全隐患排查，法定节假日开展专门安全隐患大排查。利用出租车顶灯电子显示屏滚动播放安全生产宣传标语。高、中考期间精心组织26辆公交车负责接送考生，共接送考生1.5万人次。

【执法队伍建设】 以规范执法行为、转变执法理念、提升执法形象为基础，完善各项工作制度，积极开展“打非治违”、路产路权保护等工作，不断加强执法队伍建设，提高管理能力和执法水平，行政执法水平明显提高，依法行政意识明显加强，执法工作有新突破。全年办理行政处罚案件104起，罚款金额37.01万元；道路赔补偿案件11起，上缴赔补偿款14.89万元；处理“12328”投诉举报48起。

【环境保护】 大力推进国Ⅲ车淘汰工作。要求完成淘汰任务593辆，截至年底，共完成淘汰476辆（其中2020年淘汰424辆、2021年淘汰52辆）完成任务80.2%。强化路面整治。出动养护人员538人次，出动农用养护车152台次，清理山体落石塌方68处1456立方米，恢复路基缺口134处5270立方米，清理垃圾1300立方米。对县乡公路路面及边沟排水进行路域环境整治；出动交通运输执法人员493人次、出动执法车辆87台次，对县乡公路运输车辆抛撒、不遮盖进行执法检查，查处32起，罚款4.82万元。

【乡村振兴】 为了切实巩固拓展脱贫攻坚成果同乡村振兴有效衔接，按照县委组织部关于选派驻村第一书记和工作队员推进乡村振兴要求，积极选派优秀干部6名，组成2支驻村工作队分别进驻幸福家园集中安置点和宁福社区集中安置点开展驻村帮扶工作。明确工作任务。幸福家园和宁福社区，涉及脱贫户586户917人，其中“三类户”33户70人（脱贫不稳定户15户34人、边缘易致贫户7户15人、突发严重困难户11户21人）。搞好调查研究，制定帮扶措施。以“三类户”为监测重点，落实33名帮扶责任人，通过入户走访，工作队建立安置点人员花名表、脱贫户花名表、同步搬迁人员花名表，外出就业花名表；安置点残疾户、重大疾病、长期慢性病、低保、特困供养人员花名表；结对帮扶责任人防返贫动态监测走访排查表、防返贫动态监测排查、监测对象监测帮扶、帮扶责任人走访记录等台账，及“三类户”结对帮扶台账并制定有针对性的帮扶措施。以“五好社区”创建为抓手，持续推进易地搬迁后续帮扶工作，确保搬迁群众“搬得出、稳定住、可融入、能致富”。

【工作亮点及特色成效】 地企共建产业惠民路保德县重点工程腰庄至刘家洼道路改建工程，路线全长12.14公里，预算总金额6885.76万元。该工程能有效解决全县北部地区煤炭及农副产品运输难问题，对县域经济发展具有非常重要意义。按照县政府常务会会议精神，为尽快实施此项目惠及周边群众和改善企业煤炭运输状况，县政府组织交通运输局、晋能控股煤业集团芦子沟煤矿和神达望田煤业召开改建工程专题会，倡议建设资金不足部分由晋能控股煤业集团芦子沟煤矿和神达望田煤业共同出资，每家出资2500万元。会后，神达望田煤业与保德县交通运输局签订出资协议，已到账1000万元；晋能控股煤业集团芦子沟煤矿出资手续正在办理中。此次地企共建，形成地方和企业相互交融、共同发展新局面，为保德县经济社会全方位高质量发展奠定坚实基础。

偏关县交通运输局

【农村公路养护】 结合农村人居环境“六乱”整治百日专项行动，重点对农村公路11条288县道沿线环境进行整治。共出动装载机17台(班)，挖掘机6台(班)，农用车19台(班)，人工318个工日，共清理路旁垃圾800立方米；县道日常养护工作完成9条县道的排水清理疏通及零星50多处水毁处置，增设岔路标志牌8套；完成“一灯一带”32个岔路的减速带安装工作；完成县道22座桥梁公示牌和限高牌安装工作；完成30条174公里农村公路养护提质工程；路线里程11.42公里的偏关县沿长城、黄河旅游公路连接线项目，完成工可批复和施工图设计工作；对9条县道进行清除冰雪，出动铲雪车4辆、9台班，农用车4辆、8台班，三轮车15辆，人工82个工作日，施撒融雪剂480吨。通过扎实推进农村公路日常养护、“六乱”整治、“一灯一带”、应急养护、养护提质等工作，全县农村公路路域环境和通行质量发生明显改变，农村居民出行更加安全、便捷，有效改善农村人居环境。

【城市客运工作】 根据城区交通现状和市民出行实际情况，先后引进蜜果出行和松果出行两家共享电单车公司落地运营，共投放900辆共享电单车。共享单车投入运营是一项惠民、利民、便民的民生项目，进一步缓解城区内公共交通压力，满足市民出行方便需求，同时有助于改善人居环境，提高市民环保意识。结合全年创卫要求，联合交警部门，多次对公交车乱停放、超载、超速、随意掉头、争抢客源、随意上下乘客等乱象进行整治，做到“人进站、车靠点”，规范运营秩序，确保城市客车安全有序运营。

【地方海事工作】 完成老牛湾水上娱乐有限责任公司17艘船舶的年度检验工作；组织执法监督人员对非法营运的黑船进行严厉打击，在“五一”、国庆假期出动车辆12次，执法人员48人次，消除安全隐患17处，同时加强对营运船只的安全监管，确保海事运营安全。

【公路建设】 忻州市三大板块旅游公路偏关县境内第一期工程项目133.6公里，项目主线已建成通车，本年完成关河口驿站和关河口综合楼主体建设、驿站室内外装修工程，丫角山驿站主体、室内外装修工程，以及停车场、观景台、骑行道和交安工程。长城板块旅游公路主线(长城一号)偏关县境内老营至南场(偏关界)段工程项目36.89公里，总投资4.3亿元，累计完成投资1.97亿元，路基工程已完成总工程量70%；桥梁工程已完成桩基础、桥墩、桥台等下部结构工程和梁板预制、安装工作；涵洞工程已完成总工程量85%。336国道偏关县城过境公路改线工程项目6.496公里，总投资2.02亿元。已完成路基工程土方开挖100万立方米，占土方开挖85%；完成路基填方55万立方米，占路基填方82%；桥梁工程完成桩基础82根，占桩基总数91%；桥台完成4座，占桥台总数50%。

【经济指标】 入企帮扶。偏关县驰骋物流有限公司完成营业额2700万元，偏关县华通物流有限公司完成90万元，偏关县通利汽车出租有限公司完成20万元。经济总量及增量。交通运输、仓储邮政业完成GDP总量1.03亿元，增量0.1亿元。主要固定资产投资。三大板块旅游公路偏关县境内第一期工程项目本年度累计完成投资2.74亿元；长城板块旅游公路主线（长城一号）偏关县境内老营至南场（偏关界）段工程完成投资1.97亿元；336国道偏关县过境公路改线工程完成投资1.38亿元。

【优化营商环境】 按照省市县关于优化营商环境要求，采取三项具体措施，为全县经济转型跨越发展提供有力交通保障。一是完善交通基础设施建设。强力推进336国道偏关县城过境公路改线工程，项目建设使过境交通与城区内部交通分离，有效提高干线公路通行能力，缓解交通压力，减少城区环境污染，对全县经济高质量发展有极大促进作用；加快长城板块旅游公路主线（长城一号）偏关县境内老营至南场（偏关界）段工程建设，项目建设可连接偏关境内零散旅游景点，实现旅游公路"城景通、景景通"发展目标，极大促进旅游资源开发，改善沿线及周边群众出行条件，同时对推动全县经济高质量发展，创建全域旅游示范县提供强有力交通保障。二是提升交通窗口服务水平。紧扣"不见面、一张网、一扇门、跑一次"，全面压缩审批环节、简化办事流程、缩短办理时限。全年发布高频政务服务事项29个，缩短办理时间，部分事项业务办理时间不大于1天，全部可网上办理，真正做到方便企业、群众办事。三是规范交通执法行为。推行交通运输执法权力清单制度，依法向社会公开法规依据、工作程序、处罚标准、处罚结果等相关内容，确保执法对象享有"知情权"，加强对行政执法监督检查，监督行政执法人员执法行为，并自觉接受执法对象和社会公众监督。

【铁路沿线安全环境治理】 主动与朔州工务段偏关线路负责人对接，就涉及全县铁路沿线安全环境风险隐患问题进行研究；与全县三个乡镇对接，召开专题会议，研究讨论铁路沿线安全环境现状与影响安全问题，会同乡镇村委通过实地勘验，确认需进行治理的问题以及需要和铁路部门进一步对接沟通问题；全市铁路沿线安全环境管理路地"双段长"对接工作推进视频会召开后，组织铁路和乡镇段长召开专题会议，研究讨论存在问题以及下一步工作举措，确保按时完成全县治理工作，保障铁路运输安全和人民群众生命财产安全。根据山西省铁路沿线安全环境治理联席会议办公室《关于开展铁路沿线安全环境风险隐患排查治理专项行动的通知》（晋交安监函〔2021〕336号）文件精神，涉及全县铁路沿线安全环境风险隐患问题共15处，整治完成15处，验收销号15处，销号率100%。

【事业单位机构改革】 整合道路运输服务中心、城市汽车客运服务中心、公路建设服务中心、地方海事中心、公路建设服务中心职能，组建偏关县交通运输事业发展中心。偏关县交通运输综合行政执法队"三定"方案进行变更，主要职责、内设机构已经确定，已经挂牌，变更后的编制共12名，综合行政执法队队长已经到位（由县交通运输局局长兼），其他人员尚未进行具体划转，更改后的正式文件已下发，单位性质为事业单位，经费来源为全额拨款，日常工作按照原定执法人员正常开展。新配发执法记录仪6部，办理行政处罚案件6件，处罚金额0.66万元。

原平市交通运输局

【领导班子建设】 一是把政治建设摆在首位。局党组严格坚持学习制度，组织制订党史学习教育计划，开展理论中心学习12次，完成专题学习9次，红色现场教育学习2次，专题党课教育2次，专题学习中共十九届六中全会精神等2次，组织庆祝中国共产党成立100周年理论宣讲选拔赛1次，组织警示教育4次。利用"学习强国""三晋先锋"等线上平台强化学习，落实意识形态责任，引导广大干部职工不断树立"四个意识"、坚定"四个自信"、坚决做到"两个维护"。二是加强党的建设。认真履行全面从严治党主体责任，制定党委落实全面从严治党责任清单，严格落实组织生活制度，把学习贯彻习近平新时代中国特色社会主义思想贯穿基层党组织"三会一课"、民主评议党员、谈心谈话和民主生活会、组织生活会的全过程，经常组织党员查摆和检视违背初心使命的问题。在党建工作中，党员按期转正1人、预备1人，培养入党积极分子4人。在新冠疫情防控工作中，党员干部积极奉献、冲锋在前，组织党员为组长的4个高速路口疫情防控组和3个交通场站疫情防控组，圆满完成市委、市政府和市防控领导小组交办的工作任务。一年来，系统内共涌现出全省交通运输系统先进个人1人、忻州市级优秀共产党员1人、原平市级优秀共产党员1人、原平市级优秀党务工作者1人。系统内全体党员干部勇担当敢作为，率先争优努力奉献 。三是深化党风廉政建设。持续正风肃纪反腐，坚持"严"的主基调，把纪律和规矩挺在前面，党员干部带头遵守中央八项规定，毫不动摇地担负起从严治党主体责任，当好干事方向"导航仪"，落实工作"火车头"和思想环境"除尘器"，加强党员干部的监督、教育和管理，深入基层一线，全年查处党员个人问题2条，已整改2条，其中党纪处分1人，政纪处分1人。

【基础设施建设】 坚定贯彻"项目为王"理念，以党史学习教育为契机，以"我为群众办实事"为抓手，紧扣"四梁八柱"产业战略和融入太忻经济区为主线，助力乡村振兴战略，将打通现代立体交通路网作为履职重点。克服财政紧张，项目资金不足困难，负重前行，强力推进交通基础设施建设。在库投资和固定资产投资，完成实际在库83438万元，累计完成固定投资56381万元，固定投资完成率100.68%。忻原大道及配套基础设施建设项目三家村至天涯山风景区段工程项目，按照忻州市总指挥部年内开工建设要求，已完成总工程量53.6%。338国道原平市过境改线工程。完成总工程量91%，除绿化、安保和跨铁路转体桥外，该项目其他路面、桥梁、涵洞等工程已全部完成；跨铁路转体桥主体预制已全部完成。"四好农村路"及三个一号旅游公路建设项目，完成续建2020年农村路项目6.2公里，新开工建设2021年"四好农村路"建设项目26.98公里，新开工建设三个一号旅游公路建设项目107.26公里。

【公路养护】 全年完成行道树养护7870棵，安装拆卸波形护栏152米，清理塌方280立方米，完成汛期应急防洪演练1次，补坑槽15468平方米，沥青补坑槽1138平方米，清理疏通公路边沟1752米，采备养护料360立方米，完成日常公路巡查162.7公里，完成设置桥梁公示牌70块、限载标志70块，渠化标线370.77平方米，完成减速带设置20处，安装交通标志牌20处。汛期排险保畅出动挖掘机2台，装载机5台，汽车9辆，抢通公路3条，设置安全隐患警示标志6处。完成对自然灾害综合风险公路承载体普查工作，分别采集村道149条、乡道28条、县道6条的路线情况和公路灾害风险点19处，将采集好的数据分别上传到公路灾害风险系统，根据年报数据将每条线路的信息加以完善。

【法治建设】 一是注重实效有序推进，强化法治政府建设。成立依法治交、法治政府建设、落实政法工作责任制、重大行政执法决定法制审核、交通运输执法领域突出问题专项整治、打非治违专项行动6个领导组，出台制定《2021年依法治交实施方案》《2021年政法工作要点》以及各项工作实施方案8个，持续落实党政主要领导推进法治政府建设第一责任人职责。二是公开透明阳光化，打造营商法治环境。在市政府网站和办公场所公示行政事项、办事流程等信息，创造公开、透明法治环境，尽可能方便人民群众办事。全年共办理行政许可48件，资格证审验1128件。制定"双随机、一公开"工作细则，会同原平市市场管理局开展联合检查2次。加强信用分级分类监管，对全市客货运企业进行质量信誉考核，纳入企业诚信档案。三是深入"八五"普法宣传，营造法治工作氛围。2021年是"八五"普法开局之年，举行隆重法治宣传启动仪式，在交通场站、学校、乡村、企业等进行法律宣传，并在重要路段悬挂宣传标语65条，营运车辆张贴宣传标语117条，客运车辆显示屏滚动宣传标语650条，组织学习《中华人民共和国民法典》和"行政执法三项制度"等内容9次，全系统学法普法氛围浓厚。四是积极推进依法行政，规范交通运输秩序。全局14人取得行政执法证件，实现持证上岗、亮证执法。针对人民群众反映强烈的非法客运、自停线超限、公路环保等问题，加大执法力度，全年共行政立案655起、处罚239

万余元。其中，非法营运立案33起、行政处罚5.34万元，公路超限立案95起、行政处罚43.7493万元，公路抛撒立案27起、行政处罚3.3万元，有效管控交通运输各领域业务，规范交通运输市场秩序。

【平安建设】 一是抓好组织领导。进一步健全安全生产组织领导机构，年初制定交通运输安全生产工作方案，全系统共制定安全生产工作方案8份。建立安全生产例会制度，每月定期召开交通系统安全生产工作例会，全年根据不同季节、节假日及重要时段及时召开安全生产专题会议20次。二是层层抓好组织落实。签订安全生产监管责任状20份，与121家企业签订安全生产目标责任书121份；局领导每月2次对企业进行“双随机、一公开”安全生产检查，局分管领导、安委办、各监管责任单位每月4次对客、货、维、驾企业实施检查，各责任巡查队每周2次对企业安全生产工作进行检查，并对检查情况进行登记。三是加强安全培训。将习近平总书记关于安全生产重要论述和指示批示精神纳入各下属单位、企业教育培训内容，并进行普遍轮训，56名企业负责人、安全员通过培训考试取得交通运输部合格证书。组织单位、企业549人收看“生命重于泰山——学习习近平总书记关于安全生产重要论述”电视专题片。四是深入开展“三零”创建工作。推动基层围绕信访问题、公共安全和社会治安风险持续开展隐患排查整治工作，将社会治理关口前移、重心下沉、力量下倾，夯实社会稳定基础，基层治理效能得到有效提升。

【疫情防控】 一是加强宣传引导。通过短信、微信对内部职工和广大出租、公交驾驶员大力宣传《中华人民共和国传染病防治法》《突发公共卫生事件应急条例》等法律法规，把城市客运领域建设成为疫情防控前沿阵地，形成全员参与、群防群控的良好态势。积极组织引导全系统职工及交通从业人员接种新冠疫苗。二是开展联防联控。联合相关部门在高速公路出入口、国省道重点卡口、场站等重点场所施行24小时轮岗执勤，紧盯“路”“人”“车”等关键要素，有效防止疫情通过交通工具扩散，打造疫情防控“铜墙铁壁”，守住全市人民健康“第一道防线”。既守住客运站场、交通要道“外防输入”第一关，又全面摸排全市在建交通项目、从业人员情况，并登记造册，切实做到“内防扩散”。三是严格落实货运车辆防疫措施。严查中途冷链物流货运车辆，并严格落实信息登记制度。

五台山风景名胜区旅游和交通发展中心

【太行一号旅游公路项目】 在景区管委会和上级主管部门以及有关乡镇大力支持下，项目于2020年12月完成招标，2021年1月12日开工，累计完成投资6251.7万元。

【疫情防控】 精心部署，抽调精干力量，成立防控领导小组。明确职责分工，下设五个小组，采取旅客“行程码”“健康码”查验登记、留观室设置、体温检测、口罩佩戴、应急处置等疫情防控措施。干部职工全部完成疫苗接种。持续强化疫情防控措施落实，巩固疫情防控成果，精准有效抓好各项防控工作，因时因势动态调整疫情防控措施，确保及时投入防控力量，抓实抓细每一环节。严格落实属地、部门、单位、个人“四方责任”，按照“外防输入、内防反弹”防控策略，守好入山大门，严密做好司乘人员防护、乘客测温和信息登记、通信大数据动态行程码、健康码检查等防疫措施。

【旅游公路养护】 汛期来临之际，及时完成旅游公路汛期处置塌方、落石、泥石流整治警示工作和15处地质灾害隐患点的巡查警戒预防处置工作。在资金不足情况下，负重前行，完成113旅游公路部分路面坑槽、边沟垃圾、边坡防护加固等日常养护工作，保证旅游公路安全畅通。每天按时填写养护内容与日志，并存有影像资料，形成主要负责人负总责，养护队长总调度，各道班班长负责的常态长效机制。提升公路路况水平，加强公路巡查和经常性检查，推广快速巡查车、手持终端等自动化巡查手段，建立日常养护信息化管理平台，实现事件上报、审批、处理、验收等闭环管理。完善养护决策和养护质量监督考核评价制度，继续开展以“灌缝补坑”为主的日常养护。加大预防性养护和路况薄弱路段养护力度，结合路况等级分类实施精准养护，统筹推进修复性养护和专项养护。

【安全应急】 国庆期间，组织五个道班，养护旅游道路107公里，从10月3日至7日防汛昼夜巡路排除隐患及地质灾害隐患点值守，总计清理塌方落石375立方米，大小塌方落石33处，巡路及清除隐患人工投入330人次，昼夜巡路车辆52车次，动用机械50铲车7.5台班。由于行动迅速及时，未造成任何伤亡事故，10月8日道路施行交通管控，经过中心工作人员连续几日对台豆线隐患排除和及时清除边坡浮石，于10月16日恢复该线路通行。前石佛村段于10月7日12点塌落70余立方米落石，主要领导现场指挥，及时组织人力机械抢修道路，于下午2点40分逐渐恢复交通。繁峙茶坊村附近两次落石量较大，及时消除安全隐患。冬春两季，为确保游客、僧侣安全出行和生命财产安全、及时保障旅游公路安全畅通，投入人工380人次，180吨融雪剂，动用机械50铲车20台班，奋战在冰天雪地，顺利完成除雪打冰任务。

【停车场管理】 近年来，负责管理景区停车场，并形成长效管理机制，严格要求管理员着装整齐，佩戴袖章和文明服务，保持停车场内车辆有序停放，保证车辆通道和出入口安全畅通，特别是重大节假日如“5·19”中国旅游日、四月初四文殊诞辰日、端午节、阴历五月十三五爷诞辰日、中秋节、国庆节等，车场所有管理人员均保持高昂斗志，分工明确，各司其职，圆满完成管理服务工作。

【“六乱”百日攻坚】 清理交通沿线积存的施工垃圾和生活垃圾134.5吨；整修坑洼路面、灌缝63处；消除交通安全隐患109处。清理公路沿线积存施工垃圾和生活垃圾，整修坑洼路面、灌缝，投资约35万元。

【路长制实施】 自2020年6月份起，景区管委会领导多次召开会议，专题讨论研究“路长制”实施工作。针对2条旅游公路、48条乡村道路和5座台顶道路，制定道路路长和联系道路路长安排表，建立党政领导班子成员为路长，线办主任为责任人，村支两委为分路长三级保障体系，将路长制工作向集镇、村组道路全面铺开，实现道路全覆盖。开展农村公路自然灾害综合风险承灾体普查，对景区内所有农村公路进行实地勘测照相并在相关平台上传，持续提升交通运输服务能力和服务品质，改善服务体验，更好满足经济社会发展需要和人民群众对美好生活新期待。

【道路运输】 一是提升客运服务品质。推广“出行即服务”理念，加快发展旅客联程运输，优化运游融合产品供给，打造以旅游公路为主的“交通+旅游”产品。提升农村客运通达广度深度，优化农村客运服务供给，最大程度满足农村群众群体性、潮汐式出行需求，有序推进城市公交线路向城区周边重点镇村延伸和农村客运班公交化改造，提升城乡客运均等化服务水平。二是提升农村物流服务水平。加快农村物流公共节点建设，深化“多站合一”农村物流节点发展，加快推进县、乡、村三级物流体系“全覆盖”建设。支持县乡公路客运站改造，健全快递收寄、仓储配送、流通加工等功能，实现“一点多能、一网多用、多站合一”。支持邮政、快递企业网点下沉，加快实施“快递进村”工程。推广“运邮”融合发展，努力实现城乡统一集中配送。三是提升路网管理运行和服务水平。强化路面管控和源头治理，深入推进治超联合执法常态化、制度化。加强公众出行引导，出行信息多渠道、实时、精准、高效发布。四是持续促进物流降本增效。推进多式联运发展，促进公路与其他运输方式无缝衔接。提升干线货运物流发展水平，深入推广甩挂运输，推动干线甩挂运输和多式联运、末端配送高效衔接。统筹农村地区交通、邮政、商务、供销等资源，共享物流服务平台，降低物流成本，提升物流运转效率。

（赵　勇）

阳泉市

阳泉市交通运输局

2021年，全市交通运输系统紧紧围绕市委“14510”总体思路和部署，统筹推进疫情防控和交通运输创新发展，交通强国建设试点取得阶段性成效，重大交通基础设施建设强力推进，服务业经济运行指标强劲增长，网络货运等新市场、新业态蓬勃发展，行业治理能力和治理水平显著提升，安全生产形势持续向好，交通强国建设试点、疫情防控、平安交通建设、城乡运输一体化等多项工作在全省会议上介绍经验。2021年，市交通运输局被交通运输部表彰为全国交通运输系统“七五”普法工作先进单位；局机关党委被市委表彰为“先进基层党组织”；局机关2012年起连续10年被授予省级文明单位。

【疫情防控一丝不苟】 按照“防输入、防输出、防反弹、防扩散”方针，实施专班运作，组织精准防控，强化督导落实，牢牢守住交通运输阵地，确保交通运输系统防控体系无一人失责失位，无一处交通场站和交通工具失控漏管，无一例病例通过交通途径传播。2021年，深入一线开展督导检查60余次，组织桌面推演和实战演练2次，交通运输从业人员完成接种11352人，4个客运场站核酸检测点检测13514人。

【抢险救灾圆满完成】 2021年，全市遭遇50年来最强秋汛，公路基础设施损毁严重，累计受损88.913公里，道路阻断403处，灾毁损失2亿余元。灾情发生伊始，市交通运输局高度重视、高度负责、闻汛出征，先后出动抢险人员2万余人次，各类机械设备近6000台班，367条403处水毁路段全部抢通，人民群众日常出行和生产生活物资运输及国家能源保供运输均未受影响。同时，发扬连续作战精神，及时将工作重心转移到灾后恢复重建，积极开展灾损评估，科学编制灾后重建项目清单，全力争取资金补助，灾后恢复重建工作有序推进。

【交通试点全面实施】 年内，坚持试点牵引，全面推进交通强国建设，试点任务取得阶段性成效。一是拥堵治理与绿色出行试点。龙头项目新型城轨交通项目已完成项目建议书及工程可行性研究报告，初步完成投融资方案编制；综合交通枢纽及市区至盂县的城际铁路已建成运行，“零”换乘体系初步建立；建成区968辆公交车、1885辆出租车全部纯电动化，建成充电桩1700余个，优化公交线路100余条，开通微循环公交线路5条、定制公交线路2条，“全国交通一卡通”“手机扫码乘车”等智能化出行服务广泛应用，绿色出行体系已现雏形。二是ETC智慧停车场试点。组建阳泉静态交通建设运营有限公司，编制完成《阳泉市静态停车资源调研报告》《阳泉市ETC智慧停车城市建设实施方案》，一期2个停车楼新建项目已经启动，7个智慧化提升项目、2个路侧停车改造项目正有序推进。

【公路建设大力推进】 太行一号旅游公路主线基本贯通。推动成立阳泉市太行一号旅游公路建设领导小组，加强组织领导和统筹协调力度。市委书记雷健坤、市长刘文华多次听取建设情况汇报，主持召开现场推进会强力推进资金和项目落实。太行一号旅游公路全年完成投资18亿元，完成建设里程251.059公里，阳泉段主线基本贯通。农村公路建设超额完成任务。全年完成投资2.57亿元，完成投资任务257%；“四好农村路”建设里程54.21公里，完成目标任务135.5%。国防战备公路完成投资3140万元，建设里程7公里。白羊墅至苇泽关国防战备公路全线贯通。太旧高速公路阳泉段改扩建项目纳入省级规划。积极与省厅沟通对接,推动太旧高速公路阳泉段与太原、晋中段整体考量,一体规划设计并扩容改建。阳泉段扩容改建已纳入整体规划,市交通运输局密切跟踪方案编制情况,加快推进项目落地。

【运输服务业强劲增长】 认真贯彻落实市委、市政府关于“争先进位”的要求,全市交通运输、仓储服务业营业收入20.75亿元,增速19.39%;交通运输、仓储和邮政业增加值完成42.9亿元,增速5.8%,较好地克服疫情冲击、华阳集团改制、大宗货物价格高起等不利因素,实现强劲增长。研究制定“争先进位”工作方案和包保方案,成立工作专班,建立领导包保、入企帮扶、监测调度、督导考评4个工作机制,召开调度会、推进会和座谈会20余次,深入企业帮扶达到12轮次,大力扶持交通集团、中建阳泉公司、冀东物流三家企业实现营收倍增,新培育云仓物流、快成物流和顺捷通运输三家企业。

【网络货运蓬勃发展】 积极争取扶持政策,孵化平台、试点运行并行推进,为全市现代物流发展赋能增效。一是出台一个政策。在深入调研、充分论证基础上,出台《阳泉市关于支持互联网物流平台企业发展若干措施》,明确奖补对象、具体措施和相关要求,为鼓励和规范网络货运发展提供制度支撑。二是落地一个园区。与华远陆港集团精准对接,“华远陆港数字科技产业园区”正式揭牌落地,建成全市网络货运及数字物流新业态孵化基地。三是建设一批试点。选定省运阳泉公司、通宝鑫能2家货运企业先行先试,形成示范带动效应。年底,全市网络货运企业注册车辆5000多辆,营收达到1.1亿元。

【结构性改革不断深入】 调结构方面,积极推进运输结构调整,全年“公转铁”完成货运量4178.4万吨。淘汰国Ⅲ及以下排放标准营运柴油货车1658辆,完成全年任务140.15%,提前4个月完成全部淘汰任务。强服务方面,进一步巩固建制村通客车100%通车成效,开通农村客运线路228条,投入车辆743辆,确保农村客运“开得通、留得住”。大力推广“95128”巡游出租车电召服务。全面建设人民满意的“12328”服务热线,全年接听受理办理来电近14万个,整体工作成效排名全省靠前。降成本方面。推进道路运输驾驶员高频服务事项“跨省通办”,办理从业资格证补发、换发、变更、注销及诚信考核5项高频事项505件。

【法治建设持续提升】 全面加强法治政府部门建设。以完善交通运输法规制度体系、深化交通运输综合执法改革、规范重大行政决策程序、建立健全事中事后监管机制为重点,厘清法定职责,加强权力监督,规范执法行为。扎实推进交通运输信用体系建设,严密组织“双随机、一公开”工作,对道路旅客运输经营等11个检查事项进行抽查检查,完成率100%。认真做好“双公示”工作,全年公示行政许可226条、行政处罚信息83条。扎实开展普法宣传教育。党组成员带头学法用法,中心组集体学法4次。认真落实普法责任,充分利用公路、收费站点、运输场站、维修场点、运营车辆等载体,将法治宣传融入管理和服务全过程。认真抓好“路政宣传月”“安全生产月”“依法行政宣传月”“宪法宣传月”等集中宣传活动,普法针对性强,效果明显。扎实开展交通运输执法领域突出问题专项整治。组织专题教育培训49次,受教育2458人次;梳理修订交通运输综合行政执法事项清单247项;整治突出问题13个。通过整治,执法队伍政治素质明显提升,纪律作风明显好转,服务意识明显提高,执法权威和公信力明显增强,社会认可度和群众满意度明显提升。

【行业治理扎实有效】 以安全生产专项整治三年行动集中攻坚为抓手,牢固树立安全发展理念,狠抓安全责任落实,持续提升交通本质安全。全年召开安委会7次,工作会议12次,开展督查检查30余次,排查整治安全隐患92条;172家经营企业签订安全生产承诺书,为4户标准化考评机构备案,组织6批次33场道路运输企业“两类人员”安全考核,439人考核合格;“两客一危”企业全部完成标准化考评换证工作;实施6村道生命防护工程建设和469处平交路口减速带安装工作,组织水上搜救、危化品运输碰撞、人员密集场所反恐消防3次应急演练。2021年,全市交通运输行业事故发生3起,死亡3人,发生率和死亡率再次同比下降50%,连续70个月未发生较大以上安全生产事故，牢牢守住安全底线，维护社会稳定。聚焦“道路运输、城市客运、超限超载、工程建设、行政执法、行业禁毒”6个重点，纵深推进重点行业领域整治行动。整治道路运输、城市客运等领域乱象94处；查处非法超限超载车辆581辆，卸载货物约1.48万吨，查处源头治超案件50件，行政处罚87万元，超限超载率控制在0.01%以下；立案调查处理涉及执法领域违法违纪案件2件，追责问责11人；持续推进驾驶员吸毒筛查工作，22户“两客一危”及公交企业已全部完成筛查，完成筛查1800余人。

【党建引领持之以恒】 全面落实新时代党的建设总要求，持续改进和加强党的领导，充分发挥党组总揽全局、协调各方的核心领导作用，以高质量党建引领交通运输发展全局。全系统党员领导干部坚决捍卫“两个确立”，不断树立“四个意识”、坚定“四个自信”、坚决做到“两个维护”，坚决贯彻落实习近平总书记系列重要讲话和重要指示批示精神，坚定执行党中央和省、市各项重大决策部署。全年组织局党组理论学习中心组学习12次、专题研讨11次。自觉把学习宣传贯彻中共十九届六中全会和省第十二次、市第十三次党代会精神作为当前及今后一个时期的重大政治任务，在全行业掀起学习热潮，形成任务清单19项。严格落实“三会一课”、民主生活会、组织生活会等各项制度。承办市直机关工委2021年党建工作现场会，牵头成立全市物流行业党委，实现全市物流企业党组织建设全覆盖。有序推进党史学习教育，认真完成上级规定动作和创新性开展自选动作。大力推进“我为群众办实事”实践活动，全面完成5个方面18项清单任务。组织开展“演讲征文”“走访慰问”“歌咏比赛”等庆祝建党百年系列活动，切实增强广大党员的向心力、凝聚力、战斗力。认真履行从严治党主体责任，压紧压实领导班子成员“一岗双责”。召开全系统党风廉政建设工作会议、纪检联席会议、专题研究部署会议7次，开展为期3个月的党风廉政建设专项教育整顿。紧盯重点环节和重点领域，排查梳理交通运输领域廉政风险点270个，建立起“以岗位为点、以程序为线、以制度为面”环环相扣的风险防控机制。围绕“四种形态”，加强对各级各单位反“四风”监督检查力度。扎实开展廉政警示教育，注重以案促改、以案促建，全系统风清气正的政治生态进一步巩固和加强。弘扬新时代交通精神，积极开展具有行业特色的文明创建活动，深入推进工青妇等群团组织建设和交通战备、交通教育、史志年鉴编纂、行业宣传、离退休人员管理等工作，不断提升行业软实力。

郊区交通运输局

2021年，郊区交通运输局认真学习贯彻中共十九大和十九届五中、六中全会精神，全面落实习近平总书记视察山西重要讲话、重要指示。围绕区委、区政府“争做转型发展表率，打造城乡融合样板”目标，着力完善基础设施网络，提升综合交通品质，增强管理服务能力，坚持“学党史、悟思想、办实事、开新局”，为郊区全方位高质量经济发展提供交通保障。

【持续完善公路基础建设】 围绕公路建设目标任务，系统谋划交通事业发展，认真贯彻执行省、市农村公路建设安排部署，突出抓好旅游公路建设和“四好农村路”建设。其中，太行一号旅游公路阳泉市郊区（辛兴至后峪段）工程开工建设，全长9.26公里，总投资13748.45万元，截至年底，2021年12月完成投资1500万元；太行一号旅游公路阳泉市郊区荫营至白泉至李家庄（漾泉大街）工程，路线全长8.9公里。年内，已完成财政预算评审和工程量清单编制，招标结束后，计划于2022年3月份开工建设。“四好农村路”建设。阳泉市郊区县道连大线（庙岭至义白路段）路面改造工程，路线全长7.697公里，总投资1877.21万元，共完成投资1500万元。已全部完工，进入交（竣）工备案、审计阶段；南流至武家庄乡级公路改造工程，全长1.92公里，估算总投资1056万元，2021年6月进场开工建设，截至年底，该项目（一期）完成投资400万元；农村公路养护工程，涉及1条城郊快车道和185条农村公路，共计里程418.95公里。总投资337.75万元，截至年底完成投资118万元；2021年续建2020年养护提质工程，路线全长154公里，总投资2282.90万元，2021年完成投资1322.28万元。项目已全部完工。

【全力推动服务业挖潜增效】 一是提供服务功能。对企业存在问题深入了解，就企业存在的问题进行研究、协调、解决，确保帮扶实效。二是强化培育措施。加大服务力度，协调各方加快促进企业达到上规入库条件。三是大力发展网络货运。努力使网络货运平台和数字产业园区成为郊区物流产业直接面向全国市场的窗口。2021年郊区公路营收企业共完成营业收入10.73亿元，比上年同期完成9.49亿元，同比增加1.24亿元，同比增长13.11%，高于全省服务业8.3%的增速。

【持续优化交通营商环境】 一是优化行政许可流程。简化办事流程，节约企业和个人办理审批手续时间。年内，共办理许可事项103件，备案事项19件，发放《道路运输经营许可证》139套，配发《道路运输证》IC卡790张，审验货运车辆2342辆，办理注销车辆（包括报废和转出外省）168辆，驾驶员从业资格证盖章1200人次，办理网络货运1家，签订货运许可告知承诺书34份。对行政许可、行政处罚进行双公示123件。二是加强互联网+监管。按照统一标准规范和"应上尽上"原则，形成监管事项《目录清单》《检查实施清单》，实施动态管理，实现行政审批与事中事后监管无缝对接，年内，已录入系统196条监管数据。三是认真开展"双随机、一公开"。为进一步提升事中事后监管效能，区交通运输局认真开展跨部门"双随机、一公开"联合抽查监管工作，形成监管执法强大合力。联合区市场监督管理局开展"双随机、一公开"部门联合抽查工作6次。

【持续完善"路长制"建设】 为提升农村公路治理能力，推动农村公路发展由建为主向建好、管好、护好、运营好转变，郊区全面推行农村公路"路长制"，建立覆盖区、乡、村的三级路长体系，制定路政员、监管员、护路员"三员职责"，进一步加强农村公路路域环境综合整治、农村公路运营管理、农村公路应急体系建设。制定2021年《关于阳泉市郊区农村公路"路长制"日常养护考核的通知》，把各乡镇农村公路"路长制"工作列入年度考核内容。2021年7月主管领导带队到各乡镇、开发区开展"路长制"考核，并进行打分排名，7个乡镇、开发区社会服务中心全年日常养护经费为159.6704万元。

【不断筑牢安全底线】 一是加强安全宣传教育。组织开展安全宣传活动。积极开展第20个"安全生产月"宣传活动，共制作安全宣传版面5块、宣传标语23条，印制1万多份宣传单。参加阳泉市郊区2021年"安全生产月"咨询日活动，制作以"落实安全责任，推动安全发展"为主题的安全宣传版面，发放宣传资料330余份。组织观看安全生产专题宣传片、警示教育纪录片共计5次，法律法规培训15次。二是开展道路运输行业安全检查。全年共出动538人次，检查道路运输企业192家。组织各道路运输企业主要负责人和安全生产管理人员进行安全考核6次。三是压实部门监管责任。督促企业签订落实承诺制度，年初与全区59家道路运输企业签订安全生产承诺书。落实企业分级分类监管办法，根据生产经营单位经济属性和生产规模等级进行分级，实施差异化监管和差异化执法。严密危险货物运输安全监管，监督其严格执行装载查验、记录制度。四是落实企业主体责任。督促企业建立完善安全生产制度，督促企业加强从业人员安全培训，落实动态监控主体责任。严格落实疫情防控措施，全面开展疫情防控安全风险排查整治工作，坚持"人物并防"原则。7月中旬南京、广东出现疫情，按照区疫情防控领导组要求，区交通运输局安排专人到阳泉东站及客运站联合各相关部门做好交通场站防疫工作，共出动369人次，客运站共检查625趟返回阳泉的省际班车，旅客共3588人，其中发现有高中风险地区行程史人员共6人；阳泉东站共检查858趟车次，其中发现有高中风险地区行程史人员共18人；石家庄机场大巴共检查182趟车次，旅客共727人，其中发现有高中风险地区行程史人员共27人。10月26日至11月24日，郊区交通运输局协同乡镇、公安、防疫等部门，分别到郊区五个高速卡口进行值守，开展检查工作，共出动值守人员300人次，车辆180台次。

【全面提升行业治理水平】 一是扎实推进治超工作对重新摸底核实的42家合法重点货运源头企业进行公示，切实加强监管，实现监管无缝隙；严格运用钉钉网流转审批平台，认真落实道路货物运输货运单使用管理办法，实现快速办理源头核查案件，确保实现网上留转、审批、办结；规范源头核查基础档案的管理工作，做到一案一档，归档及时，案卷规范，实现案件线上全程留痕，线下资料有迹可循。全年共出动执法人员19706人次，检查车辆1382363辆，接到省市督办、检测站报送、交警移交案件113件，办结113件，交警记分465分，罚款9.38万元，卸载2269.33吨，本区驾驶员从业资格证记分780分，无从业资格证罚款4100元。二是认真开展道路巡查工作。开展路政宣传月活动。根据郊区实际制定宣传工作任务，在辖区开展"路政宣传月"活动。活动制作宣传横幅4条，出动宣传车辆1辆、宣传人员160人次，发放宣传资料1200份。做好辖区路段安全隐患排查工作。全面开展路域环境整治，加强路面巡查力度。拆除非公路标志46块、清理路边摆摊设点5处、赔补偿案件3起、收取赔补费23506元整，结案率均达到100%,路警联勤执法7次。三是持续推进国Ⅲ及以下营运柴油货车淘汰工作。为切实降低柴油货车污染，确保如期实现国家和省下达的淘汰国Ⅲ及以下排放标准营运柴油货车目标，郊区交通运输局积极与相关部门配合，使淘汰工作有序进行。年内，淘汰110台国Ⅲ及以下排放标准营运柴油货车，累计申请补贴174.25万元。四是严厉打击非法营运车辆。郊区交通运输局与阳泉市公安局交通警察支队三大队联合下发《关于组织开展道路交通安全管理联勤联动协作工作的实施方案》。全年开展交通运输行政检查192次，罚款金额共计12.26万元,交通秩序明显得到改善。

【党建工作引领全局】 一是始终把党的政治建设摆在首位。认真学习贯彻中共十九大和十九届五中、六中全会精神，切实树立"四个意识"、坚定"四个自信"、坚决做到"两个维护"，不断提高政治判断力、政治领悟力、政治执行力，强化领导班子政治属性、政治功能，全面落实习近平总书记视察山西的重要讲话重要指示。区交通运输局高度重视认真组织召开民主生活专题会，着重从干部的思想政治、组织建设、履职尽责、学习贯彻十九届五中全会精神和落实全面从严治党等方面深入查摆、认真剖析。聚焦问题、结合实际，认真制定和落实整改措施，做到立行立改、边查边改，以此达到理论学习有收获、为民服务解难题、清正廉洁作表率的目的。加强党内政治文化建设，营造风清气正的良好政治生态。二是认真抓好党史学习教育活动。按照郊区区委安排，结合局实际，制定《实施方案》《党史学习教育计划》，并成立党史学习教育领导小组，确保学习教育组织到位、人员到位、工作到位、责任到位。同时结合"学习强国"学习平台、"好干部"在线教育平台，丰富党史学习形式，推进党史学习教育走深走实。与此同时，坚持以人民为中心，深入开展我为"群众办实事"实践活动。聚焦人民群众反映的"出行难"问题，从公交候车亭等和群众密切相关的基础设施建设出发，多管齐下，全面改善群众候车环境，进一步满足人民群众出行需求。

平定县交通运输局

2021年，平定县交通运输局以党的政治建设为统领，抓班子，带队伍，全局上下凝心聚力、众志成城，顽强拼搏、共克时艰，积极推进"四好农村路"、太行一号旅游公路建设和全国城乡交通运输一体化示范县建设，逐步完善以国道、省道为纽带，县乡村公路为延伸的县域公路网络，不断提升公路管养水平，强化综合行政执法成果，为全县高质量转型发展提供有力交通支撑。

【强化目标责任 确保任务完成】 2021年，平定县交通运输业完成固定资产总投资24.29亿元。其中：307、207国道阳泉绕城改线工程完成固定资产总投资15.98亿元；太行一号旅游公路和"四好农村路"完成固定资产总投资8.31亿元。交通运输服务业完成1.218亿元。一是307、207国道阳泉市绕城改线工程。征地交地完成100%，迁坟完成100%，管线改迁完成100%，建筑物拆迁完成100%。完成社保资金缴纳和土地手续组卷上报。除上跨石太铁路桃河大桥和上跨太旧高速西郊大桥外,项目路基、桥梁、隧道工程全部完工,路面工程完成30%。二是平定县太行一号旅游公路2018—2022年建设项目24个,总里程272公里,总投资34.87亿元。2021年,"太行山一号"旅游公路平定段完成道路主体系统路基工程170公里,完成道路主体系统路面工程70公里。其中,建成通车路段6条,共计130公里,主体系统已建成通车;开工建设路段5条,共计104.029公里,路基工程已完成30.45公里,2022年6月底实现路基贯通,2022年11月底建成通车;计划开工路段支线3条,共计28.922公里,2022年年底建成通车;已完成"四大系统"规划,并完成旧关至娘子关至程家至乱流段57公里景观系统建设。到2022年年底,将全面建设完成以"一核、两通、三连、四射、五驿"为重点的太行一号旅游公路网。三是"四好农村路"建设。西回至柏井段6.885公里已开工建设,已完成西回至里牌岭段1公里,2022年建成通车;连大线2.586公里已开工建设,2022年建成通车;岭南隧道长230米,实施隧道加固,已开工建设,2022年完成。

【强化底线思维 压实安全责任】 结合交通运输行业特点,全面夯实安全生产职责,县交通运输局成立7个安全生产专项检查督查小组,全年共出动检查人员980余人次,对重点单位、企业、行业检查督查320余次、排查整治安全生产隐患15项,深入企业集中检查11次,下达整改通知书4份。并通过GPS定位系统对全县司乘车辆实施安全监控,使全县交通运输安全形势得到根本好转。

【强化疫情防控 落实常态职责】 年内,平定县交通运输局把疫情防控纳入日常工作,适时部署,阶段性安排,形成疫情防控新的格局。一是加强对交通站场和长途客运站等一些公共场所的常态化防控,认真落实"场所通风换气,定期消毒、测温、验码、佩戴口罩、保持一米线"等措施。二是安排专职人员密切关注全国高、中风险等地区状况,加强对本单位人员往返高、中、低风险地区的排查、管控。三是加强疫苗接种,除禁忌症外,接种率达93%,并对本单位出入本市人员落实报备、隔离、核酸检测等各项疫情防控管控措施。四是先后两次(1月6日抽调32人,11月初抽调57人)共计出动1400余人次配合交警、卫健委等部门,对平定北、张庄、岔口、旧关等卡口进行严密布防,对来往出入境车辆及人员24小时不间断疫情检测和应急职守,确保县域疫情防控工作顺利进行。

【强化行业监管 优化服务职能】 年内,对公交客运进行严格管理,全县有客运经营户1户,开通公交线路41条,公交车辆219辆;公路客运线路35条,公路客运车辆49辆,镇村客运线路26条,全县218个建制村通客车率达100%。督促公交客运公司一手抓疫情防控,一手抓客运安全,使公交客运安全有序。年内,对平定县和谐、时尚两个出租汽车公司进行专项整治,经营秩序明显改善。2021年完成341辆国Ⅲ级以下排放标准营运柴油货车的确认淘汰工作,对货运企业开展质量信誉考核,共考核重点货运企业25家。对全县74家维修企业进行质量信誉考核,完成备案工作的维修经营户22户。开展道路运输客货驾驶员继续教育培训56期,合格2624人;开展客货运输驾驶员从业资格证初学培训16期,合格403人;全县6076名驾驶员参加诚信考核;驾驶证初学学员报名总数3768人,合格3091人。

【强化城乡一体 推进融合发展】 年内,平定县公路网总里程达到2288.403公里,公路密度为168.301公里/百平方公里,公路网通达深度和路网密度均在全省前列。实现县域内建制村通硬化路覆盖率100%、县域内建制村通客车比例100%、城市建成区路网密度和道路面积率100%、中心城市公交站点500米覆盖率100%、建制村直接通邮比率100%、县域内所有乡镇快递服务网点覆盖率100%、县域内所有建制村通快递比率100%,"七个百分之百"全面完成。阳泉汽车客运南站建成运营,深入推进城乡交通运输与电商、邮政快递、文化旅游等融合发展。城乡交通运输一体化发展水平达到AAAAA级。7月27日,交通运输部命名平定县为全国城乡交通运输一体化示范县。

【强化环境整治 促进路域管养】 年初,与各乡镇政府签订《2021年农村公路养护合同》,全县农村公路养护总里程1440.347公里。(其中县级公路22条共计331公里,乡级公路44条共计328公里,村级公路272条共计780公里)聘用兼职养护工人369人,并为养护工人购买人身意外保险。加大对建筑工地和道路扬尘治理,严格执行"六个百分之百",对在建和养护施工道路全部采取定时定期洒水,散装物料和渣土运输全部进行遮盖。共出动工作人员3000余人次、动用车辆机械400辆,倾倒公路沿线垃圾和堆积物100余吨,环境治理投入1000多万元。尤其是2021年10月份强降雨造成平定县8条县乡公路交通中断,县乡公路冲毁29.18公里,公路挡墙倒塌259处,计28749立方米,冲毁公路涵洞3道、泥石流、滑坡、塌方达159455立方米,水毁严重,直接经济损失5230万元。县交通运输局及时组织人力、物力、财力进行水毁抢修和完善恢复工作,累计完成挡墙恢复50处,共计约3600立方米,完成抢险和水毁恢复总投资1050万元。通过一年多不懈努力,基本实现以"畅"为主、以"安"为本、以"舒"为标、以"美"为求的路长制工作目标。保证全县交通路网大数据的精准、高效运行,为全县实施乡村振兴发展战略奠定良好基础。

【强化执法效能 补齐交通短板】 县交通运输局严格按照县委编办要求,整合执法资源,统筹行政处罚职能,按照"减少层次、整合队伍、提高效率"原则,严格界定职责分工,交通运输综合行政执法队完成改革并正常开展工作,规范执法行为,形成新的执法格局。全年共计出动执法人员528人次,执法车辆205辆次,检查出租汽车3589辆次,受理"12345""12328"政务热线举报投诉65件。路政执法管理,共投入执法人员935人次,巡查公路595条次,巡查里程25951公里,完成"一灯一带"设置36处,发现并查处路损案件14起,收取路产赔偿费98671.2元。海事督导工作,共检查水运企业14次,隐患整改率100%。平安运送旅客8.3394万人。源头治超,巡查源头企业累计1016户次,巡查人数累计2654人次,查办源头违规罚款金额累计11万元;办结责任倒查案件156起,因非法超限超载吊销道路运输证2个。站点治超,共出动稽查车602辆次,稽查人员5250人次,共检测车辆134881辆,查扣超限超载车辆69辆,卸货1860.09吨,移交交警罚款65200元。

【强化法治建设 维护社会稳定】 县交通运输局高度重视法治建设,通过共同努力,持续构建起横向到边、纵向到底、全面覆盖的综治工作责任体系,做到人防、物防、技防"三到位",有效化解矛盾重大风险。年内,办理人大议案28件、政协议案11件,受理县信访局转办群众信访9件,受理"12345"政府便民服务热线157条,"12328"交通运输服务监督平台转办投诉处理329条,市交通运输局转办投诉12件,群众来电来访17件,做到件件有落实,事事有回音。群体性上访事件得到遏制,"黄赌毒"全面禁止,对重点人群加大排查和管控力度,违规违法案件保持零状态,维护人民群众生命财产安全,促进经济社会持续健康发展,增进平安交通建设。

【强化政治引领 净化政治生态】 局党组以上率下,以习近平新时代中国特色社会主义思想为指引,深入贯彻落实中共十九大和十九届历次全会精神,坚持知行合一,学以致用,把坚决拥护"两个确立"、坚决做到"两个维护",体现在推进高质量转型发展的伟大实践中。2021年,共组织召开周一党组会和局务会40次,组织周五中心组(扩大)集中学习35次,组织开展党建工作专题会议18次、党史学习教育27次、党风廉政教育学习17次、民主生活会6次、市委14510部署会议3次,县委各个阶段推进会11次,做到党建工作常态化制度化。全局党员干部100%参加"学习强国"和"三晋先锋"的学习,总得分均排在全县前列。坚持每月组织一次主题党日活动,全年共讲党课4次,累计368人次参加。在县交通运输局大力推动下,对平定县非公有制经济组织和社会组织进行整合,在57家物流企业,19名党员中,组建成立2个独立党支部和10个联合党支部,覆盖全县50个物流企业,5家企业挂靠其他党支部,党组织覆盖率达100%。认真贯彻落实上级党委和纪委关于党风廉政建设责任制的规定,制定党风廉政建设和反腐败工作实施方案,9次召开党风廉政建设暨反腐败工作会议、强化不敢腐的震慑,扎牢不能腐的笼子,增强不想腐的自觉。始终坚持集体领导和分工负责相结合、重大事项、干部任免、项目安排、大额资金使用等重大事项均由党组领导班子集体决策。严格落实民主生活会和组织生活会制度,保持全局党组织风清气正的良好态势。

盂县交通运输局

2021年,是盂县交通接续奋斗、难中求成,交出一份高质量发展满意答卷的一年。

【交通重点工程攻坚有新突破】 2021年,围绕续建一批、开工一批、谋划一批的“三个一批”总体思路,全县交通重点工程固定资产投资完成16.31亿元,占年度计划100%。一是续建项目稳步推进。太行1号旅游公路盂县境内项目十段全长159.616公里,预算总投资15.13亿元。2021年在建工程8段132.334公里,完成投资6.25亿元,完成路基主体拉通110公里,完成赵家岔至温泉路口段路面13公里,完成县政府年度目标任务路基拉通100%;二是新建项目有序推进。239国道盂县境内夫城口至肖家汇段公路改线工程全长28.442公里,特长隧道长5.306公里,概算总投资153469.1713万元。2021年,完成投资41826万元。338国道盂县境内闫家庄至梁家寨段公路改线工程全长15.732公里,概算总投资212276.8823万元。2021年,控制性工程全面开工,完成投资48996.7751万元。

【交通民生工程推进有新进展】 一是“四好农村路”建设圆满完成。完成产业路、资源路、库区路、小区路、入村路等改造工程13条13.8公里,完成灾毁路段318处78.9公里,完成小修小补13公里,累计完成投资1060万元,占年度任务106%。此外,还完成盂县2021年危桥改造工程2座,完成投资108万元。二是农村公路日常养护覆盖到位。全年累计处理公路病害500余处,修复路基挡墙约350余处,2座危桥加固,清除塌方约13万立方米。加强桥隧管养,实行“一桥一档”和“一隧一档”,完成267座县乡道桥梁护栏升级评估,完成山西省第一次全国自然灾害综合风险公路承载体普查工作,基本保障公路安全畅通。三是灾毁公路抢通精准及时。2021年,面对五十年不遇的强降雨和严重的公路灾损,累计出动农村公路抢通保畅人员1.116万余个工日、机械设备3100台次,清理落石、塌方15.5万立方米,抢通交通阻断道路县公路盂上线临时便道1处,抢通修复水毁小桥1座,疏通淤塞涵洞25道,所有灾毁路段全部恢复通车。四是交通环境治理日趋向好。年内,一方面结合“平安公路”创建,农村“六乱”治理等工作,突出路域环境整治,加大美丽农村路创建工作,累计清理垃圾杂物2600吨,补栽行道树1200处,栽花种草1.5万平方米,增设标牌标识380块,修建减速带80条,划标线50公里,清扫路面1600公里。另一方面,对全县运输系统维修业、水洗车业等重点行业进行督导20余次,检查维修等业户70余户,排查出问题22个,均已整改完毕。并严格落实施工工地六个百分之百,对在建公路工程施工环境督查52次,所有在建项目施工现场做到防污降尘常态化。并牵头环保交警等部门联合检测重型柴油货车130次,检测重型柴油车4800辆。积极引导国Ⅲ柴油重型车辆退出运输市场,累计淘汰157辆。五是扼制公路超限超载成效明显。全年累计核查货运源头企业143次,核查超限超载驾驶员142名,查处非法超限超载车辆187辆,超限站检测车辆154.93余万辆,卸货6526.61吨。超限超载控制在0.002%以内。六是发展共享单车惠及居民。先后审批许可共享电单车企业4家,分别为青桔、美团、哈罗、松果,批准投放数量1600辆,已投放车辆1300辆,设74个骑乘点。共享电单车投放运行,更加方便县城居民绿色出行,便捷通行。同时,大大提升县城品味,增添县城街道绿色靓丽风景线。

【运输服务业提质有新举措】 2021年,着力抓好交通运输服务业提质增效和交通运输安全管理等工作,进一步提升交通运输综合服务能力和水平。一是交通运输服务业摸底准。对全县道路货物运输行业现状展开全方位摸底排查,从车辆总数、装载货物分类、各企业车辆数量、营业收入、2021年固定资产投资总额等方面入手,全面掌握企业经济运行指标实际情况。二是入库企业经济运行好。全年规上运输企业服务业营业收入总计达8180万元，特别是石煤和佳通两家企业仅10月份营业收入就达到1164万元。三是中小微运输企业经济发展稳。全县道路货物运输企业以货物运输为主要业务的运输企业5家，营业收入2970万元。以汽车销售和挂靠经营为主要业务，有少量的自有车辆，在承接运输任务之后，优先自有车辆经营的道路运输企业20户，营业收入达到10646万元。四是邮政快递“新业态”发展快。全年邮政快递总量累计达到225.86万件，业务收入4165万元，快递业务量和业务收入增加15%。五是交通运输行业安全责任重。坚决采取以“铁嘴”讲安全，“铁面孔”对安全，“铁手腕”抓安全，“铁心肠”考核安全的“四铁”措施，毫不放松抓实安全隐患排查处置，累计安全隐患排查53次，巡查公路630公里，处置安全隐患28处，确保公路安全通行。此外，聚焦重点时段强化管控，坚持月例会、季分析会，半年小结会，特别针对春运、春节、清明、“五一”、中高考、中秋、国庆等重点时段、重要节日等相隔时间短，假期时间长，群众出行和公众活动增多，人流、物流、车流集中的实际，加大交通运输、旅游和人员密集场所等行业领域安全监管力度，先后开展全覆盖隐患排查36次，排查企业191家，查出客、货、危、驾、维等企业和公路一般隐患55个，处置55个；开展安全教育培训6次，培训企业从业人员1460人，开展安全应急演练3次，约谈企业5次，确保人民群众安全便捷出行。六是疫情防控工作措施硬。全年累计投入人员3416人次，检测人员35.2万人，累计排查中高风险区入阳泉返阳泉人员5981人，其中，排查密切接触者1名，次密接触者8名，次次密接触者30人，铁路公安涉疫移送人员16名，会同相关部门隔离、推送、核酸采样，同时疏散直通阳泉大巴30人，排查出租车6辆，查处1名次密接触者，全部登记、上报、推送、核酸采样，结果都为阴性，有效有力保障人民群众生命安全和身体健康。

【党建党风廉政建设有新特色】 局党组坚持“围绕聚力抓党建，抓好党建促发展”的工作思路，以高质量党建凝聚强大合力，以党史学习教育为契机，以“我为群众办实事”为载体，全面推进党的思想、组织、作风和制度建设。一是学习常抓，发挥党组示范引领作用。通过党旗领航，每周一次集中学习日，深入学习习近平总书记最新系列讲话精神，最新理论成果及上级重要会议精神，先后召开局党组(扩大)学习会21次，“主题党日”活动12次，交流发言30余人次、邀请专家辅导2次、领导班子成员深入基层调研8次，撰写学习体会120篇，领导干部下基层党支部讲党课6次，在浓厚的学习氛围中，提升党员干部的理论素养。二是警钟长鸣，发挥党风廉政监督作用。局党组认真履行主体职责，全年以创建“清廉交通”为主题，持续推进作风建设，树牢工作纪律规矩意识和干部职工理论学习，修订汇编机关制度，根据机构改革后岗位变动，组织全体在职在编干部职工重新填写《廉政风险点排查及防控措施表》，有效运用“四种形态”突出抓早抓小，特别在重点公路工程招投标和重点项目专题研究中及时向县纪委监委报备，并邀请纪委监委派驻第四纪检监察组成员参加，全年组织召开党支部书记述职述廉报告会议1次，观看警示教育片2次，开展廉政警示集体谈话4次，个人提醒谈话10余人，通报批评6人，党纪政纪处理2人，接受县纪委监委、派驻纪检组各类明察暗访12次，政治巡察专项监督6次，发现问题2个，从严从实完成整改。三是结对常访，树牢交通为民惠民新理念。深入贯彻落实阳泉市委在全市开展“十万党员结对认亲、排忧解难温暖民心”行动的决策部署，全局79名党员下沉泥河村、上南庄、西兰村开展结对认亲活动，支助30家低保户走出困境，积极传递党和政府爱民之策。此外，还巩固脱贫成果衔接乡村振兴，持续抓实贫困村通路通客车工程，持续开展“预约式、订单式”消费扶贫活动2次，累计购买贫困户小米、土豆、小杂粮等农产品总价值8000元，切实帮助贫困群众增收。四是故事常讲，传递交通运输行业务实创新正能量。年内，在市级以上报刊和新闻媒体发布宣传交通运输工作的报道55篇，并按时完成交通运输年鉴编辑工作及工青妇、信访、人大、政协提案议案办理等方面的工作，保持市级文明单位称号。五是阵地常守，充分发挥基层党组织战斗堡垒作用。按照省市县委组织部门工作安排,积极打造非公快递物流企业党建阵地,组建成立盂县首个物流快递行业党委和2个党总支部,13个联合党支部,物流快递规模以上企业党组织覆盖率达到100%。

【党史学习教育开展有新亮点】 党史学习教育开展以来,按照高标准开局、高质量推进要求,认真开展形式多样、别具特色、富有成效的学习教育,切实把党史学习教育成效转化为服务群众、办实事、解难题的强大动力。先后到红色教育基地开展现场学习2场次;邀请党校讲师集中学习2次,集中学习和研讨交流。激发党员主动学,开展中国共产党成立100周年、光荣在党50年,党史知识考试和10分钟微党课等系列活动,营造全员学习氛围。再次投身"我为群众办实事"实践活动,累计开展服务企业、服务基层、服务社区、服务工地、服务群众等"五服务"办实事活动6次,开展义务植树、学雷锋办实事等公益活动10次,解决群众"急难愁盼"问题12件,赢得人民群众高度赞誉。

【交通运输体制改革有新成效】 按照县委、县政府深化事业单位改革要求,对原有事业单位进行编制摸底核查、职能职责确定和机制体制优化,组建"一队三中心",分别为交通运输综合行政执法队,公路服务中心、邮政业发展中心、综合运输服务中心。年内,改革后的四个事业单位班子成员全部配备到位,人员整合基本理顺,承担的工作任务有序开展,事业单位改革圆满完成,焕发出勃勃生机和活力,为推动全县交通运输局改革做出新的更大贡献。

(王九存)

吕梁市

吕梁市交通运输局

2021年,吕梁市交通运输局以习近平新时代中国特色社会主义思想为指导,深入贯彻落实习近平总书记视察重要讲话重要指示、中共十九届六中全会精神、省第十二次党代会精神,按照市委四届十次全会、市"两会"、吕梁市第五次党代会精神和全省交通运输工作会议安排,团结奋进,开拓进取,持续抓好疫情防控,加快重点项目建设,各项工作取得新的进展。

【疫情防控】 一是加强客运场站疫情防控。全市各汽车客运站严格执行《客运场站和交通运输工具新冠肺炎疫情分区分级防控指南(第四版)》规定的疫情防控措施,严格落实早发现、早报告、早隔离、早治疗的"四早"防疫措施,多次对汽车客运站、道路客运经营企业落实场站、车辆卫生清洁、通风、消毒、旅客体温检测登记等防疫措施进行督导检查。同时根据疫情防控形势,在1月、8月两次停发前往中高风险区的班线客运和旅游包车客运。二是加大从业人员疫苗接种力度。从业人员接种新冠疫苗,扩大疫苗接种人群覆盖面,提高疫苗接种。全局干部职工共266人,已接种257人,覆盖率达96.3%;全市交通运输系统共1529名工作人员,已接种1433人,覆盖率达93.7%。三是强化冷链运输疫情防控工作。坚决杜绝未采取消毒措施或采取消毒措施不到位的冷链运输车辆驶出冷链运输企业、货物集散地,同时积极配合卫生健康、市场监管等部门,加强冷链货物运输车辆及冷链物流从业人员的核酸检测工作,落实信息登记制度,加强从业人员防护,坚决防止病毒通过冷链运输渠道传播。

【公路建设】 一是高速公路、重点项目建设。省、市领导高度重视交通重点工程建设,市长张广勇多次深入交通重点工程建设一线调研,分管领导、副市长杨巨才每周听取重点工程进展汇报，解决存在困难和问题。省交通运输厅副厅长李贵顺3次到吕梁督导调研全市重点公路工程建设情况，有力推动重点工程建设进度。静兴高速12月16日已全线建成。完成投资20.33亿元。开工累计完成投资100.9亿元，完成总投资91.9%。祁离高速计划完成投资2亿元，年度完成投资2.1亿元，完成年度投资计划100%。开工累计完成投资30亿元。离隰高速由省交通运输厅负责建设，计划完成投资32亿元，年度已完成投资34.91亿元，完成年度投资计划109%。开工累计完成投资56.67亿元，完成总投资54%。汾石高速由山西交控集团负责建设，2021年6月25日开工建设，计划完成投资20亿元，年度已完成投资20.11亿元，完成年度投资计划100%。209国道线吕梁新城区改线计划完成投资20亿元，年度完成投资27.14亿元，完成年度投资计划135.7%。黄河一号旅游公路计划开工140公里，完成投资9亿元。开工142公里，完成建设里程67公里，完成投资6.86亿元。市县两级认真贯彻习近平总书记关于"四好农村路"建设的重要指示和关于脱贫攻坚的重要论述，市政府将"四好农村路"建设纳入年度考核内容。8月25日，全市"四好农村路"建设暨治超工作推进会召开，市长张广勇对全市"四好农村路"建设作了详细安排部署。2021年，全市"四好农村路"建设任务332公里，投资任务9.2亿元。全市全年共完成"四好农村路"建设里程544公里，完成目标任务164%。

【农村公路养护】 深入贯彻落实《农村公路养护管理办法》，进一步完善农村公路管理养护体制机制，全面推行农村公路"路长制"工作，建立县、乡、村三级"路长制"，加大农村公路日常养护投入，保证农村公路安全畅通。全市农村公路日常养护全年投入2589万元。兴县、临县、交口县出台《关于深化农村公路管理养护体制改革的实施方案》，全市共设路长3697名，其中：县级路长176名，乡级路长518名，村级路长3003名；共设路长公示牌583个，其中：县道87个，乡道137个，村道359个。国庆节期间，全市遭遇连续强降雨过程，造成全市农村公路路基损毁715公里，桥梁损毁15座，造成直接经济损失约7.2亿元。灾情发生以来，省交通运输厅迅速组织技术人员赶赴一线进行排查抢险，累计投入抢险人员7000余人次、各类机械设备6800余台次，抢通受损农村公路130处，占全部受损农村公路的100%。截至年底，全市的煤炭企业、大型工矿企业等运输通道全部恢复畅通。

【运输管理】 5月10日—6月10日，全市组织开展以"学党史、当先锋、护公路、优服务"的主题的"路政宣传月"活动。全市深入开展道路限高限宽设施和检查卡点专项整治行动，共排查限高架39处，限宽墩6处，其中：依法予以拆除限高架3处、限宽墩6处，依法予以保留的37处限高架通过设置公示牌，配套交通标志、标线进行整治。加强治超管理，全市共查处非法超限超载车辆809辆，罚款62.9万元；取缔非法货运源头21个，公示货运源头企业1335户，处罚源头企业金额37万元，超限超载率始终控制在0.2%以内。与此同时，积极推广绿色公共交通。印发《关于切实做好2021年度城市客运领域车辆更新工作的通知》，明确要求，全市新增和更新的城市公交车、出租车(含网络预约出租汽车，下同)优先使用电动汽车(纯电动汽车、插电式混合动力汽车、燃料电池汽车)且电动汽车比例不得低于80%。全市共新增城市公交车60辆，全部为纯电动汽车；新增、更新巡游出租车和网络预约出租汽车580辆，其中纯电动车567辆。

【安全管理】 认真贯彻落实习近平总书记关于安全生产的重要论述，严守不发生重特大事故底线，加强安全生产风险管控和隐患治理，全市交通运输安全生产形势稳定向好。局党组4次专题研究安全生产工作，集中观看《生命重于泰山——学习习近平总书记关于安全生产重要论述》专题片2次，召开全市安全生产扩大会议4次，安全生产例会9次，发出安全工作督办函18份，工作提醒3份。根据局机关人事变动及机构改革，及时对安全生产委员会及其人员组成和职责进行调整，印发《2021年安全生产工作要点》，制定在全市范围开展危险货物运输、水上运输、城市客运和公路建设领域专项督查，对道路运输和城市客运等重点领域共组织3次综合督查，2次专项督查，抽查企业107家，市、县两级共排查隐患1299条，督促整改隐患1217条，行政罚款9.88万元，停产整顿3家企业，暂扣吊销证照1家企业。全市交通领域未发生重大以上责任事故。

【法治建设】 一是加强普法宣传教育。认真落实"谁执法、谁普法"责任制，制定《2021年度法治宣传计划和"谁执法谁普法"普法责任制清单》，强化法治宣传教育工作。举办法治讲座3次。利用"6·14"信用记录关爱日、"12·4"国家宪法日广泛开展信用和法治宣传，扎实开展"信用交通宣传月"活动，大力营造全民讲信用、守信用，崇法守法的良好法治氛围。二是积极开展事中事后监管。按照国、省、市关于开展"互联网+监管"系统监管事项相关要求，录入监管事项139项，监管覆盖率达20%。健全完善"双随机、一公开"监管机制，制定联合抽查计划，加强行业事中事后监管工作，对录入"双随机、一公开"监管平台的83家危险货物运输企业、33家机动车驾驶员培训企业、6家市区出租汽车企业和2家公交企业，分别按照10%、15%、50%和50%的比例进行"双随机、一公开"抽查，并在市场监管局"双随机、一公开"监管平台进行公示，抽查公示率为100%。三是推进行政执法规范化建设。推进交通运输综合行政执法"四基四化"建设，编制完成并上报行政执法三项制度"五清单、一指南、一流程图"。认真落实《山西省交通运输厅交通运输行政执法用语指引(试行)和行政执法文书式样(试行)》，严格要求执法人员持证上岗、亮证执法、规范执法，有效提高基层行政执法水平。四是开展交通运输执法领域突出问题专项整治行动。根据全国、全省交通运输执法领域突出问题专项整治行动动员部署会议精神，制定《吕梁市交通运输执法领域突出问题专项整治行动实施方案》，成立交通运输执法领域突出问题专项整治领导组，全面推进专项整治行动。通过自我对照找问题、调研反馈找问题、企业代表意见建议等渠道。从宗旨不牢、作风不优、本领不强、担当不力、执法不廉、管理粗放6个方面梳理出问题49个，建立问题清单、责任清单及整改清单。截至年底，全部整改完成。走访座谈企业434个，走访从业人员435人，案卷评查266卷，开展执法培训1323人次，建立"我为群众办实事"清单44项。

【扫黑除恶和行业治理】 认真贯彻落实中央和省市扫黑除恶专项斗争精神，加强宣传工作，在全市城市公交车、出租车以及车站等重要场所LED显示屏不间断滚动播出扫黑除恶专项斗争宣传标语；在农村公路沿线、车站、码头渡口、公路施工工地等交通领域重要场所书写、悬挂标语横幅300余条，营造浓厚舆论氛围。积极开展重点场所客运市场乱象整治。为创建吕梁市区窗口形象，提升文明程度，确保旅客道路运输安全、火车站运营秩序良好，根据市政府安排，对火车站、世纪广场等公共场所运营秩序混乱现象进行集中整治。共出动执法人员570余人次、执法车辆280余车次，共办理行政处罚案件189件，罚款88万余元，处理省交通厅转办案件7件，市政府"12345"热线、"12328"交通热线投诉举报279件，市区客运市场秩序明显好转。

【党建和党风廉政建设】 一是提高政治站位。局党组切实加强意识形态领域责任制落实，坚守意识领域阵地，教育广大党员领导干部牢固树立"四个意识"、坚定"四个自信"、坚决做到"两个维护"。严守党的政治纪律和政治规矩。认真贯彻中央和省委、市委决策部署，坚决同以习近平总书记为核心的党中央保持高度一致。二是扎实开展党史学习教育。成立领导组，印发《实施方案》，修订完善《党组理论学习中心组学习制度》，印发《2021年党组中心组学习计划》，制定学习和研讨清单。局党组中心组共组织集体学习19次，专题研讨8次，邀请市委讲师团团长吴新元为全体党员干部讲党课1次，专题讲座2次，全体党员干部前往兴县"四八"烈士纪念馆、晋绥边区革命纪念馆、吕梁市党建主题公园、山西省党建示范教育基地——泰化文化园4处红色教育基地，通过现场参观学习、重温入党誓词等活动，广大党员干部进一步坚定理想信念。按照"切口小、发力准、效果好"标准，从群众关切关注的"急难愁盼"民生实事入手，结合工作实际，制定6件"我为群众办实事"清单，明确责任科室和责任人、明确每一项实事完成时间节点，积极开展实践活动。三是加强廉政建设。为全面落实从严治党的要求，党组书记与领导班子成员，领导班子成员与分管科室负责人都签订2021年党风廉政建设责任清单，进一步提高全局党员干部廉洁自律和履职尽责意识。深化“党风廉政教育年”活动。局党组全面履行管党治党主体责任，认真贯彻落实市纪委监委“三个年”活动要求，持续在全市交通运输系统组织开展“党风廉政教育年”活动，不断推动全面从严治党向纵深发展。

【行业文明建设】 一是积极开展文明城市创建工作。印发《交通运输领域创建文明城市工作实施方案》，成立包路段综合整治领导组，对晋绥路岐则沟村口至安国寺的街道进行综合整治。整治工作开展以来，共投入20余人对全路段情况进行摸排，列出问题清单，建立整改台账。50余次协调12个部门对存在的问题进行整改，组织87人的志愿者服务队伍，深入沿街门店进行宣传、倡议，营造良好的共建文明城市氛围。共出动车辆97辆次，开展督导工作448人次，解决问题59个，文明城市创建取得积极成效。二是开展好防范电信网络诈骗宣传活动。利用行业特点，通过多形式、多层面、立体化、全方位在全系统开展防范电信网络诈骗宣传活动，取得较好效果。在局机关大楼、公交车站、汽车站、机场候机楼等公共场所张贴宣传海报58张，在市区内366辆公交车、453辆出租车尾LED显示屏上打出宣传标语，进行滚动播放宣传，切实做到宣传无死角，提高广大人民群众识骗防骗能力。三是积极开展“三零”单位创建。充分发挥交通运输行业的职能作用，动员全系统力量，紧盯“零上访”“零案件”“零事故”，重点围绕安全生产、道路交通、危货运输三个关键领域，最大限度地预防和化解各类社会矛盾，筑牢社会稳定“第一道防线”。以“三零”创建活动为切入点，创建完善基础台账，建立和完善应急处理机制和信息快速反馈制度，不断提升单位依法治理、源头治理、综合治理和系统治理能力，为推进交通运输系统高质量发展创造稳定的交通运输环境。

离石区交通运输局

2021年，离石区交通运输局深入贯彻落实习近平总书记新发展理念关于乡村振兴工作重要论述精神，按照全市“四好农村路”和黄河一号旅游公路建设的目标要求，围绕全区实施乡村振兴战略和巩固脱贫攻坚成果总体安排部署，强化责任担当，狠抓工作落实，较好地完成交通建设各项目标任务。

【“四好农村路”和黄河一号旅游公路建设】 一是完成“四好农村路”建设107.64公里，其中自然村通硬化路75.936公里，乡镇通三级及以上公路改造22公里，资源路产业路7.7,公里；二是完成平交路口“一灯一带”项目35个，完成投资64万元；三是黄河一号旅游公路项目2个。吴城镇上三交区域研学旅游道路，全长17.797公里，概算投资4844万元；御林山道路全长22.535公里，概算投资9932万元；目前两个项目已全部开工建设，共计完成投资6400万元。

【重点项目建设】 一是凤山区域循环道路项目。离石2020年开工建设，各路段正在紧张建设当中，累计完成投资9000余万元。二是大土河现代煤化工产业园区道路项目。2021年3月开工建设，已完成70%路基工程。完成投资5000余万元。三是经过多方努力，坪头高速互通于9月1日正式通车运营。为保障沿线企业运输通行，根据市区领导安排，区交通运输局组织完成滴瓦线、西属巴至滴瓦线公路路面铺装，完成投资1200余万元，保证道路正常通行。

【深化农村公路管理养护体制改革】 2021年，按照省、市关于深化农村公路管理养护体制改革有关精神，区政府提出“巩固建设基础、优化管理机制、创新养护模式、提高运营质效”总目标，研究印发《离石区深化农村公路管理养护体制改革实施方案》，坚持试点先行、榜样示范、以点带面、稳步推进的原则，强化组织领导，压实工作责任、强化工作措施，全面打造“畅、安、绿、美、实”的农村道路通行环境。一是建立健全农村公路管理养护责任制，全面落实区、乡、村三级路长制，初步构建政府主管、交通部门主导、乡村两级主抓、多部门联动的农村公路养护管理体制。二是按照农村公路日常养护投入标准和比例，区级60%的日常养护投资已到位，全年共计下拨乡（镇）、街道日常养护资金745万元，保障乡村道路管护工作有序开展。三是全面建立区有路政员、乡有监管员、村有护路员的路产路权保护队伍，形成“精干高效、专兼结合、以专为主”的常态化养护模式。四是提出按路线成立道路日常养护公司，在每条道路或者多条道路合并设置乡道固定养护管理站，在各行政村村委会办公场所设置村道固定养护管理站，配备必要的道路养护机具，确保小型隐患及时处理。五是对养护大中修工程提前谋划，利用年后工程建设因气温原因不能正常施工的空闲阶段，对全区公路进行全面排查，对道路存在病害逐项提出养护措施方案，打包立项、统一设计、公开招标，择优选择实力雄厚、技术先进企业实施养护工程，有效规范建设程序，降低道路养护成本，从而实现“有路必有养、养护必有效”，高标准实施道路养护工程。与此同时，加大农村公路养护力度，及时实施道路水毁抢修治理工程，全年共完成道路水毁抢修21处，完成投资730万元。区交通运输局按照旅游公路示范创建标准，在信义至交城界旅游公路，全面完善“景观、服务、慢行、信息”系统，融合周边旅游景点、沿线农家乐等休闲娱乐设施，打造“快进慢游”旅游交通运输体系。

【城乡“一元公交”顺利开通】 11月17日，离石区城乡“一元公交”顺利开通。通过整合公交资源，在四个乡镇规划设置8条城乡线路，6条镇村线路，共投入21台公交车，所有公交车全部实行一元票价，为城乡居民出行提供极大便利，大幅降低出行成本。同时，60~65岁享受半价，仅需5角钱，65岁以上居民则可以办理老年卡，免费乘车，享受和市区公交同样的惠民政策。特别给农民群众进城、中小学生上学、工人上下班带来很大方便，进一步激活人流、物流、信息流，拉动市域内批发零售、住宿餐饮、物流运输、文化旅游、“三农”领域等行业快速发展。对城市品位提升、城市文明程度提高、城市功能的充分发挥和全经济社会发展起到积极促进作用。对加快城乡一体化步伐、助力乡村振兴起到积极推动作用，为促进社会经济持续发展注入新活力。城乡“一元公交”开通以来，城乡居民出行量剧增，日均总运营里程2800余公里，86趟次，载客量日均达850人次以上。

文水县交通运输局

2021年，在县委、县政府和市交通运输局正确领导和有力支持下，文水县交通运输局以习近平新时代中国特色社会主义思想为指导，学党史、悟思想、开新局、办实事、强党建、促发展，全面贯彻落实省市县交通运输工作会议精神，坚持稳中求进工作总基调，坚持新发展理念，勇于担当作为，圆满完成各项目标任务。

【治超工作】 按照县政府安排，抽调19名专职执法人员长期派驻县治超办，实行“路警联合”工作机制，由县治超办统一管理，开展全县路面治理超限超载工作。2021年，全县共有政府公示源头企业8户，执法人员对政府公示的源头企业巡查时间每月不少于16个工作日，全年共出动执法车辆200余车次，出动执法人员1300余人次。加大巡查力度，采取不定时方式进行突击检查，尤其加大夜晚巡查力度，坚决打击超限超载行为。共处罚源头企业7户，其中公示企业3户，累计处罚金额8.05万元。处罚非公示企业4户，累计处罚金额6.9万元。全年共计处罚金额14.95万元。

【水毁地质灾害修复】 10月3日以来，由于强降雨给文水县乡公路造成不同程度损坏，特别是苍儿会旅游路、龙苏线、沿宜线等路段有大面积塌方、落石，严重影响道路通行，县交通运输局采取积极措施，对全县县乡公路细致排查，对危险路段首先设立禁行标志，封山堵路，随后组织人力、物力、机械对公路进行疏通。截至年底，特别严重水毁路段苍儿会旅游路、龙苏线、沿宜线共出动机械200余台次，人工300余人次，清理塌方约14000立方米，完全恢复畅通。八座桥梁共投入机械17台次、人工94人次、动用土方801立方米、水泥5.6吨、沙22.36吨、水稳砼78吨、沥青0.1吨，全部修复完工。

【市场监管不断强化】 一是持续开展道路运输市场秩序整治活动，结合党史学习教育，落实为民服务办实事实践活动，针对重点、热点线路组织检查，严厉打击各种非法运输车辆及营运车辆超载等违法行为，确保平安，有效地规范运输市场秩序，净化道路运输市场环境。二是开展客运市场专项整治行动，重点打击客运行业非法营运、非法载客的电动三、四轮车，对不按核定线路经营、擅自延伸线路，出租车乱收费、宰客、服务质量低劣等行为进行严厉查处，受理和回复“12328”“12345”及其他类型的信访投诉240件。三是多次与相关职能部门联合执法，与公安交警等相关单位共同参与两客一危运输车辆专项稽查行动，联合交警部门开展“打非治违”专项稽查等活动。一年来，共出动执法车辆750台次，执法人员3200人次，打击非法客运39宗，处罚30.5万元,纠正客货运输车辆、出租车等违规违章行为126车次，处罚19.5万元。

【规范道路运输】 深入推进城市公交优先发展战略。城市出租行业出现稳定发展的良好势头；发展旅游客运，加强多元化客运服务，逐步推进道路客运转型升级，通过合理配置客运资源，班线客运、农村客运、城市公交、出租汽车、旅游客运、网约车服务融合发展，满足群众个性化出行需求的定制客运服务，主动做好与铁路等运输方式的有效衔接，努力实现旅客零距离换乘；切实加快传统运输发展方式转变，引导传统运输企业向规模化发展、集约化管理、公司化经营方式转变，引导运输企业使用新能源车辆；正确引导物流企业正规化经营，创新物流组织方式；加快推进重型货车联网联控；认真做好汽车维修行业发展工作，严格落实机动车维修管理规定，规范全县机动车辆维修市场秩序，提高维修质量和服务水平；全面开展客、货运、汽车维修行业质量信誉考核工作；规范驾培行业监管，督促驾校培训行为日趋规范，文明服务程度日益提升；引导和规范汽车租赁行业监管，鼓励企业逐步实施网络化经营，规模化、品牌化发展，满足社会商旅、休闲等品质化、个性化出行需求。

【安全生产常抓不懈】 一是加强组织领导。2021年来，局党组以安全生产专项整治三年行动和“零事故”创建工作为依托，下发《2021年安全生产工作的通知》，对全年安全生产工作进行安排部署，出台《2021年安全生产监管工作职责及任务分解的通知》，明确安全生产工作职责。开展安全生产大排查大起底大整治活动和安全生产宣传“五进”活动，“安全生产月”活动。道路运输安全方面出台《关于做好2020年全县道路运输春运工作的通知》《关于开展道路运输安全生产专项检查的通知》及其他安全工作方案共21份，有力指导全县交通运输领域安全生产工作。二是强化安全宣传，提高安全意识。在春运、安全宣传“五进”活动期间，组织执法人员先后在汽车站、市政广场及县城学校周边等客流集散地开展安全宣传，发放宣传资料3000份，张贴宣传条幅7条。针对县城非法营运电动车辆反弹情况，开展专项整治宣传活动，发放宣传资料300份，对县城非法营运电动车辆进行人性化管理，及时劝返电动车辆30余辆次。组织开展安全培训，做好安全承诺。三是抓好安全生产监管。依托“大排查、大整治、大检查、大警示”专项活动，紧抓“两客一危一货”重要领域，出台《专项整治方案》，组织11个检查组，由分管领导和部门负责人带队，主要针对123个监管企业开展大检查和大整治，认真落实监管责任。在“四大”活动中，共检查出安全隐患453个，已全部整改，无重大安全隐患。召集执法人员和企业负责人开展警示教育2次，观看《生命重于泰山》电视专题片2次。安全生产应急救援方面，制定和完善5项应急救援预案。同时，配备应急客车10辆、货车10辆，构建全方位应急救援体系，提高安全应急保障能力。6月30日，组织全县“两客一危”企业负责人及员工代表在文水县星耀物流公司装车企业开展“2021年文水县交通运输行业安全生产应急救援实战演练”，全面提升从业人员应急处置能力，有效应对突发事件，将事故损失控制在最小范围。推进标准化建设，全县22户危货运输企业达到三级标准化要求。

交城县交通运输局

2021年，在市交通运输局、县委、县政府坚强领导下，交城县交通运输局以习近平新时代中国特色社会主义思想为指导，深入贯彻中共十九大、十九届五中、六中全会精神，加快推进交通基础设施建设，着力提高交通运输行业治理水平，全面推动交通运输高质量跨越式发展。

【党建、党风廉政建设】 一是全面落实党建工作主体责任。深入学习贯彻习近平总书记视察山西重要讲话重要指示精神、中共十九届五中、六中全会精神，严格落实“三会一课”、组织生活会、谈心谈话、民主评议党员、中心组学习等制度，强化党内政治生活制度的约束力和执行力。用好“学习强国”学习平台和主题党日活动，全年共召开11次主题党日活动，3次党员警示教育活动。二是切实加强自身建设。坚持定期组织干部进行集中学习，结合党史学习教育活动，领导班子带头讲党课，并责成专人进行学习辅导，始终把学习放在突出位置，抓在手上。三是倡导廉洁自律，加强纪律作风建设。严守政治纪律和政治规矩，不断提高政治站位，不折不扣把中央、省、市、县决策部署落到实处。

【推进乡村振兴】 按照市、县关于扶贫攻坚成果有效衔接乡村振兴工作安排，2021年乡村振兴工程项目涉及水峪贯镇、洪相镇、天宁镇、西营镇4个乡镇9个项目，总投资2437.4818万元。以上项目均由乡镇为主体实施，县交通运输局负责技术指导。截至年底，除天宁镇3个项目已开工外，其余3个乡镇完成政府采购。

【公路建设重点工程】 2021年，西安交通运输局完成潘岔线大塔至冯家沟口路面改造工程、交城县米家庄至离石区五里铺(县界)旅游公路工程一、二标铺油工作；横下线旅游公路路面改造二期工程、闫交线段村至郑村段、段马线提质工程、范家庄、裴家山、横头村进出村道路进山路落石区排险提升工程先后开工建设。推进米家庄至离石区五里铺(县界)旅游公路工程三标、滨河西路交城连接线开工前期工作。通过不断完善乡村农村公路，形成横通东西、纵贯南北、对接城区和对外通道的县域农村公路交通网络。

【农村公路养管】 县交通运输局对全县10条县道152.438公里和22条乡道312.876公里、184条村道320.028公里进行大排查，重点对闫交线、义南线、交东线、交石线、交岭路、潘岔线、夏广线、柏西线、玄中线及部分村道进行全线养护，通过政府采购招标确认施工方，由专业施工队对县乡村道路补坑槽、清理排水沟、标志标牌、新建防撞墙、水泥硬化路面、粉刷防撞墙、安装波形护栏等项目进行养护。2021年，共填补坑槽1.5万平方米，水泥稳定层5000平方米。对损坏的标志牌进行重新安装共计50余个，制作公告、通告标志牌2个。结合人居环境整治工作，出动保洁人员12000余人次，水车420次，清扫车420次，新建防撞墙共计520米、安装波形护栏500米、清理排水沟4000米、清理积水5次、粉刷防撞墙约5000平方米、标线约1万平方米、水泥硬化路面12立方米，对县乡道路存在的“脏乱差”现象进行彻底整治，公路标志齐全完善，标线和安全防护工程牢固稳定，消除安全隐患，提高公路通行能力。特别是2021年雨季冲毁桥梁6座，道路冲断3处，修建便道便桥3处、砂砾回填路肩3500立方米，确保雨季交通运输畅通、全县农村公路安全度汛。

【综合行政执法体制改革】 按照市局、县编办三定方案要求，县交通运输按时完成全县交通运输综合行政执法改革工作，相关公路部门国省干线执法职责划转工作已完成。根据党政机构改革和相对集中行政许可权改革后部门职责划转及调整实际情况，对行政职权进行全面梳理调整，重新制定“行政许可、行政确认、其他权力”3类事项的行政职权运行流程图、廉政风险防控图。为切实加强对全交通运输业监管，推进道路运输安全治理能力现代化，坚持防范遏制道路运输领域重特大事故，积极开展相关工作。一是开展隐患“大排查、大整治、大检查、大警示”活动。组建6个检查组，出动150人，检查企业102家，发现一般隐患151条，其中立即整改115条，限期整改35条，重大隐患1条，查扣车辆4

辆，其中超限车2辆，抛撒车2辆，约谈企业21家。截至年底，所有隐患都已整改完成。二是开展农用三轮车违法载人专项整治。源头治理公路建设、养护人员搭乘农用车上下工或在施工区域内部通行的行为，同时开展农村公路平交路口、路侧险要路段等安全隐患排查工作。共出动人员24人次，排查全县农村公路平交路口116个，发现安全隐患50条，整改50条。配合交警部门，组织执法人员在全县范围内展开打击“黑车”专项行动，共出动执法车辆10余次，执法人员配合交警部门联合整治无牌无证电动三轮四轮车辆，在执法中没收非法营运出租标识20余个。三是重点节假日期间开展“两客一危”运输企业专项检查行动。督促企业落实主体责任，共发现隐患问题200余条，对涉及企业下达限期整改通知，并制定“回头看”计划。四是集中整治交通违法行为。整治交通“三乱”，维护和改善交通秩序。针对群众举报的山区道路运输存在的薄弱环节，整合交通运输综合行政执法人员，24小时对山区道路运输进行蹲点摸排，重点查处无证营运、非法营运、超载运输车辆以及夜间违规运营等严重违法违规行为；重点摸排车辆安全状况，车辆资质的经营范围与车辆是否相符等其他情况，从业人员是否有所属驾驶人驾驶资格、从业资格等情况。通过有效打击手段，进一步净化全县交通道路运输秩序。共组织整治行业乱象专项行动5次，办理案件126件，累计处罚501785元，处理车辆133辆，其中涉超限车辆80辆。

【疫情防控工作】 根据县委、县政府、县疫情防控领导组和上级交通运输部门统一部署，加强对疫情防控工作领导，明确各部门疫情防控责任，积极召开会议研究，及时部署有关工作。通过在局机关、客运站场等悬挂宣传标语，电子屏滚动播放。同时，组织精干力量，对交通小区、包联的运输公司宿舍、运输二公司宿舍共5个住宅区，进行地毯式信息摸排，排查146户。向住户发放疫情防控倡议书和至武汉返交人员的一封信等宣传资料，让群众充分了解相关政策信息及预防相关知识。

【安全和信访工作】 牢固树立红线意识和底线思维，按照安全生产“一岗双责”要求，严格落实监管责任，做到知责履责、尽职尽责。通过狠抓安全生产大检查和“安全生产月”活动，确保安全生产监管不留死角、不留盲区，将安全隐患排查落实到位，从而保证交通运输事业快速发展。全年全系统未发生一起安全事故。将信访工作列入重要议事日程，严格按照《信访条例》要求，从解决问题上下功夫，确保件件有着落，事事有回音，全年共交办“12345”工单408条，参阅50条。

兴县交通运输局

2021年来，在县委、县政府和上级交通主管部门正确领导和大力支持下，兴县交通运输局认真学习贯彻落实中共十九大和十九届六中全会精神，坚持以习近平新时代中国特色社会主义思想为统领，围绕年初既定的目标任务，统筹“建管养运”协调发展，各项工作进展顺利，取得显著成绩。

【重点建设项目进展】 曹罗线（枣林坡至罗峪口段）公路改造工程。全长23.264公里，总投资10246.4228万元。前期手续已完成，具备招投标条件；大善至曹家坡公路工程，路线全长10.321公里。项目总投资22901.4042万元。前期手续已办理完成，施工、监理单位经公开招投标已确定。兴县蔡家崖北坡村互通立交工程，主线全长1.583公里，匝道全长3.223公里。项目总投资23000.6482万元。前期手续已办理完成，施工、监理单位经公开招投标已确定，征地拆迁工作已基本完成。

交口至西会线（交口至冯家沟段）旅游公路改造工程，全长约10.604公里，总投资约6177.71万元。前期手续已办理完成，2021年11月16日完成施工、监理招投标工作。

交口至西会线（兴县界至寨上段）红色旅游公路改造工程项目全长约3.555公里，总投资1884.39万元。路基工程完成100%，路面工程完成95%。交口至西会线（寨上至庄上段）红色旅游公路改造工程项目全长约6.025公里，总投资2484.13万元。2021年9月23日完成施工、监理招投标，路基工程完成60%，涵洞工程完成85%。兴县2021年自然村通硬化路共8个项目22.959公里。总投资约2325.404万元。项目分别为刘家峁—窑头3公里；10月底开工建设，路基工程基本完成，2022年春季完成路面硬化工作。北山过境公路连接线（程家沟至北山公路）建设项目，路线全长0.86公里，估算总投资3696.17万元，资金来源为社会资本方投资，目前项目正在设计公开招投标阶段。黄河一号旅游公路（兴县段）建设，路线全长84.85公里，2019年3月开工建设，2020年10月主体全部完工，具备通车条件，2021年12月底完成交工验收工作。2021年被交通运输部授予"我家门口那条路——最具人气的路"。城乡公交客运西站建设，总用地面积为20243.66平方米，总建筑面积5200平方米。2019年11月开工建设，2021年6月竣工验收，10月投入运营，经市交通局验收核定为二级客运西站。兴县北山过境公路工程进展，路线总长15.338公里。工程预算5.82亿元，2019年9月正式开工建设，2021年12月底全线贯通，正在完善附属实施。

【公路养护管理】 坚持以日常养护为主，大力推进精细化养护管理工作，县乡公路养护水平稳步提高。截至年底，共排查安全隐患105条，清理塌方16500立方米，修补水毁边坡路肩37处，替换破损标志牌35块，为了落实经常化、精细化日常养护工作，把路面保洁、路肩培护、杂草修建和标志标识维护等纳入养护工作重点考核，使全县县乡道路路容路貌大为改观。

【公路行政管理】 一是结合"安全宣传月"活动，广泛开展法律法规宣传。以公路法、公路安全保护条例为主题，通过设立法律、法规宣传点，散发宣传单等多种形式，向群众进行法律法规宣传，提高群众爱路护路意识。加强对路政执法人员思想品德教育，坚决杜绝公路"三乱"现象的发生。二是以《山西省公路条例》《中华人民共和国公路法》《中华人民共和国公路安全保护条例》为重点，结合典型案例和公路建设养护、管理成果展示宣传内容，通过在黄河一号旅游公路、交口至西会线、曹罗线及城区人员密集场所，发放传单、悬挂条幅等方式切实开展宣传活动，共发放各类"公路法律法规"传单2000余份，进一步强化人民群众和司机朋友爱路、护路意识，营造良好社会舆论氛围。三是集中执法，维护路产路权。重点针对国、省、县、乡道路进行巡查，狠抓各类路政案件查处，治理公路路域环境，坚持日常巡查，发现、制止各类违法侵权案件。共计出动执法车辆317余台次，上路执法巡查1107余人次，发现危害路产、路权行为75起，处罚36起，检查企业31次，收缴公路补偿款、行政处罚款160429.8元；口头教育39起；清理占道经营12起，清理路面堆积物30余平方米。10月开始部署打击非法营运车辆（黑出租），暂扣非法营运车9辆；查处危货品企业异地运营1起。

【道路运输管理】 一是加大客运、货运市场管理。年初针对节假日旅客运输和货运工作制定安全生产考核制度，实行"一岗双责"，与各客运站、客运企业、货运企业等部门层层签订安全生产责任书和安全生产承诺书，落实安全职责。共投入客车107辆，日发班次110余班，安全运送旅客30853人次，无一旅客滞留现象，无一例安全责任事故发生。二是严厉打击"黑车"非法运营。与公安、交警、城管部门联合执法，集中整治县城主要路口停放的异地经营和非法营运车辆。共查扣非法营运车辆15余辆，有力打击非法营运势头。三是全面加强货运监督管理。累计出动检查车辆140车次，排查一般隐患78处，已全部整改。四是持续推进源头治理超限超载工作。在日常工作中，实行责任到人，分片管理，四班巡查的方针，对政府公示的44家源头企业进行重点巡查，每家企业每月不少于2次的巡查力度。抄告关联部门25份，处罚2.4万元。按规定审核车辆723辆，组织货运、客运驾驶员参加培训18学时；维修公交候车厅5个，招呼牌12个。

【加强安全生产】 始终把安全生产工作放在首位，坚持"安全第一，预防为主，综合治理"的方针，按照抓安全、保稳定、促发展的工作思路，搞好安全生产工作。一是成立由局长任组长，副局长任副组长，各职能股室负责人任成员的领导组。二是建立和完善各项安全管理制度，明确安全生产责任主体和监管职责。三是深入开展安全生产法律法规宣传活动，发放宣传资料1000余份。认真开展安全生产大检查6次，做到防患于未然，将事故消除在萌芽之中。四是结合“五个专项行动”继续开展安全生产隐患排查治理工作。由安全站牵头，各职能股室配合，成立检查督导组，对公路养护、施工现场、运输企业展开全面检查督查，督促有关单位及时落实隐患整改措施。共排查各类安全隐患185条，隐患整改率100%。

【党建工作扎实开展】 局党总支高度重视党建工作，坚持县委统一领导，党政齐抓共管，总支组织协调，部门各负其责工作机制。按照县委关于开展党史学习教育工作安排部署，县交通运输局高度重视、迅速反应，紧密结合实际，深入开展好党史学习教育。3月15日，召开动员大会，对全局开展党史学习教育安排部署。3月25日开展第二次党史学习教育，4月19日党支部书记讲党课，5月20日开展第四次学习教育，7月1日开展庆祝中国共产党成立100周年系列活动，7月30日严格按照程序组织召开专题组织生活会，11月23日召开全体干部职工大会。每月严格按照上级党委安排部署，按时按点开展党史学习教育、主题党日、党员政治生日，严格落实“三会一课”等。全力推广“智慧党建”“三晋先锋”学习平台，利用“支部党员学习交流”微信群，按时、按期提醒、督促党员干部坚持每天抽时间进行线上学习。以“路政宣传月”为契机，开展“我为群众办实事”活动，组织执法人员深入全县公路宣传法律、法规。切实将党史学习教育与“为群众办实事”解难题有效结合。切实把学习教育成效转化为交通运输工作实效，以优异成绩庆祝中国共产党成立100周年。

临县交通运输局

2021年，临县交通运输局紧紧围绕巩固拓展脱贫攻坚成果与乡村振兴有效衔接这一总目标，全面加强农村公路建设、管理、养护、运营，各项工作取得良好成绩，为全县社会经济全面发展提供强有力交通支撑与保障。

【全面加强公路建设】 一是续建工程。黄河一号旅游公路临县段在2020年已全线建成通车。服务系统中碑楼、马家塔、杏林庄和开阳共4处驿站工程建设，2022年春节前全部建成。2020年铺开农村公路提质扩面工程58项170.5公里，总投资1.45亿元。2020年9月开工建设，2021年6月底全面完工，并已完成工程交竣工验收工作。二是新改建工程。建设项目主要包括乡镇通三级路1项（前麻峪至梁家会线）22.8公里、资源路产业路1项（太坪沟旅游公路）19.9公里、自然村通硬化路13项（孙家岔至王家圪垛等）33.253公里和危旧桥改造5座，已全部完工。与此同时，启动254省道临县境内白文至新舍窠段改扩建工程项目相关前期工作。主线全长51.202公里，立交连接线4.916公里。总投资约51亿元。省交通运输厅专家组完成项目线位审查，项目可行性研究报告已编制完成并上报省交通运输厅，相关的土地预审、地质灾害危险性评估、环境影响评价等正在编制推进中，力争2022年上半年完成项目立项批复，下半年开工建设。

【农村公路管理养护】 2021年，继续加强对全县23个乡镇和农村公路养护管理专业合作社的督促、指导、考核和检查，推动合作社规范化、专业化运营，促进农村公路管养工作健康有序发展。特别是国庆期间，全县遭遇连续性强降雨，农村公路水毁严重，各乡镇农村公路养护管理专业合作社不讲代价、不计付出、任劳任怨，圆满完成水毁抢修、修复工作。2021年，县交通运输局对列养的县道全面加强养护，全年共计处理路面坑槽1.3万平方米；填夯缺口5500立方米；恢复县道挡护砌体工程3处1700立方米；恢复水毁涵洞3道30米；恢复水毁边沟200米；完成青正线及万安坪村、槐树塔村、碛口镇西头村等约2200米道路恢复、修复工程，完成投资900余万元，切实保障农村公路安全畅通，为全县人民群众营造安全、舒适的道路出行环境。

【公共交通服务】 一是全县巡游出租汽车在2021年春节前正式投入运营。县交通运输局会同公安、交警等部门，采取宣传、教育、劝导、查处等综合手段，分布骤、分阶段进行取缔无证经营出租车行动，净化巡游出租汽车市场。巡游出租车运营，极大地满足城乡居民安全、便利的多样化出行需求，提升全县城市文明形象，改善城市综合交通运输建设滞后状况。二是全县城乡客运公交化运营改造在2021年春节前正式投入运营。共开通19条城乡公交线路，投放70辆新能源公交车辆，按照“统一运营管理、运价标准、服务规范、安全管理”的模式组织运营，构建以县城为中心，辐射所有乡镇农村的公交网络，实现城乡公交一体化、公交运营新能源化目标。2021年，在黄河一号旅游公路等公路主干线安装完成枣树焉、曹家沟、八堡等45个公交客运候车亭，进一步为人民群众提供安全、便捷、舒适的出行环境。

【全面加强行业管理】 一是根据《山西省旅游公路管理办法》规定，2021年，县交通运输局全面加强黄河一号旅游公路临县段管理，安装完善智能限高杆、抓拍监控系统，严格管控大型车辆、重型车辆通行，确保旅游公路安全。二是继续保持对危货企业重点监管。重点检查企业各项安全制度。落实情况，车辆及驾驶员证件的有效性情况，视频监控人员在岗履职情况、企业对驾驶员的教育培训情况等，督促企业认真履行安全生产主体责任。同时不断加大打黑查违力度，查处黑车非法营运，针对重点、热点线路组织检查，严厉打击各种非法运输车辆及营运车辆超载等违法行为，确保运输安全。三是坚持“安全第一、预防为主、综合治理”的方针，积极开展平安工地、海事航运、道路运输等行业安全生产监管工作。特别是6月18日四大专项行动开展以来，组织中层以上党员干部、重点客货运企业和出租车公司负责人集中观看《生命重于泰山——学习习近平总书记关于安全生产重要论述》专题片，共出动督促检查组4组，检查人员累计171人次，检查企业52家、发现安全隐患问题29处，已全部整改。四是认真开展党史学习教育活动。围绕“不忘初心、牢记使命”这一主题，组织全系统干部职工学党史、知党情、跟党走。坚持集中学习和个人自学相结合，集中学习由局领导班子成员讲党课为主，每位班子成员确定一个主题，开展学习讨论，互相交流学习心得。个人自学以学习笔记为主，每人学习笔记不少于1万字，确保学习活动取得实实在在的效果。五是全面完成事业单位改革。在县委、县政府安排部署下，完成事业单位“三定”方案制定和改革工作，充分发挥事业单位职能职责，进一步做好治理超限超载、交通运输服务、交通行政执法等工作，全面创优交通运输发展环境，服务全县社会经济发展。

柳林县交通运输局

2021年，柳林县交通运输局深入贯彻落实县委“党建统领、五转一新”工作部署，围绕县委、县政府和省市交通主管部门部署的工作任务，强化责任分解落实，以“四好农村路”和沿黄旅游公路两大项重点工程为着力点，真抓实干，全力搞好道路交通建设。

【全面加强党的建设】 深入学习中共十九大、十九届历次全会精神，扎实开展“党史学习教育”和庆祝中国共产党成立100周年系列活动，部署开展2021年党建工作和主题党日活动。认真学习《中国共产党章程》《中国共产党简史》，落实“学党史、悟思想、办实事、开新局”要求。党建与重点工程、重要工作深度融合，廉政风险点全面管控，强化党组领导，全面推动从严治党，“三重一大”项目集体研究、集体决策，并且公开公示，同时强化监督执纪问责，守初心、强党性、夯作风、下基层、进企业、搞服务、强监管，简化办事流程，优化营商环境，强化思想教育、整顿行业作风、整顿行业乱象，整治执法领域突出问题，净化政治生态。利用“三晋先锋”“学习强国”等平台，努力学习，第一名50268分，42000分以上的有10人，走在全县前列。

【抓好示范工程】 一是加快推进黄河一号旅游公路示范段创建；加快沿黄旅游路二期建设，年内完成驿站及附属工程。二是康前公路康家沟至胶泥垄段竣工通车；原307国道城区段拓宽改造启动建设；实施高速西口道路改造和东、西收费站提升改造；配合做好209国道改线、离柳快速路、高速下白霜东互通建设。

【抓好“四好农村路”建设】 一是2018年“四好农村路”PPP项目。项目由6个类别72个小项180公里线路及设施构成，合同价2.6亿元（包括运营、管理和贷款利息等），其中建安费1.88亿元。已完成窄路基路面拓宽改造等58项150公里。完工总估算投资1.44亿元，其中：建安费1.15亿元。交工验收评定结果为合格，交工结算金额1.33亿元。同时完成征地拆迁投资2300多万元。二是全力攻坚4项遗留工程。三是铺开2021年“四好农村路”工程。计划任务44.688公里总投资2.78亿元。正在办理项目前期手续。

【农村公路养护】 以全面推行路长制为总抓手，拟定《创新农村公路日常养护机制的实施意见》，累计投入人工3000余人次，投入养护机械390余台次，清理落石、零星塌方658立方米，清理边沟86公里，涵洞62道，回填缺口10处，填补坑槽12处。全县县道及乡镇负责的乡村道日常养护和养护工程共完成投资450多万元，全面保障全县1442.3公里农村公路的安全畅通。

【路政管理夯实基础】 在“路政宣传月”活动期间，以“学党史、当先锋、护公路、有服务”为主题进行线下宣传，以《中华人民共和国公路法》和《中华人民共和国公路安全保护条例》为主要宣传内容，采取广播、悬挂横幅、发放宣传单、制作广告牌等各种形式，把维护路产路权的思想意识植根于沿线群众心中。发放宣传单5000余份，图册3000余册、政策法规书本8000余本、悬挂横幅3条，设立广告牌6块，出动车辆20余台次、人员80余人次。二是完善管理制度，实行分片区管理，以队定辖区，以人包路段，责任到人。三是加大巡查力度，执法人员共出动巡查车次410余次，上路巡查1800余人次，查处各项未经审批的违规违建事项。拆除违法修建人行天桥、栈桥、架设管道等5处，查处在建筑控制区内修建建筑物1处，立案4件，发放整改通知书8份。更换波纹板170米，防阻块85块，警示柱10根，增设限高公示牌5块、警示标志牌3块、太阳能爆闪灯2套，增设卡口取证摄像头2处，实现信息共享。四是强化抓源治本，严禁超限超载。122家货运源头企业全面落实“一超四罚”措施，督促源头企业建立和完善车辆装载登记制度，实现遮盖篷布运营。累计出动源头巡查200余人次、车90余次，检查企业420余次，处置非法超限超载源头企业1家，罚金1万元，起到整治及警示效应。

【强化客运源头管理】 在全力做好疫情防控工作的基础上，与客运企业签订安全生产责任书，对辖区客运企业开展质量信誉考核工作，落实长途客运晚间停运或接驳运输制度，强化“三品”检查，执行“三不进台、六不出站”制度，强化驾驶员、乘务员安全培训，深入开展客运经营秩序整治，着重加大春运执法力度，打击黑客车、黑客运、电瓶车违法运营，出动稽查车460多辆次，人员800余人次，检查营运车380多辆，查扣非法营运车辆28辆。截至年底全县477辆客车可完成：客运量265万人，占年计划260万人的102%，比上年同期250万人增长6%。旅客周转量14.6万人公里，占年计划14万人公里的104%，比上年同期13.6万人公里增长7%。呈现持续增长的好势头。

【加大货运监管力度】 督促所有货运车辆安装GPS监控系统，监管危险品运输企业落实“五不承运、五不出车”制度，加强危化品道路运输企业资质及从业人员、专用车辆资格资质管理，加强对运输车辆和驾驶员的动态监控。开展对危货、物流企业的专项治理活动，配合市场监督局完成加强车用燃气气瓶的安全监管工作，配合县环保局完成推进柴油加装远程监控（OBD）联网工作，建立安全有序、优质服务的道路货物运输市场。全县125户运输企业（含规上入统14户）5727辆货运车辆完成。货运量480万吨，占年计划470万吨的102%，比上年同期460万吨增长4%。货物周转量34600万吨，占年计划34000万吨公里的102%，比上年同期32600万吨公里增长6%，全年完成营业收入6亿元左右。装卸搬运和仓储业1—7月份完成营业收入840.4万元，全年完成1200万元以上，缩小同比负增长。呈现稳中有进好势头。

【持续开展打非治违活动】 会同公安、交警等部门，严打城区内“黑出租”“黑客运”“电动三轮车”等非法运营顽瘴痼疾。出动执法车辆150辆次，人员520人次，暂扣非法营运车辆30余辆，查处各类违法案件27起，处罚6.74万元。同时完善窗口服务机制。

缩短办事流程、提高服务水平。共办理货运车辆年审1640辆，比上年同期增长95.7%；新增货运车辆638辆，比上年同期增长7.77%。

【强化渡口航运管理】 组织开展以“落实安全责任，推动安全发展”为主题的“安全生产月”活动，深入渡口码头和人员集中区域散发宣传资料800余份；开展开航前安全检查，对制度建设、教育培训、从业人员资质，渡口、码头安全设施等进行全覆盖大检查，严格执行“四不乘船、八不出航”规定，以达到共建“文明平安渡口”的目的，强化渡口码头巡查检查，出动执行车29车次，执法人员90余人次，巡查里程达2200余公里。

【坚持安全第一】 以“从根本上消除事故隐患”为总方针，成立专项整治三年行动工作专班，强化组织领导和行业监管，强化隐患排查治理和检查督查力度，制定专项整治三年行动实施方案和相配套的5个专项实施方案，从提高思想认识上抓安全，从落实“一岗双责”上抓安全，从强化“两个责任”上抓安全；按照创建法治政府建设的总体安排，以完善规章制度和宣传法律法规为着力点，开展自然灾害风险普查工作；加大在建工程、隐患路段、大桥隧道和高边坡、临崖临水安全隐患排查整治和安全防控体系建立工作；县道和重要交叉口路段完善标志标线和警示标志的设置；完成锄沟段和新高中路段共5处公交站牌的更新工作。交通运输领域安全生产持续稳定。

石楼县交通运输局

2021年，在县委、县政府正确领导下，在省市交通运输部门关心和大力支持下，全县交通运输系统干部紧紧围绕全年中心工作，以构建和谐交通为主线，以乡村振兴为中心，把依法治县作为强化落实的抓手，紧密结合党史学习教育活动，不断加大交通重点工程建设和行业管理力度，强化机关作风建设，较好地完成工作任务。

【统筹兼顾，全力推进交通重点项目建设】 一是全力以赴，扎实推进在建项目。其中，黄河一号旅游公路石楼段工程建设项目，全长75.23公里，项目核定总预算144116.8980万元，计划工期24个月，预计2022年年底可完工，累计完成投资5.2亿元。石楼县汽车客运站工程，总占地面积14000平方米(约21亩)，总建筑面积为2841平方米，设计概算2687.13万元。主体工程已基本完工，剩余附属工程预计2022年5月完成。外环公路建设工程，全长24.534公里，预算总投资9.6亿元。项目实施分2段进行。第一段全长9.393公里，项目预算22794万元，其中建安费1.9亿元。第二段路线全长15.15公里。本项目按EPC模式实施，已启动施工设计招标。石楼小镇桥梁工程项目，项目起点与248省道相接，路线全长209.66米，总投资1445.8226万元。8月6日已正式开工。西卫至马门庄改造工程。路线全长6.072公里，投资估算总金额3096.4446万元。石楼县自然村村通硬化，全长54.420公里，投资估算金额4630万元，已完成路基建设。黄河引线改造项目，路线全长2.255公里，已全面完工。

【保障有力，狠抓县乡公路日常养护管理】 县交通运输局持续健全县、乡两级农村公路养护管理机构、养护机制和管理制度，推进日常养护经费纳入财政预算，建立以公共财政投入为主的资金保障机制。截至年底，农村养护管理共有14名管理员，180名养护员，覆盖率100%。全年共完成路基抢修2000立方米、5处，修补路面3000平方米，灾害防治22000立方米、2处，危桥改造10米、1座，涵洞50米、3道，挡墙650立方米、3道，边沟4100米，清理塌方1200立方米/11处。全县农村公路列养率100%，全县公路养护总里程达到831公里，全部达到市局下达的优良中等路率。10月3日以来，全县普降大雨，水毁严重，直接经济损失达990余万元。水毁发生后，县交通运输局不等不靠，第一时间核实实情，摸清水毁底数，确定由局长挂帅，分管副职为副组长，各职能股室全部参与到灾后重建领导组，及时制定灾后重建修复方案，严格落实三个“确保”，即：确保通乡镇公路主动脉畅通，确保重点路段优先抢通，确保受灾严重的乡村生命通道优先抢通。从而尽最大力量保证全县村民没有因为道路水毁增加次生灾害。截至年底，全县水毁农村公路已全部修复完毕。

【依法行政，综合执法能效不断增强】 一是加强组织领导。把执法行政工作摆到重要位置，全面推行行政执法责任制，完善行政执法职责明细，落实行政执法三项制度，明确各岗位职责，加强行政执法责任落实。二是积极开展宣传教育。坚持处罚与教育相结合，推广说理式执法，认真落实“谁执法，谁普法”责任制，坚持寓服务于执法，将便民为民服务举措融入到执法中。在晋西影院通过发放宣传单、设立咨询台、悬挂宣传条幅等形式，向群众普及《中华人民共和国公路法》《中华人民共和国公路安全条例》《中华人民共和国运输车辆超限超载治理条例》等法律法规和普及疫情防控知识，在现场释疑解惑。同时，多次由局长田建军带队深入客运站、出租车公司等单位督导。同时，建立严格信息报送机制，要求执法队将每日执法情况及时上报，确保发现的问题能得到及时整改和处理。三是加强执法检查。先后开展“三查三服务”“打击农用车非法载人专项活动”“依法治县”等一系列专项行动。截至11月底，共出动执法人员300余人次，查扣非法运营车辆4辆，进行企业例行检查70余次，下达整改通知书40余份，共罚款1万元。并联合县交警队，针对客运班车乱停乱放、站外揽客、黑出租车非法运营等情况，联合开展专项整治活动，同时还积极配合县环保、交警等部门对重型柴油货车进行尾气检测工作，有效维护正常客运市场。

【党史为引，狠抓行业自身能力建设】 2021年以来，高度重视党支部建设和管理工作，坚持标准化、规范化建设，以党史学习教育为契机，深入推进党支部争先对标各项举措，党支部的向心力、凝聚力、战斗力得到全面提升。截至11月底，共开展9次“主题党日”、集中学习16次、研讨5次，在“学党史”活动中，为强化学习氛围，在机关楼一至三层，每层都安装小喇叭，每天在固定时间段按时播报半小时，院内墙上醒目的12个大字“学党史、悟思想、办实事、开新局”，营造浓厚学习氛围。同时大力开展“我为群众办实事”活动。通过深入营房村、肖家塔村开展护林防火宣传，悬挂条幅，入户宣传，与村民签订护林防火承诺书，并与村委党员干部召开党史座谈会，确保党的惠民政策落实到每家每户。另外还深入黄河一号旅游路四个标段，成立沿黄公路项目临时党支部，开展“情系职工，清凉一夏”活动；在“七一”“八一”分别对老党员和退伍军人进行慰问，使他们时刻能感受到党的关心和温暖。

【严防死守，全力做好疫情防控】 一是加强组织领导。迅速成立疫情防控领导小组，并制定出台《实施方案》和《应急预案》，及时对疫情防控工作进行安排部署和责任落实，并抽调5名骨干组建防疫队伍。二是严格工作部署。6月7日，在县客运站会议室，专门召集车站、出租车公司、公交公司、网约车公司等企业负责人召开专门会议，进一步落实县委、县政府关于疫情防控的会议精神，同时还落实客运企业的防控主体责任和主要责任人的第一责任。三是加大管控力度。专门组织运管有关执法人员，采取流动检查方式，进一步加大对黑车非法载客的查处和打击力度；加强对出租、公交驾驶员落实疫苗接种情况和驾驶员、乘客是否按要求全程佩戴口罩等措施的抽查工作。四是做好联防联控。积极配合县疫情防控办开展联防联控工作，及时在车站搭建核酸检测点，在人员紧张情况下，抽调两名工作人员实行24小时值守制度，与防疫、公安、车站等部门工作人员一同做好对车站出入人员的实名登记、体温检测、行程扫码以及督促省外来（返）旅客、体温异常及非绿码人员的核酸采样工作。并专门安排一辆执法车负责对核酸检测结果进行运送。

【自省自律，自觉做好党风廉政建设】 始终把党风廉政教育放在反腐倡廉工作首位。一是事无巨细，反复强调反腐倡廉重要性。领导班子党风廉政建设责任制落实情况纳入到年终考核制度内，下发《中国共产党党内监督条例》《中国共产党纪律处分条例》等手册，印发《国家工作人员十条禁令》内容，要求全体党员认真学习，始终保持清醒头脑，认清形势，把握方向。同时，无论主题党日还是日常工作中，逢会必讲党风廉政，逢事必提防腐倡廉，就是希望执法人员和项目负责人、参与者，在思想上时刻紧绷纪律弦，从而始终把政治纪律挺在前面，筑牢拒腐防变防线。二是率先垂范，局党委领导班子带头学习政治理论，加强党风建设。把工程建设领域廉政建设作为交通廉政建设工作的重中之重，坚持关口前移，防范为主的原则，从加强内部管理入手，把廉政建设渗透到工程招投标、设计变更、资金拨付等重要环节，堵塞漏洞为班子成员把好权力关、金钱观、享乐观奠定坚定的思想基础。三是防微杜渐，对党员职工坚持实行正反面典型教育。通过多次组织观看一系列警示教育片和预防职务犯罪教育片活动，通过正面教育和反面现实案例，使党员职工从思想意识上有所触动，促使干部职工从内心深处筑牢反腐倡廉思想防线。

岚县交通运输局

2021年，在县委、县政府正确领导下，岚县交通运输局紧紧围绕年度目标任务，认真贯彻上级决策部署，积极履行职责，在切实落实好党建、法治、安全等工作基础上重点推进公路工程建设、城乡客运发展、农村公路管养，扎实推动全县交通基础设施建设迈上新台阶。

【坚持党建引领】 一是认真开展党史学习教育。积极进行动员部署，严格按照中央、省、市、县委部署要求，把握时间节点，突出重点内容，将党史学习教育贯穿2021年全年，以股级及以上领导干部为重点，全局2个党支部、62名党员全覆盖，高标准高质量完成学习教育各项任务。坚持把党史学习教育纳入局党组会议“第一议题”，作为理论学习中心组学习重要内容，举行2次专题学习研讨交流，局领导班子成员均开展1次以党史为主要内容的党课。制定详细学习计划，认真组织学习《论中国共产党历史》等指定学习材料和《中国共产党的100年》等重要参考材料。把学习党史与学习习近平总书记关于交通运输的重要论述等结合起来。二是认真开展“我为群众办实事”实践活动。坚持交通服务为人民的理念，解决人民群众最关心、最现实的问题。加快实施全年各项重点工程，让群众出行更舒适；着力推进交通脱贫攻坚成果同乡村振兴有效衔接，实施农村公路“提档提质”工程，让群众出行更便捷；大力推动交通运输服务品质提升，探索县域公交一体化发展，让群众出行更顺畅；开展平安交通建设行动，积极完善安全生产治理体系，加大综合执法力度，让群众出行更安全。三是认真学习贯彻上级会议精神。召开专题会议，传达学习省第十二次党代会精神、市第五次党代会精神和中共十九届六中全会精神。按照会议精神，统筹兼顾，积极推动建立全县综合交通运输体系；切实做到“两个维护”，增强完成工作的决心和信心；瞄准重点领域完善责任清单，真抓实干认真抓好“四好农村路”建设、城乡客运、超限超载治理等重点工作；以学习贯彻省党代会精神为牵引，紧紧围绕工作目标，凝心聚力，全方位推进高质量发展，充分发挥交通先行官作用，为全县经济转型发展贡献交通力量。

【扎实开展农村公路建管养运】 一是顺利完成全年建设任务。2021年，农村公路建设任务为自然村通硬化路7条6.227公里、建制村通双车道1条0.3公里、危桥改造3座90公里、村道生命安全防护工程4条5.644公里。上述建设任务已全部完成。二是有力推进重点项目建设。其中，新建路东延工程，项目全长0.176公里，总投资1787.326万元，项目顺利完成有效减轻县城范围内209国道运输压力，进一步完善县城交通运输网络。2021年街巷硬化、桥梁、田间路建设项目，主要建设内容包括街巷硬化82378.5平方米、田间路砂石路面44.53公里、新建便民小桥7座、管涵14道，项目总投资1500万元。完成后极大地改善了乡村人居环境。岚河一桥、岚河二桥危桥改造项目，岚河大桥危桥改造工程项目估算总投资5200万元，岚河二桥危桥改造工程项目估算总投资2800万元。项目建成后可有效缓解交通拥堵现状，实现人车分离，提升桥梁安全通行能力；已完成建制村通硬化路34条54.789公里，完成投资5592.8万元，有力助推全县脱贫攻坚村通硬化路任务的顺利完成。三是积极谋划“十四五”项目。其中，计划实施新改建农村公路246.786公里，计划完成投资30.73亿元。四是努力完善农村公路建设管理制度体系。五是努力推进农村公路养护工作。积极落实上级下拨的农村公路养护专款255万元，养护水毁资金70万元。累计修补坑槽1300余平方米，硬化路肩4.4公里，粉刷行道树4000余株，全年优良路率为79.85%，一、二、三类桥占比为85%，农村公路列养率达100%，建立完善养护台账，优、良、中等路率达94.23%。此外，建设完成“一灯一带”项目共20处减速带。并完成自然灾害风险普查492条路线、50座桥梁、1座隧道。完成治理灾情水毁路段9处。

【狠抓安全生产各项工作】 一是学习贯彻习近平总书记关于安全生产的重要论述。党组理论学习中心组和干部职工分批观看《生命重于泰山》电视专题片，并组织监管企业负责人学习新修订《安全生产法》，推进学习教育全员全覆盖。二是健全落实安全生产责任制，和监管企业签订安全生产责任状，要求企业建立健全安全生产责任制、完善企业安全生产管理制度和风险防控机制，不断提高企业安全生产能力和水平。三是加强安全风险隐患排查。按照上级统一安排部署，积极开展安全生产“大排查、大整治、大检查、大警示”活动、安全生产三年行动集中攻坚行动、易燃易爆危险物品安全专项治理、农用车违法载人专项整治暨深化农村交通安全固本强基攻坚行动、“两节”期间安全防范工作、灾情隐患排查工作等安全风险隐患排查治理活动。组建公路养护、城乡客运、道路运政、工程建设等领域4个安全检查小组，全面排查检查交通运输行业领域的安全生产情况，及时整改发现的问题，全年未发生一起安全生产事故。

【推进交通运输行业健康发展】 一是推动公交免费乘坐的落地实施，由政府向公交公司进行资金补贴，为城乡居民出行进一步提供便利条件。二是积极发展绿色交通。累计更新纯电动出租车52辆，为实现全县绿色、低碳、环保出行发挥重要作用。三是继续抓好超限超载治理工作。坚持源头与路面并重，由局运管所牵头，规范源头治超基础工作，通过进驻、巡查等方式对政府公示的货运源头企业实施监督检查，督促源头企业全面履行源头治超义务，切实防止违法超限超载运输车辆出厂（站、矿）上路。由局路政大队牵头，强化路面巡查，针对货运车辆超限超载、未覆盖篷布或加盖不严实、货物遗漏等违法行为开展专项行动。全年累计处理涉超限车辆28辆，处罚源头企业4家，罚款14.3万元。四是继续加强道路运输行业监管。五是扎实开展疫情防控工作。按照《防控指南》要求，督促公交公司、出租车公司、班线客运对营运车辆进行严格的消毒措施，规范设置留观区，完善发热乘客移交预案，加强司乘人员自身防护，做好乘客体温检测工作。同时联合交警队对全县快递物流行业进行全面排查，督促快递企业（网点）落实快递包裹防控措施，做好运输车辆、工作人员、快件包裹、办公区域等防疫消毒，开展从业人员体温检测，完善信息溯源，确保防疫工作常态化。

方山县交通运输局

2021年，在县委、县政府坚强领导下，在上级主管部门帮助指导下，方山县交通运输局围绕年初县委、县政府提出的目标任务及工作安排，以“四好农村路”和三个一号旅游公路建设为重点，扎实推进交通基础设施建设，不断加大农村公路建养工作力度，进一步规范运输行业管理，加强队伍建设，切实提升交通运输工作质量和水平，各项工作取得明显成效。

【党建工作夯实基础】 一是扎实开展党史学习教育，全年共组织开展党史知识集中学习12次，党支部会议4次，强化党员日常管理教育，党员政治觉悟明显提高，全体干部职工形成心得体会55份。二是进一步规范基础党建工作，完善党建有关资料、制度35项。三是协助组织参与保安村党总支换届，开展“三访三问”调查活动和落实其他规定程序，完成党总支换届。四是协助开展庆祝建党百年系列活动。主要包括以下方面：选出光荣在党五十年老党员并颁发奖章和进行表彰；“七一”期间对70岁以上老党员、老干部进行慰问，每人赠送慰问金200元；组织参与全县庆祝中国共产党成立100周年歌咏比赛。五是把“学习强国”做到党员干部职工全覆盖，全体干部职工现已累计积分达665080分，充分利用业余时间边学边做学习笔记，利用手机学习平台，把新时代理论学习，提升到意识形态的高度认真对待，对党员进行党性教育和理想信念教育，树立“四个意识”、坚定“四个自信”、坚决做到“两个维护”，坚定理想信念，补足“精神之钙”。

【党风廉政建设不断深化】 一是深入贯彻习近平新时代中国特色社会主义思想。不断推动管党治党主体责任工作深入开展，组织召开交通运输系统党风廉政会议并与局属各单位负责人签订党风廉政责任书。二是注重日常管理监督。积极运用“学习强国”“三晋先锋”“好干部在线”学习平台等载体加强党风廉政建设宣传教育。三是抓好警示教育。召开动员会5次，深入剖析并制定整改清单，通过制定《党风廉政建设责任制考核办法》，从制度严格规范个人行为，加强内部监督，从领导班子成员抓起，加强反腐倡廉各项制度，不断将警示教育向纵深推动。

【事业单位改革】 一是县交通运输综合行政执法队人员转隶工作。根据县编办方编字〔2021〕6号文件，县成立交通运输综合行政执法队，已将符合条件人及报县编办，待核查身份后办理转隶手续。二是组建县交通运输事业发展中心。根据县编办方编字〔2021〕12号文件精神，将局道路运输服务中心、县交通测设施工队、县地方海事服务中心、县农村公路建设中心、县治理超限超载车辆工作中心整合，组建县交通运输事业发展中心。

【重点工程建设项目】 一是“四好农村路”建设。2021年建设总里程31.748公里，总投资约4543.7万元，已完成建设总里程25.5公里，累计完成投资2818万元。二是黄河一号旅游公路支线——圪洞至梅洞沟旅游产业公路工程项目，全长11.094公里，2021年4月开工建设，已完成总投资约9326万元，2022年年底工程完工。三是圪张线、北线旅游公路项目，主体工程已完工。

【安全生产态势良好】 一是突出重点，通力协作，强化道路运输安全监管。严格执行“三关一监督”，落实“三不进站、六不出站”管理规定，切实加强道路危货运输市场监管，严厉打击驾驶人员超速、超载，疲劳驾驶等违法行为，各运输企业GPS和4G视频监控平台使用规范、正常。强化驾驶人员、管理人员、从业人员的安全教育，企业坚持安全例会制度，完善各项会议记录。二是加强农村公路桥梁安全监管。加大农村公路桥梁隐患排查力度，对危险路面、桥涵、易塌方路段、水毁路段进行全面排查，及时设置警示标志，同时加大公路巡查，及时清理农村公路沿线路障，确保全县农村公路桥梁安全畅通。三是狠抓重点时段交通运输安全监管。认真贯彻落实省、市、县安全生产会议和市交通运输局、县安委办安全生产指示精神，狠抓“五一”、中秋、国庆等重点时段的交通运输安全工作及中、高考期间考生的安全接送。

【运输保障明显提升】 一是积极开展路警联合检查。路警联合流动治超队日夜巡查，重点排查管辖区域内的公路附属设施、路面安全隐患、超限超载运输、运输车辆物料抛撒及路域环境扬尘治理情况，对夜间发生的影响公路安全的路面障碍、倾倒垃圾、抛撒污染路面、超限超载运输及道路附属设施损坏、违法设置非公路标志、违法建设的行为及时处置，全力保持公路24小时安全、完好和畅通。二是治理扬尘污染全线排查，不留死角。路政执法人员在公路用地范围内设置的堆煤场、洗煤厂、砂石场等进行整治、取缔，并实行跟踪管理，对造成扬尘污染的违法行为，依法严肃查处。三是强化宣传，爱路护路意识明显增强。执法人员在高速口、积翠广场等重点治超路段进行宣传，对过往车辆散发宣传单800余份，宣传教育超限超载给人民生活带来的危害，明确企业治超任务，做到家喻户晓，加强广大群众爱路、护路意识，维护公路路产路权。四是加大非法营运车辆整治。运政人员每天在重点路段，对过往的“黑客运”车辆进行检查，坚决杜绝“黑客运”车载客现象发生。

截至年底，出动执法人员上路巡查750人次，共检查车辆1200余台次，共计查处超限超载车辆11辆，卸载货物141.61吨，罚款69500元，超限率低于2%。

【加大“我为群众办实事”力度】 一是开展摸排、清理、纠正交通运输行政执法队伍中存在的各类顽瘴痼疾。二是对帮扶村保安村进村道、村委大院、文化活动广场整修、铺油改造,并划边线、停车位、篮球场标线,投资30万元,村民出行、活动更为舒适。投资2万元,整修菜地焉村民小组水毁道路1公里,动土方1000立方米。为5户监测户申请民政临时救助;在光伏资金中以奖补形式共救助5000元。"六一"期间,为本村60名小学生购买3000元学习用具进行慰问。

【公路管养力度加大】 2021年来,坚持预防为主,防治结合,以养好路面为中心实行全面养护的原则,实行县道县养、乡道乡养、村道乡村共管的路面管理制度。全县农村公路养护工作进展顺利,在加强日常养护工作的同时突出重点修复。10月,全县经历历史上少有大暴雨,雨量集中持续时间长,造成严重水毁现象。但由于平时管理完善,经受住考验,在24小时内虽然有部分路段冲毁、冲垮,中断交通,但都得到及时抢通,确保全县人民群众安全出行。

中阳县交通运输局

2021年,在县委、县政府坚强领导下,县交通运输局按照县委、县政府提出的锚定"四县"目标,打造"五彩"中阳的战略定位。以着力依托"大动脉"、贯通"连接线",打通出境路、畅通"微循环"的交通大环境为目标,以项目建设为中心,以运输服务为重点,以行业安全监管为保障,采取有效措施,狠抓责任落实,各项工作顺利推进。

【谋篇"十四五"规划】 坚持把方便群众出行、服务企业发展作为重要抓手,精心谋划、认真编制,着力构建"纵贯南北、承东启西、覆盖全县、通达四邻"的交通大格局。通过征求多方意见,结合中阳实际,规划新建、提质、改造等九大类项目,包括新建1个客运站、新建1条县城西快速路(隧道)、7座停车场,争取3条国省道,改建6条园区路、3条旅游路、7条县道,升级13条乡道,共计681.29公里,预计投资248.57亿元(含国省道干线)。

【服务离隰高速建设】 该项工程涉及全县境内50.47公里红线范围内的土地、房屋及其他地面附着物。县交通运输局全力协调各方,积极配合离隰高速公路中阳段征地拆迁工作。拆迁工作顺利推进,拆迁任务基本完成,针对重点难点,全力协调,强势推进,确保不影响工程建设进度。

【推进新项目建设】 2021年,县交通运输局主要围绕以下项目立项开展相关前期工作。一是推动尚家峪工业园区公路工程建设。对朱家店至苏村、金罗至张子山、尚家峪至青蒿进行改造,改造里程18.2公里,项目预算0.99亿元。二是推动枝柯煤化工新材料园区公路改造工程。对中汾公路枝柯至三角庄路面、中汾公路三角庄至福岭路面进行改造工程,改造里程23.827公里,项目预算0.98亿元。三是实施县乡公路路面改建工程。对武家庄至苏家庄公路、中阳县城至岳家山(X460)路面、中阳县万沙线前岔沟至沙塘(X459)路面进行改造,改造里程92.6公里,项目预算2.42亿元。四是推动旅游公路项目建设。实施上顶山旅游公路建设项目、阳坡公路建设项目、柏洼山公路建设项目,建设里程39.55公里,投资约2.48亿元。五是持续改善农村公路。投资3000万元对万沙线至雷家庄等3条线路11.424公里路面进行通双车道改造;投资4900万元对城南至郭家山等13条43.9公里自然村道路实施硬化工程。这些项目建成后,极大改善中阳交通环境,有力促进社会主义新农村建设,为推进全县乡村振兴提供强大基础保障。

【实施村通道路提质改造】 积极争取上级资金,实施自然村通硬化路和建制村通双车道改建工程。全年全县实施8条村通道路改建工程,总里程24.522公里,总投资2280万元,直接受益人群约8000人。

【农村公路养护上台阶】 坚持县道县养、乡道乡养、村道村养原则,进一步推动"路长制"建设,以"稳路况、美路容、保平安"为目标,全面推动农村公路养护工作常态化、规范化。全县农村公路931公里,完成养护投资763万元,实现县乡村公路列养率、桥梁监管率100%,县乡公路年优良率78%。县交通运输运输局负责对县道公路进行日常管理养护和安全隐患排查整治,乡村公路管理养护和安全隐患排查整治工作由乡镇人民政府负责,乡村两级共同实施。养护的办法是包干养护管理,各路段实行个人承包,各路段承包人根据养护作业安排表进行养护作业,养护管理所进行考核管理。从清明过后,各条县道的日常养护工作就进入正规化。组织养路队对全县7条193公里县道公路进行日常养护,修补坑槽2000平方米,清理公路塌方9800立方米,疏通排水沟80公里,修整边坡30公里,设立标志标牌10块,喷涂中岳线、万吴线路面标线25公里,喷涂军山隧道4500平方米,切实保障县道行车安全、畅通,累计完成投资221万元。乡村道路日常养护投入资金78万元。

【保障灾后公路畅通】 国庆期间,全县遭遇多年不遇强降雨,对农村公路造成严重水毁。为保障道路最短时间恢复畅通,县交通运输局积极组织人员机械开展灾后重建工作,累计完成投资约464万元。清理中岳线、万沙线、关西线路面塌方4万余立方米;修复下沉路面12处、水毁涵洞3处、水毁排水沟3200余米,砌筑片石挡墙10处3200余立方米;对中岳线塔上村山体不稳定路段进行地质灾害治理;对齐家山隧道进行封堵,修通绕行便道。

【解决好遗留问题】 一是积极推动"四好农村路"提质改造工程和村道安防工程验收结算工作。改造工程涉及16个建制村50.2公里,总投资约792万元;安防工程涉及3个乡镇22个村,设计总里程66公里,总投资1282万元。主要包括旧路修补、增设错车道、增加波形护栏、排水设施、挡土墙等,两项工程均于2020年开工建设,2021年对扫尾工作进行完善,截至年底均已完成交工验收。二是积极推动万吴公路改建工程验收工作。路线全长19.57公里,其中主线长13.88公里,支线长5.69公里,招标合同价3.5亿元,共有11个施工单位和3个监理单位中标。2012年7月13日全面启动,截至2018年路基路面完工,2020年10月份交通安全设施标段完成,受交安标施工影响导致交工延迟。已完成万吴线一、二、三、四、七、八、九、十标交工验收;完成二、四标结算工作,完成一、三、七、九、十变更工程量认定。

【加强路政管理】 鉴于行政执法改革工作尚未完成情况,县交通运输局执法工作主要以路政管理为主,2021年6月按照上级要求,县公路段将国省道路政执法职能移交给县交通运输局。全县公路点多面广,等级低、战线长、沿线村庄、厂矿多、侵占、损坏公路路产的现象时有发生,由于路政大队人员较少,结合全县实际情况,路政工作主要以巡查执法,路面违法行为监督,安全隐患排查处置为主的工作思路展开,尽量做到"早发现、早处理",把侵占、损坏公路路产的违法行为消灭在萌芽状态。截至11月,共纠正各类路政违章行为10件,当场清理乱堆乱放20处,口头批评警告15处,办理防污染通行证1550份,下达责令改正通知书2份,办理路产损坏赔偿案件2起,收取赔偿费3400元。

【规范超限检测管理】 截至11月底,南大井超限监测站共检测车辆1435946辆,平均日流量4600余辆,查处超限车辆11辆,卸载货物30.23吨,转运9辆,转运货物24.78吨,对所有查实案件均按工作流程及时上报,并依法进行查处,未发生因超限超载引发的车辆交通事故,治超形势总体良好。全年投资45万元对治超站点系统进行升级改造,投资34万元对车辆通道等基础设施进行修缮。

【抓好道路运输工作】 一是顺利完成客运发车场搬迁工作。为了配合县城改造工作,发车场搬迁至原供热公司院内,于7月14日正式开始运营。二是完成巡游出租车更换新能源电动车辆工作。为了创建文明绿色县城,积极推进出租公司更换新能源车辆。11月,万通出租汽车公司更换28辆纯电动车辆,腾飞出租汽车公司更换17辆纯电动车辆。三是加大稽查力度,严厉打击各种违法行为。1—11月,运管所共立案89起,结案84起,罚款总金额67.29万元。其中:治超立案13起,结案11起,罚款56.9万元;城市客运(出租)立案8起,结案8起,罚款1600元;客运(不按批准线路行驶、未持有效的包车客运标志牌等)立案7起,结案4起,罚款4000元;货运(不按规定维护和检测车辆、不按规定携带车辆营运证、擅自改装营运车辆、未防止货物脱落扬撒、无从业资格证驾驶道路运输经营车辆等)立案52起,结案52起,罚款52.3万元;非法营运立案9起,结案9起,罚款4.6万元。

【落实安全生产责任】 坚持“安全第一、预防为主”方针，扎实推动专项整治三年行动，组织开展“大排查、大整治、大检查、大警示”活动，切实加强道路运输、工程建设、公路养护等安全监管，发现隐患建立台账、明确整治措施、时限，及时处理。截至11月底，共排查隐患92条，其中道路领域隐患51条，运输领域隐患41条。已全部整改，实现全年安全无事故。

【收集档案整理】 县交通运输局严格按照档案省一级管理标准，对已归档的档案，按接收、鉴定、分类、整理、填写、录入、编贴、入库、上架等流程进行、力争做到规范化、标准化、科学化。2021年归档整理入库的档案共计179卷,其中2020年文书档案42卷(短期8卷、长期26卷、永久8卷)，2011年至2019年度会计档案137卷(其中凭证129卷、账簿52卷、报表56卷)。2021年已接收归档的档案包括:“十三五”农村路网工程资料；中阳县“四好农村路”建设项目施工资料；万吴线施工、监理工程档案共计1701卷，723盒。

【落实扶贫工作】 紧紧围绕巩固提升奔小康，按照“四个不摘”要求，在下枣林乡阳坡村积极开展帮扶工作。动员帮扶干部开展消费扶贫5000余元，组织入户进行收入测算、边缘户排查等工作。截至11月底，贫困户享受的政策全部落实到位，各项收入全部发放到贫困户手中，实现巩固提升目标。

交口县交通运输局

2021年，交口县交通运输局按照县委、县政府安排部署，加快重点项目建设，深化交通运输改革，巩固拓展脱贫攻坚成果，有效衔接乡村振兴工作，不断提高服务水平，为推动全县经济快速健康发展做出积极贡献。

【公路工程建设工作】 一是离隰高速公路，除使用林地、压覆矿产、失地保险、占补平衡、建设用地5项手续正在积极推进中外，其余13项前期手续已办理完毕。二是汾石高速公路，累计完成产值约5800万元。三是交口县双池至回龙公路工程，采用PPP建设模式，项目用地勘界报告、地质灾害评估报告、选址研究报告均已评审通过。土地预审已完成，工可已批复。PPP咨询机构已完成招标，项目防洪评价、水土保持方案和环境影响评估工作正在有序推进，PPP论证初步方案已经完成。四是县道窑西线柏掌至辛庄三级公路(温泉外环路)改建工程，全长4.39公里，8月20日开工建设，截至年底，已全部完工并投入使用，交工验收工作正在进行当中。五是实施2021年统筹整合使用财政资金，巩固脱贫成果衔接乡村振兴道路建设项目43个，该项目由各乡镇负责实施，已全部完成。六是市交通运输局下达全县自然村通硬化路建设项目12个18.03公里，其中已完成10个，其他2个项目因林地占用等原因，正在有序推进当中。

【农村公路管养】 一是继续在全县全面推行农村公路“路长制”，建立覆盖县、乡、村的三级路长体系，明确路长办公室，建立路产路权保护队伍，实行总路长负总责、下级路长对上级路长负责和部门分工负责的路长责任制，在农村公路管理、日常养护、路域环境整治、运营管理及社会监督方面取得明显成效，推进农村公路管理体系规范化建设，打造“畅、安、舒、美”的出行环境。二是加强农村公路养护，全面对县道、乡道、村道进行全面细致养护，确保农村公路全天候安全通畅运行。结合县农村人居环境“六乱”整治工作安排，一是对县道窑西线、红回线、康石线等主要县道损毁路段进行集中整治，提高公路通行能力。共完成投资约120万元。三是加强乡村道路养护管理，提升农村公路服务水平，县交通运输局第一批下拨7个乡镇农村公路养护资金62万元，第二批下拨石口镇、回龙镇、温泉乡养护资金30.5万元。上述共计92.5万元，用于各乡镇乡村公路养护及专项养护工作。国庆前后，由于受强降雨影响，全县农村公路灾毁情况严重。灾毁总里程达134公里，共发生灾毁、地质灾害等350余处，造成经济损失达4000余万元。为确保农村公路安全畅通，县交通运输局认真贯彻落实省、市、县抢险救灾及灾后重建工作部署，制定抢通抢险方案，成立全县农村公路灾后恢复重建工作专班，组织机械、人力、物力对所有灾毁水毁路段进行不间断的抢修抢通,尽快恢复灾害路段,确保全县道路行车畅通。

【综合行政执法管理】 打击非法营运和违法载客专项治理。印发《实施方案》,召开打非治违专项行动安排部署会。发放《远离黑车 平安出行》宣传单1000余份,制定《关于严厉打击非法营运行为的通告》,要求全局人员通过微信群和抖音、快手进行转发,营造打击非法营运车辆的浓厚氛围。通过和县公安局、交警队开展联合执法工作,共出动执法车辆12辆次,出动执法人员60人次,查扣非法营运车辆6辆次,处罚金额4.5万元。截至12月底,5个执法中队共处罚95个案卷,罚款金额31.92万元。其中:超限运输案件19件,处罚金额5.95万元;非法营运车辆6辆,处罚金额4.5万元;货运源头企业超载4起,处罚8.45万元;客运车辆违规行为5起,处罚6200元;无从业资格证件22起,处罚4.1万元;货运车辆抛撒14辆,处罚4.1万元;未按规定年审车辆8起,处罚金额1.3万元。为了做好疫情常态化防控管理工作,按照《疫情防控指南》要求,坚持每月不定期对辖区内的企业进行疫情扩控检查,查看从业人员健康档案、测温登记、车辆和办公场所消毒记录、乘客实名制登记、乘客佩戴口罩乘车等工作情况。同时,对交口、双池两个客运站派出疫情防控人员7人,专门从事客运站疫情防控检查工作。每月不定期对辖区货运物流、客运站、客运企业进行检查,全年共出动执法人员800人次,出动执法车辆81辆次,检查企业安全运营管理312次。与此同时,抓好"六乱"整治工作,共出动执法人员185人次,出动执法车辆60趟次,清理交通沿线积存的建筑垃圾和生活垃圾5.8吨,拆除遗留、废弃的广告牌和无实际用途、有碍观瞻的视觉污染设施51处,清理路边洗车点8处,消除交通安全隐患12处。

【治超工作】 一是召开治超工作会议,对全年工作进行安排部署,结合实际对各成员单位职责进行重新明确划分,对专项整治工作进行安排部署,积极组织开展。同时严格责任落实,对省、市督办案件、群众举报信息认真核实查办,一共办理省市督办、群众举报案件21起,做到件件有落实,事事有回应,把治超各项工作落到实处。二是结合全县货运源头经营状况和科技治超的有效应用,及时对全县307家各类货运源头企业进行公示。督促成员单位对全县各类超载行为进行分类监管,有效监督企业的装载运输行为。三是按照省、市、县要求组织开展治超工作专项检查,执法检查累计1796人次,查扣超载车辆125辆,罚款9.51万元,记分483分,处罚源头企业3家,罚款5.8万元。

【安全生产】 全面落实安全生产责任。抓监管责任落实。进一步督促运输企业落实主体责任,强化安全监管职责。严格按照"党政同责、一岗双责、齐抓共管、失职追责"和"三管三必须"总体要求,制定行业监管责任清单,厘清工作职责,与8家客运企业、1家驾校、5家维修企业、14家货运企业签订2021年度安全生产承诺书和2021年春运、"五一"、中秋、国庆小长假安全生产承诺书28份,签订率达100%。抓企业主体责任落实。坚持"三管三必须"工作原则,通过每月组织召开安全生产工作例会,传达贯彻上级会议精神,分析研判行业安全生产形势,要求各股室、企业进一步落实安全监管和企业主体责任,通过检查、整改、回头看的方式,真正做到静态隐患及时消除,动态隐患跟踪治理。

6月4日,组织全体干部职工和辖区内各道路运输企业负责人观看《生命重于泰山》和《新安全生产法》电视专题片,召开新安全生产法专题培训,完成企业新安法培训8家。进一步树立以人为本的指导思想和安全工作重于泰山的责任意识。积极开展全国第二十个"安全生产月"活动,围绕"落实安全责任,推动安全发展"这一主题,参加县安委办组织的安全生产咨询日宣传活动,向过往群众发放交通安全法规宣传资料300余份,接待现场咨询200余人;广泛开展公共场所宣传,充分利用出租、公交车载LED显示屏滚动播放安全生产月宣传口号,制作安全生产知识版面2块,在街道、车站、企业公共场所等醒目处悬挂横幅或展板15条(块);根据县安委会要求,加强安全培训,各道路运输企业累计开展各类安全生产及应急培训20次,共计180人参加。

【廉政建设】 一是扎实开展党史学习教育。坚持以理论学习有收获、思想政治受洗礼、干事创业敢担当,为民服务解难题、廉洁自律作表率为目标,通过创建学习型、服务型、担当型、创新型、廉洁型“五型”机关,践行初心使命。组织全体党员沉下身、静下心来学史践悟,已组织集中学习12次,开展专题研讨活动6次,警示教育8次,按月召开主题党日活动11次,完成学党史学习资料58套,各党小组能够按时完成每个月的学习工作,并且在自学和集中学习基础上,通过警示教育、革命传统教育、先进典型教育、形势政策教育、党史和新中国史教育以及开展理论测试等多种方式,推动全体党员干部把学习成效体现到增强党性、提高能力、改进作风、推动交通工作上来。截至10月底,共慰问困难老党员1次,组织党员参加党史诵读1次,按时参加社区党组织活动。二是全面落实“主体责任”。认真履行“一岗双责”,坚持把党风廉政建设工作贯穿于交通干部队伍建设和交通运输工作之中,发现苗头性、倾向性问题早提醒、早纠正,做到防微杜渐,让红线、底线、高压线、警戒线在干部内心扎下根来。三是创新工作方法。通过发放征求意见表,广泛开展谈心等方式进行自查自纠,为全体党员干部建立廉政档案。四是以锻造过硬队伍为目标,突出抓班子、带队伍、管干部这一核心,持续推进每周二下午集中理论学习常态化制度化。不断提高思想政治素质、理论水平和运用理论解决实际问题的能力;突出干部队伍建设。按照岗位要求,配强中层干部,特别是在执法工作、项目建设、脱贫攻坚、窗口服务和安全管理工作中发现、培养、考察和使用干部,促进各项工作稳步推进。

孝义市交通运输局

2021年,在市委、市政府正确领导下,在市人大、市政协、市纪委监委监督支持下,市交通运输局党组坚持以习近平新时代中国特色社会主义思想为指导,全面贯彻落实中共十九届五中、六中全会、省第十二次党代会、吕梁市第五次党代会、孝义市第七次党代会精神,认真贯彻落实市委、市政府重大决策部署,紧紧围绕全市中心工作大局,扎实开展党史学习教育,全面推进综合行政执法改革,高质量完成建设任务,积极应对抗洪救灾,较好完成各项工作目标任务。

【以百年党史学习教育为抓手,切实履行我为群众办实事】 一年来,在市委、市政府、市直机关工委、经信党委正确领导下,深入开展学习贯彻习近平新时代中国特色社会主义思想和中共十九大和十九届历次全会精神,扎实推进党史学习教育常态化,深入开展“我为群众办实事”主题实践活动。认真开展民主生活会、民主评议党员、组织生活会、“三会一课”、党员活动日等组织生活,切实做到年初有计划,年中有督查,年终有总结,抓铁有痕、踏石留印,确保党史学习教育取得实效。党员通过自学和集中学习相结合,把思想统一到党的要求上,践行为民服务宗旨,解决思想上和工作中存在的突出问题,落实“我为群众办实事”。局党组集中学习研讨10次,局党组书记为全体党员讲党课1次,分管领导到党支部进行党课宣讲5次,各党支部书记上党课3次,局领导班子开展实地调研8次,形成调研报告13篇,与基层单位和服务对象座谈2次,开展进社区、进小区打扫、整治环境活动10次。

【以骨干项目为重点,加快推进交通基础设施建设】 根据全面开展“四好农村路”建设要求,首先成立领导小组,制定专项规划(2021—2025年)。2021年,“四好农村路”建设任务涉及县乡公路改造3项和建制村通双车道1项。县乡公路改造阳泉曲循环线(克俄至禅房头)项目全长35公里,已完工。县乡公路改造(金世嘉园汾介路以东段)项目,全长4.64公里,已办理全部前期手续,并办理开工许可,受洪涝灾害影响年内无法开工,计划2022年春融之后动工建设。县乡公路改造下栅东循环项目全长114公里,正在办理工可手续,建制村通双车道东小景至西小景项目由乡镇自筹实施,已完工。汽车站新建项目采用一级汽车站建设标准,选址在永盛路与北外环丁字路口东南桃园堡村地块内,设计方案正在评审中。

【以县乡公路为重点,加强农村公路管养】 局养护中心严格养护标准化和规范化管理,以清理公路两侧垃圾、路容整修和维护设施为常态,以10月灾后恢复为重点，以保障主干公路安全畅通为目标，先后完成金世嘉园旅游公路（南小堡至汾介线段）、冀孝线（南船头至芦北段）、吴汾路（G340至文峪河段）、梧西线等11条主干道路清淤抢通工作，确保救灾和生产需要。截至11月25日，主干公路灾后道路路面水毁病害、滑坡、路基塌陷等影响行车安全的较大隐患已基本排除，因天气原因，剩余隐患需等2022年开春天气变暖、地温回升之后方可实施。本次抢通工作共出动各类机械260余台班，运输车10辆。对9条损毁主干公路路面开展坑槽挖除、水稳、沥青铺筑，修复沥青路面共计4.85万平方米、水泥路面840平方米，修筑石砌片石挡土墙1.12万立方米、小矮墙35立方米，砌筑防撞墙530米，清除公路沿线淤泥1000余立方米，更换桥梁伸缩缝24米，完成投资额约1683万元。

【保证疫情防控高压态势，筑牢全市疫情防控防线】 1月成立疫情防控领导小组，认真落实市疫情防控工作指挥部各项文件精神，安排部署春运、“五一”、国庆、元旦等重要时间节点疫情防控工作，针对公交、出租、汽车站、冷链物流等重点行业加强监管。7月下旬以来，全国多地暴发由德尔塔变异毒株引起的本土聚集性疫情，引起局党组高度重视。7月29日，组织汽车站、2家公交公司、8家出租公司召开专题部署会，动员100辆公交车随时投入流调工作，实现一批次2000人员流调工作。下发《关于做好当前新冠肺炎疫情防控工作的通知》，强化重点行业防疫监管。要求汽车站、公交公司、出租公司按照交通运输部《客运场站和交通运输工具新冠肺炎疫情分区分机防控指南（第五版）》中对低风险地区场站、车辆、人员的各项要求，严格落实防疫措施。要求汽车站配齐专人对乘客进行体温测量，查验“三码”，提倡旅客扫码支付，减少现金支付。12月24日，西安疫情暴发之际，县交通运输执法队60余人挺身而出，顶着严寒、冒着风雪在疫情防控点与公安干警、防疫人员执勤值岗，为全市人民健康做出贡献。

【以改善民生为重点，提升交通运输服务质量】 积极回应人民群众关心的民生实事，努力建设人民群众满意交通。一是农村客运持续发展。全市已开通农村客运班线32条，投入客运车辆160辆。正与市财政局沟通，新增城乡客运车16辆投入运营。二是公共交通日趋完善。全市共有城市公交车131辆、出租车779辆，根据孝义市城乡公交一体化总体规划（2017—2030年），进一步完善全市公交线网。开通孝义至汾阳城际公交开通以来，运行平稳，实现两市对开，10分钟一趟，共20辆车运行。三是绿色交通发展深入推进。积极推广应用新能源车辆，2021年全市779辆出租车中，更新纯电动出租车250辆。同环保、交警多部门联动开展打击国六车拆卸后尾气处理装置专项行动，积极部署，强化对维修企业和货运源头企业监管职责，一经发现，立即严惩。

【以中部盆地城市群一体化为契机，提升城市综合运输能力】 一是孝义至介休班线公交化改造项目候车亭15个，站牌8个，已全部完工。二是新榆线南延工程公路全长4.1公里，全市境内2.7公里，总造价概算2118万元，该项目已纳入全省省道“十四五”规划之中。三是汾石高速项目汾阳至石楼高速公路全长82.289公里，其中孝义市境内22.7公里。全市共占地3174.17亩，涉及高阳镇、下堡镇、阳泉曲镇、兑镇镇4个乡镇26个村委。6月26日，在高阳镇神安村成功举行汾石高速公路开工仪式。8月底已完成征地地面附着物摸排调查工作，开始22个采空区治理，已基本完成征地清表工作，土地组卷资料已全部上报，全线具备开工条件。

【以综合行政执法改革为抓手，树立交通行政执法新形象】 按照全国交通运输综合行政执法改革统一安排部署，积极推进综合行政执法改革，将原运管所、路政大队、客运办、质监站和海事中心行政执法职能进行整合，克服人员参差不齐、办公场所分散、执法装备十分短缺、执法车辆破旧不堪等重重困难，于7月30日正式组建孝义市交通运输综合行政执法队。抵住说情干扰、真假记者阻挠破坏、违法分子威胁等重重阻力，持续不断打击各类扰乱运输市场秩序、侵害公路路产路权、超载超限、客货运非法营运等违法行为，有效维护全市客货运运输市场稳定发展。

【以强化隐患排查整治为基础,持续保持安全生产平稳态势】 以“安全发展、预防为主”“安全生产专项整治三年行动”“零事故”单位创建为总思路,明确各科室安全生产工作任务,层层传导压实责任,推动、落实交通运输领域集中攻坚年各项安全生产工作。做好“两节”、“两会”、春运、“五一”、端午、中秋、国庆节假日重点时段安全生产工作安排与检查,大力开展以“落实安全责任,推动安全发展”为主题的“安全生产月”宣传活动,树牢安全理念,增强风险意识,普及安全知识,强化责任落实,提升安全素质,推动安全发展,促进安全形势持续稳定向好。全年各类安全生产检查、“双随机、一公开”检查300余次,下达整改通知书130余份,对个重点环节疫情防控问题隐患批评教育53人,打击非法运营9辆。

【以化解信访为核心,助推交通事业服务提升】 全年共计处理“12345”吕梁市政府服务热线各类投诉举报755件,处理省长信箱、国务院留言等103件,答复满意率达到99%。成功化解84名出租车司机自行采购85辆奇瑞牌油气两用车,因不符合全市出租汽车更新相关文件要求,不能上户而引起持续上访问题,已通过自用、出售、置换等方式解决。

汾阳市交通运输局

2021年,在市委、市政府和上级交通运输部门正确领导和大力支持下,汾阳市交通运输局以习近平新时代中国特色社会主义思想为指导,贯彻落实习近平总书记重要讲话精神,积极推动党史学习教育工作,贯彻落实市委五届十一次全会暨经济工作会议精神,强化行业监管,认真履职尽责,大力推进重点公路建设项目,积极完成“四好农村路”建设,继续强化农村公路养护及路政、运政、客运管理,强化交通运输安全生产监管,提升行业文明形象,圆满完成既定各项目标任务。

【重点公路建设项目】 一是307国道汾阳市过境段公路改线工程。采用PPP模式建设,总投资7.6亿元,其中争取上级补助2.7亿元。路线全长27.194公里,其中改建段13.2公里,新建段13.99公里。2018年5月开工建设,2019年完成路基桥涵工程,2020年完成路面、安全和绿化工程。2021年4月完成交工验收。8月4日全线通车。项目建设对于改善全市干线路网结构,发挥干线公路效能,改善全市城郊交通设施,拉大城区框架,提升城市品位,塑造城区形象,优化全市发展环境,推动又好又快发展具有十分重要的意义。二是汾阳汽车客运站项目。2018年10月开工建设,2020年12月完工,2021年3月完成交工验收,9月正式投入使用。三是汾邢高速公路汾孝东互通连接线项目。路线全长2.215公里,项目总投资2265.3985万元,资金来源全部由汾阳市政府投资。2021年9月20日开工,2022年6月底路基路面工程全部完工。四是G20青银高速杏花收费站改造工程。由“汾审管投资发〔2021〕13号”立项批准建设,原址拆除改造收费棚为2进3出,建筑面积847.71平方米,上部结构为钢结构,下部基础采用独立基础。项目预算总投资为1119.1万元,其中工程费838.89万元,其他费用239.07万元,预备费用41.14万元,资金来源为汾阳市财政投资。2021年9月30日开工建设,11月30日交工验收,工程质量合格。经机电专业机构检测符合通车条件,提请高速公路管理部门同意定于12月12日12时通车运营。五是“四好农村路”项目。2021年上级下达全市“四好农村路”建设任务为县公路郭宏线路面改造10.88公里,估算投资5103.3万元。另外,根据市政府安排,一是自筹资金682万元完成安头中桥、师家庄中桥、干河中桥三座危桥的拆除重建任务。二是完成宣柴堡村道路提质改造工程。路线全长0.75公里,9月27日开工,10月31日完工,完成投资60万元,大大改善当地老百姓出行条件。

【农村公路养护】 随着农村公路养管体制机制改革的不断深化,全市合计1052.586公里,全部纳入养护管理范围。为提高养护质量,年初,局农村公路养护管理所结合实际情况,按照《汾阳市农村公路养护管理实施细则》的规定,实行日常路面清扫、清除垃圾、清理水沟、路肩及边坡杂物清理采用政府服务采购形式进行养护,日常养护小修(路面补坑槽、标线）采用政府服务采购形式进行养护，安全隐患整治（水毁工程）采用政府服务采购形式进行养护，并报财政进行控制价审核。2021年完成整修标准化水沟21公里，整修路肩边坡14.5公里；修补县乡公路路面坑槽3万平方米，消除17处安全隐患；完成路长制公示牌设立333块；完成吕梁市局下达的18个“一灯一带”项目；受10月份大雨影响，造成全市县公路水毁35处，经济损失200余万元。出现灾情后，市交通运输局积极组织灾后恢复重建，已全部完成水毁修复工程。

【综合行政执法】 根据全市深化事业单位改革要求，8月完成原运管所、客运办、交通路政大队、交通质监站整合工作，组建汾阳市交通运输综合行政执法队（以下简称交通执法队），与市交通运输局实行“局队合一”体制，由市交通运输局局长兼任队长，统一执法。一是加强交通法律法规学习培训和业务技能考核，全面提高执法人员综合素质。二是加强路政巡查，依法查处各类损坏、破坏、占用农村公路违法行为，保护路产路权不受侵犯。截至年底，共上路巡查3620人次，清理路边摆摊设点3次，清理路面垃圾16次，清理制止打场晒粮3次，排查路面安全隐患78次，处理路产损坏案11起，处理群众举报案9起，结案率、修复率均达到100%。收取路产补偿费85609.32元。路警联合执法21次，检查超限超载车辆56000辆次，查处移送违法超限车辆55辆；发放路政普法宣传单2000余份，解答过往司机问题60余次，有效提高人民群众的懂路爱路护路意识。三是强化客运管理，严格落实“三关一监督”“四不进站、六不出站”等规定，有效保证班线客车正点、安全运行和城市公交、出租车规范化、服务化运营；对发现的违规违法经营行业从严处理，对投诉到“12345”“12328”的案件，经调查为事实的分别处以教育、警告、罚款，行政处罚142人次，累计罚款15300元。四是继续开展“扫黑除恶”专项行动，整治客车无证经营、超范围经营、挂靠经营等问题，极大地维护客运市场公平竞争秩序，全市三个固定超限检测站共检测车辆52万辆，查处超限超载车辆48辆，转运货物1540吨；公安交警罚款5.5万元，记分240分。五是加快货运业规模化、集约化进程，加强培育物流企业，大力发展货运仓储信息配送业，促进货运业从传统型向现代物流化转型，新增货运业户73户、货运车辆1628辆；全市共有26家物流企业完成备案。

【安全管理常抓不懈】 一是强化领导落实责任。对交通运输系统负责监管的所有企业实行挂牌责任制，签订安全生产目标责任书，层层负责，责任到人。二是利用安全生产“宣传月”“宣传日”“安全带——生命带”等活动，广泛宣传，营造氛围。三是认真落实安全生产“两个主体”责任，开展安全生产大检查大整治活动。四是通过召开会议、转发文件等形式对企业进行安全教育和培训，深入开展安全生产大排查、大整治、大检查、大警示活动、深化“打非治违”和重点领域专项整治三项工作，推进安全生产三年行动集中攻坚年各项工作，深化安全隐患排查、整治工作，多次组织单位干部职工和各被监管企业代表，观看宣传片《生命重于泰山——学习习近平总书记关于安全生产的重要论述》,学习新修订的《中华人民共和国安全生产法》；开展安全生产事故警示教育，用事故教训推进道路交通安全工作。五是联合市安监局、市公安局开展“道路运输平安年”活动，重点对全市“两客一危”企业加强安全监管，督促企业认真落实安全生产主体责任，强化车辆动态监管，积极推进安全生产标准化管理，全年未发生一起安全生产责任事故。六是定期听取大检查汇报，局安全工作领导组每月30日召开专题会议，听取各单位、相关股室安全生产大检查情况汇报，研究解决大检查中的共性问题和突出问题，安排部署下一步工作。七是建立安全隐患排查体系，要求183家生产经营单位建立企业自查、上报、治理、挂牌督办、销号全过程闭环的安全隐患排查治理体系，隐患治理做到整改责任、措施、资金、期限和应急预案“五落实”。八是强化督查检查，根据工作分工，局分管领导各负其责、各把一口，对分管单位、股室、工程建设项目进行定期安全督查检查，发现问题立即整改。全市交通运管部门共出动检查8次，检查客运企业27家，一般隐患4条，已整改2条，正在限期整改2条。

对客货危驾进行检查,共出动车辆400余次,出动人数3000余人次,其中检查疑似非法营运车辆300余辆,查处非法营运车辆共计11辆,处罚金额5.5万元。检查客运班线车110辆,查处客运班车共计1辆,处罚金额1000元。检查货运车辆400余辆,查处货运车辆共计130辆次,处罚金额22万元。共排查出隐患问题156个,全部完成整改。

【积极开展党史学习教育】 一是强化理论武装。始终坚持把学习理论知识作为开展党史学习教育的基本举措,采取自主学习、集中学习等方式,领导班子带头学,党员干部主动学,形成全局上下学习理论著作的浓厚氛围。5月份,组织党史专题学习2次,党组成员讲党课1次。二是创新学习方式。用好用活"学习强国"、三晋先锋等平台,鼓励党员干部在"学习强国"平台进行交流发言,畅谈学习感受,发挥党员干部的学习主动性和积极性。三是扎实开展"我为群众办实事"活动。继4月份修补韩石线坑槽后,又组织技术人员对农村公路跨越文峪河桥梁进行一次系统排查,积极实施危桥新建工程。

(陶建强)

晋中市

晋中市交通运输局

2021年,在市委、市政府正确领导和省交通运输厅大力支持下,晋中市交通运输局坚持以习近平新时代中国特色社会主义思想为统领,积极贯彻落实中共十九大、十九届历次全会及习近平总书记视察山西重要讲话重要指示精神,围绕市委、市政府和省交通运输厅的部署要求,坚持高质量发展理念,以体制机制创新为动力,全面拓展交通强国建设晋中发展新局面。

【坚持真抓实干,全力推进交通强国建设任务落实】 一是发挥先导作用,着力推进交通基础设施建设。在疫情重压之下,晋中市交通运输局逆势而上狠抓项目建设,对昔榆高速公路、"四好农村路"、太行一号旅游公路等交通基础设施项目,实行全周期、全流程项目计划管理,交通运输为全市经济稳预期、稳投资、稳增长发挥重要作用。首先,固定资产投资保持增长态势。强化交总账意识,将主要工作精力放在项目推进上,全力保障重点工程形象进度,新建项目基本实现当年开工当年完工目标。全年全市交通固定资产投资(含国省干线)完成126.9亿元,超额完成年度投资目标,创历史新高。其次,成立专班加快项目推动。不等不靠、主动作为,由局长亲自挂帅,选拔技术骨干成立三个工作专班,落实落细责任,建立项目台账和任务清单,实行倒排工期、挂图作业和微信群通报制度,逐项跟踪施工组织、质量管控、建设程序、工程进度等4个重点环节,进行全程不间断指导。全市"四好农村路"新改建364.5公里;全市三个一号旅游公路建成320公里,太行一号至晋中环城绿道、汾河廊带生态旅游通道主体工程建设全部完成;全市农村公路完成投资31.9亿元。昔榆高速公路超额完成固定投资任务,完成投资59.6亿元,创全省新建高速公路项目速度之最。最后,全力推进灾后恢复重建。全市交通运输系统闻汛而动、逆行出征,先后出动人员2.1万人次,投入各类机械9800台次,积极开展灾损评估,科学编制灾后重建项目清单,灾后恢复重建有序推进,农村公路灾后恢复重建449项已完成342项,完成固投2.54亿元,一般、较大灾毁重建工程主体全部完成,严重、特别严重项目相继进入施工阶段,2022年6月底前如期完成目标任务。二是聚焦民生需求，着力推进运输行业供给侧改革。坚持以供给侧结构性改革为主线，统筹推进调结构、降成本、强服务、增动能，不断调整优化运输产业结构，供给质量和效益明显提升。首先，大力推动网络货运发展。贯彻落实市委、市政府关于加快服务业发展的决策部署，代市政府拟定《促进网络货运行业健康发展的若干措施》，更好地服务市场主体，加快网络货运市场主体培育，推动单车独户车辆进入平台，统一管理。全市网络货运平台企业当年猛增至21家。全年交通运输服务业完成营业额215.8亿元，同比增长125%。其次，统筹城乡交通运输一体化。认真做好建制村通客车成果巩固工作，鼓励农村客运公司化经营、集约化发展，有序推进城乡公交线路向城区周边重点镇村延伸和农村客运班线公交化改造，确保农村客运“开得通、留得住、有效益”。榆次、太谷、榆社、灵石建立覆盖县乡村的农村客运交通网络，试点开通左权至榆社、左权至邢台城际旅游客运专线。最后，提升城市客运服务水平。统筹配置全市公共交通客运资源，新开通公交线路3条，调整优化线路21条，定制公交、旅游公交等特色公交快速发展。设立电子站牌186块、市城区手机App乘车信息查询、移动支付覆盖区域逐步扩大，推动完成交通一卡通系统改造，与全国300多个城市实现互联互通，累计发卡2.25万张。坚决贯彻落实“公交优先”发展战略，大力推进公交车辆新能源化。全市公交车共有1621辆，其中新能源公交车1592辆，新能源车辆占比达98.2%；市城区626台公交车全部为新能源车辆。针对巡游出租汽车和网约出租汽车融合发展问题，充分学习借鉴杭州先进经验，在分析研判行业现状基础上，初步拟定“政府—企业—驾驶员”的运营模式，在全省率先探索性开展改革试点前期工作。有效应对机动车污染，打赢蓝天保卫战。在圆满完成2020年国Ⅲ及以下营运柴油货车淘汰任务基础上，共淘汰国Ⅲ及以下排放标准营运柴油货车4764辆，完成目标任务147.31%。三是深化机构改革，交通运输行业潜力进一步激发。迎难而上，破冰攻坚，稳妥推进事业单位重塑性改革。首先，做好事业单位改革“后半篇文章”。按照“一局一队一中心”架构，谋划好改革的四梁八柱，整合原下属9家事业单位，组建市交通运输服务中心，完成人员转隶112人。为既保障业务工作不受影响又有序推进机构改革，按照边改革边运行思路，稳步推进机构登记、人员划转、清产核资、筹建党组织等工作，对应机关科室协助开展工作。已完成中心副主任和各部门负责人配备，进一步理顺政事关系，明确职责清单、业务范围清单，各项工作正常运转。其次，加快国企国资改革实质化进程。制定出台《晋中市交通运输国企国资改革“1+6”实施方案》，重点推进集团公司管理体系搭建、“六定”改革以及所属企业清产核资三项核心工作，初步完成局属国有企业现代企业改革。一揽子整合交通运输国企国资资源，新组建交通运输产业集团有限公司，围绕道路建设产业，打造一条产业链；围绕交通运输业，打造客运总站运营服务与出租车服务两大核心业务，实现“一链双核”的业务布局。最后，深化交通领域“放管服”改革。以增强企业和群众满意度为导向，深入推进“证照分离”改革全覆盖，稳步推进工程建设项目审批制度改革，道路运输电子证照系统正式上线运行，率先实现《道路运输经营许可证》《网络预约出租汽车经营许可证》等9类电子证照的申领使用，“道路运政电子证照App”软件实现从业资格证等5项高频事项“跨省通办”。四是提升本质化安全水平。按照“三管三必须”要求和“谁主管、谁负责”原则，每月雷打不动召开安全生产工作例会，学习宣传贯彻安全生产法规制度，分析研判风险隐患，制定措施抓好落实，确保各级同向发力共同抓好职责范围内的各项安全生产工作。建立起全员有责、责任到边的安全生产责任网络，形成“一级抓一级，层层抓落实”的安全生产责任体系，建立“月月有人查、季度大检查、重点时段专项检查”制度。深入交通运输行业重点企业督导检查，对全市交通运输安全生产工作进行“把脉问诊”，针对普货运输事故多发情况，采取由局部到整体、由短期行为到长期效应的办法，选取祁县忠兴汽车运输公司作为道路普货安全专项整治试点企业，重点围绕“责任、制度、平台、机制”四个环节，扎实开展专项整治，共挂牌督办企业1家，停业整顿1家，约谈相关单位和企业18家，有效消除监管盲区和漏洞，确保监管全覆盖。

【把牢政治方向，不断提升自身素质和履职能力】 通过强化理论武装，不断树立“四个意识”、坚定“四个自信”、坚决做到“两个维护”。一是持续提升理论水平。坚持将系统学习掌握习近平新时代中国特色社会主义思想作为一项长期的重要政治任务来完成，严格执行党组第一议题学习制度，每月第一周“雷打不动”组织中心组学习，共组织集体学习16次。坚持推动理论学习往深里走、往心里走，专题学习习总书记“七一”讲话、十九届六中全会精神，认真参加交流研讨，围绕全市“四好农村路”发展、城市公共交通、综合交通运输体系建设，扎实开展“十四五”规划编制研究工作。二是不断强化履职能力。坚定不移落实上级决策部署，不断强化使命担当，围绕省十二次党代会、市五次党代会战略部署，逐条逐项交账兑现，按照“一群两区三圈”布局，站位“不是省会的省会”，太晋一体化道路项目4条已实现连通3条（东代路、郑大路、滨河东路南延已建设至晋中与太原、吕梁交界），文源路（清徐大街）项目完成工可编制、评审，开通5条城际公交线路。三是创新理念指导工作。坚持学习先进理念，不断运用于工作实践，努力做到学用结合、学以致用。通过理论创新融合实践，拓宽新视野，形成新观念，创新新举措。依照《交通强国建设纲要》《山西省交通强国实施意见》《交通强国建设山西省试点实施方案》，在晋中市开展新型双半挂汽车列车试点运输，已与部科研院签订合作框架协议，进入制定实施方案阶段。四是牢牢守住意识形态阵地。严格落实意识形态工作责任制，强化意识形态领域风险研判处置，掌握网上意识形态话语权。依托三会一课、“学习强国”等平台，推动党员干部学深悟透习近平新时代中国特色社会主义思想。充分利用公交、出租、汽车站、门户网站等媒介，广泛开展社会主义核心价值观、党的历史宣传教育，营造浓厚舆论氛围。

榆次区交通运输局

在区委、区政府坚强领导下，榆次区交通运输局坚持以习近平新时代中国特色社会主义思想为指导，以党史学习教育为主线，认真学习贯彻习近平总书记在庆祝中国共产党成立100周年大会上的重要讲话精神，深入贯彻落实习近平总书记视察山西重要讲话重要指示，完整准确全面贯彻落实省委十二次党代会和晋中市第五次党代会精神，全面加强意识形态建设，严守疫情防控交通防线，积极投身防汛救灾交通主战场，坚决扛起灾后恢复重建重任，高质量建设、高标准养护农村公路，努力推进行业转型发展，奋力开启交通运输事业高质量发展新征程。2021年7月，被省交通运输厅、省人社厅授予“山西省交通运输系统先进集体”称号。

【提质保量，公路建设成效显著】 一是“四好农村路”PPP项目建设进入收官阶段。2021年续建任务18条、83.2公里，截至11月初，已完工15条、75.1公里，开工在建3条/8.1公里，11月底完工。二是得天缘（三期）园区内道路建设稳步推进。路线全长4.978公里，总预估投资1002.68万元。11月底全部完工。三是乡村街巷硬化工程完成普查与勘测。根据10个乡镇统计上报数据，破损程度达到50%以上的街道有1863条、面积364万平方米，巷道有2199条、面积176万平方米。计划分期分批实施街巷硬化工程，估算投资9.6亿元。工程可行性研究报告已完成。四是配合市、区政府完成环城绿道改造工程。投资550万元。五是圆满完成其他民生工程。

【平稳顺利，事业单位改革见成效】 先后8次召开专题会议，对全系统5个参改事业单位312名参改人员进行认真摸排梳理，借助于上级政策支持，实现顺利平稳过渡，287人转隶手续已全部办理，25人拟转隶至榆次区行政审批局，正在协调办理中。同时，积极落实市委“四不看、四看”工作要求和选拔干部“三种导向”，通过人事调整，挑选精兵充实干部队伍，树牢“脚踏实地、扎实细致，明镜高悬、正心正行，敢于斗争、胸怀人民”三个理念，带动全局练好内功，提高工作效率和工作质量，在国庆假期强降雨期间，全局党员干部主动放弃休假，积极投入防汛救灾和恢复重建主战场，形成“比、学、赶、帮、超”良好工作氛围。

【担当作为，积极投身防汛救灾和恢复重建主战场】 10月2日晚至9日，全区出现持续强降雨过程，降雨量累计平均值达200毫米，对全区农村公路造成不同程度损毁。为保障人民群众生命财产安全，区交通运输局迅速行动，主动作为，积极奋战在抗汛抢险救灾第一线。首先，未雨绸缪，及时应对防范。4月，制定切实可行的防汛应急预案，做好备汛工作。储备沙石4000吨，编织袋2500条，头灯、雨衣、雨鞋、救生衣等50套，机械挖掘机3台、铲车3台、运输货车5辆。其次，全面排查，积极抢通保畅。根据省、市、区防汛指导精神，先后9次召开专题会议，全员取消国庆假期和双休日，第一时间安排部署应急队伍上路排查隐患，局领导包片负责、全面摸排、综合研判、及时处置。此次水毁共排查农村公路1232公里，造成水毁共计102条365处，水毁路基112079立方米，路面面积46672平方米，塌方63165立方米，排水设施受损895米、防护工程挡墙受损4228立方米、护坡受损403平方米，投入机械590台班，人工994人次，经过7天昼夜奋战，对塌方严重阻断和中断的10条道路已全部抢通。最后，奋战一线，恢复重建抢工期。会同施工单位和技术指导先后13次深入受灾一线现场办公，8次召开专题会议讨论研究，成立灾后重建工作领导组和工作专班，出台重建交通行动方案，制定任务清单、责任到人、挂图作战、倒排工期。在抢通修复工作中，制定一路一表102份、建立台账3本，对灾毁路段进行分类处置销号管理，对小修小补即可恢复通车的，发现一处处治一处，对灾毁严重下一步需要修复57条206处水毁道路，政府召开农村公路水毁经济损失及灾后重建专题会议，明确水毁修复工程的实施主体、时间节点、地质灾害处治、注册内桥梁检测修复工作。已完成抢通修复工程70条181处。对路基、边坡、排水、有安全隐患的路面等工程于2021年11月底前完成，其他工程于2022年5月全部完成。对全区注册内的37座桥梁，进行全面检测，11月30日前完成。对地质灾害的处置，2022年5月完成。同时，对水毁路段设立交通安全警示标识437块，确保受灾群众出行安全。

【平特结合，疫情防控形势保持平稳】 一是疫情防控一线筑牢安全壁垒。年初，面对新冠疫情严峻挑战，历时29天，设立12个交通防疫检查站，统一配置防疫办公方舱23间，出动工作人员1739人次、车辆1240辆次，检查过站车辆687217辆、人员789011人，劝返来自河北及中高风险地区车辆4527辆、人员6396人，向属地乡镇（街道）移交车辆1047辆、人员1262人，筑牢全疫情防线壁垒。二是常态化疫情防控做到行业全覆盖。针对客运、货运、物流等行业重点环节，成立7个专项督导组，共出动检查人员276人次，检查企业137户，发现整改“办公场所消杀台账登记不规范、消毒液存放过期”等防控风险隐患9个。共印制《新冠疫情防控工作资料汇编》100册、宣传海报100份、条幅27条。三是疫苗接种实现职工全覆盖。截至10月31日，局机关及下属单位在职职工总数399人，已接种388人，有禁忌未接种11人，接种加强针132人。

【高标养护，提升公路好路率】 一是日常养护。以“路长制”为抓手，以农村公路养护体制改革试点县为契机，创新养护管理思维，形成“九个创新”高标准生态养护模式，提升全区农村公路现状及好路率，农村公路养路率100%，好路率不低于80％，多次被省、市、区列为试点观摩线路推广经验。2021年以来，共整修县、乡公路两侧路肩边坡350公里，对石后线修复急流槽170米、排水渠130米。对逯南线沥青微表处2859平方米；对重点路段施划减速标线407米，安装标志牌52套等养护工程；配合区农业农村局做好农村人居环境“六乱”专项行动，加强公路沿线环境治理，修复县乡公路路面沉陷、翻浆、坑槽达5500平方米。完成“一灯一带”工程，对西南线、北同线平交路口安装减速带407米，警示标志牌52套。二是专项养护。完成提质工程78条120，主要是对乡村公路路基、路面进行修整、安装交通安全设施、维修排水防护、施划标线等养护作业，确保提升农村公路养护优良路率。完成田流线、源东线10公里的生命防护工程，安装柱式轮廓标269个，栏式轮廓标391个，防眩板2250个，标线7533平方米。

【综合治理，公路管理秩序稳定】 对政府公示的90家合法货运源头企业，实行全部挂牌公示，签订《源头治超责任书》。5月25日至8月25日，开展为期三个月的混凝土企业超限超载行为专项整治行动，采取驻巡结合方式对企业实施驻站监管，重点整治混凝土源头企业利用"阴阳运单"躲避超载检查行为，共出动驻站治超人员128人次，出动执法车辆108辆次。在日常监管中，加强对源头企业不间断巡查，共出动巡查人员1260人次，执法车辆302辆次，检查货运源头单位1428个次。对违法超限超载车辆严格落实"一超四罚"，共处理移送案件283件，处罚违法源头企业11家（违法车辆13辆），将违法车辆和违章驾驶员录入"黑名单"，对外省车辆和驾驶员用挂号信的方式抄告当地运管部门。被市治超办授予"2020年度市级先进源头超限超载治理单位"称号。

【齐头并进，道路运营持续向好】 一是客运市场管理有序。1—10月投入班线客车215辆，完成客运量12722人次，投入旅游包车498辆次，完成客运量7247人次；审验营运客车279辆、客运标志牌2225个；继续巩固村通客车工作成果，强化对198个农村客运候车亭管理维护。二是货运市场转型升级。积极推进网络货运平台建设，先后与山西快成物流科技有限公司、山西惠捷供应链科技有限公司、晋中晨光物流有限公司进行工作对接，开展平台建设前期准备工作；积极推进客货运邮协同发展，整合优化交通、邮政、供销等物流平台，畅通电商、快递进农村通道，共安装中国邮政网络系统平台30家。建成3条客货邮合作线路，即乡村振兴示范廊带、田园果蔬示范廊带、东清线蔬菜专线，推进城乡客运、邮政快递、农村物流等网络、运力、信息资源共享。三是维修行业整治提升并举。服务83家一、二类维修企业制定和完善本企业安全生产管理制度（汇编）、成立安委办（安全管理机构）、修订完善企业安全应急预案，全部纳入山西交通"在线安培"系统；服务25家企业实现安全生产标准化三级认证，8家重点监管企业完成安全生产风险辨别评估；开展维修企业备案辅导，接到申请8个，完成辅导2个；开展货车非法改装专项整治行动，排查企业14户，未发现存在违规行为。四是驾培行业创新发展逐步规范。积极推进从业资格证"跨省通办"业务，将从业人员线下继续教育时间从三天24小时改为两天24小时；从业人员继续教育人数达224人，对超限超载违规的191名从业人员实施扣分处罚。

【措施得力，行业安全生产无事故】 坚持管行业必须管安全、管业务必须管安全、管生产经营必须管安全的"三管三必须"原则，加强对全区公路工程建设、运营和道路运输领域进行安全监管，确保交通运输领域安全生产零事故。按照安全生产标准化建设要求，实行突出重点领域重点监管，日常事项日常监管和问题事项监督检查。2021年以来，公路工程建设领域监管，重点对新建、改建、扩建的公路施工项目，依法履行安全设施"三同时"和"反三违"监督检查，累计检查工地16次。农村公路运营领域安全监管累计排查发现隐患11处，已全部整改修复完工。路面坑槽修补6000余平方米，增设减速带22个平交路口（165米），警示标志14个。对道路运输领域安全监管累计出动检查人员300余人次，共排查发现一般隐患12条，全部整改到位。

【多措并举，大气污染得到有效治理】 一是扬尘污染治理。主要对乌金山镇峪郭线和榆罕线这两条扬尘污染严重的道路及沿线源头货运企业进行督导检查，督促企业加大对厂区周边道路的洒水力度，抑制扬尘，并积极和市交通综合行政执法队沟通对接，形成联动机制，对乌金山镇道路进行路面巡查管控。加大对路面及路域环境治理，全年共动用人工3455人次、洒水车212台班、洗扫车266台班、挖掘机2台班、装载机1台班、农用车15辆次，清运路面两侧积垢71.7立方米，完成生态打草作业100余公里，路面清理累计2950公里。二是积极推进国Ⅲ车淘汰。2021年应淘汰的国Ⅲ及以下排放阶段营运柴油货车数为2440辆(2021年7月28日前未年检应淘汰1768辆;已年检应淘汰672辆)。截至10月18日,已完成营运手续注销2365辆、车辆登记注销1147辆;收到淘汰补助申请材料99辆件,申请淘汰补助款1632400元。三是开展柴油货车污染治理。对辖区内柴油货车运输经营户开展摸排统计,建立20辆以上柴油货车运输大户台账38户并进行入户抽测,共抽测21户运输企业81辆车,抽测结果全部合格。四是加强货运源头企业监管。要求所有货运车辆苫盖密闭、喷淋清洗后方能出厂,要求辖区内91户公示源头企业重污染天气预警期间严格执行错峰运输方案,运输大宗物料采用国六排放标准及以上汽车或新能源车辆比例不低于30%。五是强化汽修业VOCs排放控制。完成140家备案企业危废产生、收集、贮存、处置闭环管理,并总结形成榆次区汽修行业通用的《危废管理规范》。六是打击拆卸国六重型燃气车后处理装置行为。共出动车辆18车次、检查人员89人次,检查维修企业8家、货运企业18家,签订机动车维修企业责任承诺书21份。

【积极主动,推进文明城市创建】 9月3日,在区委召开关于晋中市创建全国文明城市工作安排会后,区交通运输局高度重视,立即召开专题会议安排部署,成立工作领导组和工作专班,分三个组对全区建成区到乡镇沿线、城乡接合部及全区农村客运候车亭的基础设施、公益宣传、环境卫生进行全面摸排和整治。投资12.2万元完成4个乡镇农村公路路面修补坑槽1217平方米,完成西南线、田流线、东清线、逯南线等主要县乡公路清扫路面、清除杂草、整理路肩、边坡、汛期清理积水淤泥、清理沿线垃圾共约450公里,共动用人工575人次,洗扫车28台班。投资17.9万元对农村公交候车亭进行整治,维修顶棚18个、亭柱4个、地面24处、背板4个、亭凳16个、更新文明城市创建主题公益广告展板131处。进一步改善人居环境,完善交通基础设施服务功能,营造创建文明城市的浓厚氛围,大大提升人民群众的幸福感、安全感和满意度。

太谷区交通运输局

2021年,太谷区全体交通人员以昂扬斗志,坚定决心和饱满热情,贯彻落实中共十九大及十九届历次全会精神和习近平总书记重要讲话重要指示,紧紧围绕省、市、区工作大局和交通运输工作实际,按照区委"一二三四五"战略部署,攻坚克难,努力完成上级交办的各项目标任务,交通运输各项工作有序推进。

【抓好行业疫情防控,维护社会大局稳定】 在区委、区政府和市局坚强领导下,持续做好常态化疫情防控各项工作,督促指导客运、货运、快递物流、冷链物流、维修企业及项目工地落细落实疫情防控措施;配合公安、卫健部门在交通卡口设立疫情防控检测点;还成立疫苗接种工作专班,加快推进行业从业人员接种新冠病毒疫苗。交通运输领域接种疫苗基本实现"应种尽种",持续形成严密交通"防疫网"。

【聚焦交通项目建设,助力区域快速发展】 一是2021年续建项目。太谷县南山旅游公路建设项目,全长约40公里,总投资48400万元,路基、路面、桥梁、涵洞、绿化工程已全部完成,交安工程已完成设计量98%;太谷县城金谷大道北延综合管网及道路改造工程,建设里程6.021公里,总投资52800万元,主路已于8月通车;太谷县城凤仪东街片区综合管网及道路工程,路线全长6.41公里,总投资52000万元,已全部完成;太谷县城高铁东站停车场及配套设施工程,项目总投资6654.76万元,已完工;太谷县范白线(闫村至孟高立交桥段)路面大修工程,建设里程11.41公里,总投资3208.7076万元,已完工;范白线(高速连接线至108国道)提质改造工程,全长11.725公里,总投资2331.6687万元,已完工。二是2021年新建项目。山西农谷铭贤学堂旧址至广誉远道路工程,建设里程5.61公里,总投资17333万元,已完成投资8087万元;山西农谷胡村产业园区路提质改造工程,项目建设里程5.6公里,总投资9800万元,已完成投资2264万元;山西农谷水秀片区综合管网及道路工程，建设总里程2.27公里，总投资13949.27万元，立项、土地、环评已办理，目前正在申请债券，南畔至金子山道路改造工程，建设里程2.91公里，投资651.79万元，已完工；北孟线生命安全防护工程，建设里程10公里，已完工。

【关切群众安全出行，加快灾后恢复重建】 从10月3日开始，全区连续数天出现持续强降雨，造成6个乡镇农村道路水毁严重。局领导深刻关切人民群众安全出行，按照省厅先通后畅原则，先后组织机械队和柏荣公司出动360人抢险队伍，110台机械完成道路桥梁抢修抢通作业，完成投资178万元。

【强化安全隐患排查，筑牢交通安全堡垒】 认真贯彻落实习近平总书记关于安全生产工作的系列重要指示批示，坚持问题导向、目标导向和结果导向，按照“四铁”要求和创建“零事故”单位总体要求，深化源头治理、系统治理和综合治理，扎实推进“三年行动集中攻坚行动”，助推平安太谷建设向纵深发展，截至年底未发生交通运输责任事故。

【深化交通监督执法，构建和谐运输环境】 一是文明执法，依法行政。累计巡查4412公里，出动执法人员3630人次，执法车辆1410台次。办理处罚案件360件(其中运管处罚204件，客运处罚156件)，通过现场批评教育并依照相关法律条款进行处罚，共处罚金101.6万余元。二是多方协作，联合治超。交通运输服务中心、孟高超限检测站、区治超办、交警队等多部门密切沟通协调，形成源头治理、路面管控、教育与处罚相结合的治超合力。

【优化交通行业发展，提升运输服务质量】 一是持续优化意识形态工作。二是助力大气环境持续改善。三是开展常态化开展扫黑除恶斗争。四是不断改善客运市场服务质量。用两周时间完成300辆出租汽车运营证的年度审验，大大节省审验时间；10月协调公交公司优化公交运行线路，为广大群众提供更加便捷的公共交通出行环境。五是不断提升交通战备队伍能力。按照要求，整组太谷区国防交通客运、货运、道路工程抢修保障三支队伍；科学合理整组30人太谷民兵运输连，保证队伍的年轻化，编组合理化。

【加强政治理论学习，夯实党建工作基础】 一是扎实开展党史学习教育。制定印发《实施方案》，先后开展“铭记历史、缅怀先烈”清明祭英烈、“党史学习教育专题党课”、“红色经典诵读比赛”和“我为群众办实事”“党员新时代文明实践”等活动，引导广大党员干部在党史学习教育中汲取力量，做到学史明理、学史增信、学史崇德、学史力行。二是加强政策理论学习，不断提高党员干部政治判断力、领悟力和政治执行力。同时，督促党员干部充分运用“学习强国”“三晋先锋”App等网络载体，学好党史和习近平总书记重要讲话，让提升党性修养、思想境界形成自觉，成为习惯。三是严抓党风廉政建设。始终坚持把纪律建设作为从严治党有效手段，着力强化守纪如铁自觉性。认真学习党规党纪条款，引导党员领导干部树牢党性观念、强化廉洁意识，坚决做到不踩红线、不越底线、不闯雷区。

榆社县交通运输局

【党风廉政建设】 年初印发《2021年党风廉政建设工作要点》，对全年党政廉政工作进行任务分解，明确工作内容。3月9日召开党风廉政建设暨纪律作风整顿工作会，进行动员部署，党组与各部门主要负责人层层签订党风廉政建设目标管理责任书，筑牢领导干部拒腐防变意识。完善全面从严治党三个清单，做到问题清、任务清、责任清、问责清。持续深化廉政教育，以县纪委通报的身边案例开展以案促改警示教育，筑牢党员干部思想防线。组织观看《三打三捷》《秀美人生》等系列红色教育片，引导广大党员干部职工“不忘初心、牢记使命”，坚定理想信念，全身心投入到交通建设发展中去。

【党史学习教育】 坚持以党组中心组学习、研讨为龙头，党支部为单元，通过中心组组织学习、专题讨论、党支部“三会一课”，组织全体党员先后开展义务植树、清明祭英烈、人居环境“六乱”整治、驻村帮扶、助力秋收、重温入党誓词、书记讲党课、参观党史长廊等一系列主题党日活动，确保大家牢固树立“四个意识”、坚定“四个自信”、坚决做到“两个维护”。

【兴办民生实事】 着力结合交通实际，紧紧围绕县委、县政府年度重点任务目标，以局党组和副科级以上领导结合各自领域制定办实事清单，统筹安全生产和消除公路、道路运输安全隐患、全力开展水毁修复工作、深化交通运输领域机构改革，推进旅游公路项目建设、出租车营运价格调整、增加城市公交线路、开通左权至榆社高铁西站城际公交线路、养护体制改革、帮扶村街巷道铺设沥青、推进榆社县区域全员免费乘坐公交等一列民生实事实施。以推进深化事业单位机构改革为基础，稳步解决自收自支人员编制、工资、绩效等历史遗留问题，通过机关办公楼供热管道改造，让干部职工能够舒适安心办公。

【意识形态领域】 一是通过加强党组和领导班子的意识形态工作责任制，将学习习近平总书记重要讲话和指示、批示列入党组中心组学习计划，充分利用“学习强国”“山西干部在线”等多媒体平台在线学习，年度集中学习60次，集体研讨12次，强化意识形态领域管理。二是加强多媒体信息监管，切实加强全体干部职工网络安全宣传教育，做好日常干部上网管理。三是做好宣传信息管理，及时更新公众微信号平台内容，做到每周更新。四是完善意识形态工作制度严格执行分析研判机制，定期分析研判意识形态领域情况，牢固维护意识形态安全。

【公路项目建设】 克服新冠疫情和有史以来持续性强降雨带来的不利影响，在统筹疫情防控和安全生产基础上，全方位推进农村交通运输高质量发展。年度实施六个交通基础建设项目33.924公里，完成固定资产投资6674.9万元。规上交通运输业1—12月累计完成28814万元，较上年同期累计增幅14.1%。

【“四好农村路”】 投资31万元完成“四好农村路”(安全生命防护工程)1.043公里；投资6.9万元完成“一灯一带”21条；农村公路日常养护完成投资339万元。

【旅游公路续建】 晋中市太行山旅游公路榆社境(牛槽沟至榆社县段)18.235公里总投资2726万元。年度完成固定资产投资1326万元，累计完成固定资产投资2650万元。总投资4993万元9.426公里晋中市太行山旅游公路榆社境(和顺县界至牛槽沟段)完成年度资产投资1393万元，该项目的建成通车极大方便北寨和沿线人民群众出行。

【水毁公路修复】 2021年，榆社县遭受有史以来强降雨，全县900余公里的农村公路不同程度受到灾毁，造成可见性的直接经济损失1.1037亿元。自强降雨发生以来，局党组和领导班子成员高度重视，提前部署，周密安排，紧急启动应急预案，充分发挥“路长制”护路员协查基础上，基层党组织和党员领导干部发挥先锋模范作用，养护执法人员日夜坚守在应急抢险路段，在隐患路段及时设立警示标志，养护队伍分区行动，对落石及滑坡地带进行抢通修复工作。强降雨发生后，累计出动人员1718人次，调用大型机械设备825台次，投入抢险资金1840万元，疏通公路堵点20.48公里，处置损坏道路35处，修复中断路段29处，处置受损桥梁6座，清理落石、滑坡点32处、路基塌方处置30处、路基沉陷65处，设置警示标志标识标牌58处，处置损坏涵洞3道。按照“先重点、后一般，先生活、后生产，先应急、后长远”和“先通后畅”原则，逐路逐段逐桥、精心设计、提升标准、制定抢通方案，按照时间顺序节点，有序开展灾毁重建修复工作，力争于2022年6月底前全面完成农村公路恢复重建工作。先后组织向红十字会灾后进行恢复重建捐款5930元，开展“农村环境人居环境整治六乱治理”“城市乱象整治”“灾后恢复重建”“助力秋收”“建党一百年红色教育”等系列主题党日活动。

【新冠疫情防控】 围绕“外防输入、内防输出”，做好常态化疫情防控工作。第一时间成立由局主要领导担任组长的疫情防控领导小组，配合卫健部门在榆社县北高速口、南高速口、东高速口、云竹湖高速口、汽车站、火车站、高铁西站设置疫情防控检查站，24小时不间断扼守关卡，排查车辆、人员、测温消毒。严格落实上级各项指令，采取坚决果断、有力有序、科学周密的举措做好卫生检疫、隔离、留验、转运等工作，通过及时有针对性的停止市际客运班线车辆，督促指导有关企业严格落实客运场站和交通工具的疫情防控措施，确保交通运输领域阻断疫情传播。累计出动执法人员1480余人次，车辆230余台次，检查车辆20000余辆，检查人员27055余人，全力保障应急运输和能源保供保通保畅，做到公路交通网络不断，必要的群众生产物资运输通道不断。交通运输场站在做好自我防护的同时采取轮流值班制度，做好站内站外、车辆、站场消毒、人员检测、人员防护，加强对旅客进行排查管控。

【综合行政执法】 全年办理行政处罚和赔补偿案件76起59.7215万元。其中：违规巡游车、网约车25起处罚21.8万元；未按规定使用计价器1起处罚300元；未取得《道路危险货物运输经营许可证》《道路危险货物运输证》从事道路危险货物运输案3起处罚11万元；查处货运企业11起处罚7.6万元；违规从事货运车辆13辆处罚22000元（非法改装车辆2辆，处罚金额10000元；未加盖篷布造成公路抛撒污染案4起，罚款7000元）；违法超限运输车辆22辆处罚138515元；收取1处平交道口接入费、维护费32400元；潭村超限检测站检测货运车辆54409辆，超限超载率下降至0.07%。

【交通安全生产】 围绕“人民至上、生命至上”理念，深入推进交通安全生产三年行动隐患排查整治，安全生产形势持续稳定向好。深化“安全生产专项整治三年行动”，加大安全隐患排查治理，动态更新问题隐患和制度措施“两个清单”，集中攻坚行业重点领域难点问题，强化执法监管，出动安全生产执法检查200余人次，核查企业100余家，排查整治各类风险隐患56条，整改率100%。

【公路养护管理】 出台《榆社县深化农村公路管理养护体制改革实施方案》。推行农村公路路长制，确保每个路段、环节、部位都有人盯、有人管，坚持将养护作业与农村人居环境“六乱”整治和优美生态环境有机结合，以云竹湖生态恢复治理为契机，对周边县乡村公路进行标志、标牌更换，划设标线和环境卫生清洁等工作，先后出动养护人员1500余人，划设标线5000余平方米，清理环境10000余平方米。养护部门先后对河峪乡（河峪村、东清秀村、东形彰村、平顶村）高铁沿线公路、公路用地和公路控制区清理建筑垃圾200余立方米。全年累计完成路面保洁350公里、边沟疏通267公里、坑槽挖补2542平方米、路面标线125公里，设置防撞护栏1.043公里、更换各类标志标牌60套、警示桩500根，整修水沟20349平方米、清除杂草垃圾107751平方米，路缘石刷白52800平方米、增设减速带154米、修复减速带983.5米、涵洞疏通62道，修复涵洞37道。在城市乱象整治过程中，出动673人次，调用铲车、挖掘机等大型机械设备27台次，三轮车34台次，对39项各类问题建立台账，整治完成29项，整改完成率70%以上，通过农村公路沿线周边群众开展路域环境整治和一系列乱象整治行动，全力打造农村公路“畅、安、舒、美”通行环境，在乡村振兴中全面提升沿线村庄品质形象。

【道路客货运输】 围绕“交通运输转型提升发展”，构建经济高效的道路运输体系。2021年货运量131万吨，货物周转量24425.02万吨公里，班线营运客车17辆462座，客运量2.7万人次、旅客周转量192.1万人公里，城乡公交客运量190万人次，平安出租客运36万人次。2021年春运投入运力998辆，发送1320班次，完成客运量40400人次。配合县生态环境分局、交警队加快推进国Ⅲ及以下排放阶段营运柴油货车淘汰工作，2021年度完成淘汰任务2辆，截至年底完成注销道路运输证件国Ⅲ柴油货车147辆，608辆货运车辆安装北斗定位装置，实现实时在线监控。企业营运车辆检测“两客一危”检测率达100%，普通货运车辆检测率90%。“一盔一带”客运车辆安全带安装率达100%。推进“两客一危”智能视频联网系统（客车安装率100%，危货车安装率92%）。鼓励发展新能源车，城乡公交100%使用纯电动能源车，节能驾驶技术得到全面推广，机动车维修废弃物规范处置率达到95%以上。黄标车淘汰率100%。加大对柴油货车的整治，全面推行尾气检测制度，全年尾气检测率100%。全县157个农村物流节点完成档案整理和升级改造工作。

左权县交通运输局

2021年，左权县交通运输局紧紧围绕县委、县政府决策部署，以党史主题教育为主线，以“交通强国建设纲要”为总方针，全面落实“四好农村路”高质量发展建设任务，特别是面对突如其来的严重水毁恢复重建重任，全局上下凝心聚力、众志成城，科学推进建、养、管、运工作，各项工作年度既定目标任务全部完成。

【主要经济指标完成情况】 一是固定资产投资入库目标任务9亿元，已累计完成9.1亿元；招商引资目标任务3亿元、开工率50%、完成投资6000万元，已累计完成3个项目，估算投资4.2688亿元，开工2个项目，开工率66.67%，累计完成固定资产投资6847.8318万元；另外积极争取上级政策性资金目标任务6000万元，已累计完成6028万元，均完成年度目标指标任务。二是全面淘汰国Ⅲ及以下柴油车83台任务，已全部在全省运政系统数据库中注销，任务完成率100%。三是四家规上交通运输服务企业营业统计指标，截至12月底，完成营业收入100000.2万元，比上年同期超额完成49.7%。

【其他考核指标完成情况】 一是关于改善全县行政建制村通村公路与国道、省道、县道主干公路平交道口的出行安全环境任务，安装减速带60处，涉及34个村庄，已全部完成，累计完成投资42万元。二是关于退役军人、残疾人在县城区内免费乘坐公交车的任务，已于7月30日正式在县城开通。三是关于开通左权至榆社西站、左权至邢台东站两条城际公交线路，已先后于9月16日和9月29日正式投入试运营。

【“十四五”交通规划顺利完成修订】 牢牢把握交通“先行官”定位，突出交通运输在国民经济中的基础性、先导性、战略性和服务性作用，围绕“产业兴旺、生态宜居、乡风文明、治理有效、生活富裕”乡村振兴总要求和“清凉夏都、红色左权、转型高地、太行强县”的总目标，为促进交通与乡村振兴产业融合发展，积极与省市交通部门对接修订完善交通“十四五”规划，重点实施4大类51个项目、建设总里程455.559公里，估算总投资107.6302亿元。

【全力确保207国道改造工程按时完工】 路线全长60.889公里。主线路线全长57.522公里（断链350.184米），支线长3.367公里，项目采用PPP模式进行建设。历经3年时间已于11月底前全部完工，12月底县城至麻田段全线正式通车。按照县政府专题安排，与相关部门协调配合，牵头与相关县直部门共同努力，编制《G207左权段“1+N”廊带总体蓝图》规划方案。

【持续推进太行一号路网建设】 共涉及6个项目、新改建里程39.797公里，项目总投资39212.1822万元，2021年已完工5个，在建1个，均按时完成年度建设目标任务。

【着力提升“四好农村路”品质】 2021年，在“四好农村路”提质改造上，除太行一号路网建设的5个项目外，还涉及3大类14个项目，新改建里程44.067公里，累计完成总投资13421.2605万元；其中：乡村振兴产业路7条，建设完成总里程13.852公里，已全部完工，累计完成总投资1340万元，进一步为全县巩固拓展脱贫攻坚成果，为乡村振兴产业发展夯实基础；县乡通三级及以上公路2条，建设总里程19.742公里，完成总投资5899万元，实现农村公路由“通”到“畅”再到“优”的延伸；建制村通双车道6条，共计建设完成总里程6.473公里，累计完成总投资1019万元，为全县乡村整体有一个更整洁、更美丽、更宜居的环境，提供强有力支撑。

【加强农村公路预防性养护】 强化管养责任到人，积极开展春、秋两季路面病害调查工作，加大桥梁管护力度，加强基础维护工作，加大路面保洁力度，积极推行农村公路多形式养护承包模式，对养护管理内容实行每月考核、检查，充分调动养护人员积极性和主动性。不仅先后改善全县行政建制村通村公路与国道、省道、县道主干公路平交道口的出行安全环境，安装减速带60处，涉及34个村庄，累计完成投资42万元。还陆续完成对松店线、高黄线、上丰垢至下凹、竹丰线、泽军线、下下线、羊山线、拐儿村线等8条乡村公路开展中小修预防性养护，共计139.5公里，完成投资558.7万元。与此同时，采取切实有效措施。

【加快农村水毁公路修复】 截至10月底，已对所有山体坍塌进行清除，对冲毁路基、冲毁挡墙全部完成重建，对冲毁涵洞全部进行加固，对局部冲毁的南坡桥、清漳河3号大桥，麻田大桥均完成加固抢修，对冲断的井沟桥、东水桥、东湾桥、河东桥、龙门山庄桥均已修通，先后累计完成水毁抢通投资4980万元。

【公共出行条件水平大幅提升】 一是免费公交再次扩容。积极推进客运市场政策红利，继2019年实施65周岁以上老年人免费乘坐城市公交车的惠民政策，直接让近1.7万名老年人感受到县委、县政府对他们的关爱，2021年7月30日又积极争取县委、县政府支持，对具有左权县户籍的6276名残疾人和50名现役、4970名退役军人，只要持本人第二代残疾人证、军官证、士兵证、退伍证及退役军人优待证，就可凭证免费乘坐免费线路公交车。二是城际公交率先运行。9月29日，山西左权至河北邢台跨省全域旅游城际公交线路开通，左权至榆社城际公交同步开通。这是加快发展全域旅游、建设左权生态文旅示范区的重要途径，是建设全省全方位推进高质量发展先行区的重要抓手。

【综合行政执法正逐步迈入正规化】 从2021年7月正式整合组建交通运输综合行政执法队以来，始终坚持严格规范公正文明执法，全面落实行政执法“三项制度”，进一步加大交通综合行政执法力度；同时按照中央、省、市相关要求，着力开展民生领域突出问题专项整治工作，重点整治网约车行业乱象及河道开挖砂石短途超载超限运输等问题，依法开展非法营运整治、超限超载治理，取得明显成效。全年出动执法人员6300余人次、执法车辆0.6万余台次，检查货运车辆7.5万余车次、客运车辆0.9万余车次，处罚违法违规车辆43车次，清理不合规网约车12辆，检查货运源头企业63家，办理各类行政处罚案件186件，罚款106.99万余元，依法征收各类路损赔（补）偿12.8625万元，依法移交公安交警等部门的案件11起，结案率始终保持100%，行政复议率始终为零。

【安全生产与工作进度同步落实】 认真贯彻落实习近平总书记关于安全生产一系列指示批示精神及省、市、县和上级交通运输主管部门的决策部署，紧紧围绕安全生产专项整治三年行动和“零事故”单位创建工作，以落实安全生产责任为基础，以开展安全生产专项整治为抓手，以遏制事故发生为目标，加强基础工作，加强责任落实，加强依法监管，把新安全生产法学习教育放到首位，充分利用每月安全例会，集中学习交通运输安全新知识、新精神，分析研判新动态，研究解决新问题，始终保持安全生产高压态势，进一步健全完善隐患排查治理，安全责任落实，安全预防控制和事故应急处置的责任体系，不断强化安全管理工作。同时将隐患排查治理形成常态化，严格按照“全覆盖、零容忍、严执法、重实效”和“整改措施、责任、资金、时间、预案”五落实的工作要求，2021年分县乡道路、在建工程、道路运输3个专项检查组，由各分管领导带队，共出动检查330人次，检查客运、货运、危险化学品、维修、驾培、检测等企业108家次，下达安全生产监督检查记录单96份，整改消除一般隐患186条；检查县、乡公路45条，排查隐患635处（包括水毁），整改消除635处；检查在建公路工程22个项目（含正在重建的2座危桥），检查213次，排查隐患65条，整改65条，整改率100%。

和顺县交通运输局

2021年，和顺县交通运输局积极落实县委、县政府全年重点工作决策部署，提高政治站位、强化责任落实，形成工作合力，聚焦补短板、促发展、提服务、强管养、夯基础、保安全等重点工作，加快农村公路建、养、管、运协调发展长效机制，充分发挥交通先导性、基础性、服务性作用，积极推动全县“四好农村路”和太行板块旅游公路高质量发展，重点工作稳步推进，为全县经济社会加快发展夯实交通基础。

【农村公路建设加快推进】 一是围绕助力乡村振兴发展，实施干线公建设项目2个，即界李线南李阳G207提质工程，路线全长3.15公里，估算投资1186万元，计划2022年完成二期项目改造任务；三后线三奇至泊里段项目，建设里程2.207公里，投资294

万元，已完工。二是引深红色美丽乡村建设，实施建制村通双车道建设项目1个，即S318至石拐纪念馆道路改造工程，路线全长1.149公里，估算投资420万元，已完工。三是围绕助力乡村振兴发展，实施产业路建设项目2个，即李阳农光产业园区路项目，建设里程2.948公里，估算投资320万元，计划2022年完工；和顺县种猪产业示范创新区道路工程，建设里程3.965公里，估算投资479.905万元，已完工。四是推进农村公路向进村入户倾斜，实施田间路建设项目1个，即横岭田间路建设项目，建设里程2.3公里，投资60万元，已完工。

【农村公路养护不断夯实】 一是进一步夯实养护主体责任。全面推进实施县、乡、村三级路长制，按照"县道县管，乡村道乡村管"的原则，县交通运输局加强对全县农村公路管理养护工作的指导、监督考核，负责审核农村公路管理养护工程计划，农村公路管理所负责14条县道管理、养护。各乡镇人民政府负责本行政区域内乡道、村道的管理养护工作。2021年共设16个道班，养护承包人89人，签订养护承包合同89份。根据《养护承包人考核管理办法》，对养护工进行严格考核兑现，2021年共处罚68人次，奖励52人次。二是持续推进农村公路养护工程建设。已完成投资103.1564万元的大东线、山团线、后大线养护提升工程；投资16.235万元的圪范线、高平线等22条线路"一灯一带"的生命防护工程；投资6万余元的安和线、界李线、大东线路面坑槽修补工程。三是全面加强防汛救灾、除雪保通工作。10月，因连续强降雨，全县农村公路及交通设施遭受不同程度损毁，初步估算造成直接经济损失3272.433万元。组织1683人次，86台机具240台次，清理落石、滑坡238处，清理土石方42386立方米，抢通道路12处，修复路段22公里，保通道路275公里。县乡道路基本恢复正常通行。另外，进入冬季出动人员200人次，机具30台次，撒融雪剂27吨，开展除雪保通工作，保障道路安全畅通。

【道路运输市场秩序不断巩固】 2021年依法对辖区县、乡道公路路产实施执法巡查和安全监管300余天，巡查总人数达1000余人次，巡查总里程2万余公里。开展路产隐患排查整治行动共4次，公路保通保畅执勤任务3次。依法查处损坏公路及其设施3处，处理违章建筑1处，清排公路路障78处。依法办理案件48起，处罚金额82.34万元。其中行政处罚类案件37起37.48万元；赔补偿案件11起44.86万元。通过路政巡查执法和安全隐患大排查大整治，实现对辖区农村公路路产路权维护全覆盖，及时消除道路交通安全隐患。

【交通运输服务体系不断完善】 一是持续加快道路运输体系发展。截至2021年年底，全县保持营运客车44辆，货车1264辆，规模化普货企业28家，危货企业1家，物流企业4家，机动车维修企业30家，机动车检测中心2家，驾驶员培训学校1家，源头治超企业67家，客运企业3家，客运线路33条。二是持续加快城乡运输结构一体化建设。畅通"微循环"，全县保持纯电动公交车55辆，环保新能源出租车138辆，新增网络预约出租车公司3家企业，拥有43辆出租汽车；保持延伸农村客运线路26条243公里，农村公交线路达到11条366公里，开设城市免费公交线路6条35.4公里，出行分担率达22.4%，县城二级中心客运汽车站和3个乡镇站建成投入营运城区公交站点40个，农村公路候车亭74个，招呼站222个。实现城市公交、城乡公交、镇村公交互联互通，无缝隙衔接、零距离乘换，基本形成纵横辐射的交通运输枢纽格局。三是持续完善农村物流快递服务网络。全县有快递公司8家，县城内设25个快递驿站，8个乡镇176个行政村共设16个服务点，基本打通农村物流"最后一公里"，逐步构建起集约化城乡配送体系。

【疫情防控常态化持续加强】 结合县疫情防控工作安排部署，交通执法队、服务中心人员严守防疫一线，切实发挥交通检疫"哨点"作用。共检测车辆32万辆，消毒32万辆，为全县不发生一例疫情输入奠定扎实基础。与此同时，严格针对重点客运企业办公场所、车辆、站场加大防控工作监督检查，检查内容包括三品检查员配备，工作人员佩戴"疫情防控"标识，旅客佩戴口罩，体温检测，严查三码（行程码，健康码，疫苗接种情况），落实旅客进站保持一米线安全距离的规定，实名登记，严防中高风险地区人员进站。落实“四不进站，七不出站”制度，进站管理员对进站车辆收取营运车辆消毒记录卡；工作人员佩戴口罩和一次性手套上岗，做好自身防护和每日健康监测，使用免洗手液洗手，做到交通领域全覆盖。

【安全生产综合治理逐步提升】 一是进一步完善安全机制。研究制定《安全生产管理办法》，明确股室、单位监管职责和检查办法，细化日常检查和重点时间节点的检查频次，理顺安全监管、处理程序。二是开展专项整治集中攻坚行动。2021年，累计深入农村公路重点路段、汽车客运站场、客货运等重点运输企业进行督查检查300次，派出督查检查人员890人次，发现一般安全隐患207处，已全部完成整改。三是狠抓“两客一危”重点领域安全监管。强化信息化动态监控，充分利用动态监控平台的监控作用，重点查处车辆在线率、月均超速违章率、月均疲劳驾驶违章率等三项综合数据。截至年底，共抽查车辆2056台次，发现异常车辆15台次，已在期限内完成整改。四是开展系列“安全主题活动”。相继开展春运、清明节、“五一”、“安全生产月”等一系列安全主题活动，发放宣传资料1000余份，进一步筑牢安全生产意识，夯实安全生产基础，保持安全生产形势的持续平稳态势。五是强化安全教育培训。采取“互联网+安全培训”平台和线下相结合方式，开展企业安全培训线上培训、运输车司机安全教育、驾驶员安全培训、企业消防教育安全培训等7次专项培训工作，完成培训1200人次，有效落实企业安全教育培训主体责任。

【党群建设常抓不懈】 一是坚持落实“三会一课”制度。局党组带头落实第一议题，学习习近平新时代中国特色社会主义思想制度，牢牢把握核心要义，及时跟进学习中共十九届历次会议精神以及省、市、县各级党代会精神。各党支部书记带头读原著、学原文、悟原理，通过“三会一课”、专题党课，引导全系统党员干部真学、真懂、真信。创新率先学研改传帮带制度，局副科级以上干部与所在党支部优秀党员结对子，起到先学先研带学的模范带头作用。二是深入开展党史学习主题教育。在庆祝中国共产党成立100周年之际，开展安全主题演讲比赛、“青春奋进新时代，我为交通作贡献”主题演讲比赛、129师主题党日、石拐八路军革命传统教育、助农秋收、职工运动会等形式多样的党史学习教育活动。结合交通工作实际，积极开展“我为群众办实事”活动，解决群众操心事烦心事揪心事23个、交通运输发展难题6个，组织党员干部集中服务行动267人次。

昔阳县交通运输局

2021年，昔阳县交通运输局坚持以习近平新时代中国特色社会主义思想为指导，全面贯彻落实中共十九大和十九届历次全会精神，按照省和市县总体部署，以推动全县交通运输高质量发展为主题，以改革创新为动力，以满足人民日益增长的美好生活需要为根本目的，持续推动“四好农村路”高质量发展，扎实推进巩固拓展脱贫攻坚成果与乡村振兴有效衔接，深入实施昔阳县“十四五”交通运输发展规划，圆满完成全年各项目标任务。

【公路工程建设】 一是实现太行一号旅游路全线贯通，提前完成省市规划目标；二是实施太行板块旅游路连接线工程项目3个，打通出境路，连通景区路，实现内通外联有效连通，助力昔阳县全域旅游协调发展；三是实施乡镇通三级以上公路建设项目2个，进一步提升农村公路服务水平，有效支撑乡村振兴；四是实施县乡公路改造工程项目3个，推进农村公路高质量发展。加强路面病害处治，重点完成21511平方米沥青路面病害处治，1000平方米的水泥混凝土路面修补，5448平方米的沥青路面坑槽挖补，加强公路小修保养，清除路障。

【农村公路养护】 在保障道路通畅前提下，对地质灾害地段，易发生事故路段，采取重点养护措施，全年针对不同路况进行处置，全面提升安全水平，从各个方面堵住、消除隐患路段。对昔阳县农村公路地质灾害12处隐患点，同公路养护捆绑管理养护，对11段、19公里低温雨雪冰冻路段和6.7公里易结冰路段，栽设警示牌进行专业管护。对平交道口实施“一灯一带”建设，2021年新安装减速带60条、

562.6米。对县公路留马线疙瘩店段易发生事故段进行增设闪爆灯12个，线形诱导标志12块，减速带12条，警示牌2块等进行处置养护。对县公路安广线瑶头段、杜北线十四道岩段等6段完善交通标志21套，增设波形护栏800米，施划安全警示柱标线4000平方米。

【水毁抢修工程】 2021年7月份以来，特别是国庆期间受连续不断强降雨天气，致使全县农村公路遭受不同程度水毁灾害。直接经济损失2405万元。灾情发生后，县交通运输局立即启动公路水毁抢通应急预案，按照“先抢通、后恢复”原则，实施农村公路抢修抢通工作，科学组织，全力以赴，尽量将损失降到最低程度，保障公路沿线受灾乡村日常生活和人们安全出行。及时发布路况信息，立即出动机械设备和投入人力，清理路两侧坍塌方和修补路基沉陷地段，迅速抢通道路，仅灾害第一周内就动用机械设备1060余台次，投入人力4400人次，抢修道路97公里。年内，留马线、虹马线、杜北线、闫西线等县公路灾后恢复已全部完成。一般水毁路段已全面完成恢复。对于特别严重水毁县公路安广线秦山水库段地质灾害隐患路段处治，在抢通便道不影响道路通行情况下，制定削坡挖体清方整治方案，预算投资477万元，扎实完成治理。对于严重水毁县公路丁里线、刀把口4处涵洞坍塌路段，制定重建一桥三涵方案，预算投资190万元，已确定施工队伍进场积极组织恢复。

【建立疫情防控常态化机制】 在多点散发和局部聚集性疫情多次叠加、防控形势严峻情形下，县交通运输局按照县疫情防控领导组的工作部署，落实常态化疫情防控措施，坚持“外防输入，内防反弹”策略，全力做好交通运输行业疫情防控工作。一是对在建各项目务工人员和交通运输从业人员进行排查，及时落实管控措施。二是昔阳汽车站对所有进站旅客进行体温检测，扫行程码、健康码，全程佩戴口罩方可乘车，往返旅客实名制登记。加强站场和车辆通风、消毒、一米线等防控措施，严格落实“四不进站”“七不出站”，落实重点从业人员定期核酸检测制度。三是按照县政府安排进行全方位布控，在高速口设置交通防疫检查站，实行公安、交警、卫健部门联防联控机制，24小时严密防控检测、登记、消毒，全力做好检查站后勤保障工作，执法队人员参与孔氏乡卡口、皋落镇疙瘩店、赵壁乡水深检查站防控工作。坚决守住昔阳疫情防控净土，保障人民群众生命健康。四是加强舆情引导，及时发布信息，做到公开透明。

【落实安全生产主体责任】 重点监管道路运输、城市客运、出租汽车、公路施工企业36家。强化“两节”、“两会”、“五一”、中秋、“十一”黄金周重点时段。中国共产党成立100周年、春运、零事故创建、汛期、消防安全、食品等重点事项的安全生产工作，特别是专项整治以来，共有258辆“两客一危一货”车辆安装使用智能视频监控系统；有43辆城市公交车按照标准技术要求安装驾驶室隔离设施、粘贴警示标识标语并投入使用。加强对道路运输企业安全监管，强化隐患排查治理，2021年，共排查出一般隐患69条，已整改69条，整改率100%。

【认真做好全国示范县复核核实工作】 2017年8月，交通运输部召开山东临沂养护现场会授予昔阳县全国“四好农村路”首批示范县。2018年9月，交通运输部浙江安吉管理现场会又被交通运输部、农业农村部、国务院扶贫办联合命名为“四好农村路”全国示范县。按照省交通运输厅《关于组织推荐申报2021年“四好农村路”全国示范县的有关事项》的通知精神，对已命名的“四好农村路”全国示范县进行自查，填报“四好农村路”全国示范县复核表，县交通运输局高度重视，成立领导组，各责任单位抽调骨干力量进行资料收集汇集，专门成立办公室，进行资料审核和汇总，共收集整理了9大类、34分类、96子项的各类工作资料，并按规定全部扫描存档，录入全国农村公路报送技术支持平台。

寿阳县交通运输局

2021年，在县委、县政府正确领导下，在上级主管部门关心支持下，寿阳交通运输局深入学习贯彻习近平新时代中国特色社会主义思想和视察山西重要讲话重要指示精神、全面贯彻落实中共十九大精神、习近平总书记关于“四好农村路”建设重要指示批示精神，坚持以科学发展观为指导，抢抓机遇，开拓进取，加大交通基础设施建设力度，强化交通运输行业管理，大力实施畅通交通工程，全年各项目标任务超额完成，为实现全年交通运输工作目标任务打下坚实基础。

【农村公路养护提质到位】 在“四好农村路”建设中，县交通运输局跳出以路修路思维限制，提出创新、提档、升级养护管理新思路，借助建养一体化模式，将公路主体和基础配套设施与周边林网、立面、村庄、山体一并纳入建设整治范围，形成一系列养护规范和标准，形成“九个创新”生态养护办法（即边坡整形、立砖加固、杂草修剪、立面美化、路田分家、秸秆还田、边坡防护、壁挂花池、路域一体）。一是打造精品廊带、隐患治理、绿色旅游示范路。打造郭峪线乡村振兴廊带路、三团线（言思坡）隐患治理示范路和鹿泉山旅游路，接受县人大组织的道路交通安全执法检查。二是加大行政执法，保护路产路权。共取缔占道经营行为8起、拆除私搭乱建6处、违规广告牌12块，影响道路通行的围挡等7处（32米），处理损坏道路交通设施违法行为11起，有效保护路产路权不受侵犯，共完成处理道路翻浆3200平方米、挖补坑槽5400平方米、维修水沟620余米、维修道路沿线破损的小矮墙510余米，完成投资216万元。三是加强县乡道路保洁和日常管养，重点做好道路病害处置和日常养护。农村公路“六乱”整治期间，完成朝温公路、芹松线（尹温公路）、大索线、郭峪线等重要通道的道路病害处理，共清理各类垃圾840立方米，对126块需要增设和损坏的道路标志标牌进行更换，对道路标线不清晰的路段进行标线。截至年底，共处理道路翻浆2200平方米、挖补坑槽3400平方米、维修水沟430米、维修道路沿线破损的小矮墙510米，完成投资150万元。四是加强汛期道路灾害处置，保证道路安全畅通。及时启动防汛工作应急机制，立即组织力量对降雨造成的隐患和灾害进行处置，6月份水毁共造成经济损失1200万元。共投入机械设备、机械、车辆362台次，出动人员1780余人次，清理塌方1560立方米、路肩边坡培土540立方米，水沟清淤2400米、涵洞疏通12座、清理路面淤泥4200平方米，及时对寿羊线、三团线、长小线、芹松线、马太线、盂上线县道以及鹿泉山旅游路、朝温公路、韩篆线等公路进行抢通。

【有效落实安全生产】 深入贯彻习近平总书记关于安全生产重要指示批示精神，认真落实国家、省、市、县安全生产系列部署要求，结合交通运输实际，坚持疫情常态化防控不放松的同时，深入开展“四治四零”创建，“安全生产月”宣传，交通运输安全生产整治三年专项行动，道路交通安全隐患排查治理等活动。对所属客运、货运、危货、维修、驾培、施工、水上交通、县乡公路等企业以及在建工程项目，开展全方位大排查大整治工作，签订2020年度安全生产责任书，并组织开展安全风险分级管控双重预防机制建设。一是加强对道路客运的安全监管。以长途客运、旅游客运、班线客运等为重点，加大道路客运企业安全源头防范力度，长途客运坚决落实实名购票制度，强化客运站场安全检查，严格执行“四不进站、七不出站”规定，重点把好驾驶员上岗审查关、乘客行包检查关、车辆运营前例检关、车辆出站时载客情况审核关、车辆行驶途中卫星定位动态监控关，及时提醒和纠正驾驶员超速和疲劳驾驶等交通违法违规行为，消除安全隐患，严防重特大事故发生。二是加强对道路货物运输的安全监管。加大对危险货物道路运输企业、运输车辆、从业人员、站场的安全监管，确保从事危险货物运输的企业、驾驶人员、押运人员和装卸管理人员的资质有效。危货运输车辆安全技术状况以及有关安全警示标识符合国家标准规范要求。三是加强对公交正常运行的安全监管。加大对公交运输企业的监督检查，督促公交运输企业加强内部管理和驾驶员身心健康管理，共走访调查驾驶员280人次，并健全驾驶员日常教育培训制度，以应对处置乘客干扰行车为重点，开展心理和行为干预培训演练，规范驾驶员安全驾驶行为，切实提高驾驶员安全应对处置突发情况的技能素质。四是加强对农村公路和施工工地的安全监管。加大对10条县道、83条乡道的农村公路桥梁、隧道急弯陡坡,临崖临水、易滑坡落石,事故多发等路段的安全隐患排查力度,对农村公路事故多发路段和风险较高路段完善警示标识标牌、防撞墙等安全防护设施,确保汛期道路交通安全畅通,坚决防范和遏制较大以上道路交通事故发生。共成立6个检查组,出动人员2076人次,出动车辆631台次,每日出动10个道班巡查公路,检查企业465家次,发现问题隐患243条,已完成整改243条,整改率达到100%。2021年以来,共办理行政处罚、路政赔(补)偿罚款案件89起,收取罚款总计95.5646万元,其中行政处罚案件共70起(客运行政处罚18起,运管行政处罚42起,路政行政处罚10起),收取罚款总计76.18万元;路政赔(补)偿案件共19起,收取罚款总计19.3846万元。同时入企行政执法检查、核查691余辆次车辆信息,填写10份现场笔录,证据登记保存清单5份,下发违法责令整改通知书3份。排查冷链运输车辆59台次,排查厢式食品运输车辆86台次,排查货车2611台次,查扣车辆2台,清理违法占道经营摊点110处,现场调查勘验12处事故损坏公路附属设施案件。

【做好疫情防控】 按照县委、县政府有关疫情防控安排,县交通运输局高度重视,领导小组,下设办公室、应急保障组、道路客运组、城市客运组、交通执法组、道路抢险组、工程管控组、机关后勤组、督导检查组等工作组,严格按客运站场和交通运输工作新冠肺炎疫情相关规定,切实落实防控措施。一是设立临时发热人员留观室,配备疫情防控健康管理员,做好早期症状检测上报工作,积极与卫健局协调,现场及时处置不适症状者。二是设立进站旅客和返程旅客出站口2个疫情防控检测点,采取每天两班倒方式,对所有营运车辆实施每天2次以上的通风消毒措施,逐一对旅客进行测量体温、扫健康绿码、身份信息核实登记等工作。对遇有来自重点疫区省份的旅客,要求提供核酸和血清抗体检测阴性证明和登录国务院客户端"通信大数据行程卡",证实14天内的活动轨迹。三是协助配合相关部门做好冷链食品运输车辆消毒检查工作,储备足够的防疫防控物资,满足疫情防控需求。在疫情期间,除行业安全外,还组建卡口、快递、物流、汽修、客运、出租、冷链运输等28个工作组,共发送3330班次,运送旅客28377人次,共出动消毒检查人员2166人次,出动车辆291台次,检查公交车583台次,出租车2100台次,农村班线196台次,没有发生一起疫情防控安全事件。

祁县交通运输局

【农村公路建养】 一是高效推进重点项目3个。即晋中市汾河东岸堤路提质改造工程,全长57.829公里,祁县境内开工3公里(祁方线以南),完成水稳基层铺设3公里,完成投资800万元;太原南二环高速公路祁县贾令出口开通及连接线上跨北延工程,正积极推进前期手续;紫金山旅游路项目,全长32.11公里,总投资1.6亿元。该项目已完成立项、设计招标、施工图财政预算评审等前期工作,已完成监理招投标工作。二是农村公路建设成效显著。2021年,全力推进在建项目13个,其中已完工项目2个6.918公里,已完成总投资906.07万元;已开工项目7个35.498公里,总投资6298.644万元;前期手续正在办理的项目4个11.52公里,预计总投资1276.13万元。三是养护水平显著提升。2021年完成养护工程20个,投资500万元;出动养护工5400人次,清扫路面、清除杂草、整修边坡、路肩100.6公里;对巡查中发现杨祁线K5+218公里处祁清公路桥实施限载限行交通管制措施;灾后抢修抢通费约1340万元,共出动2280人次,机具980台次。抢通道路48条,新建便桥4座、便涵21道。因灾阻断的9个行政村(63个自然村),已于10月18日全部具备机动车通行条件。四是质量监督规范标准。对2020年已完工的8个项目进行实体交工质量核验工作,并完成龙城高速公路祁县连接线工程(昌源河至108国道)项目主线的第三方检测工作;对灾毁路段的抢通抢险工程进行现场监督。

【运输管理情况】 一是货运市场发展强劲。全县注册运输经营户1316户,其中运输公司339户,个体户977户,大型运输货车共计27825辆。从事煤炭运输占到总运力85%,其他运输占到总运力15%,带动就业5万余人;质量信誉考核企业181家,年审车辆22745辆。忠兴运输公司列入全省道路运输企业安全管理的试点单位;做好农村物流节点发展有关工作,向60家农村物流节点经营户足额发放2021年专项补助资金39万元。二是客运服务不断提升。强化源头管理,共有客运线路7条,平均日发47班次,日平均输送旅客100人次;优化城市客运运营工作,完成所辖93辆公交车,93辆新能源和70辆巡游出租车车辆年审;完成对2家出租企业2020年度的企业质量信誉考核并进行公示;推进新旧业态融合发展,完成山西华壹科技有限公司祁县分公司(奔奔网约车)入驻祁县;9月份杭州优行科技有限公司祁县分公司成立(曹操出行)落地祁县。三是维修驾培管理规范。三所驾校报名总人数为6866人,培训6350人,领证4324人;换发1121本道路运输驾驶员从业资格证件;完成6680人道路运输驾驶员诚信考核;严格落实一、二、三类维修企业的备案制,完成37家企业备案;加强对4家M站的管理,共治理尾气不合格车辆4187辆。

【综合交通执法】 一是严格执行"三项制度",加大巡查查处力度,严厉打击非法营运、超限超载、损坏路产路权的违法行为,以非现场执法为平台,消除道路交通安全隐患。截至年底,执法队巡查里程8万余公里,查处违法车辆211起,处罚金额1435400元;办理损坏路产案件10起,收取赔(补)偿费45465元。二是深化路警联合执法,严格落实"一超四罚",依托贾令超限检测站检测车辆总数144142辆,处理超限超载车辆82辆,卸载货物2264.59吨,移交交警超载车51辆。

【安全生产】 按照"管行业必须管安全、管业务必须管安全、管生产经营必须管安全"的工作原则,狠抓交通运输安全生产监管工作。全年共出动检查人员280余人次,排查行业企业111余家次,发现一般隐患10处,已全部整改,整改率100%,未发生一起安全生产责任事故;组织运输企业"两类"人员220名参加安全管理考核,通过率55%,有效提升管理人员和从业人员履职履责能力;着力推进农村公路"一灯一带"建设,安装减速带60处、警示标志牌42处。

【灾后恢复重建】 10月3—7日,全县遭遇持续强降雨,导致农村公路损毁严重,共造成经济损失1.625亿元,其中道路损毁88条,经济损失7500万元;桥梁损毁15座,经济损失6500万元;涵洞损毁15道,经济损失2250万元,阻断行政村9个(63个自然村)。应急抢险以来,在县委、县政府正确领导下,按照"先通后畅,统筹推进"原则,县交通运输局精心组织、周密部署,强化责任、积极应对,共组织七支施工队伍,全力做好道路抢通和交通保障工作。投资1340万元,出动劳力2280余人次,机械980台次,抢通道路48条,处理塌方350处,落石302处,滑坡75处,抢通便桥4座,便涵21道,于10月18日完成63个自然村的道路抢通。

【大气污染治理】 一是在圆满完成2020年国Ⅲ及以下营运柴油货车淘汰任务基础上,2021年共淘汰国Ⅲ及以下排放标准营运柴油货车647辆,完成目标任务的101.89%。二是加大县乡道路巡查力度,整治"脏乱差"现象。三是加强路面保洁,清理车辆滴撒遗漏垃圾,清理边沟排水内落石、淤泥、垃圾、路肩杂草。四是联合交警、环保开展柴油货车尾气排入路查路检工作,依法查处道路运输苫盖不严抛撒行为,降低道路扬尘污染。

【疫情防控】 为巩固祁县来之不易的疫情防控成果,县交通运输局强化疫情领导、落实防控措施、保障交通畅通。一是配合卫健委、公安等部门在城赵、乔家高速出口设立2个检查点,建设2个临时隔离点和2个集装箱休息间,24小时对所有入境车辆、人员进行消毒、拍照,"外防输入、内防输出"措施落到实处。截至年底,共出动执法车辆30辆次、执法人员70人次、辆消毒13000辆次。二是督促企业落实主体责任,加强客货运输车辆的消毒、通风、清洁、司乘人员体温检测、证件出示、扫"健康码"。三是利用北斗卫星监控平台对全县途经或前往重点疫区的货运车辆进行监控,交通运输系统实现"零疫情"。

【党建工作】 一是政治建设有力有效。积极开展党史学习教育,制定《实施方案》,成立领导小组。党组成员和各党支部书记共讲授党课8堂、先后组织集中学习13次、开展交流研讨10次、认真撰写学习心得体会2篇、为群众办实事好事12件、撰写学习简报49篇,党内政治生活更加严肃。二是管党治党全面从严。制定《党风廉政建设工作重点》,严格执行"三重一大"制度、民主生活制度、一把手末位表态和五个不直接分管等制度,扎实推进党风廉政建设,层层签定责任书、层层开展约谈。干部职工的责任意识、廉政守纪意识进一步增强,系统政治生态更加风清气正。三是党支部建设更加有力。制定《2021年党建工作要点》,按时召开民主生活会,组织生活会,认真开展对照检查、批评与自我批评、民主评议党员等工作。积极化解问题矛盾,自觉维护班子团结,发挥集体领导作用,党组织战斗堡垒作用更加明显。四是学习方式更加多样。积极探索"互联网+"教育模式,建立党建微信工作群,通过每周推送先进事迹、交通党建动态等文章,学习先进,了解全局党建等方面动态;利用"学习强国""三晋先锋"等网络学习方式,开展网上学习,指定专人对每日学分进行统计,营造"比、学、赶、超"的学习氛围;开展党史学习教育测试,达到以试促学、以考验效、以效促行的目的,理论学习氛围更加浓厚,全体党员的党性修养和政治理论水平不断提高。五是作风建设态势良好。认真贯彻落实中央八项规定,坚持反对形式主义、官僚主义,召开警示教育大会三次,先后对存在违规违纪行为的13名党员干部和一名赌博党员给予党内警告、党内严重警告等不同程度处分,既教育本人也警示他人。通过警示教育,观看警示教育片3部,组织缅怀革命先烈活动1次;参观教育基地1次,通过重温入党誓词、缅怀革命先烈等活动,回顾党的百年奋斗史,传承红色基因,使之成为推进交通运输事业发展的强大精神动力。

平遥县交通运输局

2021年,平遥县交通运输局按照县政府总体安排,围绕全县经济暨农村工作会议及人代会提出的目标任务,全面推进公路建设、公路管养、公路运输三大主业,全面开展疫情防控、环境保护、乡村振兴等专项工作,取得阶段性成果。

【完成县乡道路工程建设任务】 2021年实施完成64公里东北线(东泉至北常)、香乐至汾屯线、东北线至军寨、平汾线至净化、净化生猪园区路、东北线至上沟西、赵南线至安固、善信至平南线、石门至昌源庄、平泰线至梁赵等25个公路新改建项目,完成投资0.46亿元;完成庄则至黄平线、喜赵线等8个项目的交工验收。

【管好护好"四好农村路"】 对列养的12条县道、53座桥梁进行常规巡查养护,累计修补坑槽1742平方米,挡墙喷涂3万平方米,水沟清理6公里,波形梁维修8处,桥梁防撞墙喷涂15处2000平方米,波形梁喷涂3.6公里,油漆修整警示柱2700根,平交口硬化改造39处,整修路肩边坡25公里,修剪交通绿篱4公里,补植交通绿化86处2.3万株,完成"一灯一带"安装任务160处900米,减速带提醒标志20余套,划设标线50公里,贴波形梁反光贴3125块,喷涂里程碑温馨提示碑120座,规范在册桥梁桥名核载标志牌41套,设立桥梁信息牌50套,完善县道路长制公示牌24套,启动实施公路自然灾害的普查工作。

【规范运输行业市场秩序】 构建现代物流体系,积极组织交通运输9户规上企业应统尽统。加快建设本土货运平台,经政府党务会议审定,拟定出台《平遥县人民政府办公室关于印发平遥县支持网络货运平遥发展若干措施的通知》,亿利科技等2家的平台建设已基本成型。完成262个市级下达的物流节点建设工作,并通过验收。安全发送长途客运班次9578次,共输送旅客3.4万人,检查行包2万余件,其中查出违禁品20件。完成城乡客运一体化改革任务,配合县教科局完成 农村小学"两集中"公交客车接送学生工作的任务。一是规范城市公共客运市场秩序。为规范客运经营服务行为,提升服务水平,出台《电瓶游览车驾驶员对客服务标准和规范》,协调县发改、县文旅部门完成出租车运价调整工作。二是提高综合行政执法水平。治理超限超载成效明显,查处超限车辆68辆次,处罚6辆次,处罚4.2万元(另外62辆次移交交警部门),卸载转运货物288.62吨。积极推进淘汰国Ⅲ及以下柴油营运货车工作275辆，查处普货运输车辆24辆次，处罚3.66万元；危货车辆11辆次，处罚5.7万元。货运累计共查处车辆35辆次，处罚9.36万元。查处不按规定随车携带危险货物运单2起，不按规定随车携带危险货物安全卡1起。查处客运出租违法营运车22辆次，处罚0.52万元；查处非法客运出租30辆次，处罚15万元；查处网约非法营运出租1辆次，处罚1万元；查处旅游客运车辆10辆次，处罚4.7万元。对管辖区域内的4家危货道路运输企业共检查26次，发现一般隐患28条，已全部督导整改；道路运输专项整治。查处擅自增设公路平面交叉道口案件1起，处罚0.5万元。查处毁坏公路附属设施1起，处罚378元。受理投诉举报案件22起，处罚金额为1万元。三是安全生产。完成全县41条农村公路水毁初统及项目编制入库工作，受损里程合计12.55公里，其中道路中断共计33处，桥涵损毁（全毁+局部）共计29座，抢通阻断路段及桥涵29处。启动并开展平孟线、东北线、黄平线、南平线、赵南线5条县道的灾后恢复重建工作。全年“两客一危一货”企业、维修驾培企业、城市客运企业安全生产执法检查累计54家次，查处安全隐患72个，已全部整改；安全督导检查运输企业66家次（其中检查被抄告运输企业50家），累计查处企业违法行为4家次，行政处罚2万元整。

【维修企业整顿】 每天对3户维修企业进行环保抽查检查，并按照上级要求对备案的66户维修企业，进行质量信誉考核，考核结果为：AA级4户、A级61户（其中一户是新增企业，未参加诚信考核）。截至年底，全县维修企业共66户，其中一类1户，二类19户，三类46户；108国道沿线排查整治停车场16家次，汽修104家，汽贸17家，物流9家，督导停车场硬化场地10家次，其余均采取无污染处理措施，采用遮苫措施防止扬尘污染7处，面积约480平方米。

【环保治理工作】 一是在建工程扬尘防治。围绕建筑工地扬尘防治要求和标准，排查建筑工地50余次。二是道路扬尘污染治理。全年开展煤质管控值守累计出动执法人员0.5万余人次，出动执法车辆0.1万余辆次，检查1.1万余辆，劝返冒黑烟农用三轮车44辆次，查处未采取有效密闭措施遮盖车辆20辆次，行政处罚2.8万元；查处污染公路路面案件2起，处罚0.4万元；与沿路企业签订扬尘污染承诺书7份；清理建筑、生活垃圾130处1280立方米。

【疫情防控工作】 根据县政府安排值守防控卡口，交通系统职工及从业人员接种率94%；对物流快递行业不定期疫情防控检查；共出动执法车辆286辆次，出动执法人员1400人次；累计共检查车辆1.5万余辆次，劝返车辆540辆次；发放宣传资料1000余份；累计疫情防控检查快递物流企业22家，检查从业人员疫情防控489人。

灵石县交通运输局

2021年，灵石县交通运输局按照省交通运输厅和晋中市交通运输局工作安排及围绕县委、县政府发展思路，进一步推进灵石县“四好农村路”，以逐步消除制约农村发展的交通瓶颈，为广大农民脱贫致富、奔小康提供更好保障，全面实现2021年全省“建好、管好、护好、运营好”农村公路总目标，

【公路建设项目】 灵石县2021年“四好农村路”8个项目43公里，总投资10175万元。其中，较大人口规模自然村通硬化路项目，涉及4个项目11.93公里，总投资1425万元。乡镇通三级及以上公路建设项目，涉及3个项目28公里，总投资7900万元。三是公路提质改造计划项目，涉及1个项目4公里，总投资850万元。

【农村公路养护】 为建立符合全县农村公路的管理养护机制和运行机制，县交通运输局及时修订《农村公路养护管理办法》《农村公路考核细则》，对照机构改革后职能部门业务调整情况，研究制定《灵石县农村公路路长制实施方案》并在全县有序推广，为进一步实现农村公路管理养护正常化和规范化提供强有力制度保障。对全县11条县公路实行常态化养护，基本做到各条道路无堆积物、内外边坡稳定，路面病害处理规范及时，路面整洁，标志醒目。针对工业园区路扬尘污染严重问题，及时调整工作思路，对三双线、夏木线、南峪线等重要经济动

脉县道实行机械化深度保洁，加强重点路口、交汇口、平交口地段的洒水强度和频率，对中央隔离带、防眩板进行清洗，每月对道路防眩板14公里全部清洗一遍，对两侧防撞墙和波形护栏共计30公里全部冲刷三个循环。与此同时，坚持预防性养护和路面巡查相结合，汛期实行以分管领导负责指挥、农管所负责监督、乡镇管理站负责排查上报的三级联动机制，乡村公路以各乡镇管理站为主，各路段专人负责，实行不间断排查，特别是雨中、雨后排查，在汛期坚持每天排查全覆盖。组织各乡镇管理站、养护公司对全县所有桥梁、涵洞及排水进行清淤，对县乡公路、桥梁和急弯陡坡特殊路段进行巡查，及时处理安全隐患和路面病害，实施水毁应急抢修工程，确保道路畅通。

截至年底，已实施农村公路水毁工程25项，投资582万元，安全隐患处置工程9项，投资307万元，实施湾立村道路改造和气象局道路改造工程，投资121.6万元，完成上级交办的"一灯一带"共24条减速带安装任务。根据农村公路管理养护《质量评定和考核办法》，每月对各养护单位所辖路段进行质量评定考核，全县农村公路列养率达100%，公路好路率达到90%以上。

【道路运输管理】 一是全面完成客运周转任务。规范驾驶员培训，共培训驾驶员3447人，开展8期继续教育培训1284人，满足全县初学驾驶员和道路运输从业人员培训需求；对全县167辆公交车和148辆出租车进行年度审验，圆满完成公交和出租车辆年度审验工作；从2021年5月1日起，实施县城区4路、12路免费公交惠民工程，调用20台车辆在线运营，截至年底，累计发送乘客135万人次，为全县广大人民群众出行提供便利。二是推进货运物流结构调整。督促50台以上货运企业完成自建监控平台建设、备案落实，完善大型货运企业安全落到实处奠定基础；对全县159辆国Ⅲ及以下排放阶段营运柴油货车应淘汰予以集中公告，公告期满后批量予以注销202辆；打造网络货运平台，12家有意向从业单位已与山西货达数字产业运营有限公司签订协议，完成域名服务器购买、系统部署和账号申请；圆满完成农村物流网络节点体系建设任务，建成1个县级、12个乡级、219个村级物流服务点，确保全县192个300人以上行政村物流节点全覆盖。三是探索农村客货邮融合发展。按照晋中市交通运输局打造样板县总目标任务要求，应在2021年12月20日前，建成和完善县客运枢纽站和县级农村物流中心两个客货邮综合服务站，两个客运公司分别开通两条客货邮合作线路，政府委托邮政公司进行农村快件代收代投统一配送，实现农村快件直投全覆盖，提高客货邮融合发展基本公共服务水平。

【交通综合执法】 一是开展交通运输执法领域突出问题专项整治。坚持刀刃向内，自我革新，坚决整治执法领域顽瘴痼疾，内强素质，外塑形象，积极推动执法与服务有机融合。首先，加强宣传。深入客运站、维修企业、运输企业32户进行普法宣传，共发放宣传资料2200余份，接受过往群众咨询50余人次，印发专项整治行动简报21期，提高群众知晓率和参与度，营造人人关注、人人支持、人人参与的浓厚氛围。其次，强化学习。自行组织开展13期执法业务培训，全面提高交通执法人员一线执法、服务管理的实战能力，夯实依法行政理论基础。最后，问需于企。把专项整治行动和开展党史学习教育活动有机结合起来，对照自身工作职责，把队伍教育整顿成果融入到执法工作中，办理群众所急所盼事项20件，为群众办实事、办好事、解难题，不断提升群众满意度。二是常态化开展交通综合执法工作。截至年底，交通执法队共出动执法人员6190人次，出动执法车辆1480车次，查处非法营运车辆21台，罚款10.8万元，受理行政处罚案件26起，罚款16.6万元。全县源头治超共检查货运源头企业1215次，查处非法超限案件46宗，取缔非法货运源头5个，处罚9.5万元。超限检测站共检测车辆122万余台/次，发现超限超载车辆92辆，已上报治超办并移交公安交警处理完毕。

【筑牢安全际线】 2021年，以贯彻落实新《中华人民共和国安全生产法》和《山西省安全生产条例》为主线，牢固树立安全生产"红线"意识，始终坚持"安全第一、预防为主、综合治理"的工作原则，重点监管企业34家，均严格按照“管行业必须管安全、管业务必须管安全、管生产经营必须管安全”要求进行安全监管、巡查并落实安全生产挂牌责任制。截至年底，共组织实施安全检查618次，发现企业一般问题隐患136条，均细化整改措施、明确整改完成时限、责任单位、责任人，整改完成率100%。查处非法违法行为36起，行政处罚19万元，确保交通运输系统安全生产工作平稳有序。同时，结合安全生产专项整治三年行动和“零事故”单位创建活动精神以“消除事故隐患，筑牢安全防线”为主题，交通运输系统开展交通运输系统“安全生产月”活动，共计制作宣传横幅16条，宣传展板8块，发放各类宣传资料2000余份，接待群众咨询100余人次，解答各类咨询100余条、现场下载“链工宝”App参与知识竞赛200人次，通过宣传使广大职工充分认识到安全生产的重要意义，真正达到以活动推动安全工作的目的。

【党史学习教育】 按照要求，从加强组织领导入手，注重调动全局党员干部的参与热情，积极营造氛围，重点提高党史学习教育质量，积极促进为群众办实事解难题的效果，创新方式，多措并举，做到五个结合，从五个方面入手下功夫，大力推进党史学习教育迅速升温，全面铺开。即：把学习教育与例会学习结合起来；把集中学习与个人自学结合起来；把“请进来”与“走出去”结合起来；把制度安排与督导学习结合起来；把学习教育与实践活动结合起来。与此同时，着力从交通工程建设项目、农村公路提质、执法队伍整治、运输服务和安全隐患整治“五个方面”下功夫，开展专项整治，推动党史学习教育工作与交通行业各项工作相互促进，不断提高群众的满意度和人民的幸福感。

【水毁灾后重建】 入汛以来，全县遭遇连续强降雨，平均降雨量达到历史同期7倍，10月3—6日平均降雨量为237毫米，最高值接近300毫米，达到历史峰值。多条道路出现边坡塌方、山体滑坡、路基掏空、桥涵冲毁、路树倒伏等水毁灾情，公路及相关附属设施损毁严重。为有效应对强降雨给交通出行带来的不良影响，县交通运输局迅速启动防汛抢险应急预案，全力以赴抗灾抢险，保障公路安全畅通。一是组建抢险队伍，保障干线畅通。针对全县11条主干道出现的山体滑坡、路面沉陷、道路阻断的问题，立即召开专题会议，成立以局长任总指挥、分管领导任总调度、其他领导班子成员任组长、股室负责人为成员的抢险救灾领导组，抽调14支养护队伍，兵分五路上路核查水毁灾情，重点对桥梁、临水临崖、防护构造物、高边坡等易滑坡塌方路段加大巡查，及时处置水毁险情，抢通道路，确保主干路正常通行。共投入人员1610人次、各类机具298台、清理土石91.7万立方米，抢通公路里程139，抢通村庄272个(自然村)，全县受阻道路均已基本恢复通行。二是启动应急程序，分步修复重建。坚决贯彻县委、县政府决策部署，全力开展防汛救灾，及时启动“交通工程月战”行动，集中队伍力量，全力攻坚，组织专家指导组、设计单位等相关力量现场实地勘查、精心设计、制定修复方案，受损严重的8条县道43项水毁应急工程，工程总估价9694.09万元，已全部开工建设，设计、监理同步跟进；其余28条乡村道路灾后重建项目，根据《山西省公路水毁灾损评估技术指南(草案)》文件要求，统筹纳入灾后重建项目库，稳步推进灾后重建，确保灾后重建项目顺利进行。三是强化督导调度，确保按期完工。为保证施工安全、加快工程进度、确保工程质量，采取日调度、周汇报模式，充分发挥交通部门优势，明确技术服务组全程指导，提供技术支撑；工程质量检测股跟进质量检测，发现施工问题及时督促整改；安全应急处置股负责指导规范工地场地安全，加强安全监管，保障工程安全有序运行；后勤保障组全程保障，各组车力供应充足；包项目领导经常督导，及时解决问题困难。截至年底，8条县道43项水毁应急工程已全部完成。

介休市交通运输局

2021年，在市委、市政府坚强领导下，在上级主管部门指导支持下，全市交通运输工作紧紧围绕年初市委经济工作会、市第七次党代会和《政府工作报告》确定的各项目标任务以及市委、市政府各项安排部署，统筹疫情防控和经济社会发展，全力推进党的建设、灾后恢复、项目建设、运输市场管理、交通行政执法、行业安全监管等重点工作，交通事业保持较好发展态势。

【党史学习教育】2021年，按照省委、晋中市委、介休市委部署要求，市交通运输局深入学习、认真开展党史学习教育活动，推动全面从严治党各项任务落实落细，整体工作取得明显成效。一是提高政治站位，认真开展党史学习教育活动。局党组把开展党史学习教育作为树立“四个意识”、坚定“四个自信”、坚决做到“两个维护”的具体实践，从抓动员部署、学习研讨、深入实践、巩固提升4个环节全面完成党史学习教育各项规定动作，采取集中学习、党员自学、交流研讨等多种方式，全体党员、职工的精神面貌焕然一新，交通建设高质量发展成效显著，“四好农村路”良好局面初步形成。二是压紧压实全面从严治党主体责任。局党组紧紧围绕介休市《关于落实落细全面从严治党“两个责任”的三十条措施》中压紧压实主体责任要求，推动全面从严治党主体责任在系统两级党组织中落细落实。党建助推交通工作成效明显，形成党建和业务工作双结合、双促进、双提升。三是为民办实事，打造人民满意交通。局党组牢固树立以人民为中心的发展思想，市交通运输局中层及以上领导干部共计30人，承诺事项68项，已办结66项，剩余2项正在积极推进。完成生命安全防护工程2000米，修复西宋壁、遐壁水毁道路、组建爱心车队为高考、中考学子保驾护航等等。“我为群众办实事”实践活动的开展，不仅保障农村公路安全、完好和畅通，给广大人民群众出行创造一个安全、畅通、和谐的道路交通环境，还把交通运输系统学习党史同推动工作结合起来，有效推动党史学习教育往深里走、往实里走，收到“学史明理、学史增信、学史崇德、学史力行”的效果。

【道路基础设施建设】 全年建设项目10个计67.416公里，总投资2.0755亿元，其中续建6个计48.353公里，新建4个19.063公里。截至年底，6个续建项目全部完成，完成里程48.353公里；4个续建项目，完成投资7312万元。

【公路养管力度】 2021年，公路养护以“保障安全畅通、提升服务品质”为主题，继续加大农村公路养管力度，在保障实施日常养护、公路水毁恢复等常规养护基础上，重点实施“一灯一带”建设、汾河廊带道口整修、乡村振兴“十乱整治”、道路水毁灾害恢复等项目，累计完成投资1863万元。

【提升服务水平】 一是大力发展公共自行车，鼓励绿色出行。介休市公共自行车自2018年底运营开始，已售卡6000多张，押金共100多万，每日租用量最高达到4000左右，单车周转率达到4.2人次/车。已建站点共46个，中控服务机46个，锁桩1200个，监控88个，投放车辆共1000辆。二是城乡客运一体化建设取得新成果。已形成集班线、旅游、包车、公交、出租为一体的城乡客运一体化运营模式；实现行政村通客车(公交)和农村物流“双通”全覆盖，积极推进农村公交客运发展。截至年底，全市共有客运企业7家、客运站1个、客运线路38条、客运车辆236辆、公交候车亭20个。同时，完成省局下达的164个建制村通客车任务，通达率100%，实现具备条件的建制村全部通客车的目标。三是农村物流节点体系基本建成。围绕“四好农村路”工作，因地制宜积极推进农村物流站场建设，充分与当地商务、邮政、电商、供销、汽车客运站等部门联合，资源共用、信息共享，共建成1个县级物流中心，11个乡镇物流站，244个村级农村服务点，初步形成县、乡、村三级农村物流网络。

【坚守安全生产红线】 2021年是交通运输领域安全生产专项整治三年行动集中攻坚年，县交通运输局认真梳理2020年排查整治发现的突出问题，狠抓制度措施落实，研究确定一批需要重点整治提升的企业，以“零事故”单位创建工作为抓手，集中开展攻坚行动，分解集中攻坚年各项任务和要求。一是加快推进“交通运输部安全生产监管监察综合信息服务平台”和“交通在线”学习平台建设；二是建立交通运输领域分级分类监管及安全监管检查“一张表”，明确137家重点运输企业差异化管理检查频次；三是推进交通运输行业重点领域安全生产责任保险工作；四是开展“防风险除隐患保平安迎党庆”

消防安全专项行动、“打非治违”百日行动、易爆物品道路运输环节专项排查整治行动和“安全生产月”系列活动；五是针对春节、春运、“两会”、“五一”、中博会、中国共产党成立100周年等重大节日和重要时间节点开展安全生产大检查等安全防范工作，并将执法检查发现的隐患全部纳入安全生产“六个清单”管理台账。

（郭福生）

长治市

长治市交通运输局

【疫情防控常态长效】 认真贯彻落实中央、省、市疫情防控工作部署，慎终如始、毫不放松抓紧抓实抓细疫情防控各项工作，巩固疫情防控成果。在全市加大客运场站防控力度，落实营运车辆通风消毒、从业人员体温监测和乘车环境维护等要求，做好候车设备消毒和实名登记等工作。做好重要生活物资供应保障，严格冷链运输环节管理，交通运输领域疫情防控措施有力有效，交通运输系统干部职工新冠疫苗“应接尽接”。

【安全生产毫不松懈】 强化安全监管，开展省际旅游包车和长途客运班线年度审验。主城区所有公交车全部安装驾驶区防护隔离设施。推进公路隧道提质升级专项行动，对高陡边坡等高危工程开展安全生产检查。发现并治理施工质量安全隐患31处，下达质量安全监督检查通知书11份、工程停工通知书1份，整改率100%。

【专项整治深入开展】 下发《全市交通运输领域安全生产专项整治三年行动“集中攻坚年”任务清单》，成立6个专项督导组，深入县区专项行动督查检查21次，督查企业45家，排查整治隐患58处。

【应急演练成效明显】 完成公共交通运输、水上搜救、道路运输、机场救援等六项预案，在襄垣县组织全市道路运输突发事件应急救援演练和水上交通应急搜救演练。在郑州洪灾期间组成应急救援车队赴河南焦作高铁西站安全接回55名滞留旅客。

【综治能力全面提升】 全面落实总体国家安全观，深化“三零”单位创建、平安建设等工作，常态化开展扫黑除恶斗争，坚决打好防范化解重大风险攻坚战。严把客运场站“三不进站”关口，防止各类事故的发生。

【交通基础设施建设】 一是航空铁路建设。长治机场航站区改扩建项目完成新建航站楼及附属配套工程，正式投入运营。沁源县、武乡县通用机场可研报告已编制完成。长邯聊高铁前期工作持续推进，已列入国家“十四五”铁路发展规划。二是高速公路建设。黎霍高速公路建设持续推进，马鞍山特长隧道贯通；长晋高速长治南互通提升改造工程完工通车运行；黎城至陵川夺火、平遥至沁源至安泽两条高速公路列入省道网规划，可研报告均已编制完成。三是国省干线改造方面。省道汾屯线沁源松罗至上滩段通车运行。完成国省干线瓶颈公路改造89公里 、危桥改造5座、隧道提质升级7座。国道环线公路开放式自由流收费系统试点可研报告已批复。开展国道环线公路重载交通城市过境典型示范工程。四是农村公路建设成果丰硕。太行一号旅游公路建成110.43公里，“四好农村路”建成571.78公里。完成危桥改造17座，隧道提质升级改造7座，公路安防工程105公里，灾后抢通中断农村公路565处，恢复受损公路373公里。长子县被授予全国“四好农村路”示范县、全国农村公路管养体制改革试点县，平顺县、壶关县被授予全省“四好农村路”示范县。

【城乡客运公交一体化稳步推进】 平顺县等9个县区实现城乡客运公交一体化，一城四区和平顺县实现公交化运营。上党、潞城、襄垣、长子、黎城、武乡6县（区）实施免费公交。平顺县通过全国城乡客运一体化验收，武乡县被确定为全国第二批城乡交通运输一体化示范创建县。

【交通运输营业收入持续向好】 全市交通运输固定资产投资完成32.83亿元，增收13.65亿元，同比增长36.41%。大力推进网络货运平台建设，6家网络货运平台企业共入网车辆10.7万余辆，实现营业收入16.1亿元。

【“放管服”改革持续深化】 全面推行“证照分离”改革全覆盖工作，推行使用电子证照。全市综检机构100%完成改造升级工作。不断提升“12328”运行质量和服务水平，共接听电话14.7万个，即时答复率99.99%，抽查回访满意率98%。积极推进公铁联运，提升资源整合能力。

【综合枢纽建设稳步推动】 晋东南（长治）陆港物流枢纽持续推进，铁路专用线已获郑州局接轨许可，获批建设土地600亩。全市共有12个县级物流中心，135个乡镇物流站，2439个村级农村服务点，初步建成覆盖县、乡、村三级的农村物流网络。

【交通运输服务便民利民】 开通全省首家定制客运班线，实现太原武宿机场、邯郸等地及12个县（区）直达高铁站，打通高铁出行“最后一公里”。全省率先实现“95128”电召县县通，巡网融合已成雏形。组建长治“95128”爱心车队，为老年人出行提供专项服务。

【邮政快递业发展持续发力】 开展“快递进村”行动，实现快递服务通达行政村1903个，覆盖率达到85.60%。全市邮政行业业务总量累计完成6.22亿元，同比增长19.46%，业务收入累计完成6.45亿元，同比增长19.90%。

【执法改革基本完成】 市交通运输综合行政执法队领导班子已配备，51名科级干部到岗履职。8个县交通运输综合行政执法机构全部设立完成。行政执法证件申领换发有序推进。市交通运输发展中心成立，负责人到岗履职。

【依法行政卓有成效】 全面实施“三项制度”，梳理和完善行政执法三个清单，协调推进“双随机、一公开”各项举措，着力推进交通运输行业治理体系和治理能力现代化。交通运输执法领域突出问题专项整治成果在全省前列，多次受到省厅表彰。市局被交通运输部表彰为法治政府部门建设成绩突出基层集体。

【运输市场逐步规范】 常态化开展联合执法检查，累计出动执法人员11748人次，出动执法车辆2936辆次，共查处各类违法违规案件134起，约谈网约车平台3次。清理违规经营电动助力车1300余辆，关闭非法租赁企业3家，确保运输市场稳定。

【路面执法成效显著】 查处公路路政案件457起、抛撒污染公路等274起。创建“平安公路”113条、1805公里。开展“路政宣传月”活动，发放宣传资料1.2万册。实现路警联合执法常态化、制度化，在国道环线专项整治中查处违法超限超载车辆620辆。全市非法超限超载率始终控制在0.2%以下。

【绿色交通建设】 一是深入推进绿色交通建设。淘汰国Ⅲ及以下营运中重型柴油货车2937辆，占省下达任务1293辆的227.15%，淘汰率全省第一。新增新能源纯电动公交车5辆，主城区新能源纯电动公交车占比100%。主城区更新纯电动新能源出租车1456辆，圆满完成更新任务。二是全面开展扬尘污染治理。对市政府公示的490家货运源头企业监管率达到100%，巡查源头企业9549家次。对发现有抛撒行为的车辆和企业记入年度质量信誉考核档案。配合开展主城区柴油货车和散装物料运输车污染治理联合执法专项行动，查处扬撒案件5起。三是依法推进涉水污染防治。扎实开展船舶污染物接收转运处置联合专项行动，全市63艘营运船舶和16座营运码头足额配备封闭式分类垃圾桶。全市营运船舶和趸船码头通过年度检验。依法淘汰老旧船舶2艘。

【党风廉政建设】 一是“两个维护”有力践行。全面贯彻落实中共十九大和十九届历次全会精神，深刻认识“两个确立”的决定性意义，坚决做到“两个维护”。以党史学习教育为主线，开展专题学习研讨交流90余次，讲党课30余次，革命传统教育10余次，推动习近平新时代中国特色社会主义思想入脑入心。加强阵地管理，牢牢掌握意识形态领导权主导权。二是基层组织不断规范。完善基层党组织设置，局机关纪委、执法队党委批复设立，机关党支部完成换届，发展中心党支部选举成立。落实党内关怀制度，慰问老党员和困难党员63名。全年发展中共预备党员10名，转正9名。三是作风纪律更严更实。认真落实中央八项规定精神，召开党风廉政建设和反腐败工作会议，锲而不舍纠“四风”树新风，一体推进“三不”体制机制建设。深入开展“领导干部岗位调动带上自己家乡工程队”问题专项整治，党员干部签订承诺书80余份。

【精神文明建设】 一是选树行业模范典型，弘扬社会主义核心价值观。2021年1月在市电视台演播大厅成功举办第二届最美交通人先进事迹报告会，评选出“十大最美交通人”和“十大最美交通人提名奖”；推举出“善行义举榜”五人，在机关显著位置设榜宣传。二是多形式开展学雷锋志愿活动及群众性文体活动。全局注册志愿者占比达到96.17%。积极开展“文明交通绿色出行”志愿服务活动，常态化开展文明交通宣传活动，绿色出行参与度不断提升。2021年5月在市直机关第三届干部职工健身运动会上，市交通运输局派出34人组成的代表队参加并取得优异成绩，获优秀组织奖和多个比赛奖项。

潞州区交通运输局

2021年，在区委、区政府坚强领导下，在上级部门有力指导下，潞州区交通运输局以习近平新时代中国特色社会主义思想为指引，以实现“交通强国”、建设“四好农村路”为总目标，紧紧围绕区委“八项目标”工作部署，以“三零”单位创建为抓手，深入开展疫情防控、禁毒攻坚、安全隐患、信访稳定、复工复产等工作，圆满完成2021年度各项任务。

【政治建设统领】 2021年，紧抓思想理论学习，着力提高班子成员领导水平和决策能力。围绕深入学习贯彻中共十九大、十九届历次全会精神、中央经济工作会议和省委十二届二次全会暨省委经济工作会议精神及省市第十二次党代会精神、习近平新时代中国特色社会主义思想、习近平总书记视察山西重要讲话重要指示精神，结合党员干部警示教育大会和领导班子警示教育专题民主生活会等系列活动的开展，领导班子成员带头深入所在党支部和所包村党支部，给党员们讲党课、搞宣讲、做辅导；通过参加集体学习和个人自学相结合的方式，通过参加区委组织部集中培训、局中心组理论学习，以普通党员身份参加党支部周一集中学习，利用“学习强国”“山西干部在线”“三晋先锋”等教育平台每日坚持自学，不断树立“四个意识”、坚定“四个自信”、坚决做到“两个维护”，努力以科学理论武装头脑、指导实践、推进工作。

【党风廉政建设】 一是抓好学习教育。2021年，中心组学习27次；党支部主题党日活动12次；各党支部周一例会128次；局党组书记、局长带头讲党课2次。二是开展谈心谈话。认真贯彻落实谈心谈话制度。严格落实“十必谈”要求，每年开展不少于1次在（总支）支部书记与班子成员、班子成员之间、班子成员与党员、党员与党员之间开展谈心谈话，坦诚相见，交流思想，交换意见，多层次谈心谈话56次。三是完善制度。局党组切实注重廉政制度建设，从源头上遏制腐败，通过加强教育、监督、预防制度建设，形成一套用制度管权、按制度办事、靠制度管人的有效机制。制定和完善《“三重一大”议事制度》《财务管理制度》《内审制度》《民主理财制度》等规章制度。四是落实责任。严格履行局党组党风廉政建设主体责任，单位一把手党风廉政建设第一责任人，班子成员切实履行党风廉政建设“一岗双责”，签订《党风廉政建设责任书》，全体干部职工全部签订《廉政承诺书》。五是强化监督。全力推进交通基础设施阳光工程建设，加强对在建项目和新开工项目的动态监管。全面推行农村公路建设“七公开”制度，把网络作为涉农事项公开的重要载体，公开建设计划、补助政策、招投标、施工管理、质量监管、资金使用、工程验收，主动接受群众监督，确保工程建设公开透明、廉洁高效。实行对“三重一大”事项进行全程监督。

【公路建设进展】 一是完成“四好农村路”建设15.569公里，投资1492万元；二是为迎接省旅发大会胜利召开及文明城市创建工作，完成硬化道路面积8220平方米，投资64万元；三是完成“一灯一带”152处，投资17万元；四是灾后重建，修复受灾道路8条4.15公里，完成治理地灾点13处，剩余2处水毁道路，12月25日前恢复通行，灾后重建修复共投资210万元。

【公路管养】 一是狠抓公路养护保畅通。以县乡农村公路为重点，按照年度公路养护工作计划，结合季度公路养护特点，狠抓公路日常养护，确保公路安全畅通。2021年，共出动养护人工1800工日，养护机械230台班。共清除路面冰雪30公里，撒防滑料30立方米、融雪盐6吨；维修标志牌30块，补充标志牌4块，设立路长制公示牌27块，桥梁公示牌8块，警示标志牌6块，更换补充广角镜7块，维修波形护栏30米，挖补坑槽8000平方米；抢修路面塌陷2处，处理水毁路段15处。二是狠抓路政管理显成效。加强源头监管，对区政府公示的51家货运源头企业定期巡查，2021年，共检查源头企业进出站车辆19923辆次，处罚源头企业2家，处罚金额22000元。车辆抛撒扬尘行为得到有效遏制，确保超限超载率控制在2‰以内；严格路面执法，落实治超新规，开展路警联合路面执法，每周3次集中开展散装物料运输车辆遗漏抛撒和超限超载行为专项治理。2021年，共出动执法人员790人次、出动执法车辆348辆次，检查车辆1000余次，查获非法营运车辆3辆、处罚路政案件15起、运政案件20起、源头案件2起、共处罚款87220元。三是309国道路域环境整治，预算投资1700万元。四是辖区内重点路段卫生整治，辖区内国、省、县、乡公路35条200余公里进行环境卫生整治，共计出动800人次，400车次，清扫清洗道路面积200万平方米。区政府招收70余名环境卫生保洁员纳入道路日常巡查维护保洁队伍。

【落实安全新责任】 一是认真履行安全生产监管责任职责，扎实开展各项安全创建活动。将安全生产专项整治三年行动和“零事故”创建工作紧密结合，按区域划片共分为11个综合检查小组，由局科级干部带队，认真组织开展交通运输安全生产集中整治行动、安全生产风险隐患排查治理专项行动。2021年，共出动检查人员469人次，检查交通运输企业166家，共发现一般安全隐患364项，已完成整治364项，隐患整改率达到100%。二是定期召开安全生产例会，分析研判安全生产形势，部署安排下一阶段工作；每周局中心组会上对安全工作作为重点工作首先安排部署。三是加强宣传教育，强化从业人员安全意识，狠抓责任落实。各交通运输企业通过“山西交通在线”平台组织开展全员安全生产培训，切实提高从业人员安全意识。四是持续开展“零事故”创建和道路交通事故预防“减量控大”八项提升工程，认真组织实施农村公路“一灯一带”工程建设。市局下达农村公路平交“一灯一带”计划任务70个路口，实际完成152个路口共计1070.45米，完成计划任务217%。

【道路运营】 一是实现城乡公交“一体化”。依托“城市公交+农村客运”方式，积极推进城乡客运一体化服务，基本实现城乡公交全覆盖；二是构建覆盖全区物流网。采用“区级物流中心+乡镇(街道、中心)物流站+村级物流点”模式，着力打造覆盖全区的现代物流网络。三是强化“两客一危”信息化建设管理。对“两客一危”客运车辆、12吨以上载货车及半挂车全部按要求安装车辆行驶记录仪，车辆在线监管率达到100%。四是开展交通秩序治理整顿。严厉打击非法营运，站外揽客、甩客，出租车不打表、乱收费、拒载等现象得到有效遏制。

【疫情防控】 一是加强对交通行业从业人员的宣传教育、摸底排查工作，组织本单位全体干部、职工进行新冠肺炎疫苗接种。二是强化源头管控。关键时间节点安排80余名工作人员协助长北火车站、长治火车站、长南高速口、长治高铁东站、客运站共5个交通场站开展疫情防控工作，认真对境外及国内中、高风险地区入长等重点人员体温监测、信息排查、登记、上报工作，严把交通场站疫情防控“第一关”。三是加强行业宣传。各司乘人员在营运的同时，向广大乘客大力宣传疫情防护措施和乘坐交通工具出行的基本常识，在车站、码头、车辆等公共场所张贴公共交通防疫指南、宣传横幅（含电子显示屏）、新型冠状病毒肺炎疫情联防联控机制宣传资料等疫情宣传资料，同时通过网络媒体广泛宣传疫情防控知识。同时，抽调工作人员深入所包村（社区）蹲点协助所包村（社区）全力做好疫情防控各项工作。

上党区交通运输局

2021年是“十四五”开局之年，是中国共产党成立100周年，上党区交通运输局在区委、区政府的正确领导下，以习近平新时代中国特色社会主义思想为指引，围绕区委、区政府的总体部署，按照年初既定工作目标任务，以开展党史学习教育为契机，以“我为群众办实事”为载体，大胆改革，大力推进，深入践行，认真履行主体责任，不断强化责任担当，较好完成了2021年各项目标任务，为全区经济社会发展创造良好交通环境。

【主动作为，全力做好疫情防控】 一是根据区委、区政府的统一部署，2021年1月，上党区交通运输局在西火断炉村、南宋关头村设立了疫情检查站，投入人力200余人次，对进入全区的车辆及人员开展疫情排查，在此期间共排查车辆3万余辆，有效地阻击了疫情的进一步蔓延，有力地保障了全区的阻击疫情工作；派驻人员进驻高铁南站对进入全区的外来人员进行疫情防控实行常态化管控；在疫情发生较为严重的8月份配合公安、疾控等部门在长晋高速上党区收费站开展疫情防控工作。同时，积极配合市场监管局、区疾控中心对上党经开区冷链物流企业开展了防疫督查。

【抢抓机遇，全力做好重点工程】 一是国省干线公路持续推进。208国道长治司马至晋城金村（长治司马至高平刘庄段）改扩建工程项目成立了项目指挥部，前期迁坟等工作已完成，初步设计已经省交通厅批复，征地工作已开始实施，预计2022年5月份以前正式开工建设；长陵公路东移项目线位审查已完成，已将该项目上报国土空间规划；稳步推进南二环（一期）项目路基已基本成型，因占地原因，政府拟以高标准农田道路建设项目由农委负责项目前期可研、立项等工作，待立项完成后由交通局负责实施。二是继续推进“四好农村路”建设。加快推进“四好农村路”的续建工程项目，助推农村贫困群众脱贫致富，建设美丽乡村的步伐，2021年“四好农村路”建设任务为24.5公里。完成“四好农村路”建设任务共24.994公里，其中完成了东师线（南和—屈家山段、东后沟—北楼底段）、六北线、后故线、周柳线共7.882公里的县乡道路提升改造工程；司八线—常蒋、石后堡—207国道、西火—横杨线等11.472公里的村道提升改造；自然村通硬化路2.5公里；资源路八慈线（西八—北楼底）翻修改造3.14公里。高河二桥、七一桥、上村桥、大沟桥4座危桥改造正在建设中。采煤沉陷司八线（司马——林移段）本着“谁损毁、谁修复”的原则，该项目与司马煤矿达成了赔偿协议，可研已批复，初步设计和施工图正在评审，预计年底前完成工程招投标工作，力争2022年开工建设。三是实施“百村”主街巷硬化工程。以建设美丽乡村为导向的“百村”主街巷硬化工程涉及全区10个乡镇（区），71个村庄，该项目由国投公司具体负责实施。已完成东和、东池、西故县、南天河、定流村、新庄村、后土门村、北呈、青龙沟、须村、上村、地南头、南王庆、八义、北楼底、西八、狗湾、北大掌、西火、梁家庄、南宋村、太义、北苍和、赵村、长掌、东掌、上郝村、西下郝、西陕、南河、河头村、东庄村32个村42.3公里的主街巷硬化工程。四是实施道路“景景通”工程。坚持农村公路建设与美丽乡村建设相结合，构建“城景通、景景通”全域旅游一张网格局，实施八义至南宋、山后至荫城、常蒋至王庆、首阳山景区等工程。该项目具体由国投负责实施，八义到南宋路旅游路路基总长8.67公里，已完成8.17公里；首阳山旅游路路基总长3.77公里，已完成1.82公里。

【改革创新，养护管理日趋规范】 一是养护管理制度化。为切实解决全区“四好农村路”工作中管好、护好的短板问题，结合全区农村公路实际情况，从完善管理养护体制、强化养管资金保障、建立健全长效机制、实施精准管护措施4个方面入手，经区政府同意，2021年10月27日出台了《上党区深化农村公路管理养护体制改革实施方案》(长上政办发〔2021〕52号)，形成政府主导、部门联动的工作机制；全面推行农村公路路长制，区、乡级政府主要负责人和村委会主要负责人为区、乡、村三级路长，在各路段显著位置设置“路长制”公示牌173块，公告人员信息、路长职责、监督电话等内容，广泛接受社会监督，共同推进农村公路管理养护工作，建立“精干高效、专兼结合、以专为主”的管理体系；采取政府与市场合理分工的模式，按照“专业养护和群众养护”相结合的原则，以政府购买服务的方式，引导专业企业加大投入,引进有资质的专业化企业，提高养护专业化、机械化水平，实现快速发现、快速养护，提升县乡公路养护水平。二是日常养护市场化。通过“政府购买服务”模式，引进专业队伍，利用社会资本有效解决了道路养护、道路保洁设施设备、人力等投入不足，资金短缺等问题，建立了道路养护、保洁“作业专业化，经营企业化，服务社会化，管理规范化”的作业和管理长效机制。培护路肩180公路，清除垃圾30余吨，清理边沟约110公里，完成了10条县道，20条乡道，261.065公里县乡公路的日常养护、保洁，县乡公路路域环境日趋整洁。三是养护工程专业化。农村公路中小修养护工程、处理路面灌缝和坑槽等病害、桥梁涵洞隧道养护等交通专业性强的工作，通过招投标的方式选择具备相应资质的公路专业化队伍进行，解决农村公路养护工程专业人才缺乏、施工机械设备不足、施工队伍能力不强等问题。已完成农村公路养护浇缝36.23公里，县乡公路挖补、罩面65470平方米。四是养护资金保障化。2021年起，用于农村公路日常养护的总额不低于“1064”标准：县道每年每公里10000元、乡道每年每公里6000元、村道每年每公里4000元。按照省级20%、市级不低于20%、县级60%的分摊比例列入区财政预算。

【全力恢复重建，保障道路畅通】 2021年6月份以来，全区出现多次连续强降雨，导致部分县、乡、村公路出现路面塌陷和边坡滑坡、塌方等灾害，根据水毁情况局党组加强了对公路恢复重建工作的组织领导，成立领导组和工作专班，坚持分类处治，深入一线开展公路灾毁抢通和恢复重建工作，轻微水毁路段，发现一处治一处；执行“先抢通，后治理”的原则，对一般水毁路段，按照应急工程进行处置；对水毁较重的后故线、南沙线、郭王线等重点道路，采取应急快速抢通措施，运用灌注水泥商砼等方法快速抢通，确保群众出行畅通；组织专门人员对全区水毁道路进行了全面摸排工作，对摸排出的77处水毁道路进行修复，并根据道路情况需要修复重建的制定恢复重建方案，积极开展灾后重建工作。水毁路段，在10月底已全部抢通；结合地理环境、地质成因等，开展全区公路范围隐患排查工作，重点对公路及沿线地质灾害进行排查，特别是对存在易发生泥石流、边坡滑塌等重大隐患和显性、隐性的地质灾害、病害路段加强了预警监测，并及早做好防护措施。

【加强监管，提升运输服务能力】 一是运输行业稳步发展。上党区共有公示的货运源头企业72家。经许可的客货运及道路运输相关企业86家，其中货运企业63家，公交2家，出租公司2家，机动车维修企业2家，驾驶员培训学校2家，备案物流企业18家，共有客货运车辆3949辆。2021年以来，共许可货运企业17家，网络货运企业1家，安全生产标准化企业1家，依法注销货运企业13家，新增货运车辆407辆，更新电动新能源巡游出租车18辆；新申领从业资格证1419个，危货从业资格证174个，押运员证398个。完善物流站点建设，利用邮政网点、基层供销社等建立全区物流网，全区共有物流站点207个，基本形成了县有中心、乡有站、村有点的农村物流网络。二是培育现代物流新业态。为加快交通运输经济持续平稳增长，大力推动道路货物运输企业与互联网融合发展，促进全区物流降本增效。支持道路货物运输业与互联网融合发展，培育现代化物流市场新业态做大做强，7月30日印发了《关于支持互联网物流平台企业发展的工作方案(试行)的通知》(长上政办函〔2021〕26号)文件，在财政奖补、税务支持、车辆服务等方面作出明确规定;7月29日,在上党经济开发区举行了签约仪式,引进山东高速满易物流科技有限公司落地上党经开区,借助国内有实力的上市公司,发展壮大全区的道路运输业。在山东高速满易物流科技有限公司落户上党经开区后,为推进网络货运平台运营进度,收购了山西快嘟物联科技有限公司成为子公司。山西快嘟物联科技有限公司网络货运平台进入平台车辆达8万余辆,预计12月份仅网络货运平台营业收入可达3亿元左右,到12月底规上交通运输、仓储业营业收入总量预计可达9亿元左右。三是规范运输市场秩序。加大运输市场整治,严厉打击各种非法经营活动及车辆超载等违法行为,维护经营有序、安全畅通的交通秩序。与交警等相关部门开展了联合执法,加强对出租客运市场的专项整治,全年共出动执法人员600余人次,检查出租车辆1600余辆次,纠正违规行为70多余次;开展了对货运源头企业的巡查,全年共巡查源头企业1000余次,出动巡查人员2000余人次,检查车辆6000多辆次,开具执法检查记录500余份;开展路警联合治超,国道环线专项整治110多次;同时严格执行"一超四罚"相关规定,核查源头案件13起,回复13起,做到了件件有落实、事事有回应;超限检测站共检测货运车辆413102多辆,立案查处非法超限车辆64起,卸载货物1272.22吨,罚没款68300元,记分324分,车辆超限超载率控制在0.2%以内;重点对公路沿线的非法建筑、非公路标志加大了路政巡查力度,保证每周巡查不少于4次,定期组织实施对公路打场晒粮、乱堆乱放、摆摊设点等影响公路安全和环境行为的专项治理,共计清理物料堆放40起215平方米。四是公路质量严格把控。严格审核施工、监理单位的资质及证件,切实加强建设项目质量管理,强化过程控制,确保工程质量处于受控状态。对路基、路面、桥梁、交通安全设施等影响工程结构安全、耐久性和使用功能的重要指标加大抽检力度,建立和完善了工程质量责任制和监督保证体系。全年以来共抽检141点(组),总体合格率97%,路基工程检测72点,合格率96%,路面工程共抽查45点,合格率98%;原材料及产品共抽检24组,合格率100%,工程质量、原材料及产品、工程外观质量、实体质量抽检合格率达到预期目标。五是加快发展绿色交通。坚持全新的绿色发展理念,推动绿色交通有序发展,促进环境空气质量持续改善。积极组织协调完成中央、省市下达的国Ⅲ及以下排放标准营运中重型柴油货车263辆淘汰工作任务;推进能源革命改革试点工作,鼓励从事城市公共交通、城市出租客运的车辆更新绿色电动新能源汽车。全区126辆公交车全部更新为新能源纯电动汽车,更新新能源电动巡游出租车18辆。另外,在上党区新汽车客运站、上党区荫城汽车站分别建成两个充电站,设置充电桩37个,充电枪位74个。六是大力倡导绿色出行。在9月27日开展了以"绿色出行 你我同行"为主题的节能宣传活动,营造良好的文明出行、绿色出行、低碳出行的社会氛围。

【强化安全,创造良好交通环境】 全力开展隐患排查治理工作,严管关键节点,严控重点风险,持续强化交通运输重点领域安全监管,最大限度消除各类安全风险隐患,确保全区良好交通环境。一是开展了第20个"安全生产月"活动,强化道路运输行业隐患排查,营造良好的安全生产环境。同时组织全体干部职工及部分重点企业观看学习了《生命重于泰山——学习习近平总书记关于安全生产重要论述》、"公路水路行业安全生产警示教育录"等专题片,强化安全发展理念,坚持底线思维,压实安全责任,防控安全风险,提升安全素养。二是切实开展好"三年专项整治"攻坚年活动和"零事故"创建,对50余家道路运输企业,390余名工作人员进行了尿检,同时在从业人员资格诚信考核中,对15000余名出具尿检证明的从业人员办理了从业资格证审核。三是强化安全专项督查,全年检查企业290余次,派出专项检查70余组次、人员300余人次,排查安全生产隐患49起,全部按规定进行了整改,整改率达到100%。四是定期召开安全例会,开展行业安全、业务培训教育。2021年,共召开安全例会及相关会议24次,出台安全文件26件,开展集中培训4次,培训238人,培训率达到99%。全区未发生一起重大运输安全生产责任事故,交通运输安全生产形势稳定向好。

【聚力民生,交通惠民能力提升】 一是依法行政能力不断提升。深入开展交通运输执法领域突出问题专项整治行动,并通过自查自纠、走访座谈会等形式共查出2个问题,全部整改完毕;开展“讲政治、优作风、强服务”专题教育3次;对2021年以来的178份行政处罚案件组织相关股室随机抽取15份案卷进行了自查,发现不规范问题2处,并已全部整改。专项整治工作开展以来,执法队伍的精神面貌焕然一新,执法行为日趋规范;6月18日组织执法人员进行新修订的《中华人民共和国行政处罚法》与《路政文明执法管理工作规范》培训,牢固树立执法人员的行为规范;分别于7月24日、8月20日、9月16日、10月15日组织执法人员近200人次收听收看了四期行政执法大讲堂,切实加强执法队伍的执法能力建设;加强依法行政工作,20名执法人员参加了省司法厅组织的执法证件考试;加强“八五”普法工作,积极做好无纸化法律学习,督促全系统执法人员按照学习内容和时限参加山西交通运输执法系列讲座专题培训。二是积极营造良好营商环境。认真贯彻落实上级有关“放管服”决策部署,进一步“放”出活力、“管”出公平、“服”出效率,打造高效便捷的政务环境,提升群众获得感和满意度。扎实做好议案、建议和提案的办理工作,全年我局涉及的人大建议13件,政协提案3件,已全部办理答复完毕;认真对“12328”“12345”服务监督热线举报线索进行全面梳理,共收到“12328”“12345”服务监督热线的投诉举报事项18件,办结处理18件,办结满意率达到100%;深入推进政务公开工作,构建起职能部门与群众对话沟通的桥梁,11月4日,运管所做客直播间,就道路运输经营各类许可及运输证配发等群众关切事宜进行解读,并现场连线群众热线答疑解惑,充分发挥了人民群众对交通运输领域的监督作用;依托长治市“95128”电召平台,全区160辆营运巡游出租车开通了“95128”电召。三是城乡公交一体化纵深发展。通过与吉通安公交有限公司协调,根据高铁到站时间,于2021年3月2日开通了定点、定时的高铁公交专线,日发39班次,并且高铁专线公交车每辆车都配备了1名志愿者服务人员;为了方便城乡群众就医,将原有的主城区1号公交线路进行了线路优化,在大医院南门设立了停靠站台,并将原有的7台车辆增加至8台车辆,缩短了运营间隔时间。另外,将城乡公交原有的203路、205路、221路城乡公交延伸至区大医院。四是开展爱心送考活动。为了弘扬“无私奉献、助人为乐”的优良传统,积极参加各项社会公益,精心组织“爱心送考”活动,2021年高考期间出动志愿者20余人,交车33辆,接送考生600余人次。

【党建引领,促进交通工作提升】 一是党史学习教育筑牢思想根基。将党史学习教育作为政治生活中的一件大事,按照中央和省市区委决策要求,迅速动员部署、组建领导机构、积极开展学习、创新特色活动、营造热烈氛围,确保党史学习教育高标准高质量开展,“学党史、悟思想、办实事、开新局”取得了扎实成效。2021年以来,利用党组中心组理论学习和每周一集中学习,组织党员学习习近平总书记最新系列讲话精神、中共十九届六中全会及中央、省、市、区会议精神50余次,党组理论中心组开展党史学习教育专题学习9次,切实推动习近平新时代中国特色社会主义思想落地生根。二是“我为群众办实事”实践活动。为扎实开展党史学习教育,交通局党组带领相关部门多次深入基层,开展调研,推进“我为群众办实事”实践活动开展。先后20余次深入运输企业、施工工地、基层站所与道路运输经营者、施工人员、基层职工“面对面”座谈和交流,了解企业、工地、职工的生产经营状况、生活情况听取意见和建议,不断改进工作作风;“我为群众办事”与实际工作相结合,从细微处着眼,于7月5日深入公交场站向126位公交车驾驶员免费捐赠了药箱,送上了对公交驾驶员的关爱;深入车站、包联辖区结合全国卫生城市、全国文明城市复审工作开展共建活动;在东苗超限站设立“司机之家”,为货车司机提供运输短暂休憩的“港湾”。三是抓好党风廉政主阵地。高度重视党风廉政建设工作,将党风廉政建设工作放在重要位置,党组书记带头履责,坚持抓党风廉政建设,经常性与班子成员开展廉政谈心谈话。班子成员按照职责分工抓好职责范围和分管领域的党风廉政建设，开展党员干部的思想教育、谈心谈话和作风监督，形成上下同心、齐抓共管的良好局面。落实民主集中制议事规则，严格遵守“三重一大”决策机制。全力支持配合驻纪检监察组开展工作，自觉接受监督，支持纪检监察组参与“三重一大”等问题决策和重要会议。通过典型案例通报，观看警示教育片、党组中心组扩大学习等形式，进一步增强广大党员干部特别是领导干部的纪律规矩意识和防腐拒变能力，警示广大党员干部做到心有所畏、行有所止，远离腐败危险。四是落实“三会一课”制度。树立一切工作到支部的鲜明导向，不断推动下属党支部规范化建设，严格落实“三会一课”制度。灵活开展支部主题党日活动，为党员过好政治生日，引导党员不忘入党初心，继续努力奋斗，更好地回报社会。2021年以来，为45名党员过了政治生日，讲党课累计9次。6月30日，组织全体党员到北天河上党战役指挥部旧址参观学习，重温入党誓词，接受革命主义传统教育。五是把握意识形态主动权。坚持定期组织传达学习习近平总书记重要指示精神和中央、省、市、区重要决策部署，及时传达学习习近平总书记重要讲话精神及上级重要文件精神，并认真研究贯彻落实意见。用好“学习强国”“三晋先锋”等学习平台开展线上学习。在上党区政府网、“上党区政务”App等平台，及时更新发布相关学习信息，弘扬主旋律，传播正能量。

屯留区交通运输局

【“四好农村路”建设】 2021年，开工建设61公里，年内已完成项目招投标及施工合同签订工作，计划2022年11月底完成建设任务；开工建设乡镇通三级及以上公路项目乡道化许线（前苏至东洼村段）路面改造工程2.875公里，投资估算1190万元，年内已完成招投标并签订施工合同，2022年7月完成建设任务。

【农村公路路长制】 2021年，屯留区13个乡镇、开发区全部设立乡镇农村公路养护管理站，村级配备养护保洁员，建立区、乡（镇、开发区、街道）、村三级路长制，健全农村公路管理养护体制，完善了组织体系，构建职责明确、齐抓共管、高效运转的工作机制。

【农村公路养护】 2021年，完成县道修补沥青混凝土坑槽5800平方米，新建浆砌片石挡墙5处550立方米，加固桥梁1座，维修水沟70米，更换路缘石40米，更换水沟盖板260块，清理水沟6000米，安装道口桩70根，喷涂道路标线9600平方米，喷涂震荡减速标线45平方米，油漆路缘石1.5万米，更换防撞桶10个，安装警示灯10个；乡道新建浆砌片石6处挡墙950立方米，新建浆砌砖挡墙20立方米，水泥混凝土路面600平方米，增设边坡排水管道30米，砌筑拦水带2处160米，新建管涵1道，安装中央隔离墩990块，隔离带横管3960米，安装警示灯2个，防撞桶2个，轮廓牌495块；村道完成修补沥青混凝土坑槽7500平方米，处理塌陷1处100平方米，浆砌片石挡墙18处2100立方米，维修加固涵洞1道，增设管涵4道，沥青混凝土路面4000平方米，水泥混凝土路面2200平方米，安装道口桩20根，更换水沟盖板15块；实施“一灯一带”工程，安装平交路口减速带56条310米，营造畅、安、舒、美的农村公路通行环境。

【大中修养护工程】 2021年，全力做好“2021中国·长治环漳泽湖马拉松赛”、山西省第七次旅游发展大会和全省农业现场会东鸣水观摩点等路段的维护改造，完成环漳泽湖6条机耕路及小南村煤矿路面改造工程、常金村路面养护工程、东鸣水农业托管现场会路面改造工程等大中修养护工程。

【农村公路灾后重建】 2021年9月以来，全区道路水段203处，涉及18.578公里，直接受损金额6635万元。在各级党委、政府坚强领导和亲切关怀下，区交通运输局干部职工闻汛而动、向险而行，累计投入人力250余人次，投入机械台班168余台班，抢通道路中断10处、山体滑坡造成道路阻断17处，清理坍塌方900立方米，灾后重建恢复农村公路31处，恢复里程1.299公里，其余路段均已设立警示标志，有效应对农村公路汛期考验，确保人民群众出行安全畅通。

【城乡公交一体化】 延伸主城区至长治高铁站公交线路，对现有101路、102路公交线路进行优化，拟开通屯留至长治高铁站公交线路已广泛征求社会各界意见，线路规划正在论证中。调整规范辖区内城市公交、城乡公交和乡村小公交运营管理，对运营中的12条公交线路进行部分优化，进一步提升城乡公交服务功能。

【农村物流基础设施】 2021年，积极推进张店客运站“多站（点）合一”运营试点工作，与长恒公交有限公司签订张店客运站运营移交协议，巩固拓展具备条件的乡镇和建制村通客车成果，为城乡居民提供安全便捷经济舒适的出行服务。全力打造“快递进村”典型示范项目，建立健全物流服务，完成主城区农村物流中心1家、乡镇农村物流服务站14家、乡村服务点209家。

【道路运输服务】 2021年，完成19个重点货运企业质量信誉考核，对全区货物运输经营户进行全面摸底，共排查经营户1260户，营运车辆1682辆26161.37吨位，较2020年同期新增货物运输经营户87户，新增货运车辆176辆2687吨位。2021年共审验货运车辆1190辆，处罚案件24起，罚款2.4万元。加强维修市场管理，继续开展维修业户备案管理工作，严格按照行业规范对31家维修业户进行备案管理，对原有的8个维修企业进行了考核，二类维修企业汽车维修电子档案系统覆盖率和数据上传率均达到100%。

【巡游出租汽车更新】 2021年，协调吉达、正大2家汽车出租公司对经营权到期的出租汽车进行更新，完成巡游出租汽车更新14辆，其中吉达公司3辆，正大公司11辆，全部更新为纯电动出租汽车。截至2021年年底，吉达出租公司150辆出租车已全部更新完毕，其中更新纯电动车42辆，油气两用车108辆；正大出租公司30辆出租汽车已更新11辆，正在办理相关运营手续。

【治超工作】 2021年，309国道高店公路超限检测站共检测车辆463175辆，查处超限车辆11辆；出动流动稽查240车次，查处超限车辆76辆；卸载货物1708.72吨，转载货物303.44吨；全部由交警实施处罚，共记分444分，罚款95500元。强化源头治超监管，对全区货运源头企业进行重新公示，由原来45家增加到46家，新增1家；全年共巡查源头企业800次，出动执法车辆800辆次，执法人员2400人次，对企业治超工作人员现场培训60人次，查处案件4起，罚款1.5万元。

【路域环境整治】 2021年，查处涉路违法行为112起；清理公路用地范围内堆放物料36处1232平方米；清理占道经营22处；清理非公路广告牌7处54块；清理占用公路打场晒粮5处234平方米；排查整治农村公路安全隐患19处，涉路施工15处；路养联动发现并处置路面水毁13处。

【安全生产】 2021年，共召开各类安全会议20次，对安全生产目标进行细化分解，向20家交通运输企业和6个局属部门下达2021年度安全生产目标管理责任书和各类事故控制指标。加强安全生产监督检查，组织对辖区内交通运输企业、危货企业、交通建设工程施工现场、农村公路危险路段开展安全检查督查140次，排查各类安全隐患72处，整改72处，整改率达100%。强化安全生产宣传教育，认真开展“安全生产月”活动，围绕“落实安全责任，推动安全发展”为主题，组织开展“五进”活动，发放安全生产知识宣传资料1000份，现场接受交通安全方面咨询40人次，营造人民群众关注交通运输安全积极氛围。

【行业稳定】 2021年，长治市屯留区交通运输局积极争取区委、区政府大力支持，投入100.8万元，从根本上解决出租汽车行业多年来遗留下来的新能源出租车更新补贴及充电补贴问题，维护行业稳定。圆满完成庆祝中国共产党成立100周年大会、中共十九届六中全会等重大会议和春运、国庆等重要时间节点的安保维稳工作。

【党史学习教育】 2021年，成立党史学习教育领导小组及办公室，印发《实施方案》，科学制定计划，系统安排学习内容，全年共组织党员集体学习49次，开展党史专题研讨12次，讲党课4次，完成习近平《论中国共产党历史》《习近平新时代中国特色社会主义思想学习问答》《中国共产党简史》等7本指定党史书目的学习，党员参与率95%以上。

【基层组织建设】 2021年，认真贯彻落实“三会一课”制度，切实发挥党内政治生活的熔炉作用，组织召开党支部党员大会2次，主题党日活动12次，支委会12次。建立健全工作台账，指定专人详细记录《党支部规范化建设工作台账》《党支部上交党费报告簿》等台账，认真核定每位党员的实际收入与缴纳基数，全局党员均按时足额缴纳了党费。扎实做好发展党员工作，注重培养职工中的骨干分子，全年共发展党员5名，入党积极分子3名。

【"我为群众办实事"活动】 2021年，围绕农村公路改造项目、运输服务品质提升、城乡公交一体化发展、路域环境整治行动等群众关心关注的民生项目，开展公共安全、生活服务、基础设施、环境保护、志愿服务5个门类12项具体服务事项，解决实际问题、提升服务品质，密切党群关系、增进群众感情，更好地巩固和加深了交通运输行业与人民群众之间的血肉联系。

潞城区交通运输局

【公路建设养护情况】 2021年，潞城区交通运输局深入贯彻落实习近平总书记关于加强"四好农村路"建设的指示批示精神，科学谋划农村公路建设。一是"四好农村路"建设。截至2021年12月，全区完成农村公路建设项目两类共计17条，共计22.008公里。其中，续建项目有：①县道李黄线(李庄至盘石头段)4.475公里，现已完成沥青路面铺装，主体工程已完成；②南华东街—东南山等12条乡村道路，完工总里程10.55公里；新建项目有：①西村—史回乡镇通三级及以上公路建设项目4.82公里，已完工通车；②自然村通硬化路项目，完工3条2.163公里。二是道路数据采集工作。高质量完成了全区乡镇通三级以上公路、建制村通双车道及以上公路、自然村组通硬化路基础数据以及农村公路路面技术状况数据核实和采集工作。三是农村公路养护工程。全区于2021年10月15日出台了《长治市潞城区深化农村公路管理养护体制改革实施方案》和《长治市潞城区农村公路管理养护绩效考核办法》(潞城政办发〔2021〕40号文件)，按照"县道县管、乡村道乡村管"的原则，建立健全了农村公路管理养护责任制。2021年以来累计处理县乡级公路路面坑槽、沉陷、沥青罩面等病害87.9公里，完成修复养护投资389万元。设"路长责任牌"147副，有力地保障全区农村公路安全通行，公路畅通率达到100%。四是农村公路水毁修复工程。7月份以来，全区范围内持续的强降雨致使多处道路出现滑坡、坍塌、沉陷、涵洞淤塞现象。据初步统计，本次受灾共28.73公里，其中县道13.45公里，乡道5.07公里，村道10.21公里。全区公路受损96条，经济损失6430余万元。为确保安全度汛、保障畅通，全体交通人秉承"险情就是命令，安全就是责任"的使命担当，即时启动应急预案，全体动员，精心组织，积极应对，快速反应，全力投入防汛抢险一线，紧抓落实防汛各项工作。10月2日以来，潞城区交通运输局先后组织两支应急抢险队伍，投入大型抽水泵3台、铲车10余台、挖掘机5台、运输车辆20余台，共组织3430余人次，出动机械设备1150台次进行防汛应急抢险，增设警示标志260套，处理水毁路段63处，多处阻断路段全部及时抢通，确保全区农村道路畅通安全。

【交通运输事业发展情况】 一是城乡客运。共运行城市公交客车116辆，运营线路54条，启用乡镇客运综合服务站5座，建设修复候车站牌350余个，建制村通公交车覆盖率为100%。二是交通运输执法。运输市场整治方面。2021年以来，全局坚持"规划与建养并重、执法与教育并重、监督与服务并重"三个并重，通过采取科学规范的执法方式，开展运输市场综合整治行动和公路路域环境综合整治专项行动。截至年底，农村公路路政巡查共完成180余次，执法人员共出动400余人次，共巡查农村公路12000余公里，劝返大型货车2100余辆次，共发现处理63起路政案件，收取公路(赔)补偿费410元，路政案件发现率、查处率和结案率均达到100%，实现了超载超限率控制在0.2%的总目标。三是常态化联合执法。为提升执法水平，将日常的源头治超监管、路政巡查和治超巡查相结合，通过多部门联合执法和加强了对货运企业源头监管和路面管控，将原有44家源头企业拓展至90家并进行了公示，加强了对非法超限超载企业、车辆的打击力度。截至年底，累计出动执法人员5000余人次，出动执法车辆720余辆次，对源头企业进行巡查1500余户次，检查企业车辆登记台账4026114辆次，排查路面货运车辆6200余辆次。四是路域环境治理。局执法人员自3月初开始，采取定点检查和巡查执法相结合的方式，对全域农村公路特别是县道和重点乡道进行管控。先后出动执法人员1000余人次，出动执法车辆450余辆次，劝返车辆2100余辆次，重点县乡道路通行秩序得到有效管控。五是国Ⅲ及以下柴油车辆淘汰工作。根据2021年8月5日长治市推进工作会议精神，本年度潞城区需淘汰国Ⅲ及以下车辆为118辆，检验有效期内的46辆，淘汰任务实为72辆，通过认真摸排、多措并举，目前已全部淘汰完毕。其中，报废回收34辆，交警注销38辆。六是执法改革。交通运输领域综合行政执法机构改革已有序完成。区交通运输发展中心于2021年6月26日正式挂牌成立，长治市交通运输综合行政执法队潞城大队于2021年12月28日正式挂牌成立，使全区交通综合行政执法事业加快步入制度化、法制化、规范化建设轨道，开创了全区交通运输综合行政执法工作新局面。

【行业安全生产管理】 2021年，潞城区交通运输局出台了《安全生产三年行动集中攻坚年》《2021年安全生产执法监管计划》《两节、两会安全大检查》等专项方案，常态化开展行业安全生产大检查、风险隐患大排查和问题大整改活动，取得了全区交通运输行业零事故的阶段性成效，确保了行业安全平稳健康发展。一方面开展县乡公路隐患排查治理。一年来，累计排查治理隐患110余处，警示指示标志牌安装55块，公路护栏安装20余公里，减速带安装110米。此外，还重点开展了农村公路高陡边坡隐患专项治理行动，按照全国第一次自然灾害风险普查规定(高陡边坡为土质边坡高度大于20米，岩质边坡高度大于30米)，重新核定了我区农村公路高陡边坡风险点数量为30个，涉及路段长度13.18公里，现投入治理工程资金48万元，所有建档隐患全部销号处理。另一方面狠抓运输企业安全管理。一是依法履职，严格落实安全生产责任制。二是压实责任，扎实开展专项整治行动。三是依法监管，坚决遏制重特大事故发生。截至目前，累计出动检查人员1100余人次，车辆400余台次，检查企业、工地200余次，检查客货运车辆2150台次，排查发现隐患267条，治理整改267条，教育非法营运从业人员130余人次，查处非法营运车辆50余台，各项行政罚款累计18.2万元。进行安全培训教育20次，受教育人数达到1000余人次。

【疫情防控】 一是卡口执勤。全局坚决贯彻落实国家、省、市、区委疫情防控安排部署，动员全体干部职工，扎实开展潞城火车站和两个高速公路卡口的一线防控工作，全年累计出动执法车辆100余辆次，执法人员600余人次，排查车辆18000辆次，排查流动人员70550人次，劝返车辆120余辆次，劝返人员200余人次，坚决防止了疫情输入，切实维护了我区安全，全力筑牢了疫情防控交通防线。二是消杀管控。根据省、市、区文件要求，全局扎实做好客车、公交车、出租车等交通工具的人员防护、佩戴口罩、客座率控制等疫情防控工作，每日按计划完成全区54条公交线路116辆运营车辆和115辆出租车的卫生清理和消杀工作，为潞城广大人民群众营造了健康、安全、舒适的公共交通环境。三是做好防控。全局扎实推进了机关和包联小区的新冠疫苗接种工作，同时认真落实疫情排查管控，认真查验三码，组织安排机关全体干部职工和家属，对于局机关、局家属院、所属事业单位家属院以及包联的鑫欣佳园，按照股室、严格分工、责任到人，包小区、包人头，扎实推进疫苗接种和疫情排查管控各项工作。

【国家安全责任制落实情况】 2021年以来，在区委、区政府正确领导下，潞城区交通运输局始终将总体国家安全观作为国家安全工作的指导思想和根本遵循，全面贯彻落实习近平总书记关于国家安全工作的重要论述和重要指示精神，切实担起政治责任，强化组织领导，自觉践行“总体国家安全观”，牢固树立系统思维和大局意识，把国家安全放在全局工作的首要位置。同时，潞城区交通运输局立足交通运输工作实际，通过开展公路工程项目建设安全检查、运输市场综合整治、路域环境治理行动、源头治超监管等工作，有力保障了潞城区交通运输行业平稳有序发展。

【综治工作】 潞城区交通运输局稳步推进“三零”单位创建工作开展，积极加强和创新社会管理，认真开展各类隐患排查和矛盾化解工作，确保了交通运输行业安全稳定。同时在全行业禁毒专项行动中，组织签订了全员禁毒承诺书，开展了两次吸毒抽检行动，深入一线广泛宣传禁毒知识，为交通运输各项工作的有序推进奠定了坚实基础。2021年，交通运输局共接到人大议案13件，政协提案4件，涉及道路建设、城市客运、物流发展等诸多方面，根据建议、提案、热线涉及的内容，召开专题会具体明确承办科室和责任人，在规定时间内所有议案、提案、热线都已办理完毕，满意率达到100%。

【党建工作】 潞城区交通运输局认真落实全面从严治党责任，坚定不移地一手抓党风廉政建设，遏制交通腐败不松懈，一手抓交通建设，咬定转型发展不动摇。把发展交通和党的建设有机地结合在一起，凝聚了更强的发展合力。一是全面坚持从严治党。严格按照“党政同责、一岗双责”要求，坚持把党建与交通运输中心工作同部署，同落实，同检查，认真落实全面从严治党主体责任和行业监管责任。二是切实加强基层党建。紧紧抓住党史学习教育的有利契机，坚持以习近平新时代中国特色社会主义思想为指导，组织全体党员职工深入开展党史学习教育。以每周开展集中学习为点，自学为面，以点带面充分使党史学习教育深入开展。三是持续推进廉政教育。通过讲授廉政专题党课、组织召开警示教育大会、观看警示教育片、到神头大战遗址（纪念碑）接受爱国主义教育和进行党纪法规知识测试等方式，使全体干部职工切实树立“四个意识”、坚定“四个自信”、坚决做到“两个维护”，贯彻落实好中央八项规定，自觉做到廉洁自律、拒腐防变。四是扎实开展意识形态工作。全局严格按照中央要求，始终坚持做好交通运输领域网上舆论管理，掌控网络意识形态主导权，把握正确舆论导向，贯彻落实书记负责制，局党组书记作为第一责任人，将意识形态工作抓好落实，并体现在日常工作中。目前，通过和区融媒体中心的合作，积极开展宣传工作，结合交通系统工作实际和特色亮点，将交通实绩反映出去，充分展现交通系统工作实效和良好形象。

襄垣县交通运输局

中共襄垣县交通运输局，正科级行政机关单位。下设四个支部，主要负责全县农村公路规划、建设、养护、管理以及农村客运道路运输管理，规费征收、治理非法超限超载和交通安全生产等工作。机关内设办公室、规划建设股、安全监管股、法规综治股、公路管理股。下设两个事业单位，襄垣县交通运输综合行政执法队71人，襄垣县交通运输发展中心34人，交通运输局9人。2021年年底，干部职工181名，正式在职在编职工114人，公益性岗位18人，劳务派遣49人。2021年5月18日襄垣县治理车辆超限超载事务中心统一规划交通局管理，人员划转事业编制4名，劳务派遣2名。

【公路养护】 2021年，投入养护资金1800余万元，挖补路面3500平方米，砌筑护面墙5100立方米，修建水渠6000米、完成各类应急处置30余起，喷画标线5万多米、喷刷挡墙8000多平方米，县乡公路列养率达100%，好路率达到了85%以上。

【路网建设】 滨河东路南延工程。该工程起于西王桥村东，终于南沟村西，全长5.011公里，路基宽21米，三级公路标准，总投资24350万元。完成油面(底层)铺装4.5公里，安装路灯管线4公里，人行道基层铺装3.5公里，完成下穿铁路框构箱涵预制。仙堂山旅游公路滨河东路南延高架桥工程。工程位于南沟村东侧，浊漳河西岸，北起仙堂山旅游路西王桥至南沟段(滨河东路南延)，向南落地后与长襄快速路连接，全长1703.59米，桥梁宽20.5米，桥头引道与桥梁同宽，一级公路标准。项目总投资15417.44万元，其中：建安费11642.32万元。采用PPP模式建设，2020年9月开工，工期二年。目前，灌注桥梁桩基64根，浇筑承台15根，2021年7月10日已完成全部承台和墩柱建设任务，12月中旬桥梁主体结构全部完成，初步具备通车条件。仙堂山旅游公路(王村至仙堂山、仙堂山至王家峪)工程，全长32.607公里(王村—仙堂山段，改建25.694公里，仙堂山—王家峪段6.913公里)，路基宽11米(行车道7.5米，自行车道3米，硬化分隔带0.5米)，三级公路标准，工程总投资48548万元(其中建安费32614.8万元)。目前，路基工程全部完成，水稳基层累计完成29公里。机动车道油面铺装24公里，自行车道彩色沥青油面铺装19.5公里，安装慢行系统护栏8.5公里。

【党史学习教育】 党史学习教育开展以来，我局紧紧围绕"学党史、悟思想、办实事、开新局"主题，注重将学习教育和中心工作相结合，注重将学习效果体现在解民忧办实事上，通过实地调研，开通了郑太高铁襄垣东站至潞安化工集团高铁公交线路；针对群众反映强烈的短途石料运输车辆路面抛撒污染环境问题，我们充分利用治超职能，采取群专结合，专项巡查的方式，对路面抛撒和环境污染等群众的头疼事、烦心事进行了集中整治。整治我县侯堡镇外环路208国道、襄侯县线等多处环境污染问题，查处随意倾卸石粉车辆5辆。使"学党史、悟思想、办实事、开新局"主题教育得到生动实践。

【疫情防控】 按照县委、县政府安排，从6月7日开始，安排4名执法人员到火车站和太郑高铁站前广场值班值守，进一步压实责任，做到点上精准、闭环管理，实现外防输入、内防反弹、守土有责。局疫情防控领导组对火车站、汽车站、公交公司、出租公司采取"四不两直"工作方法，开展专项督查，重点查看来襄、离襄人员信息登记、车辆场所消杀工作，查看司乘人员戴口罩情况。对在建工程外来务工人员开展一次信息登记落实情况督查，一经发现重点地区人员，及时上报。

【文明创建】 按照县文明办要求，我局牵头对汽车站、火车站、出租车、公交候车厅、太郑高铁环境整治工作。对照任务清单，我局以局党组成员牵头成立了四个创建督导组，分头深入企业，对照清单逐项整改销号，结合全国县城创建工作，在太郑高铁襄垣东站打造了全市一流的"妈咪小屋"，在保护妇女儿童合法权益的同时，展现了千年古县的文明形象。

【交通改革】 针对交通工作职能交叉，多头执法问题，出台了深化交通改革方案，全面推行一局一队一中心改革，整合成立交通运输综合执法队和交通运输发展中心，县治超中心整体建制划转至县交通发展中心。围绕改革任务，紧盯时间节点，初拟"三定"方案，核定人员编制，组织进行人员转隶。在机构改革中，既注重机构的顺接，又注重治超工作的衔接，采取一手抓改革，一手抓工作，两手抓，两手发力的工作态势，全面推进交通工作，真正实现改革过程中措施不变、力度不减、标准不降的工作效果。在深化公交管理体制改革上。组织人员对山西润疆交通技术咨询有限公司第三方中介机构(全省唯一有资格)编制的《襄垣县公交客运运营绩效考核管理办法》《襄垣县公交客运满意度社会测评管理办法》进行了审核修定：指导创新、世通两个公交公司制定了《公交司乘人员考核管理办法》，依据《襄垣县公交客运运营成本规制管理办法》，对公交线路运营成本进行了重新测算，运营费用控制在3100万元的前提下，229个行政村由152个通公交增加到206个，新增通公交行政村54个；运营里程由6136783公里增加到7232467.6公里，新增运营里程1095684.6公里(229个行政村尚有23个行政村未通公交)； 新增城市公交线路2条，分别是车站至政务大厅、车站至高铁站前广场，新增城乡公交线路3条，新增镇村公交线路26条。

平顺县交通运输局

2021年是"十四五"开局之年，是成立100周年，也是全县夯实"三大基础"、推进"四大发展"的起步之年。平顺县交通运输局按照县委、县政府"建好大交通"的工作部署，以开展党史学习教育为契机，以"我为群众办实事"为载体，认真履行主体责任，不断强化责任担当，完成2021年各项目标任务，为全县经济社会发展创造良好交通环境。

【聚焦"建好大交通"，加快交通重点项目建设】 一是国道干线公路持续推进。341国道主线全长36.844公里，连接线(两条)总长11.698公里，估算投资229037万元。截至目前主线土石方完成91%，涵洞全部完成，防护排水完成82%，桥梁完成55%；隧道掘洞66%，路基主体工程完成27公里。形象进度约占总投资79.2%。二是全力实施太行一号旅游公路建设任务。后壁至虹梯关旅游公路路线全长19.183公里，预算投资19318万元。路基、涵洞全部完成，油面铺装完成18公里；虹梯关至东寺头旅游公路路线全长17.199公里，预算投资21248万元。路基、涵洞全部完成，油面铺装完成16公里；通天峡旅游公路路线全长37.935公里，预算投资34749万元。路基完成20公里，路面完成16.5公里。三是全面完成全年重点交通建设项目。长治市区至平顺航天工业园道路（平顺境内段）改造提升工程。路线全长6.765公里，由三级公路标准提升为二级公路标准。其中平顺境内路线全长4.36公里，预算金额2231.14万元，目前路基、路面主体工程已完工；平顺县石窑滩至天瀑峡公路改造工程。路线全长11.721公里。该项目合同总金额2303.9435万元。目前路基、路面主体工程已完工；平顺县新城至后堖乡道公路改造工程，路线全长8.214公里。目前路基、路面工程已完工；山西交控集团“太行灵泉”年产2400万瓶山泉水建设项目。该项目是长治高速公路管理公司实施的“太行灵泉”天然山泉水开发项目。水源检测、相关勘察设计报告编制、水量调查、“太行灵泉”商标注册等相关前期工作及厂房框架已完成，正在进行生产设备调试等相关工作；四是平顺县碑滩至牵牛岩公路改造工程项目。路线全长4.209公里，预算总金额1104万元。该项目路基、路面工程及安防工程已完工。五是扎实推进“四好农村路”建设。全年下达全县任务农村公路建设项目有大自然村通硬化路39.25公里、危隧改造5座、村道安防80.78公里、“一灯一带”55个已按计划全部完成；加强农村客运场站建设方面，新建北社、阳高、北耽车3个乡镇客运站，总投资791万元。现3个乡镇客运站的主体框架已建成。

【全面完成县委、县政府交办的重点工作任务】 一是全力恢复重建，保障道路畅通。全县2021年水毁受灾造成农村公路67条186处中断，损失资金约19400万元。灾毁发生后，平顺县交通运输局第一时间对县乡主干道中断路段开展抢通工作，并及时成立农村公路抢险救灾和灾后抢通恢复工作专班，坚持分类处治，深入一线开展公路灾毁抢通和恢复重建工作，协调指导乡（镇）村开展水毁修复。在水毁恢复中共设置各类警示标志284块，警示锥2100余个，中断路段已全部抢通，恢复里程269公里，剩余18条13公里农村公路，因天气原因路面未修复。具体完成情况：水毁塌方清理完成40.5万立方米，完成率100%；水毁路基完成13.8万立方米，完成率90%；路面完成7.8万平方米，完成率76%；护坡挡墙完成15.5万立方米，完成率75%，共完成投资15100万元。有效保障了全县农村公路畅通，为全县社会经济平稳运行提供了交通保障。二是交通行业节能减排及大气污染治理工作成效显著。全县汽车维修企业喷漆等涉及大气治理作业实现监控全覆盖；完成市政府下达的国Ⅲ及以下老旧柴油车淘汰工作任务，完成8辆淘汰任务，其中办理注销7辆，领取补助1辆，发放补助9900元。三是脱贫攻坚成果巩固和乡村振兴有效衔接帮扶有序推进。结合全县实际制定了《平顺县交通运输局关于实现巩固拓展脱贫成果同乡村振兴有效衔接的实施方案》，确保交通运输业脱贫攻坚成果巩固和乡村振兴有效衔接；“双通”工作实现全覆盖。全县所有262个具备条件的建制村实现通硬化路和客运车辆通达100%全覆盖；按照县委、县政府的安排部署，2021年6月交通运输局抽调6名骨干人员组成2个工作队分别派驻石城镇牛岭村、遮峪村，各项工作有序推进。四是新冠肺炎疫情防控工作科学规范。在县新冠肺炎疫情防控领导组的领导下，根据疫情变化，围绕做好交通系统防控，及时落实。对于全县道路客运、城市公交、城乡公交、出租客运车辆，严格全行业从业人员疫情防控工作措施落实，积极做好常态化防疫工作登记和客运站场清洁消毒以及重点地区来平人员的排查；按照县疫情防控领导组安排抽调执法人员先后参与到石城自新村、河口桥、341国道郭和口、长平高速收费站疫情卡口值班，投入到疫情防控一线。五是行业扫黑除恶专项斗争及禁毒工作常态化。在交通系统持续开展扫黑除恶专项斗争，继续发动全行业进行线索摸排工作，深挖行业保护伞，严厉打击行业黑恶势力，把扫黑除恶同法制建设、平安建设等工作相结合，将推进扫黑除恶工作形成常态化、制度化，对全县道路运输从业人员进行尿检1986人次。

【常规性工作情况】 一是道路运输服务管理水平得到稳步提升。扎实开展了源头治超工作。全年出动巡查人员580余人次，巡查政府公示的货运源头企业480家次（县政府公示企业为16家），巡查覆盖率达到100%；加强对28辆道路班线客车的管理，及时开展客运企业和客运站的质量信誉考核；积极开展创建文明县城验收工作。按照县里的安排部署，重点对县城公交站台进行了更换维护，对126个公交站台进行更换版面、110个公交站台进行维护修缮；按照"多站合一、一站多能"的建设思路，整合客货运、公交、小件快运、农村物流、电子商务中心及定制班线服务等"五站一中心"功能，推进客货邮融合发展民生工程，让客货邮融合发展更好地惠及民生，为乡村振兴提供有力支撑。目前全县建成11个客货邮综合服务站，建成151个行政村客货邮综合服务点。开通县城至东寺头乡、县城至虹梯关乡、县城至石城3条客货邮合作线路。二是城市公共客运服务能力得到提高。全县共有青羊公交公司和平安出租公司两家客运企业。青羊公交公司共有纯电动公交94辆，共有公交线路16条，城区公交线路6条，城际公交线路1条，城乡公交线路9条；平安出租公司更新出租车46辆，22辆油车、24辆电车。全县城市公共客运管理规范运行，公共客运服务周到温馨，在中、高考期间，开展公交、出租"爱心送考"公益活动，共接送中高考学生1800余人次。全年新开通了龙镇、北社至长治东高铁站的公交线路。三是公路管养质量持续创优。为切实解决全县"四好农村路"工作中管好、护好的短板问题，结合全县农村公路实际情况，2021年10月27日出台了《平顺县深化农村公路管理养护体制改革实施方案》，形成政府主导、部门联动的工作机制；全面推行农村公路路长制，县、乡级政府主要负责人和村委会主要负责人为县、乡、村三级路长，在各路段显著位置设置"路长制"公示牌53块，公告人员信息、路长职责、监督电话等内容，广泛接受社会监督，共同推进农村公路管理养护工作，建立"精干高效、专兼结合、以专为主"的管理体系；采取政府与市场合理分工的模式，按照"专业养护和群众养护"相结合的原则，以政府购买服务的方式，引导专业企业加大投入，引进有资质的专业化企业，提高养护专业化、机械化水平，实现快速发现、快速养护，提升县乡公路养护水平。培护路肩180公里、清除垃圾30余吨、清理边沟约110公里、养护浇缝36.23公里、公路挖补罩面65470平方米，完成9条县道、10条乡道261.065公里县乡公路的日常养护、保洁，县乡公路路域环境日趋整洁。四是路政执法巡查持续开展。以《中华人民共和国公路法》《公路安保护条例》等法律法规为依据，开展"平安公路"创建、"路政宣传月"活动和超限超载运输治理工作。全年清理公路路障18处/260平方米，排查各种安全隐患12处，清除非公路标志60块；强化路面治理管控。全县共出动执法人员5386人次，巡查源头企业300余次，不定时对路面、源头企业明察暗访150余次。超限超载治理方面共检查过往载重货车5000余辆，联合执法查处超限超载车辆60辆，卸载货物839.15吨；处置公路设施赔（补）偿案件4起，收取公路赔偿费95531.92元。五是行业安全生产态势平稳。全行业安全生产严格履行"党政同责，一岗双责""管行业必须管安全""管业务必须管安全""管生产经营必须管安全"的安全管理工作原则。全局安全生产责任明确，全县安全生产形势平稳，没有发生安全生产事故。切实做好春节、"五一"、端午、中秋节、国庆节等重大节假日安全监管和"平安交通""危险化学品检查""三年专项整治"等专项行动。在全行业广泛长期开展安全宣传，散发各类资料1000多份。切实加强安全应急工作，制定各类子行业安全应急工作预案，储备了充足的安全应急物资、车辆，与消防、公安等共同组织安全应急演练，提升了突发安全事故应急能力。六是交通"放管服效"改革及营商环境改善渐趋规范。稳步推进"互联网+监管"工作，全年共录入检查数据718条；认真执行“双随机、一公开”工作要求，配合“双随机、一公开”领导组完成“双随机、一公开”的抽查计划、数据收集、报送。七是依法行政工作进一步规范。进一步健全各项执法制度，推进行政执法“三项制度”执行，提升执法人员的执法能力和水平，全年没有发生执法违法行为。组织全局人员学习《中华人民共和国民法典》等新颁法律法规，积极主动部署“三零”创建工作，继续推进综合行政执法改革工作，规范执法车辆、执法工具的使用与保管。八是政务服务能力明显提升。认真办理投诉意见，做到不拖延、不推诿、件件有回音、条条有答复。落实“12345”政务服务热线、“12328”交通运输服务监督电话平台、群众电话投诉等各类涉访问题共16件次，及时进行回复回答，未发生一起群体性上访事件，信访投诉处理率达到100%，满意率达到100%；办理人大建议、政协提案24件（人大建议16件、政协提案8件）。九是党风廉政和机关自身建设不断加强。切实加强党建工作。认真开展《中国共产党简史》学习教育活动，组织全局党员干部学习《中国共产党章程》、《中国共产党纪律处分条例》及中共十九大、二中、三中、四中、五中、六中全会精神，提升拒腐防变能力。制定了局党风廉政工作制度和措施。切实加强纪律作风建设。修订了机关管理制度，加强对全局工作人员执行中央八项规定等纪律作风的管理，夯实县局纪律作风建设基础。

【亮点工作或创新型工作】 平顺县交通运输局把农村公路建设与产业发展、全域旅游和乡村振兴紧密结合，优化农村公路布局。将农村公路建设纳入全域旅游、乡村振兴规划实施中，重点对休闲乡村、乡村旅游、旅游景区周边实施资源路产业路项目3个35公里，为沿线村庄乡村振兴发展提供了交通助力。特别是把为民服务解难题付诸实践，在市交通主管部门的大力支持和协调下，打通了1条2公里县际交界邻村之间的“断头路”，并按照《小交通量农村公路技术标准》实施较大人口规模自然村通硬化路38公里，给老百姓带来了实实在在的获得感和幸福感，也为县域经济发展增添了新动能。积极开展全国、全省“四好农村路”示范县创建工作，成功申报全省“四好农村路”示范县。

黎城县交通运输局

黎城县交通运输局是黎城县人民政府的组成部门，主要承担着贯彻执行国家、省、市关于交通运输的法律法规和方针政策，指导全县交通运输规划、测设、管理、交通基础设施建设等工作；并且还肩负全县公路、水路、客运、货运、出租、治超、交通战备等行政执法和行业管理的重任。2021年，局机关内设办公室（党委办）、行政审批股、综合运输安全管理股、公路规划建养管理股4个股室。下辖黎城县交通运输服务中心、黎城县交通运输综合行政执法队、黎城县道路运输管理所3个事业单位，共有干部职工97余人。

2021年，全县现有各类公路总计1184.322公里，其中高速公路2条65.532公里，国道3条95.447公里，农村公路551条1023.343公里，包含县道6条108.813公里，乡道50条409.524公里，村道495条505.006公里。公路密度达到了106.4公里/百平方；每万人有公路74.02公里。实现了全县乡镇和建制村100%通油路（水泥路），农村公路列养率达100%。

2021年，全县普通货运企业44家，货车3006辆（含挂）；客运企业3家，营运客车56辆，其中7辆县内班车，旅游包车5辆，定制客运2辆，其余42辆包括转户和线路到期没有营运的；城市公交1家线路17条70辆车；出租公司1家70辆车；二类维修企业3家、备案的零担物流站点8家、危货企业1家、驾校1家、综检站1家以及备案三类企业25家。

2021年度，获得中共黎城县委、县人民政府颁发的“红旗单位”，城市更新教育街西延项目组和创新发展专班组两个“突出贡献奖”。中共黎城县委、县人民政府2021年度目标考核“优秀”单位。

【重点公路建设项目】 一是太行板块旅游公路续建年度完成情况。1.太行板块旅游公路长治市黎城县北泉寨至后家滩段工程建成通车，完成年度投资3784万元。2.太行一号旅游公路长治市县道西东线(西井至板山段)工程建成通车,完成年度投资6039万元。二是黄崖洞红色旅游路(方向—四方山)工程。该项目建设规模20.967公里,项目预算总投资为19826万元,项目分为二个标段实施。麻池滩村至漆树村段(二标段)建设里程10.44公里和G207至黄崖洞景区段(一标段)路线长度3.30公里,均已完工,正在办理交工手续;清泉至麻池滩段涉及清漳河大桥正在抓紧建设。累计完成投资1.0600亿元,2021年度完成投资600万元。三是2021年自然村通硬化路工程。2021年上级下达黎城县自然村通硬化路工程共计48.09公里,交通运输局根据县委、县政府的总体安排部署,重点对重点帮扶村进行自然村通硬化路工程,项目共涉及全县8个镇30个村的通村路建设任务。2021年度完成投资4809万元。四是县乡公路改造工程。2021年上级下达县乡公路改造工程共计2个,分别为港辛线西黄须—辛村线,建设规模7公里,麦仓—西仵线建设规模6公里,2021年度完成投资9500万元。五是危旧桥梁改造工程。2021年度上级计划危旧桥梁改造工程共计2个,分别为石梁桥和长河桥,2021年度完成投资930万元。六是"一灯一带"建设工程。2021年农村公路平交路口完成了450.9米,投资15.8595万元,有效预防和避免了农村道路交通事故,确保了全县农村交通安全形势持续稳定。

【国Ⅲ车淘汰工作】 市交管部门下达黎城县的国Ⅲ及以下老旧柴油货车淘汰任务28辆,全年完成23辆,完成率82%,位居全市各县区前列。

【"打非治违"专项斗争】 2021年共出动执法人员158人次,出动稽查车辆76辆次,检查车辆1725辆,查处非法营运车辆9辆,查处其他道路运输违法违规行为23起,处罚14.1万元。

【营运车辆安全监管】 黎城县所有客货运企业运营车辆动态监控安装率达到了100%,其中"两客一危"车辆按要求顺利完成智能视频系统安装任务,共计33辆车,分别为山西宁城危货运输公司28辆、黎城通达公交有限公司旅游包车5辆。

【交通运输领域综合行政执法】 2021年出动巡查人员600余人次,检查车辆550余辆次,共发现路政案件33起,发现率达100%,查处并结案33起,结案率达100%;查处超限车辆12辆、卸载189.66吨、扣分54分、处罚金额1.38万元;2021年共查处非法营运车辆9辆,查处其他道路运输违法违规行为共计23起,其中无客运、货运驾驶员从业资格证案件2起,无道路运输许可证案件7起,未检测道路运输车辆案件6起,车辆超标准装载、配载案件8起,处罚金额14.1万元。

【抢险救灾和修复重建】 2021年黎城县遭受强降雨危害,共造成营运道路中断或损毁168公里,造成经济损失约1.11亿元。灾情发生后,黎城县交通运输局迅速启动《重大自然灾害应急预案》,所有人员全部返岗待命,组建5支应急抢险分队,抽调大型挖掘机30台、运输车辆65辆、各类设备118台(套),全员投入抢险救灾工作中,仅用三天时间就抢修抢通农村公路109公里、清除塌方249处2.985万立方米,排除积水455处、设置危险路段警示标志标牌229块(个)。

【区域协同承接东部新枢纽推进情况】 1.309国道线河北界至临汾界段升级改造工程,是全市规划构建"四纵四横"普通国省干线通道网建设之一,线路全长121.2公里,投资84.2亿元。建设主体拟定长治公路分局,项目线位走向方案已由省交通运输厅已评审通过,黎城县境内段全长约为28公里。现工程可行性研究报告已编制完成,主要存在问题,一是项目能否按收费公路模式建设,二是项目建设土地规划指标未解决。2.长治黎城至晋城陵川高速公路工程,是全市构建"三纵二横二联"的高速公路布局项目之一,线路总里程284.5公里,投资470.76亿元。其中,黎城至陵川夺火(晋豫界)高速公路长治段,线路全长90公里,投资约150亿元。建设主体拟定长治市交通运输局,项目线位走向方案已由省交通运输厅评审通过,黎城县境内段全长约为16公里,现工程可行性研究报告已编制完成,主要存在问题是资金筹措方案及土地指标问题未落实。3.聊邯长高速铁路建设项目,该项目前期牵头单位为邯郸市政府,建设主体拟定聊城市政府、邯郸市政府和长治市政府,线路全长295.3公里,估算投资366亿元，黎城县境内段全长约为24.5公里，投资约35亿元。项目线位走向方案及预可研已报国家铁路主管部门待批复。4.黎霍高速公路建设项目，该项目建设单位为山西黎霍高速公路有限公司。其中黎城境内线路全长9.41公里、概算投资10.5亿元。主要包括路基8段，桥梁6座，隧道3座，互通立交1座（黎城西互通枢纽），于2020年6月动工，预计2024年12月底工程完工通车。目前完成投资7亿元。

【全市运输物流网络平台试点工作】 2021年，市政府将黎城县作为发展网络货运平台的先行试点县后，黎城县交通运输局积极同全国首批"AAAAA级网络货运数字物流平台企业"山西快成物流科技有限公司洽谈对接，仅用一个月时间就注册成立山西省黎城县快成物联科技有限公司并正常运行。截至2021年12月底，货运平台企业与90余家工矿企业建立合作关系，吸收承运车辆累计超过2.71万辆，注册司机2.88万多人，运单数累计超27.6万单，货运总量636.92万吨，业务总额为5.6亿元，缴纳税金5639万元，为全市的物流网络平台推广运行提供了黎城经验。

【城乡公交一体化全域运营】 黎城县城乡公交一体化涉及到全县8个镇，185个建制村（居）和所有自然村，包括38条线路，3条预约定制线路，110辆公交、客运车辆。通过"政府补贴+公司运营"的方式实施，最大的亮点就是"真正让利于民"，尤其是新开通的"黎城—长治"公交线路，票价由原来的12~14元降至5元，开启了全县公交事业发展的新篇章，通过实行全域公交化，实现了县域全覆盖。

壶关县交通运输局

【重点工程完工项目】 一是乡道西黄线改造项目，全长7.745公里，总投资2000万元；二是撤并建制村和人口较大自然村及农村公路建设项目，总投资2100万元；三是集店村至东长井段路面修复改造项目，全长1.1公里，总投资350万元；四是城北客运站建设项目，总投资2069万元。

【跨年份重点工程】 一是太行一号旅游路主线下石坡至福头段建设项目，全长8.87公里，总投资1.58亿元；二是太行一号旅游路支线东井岭至福头至东柏坡（一期）项目，路线全长16.56公里，总投资1.445亿元；三是太行一号旅游路支线东柏坡至黑龙潭（二期）项目，路线全长4.84公里，总投资8180万元；四是黄崖底村至辉县界道路改造项目，路线全长7.095公里，总投资2000万元。

【招商引资项目】 引进两项重点项目：一是晋东南（长治）陆港物流枢纽项目。位于壶关县经济开发区内，涉及两个板块，分别是配套物流园区项目、铁路专用线项目。铁路专用线项目，占地约1040亩，拟投资10亿元。二是网络货运物流平台和汽修租赁平台，已建设运营。

【水毁及灾后恢复重建】 2021年入汛以来，全县先后遭遇10轮强降雨过程，多处交通道路出现滑坡、塌方、路基断裂等不同程度损毁。灾情发生后，立即成立农村公路抢险救灾和灾后抢通恢复工作专班，克服困难、不分昼夜，实施抢通恢复及重建项目39个，县乡主干道全部抢通，水毁公路抢通修复工作取得阶段性胜利。

【货运物流】 2021年拥有货运经营户388户，货运车辆803辆，全年完成货运量235万吨，货物周转量1.2亿吨公里。累计建成1个县级农村物流中心，10个乡镇物流服务站，279个农村物流服务点。

【节能减排 大气污染治理】 146辆城市公交、90辆城乡公交、112辆出租汽车全部更新为纯电动或油气混动车型，实现客运车辆基本清洁排放；派出6名路政员，积极参与市环境执法局壶关分局设立的四家池、修善、秦庄高速口大气污染防治临时值守点开展稽查工作；全县13个汽车维修企业喷漆作业实现监控全覆盖；市里下达的淘汰76辆国Ⅲ及以下重型柴油货车目标任务已注销43辆，淘汰回收3辆，安装DPF9辆，转户1辆，剩余20辆已采取布控措施。

【乡村振兴有效衔接】 向西柏坡、石泉、红豆峡三个帮扶村派驻第一书记、工作队长及队员共9人开展帮扶工作；新建道路项目1个7.1公里，拓宽改造道路项目12个42.24公里，改造危桥项目1个0.2公里，治理水毁20处，挂网大峡谷专用公路边坡3段2.86公里。

【旅发大会道路通行保障】 短时间内完成补修通往景区沿途破损路面，硬化改造平面交叉道口路面，铺装彩色旅游风景路，安装完善观光沿线路标、路牌、候车亭、减速带、标线、安全防护等配套设施，确保旅游通道安全，保证第七次旅发大会观光道路安全通畅。

【惠民实事】 2021年，县委、县政府向全县人民承诺十件惠民实事，其中"全县残疾人、65周岁以上老人、伤残军人、退役军人免费乘坐城市公交，县城中小学生半价乘坐城市公交"事项得到兑现落实。

【事业单位机构改革】 在县编办指导下，撤销原拖拉机征费站、道路运输管理所，成立1队2中心，即成立县交通运输综合行政执法队、县交通运输发展中心、县农村公路管养中心，顺利完成县委、县政府要求的事业单位机构改革任务。

【疫情防控】 在县防控领导组领导下，根据疫情变化，围绕做好全行业防控，及时落实对全县道路客运、城市公交、城乡公交、汽车客运站及出租客运车辆的各项防控措施，严格全行业从业人员疫情防控工作措施落实，积极做好包联恒星小区的常态化防疫工作督导，有效推进全行业人员的疫苗接种，强化对重点地区来壶人员的排查筛查，行业防控形势平稳可控。

【扫黑除恶专项斗争 禁毒工作】 继续发动全行业进行线索摸排工作，深挖行业保护伞，严厉打击行业黑恶势力；全局在职工作人员集中尿检100余人次，全行业从业人员集中尿检980多人次，没有发现异常情况。

【道路运输服务】 开展源头治超工作，出动巡查人员580余人次，巡查政府公示的货运源头企业480家次（县政府公示企业为19家），巡查覆盖率达到100%；对18名违规驾驶员给予诚信考核计分180分；加强对道路班线客车的管理，对183个招呼站牌和232个候车厅进行了提质维护；对13家维修企业进行质量信誉考核。

【公路管养】 开展县乡公路日常养护，整修路肩、边坡91公里，疏通边沟、排水沟112公里、疏通涵洞150道830米，挖补坑槽2.1万平方米，检查桥梁48座，清运水毁塌方19万立方米，保障管养路段的安全畅通。

【路政执法巡查】 清理公路路障18处260平方米，排查各种安全隐患12处，清除非公路标志60块；处置公路设施赔（补）偿案件2起，收取公路赔（补）偿费6147.5元，罚款1000元；查处非法超限超载案件30起，罚款2.06万元。受理抛撒污染公路案件8起，罚款8000元。

【行业安全生产】 严格履行"党政同责，一岗双责"、"管行业必须管安全""管业务必须管安全""管生产经营必须管安全"的安全管理工作原则。全局安全生产责任明确，全系统安全生产形势平稳，没有发生安全生产事故。

【"放管服效"改革】 认真执行"双随机、一公开"工作要求，配合"双随机、一公开"领导组完成"双随机、一公开"的抽查计划、数据收集、报送。联合质监局、税务局完成道路运输新业态企业、道路危险货物运输企业、交通运输产品质量与市场行为、道路运输车辆达标管理情况的"双随机、一公开"抽查检查及公示工作。认真执行行政许可、行政处罚内容"双公示"制度。积极配合推进"互联网+监管"工作，全年共录入检查数据2073条，其中路政大队570条，运管所454条，海事处327条，质监站206条，工程股150条、安全股131条，客运办118条，公路股117条。

【机关建设】 切实加强党建工作。认真开展《中国共产党简史》学习教育活动，组织全局党员干部学习《中国共产党章程》、《中国共产党纪律党纪处分条例》、中共十九大及十九届历次全会精神，提升拒腐防变能力。切实强化行业稳定和信访处置工作，对18件人大议案、18件政协提案、24件"12328"交通运输服务监督电话平台转办单、18件"12345"政务服务便民热线咨询、2件县委书记县长热线电话办理卡及4件其他类涉访问题进行及时回复回答，未发生一起群体性上访事件，信访投诉处理率达到100%，满意率达到100%。

【获得荣誉】 2021年被山西省人力资源和社会保障厅、山西省交通运输厅的授予"山西省交通运输系统先进集体”；被山西省交通运输厅、山西省财政厅、山西省农业农村厅、山西省乡村振兴局命名为全省“‘四好农村路’省级示范县”。

长子县交通运输局

2021年，在县委、县政府坚强领导下，长子县交通运输局坚持以习近平新时代中国特色社会主义思想为指导，以党史学习教育为主线，以“为民办好十件实事”实践活动为契机，狠抓交通重点项目进度，不断加大“四好农村路”建设工作力度，进一步规范运输行业管理，加强交通执法队伍建设。

【党建工作】 突出学习讲政治，党建引领各项工作。深入学习习近平新时代中国特色社会主义思想、中共十九届六中全会精神和省委党代会精神。严格落实“三会一课”制度，制定《局党组中心组理论学习计划》，集中研讨13次，开展“学习百年党史 传承红色基因”，“学党史重实践 办实事解难题”，“誓言映初心 感恩领路人”等主题党日活动和为“光荣在党50年”老党员颁发纪念章。充分利用“学习强国”App，抓好干部职工的政治学习，持续加大党风廉政建设，坚持把“我为群众办实事”实践活动作为检验党员干部学习成效的重要途径，使全体干部职工的“四个意识”更加增强、“四个自信”更加坚定，坚决做到“两个维护”，为全面提升服务水平和建设服务人民满意的组织机关营造良好氛围。

【“四好农村路”建设】 2021年，翻修改造四好农村公路36.5公里（自然村通硬化完成18条27公里；县道泊南线完成南漳至鹿家沟段），投资3750万元；养护提质道路300余公里，完成投资553.5万元；平交路口“一灯一带”完成56个共512米，完成投资20.58万元；路长制公示牌安装完成75个，完成投资14.2万元，桥梁信息与指示牌安装完成312个，完成投资57.639万元；危桥改造完成3座(丹河桥、南坪桥、关街桥)，完成投资1094万元。

【城乡公交一体化改造】 总投资1.9亿元。城市公交线路5条，已开通运营3条，共运营公交14辆，因道路施工，剩余2条线路暂未开通。城乡公交线路17条，建有候车亭167个，修复运营乡镇汽车站2个（色头站、鲍店站）。开通运营11条，共运营车辆32辆。其中6辆国四公交、24辆电动公交。新建公交枢纽场站选址由原来的丹朱镇河北村改为熨台街与西环路交会处。

【安全生产】 以“三零单位”创建为抓手，组织开展安全生产月、安全生产大排查大整治专项行动、交通执法专项检查行动等重点工作。强化日常监督管理，共出动安全巡查人员968余人，安全执法巡查654余次，张贴宣传标语56余条，召开安全会议13次，发放宣传资料3000余份，交通运输安全宣传4次，回复社会群众咨询71条，开展安全生产主题教育培训3次，举办联合应急演练2次。农村公路安全隐患排查120余次，约谈警示企业27家，排查出安全隐患15处，现全部治理完成。

【路域环境治理】 依法清理公路沿路占道，治理在公路上乱堆乱放现象，保障公路的完好、安全和畅通。累计巡查130次，出动执法人员500人次，检查车辆813辆次。治理道路堆放物料22起；清理违规设置广告牌703处；完成收取公路设施赔偿15840元；其中：挖损公路案件6起、损坏路肩案件2起、损坏公路标志1起、损坏护栏4起，路政案件查处结案率达到98%。

【运政执法】 重点对小型客车、面包车非法营运，客车不按规定在始发站发车、停靠站和站外揽客、不按规定线路行驶等违法违规经营行为进行严厉打击。对出租车不打表、随意喊价、强行拼客等行为进行集中查处整治。累计依法办理行政处罚案件15起。其中：对辖区内2家驾校巡查60次，查处“黑驾培点”2处；查处违法超限超载行为7起；查处客运违法案件4起；查处扬尘抛撒案件1起；查处无从业资格1起，共处罚95500元。

【法治建设】 把法治建设要求贯穿到交通运输项目建设、运营管理、安全监督等领域，全力提升行业依法行政能力和水平，进一步规范行政执法程序，强化执法监督，为地方经济社会发展营造公平正义的交通运输法治环境。全面推行行政执法“三项制度”，强化事前公开，规范事中公示，加强事后公开，加强运输企业信用诚信监督,建立本部门的涉企事项目录,按照规定的时间不断更新涉企信息数据,做好交通领域部门联合"双随机、一公开"工作,继续做好全民普法,深化法治文化建设。

【全国文明城市创建】 突出重点,在提升公交服务能力上,持续推进城乡公交一体化建设。设置公益广告标语100条,设置公交站点、路牌公益广告90余处,更新纯电动出租汽车63辆,设置出租车车载LED媒体播放100辆,提高公益广告宣传覆盖面,有效提升群众参与率、知晓率和满意度。加大集中检查、专项整治,对公交车、出租车的车容车貌进行大力度的治理,严厉查处车容车貌不规范、拒载、绕道等违章行为,全面推行服务承诺、服务公约、服务规范等制度,优化便民服务措施,改进服务方式,展示良好的交通运输形象。

【综治工作】 2021年,全面开展综合治理,与全体干部职工签订禁毒承诺书;将禁毒工作纳入道路运输从业人员诚信考核范围,对3000余名从业人员进行检测,未发现涉毒人员;积极开展禁毒宣传,在客运站场张贴禁毒宣传画报、播放禁毒宣传视频,有效宣传禁毒知识。同时,扫黑除恶专项斗争与创建"三零"单位相结合,2021年,县交通运输局办理信访平台交办件8件、"12345"便民服务台交办件53件,"县长信箱"回复15件,已全部办结,结案率为100%,做到件件有着落,事事有回音,赢得人民群众对交通运输工作的更多理解和支持,实现信访维稳工作目标。

武乡县交通运输局

2021年是中国共产党成立100周年,是"十四五"规划开局之年,也是全县以"弘扬太行精神,共建创新武乡"为主题,推动经济社会高质量转型发展的关键之年。一年来,县交通运输局以习近平新时代中国特色社会主义思想为指导,在县委、县政府的坚强领导下和省市交通主管部门的大力指导下,立足新发展阶段,贯彻新发展理念,突出"弘扬太行精神,共建创新武乡"主线,以党史学习教育主题活动为契机,学史明志,担当责任,着力实施交通重点项目,大力推进交通运输行业管理,打好打胜疫情防控、灾后重建等一系列硬仗,举全局之力创造性地开展工作,书写了不断满足广大人民群众对美好生活需求的交通新篇章。

【公路建设】 2021年,武乡交通发展迎来了投入规模最大、发展速度最快、经济社会效益最好、人民群众受益最多、发展环境最好的黄金时期。一是太长高速武乡收费站及连接线改扩建工程。该项目位于武乡县城东,起点位于太长高速武乡收费站,将收费站由2进3出扩建为4进6出。太行东街进城段扩建为双向六车道,涅河大道扩建为双向四车道,旅游路支线为双向6车道,路线全长2.509公里,总投资1.96亿元。3月18日筹备开工,经过加班加点苦干实干,于6月15日主体工程如期完成,实现了主线全线贯通的目标。二是"四好农村路"建设项目。"四好农村路"PPP项目包括120条"四好农村路"、13座乡镇客运站及旅游公路三期,建设总里程547.815公里,估算总投资9.114亿元。截至2021年年底,120条"四好农村路",除暂缓实施的10条外,已全部完工。13座乡镇汽车客运站已有6座开工建设,其中2座已完成主体工程。三是红色旅游公路三期建设工程。红色旅游公路三期工程(太行一号旅游公路砖壁—太行龙洞—板山段),路线全长30.43公里,2021年年底已全线贯通。四是砖蟠线路面改造工程。全长5.79公里,总投资3399万元,2020年7月份开工建设,2021年12月路基、桥涵、排水、路面工程已全部完成。五是县道王南线路面改造工程。路线全长2.42公里,总投资1497.447万元,2021年4月开工建设,2021年12月主体工程已完工。六是县道史上线路面改造工程。全长18.378公里,投资12695万元。二标路基正在施工,计划2021年年底完工,五标段已停止施工,三标段已招标完成,工程项目进行拆迁工作,2021年11月份开工,计划2022年8月完工。七是县道马权线路面改造工程。全长24.715公里,项目估算总投资3297.95万元,2021年12月路面已经铺装完成,附属工程在完善中。八是县道西东线窑湾至板山段路面改造工程。全长12.76公里,总投资4485万元,2021年12月路面已经铺装完成,附属工程在完善中。九是五村口—前沟公路改造工程。全长1.5公里，完成投资250万元。为迎接已连续举办5年的五村播种节，县委、县政府安排交通运输局在半个月内完成五村口—前沟公路改造，县交通运输局雷厉风行，立说立行，抽调精锐力量现场协调、现场督战，用短短14天就高标准完成了任务。十是下北漳—上北漳公路改造工程。为把红色旅游公路通往蟠洪工业园区大道这条便捷通道打通，根据县委、县政府安排，交通运输局实施路线全长2.7公里，估算总投资575万元，2021年年底工程已全部完工顺利通车。十一是"城景通""景景通"项目。该项目分别是太行一号旅游公路—李峪魔术村道路工程0.4公里、太行一号旅游公路—南神山道路工程0.7公里、太行一号旅游公路—石圪垤道路工程0.9公里、太行一号旅游公路—会仙观道路工程2公里、太行一号旅游公路砖壁—安乐庄道路工程2.9公里。5个项目共6.9公里，总投资2456.4767万元。正在办理前期手续，预计2022年开春后将开工实施。十二是灾后重建工作。灾情就是命令，抢险就是责任。灾情发生后，交通运输局闻风而动，立即召集交通系统全体干部职工放弃国庆休假返岗值班，全力投入防洪抢险工作。立即行动组建救灾专班，成立交通道路防洪救灾领导组，组建抢修道路队伍，召集县、乡、村道路养护员紧急上岗，排查汛情灾情，察看各自道路受灾情况，全体干部职工下沉一线，包乡包村包路责任到人，并根据全县农村公路受灾摸底统计情况和灾后恢复重建台账及任务清单，迅速展开灾后恢复重建抢修工作。据统计，共出动人工1.5万余人次，调用挖掘机、装载机大型机械挖掘清理运送土石方20余万立方米，抢修便道30多处，抢通道路10多处55公里，处理水毁险情400余处，需投资8000多万元。因天气原因工程项目暂时停工，2022年春优先安排水毁公路恢复重建。

【公路养护】 2021年，按照县"路长制"实施方案要求，全面落实管养责任，道路管养工作取得了成效：一是强化责任。签订管护责任书，把县乡村公路每一条公路管护责任任务落实到了责任人，在县乡道安装路长制标识牌49块，在村道安装路长制标识牌241块，为实行县道县管、乡道乡管、村道村管体制奠定了基础；二是全面排查安全隐患。对全县农村公路高陡边坡、公路桥梁和隧道等28处可能存在安全隐患的地点逐一排查，登记造册，研判分析，及时消除安全隐患；三是实施精细化养护。集中对县道169公里的路肩、边坡、排水沟渠进行整治，共整修路肩25000米，整修边坡95公里，清理排水沟9500米；四是清洗33公里旅游公路护栏，加强平交道口治理，对平交路口进行排查，共安装道口标杆90余处540根；五是完成减速带安装任务。根据市局下达的安装减速带45条任务，安装65条，超额完成任务；六是开展县乡道路路况评定。对西石线、石故线、榆连线等8条县道，汉广至韩家庄、王家塪至故县线等5条乡道，进行路基、路面、桥涵全自动智能检测，圆满完成路况评定任务；七是强化道路安全。根据市安全办《关于全省旅游发展大会"实地采风""房车红游"路线交通安全设施排查情况通报》，单位立行立改，更换波形护栏端头14个、单柱式禁令标志25个、道口标柱420个、单悬臂交通标志7个、警告标志29个、禁令标志4个、施划标线热熔标线138平方米、振动标线12平方米、彩色铺装标线2200平方米、双组份反光标线2476平方米，均已全部整改到位；八是在省级文明县城创建中，在对丰州北路破损路面进行坑槽挖补2700平方米、对丰州北路至火车站两侧安装护栏600米、施划标线180平方米、清理边坡、水沟清扫路面3公里，取得良好效果。

【行业管理】 2021年，认真落实依法治国新战略、新理念、新思想，把交通运输工作全面纳入法律法规制度轨道上运行，全体执法人员学法守法用法，全面推进依法行政，实现了交通执法法制化制度化规范化。一是路政管理 。开展路域环境整治活动，清理非公路标志15处，清理路面堆积物9起137平方米。对侵害路产路权的违法行为下达责令整改通知书10份，全部整改到位；开展路警联合执法工作机制，联合交警部门开展突查、夜查，增加检查频次力度，共联合检查12次；严厉打击车辆非法超限超载违法行为，检查车辆1000余辆，查处车辆8辆，责令整改违法行为13次，有效保护了路产路权；消除路面作业安全隐患，12月2日，省厅督导组对全县农村公路安全生产督导时，发现红色旅游公路(一期)杨家岭隧道加固工程存在诸多问题，并要求停工整改。为此，单位压实主体责任，立即向王家峪煤业有限公司下发《关于立即停止杨家岭隧道加固施工作业的通知》，随即组织路政人员进行实地检查，王家峪煤业有限公司已全面停止杨家岭隧道加固施工作业，正在对接勘察设计单位。二是安全生产。2021年，单位认真贯彻落实省市县安全工作会议精神，紧紧围绕"零事故"创建目标，以安全生产专项整治三年行动为抓手，进一步强化安全生产工作，充实安全管理人员，明确了各自职责和任务，制订下发了《关于做好2021年度全县交通运输安全生产重点工作的通知》和《武乡县交通运输局管行业必须管安全、管业务必须管安全、管生产经营必须管安全实施办法》，签订了安全生产目标责任书，重点做了七个方面工作。制定和完善安全生产监督管理各项规章制度，切实做到了安全管理制度化；认真落实行业隐患大排查大整治工作，全年专项检查共出动检查人员105人次，累计检查企业30家次，发现一般隐患41起，均在限期内整改到位；全力做好重点时段交通运输安全保障工作。在春运、"五一"、"十一"等重点时段期间开展安全隐患大排查，紧盯"人、车、路、站"重点环节，紧扣冰冻雨雪寒潮大风等恶劣天气，落实各项防范应对措施，确保恶劣天气有效应对；认真组织开展交通安全生产专项整治。采取企业自查、相关职能股所检查、局领导带队督查方式，全面排查整治，全年出动人员83人次，累计检查企业23家次排查隐患15项，全部在限期内整改到位；强化安全教育提升队伍水平。开展定期安全集中学习。学习新《中华人民共和国安全生产法》和相关法律法规知识，观看警示教育片，做到警钟长鸣，全年对行管部门相关人员和企业相关人员120余人进行安全教育培训，提高安全防范意识；广泛宣传营造良好氛围。"安全生产月"期间，积极开展"五进"活动，充分利用电视、板报、标语等形式对安全生产法律法规和应急常识进行了形式多样的宣传教育活动，共发放宣传单1000多份，悬挂宣传横幅5条，张贴宣传标语10条；抓实各类应急预防工作。完善突发事件应急处置预案，修订了《武乡县公共交通运输突发事件应急预案》和《武乡县水上搜救应急预案》，组织汽车站、长运武乡分公司和安通公交公司于7月4日在汽车站联合开展了消防疏散应急演练，从而强化应对突发事件的处置能力。三是运输管理。综运工作：春运初始，制定春运工作方案，签订春运责任书，强化春运管控，投诉做到了件件有落实，事事有回音，"12328"交通运输服务监督电话中心共计反馈投诉90余条；开展公交司机安全文明驾驶教育培训，每月15日、29日对驾驶员进行禁毒筛查，切实加强了对企业驾驶人员的警示教育，杜绝酒驾毒驾超速行驶等违章行为的发生；开展了客货运营企业的专项检查，检查达20余次，发现的问题及时进行了整改落实；道路运输管理：新建乡镇运输服务站平台，补齐农村物流网络节点建设短板。2021年把推进农村物流发展作为保障和改善民生的重大工程，完成了洪水汽车客运东站与13个乡镇运输服务站的选址、设计图纸、勘界、勘探等前期工作，12个乡镇运输服务站与洪水汽车客运站陆续开工建设，预计2022年年底全部投入运行。充分利用驾驶员诚信考核，集中对道路运输从业人员涉毒检测，据统计全年对1578人次道路运输驾驶员和从业人员集中检测。打击客运行业"拼车""黑车"等违规行为，净化道路运输市场。运管部门不间断的张贴和发放《关于拒绝乘坐及严厉查处非法营运顺风车(拼车)的告知书》，2021年共出动执法车辆103次，出动执法人员306人次，检查过往车辆424辆，查获非法营运车辆13辆，处罚2900元。加大源头治超巡查力度，严厉打击超限超载行为。2021共出动巡查人员328人次，共检查企业102家次，纠正违章29次。共处罚2家源头企业7.75万元。加强安全生产日常监管，遏制道路运输重特大事故发生。2021年运管部门认真落实省、市、县政府安全生产会议精神，深入开展了各项安全生产专项行动和"安全生产宣传月"活动，每月开展一次检查，共发现一般安全隐患36条，均已整改完毕，确保了道路运输市场安全生产稳定。四是质量监督。交通运输局始终把工程质量作为项目建设第一要务，以质量至上、安全第一、科学施工为抓手，创新质量管理，推动全县公路建设项目质量管理迈上了新台阶。2021年春季对“四好农村路”PPP项目进行了严格监督，对30余条“四好农村路”路基进行了交验，并要求施工单位对部分不合格路段进行了整改，对所开工项目全部进行了复工前检查，建设期间质量监督，对发现的问题下发指令整改通知5份，得到了全面整改落实到位；对续建项目县道砖蟠线、史上线、王南线的有关前期质量监督手续进行了审核备案，加强了监理单位的日常监管工作；对复工复产后的工程质量管理进行了10多次专项检查，并对发现的问题及时下发了监督检查意见通知书，督促各施工单位认真落实整改；对太长高速改扩建项目、红色旅路三期、县道砖蟠线等重点项目全程开展质量监督服务工作，进行了7次拉网式督查，积极协助施工单位完善了征拆协议的签订，为加快推进公路建设提供了有力支持保障。五是治超工作。2021年高度重视治超工作，认真贯彻省、市治超工作的部署要求，以“依法治超、标本兼治、责任倒查、奖罚并举”工作方针为抓手，精心组织，周密部署，多管齐下，重拳出击，全县治超工作取得了明显成效。大力开展宣传。充分利用广播、电视、悬挂标语、印发宣传资料等多种形式营造治超浓厚氛围，共出动车辆宣传5次，下乡进场宣传3次，印发资料2万余份；严格源头监管。在合法源头监管方面，明确属地管理职责，确定了具体监管人员。把33家重点货运源头企业及责任人、主管单位、部门负责人、巡查负责人及举报电话向社会公示。对8起群众举报件进行查处，有力震慑了源头超限超载行为；加强路面管控。制定专项行动方案和应急预案，进一步完善了治超工作协调联动机制，实行路警联合流动执法，共检查20余次，从根本上杜绝了超限超载车辆上路行驶。2021年全县共检测车辆408153辆，查获超限超载车辆4辆，罚款3600元，记分18分，卸载103.46吨。货车不进站电子抓拍系统处罚车辆97辆，罚款19400元，记分291分；实施科学治超。充分利用科技治超平台，及时分析数据，认真核对筛选上报，有力遏制了源头超限超载行为发生。

【党史学习教育】 按照省、市、县学习党史主题教育安排部署，单位成立了党史学习教育领导小组、制定实施方案、建立完善了工作台账和办实事清单，开展了系统学习、专题研讨交流、开展了“学党史、践初心、兴老区”活动，达到了“悟思想、办实事、开新局”目标。一是及时安排深入学习。按照县委党史学习教育领导小组安排部署，制定了党史学习教育工作计划，编排了学习篇目和主讲人，购买了学习书籍，指定学习资料，采取了以上率下领导带头学，线上线下结合学、知识竞赛考试学、周一例会集中学等方法，利用公交车打造学党史流动课堂，不断将党史学习教育引向深入。二是讲求实效集中研究。根据县党史学习领导组部署，举行了八次党史学习教育专题学习，每次都围绕内容开展专题研讨和集中交流，次次达到预期效果。做到了能够按时间和内容要求开展，学习研讨有记录，有研讨发言材料，使全体干部职工深刻领会到了党的光辉历程、初心宗旨、伟大精神、宝贵经验，为学党史卓有成效地开展奠定了基础。三是群众难事及早办。在学党史主题教育为民办实事中，每月在单位公示局领导股室和各股室的“为民办实事”情况和工作开新局情况，建立办实事台账和清单，明确了完成责任人、完成时间，完成进度，让职工监督纳入绩效考评，在“我为群众办实事”实践活动中，为群众办了六件“急难愁盼”的实事，推动党史学习教育见实见效。

【巩固脱贫成果推进乡村振兴工作】 根据省市县《关于巩固拓展脱贫攻坚成果有效衔接乡村振兴的实施方案的通知》和县委县政府《关于全面推进乡村振兴加快农业农村现代化的实施方案》的通知精神，单位制定了《武乡县交通运输局农村道路巩固拓展脱贫攻坚成果有效衔接乡村振兴的实施方案》，成立以一把手为组长的工作领导小组，制定配套政策，先后四次召开专题会议研究部署驻村帮扶各项工作，加强四个帮扶村振兴村工作，主动压紧压实责任，确保劲头不松、力度不减、标准不降，巩固脱贫成果乡村振兴取得了成效。一是驻村帮扶工作情况。按照县委和县巩固拓展脱贫攻坚成果有效衔接乡村振兴工作领导组的统一安排部署，单位派驻贾豁乡驻村工作队4支队伍10名驻村工作队员，开展了帮扶村工作。局主要领导六次深入帮扶村进行实地调研，听取驻村工作队的工作开展汇报，实地了解两个贫困村和两个非贫困村存在的实际困难和当前需要解决的重点事项，并共同研究应对措施。驻村工作队严格落实“五天四夜”和请销假制度，熟悉掌握扶贫政策和村情户情，切实压实帮扶责任，坚决做到了“摘帽不摘帮扶”。具体抓了4方面工作：落实监管责任。紧盯“两不愁三保障”目标，驻村工作队聚焦帮扶村三类监测对象，进行了常态化动态监测，建立完善了长效排查和限时解决制度，确保巩固拓展脱贫攻坚成果不间断不落空；制定《巩固脱贫攻坚与乡村振兴有效衔接工作计划》，不定期召开脱贫攻坚专题推进会，传达上级文件会议精神，逐项分析研判驻村帮扶工作短板问题，真正让帮扶政策落地落实；帮扶村开展助农秋收活动，10月雨涝灾情发生后，单位组织全体干部职工进行了5天帮助农户秋收活动，受到了当地群众的一致好评；党支部开展结对共建活动，机关党支部与贾豁村党支部、运管所党支部与下西庄村党支部结对，全体党员到村入户，宣讲政策、了解实况，同时开展“以购带销”活动，为农户销售农产品累计12000余元。在脱贫攻坚后评估交叉检查中，所包贾豁村成绩斐然，受到上级部门肯定和表扬。二是巩固脱贫成果政策落实情况 。按照县委县政府《巩固拓展脱贫攻坚成果有效衔接乡村振兴的实施方案》部署要求和30项考核指标中的“责任、政策、工作三落实+巩固成效”四个方面内容开展了工作：补齐易地扶贫搬迁安置区基础设施和公共服务短板。全县易地扶贫搬迁安置区共24个，实现了通“硬化路”“通客车”的双通目标。其中利用国道、省道和县乡道以及县城公交通达的安置区有7个，通过实施“四好农村路”项目实现“双通”的有17个；启动实施水毁公路灾后重建工作。在2021年10月上旬，受强降雨影响，部分易地扶贫搬迁安置区的道路被水冲毁，单位组织进行紧急抢修。第一，韩庄易地扶贫搬迁安置区的桥梁及路面被大水冲毁，县局委托第三方进行勘察设计，估算投资250万元，预计2022年5月完成修复。第二，炉家掌易地扶贫搬迁安置区，路基路面挡墙冲毁，经过抢修已全面完成恢复正常通行，估算投资75万元。第三，槐树烟易地扶贫搬迁安置区附近，涵洞、路基、路面塌陷，已委托第三方做勘察设计，投资66万元；完善村级物流站点建设。在24个安置区的村级电商服务站、小卖部、村邮站、超市等地设立农村物流综合服务点，利用城乡公交带动物流发展，通过客运车辆将快递等货物配送到辖区所有建制村物流服务点，从而提高配送效率、降低物流成本，实现资源高效共享；推动实施武乡城乡公交全免费。为全县人民提供安全、便捷、舒适的免费公共交通服务。三是有效衔接乡村振兴情况。单位狠抓交通项目建设，持续改善乡村基础设施。2021年交通项目共实施12项，总里程428公里，完成投资11.2626亿元。具体为：太长高速武乡收费站及连接线改扩建工程；“四好农村路”建设项目；红色旅游公路三期年内建成通车；砖蟠线路面改造工程；县道王南线路面改造工程；县道史上线路面改造工程；道马权线路面改造工程；县道西东线窑湾至板山段路面改造工程；五村口—前沟公路改造工程；下北漳—上北漳公路改造工程；“城景通”“景景通”项目；自然村道路硬化项目。通过以上项目建设，农村公路基础设施得到持续改善，对于巩固全县农村脱贫攻坚成果，实施乡村振兴战略提供了有力交通的支撑。

【党建及从严治党】 武乡县交通运输局高度重视党建工作，2021年认真开展了强学、强法、强建、强廉、强责党建工作，全面落实完成了党建工作目标任务。一是政治建设情况：单位坚持以习近平新时代中国特色社会主义思想为指导，以政治建设统领党的各方面建设和交通运输工作，深入贯彻落实《中共中央关于加强党的政治建设的意见》。严肃党内政治生活，锤炼忠诚干净担当的政治品格，使单位领导做到了树立“四个意识”、坚定“四个自信”、坚决做到“两个维护”，提升了领导干部班子成员政治判断力、政治领悟力、政治执行力；思想建设情况：

单位深入学习习近平总书记“七一”重要讲话，反复重温习近平总书记“三篇光辉文献”和习近平总书记视察山西重要讲话重要指示，强化理论武装学习。加强意识形态工作，深入开展党史学习教育，积极推进宣传思想工作29项目标责任全面落实。二是组织建设情况：单位进一步落实全面从严治党责任制度，认真践行新时代党的建设总要求和新时代党的组织路线，全面贯彻落实中央和省委、市委和县委部署要求。单位领导党员干部按时参加了县委组织部县委党校举办的干部培训班，单位全体党员进行了8次培训；严格实行“一岗双责”制度，落实“两个责任”；支部以“三会一课”为主要形式组织开展了学习，严格规范了发展党员、党费收缴、“三会一课”、组织生活会、民主生活会、民主评议党员、主题党日等组织生活制度。深化“五型机关”建设。三是作风建设情况：单位坚持以人民为中心的发展思想，密切联系群众，着力解决群众“急难愁盼”问题，不断补齐交通民生短板弱项。严格落实中央八项规定精神，在节假日前召开专题会议，开展了反对“四风”树立文明新风活动，制定了红白事规章制度，杜绝了违纪违规行为。整治形式主义官僚主义工作，坚持“五五六七”工作法，干部职工主动下沉到基层一线；开展优化营商发展环境专项整治工作。制定了优化营商环境实施方案，组织56人开展入企服务。四是纪律建设情况：认真履行管党治党政治责任，持续净化政治生态，突出政治监督，强化日常监督；持续深化政治监督。单位全面提升了监督治理效能；加强廉政建设。推动理想信念、党纪国法和案例警示教育常态化，实现了“不敢腐、不能腐、不想腐”目标。

【平安创建扫黑除恶】 为了认真贯彻落实省市县平安创建扫黑除恶工作部署要求，举全局之力贯彻落实县平安创建综治工作目标任务。一是加强平安创建，落实工作责任：制定了处置突发性事件群体性事件工作应急预案，坚持每季度召开平安建设工作会议，单位与基层站所股室签订平安建设责任书，夯实了平安创建工作责任。二是强化平安基础工作，开展平安单位创建。狠抓社会治安单位平安创建工作，实施了单位机关雪亮工程，开展了人防、物防、技防、心防平安交通建设。实现了交通行业矛盾不上交，平安不出事，服务不缺位。三是深入开展各类专项平安建设工作。持续开展“三零”创建；按照行动方案、工作要点，强化了社会治理工作；加强了单位社会治安体系建设，按照专项创建标准和主要措施目标，开展了“三零”创建和社会综合治理相结合活动。四是突出行业治理，开展交通平安创建，结合行业实际，围绕元旦、春节、清明、“五一”节假日和春运、全国“两会”等重点时段，紧盯重点人群、重点车辆、重点路段、重点站场，开展了依法治路平安交通创建活动，交通平安创建取得成效。五是为进一步推进全县交通运输领域开展常态化扫黑除恶向纵深发展，不断建立健全打击防范治理黑恶势力犯罪长效机制，推进武乡县交通运输事业健康高质量快速发展，2021年制定了《武乡县交通运输局开展常态化扫黑除恶整治工作实施方案》，开展了常态化扫黑除恶整治工作。六是全面整治违法超限超载行为。对货车严重违法超限超载、闯卡、拒检、绕道避检，故意堵塞车道、故意损坏相关设施、冲闯公路治超站点、暴力抗法等涉黑涉恶违法行为进行了12次检查。七是全面整治道路客货运输违法行为，全年进行了4次拉网式检查，坚决遏制了“黑车”从事非法运营活动。八是全面整治工程建设领域违法行为。全年对交通运输行业工程建设领域煽动闹事、强揽工程、垄断工程材料供应、损害公路水路设施、操纵工程围标串标等涉黑涉恶行为进行了5次摸底排查整治。九是全面整治行业执法乱象。全面整治了执法行为不公正、不规范、简单粗暴执法、服务态度恶劣等问题，扫黑除恶工作取得了明显效果。

【疫情防控】 武乡县交通运输局按照县疫情防控部署，完善了《疫情常态化防控方案》和《疫情防控应急预案》，完善制定了《交通道路卡口疫情防控标准》，严格落实“外防输入、内防反弹”措施，坚持“人物同防”，抓好重点环节、重点部位管控，确保全县人民群众生命安全和身体健康，疫情防控工作取得了成效。一是疫情应急防控。根据县委县政府的安排，2021年进行了春、夏、秋交通卡口三次疫情防控。单位成立了交通站场领导组专班，牵头组建道路卡口开展疫情防控测温筛查检测。配合公安进行一次疫情卡口防控，全县设疫情防控卡口9个，单位抽调35名干部职工，蹲点执勤，牵头组建后勤保障小组，负责防控物资申领及运送工作，圆满完成了春、夏、秋三次交通卡口应急疫情防控任务。二是疫情常态化防控。按照省市县疫情领导组部署，严格进行常态化防控。加强对汽车客运站、高铁站、火车站进行严格管控；加强对物流寄递行业进行严格管控；抽调专人对高速口入武车辆、人员进行管控；对建筑施工单位加强管控；对公交、出租车辆进行严格管控；交通部门全体干部职工接种了第三针疫苗，同时要求司乘人员接种第三针疫苗，筑牢疫情防控屏障。

【创新性举措】 一是机制创新。为了构建新时代交通运输工作新格局，公路建设再上新台阶，圆满完成年度各项工作任务，单位坚持用创新理念引领发展，坚持用创新思维激发活力，坚持创新方法推动工作，把机制创新放在首位，全面实行了“5567”工作法，即五强（强学、强职、强法、强廉、强建）五一（干在一线、拼在一线、措施在一线落实、问题在一线解决、成效在一线体现）六考（考学、考勤、考绩、考廉、考创新、考服务）七创（思想创新、理念创新、机制创新、技术创新、人才创新、模式创新、举措创新）工作机制，促进了全局干部职工政治判断力、政治领悟力、政治执行力，工作效率有效提高，促进了交通运输各项工作全面完成。二是制度创新。为了改进作风，提高效率，强化职能部门作用，有效推进党风廉政建设、精神文明建设、综治工作、安全生产等工作高效展开，创新性的对单位全体干部职工德、能、勤、绩、廉、优、创全面考核，制定了三定六考百分量化考核岗位责任制，具体办法是：三定：把全局各项工作任务按部门职责分解到各股站所室，以站股室定岗，以岗定职（职责任务和工作量），以职责定人。六考：具体是考学、考勤、考绩、考廉、考创新、考服务质量，按百分制考核，学习20分，出勤20分，绩效40分，创新10分，服务质量10分，实行一票否决制，为完成我局各项工作目标任务奠定了基础。

沁县交通运输局

2021年，在县委、县政府正确领导和省市交通运输部门的大力支持下，沁县交通运输局真抓实干，拼搏奋进，圆满完成各项工作目标任务。

【抓实党史学习教育】 一是加强组织领导，树立党史学习教育“风向标”；二是丰富学习方式，筑牢干部学习“压舱石”；三是接受红色教育，掀起党史学习教育“新高潮”；四是配发党史学习书籍，召开党史学习教育推进和研讨会，组织党员干部通过抓理论学习、抓业务提升，力争在学习上见实效，真正做到学史明理、学史增信、学史崇德、学史力行，将抓党史学习教育成效，转化为全面推进交通高质量发展的不竭动力。

【重点公路项目顺利推进】 一是黎霍高速公路沁县段主线全长28.6公里，路基雏形完成20公里，成形5公里，涵洞完成81%，桥梁基础和立柱完成88%，完成投资约4.5亿元；连接线全长13.2公里，完成投资约1.1亿元。二是环湖旅游公路环西湖1.7公里试验段一期工程，已全部完成并于2021年8月8日联合完成验收，共完成投资近1.2亿元。三是沁县松村至迎春公路（太焦高铁连接线）新建工程，全长17.409公里，已经基本完工，具备通车条件，完成投资约6亿元。四是太焦高铁连接线县城连接线工程，全长1.76公里，总投资约1.46亿元，预计2023年10月前竣工通车。五是“四好农村路”项目，2021年，省市下达全县“四好农村路”建设任务45公里，17.8公里全面完成改造任务并已通车使用。剩余工程预计2022年5月完成。六是208国道一级公路改造工程。已经完成工程可行性报告和设计评审，预计2022年开工。七是348省道沁县过境段改线工程，全长38公里，预计投资8.7亿元，已经完成可研编制。

【其他重点工作任务】 一是推进城乡交通一体化示范创建。2021年，按照“学党史”工作要求，将“我为群众办实事”实践活动与人民群众需求结合起来，多次召开会议积极研究完善《城乡一体化工作方案》。全县已经完成7座农村客运站的维修，安装农村客运招呼站牌200个，运营农村客运线路20条，农村客运车辆41辆，运营公交线路3条，新能源电动公交26辆，全县主城区和行政村已经实现城市公交及农村客运全覆盖。二是推行路长制，提升农村道路管养水平。全县基本建立农村公路县、乡、村三级路长制,健全农村公路管理养护体制,基本形成组织体系完善,职责明确、齐抓共管、高效运转的工作机制,形成路联管、路全管、路共管、路常管的农村公路发展格局。与此同时，对全县所有县、乡、村公路路段正常实施日常养护，整治路容路貌，投资约51万元。实施石段线养护提质工程投资约70万元。投资180万元，对段宜线实施补坑17.4公里。实施养护的同时，农村公路养护中心加大巡查力度，出台各项应急处置预案，做好抢险救灾物资的储备工作，确保农村公路安全畅通。

【疫情防控】 为进一步落细落实交通运输疫情防控措施，贯彻省市县要求，县交通运输局分两次派出近40名工作人员参加疫情公路卡口防控工作。同时，严格按照防控操作指南，落实公共交通工具通风消毒、从业人员防护和健康监测；继续落实汽车客运站测温、亮码、戴口罩，乘坐公交车亮码、戴口罩，加强出租车检查和消毒，规范司机和乘客佩戴口罩；交通场站和运输工具利用宣传标语、电子屏、报站器、喇叭等多种方式，加强出行防疫提醒。

【综合执法改革】 2021年，交通运输综合执法改革工作有序推进，已经完成执法人员编制划转工作，正在等待财政解决经费保障问题后继续推进。在等待改革过程中，局各项执法工作有序开展。路政执法人员持续开展路政宣传和执法活动，为路政管理工作营造良好社会氛围。道路运输执法，一是重要节点期间的道路运输市场管理工作，实现无安全事故、无旅客滞留；二是抓好运输市场秩序。持续开展治理超限超载车辆、非法营运及营运车辆违法经营行为和渣土车专项整治行动；三是开展道路旅客运输突发事件应急处置演练活动，完善应急预案，提高实用性、可操作性。交通工程建设质量监管，严把“材料关”“工艺关”“检验关”，严格进行施工现场技术指导和质量把关，从源头控制好工程质量。加强对监理、施工单位的监管，严格按照公路工程技术标准及合同约定开展工作，严格按照技术标准进行工程验收，严格对从业单位进行信用评价，强化从业单位质量意识，确保工程施工质量合格。水上安全监管工作，认真执行“一岗双责”，实行驻码头定员责任制，建立健全重大节假日和码头现场监管措施；同时，强化营运船舶的检查力度，突出抓好救生衣行动，严格执行“四不上船、六不出航”以及旅客安全告知制度，规范船员驾驶行为。通过一年来的努力，水上安全形势持续稳定，全县水上未发生一起交通事故。

【安全监管】 认真落实安全监管相关责任，一是层层落实安全生产责任，一方面与局属各单位、各股室签订安全生产责任书，另一方面局属各单位和局相关股室分别与各工程施工企业、货运企业、客运企业等签订安全生产责任书，细化、量化安全生产工作，实行网格化管理，形成严密安全保障网。二是健全完善交通安全应急预案，做好应急物资、机具储备，做到人员、物资、机械三到位，提升安全保障能力，有效避免各类安全生产责任事故发生。

沁源县交通运输局

2021年是具有里程碑意义的一年。一年来，沁源县围绕高质量发展要求，认真贯彻省市交通部门计划部署和工作要点，全面落实县委“以交通促繁荣”的县域发展方略，围绕“四好农村路”总目标，聚焦突出瓶颈问题，以补短板、破瓶颈、促融合、提质效、保安畅、强服务、抓治理为重点，全力推进“四好农村路”高质量发展。

2021年，沁源县交通运输局共有干部职工人数115名，其中党员38名(包括1名预备党员)。内设综合办公室、综合业务室。下设交通运输综合执法队和交通运输发展中心两个事业单位。截至2021年12月底，全县农村公路通车里程达到819.465公里，公路密度为32.15公里/百平方公里。截至12月

31日，全县共有县道135.134公里，其中二级公路19.078公里，三级公路88.138公里，四级公路27.918公里；共有乡道389.316公里，其中二级公路17.336公里，三级公路87.091公里，四级公路284.889公里；共有村道295.015公里，其中二级公路5.977公里，三级公路14.968公里，四级公路274.07公里；基本形成外通内联、通村畅乡、客车到村、安全便捷的农村交通运输网络。全县现有客运车辆数51辆(其中市际客车16辆，县际客车14辆，县内客车21辆)；全县货运车辆数1162辆；公交线路数3条，公交车辆数16辆，出租汽车数95辆(更新新能源车56辆)；维修企业数18家，驾校数2家(教练车40辆，教练员42人)。

【重点抓好9项工作】 一是2021年，全县交通运输概算投资1.79亿元，计划完成241国道交口至有义段公路建设工程，建设里程17.7公里。已实施完成交口至张壁、官军东至官军西、垣上至有义段路面建设工程任务，建设里程13公里；二是概算投资3040万元，开工建设县道胡汉坪至松罗2020年窄路面公路改造项目工程，建设里程10.7公里；三是概算投资3600万元，计划实施县道西下线(上舍—下庄段)公路改造项目工程，建设里程8.5公里，项目前期工作已完成；四是概算投资4967万元，计划实施乡道王家湾至沁河源旅游景观路项目建设工程，建设里程8.1公里，路基工程已完成；五是概算投资950万元，计划实施乡道县城西环路至火葬场2022年产业路项目工程，建设里程3公里，路基工程业已完成；六是积极争取“平遥至安泽高速”项目列入“十四五”国家高速公路建设规划，2021年线位方案已报经省交通厅组织专家评审通过；七是推进实施城市公交市场化改革。经公开招投标，长治公交集团沁源永达公交公司一举中标成功签约，沁源县城市公交客运项目顺利交付运营。该项目，拟规划沁源县城公交线路5条、公共交通运营车辆40部，先期试运营线路3条，投放新能源车辆16辆，运行里程24公里，设立停靠站点35个，采用无人售票方式运行(票价一元)；八是全面推行沁源县农村公路路长制；九是全面开展全县路域环境整治活动。实施完成西下线、韩王线、古庄线、上柏线、辛南线、“一灯一带”亮化工程。

(马　可　孙煜佳)

晋城市

晋城市交通运输局

2021年，晋城市交通运输局坚持以习近平新时代中国特色社会主义思想为指导，坚决贯彻落实“交通强国”战略和省交通厅决策部署，一系列改革性、创新性工作走在全国、全省前列，为全方位推进高质量发展建设共同富裕新晋城贡献交通人的汗水与担当。

【“四好农村路”建设】 2021年，完成新改建农村公路177公里，超额完成任务，农村公路总里程达到8585公里，位居全省前列。晋城市获全国“四好农村路”市域示范创建突出单位称号，高平、阳城、沁水获创建“四好农村路”全国示范县称号，泽州县获创建“四好农村路”全省示范县称号。

【年度经济指标】 积极培育发展规上企业，做到应统尽统，2021年新增入统企业5家。规上交通运输仓储业营业收入完成31.1亿元，增速同比增长25.2%，超过预期目标。

【太行一号旅游公路】 2021年，在主线全线贯通基础上，启动全长735.5公里(主线581.8公里，支线153.7公里)的太行一号旅游公路环线乡村振兴示范带建设，慢行、服务、景观、信息、农田财化五大配套系统全面铺开。完成景观绿化和生态修复226公里，步道、绿道10条112公里，驿站15个，停车观景台14个，农田财化1.98万亩，真正把太行一号旅游公路建成观光路、文化路、生态路和致富路，全力推动乡村振兴与脱贫攻坚有效衔接。太行一号旅游公路建设成绩突出，位居全省三大板块旅游公路最前列，被市劳动竞赛委员会记“重点工程建设集体三等功”。

【疫情防控】 2021年，周边省市局部散发和规模性聚集疫情多轮次多点暴发，外防输入形势十分严峻。晋城市交通运输局敢于担当，主动作为，针对交通卡口、物流快递、冷链运输等防控任务，制定职责、任务、流程标准“三清单”，明确任务，细化流程，制定标准，夯实责任，织密织严防控网。统筹各部门389人，严守全市69个交通卡口，排查车辆10万辆、人员20万人次，劝返车辆8000余辆，守住外防输入第一关口。全过程管控邮政快递、货运物流、冷链运输，做到“未经消杀，货物不卸车，包裹不投递”，真正让晋城市人民群众买得放心、用得舒心、吃得安心。全力以赴保通畅，科学精准施策，确保重要生产生活物资和民生物资运输顺畅有序，切实做到“一断三不断”，保障晋城市经济社会平稳正常运行。

【抗汛抢险保通】 2021年，晋城市迎来历史罕见的多轮次强暴雨，1300多条公路被冲毁冲断，人民的生命财产安全遭受严重威胁。汛情就是命令，抢险就是责任。面对滚滚“猛兽”，晋城交通人毫不畏惧，破浪逆行，日晒雨淋，忍饥挨饿，通宵达旦，调动应急装备，清除路面塌方，填筑损毁路基，疏通涵洞边沟，设置警示标志，发布通阻信息，持续奋战在防汛抢险保通和灾后重建第一线。2021年7月至8月，累计出动抢险人员6万人次，出动机械车辆5万多台班，积极筹集资金788万元，迅速打通809条受毁路段，做到水退路通。洪水退去后，快速启动灾后恢复重建，开工项目1332个，完工项目886个，完成投资7.76亿元，保证人民群众正常出行。

【交通强国战略】 2021年，晋城市出台《关于贯彻落实〈交通强国建设纲要〉的实施意见》《推进交通强国建设行动计划》，编制《晋城市综合立体交通网“十四五”及中长期发展规划》，明确“十四五”及中长期发展目标，完善落实交通强国战略顶层设计，积极推进“交通运输与旅游融合发展”交通强国试点任务建设，形成交通强国建设的“晋城路径”。

【深化改革】 2021年，出台《晋城市深化农村公路管理养护体制改革实施方案》，大力推进沁水县农村公路管理养护体制改革试点工作，为助力乡村振兴提供基础保障。依托五级公交体系推进市县乡村四级快递物流网络建设，开通晋城市区至阳城、高平、沁水、陵川4条客货邮合作线路，打造1个样板县（阳城），在全市建立810个快递物流网点，村级快递覆盖率达到98%。出台《支持互联网物流平台企业的若干措施（试行）》，扶持云仓科技、晋飕云科技、兰花智运3家网络货运平台企业落户晋城，数字赋能让“货畅其流”步入智能新时代。

【重点项目建设】 2021年，共承担6项省、市重点工程，所有项目按照序时进度全部完成。晋阳高速改扩建项目圆满完成土地征迁任务，控制性工程全线开工，完成投资10亿元。G342与G208连接线项目清表任务及采空区治理基本完成，涵洞构造物开工建设，完成投资1.19亿元。东南过境高速公路、机场大道、玉屏路、晋城西收费站改造4个项目前期工作顺利推进。

【精神文明建设】 积极开展文明单位创建，机关面貌焕然一新：2018—2020年连续3年获得年度目标责任考核优秀单位；2019—2020年连续荣立市劳动竞赛委员会集体一等功；2019年获得市直精神文明标兵单位，2021年获得市级精神文明单位；2018—2020年连续3年获得“三洗六见”大整治红旗单位。在全国文明城市复审期间，公交和出租车行业展示出良好精神风貌，成为城市靓丽的“文明风景线”，助力文明城市创建。

【全面从严治党】 始终把深入贯彻落实习近平总书记重要指示批示特别是视察山西重要讲话重要指示精神看作重要的政治责任、领导责任、工作责任，政治上保持清醒，行动上高度自觉，落实上务求实效，始终把党的政治责任、政治建设摆在首位，加强组织领导，层层压实责任，净化政治生态，扎实开展党史学习教育，持之以恒抓党的作风建设，坚决贯彻落实中央八项规定精神，深入开展群众身边的不正之风和腐败问题专项整治工作。

（董 芳）

城区交通运输局

【党建工作】 一是落实交通场站体温检测措施。指导客运站、道路客运经营都做好站场、车辆卫生清洁和通风、消毒工作。二是落实应急保障车队。筹备应急保障车辆75台，其中配合疫情防控办公室出动2支应急保障队伍4车次运输应急保障物资及人员。三是开展辖区内交通卡口疫情联防联控工作。以全局60余人的力量圆满完成高速口和火车站6个卡口的4次交通新冠疫情防控任务，共计出勤105天3242人次，做到疫情防控和春运工作、疫情防控和防汛抢险两不误。四是物流行业疫情防控工作。抽调精干人员对辖区内44家物流商户、104名物流从业人员每月上门进行一次核酸检测。

【防汛抗灾】 面对中华人民共和国成立以来最强汛情，局党组早谋划、早准备，制订预案、筹备物资、积极应对。以雨情为令，五个防汛应急处置小组分区域对全区农村公路开展全方位全天候不间断巡查和清障排险工作，对重点积水、滑坡、水毁等高危风险点采取专人值守盯防及交通管制等措施，排查隐患、及时抢险、清理塌方、保障畅通。截至年底，19条道路全部保通，灾后恢复重建工作持续推进。

【重点工程】 将晋城市城区康养产业发展、人居环境改善、美丽乡村建设有机融合，吴王山片区岗头至翟河底道路提升改造工程、连南路景观绿化和改造提升工程、白马寺山道路及广场提升改造工程已全部完工并投入使用。积极推动"两街"和景西路南段收尾工程全面完工，正在进行道路移交工作。

【公路养护】 加强和规范农村公路养护管理，积极开展农村公路沿线警示标志牌补设工作，提高农村公路沿线群众、车辆出行安全，出台"路长制"实施方案，印发《晋城市城区农村公路管理养护办法》《晋城市城区深化农村公路管理养护体制改革实施方案》，为进一步提升城区农村公路及沿线环境卫生，做到"畅、洁、绿、美"提供政策保障。继续推行政府购买农村公路保洁服务机制，全年共完成养护投资100余万元，县公路好路率达到82%，养护综合值达到81。

【行业管理】 一是全面完善行业规范化管理。强力推进道路运输市场、货运源头治超及水上交通监管，确保运输市场安全、稳定、规范发展。有效开展汽车尾气VOCs、工地扬尘、国Ⅲ车淘汰更新等治理工作。二是全力提升交通运输服务质量。联合"驾运宝"等线上培训平台推出"线下重点警示+线上普遍教育"的安全警示教育模式，加强驾驶员培训监管信息化水平；构建"互联网+监管"为支撑的监管机制，全年危货运输"零死亡"、客运乘客"零死亡"。三是聚力推动绿色、智慧、平安交通建设。强化"两客一危"、工程项目建设等重点领域及重点时段重要节日、会议安全监管，确保行业监管责任落实到位，全区交通运输系统未发生较大及以上责任事故。

（侯江峰）

沁水县交通运输局

【重点工程建设】 一是太行板块旅游公路尧都至东坞岭段工程，全长13.109公里，预算总投资1.68亿元。2019年10月开工建设，2021年完成主体建设，完成投资4887万元。二是示范牧场循环旅游公路建设工程，全长32.5公里，总投资1.9亿元，为PPP模式实施项目。2020年6月开工建设，截至2021年年年底，完成全部路基工程，完成投资4332万元。三是太行一号洪谷片区五大系统工程，2020年5月开工建设，截至2021年年底，已完成慢行系统骑行道10.9公里，完成投资4706万元。四是蜜蜂小镇道路建设工程，全长5.45公里，2020年8月开工，2021年6月24日建成通车，完成投资2450万元。五是366省道老马岭至杨河桥段（沁樊一级路）改建工程，全长57.45公里，估算总投资52.6亿元，已完成项目前期。六是太行板块旅游公路吕村至四十亩段工程，截至年底,已完成项目前期工作并开工建设,完成投资5000万元。七是沁樊公路杨河桥至里必段(二期),全长1.63公里,总投资1.1亿元。2021年年底,完成投资5000万元。八是武安至湘峪公路提质改造工程,全长6.5公里,年底建成通车,完成投资1576万元。九是沁水县县乡公路2020年水毁恢复工程,总投资2229万元,2021年建设完成10条县乡公路共25处水毁及桥梁2座。十是"四好农村路"建设。完成路面改造6.5公里,自然村通硬化路34.8公里,安全生命防护工程21.3公里。十一是太行一号环线乡村振兴示范带建设,全长180.6公里,已全部完成。

【水毁恢复工程】 9月1日以来,连续强降雨造成滑坡、塌方、路面沉陷、泥石流等地质灾害,全县农村公路发生较大水毁灾情132处,估算损失3.5亿元。灾情发生后,沁水县交通运输局按照"先通后畅"原则,立即开展水毁恢复重建工作,并成立农村公路水毁恢复重建专班,加强组织领导。截至年底,共清理塌方落石50万立方米,清理边沟淤泥300公里,加固桥梁7座,全县农村公路53处中断,已抢通38处,群众正常生产生活秩序基本恢复。因山体滑坡成因复杂,按照应急工程相关规定,采取"边施工、边设计"做法,第一时间委托设计单位对沁水县农村公路(县、乡、村道)水毁进行勘察设计,制定水毁修复方案,分批分期开展水毁修复。具备施工条件的县道郑庄线、黑东线、翼舜线,乡道相白线、苏沟线,村道南大至坡头、张村至刘家沟、杏则至老马岭等路段,施工单位已有序开展水毁修复工作。

【农村公路管养】 一是路长制。研究制定《沁水县深化农村公路管理养护体制改革试点实施方案》,进一步健全完善"路长制"工作机制,各乡(镇)路长办公室完成挂牌。建立县乡村三级保护队伍,共有县级设路政员10人、乡级设监管员28人、村级设护路员341人。二是创新养护生产模式。研究制定《沁水县农村公路养护管理办法》,按照市场化、专业化的要求,对沁水县县乡公路进行管理养护,各项工作正常有序开展,公路管养改革初显成效;美丽农村路方面,出台《沁水县2021年关于创建"百乡千村万里美丽农村路"工作方案》,完成本年度拟创建全部路段的绿化、排水、防护设施建设任务。

【新冠疫情防控】 2021年1月、8月、10月和12月期间,4次安排部署交通场站和交通卡口疫情防控工作,机关党支部和运管局党支部全体党员奋战一线,坚守岗位,全天24小时无缝衔接,不折不扣贯彻落实市、县防控办关于疫情防控工作的决策部署,充分发挥党支部战斗堡垒作用和党员先锋模范作用,不折不扣完成守护县城东、西大门的任务。

【行业安全】 公路巡察,出动执法人员620人次,排查公路9600公里,排查公路安全隐患6项,已全部完成整改;工程建设,出动检查人员80余人次,排查一般隐患8项,已全部完成整改;道路运输,出动执法人员600人次,检查道路运输(含城市客运)企业226家次,排查隐患125项,已全部完成整改;"两客一危",对企业监控、社会化服务和企业平台的值班情况、车辆在线情况、动态监控准确情况及卫星定位装置完好情况进行督查指导,排查问题5个,已全部完成整改。

【客运管理】 开通沁水至阳城城际公交线路,方便两地群众出行,促进两地经济发展。圆满完成2021年春运工作,投入客车6台、公交车199台、出租车7台,总客运量约44.5万人次,未发生安全事故。完成对晋运沁水分公司、沁水汽车站、端氏汽车站、祥瑞汽车出租有限公司4家企业质量信誉考核。

【货运管理】 扎实开展货运物流企业寄递安全及新冠疫情防控工作,督导企业所有从业人员严格开展疫苗接种、新冠病毒检测和外包新冠病毒检测60余次,配合县疫情防控办制作发放《从业人员核酸检测采样卡》36人次。与2家危货运、49家普货、2家驾校道路运输、11家物流企业签订《道路运输企业安全承诺书》,许可12家普货运输企业。

【维修管理与节能减排】 对沁水县城建成区及周边2公里范围内13家汽修行业的VOCS企业进行整治,5家制定一厂一策制度,并加装催化燃烧处置装置,1家正在改造,7家拆除烤漆房不进行喷漆作业;乡镇共15家VOCs企业,拆除5家,其余10家积极整改。共出动执法人员363人次,共检查121家次,发现隐患24条,已整改。

【源头治超】 认真贯彻落实市、县2021年源头治超工作要点,严格执行违法超限超载运输“黑名单”制度和“一超四罚”制度,进一步明确货运源头企业治超职责和义务,签订目标责任书66份,企业做出“无双超承诺书”和“无扬尘抛撒污染承诺书”各66份,全年监督检查共出动车辆16528辆次。

(柳　行)

阳城县交通运输局

2021年,阳城县交通运输局围绕阳城县“十大战略定位”和“三四五”发展布局,对标一流,躬身入局,挺膺负责,取得较好成绩。

【重点项目】 一是晋阳高速改扩建工程。路线全长42.57公里,总投资62亿元。阳城境内长16.5公里,投资15.6亿元,阳城县负责境内征地拆迁及协调各项工作。全年完成征地拆迁资金1.038亿元。二是太行一号旅游公路。路线全长94.8公里,总投资19.24亿元。6月底基本完成建设任务,五大配套系统同步推进。三是桑田大道改扩建工程。路线全长9公里,总投资11.5亿元,工程建设全线铺开,完成投资5.7亿元。四是湘峪三都古城至皇城相府旅游公路项目。路线全长5.4公里,总投资7698万元,阳城境内3.6公里,投资4841万元。完成境内拆迁工作,配合晋城市交通运输局完成路面水稳层铺设。五是农村公路灾后恢复重建项目。7—10月,阳城县遭遇十三轮强降雨天气,全县道路交通基础设施多处发生边坡滑塌、路面沉陷、道路坍塌等地质灾害,灾损高达9.16亿元,群众出行严重受阻。汛情期间,交通部门不讲条件、主动迎难而上,组织力量不间断对受损道路抢修保通,全力以赴保障群众出行。雨情过后,及时组建灾后恢复重建专班,编制水毁评估报告,对水毁项目进行勘察设计,制定601项水毁恢复重建任务清单并上报,灾后恢复重建工程全部启动。

【公路养护】 按照《农村公路中长期发展纲要》要求,持续打好“四好农村路”建设、管理、养护、运营“组合拳”。一是抓建设,强基础,不断提升农村公路覆盖范围、通达深度。完成6个项目19.43公里农村公路建设任务,完成投资3261万元。二是抓管理,增动能,不断深化农村公路管养体制、机制改革。出台《阳城县深化农村公路管理养护体制改革实施方案》和《阳城县农村公路管理养护办法》,推进农村公路“路长制”,明确县、乡、村三级路长,建立县有路政员、乡有监管员、村有护路员“三员”保障体系。三是抓养护,谋发展,不断改善农村公路通行条件、路域环境。投资424万元对主要县乡公路路面病害及安全防护进行处置。投资40余万元完成路域环境整治769公里。安装平交路口“一灯一带”70个。四是抓运营,利长远,不断拓展农村公路服务体系、服务功能。依托客运中心快递物流仓储中心,培育“五级公交与快递物流、电子商务、商贸流通”融合发展的新业态,全年完成15个乡(镇)节点,120个行政村的电商网点建设,剩余215个行政村网点建设也正在积极推动中,电商服务“全覆盖”望眼可期。通过卓有成效工作,阳城县一举获y评“四好农村路”建设全国示范县和省级示范县两项称号。

【行业管理】 始终把改革作为破解发展难题、推动高质量发展的关键举措,坚持下好行业管理“先手棋”。一是精简办事流程,提升服务水平,持续优化营商环境。政务中心交通窗口推进“证照分离”改革,审批事项100%实现5天办结;推行“网上受理、网上审核、网上办结”新型服务模式,将11项行政许可事项全面纳入“最多跑一次”、“只进一扇门”、行政许可容缺后补等范畴进行“网上办理”。二是规范执法行为,强化队伍建设,持续提高执法效能。开展“局队合一”行政执法机构改革,推进执法机构标准化、规范化建设。严肃查处擅自占用、破坏公路及公路附属设施等违法行为,维护路产路权;严厉打击黑出租、黑客运经营行为,根治行业乱象。三是聚焦主责主业,加强日常监管,持续激发市场活力。强化五级公交运营管理,新开通阳城至沁水、阳城至晋城东高铁站城际公交线路,完成700个公交站牌、200个公交候车亭建设,“城际、城市、城乡、乡村、旅游”五级公交135条线路有序运营。持续推进新能源纯电动巡游出租车更新，全县109台车纯电动出租车更新工作基本完成，全市领先；组织出租公司进行驾驶员注册、车身标识设置，统筹推进“95128”叫车服务。发展共享经济推动绿色出行，美团、青桔两家公司1500台共享电动单车首批投放阳城市场，为广大市民提供高效、便捷、优质骑乘服务。

【疫情防控】 坚持“平战结合”“人物同查”“抓早抓小”，不断加强客运中心、五级公交、巡游出租、冷链运输监督管理，先后组织2672人完成新冠疫苗接种，持续开展中高风险地区来（返）阳人员摸排，疫情防控与交通运输各项工作同部署、同安排、同落实。特别是7月下旬国内出现多点散发疫情后，阳城县紧急启动9个交通检查站，充分发挥综合协调职责，及时传达防控指令精神，协调落实防疫物资，为卡口防控工作有序有效开展提供坚强后勤保障。

【三大攻坚战役】 聚焦脱贫攻坚、污染防治、防范化解重大风险，建立健全协调机制，形成强大工作合力。一是建立健全防返贫动态监测和帮扶机制，精准帮扶，坚决打好脱贫攻坚过渡战。选派优秀党员干部到董封乡人参埌村开展驻村帮扶；帮助销售小米、松核桃、中药材等，向村爱心超市捐赠村民生产生活必备物资1000余件，群众得到真正实惠。全年采购“三专一平台”扶贫产品15万元，以消费帮扶助力乡村振兴。二是压紧压实网格化环境监管责任，重拳出击，坚决打好污染防治攻坚战。督促乡镇对所辖乡村道路进行定期清扫，保证路面干净整洁；交通建筑工地严格落实“六个百分之百”要求，实施无尘作业；派出交通综合行政执法队对公路上行驶的重型散装物料运输车严格管控，发现不遮盖或遮盖不完整车辆从严从重处罚，形成震慑。同时，扎实推进国Ⅲ营运柴油货车淘汰工作，共注销486台。三是梳理分析风险隐患关键重点，果断处置，坚决打好防范化解重大风险攻坚战。处理回复县政务服务平台、“12328”平台、县长信箱反馈投诉130余起，落实县领导重要批件、社情民意20余件，化解客运矛盾纠纷12起，处理及答复满意率100%。多年信访积案东方公交整合遗留问题妥善解决。

【党建工作】 持之以恒抓班子、带队伍，抓基层、强基础，实现“抓党建促发展、以发展强党建”良性循环。一是强化组织建设，不断夯实战斗堡垒。坚持党建工作与业务工作同谋划、同部署、同落实，按照基层党组织标准化建设要求，完善党的阵地建设，认真落实“三会一课”制度，形成严肃活泼、优质高效的党内政治生活新局面。二是强化思想建设，不断提升能力素养。扎实开展党史学习教育，教育引导干部职工把对党绝对忠诚注入灵魂、融入血脉，用理论武装头脑、指导实践、推动工作。三是强化作风建设，不断激发队伍活力。深入开展文明创建活动，为老党员颁发“光荣在党50年”纪念章。充分调动党员干部群众积极性、主动性与创造性，增强队伍的凝聚力、向心力。

（郭　鹏）

陵川县交通运输局

【重点工程】 一是太行一号旅游公路主体道路（古郊至夺火段）。总长64.9公里，估算投资约16.79亿元。2019年1月开工建设，截至2021年年底，已完成路面铺装工程，具备通车条件，正在进行交通附属工程施工。二是太行一号五大配套系统。计划实施路段67.5公里（王莽岭至马武寨段16公里，上河至玛琅山51.5公里），完成登山步道、休闲步道、骑行道150公里；景观绿化39.4公里，彩色路面标线91.6平方米。三是“四好农村路”建设工程。共10个项目，总建设里程32.4公里，估算投资3240万元。已全部完工。四是黎城至陵川至焦作高速公路项目前期工作。10月27日，长治、晋城、焦作三市交通运输局及相关单位在夺火乡召开接线方案第一次对接会，会议讨论豫晋省界段技术标准、路线方案及接线位置等。五是G207陵川至省界（河南修武）升级改造项目前期工作。县交通运输局积极与焦作市交通运输局进行两次座谈，对路线方案、接线位置、建设模式进行沟通，初步达成共识，拟建项目全长53.176公里，估算总投资38.77亿元。

【公交一体化】 2021年，按照市委、市政府“市域公交一体化”要求，全县整合客运业务，实行“五级公交”运行体制。即开通城际公交、城市公交、城乡公交、镇村公交、旅游公交。把原先由县运输公司运行客运班车，全部改为城乡公交，范围覆盖264个建制村(抱犊村不通公路)，票价全部为1元，让群众得到实惠。同时，在所有建制村停车点全部安装新公交站牌，公示公交运行时间，方便群众出行。

【“公交+物流”】 一是优化配送线路。随着“五级公交”实现全覆盖，特别是镇村公交通车以来，公交客运覆盖全县行政建制村，在原先物流快递报纸配送线路基础上，结合城乡、镇村现运行线路及运行时间，进一步科学合理优化配送线路，使每日发送的物流快递和报纸都实现当日到达。二是加快网点布局。结合前期电子商务进农村网点信息，由客运站仓配中心负责对接原镇村网点，已完成160个。三是发展合作快递企业。已发展快递企业2家，天天快递和京东快递。随着物流网点布局逐步覆盖，陵川仓配中心和邮鑫、极兔快递进行业务洽谈，达成合作协议。四是发展自营件商家。客运站仓配中心根据公司营销宣传安排，发展自营件商家15家，涉及土特产、手机电脑产品、摩托车配件、医药生物等行业。安排快递配送车辆1台，利用接送快递件形成流动宣传广告。五是推进项目建设。正在筹建客运中心南侧物流快递电商物流园区，已由省发改委现场查勘，项目正在审批中。下一步将抓住客运中心南侧建设电商物流园区契机，主动联系发展商贸产业，快递企业入驻，扩大仓储产业，开创陵川仓配中心行业龙头地位。

【公路管养质量】 一是完善管理制度。根据养护工作需要，完善公路养护巡查制度、公路应急抢修方案、公路桥梁隧道监管制度、公路养护日常考核等制度。乡镇农村公路站按要求制订本乡镇的养护管理目标、工作计划，为养护工作顺利开展奠定基础。二是加强日常养护。继续执行“三定一包一淘汰”的管理办法，落实养护责任和目标，加强对公路路面、边沟、桥涵日常维护，进一步提升公路养护水平。三是加大养护巡查力度。及时掌握公路路面破损、边沟畅通、安保设施损毁、桥梁隧道安全等情况，及时做出维修解决方案，消除各种安全隐患，保证道路畅通。四是积极开展灾后恢复重建。从7月11日开始，多次出现大到暴雨，尤其是7月18—22日，五天时间全县降雨量达800多毫米，致使全县出现严重洪涝灾害，道路交通受损严重，估算经济损失约3.5亿元。灾情发生后，县交通运输局第一时间启动应急预案，积极准备应急救援物资，及时清理路障，疏通边沟，砌设挡墙，抢通道路，转移群众。累计投入挖掘机90台班，装载机46台班，运输车辆245台次，出动抢险人员200余人次，清理边沟19600米，清理边坡土石方3万立方米，投入抢险资金150万元。承建的44处县乡公路灾后重建工程，已经完成34处，完成投资1000余万元。

【安全工作】 一是全面落实安全生产责任。成立由局党组书记、局长担任组长，其他领导班子成员任副组长，局属各股室股长和各下属单位负责人任组员的安全生产领导组，并制定工作方案，签订安全目标管理责任状，明确各股室、各下属单位工作职责，把安全任务落实到人，安全责任细化到岗。二是强化安全宣传教育。利用“国家安全宣传教育日”、“五一”、防震减灾日、汛期、“十一”等重要时期，认真组织、周密计划、加大宣传力度，采取拉横幅、出动宣传车、现场咨询、散发传单、制作宣传版面等多种宣传形式。一年来共开展5次宣传活动，出动宣传车4次，发放宣传传单2000份，悬挂宣传标语12条。三是开展安全生产专项整治活动。我深入开展安全生产服务月活动、三年安全生产专项行动、零事故创建工作、重点领域大排查大整治、安全生产风险隐患排查专项行动等多项隐患排查活动，对全县客运、出租、危货、维修企业进行全面排查，共排查39家企业，累计排查隐患总数97条，已整改97条。

【党建工作】 一是认真开展党史学习教育活动。自3月15日起，全体职工重点围绕中央指定4本书目及习近平总书记重要的讲话精神、省市县各级党委安排部署，扎实开展自主学习和集中研讨学习。并在此基础上，结合行业实际，完成为民办实事、传承红色基因、讲授专题党课等工作，切实从方方面面践行“学史明理、学史增信、学史崇德、学史力行”。二是落实党建主体责任。建立完善“一把手总负责、分管领导各负其责、领导班子成员齐抓共管”的领导机制，严格落实“一岗双责”，立足本职，脚踏实地，努力工作，全力完成上级交办的各项工作任务，坚持不懈把基层党建工作抓好、抓实、抓细，为各项工作开展提供坚强有力组织保证。三是规范党内组织生活。认真执行民主集中制，落实“三会一课”制度，按要求定期召开党支部、党员大会，上好党课，召开民主生活会和组织生活会，党支部书记与班子成员，领导班子成员与普通党员都认真开展谈心谈话活动，规范党内组织生活。

（夏　雨）

泽州县交通运输局

【重点工程建设】 一是太行板块旅游公路大阳古镇旅游公路。路线全长10.6公里，其中一期工程9.86公里，2019年7月正式开工建设，2021年5月交工；二期工程0.74公里，为涉铁项目，由郑州局郑州指挥部代建，2020年12月正式开工建设，2021年年底完工。累计完成投资约18905万元。二是西岭街东段道路工程。长度为1176.341米，总投资约7794万元。2017年12月开工建设，2021年12月完工，累计完成投资约6150万元。三是太行一号国家风景道泽州段主线(红花底至干河口段)。路线全长15.971公里，总投资约16592万元。2020年8月开工建设，截至2021年年底，除桥梁工程上部结构外，其余工程已全部完工，累计完成投资14900万元。四是太行一号国家风景道泽州段支线(陟椒至干河口段)。路线全长33.306公里，总投资23911.0659万元。工程于2020年8月开工建设，截至2021年年底，累计完成路基工程30公里，完成投资14000万元。五是泽州县大阳陡坡至二分街工程(大阳环镇旅游公路)。路线全长2.865公里，工程总投资3700万元。2020年6月1日正式开工建设，2021年5月全部完工，累计完成投资约3700万元。六是川底(东沟辛壁)至南畔路面改造工程。路线全长10.295公里，总投资约3306.86万元。2019年12月开工建设，2021年5月完工，累计完成投资约3306万元。七是太行板块旅游公路柳树口至东上庄段(神南至珏山口段)改造工程项目。全长7.462公里，总投资约6588万元。2020年7月开工建设，2021年11月完工，累计完成投资4996万元。八是北焦庄至高都道路工程。全长2.571公里，总投资约4012万元。2020年6月开工建设，2021年5月完工，完成投资约3762万元。九是高都古镇旅游公路。项目全长约9.6公里，工程总投资2576万元。2020年8月开工建设，2021年6月完工。累计完成投资约2000万元。十是泽州县巴公镇靳庄村田间道路工程。全长1.788公里，总投资约1746万元。6月正式开工建设，截至2021年年底，主体工程已全部完成，累计完成投资约1669万元。十一是泽州县驻地32312部队进出口道路路面改造(水毁)工程。全长6.715公里，总投资约1019万元。2021年10月开工建设，2021年12月完工，累计完成投资约1019万元。十二是泽州县驻地32714部队进出口道路路面改造(水毁)工程。全长11.176公里，总投资约3291万元。2021年10月开工建设，截至2021年年底，累计完成投资1230万元。十三是太行一号国家风景道(玛琅至柳树口段)工程。全长16.913公里，总投资约7613万元。2021年6月开工建设，截至2021年年底，主体工程已完工，基本具备通车条件，处于扫尾阶段。累计完成投资约6600万元。十四是晋城市太行一号旅游公路(泽州段)五大配套系统工程。全长124.8公里，总投资20917.82万元。2021年7月开工建设，截至2021年年底，累计完成投资约1亿元。

【亮点工作】 泽州县公交拥有公交车辆194辆，优化后拥有线路85条，其中城乡公交线路13条，镇村公交线路60条，旅游公交线路11条，定制公交线路1条，对全县419个行政村、15个社区实现全覆盖，覆盖率达100%，全部实行一元惠民票价，65周岁以上老人及1.2米以下儿童，残疾人、军人、教师免费乘坐。2021年1—12月，“一元公交”共发车22.47万班次，安全运营总里程674.87万公里，其中城乡公交发送179.13万人，镇村公交发送33.27万人，旅游公交发送14.79万人，物流快递发送60.48万件。并在16个乡镇建立物流服务网点310个，配送量由600件/日增加到1000件/日，并呈逐年上升趋势，经济效益和社会效益更加彰显。全方位捷公交网络布满泽州大地，为广大山区百姓提供优质便民服务，不仅加快城乡之间人流、物流和资金流双向流动，而且畅通城乡血脉，加快补齐交通供给短板，有力推动"公交+扶贫"，同乡村振兴有效衔接，全面提升泽州百姓幸福感、安全感和获得感。2021年，区交通运输局已向交通运输部申报创建城乡交通运输一体化示范县，已获得审批。2月18日、4月2日《人民日报》显著位置，对全县"一元公交"进行深度报道，成为全面开启乡村振兴之路，提供深化城乡公交改革新样本。

【公路养护】 一是加大公路养护力度。强化巡检，精准施策，高效推进全县农村公路养护。全县农村公路总里程2190.962公里，其中县道202.434公里，乡道977.674公里，村道991.204公里，专用道19.65公里。2021年通过日常公路巡查，积极排查公路沿线安全隐患、定期监测地质灾害点和高边坡实时动态，对发现的安全隐患都及时进行修复完善。全年修复路面坑槽8600平方米；更换盖板18块；更换标志牌49块；更换护栏464米；安装护栏4500米；安装减速带175米；砌筑挡土墙300平方米；沥青灌缝25000米；喷刷标线2476.5平方米；除雪除冰约720平方米。截至年底，县道好路率84.47%，主要乡道好路率81.2%，村道好路率81.35%，主要县乡道综合好路率82.8%。二是加快水毁修复进度。进入7月汛期以来，受多轮大范围强降雨袭击，特别是"7·11""7·19"两次暴雨袭击，导致道路中断、交通瘫痪。根据县委、县政府灾后恢复重建工作总体部署，区交通运输局坚持"先抢通、后修复""分级负责、统筹兼顾、标本兼治"原则，科学组织、有序安排，明确主体、落实责任。截至年底，全县县、乡、村农村公路水毁项目392个，其中:已开工并完工项目224个，占项目总数57%，完成投资4518万元，占总投资12%；已开工未完工项目58个，占项目总数15%，完成投资4986万元，占总投资14%；未开工项目110个，占项目总数28%，预计投资16715万元，占总投资45%，计划2022年3月1日开工。

【运输管理】 强化安全管理，保障道路运输市场安全运行。抓好节假日期间及重要时间节点的行业安全监管，先后开展2021年春运及"两节""五一"安全大排查、6月份"安全生产月暨建党百年安全维稳行动"、7月份防汛安全大排查、中秋、国庆节期间安全生产检查、冬季安全生产工作等活动。活动开展期间，成立领导组，下设八个小组，采取拉网式、地毯式方式对道路运输行业展开全覆盖安全大检查；抓行业领域安全隐患排查治理。注重预防，开展安全隐患大排查大整治，全年共办理进站证190辆次、省际加班牌共办理23班次、市际加班牌共办理97班次，对"12328"交通运输服务监督电话转办单全部做出回复处理；对辖区内停车牌、候车亭进行全面摸排，全县候车亭共149个，招呼站牌250个，农村客运站10个。

【治超工作】 2021年，继续坚持"政府主抓、部门联动、属地管理"的治超原则，继续抓好源头治理和路面管控，以督导考评、科技治超、责任倒查、联合执法为抓手，以队伍建设、制度建设、舆论宣传和明察暗访为措施，全面推进治超工作常态化制度化建设。2021年，所辖大阳、宫岭两个公路超限检测站共检测货运车辆288388辆，共查处非法超限超载运输车辆138辆，全部严格按照职责分工和工作流程进行卸货处理，共卸货2224.04吨，站点超限运输车辆查处率100%。2021年，开展路警联合执法行动30余次，出动交通执法人员209人次，出动执法车辆77辆次，查扣非法超限超载车辆40辆，有效遏制非法超限超载现象反弹。接县治超办督办案件29起，全部办理完结，结案率100%。

【路政管理】 全年依法查处涉路赔补偿案件14起，处罚案件2起，拆除龙门架1处、拆除标语2处、拆除非公路标志5处、制止乱堆乱放4处、制止增设平交道口4处、美化绿化5处、制止打场晒粮20处、清理落石14处、清理建筑垃圾1处、清理折断树枝16处、清理路障5处，巡查公路8万余公里。

【海事管理】 按照全年安全监督计划，全年共组织安全监督执法检查85人次，出动车辆38台次。4月底以来,联合市交通运输局安全科、综运科、交通运输发展中心入企业检查15人次,出动车辆6台次;联合市交通综合执法队入企业检查6人次,出动车辆3台次,保证全县水上运输企业安全平稳。与此同时,组织码头专项检查。7月9日,海事中心制作悬挂安全宣传条幅。并在8月、9月、10月对辖区12个码头完成全覆盖检查,及时将损毁情况上报省、市、县交通主管部门。

【安全管理】 全面落实安全生产责任制,严格按照“三管三必须”原则,扎实开展好安全生产专项整治三年行动工作,深刻吸取事故教训,以防止各类事故发生为目标,深入开展交通运输系统领域安全专项治理工作,强化隐患排查整治,确保全县交通运输安全生产形势总体平稳。全年共出动检查人员1100人次、检查企业500家、排查安全隐患86条,整改销号86条,行政处罚1家,处罚金额3000元,有力促进全县道路运输行业安全生产形势持续稳定好转。与此同时,加大县乡公路建养安全管理。共排查管养公路136条次,处理一般隐患44条,全部整改完毕,共计安装波形护栏10977米、安装警示标志牌128块、处理平交道口安全隐患26处、安装减速带323处、修补路面坑槽2720平方米、清理塌方8600立方米,大大提高县乡道路安全通行能力。

【依法行政】 县交通运输局高度重视交通运输法治建设工作,根据人事变动和工作需要,及时调整法治建设工作领导小组,将法治建设与交通运输业务工作同步研究部署、同步督办落实、同步检查验收、同步考核奖惩,形成“一把手负总责全面抓,分管领导严把关具体抓”的工作机制。共计153人参加培训和考试,通过率100%;累计发放各类宣传资料及相关法律法规宣传单5000余份。

(王江平)

高平市交通运输局

【项目建设】 一是两个“五一答卷”工程按期完工。208国道神农互通至北环路拓宽改造工程,是全市城市发展主轴重要组成部分,2020年11月23日才签订施工合同,但必须在2021年5月1日前建成通车。工程建设时间紧、任务重,面对重重困难,市交通运输局提前部署,提出春节不放假,注重人文关怀,倡导“把人留在工地、把钱寄回家里、把爱送给亲人”的理念,做好“安全、物资、防疫、人员”四个方案,确保工程顺利施工。采取人休机不休、冬季保暖等措施,经过157个日日夜夜奋战,4月30日建成通车。坪曲线米山至陈区非机动车道建设工程,是全市2021年为民办实事重点工程之一。在工程建设中,克服车流量大、施工面窄、施工条件差等困难,加班加点、错峰施工,主体工程于5月1日前完工,比预定10月1日提前5个月。二是太行一号风景道五大配套系统工程在晋城市率先建成,投资7110.58万元,成为“网红路”“打卡地”,实现“车在画中行,人在景中游”的美好场景。三是两个连接线工程为乡村经济发展插上腾飞翅膀。陵侯高速河西出入口连接线工程,全长2.6公里,投资2500万元,6月底建成通车。陵侯高速郝庄互通至石末连接线工程,全长3.5公里,投资1200万元,7月底建成通车。四是两个重点项目启动实施。208国道晋中长治界至晋城金村(长治司马至高平刘庄段)改扩建工程,2021年完成初步设计批复。长晋高速公路神农互通工程,2021年完成初步设计批复。

【行业管理】 一是规范管理,依法治理能力不断提升。加强学法普法工作,组织干部职工参加交通运输行政执法线上线下培训专题学习,依法行政意识不断强化。政务数据资源共享归集工作全面完成,将所有行政许可和公共服务事项纳入政务大厅办理。加强运输市场执法监管,检查各类运输车辆1166辆,查处非法违法运输车辆案件6例,接到客运投诉并受理案件200起,查处“黑车”2辆。加强路政管理和公路超限超载治理,制定《高平市全面推进农村公路“路长制”的实施方案》,共出动巡查车辆255台次,巡查人员350人次,累计巡查公路12000公里,巡查货运源头企业670个次,检查进出场站车辆1000辆,查处超限超载违法案件4例。二是加强养护,路容路貌路况不断提质。开展农村人居环境“六乱”整治百日攻坚专项行动,共清理垃圾4950处

4.9万吨，清理排水沟125公里，整修路肩620公里，拆除乱搭乱建971处，修剪树木5.4万棵，完成路域环境整治923公里。投入资金550万元对12条县道及乡道北环路进行路面病害处置，共6.5万平方米，全市农村公路列养率100%，全市县道好路率87%。制定出台《高平市农村公路养护管理办法》，巩固农村公路建设成果。积极开展第一次全国自然灾害综合风险农村公路承灾体普查工作，完成1169条公路路线、113座桥梁、1座隧道的现场照片采集、信息整理填报上传工作。三是聚焦融合，运输服务水平不断优化。加强客运车辆动态监管，春运、"十一"期间，共发送7.2万个班次，安全运送旅客120.65万人次。积极推进补考进位工作，建立"货通九州"和"正易通"两家网络货运平台，在晋城市率先实现货运企业入规入统。整合全市汽车维修企业由国投智慧出行科技有限公司对公务用车租赁、公务用车维修等相关业务入统管理。四是强化安全，运输安全生产形势良好。健全安全责任体系，形成一把手负总责、分管领导具体抓、其他领导配合抓的安全生产管理格局，制定完善交通运输行业六个应急预案。扎实开展"安全生产月"活动，建党百年安全生产大排查大整治专项行动。全年共出动检查车辆245台次、检查人员440人次，排查各类安全隐患53起，按照建立台账、制定措施、责任到人、闭环管理要求，全部进行治理，做到销号清零。完善安全生产行业监管体系，持续抓好客运、货运、驾校等各领域安全生产监管工作，平安交通深入推进，确保行业和谐稳定。

【党建工作】 一是主体责任压紧压实。坚定扛起全面从严治党主体责任，将党建工作与业务工作同谋划、同部署、同推进、同落实。坚持以党建引领发展、把党建融入发展、用党建推动发展、靠发展检验党建，确保工作部署到哪里，党的建设就跟进到哪里，努力把党的政治优势、组织优势转化为发展优势。督促班子成员履行好"一岗双责"，切实履行好抓班子、带队伍职责，认真督促领导班子成员落实好分管领域全面从严治党主体责任。坚持每周五定期听取领导班子成员管党治党责任落实情况。二是作风建设持续用力。组织学习党规党纪6次，观看警示教育片5次，通报典型案例3次，增强党员干部执行党风廉政建设责任制的原动力，保持清正廉洁本色。贯彻落实党员干部和公职人员办理子女生日、升学等事宜"四严禁、五倡导"，开展领导干部违规入股企业问题专项清理。在重要节假日期间，层层开展廉政谈话，进一步教育引导党员领导干部遵守党纪法规，提高廉洁自律意识。三是厚植风清气正政治生态。严守政治纪律政治规矩，严肃党内政治生活，认真落实新形势下党内政治生活若干准则，严格贯彻执行民主集中制，以组织生活的提质涵养健康党内政治文化。坚决执行"三重一大"集体决策制度，保证决策民主化、科学化，并主动邀请派驻纪检组领导参加党组会、局务会、招投标会，对议事内容、程序进行监督。持之以恒加强党风廉政建设，严格落实党风廉政建设责任制，一体推进"三不"体制机制建设，认真开展警示教育月活动，锲而不舍落实中央八项规定精神，从严从实整治形式主义、官僚主义，强化廉洁自律，坚决把纪律规矩挺在前面。

（李　宏）

临汾市

临汾市交通运输局

2021年是临汾市交通运输事业发展史上极不平凡的一年。面对严峻复杂形势、艰巨繁重任务特别是新冠脑炎疫情严重冲击，在市委、市政府坚强领导和省交通运输厅大力支持下，全市交通运输系统广大干部职工迎难而上、砥砺奋进，克服一个个困难，取得一项项胜利，重点交通项目强力推进，农村公路管养全面提升，客运管理水平明显提高，行业专项治理成效显著，安全生产形势保持稳定，全面从严治党持续加强，全市交通运输事业取得显著成效。2021年，临汾市在全省交通运输系统年度考核中排名第一，被省委、省政府授予“山西省脱贫攻坚先进集体”，被省人社厅和省交通运输厅授予“山西省交通运输系统先进集体”，被临汾市总工会、市人力资源和社会保障局授予“五一劳动奖状”。永和县黄河一号旅游公路南庄—阁底段被交通运输部授予全国“十大最美农村路”之一，临汾公交“诚信微笑巴士”被交通运输部授予“全国优秀文化品牌”，蒲县被交通运输部、财政部确定为深化农村公路管理养护体制改革试点县，永和县被省交通运输厅、省财政厅、省农业农村厅、省乡村振兴局联合命名为2021年度“四好农村路”省级示范县。

【交通重点项目强力推进】 2021年，全市完成交通固定资产投资89.14亿元，超额完成72亿元的目标，其中高速公路及连接线项目完成投资53亿元、国省道项目完成投资12.9亿元、“四好农村路”及黄河一号旅游公路完成投资22.4亿元，水毁道路抢通投资8398万元。隰吉高速、黎霍高速公路加快建设，浮临高速公路于12月21日正式开工建设，洪大、浮沁、安沁高速公路前期工作加快推进；341国道线李子坪至梗壁公路改建项目、108国道线襄汾至曲沃至侯马等过境公路改线项目有序推进，341国道永和过境公路、309国道安泽过境公路、520国道蒲县过境公路等17个项目前期工作稳步推进；全年完成“四好农村路”608公里，水毁受阻农村公路355条全部抢通。完成黄河一号旅游公路122公里，其中主线完成90公里。截至年底，永和县累计完成100%，大宁县累计完成96%。

【农村公路管养全面提升】 深入推进农村公路管理养护体制改革，压实各县（市、区）政府农村公路管理养护主体责任，督导养护资金落实，全市农村公路基本建立以公共财政投入为主的资金保障机制，农村公路列养率达到100%，优良中等路率达到92%。全面落实“路长制”，17个县（市、区）全部建立“路长制”，形成政府主导、部门协同、上下联动、运转高效的工作格局。深入实施“人人持证、技能社会”全民技能提升工程，对全市3664名农村公路养护工进行轮训，全面提升农村公路养护的专业化、精细化水平。安装路长公示牌2519块，其中县道179块、乡道503块、村道1837块。

【客运管理水平明显提高】 加快推进国家“公交都市”创建，编制《城市公共交通规划》，聘请交通运输部公路院专家团队对临汾市“公交都市”创建工作进行指导，完成31项创建指标中的23项，其余正在加快推进。全市新增51辆纯电动公交车，提升公交服务能力。出租汽车行业改革稳步推进，研究制定以实际产权人“携车入股”的股份制经营方式分阶段推进改革的方案。进一步完善“95128”出租汽车电召平台，“95128”拓展到14个县（市、区）。

【行业专项治理成效显著】 一是加强交通行业环境治理。扎实开展柴油车污染治理，全年共开展行动61次，出动执法人员504人次，执法车辆106辆次，检测车辆4351辆，对14辆不合格车辆进行依法处理。二是加快推进清洁运输工作。扎实推进国Ⅲ及以下中重型柴油货车淘汰工作，全年完成淘汰2991辆，超额完成2811辆的目标任务，全市年货运量150万吨以上工业企业公路运输车辆全部达到国五以上标准。三是深入开展四大专项行动。先后开展客运市场秩序整治、路域环境整治、交通运输重点行业领域违法犯罪和突出问题打击整治、治理非法超限超载车辆四大专项行动，全年查处非法营运行为222起，罚款131万元，清理暂扣违规共享单车3600辆；查处路政违法案件4起，清理非法占道经营行为50起，收取路产赔补费49835元；修复路肩3.6万立方米，维护公路安全设施616处，修补坑槽12万平方米，规范标志标线365平方米，清理非公路标志标牌421块；查处非法超限超载车辆330辆，卸载货物3358.7吨，处罚源头企业18家，罚款46万元，全市超限超载率控制在0.2%以内。

【现代物流体系初步形成】 积极发展互联网物流平台经济，协调泛城控股有限公司入驻尧都高新区，做好“孵化器”。引进山西聚鑫物云科技有限公司，有效防止物流企业本地营运、外地开票、税收外流。扶持兴荣飕云、物运行科技和中晋辉创科技三家本地网络货运平台公司发展壮大。积极推进“公转铁”工作，2021年，全市完成铁路发运量2541万吨，超额完成市政府下达的2500万吨的目标。

【安全生产形势保持稳定】 一是扎实开展安全生产整治。深入开展交通运输安全生产专项整治三年行动、“零事故”单位创建和预防道路交通事故“减量控大”工作。全面开展新《中华人民共和国安全生产法》专题培训，建立安全应急人才库，成立安全生产工作专班，坚持“月例会制度”。成立10个由局领导带队的督查组，常态化开展安全督查43次，发现问题125个，督导整改103个，全部整改完成。全年共清退危货运输企业8家，安全约谈17家；查处违规施工69处，下发责令改正通知书11份。修订完善《临汾市城市公共交通突发事件应急预案》等3个专项预案和《临汾市公路交通突发事件应急预案》等5个部门预案。完善道路旅客运输、道路货物运输、道路危险货物运输3支市级应急保障队伍，组织开展3次应急演练。全年未发生重特大交通安全生产事故。二是牵头开展交通场站疫情防控工作。联合交警、卫健部门在全市62个交通场站建立检测点，严格查验“两码”，把好第一道关口，全年共出动交通、交警、卫健等部门人员2.15万人次，排查车辆58.7万辆次，劝返车辆29352辆次，排查人员78.8万人次，移交转运人员52人。

【全面从严治党持续加强】 扎实开展理论学习，全年召开党组（扩大）会议45次，局党组中心组集中学习27次，形成研讨材料100篇，调研报告10篇。深入开展党史学习教育，为全局628名党员发放四本必读教材，为26个党支部发放两套“四史”学习资料，局党组理论学习中心组组织9次专题学习会和3次“读原著、学原文、悟原理”专题研学，各党支部举行38次党史专题学习，教育引导激励广大党员干部守初心、担使命。扎实开展“我为群众办实事”实践活动，确定46个调研课题，确定重点项目15个，完成15个。扎实开展“争先、进位、崛起”解放思想大讨论，局领导班子查摆问题60个，制定整改措施60条，以关键少数带动干部队伍解放思想。深入开展营商环境巡察整改，制定整改措施75项，解决11项33个问题。深化廉政宣传教育，召开廉政专题会议2次、廉政党课2次、党风廉政建设主题党日1次，局党组开展廉政教育学习12次，播放廉政广播218次，筑牢廉政思想防线，着力营造风清气正的良好政治生态。

尧都区交通运输局

2021年，在市交通运输局大力支持下，尧都区交通运输局紧紧围绕全市交通运输工作重点，以推动“四好农村路”高质量发展为主题，扎实推进农村公路建管养运、安全生产、灾后恢复重建、疫情防控等工作，较好完成全年各项目标任务。

【全力推进公路建设】 一是加快推进项目建设。全年公路建设总任务134.74公里，总投资18848万元，本年累计完成106.95公里，完成投资10321万元。其中，乡镇通三级及以上公路27.55公里，本年完成3.55公里；建制村通双车道11.9公里，本年完成8.11公里；自然村通硬化路88.89公里、县乡公路改造6.4公里、村道安防工程5.33公里、“一灯一带”113个已全部完成。二是做好交通项目规划。先后完成尧都区“十四五”现代综合交通运输规划、2020—2035年期间交通项目国土空间规划入库工作。配合上级交通部门完成洪大高速、临浮高速、108国道、309国道等线位方案论证工作。三是全力推进临浮高速尧都区段征地拆迁。临浮高速尧都区境内10.58公里，需占用土地约1083.67亩，区政府已成立征地拆迁指挥部，登记工作已基本完成。

【加大公路管理力度】 一是积极办理交办案件。全年共接到各类举报情况10起，已全部回复。对发现的4起县乡公路违法线索，已移交市综合执法队处理。二是狠抓路域环境治理。对全区县乡公路进行全面摸底排查，共拆除违章建筑3处，清理公路沿线非公路标志6处，清理占用公路打场晒粮5起，查处损坏路产案件2起，安装减速带144处。三是加大扬尘治理力度。重点对国省干线公路沿线平交道口与门店环境进行整治，全年共完成平交道口和门店前场地硬化29294平方米，最大限度减少公路输入污染。

【加强公路管养水平】 一是加强农村公路日常养护。制订《关于深化农村公路管理养护体制改革实施方案》，全区基本建立农村公路管理养护长效机制。全年累计清理垃圾228立方米，疏通边沟6100米，疏通涵洞64道，整修路肩5980立方米，清洗标志标牌520块。二是大力实施农村公路养护工程。全年共投入446万元，完成218公里的农村公路小修保养，工程于7月15日开工建设，10月底已全部完工。 三是全力开展灾后恢复重建工作。受连续强降雨影响，全区农村公路直接受损22公里，发生水毁751处，10月20日前已全部抢通，共投入抢通资金1110万元，保证群众正常安全通行。在全面抢通基础上，区交通运输局积极开展灾后修复重建前期工作，2021年年底已按节点要求完成立项和一阶段施工图设计批复等前期工作，为2022年早日开工建设打下坚实基础。

【加强道路运输管理】 一是围绕“平安车站”创建主题，坚决做到“四不进站、七不出站”，严格按照防疫要求，做好消杀、测温、查验“三码”等工作，尽最大可能阻断疫情输入。二是加强维修管理。对烤漆房VOCs处理系统及错时作业管控、规范危险废物库等方面采取多种措施，检查企业120余户，对检查出的143户无备案经营业户已抄告市局执法队。三是按照治污减霾保卫蓝天工作要求，以强化源头监管为重点，对各类货运源头企业及取沙、石料场等进行重点监管。向源头企业发放通报150份，处罚源头企业1家、法人及过磅员各1人。联合交警、环保部门扎实开展柴油货车和散装物料运输车大气污染治理工作，引导过境车辆就近绕行高速通行。

【抓好交通行业管理】 一是安全生产持续稳定。在各领域开展全方位深层次安全隐患大排查大整治，重点对33家危货运输企业、8家客运企业进行驻场式不间断监管，对管护的农村公路进行拉网式摸排，严格执行领导干部24小时带班值班和信息报告制度。二是综治工作管理完善。加强平安建设工作，深入推进交通运输执法领域突出问题专项整治行动，集中力量开展“4·15”全民国家安全教育日非法集资、电信网络诈骗等宣传活动，“互联网+监管”工作，与市场监督管理局联合开展“双随机、一公开”抽查工作。三是疫情防控常抓不懈。由区交通运输局牵头，抽调交警、卫体等部门人员驻守三个高速口，对过往车辆和人员进行排查登记，严格按照“外防输入、闭环管理”原则，落实好高速口管控措施，坚决堵死疫情“破防”甚至蔓延可能。

曲沃县交通运输局

2021年，在县委、县政府正确领导下，在上级主管部门监督支持下，县交通运输局主要做好六个方面工作。

【全面加强党的政治建设】 深入开展党史学习教育和“争先、进位、崛起”解放思想大讨论，充分履行主体责任，把纪律和规矩挺在前面，教育和引导广大党员干部转变工作作风、真抓实干、廉洁从政，为更好开展各项工作奠定基础。

【全面推进重点项目实施】 以务实高效、抓铁有痕的实干、苦干精神，制定时间表和任务图，强化责任落实，全力推进项目建设。全年完成2020年“四好农村路”养护提质改造工程续建任务；晋国博物馆旅游快速通道项目可研编制；2021年王村桥和白水桥两座危桥立项手续；曲沃县2021年美丽乡村道路硬化改造工程立项手续；配合完成108国道曲沃段过境改线工程的前期手续和启动征地拆迁工作，为2022年顺利开工建设打下坚实基础。

【全面强化日常养护管理体系】 深入开展“路长制”建设，推动农村公路养护体制市场化改革，加快构建县、乡、村三级农村公路职责明确、齐抓共管、高效运转的工作机制。全年进行日常养护巡查40次，开展养护检查评比3次，修补县道坑槽3万平方米，处置县道水毁安全隐患3处，设置警示标志牌70块，道口标柱8根，波形护栏40米，施划道路标线6000平方米，确保全县农村公路安全畅通，全县农村公路平均优良率达82%。

【全面提升交通运输执法水平】 结合交通运输部开展的为期五个月的交通运输执法领域突出问题专项整治行动，县交通运输局主动作为，深入排查执法领域存在的突出问题，针对7大整治内容，梳理出问题清单12条，已全部整改到位。为深入推进交通污染防治工作，严厉打击超标排放、冒黑烟、车体不清洁、抛撒滴漏、超限超载等违法行为。全年共检查车辆35420辆，劝返及引导分流车辆16722辆，完成国Ⅲ车淘汰47辆，依法清理非公路标志55处，清理5堆18处，清除打场晒粮路障34余处，整治非法占道经营28起，查处抛撒滴漏违法车辆18辆，处罚2.5万元，收缴公路赔补偿费11.29万元，查处非法超限超载车辆27辆，已全部移交交警部门处理。路政案件发现率达到95%，查处率达到100%，结案率达到100%，索赔率达到100%，全县超限超载率始终控制在0.01%以下。

【全面落实安全生产监管责任】 严格落实“安全专项整治三年行动”、集中攻坚年任务和“零事故”单位创建，对全行业安全重点监管对象进行“拉网式”隐患排查，建立“两个清单”长效机制，在道路运输、公路运营、工程建设、水上运输“四个领域”共检查96次，派出检查人员192人，检查企业145家，排查出各类安全隐患45处，已全部整改完成，整改率达100%，确保全年“零”事故。强降雨共造成26条县乡村道路受损，经济损失达3900万元。根据《曲沃县农村公路水毁抢修实施方案》，已完成25条农村公路修复任务。特别重大的水毁道路331省道线至浍河北岸旅游路灾后恢复重建已完成立项手续，将于2022年年底前完成，保障全县公路安全畅通。

【全面完成运输服务业营收】 以运输业提质增效为重点，挖潜增效，做到应收尽收、应入尽入。2021年，全县达规在统交通运输企业7家，1—11月实际完成营收2.18亿元，完成全年任务68%，同期增速达16.8%。2021年12月份增加新入统企业6家，预计完成2.46亿元，全年营收累计可达4亿元，增速达100%。

翼城县交通运输局

2021年，在市交通运输局帮助指导下，县交通运输局深入贯彻落实中共十九大和十九届历次全会以及习近平总书记视察山西重要讲话重要指示精神，按照县委、县政府决策部署，以党史学习教育和“争先、进位、崛起”解放思想大讨论活动为契机，统筹推进疫情防控和交通运输各项工作，较好地完成全年各项工作任务。

【路网建设稳步推进】 241国道翼城县城过境公路改线工程全长4.011公里，估算投资8338万元，截至12月底，完成投资2291万元。市局下达2021年农村公路县乡公路改造项目8个36.747公里，总投资3675万元，已全部完成。8个县乡公路改造项目，全长36.747公里，总投资3675万元，11月份全部完工。2021年度“一灯一带”计划64个，实际完成71个，完成投资26万元。

【服务能力明显提升】 重新规划和调整14条农村客运线路，制定《冀城县建制村通客车（农村客运）服务质量考核管理办法》，将农村班线车辆经营亏损性补贴纳入财政预算，全县运营的公交车102辆，巡游出租车162辆（2021年新增31辆），网约车5辆，“互联网+大众出行”的多样化、差异化出行服务体系正在形成。在全县主要街道划设公交专用停车位104个。

【帮扶实事全面完成】 联系帮扶的里砦镇北石村通南石自然村桥梁因年久失修，存在安全隐患，筹措15万元对该桥进行修复。投资2.5万元为该村修建长70米的故居小桥排水渠。协调对帮扶户贾怀青房屋进行鉴定，帮助其办理危房改造手续。组织30余名青年志愿服务队成员到北石村帮助抢收玉米，到县农机局联系机械帮助该村抢收抢种。

【安全形势持续向好】 严格落实安全生产专项整治三年行动计划，建立问题隐患和制度措施“两个清单”。累计检查生产经营单位317家，排查出一般隐患218条，已整改218条，约谈警示企业1家，无重大安全生产隐患。建立网格化管理制度、领导包联企业制度和安全生产各项制度总计27项。认真分析研判公路工程、道路运输、城市客运、公路运营4类领域有可能发生的重大隐患，建立重大风险基础信息台账，制定6项防控措施，完善14项交通运输应急预案。重点车辆入网率达95%以上，上线率90%以上，完成城市公交驾驶区安装防护隔离设施任务。铁路沿线省转办和市挂号督办的安全环境隐患治理问题24处，已完成整治17处，完成年度目标任务。

【法治建设得到加强】 聚焦宗旨不牢、作风不优、本领不强、担当不力、执法不廉、管理粗放等突出问题，从根源上清理、整治各类顽瘴痼疾，全力维护交通运输市场主体和人民群众的合法权益。深入开展自查自纠，针对五大方面问题，列出清单、整改措施和整改时限。在五大方面共梳理出共性问题8条，制定整改措施9条，全部整改完毕。清理规范占道经营点236处、取缔打场晒粮78处、拆除非公路标志牌4块、违章建筑3处、整治平面交叉道口2处、查处抛撒污染车辆71辆、超载车辆26辆、非法营运车辆4辆、擅自改装运输车辆4辆、处罚货运源头企业1家、办理道路损坏赔偿案件4起。同时，积极转变执法理念、优化执法流程、改变执法方式，融服务于执法工作，制定为民办实事清单97条，已完成73条，得到社会普遍好评。

【疫情管控高效有力】 2021年，先后三次在全县主要出境口设立疫情防控检测站。累计出动车辆446辆次，人员2765人次，检查车辆37886辆次，检查人数57788人次，核酸检测人数5620人次，无异常情况。严格落实《公共交通工具消毒操作技术指南》《客运场站及交通运输工具卫生防护指南》，切实筑牢“外防输入、内防反弹”疫情防线。对全县2家冷链食品运输企业和驾驶员信息建立台账，督促如实登记货物信息、装卸货信息及收货人信息，严禁承运无法提供进货来源的冷链食品。

【党的建设全面加强】 持续深化党史学习教育，深入推进“争先、进位、崛起”解放思想大讨论。扎实推进党风廉政建设和反腐败工作，始终绷紧党建和党风廉政建设责任链条，层层传导压力。坚持把学习贯彻习近平新时代中国特色社会主义思想作为中心组学习的重中之重。中国共产党成立100周年之际，举办“深学党史践初心、交通先行蹚新路”演讲比赛，选派3名选手参加市局庆祝中国共产党成立100周年演讲赛，获优秀组织奖。“三重一大”决策制度执行较好，党建工作“一定六通七单”运作良好，全年共查处违纪违规人员7人（1人党内严重警告、2人政务警告、3人诫勉谈话、1人责令检查）。先后被省精神文明建设指导委员会和中共翼城县委授予“省级文明单位”和“全县先进基层党组织”称号。

襄汾县交通运输局

2021年，在市交通运输部门正确领导和大力支持下，全局干部职工迎难而上，开拓创新，交通运输业得到长足发展，奋力谱写交通强国襄汾建设新篇章。

【108国道改线】 国道108线襄汾至曲沃至侯马改线工程是省、市、县三级确定的重点工程。路线全长67.54公里,涉及襄汾18.7公里,其中新建13.585公里,提升改造段5.147公里。9月3日,临汾公路分局与中交一公局集团有限公司签订PPP合同。县政府成立工程协调工作领导组,制定协调工作方案。11月18日,省、市主要领导参加在赵曲村举行的开工奠基仪式。此后,县交通运输局发挥牵头抓总的作用,全力协调解决工程征占地,确保工程建设按时间进度顺利推进。

【灾后重建工作】 强降雨期间,县交通运输局及时响应,迅速启动防汛应急预案,立即封闭出现安全隐患的5条道路(襄侯线七一水库、西盘线曹家庄、柴王至南小张线广济桥、南西城至北西城线、令土线南垣村),第一时间开展抢险救灾,清淤排险,及时清理影响道路通行的损毁树木。设立预警标志39处、警示桩140个;对15处重点地段安排专人进行把守;动用抽水泵40台次、大型机械90台、编织袋5000条、块石(砂石)500立方米。组织技术人员,结合交通运输部灾毁数据采集报送系统,对全县县、乡、村公路灾毁现场进行细致勘测。经统计,全县427条1247.428公里农村公路出现灾毁隐患229处,涉及县道5条24处、乡道10条63处、村道65条142处。正按照设计方案施工修复。

【公路养护管理】 完成全县县道和主要乡道131.07公里的日常养护,县道优良率达到84.15%、乡道优良率达到78.73%。制定《关于乡村环境卫生整治行动交通干线环境整治实施方案》,全年累计清理垃圾230立方米、清洗护栏14381米、修复隔离墙40米、清理排水沟2917.5米。完成管养线路的补坑、加铺维修工程,沥青混凝土修补路面坑槽2788.4立方米;中粒式沥青混凝土面层(厚50毫米)9630平方米;沥青灌缝27332米。投入资金157.9181万元,完成陶寺旅游公路维修工程、襄汾县2021年水毁处治工程(一期)、高速路连接线绿化带改造工程;投入资金164.25万元正在实施。县道、乡道、村道增设"路长制""桥长制"工程,确保县乡公路完好、安全和畅通。

【运输市场监管】 执法人员每月不定时深入企业进行监督检查,对于检查发现的安全隐患,按要求立即整改到位,对不能立即整改的,下达整改通知书,要求限期整改,闭环管理。根据文件要求对全县238家道路运输企业组织开展质量信誉考核工作。加大路域环境监管力度。清理不符合规范要求的非公路标志242处,取缔利用公路排水的洗车点10处,清理公路垃圾及建筑垃圾、占道经营、打场晒粮216处。下发《责令整改通知书》48份,已全部整改到位。对4起超限超载和7起路产路权进行立案,并按相关法律法规进行处理。同时,根据市、县安排部署,稳步有序推进综合行政执法工作。

【公共交通运输】 实行65岁以上老年人免费乘坐公交车,对55辆公交车进行运营检验。在县城中心广场举行"2021年绿色出行宣传月和公交出行宣传周活动"活动,发放宣传资料200份,倡议书150份。全县共有出租车200辆,其中纯电动出租车90辆,双燃料清洁型出租车94辆,逐步更新为新能源纯电动出租车。对出租车运营不定时监督检查,共处罚违章车辆8辆,对191名驾驶员按照规定认真开展继续教育。联合公安交警部门,开展打击非法营运,净化客运市场百日专项行动,共查扣非法营运私家车6辆,严格按相关规定进行处罚。积极参与创办省级文明县城活动,在公交车、出租车车载电子屏滚动播放公益广告,在汽车站、火车站候车厅等公共场所张贴公益广告,为创建文明县城营造良好氛围。

【环保治理】 一是推进国Ⅲ及以下排放标准营运中、重型柴油货车淘汰工作。市局下达淘汰任务819辆,实际完成1173辆,超额完成143 % 。绿色运输示范区优化通行。由县交通运输局牵头,联合交警、环保部门,抽调精兵强将,在襄汾曲沃交界处、共青团桥口、临汾南高速口、南辛店高速口设立4个优化通行管控点,实行三班倒,24小时值勤。日均劝返车辆约2000辆。三是汽修行业整治。采取不定期不定时方法,对50家经营户进行监督检查,按照"活性炭+光氧燃烧"工艺、设备进行改造,3家已改造,5家烤漆房已拆除,其余42家正在进一步整治中。四是道路扬尘治理。每天出动人员进行巡查，组织养护工80人次，完成全县六条县道和三条重要通道共计154.64公里的日常养护任务。

【疫情防控】 认真落实县委、县政府关于疫情防控的安排部署，县交通运输局牵头联合交警、卫体部门，在襄汾运城交界处，襄汾各高速出入口、高铁站、火车站设置检查点，联防联控，严防死守，累计检查车辆10万辆、检查人员30万人、核酸检测700人、劝返车辆1000辆，履行保护襄汾人民生命健康的第一道防线。组织力量深入监管企业开展疫情防控排查整治工作、深入包联小区对圣尧新城14栋楼1043户3274人小区居民新冠肺炎疫苗接种情况进行排查。不定时对汽车客运站的公共场所、交通工具进行消毒，对进站乘客进行健康码、行程卡和测温查询。

【安全监管】 分别在道路运输、城市客运、公路工程、公路运营、路面执法5个方面全面开展安全生产大排查大整治专项行动。利用“临汾市交通运输安全生产培训监管与服务平台”（手机“安途帮”App），对监管企业从业人员进行教育培训学习。全县4家客运企业、116家货运企业、8家维修企业、3家驾校企业，共计131家企业，1136人全部进行培训学习。铁路沿线安全环境治理上，及时组织召开联席会议，协调有关单位和乡镇共消除各类隐患30条，确保铁路运行安全。加强安全法规宣传，集体组织观看“生命重于泰山——习近平总书记关于安全生产的重要论述”专题片，“安全生产月”活动中解答群众道路运输安全问题200人次，发放传单1000份，深入企业发放宣传单1800份，出动执法宣传车辆200辆次，执法人员800人次，播放安全宣传资料时长210小时，发放安全宣传资料5000份，张贴通告300份。6月10日，在县汽车站组织进行“消防反恐应急演练”。6月25日，在临汾桂冠运业有限公司举行“2021年临汾市危险化学品运输车辆道路交通事故应急救援练”。

【全面从严治党和廉政建设】 党支部组织全体党员干部职工利用“学习强国”“山西干部在线”“三晋先锋”开展每周集体学习和个人自学。每月开展主题党日活动。深入红色基地，缅怀先烈。开展党员承诺践诺、坚持志愿服务活动。年初，局领导班子和班子成员召开专题会议研究部署党风廉政工作，签订目标责任书。积极开展廉政警示教育活动，全年共约谈182人次。结合党史学习教育开展廉政教育专题会议5次。全年配合纪委监委派驻九组查办案件4起5人次，办理网上信访件3起，均按时办结。开展交通运输执法领域突出问题专项整治行动，号召和动员全系统职工以此次专项整治行动为契机，全面提升执法队伍素质能力，通过深学深思践行，明确着眼打造一支组织放心、能力过硬、作风过硬、群众满意的交通行政执法队伍，进一步全面提升执法治理能力和服务水平，更好地服务和推动交通运输事业高质量高速度发展。

【其他方面】 一是平安交通建设。认真贯彻落实省、市、县平安建设工作会议精神，在矛盾化解、防控风险、服务发展上下功夫，春运、中国共产党成立100周年大庆、国庆期等重大节假日期间保持安全稳定。二是汛期应急保障。7月22日，全县遭受暴雨袭击，南同蒲铁路襄汾段被洪水冲毁中断，大量旅客滞留襄汾火车站。市交通运输局局长冯小宁亲临指挥，县交通运输局总动员，第一时间启动应急预案，班子成员带头，分三个工作组，调配机械设备，应急车辆，连夜排查转移粮食局直属库家属区住户16户，38人，清理淤泥道路400米；组织40辆次公交车、大巴车，向高铁襄汾西站转移滞留旅客959人，圆满完成抢险救援及旅客疏散任务。三是营商环境巡查整改。县委第四巡察组向局党组反馈共性问题5条、问题线索1条。局党组及时成立整改落实工作领导组，列出问题清单、整改清单和责任清单，明确整改责任人和时限要求。截至年底，已按要求高标准全部整改完成，促进交通运输业提档升级，更好服务人民群众。

洪洞县交通运输局

2021年，在上级交通运输部门大力支持下，围绕市交通运输局年初下达的目标任务，聚焦“四好农村路”建设，结合工作实际，县交通运输局在项目建设、大气污染防治、安全生产、疫情防控、综合行政执法等5个方面取得良好成绩，较好地完成各项目标任务。

【重点工程项目建设】 一是中南铁路洪洞恒富煤焦集运站(洪洞境)公路连接线工程，路线全长8.55公里，总投资2.59亿元。已完工。二是广胜寺至洪洞公路改造工程，路线全长12公里，总投资6159万元。2020年3月23日开工建设，已完工，正在进行交工验收。三是圣王至孙堡公路改造工程，路线全长5.8公里，总投资1805万元，2020年3月23日开工建设，已完工，正在进行交工验收。四是农村公路村道改造工程，涉及村道29条，路线总长79.637公里，总投资8475万元，已基本完工。五是滨河东路北延公路工程，路线全长16.794公里，总投资1.44亿元，2021年4月30日开工建设，年内完成下部结构。六是危桥改造工程，根据市局《关于下达2021年农村公路车购税补助资金投资预安排计划的通知》(临交规划字〔2021〕198号)文件要求，2021年涉及危桥改造工程18座，总投资2662万元，2021年6月开工建设，已全部完工。七是店西线(古县洪洞界至淹底段)公路改造工程，路线全长14.2公里，总投资3859万元，申请革命老区资金建设，已完成杨家掌至淹底段8.4公里，古县界至杨家掌段5.8公里正在施工。八是中南铁路龙马集运站(洪洞境)公路连接线二期，路线全长10.85公里(其中：洪洞4.66公里，尧都区6.19公里)。总估算投资4.33亿元(其中：洪洞境内投资2.16亿元，尧都区境内投资2.17亿元)。正在理顺相关建设程序和前期批复工作。九是山西洪洞陆港型国家级综合物流园多式联运基地项目。2019年12月，根据临汾市政府以铁路专用线为基础，建设“洪洞陆港型国家级综合物流园”的思路，拿出园区整体空间按“一轴两片八区”的总体规划。2020年10月23日，县政府批复“山西洪洞陆港型国家级综合物流园项目建设方案”，确定山西恒富集团洪洞龙马煤焦集运站有限公司作为实施主体，依法依规按程序组织项目实施，总投资23.3亿元，分三部分建设。十是341国道李子坪至梗壁(沁源古县界至洪洞108国道)公路改建工程，路线全长54.7，总投资39.7亿元，县交通运输局主要负责境内15.42的征地拆迁和协调工作。同时，县政府正与省厅相关部门联系进行方案变更审批工作。

【过境车辆污染管控】 为进一步改善环境空气质量，采取多种措施对过境柴油货车和散装物料运输车实施优化通行。一是组织专人24小时值守，联合公安交警、环保部门设立洪洞西、临汾北、甘亭、堤村、明姜5个柴油货车和散装物料运输车辆优化通行点，对过境洪洞县“绿色运输示范区”货运车辆实行优化通行管控措施；二是为进一步加强对“一城三区”绿色运输示范区管控工作，根据上级要求，一方面，对洪洞西、临汾北、甘亭三个优化通行点周边可绕行道路设置限高装置；另一方面，联合公安交警部门组成2个流动巡查执法队，对可绕行道路实施流动巡查，从而杜绝车辆绕行优化通行点。

【农村公路路域环境整治】 一是对全县主要农村干线公路开展高频率、全覆盖的路政巡查，对公路、公路建筑控制区内的私搭乱建、乱堆乱放等行为进行集中清理取缔和整治。二是对破损严重、易造成扬尘污染的公路进行及时修补和养护，对各类公路堆放进行清理。全年依法查处抛撒污染公路车辆130辆，督促清理各类公路堆放57处，现场移除非公路标志62处。同时，加大全县主要农村干线公路的清扫、洒水和养护力度累计修补、填补路面坑槽、破损16000平方米，清理各类公路堆放3500立方米，修整、疏通公路边沟36公里，修复路肩2800立方米，清理塌方6500立方米。

【货运源头和维修企业管控】 对全县132家公示货运源头企业分别采用进驻监管和巡查监管的方式，严格督促企业落实环境治理主体责任，对运输流散物品的车辆出厂实行严格监控。对全县在册备案的313家车辆维修企业，分区、分片、责任到人，集中整治“散乱污”；涉及VOCs维修企业数量42家，完成汽修企业采用“光氧+活性炭吸附”工艺改造的22家，严格落实错峰生产，重污染天气预警期间严禁烤漆作业。“活性炭+催化燃烧分解改造”由于涉改资金投入较大，技术要求较高，正在加快推进。

【绿色出行】 洪洞县共有城市公交车110辆，全部为纯电动车辆；出租汽车417辆，全部为清洁能源车。完成公交企业的智能化管理系统和主动安全系统，同时安装职工岗前体验仪，实现全县智慧公交体系。同时积极开展“洪洞县绿色出行宣传月和公交出行宣传周活动”。9月份“公交出行宣传周”期间，组织公交公司及相关客运企业举办“洪洞县绿色出行宣传月、公交出行宣传周活动”。活动期间，在公交枢纽、公交站点、车厢等发布公益宣传海报120余张；向市民乘客发放“绿色出行倡议书”500余份；利用车载电子显示屏，以滚动字幕、公益广告等形式进行主题宣传，大力宣传文明交通、绿色出行，引导社会各界人士共同打造“绿色、健康、环保、文明”的城市环境。

【货运车辆淘汰】 全力推进“公转铁”项目。“公转铁”2021年累计发运364列171万吨。2021年，全县淘汰国Ⅲ及以下货运车辆任务数为139辆。

【安全生产工作】 2021年以来，结合工作实际，将安全生产工作分为道路运输、公路运营、公路建设、城市客运、铁路沿线安全5大领域进行隐患排查。共排查、整改各类隐患112条，增加各类交通警示标志400余块，全年无发生任何安全责任事故。

【疫情防控】 全力以赴做好疫情防控工作，筑牢“外防输入”第一道防线，在各交通运输场站、高速路口联合县公安交警、卫生防疫部门设立疫情防控检测点，保障全县人民的生命财产安全。截至年底，累计出动检查人员5782人次，检查车辆134149辆次，检查人员391387人次，核酸检测11442人次。

【综合行政执法】 按照县委编办下发文件要求，交通运输综合行政执法队改革以交通路政大队为主体，整合路政、客运、运政、质监执法职能，路政、客运、质监人员整体划转，成立洪洞县交通运输综合行政执法队。执法队各项工作已有序开展。各执法队根据职责分工，各司其职、各负其责，扎实开展各项执法管理工作，开局良好，先后开展“治理短途非法超限运输专项行动”“客运秩序整治百日专项行动”“安全生产隐患排查专项行动”，三项行动都取得良好治理效果，得到社会群众认可和好评，确保辖区公路安全畅通和客运、货运市场有序运营。截至年底，累计立案查处非法营运、非法超限运输、抛撒污染公路、不规范运营等各类违法违规案件131起，交通运输市场秩序和安全生产形势持续向好，综合行政执法工作成效明显，交通运输执法形象得到提升。

古县交通运输局

2021年，在市交通运输局大力支持下，在县委、县政府正确领导下，古县交通运输局深入落实建设“交通强国”总体目标，紧紧围绕全县“1234”工作重心，强力推进“修路打通瓶颈”实事，以构建“三纵四横”现代化路网为总目标，依托“党史学习教育”，“争先、进位、崛起”解放思想大讨论活动，细化分解各项目标任务，公路建管养运齐头并进，行业管理日趋规范，交通运输事业改革稳步推进，较好完成各项工作任务。

【强化学习教育，构建学习型机关】 局党组深入开展“党史学习教育”“争先、进位、崛起”解放思想大讨论活动。设立古县交通运输事业发展科普展厅，再现古县交通发展历程，并坚持以局党组中心组为龙头，党支部为基础，通过中心组学习、专题辅导、专题讨论、“三会一课”、党支部主题党日活动等方式，组织党员干部多形式开展“党史学习教育活动”，截至年底，共开展集中学习41次，党组学习34次，主题党日活动14次，班子成员讲党课8次，观看红色影片6次，科级干部集中研讨11次，普通党员集中研讨5次，撰写心得体会150余份。

【推进改革创新，加快交通运输高质量发展】 深入落实建设交通强国总体目标，强力推进“修路打通瓶颈”实事，较好地完成全年各项工作任务。一是突出重点，积极推进省级重点工程。341国道公路改建工程，全长54.52公里，预算投资38.61亿元，2021年完成投资9.3亿元。乡镇通三级公路建设6.5公里，已完成立项和设计预算工作，正在进行财政预算评审，预计2022年2月中旬完成招投标工作，6月底完成建设任务；村道安防建设29.75公里；

项目施工图设计预算及财政预算评审工作已全部完成，正在进行招投标程序，预计2022年1月份完成招投标工作，3月底全部完工。交口河危桥改造建设，主体已完工，完成投资80万元；平交路口“一灯一带”，市局下达任务20处，完成27处，完成建设任务的135%。二是创新机制，农村公路养护管理出成效。全面推行“路长制”工作，路长制方案已制定出台，在县道和主要村道安装公示牌142块，并对全县护路员和监管员220人进行集中业务培训。全县农村公路913.433公里，全部列入管养范围，列养率100%，全年累计投入养护资金554万元，进行日常小中修养护，大大提升路面通行能力。三是强化措施，交通运输行业趋于规范。合理整合资源、优化路线、组合运力，客货运输行业趋于稳定；双超治理力度不减，效果显著，双超率接近于“0”；安全工作常抓不懈，强化日常监管，全年交通运输行业无事故发生。四是持续发力，巩固脱贫攻坚成果衔接乡村振兴。成立驻村工作队，入驻南垣乡何家岭村，按照“四不摘”要求持续做好脱贫工作对监测户每月进行家访，根据各户情况制定实质性帮扶和引导，促进建档立卡户脱贫致富。基础设施和公共服务持续改善，完成平交路口“一灯一带”27处，危桥改造项目1座。双通工程全县6个乡镇73个建制村6个社区均实现通硬化路和通客车的目标，建制村通硬化路率、通客车率均达到100%。五是服务“创文”大局，文明创建结硕果。全力以赴落实创文工作任务，承担的创文考核指标全部达标。全年爱心捐助及灾后重建捐款15700元；办理人大议案7件、政协提案7件，全部落实到位，办结率100%，满意率100%。一年来无群体上访事件，全局上下安定团结，整体工作发展势头良好，连续31年获评市级文明单位荣誉。六是严防死守，加强疫情防控工作。疫情期间，县交通运输局按照上级安排，在出长临高速古县收费站口设立联防联控点，实行领导24小时带班制度。并成立由30名应急人员、8辆保障车，5台抢险机械，以及8辆公交车、20辆出租车组成的应急保障队伍为全县疫情防控工作提供了保障。七是强化措施，交通环保稳步提升。为加大在建工程、监管企业监管力度，严格落实环保6个100%施工及“门前三包”责任，并要求企业配备出厂车辆冲洗装置，为打赢“蓝天保卫战”打下坚实基础。持续推进“公转铁”工作；强力推进国Ⅲ柴油货车淘汰任务，上级下达63辆淘汰指标，实际完成56辆，完成率88%。八是多措并举，积极推进灾后重建。对全县道路进行全面排查排查，共计道路水毁548处，直接损失6344.04万元。其中：道路受损213处36公里，抢修22.5公里，道路两侧塌方、落石、泥石流等小型地质灾害335处，清理66212平方米，道路阻断19处，截至年底，全县所有道路已全部抢修保通。九是深入开展交通执法领域专项整治活动。成立交通运输执法领域突出问题专项行动工作领导组，设立专项行动工作办公室，制定学习计划表，印发专项行动学习笔记本，结合当前党史学习教育，组织执法人员每周一上午十点集中学习相关法律法规等知识，截至年底，组织集中学习15次，法律法规讲座3次，观看交通安全教育警示片1次，开展执法站所开放日活动1次，切实提高执法人员文明执法、规范执法、公平执法能力。

安泽县交通运输局

2021年，在市局大力支持下，县交通运输局紧紧围绕建设“一区一河”、打造“五个安泽”总基调，抓住区域发展优势，以公路建设为载体，以构建综合运输体系为主线，以创建平安交通为动力，以强化行业管理为手段，立足交通求发展，跳出交通谋发展，稳定推进交通运输事业向好发展，各项交通运输工作稳步推进。

【重点工程进展顺利】 一是长临高速安泽连接线景观道路工程。全长2.4公里，已全面完工。二是长临高速附属工程（长临高速公路安泽互通改一级公路工程）。全长1.513公里，工程已基本完工，全部贯通通车。三是安泽县北外环公路工程。路线全长3.70公里，截至年底，累计完成投资约5300万元。四是安泽县北外环与长临高速连接线交叉工程。该平交为安泽县北外环与长临高速连接线所形成的十字形交叉所设，累计完成投资3515万元。五是黄河一号临汾市安泽县良马至郭庄旅游公路工程。路线全长16.83公里，已完成立项、财政评审，挂网招投标。

【常规工作稳步推进】 一是公路养护。认真开展辖区路域环境整治行动，实施路域环境整治零星工程：累计投入330万元完成高壁至东湾、安泽高速口等多处路段坑槽修补。共清理排水渠41万米，清扫路面160万平方米，道路施划标线62平方米，使养护好路率达到84%，道路养护综合值81；排除第安线易塌方落石隐患42处，排除冀沁线易塌方落石隐患38处，清除落石渣土780立方米；全县县道修补坑槽15000平方米，清理垃圾860立方米；清洗防撞护栏17000立方米，粉刷防护设施5800平方米，“一灯一带”工程完成减速带安装25处，汛期抢修水毁8处，抢通道路12条，清理塌方4万立方米。二是路政运政管理工作。严格行政执法，推进国Ⅲ及以下排放标准柴油货车淘汰工作，开展扬尘治理，抓住以车为重点，在客运服务上、在快捷方便上、在规范标准上货畅其流、人畅其行，做好服务强化保障，确保运输市场稳定。三是治理车辆非法超限超载管理工作。通过强化科技引领、严打短途双超、建立短途双超治理长效机制、源头企业人员派驻、重大项目提前报备、重点工程便道通行、严格路面稽查巡查、双超车辆严罚重处“五项制度”等措施，超限超载率控制在0.01%以下。四是安全生产。通过加强组织领导、建立完善各项安全生产制度，深入施工现场、客运企业等重点领域开展安全生产大检查，严格落实“三个必管”，使交通领域安全生产形势稳定。五是疫情防控情况。严格按照“外防输入、内防反弹”的防控策略，全年5次在全县各出境口设站开展检测登记工作，坚守疫情防控交通阵地。六是灾后重建。汛期以来，严格按照县委、县政府防汛工作部署要求，认真开展汛期道路水毁隐患排查，累计投入人力3669人次，机械754台班，投入抢修资金450万元开展抢通抢修保畅工作。同时对6座沁河桥、53处主要干线水毁道路启动灾后重建工作，6座桥梁完成35%，53处水毁道路完成40%，完成投资1500万元。

【党建工作扎实推进】 一是党史学习教育如期开展。累计召开党史学习教育工作专题会议8次，工作推进会议6次，开展主题党日活动10次；开展集体学习35次；邀请党校老师开展专题宣讲2次；机关开展党史学习专题宣讲10次，开展党支部集体研讨8次，班子集体学习研讨8次，每人撰写心得体会6篇；研讨材料8篇，制作简报45期。二是党支部阵地建设标准化、规范化、科学化。按照新修订的《中国共产党章程》和十九大对党的建设提出的新思想、新论断和新要求，持续推进党支部制度建设规范化、日常工作规范化、组织生活规范化等重点任务的落实，进一步提升基层党支部建设水平。规范组织生活，定期开展组织生活会议，结合交通工作实际，通过党支部书记引领、党员发言讨论、谈心谈话等活动等形式，开展批评和自我批评，加强对党员的日常监管，抓好党员队伍建设，对全交通运输系统63名党员完成信息登记和确认，记录每位党员参加组织生活、党费缴纳等具体情况并建立台账。6月25日完成新一届党支部换届选举工作，同时吸收3名入党积极分子，全面做好党员队伍建设。

浮山县城乡建设和交通运输局

2021年，浮山县城乡建设和交通运输局认真贯彻落实中共十九大精神和省市县全委会精神，按照县委提出的“办好三件大事，做好五篇文章、打造‘一地一区一城’”决策部署要求，以人口小县机构改革为突破，凝神聚气抓融合，竭尽全力推项目，争分夺秒，真抓实干，推动城乡建设和交通运输工作高效率推进，高质量发展。

【实行“一把手负总责”，局党组班子成员挂点重点工程工作机制，竭力推进民生重点项目建设】 始终坚持早谋划、早启动、早部署、早落实。2021年由县局牵头组织实施的重点工程项目有14个，计划总投资129.28亿元，年内完成37.9亿元，各工程项目进展顺畅，按期完工、稳步推进。241国道县城至北王段丞相河特大桥12月8日实现主桥合龙；2021年乡村振兴道路提升项目7条农村公路的改造任务11月底全部竣工；12月29日，天坛东路道路工程竣工通车；12月21日临浮高速公路如期开工等。

【紧盯“大部制、扁平化、强基层、重实战、高效率”15字原则要求，高质量完成人口小县机构改革工作】 改革后，浮山县城乡建设和交通运输局行政股室由原来8个整合到5个。事业单位方面，由原来11个事业单位整合成为1个事业单位。新机构成立后，通过抓党建，促进人心融合，通过抓班子，优化职责分工，通过抓重组，厘清业务职能，通过抓机制，承接上下联动，通过抓规章，保障高效运行。

【进一步优化服务质量，提升监管水平，狠抓交通运输市场管理工作】 一是充分利用信息化手段，做好客运市场管理工作，继续开展2021年淘汰国Ⅲ及国Ⅲ以下中型和重型柴油货车工作。截至年底，20辆任务指标全部完成，淘汰率达到100%。积极开展大气污染防治专项督察反馈意见整改工作，对全县27家三类维修企业维修全部实行备案制，积极督促浮山县金贝服务中心完成“活性炭+催化燃烧（分解）”工作。深入开展驾培市场秩序整顿。先后下发监督检查卡5份，组织货运驾驶员从业资格证继续再教育培训5次，培训人数236人次，辖区内未发现有非法培训招收点。积极联合县公安局禁毒大队对全县营运性驾驶员开展吸毒筛查工作。完成700多名货运驾驶员已完成毒检筛查，完成率达到70%。对城市客运行业公司进行质量信誉考核。按照治超政策要求实行路径联合执法，全年累计投入执法人员885人次，检查各类货车3106车次，县治超监控信息中心对政府公示的12家货运源头企业全部实施视频监控，并定期巡查。一如既往地做好运输市场监管工作，有效打击非法从事道路运输经营行为，全年共出动执法人员412人次，出动执法车辆86辆次，检查车辆数560辆。其中查处非法运营车辆3辆，违规出租车1辆，超载货车1辆，处罚金额22000元。

【主动作为，靠前指挥，积极有效做好道路养护工作】 在农村公路养护中，坚持公路建、养、管并重的原则，认真贯彻“预防为主、防治结合”的方针，强调日常养护，坚持预防性养护与路面病害及时修复相结合，养护质量稳中有升。一是主动作为积极做好公路养护工作。2021年3月初，同7个养护队签订全年日常养护合同，保障全县公路123.4公里安全卫生保洁畅通。二是对公路沿线21处地质灾害和23座桥梁巡查监测，发现隐患及时上报。三是深入开展“一灯一带”专项整治（减速带）年内圆满完成24处139米的建设任务。 四是加强农村公路降尘整治。定期对全县县乡公路进行监督检查，及时清扫路面扬尘、车辆抛撒物，确保道路干净整洁。共出动养护人员330人次，出动执法人员337人次，出动机械50台次，清扫路面290公里，清理流沙落石135立方米，清理边沟1520米，清扫垃圾155吨，全面完成下达的“五堆”整治任务。

【树立“人民至上、生命至上”理念，坚决打赢防汛减灾、灾后重建攻坚战】 9月中旬至10月中旬，全县遭遇有气象记录以来持续强降雨天气，造成176条县、乡、村三级公路453处不同程度水毁，里程达到221.52公里，重建修复投资2.0281亿元。灾情发生后，全局干部职工靠前指挥、不舍昼夜，按照“先畅后通、分步实施”原则，全力开展防汛减灾和灾后重建工作，采取设置警示标志牌、沙袋围挡、清理坍塌土方、清理落石、对下沉的路基路面采用砂砾回填，压路机压实。截至年底，已抢通处治58处隐患点，累计投入人力1350次，机械台班798次，投入物资沙袋1360个，石料2800立方米，设置警示标志牌558个，确保因灾受损道路安全畅通，百姓出行安全。

【倡导绿色出行，大力实施行政村通公交】 全县125个乡政村农村公路通畅率达100%，以县城为中心，县、乡、村公路为支线，纵横连贯、四通八达的大交通网络已经基本形成，建成一级客运站1个、乡镇客运站4个、招呼站牌站点135个，全县开通客运班线44条，营运车辆72辆，实现100%乡镇通班车、98%建制村通班车目标，道路客货运输能力进一步增强，有城市公交49辆、城乡公交47辆，有出租公司3家、出租车180辆，城乡群众出行条件得到进一步改善。

【毫不懈怠、千方百计，积极做好常态化疫情防控工作】 2021年，严格按照上级要求，坚决扛起行业监管责任，千方百计做好常态化疫情防控工作，始终把客运场站、物流企业、冷链运输作为重中之重，督促各场站抓好疫情防控薄弱环节和潜在漏洞整改，通过强化责任抓落实、明确任务抓督导、严明奖惩抓典型、铺天盖地抓宣传等举措，守牢防输入的“第一道防线”。全县持续保持疫情防控的高压态势。

吉县交通运输局

【围绕重点，完善路网建设】 一是沿黄旅游公路，全年累计完成投资60511万元。二是“四好农村路”。积极组织实施自然村通硬化路工程，总里程30.15公里，总投资2517.74万元，已完成前期可研编制批复、施工设计、招投标等工作。

【常抓不懈，规范运输秩序】 一是加强客运管理。联合县公安局开展打击非法营运净化客运市场百日专项行动，严厉打击未经许可擅自从事客运经营的违法组织和个人，共处罚款8.2万余元。二是加强驾驶员监管。联合县公安禁毒大队，对辖区内222名班线客运、旅游客运、城市公交车和出租车驾驶员以及水货运企业开展吸毒筛查。三是加强货运监管。开展非法超限超载车辆专项整治“百日攻坚行动”、重点货运源头专项整治等工作，共投入执法人员824人次，出动执法车辆609辆次，教育放行5起，悬挂宣传横幅20条，悬挂张贴宣传标语15条，发放新规宣传手册2000余份，各类违法行为共处罚款1.1万元，未发生一起因超限而引发的交通事故。四是加强信誉考核。完成4家客运公司、5家二类维修企业、34家三类维修企业、4家道路货物运输企业质量信誉考核。同时，对辖区771名货运驾驶员进行继续教育培训和诚信考核。

【多措并举，加强道路养护】 一是完善体制机制。结合全县农村公路发展实际，出台《吉县深化农村公路管理养护体制改革实施方案》。二是加强养护培训。开展乡村道路维护和公路养护工培训班，共计培训270余人，其中194人培训合格。三是压实道路管养责任。投资63万余元，对县、乡、村道路设立路长公示牌。四是注重考核激励。联合县人大、县政协，与县路长制办公室和局机关股室组成考核小组，对全县农村公路养护管理及各乡镇养护工作进行考核，根据考核结果，拨付县、乡、村公路养护资金500万元。五是加强日常养护。结合农村人居环境“六乱”整治专项行动，督促各道路管养部门落实养护责任，共组织400人次，共清理落石70处，塌方142立方米，清理杂草63公里，疏通排水10公里，粉刷墙体104平方米，安装安全防护柱18个，修补边沟280米，出动皮卡车、三轮车等机械设备70次。同时开展道路除雪、除冰工作，在弯急坡陡重点路段出动22人次，除雪范围8公里，抛撒融雪剂2吨，清除弯道积冰3公里，并及时储备融雪剂、铁锹、扫帚、雨鞋等物资。六是做好灾后重建。印发文件，组建工作专班，分类摸排，对道路灾损及恢复重建情况进行综合评估、实地勘察等。通过巡查，共发现受损道路40公里，排查安全隐患162处，设置安全警示提示牌324个，拉警戒线4800余米，警示防护墩68个、警示防护桶40个，极大提高道路安全通行能力。

【严格措施，加强污染防治】 一是于5月完成市下达全县国Ⅲ及以下排放标准营运柴油货车淘汰工作任务，并将淘汰补贴资金发放到业户手中。二是更新7辆新能源出租车，持续推进机动车结构升级，大力推广新能源车辆。三是联合环保、交警部门，开展柴油货车和散装物料运输车辆污染治理、散煤污染专项整治等,设立联合执法站点，对过往柴油货车进行劝返。四是开展交通领域环境污染防治暨高速沿线环境综合整治专项行动,通过挥发性有机物治理、清洁运输整治、路域环境整治三项重点工程，夯实交通基础环境,改善交通生态环境面貌。

【压实责任，落实安全措施】 一是开展应急演练。联合应急、公安、文书、消防等部门，在吉县沿黄主线大宁至吉县家畔段路基K55+700处进行高边坡坍塌应急演练，加强安全管理。二是加强安全检查。出动检查组98组次，检查企业143家次，排查一般隐患20处，下发整改通知14份，已全部整改完成。与施工单位、银行签订《建设工程农民工工资(劳务费)专用账户资金托管协议》，督促施工单位缴纳农民工工资保证金。三是开展风险普查。委托专业机构，对全县公路开展自然灾害风险公路承灾体普查。四是做好汛期防汛。制订汛期工作方案和预案，组建应急队伍和车队，督促道路养护、施工企业加大防汛物资和设备投入，增加汛期安全隐患排查频次，确保汛期安全平稳度过。五是提高从业人员安全意识。对全县15家企业从业人员开展远程培训，培训从业人员450人次；组织出租汽车驾驶员进行18学时的继续教育培训、考试；组织交通运输企业、在建施工单位、监理单位负责人和安全管理员就《中华人民共和国安全生产法》开展培训。

乡宁县交通运输局

2021年，在县委、县政府正确领导下，在上级交通运输主管部门业务指导下，乡宁县交通运输局认真贯彻落实习近平新时代中国特色社会主义思想和中共十九届六中全会和及省、市、县党代会精神，积极履职尽责、主动担当作为，统筹推进疫情防控和行业领域各项工作，高标准完成年度各项工作任务，被省交通运输厅、省人力资源和社会保障厅联合授予“山西省交通运输系统先进集体”称号。

【建强组织，筑牢新时代党组织堡垒】 以庆祝中国共产党成立100周年为契机，持续巩固深化“不忘初心、牢记使命”主题教育成果，扎实开展党史学习教育，持续推进党建工作高质量发展，激励党员不忘初心、牢记使命，在新时代不断加强党的建设，以坚强有力的党建工作统领全局各项工作。一是坚持周一召开党员干部会议，认真学习党的最新理论政策、习近平总书记系列讲话等，用新思想武装头脑、指导实践。二是将党小组建立在基层一线，扬党旗、亮党徽，让每一名党员成为一面鲜红的旗帜。三是开展专项整治，解决行业领域存在的宗旨不牢、作风不优、本领不强、担当不力、执法不廉等问题，杜绝各类腐败和作风问题发生，树立乡宁交通运输行业良好形象。四是扎实落实意识形态工作责任制，积极开展文明创建活动，大力培育和宣传行业领域先进典型，歌颂主旋律，传播正能量。

【履职尽责，推动交通运输事业高质量发展】 一是扛起责任，统筹疫情防控与经济发展。坚持把疫情防控作为压倒一切的政治任务和头等大事，统筹抓好疫情防控与交通运输秩序工作。通过减少旅客聚集度、加强从业人员监测和防护，严格落实乘客测温、“三码”联查、佩戴口罩、“一米线”等防控措施，全面提升道路客运防控标准；推广电子车票、刷证核验等“无接触”售票和安检措施，为无法运用智能技术的老年人提供便利出行服务；对因疫情防控在农村公路设置的路障进行清理，达到“一断三不断”，保障群众正常生产生活；储备各类运输车辆，对防控需要和复工复产提供“点对点、一站式”安全直达服务。二是精心组织，全力推进重点工程建设。沿黄旅游公路主线（乡宁段）扎实推进，年度累计完成投资14630万元，为后续顺利通车奠定坚实基础。朝阳至九龙口公路改造工程开工建设，完成投资3310万元。三王沟至天桥壑公路改造工程、2021年自然村通硬化路前期手续办理完结，达到招投标条件。三是创新管理，提升道路通行服务能力。按照“县道县养、乡道乡养、村道村养”三级养护模式，抓好农村公路管养工作。将养护资金按“16416”标准全额列入财政预算，实现有路必养、养必到位。投资500万元对全县农村公路进行日常养护，预算投资9000万元对全县因灾水毁路段进行恢复重建，保障人车安全通行。强化综合执法检查。通过现场宣讲、常态化巡查等措施，大力开展农村公路“脏乱差”“打场晒粮”等专项整治，构建我县“畅、洁、舒、美、安”的良好路域环境。从严源头管控。加强路面执法，超限率严格控制在0.2%以内，公路好路率明显提升。四是夯实基础，提高交通安全应急能力。全面落实安全生产责任，运用多种形式对干部职工和从业人员进行安全教育培训，利用“安全生产培训监管与服务平台”加强企业安全培训，提高经营单位的人员素质，夯实安全生产基础，筑牢安全生产防线。同时，从严加强道路运输安全监管、公路施工现场安全监管，完善安全生产事故应急救援预案，全县交通运输领域安全生产形势整体稳定。五是凝聚合力，打造为民服务新高地。继续落实“企业经营、政府买票、人民群众免费乘坐”的城市公交免费项目，持续为全县旅客提供安全、便捷、绿色的城市客运服务。规范城市公共车辆管理，完成150辆出租车、37辆公交车年度审验和驾驶员继续教育培训，升级改造2路公交联网监控设备，更新更换48辆纯电动新能源出租车，持续提升行业管理水平和改善车辆运营环境。六是深化改革，提升综合交通运输服务效能。按要求完成综合行政执法和事业单位改革，制定印发“三定”方案，划转符合条件人员，合理分流其他人员，提升交通运输为民服务效能，为全县经济社会发展构建良好道路运输环境。七是精准帮扶，续写乡村振兴新篇章。深入学习习近平总书记关于推进乡村振兴重要论述和指示精神，定点帮扶西交口乡南塔、敖顶两个村委，持续深化拓展脱贫成果、全面推进乡村振兴，扎实开展灾后普查、“五个一”暖冬行动、农房重建等工作，18户加固重建户提前高标准完工入住，消费扶贫总额达2.1万元，爱心捐赠1.5万元，精准帮扶成效明显，老百姓获得感、幸福感和满意度大幅提升。八是统筹推进其他各项工作。按时按要求完成县委、县政府和市交通运输局交办的督办事件或其他工作任务。“三零”创建、精神文明等工作有力推进，消防、防震减灾等工作扎实开展，水上交通、维修驾培等工作持续加强，这些均为乡宁全面落实“162”工作思路做出积极贡献。

大宁县交通运输局

2021年，在县委、县政府正确领导下，县交通运输局进一步增强做好交通运输工作的紧迫感和责任感，全力推进交通运输工作又好又快发展，为全县实施乡村振兴战略贡献交通力量。

【固定资产投资情况】 2021年，农村公路下达计划29860万元，全县完成投资30147万元，超额完成投资比例100.96%。

【农村公路建设项目】 三个一号旅游公路下达计划35.6公里，完成35.6公里，完成100%；“四好农村路”下达计划47.63公里，完成74.43公里，超额完成56.27%；“一灯一带”下达计划20个，完成22个，超额完成10%。

【农村公路养护管理】 9月2日，县政府印发《关于深化农村公路管理养护体制改革实施方案的通知》（大政办发〔2021〕33号）文件，进一步完善农村公路管理体制。农村公路技术评定优良中路率：县道85.7%、乡道82.7%、村道81.8%，均在75%以上。积极推进农村公路自然灾害主体调查工作，根据临交函字〔2021〕446号文件精神，已初步完成信息录入工作。

【预算执行和地方配套资金】 “四好农村路”除上级补助资金，剩余资金由地方统筹地方配套资金到位率100%；三个一号旅游公路除上级补助资金，剩余资金采用PPP项目贷款，到位率100%。省补资金预算执行率达到100%。农村公路地方财政建设、养护投入均不低于2020年，且日常养护资金县级投入部分到位率100%。

【绿色出行创建】 2021年，通过发放宣传材料、倡议书等形式，倡导低消耗、低污染、低排放的绿色交通出行方式，提高群众绿色出行比例，提升服务满意率明显。11月底，全县所有公交车手续到期，县交通运输局计划将公交车全部更新为新能源车辆，已订购车辆，正在办理相关手续。

【综合行政执法】 3月29日，县委编委下发大编发〔2021〕5号文件，明确机构设置、主要职责、内设机构、人员编制和领导职数，县交通运输局按照规定正常运行，严格执法责任，加强执法监督，提高执法能力和工作水平。

【发挥“95128”电召服务电话及农村客运财政补贴】 一是高度重视便利老年人打车出行这一民生实事，积极对接上级部门，加大公共服务保障和财政投入，解决老年人运用智能手机打车困难问题，真正为老年人出行提供便利。二是全年新建农村客运候车亭26个，村村通客车运营经费93.12万元，已列入财政预算，建立完善农村客运财政补贴机制。

【推进农村客货邮融合】 全县有1个大宁县电子商务公共服务中心，2个乡级物流站，75个电商便民物流点，统筹交通、邮政、商务等资源，进一步完善农村物流三级节点建设，做到县有中心、乡有站、村有点。

【驾驶员服务"跨省通办"】 此项审批业务已划转至行政审批局。对于上级关于"跨省通办"的相关文件,积极对接行政审批局,传达最新文件精神,进一步提升道路运输政务便民、利民、惠民服务水平。

【安全生产】 扎实开展安全生产专项整治三年行动集中攻坚,各站所各司其职,紧盯重点领域,深化防范化解安全生产重大风险,落实部门监管责任,化解重大风险,防范各类事故发生,每月至少进行1次企业安全隐患检查,对运营车辆不定期检查,发现隐患立即整改,累计排查各类企业114家,发现企业安全隐患59条,整改销号59条;在易落石路段,设置警示牌75块。

【交通生态保护】 积极落实上级各项任务,定期报送《临汾市绿色交通发展2021年重点工作台账》,加大扬尘治理力度,对公路工程施工渣土、混凝土等运输车辆实行封闭式运输作业。并对所管养路段进行集中整治,处治路面坑槽、车辙等病害,保持路面平整。老旧车淘汰任务39辆,通过核查,交警部门已注销24辆,其余15辆经交警部门查调行车轨迹不在本县区域内,此情况已向市局汇报。

【"信用交通"及"互联网+"监管】 对客运企业、施工企业和从业人员定期进行信用评价,推进守信联合激励和失信联合惩戒,纳入企业信用记录;成立"互联网+监管"工作专班,将48小时内执法行为录入系统;严格实行"双随机、一公开"制度,编制随机抽查事项清单、执法检查人员名录库。

【执法领域突出问题专项整治行动】 通过一系列整治活动,全局执法队伍整体素质有了进一步提升,做到规范执法、文明执法,既主动对接,履职尽责、靠前服务,又守住底线,遵规守纪,廉洁自律,取得明显成效。

隰县交通运输局

2021年,在市交通运输局大力支持下,县交通运输局领导班子团结带领交通运输系统全体干部职工,求真务实,履职尽责,圆满完成年度各项工作任务。

【加强党的政治建设】 坚持把政治建设、思想建设和意识形态工作作为领导班子建设根本,采取每周一学习日、"三会一课"、警示教育、专题培训等学习形式,认真学习习近平新时代中国特色社会主义思想、习近平总书记视察山西重要讲话重要指示和中共十九届历次全会、省委十一届十一次全会和市委四届九次全会精神,深入贯彻落实省委"四为四高两同步"总体思路和要求、市委"一三四三"工作思路、县委十三届十次全会暨县委经济工作会议的思路目标要求,自觉忠诚核心、拥戴核心、维护核心,牢固树立"四个意识"、坚定"四个自信"、坚决做到"两个维护",在思想上、政治上、行动上与党中央保持高度一致,做到政治信仰不动摇、政治立场不含糊、政治方向不偏移。

【"四好农村路"建设】 一是项目为先,全力推进交通基础设施建设。2021年实施的刘家庄至桃坡、瓦窑坡至庞村至太平(唐户至太平段)乡村旅游公路、川口至龙化公路,已全部完工,投入使用。2022年全力实施阳头升至竹干乡镇通三级公路改造工程、合石至上王家庄县乡路改造工程、后峪至杨家疙瘩、户岭至均岭线、汪家沟至靳家庄自然村通硬化路改造工程以及农村公路水毁修复工程和209国道隰县过境改线工程。209国道隰县过境改线工程省交通运输厅正在组织评审,预计2022年10月份开工建设。与此同时,积极争取341国道(汾西界至上庄段)拓宽改造工程、黄土至无愚旅游公路、崔家至王家沟建制村通双车道、普干至上干产业路、无鲁至曲池垣、乐安至圪针垣自然村通硬化路工程立项建设。二是管养并重,持续加大公路养护管理力度。公路养护,采取专业养护、常年养护、季节养护相结合方法,由分片管理改为统一管理,认真抓好农村公路和桥梁日常养护管理,确保农村公路安全畅通,道路干净整洁。同时,县交通运输局贯彻落实省、市、县"人人持证、技能社会"建设和打造"临汾技工"品牌的重要举措,共组织开展培训三期375人,其中,7个乡镇养护工296人,单位职工培训79人。经过培训测试,375人全部取得培训合格证书,为强化全县养护行业职工队伍建设、提升全县农村公路管理养护水平奠定坚实基础。首先，道路水毁灾后重建。10月上旬，受持续强降雨天气影响，全县大多数农村公路多次引发路基坍塌、沉陷，边沟、涵洞损坏，路面掏空、断裂、泥石流等灾害。灾情发生后，县交通运输局高度重视，立即行动，组织七个专班，组织机械车辆170台、技术人员及工人360名，分30个小组，全部由班子成员带队，深入全县农村公路，严密排查，严防死守，严阵以待，及时处置各类风险隐患。水毁抢修工程累计投入人力4785次，机械7520台次，总投资约522.2万元。按照省厅、市局安排，对灾后重建项目编制可研报告和设计文件，申报项目、争取上级资金支持，全面完成全县农村公路灾后修复工作。其次，公路管理。大力推行"路长制"管理模式，依托全县"智慧路长"平台，探索开发"智慧路长"App软件系统，对各级路长、巡路员、路政员、养护员实行实时动态管理，开启公路巡查、路况上报、障碍处置等"掌上养护"新模式，实现"公路有人巡、事情有人管、处理有反馈、工作有痕迹、考核有依据"层级分明、管理高效的目标，构建农村公路"有路必管、管必到位"的长效机制。

【安全生产】 持续压实安全生产两个责任，结合"零事故"单位创建和交通运输安全生产领域风险隐患"大排查大整治"专项行动，以"两客一危"、公路运营、工程建设等为重点，深入开展安全生产隐患排查治理，实现交通运输领域全年未发生安全生产事故。2021年，共组织安全生产检查32次，检查企业5家次，排查一般隐患30条，整改30条。

【疫情防控】 面对新冠疫情，坚决把防控工作作为首要政治任务，严格落实上级各项决策部署，制定《实施方案》，成立领导小组办公室和8个疫情防控工作组。同时，抽调全系统执法人员积极参与疫情防控工作。全年累计出动防控人员1010人次，车辆340辆（次），登记车辆23416辆，劝返290辆，监测体温人数52214人，排查疑似非法营运黑出租车辆10辆（次），巡查监管企业110家次，发放新型冠状病毒疫情防控宣传单3310份，张贴通告220份，上报疫情防控资料90份，疫情防控报送率100%。

【脱贫攻坚】 持续巩固"交通双通"脱贫攻坚成果，制定《关于巩固拓展交通运输脱贫攻坚成果全面推进乡村振兴的实施意见》。将巩固拓展交通运输脱贫攻坚成果全面推进乡村振兴的重大举措、重大项目纳入"十四五"规划，进一步强化政策支持，发挥示范引领。

永和县交通运输局

2021年，永和县交通运输局紧紧围绕县委、县政府确定的"1243"目标任务，在市局业务指导下，按照"政府主导、分级负责，建管并重、协调发展"的工作思路，找准方向定位，科学谋划，统筹疫情防控和交通运输工作，全力做到"两手抓、两手硬"，较好地完成交通运输各项工作任务，为全县经济建设提供强有力交通支撑。

【工程建设】 一是黄河一号旅游公路主线（永和石楼界至咀头段）工程。路线全长33.783公里（永和石楼界至咀头段6.43公里，利用段27.353公里），投资11324万元，已完工。二是黄河板块旅游公路临汾市永和县沿黄主线（二期）项目（阁底至永和大宁界段）工程，路线全长45.083公里，投资64456万元，已完工。三是临汾市沿黄旅游公路（永和段）连接线打石腰至白家山（蔚家洼至靳家山）工程。路线全长8.825公里，投资8900万元，已完工。四是"一灯一带"指标任务29条，已全部完成。五是341国道永和县城过境公路改线工程，工程可行性研究编制完成，并通过临汾市公路分局组织的专家评审，目前已报送省交通运输厅审核。六是"四好农村路"新改建19.97公里，已全部完工。

【公路养护】 2021年，全县列养农村公路945.404公里，列养率达100%，优良路率达78.44%；全县桥梁共计58座，其中一、二、三类桥梁共计54座，占比93%，4座危桥已纳入"十四五"规划项目库。按照市、县要求，制定农村公路管理养护体制改革方案，建立管养长效机制，"路长制"建档立卡率100%。利用云平台积极推广运用路长制App进行日常养护和行政执法工作，实时了解农村公路养护情况，提高路长制的工作效率，同时圆满完成农村公路自然灾害主体调查工作。

【依法行政】 一是始终把法治建设作为首要政治任务来抓。认真落实《党政主要负责人履行推进法治建设第一责任人职责规定》。按照市、县法治部门要求，年初制定领导班子和领导干部学法、用法、述法制度和领导班子及股室法治工作任务清单，进一步落实"谁执法、谁普法"普法责任制。组织全体干部职工学习习近平法治思想的重要地位和主要内容、《法治政府建设实施纲要（2021—2025年）》、《交通强国建设纲要》。7月1日，组织全体干部职工观看庆祝中国共产党成立100周年庆典，传达学习山西省第十二次党代会精神、中共十九届六中全会精神、林武在全省推进交通强省建设动员大会上的讲话精神，临汾市第五次党代会精神同时组织全体执法人员参加"清风临汾"廉政法规在线测试；《保密观》知识竞赛答题等。结合党史学习教育开展专题培训学习，5月10日，组织交通运输系统工作人员进行普法考试。每月定期组织全体执法人员进行行政执法大讲堂网络培训，全年共组织执法人员和干部职工培训学习42余次。深化"放管服效"和交通运输综合执法改革、规范重大行政决策程序，坚持运用法治思维和法治方式依法开展交通运输各项工作。二是继续深入推进交通执法建设。按照市交通运输局要求，聚焦人民群众反映强烈的热点和制约规范公正文明执法的堵点，对标对表交通运输执法领域宗旨不牢、作风不优、本领不强、担当不利、执法不廉、制度不健全、管理粗放七类问题，扎实开展交通运输执法领域突出问题专项整治行动，做到目标明确、举措有力、成效显著。三是全面加强"互联网+监管"，深入推进信用交通建设。及时开展从业单位和从业人员信用评价，全面加强事中事后监督管理，全年没有失信企业和从业人员。健全完善"互联网+"监管机制，对涉及交通运输48项监管事项目录清单进行了梳理和认领，行政检查735条进行规范录入，通过"数字化"政府建设，优化营商环境，推动"双随机、一公开"监督管理，实现"一个平台监管"目标。

【道路运输市场监管】 一是新增捎点宝技术有限公司永和分公司，新增6辆纯电动网约车，新增电动汽车比例达到100%。二是按照县上要求，积极协调相关部门实施"60岁以上老年人免费乘坐公交车"事项，5月1日起，全县10751名60岁以上老年人凭身份证免费乘坐城市公交，为老年人出行提供便利。三是根据市、县打击非法客运经营行为百日专项行动《实施方案》要求，成立领导小组，在全县范围内集中开展"打击非法客运经营行为百日专项行动"。建立运政稽查台账，源头治超台账，严格"黑车"非法营运治理月通报制度和源头治超月通报制度，建立完善打击"黑车"非法营运长效机制，进一步规范道路旅客运输市场秩序。四是推进农村客货邮融合发展。建成5个客货邮综合服务站，开通2条客货邮合作线路。统筹交通、邮政、供销、商务等资源，健全完善农村物流三级节点建设，做到县有中心，乡有站、村有点。五是按照市、县绿色出行要求，大力开展"文明交通，绿色出行"宣传周和倡议活动，积极开展一公里内步行，三公里内骑自行车，五内乘坐公交车的出行方式，通过抽样调查，全县绿色出行比例达到90%，服务满意率达到95%。

【生态环境保护】 严格落实市、县关于交通运输生态环境保护各项任务，定期报送《关于做好临汾市绿色交通发展2021年重点工作的通知》台账信息，利用省交通运输厅生态环境保护管理平台全面加强监督管理。

【安全生产】 牢固树立"人民至上、生命至上"的安全发展理念，局党组专题研究安排部署安全生产和专项整治三年行动集中攻坚工作，组织交通运输系统全体干部职工和企业负责人专题学习习近平总书记关于安全生产重要指示批示和安全生产法律法规。严格按照"党政同责、一岗双责、齐抓共管、失职追责""三管三必须"要求，扎实开展安全生产专项整治三年行动集中攻坚，印发《安全生产专项整治三年行动2021年"集中攻坚年"任务清单的通知》等，动态更新问题隐患和制度措施"两个清单"；深化防范化解安全生产重大风险，建立重大风险基础信息、责任分工、防控措施、监测监控和应急处置五个清单，全面实施动态管理，精准管控。全年共检查各类安全隐患126处，整改126处，整改率100%，全年达到安全“零事故”的目标任务。与此同时，加强全员安全培训教育。积极开展以“落实安全责任，推动安全发展”为主题的“安全生产月”宣传活动。3月30日，组织沿黄旅游公路项目部进行一次实战消防演习；6月26日，在沿黄旅游公路项目部开展防汛救援应急演练。全年共举办安全培训和安全警示教育35次，参加培训人员400余人，发放宣传资料3600份，制作宣传版面15块，发放安全宣传手册300册。同时做好领导带班24小时应急值班值守工作，市、县应急值守抽查在岗情况良好。

【信息工作】 加强党务政务信息宣传工作，及时报送各类信息和总结，全年向“三晋先锋”平台上传政务信息80余篇，被省交通运输厅采编2篇，被《临汾日报》采编2篇，被全县授予政务宣传优秀单位。

【其他相关工作】 按照市、县疫情防控总调度办公室要求，春节期间由县交通运输局牵头，公安、交警、卫健部门配合，县交通运输局抽调36名交通运输系统工作人员，于1月18日至2月26日成立6个疫情卫生检疫站点。分别在王家坪高速口、乾坤湾互通高速口、岔口村、桑壁镇、客运站5个卡口进行疫情防控，单独成立一个流动疫情防控组对全县的快递物流冷链运输进行疫情防控，全面提高道路客运、城市公交、出租汽车、快递物流、冷链运输等5个领域防控标准。按照市、县中国共产党成立100周年安全维稳要求，6月17日，由县交通运输局牵头，公安、交警、卫健部门配合在县高速口设立2个监测点，对进出高速口客运车辆（班线客车、出租车、网约车）进行“三品”等安全维稳检查；按照市、县疫情防控要求，8月13日，由县交通运输局牵头，卫健、公安、交警部门配合，在永和关出省口、永和至石楼交界处、霍永高速永和口、霍永高速乾坤湾口、官庄村口设立5个疫情防控监测站和1个冷链食品流动检查点进行疫情防控和安全检查；按照市、县疫情防控总调度办公室要求，11月5日，由县交通运输局牵头，卫健、公安交警部门配合，在霍永高速永和口设立疫情防控监测站和冷链食品流动检查点进行疫情防控和安全检查；按照市、县疫情防控总调度办公室要求，12月24日，在乾坤湾高速口、永和关出省口、霍永高速永和口、交口村设立4个疫情防控监测站，单独成立一个流动疫情防控组对全县的冷链运输进行疫情防控，实行全天候值守，对所有过往车辆司乘人员进行排查，以高度重视、高度警惕、高度负责态度，毫不放松抓好交通运输行业疫情防控和冷链食品检验工作，保障人民群众生命健康安全。

【工作亮点】 一是按照市、县党史学习教育活动要求，积极参加临汾市交通运输系统中国共产党成立100周年“深学党史践初心，交通先行蹚新路”演讲比赛，获优秀组织奖和个人二等奖。二是组织交通运输系统开展创建“五型机关”活动，以“文明交通、文明出行”“爱在交通”等为载体，大兴学习、创新、务实、规范、文明之风，引导广大干部职工自觉践行“爱岗敬业、诚实守信、服务群众、奉献社会”的职业道德规范，营造“争先进、创一流”的良好氛围，被省交通运输厅授予2021年先进集体。“四好农村路”被省交通运输厅授予2021年“四好农村路”省级示范县。

蒲县交通运输局

2021年，在县委、县政府坚强领导下，在市交通运输局精心指导下，在社会各界关心支持下，县交通运输局紧紧围绕蒲县交通“12345”目标要求，迎挑战、顶压力、破难题，逆势而上，积极进取，圆满完成各项年度目标任务，全县交通运输事业保持持续健康发展的良好局面。

【临危受命，倾力抢通抢修受灾农村公路】 2021年入汛以来，特别是9月22日至10月6日，全县遭遇65年以来最强极端连续强降水过程，造成农村公路边坡垮塌，边沟断裂，路面沉陷，路基坍塌，桥梁、涵洞冲毁损坏，标志标牌、护栏等交通设施严重受损。全县所有农村公路均有不同程度损坏，直接受损的农村公路里程达到168公里，412处，其中：损毁桥梁5座，涵洞20道，护坡76处，挡墙35处，坍塌方276处。局党组以高度政治责任感和极端负责精神，第一时间组织人员、机械对受损农村公路进行抢通抢修，事关群众生产生活的生命通道和煤炭运输经济大动脉3日内抢通，其他灾毁路段于10月20日前抢通。

【攻坚克难，全力推进交通项目建设】 2020年农村公路改造工程续建项目，共28条46.715公里（包括广岔线4.642公里改造工程）和危桥改造项目。已基本完工；2021年农村公路改造工程（建制村通双车道），路线全长6公里，总投资2305.4万元，可行性研究报告已于2021年7月29日批复，正在办理施工图批复；2021年农村公路改造工程，路线全长13.64公里，总投资3790.27万元，可行性研究报告已于2021年7月29日批复，正在进行施工图设计；临延线（G520）蒲县绕城公路改建工程，预算总投资23.7亿元，改建里程20.023公里。可行性研究报告正在编制中；省道佃坪至罗泉凹改建工程，预算总投资42.2亿元，改建里程53.627公里。可行性研究报告已上报省交通运输厅进行行业技术评审，正在编制建设项目土地预审报告，已纳入山西省普通国省道"十四五"国土空间规划建设项目清单；蒲县岔堡线（X545）改扩建工程，预算总投资3.3亿元，改建里程10.466。正在修改项目可行性研究报告；广岔线（洪洞界至乔家湾）路面翻修工程，建设里程4.642公里，已开工建设，正在实施路面工程；洪大高速项目，路线全长81.196公里，工可已编制完成，等待省交通运输厅批复。

【管养并重，建立健全农村公路管理养护长效机制】 积极探索农村公路养护作业科学化运营模式，全面深化农村公路管理养护体制改革，不断提高养护管理水平和质量，路域环境明显改善，路面病害治理水平明显提升，公路水毁修复能力明显提高，交通运输保障能力显著增强。截至年底，全县列养农村公路共230条，总里程达到1012.526公里，其中：县道7条160.574公里，乡道44条389.953公里，村道179条462公里。在日常养护方面，全年共整修边沟260公里，清扫路面5600公里，清理塌方3000余立方米，疏通涵洞210道，修补路面病害面积12000平方米，修补水毁路基264000平方米；在路面管理方面，全年共出动执法人员2123人次，车辆446辆（次），清理违法乱堆乱放15处（62立方米），清理非公路标志5块，规范在公路两侧占道经营3起（加水点），纠正不遮盖篷布车辆9辆，收取公路赔（补）偿费32776元，收取罚没款28500元。

【规范管理，维护交通运输服务市场秩序】 2017年，全县共有客运站场2个，客运企业5家，货车1589部，机动车维修厂点22家，货运企业42家，全年共办理道路运输证卡457张。在货运管理上，严格执行货运管理相关法律法规，做到业户档案、车辆档案、货运站场管理档案内容齐全，保存完整，共审验车辆1015部；在客运管理上，进一步强化客运汽车站的源头安全监管，严格落实"四不进站、七不出站"制度和车辆安全例检制度；在维修管理上，按要求完成二类和三类维修企业的质量信誉考核，其中：2家二类达到考核标准，1家三类因县城改造未参加考核，其余17家达到考核标准；在驾管方面，全年全县华阳驾校共举办17期驾驶员培训班，培训驾驶员1318名。以驾校培训质量、队伍建设、车辆和设施设备管理为重点，组织检查人员31人次，9次对驾校进行检查，共排查安全隐患8起，整改率达100%。

【标本兼治，加大超限超载整治力度】 会同县公安交警加大查处力度，严厉打击超限超载违法行为。一是超限超载路面治理。累计投入检测、执法人员1766人次，执法车辆426辆次，检测各类货车135765辆，纠正各类违章70余件，立案查处1件，结案1件。二是超限超载源头治理。政府公示69家货运源头企业，累计出动执法人员754人次，执法车辆262车次，巡查源头企业788次，同时，培训源头企业69家，参加培训人员110人次，全部建立健全源头企业治超档案。

【落实责任，认真抓好安全稳定工作】 结合"零事故"单位创建工作和交通运输领域安全生产专项整治活动，以人员密集场所、建筑施工领域、道路运输领域为重点，通过落实安全生产责任制，提升企业安全管理水平，强化安全生产宣传教育，开展安全生产活动等，加强事前、事中、事后的安全管理，行业安全生产监管成效明显，2021年交通运输领域未发生一起生产安全事故。全年共组织安全生产检查280次，累计出动检查人员800人次，检查企业

280家，安全报送率100%。

【高度重视，深入开展党史学习教育活动】 按照《实施方案》文件要求，认真组织开展党史学习教育活动，制订实施方案、工作安排，成立领导组，配备专职工作人员，设立专门办公场所、档案专柜等。全年共组织开展科级干部专题研讨会8次、专题组织生活会1次、一般党员交流研讨6次、专题学习8次、主题党日9次、党支部书记讲党课4次，全局75名党员共撰写交流研讨材料470份，心得体会225份。同时，结合"好基地讲好故事"活动，组织全体党员参观"西戎故居"，参加临汾市交通运输系统"深学党史践初心、交通先行蹚新路"演讲比赛，荣获"优秀组织奖"和"三等奖"。

【从严治党，党风廉政建设再上新台阶】 始终坚持从严治党要求，严明政治纪律和政治规矩，切实加强党风廉政建设，树立"四个意识"、坚定"四个自信"、坚决做到"两个维护"。一是严格落实全面从严治党主体责任和监督责任，积极支持配合纪检监察部门履行监督执纪问责职能；二是严格落实党风廉政责任制，对交通重点项目实施有效的纪检监督、行政监督、审计监督、舆论监督、社会监督；三是严格落实党风廉政建设各项具体任务，深化标本兼治，提升运用"四种形态"的能力，打通不敢腐、不能腐、不想腐的内在联系，彻底铲除滋生腐败的土壤；四是持之以恒正风肃纪，持续整治"四风"突出问题，特别是形式主义、官僚主义，持续巩固行业良好政治生态；五是结合开展的党史学习教育活动，保持党风廉政建设的高压态势，加强建章立制，强化监督制约，严格考核奖惩，努力形成纪律严明、作风严谨、行为规范、运转协调、廉洁高效的管理体制和运行机制，真正把蒲县交通运输局建设成为廉洁、勤政、务实、高效的新型机关。

汾西县交通运输局

2021年，县交通运输局以习近平新时代中国特色社会主义思想为指导，立足新发展阶段，贯彻新发展理念，构建新发展格局，紧紧围绕全县"135"总体思路，以党建为龙头、强力推进重点项目建设、农村公路养管、路域环境整治、平安交通建设、法治建设等，实现交通运输行业高质量发展，

【精心组织、强力推进重点工作建设项目】 承担重点工程有5项，其中续建工程4项，新建工程1项。一是佃坪至姑射山旅游公路续建工程。路线全长14.429公里，总投资4176万元，累计完成投资2930万元。二是什佃线公路改造续建工程。改造里程19.097公里，总投资3112.13万元，5月30日完成主体工程，6月20日完成安保、标牌、标线、路灯等附属设施，7月份投入运营。三是要家庄至郝家沟公路续建工程。建设里程20.145公里，总投资16450万元，完成投资6690万元，完成总工程量60%。四是店头至申家庄公路续建工程。建设里程2.985公里，总投资2063万元，路基宽度7.5米，已按计划完成路基工程，完成投资1600万元。五是汾西县高速出口景观工程。总投资353.45万元，占地总面积7071.5平方米。5月份进场施工，已完工。

【加强监管、创建平安交通】 一是抓责任落实。按照"安全第一、预防为主、综合治理"方针，抓好"基础、管理、预防、监督"四个环节，认真开展"安全生产月"活动，落实以"一岗双责"为核心的安全生产责任体系，按照"三个必管"的要求，不断强化道路运输、在建工地企业安全生产主体责任和交通运输部门的安全监管责任。二是抓安全重点。以道路运输安全监管、公路施工安全、农村公路隐患排查为重点，积极探索交通安全监管新模式，逐步构建交通安全保障体系，巩固交通运输领域安全生产成果，把安全生产隐患消除在萌芽状态。8月，在县安委会统一组织下，配合各有关成员单位开展道路施工应急演练。一年来，采取日常检查和专项检查相结合方法，共进行安全生产检查170次，出动执法人员850人次，实现安全生产持续向好。

【强化措施、加强路域环境整治】 一是加强农村公路管养。在县、乡、村三级全面推进农村公路路长制，压实农村公路养护管理责任主体，细化养管标准、明确工作要求，实现对农村公路规范化、制度化、常态化管理。列养农村公路238公里，聘用86

名养护员工，划清责任路段，制定考核标准。由养护中心统一领导，采取集中养护和日常养护相结合的方法，加强农村公路保洁频率，做到日日出勤，做到路肩无杂草、路面无扬尘、路口无垃圾，确保广大人民群众出行安全。与此同时，组织人力物力对高速沿线及县乡公路两侧1米范围内的裸露砂堆、煤堆、渣堆、土堆、垃圾堆及高速沿线不规范广告牌进行集中清理。共清理五堆六处，清理不规范广告牌5块，把高速沿线公路变成了生态路、景观路。二是加强超限超载治理。采取源头管控和路域治理相结合的方法加强超限超载治理，倡导散装物料封闭运输，联合公安交警在全县范围内开展联合执法，严厉整治超限超载运输，超限超载率控制在0.2%以内，降低道路“二次扬尘”污染。

【主动担当、扎实开展防汛工作】 2021年汛期提前来临，雨量大、持续时间长、分布范围广，并且大风降温等极端天气频发。特别是从10月2—7日，全县受到高强度持续降雨，导致14条主干道全部瘫痪，其他乡村公路95%受阻。经对全县288条950公里农村公路全面排查（县道6条157公里，乡道33条223公里，村道249条570公里），共有较大安全隐患666处，其中塌陷179处，塌方478处，受损135余公里，阻断里程3.28公里，初步估算，直接经济损失约7833万元。汛情发生后，县交通运输局立即启动防汛抢险应急预案，一方面采取设立警示牌、围堵沙袋等防御性措施，另一方面组织人力物力全力抢通。14条县乡主干道抢通12条，还有两条正在抢通，其余乡村公路还在抢通、修复中。出境公路和通往7个乡镇的公路基本畅通。

【严格标准、认真开展党史学习教育】 按照县委统一安排，从3月19日开始在全县交通运输系统掀起学习党史高潮，围绕六个方面学的习内容，突出学党史、悟思想、办实事，采取集中学习和自学相结合的方法进行。特别是领导班子率先垂范，真正做到先学先用。共召开座谈会5次，聘请县党校讲师宣讲党史3次，每名党员学习笔记达到10000字以上，每人撰写学习心得2篇。通过党史学习教育进一步激发全体干部职工干事创业的激情。

侯马市交通运输局

2021年，侯马市交通运输局深入贯彻中央、省、市各项方针政策，认真落实市委、市政府各项工作要求，紧紧围绕经济建设和政府工作中心，务实求真、锐意进取、突出重点、狠抓落实，坚持不懈推进重点项目建设和重点项目前期工作，全面加强党的建设和党风廉政建设，强化交通安全生产责任，使全局工作不断取得进步。

【重点工程建设】 一是高铁西站站房扩建。作为市交通运输局牵头的政府重点工程项目，在市委、市政府高度重视和正确领导下，市交通运输局以勇于担当、高度负责精神，加大协调推进力度，建设工作取得重要进展。1月中旬完成主体工程施工与监理招投标工作，3月开工建设，4月完成临时停车场建设和广场清表工作，5月完成文物勘探工作，6月底完成灰土挤密桩及钻孔灌桩工程，9月完成基础工程，目前正在进行主体结构施工。二是108国道改线工程。是市交通运输局配合的政府重点工程项目。8月2日，召集国土、交警、水务、沿线各乡办、侯马铜厂等有关单位，在国土局会议室听取省交通规划设计院关于108国道改线工程侯马段设计方案的汇报。9月15日，局长乔新刚再次聘请省内外专家，临汾公路分局负责人，组织各相关单位，文物局、自然资源局、高村乡、上马乡、凤城乡，对《108国道襄汾—曲沃—侯马过境改线工程项目（侯马段）社会稳定风险评估报告》进行评审，听取专家的建议和各部门意见，与参会各方进行认真交流沟通，将各相关单位对设计方案提出的意见和建议进行汇总研讨，设计单位做相应调整优化方案，坚决以高标准，高质量宗旨，完成108国道的改线工程。11月18日，108国道改线工程在襄汾县举行开工典礼。截至年底，涉及全市14个村的文勘工作已基本结束。

【道路工程建设】 一是扎实做好基础道路工程建设，全力助推乡村振兴。本年度共完成复兴至侯风，东高村村道等养护提质工程6.205公里，完成牛村、南王村等村道维修6124平方米。二是按照市局要求，从4月开始对全市农村公路基础数据进行核实，该项工作已通过审核并上报云平台。三是完成2021年“一灯一带”工程项目并通过验收。四是按照山西省第一次全国自然灾害综合风险公路承灾体普查要求，自8月开始，对全市所有372.113公里的农村公路和10座桥梁进行普查，该项工作已经全部完成。

【安全生产】 一是持续保持安全生产严抓严管的高压态势，组织开展行业安全生产大检查，召开工作布置会议，成立以局长为组长的工作领导小组，对检查工作进行详细部署，按照突出重点、重点区域排查治理的原则，在全市交通行业开展安全生产大排查、大整治，对事故隐患依法下达整改通知书，并派专人跟踪限时落实整改。局领导和管理人员分5个检查组下基层检查146家次，发现问题和隐患共23处，现场整改21处，限期整改2处，截至年底，已全部整改完毕。客运服务中心按照“四不放过”要求，严格履行安全监管职责。检查重点包括企业落实主体责任情况、车辆安全运营情况和防疫措施落实情况等内容。共出动安全工作人员600余人次，深入企业检查80次，在高铁站、汽车客运站、火车站等各站点开展检查95次，累计检查客运车辆2200余辆次。通过严格监管、压实责任、把控重点，2021年，全市城市客运行业未发生重大安全生产责任事故和疫情传播扩散事件。二是制定完善《侯马市城市公共交通运输突发事件应急预案》和2021年“两会”“两节”期间应急预案。

【综合行政执法管理】 一是开展交通运输执法领域突出问题专项整治行动。按照上级安排部署，积极开展交通运输领域行政执法工作。有力维护全市交通运输行业合法经营公平竞争的良好秩序，促进县乡道路的畅通。二是深入贯彻落实“双随机、一公开”监管工作部署，强化对交通运输企业监管，截至11月底，共出动执法人员202人次、执法车辆101辆次，检查企业101家次。三是扎实开展秋冬防大气污染治理工作。抽调50余名执法人员与交警部门组成联合执法队伍，在上马、高村、辛店、大南庄、北环路设立5个柴油货车管控站（点），对进入全市的柴油货车和散装物料运输车进行检查和劝返，引导大型货运车辆绕行全市“绿色运输示范区”，日均劝返车辆600辆次左右。

【防汛灾后重建】 9—10月份，侯马市遭遇几十年未遇的强降雨天气，全体干部职工坚持人民至上、生命至上原则立场，市委、市政府召开防汛工作会议后，市交通运输局立即行动，首先制定《2021年防汛工作应急预案》，严格落实防汛责任，杜绝麻痹侥幸思想，强化底线思维和风险意识，按照防汛预案的部门职责落实各项防御措施，预置抢险力量和物资，落实抢险预案措施，做到应急抢险队伍、物资、设备、预案“四个到位”。在修复重建中，累计封闭管制道路4条，抢修保通彻底修复4条；水毁抢修工程累计投入人力121次，机械23台次，投入砂石料320立方米。与此同时，设置警示牌、警示标志、反光路锥、警示灯共计200个。

【党风廉政建设】 一是统一思想，提高认识。以中共十九大精神为指导，认真开展“学党史、悟思想、办实事、开新局”主题教育，牢固树立“四个意识”，不断增强“四个自信”，坚决维护党中央权威和集中统一领导。切实抓好党风廉政建设工作，把党风廉政建设与业务工作相结合，一起部署，一起学习，一起落实，一起检查，一起考核，形成党委统一领导，各科室各负其责的工作格局。二是明确责任，抓好落实。认真研究制定全年局班子党风廉政建设责任制，由局党委履行主体责任，明确局班子成员和各科室负责人在党风廉政建设工作中的主要任务和职责，推动全面从严治党责任落到实处。

【持续做好新冠疫情防控工作】 一是严格落实疫情防控措施。根据上级部门有关要求，提升疫情防控标准，要求各城市客运企业根据客流变化规律，抓紧、抓实、抓细常态化客运疫情防控工作。客运场站和交通运输工具增加通风、消毒等措施频次，严格执行测温、戴口罩、扫码乘车和“一米线”等防护措施，加强乘客和一线从业人员个人防护和管理。在客运站点等客流密集场所设立疏导值班工作人员，提高人员进出站通行效率，未出现旅客滞留情况。11月，根据市政府安排，及时抽调人员到疫情防控点开展疫情防控工作。二是制定疫情分类应对预案，及时启动响应。督促各城市客运企业制定《2021年疫情防控分类应对工作预案要点》，针对突发疫情可能引起的交通管控、客流突变等情况，围绕运输组织、安全应急、防控措施、客流研判、宣传引导等，提前制定应急预案，并切实加强后勤保障和防疫物资储备，确保运力安全可靠、防疫储备物资充足。

霍州市交通运输局

【重点项目建设稳步推进，农村公路建设步伐加快】 组织开展霍州市中镇大道建设工程、太行一号旅游公路连接线霍州市七里峪至古县北平旅游及森林防火通道工程、航空飞行营地道路路面改造、太行一号旅游公路连接线霍州市观景台至七里峪林场段旅游及森防通道工程、霍州东站至南赵线公路建设工程、乡村提质改造工程等项目可行性研究报告编制及前期手续办理工作。实施霍东新型产业园道路建设项目，2021年3月1日正式开工，全线路基已形成，路面砂砾垫层、水稳层已完成。完成投资3000余万元（含征地拆迁）。退沙桥和库拔桥2座危桥改造工程正在加紧施工。开展黎霍高速公路征地拆迁工作。红线内土地征收和坟墓迁移工作已基本结束，拆迁房屋9座。积极与乡镇、村协调，完成改路、机耕路、边角地的补偿等后续工作，确保黎霍高速霍州段的顺利推进。

【路政管理工作继续提升，公路养护管理得到加强】 开展全市公路沿线路域环境专项整治行动和“路政宣传月”活动，在主要路口、村镇集市悬挂宣传标语4条，制作宣传版面4块，散发宣传资料1000余份，利用新闻媒体大力宣传加强公路保护的重要意义，做到广泛告知。行政执法队对6条县道、2条乡道进行巡查，坚持每天巡查不少于1次，累计出动2000人次，巡查35000余公里，共检查车辆21000辆，查处超限车辆3辆。清理占用公路打场晒粮行为5起，占道经营行为7起，全面提升路产路权管理和综合服务能力。与此同时，不断深化农村公路养护体制改革，积极推行“路长制”，加强农村道路巡查管养。按照《霍州市农村公路“路长制”实施方案》和《霍州市农村公路养护管理办法》，明确农村公路养护质量要求，将全市农村公路进行路长责任段划分，明确各级路长工作职责，为“四好农村路”高质量发展提供保障。开展“人人持证、技能社会”培训工作，于10月3—8日，邀请养护专家对各乡镇、街道办的163名护路员进行专业理论和专业实操培训。全年共清理路肩、边坡垃圾18000立方米，修复路肩7675立方米，修复边沟4500延米，修复路面23000平方米，涂刷桥梁护栏8处，安装反光镜12个，涂刷沿线设施5处，施划热熔标线12000平方米，平交口安装减速带45处。清除道路积雪出动人工660人次，撒铺防滑料1000立方米，工业盐25吨，确保在极端天气下群众出行不受影响。实施养护提质工程和百乡千村万里美丽农村路建设工程，两项工程涉及25条道路169.5公里，其中打造精品示范路2条，打造美丽乡村路10条59.19公里，养护提质项目13条99.83公里。

【道路运输管理不断规范，城市客运管理全面提升】 对全市道路运输行业安全生产状况和道路运输生产经营情况进行全面摸底排查，在调查中研究寻找新的工作方式。4月份在排查中发现霍州市通顺汽车运输有限公司未经许可擅自从事危险货物运输经营，根据《道路危险货物运输管理规定》，对其处以五万元罚款，同时责令其停止非法经营，告知其如若需要按规定办理《经营许可证》，规范经营行为。货运管理方面，结合货运车辆年度审验工作，开展对货运企业的质量信誉考核和驾驶员诚信考核，加强对全市货运企业、从业人员和车辆的管理，利用政策优势逐步取缔散、小、弱的企业，鼓励企业做大做强，杜绝农用车、三轮车、摩托车从事货物运输。在客运管理方面，针对群众反映强烈的非法经营客运现象，组织相关站、队严厉打击超范围经营和欺行霸市等班线客运违章行为，对不在规定站点停车、冲击客运班线的出租车、不遵守东站候客秩序的出租车进行集中查处，对屡教不改的，列入黑名单，3个月内禁止进入东站停车场。交通运业、安泰公司、辛置公交公司积极开展文明客运线路创建活动，在企业内部评选“优秀驾驶员”“优秀乘务员”，巩固和提升客运班车的服务质量和服务水平。公交车开通通往“市民中心”线路，城市公交公司、出租汽车公司、驾校连续六年开展“爱心送考”活动。

【环境治理成果不断扩大，交通安全生产形势平稳】 按照“管发展必须管环保”“管行业必须管环保”的原则，深入乡镇、运输企业，进行大气污染防治宣传并发放资料500份。国Ⅲ及以下排放标准营运柴油货车淘汰工作中，认真细致汇总各项资料信息，及时上报，2021年度淘汰工作有序开展，共淘汰车辆20辆。“公转铁”工作中，对全市3家大宗型货物运输企业和铁路运输专线进行调研，出动执法车辆15辆次，执法人员60余人次。全市铁路运输量达到货物总运输量的90%，3家货运企业全部采取绿色密闭运输，未遮盖不得出场，使用车辆达到国五及以上排放标准，并全部录入企业门禁系统。配合市成品油整治工作组对市5个乡镇加油站进行检查，出动检查3次，执法人员12人次，检查道路危险货物运输车辆3辆，未发现违法违规行为。在日常巡查工作中，出动执法车辆140余辆次，执法人员650余人次，对货物源头单位，进行生态环境保护工作环保设施设备使用情况督导检查，防止车辆未经清洗，带泥带土上路行驶。在管控时段劝返闯禁行“绿色示范区”运输车辆及冒黑烟运输车辆110辆。对交通领域在建工程和货物源头单位，非道路移动机械使用进行排查，排查非道路移动机械38辆，下达整改督促到生态环境部门注册登记，未经注册登记不得使用，2021年到生态环境部门注册登记30辆。在安全生产管理上，认真贯彻落实党中央、国务院以及省、市关于安全生产工作的一系列决策部署，牢固树立安全生产“红线”意识和以人为本、安全发展的理念，坚持“安全第一、预防为主、综合治理”方针，以“全覆盖、零容忍、严执法、重实效”为总要求。严格落实企业安全主体责任、部门监管责任，全力做好安全从业人员“全培训”、安全防范措施“全渗透”、安全科技支撑“全覆盖”，印发《关于做好2021年全市春运工作的通知》《关于做好2021年安全生产工作的通知》，开展安全生产专项整治，累计出动检查组609个，出动人员2336人次，检查企业838家次，发现一般性隐患63处，已全部整改完毕，没有发生任何安全责任事故，保持安全生产良好局面。

（庞燕东）

运城市

运城市交通运输局

2021年，在市委、市政府坚强领导和省交通运输厅精心指导下，全市交通运输系统广大干部职工坚持以习近平新时代中国特色社会主义思想为指导，全面落实中央和省、市决策部署，用好“五抓一优一促”经济工作主抓手，战疫情、抗洪峰、保抢通、抓项目、促发展，超额完成年度目标任务。运城市获全国首批“四好农村路”建设市域突出单位和全省首批“四好农村路”示范市称号。市交通运输局分别被市文明委、市直工委表彰为市级精神文明建设标兵单位和先进基层党组织。

【“十四五”及2035年远景目标规划】 规划编制《运城市综合交通运输“十四五”发展规划和2035年远景目标》，科学确定全市交通运输近期、中期和远期的目标方向及实现路径，提出“十四五”期间“1234”总体目标和2035年基本建成人民满意、保障有力、水平先进的交通强市的远景目标。

【重点工程建设】 一是高速及国省干线公路建设。闻垣高速公路古城联络线已全面建成通车；菏宝高速临猗黄河大桥及引线工程完成投资10.09亿元，达到年度任务9.65亿元的104.6%；运三高速连接线项目完成投资6.1亿元，达到年度任务5.7亿元的107%。5514阳永高速、风陵渡黄河大桥及延伸线项目已由省交通运输厅组织实施可研报告编制工作。108国道新绛至河津、342国道闻喜至临猗段改扩建项目已进入省厅可研报告行业审查程序。二是农村公路建设。全市农村公路项目开工建设911公里、完工828公里，分别达到年度任务480公里的189%、172%；完成安全生命防护工程建设73公里、危桥改造2座、“一灯一带”354个；完成总投资15.3亿元，达到年度任务10.7亿元的143%。三是“三水一山”旅游公路网建设。汾河、涑水河、中条山旅游公路已纳入全省“十四五”农村公路网产业路规划。2021年，黄河一号旅游公路完成建设253公里，完成年度投资任务11.8亿元。汾河旅游公路、涑水河旅游公路规划设计工作已完成；中条山旅游公路项目建议书编制已完成。四是沿涑水河田园风光示范带建设。成立市委工作督查组，先后多次对沿线6个县（市、区）涑水河田园风光示范带建设情况开展调研督导，强力推进工作落实。全市共计划实施项目86个，总投资137.68亿元，已完成投资20.42亿元。

【“四好农村路”示范创建】 在市委、市政府大力支持和省厅领导、专家全力指导下，全市交通运输部门抢抓机遇、主动作为，学先进、创特色、争一流、促引领，“四好农村路”示范创建走在全省前列。运城市获评全国首批“四好农村路”建设市域突出单位和全省首批“四好农村路”示范市称号；河津市获“四好农村路”全国示范县称号，永济市获评“四好农村路”全省示范县称号。

【运输服务保障】 基础场站建设。芮城县客运中心站、绛县城市公交场站（陈村站）建设已完工。客运转型升级。推行班线定制客运服务，发展定制客运线路22条，全市已建成8个旅游集散中心，全市A级以上景区全部通车。货物运输结构优化。农村物流节点建设已覆盖全市13个县（市、区），148个乡镇。全市通快递建制村1955个，通达率90%。推进农村客货邮融合发展，临猗县发展线路21条，投入营运车辆160辆，实现县、乡、村三级全覆盖；稷山县已运营县城至清河镇1条试点线路。推进网络货运新业态发展，制定下发《运城市支持互联网物流平台服务业发展若干措施（试行）》，全市已发展网络货运企业8家。公共服务效能提升。市区新开5条线路，优化调整3条线路。13个县（市、区）已全部实现65周岁以上老年人免费乘坐市内公交车，其中4个县实行60—65岁老年人半价。“95128”电召服务已覆盖全市13个县（市、区），全市出租车车身全部喷涂“95128”电召标识。对外航线拓展。新增南通至运城至银川航线，加密广州、长沙航线，航线数达到33条，通航城市达到37个。

【大气污染防治】 全年完成国Ⅲ及以下营运中型和重型柴油货车淘汰3785辆，占年度任务3691辆的102.6%，提前超额完成淘汰任务。持续推进新能源在行业中的推广应用，全市新增新能源公交车73辆，新能源公交占比100%；新增更新新能源出租车212辆，达到年度更新任务200辆的126.5%，新能源和清洁能源出租占比98.9%。

【行业治理】 一是法治部门建设。开展执法领域突出问题专项整治，出台5个涉及严格规范公正文明执法制度；市级开展督导13次；开展为民办实事活动118次；共排查问题406个，全部整改到位；“12328”执法投诉处理收件2410件，办结2358件，办结满意率97.9%。加大失信行为联合惩戒，对相关企业失信问题进行警示约谈，并建立严重违法失信行为专项治理台账，督促相关企业纠正失信行为，坚决完成治理目标。二是行业安全生产。扎实开展“集中攻坚行动”，印发工作通知，制定任务清单，实行月台账、季通报机制，督促指导各县（市、区）重点开展“6项重点、3项难点”专项治理，圆满完成“集中攻坚年”77项任务。重点开展专项整治，聚焦春节、“五一”、“两会”“十一”等重点时段和重点领域，强力开展安全生产督查检查和危险化学品运输安全大排查大整治行动。强化事中事后监管，制定印发《进一步加强交通运输行业行政监管工作实施方案》，严格落实“双随机、一公开”制度。共梳理随机抽查项目清单28项，建立市场主体名录库109个，建立市局执法人员数据库92人，进行“双随机”

执法检查43次。三是铁路沿线安全环境治理。制订印发《运城市铁路沿线安全环境治理联席会议制度》,市、县两级均成立铁路沿线安全环境治理联席会议制度,全面落实"双段长"工作机制,全市共排查整治普速铁路风险隐患286处,销号率100%。南同蒲线3处上跨桥已全部签订移交协议。

【应急保障】 一是抗洪抢险救灾。2021年9—10月,运城市全境遭遇罕见连续强降雨过程,新绛、垣曲、河津、稷山等县(市)受灾严重。全市交通部门提前预判,上下联动,快速出动,分类管控,科学处治,圆满完成被困人员转运、应急物资运输保障和水毁道路抢通保通任务。其间,全市交通运输部门共组织出动抢险抢通人员35000人次,机械设备12000余台次,投入抢通保通资金1.2亿元。全市233处受阻路段在规定时间内全部抢通。二是灾后恢复重建。制定《运城市交通基础设施灾后恢复重建工作方案》(运交公路〔2021〕27号),完成农村公路灾损评估工作,全市农村公路总估算投资16.42亿元,将464个恢复重建项目纳入全省灾后恢复重建项目库,争取省厅抢通保通资金300万元。同时,省厅已批复将黄河小浪底航运工程结余资金804万元调整用于全市农村公路灾后恢复重建。截至2021年年底,200个一般灾后恢复重建项目已全部处治完成,172个较重灾后恢复重建项目已完成技术方案编制,83个严重灾后恢复重建项目正开展技术方案编制和施工图设计工作,9个特别严重灾后恢复重建项目正在开展可研报告编制及立项等前期工作。

【疫情防控】 坚决阻断病毒通过交通运输环节传播扩散,特别是西安疫情外延期间,全市交通运输部门进一步强化防疫举措,在客运领域,除中心城区公交、出租、部分发往外地低风险地区班线正常运营外,全市其余客运车辆在属地防疫指挥部的统筹安排下全部停运。在冷链运输领域,市交通运输部门在11个入运道口配合公安交警等部门全力以赴开展对冷链物流运输车辆的查验登记工作。全市交通运输行业重点人群全部进行核酸检测,接种疫苗27856人,接种率99.6%。

【党的建设】 始终把政治建设作为首要政治任务,不折不扣贯彻中央和省、市重大决策部署,用实际行动坚定捍卫"两个确立"、树立"四个意识"、坚定"四个自信"、坚决做到"两个维护"。扎实开展党史学习教育,开展"十二个一"活动。做实"我为群众办实事"实践活动,深入落实两项"规定动作",扎实开展六项"自选动作"。深化党建品牌创建,创建的"党建铺路快乐行"品牌,被列入市直机关"二十佳"党建品牌。持续深化全面从严治党。先后进行5次作风纪律督查和违规入股专项排查工作,扎实开展巡察"回头看"意见反馈整改工作。

(薛 炟)

盐湖区交通运输局

2021年,在区委、区政府坚强领导和市交通运输局有力指导下,盐湖区交通运输局坚持以中共十九大和十九届历次全会精神为指导,围绕市委"五抓一优一促"经济工作主抓手,聚力区委"2345"工作方案,带领全局干部职工,团结拼搏,开拓进取,努力构建特色鲜明、功能完善、环境优美、舒适安全的交通运输环境。

【"十四五"目标规划】 规划编制《盐湖区农村公路"十四五"发展规划研究报告》,本次规划对象为盐湖区农村公路范畴,包括盐湖区域范围内的农村公路建设、管理、养护和运营,促进农村公路网的优化布局,推进盐湖区交通和经济的进一步发展。

【重点工程建设】 一是盐湖高新区西外环路(原209国道大运高速桥至北孙坞段)扩建工程,路线全长4.794公里,估算总额21285.06万元,其中建安费12061.06万元。该项目工程可行性研究报告已于3月23日经区发改委批复。勘察设计单位已于5月18日招标,项目初步设计已编制完成,因建设用地调整国土空间规划未正式通过,通过后完成初步设计批复进行施工图设计。项目的实施,加快推进盐临夏一体化建设,对改善运城市的投资环境,提升区位优势等方面均具有重要的现实意义。二是国道521线(原省道运永线)盐湖段改建工程,路线全长30.99公里，预算总投资12.27亿元，其中项目建安费约8.1亿元，建设工期为两年。解州绕城段工程4.84公里，投资11999.0309万元，已完成2.2公里路面沥青铺设；该段王窑头大桥、杨家庄中桥等通道5座已全部完成。工程完成投资0.7亿元。解决解州车辆绕城的问题，为解州小城镇建设和关公文化传承，创建AAAAA级景区奠定基础，创优环境，实现文旅融合协同发展。三是农村公路养护，舜报旅游路和水解线（常平至解州段）进行同步碎石封层养护工程，完成投资314万元。对境内的国省干道和部分县道的80个平交路口完善标志标牌、安装爆闪和减速振荡标线，完成投资45万元。对水解线、运文线、舜报旅游路、陈郃李村平交口进行硬化改造，完成投资160万元。积极应对雨雪恶劣天气，采取有效防范措施，在冯村、王范、龙居、上王等路段上下坡处抛撒防滑沙50立方米、工业盐10吨，保证道路安全畅通。第一时间投入道路水毁抢险工作，设置警戒标识150处，处置路面沉陷、掏空路段8处，清理滑坡、塌方土石方10处，抢通路面4.1公里，总投资100万元，及时消除安全隐患，确保人民群众生命财产安全。

【"四好农村路"示范创建】 县乡村道建设工程28公里和村道安防工程17公里，涉及9个乡镇办24个村，项目总投资5000万元，争取上级资金1821万元。

【运输服务保障】 加快客运班线转型升级，对运城至常平、席张、东郭客运班线运营实行公交化改造，淘汰老旧客运车辆，更新新能源公交车34辆，对席张停车站停车场进行硬化，安装充电桩4个，方便群众出行。加快完善物流节点，对2家物流园区，64家货运部做好管理服务工作，督促物流企业加强落实规章制度和从业人员管理，加强安全隐患排查，督促企业严格落实"两个100%"制度，保障运输市场安全；积极开展便民服务，引导农资企业与农村物流对接，完善农村物流节点30个，打通乡村物流"最后一公里"。加快淘汰营运类老旧车辆，全年国Ⅲ及以下排放标准营运中型和重型柴油货车淘汰任务1396辆，已完成1418辆，发放补助金额775.1万元。

【行业安全生产】 扎实推进安全生产专项整治三年行动，以2021年攻坚年为契机，进一步查漏补缺，推进交通运输安全管理体系和管理能力现代化建设，全面提升交通运输安全治理水平。吸取各地运输车辆事故案件教训，重点对汽车站、两客一危企业、旅游包车等场所、企业和车辆开展消防安全生产大检查，按管辖区域和监管范围，将安全监管职责划分到相关站室和人员，层层签订《安全目标责任书》。坚持召开安全生产监管工作例会，每季度召开安全工作会议。全年共检查各类企业300家次，发现安全隐患80多处，已全部整改完毕，确保全区全年道路交通运输良好发展，无一起安全责任事故。

【疫情防控】 区交通运输局承担着9个疫情防控入城卡口、10个环保流动巡查队和8个包联社区疫情防控任务。自10月26日以来，克服任务重、人员少困难，共投入120余名机关干部，昼夜值守在疫情防控和大气污染防治第一线，对进入中心城区柴油货车进行严格管控，共劝返柴油货车1301辆，检测危险品车114辆，疫情防控检查本地车辆86004辆，外地车辆15925辆，劝返车辆数1156辆，检查登记人员196539人次，劝返人员1300人次，隔离人员56名，圆满完成区委、区政府交给的任务。

【党的建设】 一是抓教育、促提升，践行"两个维护"。把学习贯彻习近平新时代中国特色社会主义思想作为首要政治任务，组织理论学习中心组成员率先垂范以上示下，开展专题党史学习研讨9次，开展"读原著、学原文、悟原理"专题学习研讨3次，班子成员上党课3人次，起到良好示范作用，推动各党支部和广大党员干部扎实开展党史学习教育，全面贯彻习近平新时代中国特色社会主义思想和中共十九届五中、六中全会精神，习近平总书记在庆祝中国共产党成立100周年大会上的讲话精神、习近平总书记视察山西重要讲话精神重要指示精神，推动习近平新时代中国特色社会主义思想在全系统落地生根，进一步增强党员干部做到"两个维护"的政治自觉和思想自觉。积极开展"我为群众办实事"实践活动，共梳理办实事项目清单44项，完成42项，正在积极推进实施2项，促使广大党员干部将党史学习教育的成效转化为干事创业的生动实践。

“七一”前夕，局党总支被区直工委表彰为“先进基层党组织”。二是抓基层、夯基础，落实党建责任。坚决履行抓党建“第一责任人”职责，亲自部署重要工作，亲自过问重大问题，亲自协调重要环节，结合实际制定《党建工作要点》，明确全系统党建工作重点，作为推动落实党建工作的任务书、时间表和施工图，压实各党支部书记主体责任，形成一级抓一级、层层抓落实的良好工作格局，切实把党建工作与业务工作同步考虑、同步部署、同步实施。认真贯彻落实“五抓五融六统一”主题党日长效机制，督促各支部开展主题党日活动12次，组织下属5个党支部开展党支部书记“比学习、比贡献、争先进”素质提升专项行动，组织党务干部参加盐湖区直机关党务干部学习贯彻中共十九届六中全会精神宣讲报告，组织全系统各支部书记参加区直机关培训班，投资7000元完善机关党员活动室，认真组织普通党员进党校培训，引领各支部和党员在疫情防控、抢险救灾、各项中心工作中充分发挥战斗堡垒和先锋模范作用。三是抓督导、严整改，深化作风建设。驰而不息纠治“四风”，把贯彻落实中央八项规定精神作为长期政治任务，紧盯春节、元旦、清明、“五一”等节假日重要节点，做到明察暗访全覆盖和廉政教育提醒常态化，对顶风作案人员，坚持发现一起、处理一起、通报一起。加强对五洲实业总公司问题整改指导，并监督整改落实。及时处理群众“12345”和“12328”投诉问题线索22件，全部答复并结案。组织党员干部认真学习中央和省、市、区党风廉政建设有关精神，严格执行“三重一大”集体决策制度，加强重点领域廉政风险管控，营造良好政治生态。完善工程招投标制度，加强工程质量监督，确保工程优质、资金安全、干部廉洁。加强执法队伍建设，提升执法人员素质，打造一支纪律严明作风优良的执法队伍。在全系统深入开展党史学习教育，引导各级党组织和党员领导干部进一步树牢以人民为中心的发展理念，践行交通惠民宗旨，推动交通运输系统思想观念、精神状态、工作作风实现根本转变，切实承担起职责使命。

（李昂　任蕊）

临猗县交通运输局

【党的建设】 党建为统领。以习近平新时代中国特色社会主义思想为指引，严格落实“党要管党、从严治党”政治责任，坚决捍卫“两个确立”、树立“四个意识”、坚定“四个自信”、坚决做到“两个维护”。党史学习教育。通过聘请专家、劳模讲党史，组织参观闻喜太岳三旧址红色教育基地等“请进来+走出去”的方式，共集中学习6次，每人撰写心得体会5篇。“我为群众办实事”。结合党史学习教育，围绕群众“急难愁盼”问题，确立10项“我为群众办实事”工作。例如：国Ⅲ车辆淘汰、智慧交通视频监控中心、临卓路路肩硬化及排水改建、乡村道路提质改造工程等全部完工，极大提高群众满意度。正风肃纪。印发《2021年党风廉政建设和反腐败工作任务分解》，签订2021年度党风廉政建设目标责任书，扎紧织密制度笼子，落实临猗县交通运输局党组管住嘴、管住手、管住腿、管住人、管住事、管住权的“六管”要求，营造清正廉明、廉洁自律、风清气正的良好环境。

【重点工程建设】 临猗黄河大桥及引线工程。总投资46.45亿元，全线已完成桥梁桩基1067根，墩柱165根，梁板预制263片，路基挖方330万立方米，填方389万立方米；控制性工程临猗黄河大桥山西侧导梁试顶成功，首节钢箱梁成功吊装。209国道拓宽改造项目。总投资4.2亿元，全长13.8公里。正在进行路基填筑、石灰土换填及抛石挤淤工作；全段共设涵洞22座，开挖建设12座，水沟盖板预制完成1450块，挡水缘预制完成590块。黄河一号旅游公路（傅作义故居至吴王古渡）10公里。估算投资9000万元，2021年完成傅作义故居延长线1.3公里。县交通运输局和河务局共同实施5.7公里建设，河务局正在进行路基施工。同时完成傅作义故居观景台、薛公观景平台建设；沿线沟坡绿化、通道绿化、节点绿化、小游园已建设完成。342国道改造提升工程前期工作。规划全长58.5公里，已列入省级重点项目，完成路线方案并通过省交通运输厅规划处审批，前期全过程咨询服务工作已完成，合同已签订，正在进行可行性研究报告编制。乡村道路提升改造工程。完成自然村通硬化路改造31.5公里，县乡公路改造15公里，县境出入口道路提质3.5公里。县级道路养护提质工程。投资600余万元，完成涉及11条县道241公里补坑、罩面、刷油以及损毁严重路段的大修工程。临卓路路肩硬化及排水改建工程。道路全长9.93公里，完成建设道路路面两侧的硬化及排水改建工程，道路两侧绿化的土方工程、安全防护设施工程。电子产业园道路连接线工程。完成全长373米的路基工程，强夯完成90%。涑水河旅游公路项目。全长39公里，计划投资2.8亿元，建设主体、慢行、景观、服务、信息系统，正在进行放线和路基清表工作。

【城市客运服务】 智慧交通建成投运。2021年6月投资2000万元建成智慧交通视频监控中心，并为全县290辆出租车、53辆旅游客车集中安装视频监控系统，160辆公交车、3800余辆货运车安装GPS定位系统，初步实现交通运输领域视频监控信息化、可视化和数据化。调整运力优化布局。2021年6月，对10路公交车进行扩大优化调整公交线网覆盖范围，从根本上解决三个行政村农民坐车难、出行难问题。疫情防控闭环管理。投入12辆公交车，6辆出租车，对省外返临人员乘坐公共交通进行强制管制，派专人、专车免费接送，引导乘客做好自身疫情防控和来临疫情防控相关手续。财政补助足额到位。对全县156辆新能源公交车运营补助资金1236万元逐级申报核实，2021年4月，已全部足额发放到企业及经营户手中。爱心送考树立形象。共投入100辆巡游出租车参加爱心送考公益活动，100辆爱心送考车辆统一挂上“爱心送考”车标，全身心为考生提供“点对点”免费乘车服务。

【运输市场保障】 交通运输入限服务企业。下达的年收入2000万元货运规模企业4家，临猗县交通运输局完成5家，超额完成1家。降本增效。利用乡镇汽车站，协同邮政、供销、商务，在物流降本增效工作中，实现多站合一、合理共用。同时与邮政部门联合建设客邮分拨站，将11家物流货物和邮政快递统一配送，2021年已确定临猗—庙上为试验线路，前期工作正在协调中。源头治超。出动执法车辆105次，巡查人员325人次，检查车辆1052辆，抄告非法源头企业5起，劝返卸货证照不全危化品车1辆，调查结案交通运输部通报“一超四罚”案1起，督促5家新公司企业成立治超领导组织机构，建立健全各项治超制度，确保专项行动落到实处。安全监管。采取普货每月规模企业一次，非规模企业抽查，危货企业2~3次安全检查，着重检查企业安全主体责任落实情况。存在安全隐患整改率达97%。维修驾培。签订污染管控责任书33家，出动检查人员140人次，联合环保部门突击检查2次，打好蓝天保卫战；对驾校安全、非训练场进行23次抽检，检查车辆安全性能、场地消防安全、人员集中地消杀工作，促进驾培业健康有序发展。疫情防控和禁毒工作。按照防疫指南要求，对外来车辆消毒、登记、指定停放，对冷链运输车辆做到天天上报，达到冷链运输循环链条有溯可追。排查客货运车辆920辆次，从业人员1300人次，驾校接待报名、咨询查验健康码、行程码500人次。禁毒方面全部签订禁毒承诺书和尿检记录，驾驶员尿检率100%。

【大气污染防治】 全年完成国Ⅲ及以下营运中型和重型柴油货车淘汰109辆，占年度任务97辆的102.6%，提前超额完成淘汰任务。持续推进新能源在行业中的推广应用，全县160辆公交车全部为纯电动新能源公交车，新能源占比100%；全县290辆巡游出租车中清洁能源车（油、气两用）200辆，纯电动79辆，出租车清洁能源占比96.3%。

【行业监管】 护航建党100周年安全。召开安全专题会议9次，印发安全文件17份，制定《护航建党100周年突发事件应急预案》《关于印发地震应急预案的通知》等，与各股室签订安全生产目标责任书，组织开展“防风险除隐患保平安迎党庆”消防安全专项行动，着力防范化解安全生产重大风险，为庆祝中国共产党成立100周年提供坚实可靠的交通运输安全保障。重点行业安全检查。对工地、客货运输企业进行重点监管，签订安全责任书，组织安全生产教育培训15场，发放宣传资料3500份，悬挂安全标语80条，安全专项检查38次，安全隐患排查率达到100%，有力保障安全生产工作持续稳定。安全生产专项整治三年行动。严格落实“管行业必须管安全，管业务必须管安全，管生产经营必须管安全”要求，全面抓好道路运输、水路运输、城市客运等领域安全行政执法检查；加强“两客一危”检查，在209国道和临猗丰喜大道口，每天安排1到2个中队，严防道路运输安全事故发生。

【应急保障】 水毁道路抢通保通。2021年9—10月，临猗县境内遭遇罕见连续强降雨、大风、冰雹等极端天气，造成农村公路多处出现悬空、沉陷、裂缝、滑坡、排水设施损毁等较大灾情。临猗县交通部门上下联动，快速出动，全面摸排，制定方案，组织进行水毁道路抢通工作。其间，全县交通运输部门共组织出动抢险抢通人员870人次，机械设备490台次，设置警戒标识25处，使用排水泵12台次，投入抢通保通资金500万元。全县62处受阻路段在规定时间内全部抢通。

（解红泽）

万荣县交通运输局

2021年，万荣县交通运输局始终坚持政治统领、党建引领主线，紧紧围绕2021年省、市、县经济工作会议精神、《政府工作报告》和县委“五个三”总体思路及2021年省、市交通运输工作会议确定的目标任务和部署安排，提出“升级四纵四横主干公路，慧织通村畅乡枢纽网络，打通县乡村巷连接断点，突出旅游休闲特色服务”工作思路，规划编制“十四五”现代综合交通运输体系和2035年远景目标，强化安全管理、疫情防控措施，抢修抢通道路水毁305处，建设两项重点工程和“四好农村路”17项工程，牵头完成国Ⅲ及以下营运重型、中型柴油货车95辆，公路路政、客货运输、水运等管理工作目标完成，被运城市交通运输局授予完成2021年度交通运输重点工作任务先进单位，被万荣县委、县政府授予生态文明建设先进单位、重点工程项目奖、安全生产工作先进单位、全域旅游先进单位、抗击新冠肺炎疫情先进集体。

【改革重组】 2021年2月，局属事业单位全面改革，整合县道路运输服务中心、县地方海事服务中心、万荣县交通征费服务中心、县城市客运站，组建万荣县交通运输事业发展中心（副科级公益二类事业单位）；保留万荣县交通运输综合行政执法队（副科级公益一类事业单位）；整合县交通备战中心、万荣县交通运输局道路工作站，组建万荣县公路事业发展中心（股级公益一类事业单位）。

【重点工程建设】 省道裴运线南张至薛李段道路拓宽改造项目。路线全长6.8公里，概算投资1.21亿元，工期两年，2021年4月14日开工建设，南外环线（运稷路至张高线）道路改造项目，路线全长6.05公里，概算投资2500万元，工期两年。

【黄河一号旅游公路支线】 寺后至旅游路，路线全长3.287公里，总价1887.62万元。2021年4月27日开工建设，计划2022年6月底前完工。小风线至秦村，路线全长5.712公里，总价1383.66万元，2021年5月13日开工建设，寺后汾河大桥及引线项目，路线全长1.262公里，总价3689.55万元，2021年9月2日开工建设，计划2022年6月底前完工。

【“四好农村路”】 “四好农村”路建设项目11项，万荣县裴庄镇岔门口、寺后两村泄洪工程、沿黄旅游公路（第二部分）绿化土方工程、黄河文化雕塑博览园10千伏配电工程、黄河一号旅游公路万荣段标志信息系统工程、黄河一号公路万荣段景观服务系统雕塑园广场工程、黄河一号旅游公路万荣段景观服务系统北辛舍利塔广场工程、李后路至偏店道路改造工程、浩吉铁路万荣货场通站道路改造工程、道路养护提质工程、皇甫工业园至三光线道路建设工程、安全生命防护工程全部完工。

【道路抢通】 2021年9—10月，万荣县遇到持续强降雨极端天气，多次暴雨造成全县农村公路水毁严重，11条县道、85条乡村道路水毁共305处，灾后重建抢修230处，抢通75处。三三线、西思雅至王显、上七线、庄利至西村、老庄至西卫、林山至荆村、三光线、里望至北阳堡至东丁沟、下裴线、刘和至运稷路、下西线、沿黄路至刘村、黄河一号旅游公路等13

段水毁修复项目列入2022年度新改建项目。

【道路养护】 组织开展集中道路普查巡查6次，日常累计养护2800公里，路面洒水47次762公里，清洗路面淤泥7612平方米，清理道路堆积物、垃圾230立方米，路肩打草280公里，挖补路面6000平方米，灌缝刷油6420平方米，清理排水沟50公里，疏通排水眼、口43次，修复水毁37处。

【路政管理】 组织公路巡查325车次2864公里，查处办结抛撒污染路面10起，现场清理障碍物22处，清扫处置污染路面9处，清理整顿乱堆乱放、打场晒粮、摆摊设点等324起，拆除违建广告牌26个，治理道路塌陷、裂缝、水毁等31项。

【行政执法】 加大对道路旅客运输、危货运输、城市客运、交通工程质量安全等专项治理，查扣非法营运车辆6辆，纠正不按疫情防控规定要求乘客佩戴口罩、定期消毒、扫码上车等行为35车次，查处违规装载源头企业案件10起，协调解决道路运输、城市客运等方面投诉举报4次，保证从业人员规范运营。牵头整治淘汰国Ⅲ中型、重型柴油货车95辆，超计划3.25%。

（李伟斌）

闻喜县交通运输局

2021年，闻喜县交通运输局紧紧围绕全县中心工作，对照县第十五次党代会安排，紧扣“十四五”规划，聚焦市委“五抓一优一促”经济主抓手和县委“1146”发展战略，精心谋划，推进交通运输各项工作精准见效。被国家机关事务管理局、中共中央直属机关事务管理局、国家发展和改革委员会、财政部授予“节约型机关”。被市交通运输局授予“完成2021年度交通运输重点工作任务先进单位”。

【重点工程建设】 高速及国省干线公路建设。342国道闻喜过境改线项目已进入省厅可研报告行业审查程序。农村公路建设。全县共完成农村公路建设任务17.731公里，完成建设投资3304.7124万元，完成率100%。较大人口规模（30户及以上）自然村通硬化路完成11.761公里，投资1210.8347万元；乡镇通三级以上公路5.93公里，投资2093.8777万元；村道安防工程完成1.17公里，投资30.264万元；危桥改造完成1座，投资77.801万元。农村公路养护。全年共完成县级“路长制”标志牌45块、部分破损路面补坑1300平方米、罩面7000平方米、清理塌方460立方米、清理垃圾520立方米、修剪遮挡视线苗木32公里；完成9条县道共65公里标线刷新、防护栏180米更换工作、农村人居环境“六乱”整治128公里。沿涑水河田园风光示范带建设。印发闻喜县建设沿涑水河田园风光示范带工作方案，强力推进工作落实。全县共计划实施项目7个，总投资17.1亿元，已完成投资6.7亿元。

【运输服务保障】 基础场站建设。全年新增绿色候车亭10座。公共服务效能提升。与盐湖区新开通闻喜至运城108路城际公交客运班线；全县已全部实现65周岁以上老年人免费乘坐公交车，出租车车身全部喷涂标识，“95128”电召服务已覆盖全县。“我为群众办实事”实践活动。在高考期间开展“爱心送考”公益活动，共计出动公交车辆83辆，从业人员107人，并在“学习强国”进行宣传报道。

【大气污染防治】 国Ⅲ及以下营运中型和重型柴油货车淘汰工作。全年完成国Ⅲ及以下营运中型和重型柴油货车淘汰250辆，占年度任务242辆的103.3%，提前超额完成淘汰任务。持续推进新能源在行业中的推广应用，全县新增新能源公交车12辆，共有公交车103辆，新能源公交占比100%；新能源纯电动出租车64辆，清洁能源出租车200辆，共有264辆出租车，新能源和清洁能源出租占比100%。150万吨以上大宗货物工矿企业“公转铁”工作。全年150万吨以上企业铁路运输量为371.33万吨。

【行业治理】 法治部门建设。开展执法领域突出问题专项整治，对所辖区45家监管企业不定期进行“双随机、一公开”检查，并将检查结果在“互联网+监管”平台及时公开，公开率100%；对本辖区191条行政处罚信息全部在运城信用平台公开，公开率100%；全年共查扣违法违规车辆90辆，查处路赔案件19起，运政案件219起，路政案件43起，结案率

100%；“12328”执法投诉处理收件80件，办结80件，办结满意率100%；及时召开全县货运源头企业治理工作会议，对政府公示的货运源头企业进行不定期巡查，共计出动执法车辆680余次，人员1580余人次，巡查企业1070余次，填写监督检查记录表710份。行业安全生产。扎实开展“集中攻坚行动”，印发工作通知，制定任务清单；重点开展专项整治，聚焦春节、“五一”、“两会”、“十一”等重点时段和重点领域，强力开展安全生产督查检查和危险化学品运输安全大排查大整治行动；开展运输市场安全大排查大整治，共计查处各类运输违章车辆20辆次；开展公路清障整治活动，累计清理乱堆乱放48处、公路摆摊设点26处、打场晒粮4处；开展汛期安全应急演练活动，共计参加人员60人次，准备编织袋200条、锹20把、镢头10把、运输车辆5辆、抢险车辆5辆、挖掘机1台、推土机1台、发电机2台。铁路沿线安全环境治理。制定印发《闻喜县铁路沿线安全环境治理联席会议制度》，成立铁路沿线安全环境治理联席会议制度，全面落实“双段长”工作机制，共排查整治普速铁路风险隐患42处，销号率100%。

【应急保障】 抗洪抢险救灾。2021年9月下旬，全县遭遇强对流极端天气，强风大雨造成多处道路路面塌陷，山体滑坡，树木折断，严重影响车辆和行人安全。县交通运输局不断提高政治站位，加强领导，周密部署，严阵以待，节假日不休息，管理人员、养护人员、应急队伍全员上岗，坚持24小时轮班上路巡查，发现损毁立即处置，共组织出动抢险抢通人员1000人次，机械设备80台次，设置警戒标识50处，堆放沙袋2000袋，处置路基、路面损毁路段40处，清理滑坡、塌方土石方50000立方米，清理、修复排水沟20公里，修复路肩13公里，共抢通恢复道路通行60公里，保障全县道路畅通。9月26日凌晨4时左右，接闻喜县政府通知南同蒲铁路因降雨路基塌方造成K238次深圳西至太原客车停运在闻喜车站，滞留旅客340名，需转运至闻喜高铁西站，闻喜县交通运输局立即调派2辆大型客车、5辆中型客车，按照全县常态化疫情防控要求，分12台次将340名旅客安全转运至高铁西站。灾后恢复重建。制订《闻喜县县乡路水毁恢复工程实施方案》，完成农村公路灾损评估工作，全县农村公路灾后损失重大项目62处，3.42公里，1座桥梁，4道涵洞，估算资金2852.1万元。其中县级以上道路修复项目42处，2.04公里，1665.1万元；乡村道路修复项目20处，1.38公里，1187万元。截至年底，桐阳路、礼薛线（K4+300~K4+700）、龙到头、闻苍线路基工程已完工，准备路面及附属工程；吴吕坝管涵基础已完工，准备路面及附属工程。

【疫情防控】 2021年7月31日，县交通运输局配合卫健、公安等部门在闻喜高铁站、闻喜火车站等交通场站设立疫情防控检测点，对来闻返闻人员进行“三码”检测；西安疫情发生后，立即召开局党组专题会议并成立工作专班，制定应急预案。要求全县所有公交、出租车每日一消毒，驾驶人员每周一次核酸检测，全面排查全县货运、客运、冷链物流企业，快递公司外省返闻人员；12月22日凌晨，接到县政府要求设卡通知后，立即启动闻喜县交通运输系统疫情防控应急预案，安排执法队4个中队共20余人分别在侯平高速闻喜站和东镇站、闻合高速薛店站和阳隅站联合交警、卫健等部门连夜开展疫情防控工作，12月23日又新增畖底阳王坡和阳隅坡底2个卡点；12月27日根据县疫情防控指挥部要求，对全县客运车辆实行严格管控。对巡游出租车、旅游包车、城际公交车全部停运，农村客运停运4条班线。全县交通运输行业重点人群全部进行核酸检测，接种疫苗2168余人，接种率99.3%。

【党的建设】 2021年，在新一届局党组领导下，找准位、定好标、出对招、走在前、作表率。机关党建工作从无到有、从弱到强、从旧到新，夯实组织基础，干在实处、走在前列，从党史学习教育活动入手，深入学习贯彻中共十九届历次全会精神，学习习近平新时代中国特色社会主义思想，坚持组织党员学习不间断、开展思想政治工作不动摇，加强党风廉政建设不放松，创新工作，使机关党建工作焕发出勃勃生机。为加强党员干部综合素质，每周五开展“集中学习活动”，截至年底累计学习达50次。在中心工作中开展“疫情防控党员在一线”“水毁工程党员冲锋队”等活动，通过实际工作，彰显共产党员先锋模范作用。

（谭国杰）

稷山县交通运输局

在市交通运输局正确领导下，稷山县交通运输局积极主动适应新常态，紧紧围绕工作目标，明确工作重点，攻坚克难、勇于担当，圆满完成市局目标任务，有力推动各项工作顺利开展。2021年，获市交通运输局“2020年完成工作目标先进单位”称号，获稷山县委“先进基层党组织”称号，获市禁毒委员会“全市禁毒工作先进单位”称号。

【持续加强常态化疫情防控】 系统内156人，已接种148人（8人因特殊原因不能接种），行业从业人员2738人，除53人由于特殊原因不能接种，其余全部接种完毕。

【积极应对突发事件发生】 10月，稷山遭遇近40年来最大洪峰，致使公路受损严重，多条公路出现不同程度水毁灾害。县交通运输局全力做好水毁重建工作，已谋划22个重建项目呈报上级相关部门。

【协调推进干线公路建设】 建设里程22.34公里，共有互通立交2处，桥梁10座1313米。稷山段总用地1832.87亩，其中：涉及基本农田960.45亩。市局正在编制可行性研究报告。

【强力推进黄河一号旅游公路建设】 估算总投资3.1亿元。立项、省厅咨询审查、初设和施工图设计、财政评审工作已完成，12月完成招投标等前期工作后开工建设，2023年完成建设任务。

【统筹做好沿汾河旅游公路规划设计】 路线全长26.87公里。总占地1933.06亩。新增用地704亩，涉及基本农田645.9亩。估算总投资5.6亿元。立项工作于6月份完成，县审批局已完成初步设计评审工作。

【深入推进“四好农村路”建设】 该项目涉及建制村通双车道、自然村通硬化路、乡镇通三级以上公路建设、公路提质改造等19个项目58.13公里。其中：建制村通双车道7个项目11.44公里、自然村通硬化路7个项目14.95公里、乡镇通三级以上公路4个项目17.84公里、公路提质改造工程1个项目13.9公里。截至年底，“四好农村路”项目建设已全部完工。一是公路提质改造，涉及1个项目13.9公里（县道闻苍线运稷一级路至下王尹段），已完成建设任务。二是战备公路项目建设，全长2.468公里。于6月7日开工，已完成建设任务。三是平安文明路建设10，按照创建“平安文明路”实施方案，明确创建标准、创建时间和工作要求，确定下裴线东里至翟店10为实施路段。11月份已完成建设任务。四是推进公路扬尘污染长效常态治理，严把路面养护保洁关，为广大群众创造更加优良的出行环境。加大公路预防性养护和清扫保洁力度，及时处治路面病害，有效减少因路面病害导致车辆颠簸造成的扬尘抛撒污染，累计出动养护人员4200余人次清扫路面2650公里、出动机械车辆280辆、清理垃圾331处110立方米、县道草被整理累计完成321公里，修复标志牌78块，修复隔离墙320米、修复道口标注18根，路面排水135处，清理边沟6.8公里，粉刷隔离墙708.1平方米，修复路面病害11492余平方米、刷油1179平方米、贴缝3742米、灌缝2185米、罩面15.8平方米。五是加强农村公路养护工作，农村公路列养率达100%，年末优良中等路率保持在89%以上。建立稳定长效的养管队伍，对养管人员和养护公司科学、合理划分养管线路；加强对养管工作的量化考核；进一步提升县道服务功能；强化日常养护、抓好中小修、抢险等养护工程；按时准确上报各项统计报表，及时进行分析数据。全县农村公路优良路率达85%以上。六是迅速抢险，确保畅通。在这次洪灾中，全县公路已造成459处120余公里水毁路段，估算损失28135万元。截至年底，共组织出动抢险抢通人员2300人次，机械设备780台次，设置警戒标识60处，使用排水泵50台次，堆放沙袋2100袋，处置路基、路面损毁路段120处，清理滑坡、塌方土石方50处，清理、修复排水沟18处，修复路肩5000米，设置临时急流槽20米，共抢通恢复道路通行42公里，投入资金520万元。

【巩固深化“三大攻坚”成果】 一是加强面源污染管控。二是严格落实绿色运输示范区管控。实行24小时全天候联合执法，共出动执法车辆72辆次，执法人员432人次，劝返车辆170余辆，交警部门处罚违反禁令10辆。三是开展路检路查，严禁向“禁煤区”运输煤炭。累计出动执法车辆30辆次，执法人员170人次。四是加强道路抛撒扬尘治理。五是重污染天气各项管控措施落实。

【深入推进法治政府部门建设】 严格落实《党政主要负责人履行推进法治建设第一责任人职责》规定，制定完善重大行政决策和规范性文件合法性公平竞争审查办法，加强对重大行政决策、规范性文件、合同的合法性审核和公平竞争审查，确保行政行为合法合规。全年组织2次执法人员执法证件考试，参加人数38人，全部合格。先后在县委广场组织开展“5·12”防灾减灾日、“6·16”安全生产月宣传。

【加强交通执法规范化建设】 一是加强“信用交通省”创建。完成创建“信用交通省”“信用运城”各项任务。截至目前共计公布并利用“信用交通”网络平台上传行政处罚案件213起，处罚金额17.7万元。二是加强法律法规知识学习培训。提高案卷合格率。截至年底，法制办审核行政处罚案件213起，行政复议案件0起、行政诉讼案件0起。共受理群众投诉举报67起，其中“12328”交通运输服务监督转办单37起，“12345”运城市政务服务热线转办30起。三是加强事中事后监管。建立“双随机、一公开”台账126家企业，其中(货运企业79家、维修企业47家)，执法人员入库10名，随机抽查执法人员2名对8家货运企业进行检查，并在“双随机、一公开”平台和国家信用平台公示。四是加强路政管理，营造护路氛围。共出动车辆156辆次、738人次，制止清理乱堆乱放、摆摊设点、乱挤乱占85起，拆除非公路标志标牌228处，消除安全隐患22处，查处路赔案1起，赔偿1372.5元。公路扬撒案24起，罚款26000元。路政案件发现率、查处率、赔偿率、结案率达100%。五是加强运输市场监管。客运管理。对全县5家道路旅客运输企业和城市客运企业进行摸底建立企业管理台账，全年共巡查30余次；完成新万通和中天公司的质量信誉考核工作；出动执法车辆55辆次，出动执法人员313人次，纠正不规范行为35次，共查处客运市场违法行为9起，有力地维护客运市场秩序。货运管理。对辖区内79家货运企业，15家物流企业进行监督检查。对符合条件的47家货运企业进行质量信誉考核，AA类3家，A类44家。核查货运企业内部加油站点19家。

【全面加强安全生产工作】 认真落实“党政同责、一岗双责、齐抓共管”的安全生产责任体系，提升党组成员领导责任。与行业领域130家生产经营单位签订安全生产履职尽责承诺制度。对企业负责人和安全生产管理人员需要参加考证进行摸底，86人分批次参加考试，对重点行业高危企业40家，进行分级分类监管，具体到责任人。局安全领导小组对下属单位和重点企业督查指导28次，发现隐患并督促整改28次。对有安全隐患的企业或个人实施行政处罚213起，罚款17.7万元。

【全面抓好党建工作】 2021年，中心组与各支部研讨14次，播放党史故事视频20次、考试测试2次、中心组以上人员理论宣讲8次，撰写个人心得体会5篇、精选“百年奋进、百年荣光”主体书画精品5幅，购买党史读书75套，三史学习书10套，开展“我为群众办实事”11件中已完成5件，报送信息17期。投资15.8万元建设党史墙体宣传栏、党建长廊及党员体育活动室、休闲吧、书吧。从严履行管党治党两个主体责任、深入推进党风廉政建设和反腐败工作，2021年共开展“四谈四讲”914人次，其中科级干部182人次，股级干部732人次。在抓业务工作的同时，不忘抓精神文明建设。出租车数年无偿服务高考献爱心，积极参加抗洪救灾抢险支援，免费转送受灾人员、抢险人员，出动262车次，接送受灾群众和抢险人员3万余人。“巾帼建功创佳绩”，全系统妇女积极参加爱心服务抗洪救灾，执法大队田冬苗被稷山妇联授予“巾帼建功十大标兵”；张祎红家庭被授予“科学教子最美家庭”；一系列精神文明活动开展，增强全县交通运输系统干部职工积极向上精神力量。

（杨保明）

新绛县交通运输局

2021年以来，在县委、县政府、上级交通运输部门正确领导下，新绛县交通运输局以习近平新时代中国特色社会主义思想为指导，认真贯彻落实中央、省、市、县一系列安排部署，全方位推动安全生产、疫情防控、公路建设、道路运输、防汛抢险、交通设施灾后重建、农村公路养护管理等交通运输工作的高质量发展，圆满完成年度各项工作任务。

【重点工程建设】 一是以重点项目建设为引领，优化全县公路路网结构。启动省道临夏线新绛县城过境改线项目建设，全长9.4公里，总投资3.1亿元。6月开始分两个标段施工。二是以机制体制创新为抓手，提高全县农村公路养护管理水平。建立健全农村公路管理办法，明确县乡村公路的产权归属和养管责任，严格落实"路长制"。全县确定总路长1名、县级路长1名、乡级路长9名、村级路长153名，路政员5名、监管员76名、护路员228名。加强综合行政执法队伍建设，加大路面巡查和群众联防联控，安装推行"智慧交通"平台，有效维护路产路权的合法权益。

【"四好农村路"示范创建】 新绛县交通运输局用活用足上级政策，坚持每年改造一定数量农村公路，通过几年努力，彻底改善全县农村公路面貌。2021年完成"四好农村路"改造项目34公里。

【运输服务保障】 客运管理。完成年度质量信誉考核工作，对行政村通客车情况进行核查，安装完成农村客运候车亭。联合县司法局聘请心理健康辅导教师对全县公交车驾驶员进行心理健康辅导培训。货运管理，完成普货运输公司年度质量信誉考核，强化对货运公司的安全生产主体责任制落实，经常性进行疫情防控日常监管。维修管理。完成全县二类维修企业、三类维修企业的质量信誉考核工作。驾培，完成年度质量信誉考核，对驾驶员进行资格证诚信考核。源头治超，对政府公示的企业进行巡查，强化源头治超工作监督检查。

【大气污染防治】 根据新绛县推进国Ⅲ及以下排放标准营运中型和重型柴油货车淘汰工作领导小组安排，协调县交警大队、各乡镇进行国Ⅲ及以下排放标准营运中型和重型柴油货车摸底调查，新绛县国Ⅲ车淘汰任务总数585辆，2020年至2021年任务为570辆，已注销585辆。新绛县共有公交车辆93辆，其中新能源纯电动公交车82辆，占全县公交车总数88%；共有出租车123辆，其中1辆为纯电动，122辆为油气两用。加大对秋冬季大气污染防治工作宣传力度，按照"生态环境部门检测取证、公安交警部门实施处罚、交通运输部门监督维修"的联合执法模式，依托新绛县九原大道东口和高速口2个主要入城口，进行建成区优化柴油货车通行管控。

【行业管理】 运输市场监管。加大道路运输市场执法力度，进一步建立完善运政执法监督检查管理档案和举报制度。以"两客一危"日常监管为重点，督促指导企业落实安全生产主体责任，实时组织开展机动车维修市场、驾驶员培训市场、危险货物运输等专项治理，严厉查处非法营运及各类违法违规经营行为，保障运输市场安全、稳定、有序。路政管理。开展以"学党史、当先锋、护公路、优服务"为主题的路政宣传月活动。路域环境综合整治。加大对辖区、县乡公路的日常巡查力度，大力查处"乱搭乱建、乱堆乱放、乱倒乱排"。开展重点货运源头专项整治工作。持续保持重点货运源头治超的高压态势，认真履行监管职责，督促企业落实治超主体责任，与政府公示的源头企业签订目标责任书和承诺保证书，统一为源头企业制作"三严禁""五不准"警示牌，严格落实"黑名单"制度和"一超四罚"联合惩戒规定。铁路沿线安全环境治理。印发《新绛县铁路沿线安全环境治理联席会议制度》，全面落实"双段长"工作机制。

【政务信息公开】 结合深化改革工作进程，进一步加强对政务公开工作的领导，确保政务公开工作质量，不断提升政务公开工作水平，将应公开的信息及时、准确、全面公开，通过新绛县人民政府网，依法公开工作信息51条（其中政策法规4条；通知公告公示6条；工作动态34条；财政信息7条）。通过政府网站、"12328"和"12345"等平台推进政务公开工作，接受群众来电来访事项，全年共接待群众来访40余人次，信访转办5件，"12328"和"12345"咨询投诉67件，已全部办结，办结率达到100%。

【应急保障】 9月上旬开始，新绛县连续强降雨，全县道路遭受不同程度水毁。10月以来，受汾河、浍河上游影响，近40年来最大的洪峰进入新绛县境内，造成全县部分路段出现淹没、路面沉陷、护坡塌方、路面积水、滑坡等险情，受损情况严重，部分道路无法通行。全县交通基础设施水毁县道95处32公里，乡道16处18公里，村道63处90公里。根据新绛县防汛抢险和灾后重建指挥部统一安排部署，新绛县交通运输局迅速落实、积极响应，全力以赴投入防汛抢险救援和灾后交通设施恢复重建，围绕道路巡查、应急保障、群众转运、集中安置、道路抢修开展工作。10月18日，全县水毁路段已经全部抢通。制定《新绛县交通运输基础设施灾后恢复重建工作方案》，按照一般、较重、严重、特别严重分为四类灾后恢复重建项目进行推进。水毁路段处置共完成路基路面沉陷7930平方米，护坡3950立方米，清理塌方22200立方米，投入人工850人次，机械450台班。全县除108国道过境路段、高义钢厂路、华新线山区段、新北线刘雅沟等受灾特别严重的路段需要重建外，其余路段已恢复到灾前水平。工程建设中，坚持按照工程标准，强化质量监督，确保符合技术规范，力争2022年圆满完成灾后重建工程项目。

【疫情防控】 坚决阻断病毒通过交通运输环节传播扩散，成立疫情防控专班，分客运、货运物流两个小组，强化常态化疫情防控督导检查，督促全县交通运输行业重点人群全部接种疫苗，按照防控要求每周定时定点核酸检测，特别是西安疫情后，全县客运车辆在属地防疫指挥部的统筹安排下全部停运。

【党的建设】 扎实开展党史学习教育。局党组把开展党史学习教育作为一项重大政治任务，高度重视、精心组织。制定《实施方案》，成立领导小组。学习教育中把握正确导向，创新学习教育方式方法。坚持领导干部自学与理论学习中心组学习相结合，集中培训与在线学习相结合，以上率下、引领示范，引导党员干部切实在学用贯通、知行合一上下功夫见成效。把党史学习教育同年度工程任务结合起来，以公路交通基础设施建设的高质量发展积极回应基层和群众关切，促进县域经济社会的全面发展。扎实开展"我为群众办实事"实践活动，建立工作台账，明确责任、完善举措，逐项进行落实。全面加强机关党的建设。坚持以党的建设为统领，着力深化理论武装，着力推进融合发展，着力夯实基层基础，着力正风肃纪反腐。积极开展党员先锋岗、党员志愿服务、在职党员到社区共创共建等活动，以实际行动践行初心使命，展示新时代共产党人的良好风貌，以优异成绩向中国共产党成立100周年献礼。经常性开展廉政教育，通过警示教育，警钟长鸣，正确认识全面从严治党新形势、主动适应全面从严治党新常态、努力践行全面从严治党新要求。

（刘　莹）

绛县交通运输局

2021年，绛县交通运输局坚持以习近平新时代中国特色社会主义思想为指导，全面落实交通强国战略，紧紧围绕省委"四为四高两同步"总体思路和要求、市委"五抓一优一促"工作部署和县委"五四发展思路"，按照全县经济工作会议精神和县《政府工作报告》提出的目标任务及工作安排，全面落实从严治党主体责任，大力弘扬"认真顶真，事事当真；求实务实，件件落实"的工作作风，抓好疫情防控常态化，大力推进交通运输领域突出问题专项整治，抗洪抢险保畅通，着力优化营商环境，不断推动县域经济高质量转型发展。被市交通运输局授予完成2021年度交通运输重点工作任务先进单位。

【道路工程建设】 大推进力旅游公路建设和"四好农村路"建设，推进重点工程项目审批工作。一是根据美丽乡村建设和农村环境整治要求，南柳泰山庙旅游公路建设项目10月按期完工；完成紫家峪、磨里峪、续鲁峪、陈村峪、里册峪、尧文化6条旅游公路建设项目设计批复。二是积极推进"四好农村路"项目建设。2021年省厅下达绛县县乡公路改造计划任务24.822公里，乡镇通三级路3.1公里，包括连固线至姜源祠、周家庄至卫横线、北步康至新胜至绛勃线、焦家涧村至白家涧村、日凤线至横南村、南卓线郭家庄村、巩村至岭南、步冷线至上吕村、孙东线至吉峪村、南官庄至尧寓、岗焦线西录村至郝家窑，共计27.922公里，年底前全部完工。三是大力推进重点项目前期工作，G241呼北线绛县段改线项目相关手续基本完成，荷宝高速绛县连接线招投标工作全面完成，已下达开工通知。四是全面落实"路长制"工作要求，建立起县有路政员、乡有监管员、村有护路员的路产路权保护队伍。五是对县道155公里全面养护，县道进行补坑作业1108平方米，冷线划线851平方米；回马岭广角镜安装8块，对槐泉桥、郇王桥、北册桥、磨头桥粉刷，增设标志牌3块；安装"一灯一带"减速带19处97米。

【运输服务保障】 基础场站建设。绛县城市公交场站（陈村站）建设已完工。运政安全管控。坚持不定期对各货运企业、驾校等落实主体责任、从业人员管理、设施设备情况进行检查。加强禁毒工作。配合县公安民警深入辖区内各物流企业，对企业内从业人员及驾驶员进行尿检90余人，发放标语50条，宣传册300份。

【大气污染防治】 全年完成国Ⅲ淘汰任务总数为369辆，截至年底，已淘汰报废回收75辆，转出外省3辆，交警灭失注销296辆，合计375辆，超额完成淘汰任务。

【行业治理】 一是路政巡查稽查。在国省县道公路上进行全面巡查，路政中队共出车60辆次，人员300人次，清理非公路标志20处，清理占用公路摆摊设点40处，有效改善公路通行环境，保障公路安全畅通。案件处理1件。二是打击非法营运。开展出租车营运安全大检查，把市场管理与执法监督有机地结合起来，加大对违规经营行为的查处力度，尤其是加大现场纠查和教育处罚力度。全年共出动执法车40辆次，执法人员170人次，纠正驾驶员违规23起；检查企业安全隐患下达责令整改17项；处理非法营运案件1件。三是综合治超工作。加大源头治超力度，对新公示货运源头企业37家逐一排查，对其负责人和从业人员进行培训和指导，梳理并确定7家重点货运源头企业进行重点巡查。共巡查重点企业427家次，出动车辆95辆次，人员571人次，检查车辆9891辆次，检查装载货物量共计301778吨。四是行业安全生产。加强组织领导，明确目标任务，成立由党组书记、局长为组长，其他班子成员为副组长，各相关股室、单位负责人为成员的安全工作领导小组，制定《安全生产专项整治三年行动工作实施方案》，坚持召开安全生产会议，扎实开展安全生产专项整治活动。安全生产月期间，开展安全生产宣传"五进"活动，通过悬挂横幅、张贴标语、散发宣传资料、设立咨询台的方式，开展安全生产专项整治及宣传活动。开展道路运输领域打非治违、安全生产"大排查、大整治、大督查"等专项整治活动，以"两客一危"道路客货运输、城市客运等行业领域为重点，采取平时检查与集中督查、明察与暗访、日常检查与专项整治相结合方式，对各道路运输企业开展安全监督检查，督促企业认真落实安全生产主体责任。共检查企业172家次，发现安全隐患问题173个，整改到位135个。

【应急保障】 抢险救灾保通。9月—10月，全县遭遇40年一遇的持续降雨，给农村公路造成很大损毁。县交通运输局强化同各乡镇人民政府沟通协调，持续加大公路日常巡查力度、开展水毁道路统计和隐患排查。共组织出动抢险人员60人次，机械设备86台次，设置警戒标识68处，堆放沙袋563袋，处置路面沉陷、掏空路段40处、回填沙砾42000立方米、清理滑坡、塌方土石方11处38000立方米、清理排水沟30处3400米。全县水毁路段及设施抢通保通投入资金320万元。灾后重建工作。完成农村公路水毁评估工作，全县农村公路发生水毁路段共计35条12.8公里，水毁估算经济损失约1720万元。截至年底，所有道路均修复，便道抢通，灾后重建项目正在开展可研报告编制及立项等前期工作。

【疫情防控】 坚持常态化疫情防控，在县横水、南樊、大交和绛县西高速路口设立联合检查站，24小时值班，做好查验、登记、检查佩戴口罩和劝返工作。在冷链物流管控中，为防止新冠病毒通过冷链物流渠道传播，积极加强从业人员新冠疫苗接种效率，组织各物流企业从业人员进行新冠疫苗接种，接种300人。

【**党的建设**】 在县委坚强领导下，局党组以中共十九大和习近平新时代中国特色社会主义思想为指导，全面落实从严治党主体责任，严明党的纪律和规矩，抓好"两个责任"落实，层层传导政治压力，为实现全局各项工作开展提供坚强有力政治和纪律保证。坚持"三会一课"制度，大力推动党史学习教育活动，召开专题研讨交流会9次，为群众办实事15件，先后开展"向组织汇报""党员护航，送爱回家""学党史、悟思想、办实事、开新局""整顿纪律作风，推进转型发展""为民办实事、永远跟党走""学习身边榜样""庆祝建党百年、争当奋斗先锋""弘扬伟大建党精神，奋力开创发展新局""助力村（社区）两委换届，做好乡村振兴答卷""集结红色力量、筑牢红色堤坝""学习贯彻省党代会精神，全方位推动高质量发展""亮明身份践承诺，办好开门一件事"等主题内容的党日活动，持续巩固深化党史学习教育活动。召开局党组全面从严治党工作会议和廉政工作会议，部署推动全局党风廉政建设工作，开展领导干部违规入企入股专项整治，集中整治文风不正、照搬照抄等形式主义问题，整顿纪律作风等，确保全面从严治党各项任务落实落地。拍摄的反腐微电影《诱惑》获得省纪委监委举办的第三届"清风正气"原创微电影展入围作品奖。

（王　军）

垣曲县交通运输局

2021年，在市交通运输局大力支持下，垣曲县交通运输局紧扣年初确定的各项目标任务，坚持以习近平新时代中国特色社会主义思想为指导，全面贯彻落实习近平视察山西重要讲话精神，按照县委"六三"战略部署，以"实、快、敢、公、韧"五个字为总要求，聚焦重点交通工程项目建设，以党的建设为统领，贯彻新发展理念，加快完善交通基础设施网络，加强综合运输规范管理，全面推动交通运输高质量发展。

【**公路建设**】 一是沿黄旅游公路下亳至西哄哄段60.5公里服务系统、景观系统、慢行系统、信息系统等相关设施建设已基本完成。二是清水河至下亳段53.2公里路基工程，四级公路标准。总投资3.3亿元。2020年10月开工建设，截至2021年年底，路基工程已完成。三是县乡通三级路项目。闻垣公路垣曲段路面改造工程全长10.575公里，总投资4000万元，8月开工建设，已完成7公里底基层工程，预计2022年6月全面完工。四是黄河一号旅游公路二期项目2个，小河口至后文堂支线全长8.105公里，谭家段连接线工程全长4.669公里，已开工建设。五是县乡公路改造工程，陈村街道段、原峪至岭回段两个项目全长6.818公里，已开工建设。六是建制村通双车道工程，张家庄至西坡道路建设全长5公里，11月开工建设。七是完成"一灯一带"安装任务81个，任务完成率为115.7%，安装平交路口减速带81处390米，路口警示灯8个，水泥防撞墩40个，凸面镜12个，道路标志牌20个，更换防撞护栏400米，桥梁公示牌60处。

【**"四好农村路"国家级示范县创建**】 根据创建"四好农村路"国家级示范县任务安排要求，垣曲县交通运输局高度重视，积极准备，一是按时完成内业资料整理和数据提交，按照上级示范创建核查要求，对内业资料进行再补充再完善，按照时间节点高质量完成内业资料装订成册和数据上传工作；二是高质量完成"四好农村路"汇报短片，聘请电视台专业人士，多方收集资料，多次讨论研究，完成汇报短片拍摄制作，全面反映全县"十三五"以来交通建设成就和"四好农村路"建设主要做法；三是加大全县道路路域环境治理，对公路沿线违法建筑进行清理，对道路标志标牌标线等进行完善和部分更换，对排水设施进行疏通，对城王线绿化加强管护力度和修剪美化，对同新线、阳店线、城王线、华峰互通连接线等水毁路段及时抢通和修复；四是深入推进"多站合一、一站多用"乡镇综合运输服务站建设，对历山站进行再提升再完善，养护、客运、旅游、快递已入驻，努力打造集多种功能于一体、全方位服务乡村运输综合服务体系；五是继续完善村通客车运行机制，城乡交通一体化公交线路再延伸，在皋落、长直、王茅3条已通城乡公交线路的基础上，再新增延伸至古城、英言、蒲掌3个乡镇，给沿线老百姓出行带来极大便利，受到沿线群众一致好评。

【道路养护管理】 持续围绕"四好农村路"总要求，建立健全政府主导、部门协作、社会参与的工作机制，认真落实"六定一保"责任制。推动实施垣曲县农村公路路长制。全县11个乡镇均成立乡级路长办公室，明确乡村道路的管理主体责任，实现"县道县管、乡村道乡村管"，安装完成县道、乡道、村道路长公示牌74块。进入7月份以来，由于多轮强降水天气，导致全县73条公路遭受不同程度损坏，针对道路损坏和塌方、滑坡等灾害，县交通运输局及时对塌方滑坡路段设置安全警示标志，同时加强道路巡查，安排机械及时清理路障，对部分损坏的桥梁进行沙石填筑，保障道路通行。先后共出动人员1300人次，投入各类机械550台次，抢通阻断路段120处，在上级部门要求的时间节点内实现道路全抢通，恢复道路通行，方便群众出行。

【综合执法】 持续加强交通运输行业监管，强化主体责任落实。一方面加强队伍建设，提高执法能力；一方面在原有工作基础上持续推进全县交通运输企业安全专项整治工作，深入开展"两客一危"车辆隐患排查，进一步加强运输车辆动态监管，严厉打击非法营运，整顿运输市场秩序，共查扣非法营运2起，未按规定使用计程计价设备、违规收费11起，不按规定维护和检测车辆2起，不按规定的线路行驶案3起、恶意人为干扰屏蔽卫星定位装置信号从事运输经营活动案4起，共罚款19650元；强化水路运输企业安全监管；加强短途车辆超载源头治理工作，巡查企业279家次，出动巡查人员554人次，检查登记车辆45462辆，装载货物2905619.367吨。查处2起货运源头企业为车辆超标准装载、配载行为，责令改正，并处以25000元罚款；加强环境污染治理等，出动执法人员3835人次，检查企业1850家，发现一般隐患90起，实施行政处罚罚款67650元，全部下达整改意见通知书，已全部整改到位。

【污染防治】 认真贯彻执行垣曲县政府《关于印发垣曲县国Ⅲ及以下排放标准营运中型和重型柴油货车淘汰任务工作方案的通知》，完成国Ⅲ车淘汰381辆，完成比率达111.87%。审核发放国Ⅲ车补助67台次，补贴资金1306695元。2021年自决战决胜蓝天保卫战夏季攻坚行动开展以来，共查处未采取必要措施防止货物脱落扬撒的车辆9起、立案9起，处罚1.2万元；对15家钣金喷漆维修企业错峰错时管控累计检查120次，限期整改和现场整改12家次；完成路面病害治理875平方米，清理道路塌方总量在12万立方米左右；建立沿黄旅游路清水河至下亳段道路64台、闻垣路改造11台非道路移动机械使用台账。加快新能源出租车应用，目前我县出租车182台中，新能源纯电动车辆36辆，油气两用清洁能源车辆100辆，燃油车辆46辆。

【疫情防控】 根据省、市、县有关疫情防控工作的安排部署要求，持续常态化开展行业疫情防控工作。交通运输局党组多次召开专题会议安排部署，积极应对，积极开展疫苗接种宣传统计工作，按要求积极动员行业从业人员参加疫苗接种，行业内接种疫苗人员1756人，确保交通运输行业安全稳定无疫情。

【从严治党】 一是全面落实从严治党责任，建立主体责任清单，局党组书记牢固树立主责主业意识，严格履行第一责任人责任，领导班子成员认真履行"一岗双责"，认真抓好各自领域内党风廉政工作。认真执行定期谈心谈话制度，建立"六大纪律"日常谈话台账562份。二是坚持每月主题党日制度，年初制定计划，按照活动要求认真组织开展各项活动，共开展集中学习30次，组织外出参观红色党史学习教育基地2次。局党组成员及党员干部开展专题学习研讨9次，党员领导干部撰写心得体会3篇，专题研讨心得9篇，领导干部带头讲党课，先后共开展7次关于党史学习教育专题党课。利用主题党日组织党史学习教育11次，开展党史学习教育知识测试1次。三是扎实做好优化营商环境和"三零"单位创建各项工作，认真对照自查，深刻查找问题，转变作风，加强纪律，推行"双随机、一公开"监管，加强动态监管，加快推进重点工程建设，大力营造全县良好交通运输环境。

【固定资产投资】 市局下达全县2021年固定资产投资任务为3.1658亿元，完成3.3881亿元，完成率107%。另外，按照市局安排完成2022年新开工项目立项和初步设计批复任务，确保2022年项目按计划完成。

（李建民）

夏县交通运输局

2021年，在县委、县政府坚强领导下，夏县交通运输局坚持以习近平新时代中国特色社会主义思想为指导，深入学习习近平总书记关于交通运输的重要指示批示精神，全面贯彻市委提出的“五抓一优一促”决策部署，认真落实县委、县政府“一级一核三带四强县”的战略安排和“两争一站”工作总要求，以深化党史学习教育为引领，以“大学习、大整顿、大提升”为动力，以黄河一号旅游公路“四好农村路”“美丽特色公路”“外通内连路网”等重点项目为抓手，科学规划，统筹安排，严格程序，规范运作，推动夏县交通运输高质量发展。被运城市交通运输局授予2021年度交通运输重点工作任务完成优秀单位；被运城市禁毒委员会授予全市禁毒工作先进单位；被县委、县政府分别授予2021年度“两争一站”工作先进单位、“五抓一优一促”工作先进单位；获县政协表彰的2021年政协提案办理工作先进单位奖；获县武装部表彰的2021年度支持民兵建设工作先进单位奖；获县总工会、妇联联合组织的2021年度“迎五一暨学党史、知党情—党在我心中”党史知识竞赛优秀奖。

【重点工程建设】 市政公路建设项目。完成2.429公里的西南环城路市政配套和绿化工程。农村公路建设项目。“四好农村路”续建工程26.53公里，完成12.25公里；上董村跨青龙河危桥改造工程，完成钻孔灌注；建制村通双车道工程8.6公里，完成4公里；自然村通硬化路工程20.35公里，完成13.24公里；埝裴线（埝掌至大候段）公路改造工程16.1公里，完成排水工程3公里，路基工程2公里完成水头工业园局部道路改造工程；投资35万元完成鲁因红枣产业园路基处理工程。黄河旅游一号公路续建项目。完成路面工程2个，共63.2公里，分别是主线石家至七泉段10公里，支线县城至上坪段53.2公里。完成下层铺筑具备临时通车条件工程1个，涧底河至泗交段改造工程，全长8公里。完成路基工程2个，19.2公里，分别是主线七泉至佛峪段路基11.7公里，主线佛峪至清水河段路基7.5公里。同时，按照“构筑快旅慢游网络，串联重要景区景点，提升公路旅游服务水平”的要求，在统筹推进主线、支线同步实施的基础上，完成绿化、亮化、美化以及驿站、营地、景观区、小憩园、慢行道（绿道）等服务设施工程规划设计，着力打造一条集公路建设与交通文化、生态文化、旅游文化、民俗文化为一体的高标准的美丽生态公路。夏县城市公交客运总站项目工程。工程建筑面积9400平方米，总投资6942.6万元，2021年9月开工建设，预计2022年年底竣工。省道临夏线县城至水头高速公路连接线项目。全长13.952公里，分主线和支线。完成项目可研报告编制和评审工作。河东东街延长线道路工程（夏县段）项目。全长2.64公里，分主线和支线两部分。完成项目前期的土地预审和规划选址意见书、可研报告批复等手续。涑水河旅游公路（夏县段）项目。全长19公里，完成公路规划编制工作、占用永久基本农田32.44亩纳入市县国土空间规划工作和对沿途企业、养殖场占地进行统计、评估工作，争取一般债券项目资金1900万元。条山旅游公路（夏县段）项目。全长约38公里，2021年进行勘察设计和规划。

【综合执法】 企业源头安全防控。按照“双随机、一公开”模式，将辖区“两客一危”、出租、维修、驾培等行业列为安全执法重点，进行全面检查。共出动执法人员1500人次，执法车辆300辆次，检查企业177家次，督促“两客一危”企业签订《安全生产履职尽责承诺书》25份；整治安全隐患37起，整改率达到100%。超限运输治理。从“车、货、路、人”四个关口入手，落实装载企业、运输企业、驾驶员安全责任意识。开展“跨夜行动”“零点行动”“凌晨行动”等系列专项整治行动。2021年,共巡查源头企业200次,出动巡查人员2000人次,出动巡查车辆600辆次,移交交警处罚19辆,核查源头企业341家次,移交超限超载车23辆,卸货475吨。城市客运治理。采取“早查+夜查+重点时段巡查”的稽查模式,重点对非法营运扰乱客运市场秩序违规经营和不文明经营行为采取了执法措施。先后对3家出租车公司和2家公交公司检查80次,发现整改隐患32起。对3家巡游出租汽车企业和148名驾驶员的服务质量信誉进行考核,其中,3家企业为AA级,驾驶员AA级占总数的96%。组织司乘人员毒品检测85人次,无发现吸食毒品现象。处理“12328”和“12345”投诉27起。路域环境整治。聚焦县乡公路路产路权,对公路控制区内的建筑物、种植物以及设摊、摆点占道经营行为进行宣传、取缔、清理,依法开展路域环境大整治。先后组织巡查442次,出动执法人员1841人次,清理非公路标志和广告杂牌57处,拆除其他地面建筑物30处,清理整顿占路摆摊设点439处,清理公路乱堆乱放52处。路政案件查处率达98%,纠正违章结案率达100%。

【大气污染防治】 国Ⅲ车淘汰。通过组织重点企业负责人召开工作推进会、工作人员深入乡镇村主动上门与车主面对面宣传解读国Ⅲ柴油货车淘汰补贴政策等方式,推动国Ⅲ车辆淘汰工作顺利完成,名列全市第一。运输结构调整。积极推行“公转铁”工作。2021年,累计发送货物4.4934万吨。新能源出租车的推广应用。2021年,更新新能源出租车110辆,达到年度更新任务89辆的123.6%,超额完成更换任务。

【安全生产】 以“安全生产专项整治三年行动”“安全生产月”等活动为载体,开展道路交通安全、工程施工安全、机动车维修市场安全等专项整治行动。扎实开展安全生产“大排查、大整治、大演练”行动,查处并整改一批安全隐患。细化“三管三必须”责任,进一步完善安全生产监督管理职责清单和履职规范。同时,定期开展应急演练,提升安全监管能力。

【“路长制”推进】 全面实施县、乡(镇)、村三级“路长制”,建立“精干高效、专兼结合、以专为主”的农村公路管理养护体系。2021年,共补修坑槽5100平方米,完成路肩培土15600立方米,整修排水沟120米,完成安全生命防护工程共58,安装“一灯一带”工程31处、广角镜61套、爆闪灯68套、标志牌15套、标线35000平方米,保障条条公路干净、整洁、便捷、通畅。全县农村公路列养率达100%,好路率达87%。

【疫情防控】 坚决阻断病毒通过交通运输环节传播扩散,特别是西安疫情外延期间,立即启动应急响应,在县防控指挥部统一领导下,严密组织,全面部署、科学安排,扎实推进,与卫健、社区等部门密切协作,全力做好交通停运、运营方面的疫情联防联控工作。全县交通运输行业重点人群全部进行核酸检测,接种疫苗410人,接种率100%。

【抢险救灾】 2021年汛期,制订《夏县农村公路灾毁路段抢通保畅工作方案》,组织公路管养队伍,清理塌方,抢修便道。先后投入自卸车、装载机、挖掘机160台次,人力360人次,沙石料2000立方米,编织袋3000条,设立警示牌230块,投入330万元资金对灾毁路段进行抢修,保障全县各条路段的通行,并对灾后重建工作进行安排部署。

【党的建设】 深入开展党史学习教育和大学习、大整顿、大提升活动,促进广大党员干部学党史、悟思想、办实事、开新局,凝聚干事创业的激情和动力;深入推进党务公开、政务公开、财务公开,做到日清、月结、季公开、年审计,以铁的纪律扎紧扎牢制度笼子,有效杜绝交通运输领域腐败问题和群众身边不正之风现象的发生。严格落实中央八项规定,持之以恒纠正“四风”,着力构建党风廉政建设长效机制,实现常态化。制定《领导干部党风廉政建设责任制》《关于进一步加强党风廉政建设和反腐败工作实施方案》,对遏制和纠正“四风”进行深化、细化、具体化;组织参观夏县农村党员干部廉政警示教育基地,专题召开运城市财政局原调研员张晋生严重违纪违法问题的案例警示教育大会,教育全体人员做到以案为鉴、警钟长鸣,坚持把纪律规矩挺在前面。

(景立红　曹晋茹)

平陆县交通运输局

2021年，平陆县交通运输系统全体干部职工始终坚持以习近平新时代中国特色社会主义思想为指导，全面落实中央、省、市、县决策部署，战疫情、保抢通、抓项目、促发展，圆满完成年度目标任务。

【"十四五"及2035远景目标规划编制】 科学规划编制《平陆县综合交通运输"十四五"期间发展规划》，确定"十四五"期间全县交通运输的目标方向及实现路径。

【重点工程建设】 运三高速三门峡公铁黄河大桥连接线项目建设。全长15.215公里，预算投资28.41亿元。协调完成4个批次的调查、核实、计算和补偿金发放，已拨付补偿资金10562万元。黄河一号旅游公路运城市平陆县(茅津至复晟路)新建暨防汛生态保护工程。全长8.419公里，预算投资8480万元，累计完成投资5300万元。522国道三湾至常乐段改建工程，全长22.707公里，预算投资35424万元。

【农村公路养护】 紧紧围绕"四好农村路"建设要求，抢抓机遇、克难攻坚，扎实推进"四好农村路"建设迈入高质量发展阶段。截至年底，农村公路总里程达1152.959公里，村村通水泥硬化路或沥青路率100%，通行政村双车道四级路覆盖率实现100%。一是规范项目建设。严格规范建设程序，构建四级质量保障体系，实行"一月一督查、一月一专报"制度，倒逼工程建设各个环节提速提质提效。二是强化监督管理。建立健全县、镇、村三级路长制体系，出台《平陆县"四好农村路"路长制绩效管理考核实施细则》，明确考核办法、标准及奖惩，确保道路监管工作常态化、长效化、规范化，全县农村公路列养率达100%，优良路率达到84.7%。三是注重关键环节。建立日常养护、集中养护、专业化养护和群众养护相结合的管养模式，推行一支管养队伍、一个办公场所、一笔管养经费、一个运行机制的规范化建设，实现全县农村公路养护全覆盖。四是服务经济发展。以农村公路带动乡村旅游和农产品输出，打造美丽农村路17条段130公里，建立农村公路综合服务站7个，客运候车亭143个，建成覆盖县、乡、村三级客运物流网络15条，农村物流服务、电子商务网点154个。

【交通运输行业监管】 通过加强行业监管，提升行业服务品质，力求为人民群众打造平安快捷、文明舒适的出行环境，助推"平安平陆"建设。一是全力打击非法运营。在客运站周边、南坡高速口、黄河大桥等重点区域查处涉嫌非法营运车辆9辆，查扣15辆违规揽客车辆，批评教育27起，有效维护重点区域良好交通环境和客运秩序。二是深入企业送服务，帮助企业核验经营资格、驾驶员从业资格、营运车辆技术状况、安全设施设备、车辆实时监控等应符合规定的要求，协助开通定制客运服务。三是规范驾培发展。组织完善计时培训系统，加大对经营性道路客运驾驶员、教练员等关键岗位人员的培训力度，确保驾培质量达到职业标准要求。四是整治维修市场。组织维修从业人员从业资格培训考试110人次，对维修项目收费未公示、擅自改装、使用假冒伪劣配件等行为进行重点整治，有效推动机动车维修市场规范经营，提高行业服务水平。五是强化服务考核。对出租车企业及驾驶员服务质量信誉进行公开、公平、公正的考核评价，通过开展服务质量信誉考核工作，进一步规范驾驶员经营行为。

【安全监管】 始终绷紧安全生产这根弦，突出行业监管重点，认真排查安全隐患，积极抓好整改落实，按照"谁执法谁普法"的要求，对监管行业广泛宣传行业法律法规和政策，开展"法律六进""执法服务大走访"活动和习近平法治思想、"八五普法"、新《中华人民共和国安全生产法》等专题宣讲培训。一是着力开展道路安全隐患整治。紧盯重点时段、关键节点，组织开展道路运输安全生产大检查、干线公路、农村公路的安全隐患大排查、道路客运安全年、安全生产隐患排查治理专项行动、反"三违"、"安全生产月"、"护航建党百年"、汛期防汛等专项活动，及时对发现的安全隐患进行督促整改。二是深入源头开展治超。深入重点场所，积极传达相关文件精神、宣讲法律法规，进一步提高企业的法制意识、安全意识和文明意识。加强对重点卡口，重点路段加大流动稽查力度，联合公安部门对绕行、闯卡等行为严厉查处打击。三是大力开展环境整治。加大对重型柴油货车、散装物料车的路检路查力度。全面完成了18辆国Ⅲ车淘汰和公共交通新能源车更新任务。四是扎实开展综合运输工作。收集整理随机抽查事项清单10项、73家在线企业、73名行政执法人员，共随机抽取在线企业148家，执法人员296人次。"互联网+监管"，共录入检查行为信息7092条，处罚行为信息17条，监管动态信息4条，推进交通运输行业监管工作的精准化和智能化。政务服务工作，"平陆运政管理系统"正常运行，"平陆县智慧交通综合信息中心"可行性报告编制已完成。政务服务事项信息已梳理清单13项，已在"山西省政务服务事项动态管理系统"和"政务数据资源目录管理系统"同步更新。

【党风廉政建设】 一是深入推进从严治党，定期召开会议研究部署党风廉政建设工作。深入学习贯彻《党委(党组)落实全面从严治党主体责任规定》，签订目标责任书、廉政承诺书，召开廉政约谈会议4次。严格落实好"三会一课"、主题党日活动，先后开展巡察整改专题民主生活会与党员组织生活会，开展批评和自我批评，达到相互促进的目的。二是党史学习教育走深走实。邀请县委党史宣讲团开展"学平陆党史 做时代先锋"党史宣讲活动；联合运三项目二工区赴张沟村开展"传承红色基因 弘扬交通精神"党史学习教育联学共建活动；开展"传承红色基因 弘扬交通精神"诵读活动、"党员先行做表率"环境卫生大整治、"爱心送考 为梦启航"活动。在522国道三湾至常乐段改建工程中，分别到东韩窑村、坂坡村协调解决群众饮水、浇地，树木被埋、土地被占等问题，真正帮助群众解决农收"最后一公里"等"急难愁盼"问题。三是纪律作风整顿成效显著。严格按照县委"三整行动"部署要求，扎实开展为期2个月的纪律作风整顿，重点规范完善请销假、外出报备工作制度，着力解决担当精神不足，岗位纪律涣散等问题。

【应急保障】 2021年6月，县乡道路受强降雨影响水毁多达299处，灾毁里程达215公里，局领导班子高度重视，闻令而动，科学部署，共组织出动抢险人员4500人次，机械设备539台次，使用排水泵12台次，清理泥石流、塌方土石方210处，确保所有受灾道路全部恢复通行。

【疫情防控】 牢固树立底线思维，慎终如始筑牢疫情防控防线。严格执行交通运输工具、场站通风消毒、人员测温和三码联查等防疫要求，坚决阻止病毒通过交通运输传播扩散。

（刘清波）

芮城县交通运输局

2021年，芮城县交通运输局党组团结带领全局干部职工全面贯彻中共十九届历次全会精神和习近平新时代中国特色社会主义思想，紧紧围绕省委、省政府"四为四高两同步"总体思路和要求，按照市委、市政府"五抓一优一促"经济工作主抓手和打造"三个强市"、构建"三个高地"战略目标，认真贯彻县委、县政府"1285"发展战略和"两园四区"总体布局，以党建为引领，以党史学习教育为契机，一手抓重点项目建设，一手抓行业安全生产，圆满完成市交通运输局和县政府安排的各项工作目标任务。被市文明委授予"市级精神文明建设先进单位"，获市交通运输局2021年度"优秀单位"称号。

【重点工程】 2021年，把黄河一号旅游公路芮城段一期工程剩余28公里，作为年度冲刺重点任务，狠抓落实。3月3日，黄河一号旅游公路一期工程支线周青至永乐宫景景通连接线（芮翔路）率先开工。项目全长5.3公里，道路主体工程投资6000万元。9月20日，芮翔路主体工程完工，标牌安装、标线喷施到位。柳湾至垣潼线（522国道），路段长4.2公里，4月10日开工，8月23日全部完工。凤凰咀至洄口段，道路长7.3公里，3月10日开工，10月25日完成道路主体工程建设。老晓里至彩霞段，道路长11.2公里，3月12日开工，11月12日完成道路主体工程建设。黄河一号旅游公路芮城段一期工程全长93.4道路主体工程建设，实现五年任务四年完成。黄河一号旅游公路二期工程即2021年续建项目，一是县道檀王线窑上至王瑶段改造项目，路线全长23公里，11月15日，开始道路涵洞施工，至2021年年底，路基土方完成总量的90%。二是东关至高埝金连接线工程（机场路），路线全长3.1公里，规划投资4000余万元。至2021年年底，该项目前期工作只剩下占地审批手续和开工许可手续未完成。芮城县客运中心站位于芮翔路北口、生态景观大道路南，建设标准为二级场站，占地40亩。建设内容：客运站综合楼3170.6平方米、辅助用房355.2平方米、维修用房297.7平方米、安检车间178.5平方米、门房25.9平方米，停车场及站前广场、道路绿化及相关配套基础设备设施、充电桩等，总投资3595万元。2020年9月25日，客运中心站项目开工建设，12月31日，项目综合楼主体工程完工。2021年10月29日，客运中心站项目竣工。"四好农村路"建设项目。项目实施自然村通硬化路工程全长12.2公里，总投资1030万元，涉及7个乡镇9个行政村14个自然村。9月20日开工建设，12月10日全部完工。"四好农村路"建设项目超额完成市定计划。

【机构改革】 2021年，根据芮城县编办要求，将县通用机场服务管理中心划归县交通运输局，命名为芮城县通用机场服务中心；将原来的道路运输管理所、城市客运交通管理办公室、质监站的职能和人员合并为运输事业发展中心；将道路管理站、交通战备办、地方海事处、局技术股的职能和人员合并为公路事业发展中心。改革后的局下属单位形成"一队三中心"即交通运输综合行政执法队、公路事业发展中心、运输事业发展中心、通用机场服务中心。

【脱贫攻坚】 2021年，芮城县对原有班线实施公交化改造，在全市率先开通运城至芮城109路城际公交和芮城至三门峡、芮城至灵宝省级公交。同时，开通运城至芮城定制客运，实施电话预约上门接送，为群众出行提供多元化服务方式，降低票价方便旅客，提高群众幸福指数。全县城市出租车实现新能源全覆盖，出租车电动化改造完成30%，城市公交、城乡公交电动化改造达100%。实施乡村道路硬化工程12.2公里，巩固全县建制村通公路成果。同时，实施农村公路提质改造工程17.8公里，保证全县农村公路优良率达89%以上，提升全县所有建制村通公路成效。

【污染治理】 2020—2021年，运城市下达芮城县淘汰任务数为799辆，实际淘汰861辆，完成任务总数107.83%。截至年底，芮城县国Ⅲ车淘汰联合办公窗口共接收到符合淘汰补助标准的国Ⅲ柴油货车281辆，已发放补贴资金269辆共计396.88万元，正在申请政府补贴12辆共计20.79万元。县交通运输局牵头，在县生态环境、公安交警部门配合下，针对重中型柴油货车污染，建立健全常态化的大气污染治理机制。全年共出动执法人员1785人次，优化线路3条，共检测柴油货车1623辆，劝返冒黑烟农运车307辆，主城区的空气质量优良指数持续巩固和提升，大气污染防治工作取得明显成效。

【法治建设】 严格落实《党政主要负责人履行推进法治建设第一责任人职责》规定，执行局党组班子和领导干部学法用法述法制度。年初制订法治宣传教育工作计划，按照"谁执法、谁普法"责任要求，全年开展专题学法5次，开展"八五"普法宣传6次，组织全局干部职工进行宪法宣誓，积极开展"12·4"宪法宣传，大力营造学法尊法用法守法的浓厚氛围。在交通行政执法领域，积极开展交通运输综合行政执法队伍业务知识培训，加强执法人员思想政治和职业规范教育，推进交通运输综合行政执法队伍规范化建设。全年配合县直相关部门和局属相关股室开展"双随机、一公开"监督检查4次；运输市场执法监管全年共查处办结案件49起，强化路政执法检查，全年清理非公路标志133处和违章建筑2处，清理打场晒粮53处、制止公路"六乱"61处，取缔摆摊设点77处，全年共查处违法行为27起，其中未加盖帐篷抛撒污染公路车辆1起；非法超限超载车辆25辆，卸货664.85余吨，案件发现率、查处率、结案率均达100%，有力推动全县交通运输行业的健康发展。

【内部审计】 2021年，芮城县交通运输局内部审计组认真履职尽责，一是完成2020年"四好农村路"建设项目、农村公路提质改造工程、农村公路安全生命防护工程等重点项目的资金来源、资金使用情况、项目招投标情况、工程结算情况等进行全面审计,并撰写书面整改报告。二是积极做好省厅关于全县2018年“乡村道路硬化工程”和2020年客运中心站建设项目违规使用车购税专项资金问题整改和监督工作,并制定相应整改措施,制定车购税专项资金管理制度。三是加强2021年度重点项目资金管理工作的监督工作,特别是针对各重点项目车购税补助资金、成品油补助资金、政府债券资金的执行方面,严格按照规定和要求进行支付,强化支付审核监督,保证年度重点工程项目专项资金执行率100%。

【安全生产】 2021年,局党组高度重视行业的疫情防控和安全生产工作,统筹规划,采取有力举措,抓实全县交通运输各行业领域的疫情防控和安全生产工作。一是强化企业应急处突能力。组织全县客运、出租车、公交车企业联合开展疫情防控和安全生产突发事件的应急演练,提高企业应急处突能力。同时组织开展农村公路防汛抢险演练,促进减灾救灾能力提升。二是强化行业安全监管责任落实。在交通运输各行业领域的安全监管方面,建立日常监管、执法检查、安全监督和领导督查齐抓共管的安全生产监管体制机制,强化安全生产宣传教育,扎实开展安全生产专项整治,疫情防控和安全生产坚持横向到边、纵向到底的原则,按照发现隐患、落实责任、整改到位的程序,确保运输行业、公路事业全年安全生产零事故。

【党的建设】 2021年,局党组领导班子以党风廉政建设为抓手,坚决扛起党要管党、从严治党主体责任,把机关各股(室)、下属各党支部、事业单位的组织能力、服务能力、创新能力和奉献精神作为党风廉政建设的重要考核内容,与基层负责人签订《党风廉政建设目标责任书》。履行管党治党主责,采取三个方面举措。一是加强理论武装。局党组充分利用周头晨会、“三会一课”、主题党日等集中学习活动时间,班子成员带头辅导全局党员干部认真学习贯彻习近平新时代中国特色社会主义思想和中共十九届六中全会精神,学习本届省委、市委、县委的重要会议精神,以理论武装,把弘扬伟大建党精神和不忘初心、砥砺奋进的强大正能量厚植于全局党员干部的心灵深处,增强不想腐自觉,迸发出干事创业激情,取得思想建党新成效。二是强化警示教育。一年来,局党组通过一封家书、一条家规、拍摄微视频,时刻提醒党员干部始终做到自重自省自警自律;先后4次组织党员干部以身边的人和事等典型案例开展警示教育活动,时时敲响警钟,强化不敢腐震慑;组织党员干部接受理想信念教育,聆听先烈事迹,增强党员干部拒腐防变免疫力,反腐倡廉取得新成果。三是加强监督指导。局党组带头执行中央八项规定精神,将监督职责延伸到一线、传导到基层,把不能腐的笼子扎得更密更紧、更牢更实。不论是主要节假日,还是内部职工家中的婚丧嫁娶,特别是党员干部的婚丧嫁娶事宜中,严格按照规定的程序和要求,加强事前、事中、事后监督,全年开展谈心谈话10次,促进党员干部作风不断改进,为年度重点项目建设和业务监管工作任务的高质量完成奠定坚实基础。

(薛占师)

永济市交通运输局

2021年,在市委、市政府正确领导和运城市交通运输局大力支持下,永济市交通运输局广大干部职工紧紧围绕永济市经济建设和政府工作重心,坚持以提高公路通达运输能力为目标,以公路基础设施建设为重点,坚持建、养、管、运全面发展的总思路,圆满完成年初制定的目标任务。获“四好农村路”全省示范县称号。市交通运输局被永济市精神文明建设指导委员会授予“2021年度创建全国文明城市先进单位”。

【重点工程建设】 黄河一号旅游公路三期工程,为续建工程,包括主线工程(张营至西敬)6.24公里路段和支线工程(水峪口至雪花山段)9公里路段,共投资7500万元,11月15日全面完工。黄河一号旅游公路“五大系统”建设项目(主体系统、慢行系统、景观系统、服务系统、信息系统),主体系统三期工程已建设完工,慢行系统已完成万固寺至雪花山段

16公里,采用彩色沥青铺装11公里;景观系统正在进行西敬至韩阳至长旺51公里绿化提升的施工图设计;服务系统计划建设20个驿站、游园,已建成6个驿站、7个游园;信息系统方面的旅游标牌、村牌等已初步规划设计完成,待所有建设内容完工后进行完善安装。永卿路及于黄路改造项目全长46公里,计划投资1.83亿元。正在进行三杆迁移、青苗补偿等工作,于黄路完成总工程量50%。

【"四好农村路"示范创建】 永济市"四好农村路"建设被省交通运输厅授予2021年"四好农村路"省级示范县。2021年,投资2720万元圆满完成25公里自然村巷道硬化、3公里建制村通双车道、2.3公里联网路及10公里的安全生命防护工程,确保农村群众出行安全顺畅。农村公路平交道口"一灯一带"工程。在238省道小风线上增设"让行"标志4块。在秦村3号田间路增设减速带。在69公里200米至71公里200米处重新施划标线,完成"一灯一带"32处,提升农村公路服务品质和保障能力。加强农村公路日常养护。及时清理道路上的抛撒、杂物,处置道路病害,加强雨雪后常态化巡查,处理水毁道路40条156公里,完善标志标线标牌25处,投入保通资金100万元,确保农村公路列养率100%,年末优良中等路率90%以上。农村公路提质改造工程,投资7400万元完成县道王开线、西榜线改造工程。为提升改建道路的自然灾害防御力,建设路面同时增设排水工程,并对设计规划进行重新调整,项目正在进行招投标,2022年1月开工建设,2022年10月竣工。

【交通行业治理】 一是行业法治。建立完善党政主要负责人履职责任清单,组织局党组领导班子成员专题学法6次。开展执法领域突出问题专项整治,组织"行政执法大讲堂"培训学习5次,持续推动"谁执法、谁普法"责任制落实。二是行政执法。制定《永济市交通重大执法决定法制审核制度》,拍摄视频短片,从法制审核主体、范围、内容、程序、结论等方面确定其实体要素,为全市交通运输管理系统全面推行"三项制度"操作提供标准指南。参加运城市支队、市司法局案卷评查活动,共评查案件33份,对评查出现的问题会同业务室进行讨论研判。全年共办理交通运输行政处罚案件77件,罚没15.5万元,其中,运罚案件73件,路罚案件4件。三是路政、运政管理。通过开展路政宣传月、路域环境整治、打击非法载客车辆、成品油非法运输专项整治等活动,加强对交通运输行业的巡查、检查力度。严格落实质量信誉考核相关规定,对辖区内道路运输企业和从业人员进行考核评定并予以公示。将行政处罚信息在信用中国平台进行公示。四是"互联网+监管"工作,监管事项53项,实施清单58项,监管业务数据录入共计2800条。双公示上传48件。制定"双随机、一公开"抽查工作方案,完善监管平台数据信息库。与市场监管局制定联合"双随机、一公开"抽查工作计划。2021年通过"双随机、一公开"监管平台制定"双随机、一公开"抽查计划35条。与市场监管部门开展联合执法检查5次。

【运输服务保障】 完善农村物流节点体系,开展"客货邮"融合发展工作,确定改造提升永济市客运中心站,增加物流仓储功能,建立"仓储分拣中心",公交公司与快递企业进行运力合作试点方案,该项工作由邮政部门主导推进。邮政部门和市公交公司制定出"建立建制村邮站,快递企业委托邮政分公司进行农村快件代运代投"全面铺开或试行后,两项实施方案,已提交市政府主管领导审核。继续推进"公转铁",加强与工信、能源等部门对接,货运场站实地调研,开展入企宣传,督促其按时完成货运量。

【大气污染防治】 大力推进新能源车辆更新,2021年淘汰23辆燃油公交车,全市新能源公交车达到100%。出租车更新新能源2辆,网约车新增新能源5辆。国Ⅲ及以下柴油货车淘汰,坚持在市划定的"大气污染防治绿色运输示范区"区域范围及主要道路设立柴油货车管控巡查点,通过召开专题会议、转变工作方式,积极向经营户宣讲淘汰政策,超额完成市局下达的50辆车淘汰任务。全年清理非公路标志160块、清理"三堆"78处60.8立方米、清理公路摆摊设点560处,查处违法违规车辆6辆。治理超限超载,组织开展生态环境保护治理、打击私挖滥采违法违规行为、源头企业非法超限超载等专项治理行动。

全年出动执法车辆1846辆次，出动执法人员6705人次，检测78853辆次，查扣、查处各类违法车辆51辆，卸载货物1203.95吨，记分198分，有效遏制违法超限超载行为，确保超限率控制在0.2%以下。

【行业安全生产】 以局党组领导班子会议、安全例会、安全培训、安全检查等形式，认真贯彻落实“三管三必须”原则，进一步明确安全职责、强化组织领导、开展专项整治、深化安全督查，推动各项工作落实。制定下发通知、检查计划等文件，对企业进行分级分类监管，签订安全生产承诺书，持续开展“两类人员”安全考核工作，推进企业安全生产标准化建设。其中，九州物流有限公司已完成安全生产标准化达标工作。加强物流安全管理，严格落实身份查验、开箱验视两个100%，做好监督登记，杜绝违禁品进入物流渠道。督促指导企业建立健全双重预防体制机制，进行风险辨识、分级及隐患排查治理。围绕《专项整治三年行动》和《“零事故”单位创建》等工作，开展“隐患清零”、道路运输安全排查整治等多项专项活动。完善突发事件、防汛应急预案，应急人员、车辆、物资储备到位。组织企业开展消防安全演练10次。严格执行领导干部带班和24小时值班人员值班制度，加强事故信息报告。2021年，永济市交通运输行业未发生一起安全生产责任事故。

【疫情防控】 坚决阻断病毒通过交通运输环节传播扩散，特别是西安疫情外延期间，严格按照省市相关部门要求，全局260名干部职工立即投入到永济市高速口、高铁站、火车站等9个卡口及各行业领域，组建16辆运输车作为应急车辆。永济市交通行业从业人员于48小时内完成核酸检测，同时强化行业疫苗接种工作。为有效切断病毒传播途径，经永济市疫情指挥部及市局主要领导同意，于12月25日零时起关闭中心汽车站，暂停所有车辆运营。对全市17家物流、36家快递行业进行逐一排查，日日监督防控消杀。对疫情防控不达标的物流公司进行封闭整改，下发整改通知16份。1月5日高铁北站环境检测显示为阳性，1月6日除各卡口执勤人员外，党员干部下沉各大社区，配合医护人员开展全员核酸检测排查工作。局党组领导班子成员每日入各卡口督查，了解一线疫情及问题，不断调整安排部署，确保交通疫情防控防线“牢固”“可靠”“安全”。

【党的建设】 始终坚持党的领导，全面抓好交通行业党建工作。依托主题党日活动，严格落实“三会一课”制度，认真开展民主评议党员，强化党性锻炼。全年共计开展12次主题党日活动，其中专题党课3次，党支部书记讲党课12次，党员大会5次，党支部党员大会12次，使党员干部真正做到学党史、悟思想、办实事、开新局。认真贯彻学习各级纪委全会精神，高度重视警示教育的日常性和普遍性，全年共开展警示教育10次，观看警示教育片1次。严格执行“三重一大”报告制度，按规定提前向市纪委监委第五派驻纪检监察组报备，全年共报告17项。对2020年度党纪政务处分执行情况开展自查自纠，并对受处分人员开展回访谈话共计10次，深入推进党风廉政建设和反腐败工作。

（张　璇）

河津市交通运输局

2021年，在市委、市政府坚强领导下，在上级交通部门大力支持下，河津市交通运输局坚持“五先协同、三动融合”的高质量发展思路，以党建为统领，项目建设为中心，高质量推动“四好农村路”建设，高水平实施行业监管，高标准加强队伍管理，圆满完成了交通运输各项工作任务。获“四好农村路”全国示范县称号，被省交通运输厅、河津市新时代文明实践中心分别授予“山西省交通运输先进集体”“防汛抢险最佳志愿服务团队”称号。

【交通项目建设】 国道。108国道过境改线项目（寺庄至龙门段）全长8.592公里，总投资4.2亿元，截至年底，项目东段6公里和西段龙门村1.1公里主体工程全部完工，樊村堡铁路桥、侯西线铁路桥，王家岭铁路桥主体框架结构全部完工，完成投资80%以上。县道。黄河板块旅游公路运城市河津市（乡宁至龙门段）工程10.73公里于年底建成通车。乡村道路。沿黄旅游路西梁支线、清涧湾支线、高禖庙支线建成通车。完成铝联路翻修工程0.6公里、汾河堤顶道路工程3公里、龙门至安昆线2.56公里建设任务。建制村自然村通硬化路。2021年完成下院、半坡、东黄、石庄、任家窑、张家岭、上寨岭、北原、西梁9个村18.32公里硬化任务。巷道硬化工程。2021年实施农村人居环境整治示范村共54个,混凝土硬化面积147.67万平方米149.45公里,沥青铺筑23.1万平方米39.85公里。

【路域环境改善】 高标准养护。修补县乡路道8900平方米,沥青路刷油1.3万平方米,硬化平交道口2500平方米;整修路肩边坡120公里,清理杂物3820立方米,清理排水渠59500米,雾炮车洒水720车次,清扫保洁路面1.94万公里;安装波形护栏2600延米,标志牌195块,减速带486米,施划道路标线31533平方米,震荡标线1280平方米;对辖区168公里县道、49座桥梁进行普查和日常性监测。路域环境整治。累计巡查481次,清理摆摊设点127余处,清理非公路标志241块,清理路障236处,清理打场晒粮20起,清理乱搭乱建18处,通过路政宣传,不断增强群众的爱路护路意识。超限超载治理。共检测车辆108万辆,处理超载车辆203辆,卸分载货物1611.37吨,超限率为0.019%,车辆超限率控制在1‰以下。

【"四好农村路"全国示范县创建】 市交通运输局成立"四好农村路"全国示范县创建工作专班,收集、制作申报材料9卷15本,同时全面发力,多点突破,推动公路提档升级,全面优化路域环境,持续提升养护水平,不断完善服务体系,通过积极筹备,河津市成功入选"四好农村路"全国示范县。

【党建品牌创建】 结合交通工作实际,制定"1+4+X"党建品牌创建方案,局党总支委员会品牌名称为"交通强国担使命,畅行河津新征程"。机关党支部为"党在心中凝聚力量,共连共建文明行业",交通综合行政执法队为"使命在肩,执法为民",公路事业发展中心为"路在心中,大道为民",运输事业发展中心为"初心如磐,运输为民""X"为交通运输系统各非公党建品牌。

【事业单位改革】 根据《事业单位改革实施意见的通知》文件精神,将19个科室和11个下属单位,整合为"三股一室"和"一队两中心",并择优任命8名股级干部,保证改革过程中思想不乱、工作不断、队伍不散、干劲不减,率先在全市稳妥完成改革任务。

【应急保障】 抗洪抢险。10月6日汾河河津段遭遇1964年以来最大洪水,全体干群不分昼夜、连轴作战,圆满完成柴家镇苍底村洪水决口围堵、汾河北坝2.5公里坝体加高1米、汾滨酒厂通厂路673米应急坝体加高3.5米等抢险任务,被新时代文明实践中心、新时代文明实践志愿服务总队授予"防汛抢险最佳志愿服务团队"。抢修保通。2021年8—10月,山西南部出现连续强降雨,加之汾河水位上涨,全市多处路面发生水毁险情,市交通运输局积极开展道路抢修保通工作,共出动抢险人员2300人次,机械车辆800辆次,设置警戒标识60处,堆放沙袋1800袋,回填沙砾1730立方米,清理土石方50处1200立方米,清理排水沟20处1300米,共抢通路面25公里,确保全市县乡道路处于良好的技术状态,率先完成抢通保通工作目标。灾后重建。全市灾毁路段共79条,受灾里程162.634公里,经省交科院技术人员现场勘查,抢通抢修资金估算2730万元,灾后重建资金55407.25万元。一般灾毁路段43条已全部恢复到位;较重灾毁的老下路、张清线、沿黄旅游路、张高线、垣上通村路等13条道路全部完成灾后重建工作;灾毁严重和特别严重的路段,委托山西省交通规划设计院采用"可研报告+施工图设计"的方式正在推进前期工作。

【运输结构调整】 新能源车辆更新。完成新能源纯电动出租车更新44辆,推进客运行业安全稳定发展。"公转铁"加速。发挥优化运输结构调整工作领导小组办公室作用,积极联系工信、能源、铁路部门,持续推进公转铁工作,全年共完成铁路运输量1287.86万吨。客运转型升级。实施"定制客运"试点工作,"河津至侯马"12辆定制客车于2021年12月22日正式投入运营。货运结构优化。推动网络货运平台建设,出台《河津市支持互联网物流平台服务业发展若干措施(试行)的通知》,截至年底,已注册网络货运公司1家(山西和聚通物流有限公司),有力推动全市货运业多式联运发展。公共服务效能提升。聘请长安大学规划市内公交线路11条,乡镇公交9条,起草《全市市内公交免费的情况报告》,11月25日,市政府第11次常务会议,将市内公交免费列入2022年"我为群众办实事"项目。

【大气污染防治】 国Ⅲ柴油货车淘汰。组织协调交警、乡镇共注销自行拆解和转卖失联国Ⅲ柴油货车17辆,报废回收公司拆解国Ⅲ柴油货车63辆,合计淘汰80辆。两年合计完成1948辆,任务完成比例109.87%。建立环保工作长效机制。严格落实生态环境保护工作"党政同责、一岗双责"工作制度,完善了重污染天气应急响应实施方案,启动3次应急响应,全面完成年度工作任务。落实错峰生产。严格落实维修企业喷漆作业环保要求,杜绝关闭VOCs环保设施及不按错峰生产要求作业行为,确保环境质量持续向好。

【行业管理】 客运。坚持对2家客运企业进行每月至少4次的安全检查,发现安全隐患6起,排查整改客运车辆安全隐患32起。客运车辆定级审验82辆次,新能源纯电动出租车更新44辆,客运行业安全生产形式平稳有序。货运。召开全市货运企业约谈会,对承诺期内未兑现10辆车的公司进行取缔告知,2021年度取缔普货运输企业16家,在全行业开展"普货学危货,危货学阳光"活动。加大对零担物流企业的监督管理,为全市17家物流企业建立零担物流信息库和位置图,开展两次专项检查,督促企业健全零担货物运输台账,进一步规范物流企业现场管理工作。维修。对存在较高安全隐患的大货车轮胎修补、电氧焊作业、发动机维修等企业,加大安全监管力度,规范操作流程,引导设置安全防护措施。并制定维修行业安全生产标准化目录16大项92小项,全面提高维修企业安全生产标准化水平。驾校。对驾校教练员的安全教育、道德教育培训进行全程监督,并在驾校显著位置张贴承诺公示及投诉电话,建立驾校和教练员"黑名单"制度,对发现教练员"吃拿卡要"、骚扰学员、违规收费等行为,列入驾培行业"黑名单",不断规范驾培行业经营行为。海事。积极落实省市水运发展工作要求,督促龙门码头严格落实水运企业主体责任,加大海事工作人员培训力度,以"五一""十一"等节假日旅客高峰为重点,加强海事安全检查,全年开展海事巡查40余次,有力保障海事工作安全稳定。

【党的建设】 夯实思想建设。严格落实党建主体责任,制定2021年党建和党风廉政建设工作主体责任实施方案和工作计划,坚持组织党员学习习近平新时代中国特色社会主义思想等党的政治理论和党章党规,教育广大党员把思想和行动统一到党中央的决策部署上来,始终同党中央保持高度一致。强化组织建设。加强党务工作者培训管理,规范"三会一课"和"主题党日"活动,顺利完成机构改革后新支部班子的改选工作,重新完善党员活动阵地,按月足额收缴党费,加强党员考核管理,提高党员党性修养,教育引导党员干部发挥好示范引领作用。加强队伍建设。全年纳新党员6名,清理挂靠党员15名;制定《践行"一线工作法"提高工作执行力实施方案》和《进一步加强群众工作实施方案》,全系统呈现人心思进、蓬勃向上新气象。狠抓廉政建设。制定《2021年党风廉政建设主体责任实施方案》,加强党员廉政学习教育,开展廉政提醒谈话,定期召开党风廉政建设会议,严格落实中央八项规定和廉政建设相关要求,梳理风险清单,强化防控措施,从源头遏制违纪违法事件发生。加强作风建设。开展"问题大揭摆、作风大整顿、能力大提升"教育整顿,发放征求意见表80份,共查摆问题75条,建立工作制度18项,切实把整改成果转化为工作成效。

(贺泽鹏)

山西交通运输

2022

年鉴

统计资料

一、机关编制情况

2021年山西省交通运输厅机构编制一览表

表1 单位：人

<table>
<tr><td colspan="2">编制数</td><td colspan="2">127</td></tr>
<tr><td colspan="2">实有人员</td><td colspan="2">117</td></tr>
<tr><td rowspan="4">领导职数</td><td rowspan="2">厅级</td><td>正厅级</td><td>1</td></tr>
<tr><td>副厅级</td><td>5</td></tr>
<tr><td rowspan="2">处级</td><td>正处级</td><td>26</td></tr>
<tr><td>副处级</td><td>28</td></tr>
<tr><td rowspan="6">实有领导</td><td rowspan="2">厅级</td><td>正厅级</td><td>1</td></tr>
<tr><td>副厅级</td><td>5</td></tr>
<tr><td rowspan="2">巡视员</td><td>一级巡视员</td><td>3</td></tr>
<tr><td>二级巡视员</td><td>5</td></tr>
<tr><td rowspan="2">处级</td><td>正处级</td><td>23</td></tr>
<tr><td>副处级</td><td>24</td></tr>
</table>

说明：1名副厅长由省邮政管理局局长兼任，不占厅编制和职数

<table>
<tr><td rowspan="8">内设机构</td><td>一</td><td>办公室</td><td>九</td><td>公安处（路政管理处）</td><td>十七</td><td>农村公路管理处</td></tr>
<tr><td>二</td><td>人事处</td><td>十</td><td>科技处</td><td>十八</td><td>水运管理处</td></tr>
<tr><td>三</td><td>政策法规处（执法监督处）</td><td>十一</td><td>审计处</td><td>十九</td><td>城市客运管理处</td></tr>
<tr><td>四</td><td>财务收费管理处</td><td>十二</td><td>治超处</td><td>二十</td><td>机关党委</td></tr>
<tr><td>五</td><td>建设管理处</td><td>十三</td><td>行政审批管理处</td><td>二十一</td><td>离退休人员工作处</td></tr>
<tr><td>六</td><td>综合规划处（招商引资处）</td><td>十四</td><td>民航综合协调处</td><td>二十二</td><td>省国防动员委员会交通战备办公室（简称省交通战备办，挂靠省交通运输厅）</td></tr>
<tr><td>七</td><td>公路运输管理处</td><td>十五</td><td>民航建设运行处</td><td>二十三</td><td>铁路安全综合协调和监督管理处</td></tr>
<tr><td>八</td><td>安全监督处（应急办公室）</td><td>十六</td><td>路网运行管理处</td><td></td><td></td></tr>
</table>

2021年山西省交通运输厅直属事业单位编制一览表

表2　　　　单位:人

序　号	事业单位名称	总编制	正式编制	临时编制
1	山西省公路运输工会	13	13	0
2	山西省公路局	160	80	80
3	山西省高速公路综合行政执法总队（山西省交通运输综合行政执法局）	184	184	0
4	山西省运输事业发展中心（山西省城市客运服务中心）	127	70	57
5	山西省交通运输运行监测与应急处置中心（山西省交通运输厅新闻中心）	53	40	13
6	山西省交通建设中心	65	40	25
7	山西省交通运输厅发展研究中心	17	17	0
8	山西省交通运输厅联网收费结算与会计核算中心	30	30	0
9	山西省交通干部学校	53	53	0
小计		702	527	175
1	各市公路分局	6642	3320	3322
2	山西省高速公路综合行政执法支队	1198	1198	0
总计		8542	5045	3497

二、交通基础设施建设

（一）公路基础设施建设

2021年全国公路通车里程排名一览表

表3

省份名称	里程（公里）	排 名	省份名称	里程（公里）	排 名
全国合计	5280708	—	黑龙江	168354	16
四 川	398899	1	广 西	160637	17
云 南	300890	2	江 苏	158036	18
湖 北	296922	3	甘 肃	156583	19
山 东	288143	4	山 西	144617	20
河 南	271570	5	辽 宁	131588	21
湖 南	241940	6	浙 江	123885	22
安 徽	237411	7	西 藏	120132	23
广 东	222987	8	福 建	111031	24
新 疆	217326	9	吉 林	108691	25
内蒙古	212603	10	青 海	86152	26
江 西	211101	11	海 南	41046	27
贵 州	207190	12	宁 夏	37577	28
河 北	207170	13	北 京	22320	29
重 庆	184106	14	天 津	15307	30
陕 西	183414	15	上 海	13082	31

2021年全国高速公路通车里程一览表

表4

省份名称	里程(公里)	排　名	省份名称	里程(公里)	排　名
全国合计	169071	—	山　西	5763	16
广　东	11042	1	甘　肃	5540	17
云　南	9947	2	浙　江	5200	18
四　川	8608	3	安　徽	5146	19
河　北	8084	4	江　苏	5023	20
贵　州	8010	5	黑龙江	4520	21
山　东	7477	6	辽　宁	4348	22
湖　北	7378	7	吉　林	4315	23
广　西	7348	8	重　庆	3839	24
河　南	7190	9	青　海	3503	25
湖　南	7083	10	宁　夏	2079	26
新　疆	7014	11	天　津	1325	27
内蒙古	6985	12	海　南	1265	28
陕　西	6484	13	北　京	1177	29
江　西	6309	14	上　海	851	30
福　建	5810	15	西　藏	407	31

2021年全国公路密度排名一览表(按国土面积计算)

表5

省份名称	公路密度(公里/百平方公里)	排 名	省份名称	公路密度(公里/百平方公里)	排 名
全 国	55.01	—	河 北	110.37	16
重 庆	223.43	1	山 西	92.53	17
上 海	206.32	2	福 建	91.46	18
山 东	183.88	3	辽 宁	90.19	19
安 徽	169.46	4	陕 西	89.21	20
河 南	162.62	5	四 川	81.81	21
湖 北	159.72	6	云 南	76.37	22
江 苏	154.03	7	广 西	67.87	23
北 京	136.01	8	吉 林	58.00	24
天 津	128.63	9	宁 夏	56.59	25
江 西	126.48	10	黑龙江	37.08	26
广 东	124.09	11	甘 肃	36.77	27
浙 江	121.69	12	内蒙古	17.97	28
海 南	121.08	13	新 疆	13.09	29
贵 州	117.65	14	青 海	11.95	30
湖 南	114.23	15	西 藏	9.78	31

2001—2021年全省公路通车里程统计表(按技术等级分)

表6 单位:公里

年 份	通车里程	高 速	一 级	二 级	三 级	四 级	等 外
2001	56993	584	695	8444	15335	29471	2464
2002	59611	1070	734	8852	15517	31077	2361
2003	63121	1211	782	9405	15669	33770	2284
2004	65813	1347	872	10539	15583	35349	2123
2005	69563	1686	1011	11586	15998	37503	1779
2006	112930	1752	1115	11888	15545	66186	16444
2007	119869	1893	1265	12628	16365	74951	12767
2008	124773	1965	1407	13402	16967	80474	10558
2009	127330	1965	1529	14124	16778	86914	6020
2010	131644	3003	1939	14163	16858	91701	3980
2011	134808	4005	2070	14421	17527	92979	3806
2012	137771	5011	2137	14799	17871	94424	3529
2013	139434	5011	2232	15106	18130	95560	3394
2014	140436	5011	2472	15164	18574	95873	3342
2015	140960	5028	2535	15158	18717	96406	3116
2016	142066	5265	2576	15397	18891	96980	2956
2017	142855	5335	2638	15691	19102	97434	2654
2018	143326	5605	2731	15736	19422	97517	2314
2019	144283	5711	2768	15874	20029	98277	1622
2020	144323	5745	2877	16011	20624	97968	1097
2021	144617	5763	2841	16020	21329	97715	950

说明:2021年全省高速公路中,国家高速3508公里,省级高速2255公里

2001—2021年全省公路通车里程统计表(按行政等级分)

表7 单位:公里

年 份	通车里程	国 道	省 道	县 道	乡 道	专用公路	村 道
2001	56993	3651	8643	15000	28839	860	
2002	59611	3958	8821	15156	30805	872	
2003	63121	4098	8842	15309	34013	858	
2004	65813	4140	8997	15418	36403	855	
2005	69563	4257	9220	16477	38786	824	
2006	112930	4322	9221	16830	39362	730	42465
2007	119869	4364	9328	18104	41045	702	46324
2008	124773	4737	9108	18784	44327	661	47156
2009	127330	4745	9507	19290	45215	644	47929
2010	131644	4881	10190	19631	46703	577	49662
2011	134808	5103	10994	19919	47825	541	50426
2012	137771	5215	11888	20068	48259	522	51819
2013	139434	5249	11817	20206	48717	553	52892
2014	140436	5308	11778	20319	48854	577	53529
2015	140960	5272	11724	20467	48740	554	54203
2016	142066	11096	6701	19961	48896	546	54865
2017	142855	11095	6789	19906	48911	533	55621
2018	143326	11343	6784	19887	48561	445	56296
2019	144283	11394	6866	19944	48331	399	57349
2020	144323	11399	6898	20383	47620	362	57661
2021	144617	11403	6907	21126	47304	239	57638

说明:2021年普通国省道通车里程为12547公里,其中普通国道7895公里、普通省道4652公里

2021年全省公路通车里程统计表(分地市按技术等级分)

表8　　　　单位:公里

市名	合计	高速	一级	二级	三级	四级	等外
合计	144617	5763	2841	16020	21329	97715	950
大同	12732	562	137	1225	2545	8242	20
朔州	10257	453	221	1068	1600	6869	46
忻州	17400	891	55	1849	2161	12343	101
太原	6866	293	233	897	1177	4242	23
阳泉	5735	282	148	466	625	4214	0
晋中	16203	653	489	2269	1595	11171	26
吕梁	17607	534	356	2149	2273	11867	428
临汾	19383	663	482	1955	3401	12686	195
运城	16301	621	396	1950	2207	11127	0
长治	12416	382	139	1460	2127	8308	0
晋城	9716	429	183	731	1618	6644	111

2021年全省公路通车里程统计表(分地市按行政等级分)

表9　　　　单位:公里

市名	合计	国道	省道	县道	乡道	专用公路	村道
合计	144617	11403	6907	21126	47304	239	57638
大同	12732	755	764	2232	5245	0	3735
朔州	10257	858	410	1374	3831	13	3771
忻州	17400	1793	844	2534	5995	43	6191
太原	6866	625	259	1138	1625	31	3188
阳泉	5735	420	322	790	885	0	3318
晋中	16203	1279	709	2403	6177	18	5618
吕梁	17607	1285	842	2502	4359	0	8619
临汾	19383	1653	718	2464	5608	0	8939
运城	16301	1234	726	2766	6152	62	5361
长治	12416	992	692	1806	3850	56	5019
晋城	9716	509	622	1116	3574	16	3879

2021年全省公路密度统计表(分地市)

表10

市 名	公路通车里程（公里）	土地面积（百平方公里）	人口（万人）	公路密度		排 名	
				按国土面积（百平方公里）	按人口（万人）	按国土面积（百平方公里）	按人口（万人）
合 计	144617	1567	3480	92	42		
大 同	12732	141	310	90	41	8	8
朔 州	10257	106	159	97	64	6	2
忻 州	17400	252	266	69	65	11	1
太 原	6866	69	539	99	13	4	11
阳 泉	5735	46	131	125	44	1	7
晋 中	16203	164	339	99	48	5	5
吕 梁	17607	211	337	83	52	10	3
临 汾	19383	203	391	96	50	7	4
运 城	16301	142	473	115	34	2	10
长 治	12416	140	315	89	39	9	9
晋 城	9716	94	219	103	44	3	6

2021年全省公路路面里程统计表(分地市)

表11

单位:公里

市 名	公路通车里程	有铺装路面里程		简易铺装路面里程		未铺装路面里程
		合 计	占通车里程	合计	占通车里程	
合 计	144617	126889	87.7%	10265	7.1%	7462
大 同	12732	11897	93.4%	124	1.0%	711
朔 州	10257	8518	83.0%	737	7.2%	1002
忻 州	17400	15788	90.7%	806	4.6%	806
太 原	6866	6395	93.1%	290	4.2%	181
阳 泉	5735	5647	98.5%	53	0.9%	36
晋 中	16203	13136	81.1%	1203	7.4%	1863
吕 梁	17607	15240	86.6%	1428	8.1%	939
临 汾	19383	15476	79.8%	2159	11.1%	1747
运 城	16301	13784	84.6%	2472	15.2%	45
长 治	12416	11720	94.4%	682	5.5%	15
晋 城	9716	9289	95.6%	312	3.2%	116

2021年全省公路桥梁情况统计表(分地市)

表12

市 名	全 省											
	总 计		危 桥		其中:							
					特大桥		大 桥		中 桥		小 桥	
	延米	座	延米	座	延米	座	延米	座	延米	座	延米	座
合 计	1463218	15756	13644	246	162301	108	905870	3441	234084	3766	160963	8441
大 同	104685	1365	1214	16	10494	8	55246	229	24328	386	14617	742
朔 州	57117	640	628	10	3230	3	35161	154	13296	199	5430	284
忻 州	217837	2213	148	7	18176	10	148845	579	30704	470	20111	1154
太 原	73768	1030	1182	13	13789	7	33237	144	14985	241	11756	638
阳 泉	112416	1087	278	1	15792	11	67704	224	16688	259	12232	593
晋 中	170723	1834	1457	23	14045	10	113388	412	23788	372	19502	1040
吕 梁	193411	2077	2471	29	23450	18	117036	458	33018	566	19907	1035
临 汾	207194	1765	1883	70	26419	16	136185	479	25077	397	19513	873
运 城	100090	917	2090	29	18104	11	58513	217	15112	251	8360	438
长 治	100899	1676	1841	39	7032	5	53331	249	21811	371	18725	1051
晋 城	125079	1152	452	9	11770	9	87223	296	15277	254	10808	593

2021年全省公路隧道统计表

表13

市名	全省									
	总计		其中：							
			特长隧道		长隧道		中隧道		短隧道	
	延米	道	延米	道	延米	道	延米	道	延米	道
合计	1155031	1047	516650	98	328069	191	183891	256	126420	502
大同	85109	44	42219	8	35442	17	5068	7	2380	12
朔州	35490	22	20419	4	7013	5	7207	10	851	3
忻州	157501	114	78549	16	52373	28	13863	21	12715	49
太原	66601	23	49730	6	12667	8	3389	4	815	5
阳泉	95389	55	55596	11	28627	16	6807	10	4359	18
晋中	143192	96	92829	15	23377	15	13958	21	13029	45
吕梁	162370	249	33411	8	42976	28	42021	56	43962	157
临汾	108036	107	31612	8	38209	22	25487	35	12728	42
运城	31941	14	25811	4	2933	2	1215	2	1982	6
长治	95203	109	41728	6	21109	13	21954	32	10412	58
晋城	174198	214	44746	12	63344	37	42921	58	23187	107

2021年全省公路桥梁、隧道统计表（分公路类型）

表14

序号	公路类型	一级指标	二级指标	三级指标	单位	数值
1	高速公路	收费站	数量	总数	个	322
				还贷性路段	个	250
				经营性路段	个	72
		服务区	数量	总数	个	129
				交控集团管理	个	126
				其他经营性路段	个	3
		桥梁	数量	总数	座	5029
				交控集团管理	座	3807
				其他经营性路段	座	1222
			长度	总长	延米	982635
				一、二类桥梁占比	%	95
		隧道	数量	隧道	道	751
				交控集团管理	道	571
				其他经营性路段	道	180
			长度	总长	延米	1038842
				一、二类隧道占比	%	62
2	普通干线公路	桥梁	数量	总数	座	3789
			长度	总长	延米	219248
				一、二类桥梁占比	%	90
		隧道	数量	总数	道	112
			长度	总长	延米	49865
				一、二类隧道占比	%	57
3	农村公路	桥梁	数量	总数	座	6938
			长度	总长	延米	261335
				一、二、三类桥梁占比	%	96
		隧道	数量	总数	道	184
			长度	总长	延米	66323
				一、二、三类隧道占比	%	91

2021年全省高速公路明细表

表15

序号	路线编号	路线名称	管养单位	通车时间	起止点名称		起止点桩号		公路里程（公里）			
					起点	止点	起点	止点	合计	四车道	六车道	八车道及以上
1	G18	荣城—乌海高速公路（灵山）	交控大同南高速公路分公司（灵山） 交控朔州高速公路分公司（山平）	2012年12月	落水河乡	平鲁二道梁	1012	1273.618	261.618	261.618		
2	G1812	沧州—榆林高速公路（忻阜）	交投忻阜高速公司（忻阜段）	2010年10月	五台县卢家庄村	忻府区部落村	268	392.754	124.754	121.752	3.002	
3	G1812	沧州—榆林高速公路（忻保）	交控忻州南高速公路分公司（忻保）	2011年11月	忻府区部落村	保德县	393	584.24	191.486	191.486		
4	G20	青岛—银川高速公路（太旧）	交控太旧高速公路分公司（太旧段）	2002年10月	娘子关镇	小店	685	828.178	143.178	143.178		
5	G20	青岛—银川高速公路（南过境）	交控太原高速公路分公司（太原段）	2002年10月	夏家营	阳渠村	875	878.81	3.446		3.446	
6	G20	青岛—银川高速公路（夏汾）	交控吕梁南高速公路分公司	2001年11月	阳渠村	河北村	879	932.739	53.929	53.929		
7	G20	青岛—银川高速公路（汾离）	交控吕梁南高速公路分公司	2005年11月	汾阳河北村	离石乔家塔	933	1010.51	77.771	77.771		
8	G20	青岛—银川高速公路（离军）	交控吕梁南高速公路分公司	2007年11月	离石乔家塔	军渡乡	1011	1049.107	38.597	38.597		
9	G2003	太原绕城高速公路	交控太原高速公路分公司（太原段）	2002年10月	阳曲镇	阳曲县青龙镇	4.459	87.095	80.731	59.256	19.812	1.663
10	G22	青岛—兰州高速公路（长邯）	交控长治高速公路分公司（长邯段） 太长高速公路有限责任公司	2017年11月	下湾	崔邵村	733	798.568	65.568	12.042	43.926	9.6
11	G22	青岛—兰州高速公路（长临）	交控临汾南高速公路分公司（长临）	2018年12月	崔邵村	襄汾县南辛店乡	799	962.832	164.264	164.264		
12	G22	青岛—兰州高速公路（临吉）	交控临汾北高速公路分公司（临吉）	2012年8月	襄汾县南辛店乡	吉县壶口镇	963	1063.87	101.038	101.038		
13	G2211	长治—延安高速公路（霍永东）	交控临汾北高速公路分公司（霍永东段）	2014年12月	辛庄	下桑峨	151.44	232.921	81.481	81.481		
14	G2211	长治—延安高速公路（霍永西）	交控临汾北高速公路分公司（霍永西段）	2015年12月 2018年12月	下桑峨	直地里村	233	304.255	71.334	71.334		

续表15

序号	路线编号	路线名称	管养单位	通车时间	起止点名称		起止点桩号		公路里程(公里)			
					起点	止点	起点	止点	合计	四车道	六车道	八车道及以上
15	G2516	东营—吕梁高速公路(和榆)	路桥集团榆和高速公路有限公司	2015年12月	和顺大发沟村	榆社县赵道峪	497	573.692	76.692	76.692		
16	G2516	东营—吕梁高速公路(榆平)	山西平榆高速公路有限责任公司	2011年11月	榆社县赵道峪	介休市	573.692	656.758	83.066	83.066		
17	G2516	东营—吕梁高速公路(汾平)	山西汾平高速公路有限公司	2010年11月	介休市	义丰北	657	698.458	41.7	41.7		
18	G3511	菏泽—宝鸡高速公路(闻垣)	交控运城北高速公路分公司(闻垣)	2010年12月	垣曲县蒲掌乡	闻喜县礼元镇	351	434.904	83.904	83.904		
19	G3511	菏泽—宝鸡高速公路(闻合)	交控运城北高速公路分公司(闻合)	2010年12月	闻喜县礼元镇	范家庄村	435	510.885	75.981	75.981		
20	G5	北京—昆明高速公路(太阳)	交控太旧高速公路分公司(平阳段)	2011年12月	岔口乡	尖草坪区	335	458.361	123.361		123.361	
21	G5	北京—昆明高速公路(太原绕城)	交控太原高速公路分公司(太原段)	2002年10月	尖草坪区	清徐西高白	458	531.521	31.886		31.886	
22	G5	北京—昆明高速公路(太祁)	交控太原高速公路分公司(太原段)	2002年10月	清徐西高白	祁县	532	557.154	25.633		25.633	
23	G5	北京—昆明高速公路(祁临)	交控晋中高速公路分公司(祁临段)	2002年10月	祁县	刘村镇泊庄	557	732.548	175.394	37.365	138.029	
24	G5	北京—昆明高速公路(临侯)	交控临汾北高速公路分公司(临侯段)	2002年12月	刘村镇泊庄	史威村	733	780.568	48.02	1.47	45.81	0.74
25	G5	北京—昆明高速公路(侯禹段)	交控运城北高速公路(侯禹侯平段)	2006年11月	史威村	韩城市大前村	781	846.129	65.561	65.561		
26	G55	二连浩特—广州高速公路(得大)	交控大同北高速公路分公司(大同)	2005年10月	拒墙堡	菜庄村	425	472.368	47.368	47.368		
27	G55	二连浩特—广州高速公路(京大)	悦达京大高速公路有限公司	2000年10月	菜庄村	西河河	472	484.421	12.053		12.053	
28	G55	二连浩特—广州高速公路(大新)	交控朔州高速公路分公司	2002年10月	西河河	新广武	484	581.43	97.009		97.009	
29	G55	二连浩特—广州高速公路(新原)	交控忻州南高速公路分公司(忻州)	1996年12月	新广武	原平	581	616.83	35.4	35.4		
30	G55	二连浩特—广州高速公路(原太)	交控忻州南高速公路分公司(忻州)	1996年12月	原平	阳曲县青龙镇	617	733.098	116.268		116.268	
31	G55	二连浩特—广州高速公路(太长)	山西太长高速公路有限责任公司	2005年10月	小店互通	长治下秦村	765	964.555	199.535	199.535		

续表 15

序号	路线编号	路线名称	管养单位	通车时间	起止点名称		起止点桩号		公路里程(公里)			
					起点	止点	起点	止点	合计	四车道	六车道	八车道及以上
32	G55	二连浩特—广州高速公路(长晋)	长晋高速公路有限责任公司	2004年11月	长治下秦村	寺底村	965	1053.997	89.442	89.442		
33	G55	二连浩特—广州高速公路(晋济)	交控晋城高速公路分公司(晋济段)	2008年11月	寺底村	省界	1054	1084.221	30.224	30.224		
34	G5512	晋城—新乡高速公路(晋焦)	晋焦高速公路有限公司	2001年10月	钟家庄乡东上庄	晋豫省界	0	32.052	32.052	32.052		
35	G59	呼和浩特—北海(大呼)	交控大同北高速公路分公司(大呼)	2010年12月	右玉杀虎口	高墙框	91	111.62	20.62	20.62		
36	G59	呼和浩特—北海(右平段)	交控朔州高速公路分公司(右平)	2019年6月	高墙框	西影寺(西纵0起点)	111.62	176.068	64.448	64.448		
37	G59	呼和浩特—北海(朔州西南段)	交控朔州高速公路分公司(环城)	2011年11月	西影寺	前村(西纵终点)	176.068	214.448	38.38	38.38		
38	G59	呼和浩特—北海(神岢)	交控忻州南高速公路分公司	2018年12月	神池县东湖枢纽	岢岚县岢岚枢纽	244.848	308.755	63.907	63.907		
39	G59	呼和浩特—北海(岢临)	交控吕梁北高速公路分公司(岢临)	2014年10月	岢岚县岢岚枢纽	临县化林	308.755	432.826	124.071	124.071		
40	G59	呼和浩特—北海(临离)	交控吕梁北高速公路分公司(临离)	2012年12月	临县化林	柳林郭家山村	433	505.746	72.92	72.92		
41	G59	呼和浩特—北海(吉河)	交控临汾南高速公路分公司(吉河)	2016年9月	吉县窑科	河津贺家庄	694	747.763	53.278	53.278		
42	G59	呼和浩特—北海(河运)	交控运城南高速公路分公司(河运)	2012年12月	河津贺家庄	运城市盐湖区	747.763	828.082	80.319	80.319		
43	G59	呼和浩特—北海(运城绕城)	交控运城南高速公路分公司	2008年11月	运城市盐湖区	运城市盐湖区	828.082	828.172	0.09	0.09		
44	G59	呼和浩特—北海(运宝)	交控运城南高速公路分公司(运宝)	2015年12月	解州镇	刘堡村	840.067	869.598	29.531	29.531		
45	G59	呼和浩特—北海(运宝黄河桥)	交控运城南高速公路分公司(运宝)	2019年8月	刘堡村	灵宝县老城村	869.598	871.288	1.69		1.69	
46	G7	京乌高速山西段	交控大同北高速公路分公司(京乌)	2018年12月	大同市晋冀省交界处	内蒙古兴和县省交界处	255	263.885	8.885		8.885	
47	S2002	太原二环(东二环)	路桥集团太佳高速东段有限公司	2020年12月	凌井店枢纽	榆次区什贴镇龙白村	0	33.199	33.199		33.199	

续表15

序号	路线编号	路线名称	管养单位	通车时间	起止点名称		起止点桩号		公路里程(公里)			
					起点	止点	起点	止点	合计	四车道	六车道	八车道及以上
48	S2002	太原二环	晋中龙城高速公路有限责任公司	2011年12月	什贴镇龙白村	什贴镇龙白村	33.199	104.787	71.588		71.588	
49	S2002	太原二环(东二环)	路桥集团太佳高速东段有限公司	2020年12月	凌井店枢纽	凌井店枢纽	289	288.761	0.26		0.26	
50	S2003	阳泉绕城高速公路	交控太旧高速公路分公司(太旧段)	2012年12月	旧街	盂县	64.158	87.761	23.603	23.603		
51	S2005	吕梁环城高速公路	吕梁环城高速公路有限责任公司	2015年11月	大武枢纽	田家会枢纽	0	82.125	38.188	38.188		
52	S2011	青银高速联络线	交控太原高速公路分公司(太原段)	2002年10月	罗城	罗城互通	0	0.692	0.692		0.692	
53	S2201	长治绕城高速公路	交控长治高速公路分公司(长平段)	2010年12月	潞城市西贾村	长治县官道村	0	115.099	58.485	58.485		
54	S2202	临汾绕城高速公路	交控临汾北高速分公司(环城段)	2012年8月	龙马枢纽	曲亭镇	0	19.255	19.255	19.255		
55	S2211	明曲高速(临汾环城联络线)	交控临汾北高速分公司(环城段)	2012年8月	洪洞南枢纽	明姜枢纽	0	16.74	16.74	16.74		
56	S30	阳高孙启庄—右玉右卫高速公路(京大)	悦达京大高速公路有限公司	2000年10月	孙启庄	马连庄	0	47.492	47.492		47.492	
57	S30	阳高孙启庄—右玉右卫高速公路(大呼)	交控大同北高速公路分公司(大呼)	2010年12月	菜庄村	高墙框村	78	160.731	82.245	82.245		
58	S36	广灵—浑源高速公路(广源)	交控大同南高速公路分公司(广浑)	2013年11月	杜家庄	南榆林	0	77.268	77.268	77.268		
59	S40	灵丘—河曲高速公路(王繁)	山西王城高速公路有限公司	2013年11月	浑源县	繁峙县	0	58.657	58.657		58.657	
60	S40	灵丘—河曲高速公路(繁大)	山西交院大成高速公路有限公司	2014年11月	繁峙县	大营	58.657	118.414	59.757	59.757		
61	S40	灵丘—河曲高速公路(原神)	交控忻州北高速公路分公司(原神)	2016年12月	大营	神池东湖乡	118.414	183.087	64.673	64.673		
62	S40	灵丘—河曲高速公路(神河)	交控忻州北高速公路分公司(神河)	2014年9月	神池东湖乡	晋蒙黄河大桥	183.087	282.327	99.24	99.24		
63	S40	灵丘—河曲高速公路(晋蒙黄河桥)	交控忻州北高速公路分公司(神河)	2018年12月	晋蒙黄河大桥	省界	282.327	287.192	4.865		4.865	

续表15

序号	路线编号	路线名称	管养单位	通车时间	起止点名称		起止点桩号		公路里程(公里)			
					起点	止点	起点	止点	合计	四车道	六车道	八车道及以上
64	S45	天镇—黎城高速公路(京乌)	交控大同北高速公路分公司(京乌)	2018年12月	平远堡村	新平堡收费站	0	1.79	1.79	1.79		
65	S45	天镇—黎城高速公路(天大)	交控大同北高速公路分公司(天大)	2011年12月	辛庄子村	官堡村	2	98.78	96.99	96.99		
66	S45	天镇—黎城高速公路(同源)	交控大同南高速公路分公司(大浑)	2012年6月	官堡村	水磨町东南	99	144.489	45.709	37.788	7.921	
67	S45	天镇—黎城高速公路(五盂)	交控太旧高速公路分公司(五盂段)	2016年6月	五台陈家庄	盂县牛村镇	312	387.094	75.205	75.205		
68	S45	天镇—黎城高速公路	阳泉市阳五高速投资管理有限公司	2010年12月	盂县牛村镇	维社	387	428.994	41.9	41.9		
69	S45	天镇—黎城高速公路(阳左)	交控晋中高速公路分公司(阳黎段)	2014年7月	维社	突堤村	429	520.246	91.252	91.252		
70	S45	天镇—黎城高速公路(和榆)	路桥集团榆和高速公路有限公司	2015年12月	突堤村	突堤村	520	522.742	2.496	2.496		
71	S45	天镇—黎城高速公路(阳左)	交控晋中高速公路分公司(阳黎段)	2014年7月	突堤村	停河铺乡元村	523	600.745	78.003	78.003		
72	S50	太原—佳县高速公路(太原段)	路桥集团太佳高速东段有限公司	2010年12月	西塢乡	赤土华	0	94.878	94.878	94.878		
73	S50	太原—佳县高速公路(吕梁段)	交控吕梁北高速分公司(太佳) 交控吕梁北高速分公司(太佳黄河)	2010年12月	赤土华	高家湾村	95	215.673	120.795	120.795		
74	S5501	大同市绕城高速公路(大同环城)	交控大同北高速公路分公司(大同)	2007年12月	上甘沟	大同古店	0	33.145	33.145	33.145		
75	S5502	忻州环城高速公路	交投忻阜高速公司(绕城段)	2014年11月	豆罗镇	定襄县杨芳	0	31.704	31.704	31.704		
76	S5503	晋城环城高速公路	交控晋城高速公路分公司(环城段)	2010年10月	北义城镇	南村镇	32.108	61.583	29.475	29.475		
77	S5511	京大高速大同市连接线	悦达京大高速公路有限公司	2000年10月	田村	西河河	0	2.303	2.303		2.303	
78	S5512	朔州绕城高速公路(朔州支线)	交控朔州高速公路分公司	2002年10月	朔州支线起点	山阴朔城区分界	0	31.818	31.818	31.818		
79	S56	太原—古交高速公路	交控太原高速公路分公司(太古段)	2011年12月	东社互通枢纽	古交市河口镇	0	23.104	23.104	23.104		
80	S5901	朔州绕城高速公路	交控朔州高速公路分公司(环城)	2011年12月	西影寺	前村	0	27.681	27.681	27.681		

续表15

序号	路线编号	路线名称	管养单位	通车时间	起止点名称		起止点桩号		公路里程(公里)			
					起点	止点	起点	止点	合计	四车道	六车道	八车道及以上
81	S5902	运城绕城高速公路	交控运城南高速公路分公司 交控运城北高速(侯禹侯平段)	2008年11月	东郭	燕家卓村	0	79.55	79.55	74.732	4.818	
82	S65	安阳高速公路	交控晋城高速公路分公司(阳翼段)	2010年10月	中心庄	西河	73.07	89.876	16.806	16.806		
83	S65	安阳高速公路	路桥集团阳蟒高速公路有限公司	2019年12月	西河	河南交界	89.876	129.969	40.093	40.093		
84	S75	侯马—平陆高速公路(侯运段)	临汾北高速分公司(临侯段) 交控运城北高速(侯禹侯平段)	2002年12月	侯马	燕家卓村	0	75.826	75.826		74.905	0.921
85	S75	侯马—平陆高速公路(运三)	交控运城南高速公路分公司	2002年12月	东郭	西韩窑村	93.257	122	28.743	28.743		
86	S76	长治—平顺高速公路	交控长治高速公路分公司(长平段)	2011年11月	平顺县	壶关县	0	42.4	42.4	42.4		
87	S80	陵川—侯马高速公路(高陵)	交投高新高速管理有限公司	2012年8月	陵川县营盘村	高平市常乐村	0	63.165	63.165	63.165		
88	S80	陵川—侯马高速公路(高沁)	交控晋城高速公路分公司(高沁段)	2017年8月	高平市常乐村	中心庄	63.165	133.131	69.966	69.966		
89	S80	陵川—侯马高速公路(阳翼)	交控晋城高速公路分公司(阳翼段)	2010年10月	中心庄	桥上镇	133	161.817	28.686	28.686		
90	S80	陵川—侯马高速公路(翼侯)	山西中交翼侯高速公路有限公司 临汾北高速公路分公司(临侯段)	2007年10月	桥上镇	新绛县乐义村	162	229.562	67.745	66.791	0.954	
91	S85	闻喜—垣曲高速公路古城联络线	山西绿地城投高速公路有限公司	2021年12月	车家沟	南村黄河特大桥桥头前50米	0	18.047	18.047	18.047		
92	S86	晋城—阳城高速公路	长晋高速公路有限责任公司 交控晋城高速公路分公司(晋阳段) 交控晋城高速公路分公司(阳翼段)	2010年10月	南镇	汉上村	0	48.838	48.838	48.838		
93	S8611	润城—阳城高速公路	交控晋城高速公路分公司(晋阳段)	2010年10月	润城镇北音村	润城镇东关村	0	10.683	10.683	10.683		
94	S87	运城—风陵渡高速公路	交控运城南高速公路分公司	1999年9月	盐湖区董家营	风陵渡	0	83.7	79.763	79.763		

2021年全省普通国省道路线明细表

表16

序 号	路线编码	路线名称	起讫地点	里程(公里)
		合 计		12545.71
		普通国道小计		7895.091
1	G108	北京—昆明	灵丘下北泉—河津禹门口	760.324
2	G109	北京—拉萨	阳高孙启庄—平鲁窑子上	227.027
3	G207	乌兰浩特—海安	盂线十八盘—陵川	414.3
4	G208	二连浩特—淅川	大同得胜堡—泽州道宝河	581.467
5	G209	苏尼特左旗—北海	偏关水泉—平陆三门峡大桥	750.966
6	G239	正蓝旗—阳泉	广灵殷家庄—阳泉郊区李家庄	389.424
7	G241	呼和浩特—北海	右玉杀虎口—垣曲新城镇西滩村	870.025
8	G307	黄骅—山丹	平定旧关—柳林军渡	383.691
9	G309	青岛—兰州	黎城下湾—吉县七郎窝	316.061
10	G327	连云港—固原	垣曲蒲掌—侯马礼元	64.894
11	G336	天津—神木	灵丘马头关—河曲	299.671
12	G337	黄骅—榆林	五台长城岭—兴县黑峪口	330.334
13	G338	海兴—天峻	盂县闫家庄—保德黄河大桥	303.996
14	G339	滨州港—榆林	昔阳九龙关—临县高家湾	431.827
15	G340	东营港—子长	左权粟城—石楼清涧	348.224
16	G341	胶南—海晏	平顺石板岩—永和县永和关	386.361
17	G342	日照—凤县	陵川坪上—临猗吴王村	362.564
18	G512	万全—达拉特旗	天镇积儿岭—阳高二十六村	79.228
19	G519	榆社—潞城	榆社幸福桥—潞城郭家堡	112.169
20	G520	临汾—延安	临汾市尧都区—大宁县	131.093
21	G521	运城—潼关	运城盐湖区—芮城风陵渡	96.425
22	G522	垣曲—潼关	垣曲下寺村—芮城风陵渡	255.02
		普通省道小计		4650.619
1	102	太原—长治	榆次鸣礼—长治郊区大辛庄	100.59
2	103	太原—小店	北张村—小店大村	10.724
3	104	太原—临县高家湾	太原万柏林西铭—古交西曲村	44.348
4	106	太原—太谷	太原太谷界—太谷城	9.279
5	201	马市口—走马驿	天镇平远头—灵丘南水芦	112.588
6	202	长城—神泉堡	阳高县城—神泉堡	38.583
7	203	大同—灵丘	大同东王村—浑源下韩村	42.947
8	204	拒墙堡—云岗	拒墙堡—云岗	32.55

续表 16

序 号	路线编码	路线名称	起讫地点	里程(公里)
9	205	大同—砂河	大同五一桥—繁峙砂河	116.492
10	206	大同—忻州	大同西花园—朔州元子河	89.716
11	210	宁鲁—应县	左云八台子—应县城	88.969
12	211	杀虎口—山阴城	右玉元煤村—山阴古城镇	57.738
13	212	平鲁城镇—朔州	平鲁郑家营—朔州铺上	36.78
14	215	宁武—白家滩	娄烦庙湾—白家滩	42.937
15	216	盂县—榆次	盂县南关—榆次小王湖	86.517
16	217	岚县—马家庄	岚县东村—娄烦马家庄	44.066
17	218	岢岚—大武	岢岚岚漪河—方山大武	194.23
18	219	古交—吴城	交城西社—吴城九里湾	62.643
19	220	沁县—长治	沁县—长治崔漳	50.691
20	221	东观—厦门	东观—灵石厦门	102.801
21	222	汾阳—屯留	汾阳城—平遥高林	36.163
22	223	汾阳—张兰	汾阳—张兰	39.609
23	224	桃红坡—临汾	交口桃红坡—临汾市马务村	103.864
24	225	长治—平城	长治石岩头村—陵川平城	57.11
25	226	长治—陵川	长治南关—壶关赵屋	36.227
26	227	长治—晋城	长治米家庄—泽州七岭店	86.689
27	228	黄碾—龙泉	郊区黄碾—长子龙泉	65.199
28	229	阳城—济源	阳城—省界	42.86
29	230	临汾—么里	临汾解放路立交—浮山寨上	30.431
30	231	台头—襄汾	乡宁台头—襄汾	43.005
31	232	临汾—夏县	临汾汾河桥—夏县庙前	142.745
32	233	营里—万荣	乡宁营里—万荣七庄村	88.777
33	234	曲沃—绛县	绛县南樊—绛县卫庄镇	28.46
34	235	侯马—风陵渡	侯马凤城—闻喜东镇	27.533
35	236	侯马—闻喜	侯马上马村—闻喜桐城镇	24.228
36	237	裴庄—运城	裴庄乡—运城北城办事处	66.199
37	238	小梁—风陵渡	河津马家村—永济县城	81.922
38	239	临晋—陌南	临猗猗氏镇—芮城陌南	59.704
39	242	日凤线连接线	南掩互通—南村工业园	8.746
40	243	汾阳—介休(一级)	汾阳城—孝义东董屯	25.461
41	248	三交—大宁	临县三交—大宁	197.915
42	249	万家寨—瓦塘	万家寨—保德界	149.187
43	251	七里铺—牛村	七里铺—牛村	13.75

续表 16

序 号	路线编码	路线名称	起讫地点	里程(公里)
44	252	岚县—古交	岚县普明—娄烦老马沟	26.68
45	301	积儿岭—大同	阳高龙泉镇—大同县二十里铺	38.919
46	302	西坪—大同	大同县西坪镇—大同沙岭	25.275
47	303	洗马庄—朔州	广灵洗马庄—朔州张家河	26.131
48	305	马圈—五寨	原平马圈—五寨	52.089
49	306	神池—保德	保德黄河大桥	0.662
50	308	韩家楼—禹庙	五寨韩家楼—禹庙	50.6
51	312	忻州—五寨	忻州六石村—五寨县城	131.588
52	314	双山—阳曲	盂县双山—阳曲北郑村	122.408
53	315	娘子关—阳泉	娘子关—阳泉白泉	49.424
54	316	榆次—古交	榆次近城—郝村	3.05
55	318	董坪沟—榆次	和顺董坪沟—榆次源涡	156.719
56	320	祁县—方山	交城野则河—方山麻地会	121.083
57	322	南岭—沁源	左权清泉—沁源交口	134.179
58	323	沁源—洪洞	洪洞梗陛—洪洞马牧	8.285
59	324	河口—潞城	平顺河口—潞城微子镇	68.76
60	325	李庄—东长井	潞城李庄村—长治市东环立交	52.113
61	326	长治—安泽	长治西环路—安泽县城	102.903
62	327	北行头—荫城村	壶关北行头—荫城村	17.31
63	328	洪洞—永和关	洪洞堤村—隰县上庄	58.793
64	330	襄汾—乡宁	襄汾—乡宁樊家坪	73.813
65	331	坪上—曲沃	陵川杨寨—曲沃苏村	203.767
66	332	陵川—沁水	沁水杨河桥	0.138
67	333	碗城—周村	泽州碗城—泽州周村	49.7
68	339	田村—吴官屯	南郊田村—吴官屯	24.669
69	340	汾阳—柳林	汾阳河北村—柳林王家会	74.341
70	342	台头—乡宁寺院	台头—寺院	41.835
71	348	古巍—风陵渡	芮城古巍镇—风陵渡	45.983
72	349	冯家会—碛口	冯家会—碛口	6.78
73	350	大营—西梁	原平大营—段家堡乡西梁	26.646
74	352	杨树庄—河底	平定杨树庄—郊区河底	32.718
75	S901	G209连接线		2.285

说明：S75侯平高速茅津经济开发区西韩窑村段0.88公里和S87运风高速风陵渡黄河大桥及连接线段0.775公里，共计1.655公里属于高速公路路网，但技术等级为一级路，未纳入此项统计范围

（二）水路、机场基础设施建设

2021年全省水路、机场基础设施统计表

表17

<table>
<tr><th>序 号</th><th colspan="4">指 标</th><th>数 值</th></tr>
<tr><td>1</td><td rowspan="10">水路基础设施</td><td colspan="3">航道总里程（公里）</td><td>1557</td></tr>
<tr><td>2</td><td colspan="3">通航总里程（公里）</td><td>1391</td></tr>
<tr><td>3</td><td colspan="3">渡口、停靠点（个）</td><td>252</td></tr>
<tr><td>4</td><td colspan="3">通航的水库及封闭水域（处）</td><td>83</td></tr>
<tr><td>5</td><td colspan="3">水运企业（家）</td><td>45</td></tr>
<tr><td rowspan="5">6</td><td colspan="3">营运船舶数（艘）</td><td>216</td></tr>
<tr><td colspan="3">其中：客船数（艘）</td><td>206</td></tr>
<tr><td colspan="3">客船容积（总吨）</td><td>1810</td></tr>
<tr><td colspan="3">货船数（艘）</td><td>10</td></tr>
<tr><td colspan="3">货船容积（总吨）</td><td>5875</td></tr>
<tr><td rowspan="7">7</td><td rowspan="10">机场基础设施</td><td rowspan="7">运输机场7个</td><td>干线机场1个</td><td colspan="2">太原武宿国际机场</td></tr>
<tr><td rowspan="6">支线机场6个</td><td colspan="2">长治王村机场（军民合用）</td></tr>
<tr><td colspan="2">大同云冈机场</td></tr>
<tr><td colspan="2">运城张孝机场</td></tr>
<tr><td colspan="2">五台山机场（军民合用）</td></tr>
<tr><td colspan="2">临汾乔李机场</td></tr>
<tr><td colspan="2">吕梁大武机场</td></tr>
<tr><td rowspan="3">8</td><td rowspan="3">通用机场3个</td><td colspan="3">太原尧城机场</td></tr>
<tr><td colspan="3">大同北岳机场</td></tr>
<tr><td colspan="3">长治屯留沙家庄机场</td></tr>
</table>

(三)铁路基础设施建设

2011—2021年全省铁路里程统计表

表18

年 份	铁路营业里程(万公里)	每百平方公里平均里程(公里)	高铁里程(公里)
2011	0.38	2.4	—
2012	0.38	2.4	—
2013	0.38	2.4	—
2014	0.5	3.2	—
2015	0.51	3.2	—
2016	0.53	3.4	—
2017	0.53	3.4	—
2018	0.54	3.5	—
2019	0.59	3.8	821.5
2020	0.62	3.99	1150
2021	0.63	3.99	1150

(四)邮政基础设施建设

2010—2021年全省邮政网点统计表

表19 单位:处

年 份	全行业营业网点	其中:快递服务营业网点	信筒信箱数量
2010	1502	—	2811
2011	1582	1300	2747
2012	2097	1728	2508
2013	3228	2727	2373
2014	4100	3568	1460
2015	5906	5580	1320
2016	5972	—	1362
2017	6596	4959	1425
2018	6779	5140	1645
2019	7269	4943	1726
2020	8141	5598	1720
2021	9667	5963	1761

2010—2021年全省邮路长度统计表

表20　　　　单位:公里

年 份	邮路总长度	航空邮路总长度	汽车邮路总长度	农村投递路线	城市投递路线
2010	92499		29349	113916	
2011	106655	51268	40697	116345	31406
2012	97314	41518	41245	119338	35409
2013	98198	46260	37944	122559	36458
2014	55370	48874	45571	123081	39001
2015	93321	49848	37271	102496	33683
2016	96086	50378	41554	108813	36276
2017	89303	37263	51709	109632	38371
2018	92465	38064	54291	109231	38886
2019	115074	56217	58857	107925	55502
2020	139456	75182	64274	101563	52301
2021	136812	60963	75344	98449	53074

三、交通运输固定资产投资

2001—2021年全省交通建设投资完成情况统计表

表21 单位:万元

年 份	合 计	高速公路	干线公路	农村公路	运输场站	其 他
2001	1016985	816188	67479	126715	6603	
2002	1101214	719686	135537	242021	3970	
2003	1324103	612054	288076	419249	4724	
2004	1740631	695263	351345	686245	7778	
2005	1864594	727415	332572	787402	17205	
2006	1680907	588593	288228	763286	19699	21101
2007	1959068	453446	432100	1049246	24276	
2008	2003441	404631	689387	883979	24626	818
2009	5631139	3920583	825052	857578	27926	
2010	6182929	5058097	601053	500947	22832	
2011	6591177	5825865	315182	429770	20360	
2012	5896145	4935434	336270	554832	26074	43535
2013	3792367	2912805	416731	415228	18953	28650
2014	2570103	1564128	474479	505437	12512	13547
2015	2749532	1793555	359630	574734	17581	4032
2016	2286506	1179415	393150	692960	20981	
2017	2913208	1068095	457086	1358454	29573	
2018	4635201	1305382	598663	2641035	90121	
2019	5449962	1319446	894927	3118481	117108	
2020	6365989	2097661	1926389	2258909	83030	
2021	7153327	3243458	1577272	2259076	73521	

2021年全省交通建设投资完成情况统计表(分地市)

表22 单位:万元

市 名	合 计	高速公路	干线公路	农村公路	场站码头
合 计	7153327	3243458	1577272	2259076	73521
大 同	145445	0	8731	123915	12800
朔 州	254197	45702	59301	146568	2625
忻 州	241235	92771	29522	114433	4509
太 原	1216244	711174	114059	348059	42952
阳 泉	517198	0	323075	191632	2491
晋 中	1192796	513310	360602	318884	0
吕 梁	1192227	693833	297773	197842	2779
临 汾	994981	695039	121831	178111	0
运 城	391626	156562	83407	147626	4031
长 治	613475	247983	140417	223740	1334
晋 城	393904	87084	38553	268268	0

2021年全省高速公路投资完成情况统计表(分项目)

表23

序号	项　目	建设规模(公里)	总投资(万元)	累计完成投资(万元)	完成总投资比例	2021年完成投资(万元)
1	离石至隰县段	84	1076000	566734	53%	356734
2	黎城至霍州段	153	2311041	832569	36%	582569
3	隰县至吉县段	106	1271658	962277	76%	360453
4	朔城至神池段	30	274832	172343	63%	97018
5	昔阳(晋冀界)至榆次高速公路	127	2144700	664240	31%	500029
6	山西晋阳高速公路改扩建工程	43	620236	95157	15%	87084
7	闻喜东镇至垣曲蒲掌高速公路古城联络线	18	187224	187224	100%	4933
8	静乐丰润至兴县黑峪口(晋陕界)高速公路	94	1098177	1071089	98%	203355
9	祁县至离石高速公路	97	1199780	744543	62%	20224
10	G2003太原绕城高速公路义望至凌井店段(太原西北二环)工程	160	2554500	1153415	45%	750013
11	运三高速公路三门峡公铁黄河大桥连接线工程	15	284400	157707	55%	57207
12	临猗黄河大桥及引线段工程	21	476500	215055	45%	94422
13	汾阳至石楼高速公路	82	1170000	129417	11%	129417
合　计		1028.516	14669048	6951770	47%	3243458

2021年全省普通国省干线公路投资完成情况统计表(新改建项目)

表24　　　　单位:万元、公里

市名	项目名称	总投资	建设规模	累计完成投资	完成总投资百分比	2021年完成投资
合计		6434778	1036	3777857	58.7%	1538362
太原	国道241、省道岚马线汾河水库改线工程	417069	56.9	131294	31.5%	112894
大同	山西省集中连片特困地区国道239(原省道大灵线)东坊城至大磁窑段改建工程	56661	11.8	56511	99.7%	1850
	国道512线天镇县城过境段改线工程	7152	4.7	6958	97.3%	100
朔州	G241阳方口至朔州段和G336朔州至平鲁段公路改扩建工程项目	155720	61.0	55750	35.8%	55750
忻州	国道336偏关县城过境公路改线工程	20991	6.4	20590	98.1%	11476
	国道338线原平市过境改线工程	28169	10.5	27828	98.8%	14844
吕梁	国道209线交口县城段公路改线	28034	14.1	16959	60.5%	0
	省道三大线石楼县城过境(孟家塔至板桥段)改线工程	23008	9.3	20362	88.5%	5362
	国道209线吕梁新城区(方山县城至中阳金罗镇)段公路改线工程	711392	75.5	592313	83.3%	266023
	国道339(吕梁境内)小算沟至马坊段公路改建工程	17189	14.5	17189	100.0%	289
	国道307线柳林县城区段(张家湾隧道)公路改线工程	215878	18.3	50789	23.5%	17932
	吕梁公路分局国道209省道340中阳过境(唐石板沟隧道)公路改线工程(中阳县)	306317	29.2	30443	9.9%	967
晋中	国道108线榆次境内鸣李至东长寿段改建工程	37717	15.6	37717	100.0%	2917
	207国道左权至黎城界及南沁线左权桐峪至河北涉县界公路新建工程	314793	60.9	314793	100.0%	66558
	国道208线清徐常家庄至晋中长治界一级公路新建工程	391827	55.5	132659	33.9%	102659
	国道241(省道222)线平遥香乐至沁源后沟段公路新建工程	365889	51.2	85116	23.3%	85116
	G340线(原S319)榆社县城过境段(寨沟隧道)改线工程	94739	9.5	47610	50.3%	47610
	省道董榆线(S318)寒湖岭隧道新建工程	106760	16.0	49045	45.9%	49045

续表24　　单位:万元、公里

市名	项目名称	总投资	建设规模	累计完成投资	完成总投资百分比	2021年完成投资
阳泉	G239阳泉郊区过境河底至荫营段改线工程	126861	13.7	95560	75.3%	6030
	国道307、207阳泉市绕城改线工程	570977	52.7	516800	90.5%	166800
	省道双阳线盂县过境(交口至西小坪)公路改建工程	39546	38.6	29182	73.8%	13067
	国道239盂县境内夫城口至肖家汇段公路改线工程	153469	28.5	60575	39.5%	60575
	国道338盂县境内闫家庄至梁家寨段公路改线工程	212277	15.7	75453	35.5%	75453
长治	国道341线平顺境内王庄至晋豫省界段工程	238322	48.4	197093	82.7%	92460
	国道241线沁源过境交口至有义段公路改建工程	18230	17.7	8087	44.4%	8087
	省道黄龙线长子县过境公路改建工程	63136	22.8	30779	48.8%	30779
	国道207线长治过境段公路改建工程	319057	48.0	319057	100.0%	6858.1
	长治公路分局省道汾屯线松罗至上滩段改建工程	20811	7.3	20811	100.0%	143
晋城	国道207线长治晋城界至陵川段升级改造工程	60627	12.2	27684	45.7%	18244
	国道G342晋城市过境段改线工程	311690	32.0	309164	99.2%	14065
	晋城公路分局国道207线晋城市过境段公路改线工程	233949	18.6	131140	56.1%	4500
临汾	国道241线浮山县北王乡至县城段改线工程	48536	5.4	44867	92.4%	18030
	国道241线翼城县城过境段改线工程	8777	3.9	2291	26.1%	291
	国道341线李子坪至梗壁(沁源古县界至洪洞108国道)公路改建工程	392572	58.5	101358	25.8%	101358
运城	国道522线三湾至常乐段改建工程	35842	22.7	27780	77.5%	18280
	省道临夏线新绛县城过境段改线工程	32940	9.4	14850	45.1%	10050
	国道108线河津市过境改线(寺庄至龙门段)工程	42686	8.5	39000	91.4%	22500
	国道521线(原省道运永线)盐湖段改建工程	124818	31.0	12700	10.2%	12700
	G342线闻喜县城过境改线工程	68210	13.0	12700	18.6%	12700
	省道裴运线南张至薛李段公路改建工程	12140	6.8	7000	57.7%	4000

2021年全省“四好农村路”完成情况统计表(分地市)

表25　　单位:万元、公里

市 名	2021年目标任务		2021年完成情况		完成目标比例		完成2021年目标比例排名	
	投资	完成里程	投资	完成里程	投资	完成里程	投资	完成里程
合 计	1944000	4300	2259076	5709	116.2%	132.8%		
太 原	102000	203	123915	207	121.5%	102.0%	3	10
大 同	129000	287	146568	469	113.6%	163.4%	6	2
朔 州	105000	291	114433	309	109.0%	106.2%	8	8
忻 州	261000	371	348059	418	133.4%	112.5%	2	7
吕 梁	109000	395	191632	607	175.8%	153.6%	1	3
晋 中	277000	503	318884	685	115.1%	136.1%	5	5
阳 泉	190000	291	197842	305	104.1%	104.9%	9	9
长 治	178000	470	178111	572	100.1%	121.7%	10	6
晋 城	130000	353	147626	325	113.6%	92.1%	7	11
临 汾	238000	534	223740	730	94.0%	136.8%	11	4
运 城	225000	602	268268	1083	119.2%	179.8%	4	1

2021年全省三大板块旅游公路完成情况统计表(分地市)

表26　　单位:万元、公里

市 名	2021年目标任务		2021年完成情况		完成2021年目标比例	完成目标比例排名
	投 资	里 程	投 资	完成里程		
合 计	1300000	2000	1382526	2013	106.3%	
太 原	75000	112	75500	115	100.7%	8
大 同	100000	188	108627	203	108.6%	4
朔 州	68000	164	77136	156	113.4%	3
忻 州	237000	251	250150	265	105.5%	6
吕 梁	17000	63	68603	63	403.5%	1
晋 中	170000	247	197839	320	116.4%	2
阳 泉	180000	251	172290	251	95.7%	10
长 治	85000	100	91378	110	107.5%	5
晋 城	97000	203	99242	154	102.3%	7
临 汾	153000	168	126863	122	82.9%	11
运 城	118000	253	114898	253	97.4%	9

2021年全省运输站场投资完成情况统计表(县级及以上站场项目)

表27　　单位:万元

序号	项目名称	总投资	自开工累计完成		2021年目标投资	2021年完成投资	完成年目标比例
			投资	比例			
1	大同综合客运枢纽	48232	35250	73%	25782	12800	50%
2	代县综合客运枢纽	3162	4509	143%	3162	4509	143%
3	汾阳汽车客运站	7652	7652	100%	1092	1092	100%
4	石楼县汽车站	2687	2687	100%	1687	1687	100%
5	古交市汽车客运站	7610	7610	100%	4108	4108	100%
6	介休汽车客运站	5550	3693	67%	1857		0%
7	壶关县城北客运站	2634	2634	100%	1334	1334	100%
8	芮城县客运中心站	3596	3596	100%	2400	2400	100%
9	山阴县汽车客运站	2625	2625	100%	200	2625	1313%
10	阳泉综合交通客运枢纽	100751	80000	79%		2491	
11	唐槐园电动公交停保场	6444	19500	64%	5360	19500	122%
12	长风西电动公交停保场	24118			10600		
13	绛县城市公交站场(陈村站)	2365	2351	99%	2140	1451	68%
14	穗华物流园区项目	19344	19344	100%	6840	19344	283%
15	平陆农村城乡候车亭	180	180	100%	800	180	23%
	合计	236951	191631	81%	67362	73521	109%

2021年全省机场项目投资完成情况统计表

表28　　单位:万元

项目名称	性质	总投资	2021年目标	2021年完成	完成本年目标比例
长治机场航站区改扩建	续建	36800	10000	9700	97.0%
运城机场飞行区扩建	续建	259000	116000	59926.69	51.7%
芮城通用机场	续建	35000	23800	11324	47.6%
朔州民用机场	续建	95500	39600	41439	104.6%
太原机场改扩建	续建	2579200	80600		0.0%
大同机场改扩建	新建	230000			
合计		3235500	270000	122390	45.3%

四、交通运输服务

（一）公路运输服务

2008—2021年全省公路客货运输量统计表

表29

年 份	客运量(万人)	旅客周转量(万人公里)	货运量(万吨)	货物周转量(万吨公里)
2008	31397	2425444	66710	11022284
2009	31123	2103172	54786	9063534
2010	32608	2157019	60816	9698900
2011	32865	2199109	65201	10471190
2012	33662	2306121	73150	12022480
2013	28487	1966203	82834	12785747
2014	27091	1819920	88491	13631956
2015	22085	1645324	91240	13747614
2016	18702	1411424	102200	14520591
2017	17333	1503565	114880	17586569
2018	15718	1596433	126213	19077478
2019	14009	1588193	100847	26915973
2020	7459	905650	98207	27849562
2021	5280	558471	114705	32257120

2021年全省营运载客汽车数量统计表(分地市)

表30　　单位:辆

市 名	营运载客汽车		按等级分			班车客车	旅游客车
			高 级	中 级	普 通		
合 计	9703	304166	3750	4012	1941	5691	4012
大 同	817	29447	475	193	149	385	432
朔 州	647	21424	150	359	138	388	259
忻 州	1460	37430	218	699	543	995	465
太 原	1187	46797	919	263	5	377	810
阳 泉	447	12643	215	183	49	266	181
晋 中	1008	33791	438	400	170	524	484
吕 梁	849	25037	184	404	261	693	156
临 汾	1053	28471	241	548	264	713	340
运 城	1143	34085	443	456	244	743	400
长 治	722	22341	257	348	117	507	215
晋 城	370	12700	210	159	1	100	270

2021年全省营运载货汽车数量统计表(分地市)

表31

市名	营运载货汽车		按车型分			按燃料类型分			
			大型	中型	小型	汽油车	柴油车	天然气车	其他
	(辆)	(吨位)	(辆)	(辆)	(辆)	(辆)	(辆)	(辆)	(辆)
合计	563527	9062412	329108	838	1740	530	91438	6282	231871
大同	80658	1381949	42859	39	43	11	2471	5	37717
朔州	19364	312118	10311	8	18		1479		9027
忻州	58031	845898	28460	30	174	81	5319		29367
太原	52863	880651	36678	88	838	390	13455	3586	15289
阳泉	19475	328823	12215	63	49	5	4372	243	7148
晋中	79004	1329545	44336	42	62	6	6628	902	34564
吕梁	60802	898719	30678	73	90	8	6630	492	29961
临汾	53098	841088	32444	170	65		10962	439	20419
运城	91325	1489986	60132	110	208	4	25386	263	30875
长治	31166	485467	19303	112	128	10	8521	72	11623
晋城	17741	268168	11692	103	65	15	6215	280	5881

2021年全省干线公路交通量统计表

表32

路线编号	路线名称	类型	观测里程（公里）	行驶量（万车公里/日）	交通拥挤度	地点车速（公里/时）	汽车平均日交通量（辆/日）								
							当量合计	自然合计	小型货车	中型货车	大型货车	特大货车	集装箱车	中小客车	大客车
高速公路合计			522	553	0.18	67.3	232757	136677	9412	18650	3278	13354	12667	75034	4282
G18	荣成—乌海高速公路	国家高速	36	35	0.18	67.5	9719	4800	348	147	114	1245	286	2610	50
G1812	沧州—榆林高速	国家高速	19	88	4.69	48.9	46877	18045	299	6500	21	96	8402	2634	93
G20	青岛—银川高速公路	国家高速	30	29	0.15	82.8	9483	4252	53	184	73	1368	257	2081	236
G22	青岛—兰州高速公路	国家高速	49	25	0.09	86.2	5079	4115	252	41	13	27	270	3458	54
G2211	长治—延安高速公路	国家高速	32	14	0.08	52.3	4260	1843	60	42	47	171	579	840	104
G3511	菏泽—宝鸡高速公路	国家高速	28	20	0.13	70.9	7208	3558	198	204	150	858	120	1399	629
G5	北京—昆明高速公路	国家高速	125	118	0.16	66.2	9416	6267	443	1118	172	552	191	3757	34
G55	二连浩特—广州高速公路	国家高速	30	20	0.12	72.8	6255	4396	298	188	116	170	310	3127	187
S2201	长治绕城高速公路	地方高速	7	8	0.21	89.7	11608	5772	730	1669	40	1292	339	1644	58
S30	孙启庄—右玉高速公路	地方高速	37	21	0.11	75.9	5791	3265	119	98	22	764	31	2134	97
S36	广灵—浑源高速公路	地方高速	10	0	0.01	69.0	420	414	14	1	1	0	1	396	1
S45	天镇—黎城高速公路	地方高速	32	66	0.38	49.6	20532	9656	2218	1445	663	2211	654	2000	465
S5501	大同绕城高速公路	地方高速	15	19	0.18	60.5	10172	5979	413	346	206	699	439	3487	389
S5503	晋城绕城高速公路	地方高速	1	2	0.35	72.4	18879	14188	602	930	189	1106	82	10711	568
S56	太原—古交高速公路	地方高速	22	34	0.28	50.9	15272	12586	892	1771	24	89	479	9233	98
S75	侯马—平陆高速公路	地方高速	6	3	0.11	30.0	6090	5495	286	1191	0	0	0	4018	0
S76	平顺—长治高速公路	地方高速	10	2	0.04	139.0	2021	1401	161	1240	0	0	0	0	0
S86	晋城—阳城高速公路	地方高速	9	34	0.70	69.3	38008	26257	1235	1385	1249	2457	215	18627	1089
S87	运城—风陵渡高速公路	地方高速	26	15	0.10	67.2	5667	4388	791	150	178	249	12	2878	130
普通国省道合计			10746	13501	1.51	109.7	23386	11352	1093	849	1065	2675	412	4821	437
普通国道合计			6641	9009	0.77	50.1	13041	6284	564	384	493	1596	227	2800	220
普通省道合计			4105	4492	0.75	59.6	10345	5068	529	465	572	1079	185	2021	217

2021年全国公路营运汽车拥有量统计表

表33

省份	汽车数量合计		载客汽车			载货汽车		
	（辆）	排名	（辆）	排名	（客位）	（辆）	排名	（吨位）
合　计	12319587		586998		17510343	11732589		170994996
山　东	1392201	1	17957	13	666310	1374244	1	21350739
河　北	1192286	2	18096	12	572416	1174190	2	19655009
河　南	827623	3	29768	7	936691	797855	3	12047705
江　苏	824995	4	31794	6	1330636	793201	4	11038113
安　徽	670875	5	17244	14	569812	653631	5	9467985
广　东	627233	6	33656	4	1369170	593577	6	8922789
山　西	573230	7	9703	25	304166	563527	7	9062412
辽　宁	552737	8	20745	11	761639	531992	8	7906482
四　川	498867	9	47599	1	1133545	451268	9	6142555
浙　江	399227	10	17173	15	615170	382054	10	5552102
广　西	385526	11	22815	10	753922	362711	11	5052415
江　西	370823	12	11745	23	363320	359078	12	4583888
湖　北	361745	13	27179	8	702440	334566	14	4728209
黑龙江	353506	14	15463	18	502216	338043	13	4899951
新　疆	329565	15	36914	3	547255	292651	15	4542367

续表33

省 份	汽车数量合计		载客汽车			载货汽车		
	（辆）	排名	（辆）	排名	（客位）	（辆）	排名	（吨位）
云 南	309819	16	39453	2	706963	270366	17	3215166
湖 南	308954	17	32045	5	809724	276909	16	3893443
陕 西	284086	18	17063	16	514417	267023	18	3811706
重 庆	275333	19	15045	19	388142	260288	19	3102110
上 海	253506	20	8961	27	386186	244545	20	3560997
吉 林	251683	21	12025	22	400654	239658	21	2855647
内蒙古	248179	22	10596	24	358270	237583	22	3110793
福 建	247397	23	13626	20	419528	233771	23	3725559
甘 肃	141919	24	16204	17	357371	125715	24	1622512
宁 夏	129614	25	4498	29	143141	125116	25	1665996
天 津	127788	26	9091	26	383318	118697	26	1675022
北 京	126341	27	12681	21	561358	113660	27	1060402
贵 州	115126	28	23635	9	566021	91491	28	1102828
西 藏	51473	29	4497	30	85198	46976	29	575450
青 海	50665	30	4322	31	119275	46343	30	640854
海 南	37265	31	5405	28	182069	31860	31	423791

（二）水路运输服务

2021年全省水路客货运输量统计表

表34

市名	客运量（万人）	旅客周转量（万人公里）	货运量（万吨）	货物周转量（万吨公里）
合计	76	301	16	345
大同				
朔州				
忻州	1	7		
太原	4	31		
阳泉	8	17		
晋中	1	5		
吕梁	3	11		
临汾	1	2		
运城	3	37	16	345
长治	44	93		
晋城	10	99		

（三）机场运输服务

2021年全省机场客货运输量统计表

表35

机场	起降架次（架次）		运输起降（架次）		旅客吞吐量（人次）		货邮吞吐量（吨）	
	本年累计	同比（%）	本年累计	同比（%）	本年累计	同比（%）	本年累计	同比（%）
太原	88951	12.2	88272	12.2	9995334	10.9	55647	9.6
长治	4698	-24.1	4256	-14.9	350012	-16.3	123	-53.4
运城	24229	-7.1	21195	16.6	1919323	17.2	7307	36.0
大同	21468	28.6	10939	17.9	885224	18.8	1603	-2.0
吕梁	6381	-4.7	6015	22.1	379659	16.2	682	208.0
五台山	4418	5.4	4385	5.6	297052	8.4	167	32.8
临汾	9084	36.6	8197	30.0	783950	37.3	233	75.3
全省机场	159229	9.2	143259	13.2	14610554	12.5	65762	12.3

（四）城市客运

2021年全国城市轨道交通统计表

表36

省 份	配属车辆数(辆)	地铁(辆)	轻轨地铁(辆)	有轨电车(辆)	运营里程(公里)	地铁(公里)	轻轨(公里)	有轨电车(公里)	客运总量(万人次)
全 国	57286	53060	980	1653	8735.6	7664.0	262.9	420.5	2372692
北 京	7098	6988	0	50	783.0	751.8		21.0	306621
天 津	1448	1272	152	24	272.3	212.1	52.3	7.9	46379
河 北	486	486	0	0	74.3	74.3			9202
山 西	144	144	0	0	23.3	23.3			3919
内蒙古	312	312	0	0	49.0	49.0			5377
辽 宁	1653	1074	288	291	407.1	168.2	146.9	92.0	56058
吉 林	893	306	540	47	124.2	43.0	63.7	17.5	20553
黑龙江	522	522	0	0	78.1	78.1			7239
上 海	7227	7166	0	0	831.0	796.0			356997
江 苏	4627	4216	0	411	946.5	865.5		81.0	155748
浙 江	3615	3336	0	13	648.5	516.5		10.6	117476
安 徽	1290	1086	0	0	199.8	153.6			27371
福 建	1080	1080	0	0	156.8	156.8			28862
江 西	816	816	0	0	128.5	128.5			25602

续表36

省 份	配属车辆数(辆)	地铁(辆)	轻轨地铁(辆)	有轨电车(辆)	运营里程(公里)	地铁(公里)	轻轨(公里)	有轨电车(公里)	客运总量(万人次)
山 东	1629	1622	0	7	377.2	368.4		8.8	30389
河 南	1638	1638	0	0	249.4	249.4			44949
湖 北	3124	2830	0	294	478.6	429.5		49.1	101270
湖 南	894	870	0	0	161.6	143.0			58790
广 东	7311	6890	0	245	1137.5	1020.6		58.6	508358
广 西	876	876	0	0	128.2	128.2			28876
海 南	14	0	0	14	8.4			8.4	107
重 庆	2248	1446	0	0	369.5	271.0			109709
四 川	4622	4442	0	180	557.8	518.5		39.3	180098
贵 州	498	498	0	0	74.4	74.4			8974
云 南	792	732	0	60	152.8	139.4		13.4	21906
西 藏	0	0	0	0					
陕 西	2094	2094	0	0	252.6	252.6			102303
甘 肃	173	156	0	17	38.4	25.5		12.9	6500
青 海	0	0	0	0					
宁 夏	0	0	0	0					
新 疆	162	162	0	0	26.8	26.8			3062

说明:上海轨道交通运营线路总长度含江苏(昆山)境内约6公里,客运量1843万人次

2021年全国公共汽电车运营情况统计表

表37

省 份	运营车数排名	运营车数(辆)				标准运营车数（标台）	运营线路总长度（公里）	公交专用车道长度（公里）	客运总量（万人次）
		合 计	公共汽车	天然气燃料车	无轨电车				
全 国		709443	706847	111641	2596	805116	1593829	18263.8	4891570
广 东	1	67683	67410	1130	273	76570	131583	1631.4	410330
山 东	2	67125	66874	12364	251	73982	187331	1272.9	308625
江 苏	3	53365	53365	8243		60860	113079	1716.5	307542
浙 江	4	45683	45631	4543	52	48766	149165	966.5	238410
河 南	5	36929	36756	2570	173	40904	57246	1546.9	172793
四 川	6	33468	33468	14278		39013	57156	1125.6	310246
湖 南	7	32903	32903	982		36715	52634	548.8	227396
河 北	8	31888	31853	5823	35	34535	82017	493.2	110051
安 徽	9	28301	28301	3496		32216	73315	612.2	148263
湖 北	10	24910	24871	5214	39	28872	38513	618.8	217860
辽 宁	11	24112	24047	6935	65	29428	41253	1344.8	238302
北 京	12	23079	21803	7549	1276	31522	28580	1005.0	229634
福 建	13	20633	20633	1439		22504	43403	278.8	159501
黑龙江	14	19977	19977	731		23008	47324	174.9	135430
陕 西	15	18617	18617	3676		21794	27747	565.3	161773

续表37

省份	运营车数排名	运营车数(辆)				标准运营车数(标台)	运营线路总长度(公里)	公交专用车道长度(公里)	客运总量(万人次)
		合计	公共汽车	天然气燃料车	无轨电车				
上海	16	17637	17283	111	354	22355	25180	484.7	146693
山西	17	16963	16885	1732	78	19503	48766	615.2	117448
云南	18	16797	16797	1126		16922	55040	225.6	110337
江西	19	15604	15604	1119		17178	51781	512.0	94061
重庆	20	15023	15023	6281		17544	29159	241.2	221052
广西	21	14322	14322	1540		15664	36351	380.3	76692
天津	22	13258	13258	614		14578	27713	194.0	67323
内蒙古	23	12233	12233	2832		13659	47334	353.5	72412
吉林	24	11979	11979	2966		13277	31657	471.1	114855
贵州	25	11586	11586	2545		13279	27611	221.1	163917
新疆	26	11441	11441	5593		13866	19593	204.7	111675
甘肃	27	10298	10298	2503		11502	21828	128.6	123341
海南	28	4949	4949	375		5200	12838	41.1	19737
青海	29	3969	3969	1480		4290	15041	75.4	38320
宁夏	30	3837	3837	1851		4591	10341	167.8	29072
西藏	31	874	874			1021	3253	46.0	8482

2021年全国巡游出租汽车运营情况统计表

表38

省 份	运营车数排名	巡游出租汽车		省 份	运营车数排名	巡游出租汽车	
		运营车数(辆)	客运总量(万人次)			运营车数(辆)	客运总量(万人次)
全 国		1391315	2669048	湖 北	16	43589	108162
黑龙江	1	98998	225765	山 西	17	42041	73348
辽 宁	2	92706	201855	甘 肃	18	39281	75390
北 京	3	79600	21451	陕 西	19	38592	92084
河 北	4	71265	81514	上 海	20	35317	36115
山 东	5	70263	96469	湖 南	21	35043	111446
吉林	6	68569	167188	天 津	22	31779	7740
内蒙古	7	67967	135652	云 南	23	31163	64038
河 南	8	63511	123833	重 庆	24	24478	73532
广 东	9	58031	100383	福 建	25	22015	47148
安 徽	10	55298	117927	广 西	26	20665	22185
新 疆	11	54599	114299	江 西	27	17482	41095
江 苏	12	54504	77469	宁 夏	28	16653	38533
四 川	13	45976	154997	青 海	29	14092	27157
贵 州	14	45310	147362	海 南	30	6333	9875
浙 江	15	43838	65790	西 藏	31	2357	9247

2021年全省公交汽电车运营情况统计表

表39

市 名	运营车数(辆)	运营线路总长度(公里)	客运量(万人次)	运营里程(万公里)
合 计	16963	48766	117448	68706
大 同	1812	3460	23576	7620
朔 州	779	3424	4967	2947
忻 州	640	1827	2781	2879
太 原	4098	8503	24897	13626
阳 泉	1032	2699	13506	4528
晋 中	1638	6749	6672	6517
吕 梁	1353	3877	4471	5764
临 汾	1332	5031	10254	5390
运 城	1801	4607	8185	7749
长 治	1615	7399	11331	7843
晋 城	863	1190	6810	3842

2021年全省出租汽车运营情况统计表

表40

市 名	运营车数(辆)	客运量(万人次)	运营里程(万公里)	载客里程(万公里)
合 计	42041	73348	354240	218537
大 同	6120	14337	42618	30282
朔 州	2437	4374	15669	9339
忻 州	3150	5256	20862	12415
太 原	8701	12991	95394	59397
阳 泉	2237	5989	21716	14401
晋 中	3024	3364	17893	10262
吕 梁	2929	4503	22229	11563
临 汾	4023	5961	33107	18848
运 城	4615	5104	35175	22101
长 治	2944	7477	32328	16784
晋 城	1861	3993	17247	13145

（五）铁路运输服务

2011—2021年全省铁路客货运营情况统计表

表41

年　份	客运量（万人）	旅客周转量（亿人公里）	货运量（万吨）	货物周转量（亿吨公里）
2011	6219	196	69194	2015
2012	6208	192	71428	2139
2013	6294	190	73181	2314
2014	6949	202	76411	2348
2015	7418	215	70509	2064
2016	7530	219	64861	2113
2017	7664	223	74616	2426
2018	7958	234	85260	2582
2019	7459	237	91321	2775
2020	4890	136	92002	2927
2021	6454	165	102909	3219

（六）邮政业务

2010—2021年全省邮政业务量统计表

表42

年　份	邮政业务总量（亿元）	函件数（亿件）	包裹数（万件）
2010	3924	077	12059
2011	2629	067	12337
2012	3045	054	12269
2013	3411	046	12822
2014	3656	036	9801
2015	4313	039	6168
2016	5687	026	4608
2017	7242	027	4323
2018	9406	019	2308
2019	11635	012	1717
2020	15072	008	1088
2021	13079	007	1032

2011—2021年全省快递业务量统计表

表43　单位:万件

年　份	快递量	国内同城快递量	国内异地快递量	国际及港澳台快递量	快递业务收入
2011	2098	379	1705	15	46383
2012	2805	394	2395	17	54284
2013	8869	576	8279	14	68726
2014	9130	653	8462	16	103493
2015	11477	1101	10359	17	152901
2016	18665	2940	15705	21	221412
2017	24359	4365	19971	23	299902
2018	30333	5681	24577	74	385467
2019	36414	4734	31414	266	494197
2020	53584	5721	47703	160	670900
2021	78131	7343	70612	176	901584

五、各项指标全国排名情况

2021年全国公路基本情况综合排名表

表44

主要指标	单　位	数　值	全国排名	中部6省排名	包括周边省份在内的9省中排名
公路总里程	公里	144617	20	6	9
二级及以上里程	公里	24623	15	5	7
二级及以上比例	%	17.03	12	1	3
国省干线里程	公里	18310	22	6	9
国省干线二级及以上比例	%	91.56	9	1	2
高速公路里程	公里	5763	16	5	8
农村公路里程	公里	126068	18	6	9

2015—2021年全国公路水路固定资产投资完成情况排名表

表45

年份	主要指标	单位	完成值	全国排名	中部6省排名	包括周边省份在内的9省中排名
2015	固投完成	万元	2749533	23	6	9
	增速	%	6.98	14	2	3
2016	固投完成	万元	2241046	26	6	9
	增速	%	-18.49	29	6	9
2017	固投完成	万元	2904507	24	6	9
	增速	%	29.60	5	1	1
2018	固投完成	万元	4635207	23	6	9
	增速	%	59.59	1	1	1
2019	固投完成	万元	5449963	20	6	8
	增速	%	17.58	7	2	2
2020	固投完成	万元	6365990	19	6	7
	增速	%	16.81	9	3	3
2021	固投完成	万元	7153327	18	6	7
	增速	%	12.37	11	4	4

2021年全国公路客运指标排名表

表46

指 标	单 位	完成值	全国排名	中部6省排名	包括周边省份在内的9省中排名
客运量	万人	5280	25	6	8
同比增速	%	-29.2	19	5	6
旅客周转量	万人公里	558472	23	6	8
同比增速	%	-38.3	26	5	8

2021年全国公路货运指标排名表

表47

指 标	单 位	完成值	全国排名	中部6省排名	包括周边省份在内的9省中排名
货运量	万吨	114698	18	6	9
同比增速	%	16.8	11	4	5
货物周转量	万吨公里	32257117	7	4	5
同比增速	%	15.8	8	4	5

山西交通运输2022年鉴

先进典型

先进集体、先进人物

中华全国总工会　应急管理部　国家卫生健康委员会

2022年7月，中华全国总工会、应急管理部、国家卫生健康委员会总工发〔2022〕12号文印发《中华全国总工会 应急管理部 国家卫生健康委员会关于表彰2020—2021年度全国“安康杯”竞赛活动先进集体和优秀个人的决定》。其中：

2020—2021年度全国“安康杯”竞赛活动优胜单位

山西静兴高速公路有限公司

山西汽车运输集团有限公司

山西省公路局忻州分局

2020—2021年度全国“安康杯”竞赛活动优胜班组

临汾南高速公路管理有限公司乡宁西收费站

中华全国总工会

2021年4月，中华全国总工会总工发〔2021〕5号文印发《中华全国总工会关于表彰全国五一巾帼奖状（奖章）、全国五一巾帼标兵岗（标兵）的决定》。其中：

全国五一巾帼标兵岗

山西交通控股集团晋城高速分公司路网运行监测中心

2021年4月，中华全国总工会总工发〔2021〕7号文印发《中华全国总工会关于表彰2021年全国五一劳动奖和全国工人先锋号的决定》。其中：

全国五一劳动奖状

山西省公路局晋中分局

全国五一劳动奖章

山西交通控股集团有限公司长治高速公路分公司长邯隧道管理站站长、高级政工师 王安宏

工人先锋号

山西省交通运输厅综合规划处

山西交通科学研究院集团有限公司黄土地区公路建设与养护技术交通行业重点实验室

交通运输部

2021年4月，中华人民共和国交通运输部交规划发〔2021〕37号文印发《交通运输部关于表扬全国交通运输脱贫攻坚成绩突出的集体和个人的通报》。其中：

全国交通运输脱贫攻坚成绩突出的集体

山西省交通运输厅综合规划处

山西省交通运输厅农村公路管理处

忻州市交通运输局

2021年11月，中华人民共和国交通运输部交法函〔2021〕611号文印发《交通运输部关于通报表扬全国交通运输系统“七五”普法突出成绩单位和个人的决定》。其中：

全国交通运输系统“七五”普法工作通报表扬单位

山西省高速公路综合行政执法总队

山西省阳泉市交通运输局

山西省晋中市交通运输局

全国交通运输系统“七五”普法工作通报表扬个人

山西省交通运输厅政策法规处二级调研员 杨继勇

山西省总工会
山西省卫生健康委员

2021年12月，山西省总工会、山西省卫生健康委员会晋工发〔2021〕34号文印发《关于命名第七批山西省“妈咪小屋”的决定》。其中：

第七批山西省“妈咪小屋”

山西省高速公路综合行政执法总队朔州支队“妈咪小屋”

山西交控集团大同北高速公路分公司大同东收费站“妈咪小屋”

山西省“妈咪小屋”建设工作优秀单位

山西省公路运输工会女职工委员会

山西省总工会

2021年11月，山西省总工会《关于发布2021年度省级职工书屋示范点的通报》。其中：

2021年度省级职工书屋示范点

山西省公路局晋中分局工会委员会职工书屋

2021年12月，山西省总工会晋工发〔2021〕38号文印发《山西省总工会关于山西省五一巾帼奖的表彰决定》。其中：

山西省五一巾帼标兵

山西省平顺公路管理段段长 李 瑾

山西省交通运输厅发展研究中心综合规划所副所长 陈瑞丽

山西省五一巾帼标兵岗

山西省交通科技研发有限公司重交通道路结构与材料山西省科技创新团队

山西省五一巾帼奖状

山西省交通科技研发有限公司重交通道路结构与材料山西省科技创新团队

2021年12月，山西省总工会晋工宣教部函〔2021〕14号文印发《关于命名第二批全省工会党的创新理论宣讲示范站(点)的通报》。其中：

第二批全省工会党的创新理论宣讲示范站(点)

晋城高速公路管理有限公司工会党的创新理论宣讲站安全警示教育基地宣讲点

阳泉交通运输执法局委员会党的创新理论宣讲站

太长高速公路有限责任公司工会党的创新理论宣讲站

2021年12月，山西省总工会晋工发〔2021〕37号文印发《山西省总工会关于命名山西省职工(劳模)创新工作室传统工艺(手艺)大师创新工作室的决定》。其中：

2021年省总工会“六新”领域职工(劳模)创新工作室

张亚军创新工作室(山西路桥建设集团有限公司)

山西省人力资源和社会保障厅
山西省发展和改革委员会

2021年7月，山西省人力资源和社会保障厅、山西省发展和改革委员会授予山西省交通运输厅综合规划处

山西省转型项目建设工作先进集体

山西省人力资源和社会保障厅
山西省交通运输厅

2021年7月，山西省人力资源和社会保障厅、山西省交通运输厅授予山西省交通运输系统先进集体

山西省交通运输厅综合规划处

山西省总工会女职工委员

2022年1月，山西省总工会女职工委员会晋工发〔2022〕女职字1号文印发《关于开展2021年“一委一品”工会女职工品牌工作情况的通报》。其中：

“一委一品”品牌工作讲好红色故事 做好红色传承

山西省公路局晋中分局勘测设计所工会女职工委员会

中共山西省委老干部局

2021年6月，中共山西省委老干部局晋老函〔2021〕17号文印发《关于全省离退休干部“百年奋斗路 银铃心向党”党史学习教育线上知识竞赛获奖情况的通报》。其中，

优秀组织奖

省交通运输厅离退休人员工作处

个人优胜奖

王晓光

滑晋生

山西省公路运输工会

2021年10月，山西省公路运输工会晋公运工发〔2021〕41号文印发《山西省公路运输工会关于命名全省交通运输系统“六新”领域职工(劳模)创新工作室的决定》。其中：

全省交通运输系统“六新”领域职工(劳模)创新工作室

张亚军创新工作室(山西路桥建设集团有限公司)

甄俊杰创新工作室(山西交通科学研究院集团有限公司)

常爱国创新工作室(山西交通科学研究院集团有限公司)

陈彦明创新工作室(山西交控集团吕梁北高速公路分公司)

丁志荣创新工作室(山西交控集团运城北高速公路分公司)

王安宏创新工作室(山西交控集团长治高速公路分公司)

中共山西省交通运输厅党组关于表彰2021年优秀共产党员、优秀党务工作者和先进基层党组织的决定

晋交党发〔2021〕30号

厅直各党委、总支、支部：

2021年是中国共产党成立100周年，是"十四五"规划开局之年，是开启全面建设社会主义现代化国家新征程、向第二个百年奋斗目标进军之年，也是开创"十四五"交通运输发展新局面的关键之年。近年来，各级党组织、广大共产党员和党务工作者认真学习贯彻习近平新时代中国特色社会主义思想和党的十九大和十九届二中、三中、四中、五中全会精神，深入贯彻落实习近平总书记视察山西重要讲话精神，紧紧围绕省委、省政府和厅党组决策部署，攻坚克难、扎实工作、开拓创新、锐意进取，涌现出一批优秀共产党员、优秀党务工作者和先进基层党组织，为全省交通运输系统树立了榜样。

为了表彰先进、激励斗志，进一步激发广大党员干部不忘初心、继续前进，推动形成榜样引领、见贤思齐、干事创业、砥砺奋进的生动局面，厅党组研究决定，在庆祝中国共产党成立100周年之际，对李健等97名共产党员、艾鹏等28名党务工作者和山西诚达公路勘察设计有限公司党委等16个基层党组织(名单附后)予以表彰，分别授予"优秀共产党员""优秀党务工作者"和"先进基层党组织"荣誉称号。

厅党组希望，受表彰的先进集体和先进个人要以此为新起点，继续发挥先进典型的示范引领作用，推动全省交通运输事业发展再创佳绩。同时，全系统广大共产党员和各级党组织要以受表彰的先进集体和个人为榜样，向先进看齐，朝标杆努力，为开创"十四五"交通运输发展新局面作出更大的贡献。

附件：2021年优秀共产党员、优秀党务工作者和先进基层党组织名单

中共山西省交通运输厅党组

2021年6月28日

2021年优秀共产党员、优秀党务工作者和先进基层党组织名单

一、优秀共产党员(97名)

李　健	山西省公路局人事处干部
范益超(女)	山西省公路局党工部干部
杨志文	山西省公路局办公室干部
王建忠	山西省公路局工会干部
张彦飞	山西省公路局地方公路处副处长
史忠良	山西省公路局公安路政处干部
黄　江	山西省公路局养路处干部
李中丽(女)	山西省公路局干部(高管局原工会主席)
李　慧(女)	山西省公路局干部(高管局党工部原副部长)
杜利青(女)	山西省公路局干部(高管局办公室副原主任)
蔺　琳(女)	山西省公路局干部(高管局原技术处干部)
杜文斌	山西省公路局干部(高管局法规处原副处长)
刘国平	山西省公路局干部(高管局机关原第五党支部书记)
王明会	山西省公路局离退休人员管理处干部
汪晓云(女)	山西省公路局离退休人员管理处退休第二党支部宣传委员
虞欣云(女)	山西省公路物资供应有限公司党办主任
张晓晔	山西力新公路物资有限公司经理
李林林(女)	山西省公路物资供应有限公司办公室主任
宋青会	山西省公路工程质量检测中心党委书记、副主任
魏超飞	山西省公路工程质量检测中心综合办公室主任
田永禄	山西省公路工程质量检测中心监理第三党支部副书记
戴　谷	山西省公路工程监理技术咨询有限公司高级工程师
张亦兵	山西晋路投资开发有限公司党委副书记、纪委书记
张平平(女)	山西晋路投资开发有限公司人力资源部副部长
李　宁(女)	山西晋路新能源有限公司副总经理
杨　彬(女)	山西晋路园林绿化工程有限公司副经理
周　鑫	山西诚达公路勘察设计有限公司总经理
魏　军(女)	山西诚达公路勘察设计有限公司党工人事部副部长
李平伟	山西诚达公路勘察设计有限公司设计一所所长

石秀林　　山西省公路构件厂办公室主任
徐　芳（女）　山西省公路构件厂人事劳资安全处处长
张　伟　　山西省公路构件厂党办干部
常传鹏　　山西省筑路机械厂综合办公室主任
程东海　　山西省筑路机械厂后勤管理部部长
齐艳春（女）　山西省筑路机械厂财务管理部部长
王春明　　山西省高速公路综合行政执法总队干部(原省交通运输执法局工会副主席)
王　晋　　山西省高速公路综合行政执法总队干部(原省交通运输执法局人事处处长)
乔　丽（女）　山西省高速公路综合行政执法总队干部(原省交通运输执法职工教育培训中心票证票据印制管理科副科长)
王　烨（女）　山西省高速公路综合行政执法总队干部
孙卫华　　山西省高速公路综合行政执法总队干部
戴成伟　　山西省高速公路综合行政执法总队干部(原省运政稽查总队综合管理科副科长)
孙　杰　　山西省高速公路综合行政执法总队干部
杨志强　　山西省高速公路综合行政执法总队干部(原省地方海事局综合办公室主任)
李　飞　　山西省高速公路综合行政执法总队干部(原省交通建设质量安全监督局质量监督处副处长)
刘　端　　山西省运输事业发展中心干部
冯志平　　山西省运输事业发展中心党群工作部副部长
张德强　　山西省运输事业发展中心经济师
张安领　　山西省运输事业发展中心财务审计部部长
赵　静（女）　山西省运输事业发展中心驾培从业部干部
李　扬（女）　山西省运输事业发展中心出租汽车部部长
李　智　　山西省运输事业发展中心公交部部长
王　宇　　山西省运输事业发展中心办公室副主任
武作华　　山西省交通运输运行监测与应急处置中心干部
张　蓉（女）　山西省交通运输运行监测与应急处置中心工程师
刘文柱　　山西省交通运输运行监测与应急处置中心干部
樊小丽(女)　山西省交通运输运行监测与应急处置中心高级工程师
陈　俊　　山西省交通建设中心党委书记
马冬云(女)　山西省交通建设中心工程质量服务部部长
吕雪冰　　山西省交通建设中心技术服务部部长
温　炳　　山西省交通建设中心高级工程师
白彦萍(女)　山西省交通运输厅发展研究中心副主任
贺　茹(女)　山西省交通运输厅联网收费结算与会计核算中心中级会计师
任　超　　山西省交通干部学校办公室副主任
潘晓娜(女)　山西省交通干部学校干部
刘丽芬(女)　山西省交通干部学校培训部副部长

郭　令（女）　山西省交通干部学校网教部部长
张文杰　山西省交通干部学校综保部部长
刘　超　太原交通运输执法局小店区分局干部
贾岱峰（女）　太原交通运输执法局迎泽区分局干部
史　勇　太原交通运输执法局杏花岭区分局副局长
杜文军　太原交通运输执法局尖草坪区分局党支部书记
韩爱国　太原交通运输执法局万柏林区分局局长
王卫东　太原交通运输执法局阳曲县分局局长
韩爱军　太原交通运输执法局娄烦县分局党支部书记
武　英　太原交通运输执法局督查支队干部
王建国　太原交通运输执法局办公室主任
杜俊伟　太原交通运输执法局计财科科长
李海霞（女）　太原交通运输执法局离退休人员管理科干部
李建斌　太原交通运输执法局培训中心主任
郝丽欣（女）　山西省高速公路综合行政执法总队干部
李宏义　山西省交通运输厅人事处副处长
崔树茂　山西省交通运输厅政策法规处三级主任科员
郭　伟　山西省交通运输厅财务收费管理处三级主任科员
李　灿　山西省交通运输厅农村公路处二级主任科员
吴海云　山西省交通运输厅交通战备办公室三级调研员
马利海　山西省公路运输工会一级主任科员
张　磊　山西省交通运输厅公安处三级主任科员
李益芳（女）　山西省公路运输工会一级主任科员
段新源　山西省交通运输厅党组成员、副厅长
李宇淘（女）　山西省交通运输厅民航建设运行处二级调研员
李安渠　山西省交通运输厅建设管理处二级调研员
鲍　立　山西省交通运输厅治超处副处长
李耀文　山西省交通运输厅审计处一级主任科员
贾　波　山西省交通运输厅城市客运管理处四级调研员
赵军刚　山西省交通运输厅离退休人员工作处副处长
李爱和　山西省交通运输厅离退休人员工作处党总支副书记
田荣华（女）　山西省交通运输厅离退休人员工作处第三党支部书记

二、优秀党务工作者(28名)

艾　鹏　山西省公路局党工部副部长
桑建军　山西省公路局党务干部(挂职)
杨立梅（女）　山西省公路物资供应有限公司党委书记

张瑞元（女） 山西省公路工程质量检测中心综合办公室干部
曹　澍（女） 山西省公路工程质量检测中心工会副主席
王海馨（女） 山西晋路投资开发有限公司综合管理部部长
许新勇 山西诚达公路勘察设计有限公司纪委书记
曹军英（女） 山西省公路局干部(原雁门关桥隧管理处处长)
李庆江 山西省高速公路综合行政执法总队干部(原省交通运输执法局党务工作部副部长)
马晓艳(女) 山西省高速公路综合行政执法总队干部(原省高速公路路政总队综合办公室主任)
杜　钟 山西省运输事业发展中心党群工作部部长
温晓明 山西省运输事业发展中心地方海事部部长
白　宇 山西运政印刷厂党支部书记、厂长
殷　楠 山西省交通运输运行监测与应急处置中心干部
王志勇 山西省交通建设中心办公室副主任
覃俊杰 山西省交通建设中心第四党支部书记
张健健 山西省交通干部学校党群工作部副部长
杨志诚 太原交通运输执法局副局长
吴铁虹 太原交通运输执法局党群部副部长
梁必将 山西省交通运输厅人事处一级主任科员
郭炳华 山西省交通运输厅科技处二级调研员
肖　雪（女） 山西省交通运输厅公路运输管理处四级主任科员
陈尧仲 山西省交通运输厅直属机关党委副书记、纪委书记
孟　辉 山西省交通运输厅直属机关党委一级主任科员
王　敏 山西省公路运输工会三级主任科员
贾一帆（女） 山西省交通运输厅民航综合协调处二级主任科员
樊真德 山西省交通运输厅路网运行管理处二级调研员
钟万刚 山西省交通运输厅水运管理处一级主任科员

三、先进基层党组织名单（16个）

山西诚达公路勘察设计有限公司党委
山西省公路局机关第一党支部
山西省公路物资供应有限公司第一党支部
山西省公路工程质量检测中心机关党支部
山西晋路投资开发有限公司第二党支部
山西省公路局高速第一党支部
山西省高速公路综合行政执法总队党委
山西省运输事业发展中心党委
山西省交通运输运行监测与应急处置中心党委
山西省交通建设中心第一党支部

山西省交通干部学校第四党支部
太原交通运输执法局党委
太原交通运输执法局小店区分局党支部
山西省交通运输厅机关第九党支部
山西省交通运输厅机关第十四党支部
山西省交通运输厅机关第十五党支部

山西交通运输

2022 年鉴

领导名录

省交通运输厅机关

赵建平　党组书记、厅长(2021年3月—)
闫晨曦　党组书记、厅长(—2021年3月)
秦红保　党组成员、副厅长,山西省邮政管理局党组书记、局长
王　晋　党组成员、副厅长
段新源　党组成员、副厅长,省民航机场管理局局长
王四小　党组成员、副厅长
郭丙福　党组成员、副厅长
王建业　党组成员、驻厅纪检监察组组长
郝玉柱　一级巡视员
雷天才　一级巡视员
李贵顺　一级巡视员
高新文　省交通战备办公室专职副主任(副厅长级)、总工程师

王亚虎　办公室主任
王惠权　办公室副主任
梁　斌　办公室副主任
刘　诚　办公室副主任
董　帅　办公室四级调研员

杨　斌　人事处处长
侯一方　人事处二级调研员
张永辉　人事处副处长

杨继勇　政策法规处(执法监督处)处长
郝振清　政策法规处(执法监督处)二级调研员
张瀚鑫　政策法规处(执法监督处)副处长
王　磊　政策法规处(执法监督处)三级调研员兼公安处四级调研员

许有志　综合规划处(招商引资处)处长
祝天晴　综合规划处(招商引资处)副处长
张福全　综合规划处(招商引资处)副处长

张　翼　财务收费管理处处长、一级调研员
卢奋卿　财务收费管理处副处长

武建勇　建设管理处处长
李安渠　建设管理处二级调研员
赵景彭　建设管理处副处长
张德宇　建设管理处副处长

吴秀武　公路运输管理处处长、一级调研员
靳茂林　公路运输管理处二级调研员
王跃东　公路运输管理处副处长
常卫平　公路运输管理处副处长

任大为　安全监督处(应急办公室)处长、一级调研员
梁晓明　安全监督处(应急办公室)二级调研员
裴增武　安全监督处(应急办公室)副处长
刘　佳　安全监督处(应急办公室)四级调研员
冯晓刚　安全监督处(应急办公室)四级调研员

张俊生　科技处处长
郭炳华　科技处二级调研员
牛　斌　科技处副处长

张立承　公安处(路政管理处)处长、一级调研员
要前进　公安处(路政管理处)二级调研员
杜　锋　公安处(路政管理处)副处长

赵振伟　治超处处长
贠岩龙　治超处二级调研员
鲍　立　治超处副处长

车雄伟　审计处处长
宋　蔚　审计处副处长
李耀文　审计处四级调研员

苏　敏　行政审批管理处处长
王积顺　行政审批管理处二级调研员
田建胜　行政审批管理处副处长
刘　宁　行政审批管理处四级调研员

王旭青　民航综合协调处处长
刘树伟　民航综合协调处二级调研员
陈　星　民航综合协调处副处长

董占文　民航建设运行处处长
李宇淘　民航建设运行处二级调研员
杜志平　民航建设运行处副处长

高保全　路网运行管理处处长
樊真德　路网运行管理处二级调研员
石利强　路网运行管理处副处长

姬　鸽　农村公路管理处处长
郭建波　农村公路管理处四级调研员
杨国清　农村公路管理处四级调研员

赵晓宙　水运管理处处长
王春清　水运管理处副处长
钟万刚　水运管理处四级调研员

解宝平　城市客运管理处处长
杨　亮　城市客运管理处副处长
贾　波　城市客运管理处四级调研员

高海青　离退休人员工作处处长、一级调研员
赵军刚　离退休人员工作处副处长
李益芳　离退休人员工作处四级调研员

裴增武　铁路安全综合协调和监督管理处处长
梁全德　铁路安全综合协调和监督管理处副处长

武安瑜　厅直机关党委专职副书记
陈尧仲　厅直机关党委副书记、纪委书记
孟　辉　厅直机关党委四级调研员

刘贵良　省公路运输工会主席
王海锦　省公路运输工会副主席
李丽英　省公路运输工会副主席
李寅杰　省公路运输工会四级调研员

山西省国防动员委员会交通战备办公室(挂靠单位)

范彦军　省交通战备办副主任(正处长级)
吴松怀　省交通战备办二级调研员
张鹏斌　省交通战备办副主任(副处长级)
吴海云　省交通战备办三级调研员

中共山西省纪委驻交通运输厅纪律检查组(派驻单位)

山西省监察厅驻交通运输厅监察室(派驻单位)

任玉胜　纪检监察组副组长、一级调研员
聂　洪　纪检监察组副组长
侯一兵　二级调研员
李栋然　综合室主任、三级调研员
李　宇　二级调研员
冯　御　二级调研员

(截至2021年12月31日)

厅直属单位

山西省公路局

尹新平　党委书记
胡钢成　党委副书记、局长
许秀銮　党委委员、副局长
杨转科　党委委员、副局长
郭晓军　党委委员、副局长

山西省高速公路综合行政执法总队
（山西省交通运输综合行政执法局）

刘清平　党委书记、总队长(局长)
段志伟　副总队长(副局长)(2021年1月—)
渠　刚　副总队长(副局长)(2021年1月—)
任晓军　副总队长(副局长)(2021年1月—)
郭　锋　副总队长(副局长)(2021年1月—)
史晓华　党委副书记、副局长
　　　　(—2021年1月)
刘宝东　副局长(—2021年1月)
段志伟　副局长(—2021年1月)

山西省运输事业发展中心
（山西省城市客运服务中心）

史晓华　党委书记、主任
时晋杰　党委委员、副主任
肖为民　党委委员、副主任
王建民　党委委员、副主任
郝如恒　正处级
朱　虹　正处级
王翠莲　副处级
张国民　副处级
黄　驰　副处级
高晓华　副处级
吕双龙　副处级
张宇宾　副处级

山西省运输运行监测与应急处置中心
（山西省交通运输厅新闻中心）

董化金　党委书记、主任
倪　津　党委委员、副主任
赵小鹏　党委委员、副主任
李　兴　正处级
曹世勋　正处级
杨春兰　副处级
崔鸣原　副处级
赵文洁　副处级

山西省交通建设中心

陈　俊　党委书记、主任
王润民　党委委员、副主任
郝瑞军　党委委员、副主任
张于良　党委委员
任　鹏　党委委员
雷英夏　正处级
毛世伟　副处级
虞翠云　副处级

山西省交通运输厅发展研究中心

胡旭东　党支部书记、主任
白彦萍　党支部委员、副主任
侯金铃　党支部委员、副主任

山西省交通运输厅联网收费结算与会计核算中心

杨　毅　党支部书记、主任

李亚东　党支部委员、副主任

魏晓菁　党支部委员、副主任

山西省交通干部学校

辛泉生　党委书记、校长

梁锦华　党委委员、副校长

孟万银　党委委员、副校长

范向英　党委委员、副校长

白贵生　副处级

（截至2021年12月31日）

公路系统

山西省公路局机关

杨帅奇　办公室主任

马　勇　办公室副主任

段晓燕　党工部部长

艾　鹏　党工部副部长

王焕斌　人事处处长

王昌盛　人事处副处长

刘保平　计划统计处副处长（主持工作）

刘艳花　计划统计处副处长

王文俊　养路处处长

霍翠兰　养路处副处长

张育斌　养路处副处长

刘　军　建设处副处长（临时主持工作）

李永东　技术处副处长（临时主持工作）

翟卫东　技术处副处长

李兴昌　财务征费处副处长（临时主持工作）

张晓飞　财务征费处副处长

许韵才　政策法规处处长

赵永红　政策法规处副处长

李永佑　公安路政处副处长（主持工作）

刘中海　公安路政处副处长

郭转英　地方公路处副处长

张彦飞　地方公路处副处长

段铁鹰　审计处副处长（临时主持工作）

常丽珍　工会副主席（临时主持工作）

刘青竹　离退休人员管理处处长

徐　敏　离退休人员管理处副处长

解凤林　机关纪委书记

申水旺　正处级

曹军英　正处级

李康吉　正处级

徐媛丽　技术处正处级

袁海鸿　正处级

吴正杰　技术处副处级

赵高峰　副处级

丁鹤军　副处级

李书亮　副处级

耿　军　副处级

刘保科　副处级

麻　琳　副处级

山西省公路局太原分局

闫志雄　党委委员、局长

赵涌文　党委书记

蒋映东　党委委员

张晋龙　党委委员、副局长

卫　生　正处级

山西省公路局大同分局

王进满　党委委员、局长
左世娟　党委委员、副局长、工会主席
王德启　党委副书记、纪委书记
张文化　党委委员、副局长
王来平　党委委员、副局长

山西省公路局朔州分局

任　永　党委委员、局长
张金顺　党委委员、副局长
樊伟恩　副局长、总工
张翠梅　党委委员、副局长
郭养财　党委委员、副局长、工会主席
陈占强　党委副书记、纪委书记

山西省公路局忻州分局

袁海鸿　党委委员、局长
王斌俊　党委书记
刘庆珍　党委副书记、纪委书记
李晋勇　党委委员、副局长
崔　毅　党委委员、副局长
王继平　党委委员、副局长、总工
柴秉德　党委委员、副局长、工会主席

山西省公路局晋中分局

张惠民　党委委员、局长
杨　桦　党委副书记、纪委书记
游新宇　党委委员、副局长、工会主席
赵小兵　党委委员、副局长
于长生　党委委员
李跃强　党委委员、副局长
史军强　党委委员、副局长

山西省公路局阳泉分局

闫献忠　党委委员、局长
李传书　党委书记
吕彦明　党委委员、副局长
冯仁科　党委委员、副局长、总工
王卫华　党委委员、纪委书记

山西省公路局吕梁分局

薛根平　党委委员、局长
刘庆爱　党委书记
郭兵兵　党委委员、副局长
刘介平　党委委员、副局长、工会主席
刘秀全　党委委员、副局长
白彦丞　党委委员、纪委书记
马　荣　党委委员、副局长
张跃飞　调研员(副职待遇)

山西省公路局临汾分局

刘晓明　党委委员、局长
李　红　党委书记
张碧玉　副局长
杨英俊　副局长
张小军　党委委员、纪委书记
李玉民　原霍侯路副书记、纪委书记
孟晋涛　原霍侯路副处长、工会主席

山西省公路局运城分局

平　华　党委副书记(临时负责党政工作)
张兆阳　党委委员、副局长
黄　立　党委委员、纪委书记
郭立新　原三门峡党总支书记、处长
王　颖　原三门峡副处长
李晓阳　原三门峡副处级

山西省公路局长治分局

韩洪泽　党委委员、局长
杨　勇　党委书记
崔建忠　党委委员、副局长
姚建波　党委委员、副局长
杜立新　党委委员、副局长、总工
徐湧涛　党委委员、纪委书记

山西省公路局晋城分局

马　远　党委委员、局长

张根法　党委书记

王振明　党委委员、副局长

陈建国　党委委员、副局长、总工程师

徐　斌　党委委员、副局长

赵锁金　党委委员、纪委书记

山西省公路工程质量检测中心
（山西省公路工程监理技术咨询公司）

宋青会　党委书记（副职）、副主任（主持党政全面工作）

山西省公路局多种经营管理中心

蒋映东　副主任

赵　峰　副主任

山西省公路局物资供应站
（山西省公路物资供应总公司）

杨立梅　副主任（主持工作）、党委书记、总经理

杨海义　副经理

吴　翼　副经理

山西省公路构件厂

刘永生　党委书记、厂长

冀俊如　党委委员、纪委书记、副厂长、工会主席

山西省筑路机械厂

贺金明　党委书记、厂长

徐志杰　党委副书记、纪委书记、副厂长

李爱民　党委委员、副厂长

山西晋路投资开发有限公司

郝增民　党委委员、执行董事

石建高　党委书记

孙明方　党委委员、总经理

张亦兵　党委副书记、纪委书记

贺金明　党委副书记

牛福明　党委委员、工会主席

山西诚达公路勘察设计有限公司

韩　彦　党委委员、董事长

刘卫平　党委书记、副董事长

周　鑫　党委委员、总经理

许新勇　党委委员、纪委书记

（截至2021年12月31日）

交通运输执法系统

山西省高速公路综合行政执法总队太原支队

刘　耀　党委书记、支队长（2021年8月— ）

杨志诚　副支队长（2021年8月— ）

李军民　副支队长（2021年8月— ）

张　军　副支队长（2021年8月— ）

赵有恭　太原交通运输执法局党委书记、局长（ —2021年8月）

武晋熙　山西省太原交通运输执法局党委副书记、纪委书记（ —2021年8月）

刘初平　山西省太原交通运输执法局副局长（ —2021年8月）

山西省高速公路综合行政执法总队大同支队

车红兵　党委书记、支队长

田占峰　副支队长
李　彬　副支队长
曲晓东　正处级
张　军　副处级
胡　让　副处级

山西省高速公路综合行政执法总队朔州支队

郜伟刚　党委书记、支队长
张子军　副支队长
刘　勇　副支队长
徐　斌　正处级

山西省高速公路综合行政执法总队忻州支队

曲恒卯　党委书记、支队长
王占军　副支队长
李红光　副支队长
杨定国　副支队长

山西省高速公路综合行政执法总队吕梁支队

渠　刚　全面负责支队工作
孙权平　副支队长

山西省高速公路综合行政执法总队晋中支队

杜士平　党委书记、支队长(2021年8月—)
赵　强　副支队长(2021年8月—)
王玉寿　山西省晋中交通运输执法局副局长、工会主席(—2021年8月)
张宏兴　山西省晋中交通运输执法局副局长(—2021年8月)

山西省高速公路综合行政执法总队阳泉支队

范文生　党委书记、支队长
张晓阳　副支队长
冯晋泉　副处级

山西省高速公路综合行政执法总队长治支队

王京会　党委书记、支队长
王保川　副支队长
李　斌　副支队长
赵庆新　正处级
郭建军　副处级

山西省高速公路综合行政执法总队晋城支队

王卫华　党委书记、支队长(2021年8月—)
王黎平　副支队长(2021年8月—)
张慧锋　正处级

山西省高速公路综合行政执法总队临汾支队

李建勋　党委书记、支队长(2021年8月—)
刘　耀　原临汾交通运输执法局党委书记(—2021年8月)
申俊平　副支队长(2021年8月—)
李安文　副支队长(2021年8月—)
宋志安　副支队长(2021年8月—)

山西省高速公路综合行政执法总队运城支队

杨宏伟　党委书记、支队长
景永忠　副支队长
李亚昌　副处级

(截至2021年12月31日)

邮政管理系统

山西省邮政管理局

秦红保　党组书记、局长
　　　　省交通运输厅党组成员、副厅长
高日勇　党组成员、副局长、纪检组长
赵　光　党组成员、副局长
尹　杰　办公室主任
李　亮　政策法规处处长
马剑锋　普遍服务处处长
和全忠　市场监管处处长
王峰钰　人事处副处长
田　笃　机关党委专职副书记

山西省邮政业安全中心

郭天文　主任
李　宏　副主任

太原市邮政管理局

董　刚　党组书记、局长
　　　　市交通运输局党组成员、副局长
薛伟民　党组成员、副局长、纪检组长
李　伟　党组成员、副局长

大同市邮政管理局

孙　俊　党组书记、局长
　　　　市交通运输局党组成员、副局长
文小强　党组成员、副局长、纪检组长

朔州市邮政管理局

蔚　玺　党组书记、局长
　　　　市交通运输局党组成员、副局长
薛　城　党组成员、副局长、纪检组长

阳泉市邮政管理局

曹　阳　党组书记、局长
　　　　市交通运输局党组成员、副局长
李姝慧　党组成员、副局长、纪检组长

长治市邮政管理局

任　辉　党组书记、局长
　　　　市交通运输局党组成员、副局长
李玉红　党组成员、副局长、纪检组长
李　林　党组成员、办公室主任

晋城市邮政管理局

靳小东　党组书记、局长
　　　　市交通运输局党组成员、副局长
郭宏发　党组成员、副局长、纪检组长
焦淑芳　党组成员　行业管理科科长

忻州市邮政管理局

芦军强　党组书记、局长
　　　　市交通运输局党组成员、副局长
葛宏林　党组成员、副局长、纪检组长

晋中市邮政管理局

陈志刚　党组书记、局长
　　　　市交通运输局党组成员、副局长
李淑燕　党组成员、副局长、纪检组长

临汾市邮政管理局

董向阳　党组书记、局长

　　　　市交通运输局党组成员、副局长

董枫林　党组成员、副局长、纪检组长

张　伟　党组成员、副局长

运城市邮政管理局

胡福海　党组书记、局长

　　　　市交通运输局党组成员、副局长

李晓燕　党组成员、副局长、纪检组长

马卫国　党组成员、副局长

吕梁市邮政管理局

淮电宁　党组书记、局长

　　　　市交通运输局党组成员、副局长

王　峰　党组成员、副局长、纪检组长

岳鹏飞　党组成员、办公室主任

（截至2021年12月31日）

交通控股集团

山西交通控股集团有限公司

袁清茂　交控集团党委书记、董事长

　　　　（ —2021年12月）

武　艺　党委副书记、副董事长、总经理

刘宏武　专职党委副书记、副董事长、副总经理

韩文军　党委委员、副总经理

　　　　（ —2021年12月）

孙建秀　党委委员、总会计师

焦　军　党委委员、纪委书记

　　　　（ —2021年12月）

贾　勇　党委委员、副总经理

周　刚　党委委员、纪委书记、监察专员

　　　　（2021年12月— ）

杨志贵　副总经理、山西路桥建设集团有限公司党委书记、董事长

谢鹏远　副总经理

赵石岗　外部董事

高建光　外部董事（2021年12月— ）

张秀山　外部董事（2021年12月— ）

呼运平　外部董事（2021年12月— ）

温　刚　外部董事（2021年12月— ）

山西路桥建设集团

杨志贵　党委书记、董事长

杨建红　党委副书记、副董事长、总经理

崔君毅　专职党委副书记、副董事长

刘伟威　党委委员、纪委书记

郭聪林　党委委员、副总经理

李殿勤　党委委员、副总经理（2021年4月— ）

荆冰寅　总工程师

杨利军　副总经理

丁林虎　总经济师

刘志勇　外部董事

李志刚　外部董事

张补才　外部董事（2021年8月— ）

杨海龙　党委委员、副总经理（ —2021年4月）

李　军　党委委员、总会计师（ —2021年9月）

山西省交通开发投资集团有限公司

魏鹏举　党委书记、董事长（2021年1月— ）

史云海　党委副书记、副董事长、总经理

李效广　党委副书记、副董事长

　　　　（2021年8月— ）

武建新　纪委委员兼党委委员、纪委书记
田卫川　党委委员、副总经理
韩晓文　副总经理
刘雁阳　副总经理
杨文军　党委委员、总会计师
付　宏　总工程师
牛力强　资深专员（2021年4月—　）
贾振卜　外部董事
王强锁　外部董事
刘志斌　外部董事（2021年6月—　）
牛　铮　外部董事（　—2021年4月）
多文英　外部董事（2021年4月—　）

山西省高速公路集团有限责任公司

刘　胜　党委书记、董事长
周世俊　党委副书记、副董事长、总经理（2021年4月—　）
高进才　专职党委副书记、纪委书记（2021年11月—　）
李文胜　党委委员、副总经理（2021年11月—　）
郭　强　党委委员、副总经理（2021年8月—　）
刘珍平　党委委员、副总经理（2021年11月—　）
邓卫明　副总经理
牛　铮　省高速集团外部董事（2021年4月—　）
李晋文　高速集团外部董事
张　显　外部董事（2021年8月—　）
刘志勇　外部董事（2021年9月—　）
王　敏　党委副书记、副董事长、总经理（　—2021年8月）
刘子兴　党委副书记、副董事长、副总经理（　—2021年8月）
张补才　党委委员、副总经理（　—2021年8月）
温智勇　党委委员、副总经理、总工程师（　—2021年8月）

山西交通科学研究院集团有限公司

樊英华　党委书记、董事长（2021年1月—　）
方　锐　党委副书记、副董事长、总经理（2021年4月—　）
李富林　专职党委副书记、副董事长（2021年4月—　）
潘　铁　党委委员、副总经理（2021年4月—　）
刘　悦　党委委员、总会计师
温　军　党委委员、纪检组组长
梅拥军　党委委员、副总经理（2021年4月—　）
申俊敏　副总经理
张　军　副总经理、总工程师（2021年4月—　）
闫学长　外部董事（2021年4月—　）
王　敏　外部董事（2021年8月—　）
贾振卜　外部董事（2021年9月—　）
徐利民　外部董事（2021年9月—　）

山西交通物流集团有限公司

张庆华　党委书记、董事长
李文平　专职党委副书记、副董事长
荆劲峰　党委委员、副总经理
陈　琳　党委委员、副总经理
秦华国　党委委员、纪委书记
刘光飞　副总经理
褚跃峰　副总经理
吕　祺　副总经理
刘少文　资深专员
郭跃波　外部董事（2021年9月—　）
郭凯玲　外部董事（2021年11月—　）

山西交通养护集团有限公司

高耀华　党委书记、董事长
任靖峰　党委副书记、副董事长、总经理
栗志威　党委副书记、副董事长
秦林清　党委委员、纪检监察组组长
郝　剑　党委委员、总会计师
裴恒亮　党委委员、副总经理
曹军生　党委委员、副总经理

赵　军　副总经理
闫毅志　副总经理（ —2021年5月）
闫学长　外部董事（2021年9月— ）
刘子兴　外部董事（2021年8月— ）
张补才　外部董事（2021年8月— ）
温智勇　外部董事（2021年8月— ）

山西交通实业发展集团有限公司

秦　阳　党委书记、董事长
吴新华　副董事长
曹志刚　党委副书记、总经理
李鹏飞　党委委员、董事
杨旭东　董事
单建华　董事
郭亚彬　党委副书记、副董事长（2021年7月— ）
王彩荣　党委委员、纪委书记
蒋　勇　党委委员、运营总监（2021年7月— ）
赵红义　总会计师
郑　宏　副总经理
杨天平　顾问（正职待遇）
杨优喜　党委委员、党委副书记、副董事长（ —2021年7月）
彭梁柱　党委委员 副总经理（ —2021年9月）
李兔照　副总经理（ —2021年11月）

山西交通建设监理咨询集团有限公司

何晓明　党委书记、董事长
周留刚　党委副书记、副董事长
杨　军　党委委员、副总经理
马昕宇　党委委员、副总经理
郭　佳　党委委员、纪委书记
张晶尧　党委委员、副总经理
刘安民　资深专员
张　显　外部董事（2021年8月— ）
刘子兴　外部董事（2021年8月— ）
温智勇　外部董事（2021年8月— ）
多文英　外部董事（2021年4月— ）

郭跃波　外部董事

山西省交通环境保护中心站（有限公司）

姚　凯　党委书记、董事长
赵　兵　副董事长、副总经理（主持经理层工作）
庞军艺　党委委员、专职党委副书记、副董事长
王玉喜　党委委员、副总经理
冯丽琦　党委委员、纪检组组长
孙　虎　党委委员、副总经理
罗霄霞　副总经理
魏文慧　副总经理
王建辉　总工程师
徐利民　外部董事
杨海龙　外部董事（2021年4月— ）
张跃峰　外部董事
刘志斌　外部董事（2021年6月— ）
李晋文　外部董事（2021年9月— ）

山西交控置地有限公司

贾建国　党委书记、董事长
杨峰斌　党委副书记、副董事长、总经理
霍金相　专职党委副书记、副董事长、副总经理
温开亮　党委委员、副总经理
门高鹏　党委委员、纪委书记
段建杰　副总经理（2021年4月— ）
郑小峰　副总经理（2021年4月— ）
王　敏　外部董事（2021年8月— ）
李志刚　外部董事（2021年9月— ）
杨海龙　外部董事（2021年4月— ）
梁志峰　外部董事（2021年11月— ）

山西交控金资管理有限公司

李　军　党委书记、董事长（2021年8月— ）
张羽中　专职党委副书记、副董事长
高洪生　党委委员、纪委书记
张志峰　党委委员、副总经理
李　莉　副总经理

山西交控数字交通科技有限公司

雷红锋　党委书记、董事长(2021年8月—)
刘　晓　党委副书记、副董事长、总经理(2021年8月—)
李日平　副董事长
王晓宙　专职党委副书记、董事、副总经理
曹志刚　董事
毛振宇　副总经理
张宇欢　副总经理
康俊德　副总经理
侯兴杰　党委书记、董事长(—2021年8月)
韩　昱　党委副书记、副董事长、副总经理(—2021年8月)

大同北高速公路管理有限公司

杨国华　党委书记、董事长兼大同北高速公路分公司总经理(2021年6月—)
陈俊伟　党委副书记、副董事长、总经理兼大同北高速公路分公司副总经理,山西交通养护集团有限公司总经理助理(—2021年6月)
王卫青　专职党委副书记、副董事长兼大同北高速公路分公司副总经理(2021年6月—),朔州管理公司专职党委副书记、副董事长兼朔州高速公路分公司副总经理(—2021年6月)
赵福君　党委委员、副总经理
王东平　党委委员、副总经理
郭　强　副总经理
张浩宇　党委委员、纪委书记(2021年6月—)
董贵春　外部董事
武保胜　外部董事(2021年9月—)

大同南高速公路管理有限公司

马东强　党委书记、董事长兼大同南高速公路分公司总经理(—2021年1月)
张　俊　党委副书记、副董事长、总经理兼大同南高速公路分公司副总经理
蔚　宏　专职党委副书记、副董事长兼大同南高速公路分公司副总经理
赵东宏　党委委员、副总经理
刘　斌　党委委员、副总经理
王进宙　党委委员、纪委书记
武保胜　外部董事
赵丽芳　外部董事(2021年9月—)
闫保平　外部董事(2021年9月—)
杨志新　外部董事(2021年9月—)
李果来　党委委员、副总经理职务(—2021年4月)

朔州高速公路管理有限公司

赵寿基　党委书记、董事长兼任朔州高速公路分公司总经理
李明军　党委副书记、副董事长、总经理兼任朔州高速公路分公司副总经理
焦全民　总监
王　尚　专职党委副书记、副董事长(2021年11月—)
尉恩廷　党委委员、副总经理
杨耀荣　党委委员、纪委书记(2021年11月—)
赵丽芳　外部董事
李果来　外部董事(2021年4月—)
王志远　外部董事(2021年6月—)
苏建中　外部董事(2021年8月—)
董贵春　外部董事(2021年9月—)
王卫青　党委副书记、副董事长(—2021年6月)
闫红伟　副总经理(—2021年5月)

忻州北高速公路管理有限公司

李子东　党委书记、董事长兼忻州北高速公路分公司总经理

胡慧恩　党委副书记、副董事长、总经理
薛秀文　专职党委副书记、副董事长
宋志芬　党委委员、纪委书记
王　霆　党委委员、副总经理
杨吉旺　总监
武志杰　外部董事（ —2021年8月）
李果来　外部董事（2021年4月— ）
王志远　外部董事（2021年6月— ）
杨志新　外部董事（2021年9月— ）

忻州南高速公路管理有限公司

潘　东　党委书记、董事长兼忻州南分公司总经理
张彦斌　党委副书记、副董事长、总经理兼忻州南分公司副总经理
陶　瑜　专职党委副书记、副董事长、总经理兼忻州南分公司副总经理
申晓飞　党委委员、纪委书记
孙　强　副总经理
徐艳生　总监
闫保平　外部董事
李建东　外部董事（2021年9月— ）
郑瑞红　外部董事（2021年9月— ）
杨世清　党委委员、副总经理（ —2021年8月）

吕梁北高速公路管理有限公司

薛海军　党委书记、董事长兼吕梁北分公司总经理（2021年8月— ）
张海宁　党委副书记、副董事长、总经理兼吕梁北分公司副总经理（2021年11月— ）
董万森　资深专员（2021年6月— ）
郭太明　专职党委副书记、副董事长兼吕梁北分公司副总经理（2021年11月— ）
刘元元　党委委员、纪委书记
茹　冰　外部董事
李耀峰　党委书记、董事长（ —2021年8月）
冯利强　党委副书记、副董事长、总经理（ —2021年1月）

吕梁南高速公路管理有限公司

李耀峰　党委书记、董事长兼任吕梁南高速公路分公司总经理（2021年8月— ）
张金锁　党委副书记、副董事长、总经理兼任吕梁南高速公路分公司副总经理
刘泽林　专职党委副书记、副董事长
米　源　党委委员、纪委书记
闫红伟　资深专员（2021年4月— ）
张宏斌　副总经理（2021年4月— ）
李建东　外部董事
刘银柱　外部董事（2021年9月— ）
武志杰　外部董事（2021年8月— ）

太原高速公路管理公司

李　强　党委书记、董事长兼任太原高速公路分公司总经理（天津武清）
冯利强　党委副书记、副董事长、总经理兼任太原高速公路分公司副总经理（2021年1月— ）
杨优喜　党委副书记、副董事长兼任太原高速公路分公司副总经理（2021年6月— ）
何广龙　总监
张　宇　党委委员、纪委书记
李　强　党委委员、副总经理（山西襄汾）
杨海滨　党委委员、副总经理
李　保　党委委员、副总经理（2021年6月— ）
戎斌生　副总经理
付建光　副总经理
郭慧敏　高级专员
孙斌科　外部董事
宋亚玲　外部董事
武志杰　外部董事（2021年8月— ）

王强锁　外部董事(2021年9月—)
张耀红　外部董事(2021年9月—)
闫柏青　外部董事(—2021年4月)
丁秀春　外部董事(—2021年4月)
马东强　党委副书记、副董事长、总经理(—2021年1月)

晋中高速公路管理公司

张　俊　党委书记、董事长兼山西交控集团晋中高速公路分公司总经理
王　刚　党委副书记、副董事长、总经理兼晋中高速公路分公司副总经理
杨世清　资深专员(2021年8月—)
宋文继　党委委员、纪委书记
张　鹏　党委委员、副总经理
梁晨光　党委委员、副总经理
贾中越　党委委员、副总经理
刘银柱　外部董事
丁秀春　外部董事(2021年4月—)
张耀红　外部董事(2021年9月—)
茹　冰　外部董事(2021年9月—)
李　保　专职党委副书记、副董事长(—2021年7月)

太旧高速公路管理(太原)有限公司

张江浩　党委书记、董事长兼太旧高速公路分公司总经理(2021年8月—)
卢永旺　党委副书记、副董事长、总经理兼太旧高速公路分公司副总经理
李　羚　总　监
刘江涛　党委委员、副总经理
赵国荣　党委委员、副总经理
邓建中　党委委员、副总经理
夏　磊　副总经理
马冬青　副总经理
杨玉龙　党委委员、纪委书记
张跃峰　外部董事(2021年9月—)
闫柏青　外部董事(2021年4月—)
孙斌科　外部董事(2021年9月—)
丁秀春　外部董事(2021年4月—)
郑瑞红　外部董事
张　显　党委书记、董事长兼太旧高速公路分公司总经理(—2021年8月)
张耀红　专职党委副书记、副董事长兼太旧高速公路分公司副总经理(—2021年9月)

临汾北高速公路管理有限公司

卫小红　党委书记、董事长兼任临汾北高速公路分公司总经理
王继弘　党委副书记、副董事长、总经理兼任临汾北高速公路分公司副总经理
段纪辰　专职党委副书记、副董事长兼任临汾北高速公路分公司副总经理
贾瑞萍　党委委员、副总经理
刘会清　党委委员、副总经理
李　明　党委委员、副总经理
李红英　党委委员、纪委书记
许忠义　外部董事(2021年9月—)
黄河龙　外部董事(2021年4月—)
郭俊杰　外部董事
郑宇彤　外部董事(2021年4月—)
秦世华　外部董事(2021年9月—)

临汾南高速公路管理有限公司

戴　波　党委书记、董事长兼任临汾南高速公路分公司总经理(2021年6月—)
李克军　党委副书记、副董事长、总经理兼任临汾南高速公路分公司副总经理
刘晓明　专职党委副书记、副董事长兼任临汾南高速公路分公司副总经理
王　锋　党委委员、纪委书记(2021年4月—)
范黎卿　外部董事(2021年9月—)
郑宇彤　外部董事(2021年4月—)
梁勇旗　外部董事

高保旺　外部董事
李　卓　外部董事(2021年4月—)
杨国华　党委书记、董事长(—2021年6月)
曹学卫　党委委员、纪委书记(—2021年4月)

长治高速公路管理公司

郭长庆　党委书记、董事长兼任长治高速公路分公司总经理
王战兵　党委副书记、副董事长、总经理兼任长治高速公路分公司副总经理
郭秀斌　专职党委副书记、副董事长兼任长治高速公路分公司副总经理
王　军　党委委员、副总经理
魏晓勇　党委委员、纪委书记
梁勇旗　外部董事(2021年9月—)
郑宇彤　党委委员、副总经理(—2021年4月)

晋城高速公路管理有限公司

赵升琪　党委书记、董事长兼任晋城高速公路分公司总经理
赵　功　党委副书记、副董事长、总经理兼晋城高速公路分公司副总经理
和　亮　专职党委副书记、副董事长
张小莉　党委委员、副总经理
董玲霞　党委委员、纪委书记
范黎卿　外部董事

运城北高速公路管理有限公司

侯毅力　党委书记、董事长兼任运城北高速公路分公司总经理
姚文勇　党委副书记、副董事长、总经理兼任运城北高速公路分公司副总经理(2021年8月—)
孙永安　专职党委副书记、副董事长兼任运城北高速公路分公司副总经理
卫培孝　党委委员、副总经理
晋小刚　党委委员、副总经理
任振华　党委委员、副总经理
王　直　副总经理
解　荣　副总经理
王　萍　副总经理
温晓强　党委委员、纪委书记
江家宏　外部董事
秦世华　外部董事
黄河龙　外部董事(2021年4月—)
李　卓　外部董事(2021年4月—)
郭俊杰　外部董事(2021年9月—)
戴　波　党委副书记,副董事长,总经理(—2021年6月)

运城南高速公路管理有限公司

李　震　党委书记、董事长
彭梁柱　党委副书记、副董事长、总经理兼任运城北高速公路分公司副总经理(2021年8月—)
薛炎龙　党委委员、副总经理
孙　琳　党委委员、副总经理
王立中　党委委员、纪委书记(2021年9月—)
江家宏　外部董事(2021年9月—)
许中义　外部董事
高保旺　外部董事(2021年9月—)
姚文勇　党委副书记、副董事长、总经理(—2021年9月)
黄河龙　专职党委副书记、副董事长(—2021年4月)
李　卓　党委委员、副总经理(—2021年4月)
赵东阳　党委委员、纪委书记(—2021年8月)

(截至2021年12月31日)

航空产业集团

山西航空产业集团有限公司

陈　阳　党委副书记、副董事长、总经理
邓保平　党委专职副书记、副董事长、工会主席
张希亮　党委委员、副总经理
吴建庭　党委委员、纪委书记
（ —2021年11月）
高天光　党委委员、副总经理
（2021年12月— ）
员佩刚　党委委员、副总经理
田　洪　党委委员、纪委书记
（2021年11月— ）
高之岩　副总经理（2021年4月— ）
刘　成　副总经理（2021年12月— ）
李东刚　专职外部董事（2021年12月— ）
李俊刚　专职外部董事（2021年12月— ）
韩文军　专职外部董事（2021年12月— ）
石德轩　专职外部董事（2021年12月— ）
焦　军　专职外部董事（2021年12月— ）

集团本部（正处级管理人员）

李晋阳　党委办公室（董事会办公室、党委巡察办公室）主任
贾骁勇　太原机场党委委员、专职副书记
（2021年7月— ）
董中杰　人事部部长（2021年7月— ）
郑亚海　宣传统战部（新闻中心）部长
曹晓东　纪委副书记、第一纪检监察室主任
吕治水　纪委副书记、纪委综合室主任
荆立新　总经理办公室主任（2021年1月— ）
石　磊　战略规划部部长
李曙昕　扩建指挥部副总指挥
（2021年2月— ）
王晓静　资本运营部部长（2021年4月— ）
孟海燕　健康安全环保部（机务航务部、调度指挥中心）
刘世民　法律事务部部长（2021年1月— ）
李建宏　市场营销部部长
张建红　工会副主席
樊志峰　女工部部长
杨世龙　直属党委书记（ —2021年12月）
王建民　直属党委书记（2021年7月— ）
王　逢　直属党委纪委书记（ —2021年11月）

集团本部（副处级管理人员）

李　杨　党委办公室（董事会办公室、党委巡察办公室）副主任
王亚南　组织人事部副部长
陈　琦　组织人事部副部长、团委书记
陈　芸　宣传统战部（新闻中心）宣传副部长、精神文明建设委员会办公室主任
王　兵　纪委第二纪检监察室主任
（2021年9月— ）
贾卓英　总经理办公室副主任
赵　论　战略规划部副部长
马　强　资本运营部副部长（ —2021年9月）
杨宝山　健康安全环保部（调度指挥中心、机务航务部）副部长
白文静　健康安全环保部（调度指挥中心、机务航务部）副部长（ —2021年9月）
李志强　法律事务部（审计部）副部长

李云瑛　市场营销部副部长（ —2021年12月）
赵群杰　直属党委副书记、纪委书记
张彦军　工会办公室主任（2021年7月— ）、农村工作队队长（兼）

太原武宿国际机场三期改扩建工程现场指挥部

陈　阳　扩建指挥部党委副书记（兼）、指挥长（兼）
邓保平　扩建指挥部党委书记（兼）
乔学政　扩建指挥部党委副书记、副指挥长、综合办公室主任（兼）、市政工程部部长（兼）
刘学新　扩建指挥部党委委员、纪委书记（ —2021年2月）
吕治水　扩建指挥部党委委员、纪委书记（兼）（ —2021年5月）
梁文平　扩建指挥部党委委员、纪委书记、纪委办公室主任（兼）（2021年5月— ）
姚晓刚　扩建指挥部党委委员、副指挥长、飞行区工程部部长（兼）
刘　成　扩建指挥部党委委员、总工程师、航站区工程部部长（兼）
王向东　扩建指挥部党委委员（兼）、副指挥长（兼）
张宏伟　扩建指挥部党委委员、副指挥长、招标合约部部长（兼）（2021年12月— ）
李曙昕　扩建指挥部党委委员、副指挥长、财务部部长（兼）（2021年12月— ）

集团本部（正处级管理人员）

李曙昕　扩建指挥部临空经济办公室副主任
张宏伟　扩建指挥部临空经济办公室副主任
杨利民　扩建指挥部安全质量部部长
林　嵘　扩建指挥部设计管理部部长
王晓静　扩建指挥部财务部部长（兼）
刘世明　扩建指挥部审计部部长（兼）
石　磊　扩建指挥部招标合约部部长（兼）
王叶明　扩建指挥部配套工程部部长（兼）
史永忠　扩建指挥部信息工程部二级正干部

集团本部（副处级管理人员）

丰佩林　扩建指挥部市政工程部副部长
苏永霞　扩建指挥部设计管理部副部长（兼）

太原机场公司

王向东　党委书记、董事长
赖朝晖　党委副书记、副董事长（2021年12月— ）、总经理
贾骁勇　专职党委副书记、副董事长（2021年7月— ）、工会主席（2021年10月— ）
徐　锋　党委委员、纪委书记
张炳福　党委委员、副总经理
粟忠于　党委委员、董事（ —2021年9月）、副总经理
李　栩　党委委员、董事（ —2021年10月）副总经理、工会主席（ —2021年10月）
李军志　党委委员

长治机场有限责任公司

王计虎　总经理（ —2021年9月）
党委书记（2021年5月— ）
党委书记、董事长（2021年9月— ）
郭小兵　纪委书记（ —2021年9月）
党委副书记、副董事长、总经理（2021年9月— ）
安宪章　党委委员、副总经理（2021年5—8月）
党委委员、副总经理、工会主席（2021年8—10月）
李　忠　党委委员、纪委书记（2021年9月— ）
李云朋　党委委员、副总经理（2021年9月— ）
梁文平　党委书记、副总经理（ —2021年5月）
郭旭庆　党委委员、副总经理、工会主席（ —2021年5月）

王　兵　党委委员、机场公安局长治分局局长（—2021年9月）
李旭东　党委委员、副总经理（—2021年9月）

大同机场有限责任公司

牛向荣　党委书记、董事长
高中元　总经理
石　虎　党委委员、纪委书记
吴显伟　党委委员、副总经理
马　强　党委委员、副总经理（2021年10月—）
马雁良　党委委员、公安分局局长（—2021年8月）
郭伟峰　党委委员、副总经理（—2021年10月）

吕梁机场有限责任公司

段建国　党委委员、党委书记、董事长
温治纲　党委委员、总经理、副董事长
尹喜前　党委委员、副总经理
李俊生　党委委员、纪委书记
屈文忠　党委委员副总经理、工会主席、职工董事
白文静　党委委员、副总经理（2021年9月—）
李　江　党委委员、公安分局局长

忻州五台山机场有限责任公司

杨　涛　党委书记、董事长
周永康　党委副书记、副董事长、总经理
王洪滨　党委委员、职工董事、副总经理、工会主席（—2021年12月）
李喜全　党委委员、副总经理
刘建平　党委委员、副总经理（—2021年4月）
秦晓军　党委委员、纪委书记
郭伟峰　党委委员、副总经理（2021年9月—）
郭　钰　党委委员、公安分局局长

运城机场有限责任公司

王朝民　党委书记、董事长
程占胜　党委副书记、副董事长、总经理
廉醒民　副总经理
张平务　党委委员、纪委书记
畅李梅　党委委员、副总经理
裴方军　党委委员、副总经理
张岳峰　党委委员
张　军　党委委员、机场公安分局局长

太原空港配餐有限公司

刘学新　党支部书记、执行董事、总经理（—2021年2月）
郝慧琴　纪检委员、副总经理
张爱民　组织委员、副总经理（—2021年1月）

山西空港贵宾服务有限公司

贾敏彦　党委书记、董事长
张彦峰　党委副书记、总经理
赵鸿霖　党委委员、工会主席、副总经理
杨　冬　党委委员、副总经理（2021年3月—）
王　旭　纪检委员、副总经理（2021年3月—）

太原空港停车场管理有限公司

陈亚峰　党支部书记
安韵乐　副总经理
王志军　副总经理

山西民航文化传媒有限公司

戴鑫磊　董事长、法人兼党支部书记
陆　京　总经理
任毅君　副总经理
李佳慧　财务总监

山西龙腾中天科技有限公司

李永志　副总经理
王雪梅　副总经理

山西通用航空集团有限公司

任立章　党总支副书记
邢志斌　党总支委员
赵　亮　党总支委员
苏　丽　党总支委员

山西航空产业集团有限公司机务工程技术分公司

王敬斌　党总支书记、总经理
田　剑　党总支副书记、副总经理
刘　莉　党总支委员、副总经理
张　昕　党总支纪检委员、副总经理
肖　拯　党总支委员、副总经理

各市交通运输局

太原市交通运输局

张　耀　党组书记、局长
张则福　党组成员、副局长
高海林　党组成员、副局长
梅玉光　党组成员、市交战办主任
张智弘　党组成员、副局长
董　刚　党组成员、市邮政管理局局长
李维平　党组成员、驻局纪检监察组组长
任选平　党组成员
董　菁　三级调研员
苏福钢　四级调研员
杨相水　四级调研员
杨华忠　四级调研员
崔跃龙　四级调研员

小店区交通运输局

张睿晶　党组书记、局长

杏花岭区交通运输局

李洁亮　党组书记、局长

迎泽区交通运输局

张　军　党组书记、局长

万柏林区交通运输局

罗丽国　党组书记、局长

尖草坪交通运输局

孙晋成　党组书记、局长

晋源区交通运输局

孙太文　党组书记、局长

古交市交通运输局

武三小　党组书记
张　敏　局长

清徐县交通运输局

王卫民　党组书记、局长

阳曲县交通运输局

陈永胜　党组书记、局长

娄烦县交通运输局

段占文　党组书记、局长

大同市交通运输局

卫　君　党组书记、局长
杨文广　党组成员、纪检书记（2021年8月— ）
赵志刚　党组成员、副局长
李清泉　党组成员、二级调研员
李宝权　党组成员、副局长（2021年8月— ）
张玉坤　党组成员、运输事业发展中心主任（2021年8月— ）
牛玺荣　党组成员、副局长（挂职）（2021年10月— ）
王　伟　二级调研员（2021年6月— ）

李东升　二级调研员(2021年6月—　)
赵永福　二级调研员(2021年10月—　)
靳玉华　三级调研员
祁建宇　三级调研员(2021年2月—　)

云州区交通运输局

赵建宝　党组书记、局长

阳高县交通运输局

庞利江　党组书记、局长

天镇县交通运输局

薛志远　党组书记、局长

灵丘县交通运输局

贾占涛　党组书记、局长

广灵县交通运输局

刘　胜　党组书记、局长

浑源县交通运输局

顾国峰　党组书记、局长

左云县交通运输局

王湃业　党组书记、局长

云冈区交通运输局

马全慧　党组书记、局长

新荣区交通运输局

张　进　党组书记、局长

平城区交通运输局

王志全　党组书记、局长

朔州市交通运输局

杨东峰　党组书记、局长
霍智生　党组成员、副局长
刘爱平　党组成员、驻局纪检监察组组长
蔚　玺　党组成员、副局长，邮政管理局党组书记、局长
王晓东　党组成员
任晓隆　党组成员、综合行政执法队队长
张　晋　党组成员、副局长
张仁英　二级调研员
杨三雄　二级调研员
杨亚非　二级调研员
周建平　四级调研员(　—2021年5月)

朔城区交通运输局

郭向东　党组书记、局长

平鲁区交通运输局

马金瑞　党组书记、局长(　—2021年5月)
白　源　党组书记、局长(2021年5月—　)

怀仁市交通运输局

连文忠　党组书记、局长(　—2021年2月)
岳中山　党组书记、局长(2021年2月—　)

右玉县交通运输局

王　宇　党组书记、局长(　—2021年6月)
范旭昌　党组书记、局长(2021年6月—　)

应县交通运输局

杨永忠　党组书记、局长(　—2021年4月)
王　禅　党组书记、局长(2021年5月—　)

山阴县交通运输局

赵　凯　党组书记、局长

忻州市交通运输局

靳　泽　党组书记、局长
张刚邡　党组成员、副局长
张祥生　党组成员、副局长
李金堂　党组成员
焦建民　党组成员
韩新生　党组成员、市交战办专职副主任(　—2021年8月)
李玉牛　党组成员、驻局纪检监察组组长(　—2021年7月)
智利敏　三级调研员
陈　利　三级调研员
王开瑞　四级调研员

忻府区交通运输局

宗　德　党组书记、局长

定襄县交通运输局

梁建义　党组书记、局长(　—2021年4月)
王世平　党组书记、局长(2021年4月—　)

原平市交通运输局

郑国梁　党组书记、局长

五台县交通运输局
张文荣　党组书记、局长
代县交通运输局
张虎旺　党组书记、局长（ —2021年5月）
于　超　党组书记、局长（2021年5月— ）
繁峙县交通运输局
赵永宽　党组书记、局长
宁武县交通运输局
白云龙　党组书记、局长（ —2021年3月）
李树文　党组书记、局长（2021年3月— ）
静乐县交通运输局
刘惠波　党组书记、局长（ —2021年4月）
张玉堂　党组书记、局长（2021年4月— ）
神池县交通运输局
周俊保　党组书记、局长
五寨县交通运输局
郝　伟　党组书记、局长
岢岚县交通运输局
周在田　党组书记、局长
河曲县城乡建设和交通运输局
柳晋文　党组书记、局长
保德县交通运输局
王雁兵　党组书记、局长（ —2021年9月）
崔晓望　党组书记、局长（2021年9月— ）
偏关县交通运输局
梁晓光　党组书记、局长（ —2021年8月）
李立新　党组书记、局长（2021年8月— ）
五台山风景名胜区旅游和交通发展中心
周作仁　主任

阳泉市交通运输局
梁　庆　党组书记、局长
李　涵　党组成员（保留原职级待遇）
曹慧晟　党组成员、副局长
史连海　党组成员、副局长
陈　峰　党组成员、市纪检监委驻市交通运输局、纪检监察组组长
曹　阳　党组成员、副局长（兼）
张运贤　副处级
郊区交通运输局
武永庆　党组书记、局长
平定县交通局领导名录
郗雁军　党组书记、局长
盂县交通局
崔计文　党组书记、局长（2021年3月— ）

吕梁市交通运输局
吴晓东　党组书记（2021年3月— ）
王　吉　党组书记、局长（ —2021年3月）
刘瑞平　党组成员、副局长（主持行政工作）（2021年3月— ）
杨志峰　党组成员、副局长
黄天明　党组成员、市纪委监委派驻市交通运输局纪检监察组组长
高树峰　二级调研员
淮电宁　党组成员、副局长、市邮政管理局局长
张耀东　党组成员、副局长
梁春祥　市运输事业发展中心主任
罗爱顺　市交通运输综合行政执法队队长
离石区交通运输局
刘杏平　党组书记、局长
文水县交通运输局
霍永贵　党组书记、局长
交城县交通运输局
张学强　党组书记、局长
兴县交通运输局
薛建伟　党组书记、局长
临县交通运输局
张恩富　党组书记、局长
柳林县交通运输局
贺兴龙　党组书记、局长
石楼县交通运输局
田建军　党组书记、局长
岚县交通运输局
任海燕　党组书记、局长

方山县交通运输局

韩建忠　党组书记、局长

中阳县交通运输局

王志宏　党组书记、局长

交口县交通运输局

杜晓刚　党组书记、局长

孝义市交通运输局

王治攀　党组书记、局长

汾阳市交通运输局

吕佩锋　党组书记、局长

晋中市交通运输局

赵俊生　党组书记、局长

郭福生　党组成员、副局长

孟建琼　党组成员、纪检组长

陈志刚　党组成员、邮政管理局局长

郝振清　挂职副局长

李宇建　市交战办专职副主任

杨兴龙　二级调研员

胡开明　二级调研员

范志向　四级调研员

榆次区交通运输局

朱　晨　党组书记、局长

太谷区交通运输局

王　刚　党组书记、局长

祁县交通运输局

李　冉　副县长(主持工作)

平遥县交通运输局

安晓严　党组书记、局长

介休市交通运输局

董耀宙　党组书记、局长

灵石县交通运输局

温向阳　党组书记、局长

榆社县交通运输局

毕丰国　党组书记、局长(—2021年3月)

贾晋虎　党组书记、局长(2021年3月—)

左权县交通运输局

赵治宏　党组书记、局长

和顺县交通运输局

师秀文　党组书记、局长

昔阳县交通运输局

乔新军　党组书记、局长

寿阳县交通运输局

付晓柱　党组书记、局长(2021年3月—)

长治市交通运输局

连树斌　党组书记、局长(—2021年4月)

王　克　党组书记、局长(2021年4月—)

张建刚　党组成员、驻局纪检监察组组长

王喜富　党组成员、二级调研员

任　辉　党组成员、副局长(2021年2月—)、市邮政管理局局长

吴志刚　党组成员、副局长

王维斌　党组成员、副局长

王德强　党组成员、副处级干部

石秀成　副处级干部

任贵平　交通战备办专职副主任

潞州区交通运输局

张　龙　党组书记、局长

上党区交通运输局

李小军　党组书记、局长(—2021年5月)

苏彦伟　党组书记、局长(2021年5月—)

屯留区交通运输局

王金红　党组书记、局长(—2021年6月)

邢志刚　党组书记、局长(2021年6月—)

潞城区交通运输局

李新锋　党组书记、局长

襄垣县交通运输局

连俊杰　党组书记、局长

平顺县交通运输局

杨　光　党组书记、局长(—2021年6月)

刘巍巍　党组书记、局长(2021年6—11月)

曹江波　党组书记、局长(2021年11月—)

黎城县交通运输局

魏晓伟　党组书记、局长

壶关县交通运输局
仇建斌　党组书记、局长（ —2021年6月）
王红伟　党组书记、局长（2021年6月— ）

长子县交通运输局
王鹏飞　党组书记、局长（ —2021年10月）
师　宏　党组书记、局长（2021年10月— ）

武乡县交通运输局
连树国　党组书记、局长（ —2021年3月）
张鸿儒　党组书记、局长（2021年3月— ）

沁县交通运输局
曹二伟　党组书记、局长

沁源县交通运输局
张慧斌　党组书记、局长

晋城市交通运输局
张海芳　党组书记、局长
李红梅　党组成员、驻局纪检监察组组长
乔宪民　党组成员、副局长（ —2021年9月）
靳小东　党组成员、副局长、邮政管理局局长
王卫军　党组成员、副局长
李明建　党组成员、副局长

城区交通运输局
陈志刚　党组书记、局长

沁水县交通运输局
燕建雷　党组书记、局长

阳城县交通运输局
原怀庆　党组书记、局长

陵川县交通运输局
苏红岗　党组书记、局长

泽州县交通运输局
郭小伟　党组书记、局长

高平市交通运输局
姬国强　党组书记、局长

临汾市交通运输局
冯小宁　党组书记、局长
令狐文选　党组成员、副局长、二级调研员（ —2021年8月）
许学民　党组成员、副局长
陈贵林　党组成员、纪检监察组长
董向阳　党组成员、副局长、市邮政局局长
苏兰记　党组成员、副局长
景俊青　党组成员、二级调研员
张雷志　党组成员、二级调研员
李春香　四级调研员
贺文喜　副处级
冯建荣　副处级

尧都区交通运输局
师天增　党组书记、局长

曲沃县交通运输局
李建晋　党组书记、局长

翼城县交通运输局
张国华　党组书记、局长

襄汾县交通运输局
梁培奇　党组书记、局长

洪洞县交通运输局
郭双平　党组书记、局长

古县交通运输局
贾　辉　党组书记、局长

安泽县交通运输局
郭洪江　党组书记、局长

浮山县城乡建设和交通运输局
吴光学　党组书记、局长

吉县交通运输局
陈　鹏　党组书记、局长

乡宁县交通运输局
刘玉杰　党组书记、局长

大宁县交通运输局
高广旭　党组书记、局长

隰县交通运输局
韩继锋　党组书记、局长

永和县交通运输局
任清平　党组书记、局长

蒲县交通运输局
张晋峰　党组书记、局长

汾西县交通运输局

李文红　党组书记、局长

侯马市交通运输局

乔新刚　党组书记、局长

霍州市交通运输局

荀彦龙　党组书记、局长

运城市交通运输局

薛玉马　党组书记、局长（2021年3月—　）

李晋学　党组书记、局长、二级巡视员（　—2021年3月）

令狐东华　党组成员、副局长

权志学　党组成员、一级调研员

段建杰　副局长（　—2021年5月）

王小成　党组成员、副处级领导干部

杨铁宁　党组成员、驻局纪检监察组长

胡福海　党组成员、副局长、市邮政管理局局长（2021年3月—　）

尹　杰　党组成员、副局长、市邮政管理局局长（　—2021年3月）

孙正民　三级调研员（　—2021年7月）

王全民　四级调研员

盐湖区交通运输局

邵红福　党组书记、局长（2021年7月—　）

景俊才　党组书记、局长（　—2021年7月）

临猗县交通运输局

武　斌　党组书记、局长（2021年3月—　）

王鹏君　党组书记、局长（　—2021年3月）

万荣县交通运输局

李东坡　党组书记、局长、交通运输综合行政执法队队长

闻喜县交通运输局

李　军　党组书记、局长

稷山县交通运输局

杨维勤　党组书记、局长（2021年7月—　）

付红安　党组书记、局长（　—2021年7月）

新绛县交通运输局

尚青虎　党组书记、局长

绛县交通运输局

赵军强　党组书记、局长

垣曲县交通运输局

王　杰　党组书记、局长

夏县交通运输局

任保林　党组书记、局长（2021年6月—　）

刘红庆　党组书记、局长（　—2021年6月）

平陆县交通运输局

贺存峰　党组书记、局长（2021年4月—　）

薛江勇　党组书记、局长、四级调研员（　—2021年4月）

芮城县交通运输局

李　轩　党组书记、局长

永济市交通运输局

聂学政　党组书记、局长

河津市交通运输局

解好科　党组书记、局长

（截至2021年12月31日）